2023

7, 9급 공무원, 변호사, 행정사 시험 대비

★★★★★

완전정복

삼봉

행정법총론 기출문제

김유환 편저

미다스북스

완전정복 삼봉 행정법총론 기출문제

초 판 1쇄 2022년 11월 28일

편저 김유환
펴낸이 류종렬

펴낸곳 미다스북스
총괄실장 명상완
책임편집 이다경
책임진행 김가영 신은서 임종익 박유진

등록 2001년 3월 21일 제2001-000040호
주소 서울시 마포구 양화로 133 서교타워 711호
전화 02) 322-7802~3
팩스 02) 6007-1845
블로그 http : //blog.naver.com/midasbooks
전자주소 midasbooks@hanmail.net
페이스북 https : //www.facebook.com/midasbooks425
인스타그램 https : //www.instagram.com/midasbooks

ISBN 979-11-6910-105-9 13360

값 33,000원

미다스북스는 다음 세대에게 필요한 지혜와 교양을 생각합니다

✦

"매일매일 숙독(熟讀)해서
그것을 내 가슴 속에 자리하도록
먼저 수백 수천 번 읽고 다시 읽으면
저절로 정통해진다."

- 조선 22대 왕, 정조

머리말

삼봉공부법은 완전정복 100퍼센트 합격법이다!

고려대에서 법학 전공, 행정고시 일반행정직 합격자의 정통 교재

나는 고려대학교에서 법학을 전공했고, 행정고시 일반행정직렬에 합격하여 7년간 국가공무원으로 근무하다 1999년도에 사직했다. 이후 신림동을 거쳐 노량진에서 13년간 1타 강사로 강의했고, 지금은 행정법 수험교재를 집필하고 유튜브 "삼봉과 함께 하는 세상"에서 강의를 진행하고 있다.
내 소개를 하는 이유는, 교재 저자와 강사를 선택하는 기준 때문이다. 강사를 선택할 때는 그 과목 전공자인가를 반드시 확인해야 한다. 물론 전공자가 아닌 경우에도 강의를 할 수는 있다. 그러나 전공자만큼 그 과목에 관한 지식과 그 배경에 깔린 요소를 상세하게 설명할 수는 없다. 특히 법학에서 사용하는 개념은 일상적인 국어적 의미와 다르게 쓰이는 경우가 많기 때문에, 배경 설명 없이 칠판에 맹목적으로 필기만 하고 두문자 위주로 암기를 강요하는 강의를 들을 바에는 차라리 혼자 공부하는 게 시간 낭비를 줄이는 길이다. 강의를 들으려면 법학을 제대로 전공하고, 수험에서도 합격이라는 결실을 거둔 실력이 검증된 선생의 해설이 필수적이다. 법학 전공자가 아닌 경우에는 개념이 의미하는 내포와 외연을 제대로 설명할 수 없다.
또한 두 번째 기준은 고시에 합격하여 실무 근무를 해본 적이 있는가이다. 법학을 전공했다 하더라도 본인이 수험에 실패한 경우에는 뭔가 문제가 있다고 생각해야 한다. 본인의 실패한 경험담을 수험생에게 전수해봤자 그 결과는 실패로 귀결될 가능성이 높다. 추락하는 것에는 날개가 있듯이, 고시에 떨어진 데에는 뭔가 문제가 있게 마련이다. 또한 행정법은 행정실무에 직접 연결되는 과목이기 때문에 이론뿐만 아니라 현장에서 필요한 실무적 감각에 대해서도 알아야 하기 때문에 실무경험이 있는 행정고시 합격자의 강의를 듣는다면 금상첨화이다.

기본에 충실한 최고의 적중률, 삼봉행정법 시리즈!

2022년 국가직 9급 행정법총론 시험이 끝난 후 매우 어렵게 출제되었다는 평가가 대부분인 것 같다. 그러나 내가 보기에는 예년과 별로 다르지 않은 정도의 난도였다고 생각한다. 그럼에도 2021년도 시험이 끝난 뒤에는 어렵다는 평가가 별로 없었는데, 2022년도 시험 후에 어렵다는 평가가 주류인 이유는, 2021년에는 행정법총론이 선택과목이었는데 2022년도에 필수과목이 되었다는 점이다. 즉, 금년도에 행정법을 처음 접하는 수험생들이 행정법총론과 사회 과목의 차이를 제대로 알지 못하고, 행정법총론을 사회 과목 공부하듯이 공부했기 때문에 어렵게 느껴지는 것이다. 제대로 공부하지 않으면 행정법은 아무리 쉽게 출제해도 어렵다고 느껴질 수밖에 없다.

문제집의 차이는 해설에 있다

본서는 삼봉행정법총론의 자매서이다. 삼봉행정법총론 기본서를 충실히 소화한 수험생들이 각종 기출문제를 통해서 출제경향을 파악할 수 있도록 하기 위한 교재라고 할 수 있다.
기출문제는 누구에게나 공개되지만, 차이는 해설의 정확성과 깊이라고 생각한다. 의문이 드는 문제나 국회8급시험 등 난도가 높은 문제에 대해 다른 기출문제집과 비교해보기 바란다.

어떤 과목이든 마찬가지겠지만 행정법도 출제가 반복해서 되풀이되는 부분과 새로 출제되는 부분으로 나누어진다. 기출문제집은 지속적으로 되풀이 출제되는 부분에 대한 대응을 할 수 있도록 도와준다. 학계에서 지속적으로 관심을 갖는 쟁점은 어느 시험이든 되풀이 출제되게 마련이다. 따라서 본서는 독자들이 본 기출문제집을 통해서 출제위원이 중시하는 관심사항을 파악할 수 있도록 하기 위해서 최근의 각종 기출문제(국가직 7·9급, 지방직수탁 7·9급, 국회 8급)를 망라해서 해설에 충실을 기하였다. 2015년도 기출문제부터 2022년도 기출문제까지 반영했다. 특히 2022년도 기출문제는 국가직7급과 지방직7급까지 반영했다.

그러나 기출문제는 새로 출제되는 쟁점에 대한 대비로는 한계가 있다. 새로 출제되는 부분이란 최신판례와 최신 제·개정법령내용 및 새로 학계의 관심으로 떠오르는 이론적 쟁점에 관한 부분이다. 최근에는 최신판례가 즉각적으로 시험에 반영되는 추세이다. 2014년 국가직 7급시험에 2014년 5월 16일자 최신판례가 출제된 것이 대표적이다. 기출문제집만 공부해도 충분하다는 견해는 거짓이다. 쉽게 공부해서 쉽게 합격하고 싶어하는 것이 수험생들의 인지상정이겠지만, 정직하게 실력을 길러야 합격하는 소수에 들어갈 수 있다는 평범한 이치를 되새겨보기 바란다.
그리고 최근에는 사례객관식이 새로운 출제경향으로 부각되면서 기출문제만으로는 그런 경향을 미리 대비하기가 어렵다. 또한 기존에 출제된 내용이라 하더라도 문제가 공개되는 현실에서 기출지문의 일부 변경은 필연적이라고 할 수 있다. 따라서 독자들은 기출지문을 맹목적으로 외울 것이 아니라 그 행간의 의미와 관련된 내용들, 어떻게 변형할 것인가를 염두에 두어야 할 것이다. 따라서 관련된 지문이나 변형지문들에 대한 강의와 병행하거나, 기출문제집의 자매서로서 최신경향을 대비한 객관식 문제집과 병행하여 공부하는 것이 도움이 될 것이라 생각한다.

최신기출문제에 지나치게 비중을 두는 것은 위험한 생각이다. 기출문제는 결과론이다. 20년간 한 번도 출제되지 않았다가 금년도에 출제된 문제는 당연히 최신문제이다. 그러니까 중요하다? 그렇게 판단하는 것은 어리석다. 그동안 왜 출제되지 않았는가에 의문을 가져야 한다. 그래서 중요한 것은 최신기출이냐 아니냐가 아니라, 출제빈도이다. 최신기출을 앞에 배치하는 것은 그래서 위험하다. 오랫동안 빈출된 문제가 무엇인지, 출제경향이 어떻게 변해왔는지를 파악하는 것이 더 중요하다. 그렇기 때문에 본서는 2015년부터 최신기출문제 순으로 배열했다.

마지막으로 이 책이 요행을 꿈꾸는 수험생이 아니라 정도를 걸음으로써 안정적으로 정직하게 합격하기를 바라는 수험생들에게 유용한 도구로 활용되기를 바란다.

삼봉 김유환 씀

삼봉 김유환의 블로그

유튜브 〈삼봉과 함께하는 세상〉

✦일러두기✦

1. 해설 ➢ 뒤에 붙은 ㊤ ㊥ ㊦ 표시는 해당 기출문제의 난도입니다.
2. 문제 끝에 붙은 분홍색 글씨는 기출문제의 출제연도와 출처입니다.

목차

02 행정작용법

03 행정의 실효성확보수단

04 행정구제법

완전정복 삼봉 행정법총론, 문제집 활용 공부방법

Ⅰ. 1회독시

아무리 기본이론에 충실했다 하더라도 시간이 지나면 잊어버리게 마련이다. 따라서 처음 1회독시에는 먼저 기본서를 단원별로 읽고 나서 문제집을 풀어보는 것이 좋다.

Ⅱ. 2회독시

이제는 순서를 바꿔서 문제집을 먼저 읽으면서 이해가 안되는 부분이나 기억이 잘 나지 않는 부분에 대해 이론서로 확인하고 필요하면 문제집 여백이나 아니면 메모지에 기록해서 끼워넣는 단권화작업을 한다.

Ⅲ. 3회독시

이제는 기본서를 던지고 문제집만 집중적으로 풀어본다. 문제집을 읽어 가면서 꼭 봐야 될 문제만 체크를 해야 한다. 체크하는 요령은 다음과 같다.

1. 문제 전부를 볼 필요가 있는 경우	2. 일부 지문만 볼 필요가 있는 경우	3. 일부 지문만 볼 필요가 없는 경우
- 문제번호 왼쪽 옆에 ✔체크	- 해당 지문 왼쪽 옆에 ✔체크	- 해당 지문 왼쪽 옆에 ✗표시
✔1. 문제	1. 문제	1. 문제
① 지문	① 지문	① 지문
② 지문	✔② 지문	② 지문
③ 지문	③ 지문	③ 지문
④ 지문	④ 지문	✗④ 지문

Ⅳ. 4회독 이후

핵심정리 요약집을 먼저 읽고 문제집의 체크된 문제를 풀어본다. 해당 문제가 핵심정리 요약집에 없으면 이제 요약집에 옮겨 적어서 핵심정리 위주로 단권화를 마무리한다. 그 다음에는 문제집을 던져버리고 단권화된 핵심정리 요약집 위주로 보면서 헷갈리는 부분만 별도로 표시한 후에 무한반복한다.

V. 시험장에서의 문제풀이 요령

1. 모든 지문을 다 읽어봐야 한다

행정법은 같은 내용의 지문이라도 다른 지문과의 관계에서 맞는 지문으로 출제되기도 하고 틀린 지문으로 출제되기도 하는 등 상대적으로 정답을 결정해야 하는 문제가 의외로 많다. 따라서 지문 ①이 틀린 것처럼 보이더라도 바로 정답을 결정해서는 안되고 다른 지문을 다 읽어봐서 상대적으로 더 틀린 지문이 있으면 그것을 정답으로 결정해야 한다. 이는 다수설이 명확하게 형성되지 않은 부분이 많은 행정법만의 특징이다.

2. 문제를 두 번 읽지 마라

시간부족에 걸리는 가장 큰 원인이 어떤 문제가 풀리지 않는다고 두 번, 세 번 읽는 잘못된 습관 때문이다. 일단 한 번 읽어서 정답이 나오지 않으면 바로 다음 문제로 넘어가라. 그리고 한번 읽어서 명확하게 답이 나오면 문제집에 정답을 체크하라. 이런 식으로 전과목을 한번 풀어본 다음에는 해결된 문제만 답안지에 마킹을 한다. 이래야 시간에 쫓겨 마킹을 못하고 답안지를 뺏기는 불상사와 답안 밀려쓰기를 예방할 수 없다. 그런 후에 2회독시에 해결되는 문제를 하나하나 마킹한다. 그 다음에는 남은 시간을 봐가면서 시간을 들이면 해결될 문제만 집중해서 풀어본다. 그렇게 하고도 해결되지 않은 문제는 답안지의 정답 표시가 가장 적은 것으로 찍거나, 아니면 ③번으로 찍고 난 후에 답안지를 제출한다.

3. 사례문제는 사례를 보기 전에 간단하게 지문을 먼저 빠르게 보는 것이 좋다

사례풀이에 정통하면 사례를 보면서 직독직해가 가능하지만, 그렇지 않은 게 수험생들의 평균적 실력이다. 따라서 지문을 먼저 보는 것이 시간을 단축하는 길이다. 대부분의 사례는 사례와 연결하지 않고 지문 자체만 읽어도 정답이 나오는 경우가 많다. 그렇지 않더라도 지문을 읽어두고 논점이 무엇인지 특정해놓고 사례를 읽으면 시간을 단축할 수 있다.

시험합격에 가장 중요한 것은 물론 실력이다. 그러나 같은 실력이라도 문제집 공부요령이나 문제풀이 요령이 없어서 불합격하는 것은 정말 안타까운 일이다. 그래서 필자 나름대로의 수험경험을 살려서 노하우를 전하고자 한다.

합격의 요체는 압축과 반복이다!

양을 늘리려고 하지 말고 봐야 할 분량으로 압축하면 무한반복하면 분당 8문제풀이가 가능할 정도로 달달 외울 수 있게 된다.

문제는 같아도 해설은 다르다

기출문제는 모두 공개되기 때문에 어떤 기출문제집도 문제는 같습니다. 문제는 해설의 차이입니다. 정확하고 심도 있는 해설이냐, 부정확하고 깊이 없는 해설이냐의 차이입니다. 여러분이 갖고 있는 기출문제집과 제가 한 해설을 비교해보기 바랍니다.

1. 사인의 공법행위로서 신고에 대한 설명으로 옳지 않은 것은? (다툼이 있는 경우 판례에 의함) 19 국회직8급

① 구 「건축법」에 의한 인·허가의제 효과를 수반하는 건축신고는 일반적인 건축신고와는 달리 특별한 사정이 없는 한 행정청이 그 형식적 요건에 관한 심사를 한 후 수리하여야 한다.
② 불특정 다수인을 대상으로 학습비를 받고 정보통신매체를 이용하여 원격평생교육을 실시하고자 하는 경우에는 누구든지 관계 법령에 따라 이를 신고하여야 하나 신고서의 기재사항에 흠결이 없고 소정의 서류가 구비된 때에는 이를 수리하여야 한다.
③ 구 「유통산업발전법」은 기존의 대규모점포의 등록된 유형 구분을 전제로 '대형마트로 등록된 대규모점포' 일체를 규제대상으로 삼고자 하는 것이 그 입법 취지이므로 대규모점포의 개설 등록은 이른바 '수리를 요하는 신고'로서 행정처분에 해당한다.
④ 시장·군수·구청장은 건축신고를 받은 날부터 5일 이내에 신고수리 여부 또는 민원 처리 관련 법령에 따른 처리기간의 연장 여부를 신고인에게 통지하여야 한다.
⑤ 납골당설치 신고는 이른바 '수리를 요하는 신고'이므로 납골당설치 신고가 관련 법령 규정의 모든 요건을 충족하는 신고라 하더라도 행정청의 수리처분이 있어야만 그 신고한 대로 납골당을 설치할 수 있다.

해설 ➤ ㊤

① 건축신고를 하려는 자는 인허가의제사항 관련 법령에서 제출하도록 의무화하고 있는 신청서와 구비서류를 제출하여야 하는데, 이는 건축신고를 수리하는 행정청으로 하여금 인허가의제사항 관련 법률에 규정된 요건에 관하여도 심사를 하도록 하기 위한 것으로 볼 수밖에 없다. 따라서, 인허가의제 효과를 수반하는 건축신고는 일반적인 건축신고와는 달리, 특별한 사정이 없는 한 행정청이 그 실체적 요건에 관한 심사를 한 후 수리하여야 하는 이른바 '수리를 요하는 신고'로 보는 것이 옳다[대판(전합) 2011.1.20, 2010두14954].
② 법 제22조가 신고를 요하는 제2항의 경우와 신고를 요하지 않는 제1항 사이에 '학습비'의 수수 외에 그 교육의 대상이나 방법 등의 다른 요건을 달리 규정하고 있지 않을 뿐 아니라 제2항의 경우에도 학습비의 금액이나 수령 등에 관하여 아무런 제한을 하고 있지 않은 점에 비추어 볼 때, 피고로서는 신고서의 기재사항에 흠결이 없고 소정의 서류가 구비된 때에는 이를 수리하여야 하며, 이러한 형식적 요건을 모두 갖추었음에도 그 신고대상이 된 교육이나 학습이 공익적 기준에 적합하지 않는다는 등의 실체적 사유를 들어 신고의 수리를 거부할 수는 없다고 할 것이다. 구 평생교육법 제22조 제2항에 의하여 불특정 다수인에게 학습비를 받고 정보통신매체를 이용하여 '침·뜸'에 관한 원격평생교육을 실시하고자 신고를 하는 경우, 피고로서는 신고서의 기재사항에 흠결이 없고 소정의 서류가 구비된 때에는 이를 수리하여야 하며, 이러한 형식적 요건을 모두 갖추었음에도 그 신고대상이 된 교육이나 학습이 공익적 기준에 적합하지 않는다는 등의 실체적 사유를 들어 신고의 수리를 거부할 수는 없으므로 피고가 형식적 심사의 범위에 속하지 않은 사항을 수리거부사유로 삼아 신고를 반려한 것은 위법하다(대판 2011.7.28, 2005두11784).
③ 구 유통산업발전법에 따른 대규모점포의 개설등록 및 구 재래시장법에 따른 시장관리자 지정은 행정청이 실체적 요건에 관한 심사를 한 후 수리하여야 하는 이른바 '수리를 요하는 신고'로서 행정처분에 해당한다(대판 2019.9.10, 2019다208953).
다만 판례는 '개설등록'과 '시장관리자 지정'이 '수리를 요하는 신고'라고 판시하고 있는데, 엄밀히 말하면 이는 오류이다. 신고와 그에 따른 행정청의 수리는 구별해야 할 개념이다. 따라서 '개설등록신청'이 사인의 공법행위로서의 '신청'이고, 그에 대한 수리는 강학상 수리가 아닌 등록으로 보아야 한다.

④ 건축법 제14조 제3항. 엽기적인 지문이다. 건축기사나 건축사 시험도 아니고 공무원시험에서 이런 건축법의 지엽적인 문제를 출제하다니. 다만, 정답을 고르는 데 지장이 없어 다행이긴 하다.

⑤ 구 「장사 등에 관한 법률」(장사법) 제14조 제1항, 구 「장사 등에 관한 법률 시행규칙」 제7조 제1항 [별지 제7호 서식] 을 종합하면, 납골당 설치 신고는 이른바 '수리를 요하는 신고'라 할 것이므로, 납골당설치 신고가 구 장사법 관련 규정의 모든 요건에 맞는 신고라 하더라도 신고인은 곧바로 납골당을 설치할 수는 없고, 이에 대한 행정청의 수리처분이 있어야만 신고한 대로 납골당을 설치할 수 있다. 한편 수리란 신고를 유효한 것으로 판단하고 법령에 의하여 처리할 의사로 이를 수령하는 수동적 행위이므로 수리행위에 신고필증 교부 등 행위가 꼭 필요한 것은 아니다(대판 2011.9.8, 2009두6766).

정답 ①

2. 다음 중 행정행위의 부관에 대한 판례의 설명으로 옳지 않은 것? 15 국회직8급

⑤ 기선선망어업 허가를 하면서 부속선을 사용할 수 없도록 제한한 위법한 부관에 대해서는 부속선을 사용할 수 있도록 어업허가사항변경신청을 한 다음 그것이 거부된 경우에 거부처분취소소송을 제기할 수 있다.

해설 中

⑤ 이 사건의 경우 원심이 적법하게 확정한 이 사건 처분의 경위는 피고가 1988.5.4. 원고에게 제1 대영호와 제38 청룡호에 대한 수산업법 제11조, 동법시행령 제14조의3 제5호 소정의 기선선망어업(어업의 종류와 명칭:기선선망어업, 조업의 방법과 어구명칭:소형선망어업, 기간:5년, 조업구역:전국연해)의 허가를 하면서 등선, 운반선 등 일체의 부속선을 사용할 수 없다는 제한을 붙였고, 원고는 위 허가받은 내용에 따라 조업을 해오다가 1988.9.9. 위 시행령 제19조 제1항, 제14조 제1항 제5호에 따라 원고 소유의 제38 청룡호 (기존허가어선)와 제3 대운호를 제1 대영호(기존허가어선)의 등선으로, 제22 대원호, 제3선경호 및 한진호를 제1 대영호의 운반선으로 각 사용할 수 있도록 하여 선박의 척수를 변경(본선2척을 1척으로 줄이는 대신 등선 2척과 운반선 3척을 추가하는 내용임)하여 달라는 어업허가사항변경신청을 하였는데 피고는 1988.9.13. 수산업법 제15조, 제16조와 수산자원보호령 제17조 제2항의 규정에 따라 수산자원보호 및 다른 어업과 어업조정을 위하여 앞서 한 제한조건을 변경할 수 없다는 사유로 위 신청을 불허가하였다는 것이다. 즉, 이 사건의 경우 부관 자체를 소송대상으로 제기한 것이 아니라, 어업허가사항변경신청불허가처분을 대상으로 제기하였기 때문에 본안판단을 한 것이다.
수산업법 제15조에 의하여 어업의 면허 또는 허가에 붙이는 부관은 그 성질상 허가된 어업의 본질적 효력을 해하지 않는 한도의 것이어야 하고 허가된 어업의 내용 또는 효력 등에 대하여는 행정청이 임의로 제한 또는 조건을 붙일 수 없다. …… 기선선망어업의 허가를 하면서 운반선, 등선 등 부속선을 사용할 수 없도록 제한한 부관은 그 어업허가의 목적달성을 사실상 어렵게 하여 그 본질적 효력을 해하는 것일 뿐만 아니라 위 시행령의 규정에도 어긋나는 것이며, 더욱이 어업조정이나, 기타 공익상 필요하다고 인정되는 사정이 없는 이상 위법한 것이다(대판 1990.4.27, 89누6808).

정답 ①

3. 다음 사례에 대한 설명으로 옳지 않은 것은? 17 국가직9급

> 유흥주점영업허가를 받아 주점을 운영하는 甲은 A시장으로부터 연령을 확인하지 않고 청소년을 주점에 출입시켜 「청소년보호법」을 위반하였다는 사실을 이유로 한 영업허가취소처분을 받았다. 甲은 이에 불복하여 취소소송을 제기하였고 취소확정판결을 받았다.

① A시장은 甲이 청소년을 유흥접객원으로 고용하여 유흥행위를 하게 하였다는 이유로 다시 영업허가취소처분을 할 수는 있다.

② 영업허가취소처분은 지나치게 가혹하다는 이유로 취소확정판결이 내려졌다면, A시장은 甲에게 연령을 확인하지 않고 청소년을 출입시켰다는 이유로 영업허가정지처분을 할 수는 있다.

③ 청소년들을 주점에 출입시킨 사실이 없다는 이유로 취소확정판결이 내려졌다면, A시장은 甲에게 연령을 확인하지 않고 청소년을 출입시켰다는 이유로 영업허가취소처분을 할 수는 없다.

④ 청문절차를 거치지 않았다는 이유로 취소확정판결이 내려졌다면, A시장은 적법한 청문절차를 거치더라도 甲에게 연령을 확인하지 않고 청소년을 출입시켰다는 이유로 영업허가취소처분을 할 수는 없다.

해설 ➤ 中

① 취소 확정판결의 기속력은 판결의 주문 및 전제가 되는 처분 등의 구체적 위법사유에 관한 판단에도 미치나, 종전 처분이 판결에 의하여 취소되었더라도 종전 처분과 다른 사유를 들어서 새로이 처분을 하는 것은 기속력에 저촉되지 않는다(대판 2016.3.24, 2015두48235).

② 취소소송에서 청구인용판결(취소판결)이 확정되면 행정청은 동일한 사실관계 아래에서 동일한 이유에 기해 동일 당사자에 대하여 동일한 내용의 처분을 반복해서는 안 된다(제30조 제1항). 영업허가취소처분과 영업허가정지처분은 동일한 내용의 처분이 아니기 때문에 기속력 위반이 아니다.

③ 동일한 사유이기 때문에 동일한 내용의 처분을 반복해서는 안 된다.

④ 행정소송법 제30조 제2항의 규정에 의하면 행정청의 거부처분을 취소하는 판결이 확정된 때에는 그 처분을 행한 행정청이 판결의 취지에 따라 이전의 신청에 대하여 재처분할 의무가 있으나, 이때 확정판결의 당사자인 처분행정청은 그 확정판결에서 적시된 위법사유를 보완하여 새로운 처분을 할 수 있다(대판 2005.1.14, 2003두13045).

정답 ④

4. 항고소송의 제기요건에 관한 판례의 입장으로 옳은 것은? 17 서울시7급

① 행정소송의 제기요건은 법원의 직권조사사항이므로 행정소송에 있어서 처분청의 처분권한 유무는 직권조사사항이다.

② 법인세법령에 따른 과세관청의 원천징수의무자인 법인에 대한 소득금액변동통지 및 「소득세법 시행령」에 따른 소득의 귀속자에 대한 소득금액변동통지는 항고소송의 대상이다.

③ 절대보전지역 변경처분에 대해 지역주민회와 주민들이 항고소송을 제기한 경우에는 절대보전지역 유지로 지역주민회·주민들이 가지는 주거 및 생활환경상 이익은 지역의 경관 등이 보호됨으로써 누리는 법률상 이익이다.

④ 행정청이 식품위생법령에 따라 영업자에게 행정제재처분을 한 후 당초 처분을 영업자에게 유리하게 변경하는 처분을 한 경우, 취소소송의 대상 및 제소기간 판단기준은 변경처분이 아니라 변경된 내용의 당초처분이다.

해설 ➤ 中

① 제소요건은 법원의 직권조사사항이라는 앞부분은 맞지만, 처분권한 유무는 처분의 위법·적법과 관련된 것으로 직권조사사항이 아니다. 판례도 마찬가지이다.

행정소송에 있어서 처분청의 처분권한 유무는 직권조사사항이 아니다[대판(전합) 1997.6.19, 95누8669].

② 소득금액변동통지는 통지의 대상이 누구인가에 따라 처분성 여부가 달라지므로 주의해야 한다. 「소득세법 시행령」 제192조 제1항 단서에 따른 소득의 귀속자에 대한 소득금액변동통지는 처분이 아니지만(대판 2015.1.29, 2013두4118), 과세관청의 법인에 대한 소득처분에 따른 소득금액변동통지는 처분이다[대판(전합) 2006.4.20, 2002두1878].

[소득의 귀속자에 대한 통지] 소득의 귀속자가 소득세 부과처분에 대한 취소소송 등을 통하여 소득처분에 따른 원천납세의무의 존부나 범위를 충분히 다툴 수 있는 점 등에 비추어 보면, 구 「소득세법 시행령」 제192조 제1항 단서에 따른 소득의 귀속자에 대한 소득금액변동통지는 원천납세의무자인 소득의 귀속자에 대한 법률상 지위에 직접적인 변동을 가져오는 것이 아니므로 항고소송의 대상이 되는 행정처분에 해당하지 않는다(대판 2015.1.29, 2013두4118).

[법인에 대한 통지는 처분] 과세관청의 소득처분과 그에 따른 소득금액변동통지가 있는 경우 원천징수의무자인 법인은 소득금액변동통지서를 받은 날에 그 통지서에 기재된 소득의 귀속자에게 당해 소득금액을 지급한 것으로 의제되어 그때 원천징수하는 소득세의 납세의무가 성립함과 동시에 확정되고, 원천징수의무자인 법인으로서는 소득금액변동통지서에 기재된 소득처분의 내용에 따라 원천징수세액을 그 다음달 10일까지 관할 세무서장 등에게 납부하여야 할 의무를 부담하며, 만일 이를 이행하지 아니하는 경우에는 가산세의 제재를 받게 됨은 물론이고 형사처벌까지 받도록 규정되어 있는 점에 비추어 보면, 소득금액변동통지는 원천징수의무자인 법인의 납세의무에 직접 영향을 미치는 과세관청의 행위로서, 항고소송의 대상이 되는 조세행정처분이라고 봄이 상당하다[대판(전합) 2006.4.20, 2002두1878].

③ 제주 강정마을 일대가 절대보전지역으로 유지됨으로써 주민들인 원고들이 가지는 주거 및 생활환경상 이익은 그 지역의 경관 등이 보호됨으로써 반사적으로 누리는 것일 뿐 근거 법규 또는 관련 법규에 의하여 보호되는 개별적·직접적·구체적 이익이라고 할 수 없다(대판 2012.7.5, 2011두13187·13914).

④ 행정청이 식품위생법령에 따라 영업자에게 행정제재처분을 한 후 그 처분을 영업자에게 유리하게 변경하는 처분을 한 경우, 변경처분에 의하여 당초 처분은 소멸하는 것이 아니고 당초부터 유리하게 변경된 내용의 처분으로 존재하는 것이므로, 변경처분에 의하여 유리하게 변경된 내용의 행정제재가 위법하다 하여 그 취소를 구하는 경우 그 취소소송의 대상은 변경된 내용의 당초 처분이지 변경처분은 아니고, 제소기간의 준수 여부도 변경처분이 아닌 변경된 내용의 당초 처분을 기준으로 판단하여야 한다(대판 2007.4.27, 2004두9302).

정답 ④

5. 판례에 따를 경우 甲이 제기하는 소송이 적법하게 되기 위한 설명으로 옳은 것은? 18 국가직9급

> A시장은 2016.12.23.「식품위생법」 위반을 이유로 甲에 대하여 3월의 영업정지처분을 하였고, 甲은 2016.12.26. 처분서를 송달받았다. 甲은 이에 대해 행정심판을 청구하였고, 행정심판위원회는 2017.3.6. "A시장은 甲에 대하여 한 3월의 영업정지처분을 2월의 영업정지에 갈음하는 과징금부과처분으로 변경하라."라는 일부 인용의 재결을 하였으며, 그 재결서 정본은 2017.3.10. 甲에게 송달되었다. A시장은 재결취지에 따라 2017.3.13. 甲에 대하여 과징금부과처분을 하였다. 甲은 여전히 자신이「식품위생법」 위반을 이유로 한 제재를 받을 이유가 없다고 생각하여 취소소송을 제기하려고 한다.

① 행정심판위원회를 피고로 하여 2016.12.23.자 영업정지처분을 대상으로 취소소송을 제기하여야 한다.
② 행정심판위원회를 피고로 하여 2017.3.13.자 과징금부과처분을 대상으로 취소소송을 제기하여야 한다.
③ 과징금부과처분으로 변경된 2016.12.23.자 원처분을 대상으로 2017.3.10.부터 90일 이내에 제기하여야 한다.
④ 2017. 3. 13.자 과징금부과처분을 대상으로 2017.3.6.부터 90일 이내에 제기하여야 한다.

해설 ➤ ㊤

③ [소송대상] 판례에 따르면 처분변경의 경우 감액경정처분이나 에는 변경되고 남은 당초처분이 대상이 되고, 적극적 변경처분의 경우 당초처분은 효력을 상실하므로 변경처분을 대상으로 항고소송을 제기하여야 한다고 판시하고 있다. 다만, 적극적 변경처분의 경우에도 유리한 변경처분의 경우, 선행처분의 내용 중 일부만을 소폭 변경하는 정도에 불과한 경우나 당초처분과 동일한 요건과 절차가 요구되지 않는 경미한 사항에 대한 변경처분과 같이 분리가능한 일부변경처분의 경우에는 선행처분이 소멸한다고 볼 수 없기 때문에 당초처분이 대상이 된다.
행정청이 식품위생법령에 따라 영업자에게 행정제재처분을 한 후 그 처분을 영업자에게 유리하게 변경하는 처분을 한 경우, 변경처분에 의하여 당초 처분은 소멸하는 것이 아니고 당초부터 유리하게 변경된 내용의 처분으로 존재하는 것이므로, 변경처분에 의하여 유리하게 변경된 내용의 행정제재가 위법하다 하여 그 취소를 구하는 경우 그 취소소송의 대상은 변경된 내용의 당초 처분이지 변경처분은 아니고, 제소기간의 준수 여부도 변경처분이 아닌 변경된 내용의 당초 처분을 기준으로 판단하여야 한다(대판 2007.4.27, 2004두9302).
[제소기간] 사안의 경우 영업정지처분을 과징금부과변경명령재결로 변경한 경우이므로 적극적 변경처분이긴 하지만, 당사자에게 유리한 처분이기 때문에 변경된 내용인 당초처분인 2016.12.23.자 원처분이 소송대상이 된다.
한편, 자발적이든 의무적이든 행정심판의 재결을 거친 경우 취소소송의 제소기간은 재결서의 정본을 송달받은 날부터 기산하므로(제20조 제1항), 갑(甲)이 재결서 정본을 송달받은 날인 2017.3.10.부터 90일 이내에 제기하여야 한다.

정답 ③

6. 행정행위의 효력에 대한 설명으로 옳지 않은 것은? (다툼이 있는 경우 판례에 의함)? 20 국회직8급

① 공정력이란 행정행위의 위법이 중대명백하여 당연무효가 아닌 한 권한 있는 기관에 의해 취소되기까지는 행정의 상대방이나 이해관계자에게 적법하게 통용되는 힘을 말한다.
② 공정력을 인정하는 이론적 근거는 법적안정성설이 통설이다.
③ 과세처분에 대해 이의신청을 하고 이에 따라 직권취소가 이루어졌다면 특별한 사정이 없는 한 불가변력이 발생한다.
④ 환경영향평가를 거쳐야 함에도 불구하고 환경영향평가를 거치지 않고 개발사업승인을 한 처분에 대해서는 처분이 있은 후 1년이 도과한 경우라도 불가쟁력이 발생하지 않는다.
⑤ 구성요건적 효력에 대한 명시적인 법적 근거는 없으나 국가기관 상호 간에 관할권의 배분이 간접적 근거가 된다.

해설 ➤ ㊦

② 행정행위는 하자가 있는 경우에도 이후에 그에 대한 불복절차를 밟는 것은 별론으로 하고 공익을 추구하는 행정목적의 신속한 달성과 행정의 능률성 및 실효성 확보, 행정법관계의 안정과 그에 대한 상대방과 제3자의 신뢰를 보호하기 위한 정책적 필요성에서 인정된다는 행정정책설(법적 안정설)이 통설이다.

③ 과세처분에 관한 불복절차과정에서 과세관청이 그 불복사유가 옳다고 인정하고 이에 따라 필요한 처분을 하였을 경우에는, 불복제도와 이에 따른 시정방법을 인정하고 있는 구 국세기본법 제55조 제1항, 제3항 등 규정들의 취지에 비추어 동일 사항에 관하여 특별한 사유 없이 이를 번복하고 다시 종전의 처분을 되풀이할 수는 없는 것이므로, 과세처분에 관한 이의신청절차에서 과세관청이 이의신청 사유가 옳다고 인정하여 과세처분을 직권으로 취소한 이상 그 후 특별한 사유 없이 이를 번복하고 종전 처분을 되풀이하는 것은 허용되지 않는다(대판 2010.9.30, 2009두1020).
④ 환경영향평가를 거쳐야 함에도 거치지 않은 경우 주류적 판례는 취소사유라고 판시하고 있고, 무효사유라는 예외판례가 있다. 주류적 판례에 따를 때 취소사유일 경우 처분이 있은 날로부터 1년이 경과하면 불가쟁력이 발생한다. 다만, 무효사유가 맞는 것으로 출제된 경우가 2021년 국회직 9급, 2019년 지방직9급 시험을 포함해 9번이나 있었기 때문에 주의를 요한다.
[주류적 판례] 환경영향평가법령에서 정한 환경영향평가를 거쳐야 할 대상사업에 대하여 그러한 환경영향평가를 거치지 아니하였음에도 승인 등 처분을 하였다면 그 처분은 위법하다[대판(전합) 2006.3.16, 2006두330].
[예외판례] 환경영향평가를 거쳐야 할 대상사업에 대하여 환경영향평가를 거치지 아니하였음에도 불구하고 승인 등 처분이 이루어진다면, 사전에 환경영향평가를 함에 있어 평가대상지역 주민들의 의견을 수렴하고 그 결과를 토대로 하여 환경부장관과의 협의내용을 사업계획에 미리 반영시키는 것 자체가 원천적으로 봉쇄되는바, 이렇게 되면 환경파괴를 미연에 방지하고 쾌적한 환경을 유지·조성하기 위하여 환경영향평가제도를 둔 입법취지를 달성할 수 없게 되는 결과를 초래할 뿐만 아니라 환경영향평가 대상지역 안의 주민들의 직접적이고 개별적인 이익을 근본적으로 침해하게 되므로, 이러한 행정처분의 하자는 법규의 중요한 부분을 위반한 중대한 것이고 객관적으로도 명백한 것이라고 하지 않을 수 없어, 이와 같은 행정처분은 당연무효이다(대판 2006.6.30, 2005두14363).

정답 ④

7. 행정상 강제집행에 대한 설명으로 옳지 않은 것은? (다툼이 있는 경우 판례에 의함)?

19 국회직8급

① 관계 법령상 행정대집행의 절차가 인정되어 행정청이 행정대집행의 방법으로 건물 철거 등 대체적 작위의무의 이행을 실현할 수 있는 경우에는 따로 민사소송의 방법으로 그 의무의 이행을 구할 수 없다.
② 「건축법」에 위반된 건축물의 철거를 명하였으나 불응하자 이행강제금을 부과·징수한 후 이후에도 철거를 하지 아니하자 다시 행정대집행계고처분을 한 경우 그 계고처분은 유효하다.
③ 한국자산공사의 공매통지는 공매의 요건이 아니라 공매사실 자체를 체납자에게 알려주는 데 불과한 것으로서 행정처분에 해당한다고 할 수 없다.
④ 「건축법」상 이행강제금은 의무자에게 심리적 압박을 주어 시정명령에 따른 의무이행을 간접적으로 강제하는 강제집행수단이 아니라 시정명령의 불이행이라는 과거의 위반행위에 대한 금전적 제재에 해당한다.
⑤ 위법건축물에 대한 철거명령 및 계고처분에 불응하여 제2차, 제3차로 계고처분을 한 경우에 제2차, 제3차의 후행 계고처분은 행정처분에 해당하지 아니한다.

해설 ▸ 中

① 대판 2017.4.28, 2016다213916
② 이에 관한 명시적 판례는 없다. 다만, 대집행과 이행강제금을 선택적으로 활용하는 한 중첩적 제재가 아니라는 헌법재판소의 입장에 따를 때 위헌소지가 있다.
현행 건축법상 위법건축물에 대한 이행강제수단으로 대집행과 이행강제금(제83조 제1항)이 인정되고 있는데, 양 제도는 각각의 장·단점이 있으므로 행정청은 개별사건에 있어서 위반내용, 위반자의 시정의지 등을 감안하여 대집행과 이행강제금을 선택적으로 활용할 수 있으며, 이처럼 그 합리적인 재량에 의해 선택하여 활용하는 이상 중첩적인 제재에 해당한다고 볼 수 없다(헌재결 2004.2.26, 2001헌바80·84·102·103, 2002헌바26).
③ [파기 전 판결] 한국자산공사가 당해 부동산을 인터넷을 통하여 재공매(입찰)하기로 한 결정 자체는 내부적인 의사결정에 불과하여 항고소송의 대상이 되는 행정처분이라고 볼 수 없고, 또한 한국자산공사가 공매통지는 공매의 요건이 아니라 공매사실 자체를 체납자에게 알려주는 데 불과한 것으로서[이 부분은 대판(전합) 2008.11.20, 2007두18154에 의해 파기됨], 통지의 상대방의 법적 지위나 권리·의무에 직접 영향을 주는 것이 아니라고 할 것이므로 이것 역시 행정처분에 해당한다고 할 수 없다(대판 2007.7.27, 2006두8464).
그러나 공매의 요건이 아니라는 부분은 전원합의체 판결로 파기되었기 때문에 지문의 행정처분이 아니라는 결론은 맞지만 논거는 틀렸다.
[전원합의체 판결] 체납자 등에 대한 공매통지는 국가의 강제력에 의하여 진행되는 공매에서 체납자 등의 권리 내지 재산상의 이익을 보호하기 위하여 법률로 규정한 절차적 요건이라고 보아야 하며, 공매처분을 하면서 체납자 등에게 공매통지를 하지 않았거나 공매통지를 하였더라도 그것이 적법하지 아니한 경우에는 절차상의 흠이 있어 그 공매처분은 위법하다고 할 것이다. 다만, 공매통지의 목적이나 취지 등에 비추어 보면, 체납자 등은 자신에 대한 공매통지의 하자만을 공매처분의 위법사유로 주장할 수 있을 뿐 다른 권리자에 대한 공매통지의 하자를 들어 공매처분의 위법사유로 주장하는 것은 허용되지 않는다. 공매통지는 공매의 요건이 아니라 공매사실 자체를 체납자 등에게 알려주는 데 불과한 것이라는 취지로 판시한 대법원 1971. 2. 23. 선고 70누161 판결, 대법원 1996. 9. 6. 선고 95누12026 판결 등을 비롯한 같은 취지의 판결들은 이 판결의 견해에 배치되는 범위 내에서 이를 모두 변경하기로 한다[대판(전합) 2008.11.20, 2007두18154].

④ 이행강제금은 일정한 기한까지 의무를 이행하지 않을 때에는 일정한 금전적 부담을 과할 뜻을 미리 계고함으로써 의무자에게 심리적 압박을 주어 장래에 그 의무를 이행하게 하려는 행정상 간접적인 강제집행 수단의 하나로서 과거의 일정한 법률위반 행위에 대한 제재로서의 형벌이 아니라 장래의 의무이행의 확보를 위한 강제수단일 뿐이어서 범죄에 대하여 국가가 형벌권을 실행한다고 하는 과벌에 해당하지 아니하므로 헌법 제13조 제1항이 금지하는 이중처벌금지의 원칙이 적용될 여지가 없을 뿐 아니라, 건축법 제108조, 제110조에 의한 형사처벌의 대상이 되는 행위와 이 사건 법률조항에 따라 이행강제금이 부과되는 행위는 기초적 사실관계가 동일한 행위가 아니라 할 것이므로 이런 점에서도 이 사건 법률조항이 헌법 제13조 제1항의 이중처벌금지의 원칙에 위반되지 아니한다(헌재결 2011.10.25, 2009헌바140).
⑤ 대판 1994.10.28, 94누5144

정답 ③④

8. 행정상 제재에 대한 설명으로 옳지 않은 것은? (다툼이 있는 경우 판례에 의함)

20 지방직7급

① 관할 행정청이 이행강제금의 부과·징수를 게을리한 행위는 주민소송의 대상이 되는 공금의 부과·징수를 게을리한 사항에 해당한다.
② 구 「독점규제 및 공정거래에 관한 법률」상의 부당내부거래에 대한 과징금에는 행정상의 제재금으로서의 기본적 성격에 부당이득환수적 요소도 부가되어 있다.
③ 구 「법인세법」 제76조 제9항에 근거하여 부과하는 가산세는 형벌이 아니므로 행위자의 고의 또는 과실·책임능력·책임조건 등을 고려하지 아니하며, 조세의 부과절차에 따라 과징할 수 있다.
④ 양벌규정에 의한 영업주의 처벌은 금지위반행위자인 종업원의 처벌에 종속하는 것이므로 종업원의 범죄성립이나 처벌이 영업주 처벌의 전제조건이 된다.

해설 中

① 이 판례는 순수각론판례이기 때문에 7급시험에서는 출제할 수 있지만, 9급시험에서는 출제할 수가 없다. 따라서 9급시험만 준비하는 수험생은 이 판례를 무시해도 좋다.
이행강제금은 지방자치단체의 재정수입을 구성하는 재원 중 하나로서 「지방세외수입금의 징수 등에 관한 법률」에서 이행강제금의 효율적인 징수 등에 필요한 사항을 특별히 규정하는 등 부과·징수를 재무회계 관점에서도 규율하고 있으므로, 이행강제금의 부과·징수를 게을리한 행위는 주민소송의 대상이 되는 공금의 부과·징수를 게을리한 사항에 해당한다(대판 2015.9.10, 2013두16746).
② 구 「독점규제 및 공정거래에 관한 법률」 제24조의2에 의한 부당내부거래에 대한 과징금은 그 취지와 기능, 부과의 주체와 절차 등을 종합할 때 부당내부거래 억지라는 행정목적을 실현하기 위하여 그 위반행위에 대하여 제재를 가하는 행정상의 제재금으로서의 기본적 성격에 부당이득환수적 요소도 부가되어 있는 것이라 할 것이고, 이를 두고 헌법 제13조 제1항에서 금지하는 국가형벌권 행사로서의 '처벌'에 해당한다고는 할 수 없으므로, 공정거래법에서 형사처벌과 아울러 과징금의 병과를 예정하고 있더라도 이중처벌금지원칙에 위반된다고 볼 수 없으며, 이 과징금부과처분에 대하여 공정력과 집행력을 인정한다고 하여 이를 확정판결 전의 형벌집행과 같은 것으로 보아 무죄추정의 원칙에 위반된다고도 할 수 없다(헌재결 2003.7.24, 2001헌가25).
③ 가산세는 형벌이 아니므로 행위자의 고의 또는 과실·책임능력·책임조건 등을 고려하지 아니하고 가산세 과세요건의 충족 여부만을 확인하여 조세의 부과 절차에 따라 과징할 수 있다(헌재결 2006.7.27, 2004헌가13).
④ 양벌규정에 의한 영업주의 처벌은 금지위반행위자인 종업원의 처벌에 종속하는 것이 아니라 독립하여 그 자신의 종업원에 대한 선임감독상의 과실로 인하여 처벌되는 것이므로 종업원의 범죄성립이나 처벌이 영업주 처벌의 전제조건이 될 필요는 없다. 여행사 종업원이 여행사 홈페이지에 사진을 게시할 당시 사진의 저작권자가 누구인지 몰랐다 하더라도 타인의 저작물을 영리를 위하여 임의로 게시한다는 인식이 있었으므로 저작권 침해행위에 해당한다(대판 2006.2.24, 2005도7673).

정답 ④

9. 「행정대집행법」상 대집행에 대한 설명으로 옳지 않은 것은? (다툼이 있는 경우 판례에 의함) 20 지방직7급

① 행정청은 해가 지기 전에 대집행을 착수한 경우라도 해가 진 후에는 대집행을 할 수 없다.
② 무허가증축부분으로 인하여 건물의 미관이 나아지고 증축부분을 철거하는 데 비용이 많이 소요된다고 하더라도 건물철거대집행계고처분을 할 요건에 해당된다.
③ 계고처분의 후속절차인 대집행에 위법이 있다고 하더라도, 그와 같은 후속절차에 위법성이 있다는 점을 들어 선행절차인 계고처분이 부적법하다는 사유로 삼을 수는 없다.
④ 「건축법」에 위반하여 증·개축함으로써 철거의무가 있더라도 그 철거의무를 대집행하기 위한 계고처분을 하려면 다른 방법으로는 그 이행의 확보가 어렵고, 그 불이행을 방치함이 심히 공익을 해하는 것으로 인정되는 경우에 한한다.

해설 ➢ ㊦

① 행정청(제2조에 따라 대집행을 실행하는 제3자를 포함한다)은 해가 뜨기 전이나 해가 진 후에는 대집행을 하여서는 아니 된다. 다만, 다음 각 호의 어느 하나에 해당하는 경우에는 그러하지 아니하다(행정대집행법 제4조 제1항).

1. 의무자가 동의한 경우
2. 해가 지기 전에 대집행을 착수한 경우
3. 해가 뜬 후부터 해가 지기 전까지 대집행을 하는 경우에는 대집행의 목적 달성이 불가능한 경우
4. 그 밖에 비상시 또는 위험이 절박한 경우

② 엄밀히 말하면 틀린 지문이다. 소방도로침범, 불법건축물을 단속하는 당국의 권능을 무력화하거나(수회 무시) 건축허가 및 준공검사시에 소방시설, 주차시설, 교통소통의 원활화, 건물의 높이 등 인접건물과의 조화, 적정한 생활환경의 보호를 위한 건폐율, 용적률 기타 건축법 소정의 제한규정을 회피하고자 하는 경우(탈법행위), 합법화가 불가능한 경우 등과 같은 공익저해 표지가 있을 경우에만 적법하다는 것이 판례의 입장이다. 판례 독해도 제대로 못 하는 교수가 출제위원으로 들어가 사고를 쳤다. 한심하고, 누군지 몹시 궁금하다.
무허가증축부분으로 인하여 건물의 미관이 나아지고 위 증축부분을 철거하는 데 비용이 많이 소요된다고 하더라도 위 무허가증축부분을 그대로 방치한다면 이를 단속하는 당국의 권능이 무력화되어 건축행정의 원활한 수행이 위태롭게 되며 건축법 소정의 제한규정을 회피하는 것을 사전예방하고 또한 도시계획구역 안에서 토지의 경제적이고 효율적인 이용을 도모한다는 더 큰 공익을 심히 해할 우려가 있다고 보아 건물철거대집행계고처분을 할 요건에 해당된다고 한 사례(대판 1992.3.10, 91누4140)
③ 대판 1997.2.14, 96누15428
④ 대판 1993.9.14, 92누16690

정답 ①

10. 행정대집행에 대한 판례의 입장으로 옳은 것은? 16 지방직7급

① 법령상 부작위의무 위반에 대해 작위의무를 부과할 수 있는 법령의 근거가 없음에도, 행정청이 작위의무를 명한 후 그 의무불이행을 이유로 대집행계고처분을 한 경우 그 계고처분은 유효하다.
② 건축법에 위반한 건축물의 철거를 명하였으나 불응하자 이행강제금을 부과·징수한 후, 이후에도 철거를 하지 아니하자 다시 행정대집행계고처분을 한 경우 그 계고처분은 유효하다.
③ 계고서라는 명칭의 1장의 문서로 일정기간 내에 위법건축물의 자진철거를 명함과 동시에 그 소정기한 내에 자진철거를 하지 아니할 때에는 대집행할 뜻을 미리 계고한 경우, 철거명령에서 주어진 일정기간이 자진철거에 필요한 상당한 기간이라도 그 기간 속에 계고 시에 필요한 '상당한 이행기간'이 포함된다고 볼 수 없다.
④ 행정청이 대집행계고를 함에 있어서 의무자가 스스로 이행하지 아니하는 경우에 대집행할 행위의 내용 및 범위는 반드시 대집행계고서에 의해서만 특정되어야 하는 것이지, 계고처분 전후에 송달된 문서나 기타 사정을 종합하여 행위의 내용이 특정되거나 대집행 의무자가 그 이행의무의 범위를 알 수 있는 것만으로는 부족하다.

해설 中

① 건축법 제69조 등과 같은 부작위의무 위반행위에 대하여 대체적 작위의무로 전환하는 규정을 두고 있지 아니하므로 위 금지규정으로부터 그 위반결과의 시정을 명하는 원상복구명령을 할 수 있는 권한이 도출되는 것은 아니다. 결국 행정청의 원고에 대한 원상복구명령은 권한 없는 자의 처분으로 무효라고 할 것이고, 위 원상복구명령이 당연무효인 이상 후행처분인 계고처분의 효력에 당연히 영향을 미쳐 그 계고처분 역시 무효로 된다(대판 1996.6.28, 96누4374).

② 이에 관한 명시적 판례는 없다. 다만, 대집행과 이행강제금을 선택적으로 활용하는 한 중첩적 제재가 아니라는 헌법재판소의 입장에 따를 때 위헌소지가 있다.

현행 건축법상 위법건축물에 대한 이행강제수단으로 대집행과 이행강제금(제83조 제1항)이 인정되고 있는데, 양 제도는 각각의 장·단점이 있으므로 행정청은 개별사건에 있어서 위반내용, 위반자의 시정의지 등을 감안하여 대집행과 이행강제금을 선택적으로 활용할 수 있으며, 이처럼 그 합리적인 재량에 의해 선택하여 활용하는 이상 중첩적인 제재에 해당한다고 볼 수 없다(헌재결 2004.2.26, 2001헌바80·84·102·103, 2002헌바26).

③ 계고서라는 명칭의 1장의 문서로써 일정기간 내에 위법건축물의 자진철거를 명함과 동시에 그 소정기한 내에 자진철거를 하지 아니할 때에는 대집행할 뜻을 미리 계고한 경우라도 위 건축법에 의한 철거명령과 행정대집행법에 의한 계고처분은 독립하여 있는 것으로서 각 그 요건이 충족되었다고 볼 것이고, 이 경우 철거명령에서 주어진 일정기간이 자진철거에 필요한 상당한 기간이라면 그 기간 속에는 계고시에 필요한 '상당한 이행기간'도 포함되어 있다고 보아야 할 것이다(대판 1992.6.12, 91누13564).

④ 행정청이 건축법 제42조 제1항과 행정대집행법 제2조 및 제3조 제1항에 따라 건축법위반 건축물의 철거를 명하고 그 의무불이행시 행할 대집행의 계고를 함에 있어서는, 의무자가 이행하여야 할 행위와 그 의무불이행시 대집행할 행위의 내용 및 범위가 구체적으로 특정되어야 할 것이지만, 반드시 철거명령서나 대집행계고서에 의하여서만 특정되어야 하는 것은 아니고, 그 처분 전후에 송달된 문서나 기타 사정을 종합하여 이를 특정할 수 있으면 족하다(대판 1994.10.28, 94누5144).

정답 ②

11. **국토교통부장관은 X국도 중 A도에 속한 X1, X2, X3 구간의 유지·관리에 관한 권한을 A도지사에게 위임하였고, A도지사는 그중 A도 B군에 속한 X1 구간의 유지·관리에 관한 권한을 B군수에게 재위임하였다. 이에 대한 설명으로 옳지 않은 것은? (다툼이 있는 경우 판례에 의함)** 19 국가직7급

① 국토교통부장관의 A도지사에 대한 권한위임은 법률이 위임을 허용하는 경우에 한하여 인정된다.
② A도지사가 B군수에게 권한을 재위임하기 위해서는 국토교통부장관의 승인이 필요하다.
③ 권한의 위임과 재위임이 적법하게 이루어진 경우 X국도의 X1구간에 대하여 B군수가 유지·관리 권한을 갖고 국토교통부장관은 그 권한을 잃는다.
④ 권한의 위임과 재위임이 적법하게 이루어진 경우 X국도 X1구간의 유지·관리 사무의 귀속주체는 B군이다.

해설 中

①②는 각론의 논점이므로 9급수험생은 몰라도 된다.

① 권한의 위임과 위탁은 법적 권한의 이전을 초래하므로 행정조직법정주의에 따라 반드시 법적 근거가 있어야 한다.

② 특별시장 · 광역시장 · 특별자치시장 · 도지사 또는 특별자치도지사(특별시 · 광역시 · 특별자치시 · 도 또는 특별자치도의 교육감을 포함한다)나 시장 · 군수 또는 구청장(자치구의 구청장을 말한다)은 행정의 능률향상과 주민의 편의를 위하여 필요하다고 인정될 때에는 수임사무의 일부를 그 위임기관의 장의 승인을 받아 규칙으로 정하는 바에 따라 시장 · 군수 · 구청장(교육장을 포함한다) 또는 읍 · 면 · 동장, 그 밖의 소속기관의 장에게 다시 위임할 수 있다(「행정권한의 위임 및 위탁에 관한 규정」 제4조).

③④ 권한의 위임시 권한은 이전하지만, 사무귀속주체의 지위까지 이전하는 것은 아니라는 점을 주의해야 한다.

[권한의 이전] 도로의 유지·관리에 관한 상위 지방자치단체의 행정권한이 행정권한 위임조례에 의하여 하위 지방자치단체장에게 위임되었다면 그것은 기관위임이지 단순한 내부위임이 아니고 권한을 위임받은 하위 지방자치단체장은 도로의 관리청이 되며 위임 관청은 사무처리의 권한을 잃는다(대판 1996.11.8, 96다21331).

[사무관리주체] 도로법 제22조 제2항에 의하여 지방자치단체의 장인 시장이 국도의 관리청이 되었다 하더라도 이는 시장이 국가로부터 관리업무를 위임받아 국가행정기관의 지위에서 집행하는 것이므로 국가는 도로관리상 하자로 인한 손해배상책임을 면할 수 없다(대판 1993.1.26, 92다2684).

정답 ④

12. 「공익사업을 위한 토지 등의 취득 및 보상에 관한 법률」상 잔여지 수용청구 및 손실보상에 대한 설명으로 옳은 것은? (다툼이 있는 경우 판례에 의함) 19 지방직7급

① 동일한 토지소유자에 속하는 일단의 토지의 일부가 취득됨으로써 잔여지의 가격이 감소한 때에는 잔여지를 종래의 목적으로 사용하는 것이 가능한 경우라도 그 잔여지는 손실보상의 대상이 된다.
② 토지소유자가 잔여지 수용청구에 대한 재결절차를 거친 경우에는 곧바로 사업시행자를 상대로 잔여지 가격감소 등으로 인한 손실보상을 청구할 수 있다.
③ 잔여지 수용청구는 당해 공익사업의 공사완료일까지 해야 하지만, 토지소유자가 그 기간 내에 잔여지 수용청구권을 행사하지 않았더라도 그 권리가 소멸하는 것은 아니다.
④ 토지소유자가 사업시행자에게 잔여지 매수청구의 의사표시를 하였다면, 그 의사표시는 특별한 사정이 없는 한 관할 토지수용위원회에 한 잔여지 수용청구의 의사표시로 볼 수 있다.

해설 ➤ 中

① 사업시행자가 동일한 토지소유자에 속하는 일단의 토지 일부를 취득함으로 인하여 잔여지의 가격이 감소하거나 그 밖의 손실이 있을 때 등에는 잔여지를 종래의 목적으로 사용하는 것이 가능한 경우라도 잔여지 손실보상의 대상이 되며, 잔여지를 종래의 목적에 사용하는 것이 불가능하거나 현저히 곤란한 경우이어야만 잔여지 손실보상청구를 할 수 있는 것이 아니다(대판 2018.7.20, 2015두4044).
② 잔여지나 잔여건축물 수용 청구와 잔여지나 잔여건축물 가격감소로 인한 손실보상은 별개로 재결절차를 거쳐야 하고, 또한 수용대상토지에 대한 재결절차를 거친 경우에도 별도로 재결절차를 거쳐야 한다는 것이 판례의 입장이다.
[잔여지나 잔여건축물 수용 청구와 잔여지나 잔여건축물 가격감소로 인한 손실보상]토지소유자가 사업시행자로부터 공익사업법 제73조, 제75조의2에 따른 잔여지 또는 잔여 건축물 가격감소 등으로 인한 손실보상을 받기 위해서는 공익사업법 제34조, 제50조 등에 규정된 재결절차를 거친 다음 그 재결에 대하여 불복할 때 비로소 공익사업법 제83조 내지 제85조에 따라 권리구제를 받을 수 있을 뿐이며, 특별한 사정이 없는 한 이러한 재결절차를 거치지 않은 채 곧바로 사업시행자를 상대로 손실보상을 청구하는 것은 허용되지 않는다 할 것이고, 이는 잔여지 또는 잔여 건축물 수용청구에 대한 재결절차를 거친 경우라고 하여 달리 볼 것은 아니다(대판 2014.9.25, 2012두24092).
[수용대상토지 잔여지나 잔여건축물 가격감소로 인한 손실보상]토지소유자가 사업시행자로부터 공익사업법 제73조에 따른 잔여지 가격감소 등으로 인한 손실보상을 받기 위해서는 공익사업법 제34조, 제50조 등에 규정된 재결절차를 거친 다음 그 재결에 대하여 불복이 있는 때에 비로소 공익사업법 제83조 내지 제85조에 따라 권리구제를 받을 수 있을 뿐, 이러한 재결절차를 거치지 않은 채 곧바로 사업시행자를 상대로 손실보상을 청구하는 것은 허용되지 않는다고 봄이 상당하고, 이는 수용대상토지에 대하여 재결절차를 거친 경우에도 마찬가지라 할 것이다(대판 2012.11.29, 2011두22587).
③ 토지수용법에 의한 잔여지수용청구권은 그 요건을 구비한 때에는 토지수용위원회의 특별한 조치를 기다릴 것 없이 청구에 의하여 수용의 효과가 발생하는 형성권적 성질을 가지고, 그 행사기간은 제척기간으로서, 토지소유자가 그 행사기간 내에 잔여지수용청구권을 행사하지 아니하면 그 권리가 소멸한다(대판 2001.9.4, 99두11080).
④ 잔여지 수용청구의 의사표시는 관할 토지수용위원회에 하여야 하는 것으로서, 관할 토지수용위원회가 사업시행자에게 잔여지 수용청구의 의사표시를 수령할 권한을 부여하였다고 인정할 만한 사정이 없는 한, 사업시행자에게 한 잔여지 매수청구의 의사표시를 관할 토지수용위원회에 한 잔여지 수용청구의 의사표시로 볼 수는 없다(대판 2010.8.19, 2008두822).

정답 ①

13. 13. 판례의 입장으로 옳은 것(○)과 옳지 않은 것(×)을 바르게 연결한 것은? 20 지방직7급

ㄱ. 환지처분이 고시되어 효력을 발생한 이상, 환지처분의 대상이 된 특정 토지에 대한 개별적인 환지가 지정되어 있어야만 환지처분에 따른 소유권 상실의 효과가 그 토지에 대하여 발생하는 것은 아니다.
ㄴ. 국민건강보험공단에 의한 '직장가입자 자격상실 및 자격변동 안내' 통보 및 '사업장 직권탈퇴에 따른 가입자 자격상실 안내' 통보는 가입자 자격이 변동되는 효력을 가져오므로 항고소송의 대상이 되는 처분에 해당한다.
ㄷ. 감사원의 변상판정 처분에 대하여 위법 또는 부당하다고 인정하는 본인 등은 이 처분에 대하여 행정소송을 제기할 수 없고, 재결에 해당하는 재심의 판정에 대하여서만 감사원을 피고로 행정소송을 제기할 수 있다.
ㄹ. 직무집행과 관련하여 공상을 입은 군인 등이 먼저 「국가배상법」에 따라 손해배상금을 지급받은 다음, 구「국가유공자 등 예우 및 지원에 관한 법률」이 정한 보상금 등 보훈급여금의 지급을 청구하는 경우, 「국가배상법」에 따라 손해배상을 받았다는 이유로 그 지급을 거부할 수 없다.

	ㄱ	ㄴ	ㄷ	ㄹ
①	○	○	○	○
②	○	×	○	○
③	○	×	×	○
④	×	○	×	×

해설 ➤ 下

ㄱ 공용환지·공용환권은 각론 특별행정작용법 중 공용부담법에 속한다. 따라서 9급 수험생은 이 판례를 몰라도 된다.
일단 환지처분이 고시되어 효력을 발생한 이상, 환지처분의 대상이 된 특정 토지에 대한 개별적인 '환지'가 지정되어 있어야만 환지처분에 따른 소유권 상실의 효과가 그 토지에 대하여 발생하는 것은 아니다(대판 2019.1.31, 2018다255105).

ㄴ 국민건강보험 직장가입자 또는 지역가입자 자격 변동은 법령이 정하는 사유가 생기면 별도 처분 등의 개입 없이 사유가 발생한 날부터 변동의 효력이 당연히 발생하므로, 국민건강보험공단이 甲 등에 대하여 가입자 자격이 변동되었다는 취지의 '직장가입자 자격상실 및 자격변동 안내' 통보를 하였거나, 그로 인하여 사업장이 국민건강보험법상의 적용대상사업장에서 제외되었다는 취지의 '사업장 직권탈퇴에 따른 가입자 자격상실 안내' 통보를 하였더라도, 이는 甲 등의 가입자 자격의 변동 여부 및 시기를 확인하는 의미에서 한 사실상 통지행위에 불과할 뿐, 위 각 통보에 의하여 가입자 자격이 변동되는 효력이 발생한다고 볼 수 없고, 또한 위 각 통보로 甲 등에게 지역가입자로서의 건강보험료를 납부하여야 하는 의무가 발생함으로써 甲 등의 권리의무에 직접적 변동을 초래하는 것도 아니라는 이유로, 위 각 통보의 처분성이 인정되지 않는다고 보아 그 취소를 구하는 甲 등의 소를 모두 각하한 원심판단이 정당하다고 한 사례(대판 2019.2.14, 2016두41729)

ㄷ 감사원의 변상판정처분(원처분)에 대하여서는 행정소송을 제기할 수 없고, 재결에 해당하는 재심의판정에 대하여서만 감사원(감사원장이 아님)을 피고로 하여 행정소송을 제기할 수 있다(대판 1984.4.10, 84누91).

ㄹ 대판 2017.2.3, 2014두40012

정답 ②

14. 14. 행정소송에 대한 설명으로 옳은 것만을 모두 고르면?(다툼이 있는 경우 판례에 의함)? 21 국회직9급

ㄱ. 교수재임용거부처분을 취소한다는 교원소청심사위원회의 결정에 대해 대학교 총장은 그것의 취소를 구하는 행정소송을 제기할 당사자능력을 갖는다.
ㄴ. 과세관청의 소득처분에 따른 소득금액변동통지는 항고소송의 대상이 되는 행정처분이다.
ㄷ.「광주민주화운동관련자 보상 등에 관한 법률」에 따른 보상심의위원회의 결정은 처분성이 인정된다.
ㄹ. 통치행위에 부수하는 행위는 통치행위의 일환으로서 사법심사의 대상이 아니다.

① ㄱ, ㄴ
② ㄱ, ㄷ
③ ㄴ, ㄷ
④ ㄴ, ㄹ
⑤ ㄷ, ㄹ

해설 ➤ 中

ㄱ 위원회의 결정에 대하여 행정소송을 제기할 수 있는 자에는 교원지위법 제10조 제3항에서 명시하고 있는 교원, 사립학교법 제2조에 의한 학교법인, 사립학교 경영자뿐 아니라 소청심사의 피청구인이 된 학교의 장도 포함된다고 봄이 상당하다(대판 2011.6.24, 2008두9317).

ㄴ 과세관청의 소득처분과 그에 따른 소득금액변동통지가 있는 경우 원천징수의무자인 법인은 소득금액변동통지서를 받은 날에 그 통지서에 기재된 소득의 귀속자에게 당해 소득금액을 지급한 것으로 의제되어 그때 원천징수하는 소득세의 납세의무가 성립함과 동시에 확정되고, 원천징수의무자인 법인으로서는 소득금액변동통지서에 기재된 소득처분의 내용에 따라 원천징수세액을 그 다음달 10일까지 관할세무서장 등에게 납부하여야 할 의무를 부담하며, 만일 이를 이행하지 아니하는 경우에는 가산세의 제재를 받게 됨은 물론이고 형사처벌까지 받도록 규정되어 있는 점에 비추어 보면, 소득금액변동통지는 원천징수의무자인 법인의 납세의무에 직접 영향을 미치는 과세관청의 행위로서, 항고소송의 대상이 되는 조세행정처분이라고 봄이 상당하다[대판(전합) 2006.4.20, 2002두1878].

ㄷ 종래 광주민주화운동관련자 보상 등에 관한 법률」에 따른 보상심의위원회의 결정은 처분성을 부정하던 대법원 1992. 12. 24. 선고 92누3335 판결과 달리 최근 전원합의체 판결에서는 처분성을 인정하고 있다. 다만, 전원합의체 판결로서는 이례적으로 기존 판례를 파기하지는 않았기 때문에 정답에 논란이 예상된다.

「민주화운동관련자 명예회복 및 보상 등에 관한 법률」 제2조 각목은 민주화운동과 관련한 피해유형을 추상적으로 규정한 것에 불과하여 같은법 제2조 제1호에서 정의하고 있는 민주화운동의 내용을 함께 고려하더라도 그 규정들만으로는 바로 위 법상의 보상금 등의 지급대상자가 확정된다고 볼 수는 없고, 민주화운동관련자명예회복및보상심의위원회에서 심의·결정을 받아야만 비로소 보상금 등의 지급대상자로 확정될 수 있다. 따라서 그와 같은 보상심의위원회의 결정은 국민의 권리의무에 직접 영향을 미치는 행정처분에 해당한다고 할 것이므로, 관련자 등으로서 보상금 등을 지급받고자 하는 신청에 대하여 보상심의위원회가 관련자 해당 요건의 전부 또는 일부를 인정하지 아니하여 보상금 등의 지급을 기각하는 결정을 한 경우에는 신청인은 보상심의위원회를 상대로 그 결정의 취소를 구하는 소송을 제기하여 보상금 등의 지급대상자가 될 수 있다[대판(전합) 2008.4.17, 2005두16185].

ㄹ 가분행위의 이론이란 통치행위는 사법심사가 배제되지만, 통치행위로부터 분리될 수 있는 부수적인 행정작용은 사법심사의 대상이 된다는 이론이다. 따라서 부수행위는 사법심사의 대상이 될 수 있다.

정답 ①

15. 다단계행정결정에 대한 설명으로 옳지 않은 것은? (다툼이 있는 경우 판례에 의함) 22 국가직 9급

① 「공유재산 및 물품 관리법」에 근거하여 공모제안을 받아 이루어지는 민간투자사업 '우선협상대상자 선정행위'나 '우선협상대상자 지위배제행위'에서 '우선협상대상자 지위배제행위'만이 항고소송의 대상인 처분에 해당한다.
② 구 「원자력법」상 원자로 및 관계 시설의 부지사전승인처분 후 건설허가처분까지 내려진 경우, 선행처분은 후행처분에 흡수되어 건설허가처분만이 행정쟁송의 대상이 된다.
③ 공정거래위원회가 부당한 공동행위를 한 사업자에게 과징금 부과처분을 한 뒤 다시 자진신고 등을 이유로 과징금 감면처분을 한 경우, 선행처분은 후행처분에 흡수되어 소멸하므로 선행처분의 취소를 구하는 소는 부적법하다.
④ 자동차운송사업 양도·양수인가신청에 대하여 행정청이 내인가를 한 후 그 본인가신청이 있음에도 내인가를 취소한 경우, 다시 본인가에 대하여 별도로 인가 여부의 처분을 한다는 사정이 보이지 않는다면 내인가취소는 행정처분에 해당한다.

해설 ➤ 中

① 선정행위와 배제행위 모두 행정처분에 해당한다. 즉, 지방자치단체의 장이 공유재산법에 근거하여 기부채납 및 사용・수익허가 방식으로 민간투자사업을 추진하는 과정에서 사업시행자를 지정하기 위한 전 단계에서 공모제안을 받아 일정한 심사를 거쳐 우선협상대상자를 선정하는 행위와 이미 선정된 우선협상대상자를 그 지위에서 배제하는 행위는 민간투자사업의 세부내용에 관한 협상을 거쳐 공유재산법에 따른 공유재산의 사용・수익허가를 우선적으로 부여받을 수 있는 지위를 설정하거나 또는 이미 설정한 지위를 박탈하는 조치이므로 모두 항고소송의 대상이 되는 행정처분으로 보아야 한다(대판 2020.4.29, 2017두31064).
② 원자로 및 관계시설의 부지사전승인처분은 그 자체로서 건설부지를 확정하고 사전공사를 허용하는 법률효과를 지닌 독립한 행정처분이기는 하지만, 건설허가 전에 신청자의 편의를 위하여 미리 그 건설허가의 일부 요건을 심사하여 행하는 사전적 부분 건설허가처분의 성격을 갖고 있는 것이어서 나중에 건설허가처분이 있게 되면 그 건설허가처분에 흡수되어 독립된 존재가치를 상실함으로써 그 건설허가처분만이 쟁송의 대상이 되는 것이므로, 부지사전승인처분의 취소를 구하는 소는 소의 이익을 잃게 되고, 따라서 부지사전승인처분의 위법성은 나중에 내려진 건설허가처분의 취소를 구하는 소송에서 이를 다투면 된다(대판 1998.9.4, 97누19588).
③ 후행처분은 자진신고 감면까지 포함하여 처분 상대방이 실제로 납부하여야 할 최종적인 과징금액을 결정하는 종국적 처분이고, 선행처분은 이러한 종국적 처분을 예정하고 있는 일종의 잠정적 처분으로서 후행처분이 있을 경우 선행처분은 후행처분에 흡수되어 소멸한다. 따라서 위와 같은 경우에 선행처분의 취소를 구하는 소는 이미 효력을 잃은 처분의 취소를 구하는 것으로 부적법하다(대판 2015.2.12, 2013두987).

구 분	소송대상
자진신고를 한 경우 항고소송 대상이 되는 처분	감면처분
공정위가 원처분을 하고 이의신청 재결시 스스로의 판단에 의하여 감액처분을 하는 경우	선행처분
감면신청 기각처분의 경우	선행처분
법원 판결에 따라 공정위가 과징금을 재산정하는 경우	재산정처분
공정위의 과징금 부과처분을 지지한 원심을 대법원이 파기환송하였는데, 공정위가 판결 확정을 기다리지 않고 과징금을 재산정하는 처분을 한 경우	원처분

④ 내인가의 법적 성질이 행정행위의 일종으로 볼 수 있든 아니든 그것이 행정청의 상대방에 대한 의사표시임이 분명하고, 피고가 위 내인가를 취소함으로써 다시 본인가에 대하여 따로 인가 여부의 처분을 한다는 사정이 보이지 않는다면 위 내인가 취소를 인가신청을 거부하는 처분으로 보아야 할 것이다(대판 1991.6.28, 90누4402).

정답 ①

✦
삼봉 시리즈 활용 방법

삼봉공부법으로 철저히 무장하고 삼봉 행정법총론 시리즈를 활용하여 합격의 영광을 반드시 누리기 바란다.

1. 공부순서

삼봉 행정법총론(출간) → 삼봉 행정법총론 판례(근간) → 삼봉 행정법총론 기출문제(근간) → 삼봉 행정법총론 객관식(미정) → 삼봉 행정법총론 핵심정리

2. 이론서를 통한 충실한 실력의 확보

모든 과목이 마찬가지겠지만 실력의 원천은 문제집이 아닌 이론서에 있다. 따라서 먼저 이론서를 충실히 공부하는 것이 수험기간을 단축시키는 핵심적인 과정이라는 것을 강조하고 싶다.

3. 문제집을 통한 실전능력 배양

이론적 기초가 충실히 닦인다면 이제 문제를 통해 확인하고 복습하는 과정이 뒤따라야 한다. 문제집도 일단 난도가 낮은 기출문제집부터 정리하고 난도가 높은 객관식문제집 순으로 접근하는 것이 무난하다.

4. 핵심정리를 통한 완벽한 정리

오랜 수험생활을 해 온 수험생의 경우 한두 문제 차이로 불합격하는 가장 큰 이유가 정리를 제대로 못해서라고 생각한다. 시험을 앞둔 한 달의 시간은 그 전의 세 달에 해당할 정도로 중요한 시간이다. 따라서 마지막 한 달을 얼마나 효율적으로 정리하느냐가 절대적으로 중요한데, 이때 꼭 필요한 것이 핵심정리집이다. 핵심정리서는 지금까지 고시를 포함한 모든 시험에서 100점을 받을 수 있기에 충분한 핵심정리집이라는 사실을 검증받은 바 있다.

✦

최근 5개년 국가직 9급 행정법총론 기출문제 분석(2018-2022)

구 분	2018	2019	2020	2021	2022
계	20	20	20	20	20
총론종합	1	1	1	1	3
행정					
행정관념의 성립					
행정의 의의					
통치행위					
행정의 분류					
행정법	1	1	2	2	1
행정법의 의의					
행정법의 성립과 유형					
법률에 의한 행정의 원리		1			
행정법의 특수성					
우리나라 행정법의 기본원리					
행정법의 법원일반			1	1	
성문법					
불문법					
행정법의 일반법원칙	1		1	1	1
행정법의 효력					
행정법관계	1				1
행정법관계와 사법관계					1
행정법관계의 당사자					
행정법관계의 특질					
행정법관계의 내용	1				
행정법관계에 대한 사법규정의 적용					
특별행정법관계					
행정법상 법률요건과 법률사실	1		1		
의의 및 종류					
공법상의 사건					
공법상의 사무관리, 부당이득, 임치					
공법상의 행위	1		1		
행정입법	2	1	1	2	1
종합	1	1			1
법규명령	1			1	
행정규칙			1	1	
행정행위	2	4	4	4	4
행정행위 종합				1	1
행정행위의 개념					
행정행위의 특수성					
행정행위의 종류					1

구 분	2018	2019	2020	2021	2022
복효적 행정행위					
기속행위와 재량행위					
판단여지					
행정행위의 내용 종합					
허가				1	
인가		1	1		
특허					
준법률행위적 행정행위				1	
행정행위의 부관		1	1	1	
행정행위의 성립 및 효력발생	1		1		
행정행위의 효력		1			1
행정행위의 하자일반론·종합문제			1		1
행정행위의 치유와 전환					
행정행위의 하자의 승계	1				
행정행위의 무효					
행정행위의 취소					
행정행위의 철회		1			
행정행위의 실효					
그 밖의 행정의 주요 행위형식	**2**	**1**	**1**	**2**	
행정상의 확약	1				
행정계획			1	1	
공법상 계약	1			1	
공법상 합동행위					
공법상 사실행위					
비공식 행정작용					
행정지도		1			
행정의 자동화작용					
행정의 사법적 활동					
행정과정의 법적 규율	**2**	**2**	**2**	**2**	**2**
종합문제					
행정절차	1	1	1		1
행정규제의 개혁을 위한 법적 규율					
민원처리에 대한 법적 규율					
정보공개법		1	1	1	1
개인정보보호	1			1	
행정의 실효성확보수단	**3**	**3**	**3**	**3**	**3**
행정의 실효성확보수단 종합	1	2	1	1	
행정상 강제집행 일반				1	
행정상 대집행	1		1		
기타 강제집행					
행정상 즉시강제				1	1
행정조사	1				
행정벌		1	1		1
새로운 의무이행확보수단종합					

구 분	2018	2019	2020	2021	2022
복효적 행정행위					
기속행위와 재량행위					
판단여지					
행정행위의 내용 종합					
허가				1	
인가		1	1		
특허					
준법률행위적 행정행위				1	
행정행위의 부관		1	1	1	
행정행위의 성립 및 효력발생	1		1		
행정행위의 효력		1			1
행정행위의 하자일반론·종합문제			1		1
행정행위의 치유와 전환					
행정행위의 하자의 승계	1				
행정행위의 무효					
행정행위의 취소					
행정행위의 철회		1			
행정행위의 실효					
그 밖의 행정의 주요 행위형식	**2**	**1**	**1**	**2**	
행정상의 확약	1				
행정계획			1	1	
공법상 계약	1			1	
공법상 합동행위					
공법상 사실행위					
비공식 행정작용					
행정지도		1			
행정의 자동화작용					
행정의 사법적 활동					
행정과정의 법적 규율	**2**	**2**	**2**	**2**	**2**
종합문제					
행정절차	1	1	1		1
행정규제의 개혁을 위한 법적 규율					
민원처리에 대한 법적 규율					
정보공개법		1	1	1	1
개인정보보호	1			1	
행정의 실효성확보수단	**3**	**3**	**3**	**3**	**3**
행정의 실효성확보수단 종합	1	2	1	1	
행정상 강제집행 일반				1	
행정상 대집행	1		1		
기타 강제집행					
행정상 즉시강제				1	1
행정조사	1				
행정벌		1	1		1
새로운 의무이행확보수단종합					

구 분	2018	2019	2020	2021	2022
공표					
공급거부					
기타수단					1
행정구제개설					
행정상 손해전보	1	1	1	1	2
손해전보종합					
손해배상종합					
공무원의 직무상 불법행위책임	1	1		1	1
영조물의 설치관리의 하자배상책임			1		
행정상 손실보상제도					1
새로운 손해전보제도					
행정상 쟁송제도 종합	1				
행정심판	1	1	1	1	1
행정소송	2	5	3	2	2
종합	2				
행정사건에 대한 사법심사의 한계					
행정소송의 종류					
항고소송종합					1
원고적격				1	
피고적격			1		
협의의 소익		1			
대상적격		2			
기타소송요건				1	
가구제					
심리					
판결		2	1		1
무효등확인소송					
부작위위법확인소송			1		
당사자소송					
객관적 소송					

구 분	2018	2019	2020	2021	2022
계	20	20	20	20	20
판례문제	9	13	15	15	16
법률문제	1	1	2	1	1
법률 + 판례	7	4	2	1	2
학설					1
법률 + 학설					
학설 + 판례	2	1	1	2	
법률 + 학설 + 판례	1	1		1	
판례 관련 문제	19(95%)	19(95%)	18(90%)	19(95%)	18(90%)
사례문제	2(10%)	0	0	2(10%)	5(25%)

✦

나 __________은(는) 삼봉 선생님과 함께
끝까지 포기하지 않고 공부하여
반드시 합격할 것입니다.

ADMINISTRATION

제1장 행정

제2장 행정법

제3장 행정상 법률관계

제4장 행정법상의 법률요건과 법률사실

01

행정법통론

제1장
행정

제1절 행정의 의의

1. 실질적 의미의 행정에 해당하는 것으로만 묶인 것은? 15 지방직7급

ㄱ. 비상계엄의 선포 ㄴ. 집회의 금지통고 ㄷ. 행정심판의 재결 ㄹ. 일반법관의 임명 ㅁ. 대통령령의 제정 ㅂ. 통고처분

① ㄱ, ㄷ ② ㄴ, ㄷ
③ ㄴ, ㄹ ④ ㅁ, ㅂ

해설 

행정의 개념은 각 '기관에 분배된 권한', 즉 주체를 표준으로 한 형식적 의미의 행정과 '국가작용의 성질'을 표준으로 한 실질적 의미의 행정으로 나누어진다. 실질적 의미의 행정은 통상 인사행정, 재무행정(예산편성, 집행)을 말한다.
ㄱ. 비상계엄의 선포는 협의의 행정이 아닌 통치행위에 해당한다.
ㄴ. 형식적 의미의 행정, 실질적 의미의 행정
ㄷ. 형식적 의미의 행정, 실질적 의미의 사법
ㄹ. 형식적 의미의 사법, 실질적 의미의 행정
ㅁ. 형식적 의미의 행정, 실질적 의미의 입법
ㅂ. 형식적 의미의 행정, 실질적 의미의 사법

정답 ③

메모

제2절 통치행위

1. 통치행위에 대한 설명으로 옳지 않은 것은? (다툼이 있는 경우 판례에 의함) 15 국가직9급

① 헌법재판소는 대통령의 해외파병 결정은 국방 및 외교와 관련된 고도의 정치적 결단을 요하는 문제로서 헌법과 법률이 정한 절차를 지켜 이루어진 것이 명백한 이상 사법적 기준만으로 이를 심판하는 것은 자제되어야 한다고 판시하였다.
② 비상계엄의 선포와 그 확대행위가 국헌문란의 목적을 달성하기 위하여 행하여진 경우에는 법원은 그 자체가 범죄행위에 해당하는지의 여부에 관하여 심사할 수 있다.
③ 남북정상회담 개최는 고도의 정치적 성격을 지니고 있는 행위로서 사법심사의 대상으로 하는 것은 적절치 못하므로 그 개최과정에서 당국에 신고하지 아니하거나 승인을 얻지 아니한 채 북한 측에 송금한 행위는 사법심사의 대상이 되지 않는다.
④ 대통령의 긴급재정경제명령은 고도의 정치적 결단에 의하여 발동되는 이른바 통치행위에 속하지만 그것이 국민의 기본권 침해와 직접 관련되는 경우에는 헌법재판소의 심판대상이 된다.

해설 ➤ ㊥

① 이 사건 파병결정은 대통령이 파병의 정당성뿐만 아니라 북한 핵 사태의 원만한 해결을 위한 동맹국과의 관계, 우리나라의 안보문제, 국·내외 정치관계 등 국익과 관련한 여러 가지 사정을 고려하여 파병부대의 성격과 규모, 파병기간을 국가안전보장회의의 자문을 거쳐 결정한 것으로, 그 후 국무회의 심의·의결을 거쳐 국회의 동의를 얻음으로써 헌법과 법률에 따른 절차적 정당성을 확보했음을 알 수 있다. 그렇다면 이 사건 파견결정은 그 성격상 국방 및 외교에 관련된 고도의 정치적 결단을 요하는 문제로서, 헌법과 법률이 정한 절차를 지켜 이루어진 것임이 명백하므로(적법절차준수를 논거), 대통령과 국회의 판단은 존중되어야 하고 헌법재판소가 사법적 기준만으로 이를 심판하는 것은 자제되어야 한다. 이에 대하여는 설혹 사법적 심사의 회피로 자의적 결정이 방치될 수도 있다는 우려가 있을 수 있으나 그러한 대통령과 국회의 판단은 궁극적으로는 선거를 통해 국민에 의한 평가와 심판을 받게 될 것이다(헌재결 2004.4.29, 2003헌마814).
② 비상계엄의 선포나 확대가 국헌문란의 목적을 달성하기 위하여 행하여진 경우에는 법원은 그 자체가 범죄행위에 해당하는지의 여부에 관하여 심사할 수 있다[대판(전합) 1997.4.17, 96도3376].
③ 가분행위의 이론이란 통치행위는 사법심사가 배제되지만, 통치행위로부터 분리될 수 있는 행정작용은 사법심사의 대상이 된다는 이론이다. 대법원판례도 '남북정상회담의 개최'는 통치행위이지만, '대북송금행위'는 통치행위가 아니라고 판시함으로써 가분행위의 이론을 반영하고 있다. 즉, 남북정상회담의 개최는 고도의 정치적 성격을 지니고 있는 행위라 할 것이므로 특별한 사정이 없는 한 그 당부를 심판하는 것은 사법권의 내재적·본질적 한계를 넘어서는 것이 되어 적절하지 못하다(대판 2004.3.26, 2003도7878). 그러나 남북정상회담의 개최과정에서 재정경제부장관에게 신고하지 아니하거나 통일부장관의 협력사업 승인을 얻지 아니한 채 북한측에 사업권의 대가명목으로 송금한 행위 자체는 헌법상 법치국가의 원리와 법 앞에 평등원칙 등에 비추어 볼 때 사법심사의 대상이 된다(대판 2004.3.26, 2003도7878).
④ 헌법재판소는 헌법의 수호와 국민의 기본권 보장을 사명으로 하는 국가기관이므로 비록 고도의 정치적 결단에 의하여 행해지는 국가작용이라고 할지라도 그것이 국민의 기본권 침해와 직접 관련되는 경우에는 당연히 헌법재판소의 심판대상이 된다(헌재결 1996.2.29, 93헌마186).

정답 ③

2. 통치행위에 대한 판례의 입장으로 옳지 않은 것은? 17 지방직9급

① 고도의 정치적 성격을 지니는 남북정상회담 개최과정에서 정부에 신고하지 아니하거나 협력사업 승인을 얻지 아니한 채 북한측에 사업권의 대가 명목으로 송금한 행위 자체는 사법심사의 대상이 된다.
② 기본권 보장의 최후 보루인 법원으로서는 사법심사권을 행사함으로써, 대통령의 긴급조치권 행사로 인하여 우리나라 헌법의 근본이념인 자유민주적 기본질서가 부정되는 사태가 발생하지 않도록 그 책무를 다하여야 한다.
③ 신행정수도건설이나 수도이전문제는 그 자체로 고도의 정치적 결단을 요하므로 사법심사의 대상에서 제외되고, 그것이 국민의 기본권 침해와 관련되는 경우에도 헌법재판소의 심판대상이 될 수 없다.
④ 외국에의 국군 파견결정은 그 성격상 국방 및 외교에 관련된 고도의 정치적 결단을 요하는 문제로서, 헌법과 법률이 정한 절차가 지켜진 것이라면 대통령과 국회의 판단은 존중되어야 하고 사법적 기준만으로 이를 심판하는 것은 자제되어야 한다.

해설 

① 남북정상회담의 개최과정에서 재정경제부장관에게 신고하지 아니하거나 통일부장관의 협력사업 승인을 얻지 아니한 채 북한측에 사업권의 대가명목으로 송금한 행위 자체는 헌법상 법치국가의 원리와 법 앞에 평등원칙 등에 비추어 볼 때 사법심사의 대상이 된다(대판 2004.3.26, 2003도7878).

② 기본권 보장의 최후 보루인 법원으로서는 마땅히 긴급조치 제1호에 규정된 형벌법규에 대하여 사법심사권을 행사함으로써, 대통령의 긴급조치권 행사로 인하여 국민의 기본권이 침해되고 나아가 우리나라 헌법의 근본이념인 자유민주적 기본질서가 부정되는 사태가 발생하지 않도록 그 책무를 다하여야 할 것이다[대판(전합) 2010.12.16, 2010도5986].

③ 신행정수도건설이나 수도이전의 문제가 정치적 성격을 가지고 있는 것은 인정할 수 있지만, 그 자체로 고도의 정치적 결단을 요하여 사법심사의 대상으로 하기에는 부적절한 문제라고까지는 할 수 없다. 더구나 이 사건 심판의 대상은 이 사건 법률의 위헌여부이고 대통령의 행위의 위헌여부가 아닌바, 법률의 위헌여부가 헌법재판의 대상으로 된 경우 당해법률이 정치적인 문제를 포함한다는 이유만으로 사법심사의 대상에서 제외된다고 할 수는 없다(헌재결 2004.10.21, 2004헌마554·566).

④ 이 사건 파견결정은 그 성격상 국방 및 외교에 관련된 고도의 정치적 결단을 요하는 문제로서, 헌법과 법률이 정한 절차를 지켜 이루어진 것임이 명백하므로(적법절차준수를 논거), 대통령과 국회의 판단은 존중되어야 하고 헌법재판소가 사법적 기준만으로 이를 심판하는 것은 자제되어야 한다. 이에 대하여는 설혹 사법적 심사의 회피로 자의적 결정이 방치될 수도 있다는 우려가 있을 수 있으나 그러한 대통령과 국회의 판단은 궁극적으로는 선거를 통해 국민에 의한 평가와 심판을 받게 될 것이다(헌재결 2004.4.29, 2003헌마814).

정답 ③

메모

제2장 행정법

제1절 행정법의 성립과 발달

1. 행정법에 대한 설명으로 옳지 않은 것은? 11 국가직9급

① 대륙법계는 공법과 사법(私法)의 구별을 강조하면서 행정사건은 사법(司法)법원이 아닌 별도의 법원(재판소)의 관할에 속하도록 하고 있다.
② 프랑스에서 행정법원(재판소, Conseil d'Etat)이 출범하게 된 배경은 대혁명 이후 행정사건에 대한 사법(司法)법원의 간섭을 배제하기 위한 필요성과 관련이 있다.
③ 공법과 사법(私法)의 구별을 강조하지 않는 영·미법계 국가에서는 오늘날 행정법의 특수성은 인정되지 않으며 행정기관의 결정에 대한 재판권은 통상의 사법(司法)법원이 행사한다.
④ 우리나라의 행정법은 전통적으로 대륙법계의 영향을 받아 행정에 특유한 공법으로서의 성격을 강조하고 있으면서도 행정사건은 별도의 행정법원(재판소)이 아닌 사법(司法)법원의 관할에 속한다.

해설 ㊦

③ 20세기에 접어들면서 각종 사회·경제적 문제가 대두됨에 따라 행정권이 확대·강화(행정국가화)되면서 무수한 행정위원회(주제통상위원회, 연방거래위원회, 연방동력위원회, 증권거래위원회, 연방통신위원회, 전국노동관계위원회, 민간항공위원회 등)가 설치되어, 행정위원회의 권한, 특히 권한행사의 절차, 그 활동에 대한 사법심사 등에 관한 법과 절차법을 중심으로 하여 행정법이 성립·발달하였다.

정답 ③

메모

제2절 행정법의 특수성

2. 행정법의 특성에 관한 설명으로 가장 옳지 않은 것은? 05 노동부선관위9급

① 행정법은 의사자유를 원칙으로 하는 사법과는 달리 일방적·획일적으로 적용되므로 성문성이 강하게 요구된다.
② 법률에 시행령, 시행규칙을 두고 있는 것은 행정법으로 보아도 무방하다.
③ 원래 명령은 행정에 의한 입법형태를 의미하는 것이었다. 이 중 특별히 법규성을 갖춘 것은 법규명령이라고 부른다.
④ 행정법은 주로 효력규정으로 되어 있어 이에 위반하면 법적 효력이 없게 된다.

해설 ➤ ㊦

④ 행정법은 주로 명령규정(단속규정)이기 때문에 그에 위반한 행위라도 유효하다.

정답 ④

메모

제3절 법치행정의 원리

3. 법치행정에 대한 설명으로 옳지 않은 것은? (다툼이 있는 경우 판례에 의함) 19 국회직8급

① 「공공기관의 운영에 관한 법률」 규정에 따른 '입찰참가자격의 제한기준 등에 관하여 필요한 사항은 기획재정부령으로 정한다'는 부분은 의회유보원칙에 위배되지 않는다.
② 개인택시기사가 음주운전사고로 사망한 경우 음주운전이 운전면허취소사유로만 규정되어 있으므로 관할 관청은 당해 음주운전사고를 이유로 개인택시운송사업면허를 바로 취소할 수는 없다.
③ 복종의무가 있는 군인은 상관의 지시와 명령에 대하여 재판청구권을 행사하기 이전에 군인복무규율에 규정된 내부적 절차를 거쳐야 한다.
④ 공개적 토론의 필요성과 상충하는 이익 사이의 조정 필요성이 클수록 국회의 법률에 의하여 직접 규율될 필요성은 증대된다.
⑤ 관할 행정청은 토지분할이 관계 법령상 제한에 해당되어 명백히 불가능하다고 판단되는 경우에는 토지분할 조건부 건축허가를 거부하여야 한다.

해설 ▸ 中

① 이 사건 위임조항은 이 사건 제한조항에 따른 제재처분에 관하여 세부적으로 필요한 사항을 기획재정부령으로 정하도록 위임하고 있다. 그런데 제재처분의 본질적인 사항인 입찰참가자격 제한처분의 주체, 사유, 대상, 기간 및 내용 등은 이 사건 제한조항에서 이미 규정되어 있으므로, 이 사건 위임조항은 의회유보원칙에 위배되지 않는다(헌재결 2017.8.31, 2015헌바388).
② 구 여객자동차운수사업법 제76조 제1항 제15호, 같은법 시행령 제29조에는 관할관청은 개인택시운송사업자의 운전면허가 취소된 때에 그의 개인택시운송사업면허를 취소할 수 있도록 규정되어 있을 뿐 그에게 운전면허 취소사유가 있다는 사유만으로 개인택시운송사업면허를 취소할 수 있도록 하는 규정은 없으므로, 관할관청으로서는 비록 개인택시운송사업자에게 운전면허 취소사유가 있다 하더라도 그로 인하여 운전면허 취소처분이 이루어지지 않은 이상 개인택시운송사업면허를 취소할 수는 없다. 개인택시운송사업자가 음주운전을 하다가 사망한 경우 망인의 운전면허를 취소하는 것은 불가능하고, 음주운전 그 자체는 개인택시운송사업면허의 취소사유가 될 수는 없으므로, 음주운전을 이유로 한 개인택시운송사업면허의 취소처분은 위법하다고 한 사례(대판 2008.5.15, 2007두26001)
③ 구 군인사법의 위임에 따라 제정된 구 군인복무규율 제24조와 제25조는 건의와 고충심사에 관하여 규정하고 있다. 위 조항들은 군에 유익하거나 정당한 의견이 있는 경우 부하는 지휘계통에 따라 상관에게 건의할 수 있고(구 군인복무규율 제24조 제1항), 부당한 대우를 받거나 현저히 불편 또는 불리한 상태에 있다고 판단될 경우 지휘계통에 따라 상담, 건의 또는 고충심사를 청구할 수 있다(구 군인복무규율 제25조 제1항)는 내용이므로, 이를 군인에게 건의나 고충심사를 청구하여야 할 의무를 부과한 조항이라고 해석하는 것은 문언의 통상적인 의미를 벗어난다. 나아가 관련 법령의 문언과 체계에 비추어 보면, 건의 제도의 취지는 위법 또는 오류의 의심이 있는 명령을 받은 부하가 명령 이행 전에 상관에게 명령권자의 과오나 오류에 대하여 자신의 의견을 제시할 수 있도록 함으로써 명령의 적법성과 타당성을 확보하고자 하는 것일 뿐 그것이 군인의 재판청구권 행사에 앞서 반드시 거쳐야 하는 군 내 사전절차로서의 의미를 갖는다고 보기 어렵다[대판(전합) 2018.3.22, 2012두26401].
④ 어떠한 사안이 국회가 형식적 법률로 스스로 규정하여야 하는 본질적 사항에 해당되는지는, 구체적 사례에서 관련된 이익 내지 가치의 중요성, 규제 또는 침해의 정도와 방법 등을 고려하여 개별적으로 결정하여야 하지만, 규율대상이 국민의 기본권 및 기본적 의무와 관련한 중요성을 가질수록 그리고 그에 관한 공개적 토론의 필요성 또는 상충하는 이익 사이의 조정 필요성이 클수록, 그것이 국회의 법률에 의해 직접 규율될 필요성은 더 증대된다[대판(전합) 2015.8.20, 2012두23808].
⑤ 구 건축법 제2조 제1호, 구 「건축법 시행령」 제3조 제2항 제5호에 따르면, 건축행정청은 하나 이상의 필지의 일부를 하나의 대지로 삼아 건축공사를 완료한 후 사용승인을 신청할 때까지 토지분할절차를 완료할 것을 조건으로 건축허가를 할 수 있다(토지분할 조건부 건축허가). 이와 같은 토지분할 조건부 건축허가는, 건축허가 신청에 앞서 토지분할절차를 완료하도록 하는 대신, 건축허가 신청인의 편의를 위해 건축허가에 따라 우선 건축공사를 완료한 후 사용승인을 신청할 때까지 토지분할절차를 완료할 것을 허용하는 취지이다. 행정청이 객관적으로 처분상대방이 이행할 가능성이 없는 조건을 붙여 행정처분을 하는 것은 법치행정의 원칙상 허용될 수 없으므로, 건축행정청은 신청인의 건축계획상 하나의 대지로 삼으려고 하는 '하나 이상의 필지의 일부'가 관계 법령상 토지분할이 가능한 경우인지를 심사하여 토지분할이 관계 법령상 제한에 해당되어 명백히 불가능하다고 판단되는 경우에는 토지분할 조건부 건축허가를 거부하여야 한다. 다만 예외적으로 토지분할이 재량행위인 개발행위허가의 대상이 되는 경우, 개발행위에 해당하는 토지분할을 허가할지에 관한 처분권한은 개발행위허가 행정청에 있고, 토지분할 허가 가능성에 관한 건축행정청의 판단이 개발행위허가 행정청의 판단과 다를 여지도 있으므로, 건축행정청은 자신의 심사 결과 토지분할에 대한 개발행위허가를 받기 어렵다고 판단되는 경우에는 개발행위허가 행정청의 전문적인 판단을 먼저 받아보라는 의미에서 건축허가 신청인이 먼저 토지분할절차를 거쳐야 한다는 이유로 토지분할 조건부 건축허가를 거부할 수는 있다. 그러나 이러한 사유가 아니라면 건축행정청은 건축허가신청이 건축법 등 관계 법령에서 정하는 어떠한 제한에 해당되지 않는 이상 같은 법령에서 정하는 건축허가를 하여야 하고, 중대한 공익상의 필요가 없음에도 요건을 갖춘 자에 대한 허가를 관계 법령에서 정하는 제한사유 이외의 사유를 들어 거부할 수는 없다(대판 2018.6.28, 2015두47737).

정답 ③

4. 법률유보의 원칙에 대한 설명으로 옳지 않은 것은? 17 국가직9급

① 다수설에 따르면 행정지도에 관해서 개별법에 근거규정이 없는 경우 행정지도의 상대방인 국민에게 미치는 효력을 고려하여 행정지도를 할 수 없다고 본다.
② 대법원은 지방의회의원에 대하여 유급보좌인력을 두는 것은 지방의회의원의 신분·지위 및 그 처우에 관한 현행 법령상의 제도에 중대한 변경을 초래하는 것으로서, 이는 개별 지방의회의 조례로써 규정할 사항이 아니라 국회의 법률로써 규정하여야 할 입법사항이라고 한다.
③ 헌법재판소는 토지등소유자가 도시환경정비사업을 시행하는 경우, 사업시행인가 신청시 필요한 토지등소유자의 동의정족수를 정하는 것은 국민의 권리와 의무의 형성에 관한 기본적이고 본질적인 사항으로 법률유보 내지 의회유보의 원칙이 지켜져야 할 영역이라고 한다.
④ 헌법재판소는 법률에 근거를 두면서 헌법 제75조가 요구하는 위임의 구체성과 명확성을 구비하는 경우에는 위임입법에 의하여도 기본권을 제한할 수 있다고 한다.

해설 ➤ 下

① 행정지도는 법적 성질이 비권력적 사실행위이고, 행정지도는 법률이 흠결된 경우 새로운 행정수요에 신축적·탄력적으로 대응하기 위한 수단이라는 장점이 있는데, 법적 근거를 요하면 이러한 행정지도의 장점이 사라지게 되기 때문에 법적 근거를 요하지 않는다는 부정설이 다수설이다.
② 지방의회의원에 대하여 유급보좌인력을 두는 것은 지방의회의원의 신분·지위 및 그 처우에 관한 현행 법령상의 제도에 중대한 변경을 초래하는 것으로서, 이는 개별 지방의회의 조례로써 규정할 사항이 아니라 국회의 법률로써 규정하여야 할 입법사항이다(대판 2013.1.16, 2012추84).
③ 토지등 소유자가 도시환경정비사업을 시행하는 경우 사업시행인가 신청시 필요한 토지등 소유자의 동의는, 개발사업의 주체 및 정비구역 내 토지등 소유자를 상대로 수용권을 행사하고 각종 행정처분을 발할 수 있는 행정주체로서의 지위를 가지는 사업시행자를 지정하는 문제로서, 그 동의요건을 정하는 것은 국민의 권리와 의무의 형성에 관한 기본적이고 본질적인 사항이므로 국회가 스스로 행하여야 하는 사항에 속하는 것임에도 불구하고, 사업시행인가 신청에 필요한 동의정족수를 토지등 소유자가 자치적으로 정하여 운영하는 규약에 정하도록 한 것은 법률유보원칙에 위반된다(헌재결 2012.4.24, 2010헌바1). 다만 대법원은 동의요건은 사업시행인가 신청에 대한 토지 등 소유자의 사전 통제를 위한 절차적 요건에 불과하므로 본질사항이 아니라고 판시(대판 2007.10.12, 2006 두14476)하고 있다.
④ 국민의 기본권은 헌법 제37조 제2항에 의하여 국가안전보장, 질서유지 또는 공공복리를 위하여 필요한 경우에 한하여 이를 제한할 수 있으나 그 제한은 원칙적으로 법률로써만 가능하며, 제한하는 경우에도 기본권의 본질적 내용을 침해할 수 없고 필요한 최소한도에 그쳐야 한다. 이러한 법률유보의 원칙은 '법률에 의한' 규율만을 뜻하는 것이 아니라 '법률에 근거한' 규율을 요청하는 것이므로 기본권 제한의 형식이 반드시 법률의 형식일 필요는 없고 법률에 근거를 두면서 헌법 제75조가 요구하는 위임의 구체성과 명확성을 구비하기만 하면 위임입법에 의하여도 기본권 제한을 할 수 있다 할 것이다(헌재결 2005.2.24, 2003헌마289).

정답 ①

5. 법률유보원칙에 대한 판례의 입장으로 옳지 않은 것은? 17 지방직9급

① 대법원은 구 「도시 및 주거환경정비법」 제28조 제4항 본문이 사업시행인가 신청시의 동의요건을 조합의 정관에 포괄적으로 위임한 것은 헌법 제75조가 정하는 포괄위임입법금지의 원칙이 적용되어 이에 위배된다고 하였다.
② 헌법재판소는 법률유보의 형식에 대하여 반드시 법률에 의한 규율만이 아니라 법률에 근거한 규율이면 되기 때문에 기본권제한의 형식이 반드시 법률의 형식일 필요는 없다고 하였다.
③ 헌법재판소는 중학교 의무교육 실시여부 자체는 법률로 정하여야 하는 기본사항으로서 법률유보사항이나 그 실시의 시기, 범위 등 구체적 실시에 필요한 세부사항은 법률유보사항이 아니라고 하였다.
④ 대법원은 지방의회의원에 대하여 유급보좌인력을 두는 것은 지방의회의원의 신분·지위 및 그 처우에 관한 현행 법령상의 제도에 중대한 변경을 초래하는 것으로서, 이는 개별 지방의회의 조례로써 규정할 사항이 아니라 국회의 법률로써 규정할 입법사항이라고 하였다.

해설 ➤ 中

① 구 「도시 및 주거환경정비법」상 사업시행자에게 사업시행계획의 작성권이 있고 행정청은 단지 이에 대한 인가권만을 가지고 있으므로 사업시행자인 조합의 사업시행계획 작성은 자치법적 요소를 가지고 있는 사항이라 할 것이고, 이와 같이 사업시행계획의 작성이 자치법적 요소를 가지고 있는 이상, 조합의 사업시행인가 신청시의 토지 등 소유자의 동의요건 역시 자치법적 사항이라 할 것이며, 따라서 2005.3.18. 법률 제7392호로 개정된 「도시 및 주거환경정비법」 제28조 제4항 본문이 사업시행인가 신청시의 동의요건을 조합의 정관에 포괄적으로 위임하고 있다고 하더라도 헌법 제75조가 정하는 포괄위임입법금지의 원칙이 적용되지 아니하므로 이에 위배된다고 할 수 없다. 그리고 조합의 사업시행인가 신청시의 토지 등 소유자의 동의요건이 비록 토지 등 소유자의 재산상 권리·의무에 영향을 미치는 사업시행계획에 관한 것이라고 하더라도, 그 동의요건은 사업시행인가 신청에 대한 토지 등 소유자의 사전 통제를 위한 절차적 요건에 불과하고 토지 등 소유자의 재산상 권리·의무에 관한 기본적이고 본질적인 사항이라고 볼 수 없으므로 법률유보 내지 의회유보의 원칙이 반드시 지켜져야 하는 영역이라고 할 수 없고, 따라서 개정된 도시 및 주거환경정비법 제28조 제4항 본문이 법률유보 내지 의회유보의 원칙에 위배된다고 할 수 없다(대판 2007.10.12, 2006두14476).

② 법률유보의 원칙은 '법률에 의한' 규율만을 뜻하는 것이 아니라 '법률에 근거한' 규율을 요청하는 것이므로 기본권 제한의 형식이 반드시 법률의 형식일 필요는 없고 법률에 근거를 두면서 헌법 제75조가 요구하는 위임의 구체성과 명확성을 구비하기만 하면 위임입법에 의하여도 기본권 제한을 할 수 있다 할 것이다(헌재결 2005.2.24, 2003헌마289).

③ 중학교 의무교육의 실시 여부 자체라든가 그 연한은 교육제도의 수립에 있어서 본질적 내용으로서 국회입법에 유보되어 있어서 반드시 형식적 의미의 법률로 규정되어야 할 기본적 사항이라 하겠으나(이에 따라서 교육법 제8조에서 3년의 중등교육을 반드시 실시하여야 하도록 규정하고 있다), 그 실시의 시기·범위 등 구체적인 실시에 필요한 세부사항에 관하여는 반드시 그런 것은 아니다(헌재결 1991.2.11, 90헌가27).

④ 지방의회의원에 대하여 유급보좌인력을 두는 것은 지방의회의원의 신분·지위 및 그 처우에 관한 현행 법령상의 제도에 중대한 변경을 초래하는 것으로서, 이는 개별 지방의회의 조례로써 규정할 사항이 아니라 국회의 법률로써 규정하여야 할 입법사항이다(대판 2013.1.16, 2012추84).

정답 ①

6. 행정의 법률적합성의 원칙에 대한 설명으로 옳지 않은 것은? (다툼이 있는 경우 판례에 의함) 17 국가직7급

① 법률유보의 원칙에서 요구되는 행정권 행사의 법적 근거는 작용법적 근거를 말하며 원칙적으로 개별적 근거를 의미한다.

② 법규에 명문의 근거가 없음에도 환경보전이라는 중대한 공익상의 이유로 산림훼손허가를 거부하는 것은 법률유보의 원칙에 비추어 허용되지 않는다.

③ 행정청이 행정처분의 단계에서 당해 처분의 근거가 되는 법률이 위헌이라 판단하여 그 적용을 거부하는 것은 권력분립의 원칙상 허용될 수 없다.

④ 납세의무자에게 조세의 납부의무뿐만 아니라 스스로 과세표준과 세액을 계산하여 신고하여야 하는 의무까지 부과하는 경우에 신고의무불이행에 따른 납세의무자가 입게 될 불이익은 법률로 정하여야 한다.

해설 ➤ 中

① 행정은 모든 경우에 조직법적 근거가 있어야 한다. 즉, 행정은 모든 경우에 소관사무 내에서만 가능하다. 따라서 법률유보의 원칙에서 문제되는 것은 조직법적 근거(임무규정)가 아니라 행정의 작용법적 근거(수권규범, 권능규정, 권한규정)이다.

② 산림훼손행위는 국토의 유지와 환경의 보전에 직접적으로 영향을 미치는 행위이므로 법령이 규정하는 산림훼손 금지 또는 제한지역에 해당하는 경우는 물론 금지 또는 제한지역에 해당하지 않더라도 허가관청은 산림훼손허가신청 대상 토지의 현상과 위치 및 주위의 상황 등을 고려하여 국토 및 자연의 유지와 환경의 보전 등 중대한 공익상 필요가 있다고 인정될 때에는 허가를 거부할 수 있고, 그 경우 법규에 명문의 근거가 없더라도 거부처분을 할 수 있으며, 산림훼손허가를 함에 있어서 고려하여야 할 공익침해의 정도, 예컨대 자연경관훼손정도, 소음·분진의 정도, 수질오염의 정도 등에 관하여 반드시 수치에 근거한 일정한 기준을 정하여 놓고 허가·불허가 여부를 결정하여야 하는 것은 아니고, 산림훼손을 필요로 하는 사업계획에 나타난 사업의 내용, 규모, 방법과 그것이 환경에 미치는 영향 등 제반사정을 종합하여 사회관념상 공익침해의 우려가 현저하다고 인정되는 경우에 불허가할 수 있다(대판 1997.9.12, 97누1228).

③ 행정청이 행정처분 단계에서 당해 처분의 근거가 되는 법률이 위헌이라고 판단하여 그 적용을 거부하는 것은 권력분립의 원칙상 허용될 수 없지만, 행정처분에 대한 소송절차에서는 행정처분의 적법성·정당성뿐만 아니라 그 근거 법률의 헌법적합성까지도 심판대상으로 되는 것이므로, 행정처분에 불복하는 당사자뿐만 아니라 행정처분의 주체인 행정청도 헌법의 최고규범력에 따른 구체적 규범통제를 위하여 근거 법률의 위헌 여부에 대한 심판의 제청을 신청할 수 있고 헌법재판소법 제68조 제2항의 헌법소원을 제기할 수 있다고 봄이 상당하다(헌재결 2008.4.24, 2004헌바44).

④ 납세의무자에게 조세의 납부의무 외에 과세표준과 세액을 계산하여 신고해야 하는 의무까지 부과하는 경우, 신고의무 이행에 필요한 기본적인 사항과 신고의무불이행 시 납세의무자가 입게 될 불이익 등은 납세의무를 구성하는 기본적, 본질적 내용으로서 법률로 정해야 한다[대판(전합) 2015.8.20, 2012두23808].

정답 ②

7. 행정청이 법률의 근거 규정 없이도 할 수 있는 조치로 옳은 것만을 모두 고른 것은? (다툼이 있는 경우 판례에 의함) 18 국가직9급

ㄱ. 하자 있는 처분을 직권으로 취소하는 것
ㄴ. 재량권이 인정되는 영역에서 재량권 행사의 기준이 되는 지침을 제정하는 것
ㄷ. 중대한 공익상의 필요가 발생하여 처분을 철회하는 것
ㄹ. 사정변경으로 인하여 처분에 부가되어 있는 부담의 목적을 달성할 수 없게 되어 부담의 내용을 변경하는 것

① ㄱ, ㄴ
② ㄷ, ㄹ
③ ㄱ, ㄷ, ㄹ
④ ㄱ, ㄴ, ㄷ, ㄹ

해설 ㊤

ㄱ 행정행위를 한 처분청은 그 행위에 하자가 있는 경우에는 별도의 법적 근거가 없더라도 스스로 이를 취소할 수 있다(대판 2006.5.25, 2003두4669).

ㄴ 행정규칙제정권은 집행권에 내재하는 것이므로 행정규칙의 제정에 법령의 구체적·개별적 수권(작용법적 근거)은 필요 없고 조직법적 근거만 있으면 된다. 재량준칙은 행정규칙의 일종이므로 법적 근거를 요하지 않는다. 판례도 마찬가지이다. 행정규칙인 주세사무처리규정에는 법률유보원칙이 적용되지 않는다(대판 1984.11.13, 84누269).

ㄷ 행정행위를 한 처분청은 비록 그 처분 당시에 별다른 하자가 없었고, 또 그 처분 후에 이를 취소(강학상 철회 ; 필자 주)할 별도의 법적 근거가 없다 하더라도 원래의 처분을 존속시킬 필요가 없게 된 사정변경이 생겼거나 또는 중대한 공익상의 필요가 발생한 경우에는 그 효력을 상실케 하는 별개의 행정행위로 이를 취소할 수 있다(대판 2004.11.26, 2003두10251·10268).

ㄹ 행정처분에 이미 부담이 부가되어 있는 상태에서 그 의무의 범위 또는 내용 등을 변경하는 부관의 사후변경은 ① 법률에 명문의 규정이 있거나 ② 그 변경이 미리 유보되어 있는 경우 또는 ③ 상대방의 동의가 있는 경우에 한하여 허용되는 것이 원칙이지만, ④ 사정변경으로 인하여 당초에 부담을 부가한 목적을 달성할 수 없게 된 경우에도 그 목적달성에 필요한 범위 내에서 예외적으로 허용된다(대판 1997.5.30, 97누2627).

정답 ④

8. 법률유보의 원칙에 대한 설명으로 옳지 않은 것은? (다툼이 있는 경우 판례에 의함) 19 국가직9급

① 법률유보의 원칙에서 요구되는 법적 근거는 작용법적 근거를 의미한다.
② 개인택시운송사업자의 운전면허가 아직 취소되지 않았더라도 운전면허 취소사유가 있다면 행정청은 명문 규정이 없더라도 개인택시운송사업면허를 취소할 수 있다.
③ 법률유보의 원칙은 국민의 기본권실현과 관련된 영역에 있어서는 입법자가 그 본질적 사항에 대해서 스스로 결정하여야 한다는 요구까지 내포하고 있다.
④ 국회가 형식적 법률로 직접 규율하여야 하는 필요성은 규율대상이 기본권 및 기본적 의무와 관련된 중요성을 가질수록, 그에 관한 공개적 토론의 필요성 또는 상충하는 이익 사이의 조정 필요성이 클수록 더 증대된다.

해설 ㊥

① 법률유보의 원칙에서 문제 되는 것은 조직법적 근거(임무규정)가 아니라 행정의 작용법적 근거(수권규범, 권능규정, 권한규정)이다.

② 구 여객자동차운수사업법 제76조 제1항 제15호, 같은법 시행령 제29조에는 관할관청은 개인택시운송사업자의 운전면허가 취소된 때에 그의 개인택시운송사업면허를 취소할 수 있도록 규정되어 있을 뿐 그에게 운전면허 취소사유가 있다는 사유만으로 개인택시운송사업면허를 취소할 수 있도록 하는 규정은 없으므로, 관할관청으로서는 비록 개인택시운송사업자에게 운전면허 취소사유가 있다 하더라도 그로 인하여 운전면허 취소처분이 이루어지지 않은 이상 개인택시운송사업면허를 취소할 수는 없다. 개인택시운송사업자가 음주운전을 하다가 사망한 경우 망인의 운전면허를 취소하는 것은 불가능하고, 음주운전 그 자체는 개인택시운송사업면허의 취소사유가 될 수는 없으므로, 음주운전을 이유로 한 개인택시운송사업면허의 취소처분은 위법하다고 한 사례(대판 2008.5.15, 2007두26001)

③ 오늘날 법률유보원칙은 단순히 행정작용이 법률에 근거를 두기만 하면 충분한 것이 아니라, 국가공동체와 그 구성원에게 기본적이고도 중요

한 의미를 갖는 영역, 특히 국민의 기본권 실현과 관련된 영역에 있어서는 국민의 대표자인 입법자가 그 본질적 사항에 대해서 스스로 결정하여야 한다는 요구까지 내포하고 있다(의회유보원칙)(헌재결 1999.5.27, 98헌바70).
④ 어떠한 사안이 국회가 형식적 법률로 스스로 규정하여야 하는 본질적 사항에 해당되는지는, 구체적 사례에서 관련된 이익 내지 가치의 중요성, 규제 또는 침해의 정도와 방법 등을 고려하여 개별적으로 결정하여야 하지만, 규율대상이 국민의 기본권 및 기본적 의무와 관련한 중요성을 가질수록 그리고 그에 관한 공개적 토론의 필요성 또는 상충하는 이익 사이의 조정 필요성이 클수록, 그것이 국회의 법률에 의해 직접 규율될 필요성은 더 증대된다[대판(전합) 2015.8.20, 2012두23808].

정답 ②

9. 행정청이 별도의 법령상의 근거 없이도 할 수 있는 행위를 모두 고르면? (다툼이 있는 경우 판례에 의함)

19 지방직7급

ㄱ. 수익적 행정처분인 재량행위를 하면서 침익적 성격의 부관을 부가하는 행위
ㄴ. 부관인 부담의 불이행을 이유로 수익적 행정행위를 철회하는 행위
ㄷ. 부작위의무를 위반함으로써 생긴 결과를 시정하기 위한 작위의무를 명하는 행위
ㄹ. 철거명령의 위반을 이유로 행정대집행을 하면서 철거의무자인 점유자에 대해 퇴거명령을 하는 행위

① ㄱ, ㄴ
② ㄴ, ㄷ
③ ㄷ, ㄹ
④ ㄱ, ㄴ, ㄹ

해설 ⊕

ㄱ 수익적 행정처분에 있어서는 법령에 특별한 근거규정이 없다고 하더라도 그 부관으로서 부담을 붙일 수 있고, 그와 같은 부담은 행정청이 행정처분을 하면서 일방적으로 부가할 수도 있지만 부담을 부가하기 이전에 상대방과 협의하여 부담의 내용을 협약의 형식으로 미리 정한 다음 행정처분을 하면서 이를 부가할 수도 있다(대판 2009.2.12, 2005다65500).
ㄴ 부담부 행정처분에 있어서 처분의 상대방이 부담(의무)을 이행하지 아니한 경우에 처분행정청으로서는 이를 들어 당해 처분을 취소(철회)할 수 있는 것이다(대판 1989.10.24, 89누2431).
ㄷ 단순한 부작위의무의 위반, 즉 관계법령에 정하고 있는 절대적 금지나 허가를 유보한 상대적 금지를 위반한 경우에는 당해 법령에서 그 위반자에 대하여 위반에 의하여 생긴 유형적 결과의 시정을 명하는 행정처분의 권한을 인정하는 규정(건축법 제69조, 도로법 제74조, 하천법 제67조, 도시공원법 제20조, 옥외광고물 등 관리법 제10조 등)을 두고 있지 아니한 이상, 법치주의의 원리에 비추어 볼 때 위와 같은 부작위의무로부터 그 의무를 위반함으로써 생긴 결과를 시정하기 위한 작위의무를 당연히 끌어낼 수는 없으며, 또 위 금지규정(특히, 허가를 유보한 상대적 금지규정)으로부터 작위의무, 즉 위반결과의 시정을 명하는 권한이 당연히 추론되는 것도 아니다. 주택건설촉진법 제38조 제2항은 공동주택 및 부대시설·복리시설의 소유자·입주자·사용자 등은 부대시설 등에 대하여 도지사의 허가를 받지 않고 사업계획에 따른 용도 이외의 용도에 사용하는 행위 등을 금지하고(정부조직법 제5조 제1항, 행정권한의 위임 및 위탁에 관한 규정 제4조에 따른 인천광역시사무위임규칙에 의하여 위 허가권이 구청장에게 재위임되었다), 그 위반행위에 대하여 위 주택건설촉진법 제52조의2 제1호에서 1천만 원 이하의 벌금에 처하도록 하는 벌칙규정만을 두고 있을 뿐, 건축법 제69조 등과 같은 부작위의무 위반행위에 대하여 대체적 작위의무로 전환하는 규정을 두고 있지 아니하므로 위 금지규정으로부터 그 위반결과의 시정을 명하는 원상복구명령을 할 수 있는 권한이 도출되는 것은 아니다. 결국 행정청의 원고에 대한 원상복구명령은 권한 없는 자의 처분으로 무효라고 할 것이고, 위 원상복구명령이 당연무효인 이상 후행처분인 계고처분의 효력에 당연히 영향을 미쳐 그 계고처분 역시 무효로 된다(대판 1996.6.28, 96누4374).
ㄹ 관계 법령상 행정대집행의 절차가 인정되어 행정청이 행정대집행의 방법으로 건물의 철거 등 대체적 작위의무의 이행을 실현할 수 있는 경우에는 따로 민사소송의 방법으로 그 의무의 이행을 구할 수 없다. 한편 건물의 점유자가 철거의무자일 때에는 건물철거의무에 퇴거의무도 포함되어 있는 것이어서 별도로 퇴거를 명하는 집행권원이 필요하지 않다(대판 2017.4.28, 2016다213916).

정답 ④

제4절 행정법의 법원(法源)

10. 행정법의 법원(法源)의 효력에 대한 설명으로 옳지 않은 것은? (다툼이 있는 경우 판례에 의함) 20 국가직9급

① 학교급식을 위해 국내 우수농산물을 사용하는 자에게 식재료나 구입비의 일부를 지원하는 것 등을 내용으로 하는 지방자치단체의 조례안이 「1994년 관세 및 무역에 관한 일반협정」을 위반하여 위법한 이상, 그 조례안은 효력이 없다.
② 국민의 권리 제한 또는 의무 부과와 직접 관련되는 법률, 대통령령, 총리령 및 부령은 긴급히 시행하여야 할 특별한 사유가 있는 경우를 제외하고는 공포일부터 적어도 30일이 경과한 날부터 시행되도록 하여야 한다.
③ 진정소급입법이라 하더라도 예외적으로 국민이 소급입법을 예상할 수 있었거나 신뢰보호의 요청에 우선하는 심히 중대한 공익상의 사유가 소급입법을 정당화하는 경우 등에는 허용될 수 있다.
④ 개발제한구역의 지정 및 관리에 관한 특별조치법령의 개정으로 허가나 신고 없이 개발제한구역 내 공작물 설치행위를 할 수 있게 되었다면, 그 법령의 시행 전에 이미 범하여진 위법한 설치행위에 대한 가벌성은 소멸한다.

해설 ▸ 中

① 「1994년 관세 및 무역에 관한 일반협정(General Agreement on Tariffs and Trade 1994)」은 1994.12.16. 국회의 동의를 얻어 같은달 23. 대통령의 비준을 거쳐 같은달 30. 공포되고 1995.1.1. 시행된 조약인 「세계무역기구(WTO) 설립을 위한 마라케쉬협정(Agreement Establishing the WTO)(조약 1265호)」의 부속 협정(다자 간 무역협정)이고, 「정부조달에 관한 협정(Agreement on Government Procurement, AGP)」은 1994.12.16. 국회의 동의를 얻어 1997.1.3. 공포시행된 조약(조약 1363호, 복수국가 간 무역협정)으로서 각 헌법 제6조 제1항에 의하여 국내법령과 동일한 효력을 가지므로 지방자치단체가 제정한 조례가 GATT나 AGP에 위반되는 경우에는 그 효력이 없다. 특정 지방자치단체의 초·중·고등학교에서 실시하는 학교급식을 위해 위 지방자치단체에서 생산되는 우수농수축산물과 이를 재료로 사용하는 가공식품을 우선적으로 사용하도록 하고 그러한 우수농산물을 사용하는 자를 선별하여 식재료나 식재료구입비의 일부를 지원하며 지원을 받은 학교는 지원금을 반드시 우수농산물을 구입하는 데 사용하도록 하는 것을 내용으로 하는 위 지방자치단체의 조례안은 내국민대우원칙을 규정한 「1994년 관세 및 무역에 관한 일반협정(General Agreement on Tariffs and Trade 1994)」에 위반되어 그 효력이 없다(대판 2005.9.9, 2004추10).
② 대통령령, 총리령 및 부령은 특별한 규정이 없으면 공포한 날부터 20일이 경과함으로써 효력을 발생한다(「법령등 공포에 관한 법률」 제13조). 다만, 국민의 권리 제한 또는 의무 부과와 직접 관련되는 법률, 대통령령·총리령 및 부령은 긴급히 시행하여야 할 특별한 사유가 있는 경우를 제외하고는 공포일부터 적어도 30일이 경과한 날부터 시행되도록 하여야 한다(같은 법 제13조의2).
③ 특단의 사정이 있는 경우, 즉 기존의 법을 변경하여야 할 공익적 필요는 심히 중대한 반면에 그 법적 지위에 대한 개인의 신뢰를 보호하여야 할 필요가 상대적으로 정당화될 수 없는 경우에는 예외적으로 허용될 수 있다. 그러한 진정소급입법이 허용되는 예외적인 경우로는 일반적으로, ① 국민이 소급입법을 예상할 수 있었거나, ② 법적 상태가 불확실하고 혼란스러웠거나 하여 보호할 만한 신뢰의 이익이 적은 경우와 ③ 소급입법에 의한 당사자의 손실이 없거나 아주 경미한 경우, 그리고 ④ 신뢰보호의 요청에 우선하는 심히 중대한 공익상의 사유가 소급입법을 정당화하는 경우를 들 수 있다(헌재결 1996.2.16, 96헌가2·96헌바7·96헌바13).
④ 2005.1.27. 법률 제7383호로 개정된 「개발제한구역의 지정 및 관리에 관한 특별조치법」에서 신설한 제11조 제3항은 "건설교통부령이 정하는 경미한 행위는 허가 또는 신고를 하지 아니하고 행할 수 있다."고 규정하고 있고 그 부칙에 의하여 공포 후 6개월이 경과한 날부터 시행되었으며, 2005.8.10. 건설교통부령 제464호에서 신설한 같은법 시행규칙 제7조의2와 [별표 3의2]는 그러한 경미한 행위들을 열거하여 규정하고 있으나, 이와 같이 종전에 허가를 받거나 신고를 하여야만 할 수 있던 행위의 일부를 허가나 신고 없이 할 수 있도록 법령이 개정되었다 하더라도 이는 법률 이념의 변천으로 과거에 범죄로서 처벌하던 일부 행위에 대한 처벌 자체가 부당하다는 반성적 고려에서 비롯된 것이라기보다는 사정의 변천에 따른 규제 범위의 합리적 조정의 필요에 따른 것이라고 보이므로, 위 개발제한구역의 지정 및 관리에 관한 특별조치법과 같은법 시행규칙의 신설 조항들이 시행되기 전에 이미 범하여진 개발제한구역 내 비닐하우스 설치행위에 대한 가벌성이 소멸하는 것은 아니다(대판 2007.9.6, 2007도4197).

정답 ④

11. 행정법의 법원(法源)에 대한 설명으로 옳지 않은 것은? (다툼이 있는 경우 판례에 의함) 21 국가직9급

① 지방자치단체가 제정한 조례가 헌법에 의하여 체결·공포된 조약에 위반되는 경우 그 조례는 효력이 없다.
② 행정소송에 관하여 「행정소송법」에 특별한 규정이 없는 사항에 대하여는 「법원조직법」과 「민사소송법」 및 「민사집행법」의 규정을 준용한다.
③ 평등원칙은 일체의 차별적 대우를 부정하는 절대적 평등을 의미하는 것이 아니라 입법과 법의 적용에 있어서 합리적인 근거가 없는 차별을 배제하는 상대적 평등을 뜻한다.
④ 개정 법령이 기존의 사실 또는 법률관계를 적용대상으로 하면서 국민의 재산권과 관련하여 종전보다 불리한 법률효과를 규정하고 있는 경우, 그러한 사실 또는 법률관계가 개정 법률이 시행되기 이전에 이미 완성 또는 종결된 것이 아니라면 소급입법금지원칙에 위반된다.

해설 ▸ ㊦

① 「1994년 관세 및 무역에 관한 일반협정(General Agreement on Tariffs and Trade 1994)」은 1994.12.16. 국회의 동의를 얻어 같은달 23. 대통령의 비준을 거쳐 같은달 30. 공포되고 1995.1.1. 시행된 조약인 「세계무역기구(WTO) 설립을 위한 마라케쉬협정(Agreement Establishing the WTO)(조약 1265호)」의 부속 협정(다자 간 무역협정)이고, '「정부조달에 관한 협정(Agreement on Government Procurement, AGP)」은 1994.12.16. 국회의 동의를 얻어 1997.1.3. 공포시행된 조약(조약 1363호, 복수국가 간 무역협정)으로서 각 헌법 제6조 제1항에 의하여 국내법령과 동일한 효력을 가지므로 지방자치단체가 제정한 조례가 GATT나 AGP에 위반되는 경우에는 그 효력이 없다. 특정 지방자치단체의 초·중·고등학교에서 실시하는 학교급식을 위해 위 지방자치단체에서 생산되는 우수농수축산물과 이를 재료로 사용하는 가공식품을 우선적으로 사용하도록 하고 그러한 우수농산물을 사용하는 자를 선별하여 식재료나 식재료구입비의 일부를 지원하며 지원을 받은 학교는 지원금을 반드시 우수농산물을 구입하는 데 사용하도록 하는 것을 내용으로 하는 위 지방자치단체의 조례안은 내국민대우원칙을 규정한 「1994년 관세 및 무역에 관한 일반협정(General Agreement on Tariffs and Trade 1994)에 위반되어 그 효력이 없다(대판 2005.9.9, 2004추10).
② 행정소송법 제8조 제2항
③ 헌법 제11조 제1항의 평등의 원칙이란, 모든 국민이 모든 경우에 모든 점에서 똑같이 취급되어야 한다는 절대적 평등을 뜻하는 것이 아니라 규율대상의 차이를 전제로 한 상대적 평등을 말하는 것이므로, 위와 같은 차이가 있는 경우에 그에 상응하는 합리적 차별까지 배제되는 것은 아니라고 할 것이다(대판 2008.5.15, 2005두11463).
④ 행정처분은 그 근거법령이 개정된 경우에도 경과 규정에서 달리 정함이 없는 한 처분 당시 시행되는 개정 법령과 그에서 정한 기준에 의하는 것이 원칙이고, 그 개정 법령이 기존의 사실 또는 법률관계를 적용대상으로 하면서 종전보다 불리한 법률효과를 규정하고 있는 경우에도 그러한 사실 또는 법률관계가 개정 법률이 시행되기 이전에 이미 종결된 것이 아니라면 이를 헌법상 금지되는 소급입법이라고 할 수는 없으며, 그러한 개정법률의 적용과 관련하여서는 개정 전 법령의 존속에 대한 국민의 신뢰가 개정 법령의 적용에 관한 공익상의 요구보다 더 보호가치가 있다고 인정되는 경우에 그러한 국민의 신뢰보호를 보호하기 위하여 그 적용이 제한될 수 있는 여지가 있을 따름이다(대판 2001.10.12, 2001두274).

정답 ④

메모

제5절 행정법의 일반법원칙

12. 행정법의 일반원칙에 대한 설명으로 옳지 않은 것은? (다툼이 있는 경우 판례에 의함) 15 국가직9급

① 부관이 주된 행정행위와 실질적 관련성을 갖더라도 주된 행정행위의 효과를 무의미하게 만드는 경우라면 그러한 부관은 비례원칙에 반하는 하자 있는 부관이 된다.
② 주택사업계획승인을 발령하면서 주택사업계획승인과 무관한 토지를 기부채납하도록 부관을 붙인 경우는 부당결부금지원칙에 반해 위법하다.
③ 수익적 행정행위를 직권취소하는 경우 그 취소권의 행사로 인하여 공익상의 필요보다 상대방이 받게 되는 불이익 등이 막대한 경우에는 재량권의 한계를 일탈한 것으로서 그 자체가 위법하다.
④ 제1종 보통면허로 운전할 수 있는 차량을 음주운전한 경우 제1종 보통면허의 취소 외에 동일인이 소지하고 있는 제1종 대형면허와 원동기장치자전거면허는 취소할 수 없다.

해설 ➤ 中

① 수산업법 제15조에 의하여 어업의 면허 또는 허가에 붙이는 부관은 그 성질상 허가된 어업의 본질적 효력을 해하지 않는 한도의 것이어야 하고 허가된 어업의 내용 또는 효력 등에 대하여는 행정청이 임의로 제한 또는 조건을 붙일 수 없다. …… 기선선망어업의 허가를 하면서 운반선, 등선 등 부속선을 사용할 수 없도록 제한한 부관은 그 어업허가의 목적달성을 사실상 어렵게 하여 그 본질적 효력을 해하는 것일 뿐만 아니라 위 시행령의 규정에도 어긋나는 것이며, 더욱이 어업조정이나, 기타 공익상 필요하다고 인정되는 사정이 없는 이상 위법한 것이다(대판 1990.4.27, 89누6808).
② 지방자치단체장이 사업자에게 주택사업계획승인을 하면서 그 주택사업과는 아무런 관련이 없는 토지를 기부채납하도록 하는 부관(부담)을 주택사업계획승인(인가)에 붙인 경우, 그 부관은 부당결부금지의 원칙에 위반되어 위법하지만, 지방자치단체장이 승인한 사업자의 주택사업계획은 상당히 큰 규모의 사업(1,093억원)임에 반하여, 사업자가 기부채납한 토지가액은 그 100분의 1 상당의 금액(12억원)에 불과한 데다가, 사업자가 그동안 그 부관에 대하여 아무런 이의를 제기하지 아니하다가 지방자치단체장이 업무착오로 기부채납한 토지에 대하여 보상협조 요청서를 보내자, 그때서야 비로소 부관의 하자를 들고 나온 사정에 비추어 볼 때 부관의 하자가 중대하고 명백하여 당연무효라고는 볼 수 없다(취소사유에 불과)(대판 1997.3.11, 96다49650).
③ 수익적 행정처분을 취소하거나 중지시키는 경우에는 이미 부여된 그 국민의 기득권을 침해하는 것이 되므로, 비록 취소 등의 사유가 있다고 하더라도 그 취소권 등의 행사는 기득권의 침해를 정당화할 만한 중대한 공익상의 필요 또는 제3자의 이익보호의 필요가 있는 때에 한하여 상대방이 받는 불이익과 비교교량하여 결정하여야 하고, 그 처분으로 인하여 공익상의 필요보다 상대방이 받게 되는 불이익 등이 막대한 경우에는 재량권의 한계를 일탈한 것으로서 그 자체가 위법하다(대판 1991.5.14, 90누9780).
④ 한 사람이 여러 종류의 자동차운전면허를 취득하는 경우뿐 아니라 이를 취소 또는 정지하는 경우에 있어서도 서로 별개의 것으로 취급하는 것이 원칙이기는 하나, 자동차운전면허는 그 성질이 대인적 면허일 뿐만 아니라 「도로교통법 시행규칙」 제26조 [별표 14]에 의하면, 제1종 대형면허소지자는 제1종 보통면허로 운전할 수 있는 자동차와 원동기장치자전거를, 제1종 보통면허소지자는 원동기장치자전거까지 운전할 수 있도록 규정하고 있어서 제1종 보통면허로 운전할 수 있는 차량의 음주운전은 당해 운전면허뿐만 아니라 제1종 대형면허로도 가능하고, 또한 제1종 대형면허나 제1종 보통면허의 취소에는 당연히 원동기장치자전거의 운전까지 금지하는 취지가 포함된 것이어서 이들 세 종류의 운전면허는 서로 관련된 것이라고 할 것이므로 제1종 보통면허로 운전할 수 있는 차량을 음주운전한 경우에 이와 관련된 면허인 제1종 대형면허와 원동기장치자전거면허까지 취소할 수 있는 것으로 보아야 한다(대판 1994.11.25, 94누9672).

정답 ④

13. 행정법의 일반원칙에 대한 설명으로 옳은 것은? (다툼이 있는 경우 판례에 의함) 16 지방직9급

① 법령 개정에 대한 신뢰와 관련하여, 법령에 따른 개인의 행위가 국가에 의하여 일정한 방향으로 유인된 경우에 특별히 보호가치가 있는 신뢰이익이 인정될 수 있다.
② 행정청 내부의 사무처리준칙에 해당하는 지침의 공표만으로도 신청인은 보호가치 있는 신뢰를 갖게 된다.
③ 신뢰보호원칙이 적용되기 위한 행정청의 공적 견해표명이 있었는지 여부는 전적으로 행정조직상의 권한분장에 의해 결정된다.
④ 위법한 행정처분이라도 수차례에 걸쳐 반복적으로 행하여졌다면 그러한 처분은 행정청에 대하여 자기구속력을 갖게 된다.

해설 ➤ 中

① 개인의 신뢰이익에 대한 보호가치는 ㉮ 법령에 따른 개인의 행위가 국가에 의하여 일정방향으로 유인된 신뢰의 행사인지, ㉯ 아니면 단지 법률이 부여한 기회를 활용한 것으로서 원칙적으로 사적 위험부담의 범위에 속하는 것인지 여부에 따라 달라진다. 만일 법률에 따른 개인의 행위가 단지 법률이 반사적으로 부여하는 기회의 활용을 넘어서 국가에 의하여 일정방향으로 유인된 것이라면 특별히 보호가치가 있는 신뢰이익이 인정될 수 있고, 원칙적으로 개인의 신뢰보호가 국가의 법률개정이익에 우선된다고 볼 여지가 있다. 그런데 이 사건 법률조항의 경우 국가가 입법을 통하여 개인의 행위를 일정방향으로 유도하였다고 볼 수는 없고, 따라서 청구인의 징집면제연령에 관한 기대 또는 신뢰는 단지 법률이 부여한 기회를 활용한 것으로서 원칙적으로 사적 위험부담의 범위에 속하는 것이다(헌재결 2002.11.28, 2002헌바45).
② 시장이 농림수산식품부에 의하여 공표된 「2008년도 농림사업시행지침서」에 명시되지 않은 '시·군별 건조저장시설 개소당 논 면적' 기준을 충족하지 못하였다는 이유로 신규 건조저장시설 사업자 인정신청을 반려한 사안에서, 위 지침이 되풀이 시행되어 행정관행이 이루어졌다거나 그 공표만으로 신청인이 보호가치 있는 신뢰를 갖게 되었다고 볼 수 없고, 쌀 시장 개방화에 대비한 경쟁력 강화 등 우월한 공익상 요청에 따라 위 지침상의 요건 외에 '시·군별 건조저장시설 개소당 논 면적 1,000ha 이상' 요건을 추가할 만한 특별한 사정을 인정할 수 있어, 그 처분이 행정의 자기구속의 원칙 및 행정규칙에 관련된 신뢰보호의 원칙에 위배되거나 재량권을 일탈·남용한 위법이 없다(대판 2009.12.24, 2009두7967).
③ 행정청의 공적 견해표명이 있었는지의 여부를 판단하는 데 있어 반드시 행정조직상의 형식적인 권한분장에 구애될 것은 아니고 담당자의 조직상의 지위와 임무, 당해 언동을 하게 된 구체적인 경위 및 그에 대한 상대방의 신뢰가능성에 비추어 실질에 의하여 판단하여야 한다(대판 2006.4.28, 2005두9644).
④ 평등의 원칙은 본질적으로 같은 것을 자의적으로 다르게 취급함을 금지하는 것이고, 위법한 행정처분이 수차례에 걸쳐 반복적으로 행하여졌다 하더라도 그러한 처분이 위법한 것인 때에는 행정청에 대하여 자기구속력을 갖게 된다고 할 수 없다. 피고가 소외 2측 추진위원회의 승인신청을 반려할 당시 100인 이상의 위원으로 추진위원회를 구성할 것을 요구하고, 날짜가 기재되지 아니한 동의서들을 효력이 없는 것으로 간주한 선례가 있다 하더라도 피고가 참가인 추진위원회에 대하여 승인심사를 할 때에도 그러한 기준을 따라야 할 의무가 없는 점 등에 비추어, 피고가 평등의 원칙이나 신뢰보호의 원칙 또는 자기구속의 원칙 등에 위배하고 재량권을 일탈·남용하여 자의적으로 이 사건 승인처분을 하였다고 볼 수 없다(대판 2009.6.25, 2008두13132).

정답 ①

14. 행정법의 일반원칙에 대한 설명으로 옳지 않은 것은? (다툼이 있는 경우 판례에 의함) 16 국가직7급

① 재량권 행사의 준칙인 행정규칙이 그 정한 바에 따라 되풀이 시행되어 행정관행이 이루어지게 되면 평등의 원칙이나 신뢰보호의 원칙에 따라 행정기관은 그 상대방에 대한 관계에서 그 규칙에 따라야 할 자기구속을 받게 된다.
② 지방자치단체장이 사업자에게 주택사업계획승인을 하면서 그 주택사업과는 아무런 관련이 없는 토지를 기부채납하도록 하는 부관은 부당결부금지의 원칙에 위반되어 위법하지만 당연무효라고 볼 수 없다.
③ 조례안이 지방의회의 조사를 위하여 출석요구를 받은 증인이 5급 이상 공무원인지 여부, 기관(법인)의 대표나 임원인지 여부 등 증인의 사회적 신분에 따라 미리부터 과태료의 액수에 차등을 두고 있는 것은 평등의 원칙에 위반되지 않는다.
④ 병무청 담당부서의 담당공무원에게 공적 견해의 표명을 구하는 정식의 서면질의 등을 하지 아니한 채 총무과 민원팀장에 불과한 공무원이 민원봉사차원에서 상담에 응하여 안내한 것을 신뢰한 경우, 신뢰보호 원칙이 적용되지 아니한다.

해설 ➤ 中

② 지방자치단체장이 사업자에게 주택사업계획승인을 하면서 그 주택사업과는 아무런 관련이 없는 토지를 기부채납하도록 하는 부관(부담)을 주택사업계획승인(인가)에 붙인 경우, 그 부관은 부당결부금지의 원칙에 위반되어 위법하지만, 지방자치단체장이 승인한 사업자의 주택사업계획은 상당히 큰 규모의 사업(1,093억원)임에 반하여, 사업자가 기부채납한 토지가액은 그 100분의 1 상당의 금액(12억원)에 불과한 데다가, 사업자가 그동안 그 부관에 대하여 아무런 이의를 제기하지 아니하다가 지방자치단체장이 업무착오로 기부채납한 토지에 대하여 보상협조 요청서를 보내자, 그때서야 비로소 부관의 하자를 들고 나온 사정에 비추어 볼 때 부관의 하자가 중대하고 명백하여 당연무효라고는 볼 수 없다(취소사유에 불과)(대판 1997.3.11, 96다49650).
③ 조례안이 지방의회의 감사 또는 조사를 위하여 출석요구를 받은 증인이 5급 이상 공무원인지 여부, 기관(법인)의 대표나 임원인지 여부 등 증인의 사회적 신분에 따라 미리부터 과태료의 액수에 차등을 두고 있는 경우, 그와 같은 차별은 증인의 불출석이나 증언거부에 대하여 과태료를 부과하는 목적에 비추어 볼 때 그 합리성을 인정할 수 없고 지위의 높고 낮음만을 기준으로 한 부당한 차별대우라고 할 것이어서 헌법에 규정된 평등의 원칙에 위배되어 무효이다(대판 1997.2.25, 96추213).
④ 병무청 담당부서의 담당공무원에게 공적 견해의 표명을 구하는 정식의 서면질의 등을 하지 아니한 채 총무과 민원팀장에 불과한 공무원이 민원봉사차원에서 상담에 응하여 안내한 것을 신뢰한 경우, 신뢰보호원칙이 적용되지 아니한다(대판 2003.12.26, 2003두1875).

정답 ③

15. 행정법의 일반원칙에 대한 설명으로 옳은 것을 〈보기〉에서 모두 고르면? (다툼이 있는 경우 판례에 의함)

17 국회직8급

〈보 기〉

ㄱ. 비례원칙은 적합성의 원칙, 필요성의 원칙, 상당성의 원칙(협의의 비례원칙)으로 구성된다고 보는 것이 일반적이며, 헌법재판소는 과잉금지원칙과 관련하여 위 세 가지에 목적의 정당성을 더하여 판단하고 있다.
ㄴ. 행정청의 공적 견해표명이 있은 후에 사실적 · 법률적 상태가 변경되었을 때, 그와 같은 공적 견해표명이 실효되기 위하여서는 행정청의 의사표시가 있어야 한다.
ㄷ. 대법원은 행정청의 공적 견해표명이 있었는지 여부를 판단함에 있어서 행정조직상의 형식적 권한분장에 따른 권한을 갖고 있는지 여부를 중시하고 있다.
ㄹ. 우리나라 「행정절차법」에서는 취소권을 1년 이상 행사하지 아니하면 실권되는 것으로 명문의 규정을 두고 있다.

① ㄱ
② ㄴ
③ ㄱ, ㄴ
④ ㄱ, ㄹ
⑤ ㄱ, ㄷ, ㄹ

해설 ➤ 中

ㄱ 일반적으로 비례원칙의 내용에 관해서 학설은 적합성, 필요성(최소침해의 원칙), 상당성(협의의 비례원칙)을 들고 있다. 그러나 헌법재판소는 비례원칙의 내용에 관해 목적의 정당성, 방법의 적정성, 침해의 최소성, 법익의 균형성(권형성)을 제시하고 있다. 토지재산권에 대한 제한입법 역시 다른 기본권을 제한하는 입법과 마찬가지로 과잉금지의 원칙(비례의 원칙)을 준수해야 하고, 재산권의 본질적 내용인 사용·수익권과 처분권을 부인해서는 아니 된다. 요컨대, 공익을 실현하기 위하여 적용되는 구체적인 수단은 그 목적이 정당(목적의 정당성)해야 하며 법치국가적 요청인 비례의 원칙에 합치해야 한다. 즉, 입법자가 선택한 수단이 의도하는 입법목적을 달성하고 촉진하기에 적합해야 하고(방법의 적정성), 입법목적을 달성하기에 똑같이 효율적인 수단 중에서 가장 기본권을 존중하고 적게 침해하는 수단을 사용해야 하며(침해의 최소성), 법률에 의하여 기본권이 침해되는 정도와 법률에 의하여 실현되는 공익의 비중을 전반적으로 비교형량하였을 때 양자 사이의 적정한 비례관계가 성립해야 한다(법익의 균형성)(헌재결 1998.12.24, 89헌마214·90헌바16·97헌바78).

ㄴ 행정청이 상대방에게 장차 어떤 처분을 하겠다고 확약 또는 공적인 의사표명을 하였다고 하더라도, 그 자체에서 상대방으로 하여금 언제까지 처분의 발령을 신청하도록 유효기간을 두었는데도 그 기간 내에 상대방의 신청이 없었다거나 확약 또는 공적인 의사표명이 있은 후에 사실적·법률적 상태가 변경되었다면, 그와 같은 확약 또는 공적인 의사표명은 행정청의 별다른 의사표시를 기다리지 않고 실효된다(대판 1996.8.20, 95누10877).

ㄷ 행정청의 공적 견해표명이 있었는지의 여부를 판단하는 데 있어 반드시 행정조직상의 형식적인 권한분장에 구애될 것은 아니고 담당자의 조직상의 지위와 임무, 당해 언동을 하게 된 구체적인 경위 및 그에 대한 상대방의 신뢰가능성에 비추어 실질에 의하여 판단하여야 한다(대판 2006.4.28, 2005두9644).

ㄹ 실권의 법리란 행정기관이 위법한 상태를 장기간 방치함으로써 개인이 이를 신뢰하여 이를 기초로 새로운 법률관계를 형성한 경우에 행정기관이 사후에 그 위법성을 주장할 수 없도록 하는 것이다. 1987년의 행정절차법안 제31조 제2항은 이에 관해 명문으로 규정(처분의 위법성을 안 날로부터 1년)하고 있었지만, 현행 행정절차법에는 이에 관한 규정이 없다.

정답 ①

16. 행정법의 일반원칙에 대한 설명으로 옳지 않은 것은? (다툼이 있는 경우 판례에 의함) 17 국가직7급

① 신뢰보호의 원칙은, 국민이 법률적 규율이나 제도가 장래에 지속할 것이라는 합리적인 신뢰를 바탕으로 개인의 법적 지위를 형성해 왔을 때에는 국가에게 그 국민의 신뢰를 되도록 보호할 것을 요구하는 법치국가원리의 파생원칙이다.
② 행정청이 위법한 행정처분을 반복적으로 한 선례가 있다면 신뢰보호의 원칙과 행정의 자기구속의 원칙에 따라 선례구속의 법리가 통용된다.
③ 국가가 국민의 생명·신체의 안전에 대한 보호의무를 다하지 않았는지 여부에 대한 심사는 '과소보호 금지원칙'의 위반 여부를 기준으로 삼는다.
④ 부진정소급입법은 원칙적으로 허용되지만 소급효를 요구하는 공익상의 사유와 신뢰보호의 요청 사이의 형량과정에서 신뢰보호의 관점이 입법자의 형성권에 제한을 가하게 된다.

해설 中

① 헌법상의 법치국가원리의 파생원칙인 신뢰보호의 원칙은 국민이 법률적 규율이나 제도가 장래에도 지속할 것이라는 합리적인 신뢰를 바탕으로 이에 적응하여 개인의 법적 지위를 형성해 왔을 때에는 국가로 하여금 그와 같은 국민의 신뢰를 되도록 보호할 것을 요구한다. 따라서 법규나 제도의 존속에 대한 개개인의 신뢰가 그 법규나 제도의 개정으로 침해되는 경우에 상실된 신뢰의 근거 및 종류와 신뢰이익의 상실로 인한 손해의 정도 등과 개정규정이 공헌하는 공공복리의 중요성을 비교교량하여 현존상태의 지속에 대한 신뢰가 우선되어야 한다고 인정될 때에는 규범정립자는 지속적 또는 과도적으로 그 신뢰보호에 필요한 조치를 취하여야 할 의무가 있다. 이 원칙은 법률이나 그 하위법규 뿐만 아니라 국가관리의 입시제도와 같이 국·공립대학의 입시전형을 구속하여 국민의 권리에 직접 영향을 미치는 제도운영지침의 개폐에도 적용되는 것이다(헌재결 1997.7.16, 97헌마38).
② 평등의 원칙은 본질적으로 같은 것을 자의적으로 다르게 취급함을 금지하는 것이고, 위법한 행정처분이 수차례에 걸쳐 반복적으로 행하여졌다 하더라도 그러한 처분이 위법한 것인 때에는 행정청에 대하여 자기구속력을 갖게 된다고 할 수 없다. 피고가 소외 2측 추진위원회의 승인신청을 반려할 당시 100인 이상의 위원으로 추진위원회를 구성할 것을 요구하고, 날짜가 기재되지 아니한 동의서들을 효력이 없는 것으로 간주한 선례가 있다 하더라도 피고가 참가인 추진위원회에 대하여 승인심사를 할 때에도 그러한 기준을 따라야 할 의무가 없는 점 등에 비추어, 피고가 평등의 원칙이나 신뢰보호의 원칙 또는 자기구속의 원칙 등에 위배하고 재량권을 일탈·남용하여 자의적으로 이 사건 승인처분을 하였다고 볼 수 없다(대판 2009.6.25, 2008두13132).
③ 국가가 국민의 생명·신체의 안전에 대한 보호의무를 다하지 않았는지 여부를 헌법재판소가 심사할 때에는 국가가 이를 보호하기 위하여 적어도 적절하고 효율적인 최소한의 보호조치를 취하였는가 하는 이른바 '과소보호 금지원칙'의 위반 여부를 기준으로 삼아, 국민의 생명·신체의 안전을 보호하기 위한 조치가 필요한 상황인데도 국가가 아무런 보호조치를 취하지 않았든지 아니면 취한 조치가 법익을 보호하기에 전적으로 부적합하거나 매우 불충분한 것임이 명백한 경우에 한하여 국가의 보호의무의 위반을 확인하여야 한다(헌재결 2008.12.26, 2008헌마419).
④ 부진정소급입법은 원칙적으로 허용되지만 소급효를 요구하는 공익상의 사유와 신뢰보호의 요청 사이의 교량과정에서 신뢰보호의 관점이 입법자의 형성권에 제한을 가하게 된다(헌재결 1998.11.26, 97헌바58).

정답 ②

17. 행정법의 일반원칙에 대한 설명으로 가장 옳지 않은 것은? 18. 서울시7급

① 평등의 원칙에 의할 때, 위법한 행정처분이 수 차례에 걸쳐 반복적으로 행하여졌다면 설령 그러한 처분이 위법하더라도 행정청에 대하여 자기구속력을 갖게 된다.
② 지방자치단체의 「세자녀 이상 세대 양육비 등 지원에 관한 조례안」은 저출산 문제의 국가적·사회적 심각성을 십분 감안하여 향후 지방자치단체의 출산을 적극 장려토록 하여 인구정책을 보다 전향적으로 실효성 있게 추진하고자 세자녀 이상 세대 중 세 번째 이후 자녀에게 양육비 등을 지원할 수 있도록 하는 것으로서, 위와 같은 사무는 지방자치단체 고유의 자치사무이므로 그 제정에 있어서 반드시 법률의 개별적 위임이 따로 필요한 것은 아니다.
③ 재량준칙이 정한 바에 따라 되풀이 시행되어 행정관행이 이루어지게 되면 평등의 원칙이나 신뢰보호의 원칙에 따라 행정청은 상대방에 대한 관계에서 그 규칙에 따라야 할 자기구속을 받게 되므로, 이러한 경우에는 특별한 사정이 없는 한 그에 반하는 처분은 평등의 원칙이나 신뢰보호의 원칙에 어긋나 재량권을 일탈·남용한 위법한 처분이 된다.
④ 병무청 담당부서의 담당공무원에게 공적 견해의 표명을 구하는 정식의 서면질의 등을 하지 아니한 채 총무과 민원팀장인 공무원이 민원봉사차원에서 상담에 응하여 안내한 것을 신뢰한 경우, 신뢰보호원칙이 적용되지 아니한다.

해설 中

① 위법한 행정처분이 수차례에 걸쳐 반복적으로 행하여졌다 하더라도 그러한 처분이 위법한 것인 때에는 행정청에 대하여 자기구속력을 갖게 된다고 할 수 없다(대판 2009.6.25, 2008두13132).

② 지방자치단체(강원도 정선군)의 「세 자녀 이상 세대 양육비 등 지원에 관한 조례안」은 저출산 문제의 국가적·사회적 심각성을 십분 감안하여 향후 지방자치단체의 출산을 적극 장려토록 하여 인구정책을 보다 전향적으로 실효성 있게 추진하고자 세 자녀 이상 세대 중 세 번째 이후 자녀에게 양육비 등을 지원할 수 있도록 하는 것으로서, 위와 같은 사무는 지방자치단체 고유의 자치사무 중 주민의 복지증진에 관한 사무를 규정한 지방자치법 제9조 제2항 제2호 (라)목에서 예시하고 있는 아동·청소년 및 부녀의 보호와 복지증진에 해당되는 사무이고, 또한 위 조례안에는 주민의 편의 및 복리증진에 관한 내용을 담고 있어 그 제정에 있어서 반드시 법률의 개별적 위임이 따로 필요한 것은 아니다(대판 2006.10.12, 2006추38).

③ 재량권 행사의 준칙인 행정규칙이 그 정한 바에 따라 되풀이 시행되어 행정관행이 이루어지게 되면(선례필요설) 평등의 원칙이나 신뢰보호의 원칙에 따라 행정기관은 그 상대방에 대한 관계에서 그 규칙에 따라야 할 자기구속을 받게 되므로, 이러한 경우에는 특별한 사정이 없는 한 그를 위반하는 처분은 평등의 원칙이나 신뢰보호의 원칙에 위배되어 재량권을 일탈·남용한 위법한 처분이 된다(대판 2009.12.24, 2009두7967).

④ 대판 2003.12.26, 2003두1875

정답 ①

18. 행정법의 일반원칙에 대한 판례의 입장으로 옳지 않은 것은? 19 지방직9급

① 행정청이 폐기물처리업 사업계획에 대하여 적정통보를 한 것만으로 그 사업부지 토지에 대한 국토이용계획변경신청을 승인하여 주겠다는 취지의 공적인 견해표명을 한 것으로 볼 수 없다.

② 헌법재판소의 위헌결정은 행정청이 개인에 대하여 신뢰의 대상이 되는 공적인 견해를 표명한 것이라고 할 수 있으므로 그 결정에 관련한 개인의 행위에 대하여는 신뢰보호의 원칙이 적용된다.

③ 지방자치단체장이 사업자에게 주택사업계획승인을 하면서 그 주택사업과는 아무런 관련이 없는 토지를 기부채납하도록 하는 부관을 붙인 경우, 그 부관은 부당결부금지의 원칙에 위반되어 위법하다.

④ 법령 개폐에 있어서 신뢰보호원칙의 위반 여부는 한편으로는 침해받은 신뢰이익의 보호가치, 침해의 중한 정도, 신뢰침해의 방법 등과 다른 한편으로는 새 입법을 통해 실현코자 하는 공익목적을 종합적으로 비교형량하여 판단하여야 한다.

해설 中

① 폐기물관리법령에 의한 폐기물처리업 사업계획에 대한 적정통보와 국토이용관리법령에 의한 국토이용계획변경은 각기 그 제도적 취지와 결정단계에서 고려해야 할 사항들이 다르므로, 피고가 위와 같이 폐기물처리업 사업계획에 대하여 적정통보를 한 것만으로 그 사업부지 토지에 대한 국토이용계획변경신청을 승인하여 주겠다는 취지의 공적인 견해표명을 한 것으로 볼 수 없고, 그럼에도 불구하고 원고가 그 승인을 받을 것으로 신뢰하였다면 원고에게 귀책사유가 있다 할 것이므로, 이 사건 처분이 신뢰보호의 원칙에 위배된다고 할 수 없다(대판 2005.4.28, 2004두8828).

② 헌법재판소의 위헌결정은 행정청이 개인에 대하여 신뢰의 대상이 되는 공적인 견해를 표명한 것이라고 할 수 없으므로 그 결정에 관련한 개인의 행위에 대하여는 신뢰보호의 원칙이 적용되지 아니한다(대판 2003.6.27, 2002두6965).

③ 지방자치단체장이 사업자에게 주택사업계획승인을 하면서 그 주택사업과는 아무런 관련이 없는 토지를 기부채납하도록 하는 부관(부담)을 주택사업계획승인(인가)에 붙인 경우, 그 부관은 부당결부금지의 원칙에 위반되어 위법하지만, 지방자치단체장이 승인한 사업자의 주택사업계획은 상당히 큰 규모의 사업(1,093억원)임에 반하여, 사업자가 기부채납한 토지가액은 그 100분의 1 상당의 금액(12억원)에 불과한 데다가, 사업자가 그동안 그 부관에 대하여 아무런 이의를 제기하지 아니하다가 지방자치단체장이 업무착오로 기부채납한 토지에 대하여 보상협조 요청서를 보내자, 그때서야 비로소 부관의 하자를 들고 나온 사정에 비추어 볼 때 부관의 하자가 중대하고 명백하여 당연무효라고는 볼 수 없다(취소사유에 불과)(대판 1997.3.11, 96다49650).

④ 신뢰보호원칙의 위반 여부는 한편으로 침해받은 신뢰이익의 보호가치, 침해의 중한 정도, 신뢰침해의 방법 등과 다른 한편으로는 새 입법을 통해 실현코자 하는 공익목적을 종합적으로 비교형량하여 판단하여야 한다(헌재결 1998.3.26, 93헌바12).

정답 ②

19. 다음에 제시된 행정법의 기본원칙에 대한 설명으로 옳지 않은 것은? (다툼이 있는 경우 판례에 의함)

19 국회직8급

> (가) 어떤 행정목적을 달성하기 위한 수단은 그 목적달성에 유효·적절하고 또한 가능한 한 최소침해를 가져오는 것이어야 하며 아울러 그 수단의 도입으로 인한 침해가 의도하는 공익을 능가하여서는 아니 된다.
> (나) 행정기관은 행정결정에 있어서 동종의 사안에 대하여 이전에 제3자에게 행한 결정과 동일한 결정을 상대방에게 하도록 스스로 구속당한다.
> (다) 개별국민이 행정기관의 어떤 언동의 정당성 또는 존속성을 신뢰한 경우 그 신뢰가 보호받을 가치가 있는 한 그러한 귀책사유 없는 신뢰는 보호되어야 한다.
> (라) 행정주체가 행정작용을 함에 있어서 상대방에게 이와 실질적인 관련이 없는 의무를 부과하거나 그 이행을 강제하여서는 아니 된다.

① 자동차를 이용하여 범죄행위를 한 경우 범죄의 경중에 상관없이 반드시 운전면허를 취소하도록 한 규정은 (가)원칙을 위반한 것이다.
② 반복적으로 행하여진 행정처분이 위법한 것일 경우 행정청은 (나)원칙에 구속되지 않는다.
③ 고속국도 관리청이 고속도로 부지와 접도구역에 송유관 매설을 허가하면서 상대방과 체결한 협약에 따라 송유관 시설을 이전하게 될 경우 그 비용을 상대방에게 부담하도록 한 부관은 (라)원칙에 반하지 않는다.
④ 선행조치의 상대방에 대한 신뢰보호의 이익과 제3자의 이익이 충돌하는 경우에는 (다)원칙이 우선한다.
⑤ 판례는 (라)원칙의 적용을 긍정하고 있다.

해설 ➤ 中

(가)는 과잉금지(비례)원칙에 관한 내용이다. 비례의 원칙(과잉금지의 원칙)이란 어떤 행정목적을 달성하기 위한 수단은 그 목적달성에 유효·적절하고, 또한 가능한 한 최소침해를 가져오는 것이어야 하며 아울러 그 수단의 도입으로 인한 침해가 의도하는 공익을 능가하여서는 아니 된다는 헌법상의 원칙을 말한다(대판 1997.9.26, 96누10096). (나)는 행정의 자기구속의 원칙, (다)는 신뢰보호의 원칙, (라)는 부당결부금지의 원칙에 관한 내용이다.

① 헌법재판소는 과잉금지원칙 중 침해의 최소성과 법익의 균형성에 위반되어 위반이라고 판시하고 있다. 이 사건 규정은 자동차 등을 이용하여 범죄행위를 하기만 하면 그 범죄행위가 얼마나 중한 것인지, 그러한 범죄행위를 행함에 있어 자동차 등이 당해 범죄행위에 어느 정도로 기여했는지 등에 대한 아무런 고려 없이 무조건 운전면허를 취소하도록 하고 있으므로 이는 구체적 사안의 개별성과 특수성을 고려할 수 있는 여지를 일체 배제하고 그 위법의 정도나 비난의 정도가 극히 미약한 경우까지도 운전면허를 취소할 수밖에 없도록 하는 것으로 최소침해성의 원칙에 위반된다 할 것이고, 한편 이 사건 규정에 의해 운전면허가 취소되면 2년 동안은 운전면허를 다시 발급받을 수 없게 되는바, 이는 지나치게 기본권을 제한하는 것으로서 법익균형성 원칙에도 위반된다고 할 것이다. 그러므로 이 사건 규정은 직업의 자유 내지 일반적 행동자유권을 침해하여 헌법에 위반된다(헌재결 2005.11.24, 2004헌가28).

② 행정의 자기구속의 원칙은 행정청이 행정결정에 있어서 동종의 사안에서 이전에 제3자에게 행한 결정의 기준(행정규칙이지 법규명령이 아님)에 스스로 구속당하는 원칙을 말한다. 종전 행정관행이 위법적인 경우 불법에의 평등대우를 인정한다면 사인의 국가에 대한 위법행위의 요구에 국가가 위법행위를 승인하여 법치주의를 붕괴시키는 결과를 초래하고 법률적합성의 원칙에 반하게 되기 때문에 통설·판례는 부정한다. 판례도 마찬가지이다. 평등의 원칙은 본질적으로 같은 것을 자의적으로 다르게 취급함을 금지하는 것이고, 위법한 행정처분이 수차례에 걸쳐 반복적으로 행하여졌다 하더라도 그러한 처분이 위법한 것인 때에는 행정청에 대하여 자기구속력을 갖게 된다고 할 수 없다(대판 2009.6.25, 2008두13132).

③⑤ 이 사건 협약에서, 고속국도의 유지관리 및 도로확장 등의 사유로 접도구역에 매설한 송유시설의 이설이 불가피할 경우 그 이설비용을 피고가 부담하도록 한 것은, 원고가 접도구역의 송유관 매설에 대한 허가를 할 것을 전제로 한 것으로, 피고는 송유관이설이라는 부대공사와 관련하여 공작물설치자로서 특별한 관계가 있다고 볼 수 있고, 피고로서는 접도구역부지 소유자와 사이에 별도로 이용계약을 체결하고 그 부지점용에 따른 사용료를 지급하게 되나 관리청인 원고로부터 접도구역의 송유관 매설에 관한 허가를 얻게 됨으로써 접도구역이 아닌 사유지를 이용하여 매설하는 경우에 비하여는 공사절차 등의 면에서 이익을 얻는다고 할 수 있으며, 피고의 사업이 공익성을 갖는다고 하더라도 비영리사업이라고 볼 수는 없고, 피고로서는 처음부터 이러한 경제적 이해관계를 고려하여 이 사건 협약을 체결한 것이라고 할 것이므로, 이 사건 협약 중 접도구역에 매설된 송유관 이설비용을 피고가 부담하도록 한 부분이 부당결부금지원칙에 위반된 것이라고 할 수는 없다(대판 2009.2.12, 2005다65500).

④ 신뢰보호원칙은 행정의 법률적합성의 원칙과 충돌할 수 있다(예 요건을 갖추지 못한 자에게 행정청이 허가 약속을 한 경우). 신뢰보호의 한계는 특히 위법한 선행조치를 신뢰한 경우, 즉 법률적합성의 원칙(공익)과 법적 안정성의 원칙(사익)이 충돌할 경우 양자의 충돌을 어떻게 해결할 것인지의 문제이다. 상대방의 신뢰보호를 어느 정도까지 인정할 것인가는 구체적인 사안에서 법률적합성의 원칙을 관철해야 할 공익과 당사자의 신뢰보호라는 사익(법적 안정성)을 비교형량해서 결정해야 한다고 보는 입장이 통설이다. 판례도 마찬가지이다. 마지막으로 위 견해표명에 따른 행정처분을 할 경우 이로 인하여 공익 또는 제3자의 정당한 이익을 현저히 해할 우려가 있는 경우가 아니어야(소극적 요건) 한다(대판 2006.6.9, 2004두46).

정답 ④

20. 행정법의 일반원칙에 대한 설명으로 옳은 것은? (다툼이 있는 경우 판례에 의함) 20 지방직9급

① 비례의 원칙은 행정에만 적용되는 원칙이므로 입법에서는 적용될 여지가 없다.
② 신뢰보호의 원칙이 적용되기 위한 요건인 행정권의 행사에 관하여 신뢰를 주는 선행조치가 되기 위해서는 반드시 처분청 자신의 적극적인 언동이 있어야만 한다.
③ 동일한 사항을 다르게 취급하는 것은 합리적 이유가 없는 차별이므로, 같은 정도의 비위를 저지른 자들은 비록 개전의 정이 있는지 여부에 차이가 있다고 하더라도 징계 종류의 선택과 양정에 있어 동일하게 취급받아야 한다.
④ 재량권행사의 준칙인 행정규칙이 그 정한 바에 따라 되풀이 시행되어 행정관행이 이루어지게 되면 평등의 원칙이나 신뢰보호의 원칙에 따라 행정기관은 그 상대방에 대한 관계에서 그 규칙에 따라야 할 자기구속을 받게 된다.

해설 ➤ ㊦

① 비례의 원칙은 법치국가 원리에서 당연히 파생되는 헌법상의 기본원리로서, 모든 국가작용에 적용된다. 행정목적을 달성하기 위한 수단은 목적달성에 유효·적절하고, 가능한 한 최소침해를 가져오는 것이어야 하며, 아울러 그 수단의 도입에 따른 침해가 의도하는 공익을 능가하여서는 안 된다(대판 2019.7.11, 2017두38874).
② 선행조치에는 법령·행정규칙·행정행위(처분)·합의·확약·행정계획과 같은 법적 행위만이 아니라 행정지도 등의 사실행위, 기타 국가의 모든 행정작용이 포함되며, 문서에 의한 형식적 행위에 한정되지 않고 또한 반드시 명시적·적극적 언동에 국한되지 않고 묵시적·소극적 견해표명으로도 가능하다. 판례도 마찬가지이다. 공적 견해나 의사는 명시적 또는 묵시적으로 표시되어야 하지만, 묵시적 표시가 있다고 하기 위하여는 단순한 과세 누락과는 달리 과세관청이 상당기간 불과세 상태에 대하여 과세하지 않겠다는 의사표시를 한 것으로 볼 수 있는 사정이 있어야 한다(대판 2001.4.24, 2000두5203).
③ 같은 정도의 비위를 저지른 자들 사이에 있어서도 그 직무의 특성 등에 비추어, 개전의 정이 있는지 여부에 따라 징계의 종류의 선택과 양정에 있어서 차별적으로 취급하는 것은, 사안의 성질에 따른 합리적 차별로서 이를 자의적 취급이라고 할 수 없는 것이어서 평등원칙 내지 형평에 반하지 아니한다(대판 1999.8.20, 99두2611).
④ 상급행정기관이 하급행정기관에 대하여 업무처리지침이나 법령의 해석적용에 관한 기준(법령해석규칙)을 정하여 발하는 이른바 '행정규칙이나 내부지침'은 일반적으로 행정조직 내부에서만 효력을 가질 뿐, 대외적인 구속력을 갖는 것은 아니므로 행정처분이 그에 위반하였다고 하여 그러한 사정만으로 곧바로 위법하게 되는 것은 아니다. 다만, 재량권 행사의 준칙인 행정규칙이 그 정한 바에 따라 되풀이 시행되어 행정관행이 이루어지게 되면(선례필요설) 평등의 원칙이나 신뢰보호의 원칙에 따라 행정기관은 그 상대방에 대한 관계에서 그 규칙에 따라야 할 자기구속을 받게 되므로, 이러한 경우에는 특별한 사정이 없는 한 그를 위반하는 처분은 평등의 원칙이나 신뢰보호의 원칙에 위배되어 재량권을 일탈·남용한 위법한 처분이 된다(대판 2009.12.24, 2009두7967).

정답 ④

21. 행정법의 일반원칙에 관련된 다음의 설명 중 옳은 것은? (다툼이 있는 경우 판례에 의함) 21 국가직9급

① 국가가 국민의 생명·신체의 안전에 대한 보호의무를 다하지 않았는지 여부를 헌법재판소가 심사할 때에는 국가가 이를 보호하기 위하여 적어도 적절하고 효율적인 최소한의 보호조치를 취하였는가 하는 '과소보호 금지원칙'의 위반 여부를 기준으로 삼는다.
② 행정청이 조합설립추진위원회의 설립승인 심사에서 위법한 행정처분을 한 선례가 있는 경우에는, 행정청에 대해 자기구속력을 갖게 되어 이후에도 그러한 기준에 따라야 한다.
③ 공무원 임용신청 당시 잘못 기재된 호적상 출생연월일을 생년월일로 기재하고, 임용 후 36년 동안 이의를 제기하지 않다가, 정년을 1년 3개월 앞두고 정정된 출생연월일을 기준으로 정년연장을 요구하는 것은 신의성실의 원칙에 반한다.
④ 일반적으로 행정청이 폐기물처리업 사업계획에 대한 적정통보를 한 경우 이는 토지에 대한 형질변경신청을 허가하는 취지의 공적 견해표명까지도 포함한다.

해설 ➤ 中

① 국가가 국민의 생명·신체의 안전에 대한 보호의무를 다하지 않았는지 여부를 헌법재판소가 심사할 때에는 국가가 이를 보호하기 위하여 적어도 적절하고 효율적인 최소한의 보호조치를 취하였는가 하는 이른바 '과소보호 금지원칙'의 위반 여부를 기준으로 삼아, 국민의 생명·신체의 안전을 보호하기 위한 조치가 필요한 상황인데도 국가가 아무런 보호조치를 취하지 않았든지 아니면 취한 조치가 법익을 보호하기에 전적으로 부적합하거나 매우 불충분한 것임이 명백한 경우에 한하여 국가의 보호의무의 위반을 확인하여야 한다(헌재결 2008.12.26, 2008헌마419).

② 평등의 원칙은 본질적으로 같은 것을 자의적으로 다르게 취급함을 금지하는 것이고, 위법한 행정처분이 수차례에 걸쳐 반복적으로 행하여졌다 하더라도 그러한 처분이 위법한 것인 때에는 행정청에 대하여 자기구속력을 갖게 된다고 할 수 없다. 피고가 소외 2측 추진위원회의 승인신청을 반려할 당시 100인 이상의 위원으로 추진위원회를 구성할 것을 요구하고, 날짜가 기재되지 아니한 동의서들을 효력이 없는 것으로 간주한 선례가 있다 하더라도 피고가 참가인 추진위원회에 대하여 승인심사를 할 때에도 그러한 기준을 따라야 할 의무가 없는 점 등에 비추어, 피고가 평등의 원칙이나 신뢰보호의 원칙 또는 자기구속의 원칙 등에 위배하고 재량권을 일탈·남용하여 자의적으로 이 사건 승인처분을 하였다고 볼 수 없다(대판 2009.6.25, 2008두13132).

③ 지방공무원 임용신청 당시 잘못 기재된 호적상 출생연월일을 생년월일로 기재하고, 이에 근거한 공무원인사기록카드의 생년월일 기재에 대하여 처음 임용된 때부터 약 36년 동안 전혀 이의를 제기하지 않다가, 정년을 1년 3개월 앞두고 호적상 출생연월일을 정정한 후 그 출생연월일을 기준으로 정년의 연장을 요구하는 것은 신의성실의 원칙에 반하지 않는다(대판 2009.3.26, 2008두21300).

④ 일반적으로 폐기물처리업 사업계획에 대한 적정통보에 당해 토지에 대한 형질변경허가신청을 허가하는 취지의 공적 견해표명이 있는 것으로는 볼 수 없다고 할 것이고, 더구나 토지의 지목변경 등을 조건으로 그 토지상의 폐기물처리업 사업계획에 대한 적정통보를 한 경우에는 위 조건부 적정통보에 토지에 대한 형질변경허가의 공적 견해표명이 포함되어 있었다고 볼 수 없다(대판 1998.9.25, 98두6494).

정답 ①

22. 행정법의 일반원칙에 대한 설명으로 옳지 않은 것은? (다툼이 있는 경우 판례에 의함) 21 국회직8급

① 계속 중인 사실이나 그 이후에 발생한 요건사실에 대한 법률적용을 인정하는 부진정 소급입법의 경우 개인의 신뢰보호와 법적 안정성을 내용으로 하는 법치국가 원리에 의하여 허용되지 않는 것이 원칙이다.

② 재건축조합에서 일단 내부 규범이 정립되면 조합원들은 특별한 사정이 없는 한 그것이 존속하리라는 신뢰를 가지게 되므로, 내부 규범을 변경할 경우 내부 규범 변경을 통해 달성하려는 이익이 종전 내부 규범의 존속을 신뢰한 조합원들의 이익보다 우월해야 한다.

③ 신뢰보호의 원칙은 행정청이 공적인 견해를 표명할 당시의 사정이 그대로 유지됨을 전제로 적용되는 것이 원칙이므로, 사후에 그와 같은 사정이 변경된 경우에는 특별한 사정이 없는 한 행정청이 그 견해표명에 반하는 처분을 하더라도 신뢰보호의 원칙에 위반된다고 할 수 없다.

④ 근로복지공단의 요양불승인처분의 적법 여부는 사실상 근로자의 휴업급여청구권 발생의 전제가 된다고 볼 수 있는 점 등에 비추어, 근로자가 요양불승인에 대한 취소소송의 판결확정시까지 근로복지공단에 휴업급여를 청구하지 않았던 것에 대한 근로복지공단의 소멸시효 항변은 신의성실의 원칙에 반하여 허용될 수 없다.

⑤ 관할관청이 위법한 직업능력개발훈련과정 인정제한처분을 하여 사업주로 하여금 제때 훈련과정 인정신청을 할 수 없도록 하였음에도, 인정제한처분에 대한 취소판결 확정 후 사업주가 인정제한한 기간 내에 실제로 실시하였던 훈련에 관하여 비용지원신청을 한 경우에, 사전에 훈련과정 인정을 받지 않았다는 이유만을 들어 훈련비용 지원을 거부하는 것은 신의성실의 원칙에 반하여 허용될 수 없다.

해설 ➤ 上

① 법령불소급의 원칙은 법령의 효력발생 전에 완성된 요건 사실에 대하여 당해 법령을 적용할 수 없다는 의미일 뿐, 계속 중인 사실이나 그 이후에 발생한 요건 사실에 대한 법령적용까지를 제한하는 것은 아니다(대판 2014.4.24, 2013두26552).

②③ 신뢰보호의 원칙은 행정청이 공적인 견해를 표명할 당시의 사정이 그대로 유지됨을 전제로 적용되는 것이 원칙이므로, 사후에 그와 같은 사정이 변경된 경우에는 그 공적 견해가 더 이상 개인에게 신뢰의 대상이 된다고 보기 어려운 만큼, 특별한 사정이 없는 한 행정청이 그 견해표명에 반하는 처분을 하더라도 신뢰보호의 원칙에 위반된다고 할 수 없다.

한편 재건축조합에서 일단 내부 규범이 정립되면 조합원들은 특별한 사정이 없는 한 그것이 존속하리라는 신뢰를 가지게 되므로, 내부 규범 변경을 통해 달성하려는 이익이 종전 내부 규범의 존속을 신뢰한 조합원들의 이익보다 우월해야 한다. 조합 내부 규범을 변경하는 총회결의가 신뢰보호의 원칙에 위반되는지를 판단하기 위해서는, 종전 내부 규범의 내용을 변경하여야 할 객관적 사정과 필요가 존재하는지, 그로써 조합이 달성하려는 이익은 어떠한 것인지, 내부 규범의 변경에 따라 조합원들이 침해받은 이익은 어느 정도의 보호가치가 있으며 침해 정도는 어떠한지,

조합이 종전 내부 규범의 존속에 대한 조합원들의 신뢰 침해를 최소화하기 위하여 어떤 노력을 기울였는지 등과 같은 여러 사정을 종합적으로 비교·형량해야 한다(대판 2020.6.25, 2018두34732).

한편, 판례에 따르면 사정변경은 실효사유이다. 즉, 행정청이 상대방에게 장차 어떤 처분을 하겠다고 확약 또는 공적인 의사표명을 하였다고 하더라도, 그 자체에서 상대방으로 하여금 언제까지 처분의 발령을 신청하도록 유효기간을 두었는데도 그 기간 내에 상대방의 신청이 없었다거나 확약 또는 공적인 의사표명이 있은 후에 사실적·법률적 상태가 변경되었다면, 그와 같은 확약 또는 공적인 의사표명은 행정청의 별다른 의사표시를 기다리지 않고 실효된다(대판 1996.8.20, 95누10877).

④ 근로자가 입은 부상이나 질병이 업무상 재해에 해당하는지 여부에 따라 요양급여 신청의 승인, 휴업급여청구권의 발생 여부가 차례로 결정되고, 따라서 근로복지공단의 요양불승인처분의 적법 여부는 사실상 근로자의 휴업급여청구권 발생의 전제가 된다고 볼 수 있는 점 등에 비추어, 근로자가 요양불승인에 대한 취소소송의 판결확정시까지 근로복지공단에 휴업급여를 청구하지 않았던 것은 이를 행사할 수 없는 사실상의 장애사유가 있었기 때문이라고 보아야 하므로, 근로복지공단의 소멸시효 항변은 신의성실의 원칙에 반하여 허용될 수 없다[대판(전합) 2008.9.18, 2007두2173].

⑤ 관할관청이 위법한 직업능력개발훈련과정 인정제한처분을 하여 사업주로 하여금 제때 훈련과정 인정신청을 할 수 없도록 하였음에도, 인정제한처분에 대한 취소판결 확정 후 사업주가 인정제한 기간 내에 실제로 실시하였던 훈련에 관하여 비용지원신청을 한 경우에, 관할관청은 단지 해당 훈련과정에 관하여 사전에 훈련과정 인정을 받지 않았다는 이유만을 들어 훈련비용 지원을 거부할 수는 없음이 원칙이다. 이러한 거부행위는 위법한 훈련과정 인정제한처분을 함으로써 사업주로 하여금 제때 훈련과정 인정신청을 할 수 없게 한 장애사유를 만든 행정청이 사업주에 대하여 사전에 훈련과정 인정신청을 하지 않았음을 탓하는 것과 다름없으므로 신의성실의 원칙에 반하여 허용될 수 없다(대판 2019.1.31, 2016두52019).

정답 ①

23. 행정법의 일반원칙에 대한 설명으로 옳은 것만을 모두 고르면? (다툼이 있는 경우 판례에 의함)

22 지방직9급

ㄱ. 비례의 원칙은 법치국가원리에서 당연히 파생되는 헌법상의 기본원리이다.
ㄴ. 평등의 원칙은 본질적으로 같은 것을 자의적으로 다르게 취급함을 금지하는 것이므로, 위법한 행정처분이 수차례에 걸쳐 반복적으로 행하여졌다면 행정청에 대하여 자기구속력을 갖게 된다.
ㄷ. 국가가 임용결격사유가 있는 자에 대하여 결격사유가 있는 것을 알지 못하고 공무원으로 임용하였다가 나중에 결격사유가 있음을 발견하고 그 임용행위를 취소하는 경우 신의칙이 적용된다.
ㄹ. 지방자치단체장이 사업자에게 주택사업계획승인을 하면서 그 주택사업과는 아무런 관련이 없는 토지를 기부채납하도록 하는 부관을 주택사업계획승인에 붙인 경우, 그 부관은 부당결부금지의 원칙에 위반되어 위법하다.

① ㄱ, ㄷ　　② ㄱ, ㄹ
③ ㄴ, ㄷ　　④ ㄷ, ㄹ

해설 ㊦

ㄱ 비례의 원칙은 법치국가 원리에서 당연히 파생되는 헌법상의 기본원리로서, 모든 국가작용에 적용된다. 따라서 행정목적을 달성하기 위한 수단은 목적달성에 유효, 적절하고, 가능한 한 최소침해를 가져오는 것이어야 하며, 아울러 그 수단의 도입에 따른 침해가 의도하는 공익을 능가하여서는 안 된다(대판 2020.1.9, 2018두47561). [첫출제]

ㄴ 위법한 행정처분이 수차례에 걸쳐 반복적으로 행하여졌다 하더라도 그러한 처분이 위법한 것인 때에는 행정청에 대하여 자기구속력을 갖게 된다고 할 수 없다(대판 2009.6.25, 2008두13132).

ㄷ 국가가 공무원임용결격사유가 있는 자에 대하여 결격사유가 있는 것을 알지 못하고 공무원으로 임용하였다가 사후에 결격사유가 있는 자임을 발견하고 공무원임용행위를 취소하는 것은 당사자에게 원래의 임용행위가 당초부터 당연무효이었음을 통지하여 확인시켜 주는 행위에 지나지 아니하는 것이므로, 그러한 의미에서 당초의 임용처분을 취소함에 있어서는 신의칙 내지 신뢰의 원칙을 적용할 수 없고, 또 그러한 의미의 취소권은 시효로 소멸하는 것도 아니다(대판 1987.4.14, 86누459).

ㄹ 지방자치단체장이 사업자에게 주택사업계획승인을 하면서 그 주택사업과는 아무런 관련이 없는 토지를 기부채납하도록 하는 부관(부담)을 주택사업계획승인(인가)에 붙인 경우, 그 부관은 부당결부금지의 원칙에 위반되어 위법하지만, 지방자치단체장이 승인한 사업자의 주택사업계획은 상당히 큰 규모의 사업(1,093억원)임에 반하여, 사업자가 기부채납한 토지가액은 그 100분의 1 상당의 금액(12억원)에 불과한 데다가, 사업자가 그동안 그 부관에 대하여 아무런 이의를 제기하지 아니하다가 지방자치단체장이 업무착오로 기부채납한 토지에 대하여 보상협조 요청서를 보내자, 그때서야 비로소 부관의 하자를 들고 나온 사정에 비추어 볼 때 부관의 하자가 중대하고 명백하여 당연무효라고는 볼 수 없다(취소사유에 불과)(대판 1997.3.11, 96다49650).

정답 ②

24. 행정의 자기구속의 원칙에 대한 설명으로 옳지 않은 것은? (다툼이 있는 경우 판례에 의함) 18 국가직9급

① 헌법재판소는 평등의 원칙이나 신뢰보호의 원칙을 근거로 행정의 자기구속의 원칙을 인정하고 있다.
② 반복적으로 행해진 행정처분이 위법하더라도 행정의 자기구속의 원칙에 따라 행정청은 선행처분에 구속된다.
③ 행정의 자기구속의 원칙은 법적으로 동일한 사실관계, 즉 동종의 사안에서 적용이 문제되는 것으로 주로 재량의 통제 법리와 관련된다.
④ 재량준칙이 공표된 것만으로는 행정의 자기구속의 원칙이 적용될 수 없고, 재량준칙이 되풀이 시행되어 행정관행이 성립한 경우에 행정의 자기구속의 원칙이 적용될 수 있다.

해설 ▸ 中

① 행정규칙은 일반적으로 행정조직 내부에서만 효력을 가지는 것이나(원칙적으로 법규성 부정), 행정규칙이 법령의 규정에 의하여 행정관청에 법령의 구체적 내용을 보충할 권한을 부여한 경우(법령보충규칙)나 재량권 행사의 준칙인 규칙(재량준칙)이 그 정한 바에 따라 되풀이 시행되어 행정관행이 이룩되게 되면(행정선례 필요), 평등의 원칙이나 신뢰보호의 원칙(이론적 근거)에 따라 행정기관은 그 상대방에 대한 관계에서 그 규칙에 따라야 할 자기구속을 당하게 되는 경우에는 대외적인 구속력을 가지게 되는바(법규로 전환), 이러한 경우에는 헌법소원의 대상이 될 수도 있다(헌재결 1990.9.3, 90헌마13).
② 평등의 원칙은 본질적으로 같은 것을 자의적으로 다르게 취급함을 금지하는 것이고, 위법한 행정처분이 수차례에 걸쳐 반복적으로 행하여졌다 하더라도 그러한 처분이 위법한 것인 때에는 행정청에 대하여 자기구속력을 갖게 된다고 할 수 없다. 피고가 소외 2측 추진위원회의 승인신청을 반려할 당시 100인 이상의 위원으로 추진위원회를 구성할 것을 요구하고, 날짜가 기재되지 아니한 동의서들을 효력이 없는 것으로 간주한 선례가 있다 하더라도 피고가 참가인 추진위원회에 대하여 승인심사를 할 때에도 그러한 기준을 따라야 할 의무가 없는 점 등에 비추어, 피고가 평등의 원칙이나 신뢰보호의 원칙 또는 자기구속의 원칙 등에 위배하고 재량권을 일탈·남용하여 자의적으로 이 사건 승인처분을 하였다고 볼 수 없다(대판 2009.6.25, 2008두13132).
③ 행정의 자기구속의 원칙은 행정청이 행정결정에 있어서 동종의 사안에서 이전에 제3자에게 행한 결정의 기준(행정규칙이지 법규명령이 아님)에 스스로 구속당하는 원칙을 말한다. 행정의 자기구속의 법리는 재량권의 행사에 있어서 행정권의 자의를 방지하여 적정한 행사가 이루어지도록 하고 국민의 권리를 보호하는 기능을 갖는다.
④ 지침이 되풀이 시행되어 행정관행이 이루어졌다거나 그 공표만으로 신청인이 보호가치 있는 신뢰를 갖게 되었다고 볼 수 없고, 쌀 시장 개방화에 대비한 경쟁력 강화 등 우월한 공익상 요청에 따라 위 지침상의 요건 외에 '시·군별 건조저장시설 개소당 논 면적 1,000ha 이상' 요건을 추가할 만한 특별한 사정을 인정할 수 있어, 그 처분이 행정의 자기구속의 원칙 및 행정규칙에 관련된 신뢰보호의 원칙에 위배되거나 재량권을 일탈·남용한 위법이 없다(대판 2009.12.24, 2009두7967).

정답 ②

25. 신뢰보호의 원칙에 대한 설명으로 옳지 않은 것은? (다툼이 있는 경우 판례에 의함) 17 지방직7급

① 「국세기본법」에 따른 비과세관행의 성립요건인 공적 견해나 의사의 묵시적 표시가 있다고 하기 위해서는 과세관청이 상당기간의 불과세 상태에 대하여 과세하지 않겠다는 의사표시를 한 것으로 볼 수 있는 사정이 있어야 한다.
② 과세관청이 납세의무자에게 부가가치세 면세사업자용 사업자등록증을 교부하거나 고유번호를 부여하였다고 하더라도 그가 영위하는 사업에 관하여 부가가치세를 과세하지 않겠다는 언동이나 공적 견해를 표명한 것으로 볼 수 없다.
③ 행정관청이 폐기물처리업 사업계획에 대하여 폐기물관리법령에 의한 적정통보를 한 경우에는, 그 사업부지 토지에 대한 국토이용계획변경신청을 승인하여 주겠다는 취지의 공적 견해를 표명한 것으로 볼 수 있다.
④ 행정청이 지구단위계획을 수립하면서 그 권장용도를 판매·위락·숙박시설로 결정하여 고시하였다 하더라도 당해 지구 내에서 공익과 무관하게 언제든지 숙박시설에 대한 건축허가가 가능하다는 취지의 공적 견해를 표명한 것으로 볼 수 없다.

해설 ▸ 中

① 공적 견해나 의사는 명시적 또는 묵시적으로 표시되어야 하지만, 묵시적 표시가 있다고 하기 위하여는 단순한 과세누락과는 달리 과세관청이 상당기간 불과세상태에 대하여 과세하지 않겠다는 의사표시를 한 것으로 볼 수 있는 사정이 있어야 한다(대판 2001.4.24, 2000두5203).
② 부가가치세법상의 사업자등록은 과세관청이 부가가치세의 납세의무자를 파악하고 그 과세자료를 확보하는 데 입법 취지가 있고, 이는 단순한 사업사실의 신고로서 사업자가 소관 세무서장에게 소정의 사업자등록신청서를 제출함으로써 성립하며, 사업자등록증의 교부는 이와 같은 등록사

실을 증명하는 증서의 교부행위에 불과한 것으로 과세관청이 납세의무자에게 부가가치세 면세사업자용 사업자등록증을 교부하였다고 하더라도 그가 영위하는 사업에 관하여 부가가치세를 과세하지 아니함을 시사하는 언동이나 공적인 견해를 표명한 것으로 볼 수 없으며, 구 「부가가치세법 시행령」 제8조 제2항에 정한 고유번호의 부여도 과세자료를 효율적으로 처리하기 위한 것에 불과한 것이므로 과세관청이 납세의무자에게 고유번호를 부여한 경우에도 마찬가지이다(대판 2008.6.12, 2007두23255).

③ 폐기물관리법령에 의한 폐기물처리업 사업계획에 대한 적정통보와 국토이용관리법령에 의한 국토이용계획변경은 각기 그 제도적 취지와 결정단계에서 고려해야 할 사항들이 다르므로, 피고가 위와 같이 폐기물처리업 사업계획에 대하여 적정통보를 한 것만으로 그 사업부지 토지에 대한 국토이용계획변경신청을 승인하여 주겠다는 취지의 공적인 견해표명을 한 것으로 볼 수 없고, 그럼에도 불구하고 원고가 그 승인을 받을 것으로 신뢰하였다면 원고에게 귀책사유가 있다 할 것이므로, 이 사건 처분이 신뢰보호의 원칙에 위배된다고 할 수 없다(대판 2005.4.28, 2004두8828).

④ 피고가 위와 같은 계획을 수립하여 고시하고 관련도서를 비치하여 열람하게 한 행위로서 표명한 공적 견해는 숙박시설의 건축허가를 불허하여야 할 중대한 공익상의 필요가 없음을 전제로 숙박시설 건축허가도 가능하다는 것이지, 이를 H지구 내에서는 공익과 무관하게 언제든지 숙박시설에 대한 건축허가가 가능하리라는 취지의 공적 견해를 표명한 것이라고 평가할 수는 없을 것이고, 만일 원고들이 위 고시를 보고 H지구 내에서는 숙박시설 건축허가를 받아 줄 것으로 신뢰하였다면 원고들의 그러한 신뢰에 과실이 있다고 하지 않을 수 없다(대판 2005.11.25, 2004두6822·6839·6846).

정답 ③

26. 신뢰보호원칙에 대한 설명으로 옳지 않은 것은? (다툼이 있는 경우 판례에 의함) 18 지방직9급

① 건축허가 신청 후 건축허가기준에 관한 관계 법령 및 조례의 규정이 신청인에게 불리하게 개정된 경우, 당사자의 신뢰를 보호하기 위해 처분 시가 아닌 신청 시 법령에서 정한 기준에 의하여 건축허가 여부를 결정하는 것이 원칙이다.

② 「행정절차법」과 「국세기본법」에서는 법령 등의 해석 또는 행정청의 관행이 일반적으로 국민에게 받아들여졌을 때와 관련하여 신뢰보호의 원칙을 규정하고 있다.

③ 신뢰보호원칙에서 행정청의 견해표명이 정당하다고 신뢰한 데에 대한 개인의 귀책사유의 유무는 상대방뿐만 아니라 그로부터 신청행위를 위임받은 수임인 등 관계자 모두를 기준으로 판단하여야 한다.

④ 서울지방병무청 총무과 민원팀장이 국외영주권을 취득한 사람의 상담에 응하여 법령의 내용을 숙지하지 못한 채 민원봉사차원에서 현역입영대상자가 아니라고 답변하였다면 그것이 서울지방병무청장의 공적인 견해표명이라 할 수 없다.

해설 ➤ (中)

① 항고소송에서 처분의 위법 여부는 특별한 사정이 없는 한 그 처분 당시를 기준으로 판단하여야 한다. 이는 신청에 따른 처분의 경우에도 마찬가지이다. 새로 개정된 법령의 경과규정에서 달리 정함이 없는 한, 처분 당시에 시행되는 개정 법령과 그에서 정한 기준에 의하여 신청에 따른 처분의 발급 여부를 결정하는 것이 원칙이고, 그러한 개정 법령의 적용과 관련하여서는 개정 전 법령의 존속에 대한 국민의 신뢰가 개정 법령의 적용에 관한 공익상의 요구보다 더 보호가치가 있다고 인정되는 경우에 그러한 국민의 신뢰를 보호하기 위하여 그 적용이 제한될 수 있는 여지가 있을 따름이다(대판 2020.1.16, 2019다264700).

② 행정청은 법령등의 해석 또는 행정청의 관행이 일반적으로 국민들에게 받아들여졌을 때에는 공익 또는 제3자의 정당한 이익을 현저히 해칠 우려가 있는 경우를 제외하고는 새로운 해석 또는 관행에 따라 소급하여 불리하게 처리하여서는 아니 된다(행정절차법 제4조 제2항).

③ 귀책사유라 함은 행정청의 견해표명의 하자가 상대방 등 관계자의 사실은폐나 기타 사위의 방법에 의한 신청행위 등 부정행위에 기인한 것이거나 그러한 부정행위가 없다고 하더라도 하자가 있음을 알았거나(악의) 중대한 과실(중과실)로 알지 못한 경우 등을 의미한다고 해석함이 상당하고, 귀책사유의 유무는 상대방과 그로부터 신청행위를 위임받은 수임인 등 관계자 모두를 기준으로 판단하여야 한다(대판 2002.11.8, 2001두1512).

④ 병무청 담당부서의 담당공무원에게 공적 견해의 표명을 구하는 정식의 서면질의 등을 하지 아니한 채 총무과 민원팀장에 불과한 공무원이 민원봉사차원에서 상담에 응하여 안내한 것을 신뢰한 경우, 신뢰보호원칙이 적용되지 아니한다(대판 2003.12.26, 2003두1875).

정답 ①

27. 신뢰보호의 원칙에 관한 설명으로 가장 옳지 않은 것은? 18 서울시7급

① 행정청의 공적 견해 표명이 있었는지의 여부를 판단하는 데 있어 반드시 행정조직상의 형식적인 권한분장에 구애될 것이 아니라 담당자의 조직상의 지위와 임무, 당해 언동을 하게 된 구체적인 경위 및 그에 대한 상대방의 신뢰가능성에 비추어 실질에 의하여 판단하여야 한다.
② 폐기물처리업 사업계획에 대하여 적정통보를 하였다면, 이것은 당해 사업을 위해 필요한 그 사업부지 토지에 대하여 국토이용계획 변경신청을 승인하여 주겠다는 취지의 공적인 견해표명을 한 것으로 볼 수 있다.
③ 신뢰가 보호할 만한 것인가는 정당한 이익형량에 의한다. 사후에 선행조치가 변경될 것을 사인이 예상하였거나 중대한 과실로 알지 못한 경우 또는 사인의 사위나 사실은폐 등이 있는 경우에는 보호가치가 있는 신뢰라고 보기 어렵다.
④ 선행조치는 반드시 관세관청이 납세자에 대하여 비과세를 시사하는 명시적 언동이 있어야만 하는 것은 아니고, 묵시적인 언동 다시 말하면 비과세의 사실상태가 장기간에 걸쳐 계속되는 경우에 그것이 그 사항에 대하여 과세의 대상으로 삼지 아니하는 뜻의 과세관청의 묵시적인 의향표시로 볼 수 있는 경우에도 이를 인정할 수 있다.

해설 ➤ 中

① 대판 2006.4.28, 2005두9644
② 폐기물관리법령에 의한 폐기물처리업 사업계획에 대한 적정통보와 국토이용관리법령에 의한 국토이용계획변경은 각기 그 제도적 취지와 결정단계에서 고려해야 할 사항들이 다르므로, 피고가 위와 같이 폐기물처리업 사업계획에 대하여 적정통보를 한 것만으로 그 사업부지 토지에 대한 국토이용계획변경신청을 승인하여 주겠다는 취지의 공적인 견해표명을 한 것으로 볼 수 없고, 그럼에도 불구하고 원고가 그 승인을 받을 것으로 신뢰하였다면 원고에게 귀책사유가 있다 할 것이므로, 이 사건 처분이 신뢰보호의 원칙에 위배된다고 할 수 없다(대판 2005.4.28, 2004두8828).
③ 법률적합성의 원칙(공익)과 법적 안정성의 원칙(사익)이 충돌할 경우 상대방의 신뢰보호를 어느 정도까지 인정할 것인가는 구체적인 사안에서 법률적합성의 원칙을 관철해야 할 공익과 당사자의 신뢰보호라는 사익(법적 안정성)을 비교형량해서 결정해야 한다고 보는 이익형량설이 통설·판례이다.
한편, 귀책사유라 함은 행정청의 견해표명의 하자가 상대방 등 관계자의 사실은폐나 기타 사위의 방법에 의한 신청행위 등 부정행위에 기인한 것이거나 그러한 부정행위가 없다고 하더라도 하자가 있음을 알았거나(악의) 중대한 과실(중과실)로 알지 못한 경우 등을 의미한다고 해석함이 상당하고, 귀책사유의 유무는 상대방과 그로부터 신청행위를 위임받은 수임인 등 관계자 모두를 기준으로 판단하여야 한다(대판 2002.11.8, 2001두1512).
④ 의사표시는 과세물건에 대한 비과세의 사실상태가 장기간에 걸쳐 지속된 경우 '묵시적인 의향의 표시'라고 볼 수 있는 정도이면 족하다(대판 2011.5.13, 2008두18250).

정답 ②

28. 신뢰보호의 원칙에 대한 설명으로 옳지 않은 것은? (다툼이 있는 경우 판례에 의함) 18 국가직7급

① 「행정절차법」에 명문의 근거가 있다.
② 확약이 있은 후에 사실적·법률적 상태가 변경되었다면, 그 확약은 행정청의 별다른 의사표시를 기다리지 않고 실효된다.
③ 법률에 따른 개인의 행위가 국가에 의하여 일정 방향으로 유인된 신뢰의 행사가 아니라 단지 법률이 부여한 기회를 활용한 것이라 하더라도, 신뢰보호의 이익이 인정된다.
④ 개정 법령이 기존의 사실 또는 법률관계를 적용대상으로 하면서 종전보다 불리한 법률효과를 규정하고 있는 경우에도 그러한 사실 또는 법률관계가 개정 법률이 시행되기 이전에 이미 종결된 것이 아니라면 이를 헌법상 금지되는 소급입법이라고 할 수는 없다.

해설 ➤ 下

① 행정절차법 제4조 제2항과 국세기본법 제18조 제3항이 신뢰보호원칙을 규정하고 있다. 그러나 이 규정은 행정법의 불문법원리로 통용되고 있던 원칙을 확인한 데 그치는 것이지(확인적 규정), 이 규정에 의해 비로소 법적 효력이 부여된 것(창설적 규정)은 아니다.
② 행정청이 상대방에게 장차 어떤 처분을 하겠다고 확약 또는 공적인 의사표명을 하였다고 하더라도, 그 자체에서 상대방으로 하여금 언제까지 처분의 발령을 신청하도록 유효기간을 두었는데도 그 기간 내에 상대방의 신청이 없었다거나 확약 또는 공적인 의사표명이 있은 후에 사실적·법

률적 상태가 변경되었다면, 그와 같은 확약 또는 공적인 의사표명은 행정청의 별다른 의사표시를 기다리지 않고 실효된다(대판 1996.8.20, 95누10877).

③ 만일 법률에 따른 개인의 행위가 단지 법률이 반사적으로 부여하는 기회의 활용을 넘어서 국가에 의하여 일정방향으로 유인된 것이라면 특별히 보호가치가 있는 신뢰이익이 인정될 수 있고, 원칙적으로 개인의 신뢰보호가 국가의 법률개정이익에 우선된다고 볼 여지가 있다. 그런데 이 사건 법률조항의 경우 국가가 입법을 통하여 개인의 행위를 일정방향으로 유도하였다고 볼 수는 없고, 따라서 청구인의 징집면제연령에 관한 기대 또는 신뢰는 단지 법률이 부여한 기회를 활용한 것으로서 원칙적으로 사적 위험부담의 범위에 속하는 것이다(헌재결 2002.11.28, 2002헌바45).

④ 행정처분은 그 근거법령이 개정된 경우에도 경과 규정에서 달리 정함이 없는 한 처분 당시 시행되는 개정 법령과 그에서 정한 기준에 의하는 것이 원칙이고, 그 개정 법령이 기존의 사실 또는 법률관계를 적용대상으로 하면서 종전보다 불리한 법률효과를 규정하고 있는 경우에도 그러한 사실 또는 법률관계가 개정 법률이 시행되기 이전에 이미 종결된 것이 아니라면 이를 헌법상 금지되는 소급입법이라고 할 수는 없으며, 그러한 개정법률의 적용과 관련하여서는 개정 전 법령의 존속에 대한 국민의 신뢰가 개정 법령의 적용에 관한 공익상의 요구보다 더 보호가치가 있다고 인정되는 경우에 그러한 국민의 신뢰보호를 보호하기 위하여 그 적용이 제한될 수 있는 여지가 있을 따름이다(대판 2001.10.12, 2001두274).

정답 ③

29. 신뢰보호 원칙의 요건에 대한 설명으로 가장 옳지 않은 것은? 19 서울시7급

① 행정청이 개인에 대하여 신뢰의 대상이 되는 공적인 견해표명을 하여야 한다.
② 행정청의 견해표명이 정당하다고 신뢰한 데에 대하여 그 개인에게 귀책사유가 있더라도 신뢰보호의 원칙이 적용된다.
③ 개인이 행정청의 견해표명을 신뢰하고 이에 상응하는 어떠한 행위를 하였어야 한다.
④ 행정청이 그 견해표명에 반하는 처분을 함으로써 견해표명을 신뢰한 개인의 이익이 침해되는 결과가 초래되어야 한다.

해설 ➤ ㊦

일반적으로 행정상의 법률관계에 있어서 행정청의 행위에 대하여 신뢰보호의 원칙이 적용되기 위해서는, 첫째 ① 행정청이 개인에 대하여 신뢰의 대상이 되는 공적인 견해표명을 하여야 하고, 둘째 ② 행정청의 견해표명이 정당하다고 신뢰한 데 대하여 그 개인에게 귀책사유가 없어야 하며, 셋째 그 ③ 개인이 그 견해표명을 신뢰하고 어떠한 행위를 하였어야 하고, 넷째 ④ 행정청이 위 견해표명에 반하는 처분을 함으로써 그 견해표명을 신뢰한 개인의 이익이 침해되는 결과가 초래되어야 하며, 마지막으로 위 견해표명에 따른 행정처분을 할 경우 이로 인하여 공익 또는 제3자의 정당한 이익을 현저히 해할 우려가 있는 경우가 아니어야 한다(대판 2006.4.28, 2005두9644).

정답 ②

30. 신뢰보호의 원칙에 대한 설명으로 옳은 것은? (다툼이 있는 경우 판례에 의함) 19 국가직7급

① 처분청이 착오로 행정서사업 허가처분을 한 후 20년이 다 되어서야 취소사유를 알고 행정서사업 허가를 취소한 경우, 그 허가취소처분은 실권의 법리에 저촉되는 것으로 보아야 한다.
② 법령이나 비권력적 사실행위인 행정지도 등은 신뢰의 대상이 되는 선행조치에 포함되지 않는다.
③ 신뢰보호원칙의 적용에 있어서 귀책사유의 유무는 상대방을 기준으로 판단하여야 하며, 상대방으로부터 신청행위를 위임받은 수임인 등 관계자까지 포함시켜 판단할 것은 아니다.
④ 당초 정구장시설을 설치한다는 도시계획결정을 하였다가 정구장 대신 청소년 수련시설을 설치한다는 도시계획 변경결정 및 지적 승인을 한 경우 당초의 도시계획결정만으로는 도시계획사업의 시행자 지정을 받게 된다는 공적 견해를 표명했다고 할 수 없다.

해설 ➤ ㊥

① 원고가 허가받은 때로부터 20년이 다 되어 피고가 그 허가를 취소한 것이기는 하나 피고가 취소사유를 알고서도 그렇게 장기간 취소권을 행사하지 않은 것이 아니고 1985.9. 중순에 비로소 위에서 본 취소사유를 알고 그에 관한 법적 처리방안에 관하여 다각도로 연구검토가 행해졌고, 그러한 사정은 원고도 알고 있었음이 기록상 명백하여 이로써 본다면 상대방인 원고에게 취소권을 행사하지 않을 것이란 신뢰를 심어준 것으로 여겨지지 않으니 피고의 처분이 실권의 법리에 저촉된 것이라고 볼 수 있는 것도 아니다(대판 1988.4.27, 87누915).

② 선행조치에는 법령·행정규칙·행정행위(처분)·합의·확약·행정계획과 같은 법적 행위만이 아니라 행정지도 등의 사실행위, 기타 국가의 모든 행정작용이 포함되며, 문서에 의한 형식적 행위에 한정되지 않고 또한 반드시 명시적·적극적 언동에 국한되지 않고 묵시적·소극적 견해표명으로도 가능하다.
③ 귀책사유라 함은 행정청의 견해표명의 하자가 상대방 등 관계자의 사실은폐나 기타 사위의 방법에 의한 신청행위 등 부정행위에 기인한 것이거나 그러한 부정행위가 없다고 하더라도 하자가 있음을 알았거나(악의) 중대한 과실(중과실)로 알지 못한 경우 등을 의미한다고 해석함이 상당하고, 귀책사유의 유무는 상대방과 그로부터 신청행위를 위임받은 수임인 등 관계자 모두를 기준으로 판단하여야 한다(대판 2002.11.8, 2001두1512).
④ 피고가 원고 소유의 대구 북구 산격동 산 2의 1 임야 27,488m² 중 5,700m²에 정구장시설을 설치한다는 등 내용의 도시계획결정을 하자, 원고가 위 도시계획결정에 따른 도시계획사업의 시행자로 지정받을 것을 예상하고 정구장 설계비용 등을 지출하였다 하더라도 피고의 위와 같은 도시계획결정만으로는 피고가 원고에게 그 도시계획사업의 시행자 지정을 받게 된다는 등 내용의 공적인 견해를 표명하였다고 할 수 없으므로, 피고가 위 임야 5,700㎡를 포함한 판시 임야 9,250㎡에 정구장 대신 청소년수련시설을 설치한다는 등 내용의 도시계획 변경결정 및 지적승인을 한 것이 원고의 신뢰이익을 침해한 것으로 볼 수 없다(대판 2000.11.10, 2000두727).

정답 ④

31. 신뢰보호의 원칙에 대한 설명으로 옳지 않은 것은? (다툼이 있는 경우 판례에 의함) 20 국가직9급

① 관할관청이 폐기물처리업 사업계획에 대하여 적정통보를 한 것만으로도 그 사업부지 토지에 대한 국토이용계획변경신청을 승인하여 주겠다는 취지의 공적인 견해표명을 한 것으로 볼 수 있다.
② 행정청의 확약 또는 공적인 의사표명이 있은 후에 사실적·법률적 상태가 변경되었다면, 그와 같은 확약 또는 공적인 의사표명은 행정청의 별다른 의사표시를 기다리지 않고 실효된다.
③ 행정청의 공적 견해표명이 있었는지 여부를 판단하는 데 있어 반드시 행정조직상의 형식적인 권한분장에 구애될 것은 아니고 담당자의 조직상의 지위와 임무, 당해 언동을 하게 된 구체적인 경위 및 그에 대한 상대방의 신뢰가능성에 비추어 실질에 의하여 판단하여야 한다.
④ 입법 예고를 통해 법령안의 내용을 국민에게 예고한 적이 있다고 하더라도 그것이 법령으로 확정되지 아니한 이상 국가가 이해관계자들에게 그 법령안에 관련된 사항을 약속하였다고 볼 수 없으며, 이러한 사정만으로 어떠한 신뢰를 부여하였다고 볼 수도 없다.

해설 ㊥

① 폐기물관리법령에 의한 폐기물처리업 사업계획에 대한 적정통보와 국토이용관리법령에 의한 국토이용계획변경은 각기 그 제도적 취지와 결정단계에서 고려해야 할 사항들이 다르므로, 피고가 위와 같이 폐기물처리업 사업계획에 대하여 적정통보를 한 것만으로 그 사업부지 토지에 대한 국토이용계획변경신청을 승인하여 주겠다는 취지의 공적인 견해표명을 한 것으로 볼 수 없고, 그럼에도 불구하고 원고가 그 승인을 받을 것으로 신뢰하였다면 원고에게 귀책사유가 있다 할 것이므로, 이 사건 처분이 신뢰보호의 원칙에 위배된다고 할 수 없다(대판 2005.4.28, 2004두8828).
② 행정청이 상대방에게 장차 어떤 처분을 하겠다고 확약 또는 공적인 의사표명을 하였다고 하더라도, 그 자체에서 상대방으로 하여금 언제까지 처분의 발령을 신청하도록 유효기간을 두었는데도 그 기간 내에 상대방의 신청이 없었다거나 확약 또는 공적인 의사표명이 있은 후에 사실적·법률적 상태가 변경되었다면, 그와 같은 확약 또는 공적인 의사표명은 행정청의 별다른 의사표시를 기다리지 않고 실효된다(대판 1996.8.20, 95누10877).
③ 행정청의 공적 견해표명이 있었는지의 여부를 판단하는 데 있어 반드시 행정조직상의 형식적인 권한분장에 구애될 것은 아니고 담당자의 조직상의 지위와 임무, 당해 언동을 하게 된 구체적인 경위 및 그에 대한 상대방의 신뢰가능성에 비추어 실질에 의하여 판단하여야 한다(대판 2006.4.28, 2005두9644).
④ 정책의 주무 부처인 중앙행정기관이 그 소관 사항에 대하여 입안한 법령안은 법제처 심사 등의 절차를 거쳐 공포함으로써 확정되므로, 법령이 확정되기 이전에는 법적 효과가 발생할 수 없다. 따라서 입법예고를 통해 법령안의 내용을 국민에게 예고한 적이 있다고 하더라도 그것이 법령으로 확정되지 아니한 이상 국가가 이해관계자들에게 위 법령안에 관련된 사항을 약속하였다고 볼 수 없으며, 이러한 사정만으로 어떠한 신뢰를 부여하였다고 볼 수도 없다(대판 2018.6.15, 2017다249769).

정답 ①

32. 신뢰보호원칙에 대한 설명으로 옳지 않은 것은? (다툼이 있는 경우 판례에 의함) 20 지방직7급

① 신뢰보호의 원칙과 행정의 법률적합성의 원칙이 충돌하는 경우 국민보호를 위해 원칙적으로 신뢰보호의 원칙이 우선한다.

② 수익적 행정처분의 하자가 당사자의 사실은폐에 의한 신청행위에 기인한 것이라면 당사자는 그 처분에 관한 신뢰이익을 원용할 수 없다.

③ 면허세의 근거법령이 제정되어 폐지될 때까지의 4년 동안 과세관청이 면허세를 부과할 수 있음을 알면서도 수출확대라는 공익상 필요에서 한 건도 부과한 일이 없었다면 비과세의 관행이 이루어졌다고 보아도 무방하다.

④ 행정청이 상대방에게 장차 어떤 처분을 하겠다고 공적인 의사표명을 하면서 상대방에게 언제까지 처분의 발령을 신청하도록 유효기간을 둔 경우, 그 기간 내에 상대방의 신청이 없었다면 그 공적인 의사표명은 행정청의 별다른 의사표시를 기다리지 않고 실효된다.

해설 ➤ 中

① 신뢰보호의 한계는 특히 위법한 선행조치를 신뢰한 경우, 즉 법률적합성의 원칙(공익)과 법적 안정성의 원칙(사익)이 충돌할 경우 양자의 충돌을 어떻게 해결할 것인지의 문제이다. 동위설에 따를 경우 양자의 관계는 이익형량설에 의해 해결하는 것이 일반적이다. 즉, 상대방의 신뢰보호를 어느 정도까지 인정할 것인가는 구체적인 사안에서 법률적합성의 원칙을 관철해야 할 공익과 당사자의 신뢰보호라는 사익(법적 안정성)을 비교형량해서 결정해야 한다고 보는 입장이다.

② 처분의 하자가 당사자의 사실은폐나 기타 사위의 방법에 의한 신청행위에 기인한 것이라면 당사자는 그 처분에 의한 이익이 위법하게 취득되었음을 알아 그 취소가능성도 예상하고 있었다고 할 것이므로 그 자신이 위 처분에 관한 신뢰이익을 수용할 수 없음은 물론 행정청이 이를 고려하지 아니하였다고 하여도 재량권의 남용이 되지 않는다(대판 1990.2.27, 89누2189).

③ 보세운송면허세의 부과근거규정이던 「지방세법 시행령」이 1973.10.1.에 제정되어 폐지될 때까지 근 4년 간 위 면허세가 단 한 건도 부과된 적이 없고(부작위로 인한 객관적 관행, 부작위로 인한 공적 견해표명), 그 주무관청인 관세청장도 수출확대라는 공익상의 필요 등에서 관계법조문의 삭제를 건의하였었다면(주관적 법적 확신) 그로써 위 면허세의 비과세의 관행이 이루어졌다고 보아야 하고, 과세근거법규가 폐지된 지 1년 3개월이나 지난 뒤에 행한 4년 간의 위 면허세의 부과처분은 신의성실의 원칙과 위의 관행을 무시한 위법한 처분이다(대판 1982.6.8, 81누38).

④ 행정청이 상대방에게 장차 어떤 처분을 하겠다고 확약 또는 공적인 의사표명을 하였다고 하더라도, 그 자체에서 상대방으로 하여금 언제까지 처분의 발령을 신청하도록 유효기간을 두었는데도 그 기간 내에 상대방의 신청이 없었다거나 확약 또는 공적인 의사표명이 있은 후에 사실적·법률적 상태가 변경되었다면, 그와 같은 확약 또는 공적인 의사표명은 행정청의 별다른 의사표시를 기다리지 않고 실효된다(대판 1996.8.20, 95누10877).

정답 ①

33. 신뢰보호의 원칙에 대한 설명으로 옳은 것(○)과 옳지 않은 것(×)을 바르게 연결한 것은? (다툼이 있는 경우 판례에 의함) 21 지방직9급

(가) 행정청이 공적인 의사표명을 하였다면 이후 사실적·법률적 상태의 변경이 있더라도 행정청이 이를 취소하지 않는 한 여전히 공적인 의사표명은 유효하다.
(나) 재량권 행사의 준칙인 행정규칙의 공표만으로 상대방은 보호가치 있는 신뢰를 갖게 되었다고 볼 수 있다.
(다) 행정청이 공적 견해를 표명하였는지를 판단할 때는 반드시 행정조직상의 형식적인 권한분장에 구애될 것은 아니다.
(라) 신뢰보호원칙의 위반은 「국가배상법」상의 위법 개념을 충족시킨다.

	(가)	(나)	(다)	(라)
①	×	×	○	○
②	○	○	×	○
③	○	×	○	×
④	×	○	×	○

해설 中

(가) 행정청이 상대방에게 장차 어떤 처분을 하겠다고 확약 또는 공적인 의사표명을 하였다고 하더라도, 그 자체에서 상대방으로 하여금 언제까지 처분의 발령을 신청하도록 유효기간을 두었는데도 그 기간 내에 상대방의 신청이 없었다거나 확약 또는 공적인 의사표명이 있은 후에 사실적·법률적 상태가 변경되었다면, 그와 같은 확약 또는 공적인 의사표명은 행정청의 별다른 의사표시를 기다리지 않고 실효된다(대판 1996.8.20, 95누10877).
(나) 시장이 농림수산식품부에 의하여 공표된 '2008년도 농림사업시행지침서'에 명시되지 않은 '시·군별 건조저장시설 개소당 논 면적' 기준을 충족하지 못하였다는 이유로 신규 건조저장시설 사업자 인정신청을 반려한 사안에서, 위 지침이 되풀이 시행되어 행정관행이 이루어졌다거나 그 공표만으로 신청인이 보호가치 있는 신뢰를 갖게 되었다고 볼 수 없고, 쌀 시장 개방화에 대비한 경쟁력 강화 등 우월한 공익상 요청에 따라 위 지침상의 요건 외에 '시·군별 건조저장시설 개소당 논 면적 1,000ha 이상' 요건을 추가할 만한 특별한 사정을 인정할 수 있어, 그 처분이 행정의 자기구속의 원칙 및 행정규칙에 관련된 신뢰보호의 원칙에 위배되거나 재량권을 일탈·남용한 위법이 없다(대판 2009.12.24, 2009두7967).
(다) 행정청의 공적 견해표명이 있었는지의 여부를 판단하는 데 있어 반드시 행정조직상의 형식적인 권한분장에 구애될 것은 아니고 담당자의 조직상의 지위와 임무, 당해 언동을 하게 된 구체적인 경위 및 그에 대한 상대방의 신뢰가능성에 비추어 실질에 의하여 판단하여야 한다(대판 2006.4.28, 2005두9644).
(라) 신뢰보호원칙은 행정법의 일반법원칙이기 때문에 처분이나 국가배상법상의 위법성 판단의 기준이 된다.

정답 ①

34. 신뢰보호의 원칙에 대한 설명으로 옳지 않은 것은? (다툼이 있는 경우 판례에 의함) 21 국가직7급

① 「개발이익환수에 관한 법률」에 정한 개발사업을 시행하기 전에, 행정청이 민원예비심사에 대하여 관련부서 의견으로 '저촉사항 없음'이라고 기재한 것은 공적인 견해표명에 해당한다.
② 행정청이 공적 견해를 표명하였는지를 판단할 때는 반드시 행정조직상의 형식적인 권한분장에 구애될 것은 아니다.
③ 행정청은 공익 또는 제3자의 이익을 현저히 해칠 우려가 있는 경우를 제외하고는 행정에 대한 국민의 정당하고 합리적인 신뢰를 보호하여야 한다.
④ 신뢰보호의 원칙이 적용되기 위한 요건 중 귀책사유의 유무는 상대방과 그로부터 신청행위를 위임받은 수임인 등 관계자 모두를 기준으로 판단하여야 한다.

해설 ㊥

① 원고가 이 사건 개발사업 시행 전에 피고에게 이 사건 토지 지상에 예식장, 대형할인매장 및 자율식당을 건축하는 것이 관계법령상 가능한지 여부를 질의하는 민원예비심사를 의뢰하여 피고로부터 그 결과를 통보받았는데, 그 통보서에 첨부된 관련부서 협의결과에 따르면 지적민원과 의견으로 「개발이익환수에 관한 법률」에 '저촉사항 없음'이라고 기재되어 있는 사실은 인정되나, ㉠ 위 민원예비심사 결과 통보는 원고가 피고에게 이 사건 개발사업에 대한 개발부담금 부과 여부에 대하여 특정하여 질의를 하고 이에 대해 피고가 개발부담금 부과대상이 아니라는 취지를 명시적으로 밝힌 것이 아닌 점, ㉡ 위 통보서에는 참고사항으로 "본 예비심사는 현행 법령과 관련부서 협의결과에 의한 것으로 차후 관계법령과 조례제정, 사업계획의 구체화 등으로 인하여 변동될 수 있다."고 기재되어 있는 점 등에 비추어 볼 때, 위와 같은 사정만으로 피고가 원고에게 신뢰의 대상이 되는 공적인 견해표명을 한 것이라고는 보기 어렵고, 가사 피고가 공적인 견해를 표명한 것으로 본다 하더라도 피고의 견해표명이 정당하다고 신뢰한 데에 대하여 원고에게 귀책사유가 없다고 할 수 없다(대판 2006.6.9, 2004두46).

② 행정청의 공적 견해표명이 있었는지의 여부를 판단하는 데 있어 반드시 행정조직상의 형식적인 권한분장에 구애될 것은 아니고 담당자의 조직상의 지위와 임무, 당해 언동을 하게 된 구체적인 경위 및 그에 대한 상대방의 신뢰가능성에 비추어 실질에 의하여 판단하여야 한다(대판 2006.4.28, 2005두9644).

③ 일반적으로 행정상의 법률관계에 있어서 행정청의 행위에 대하여 신뢰보호의 원칙이 적용되기 위해서는, 첫째 행정청이 개인에 대하여 신뢰의 대상이 되는 공적인 견해표명을 하여야 하고, 둘째 행정청의 견해표명이 정당하다고 신뢰한 데 대하여 그 개인에게 귀책사유가 없어야 하며, 셋째 그 개인이 그 견해표명을 신뢰하고 어떠한 행위를 하였어야 하고, 넷째 행정청이 위 견해표명에 반하는 처분을 함으로써 그 견해표명을 신뢰한 개인의 이익이 침해되는 결과가 초래되어야 하며, 마지막으로 위 견해표명에 따른 행정처분을 할 경우 이로 인하여 공익 또는 제3자의 정당한 이익을 현저히 해할 우려가 있는 경우가 아니어야 한다(대판 2006.6.9, 2004두46).

④ 귀책사유라 함은 행정청의 견해표명의 하자가 상대방 등 관계자의 사실은폐나 기타 사위의 방법에 의한 신청행위 등 부정행위에 기인한 것이거나 그러한 부정행위가 없다고 하더라도 하자가 있음을 알았거나(악의) 중대한 과실(중과실)로 알지 못한 경우 등을 의미한다고 해석함이 상당하고, 귀책사유의 유무는 상대방과 그로부터 신청행위를 위임받은 수임인 등 관계자 모두를 기준으로 판단하여야 한다(대판 2002.11.8, 2001두1512).

정답 ①

35. 신뢰보호의 원칙에 대한 설명으로 옳지 않은 것은? (다툼이 있는 경우 판례에 의함) 22 국가직9급

① 건축주와 그로부터 건축설계를 위임받은 건축사가 관계 법령에서 정하고 있는 건축한계선의 제한이 있다는 사실을 간과한 채 건축설계를 하고 이를 토대로 건축물의 신축 및 증축허가를 받은 경우, 그 신축 및 증축허가가 정당하다고 신뢰한 데에는 귀책사유가 있다.

② 행정청이 상대방에게 장차 어떤 처분을 하겠다고 공적 견해표명을 하였더라도 그 후에 그 전제로 된 사실적·법률적 상태가 변경되었다면, 그와 같은 공적 견해표명은 효력을 잃게 된다.

③ 수강신청 후에 징계요건을 완화하는 학칙개정이 이루어지고 이어 시험이 실시되어 그 개정학칙에 따라 대학이 성적불량을 이유로 학생에 대하여 징계처분을 한 경우라면 이는 이른바 부진정소급효에 관한 것으로서 특별한 사정이 없는 한 위법이라고 할 수 없다.

④ 병무청 담당부서의 담당공무원에게 공적 견해의 표명을 구하지 아니한 채 민원봉사 담당공무원이 상담에 응하여 안내한 것을 신뢰한 경우에도 신뢰보호의 원칙이 적용된다.

해설 ㊦

① 대판 2002.11.8, 2001두1512

② 행정청이 상대방에게 장차 어떤 처분을 하겠다고 확약 또는 공적인 의사표명을 하였다고 하더라도, 그 자체에서 상대방으로 하여금 언제까지 처분의 발령을 신청하도록 유효기간을 두었는데도 그 기간 내에 상대방의 신청이 없었다거나 확약 또는 공적인 의사표명이 있은 후에 사실적·법률적 상태가 변경되었다면, 그와 같은 확약 또는 공적인 의사표명은 행정청의 별다른 의사표시를 기다리지 않고 실효된다(대판 1996.8.20, 95누10877).

③ 대학이 성적불량을 이유로 학생에 대하여 징계처분을 하는 경우에 있어서 수강신청이 있은 후 징계요건을 완화하는 학칙개정이 이루어지고 이어 당해 시험이 실시되어 그 개정학칙에 따라 징계처분을 한 경우라면 이는 이른바 부진정소급효에 관한 것으로서 구 학칙의 존속에 관한 학생의 신뢰보호가 대학당국의 학칙개정의 목적달성보다 더 중요하다고 인정되는 특별한 사정이 없는 한 위법하다고 할 수 없다(대판 1989.7.11, 87누1123).

④ 병무청 담당부서의 담당공무원에게 공적 견해의 표명을 구하는 정식의 서면질의 등을 하지 아니한 채 총무과 민원팀장에 불과한 공무원이 민원봉사차원에서 상담에 응하여 안내한 것을 신뢰한 경우, 신뢰보호원칙이 적용되지 아니한다(대판 2003.12.26, 2003두1875).

정답 ④

제6절 행정법의 효력

36. 행정법령의 공포에 대한 설명으로 옳지 않은 것은? 15 지방직9급

① 국민의 권리 제한 또는 의무 부과와 직접 관련되는 법령은 긴급히 시행하여야 할 특별한 사유가 있는 경우를 제외하고는 공포일부터 적어도 30일이 경과한 날부터 시행되도록 하여야 한다.
② 대통령의 법률안거부권의 행사로 인하여 재의결된 법률을 국회의장이 공포하는 경우에는 서울특별시에서 발행되는 둘 이상의 일간신문에 게재함으로써 한다.
③ 지방자치단체의 장에 의한 조례와 규칙의 공포는 해당 지방자치단체의 공보에 게재하는 방법으로 한다.
④ 지방자치단체의 조례와 규칙을 지방의회의 의장이 공포하는 경우에는 일간신문에 게재함과 동시에 해당 지방자치단체의 인터넷 홈페이지에 게시하여야 한다.

해설 ➤ ㊦

① 대통령령, 총리령 및 부령은 특별한 규정이 없으면 공포한 날부터 20일이 경과함으로써 효력을 발생한다(「법령등 공포에 관한 법률」 제13조). 다만, 국민의 권리 제한 또는 의무 부과와 직접 관련되는 법률, 대통령령·총리령 및 부령은 긴급히 시행하여야 할 특별한 사유가 있는 경우를 제외하고는 공포일부터 적어도 30일이 경과한 날부터 시행되도록 하여야 한다(같은 법 제13조의2).
② 국회의장의 법률 공포는(대통령이 공포를 하지 아니한 때에는 그 공포기일이 경과한 날로부터 5일 이내에 의장이 이를 공포한다) 서울특별시에서 발행되는 둘 이상의 일간신문(관보가 아님)에 게재함으로써 한다(같은 법 제11조 제2항).
③④ 조례와 규칙의 공포는 해당 지방자치단체의 공보에 게재하는 방법으로 한다(「지방자치법 시행령」 제30조 본문).
④ '인터넷 홈페이지'가 아니라, '게시판'이다. "다만, 지방의회의 의장이 공포하는 경우에는 공보나 일간신문에 게재하거나 또는 게시판에 게시한다"(같은 조 단서).

정답 ④

37. 행정법의 법원(法源)의 효력에 대한 설명으로 옳지 않은 것은? 21 지방직9급

① 헌법개정·법률·조약·대통령령·총리령 및 부령의 공포는 관보에 게재함으로써 한다.
② 「국회법」에 따라 하는 국회의장의 법률 공포는 서울특별시에서 발행되는 둘 이상의 일간신문에 게재함으로써 한다.
③ 법령의 공포일은 해당 법령을 게재한 관보 또는 신문이 발행된 날로 한다.
④ 관보의 내용 해석 및 적용 시기 등에 대하여 종이관보가 전자관보보다 우선적 효력을 가진다.

해설 ➤ ㊦

① 헌법개정·법률·조약·대통령령·총리령 및 부령의 공포와 헌법개정안·예산 및 예산 외 국고부담계약의 공고는 관보에 게재함으로써 한다(「법령 등 공포에 관한 법률」 제11조 제1항).
② 국회의장의 법률 공포는(대통령이 공포를 하지 아니한 때에는 그 공포기일이 경과한 날로부터 5일 이내에 의장이 이를 공포한다) 서울특별시에서 발행되는 둘 이상의 일간신문(관보가 아님)에 게재함으로써 한다(같은 법 제11조 제2항).
③ 법령등의 공포일 또는 공고일은 해당 법령등을 게재한 관보 또는 신문이 발행된 날로 한다(「법령 등 공포에 관한 법률」 제12조).
④ 양자는 '동일한' 효력이다. 관보는 종이로 발행되는 관보(종이관보)와 전자적인 형태로 발행되는 관보(전자관보)로 운영한다(같은 조 제3항). 관보의 내용 해석 및 적용 시기 등에 대하여 종이관보와 전자관보는 동일한 효력을 가진다(같은 조 제4항).

정답 ④

제3장 행정상 법률관계

제1절 행정상의 법률관계

1. 행정상 법률관계와 관련한 판례의 입장으로 옳은 것은? 14 지방직9급

① 「도시 및 주거환경정비법」상 조합설립인가처분에서 조합설립결의에 하자가 있는 경우, 조합설립결의 부분만을 따로 떼어 내어 그 효력 유무를 다투는 확인의 소를 제기하는 것은 원고의 권리 또는 법률상의 지위에 현존하는 불안·위험을 제거하는 데 가장 유효·적절한 수단이라 할 수 없어 특별한 사정이 없는 한 확인의 이익은 인정되지 아니한다.
② 위임명령이 법률상의 위임근거 없이 제정되었다면 이는 무효인 법규명령이며, 사후에 법개정을 통해 위임의 근거가 부여되었다고 하여 그때부터 유효한 법규명령으로 되는 것은 아니다.
③ 주민등록전입신고는 수리를 요하는 신고이므로, 전입신고자가 거주의 목적 이외에 부동산투기나 이주대책의 요구 등 다른 이해관계에 관한 의도를 가지고 있는지의 여부를 고려하여 신고의 수리 여부를 심사할 수 있다.
④ 과징금부과처분이 재량행위라고 하더라도 법이 정한 한도액을 초과하여 위법한 경우에는 부과처분의 전부를 취소할 것이 아니라 한도액을 초과한 부분만 취소하여야 한다.

해설 (下)

① 조합설립결의는 조합설립인가처분이라는 행정처분을 하는 데 필요한 요건 중 하나에 불과한 것이어서, 조합설립결의에 하자가 있다면 그 하자를 이유로 직접 항고소송의 방법으로 조합설립인가처분의 취소 또는 무효확인을 구하여야 하고, 이와는 별도로 조합설립결의 부분만을 따로 떼어 내어 그 효력 유무를 다투는 확인의 소를 제기하는 것은 원고의 권리 또는 법률상의 지위에 현존하는 불안·위험을 제거하는 데에 가장 유효·적절한 수단이라 할 수 없어 특별한 사정이 없는 한 확인의 이익은 인정되지 아니한다(대판 2009.9.24, 2008다60568).
② 일반적으로 법률의 위임에 의하여 효력을 갖는 법규명령(위임명령)의 경우, 구법에 위임의 근거가 없어 무효였더라도 사후에 법개정으로 위임의 근거가 부여되면 그때부터는 유효한 법규명령이 되나, 반대로 구법의 위임에 의한 유효한 법규명령이 법개정으로 위임의 근거가 없어지게 되면 그때부터 무효인 법규명령이 되므로, 어떤 법령의 위임근거 유무에 따른 유효 여부를 심사하려면 법개정의 전·후에 걸쳐 모두 심사하여야만 그 법규명령의 시기에 따른 유효·무효를 판단할 수 있다(대판 1995.6.30, 93추83).
③ 주민들의 거주지 이동에 따른 주민등록전입신고에 대하여 행정청이 이를 심사하여 그 수리를 거부할 수는 있다고 하더라도, 그러한 행위는 자칫 헌법상 보장된 국민의 거주·이전의 자유를 침해하는 결과를 초래할 수도 있으므로, 시장 등의 주민등록전입신고 수리 여부에 대한 심사는 주민등록법의 입법목적의 범위 내에서 제한적으로 이루어져야 할 것이다. …… 전입신고를 받은 시장 등의 심사 대상은 전입신고자가 30일 이상 생활의 근거로서 거주할 목적으로 거주지를 옮기는지 여부만으로 제한된다. 무허가 건축물을 실제 생활의 근거지로 삼아 10년 이상 거주해 온 사람의 주민등록전입신고를 거부한 사안에서, 부동산투기나 이주대책 요구 등을 방지할 목적으로 주민등록전입신고를 거부하는 것은 주민등록법의 입법목적과 취지 등에 비추어 허용될 수 없다고 한 사례[대판(전합) 2009.6.18, 2008두10997]
④ 처분을 할 것인지 여부(결정재량)와 처분의 정도에 관하여 재량(선택재량)이 인정되는 과징금 납부명령에 대하여 그 명령이 재량권을 일탈하였을 경우 법원으로서는 재량권의 일탈 여부만 판단할 수 있을 뿐이지 재량권의 범위 내에서 어느 정도가 적정한 것인지에 관하여 판단할 수 없으므로 그 전부를 취소할 수밖에 없고, 법원이 적정하다고 인정되는 부분을 초과한 부분만 취소할 수는 없는 것이며, 또한 수개의 위반행위에 대하여 하나의 과징금 납부명령을 하였으나 수개의 위반행위 중 일부의 위반행위만이 위법하지만, 소송상 그 일부의 위반행위를 기초로 한 과징금액을 산정할 수 있는 자료가 없는 경우에는 하나의 과징금 납부명령 전부를 취소할 수밖에 없다(대판 2007.10.26, 2005두3172).

정답 ①

제2절 공법과 사법

2. 다음 중 국가와 사인 간의 관계에 대한 공법적 규율과 사법적 규율에 대한 판례의 설명으로 옳지 않은 것은? 15 국회직8급

① 국유재산의 관리청이 하는 행정재산의 사용·수익에 대한 허가는 강학상 특허에 해당한다.
② 국유재산의 관리청이 행정재산의 사용·수익을 허가한 다음 그 사용·수익하는 자에 대하여 하는 사용료부과는 사경제주체로서 행하는 사법상의 이행청구이다.
③ 국립의료원 부설주차장에 관한 위탁관리용역운영계약은 공법관계로서 이와 관련한 가산금지급채무부존재에 대한 소송은 행정소송에 의해야 한다.
④ 「국유재산법」의 규정에 의하여 총괄청 또는 그 권한을 위임받은 기관이 국유재산을 매각하는 행위는 사경제주체로서 행하는 사법상의 법률행위에 지나지 아니한다.
⑤ 개발부담금 부과처분이 취소된 경우, 그 과오납금에 대한 부당이득반환청구의 법률관계는 사법관계이다.

해설 ➤ ㊥

① 국유재산 등의 관리청이 하는 행정재산의 사용·수익에 대한 허가는 순전히 사경제주체로서 행하는 사법상의 행위가 아니라 관리청이 공권력을 가진 우월적 지위에서 행하는 행정처분으로서 특정인에게 행정재산을 사용할 수 있는 권리를 설정하여 주는 강학상 특허에 해당한다(대판 2006.3.9, 2004다31074).
② 국유재산의 관리청이 행정재산의 사용·수익을 허가한 다음 그 사용·수익하는 자에 대하여 하는 사용료 부과는 순전히 사경제주체로서 행하는 사법상의 이행청구라 할 수 없고, 이는 관리청이 공권력을 가진 우월적 지위에서 행한 것으로서 항고소송의 대상이 되는 행정처분이라 할 것이다(대판 1996.2.13, 95누11023).
③ 원고는 피고 산하의 국립의료원 부설주차장에 관한 이 사건 위탁관리용역운영계약에 대하여 관리청이 순전히 사경제주체로서 행한 사법상 계약임을 전제로, 가산금에 관한 별도의 약정이 없는 이상 원고에게 가산금을 지급할 의무가 없다고 주장하여 그 부존재의 확인을 구한다는 것이다. 그러나 기록에 의하면, 위 운영계약의 실질은 행정재산인 위 부설주차장에 대한 국유재산법 제24조 제1항에 의한 사용·수익 허가로서 이루어진 것임을 알 수 있으므로, 이는 위 국립의료원이 원고의 신청에 의하여 공권력을 가진 우월적 지위에서 행한 행정처분으로서 특정인에게 행정재산을 사용할 수 있는 권리를 설정하여 주는 강학상 특허에 해당한다 할 것이고 순전히 사경제주체로서 원고와 대등한 위치에서 행한 사법상의 계약으로 보기 어렵다고 할 것이다(대판 2006.3.9, 2004다31074).
④ 국유재산법의 규정에 의하여 총괄청 또는 그 권한을 위임받은 기관이 국유재산을 매각하는 행위는 사경제주체로서 행하는 사법상의 법률행위에 지나지 아니하며 행정청이 공권력의 주체라는 지위에서 행하는 공법상의 행정처분은 아니라 할 것이므로 국유재산매각 신청을 반려한 거부행위도 단순한 사법상의 행위일 뿐 공법상의 행정처분으로 볼 수 없다(대판 1986.6.24, 86누171).
⑤ 개발부담금 부과처분이 취소된 이상 그 후의 부당이득으로서의 과오납금 반환에 관한 법률관계는 단순한 민사 관계에 불과한 것이고, 행정소송 절차에 따라야 하는 관계로 볼 수 없다(대판 1995.12.22, 94다51253).

정답 ②

3. 판례의 입장으로 옳지 않은 것은? 16 지방직9급

① 「국유재산법」상 일반재산의 대부는 행정처분이 아니며 그 계약은 사법상 계약이다.
② 구 「지방재정법」에 따른 행정재산의 사용허가는 강학상 특허에 해당한다.
③ 「하천법」상 하천구역에의 편입에 따른 손실보상청구권은 공법상 권리이다.
④ 「공익사업을 위한 토지 등의 취득 및 보상에 관한 법률」에 의한 협의취득은 공법상 계약이다.

해설 下

① 잡종재산인 국유림을 대부하는 행위는 국가가 사경제주체로서 상대방과 대등한 위치에서 행하는 사법상의 법률행위라 할 것이고, 행정청이 공권력의 주체로서 행하는 공법상의 행위라 할 수 없으며, 이 대부계약의 취소사유나 대부료의 산정방법 등을 법정하고(산림법 제78조, 동 시행령 제62조), 또 대부료의 징수에 관하여 국세징수법 중 체납처분에 관한 규정을 준용하는 규정(국유재산법 제25조 제3항, 제38조)들이 있다고 하더라도 위 규정들은 국유재산관리상의 공정과 편의를 꾀하기 위한 규정들에 불과하여 위 규정들로 인하여 잡종재산인 국유림 대부행위의 본질이 사법상의 법률행위에서 공법상의 행위로 변화되는 것은 아니라 할 것이므로, 잡종재산인 국유림에 관한 대부료의 납입고지 역시 사법상의 이행청구에 해당한다고 할 것이어서 행정소송의 대상으로 되지 아니한다(대판 1993.12.21, 93누13735).

② 공유재산의 관리청이 행정재산의 사용·수익에 대한 허가는 순전히 사경제주체로서 행하는 사법상의 행위가 아니라 관리청이 공권력을 가진 우월적 지위에서 행하는 행정처분으로서 특정인에게 행정재산을 사용할 수 있는 권리를 설정하여 주는 강학상 특허에 해당하고, 이러한 행정재산의 사용·수익허가처분의 성질에 비추어 국민에게는 행정재산의 사용·수익허가를 신청할 법규상 또는 조리상의 권리가 있다고 할 것이므로 공유재산의 관리청이 이러한 신청을 거부한 행위 역시 행정처분에 해당한다(대판 1998.2.27, 97누1105).

③ 법률 제3782호 하천법 중 개정법률(개정 하천법)은 부칙 제2조 제1항에서 개정 하천법의 시행일인 1984.12.31. 전에 유수지에 해당되어 하천구역으로 된 토지 및 구 하천법의 시행으로 국유로 된 제외지 안의 토지에 대하여는 관리청이 손실을 보상하도록 규정하였고, 「하천편입토지 보상 등에 관한 특별조치법」 제2조는 '다음 각 호의 어느 하나에 해당하는 경우 중 「하천구역편입토지 보상에 관한 특별조치법」 제3조에 따른 소멸시효의 만료로 보상청구권이 소멸되어 보상을 받지 못한 때에는 특별시장·광역시장 또는 도지사가 그 손실을 보상하여야 한다.'고 정하면서, 제2호에서 '법률 제2292호 하천법 개정법률의 시행일부터 법률 제3782호 하천법 중 개정법률의 시행일 전에 토지가 법률 제3782호 하천법 중 개정법률 제2조 제1항 제2호 (가)목에 해당되어 하천구역으로 된 경우'를 정하고 있다. 위 각 규정에 의한 손실보상청구권은 종전의 하천법 규정 자체에 의하여 하천구역으로 편입되어 국유로 되었으나 그에 대한 보상규정이 없거나 보상청구권이 시효로 소멸되어 보상을 받지 못한 토지에 대하여, 국가가 반성적 고려와 국민의 권리구제 차원에서 손실을 보상하기 위하여 규정한 것으로서, 법적 성질은 하천법이 원래부터 규정하고 있던 하천구역에의 편입에 의한 손실보상청구권과 다를 바가 없는 공법상의 권리이다(대판 2016.8.24, 2014두46966).

④ 공공사업의 시행자가 토지수용법에 의하여 그 사업에 필요한 토지를 취득하는 경우 그것이 협의에 의한 취득이고 토지수용법 제25조의2의 규정에 의한 협의성립의 확인이 없는 이상, 그 취득행위는 어디까지나 사경제주체로서 행하는 사법상의 취득으로서 승계취득한 것으로 보아야 할 것이고, 재결에 의한 취득과 같이 원시취득한 것으로 볼 수는 없다(대판 1996.2.13, 95다3510).

정답 ④

4. 공법관계와 사법관계의 구별 및 그에 따른 쟁송방식에 대한 설명으로 옳지 않은 것은? (다툼이 있는 경우 판례에 의함) 16 국회직8급

① 「국가를 당사자로 하는 계약에 관한 법률」에 의하여 국가와 사인 간에 체결된 계약은 특별한 사정이 없는 한 사법상의 계약으로서 그 본질적인 내용은 사인 간의 계약과 다를 바가 없다.

② 국·공유 일반재산의 대부·매각·교환·양여행위는 사법상의 행위로서 그에 대해서는 민사소송으로 다투어야 한다.

③ 행정재산을 원래의 목적 외로 사용할 경우 그에 대한 사용·수익허가는 행정처분으로서 항고소송의 대상이 된다. 그러나 사용허가를 받은 행정재산을 전대하는 경우 그 전대행위는 사법상의 임대차에 해당한다.

④ 각종 사회보험, 연금관련법 등에 따른 사회보장급부청구권 등은 공권으로 본다. 다만 이러한 공권을 행사한 경우 당해 행정청이 이를 거부하였다면 항고소송의 대상성이 인정되고 법령에 의해 바로 급부청구권이 발생하는 경우에는 당사자소송의 대상이 된다.

⑤ 「국가를 당사자로 하는 계약에 관한 법률」에 의하여 국가기관이 특정기업의 입찰참가자격을 제한하는 경우 이것은 사법관계이므로 이에 대해 다투기 위하여서는 민사소송을 제기하여야 한다.

해설 上

① 「국가를 당사자로 하는 계약에 관한 법률」에 따라 국가가 당사자가 되는 이른바 공공계약은 사경제 주체로서 상대방과 대등한 위치에서 체결하는 사법상 계약으로서 본질적인 내용은 사인 간의 계약과 다를 바가 없으므로, 그에 관한 법령에 특별한 정함이 있는 경우를 제외하고는 사적 자치와 계약자유의 원칙 등 사법의 원리가 그대로 적용된다(대판 2020.5.14, 2018다298409).

② 산림청장이 산림법이나 구 산림법 또는 구 산림령 등의 정하는 바에 따라 국유임야를 대부하거나 매각 또는 양여하는 행위는 사경제 주체로서 하는 사법상의 행위이고 행정청이 공권력을 행사하는 주체로서 행하는 행정처분이라고 볼 수 없으므로 산림청장의 국유임야 무상양여거부처분도 단순한 사법상의 행위일 뿐이며 따라서 위 거부처분은 행정소송의 대상이 되지 아니한다(대판 1983.9.27, 83누292).

③ 행정재산의 목적외사용은 이른바 특허사용으로서 행정처분에 해당한다. 구 한국공항공단법 제17조에 의하여 한국공항공단이 정부로부터 무상사용허가를 받은 행정재산을 위임이나 위탁을 받지 않고 전대하는 행위는 사법상의 임대차에 해당한다

한국공항공단이 정부로부터 무상사용허가를 받은 행정재산을 구 한국공항공단법 제17조에서 정한 바에 따라 전대하는 경우에 미리 그 계획을 작성하여 건설교통부장관에게 제출하고 승인을 얻어야 하는 등 일부 공법적 규율을 받고 있다고 하더라도, 한국공항공단이 그 행정재산의 관리청으로부터 국유재산관리사무의 위임을 받거나 국유재산관리의 위탁을 받지 않은 이상, 한국공항공단이 무상사용허가를 받은 행정재산에 대하여 하는 전대행위는 통상의 사인간의 임대차와 다를 바가 없고, 그 임대차계약이 임차인의 사용승인신청과 임대인의 사용승인의 형식으로 이루어졌다고 하여 달리 볼 것은 아니다(대판 2004.1.15, 2001다12638).

④ 공법상 금전지급청구를 위한 소송(사회보장급부청구소송)의 경우 근거 법령상 공법상 급부청구권이 행정청의 1차적 결정 없이 곧바로 발생하는 경우에는 당사자소송에 의한다. 그러나 당사자의 신청과 그에 대한 행정청의 인용결정이 있을 때 비로소 권리가 발생하는 경우는 항고소송의 대상이다. 관계 법령의 해석상 급부를 받을 권리가 법령의 규정에 의하여 직접 발생하는 것이 아니라 급부를 받으려고 하는 자의 신청에 따라 관할 행정청이 지급결정을 함으로써 구체적인 권리가 발생하는 경우에는, 급부를 받으려고 하는 자는 우선 관계 법령에 따라 행정청에 급부지급을 신청하여 행정청이 이를 거부하거나 일부 금액만 인정하는 지급결정을 하는 경우 그 결정을 대상으로 항고소송을 제기하고, 취소·무효확인판결의 기속력에 따른 재처분을 통하여 구체적인 권리를 인정받은 다음 비로소 공법상 당사자소송으로 급부의 지급을 구하여야 하고, 구체적인 권리가 발생하지 않은 상태에서 곧바로 행정청이 속한 국가나 지방자치단체 등을 상대로 한 당사자소송이나 민사소송으로 급부의 지급을 소구하는 것은 허용되지 않는다(대판 2020.10.15, 2020다222382).

⑤ 행정청인 국방부장관(대판 1996.2.27, 95누4360), 관악구청장(대판 1999.3.9, 98두18565), 서울특별시장의 입찰참가자격제한처분(대판 1994.8.23, 94누3568)은 행정처분이고, 한국전력공사가 정부투자기관회계규정에 의하여 행한 입찰참가자격을 제한하는 내용의 부정당업자제재처분(대결 1999.11.26, 99부3) ·한국토지개발공사의 입찰참가자격 제한(부정당업자제재처분)(대결 1995.2.28, 94두36)·수도권매립지관리공사가 한 입찰참가자격을 제한하는 내용의 부정당업자제재처분(대결 2010.11.26, 2010무137)은 사법관계이다.

정답 ⑤

5. 공법관계와 사법관계에 대한 설명으로 옳지 않은 것은? (다툼이 있는 경우 판례에 의함) 16 지방직7급

① 국유 일반재산의 대부료 등의 징수에 관하여 「국세징수법」 규정을 준용한 간이하고 경제적인 특별구제절차가 마련되어 있으므로, 특별한 사정이 없는 한 민사소송의 방법으로 대부료 등의 지급을 구하는 것은 허용되지 아니한다.

② 국유재산의 관리청이 그 무단점유자에 대하여 하는 변상금부과처분은 관리청이 공권력을 가진 우월적 지위로 행한 것으로서 행정소송의 대상이 되는 행정처분이라고 보아야 한다.

③ 구 「예산회계법」에 따라 체결되는 계약에 있어서 입찰보증금의 국고귀속조치에 관한 분쟁은 민사소송의 대상이 되지만, 입찰자격정지에 대해서는 항고소송으로 다투어야 한다.

④ 공익사업의 시행으로 인하여 건축허가 등 관계법령에 의한 절차를 진행 중이던 사업이 폐지되는 경우 그 사업 등에 소요된 비용 등의 손실에 대한 쟁송은 민사소송절차에 의해야 한다.

해설 ➤ 中

① 국유재산법 제42조 제1항, 제73조 제2항 제2호에 따르면, 국유 일반재산의 관리·처분에 관한 사무를 위탁받은 자는 국유 일반재산의 대부료 등이 납부기한까지 납부되지 아니한 경우에는 국세징수법 제23조와 같은 법의 체납처분에 관한 규정을 준용하여 대부료 등을 징수할 수 있다. 이와 같이 국유 일반재산의 대부료 등의 징수에 관하여는 국세징수법 규정을 준용한 간이하고 경제적인 특별구제절차가 마련되어 있으므로, 특별한 사정이 없는 한 민사소송의 방법으로 대부료 등의 지급을 구하는 것은 허용되지 아니한다(대판 2014.9.4, 2014다203588).

② 국유재산법 제51조 제1항은 국유재산의 무단점유자에 대하여는 대부 또는 사용·수익허가 등을 받은 경우에 납부하여야 할 대부료 또는 사용료 상당액 외에도 그 징벌적 의미에서 국가측이 일방적으로 그 2할 상당액을 추가하여 변상금을 징수토록 하고 있으며, 동조 제2항은 변상금의 체납시 국세징수법에 의하여 강제징수토록 하고 있는 점 등에 비추어 보면 국유재산의 관리청이 그 무단점유자에 대하여 하는 변상금부과처분은 순전히 사경제주체로서 행하는 사법상의 법률행위라 할 수 없고, 이는 관리청이 공권력을 가진 우월적 지위에서 행한 것으로서 행정소송의 대상이 되는 행정처분이라고 보아야 한다(대판 1988.2.23, 87누1046.1047).

③ 예산회계법(현 국가재정법)에 따라 체결되는 계약은 사법상의 계약이라고 할 것이고 동법 제70조의5의 입찰보증금은 낙찰자의 계약체결의무 이행의 확보를 목적으로 하여 그 불이행시에 이를 국고에 귀속시켜 국가의 손해를 전보하는 사법상의 손해배상예정으로서의 성질을 갖는 것이라고 할 것이므로 입찰보증금의 국고귀속조치는 국가가 사법상의 재산권의 주체로서 행위하는 것이지 공권력을 행사하는 것이거나 공권력작용과 일체성을 가진 것이 아니라 할 것이므로 이에 관한 분쟁은 행정소송이 아닌 민사소송의 대상이 될 수밖에 없다고 할 것이다(대판 1983.12.27, 81누366).

한편, 행정청인 국방부장관(대판 1996.2.27, 95누4360), 관악구청장(대판 1999.3.9, 98두18565), 서울특별시장의 입찰참가자격제한처분(대판 1994.8.23, 94누3568)은 행정처분이다.

④ 구 「공익사업을 위한 토지 등의 취득 및 보상에 관한 법률」 제79조 제2항, 「공익사업을 위한 토지 등의 취득 및 보상에 관한 법률 시행규칙」 제57조에 따른 사업폐지 등에 대한 보상청구권은 공익사업의 시행 등 적법한 공권력의 행사에 의한 재산상 특별한 희생에 대하여 전체적인

공평부담의 견지에서 공익사업의 주체가 손해를 보상하여 주는 손실보상의 일종으로 공법상 권리임이 분명하므로 그에 관한 쟁송은 민사소송이 아닌 행정소송절차에 의하여야 한다. 또한 위 규정들과 구 공익사업법 제26조, 제28조, 제30조, 제34조, 제50조, 제61조, 제83조 내지 제85조의 규정 내용·체계 및 입법 취지 등을 종합하여 보면, 공익사업으로 인한 사업폐지 등으로 손실을 입게 된 자는 구 공익사업법 제34조, 제50조 등에 규정된 재결절차를 거친 다음 재결에 대하여 불복이 있는 때에 비로소 구 공익사업법 제83조 내지 제85조에 따라 권리구제를 받을 수 있다고 보아야 한다(대판 2012.10.11, 2010다23210).

정답 ④

6. 공법과 사법의 구별에 대한 설명으로 옳지 않은 것을 〈보기〉에서 모두 고르면? (다툼이 있는 경우 판례에 의함) 17 국회직8급

〈보 기〉

ㄱ. 공법과 사법의 구별기준에 대한 신주체설은 국가나 지방자치단체 등의 행정주체가 관련되는 법률관계를 공법관계로 보고 사인 간의 법률관계는 사법관계로 본다.
ㄴ. 대법원은 국가나 지방자치단체가 당사자가 되는 공공계약(조달계약)은 상대방과 대등한 관계에서 체결하는 공법상의 계약으로 본다.
ㄷ. 대법원은 행정재산의 목적외 사용에 해당하는 사인에 대한 행정재산의 사용수익허가를 강학상 특허로 보고 있다.
ㄹ. 대법원은 석탄가격안정지원금 지급청구권은 석탄산업법령에 의하여 정책적으로 당연히 부여되는 공법상 권리이므로, 지원금의 지급을 구하는 소송은 공법상 당사자소송의 대상이 된다고 본다.
ㅁ. 대법원은 지방자치단체가 공공조달계약 입찰을 일정기간 동안 제한하는 부정당업자제재는 사법상의 통지행위에 불과하다고 본다.

① ㄴ, ㅁ　　② ㄷ, ㄹ
③ ㄱ, ㄴ, ㅁ　　④ ㄱ, ㄷ, ㄹ
⑤ ㄱ, ㄴ, ㄷ, ㅁ

해설 ➤ ㊤

ㄱ 지문은 신주체설이 아니라 주체설에 관한 내용이다. 신주체설은 한스 볼프(Hans. J. Wolff)에 의해 창시된 학설로서 공권력의 담당자인 행정주체에 대해서만 권리·권한을 부여(귀속)하거나 의무를 부과(귀속)하는 법이 공법이고, 모든 권리주체에게 권리의무를 부과(귀속)하는 경우는 사법이다.

ㄴ ① 「국가를 당사자로 하는 계약에 관한 법률」에 따라 국가가 당사자가 되는 이른바 공공계약은 사경제 주체로서 상대방과 대등한 위치에서 체결하는 사법상 계약으로서 본질적인 내용은 사인 간의 계약과 다를 바가 없으므로, 그에 관한 법령에 특별한 정함이 있는 경우를 제외하고는 사적 자치와 계약자유의 원칙 등 사법의 원리가 그대로 적용된다(대판 2020.5.14, 2018다298409).

ㄷ 공유재산의 관리청이 행정재산의 사용·수익에 대한 허가는 순전히 사경제주체로서 행하는 사법상의 행위가 아니라 관리청이 공권력을 가진 우월적 지위에서 행하는 행정처분으로서 특정인에게 행정재산을 사용할 수 있는 권리를 설정하여 주는 강학상 특허에 해당하고, 이러한 행정재산의 사용·수익허가처분의 성질에 비추어 국민에게는 행정재산의 사용·수익허가를 신청할 법규상 또는 조리상의 권리가 있다고 할 것이므로 공유재산의 관리청이 이러한 신청을 거부한 행위 역시 행정처분에 해당한다(대판 1998.2.27, 97누1105).

ㄹ 석탄가격안정지원금은 석탄의 수요 감소와 열악한 사업환경 등으로 점차 경영이 어려워지고 있는 석탄광업의 안정 및 육성을 위하여 국가정책적 차원에서 지급하는 지원비의 성격을 갖는 것이고, 석탄광업자가 석탄산업합리화사업단에 대하여 가지는 이와 같은 지원금지급청구권은 석탄사업법령에 의하여 정책적으로 당연히 부여되는 공법상의 권리이므로, 석탄광업자가 석탄산업합리화사업단을 상대로 석탄산업법령 및 석탄가격안정지원금 지급요령에 의하여 지원금의 지급을 구하는 소송은 공법상의 법률관계에 관한 소송인 공법상의 당사자소송에 해당한다(대판 1997.5.30, 95다28960).

ㅁ 행정청인 국방부장관(대판 1996.2.27, 95누4360), 관악구청장(대판 1999.3.9, 98두18565), 서울특별시장의 입찰참가자격제한처분(대판 1994.8.23, 94누3568)은 행정처분이고, 한국전력공사가 정부투자기관회계규정에 의하여 행한 입찰참가자격을 제한하는 내용의 부정당업자제재처분(대결 1999.11.26, 99부3)·한국토지개발공사의 입찰참가자격 제한(부정당업자제재처분)(대결 1995.2.28, 94두36)·수도권매립지관리공사가 한 입찰참가자격을 제한하는 내용의 부정당업자제재처분(대결 2010.11.26, 2010무137)은 사법관계이다.

정답 ③

7. **공법상 법률관계에 대한 설명으로 옳은 것은? (다툼이 있는 경우 판례에 의함)** 17 국회직8급

① 행정청이 특정 개발사업의 시행자를 지정하는 처분을 하면서 상대방에게 지정처분의 취소에 대한 소권을 포기하도록 하는 내용의 부관을 붙이는 것은 단지 부제소특약만을 덧붙이는 것이어서 허용된다.
② 공무원연금 수급권은 헌법규정만으로는 이를 실현할 수 없고 그 수급요건, 수급권자의 범위 및 급여금액은 법률에 의하여 비로소 확정된다.
③ 환경영향평가 대상지역 밖에 거주하는 주민은 관계법령의 내용과는 상관없이 헌법상의 환경권에 근거하여 제3자에 대한 공유수면매립면허처분을 취소할 것을 청구할 수 있는 공권을 가진다.
④ 국유재산의 무단점유자에 대한 변상금 부과·징수권과 민사상 부당이득반환청구권은 양자 중 어느 한 쪽만 성립하여 존재할 수 있을 뿐 양자가 경합하여 병존할 수는 없다.
⑤ 「보조금 관리에 관한 법률」에 따라 중앙관서의 장이 보조사업자에게 보조금반환을 명하였음에도 보조사업자가 이를 반환하지 아니하는 경우, 중앙관서의 장은 강제징수의 방법과 민사소송의 방법을 합리적 재량에 의하여 선택적으로 활용할 수 있다.

해설 ㊤

① 지방자치단체장이 도매시장법인의 대표이사에 대하여 위 지방자치단체장이 개설한 농수산물도매시장의 도매시장법인으로 다시 지정함에 있어서 그 지정조건으로 "지정기간 중이라도 개설자가 농수산물 유통정책의 방침에 따라 도매시장법인 이전 및 지정취소 또는 폐쇄지시에도 일체 소송이나 손실보상을 청구할 수 없다."라는 부관을 붙였으나, 그 중 부제소특약에 관한 부분은 당사자가 임의로 처분할 수 없는 공법상의 권리관계를 대상으로 하여 사인의 국가에 대한 공권인 소권을 당사자의 합의로 포기하는 것으로서 허용될 수 없다(대판 1998.8.21, 98두8919).
② 공무원연금 수급권은 사회보장 수급권으로서의 성격과 아울러 재산권으로서의 성격을 아울러 갖기 때문에(헌재결 2008.2.28, 2005헌마872·918), 자유권과는 달리 헌법규정만으로 실현할 수 없고, 법률에 규정이 있어야 행사할 수 있다. 퇴직연금 수급권은 상대적으로 사회보장적 급여로서의 성격이 강하다. 따라서 퇴직연금 수급자가 퇴직 후에 사업소득이나 근로소득을 얻게 된 경우 입법자는 사회 정책적 측면과 국가의 재정 및 기금의 상황 등 여러 가지 사정을 참작하여 일반적인 재산권에 비하여 폭넓은 재량으로 소득과 연계하여 퇴직연금 지급 정도를 결정할 수 있으므로, 소득심사제에 의하여 퇴직연금 중 일부의 지급을 정지하는 것은 포괄위임금지의 원칙에 위배되는 등 특별한 사정이 없는 한 위헌이라고 볼 수 없다(헌재결 2008.2.28, 2005헌마872·918).
③ 환경영향평가 대상지역 밖의 주민이라 할지라도 공유수면매립면허처분등으로 인하여 그 처분 전과 비교하여 수인한도를 넘는 환경피해를 받거나 받을 우려가 있는 경우에는, 공유수면매립면허처분등으로 인하여 환경상 이익에 대한 침해 또는 침해우려가 있다는 것을 입증함으로써 그 처분등의 취소(무효확인)를 구할 원고적격을 인정받을 수 있다(대판 2006.12.22, 2006두14001).
④ 국유재산의 무단점유자에 대한 변상금 부과는 공권력을 가진 우월적 지위에서 행하는 행정처분이고, 그 부과처분에 의한 변상금 징수권은 공법상의 권리인 반면, 민사상 부당이득반환청구권은 국유재산의 소유자로서 가지는 사법상의 채권이다. 또한 변상금은 부당이득 산정의 기초가 되는 대부료나 사용료의 120%에 상당하는 금액으로서 부당이득금과 액수가 다르고, 이와 같이 할증된 금액의 변상금을 부과·징수하는 목적은 국유재산의 사용·수익으로 인한 이익의 환수를 넘어 국유재산의 효율적인 보존·관리라는 공익을 실현하는 데 있다. 그리고 대부 또는 사용·수익허가 없이 국유재산을 점유하거나 사용·수익하였지만 변상금 부과처분은 할 수 없는 때에도 민사상 부당이득반환청구권은 성립하는 경우가 있으므로, 변상금 부과·징수의 요건과 민사상 부당이득반환청구권의 성립 요건이 일치하는 것도 아니다. 이처럼 구 국유재산법 제51조 제1항, 제4항, 제5항에 의한 변상금 부과·징수권은 민사상 부당이득반환청구권과 법적 성질을 달리하므로, 국가는 무단점유자를 상대로 변상금 부과·징수권의 행사와 별도로 국유재산의 소유자로서 민사상 부당이득반환청구의 소를 제기할 수 있다. 그리고 이러한 법리는 구 국유재산법 제32조 제3항, 구 '국유재산법 시행령' 제33조 제2항에 의하여 국유재산 중 잡종재산(현행 국유재산법상의 일반재산에 해당한다)의 관리·처분에 관한 사무를 위탁받은 한국자산관리공사의 경우에도 마찬가지로 적용된다[대판(전합) 2014.7.16, 2011다76402].
⑤ 「보조금의 예산 및 관리에 관한 법률」은 제30조 제1항에서 중앙관서의 장은 보조사업자가 허위의 신청이나 기타 부정한 방법으로 보조금의 교부를 받은 때 등의 경우 보조금 교부결정의 전부 또는 일부를 취소할 수 있도록 규정하고, 제31조 제1항에서 중앙관서의 장은 보조금의 교부결정을 취소한 경우에 취소된 부분의 보조사업에 대하여 이미 교부된 보조금의 반환을 명하여야 한다고 규정하고 있으며, 제33조 제1항에서 위와 같이 반환하여야 할 보조금에 대하여는 국세징수의 예에 따라 이를 징수할 수 있도록 규정하고 있으므로, 중앙관서의 장으로서는 반환하여야 할 보조금을 국세체납처분의 예에 의하여 강제징수할 수 있고, 위와 같은 중앙관서의 장이 가지는 반환하여야 할 보조금에 대한 징수권은 공법상 권리로서 사법상 채권과는 성질을 달리하므로, 중앙관서의 장으로서는 보조금을 반환하여야 할 자에 대하여 민사소송의 방법으로는 반환청구를 할 수 없다고 보아야 한다(대판 2012.3.15, 2011다17328).

정답 ②

8. 행정상 법률관계에 대한 설명으로 옳지 않은 것은? (다툼이 있는 경우 판례에 의함) 17 지방직9급

① 공법관계에 있어서 자연인의 주소는 주민등록지이고, 그 수는 1개소에 한한다.
② 특별한 규정이 없는 경우, 민법의 법률행위에 관한 규정 중 의사표시의 효력발생시기, 대리행위의 효력, 조건과 기한의 효력 등의 규정은 행정행위에도 적용된다.
③ 주민등록의 신고는 행정청에 도달하기만 하면 신고로서의 효력이 발생하는 것이 아니라 행정청이 수리한 경우에 비로소 신고의 효력이 발생한다.
④ 건축법 상 착공신고가 반려될 경우 당사자에게 그 반려행위를 다툴 실익이 없는 것이므로 착공신고 반려행위의 처분성이 인정되지 않는다.

해설 (下)

① 행정법상의 주소에 관해서는 주민등록법이 "누구든지 신고를 이중으로 할 수 없다."(제10조 제2항)라고 규정함으로써 주소단일주의를, "다른 법률에 특별한 규정이 없으면(특수사정이 있을 시는 예외가 아님) 이 법에 따른 주민등록지를 공법관계에서의 주소로 한다."고 정함으로써 형식주의를 취하고 있다(제23조 제1항).
② 행정법의 일반법원리적 규정은 권력관계 및 관리관계에도 적용된다.
③ 주민등록은 단순히 주민의 거주관계를 파악하고 인구의 동태를 명확히 하는 것 외에도 주민등록에 따라 공법관계상의 여러 가지 법률상 효과가 나타나게 되는 것으로서, 주민등록의 신고는 행정청에 도달하기만 하면 신고로서의 효력이 발생하는 것이 아니라 행정청이 수리한 경우에 비로소 신고의 효력이 발생한다. 따라서 주민등록신고서를 행정청에 제출하였다가 행정청이 이를 수리하기 전에 신고서의 내용을 수정하여 위와 같이 수정된 전입신고서가 수리되었다면 수정된 사항에 따라서 주민등록신고가 이루어진 것으로 보는 것이 타당하다(대판 2009.1.30, 2006다17850).
④ 건축주 등으로서는 착공신고가 반려될 경우, 당해 건축물의 착공을 개시하면 시정명령, 이행강제금, 벌금의 대상이 되거나 당해 건축물을 사용하여 행할 행위의 허가가 거부될 우려가 있어 불안정한 지위에 놓이게 된다. 따라서 착공신고 반려행위가 이루어진 단계에서 당사자로 하여금 반려행위의 적법성을 다투어 법적 불안을 해소한 다음 건축행위에 나아가도록 함으로써 장차 있을지도 모르는 위험에서 미리 벗어날 수 있도록 길을 열어주고, 위법한 건축물의 양산과 철거를 둘러싼 분쟁을 조기에 근본적으로 해결할 수 있게 하는 것이 법치행정의 원리에 부합한다. 그러므로 행정청의 착공신고 반려행위는 항고소송의 대상이 된다고 보는 것이 옳다(대판 2011.6.10, 2010두7321).

정답 ④

9. 행정법관계에 대한 설명으로 옳지 않은 것은? (다툼이 있는 경우 판례에 의함) 18 국회직8급

① 취소소송은 원칙적으로 처분등의 취소를 구할 법령상 보호가치 있는 이익을 가진 자이면 제기할 수 있다.
② 자치법규에 따라 행정권한을 가지고 있는 공공단체는 행정청에 해당된다.
③ 수익처분의 상대방에게도 당해 처분의 취소를 구할 이익이 인정될 수 있다.
④ 광업권 허가에 대한 취소처분을 한 후 적법한 광업권 설정의 선출원이 있는 경우에는 취소처분을 취소하여 광업권을 복구시키는 조처는 위법하다.
⑤ 구 「산림법」상 산림을 무단형질변경한 자가 사망한 경우 당해 토지의 소유권 또는 점유권을 승계한 상속인은 그 복구의무를 부담한다고 봄이 상당하다.

해설 (中)

① '법령상 보호가치 있는 이익'이 아니라 '법률상 이익'이 있는 자가 제기할 수 있다(행정소송법 제12조).
② 이 법을 적용함에 있어서 행정청에는 법령에 의하여 행정권한의 위임 또는 위탁을 받은 행정기관, 공공단체 및 그 기관 또는 사인이 포함된다(같은 법 제2조 제2항).
③ 행정처분에 있어서 불이익처분의 상대방은 직접 개인적 이익의 침해를 받은 자로서 원고적격이 인정되지만 수익처분의 상대방은 그의 권리나 법률상 보호되는 이익이 침해되었다고 볼 수 없으므로 달리 특별한 사정이 없는 한 취소를 구할 이익이 없다(대판 1995.8.22, 94누8129). 그러나 '특별한 사정'에 대해 구체적으로 판시한 판례는 없다.
④ 피고가 본건 광업권자가 1년 내에 사업에 착수하지 못한 이유가 광구소재지 출입허가를 얻지 못한 때문이라는 점, 또는 위 정리요강에 의한 사전서면 통고를 하지 아니하였다는 점을 참작하여 피고가 광업권취소처분을 하지 아니하였다던가, 또는 일단 취소처분을 한 후에 새로운 이해관계인이 생기기 전에 취소처분을 취소하여 그 광업권의 회복을 시켰다면 모르되 피고가 본건 취소처분을 한 후에 원고가 1966.1.19.에 본건

광구에 대하여 선출원을 적법히 함으로써 이해관계인이 생긴 이 사건에 있어서, 피고가 1966.8.24.자로 1965.12.30.자의 취소처분을 취소하여, 소외인 명의의 광업권을 복구시키는 조처는, 원고의 선출원 권리를 침해하는 위법한 처분이라고 하지 않을 수 없다(대판 1967.10.23, 67누126).

⑤ 원상회복명령에 따른 복구의무는 타인이 대신하여 행할 수 있는 의무로서 일신전속적인 성질을 가진 것으로 보기 어려운 점, 같은법 제4조가 법에 의하여 행한 처분·신청·신고 기타의 행위는 토지소유자 및 점유자의 승계인 등에 대하여도 그 효력이 있다고 규정하고 있는 것은 산림의 보호·육성을 통하여 국토의 보전 등을 도모하려는 법의 목적을 감안하여 법에 의한 처분등으로 인한 권리와 아울러 그 의무까지 승계시키려는 취지인 점 등에 비추어 보면, 산림을 무단형질변경한 자가 사망한 경우 당해 토지의 소유권 또는 점유권을 승계한 상속인은 그 복구의무를 부담한다고 봄이 상당하고, 따라서 관할행정청은 그 상속인에 대하여 복구명령을 할 수 있다고 보아야 한다(대판 2005.8.19, 2003두9817·9824).

정답 ①

10. 행정상 법률관계에 대한 판례의 입장으로 옳지 않은 것은? 19 국가직7급

① 공법상 근무관계의 형성을 목적으로 하는 채용계약의 체결 과정에서 행정청의 일방적인 의사표시로 계약이 성립하지 아니한 경우, 관계 법령이 상대방의 법률관계에 관하여 구체적으로 어떻게 규정하고 있는지에 따라 의사표시가 항고소송의 대상이 되는 처분에 해당하는지 아니면 공법상 계약관계의 일방 당사자로서 대등한 지위에서 행하는 의사표시인지를 개별적으로 판단하여야 한다.

② 행정처분과 부관 사이에 실제적 관련성이 있다고 볼 수 없는 경우 공무원이 이와 같은 공법상의 제한을 회피할 목적으로 행정처분의 상대방과 사이에 사법상 계약을 체결하는 형식을 취하였다면 이는 법치행정의 원리에 반하는 것으로서 위법하다.

③ 지방전문직공무원 채용계약 해지의 의사표시에 대하여는 공법상 당사자소송으로 그 의사표시의 무효확인을 청구할 수 있다.

④ 재단법인 한국연구재단이 A대학교 총장에게 연구개발비의 부당집행을 이유로 과학기술기본법령에 따라 '두뇌한국(BK)21 사업' 협약의 해지를 통보한 것은 공법상 계약을 계약당사자의 지위에서 종료시키는 의사표시에 해당한다.

해설 (上)

① 행정청이 자신과 상대방 사이의 근로관계를 일방적인 의사표시로 종료시켰다고 하더라도 곧바로 그 의사표시가 행정청으로서 공권력을 행사하여 행하는 행정처분이라고 단정할 수는 없고, 관계 법령이 상대방의 근무관계에 관하여 구체적으로 어떻게 규정하고 있는지에 따라 그 의사표시가 항고소송의 대상이 되는 행정처분에 해당하는 것인지 아니면 공법상 계약관계의 일방 당사자로서 대등한 지위에서 행하는 의사표시인지 여부를 개별적으로 판단하여야 한다(대판 2014.4.24, 2013두6244).

공법상 근무관계의 형성을 목적으로 하는 채용계약의 체결과정에서 행정청의 일방적인 의사표시로 계약이 성립하지 않게 된 경우에도 마찬가지 법리가 적용된다.

이러한 법리는 공법상 근무관계의 형성을 목적으로 하는 채용계약의 체결 과정에서 행정청의 일방적인 의사표시로 계약이 성립하지 아니하게 된 경우에도 마찬가지이다(대판 2014.4.24, 2013두6244).

② 공무원이 인허가 등 수익적 행정처분을 하면서 상대방에게 그 처분과 관련하여 이른바 부관으로서 부담을 붙일 수 있다 하더라도, 그러한 부담은 법치주의와 사유재산 존중, 조세법률주의 등 헌법의 기본원리에 비추어 비례의 원칙이나 부당결부의 원칙에 위반되지 않아야만 적법한 것인바, 행정처분과 부관 사이에 실제적 관련성이 있다고 볼 수 없는 경우 공무원이 위와 같은 공법상의 제한을 회피할 목적으로 행정처분의 상대방과 사이에 사법상 계약을 체결하는 형식을 취하였다면 이는 법치행정의 원리에 반하는 것으로서 위법하다. 지방자치단체가 골프장사업계획승인과 관련하여 사업자로부터 기부금을 지급받기로 한 증여계약은, 공무수행과 결부된 금전적 대가로서 그 조건이나 동기가 사회질서에 반하므로 민법 제103조에 의해 무효라고 본 사례(대판 2009.12.10, 2007다63966)

③ 공무원이 인허가 등 수익적 행정처분을 하면서 상대방에게 그 처분과 관련하여 이른바 부관으로서 부담을 붙일 수 있다 하더라도, 그러한 부담은 법치주의와 사유재산 존중, 조세법률주의 등 헌법의 기본원리에 비추어 비례의 원칙이나 부당결부의 원칙에 위반되지 않아야만 적법한 것인바, 행정처분과 부관 사이에 실제적 관련성이 있다고 볼 수 없는 경우 공무원이 위와 같은 공법상의 제한을 회피할 목적으로 행정처분의 상대방과 사이에 사법상 계약을 체결하는 형식을 취하였다면 이는 법치행정의 원리에 반하는 것으로서 위법하다. 지방자치단체가 골프장사업계획승인과 관련하여 사업자로부터 기부금을 지급받기로 한 증여계약은, 공무수행과 결부된 금전적 대가로서 그 조건이나 동기가 사회질서에 반하므로 민법 제103조에 의해 무효라고 본 사례(대판 2009.12.10, 2007다63966)

④ 과학기술기본법령상 사업 협약의 해지 통보는 단순히 대등 당사자의 지위에서 형성된 공법상 계약을 계약당사자의 지위에서 종료시키는 의사표시에 불과한 것이 아니라 행정청이 우월적 지위에서 연구개발비의 회수 및 관련자에 대한 국가연구개발사업 참여제한 등의 법률상 효과를 발생시키는 행정처분에 해당하므로··(대판 2014.12.11, 2012두28704).

다만, 해당 사건에서 대법원은 한국연구재단이 甲 대학교 총장에게 연구팀장에 대한 대학 자체 징계 요구는 항고소송의 대상이 되는 행정처분에 해당하지 않는다고 판시하고 있다.

정답 ④

11. 공법관계와 사법관계에 대한 설명으로 옳은 것만을 〈보기〉에서 모두 고른 것은? (다툼이 있는 경우 판례에 의함) 20 국회직8급

〈보 기〉

ㄱ. 조달청이 국가종합전자조달시스템인 나라장터 종합쇼핑몰에 거래정지조치를 하는 것은 처분으로서 공법관계에 속한다.
ㄴ. 「초·중등교육법」상 사립중학교에 대한 중학교 의무교육의 위탁관계는 사법관계에 속한다.
ㄷ. 공용수용의 목적물이 불필요하게 된 경우 피수용자가 다시 수용된 토지의 소유권을 회복할 수 있도록 하는 환매권은 일종의 공권이다.
ㄹ. 사립학교교원에 대한 징계는 사법관계이나 그에 대해 교원소청심사가 제기되어 그에 대한 결정이 있으면 그 결정은 공법의 문제가 된다.

① ㄱ, ㄴ　　② ㄱ, ㄷ
③ ㄱ, ㄹ　　④ ㄴ, ㄹ
⑤ ㄴ, ㄷ, ㄹ

해설 ▸ 中

ㄱ 조달청이 계약상대자에 대하여 나라장터 종합쇼핑몰에서의 거래를 일정기간 정지하는 조치는 「전자조달의 이용 및 촉진에 관한 법률」, 「조달사업에 관한 법률」 등에 의하여 보호되는 계약상대자의 직접적이고 구체적인 법률상 이익인 나라장터를 통하여 수요기관의 전자입찰에 참가하거나 나라장터 종합쇼핑몰에서 등록된 물품을 수요기관에 직접 판매할 수 있는 지위를 직접 제한하거나 침해하는 행위에 해당하는 점 등을 종합하면, 위 거래정지 조치는 비록 추가특수조건이라는 사법상 계약에 근거한 것이지만 행정청인 조달청이 행하는 구체적 사실에 관한 법집행으로서의 공권력의 행사로서 그 상대방인 甲 회사의 권리·의무에 직접 영향을 미치므로 항고소송의 대상이 되는 행정처분에 해당한다(대판 2018.11.29, 2015두52395).

ㄴ 중학교 의무교육의 위탁관계는 초·중등교육법 제12조 제3항, 제4항 등 관련 법령에 의하여 정해지는 공법적 관계로서, 대등한 당사자 사이의 자유로운 의사를 전제로 사익 상호 간의 조정을 목적으로 하는 민법 제688조의 수임인의 비용상환청구권에 관한 규정이 그대로 준용된다고 보기도 어렵다(대판 2015.1.29, 2012두7387).

ㄷ 징발재산정리에관한특별조치법 제20조 소정의 환매권은 일종의 형성권으로서 그 존속기간은 제척기간으로 보아야 할 것이며, 위 환매권은 재판상이든 재판 외이든 그 기간 내에 행사하면 이로써 매매의 효력이 생기고, 위 매매는 같은조 제1항에 적힌 환매권자와 국가 간의 사법상의 매매라 할 것이다(대판 1992.4.24, 92다4673).

ㄹ 사립학교 교원에 대한 해임처분에 대한 구제방법으로 학교법인을 상대로 한 민사소송 이외 교원지위 향상을 위한 특별법 제7조~제10조에 따라 교육부 내에 설치된 교원징계재심위원회(현 교원소청심사위원회)에 재심청구를 하고 교원징계재심위원회의 결정에 불복하여 행정소송을 제기하는 방법도 있으나, 이 경우에도 행정소송의 대상이 되는 행정처분은 교원징계재심위원회의 결정이지 학교법인의 해임처분이 행정처분으로 의제되는 것이 아니며 또한 교원징계재심위원회의 결정을 이에 대한 행정심판으로서의 재결에 해당되는 것으로 볼 수는 없다(대판 1993.2.12, 92누13707).

정답 ③

12. 공법관계와 사법관계에 대한 설명으로 옳은 것은? (다툼이 있는 경우 판례에 의함) 20 지방직9급

① 「행정절차법」은 공법관계는 물론 사법관계에 대해서도 적용된다.
② 공법관계는 행정소송 중 항고소송의 대상이 되며, 사인 간의 법적 분쟁에 관한 사법관계는 행정소송 중 당사자소송의 대상이 된다.
③ 법률관계의 한쪽 당사자가 행정주체인 경우에는 공법관계로 보는 것이 판례의 일관된 입장이다.
④ 입찰보증금의 국고귀속조치는 국가가 사법상의 재산권의 주체로서 행위하는 것이지, 공권력을 행사하는 것이거나 공권력작용과 일체성을 가진 것이 아니라 할 것이다.

해설 ▸ 下

① 행정절차법은 공법관계 가운데에서도 주로 처분절차에 관해 규정하고 있고, 사법관계에는 행정절차법이 아니라 사적 자치원칙이 적용된다.
② 공법관계 중 권력관계만 항고소송의 대상이 되고, 사법관계는 당사자소송이 아니라 민사소송의 대상이다.
③ 구주체설의 내용이나 현재 지지자가 없다. 판례는 행정주체가 당사자인 경우에도 행정작용에 따라 공법관계와 사법관계로 구분하고 있다.
④ 예산회계법(현 국가재정법)에 따라 체결되는 계약은 사법상의 계약이라고 할 것이고 동법 제70조의5의 입찰보증금은 낙찰자의 계약체결의무 이행의 확보를 목적으로 하여 그 불이행시에 이를 국고에 귀속시켜 국가의 손해를 전보하는 사법상의 손해배상예정으로서의 성질을 갖는 것이라고 할 것이므로 입찰보증금의 국고귀속조치는 국가가 사법상의 재산권의 주체로서 행위하는 것이지 공권력을 행사하는 것이거나 공권력작용과 일체성을 가진 것이 아니라 할 것이므로 이에 관한 분쟁은 행정소송이 아닌 민사소송의 대상이 될 수밖에 없다고 할 것이다(대판 1983.12.27, 81누366).

정답 ④

13. 공법관계와 사법관계에 대한 설명으로 옳은 것은? (다툼이 있는 경우 판례에 의함) 20 국가직7급

① 구 「예산회계법」에 따른 입찰보증금의 국고귀속조치는 국가가 공법상의 재산권의 주체로서 행위하는 것으로 그 행위는 공법행위에 속한다.
② 공유재산의 관리청이 행하는 행정재산의 사용·수익에 대한 허가는 순전히 사경제주체로서 행하는 사법상의 법률행위이다.
③ 개발부담금 부과처분이 취소된 후의 부당이득으로서의 과오납금 반환에 관한 법률관계는 공법상 법률관계이다.
④ 공익사업을 위한 토지 등의 취득 및 보상에 관한 법령에 의한 협의취득은 사법상의 법률행위이다.

해설 ▸ 下

① 예산회계법(현 국가재정법)에 따라 체결되는 계약은 사법상의 계약이라고 할 것이고 동법 제70조의5의 입찰보증금은 낙찰자의 계약체결의무 이행의 확보를 목적으로 하여 그 불이행시에 이를 국고에 귀속시켜 국가의 손해를 전보하는 사법상의 손해배상예정으로서의 성질을 갖는 것이라고 할 것이므로 입찰보증금의 국고귀속조치는 국가가 사법상의 재산권의 주체로서 행위하는 것이지 공권력을 행사하는 것이거나 공권력작용과 일체성을 가진 것이 아니라 할 것이므로 이에 관한 분쟁은 행정소송이 아닌 민사소송의 대상이 될 수밖에 없다고 할 것이다(대판 1983.12.27, 81누366).
② 공유재산의 관리청이 행정재산의 사용·수익에 대한 허가는 순전히 사경제주체로서 행하는 사법상의 행위가 아니라 관리청이 공권력을 가진 우월적 지위에서 행하는 행정처분으로서 특정인에게 행정재산을 사용할 수 있는 권리를 설정하여 주는 강학상 특허에 해당하고, 이러한 행정재산의 사용·수익허가처분의 성질에 비추어 국민에게는 행정재산의 사용·수익허가를 신청할 법규상 또는 조리상의 권리가 있다고 할 것이므로 공유재산의 관리청이 이러한 신청을 거부한 행위 역시 행정처분에 해당한다(대판 1998.2.27, 97누1105).
③ 개발부담금 부과처분이 취소된 이상 그 후의 부당이득으로서의 과오납금 반환에 관한 법률관계는 단순한 민사 관계에 불과한 것이고, 행정소송 절차에 따라야 하는 관계로 볼 수 없다(대판 1995.12.22, 94다51253).
④ 공공사업의 시행자가 토지수용법에 의하여 그 사업에 필요한 토지를 취득하는 경우 그것이 협의에 의한 취득이고 토지수용법 제25조의2의 규정에 의한 협의성립의 확인이 없는 이상, 그 취득행위는 어디까지나 사경제주체로서 행하는 사법상의 취득으로서 승계취득한 것으로 보아야 할 것이고, 재결에 의한 취득과 같이 원시취득한 것으로 볼 수는 없다(대판 1996.2.13, 95다3510).

정답 ④

14. 공법과 사법의 관계에 대한 설명으로 옳은 것만을 〈보기〉에서 모두 고르면? (다툼이 있는 경우 판례에 의함) 21 국회직8급

〈보 기〉

ㄱ. 「국가를 당사자로 하는 계약에 관한 법률」상 국가가 당사자가 되는 공공계약은 국가가 사경제의 주체로서 상대방과 대등한 위치에서 체결하는 사법상의 계약에 해당한다.
ㄴ. 「국가를 당사자로 하는 계약에 관한 법률」상 국가기관에 의한 입찰참가자격제한행위는 사법상 관념의 통지에 해당한다.
ㄷ. 공기업이나 준정부기관의 입찰참가자격제한은 계약에 근거할 수도 있고, 행정처분에 해당할 수도 있다.
ㄹ. 사립학교 교원의 징계는 사립학교의 공적 성격을 고려할 때 행정처분에 해당한다.
ㅁ. 행정재산의 사용·수익 허가는 강학상 특허로서 공법관계의 일종에 해당한다.

① ㄱ, ㄴ, ㄷ
② ㄱ, ㄷ, ㅁ
③ ㄴ, ㄷ, ㄹ
④ ㄴ, ㄹ, ㅁ
⑤ ㄱ, ㄷ, ㄹ, ㅁ

해설 ➤ ㊤

ㄱ 「국가를 당사자로 하는 계약에 관한 법률」에 따라 국가가 당사자가 되는 이른바 공공계약은 사경제 주체로서 상대방과 대등한 위치에서 체결하는 사법상 계약으로서 본질적인 내용은 사인 간의 계약과 다를 바가 없으므로, 그에 관한 법령에 특별한 정함이 있는 경우를 제외하고는 사적 자치와 계약자유의 원칙 등 사법의 원리가 그대로 적용된다(대판 2020.5.14, 2018다298409).

ㄴ 행정청인 국방부장관(대판 1996.2.27, 95누4360), 관악구청장(대판 1999.3.9, 98두18565), 서울특별시장의 입찰참가자격제한처분(대판 1994.8.23, 94누3568)은 행정처분이다.

ㄷ 법령에 근거한 것인지 계약에 근거한 것인지에 따라 처분성 인정 여부가 달라진다.
공기업·준정부기관이 법령 또는 계약에 근거하여 선택적으로 입찰참가자격 제한 조치를 할 수 있는 경우, 계약상대방에 대한 입찰참가자격 제한 조치가 법령에 근거한 행정처분인지 아니면 계약에 근거한 권리행사인지는 원칙적으로 의사표시의 해석 문제이다. 이때에는 공기업·준정부기관이 계약상대방에게 통지한 문서의 내용과 해당 조치에 이르기까지의 과정을 객관적·종합적으로 고찰하여 판단하여야 한다. 그럼에도 불구하고 공기업·준정부기관이 법령에 근거를 둔 행정처분으로서의 입찰참가자격 제한 조치를 한 것인지 아니면 계약에 근거한 권리행사로서의 입찰참가자격 제한 조치를 한 것인지가 여전히 불분명한 경우에는, 그에 대한 불복방법 선택에 중대한 이해관계를 가지는 그 조치 상대방의 인식가능성 내지 예측가능성을 중요하게 고려하여 규범적으로 이를 확정함이 타당하다(대판 2018.10.25, 2016두33537).

ㄹ 사립학교 교원에 대한 해임처분에 대한 구제방법으로 학교법인을 상대로 한 민사소송 이외 「교원지위향상을 위한 특별법」 제7조~제10조에 따라 교육부 내에 설치된 교원징계재심위원회(현 교원소청심사위원회)에 재심청구를 하고 교원징계재심위원회의 결정에 불복하여 행정소송을 제기하는 방법도 있으나, 이 경우에도 행정소송의 대상이 되는 행정처분은 교원징계재심위원회의 결정이지 학교법인의 해임처분이 행정처분으로 의제되는 것이 아니며 또한 교원징계재심위원회의 결정을 이에 대한 행정심판으로서의 재결에 해당되는 것으로 볼 수는 없다(대판 1993.2.12, 92누13707).

ㅁ 공유재산의 관리청이 행정재산의 사용·수익에 대한 허가는 순전히 사경제주체로서 행하는 사법상의 행위가 아니라 관리청이 공권력을 가진 우월적 지위에서 행하는 행정처분으로서 특정인에게 행정재산을 사용할 수 있는 권리를 설정하여 주는 강학상 특허에 해당하고, 이러한 행정재산의 사용·수익허가처분의 성질에 비추어 국민에게는 행정재산의 사용·수익허가를 신청할 법규상 또는 조리상의 권리가 있다고 할 것이므로 공유재산의 관리청이 이러한 신청을 거부한 행위 역시 행정처분에 해당한다(대판 1998.2.27, 97누1105).

정답 ②

15. 행정법관계에 대한 설명으로 옳지 않은 것은? (다툼이 있는 경우 판례에 의함) 21 국가직7급

① 행정에 관한 기간의 계산에 관하여는 「행정기본법」 또는 다른 법령등에 특별한 규정이 있는 경우를 제외하고는 「민법」을 준용한다.
② 구 「산림법」에 의해 형질변경허가를 받지 아니하고 산림을 형질변경한 자가 사망한 경우, 해당 토지의 소유권을 승계한 상속인은 그 복구의무를 부담하지 않으므로, 행정청은 그 상속인에 대하여 복구명령을 할 수 없다.
③ 구 「지방재정법」에 의한 변상금부과처분이 당연무효인 경우, 이 변상금부과처분에 의하여 납부자가 납부한 오납금은 지방자치단체가 법률상 원인 없이 취득한 부당이득에 해당한다.
④ 주민등록의 신고는 행정청에 도달하기만 하면 신고로서의 효력이 발생하는 것이 아니라 행정청이 수리한 경우에 비로소 신고의 효력이 발생한다.

해설 ㊦

① 행정기본법 제6조 제1항
② 산림을 무단형질변경한 자가 사망한 경우 당해 토지의 소유권 또는 점유권을 승계한 상속인은 그 복구의무를 부담한다고 봄이 상당하고, 따라서 관할행정청은 그 상속인에 대하여 복구명령을 할 수 있다고 보아야 한다(대판 2005.8.19, 2003두9817·9824).
③ 지방재정법 제87조 제1항에 의한 변상금부과처분이 당연무효인 경우에 이 변상금부과처분에 의하여 납부자가 납부하거나 징수당한 오납금은 지방자치단체가 법률상 원인 없이 취득한 부당이득에 해당하고, 이러한 오납금에 대한 납부자의 부당이득반환청구권은 처음부터 법률상 원인이 없이 납부 또는 징수된 것이므로 납부 또는 징수시에 발생하여 확정되며, 그때부터 소멸시효가 진행한다(대판 2005.1.27, 2004다50143).
④ 주민등록은 단순히 주민의 거주관계를 파악하고 인구의 동태를 명확히 하는 것 외에도 주민등록에 따라 공법관계상의 여러 가지 법률상 효과가 나타나게 되는 것으로서, 주민등록의 신고는 행정청에 도달하기만 하면 신고로서의 효력이 발생하는 것이 아니라 행정청이 수리한 경우에 비로소 신고의 효력이 발생한다. 따라서 주민등록신고서를 행정청에 제출하였다가 행정청이 이를 수리하기 전에 신고서의 내용을 수정하여 위와 같이 수정된 전입신고서가 수리되었다면 수정된 사항에 따라서 주민등록신고가 이루어진 것으로 보는 것이 타당하다(대판 2009.1.30, 2006다17850).

정답 ②

16. 행정법관계에 대한 설명으로 옳지 않은 것은? (다툼이 있는 경우 판례에 의함) 22 국가직9급

① 군인연금법령상 급여를 받으려고 하는 사람이 국방부장관에게 급여지급을 청구하였으나 거부된 경우, 곧바로 국가를 상대로 한 당사자소송으로 급여의 지급을 청구할 수 있다.
② 법무사가 사무원을 채용할 때 소속 지방법무사회로부터 승인을 받아야 할 의무는 공법상 의무이다.
③ 사무처리의 긴급성으로 인하여 해양경찰의 직접적인 지휘를 받아 보조로 방제작업을 한 경우, 사인은 그 사무를 처리하며 지출한 필요비 내지 유익비의 상환을 국가에 대하여 민사소송으로 청구할 수 있다.
④ 「공익사업을 위한 토지 등의 취득 및 보상에 관한 법률」상 환매권의 존부에 관한 확인을 구하는 소송 및 환매금액의 증감을 구하는 소송은 민사소송이다.

해설 ㊦

① 구 군인연금법(2019.12.10. 법률 제16760호로 전부 개정되기 전의 것, 이하 같다)에 의한 사망보상금 등의 급여를 받을 권리는 법령의 규정에 따라 직접 발생하는 것이 아니라 급여를 받으려고 하는 사람이 소속하였던 군의 참모총장의 확인을 얻어 청구함에 따라 국방부장관 등이 지급결정을 함으로써 구체적인 권리가 발생한다. 국방부장관 등이 하는 급여지급결정은 단순히 급여수급 대상자를 확인·결정하는 것에 그치는 것이 아니라 구체적인 급여수급액을 확인·결정하는 것까지 포함한다. 구 군인연금법령상 급여를 받으려고 하는 사람은 우선 관계 법령에 따라 국방부장관 등에게 급여지급을 청구하여 국방부장관 등이 이를 거부하거나 일부 금액만 인정하는 급여지급결정을 하는 경우 그 결정을 대상으로 항고소송을 제기하는 등으로 구체적 권리를 인정받은 다음 비로소 당사자소송으로 그 급여의 지급을 구해야 한다. 이러한 구체적인 권리가 발생하지 않은 상태에서 곧바로 국가를 상대로 한 당사자소송으로 급여의 지급을 소구하는 것은 허용되지 않는다(대판 2021.12.16, 2019두45944).
② 법무사의 사무원 채용승인 신청에 대하여 소속 지방법무사회가 '채용승인을 거부'하는 조치 또는 일단 채용승인을 하였으나 법무사규칙 제37조 제6항을 근거로 '채용승인을 취소'하는 조치는 공법인인 지방법무사회가 행하는 구체적 사실에 관한 법집행으로서 공권력의 행사 또는 그 거부에 해당하므로 항고소송의 대상인 '처분'이라고 보아야 한다. 구체적인 이유는 다음과 같다. …

법무사가 사무원 채용에 관하여 법무사법이나 법무사규칙을 위반하는 경우에는 소관 지방법원장으로부터 징계를 받을 수 있으므로, 법무사에 대하여 지방법무사회로부터 채용승인을 얻어 사무원을 채용할 의무는 법무사법에 의하여 강제되는 공법적 의무이다.
이러한 법무사 사무원 채용승인 제도의 법적 성질 및 연혁, 사무원 채용승인 거부에 대한 불복절차로서 소관 지방법원장에게 이의신청을 하도록 제도를 규정한 점 등에 비추어 보면, 지방법무사회의 법무사 사무원 채용승인은 단순히 지방법무사회와 소속 법무사 사이의 내부 법률문제라거나 지방법무사회의 고유사무라고 볼 수 없고, 법무사 감독이라는 국가사무를 위임받아 수행하는 것이라고 보아야 한다. 따라서 지방법무사회는 법무사 감독 사무를 수행하기 위하여 법률에 의하여 설립과 법무사의 회원 가입이 강제된 공법인으로서 법무사 사무원 채용승인에 관한 한 공권력 행사의 주체라고 보아야 한다(대판 2020.4.9, 2015다34444).

③ 판례는 명시적으로 민사소송이라고 판시하지는 않았지만, 사건번호가 '다'이기 때문에 민사소송으로 다루고 있음을 알 수 있다.
甲 회사의 조치만으로는 원유 유출사고에 따른 해양오염을 방지하기 곤란할 정도로 긴급방제조치가 필요한 상황이었고, 위 방제작업은 乙 회사가 국가를 위해 처리할 수 있는 국가의 의무 영역과 이익 영역에 속하는 사무이며, 乙 회사가 방제작업을 하면서 해양경찰의 지시·통제를 받았던 점 등에 비추어 乙 회사는 국가의 사무를 처리한다는 의사로 방제작업을 한 것으로 볼 수 있으므로, 乙 회사는 사무관리에 근거하여 국가에 방제비용을 청구할 수 있다(대판 2014.12.11, 2012다15602).

④ 구 「공익사업을 위한 토지 등의 취득 및 보상에 관한 법률」(구 공익사업법) 제91조에 규정된 환매권은 상대방에 대한 의사표시를 요하는 형성권의 일종으로서 재판상이든 재판 외이든 위 규정에 따른 기간 내에 행사하면 매매의 효력이 생기는 바, 이러한 환매권의 존부에 관한 확인을 구하는 소송 및 구 공익사업법 제91조 제4항에 따라 환매금액의 증감을 구하는 소송 역시 민사소송에 해당한다(대판 2013.2.28, 2010두22368).

정답 ①

메모

제3절 행정법관계의 당사자

17. 공무수탁사인에 관한 설명으로 옳은 것을 모두 고른 것은? 17 서울시7급

ㄱ. 공무수탁사인은 행정주체이면서 동시에 행정청의 지위를 갖는다.
ㄴ. 경찰과의 계약을 통해 주차위반차량을 견인하는 민간사업자도 공무수탁사인에 해당한다.
ㄷ. 중앙관서장뿐만 아니라 지방자치단체장도 자신의 사무 중 조사·검사·검정·관리업무 등 주민의 권리·의무와 직접 관련되지 아니하는 사무를 개인에게 위탁할 수 있다.
ㄹ. 국가가 공무수탁사인의 공무수탁사무수행을 감독하는 경우 수탁사무수행의 합법성뿐만 아니라 합목적성까지도 감독할 수 있다.

① ㄱ, ㄴ　② ㄱ, ㄷ
③ ㄱ, ㄷ, ㄹ　④ ㄴ, ㄷ, ㄹ

해설 下

ㄱ 공무수탁사인은 특정 행정의 수행을 위해 일정한 공권력이 부여되는 기업이나 사인을 말한다. 공무수탁사인은 조직법적 의미의 행정청은 아니지만 행정행위나 처분을 행하는 행정청으로 인정되고, 공무원법상의 공무원은 아니지만 국가배상법상으로는 공무원으로 인정된다.
ㄴ 사법상 계약에 의하여 단순히 경영위탁을 받은 사인에 해당한다.
ㄷ 정부조직법 제6조 제3항
ㄹ 위탁기관은 민간위탁사무의 처리에 대하여 민간수탁기관을 지휘 · 감독하며, 필요하다고 인정될 때에는 민간수탁기관에 민간위탁사무에 관하여 필요한 지시를 하거나 조치를 명할 수 있다(「행정권한의 위임 및 위탁에 관한 규정」 제14조 제1항). 위탁기관은 민간수탁기관에 대하여 필요한 사항을 보고하게 할 수 있다(같은 조 제2항). 위탁기관은 민간수탁기관의 사무 처리가 위법하거나 부당하다고 인정될 때에는 이를 취소하거나 정지시킬 수 있다(같은 조 제3항).

정답 ③

18. 공무수탁사인에 해당되지 않는 것은? 18 서울시7급

① 「도로교통법」상 견인업무를 대행하는 자동차견인업자
② 「민영교도소 등의 설치운영에 관한 법률」상 교정업무를 수행하는 민영교도소
③ 「항공안전 및 보안에 관한 법률」상 경찰임무를 수행하는 항공기의 기장
④ 「공익사업을 위한 토지 등의 취득 및 보상에 관한 법률」상 토지수용권을 행사하는 사인

해설 下

① 「도로교통법」상 견인업무를 대행하는 자동차견인업자는 공무수탁사인이 아니라 사법상 계약에 의하여 단순히 경영위탁을 받은 사인에 해당한다.

정답 ①

제4절 행정법관계의 내용

19. 개인적 공권에 대한 설명으로 옳은 것은? (다툼이 있는 경우 판례에 의함) 15 국가직9급

① 규제권한발동에 관해 행정청의 재량을 인정하는 「건축법」의 규정은 소정의 사유가 있는 경우 행정청에 건축물의 철거 등을 명할 수 있는 권한을 부여한 것일 뿐만 아니라, 행정청에 그러한 의무가 있음을 규정한 것이다.
② 공무원의 직무행위로 인한 국가배상책임이 인정되려면 공무원에게 부과된 직무상 의무의 내용이 단순히 공공 일반의 이익을 위한 것이거나 행정기관 내부의 질서를 규율하기 위한 것이 아니고 전적으로 또는 부수적으로 사회구성원 개인의 안전과 이익을 보호하기 위하여 설정된 것이어야 한다.
③ 다수의 검사 임용신청자 중 일부만을 검사로 임용하는 결정을 함에 있어, 임용신청자들에게 전형의 결과인 임용 여부의 응답을 할 것인지는 임용권자의 편의재량사항이다.
④ 일반적인 개인적 공권의 성립요건인 사익보호성은 무하자재량행사청구권이나 행정개입청구권에는 적용되지 않는다.

해설 ㊥

① 구 건축법 및 기타 관계법령에 국민이 행정청에 대하여 제3자에 대한 건축허가의 취소나 준공검사의 취소 또는 제3자 소유의 건축물에 대한 철거 등의 조치를 요구할 수 있다는 취지의 규정이 없고, 같은법 제69조 제1항 및 제70조 제1항은 각 조항 소정의 사유가 있는 경우에 시장·군수·구청장에게 건축허가 등을 취소하거나 건축물의 철거 등 필요한 조치를 명할 수 있는 권한 내지 권능을 부여한 것에 불과할 뿐, 시장·군수·구청장에게 그러한 의무가 있음을 규정한 것은 아니므로 위 조항들도 그 근거규정이 될 수 없으며, 그 밖에 조리상 이러한 권리가 인정된다고 볼 수도 없다(대판 1999.12.7, 97누17568).
② 상당인과관계가 인정되기 위하여는 공무원에게 부과된 직무상 의무의 내용이 단순히 공공 일반의 이익을 위한 것이거나 행정기관 내부의 질서를 규율하기 위한 것이 아니고 전적으로 또는 부수적으로 사회구성원 개인의 안전과 이익을 보호하기 위하여 설정된 것이어야 한다(대판 2010.9.9, 2008다77795).
③ 검사의 임용 여부는 임용권자의 자유재량에 속하는 사항이나, 임용권자가 동일한 검사신규임용의 기회에 원고를 비롯한 다수의 검사 지원자들로부터 임용신청을 받아 전형을 거쳐 자체에서 정한 임용기준에 따라 이들 일부만을 선정하여 검사로 임용하는 경우에 있어서 법령상 검사임용신청 및 그 처리의 제도에 관한 명문규정이 없다고 하여도(법규상 신청권 부정 ; 필자 주) 조리상 임용권자는 임용신청자들에게 전형의 결과인 임용 여부의 응답을 해 줄 의무가 있다고 할 것이며, 응답할 것인지 여부조차도 임용권자의 편의재량사항이라고는 할 수 없다(즉, 응답 여부는 기속재량행위)(대판 1991.2.12, 90누5825).
④ 무하자재량행사청구권이 성립하기 위해서는 당해 행정작용의 근거규범이 공익뿐 아니라 최소한 부수적으로라도 사익을 보호의 대상으로 하고 있어야 한다. 행정개입청구권이 성립하려면 당해 근거 법규와 관계 법규의 목적, 취지가 공익만이 아니라 적어도 사익까지 보호하려는 취지여야 한다.

정답 ②

20. 개인적 공권에 대한 설명으로 옳지 않은 것은? (다툼이 있는 경우 판례에 의함) 17 국가직9급

① 개인적 공권이 성립하려면 공법상 강행법규가 국가 기타 행정주체에게 행위의무를 부과해야 한다. 과거에는 그 의무가 기속행위의 경우에만 인정되었으나, 오늘날에는 재량행위에도 인정된다고 보는 것이 일반적이다.
② 상수원보호구역 설정의 근거가 되는 규정은 상수원의 확보와 수질보전일 뿐이고, 그 상수원에서 급수를 받고 있는 지역주민들이 가지는 이익은 상수원의 확보와 수질보호라는 공공의 이익이 달성됨에 따라 반사적으로 얻게 되는 이익에 불과하다.
③ 행정처분에 있어서 불이익처분의 상대방은 직접 개인적 이익의 침해를 받은 자로서 취소소송의 원고적격이 인정되지만 수익처분의 상대방은 그의 권리나 법률상 보호되는 이익이 침해되었다고 볼 수 없으므로 달리 특별한 사정이 없는 한 취소를 구할 이익이 없다.
④ 환경영향평가에 관한 자연공원법령 및 환경영향평가법령들의 취지는 환경공익을 보호하려는 데 있으므로 환경영향평가 대상지역 안의 주민들이 수인한도를 넘는 환경침해를 받지 아니하고 쾌적한 환경에서 생활할 수 있는 개별적 이익까지 보호하는 데 있다고 볼 수는 없다.

해설 ➤ 下

① 재량행위의 경우에도 최소한 무하자재량행사청구권이 인정되고, 재량권이 영으로 수축되는 예외적인 경우에는 행정개입청구권(행정행위발급청구권)이 인정

② 상수원보호구역 설정의 근거가 되는 수도법 제5조 제1항 및 동 시행령 제7조 제1항이 보호하고자 하는 것은 상수원의 확보와 수질보전일 뿐이고, 그 상수원에서 급수를 받고 있는 지역주민들이 가지는 상수원의 오염을 막아 양질의 급수를 받을 이익은 직접적이고 구체적으로는 보호하고 있지 않음이 명백하여 위 지역주민들이 가지는 이익은 상수원의 확보와 수질보호라는 공공의 이익이 달성됨에 따라 반사적으로 얻게 되는 이익에 불과하므로 지역주민들에 불과한 원고들에게는 위 상수원보호구역변경처분의 취소를 구할 법률상의 이익이 없다(대판 1995.9.26, 94누14544).

③ 행정처분에 있어서 불이익처분의 상대방은 직접 개인적 이익의 침해를 받은 자로서 원고적격이 인정되지만 수익처분의 상대방은 그의 권리나 법률상 보호되는 이익이 침해되었다고 볼 수 없으므로 달리 특별한 사정이 없는 한 취소를 구할 이익이 없다(대판 1995.8.22, 94누8129).

④ 환경영향평가에 관한 자연공원법령 및 환경영향평가법령의 규정들의 취지는 집단시설지구개발사업이 환경을 해치지 아니하는 방법으로 시행되도록 함으로써 집단시설지구개발사업과 관련된 환경공익을 보호하려는 데에 그치는 것이 아니라 그 사업으로 인하여 직접적이고 중대한 환경피해를 입으리라고 예상되는 환경영향평가대상지역 안의 주민들이 개발 전과 비교하여 수인한도를 넘는 환경침해를 받지 아니하고 쾌적한 환경에서 생활할 수 있는 개별적 이익까지도 이를 보호하려는 데에 있다(대판 1998.4.24, 97누3286).

정답 ④

21. **「대기환경보전법」상 개선명령에 관한 다음 조문에 대한 설명으로 옳지 않은 것은? (다툼이 있는 경우 판례에 의함)** 22 지방직 7급

> 제1조(목적) 이 법은 대기오염으로 인한 국민건강이나 환경에 관한 위해를 예방하고 대기환경을 적정하고 지속가능하게 관리 · 보전하여 모든 국민이 건강하고 쾌적한 환경에서 생활할 수 있게 하는 것을 목적으로 한다.
> 제33조(개선명령) 환경부장관은 제30조에 따른 신고를 한 후 조업 중인 배출시설에서 나오는 오염물질의 정도가 제16조나 제29조 제3항에 따른 배출허용기준을 초과한다고 인정하면 대통령령으로 정하는 바에 따라 기간을 정하여 사업자(제29조 제2항에 따른 공동 방지시설의 대표자를 포함한다)에게 그 오염물질의 정도가 배출허용기준 이하로 내려가도록 필요한 조치를 취할 것(이하 "개선명령"이라 한다)을 명할 수 있다.

① 환경부장관은 위 법률 제33조에서 위임한 사항을 규정한 대통령령을 입법예고를 할 때와 개정하였을 때에는 10일 이내에 이를 국회 소관 상임위원회에 제출하여야 한다.
② 환경부장관이 인근 주민의 개선명령 신청에 대해 거부한 행위가 항고소송의 대상이 되는 처분이 되기 위해서는 인근 주민에게 개선명령을 발할 것을 요구할 수 있는 신청권이 있어야 한다.
③ 인근 주민이 배출시설에서 나오는 대기오염물질로 인하여 생명과 건강에 심각한 위협을 받고 있다면, 환경부장관의 개선명령에 대한 재량권은 축소될 수 있다.
④ 환경부장관에게는 하자 없는 재량행사를 할 의무가 인정되므로, 위 개선명령의 근거 및 관련 조항의 사익보호성 여부를 따질 필요 없이 인근 주민에게는 소위 무하자재량행사청구권이 인정된다.

해설 ➤ 中

① 행정절차법 제42조 제2항

② 행정청이 국민의 신청에 대하여 한 거부행위가 항고소송의 대상이 되는 행정처분이 된다고 하기 위하여는 국민이 그 신청에 따른 행정행위를 요구할 수 있는 법규상 또는 조리상의 권리가 있어야 하고 이러한 권리에 의하지 아니한 국민의 신청을 행정관청이 받아들이지 아니하고 거부한 경우에는 이로 인하여 신청인의 권리나 법적 이익에 어떤 영향을 주는 것이 아니므로 그 거부행위를 가리켜 항고소송의 대상이 되는 행정처분이라고 할 수 없다(대판 2006.6.30, 2004두701).

③ 재량권이 0으로 수축되는지 여부는 구체적인 상황을 고려해 볼 때 위협받고 있는 법익(피침해법익)의 종류와 가치성(예 생명, 신체, 재산 등), 위해의 정도 및 위해의 제거가능성, 보충성(민사소송, 그 밖에 피해자의 개인적인 노력으로는 위험방지가 충분하게 이루어질 수 없다고 판

단되는 상황)과 개입으로 초래되는 다른 위해의 정도 등을 고려해서 판단해야 한다.

④ 무하자재량행사청구권이 성립하기 위해서는 당해 행정작용의 근거규범이 공익뿐 아니라 최소한 부수적으로라도 사익을 보호의 대상으로 하고 있어야 한다.

정답 ④

제5절 특별행정법관계

22. 특별권력관계를 기본관계와 경영수행관계로 분류할 경우, 기본관계에 대한 설명으로 옳지 않은 것은?

15 국가직7급

① 기본관계는 공법관계로서 법치행정원리가 적용된다.
② 기본관계가 성립하기 위해서는 상대방의 동의를 필요로 한다.
③ 특별권력관계 자체의 성립·변경·종료와 관련된 경우는 기본관계에 해당한다.
④ 기본관계에서 이루어지는 법률관계의 변동은 행정처분으로서 행정소송의 대상이 된다.

해설 ㊦

C. H. Ule 교수가 처음 제시한 견해로서 특별행정법관계를 기본관계(외부관계)와 경영수행관계(내부관계)로 나누어, 기본관계에서의 행위는 행정행위로서 사법심사가 가능하지만, 경영수행관계에 대해서는 사법심사의 적용이 제한된다고 보는 견해이다.

기본관계(외부관계)	경영수행관계(내부관계)
특별행정법관계 자체의 성립·변경·종료 또는 당해 관계구성원의 법적 지위의 본질적 사항에 관련된 법률관계 1. 공무원의 임명·승진·전직·퇴직·파면 2. 국·공립대학생의 입학허가·정학·제적·퇴학 3. 군인의 입대·제대 ※ 군인의 입대는 일반권력관계라는 이견 4. 교도소 입소·퇴소	당해 관계구성원이 특별행정법관계 내부에서 가지는 직무관계 또는 영조물관계에서 성립되는 경영수행적 질서에 관련된 법률관계 1. 공무원에 대한 직무명령 2. 국·공립학교에서의 과제물부과, 시험평가, 여학생에 대한 바지착용 금지, 특정행사에의 참가명령 3. 군인에 대한 훈련 4. 수형자에 대한 행형

② 기본관계의 성립은 공무원의 임명과 같이 상대방의 동의에 의하는 것과, 군인의 입대와 같이 직접 법률의 규정에 의한 것이 있다.

정답 ②

메모

제6절 행정법관계에 대한 사법규정의 적용

23. 행정법관계에서 「민법」의 적용에 대한 설명으로 옳지 않은 것은? 16 국가직9급

① 「민법」상의 일반법원리적인 규정은 행정법상 권력관계에 대해서도 적용될 수 있다.
② 행정법관계에서 기간의 계산에 관하여 특별한 규정이 없으면 「민법」의 기간 계산에 관한 규정이 적용된다.
③ 현행법상 국가에 대한 금전채권의 소멸시효에 대하여는 「민법」의 규정이 그대로 적용된다.
④ 현행법상 행정목적을 위하여 제공된 행정재산에 대해서는 공용폐지가 되지 않는 한 「민법」상 취득시효규정이 적용되지 않는다.

해설 ㊦

① 사법규정 가운데 법원리적 규정이나 법기술적 규정은 공법관계에도 적용되지만, 기타 이해조정적 규정은 본질이 사법관계인 관리관계에만 유추적용할 수 있고, 사법관계와 성질을 달리하는 권력관계에는 유추적용할 수 없다.
② 행정에 관한 기간의 계산에 관하여는 이 법 또는 다른 법령등에 특별한 규정이 있는 경우를 제외하고는 「민법」을 준용한다(행정기본법 제6조 제1항).
③ 금전의 급부를 목적으로 하는 국가의 권리로서 시효에 관하여 다른 법률에 규정이 없는 것은 5년동안 행사하지 아니하면 시효로 인하여 소멸한다(국가재정법 제96조 제1항). 국가에 대한 권리로서 금전의 급부를 목적으로 하는 것도 또한 같다(같은 법 제2항).
④ 행정목적을 위하여 공용되는 행정재산은 공용폐지가 되지 않는 한 사법상 거래의 대상이 될 수 없으므로 취득시효의 대상도 될 수 없다. 공물의 용도폐지 의사표시는 명시적이든 묵시적이든 불문하나 적법한 의사표시이어야 하고, 단지 사실상 공물로서의 용도에 사용되지 아니하고 있다는 사실이나 무효인 매도행위를 가지고 용도폐지의 의사표시가 있다고 볼 수 없다(대판 1983.6.14, 83다카181).

정답 ③

메모

제4장 행정법상의 법률요건과 법률사실

제1절 의의 및 종류

1. 다음 설명 중 옳지 않은 것은? 09 국회9급

① 공법상 채권의 소멸시효는 다른 법률에 특별한 규정이 없는 한 5년이다.
② 공법상의 주소에 관해서는 다른 법률에 특별한 규정이 없는 한 주민등록법상의 주민등록지를 주소로 보고 있다.
③ 공법관계에서의 기간의 계산에는 초일산입의 원칙이 적용된다.
④ 기간의 말일이 공휴일인 때에는 그 익일에 기간이 만료된다.
⑤ 판례는 공법상 부당이득반환청구권은 사권(私權)에 해당되며, 그에 관한 소송은 민사소송절차에 따라야 한다고 보고 있다.

해설 ㉾

① 금전의 급부를 목적으로 하는 국가의 권리로서 시효에 관하여 다른 법률에 규정이 없는 것은 5년 동안 행사하지 아니하면 시효로 인하여 소멸한다(국가재정법 제96조 제1항). 국가에 대한 권리로서 금전의 급부를 목적으로 하는 것도 또한 같다(동조 제2항).
② 행정법상의 주소에 관해서는 주민등록법이 "누구든지 신고를 이중으로 할 수 없다."(제10조 제2항)라고 규정함으로써 주소단일주의를, "다른 법률에 특별한 규정이 없으면(특수사정이 있을 시는 예외가 아님) 이 법에 따른 주민등록지를 공법관계에서의 주소로 한다."(제23조 제1항)고 정함으로써 형식주의를 취하고 있다.
③ 초일불산입의 원칙이 적용된다. 즉, 기간을 시, 분, 초로 정한 때에는 즉시로부터 기산한다(민법 제156조). 기간을 일, 주, 월 또는 연으로 정한 때에는 기간의 초일은 산입하지 아니한다. 그러나 그 기간이 오전 영시로부터 시작하는 때에는 그러하지 아니하다(동법 제157조).
④ 기간을 일, 주, 월 또는 연으로 정한 때에는 기간말일의 종료로 기간이 만료한다(민법 제159조). 다만, 기간의 말일이 토요일 또는 공휴일에 해당한 때에는 기간은 그 익일(다음날)로 만료한다(같은 법 제161조).
⑤ 판례는 결과를 중시해서 사권설을 취하고 그에 대한 권리구제는 민사소송에 의한다는 입장이다.

정답 ③

메모

제2절 행정법상의 사건

2. 행정법상 시효제도에 대한 설명으로 옳은 것은? (다툼이 있는 경우 판례에 의함) 16 지방직9급

① 「국유재산법」상 일반재산은 취득시효의 대상이 될 수 없다.
② 「국가재정법」상 5년의 소멸시효가 적용되는 '금전의 급부를 목적으로 하는 국가의 권리'에는 국가의 사법(私法)상 행위에서 발생한 국가에 대한 금전채무도 포함된다.
③ 조세에 관한 소멸시효가 완성된 후에 부과된 조세부과처분은 위법한 처분이지만 당연무효라고 볼 수는 없다.
④ 납입고지에 의한 소멸시효의 중단은 그 납입고지에 의한 부과처분이 추후 취소되면 효력이 상실된다.

해설 (下)

① 일반재산(구 잡종재산)에 대해서도 시효취득을 부정했던 국유재산법과 지방재정법에 대한 헌법재판소의 위헌결정(헌재결 1991.5.13, 89헌가97 ; 헌재결 1992.10.1, 92헌가6·7)으로 인해 개정 국유재산법 제7조 제2항과 「공유재산 및 물품관리법」 제6조 제2항은 일반재산에 대한 시효취득을 인정하고 있다.
② 구 예산회계법(현 국가재정법) 제71조의 금전의 급부를 목적으로 하는 국가의 권리라 함은 금전의 급부를 목적으로 하는 권리인 이상 금전급부의 발생원인에 관하여는 아무런 제한이 없으므로 국가의 공권력의 발동으로 하는 행위는 물론 국가의 사법상의 행위에서 발생한 국가에 대한 금전채무도 포함하고 동법 제71조에서 타법률에 운운 규정은 타법률에 동법 제71조에 규정한 5년의 소멸시효 기간보다 짧은 기간의 한 본건 제2항은 예산회계법(현 국가재정법) 제71조에서 말하는 타법률에 규정한 경우에 해당하지 아니한다(대판 1967.7.4, 67다751).
③ 조세채권의 소멸시효가 완성되어 부과권이 소멸된 후에 부과한 과세처분은 위법한 처분으로 그 하자가 중대하고도 명백하여 무효라 할 것이다(대판 1988.3.22, 87누1018).
④ 예산회계법(현 국가재정법) 제98조에서 법령의 규정에 의한 납입고지를 시효중단사유로 규정하고 있는바, 이러한 납입고지에 의한 시효중단의 효력은 그 납입고지에 의한 부과처분이 취소되더라도 상실되지 않는다(대판 2000.9.8, 98두19933).

정답 ②

3. 공법상 부당이득에 대한 설명으로 옳지 않은 것은? (다툼이 있는 경우 판례에 의함) 17 지방직9급

① 공법상 부당이득반환에 대한 청구권의 행사는 개별적인 사안에 따라 행정주체도 주장할 수 있다.
② 잘못 지급된 보상금에 해당하는 금액의 징수처분을 해야 할 공익상 필요가 당사자가 입게 될 불이익을 정당화할 만큼 강한 경우, 보상금을 받은 당사자로부터 오지급금액의 환수처분이 가능하다.
③ 부가가치세법령에 따른 환급세액 지급의무 등의 규정과 그 입법취지에 비추어 볼 때 부가가치세 환급세액 반환은 공법상 부당이득반환으로서 민사소송의 대상이다.
④ 공법상 부당이득에 관한 일반법은 없으므로 특별한 규정이 없는 경우, 민법 상 부당이득반환의 법리가 준용된다.

해설 (中)

① 부당이득은 주체에 따라 행정주체의 부당이득과 사인의 부당이득으로 나눌 수 있다.
② 잘못 지급된 보험급여액에 해당하는 금액을 징수하는 처분을 해야 할 공익상 필요와 그로 말미암아 당사자가 입게 될 기득권과 신뢰의 보호 및 법률생활 안정의 침해 등의 불이익을 비교·교량한 후, 공익상 필요가 당사자가 입게 될 불이익을 정당화할 만큼 강한 경우에 한하여 보험급여를 받은 당사자로부터 잘못 지급된 보험급여액에 해당하는 금액을 징수하는 처분을 해야 한다(대판 2014.4.10, 2011두31697).
③ 납세의무자에 대한 국가의 부가가치세 환급세액 지급의무는 그 납세의무자로부터 어느 과세기간에 과다하게 거래징수된 세액 상당을 국가가 실제로 납부받았는지 여부와 관계없이 부가가치세법령의 규정에 의하여 직접 발생하는 것으로서, 그 법적 성질은 정의와 공평의 관념에서 수익자와 손실자 사이의 재산상태 조정을 위해 인정되는 부당이득 반환의무가 아니라 부가가치세법령에 의하여 그 존부나 범위가 구체적으로 확정되고 조세 정책적 관점에서 특별히 인정되는 공법상 의무라고 봄이 타당하다. 그렇다면 납세의무자에 대한 국가의 부가가치세 환급세액 지급의무에 대응하는 국가에 대한 납세의무자의 부가가치세 환급세액 지급청구는 민사소송이 아니라 행정소송법 제3조 제2호에 규정된 당사자소송의 절차에 따라야 한다[대판(전합) 2013.3.21, 2011다95564].

정답 ③

제3절 행정법상의 행위

4. 사인의 공법행위에 대한 설명으로 옳지 않은 것은? (다툼이 있는 경우 판례에 의함) 15 지방직7급

① 사인의 공법행위에는 행정행위에 인정되는 공정력, 존속력, 집행력 등이 인정되지 않는다.
② 민법의 비진의의사표시의 무효에 관한 규정은 그 성질상 영업재개신고나 사직의 의사표시와 같은 사인의 공법행위에는 적용되지 않는다.
③ 주민등록의 신고는 행정청이 수리한 경우에 효력이 발생하는 것이 아니라, 행정청에 도달하기만 하면 신고로서의 효력이 발생한다.
④ 「의료법」에 따른 의원개설신고에 대하여 신고필증의 교부가 없더라도 의원개설신고의 효력을 부정할 수는 없다.

해설 ➤ ㊦

① 사인의 공법행위는 공법적 효과의 발생을 목적으로 하는 공법(公法)행위라는 점에서는 행정행위와 같지만, 주체가 사인이라는 점 및 공정력, 집행력 등이 인정되지 않는다는 점에서 행정청의 공권력발동작용으로서 공정력 등이 인정되는 행정행위와 구별된다.
② 민법의 법률행위에 관한 규정은 행위의 격식화를 특색으로 하는 공법행위에 당연히 타당하다고 말할 수 없으므로 공법행위인 영업재개업신고에 민법 제107조는 적용될 수 없다(대판 1978.7.25, 76누276).
공무원이 사직의 의사표시를 하여 의원면직된 경우, 그 사직의 의사표시에 민법 제107조가 준용되지 않는다 : 공무원이 사직의 의사표시를 하여 의원면직처분을 하는 경우 그 사직의 의사표시는 그 법률관계의 특수성에 비추어 외부적·객관적으로 표시된 바를 존중하여야 할 것이므로, 비록 사직원제출자의 내심의 의사가 사직할 뜻이 아니었다고 하더라도 진의 아닌 의사표시에 관한 민법 제107조는 그 성질상 사직의 의사표시와 같은 사인의 공법행위에는 준용되지 아니하므로 그 의사가 외부에 표시된 이상 그 의사는 표시된 대로 효력을 발한다(대판 1997.12.12, 97누13962).
③ 주민등록은 단순히 주민의 거주관계를 파악하고 인구의 동태를 명확히 하는 것 외에도 주민등록에 따라 공법관계상의 여러 가지 법률상 효과가 나타나게 되는 것으로서, 주민등록의 신고는 행정청에 도달하기만 하면 신고로서의 효력이 발생하는 것이 아니라 행정청이 수리한 경우에 비로소 신고의 효력이 발생한다(대판 2009.1.30, 2006다17850).
④ 「의료법 시행규칙」 제22조 제3항에 의하면 의원개설신고서를 수리한 행정관청이 소정의 신고필증을 교부하도록 되어 있다 하여도 이는 신고사실의 확인행위로서 신고필증을 교부하도록 규정한 것에 불과하고 그와 같은 신고필증의 교부가 없다 하여 개설신고의 효력을 부정할 수 없다 할 것이다(대판 1985.4.23, 84도2953).

정답 ③

5. 사인의 공법행위에 대한 설명으로 옳지 않은 것은? (다툼이 있는 경우 판례에 의함) 17 지방직7급

① 주민등록전입신고의 수리 여부와 관련하여서는, 전입신고자가 거주의 목적 외에 다른 이해관계에 관한 의도를 가지고 있었는지 여부, 무허가건축물의 관리, 전입신고를 수리함으로써 당해 지방자치단체에 미치는 영향 등도 고려하여야 한다.
② 허가대상 건축물의 양수인이 구 「건축법 시행규칙」에 규정되어 있는 형식적 요건을 갖추어 행정관청에 적법하게 건축주의 명의변경을 신고한 경우, 행정관청은 실체적인 이유를 내세워 신고의 수리를 거부할 수는 없다.
③ 신고행위의 하자가 중대·명백하여 당연무효에 해당하는지에 대하여는 신고행위의 근거가 되는 법규의 목적, 의미, 기능 및 하자 있는 신고행위에 대한 법적 구제수단 등을 목적론적으로 고찰함과 동시에 신고행위에 이르게 된 구체적 사정을 개별적으로 파악하여 합리적으로 판단하여야 한다.
④ 인·허가의제 효과를 수반하는 건축신고는 특별한 사정이 없는 한 행정청이 그 실체적 요건에 관한 심사를 한 후 수리하여야 하는 이른바 '수리를 요하는 신고'에 해당한다.

해설 ➤ 下

① 주민들의 거주지 이동에 따른 주민등록전입신고에 대하여 행정청이 이를 심사하여 그 수리를 거부할 수는 있다고 하더라도, 그러한 행위는 자칫 헌법상 보장된 국민의 거주·이전의 자유를 침해하는 결과를 초래할 수도 있으므로, 시장 등의 주민등록전입신고 수리 여부에 대한 심사는 주민등록법의 입법목적의 범위 내에서 제한적으로 이루어져야 할 것이다. 한편 주민등록법은 시(특별시·광역시는 제외한다)·군 또는 구(자치구를 말한다)의 주민을 등록하게 함으로써 주민의 거주관계 등 인구의 동태를 상시로 명확히 파악하여 주민생활의 편익을 증진시키고 행정사무의 적정한 처리를 도모하는 데에 그 목적이 있고(제1조), 시장 등은 30일 이상 거주할 목적으로 그 관할구역에 주소나 거소(거주지)를 가진 자를 등록하여야 한다(제6조)고 규정하고 있는바, 전입신고를 받은 시장 등의 심사 대상은 전입신고자가 30일 이상 생활의 근거로서 거주할 목적으로 거주지를 옮기는지 여부만으로 제한된다. 무허가 건축물을 실제 생활의 근거지로 삼아 10년 이상 거주해 온 사람의 주민등록 전입신고를 거부한 사안에서, 부동산투기나 이주대책 요구 등을 방지할 목적으로 주민등록전입신고를 거부하는 것은 주민등록법의 입법 목적과 취지 등에 비추어 허용될 수 없다고 한 사례[대판(전합) 2009.6.18, 2008두10997]

② 구 「건축법 시행규칙」 제11조의 규정은 단순히 행정관청의 사무집행의 편의를 위한 것이 아니라, 허가대상 건축물의 양수인에게 건축주의 명의변경을 신고할 수 있는 공법상의 권리를 인정함과 아울러 행정관청에게는 그 신고를 수리할 의무를 지게 한 것으로 봄이 타당하므로, 허가대상 건축물의 양수인이 구 「건축법 시행규칙」에 규정되어 있는 형식적 요건을 갖추어 시장·군수 등 행정관청에 적법하게 건축주의 명의변경을 신고한 때에는 행정관청은 그 신고를 수리하여야지 실체적인 이유를 내세워 신고의 수리를 거부할 수는 없다(대판 2014.10.15, 2014두37658).

③ 신고행위의 하자가 중대하고 명백하여 당연무효에 해당하는지 여부는 신고행위의 근거가 되는 법규의 목적, 의미, 기능 및 하자 있는 신고행위에 대한 법적 구제수단 등을 목적론적으로 고찰함과 동시에 신고행위에 이르게 된 구체적 사정을 개별적으로 파악하여 합리적으로 판단하여야 한다(대판 2014.1.16, 2012다23382).

④ 인허가의제 효과를 수반하는 건축신고는 일반적인 건축신고와는 달리, 특별한 사정이 없는 한 행정청이 그 실체적 요건에 관한 심사를 한 후 수리하여야 하는 이른바 '수리를 요하는 신고'로 보는 것이 옳다[대판(전합) 2011.1.20, 2010두14954].

정답 ①

6. **사인의 공법행위에 대한 설명으로 옳지 않은 것은? (다툼이 있는 경우 판례에 의함)** 19 지방직9급

① 부동산 투기나 이주대책 요구 등을 방지할 목적으로 주민등록전입신고를 거부하는 것은 「주민등록법」의 입법 목적과 취지 등에 비추어 허용될 수 없다.
② 구 「의료법 시행규칙」 제22조 제3항에 의하면 의원개설 신고서를 수리한 행정관청이 소정의 신고필증을 교부하도록 되어있기 때문에 이와 같은 신고필증의 교부가 없으면 개설신고의 효력이 없다.
③ 「건축법」상 건축신고 반려행위는 항고소송의 대상이 되는 행정처분에 해당한다.
④ 「식품위생법」에 의한 영업양도에 따른 지위승계신고를 수리하는 허가관청의 행위는 단순히 양도·양수인 사이에 이미 발생한 사법상의 사업양도의 법률효과에 의하여 양수인이 그 영업을 승계하였다는 사실의 신고를 접수하는 행위에 그치는 것이 아니라, 영업허가자의 변경이라는 법률효과를 발생시키는 행위이다.

해설 ➤ 中

① 부동산투기나 이주대책 요구 등을 방지할 목적으로 주민등록전입신고를 거부하는 것은 주민등록법의 입법 목적과 취지 등에 비추어 허용될 수 없다고 한 사례[대판(전합) 2009.6.18, 2008두10997]

② 「의료법 시행규칙」 제22조 제3항에 의하면 의원개설신고서를 수리한 행정관청이 소정의 신고필증을 교부하도록 되어 있다 하여도 이는 신고사실의 확인행위로서 신고필증을 교부하도록 규정한 것에 불과하고 그와 같은 신고필증의 교부가 없다 하여 개설신고의 효력을 부정할 수 없다 할 것이다(대판 1985.4.23, 84도2953).

③ 구 건축법 관련 규정의 내용 및 취지에 의하면, 건축주 등으로서는 신고제하에서도 건축신고가 반려될 경우 당해 건축물의 건축을 개시하면 시정명령, 이행강제금, 벌금의 대상이 되거나 당해 건축물을 사용하여 행할 행위의 허가가 거부될 우려가 있어 불안정한 지위에 놓이게 된다. 따라서 건축신고 반려행위가 이루어진 단계에서 당사자로 하여금 반려행위의 적법성을 다투어 그 법적 불안을 해소한 다음 건축행위에 나아가도록 함으로써 장차 있을지도 모르는 위험에서 미리 벗어날 수 있도록 길을 열어 주고, 위법한 건축물의 양산과 그 철거를 둘러싼 분쟁을 조기에 근본적으로 해결할 수 있게 하는 것이 법치행정의 원리에 부합한다. 그러므로 이 사건 건축신고 반려행위는 항고소송의 대상이 된다고 보는 것이 옳다[대판(전합) 2010.11.18, 2008두167].

④ 식품위생법 제25조 제3항에 의한 영업양도에 따른 지위승계신고를 수리하는 허가관청의 행위는 단순히 양도·양수인 사이에 이미 발생한 사법상의 사업양도의 법률효과에 의하여 양수인이 그 영업을 승계하였다는 사실의 신고를 접수하는 행위에 그치는 것이 아니라, 영업허가자의 변경이라는 법률효과를 발생시키는 행위라고 할 것이다(대판 1995.2.24, 94누9146).

정답 ②

7. 사인의 공법행위에 대한 설명으로 옳은 것(O)과 옳지 않은 것(X)을 올바르게 조합한 것은? (다툼이 있는 경우 판례에 의함) 20 국회직9급

ㄱ. 의사능력이 없는 자의 공법행위는 무효이다.
ㄴ. 「민법」의 비진의 의사표시에 관한 규정은 사인의 공법행위에 적용되지 않는다.
ㄷ. 행정법관계의 안정성과 정형성을 위해 사인의 공법행위에는 부관을 붙이지 않는 것이 적합하다.
ㄹ. 사인의 공법행위는 행정행위의 공정력, 집행력 등 특수한 효력이 인정되지 않는다.
ㅁ. 공무원이 한 사직의 의사표시는 그것을 철회하는 것이 신의칙에 반한다고 인정되는 특별한 사정이 있는 경우에는 철회가 허용되지 아니한다.

	ㄱ	ㄴ	ㄷ	ㄹ	ㅁ
①	○	○	○	○	○
②	○	○	○	×	×
③	○	○	×	×	×
④	×	×	○	○	×

해설 ➤ 中

ㄱ 사인의 공법행위에 있어서도 의사능력이 없는 자의 행위는 민법과 같이 무효이다.
ㄴ 민법의 법률행위에 관한 규정은 행위의 격식화를 특색으로 하는 공법행위에 당연히 타당하다고 말할 수 없으므로 공법행위인 영업재개업신고에 민법 제107조는 적용될 수 없다(대판 1978.7.25, 76누276).
ㄷ 행정법관계의 명확성·신속한 확정의 필요상 특별한 규정이 없는 한 부관을 붙일 수 없다. 판례도 마찬가지이다. 공무원이 일정시기까지 수리를 보류해 줄 것을 당부하면서 작성일자를 기재 않은 사직서를 제출한 경우 행정청이 바로 그 사직서를 수리하여 행한 면직처분은 적법하다(대판 1986.8.19, 86누81).
ㄹ 사인의 공법행위는 공법적 효과의 발생을 목적으로 하는 공법(公法)행위라는 점에서는 행정행위와 같지만, 주체가 사인이라는 점 및 공정력, 집행력 등이 인정되지 않는다는 점에서 행정청의 공권력발동작용으로서 공정력 등이 인정되는 행정행위와 구별된다.
ㅁ 공무원이 한 사직의 의사표시는 그에 터잡은 의원면직처분이 있을 때까지는 원칙적으로 이를 철회할 수 있는 것이지만, 다만 의원면직처분이 있기 전이라도 사직의 의사표시를 철회하는 것이 신의칙에 반한다고 인정되는 특별한 사정이 있는 경우에는 그 철회는 허용되지 아니한다(대판 1993.7.27, 92누16942).

정답 ①

8. 사인의 공법행위에 대한 설명으로 옳지 않은 것은? (다툼이 있는 경우 판례에 의함) 21 지방직7급

① 사인의 공법상 행위는 명문으로 금지되거나 성질상 불가능한 경우가 아닌 한 그에 따른 행정행위가 행하여질 때까지 자유로이 철회할 수 있다.
② 수리를 요하는 신고에서 행정청의 수리행위에 신고필증 교부의 행위가 반드시 필요한 것은 아니다.
③ 「식품위생법」에 의하여 허가영업의 양도에 따른 지위승계신고를 수리하는 허가관청의 행위는 사업허가자의 변경이라는 법률효과를 발생시키는 행위이다.
④ 사인의 공법행위에 적용되는 일반규정은 없으며, 특별한 규정이 없는 한 「민법」상 비진의 의사표시의 무효에 관한 규정은 사인의 공법행위에 적용된다.

해설 ➤ 中

① 사인의 공법행위는 그에 근거한 법적 효과가 완성되기(처분 시)까지는 철회·보정(보완·정정)이 허용되는 게 원칙이다. 그러나 법률상 제한되는 경우(예 소장의 수정, 과세표준수정신고기한의 제한)가 있고, 합성행위 및 합동행위는 집단성(단체성)·형식성 때문에 이미 형성된 법질서를 존중하여야 하므로 성질상 제한된다.
② 구 「장사 등에 관한 법률」(장사법) 제14조 제1항, 구 「장사 등에 관한 법률 시행규칙」 제7조 제1항 [별지 제7호 서식] 을 종합하면, 납골당

설치 신고는 이른바 '수리를 요하는 신고'라 할 것이므로, 납골당설치 신고가 구 장사법 관련 규정의 모든 요건에 맞는 신고라 하더라도 신고인은 곧바로 납골당을 설치할 수는 없고, 이에 대한 행정청의 수리처분이 있어야만 신고한 대로 납골당을 설치할 수 있다. 한편 수리란 신고를 유효한 것으로 판단하고 법령에 의하여 처리할 의사로 이를 수령하는 수동적 행위이므로 수리행위에 신고필증 교부 등 행위가 꼭 필요한 것은 아니다(대판 2011.9.8, 2009두6766).

③ 식품위생법 제25조 제3항에 의한 영업양도에 따른 지위승계신고를 수리하는 허가관청의 행위는 단순히 양도·양수인 사이에 이미 발생한 사법상의 사업양도의 법률효과에 의하여 양수인이 그 영업을 승계하였다는 사실의 신고를 접수하는 행위에 그치는 것이 아니라, 영업허가자의 변경이라는 법률효과를 발생시키는 행위라고 할 것이다(대판 1995.2.24, 94누9146).

④ 군인사정책상 필요에 의하여 복무연장지원서와 전역(여군의 경우 면역임)지원서를 동시에 제출하게 한 피고측의 방침에 따라 위 양 지원서를 함께 제출한 이상, 그 취지는 복무연장지원의 의사표시를 우선으로 하되, 그것이 받아들여지지 아니하는 경우에 대비하여 원에 의하여 전역하겠다는 조건부 의사표시를 한 것이므로 그 전역지원의 의사표시도 유효한 것으로 보아야 하고, 가사 전역지원의 의사표시가 진의 아닌 의사표시라고 하더라도 그 무효에 관한 법리를 선언한 민법 제107조 제1항 단서의 규정은 그 성질상 사인의 공법행위에는 적용되지 않는다 할 것이므로 그 표시된 대로 유효한 것으로 보아야 할 것이다(대판 1994.1.11, 93누10057).

정답 ④

9. 사인의 공법행위에 대한 설명으로 옳지 않은 것은? (다툼이 있는 경우 판례에 의함) 22 지방직 7급

① 「수산업법」상 신고어업을 하려면 법령이 정한 바에 따라 관할 행정청에 신고하여야 하고, 행정청의 수리가 있을 때에 비로소 법적 효과가 발생하게 된다.

② 「민법」상 비진의 의사표시의 무효에 관한 규정은 그 성질상 공무원이 한 사직(일괄사직)의 의사표시와 같은 사인의 공법행위에 적용되지 않는다.

③ 행정청은 사인의 신청에 구비서류의 미비와 같은 흠이 있는 경우 신청인에게 보완을 요구하여야 하는바, 이때 보완의 대상이 되는 흠은 원칙상 형식적·절차적 요건뿐만 아니라 실체적 발급요건상의 흠을 포함한다.

④ 인허가의제 효과를 수반하는 건축신고는 일반적인 건축신고와는 달리, 특별한 사정이 없는 한 행정청이 그 실체적 요건에 관한 심사를 한 후 수리를 하여야 한다.

해설 ➤ 下

① 수산업법 제44조 소정의 어업의 신고는 행정청의 수리에 의하여 비로소 그 효과가 발생하는 이른바 '수리를 요하는 신고'라고 할 것이고, 따라서 설사 관할관청이 어업신고를 수리하면서 공유수면매립구역을 조업구역에서 제외한 것이 위법하다고 하더라도, 그 제외된 구역에 관하여 관할관청의 적법한 수리가 없었던 것이 분명한 이상 그 구역에 관하여는 같은법 제44조 소정의 적법한 어업신고가 있는 것으로 볼 수 없다(대판 2000.5.26, 99다37382).

② 공무원이 사직의 의사표시를 하여 의원면직처분을 하는 경우 그 사직의 의사표시는 그 법률관계의 특수성에 비추어 외부적·객관적으로 표시된 바를 존중하여야 할 것이므로, 비록 사직원제출자의 내심의 의사가 사직할 뜻이 아니었다고 하더라도 진의 아닌 의사표시에 관한 민법 제107조는 그 성질상 사직의 의사표시와 같은 사인의 공법행위에는 준용되지 아니하므로 그 의사가 외부에 표시된 이상 그 의사는 표시된 대로 효력을 발한다(대판 1997.12.12, 97누13962).

③ 민원사무처리규정 제11조 제1항 소정의 보완 또는 보정의 대상이 되는 흠결은 보완 또는 보정할 수 있는 경우이어야 함은 물론이고, 그 내용 또한 형식적, 절차적인 요건에 한하고 실질적인 요건에 대하여까지 보완 또는 보정요구를 하여야 한다고 볼 수 없으며, 또한 흠결된 서류의 보완 또는 보정을 하면 이미 접수된 주요서류의 대부분을 새로 작성함이 불가피하게 되어 사실상 새로운 신청으로 보아야 할 경우에는 그 흠결서류의 접수를 거부하거나 그것을 반려할 정당한 사유가 있는 경우에 해당하여 이의 접수를 거부하거나 반려하여도 위법이 되지 않는다(대판 1991.6.11, 90누8862).

④ 인허가의제 효과를 수반하는 건축신고는 일반적인 건축신고와는 달리, 특별한 사정이 없는 한 행정청이 그 실체적 요건에 관한 심사를 한 후 수리하여야 하는 이른바 '수리를 요하는 신고'로 보는 것이 옳다[대판(전합) 2011.1.20, 2010두14954].

정답 ③

제4절 사인의 공법행위로서의 신고와 신청

10. 다음 중 사인의 공법행위로서의 신고에 대한 설명으로 옳지 않은 것은? (다툼이 있는 경우 판례에 의함)

15 국회직8급

① 식품접객업 영업신고와 관련해서는 「식품위생법」이 「건축법」에 우선 적용되므로, 영업신고가 「식품위생법」상의 신고요건을 갖춘 경우라면 그 영업신고를 한 해당 건축물이 무허가 건축물이라도 적법한 신고에 해당된다.
② 인·허가 의제의 효과를 수반하는 건축신고는 행정청이 인·허가 요건에 대한 실체적 심사를 한 후 수리하여야 하는 '수리를 요하는 신고'에 해당된다.
③ 법령 등에서 행정청에 대하여 일정한 사항을 통지함으로써 의무가 끝나는 신고는 그 기재사항에 흠이 없고, 필요한 구비서류가 첨부되어 있으며, 기타 법령 등에 규정된 형식상의 요건에 적합할 때에는 신고서가 접수기관에 도달된 때에 신고의 의무가 이행된 것으로 본다.
④ 건축물의 소유권을 둘러싸고 소송이 계속중이어서 판결로 소유권의 귀속이 확정될 때까지 건축주명의변경신고의 수리를 거부함은 상당하다.
⑤ 수산제조업 신고에 있어서 담당 공무원이 관계법령에 규정되지 아니한 서류를 요구하여 신고서를 제출하지 못하였다는 사정만으로는 신고가 있었던 것으로 볼 수 없다.

해설 ➤ 中

① 식품위생법과 건축법은 그 입법목적, 규정사항, 적용범위 등을 서로 달리하고 있어서 식품접객업에 관하여 식품위생법이 건축법에 우선하여 배타적으로 적용되는 관계에 있다고는 해석되지 아니하므로, 식품위생법에 따른 식품접객업(일반음식점영업)의 영업신고요건을 갖춘 자라고 할지라도 그 영업신고를 한 당해 건축물이 건축법 소정의 허가를 받지 아니한 무허가 건물이라면 적법한 신고를 할 수 없다고 보아야 할 것이다(대판 2009.4.23, 2008도6829).
② 인허가의제 효과를 수반하는 건축신고는 일반적인 건축신고와는 달리, 특별한 사정이 없는 한 행정청이 그 실체적 요건에 관한 심사를 한 후 수리하여야 하는 이른바 '수리를 요하는 신고'로 보는 것이 옳다[대판(전합) 2011.1.20, 2010두14954].
③ 행정절차법 제40조 제2항
④ 건축물의 소유권을 둘러싸고 소송이 계속중이어서 판결로 소유권의 귀속이 확정될 때까지 건축주명의변경신고의 수리를 거부함이 상당하다(대판1993.10.12, 93누883).
⑤ 담당공무원이 관계법령에 규정되지 아니한 서류를 요구하여 신고서를 제출하지 못하였다는 사정만으로는 신고가 있었던 것으로 볼 수 없다(대판 2002.3.12, 2000다73612).

정답 ①

11. 신고에 대한 설명으로 옳지 않은 것은? (다툼이 있는 경우 판례에 의함) 15 지방직9급

① 수리를 요하는 신고에서 수리는 행정소송의 대상인 처분에 해당한다.
② 행정청에 의한 구 「식품위생법」상의 영업자지위승계신고 수리처분이 종전의 영업자의 권익을 제한하는 처분이라면, 해당 행정청은 종전의 영업자에게 「행정절차법」 소정의 행정절차를 실시하고 처분을 하여야 한다.
③ 자기완결적 신고를 규정한 법률상의 요건 외에 타법상의 요건도 충족하여야 하는 경우, 타법상의 요건을 충족시키지 못하는 한 적법한 신고를 할 수 없다.
④ 인·허가의제 효과를 수반하는 건축신고는 일반적인 건축신고와 같이 자기완결적 신고이다.

해설 ➤ 中

① 자기완결적 신고의 경우에는 신고 자체로 법적 효과(신고의무의 해제)가 발생하므로, 이에 대한 행정청의 수리나 수리거부·수리취소는 권리의무와 무관한 사실행위에 불과하므로 처분성이 부정된다. 판례도 같은 입장이다. 그러나 수리를 요하는 신고의 경우에는 수리를 해야 법적 효과(신고의무의 해제)가 발생하므로, 수리나 수리거부는 권리의무와 직접적 관련이 있는 처분에 해당한다.

② 행정청이 구 식품위생법 규정에 의하여 영업자지위승계신고를 수리하는 처분은 종전의 영업자의 권익을 제한하는 처분이라 할 것이고, 따라서 종전의 영업자는 그 처분에 대하여 직접 그 상대가 되는 자에 해당한다고 봄이 상당하므로, 행정청으로서는 위 신고를 수리하는 처분을 함에 있어서 행정절차법 규정 소정의 당사자에 해당하는 종전의 영업자에 대하여 위 규정 소정의 행정절차를 실시하고 처분을 하여야 한다(대판 2003.2.14, 2001두7015).

③ 법률이 상호 모순되는 경우에는 신법이 구법에 우선하나, 법률이 상호 모순되는지 여부는 각 법률의 입법목적, 규정사항 및 그 적용범위 등을 종합적으로 검토하여 판단하여야 한다. 건축법과 「체육시설의 설치·이용에 관한 법률」은 입법목적, 규정사항, 적용범위 등을 서로 달리하고 있어서 볼링장의 설치에 관하여 체육시설의설치·이용에 관한 법률이 건축법에 우선하여 배타적으로 적용되는 관계에 있다고는 해석되지 아니하므로, 「체육시설의 설치·이용에 관한 법률」에 따른 볼링장의 신고요건을 갖춘 자라고 할지라도 그 볼링장을 설치하려고 하는 건물이 건축법 소정의 허가를 받지 아니하여 건축법을 위배하여 건축된 무허가건물이라면 적법한 신고를 할 수 없다고 보아야 할 것이다(대판 1993.11.9, 93누13483).

④ 인허가의제 효과를 수반하는 건축신고는 일반적인 건축신고와는 달리, 특별한 사정이 없는 한 행정청이 그 실체적 요건에 관한 심사를 한 후 수리하여야 하는 이른바 '수리를 요하는 신고'로 보는 것이 옳다[대판(전합) 2011.1.20, 2010두14954].

정답 ④

12. 사인의 공법행위로서의 신고에 대한 설명으로 옳은 것은? (다툼이 있는 경우 판례에 의함) 16 국가직9급

① 식품접객업 영업신고에 대해서는 「식품위생법」이 「건축법」에 우선 적용되므로, 영업신고가 「식품위생법」상의 신고요건을 갖춘 경우라면 그 영업신고를 한 해당 건축물이 「건축법」상 무허가건축물이라도 적법한 신고에 해당된다.

② 건축신고가 수리를 요하지 않는 신고라면 인·허가의제 효과를 수반하는 경우에도 그러한 건축신고는 특별한 사정이 없는 한 수리를 요하지 않는 신고로 보아야 한다.

③ 법령 등에서 행정청에 대하여 일정한 사항을 통지함으로써 의무가 끝나는 신고를 규정하고 있는 경우에는 법령상 요건을 갖춘 적법한 신고서를 발송하였을 때에 신고의 의무가 이행된 것으로 본다.

④ 주민등록전입신고는 수리를 요하는 신고에 해당하지만, 이를 수리하는 행정청은 거주의 목적에 대한 판단 이외에 부동산투기 목적 등의 공익상의 이유를 들어 주민등록전입신고의 수리를 거부할 수는 없다.

해설 ➤ 中

① 식품위생법과 건축법은 그 입법목적, 규정사항, 적용범위 등을 서로 달리하고 있어서 식품접객업에 관하여 식품위생법이 건축법에 우선하여 배타적으로 적용되는 관계에 있다고는 해석되지 아니하므로, 식품위생법에 따른 식품접객업(일반음식점영업)의 영업신고요건을 갖춘 자라고 할지라도 그 영업신고를 한 당해 건축물이 건축법 소정의 허가를 받지 아니한 무허가 건물이라면 적법한 신고를 할 수 없다고 보아야 할 것이다(대판 2009.4.23, 2008도6829).

② 인허가의제 효과를 수반하는 건축신고는 일반적인 건축신고와는 달리, 특별한 사정이 없는 한 행정청이 그 실체적 요건에 관한 심사를 한 후 수리하여야 하는 이른바 '수리를 요하는 신고'로 보는 것이 옳다[대판(전합) 2011.1.20, 2010두14954].

③ 행정절차법 제40조 제2항은 "신고가 일정한 요건을 갖춘 경우에는 신고서가 접수기관에 도달된 때에 신고 의무가 이행된 것으로 본다."라고 규정함으로써 도달주의를 취하고 있다.

④ 무허가 건축물을 실제 생활의 근거지로 삼아 10년 이상 거주해 온 사람의 주민등록 전입신고를 거부한 사안에서, 부동산투기나 이주대책 요구 등을 방지할 목적으로 주민등록전입신고를 거부하는 것은 주민등록법의 입법 목적과 취지 등에 비추어 허용될 수 없다고 한 사례[대판(전합) 2009.6.18, 2008두10997]

정답 ④

13. 신고에 대한 설명으로 옳은 것은? (다툼이 있는 경우 판례에 의함) 18 국가직9급

① 신고는 사인이 행하는 공법행위로 행정기관의 행위가 아니므로 「행정절차법」에는 신고에 관한 규정을 두고 있지 않다.
② 신고의 수리는 타인의 행위를 유효한 행위로 받아들이는 행정행위를 말하며, 이는 강학상 법률행위적 행정행위에 해당한다.
③ 「행정절차법」상 사전통지의 상대방인 당사자는 행정청의 처분에 대하여 직접 그 상대가 되는 자를 의미하므로, 「식품위생법」상의 영업자지위승계신고를 수리하는 행정청은 영업자지위를 이전한 종전의 영업자에 대하여 사전통지를 할 필요가 없다.
④ 숙박업을 하고자 하는 자가 법령이 정하는 시설과 설비를 갖추고 행정청에 신고를 하면 행정청은 공중위생관리법령의 규정에 따라 원칙적으로 이를 수리하여야 하므로, 새로 숙박업을 하려는 자가 기존에 다른 사람이 숙박업 신고를 한 적이 있는 시설 등의 소유권 등 정당한 사용권한을 취득하여 법령에서 정한 요건을 갖추어 신고하였다면, 행정청으로서는 특별한 사정이 없는 한 이를 수리하여야 하고, 기존의 숙박업 신고가 외관상 남아있다는 이유로 이를 거부할 수 없다.

해설 ➤ 中

① 행정절차법은 제3장 신고 제40조에서 '신고'라는 제목으로 4개항에 걸쳐 규정을 두고 있다.
② 신고의 수리는 강학상 확인·공증·통지와 함께 준법률행위적 행정행위에 해당한다.
③ 행정청이 구 식품위생법 규정에 의하여 영업자지위승계신고를 수리하는 처분은 종전의 영업자의 권익을 제한하는 처분이라 할 것이고, 따라서 종전의 영업자는 그 처분에 대하여 직접 그 상대가 되는 자에 해당한다고 봄이 상당하므로, 행정청으로서는 위 신고를 수리하는 처분을 함에 있어서 행정절차법 규정 소정의 당사자에 해당하는 종전의 영업자에 대하여 위 규정 소정의 행정절차를 실시하고 처분을 하여야 한다(대판 2003.2.14, 2001두7015).
④ 기존에 다른 사람이 숙박업 신고를 한 적이 있더라도 새로 숙박업을 하려는 자가 그 시설 등의 소유권 등 정당한 사용권한을 취득하여 법령에서 정한 요건을 갖추어 신고하였다면, 행정청으로서는 특별한 사정이 없는 한 이를 수리하여야 하고, 단지 해당 시설 등에 관한 기존의 숙박업 신고가 외관상 남아있다는 이유만으로 이를 거부할 수 없다(대판 2017.5.30, 2017두34087).

정답 ④

14. 사인의 공법행위로서 신고에 대한 설명으로 옳지 않은 것은? (다툼이 있는 경우 판례에 의함) 18 지방직7급

① 「유통산업발전법」상 대규모점포의 개설 등록은 이른바 '수리를 요하는 신고'로서 행정처분에 해당한다.
② 수리를 요하는 신고의 경우, 수리행위에 신고필증 교부 등 행위가 꼭 필요한 것은 아니다.
③ 주민등록의 신고는 행정청에 도달하기만 하면 신고로서의 효력이 발생하는 것이 아니라 행정청이 수리한 경우에 비로소 신고의 효력이 발생한다.
④ 자기완결적 신고에 있어 적법한 신고가 있는 경우, 행정청은 법 규정에 정하지 아니한 사유를 심사하여 이를 이유로 신고수리를 거부할 수 있다.

해설 ➤ 中

① 구 유통산업발전법에 따른 대규모점포의 개설등록 및 구 재래시장법에 따른 시장관리자 지정은 행정청이 실체적 요건에 관한 심사를 한 후 수리하여야 하는 이른바 '수리를 요하는 신고'로서 행정처분에 해당한다(대판 2019.9.10, 2019다208953).
② 수리란 신고를 유효한 것으로 판단하고 법령에 의하여 처리할 의사로 이를 수령하는 수동적 행위이므로 수리행위에 신고필증 교부 등 행위가 꼭 필요한 것은 아니다(대판 2011.9.8, 2009두6766).
③ 주민등록은 단순히 주민의 거주관계를 파악하고 인구의 동태를 명확히 하는 것 외에도 주민등록에 따라 공법관계상의 여러 가지 법률상 효과가 나타나게 되는 것으로서, 주민등록의 신고는 행정청에 도달하기만 하면 신고로서의 효력이 발생하는 것이 아니라 행정청이 수리한 경우에 비로소 신고의 효력이 발생한다. 따라서 주민등록신고서를 행정청에 제출하였다가 행정청이 이를 수리하기 전에 신고서의 내용을 수정하여 위와 같이 수정된 전입신고서가 수리되었다면 수정된 사항에 따라서 주민등록신고가 이루어진 것으로 보는 것이 타당하다(대판 2009.1.30, 2006다17850).
④ 행정청으로서는 신고서 기재사항에 흠결이 없고 정해진 서류가 구비된 때에는 이를 수리하여야 하고, 이러한 형식적 요건을 모두 갖추었음에도 신고대상이 된 교육이나 학습이 공익적 기준에 적합하지 않는다는 등 실체적 사유를 들어 신고 수리를 거부할 수는 없다(대판 2011.7.28, 2005두11784).

정답 ④

15. 사인의 공법행위로서 신고에 대한 설명으로 옳지 않은 것은? (다툼이 있는 경우 판례에 의함) 19 국회직8급

① 구 「건축법」에 의한 인·허가의제 효과를 수반하는 건축신고는 일반적인 건축신고와는 달리 특별한 사정이 없는 한 행정청이 그 형식적 요건에 관한 심사를 한 후 수리하여야 한다.
② 불특정 다수인을 대상으로 학습비를 받고 정보통신매체를 이용하여 원격평생교육을 실시하고자 하는 경우에는 누구든지 관계 법령에 따라 이를 신고하여야 하나 신고서의 기재사항에 흠결이 없고 소정의 서류가 구비된 때에는 이를 수리하여야 한다.
③ 구 「유통산업발전법」은 기존의 대규모점포의 등록된 유형 구분을 전제로 '대형마트로 등록된 대규모점포' 일체를 규제대상으로 삼고자 하는 것이 그 입법 취지이므로 대규모점포의 개설 등록은 이른바 '수리를 요하는 신고'로서 행정처분에 해당한다.
④ 시장·군수·구청장은 건축신고를 받은 날부터 5일 이내에 신고수리 여부 또는 민원 처리 관련 법령에 따른 처리기간의 연장 여부를 신고인에게 통지하여야 한다.
⑤ 납골당설치 신고는 이른바 '수리를 요하는 신고'이므로 납골당설치 신고가 관련 법령 규정의 모든 요건을 충족하는 신고라 하더라도 행정청의 수리처분이 있어야만 그 신고한 대로 납골당을 설치할 수 있다.

해설 ⓛ

① 인허가의제 효과를 수반하는 건축신고는 일반적인 건축신고와는 달리, 특별한 사정이 없는 한 행정청이 그 실체적 요건에 관한 심사를 한 후 수리하여야 하는 이른바 '수리를 요하는 신고'로 보는 것이 옳다[대판(전합) 2011.1.20, 2010두14954].
② 피고로서는 신고서의 기재사항에 흠결이 없고 소정의 서류가 구비된 때에는 이를 수리하여야 하며, 이러한 형식적 요건을 모두 갖추었음에도 그 신고대상이 된 교육이나 학습이 공익적 기준에 적합하지 않는다는 등의 실체적 사유를 들어 신고의 수리를 거부할 수는 없다고 할 것이다(대판 2011.7.28, 2005두11784).
③ 구 유통산업발전법에 따른 대규모점포의 개설등록 및 구 재래시장법에 따른 시장관리자 지정은 행정청이 실체적 요건에 관한 심사를 한 후 수리하여야 하는 이른바 '수리를 요하는 신고'로서 행정처분에 해당한다(대판 2019.9.10, 2019다208953). 다만 판례는 '개설등록'과 '시장관리자 지정'이 '수리를 요하는 신고'라고 판시하고 있는데, 엄밀히 말하면 이는 오류이다. 신고와 그에 따른 행정청의 수리는 구별해야 할 개념이다. '개설등록신청'이 사인의 공법행위로서의 '신청'이고, 그에 대한 수리는 강학상 수리가 아닌 등록으로 보아야 한다.
④ 건축법 제14조 제3항. 엽기적인 지문이다. 건축기사나 건축사 시험도 아니고 공무원시험에서 이런 건축법의 지엽적인 문제를 출제하다니. 다만, 정답을 고르는 데 지장이 없어 다행이긴 하다.
⑤ 구 「장사 등에 관한 법률」(장사법) 제14조 제1항, 구 「장사 등에 관한 법률 시행규칙」 제7조 제1항 [별지 제7호 서식] 을 종합하면, 납골당설치 신고는 이른바 '수리를 요하는 신고'라 할 것이므로, 납골당설치 신고가 구 장사법 관련 규정의 모든 요건에 맞는 신고라 하더라도 신고인은 곧바로 납골당을 설치할 수는 없고, 이에 대한 행정청의 수리처분이 있어야만 신고한 대로 납골당을 설치할 수 있다. 한편 수리란 신고를 유효한 것으로 판단하고 법령에 의하여 처리할 의사로 이를 수령하는 수동적 행위이므로 수리행위에 신고필증 교부 등 행위가 꼭 필요한 것은 아니다(대판 2011.9.8, 2009두6766).

정답 ①

16. 사인의 공법행위로서 신고에 대한 판례의 입장으로 옳지 않은 것은? 19 지방직7급

① 「유통산업발전법」상 대규모 점포의 개설 등록은 이른바 '수리를 요하는 신고'로서 행정처분에 해당한다.
② 「의료법」에 따라 정신과의원을 개설하려는 자가 법령에 규정되어 있는 요건을 갖추어 개설신고를 한 경우라도 관할 시장·군수·구청장은 법령에서 정한 요건 이외의 사유를 들어 의원급 의료기관 개설신고의 수리를 거부할 수 있다.
③ 인·허가의제 효과를 수반하는 건축신고는 일반적인 건축신고와는 달리, 특별한 사정이 없는 한 행정청이 그 실체적 요건에 관한 심사를 한 후 수리하여야 하는 이른바 '수리를 요하는 신고'에 해당한다.
④ 가설건축물 존치기간을 연장하려는 건축주 등이 법령에 규정되어 있는 제반 서류와 요건을 갖추어 행정청에 연장신고를 한 경우, 행정청으로서는 법령에서 요구하고 있지도 아니한 '대지사용승낙서' 등의 서류가 제출되지 아니하였거나, 대지소유권자의 사용승낙이 없다는 등의 사유를 들어 가설건축물 존치기간 연장신고의 수리를 거부하여서는 아니 된다.

해설 ➤ 中

① 구 유통산업발전법에 따른 대규모점포의 개설등록 및 구 재래시장법에 따른 시장관리자 지정은 행정청이 실체적 요건에 관한 심사를 한 후 수리하여야 하는 이른바 '수리를 요하는 신고'로서 행정처분에 해당한다(대판 2019.9.10, 2019다208953).
② 정신과의원을 개설하려는 자가 법령에 규정되어 있는 요건을 갖추어 개설신고를 한 때에, 행정청은 원칙적으로 이를 수리하여 신고필증을 교부하여야 하고, 법령에서 정한 요건 이외의 사유를 들어 의원급 의료기관 개설신고의 수리를 거부할 수는 없다(대판 2018.10.25, 2018두44302).
③ 인허가의제 효과를 수반하는 건축신고는 일반적인 건축신고와는 달리, 특별한 사정이 없는 한 행정청이 그 실체적 요건에 관한 심사를 한 후 수리하여야 하는 이른바 '수리를 요하는 신고'로 보는 것이 옳다[대판(전합) 2011.1.20, 2010두14954].
④ 가설건축물 존치기간을 연장하려는 건축주 등이 법령에 규정되어 있는 제반 서류와 요건을 갖추어 행정청에 연장신고를 한 때에는 행정청은 원칙적으로 이를 수리하여 신고필증을 교부하여야 하고, 법령에서 정한 요건 이외의 사유를 들어 수리를 거부할 수는 없다. 따라서 행정청으로서는 법령에서 요구하고 있지도 아니한 '대지사용승낙서' 등의 서류가 제출되지 아니하였거나, 대지소유권자의 사용승낙이 없다는 등의 사유를 들어 가설건축물 존치기간 연장신고의 수리를 거부하여서는 아니 된다(대판 2018.1.25, 2015두35116).

정답 ②

17. 신고에 대한 설명으로 옳지 않은 것은? (다툼이 있는 경우 판례에 의함) 20 국가직9급

① 「건축법」상 인·허가의제 효과를 수반하는 건축신고는 특별한 사정이 없는 한 행정청이 그 실체적 요건에 관한 심사를 한 후 수리하여야 하는 이른바 '수리를 요하는 신고'이다.
② 「건축법」상의 착공신고의 경우에는 신고 그 자체로서 법적 절차가 완료되어 행정청의 처분이 개입될 여지가 없으므로, 행정청의 착공신고 반려행위는 항고소송의 대상인 처분에 해당하지 않는다.
③ 주민등록의 신고는 행정청에 도달하기만 하면 신고로서의 효력이 발생하는 것이 아니라 행정청이 수리한 경우에 비로소 신고의 효력이 발생한다.
④ 행정청이 구 「식품위생법」상의 영업자지위승계신고 수리처분을 하는 경우, 행정청은 종전의 영업자에 대하여 「행정절차법」 소정의 행정절차를 실시하여야 한다.

해설 ➤ 中

① 인허가의제 효과를 수반하는 건축신고는 일반적인 건축신고와는 달리, 특별한 사정이 없는 한 행정청이 그 실체적 요건에 관한 심사를 한 후 수리하여야 하는 이른바 '수리를 요하는 신고'로 보는 것이 옳다[대판(전합) 2011.1.20, 2010두14954].
② 건축주 등으로서는 착공신고가 반려될 경우, 당해 건축물의 착공을 개시하면 시정명령, 이행강제금, 벌금의 대상이 되거나 당해 건축물을 사용하여 행할 행위의 허가가 거부될 우려가 있어 불안정한 지위에 놓이게 된다. 따라서 착공신고 반려행위가 이루어진 단계에서 당사자로 하여금 반려행위의 적법성을 다투어 법적 불안을 해소한 다음 건축행위에 나아가도록 함으로써 장차 있을지도 모르는 위험에서 미리 벗어날 수 있도록 길을 열어주고, 위법한 건축물의 양산과 철거를 둘러싼 분쟁을 조기에 근본적으로 해결할 수 있게 하는 것이 법치행정의 원리에 부합한다. 그러므로 행정청의 착공신고 반려행위는 항고소송의 대상이 된다고 보는 것이 옳다(대판 2011.6.10, 2010두7321).
③ 주민등록은 단순히 주민의 거주관계를 파악하고 인구의 동태를 명확히 하는 것 외에도 주민등록에 따라 공법관계상의 여러 가지 법률상 효과가 나타나게 되는 것으로서, 주민등록의 신고는 행정청에 도달하기만 하면 신고로서의 효력이 발생하는 것이 아니라 행정청이 수리한 경우에 비로소 신고의 효력이 발생한다(대판 2009.1.30, 2006다17850).
④ 행정청이 구 식품위생법 규정에 의하여 영업자지위승계신고를 수리하는 처분은 종전의 영업자의 권익을 제한하는 처분이라 할 것이고, 따라서 종전의 영업자는 그 처분에 대하여 직접 그 상대가 되는 자에 해당한다고 봄이 상당하므로, 행정청으로서는 위 신고를 수리하는 처분을 함에 있어서 행정절차법 규정 소정의 당사자에 해당하는 종전의 영업자에 대하여 위 규정 소정의 행정절차를 실시하고 처분을 하여야 한다(대판 2003.2.14, 2001두7015).

정답 ②

18. 신고와 수리에 대한 설명으로 옳지 않은 것은? (다툼이 있는 경우 판례에 의함) 20 지방직9급

① 다른 법령에 의한 인허가가 의제되지 않는 일반적인 건축신고는 자기완결적 신고이므로 이에 대한 수리 거부행위는 항고소송의 대상이 되는 처분이 아니다.

② 「국토의 계획 및 이용에 관한 법률」상의 개발행위허가가 의제되는 건축신고는 특별한 사정이 없는 한 행정청이 그 실체적 요건에 관한 심사를 한 후 수리하여야 하는 이른바 '수리를 요하는 신고'로 보아야 한다.

③ 「행정절차법」은 '법령등에서 행정청에 일정한 사항을 통지함으로써 의무가 끝나는 신고'에 대하여 '그 밖에 법령등에 규정된 형식상의 요건에 적합할 것'을 그 신고의무 이행요건의 하나로 정하고 있다.

④ 「식품위생법」에 따른 식품접객업(일반음식점영업)의 영업신고의 요건을 갖춘 자라고 하더라도, 그 영업신고를 한 당해 건축물이 「건축법」 소정의 허가를 받지 아니한 무허가 건물이라면 적법한 신고를 할 수 없다.

해설 ➤ 中

① 구 건축법 관련 규정의 내용 및 취지에 의하면, 건축주 등으로서는 신고제하에서도 건축신고가 반려될 경우 당해 건축물의 건축을 개시하면 시정명령, 이행강제금, 벌금의 대상이 되거나 당해 건축물을 사용하여 행할 행위의 허가가 거부될 우려가 있어 불안정한 지위에 놓이게 된다. 따라서 건축신고 반려행위가 이루어진 단계에서 당사자로 하여금 반려행위의 적법성을 다투어 그 법적 불안을 해소한 다음 건축행위에 나아가도록 함으로써 장차 있을지도 모르는 위험에서 미리 벗어날 수 있도록 길을 열어 주고, 위법한 건축물의 양산과 그 철거를 둘러싼 분쟁을 조기에 근본적으로 해결할 수 있게 하는 것이 법치행정의 원리에 부합한다. 그러므로 이 사건 건축신고 반려행위는 항고소송의 대상이 된다고 보는 것이 옳다[대판(전합) 2010.11.18, 2008두167].

② 인허가의제 효과를 수반하는 건축신고는 일반적인 건축신고와는 달리, 특별한 사정이 없는 한 행정청이 그 실체적 요건에 관한 심사를 한 후 수리하여야 하는 이른바 '수리를 요하는 신고'로 보는 것이 옳다[대판(전합) 2011.1.20, 2010두14954].

③ 신고가 신고서의 기재사항에 흠이 없을 것, 필요한 구비서류가 첨부되어 있을 것, 기타 법령등에 규정된 형식상의 요건에 적합할 것 등의 요건을 갖춘 경우에는 신고서가 접수기관에 도달된 때에 신고 의무가 이행된 것으로 본다(같은 법 제40조 제2항. 도달주의).

④ 식품위생법과 건축법은 그 입법목적, 규정사항, 적용범위 등을 서로 달리하고 있어서 식품접객업에 관하여 식품위생법이 건축법에 우선하여 배타적으로 적용되는 관계에 있다고는 해석되지 아니하므로, 식품위생법에 따른 식품접객업(일반음식점영업)의 영업신고요건을 갖춘 자라고 할지라도 그 영업신고를 한 당해 건축물이 건축법 소정의 허가를 받지 아니한 무허가 건물이라면 적법한 신고를 할 수 없다고 보아야 할 것이다(대판 2009.4.23, 2008도6829).

정답 ①

19. 사인의 공법행위로서의 신고에 대한 설명으로 옳지 않은 것은? (다툼이 있는 경우 판례에 의함) 20 국가직7급

① 「부가가치세법」상 사업자등록은 단순한 사업사실의 신고에 해당하므로, 과세관청이 직권으로 등록을 말소한 행위는 항고소송의 대상인 행정처분에 해당하지 않는다.

② 허가대상 건축물의 양수인이 건축법령에 규정되어 있는 형식적 요건을 갖추어 행정청에 적법하게 건축주 명의변경 신고를 한 경우, 행정청은 실체적인 이유를 들어 신고의 수리를 거부할 수 없다.

③ 구 「체육시설의 설치·이용에 관한 법률」의 규정에 따라 체육시설의 회원을 모집하고자 하는 자의 '회원모집계획서 제출'은 수리를 요하는 신고이며, 이에 대하여 회원모집계획을 승인하는 시·도지사 등의 검토결과 통보는 수리행위로서 행정처분에 해당한다.

④ 장기요양기관의 폐업신고 자체가 효력이 없음에도 행정청이 이를 수리한 경우, 그 수리행위가 당연무효로 되는 것은 아니다.

해설 ➤ 中

① 부가가치세법상의 사업자등록은 과세관청으로 하여금 부가가치세의 납세의무자를 파악하고 그 과세자료를 확보케 하려는 데 입법취지가 있는 것으로서, 이는 단순한 사업사실의 신고로서 사업자가 소관 세무서장에게 소정의 사업자등록신청서를 제출함으로써 성립되는 것이고, 사업자등록증의 교부는 이와 같은 등록사실을 증명하는 증서의 교부행위에 불과한 것이며, 부가가치세법 제5조 제5항에 의하면 사업자가 폐업하거나 또는 신규로 사업을 개시하고자 하여 사업개시일 전에 등록한 후 사실상 사업을 개시하지 아니하게 되는 때에는 과세관청이 직권으로 이를 말소하도록 하고 있는데, 사업자등록의 말소 또한 폐업사실의 기재일 뿐 그에 의하여 사업자로서의 지위에 변동을 가져오는 것이 아니라는 점에서 과세관청의 사업자등록 직권말소행위는 불복의 대상이 되는 행정처분으로 볼 수가 없다(대판 2000.12.22, 99두6903).

② 허가대상 건축물의 양수인이 구 건축법시행규칙에 규정되어 있는 형식적 요건을 갖추어 시장·군수에게 적법하게 건축주의 명의변경을 신고한 때에는 시장·군수는 그 신고를 수리하여야지 실체적인 이유를 내세워 신고의 수리를 거부할 수 없다(대판1993.10.12, 93누883).
③ 구 「체육시설의 설치·이용에 관한 법률」 제19조 제1항, 구 '체육시설의 설치·이용에 관한 법률 시행령' 제18조 제2항 제1호 (가)목, 제18조의2 제1항 등의 규정에 의하면, 위 법 제19조의 규정에 의하여 체육시설의 회원을 모집하고자 하는 자는 시·도지사 등으로부터 회원모집계획서에 대한 검토결과 통보를 받은 후에 회원을 모집할 수 있다고 보아야 하고, 따라서 체육시설의 회원을 모집하고자 하는 자의 시·도지사 등에 대한 회원모집계획서 제출은 수리를 요하는 신고에서의 신고에 해당하며, 시·도지사 등의 검토결과 통보는 수리행위로서 행정처분에 해당한다(대판 2009.2.26, 2006두16243).
④ 장기요양기관의 폐업신고와 노인의료복지시설의 폐지신고는, 행정청이 관계 법령이 규정한 요건에 맞는지를 심사한 후 수리하는 이른바 '수리를 필요로 하는 신고'에 해당한다. 그러나 행정청이 그 신고를 수리하였다고 하더라도, 신고서 위조 등의 사유가 있어 신고행위 자체가 효력이 없다면, 그 수리행위는 유효한 대상이 없는 것으로서, 수리행위 자체에 중대·명백한 하자가 있는지를 따질 것도 없이 당연히 무효이다(대판 2018.6.12, 2018두33593).

정답 ④

20. 다음 사례에 대한 설명으로 옳지 않은 것은? (다툼이 있는 경우 판례에 의함) 21 국회직9급

○ 갑은 주택을 건축하기 위하여 관할 행정청에 「건축법」에 따라 건축신고를 하였다.
○ 갑의 건축행위는「국토의 계획 및 이용에 관한 법률」에 따른 개발행위허가가 필요한 경우이다.
○ 「건축법」은 건축신고가 이루어진 경우 개발행위허가가 의제되는 것으로 규정하고 있다.

① 갑의 건축신고가 부적법한데도 행정청이 이를 수리하였다고 하여 신고에 어떠한 법적 효과가 발생하는 경우는 없다.
② 갑의 건축신고를 관할 행정청이 수리하지 않는 경우 그 거부행위에 대해 갑은 취소소송을 제기하여 다툴 수 있다.
③ 갑이 적법한 건축행위를 할 수 있는 시점은 적법한 신고서를 행정청에 제출한 시점이 아니고 행정청이 이를 수리한 시점이다.
④ 갑의 건축신고가 개발행위허가에 필요한 요건을 충족하지 못한 경우 행정청은 이를 이유로 갑의 건축신고수리를 거부할 수 있다.
⑤ 갑의 건축신고는 행정청이 그 실체적 요건에 관한 심사를 한 후 수리하여야 하는 이른바 '수리를 요하는 신고'에 해당한다.

해설 ㊥

통상적인 건축법상의 건축신고는 자족적 신고이지만, 인허가의제가 수반되는 건축신고는 수리를 요하는 신고이다.
① 수리를 요하는 신고의 경우에 있어 요건미비의 부적법한 신고가 있었음에도 불구하고 행정청이 이를 수리하였다면, 수리행위는 하자 있는 위법한 수리행위가 된다. 수리행위가 무효인 경우에는 수리의 효과가 발생하지 아니하지만, 취소할 수 있는 행위의 경우에는 수리의 효과가 발생하므로 행정청은 수리 후에도 하자를 이유로 취소할 수 있다. 따라서 수리행위가 무효인 경우 신고업의 영업행위는 무신고영업으로서 불법영업에 해당하지만, 수리행위가 취소할 수 있는 행위인 경우 영업행위는 수리가 취소되기까지는 불법영업이 아니다(공정력).
②⑤ 인허가의제 효과를 수반하는 건축신고는 일반적인 건축신고와는 달리, 특별한 사정이 없는 한 행정청이 그 실체적 요건에 관한 심사를 한 후 수리하여야 하는 이른바 '수리를 요하는 신고'로 보는 것이 옳다[대판(전합) 2011.1.20, 2010두14954].
③ 수리를 요하는 신고의 경우에는 행정청이 수리함으로써 신고의 효과가 발생한다. 수리를 요하는 신고는 수리되지 않은 경우 그 신고에 따른 법적 효과가 발생하지 않고, 이때 신고의 대상이 되는 행위를 할 경우 행정벌의 대상이 된다.
④ 일정한 건축물에 관한 건축신고는 건축법 제14조 제2항, 제11조 제5항 제3호에 의하여 「국토의 계획 및 이용에 관한 법률」 제56조에 따른 개발행위허가를 받은 것으로 의제되는데, 「국토의 계획 및 이용에 관한 법률」 제58조 제1항 제4호에서는 개발행위허가의 기준으로 주변 지역의 토지이용실태 또는 토지이용계획, 건축물의 높이, 토지의 경사도, 수목의 상태, 물의 배수, 하천·호소·습지의 배수 등 주변 환경이나 경관과 조화를 이룰 것을 규정하고 있으므로, 「국토의 계획 및 이용에 관한 법률」상의 개발행위허가로 의제되는 건축신고가 위와 같은 기준을 갖추지 못한 경우 행정청으로서는 이를 이유로 그 수리를 거부할 수 있다고 보아야 한다[대판(전합) 2011.1.20, 2010두14954].

정답 ①

21. 신고에 대한 설명으로 옳은 것은? (다툼이 있는 경우 판례에 의함) 21 지방직9급

① 구 「관광진흥법」에 의한 지위승계신고를 수리하는 허가관청의 행위는 사실적인 행위에 불과하여 항고소송의 대상이 되지 않는다.
② 정보통신매체를 이용하여 학습비를 받고 불특정 다수인에게 원격 평생교육을 실시하기 위해 구 「평생교육법」에서 정한 형식적 요건을 모두 갖추어 신고한 경우, 행정청은 신고대상이 된 교육이나 학습이 공익적 기준에 적합하지 않는다는 등의 실체적 사유를 들어 신고 수리를 거부할 수 없다.
③ 「건축법」에 의한 인·허가의제 효과를 수반하는 건축신고는 건축을 하고자 하는 자가 적법한 요건을 갖춘 신고만 하면 건축을 할 수 있고, 행정청의 수리 등 별단의 조치를 기다릴 필요가 없다.
④ 주민등록의 신고는 행정청에 도달하기만 하면 신고로서의 효력이 발생한다.

해설 ➤ 中

① 구 관광진흥법 제8조 제4항에 의한 지위승계신고를 수리하는 허가관청의 행위는 단순히 양도·양수인 사이에 이미 발생한 사법상 사업양도의 법률효과에 의하여 양수인이 그 영업을 승계하였다는 사실의 신고를 접수하는 행위에 그치는 것이 아니라, 영업허가자의 변경이라는 법률효과를 발생시키는 행위이다. 그리고 구 「체육시설의 설치·이용에 관한 법률」 제20조, 제27조의 각 규정 등에 의하면 체육시설업자로부터 영업을 양수하거나 문화체육관광부령으로 정하는 체육시설업의 시설 기준에 따른 필수시설을 인수한 자가 관계 행정청에 이를 신고하여 행정청이 수리하는 경우에는 종전 체육시설업자는 적법한 신고를 마친 체육시설업자의 지위를 부인당할 불안정한 상태에 놓이게 되므로, 그로 하여금 이러한 수리행위의 적법성을 다투어 법적 불안을 해소할 수 있도록 하는 것이 법치행정의 원리에 맞는다(대판 2012.12.13, 2011두29144).
② 구 평생교육법 제22조 제1항·제2항, 구 「평생교육법 시행령」 제27조 등의 규정에 의하면, 정보통신매체를 이용하여 학습비를 받지 아니하고 원격평생교육을 실시하고자 하는 경우에는 누구든지 아무런 신고 없이 자유롭게 이를 할 수가 있고, 다만 위와 같은 교육을 불특정 다수인에게 학습비를 받고 실시하는 경우에는 이를 신고하여야 하나, 법 제22조가 신고를 요하는 제2항의 경우와 신고를 요하지 않는 제1항 사이에 '학습비'의 수수 외에 그 교육의 대상이나 방법 등의 다른 요건을 달리 규정하고 있지 않을 뿐 아니라 제2항의 경우에도 학습비의 금액이나 수령 등에 관하여 아무런 제한을 하고 있지 않은 점에 비추어 볼 때, 피고로서는 신고서의 기재사항에 흠결이 없고 소정의 서류가 구비된 때에는 이를 수리하여야 하며, 이러한 형식적 요건을 모두 갖추었음에도 그 신고대상이 된 교육이나 학습이 공익적 기준에 적합하지 않는다는 등의 실체적 사유를 들어 신고의 수리를 거부할 수는 없다고 할 것이다. 구 평생교육법 제22조 제2항에 의하여 불특정 다수인에게 학습비를 받고 정보통신매체를 이용하여 '침·뜸'에 관한 원격평생교육을 실시하고자 신고를 하는 경우, 피고로서는 신고서의 기재사항에 흠결이 없고 소정의 서류가 구비된 때에는 이를 수리하여야 하며, 이러한 형식적 요건을 모두 갖추었음에도 그 신고대상이 된 교육이나 학습이 공익적 기준에 적합하지 않는다는 등의 실체적 사유를 들어 신고의 수리를 거부할 수는 없으므로 피고가 형식적 심사의 범위에 속하지 않은 사항을 수리거부사유로 삼아 신고를 반려한 것은 위법하다(대판 2011.7.28, 2005두11784).
③ 인허가의제 효과를 수반하는 건축신고는 일반적인 건축신고와는 달리, 특별한 사정이 없는 한 행정청이 그 실체적 요건에 관한 심사를 한 후 수리하여야 하는 이른바 '수리를 요하는 신고'로 보는 것이 옳다[대판(전합) 2011.1.20, 2010두14954].
④ 주민등록은 단순히 주민의 거주관계를 파악하고 인구의 동태를 명확히 하는 것 외에도 주민등록에 따라 공법관계상의 여러 가지 법률상 효과가 나타나게 되는 것으로서, 주민등록의 신고는 행정청에 도달하기만 하면 신고로서의 효력이 발생하는 것이 아니라 행정청이 수리한 경우에 비로소 신고의 효력이 발생한다(대판 2009.1.30, 2006다17850).

정답 ②

22. 갑(甲)은 「식품위생법」상 식품접객업 영업허가를 받아 영업을 하던 중, 자신의 영업을 을(乙)에게 양도하기로 계약을 체결하였고, 을(乙)은 같은 법이 정한 바에 따라 영업자지위승계신고를 하였다. 이에 대한 설명으로 옳은 것은? (다툼이 있는 경우 판례에 의함) 15 국가직7급

① 관할 행정청이 신고를 수리하기 위해서는 갑(甲)에 대해 「행정절차법」상 불이익 처분 절차를 거쳐야 한다.
② 법령상 신고요건을 갖춘 적법한 신고가 있었다면, 관할 행정청의 수리 여부와 관계없이 영업양도는 효력을 발생한다.
③ 관할 행정청에 의해 신고가 수리되었다면, 갑(甲)과 을(乙) 사이의 양도계약이 무효이더라도 신고는 효력을 발생한다.
④ 관할 행정청이 을(乙)의 신고를 수리하기 전에 갑(甲)의 영업허가가 취소되었을 경우, 을(乙)은 갑(甲)에 대한 영업허가 취소에 대하여는 취소소송을 제기할 수 있는 원고적격이 없다.

해설 ➤ 中

① 행정청이 구 식품위생법 규정에 의하여 영업자지위승계신고를 수리하는 처분은 종전의 영업자의 권익을 제한하는 처분이라 할 것이고 따라서 종전의 영업자는 그 처분에 대하여 직접 그 상대가 되는 자에 해당한다고 봄이 상당하므로, 행정청으로서는 위 신고를 수리하는 처분을 함에 있어서 행정절차법 규정 소정의 당사자에 해당하는 종전의 영업자에 대하여 위 규정 소정의 행정절차를 실시하고 처분을 하여야 한다(대판 2003.2.14, 2001두7015).

② 사실상 영업이 양도·양수되었지만 아직 승계신고 및 그 수리처분이 있기 이전에는 여전히 종전의 영업자인 양도인이 영업허가자이고, 양수인은 영업허가자가 되지 못한다 할 것이어서 행정제재처분의 사유가 있는지 여부 및 그 사유가 있다고 하여 행하는 행정제재처분은 영업허가자인 양도인을 기준으로 판단하여 그 양도인에 대하여 행하여야 할 것이고, 한편 양도인이 그의 의사에 따라 양수인에게 영업을 양도하면서 양수인으로 하여금 영업을 하도록 허락하였다면 그 양수인의 영업 중 발생한 위반행위에 대한 행정적인 책임은 영업허가자인 양도인에게 귀속된다고 보아야 할 것이다(대판 1995.2.24, 94누9146).

③ 사업양도·양수에 따른 허가관청의 지위승계신고의 수리는 적법한 사업의 양도·양수가 있었음을 전제로 하는 것이므로 그 수리대상인 사업양도·양수가 존재하지 아니하거나 무효인 때에는 수리를 하였다 하더라도 그 수리는 유효한 대상이 없는 것으로서 당연히 무효라 할 것이고, 사업의 양도행위가 무효라고 주장하는 양도자는 민사쟁송으로 양도·양수행위의 무효를 구함이 없이 막바로 허가관청을 상대로 하여 행정소송으로 위 신고수리처분의 무효확인을 구할 법률상 이익이 있다(대판 2005.12.23, 2005두3554).

④ 수허가자의 지위를 양수받아 명의변경신고를 할 수 있는 양수인의 지위는 단순한 반사적 이익이나 사실상의 이익이 아니라 산림법령에 의하여 보호되는 직접적이고 구체적인 이익으로서 법률상 이익이라고 할 것이고, 채석허가가 유효하게 존속하고 있다는 것이 양수인의 명의변경신고의 전제가 된다는 의미에서 관할행정청이 양도인에 대하여 채석허가를 취소하는 처분을 하였다면 이는 양수인의 지위에 대한 직접적 침해가 된다고 할 것이므로 양수인은 채석허가를 취소하는 처분의 취소를 구할 법률상 이익을 가진다(대판 2003.7.11, 2001두6289).

정답 ①

23. **다음은 「식품위생법」상 영업허가 및 영업승계에 관한 조항의 일부이다. 제39조 제3항의 신고에 대한 설명으로 옳은 것은? (다툼이 있는 경우 판례에 의함)** 18 국회직8급

> 제37조(영업허가 등) ① 제36조 제1항 각 호에 따른 영업 중 대통령령으로 정하는 영업을 하려는 자는 대통령령으로 정하는 바에 따라 영업 종류별 또는 영업소별로 식품의약품안전처장 또는 특별자치시장·특별자치도지사·시장·군수·구청장의 허가를 받아야 한다. 〈이하 생략〉
> 제39조(영업 승계) ① 영업자가 영업을 양도하거나 사망한 경우 또는 법인이 합병한 경우에는 그 양수인·상속인 또는 합병 후 존속하는 법인이나 합병에 따라 설립되는 법인은 그 영업자의 지위를 승계한다.
> ② 다음 각 호의 어느 하나에 해당하는 절차에 따라 영업 시설의 전부를 인수한 자는 그 영업자의 지위를 승계한다. 이 경우 종전의 영업자에 대한 영업 허가·등록 또는 그가 한 신고는 그 효력을 잃는다.
> 1. 「민사집행법」에 따른 경매
> 2.~4. 〈생략〉
> ③ 제1항 또는 제2항에 따라 그 영업자의 지위를 승계한 자는 총리령으로 정하는 바에 따라 1개월 이내에 그 사실을 식품의약품안전처장 또는 특별자치시장·특별자치도지사·시장·군수·구청장에게 신고하여야 한다.

① 신고는 영업허가자의 변경이라는 법률효과를 발생시키는 행위이다.
② 신고의 수리행위에 신고필증 교부가 필요하다.
③ 관할 행정청이 신고를 수리함에 있어서는 「행정절차법」의 적용을 받지 않는다.
④ 수리대상인 사업양도·양수가 없었음에도 신고를 수리한 경우에는 먼저 민사쟁송으로 양도·양수가 무효임을 구한 이후에 신고 수리의 무효를 다툴 수 있다.
⑤ 양도계약이 있은 후 신고 전에 행정청이 종전의 영업자(양도인)에 대하여 영업허가를 위법하게 취소한 경우에, 영업자의 지위를 승계한 자(양수인)는 양도인에 대한 영업허가취소처분을 다툴 원고적격을 갖지 못한다.

해설 ➤ 中

국회사무처의 공식적인 정답은 ①인데, 이는 명백한 출제오류다.

① 영업허가자의 변경이라는 법률효과를 발생시키는 행위는 '신고'가 아니라 '영업양도에 따른 지위승계신고를 수리하는 허가관청의 행위'이다. 식품위생법 제25조 제3항에 의한 영업양도에 따른 지위승계신고를 수리하는 허가관청의 행위는 단순히 양도·양수인 사이에 이미 발생한 사법상의 사업양도의 법률효과에 의하여 양수인이 그 영업을 승계하였다는 사실의 신고를 접수하는 행위에 그치는 것이 아니라, 영업허가자의 변경이라는 법률효과를 발생시키는 행위라고 할 것이다(대판 1995.2.24, 94누9146).

② 수리란 신고를 유효한 것으로 판단하고 법령에 의하여 처리할 의사로 이를 수령하는 수동적 행위이므로 수리행위에 신고필증 교부 등 행위가 꼭 필요한 것은 아니다(대판 2011.9.8, 2009두6766).

③ 행정청이 구 식품위생법 규정에 의하여 영업자지위승계신고를 수리하는 처분은 종전의 영업자의 권익을 제한하는 처분이라 할 것이고, 따라서 종전의 영업자는 그 처분에 대하여 직접 그 상대가 되는 자에 해당한다고 봄이 상당하므로, 행정청으로서는 위 신고를 수리하는 처분을 함에 있어서 행정절차법 규정 소정의 당사자에 해당하는 종전의 영업자에 대하여 위 규정 소정의 행정절차를 실시하고 처분을 하여야 한다(대판 2003.2.14, 2001두7015).

④ 사업양도·양수에 따른 허가관청의 지위승계신고의 수리는 적법한 사업의 양도·양수가 있었음을 전제로 하는 것이므로 그 수리대상인 사업양도·양수가 존재하지 아니하거나 무효인 때에는 수리를 하였다 하더라도 그 수리는 유효한 대상이 없는 것으로서 당연히 무효라 할 것이고, 사업의 양도행위가 무효라고 주장하는 양도자는 민사쟁송으로 양도·양수행위의 무효를 구함이 없이 막바로 허가관청을 상대로 하여 행정소송으로 위 신고수리처분의 무효확인을 구할 법률상 이익이 있다(대판 2005.12.23, 2005두3554).

⑤ 수허가자의 지위를 양수받아 명의변경신고를 할 수 있는 양수인의 지위는 단순한 반사적 이익이나 사실상의 이익이 아니라 산림법령에 의하여 보호되는 직접적이고 구체적인 이익으로서 법률상 이익이라고 할 것이고, 채석허가가 유효하게 존속하고 있다는 것이 양수인의 명의변경신고의 전제가 된다는 의미에서 관할행정청이 양도인에 대하여 채석허가를 취소하는 처분을 하였다면 이는 양수인의 지위에 대한 직접적 침해가 된다고 할 것이므로 양수인은 채석허가를 취소하는 처분의 취소를 구할 법률상 이익을 가진다(대판 2003.7.11, 2001두6289).

정답 정답없음

24. 영업의 양도와 영업자지위승계에 대한 설명으로 옳지 않은 것은? (다툼이 있는 경우 판례에 의함)

22 지방직9급

① 「식품위생법」상 허가영업자의 지위승계신고수리처분을 하는 경우 「행정절차법」 규정 소정의 당사자에 해당하는 종전의 영업자에게 행정절차를 실시하여야 한다.

② 관할 행정청은 여객자동차운송사업의 양도·양수에 대한 인가를 한 후에도 그 양도·양수 이전에 있었던 양도인에 대한 운송사업면허 취소사유를 들어 양수인의 사업면허를 취소할 수 있다.

③ 영업양도행위가 무효임에도 행정청이 승계신고를 수리하였다면 양도자는 민사쟁송이 아닌 행정소송으로 신고수리처분의 무효확인을 구할 수 있다.

④ 사실상 영업이 양도·양수되었지만 승계신고 및 수리처분이 있기 전에 양도인이 허락한 양수인의 영업 중 발생한 위반행위에 대한 행정적 책임은 양수인에게 귀속된다.

해설 ➤ 下

① 행정청이 구 식품위생법 규정에 의하여 영업자지위승계신고를 수리하는 처분은 종전의 영업자의 권익을 제한하는 처분이라 할 것이고, 따라서 종전의 영업자는 그 처분에 대하여 직접 그 상대가 되는 자에 해당한다고 봄이 상당하므로, 행정청으로서는 위 신고를 수리하는 처분을 함에 있어서 행정절차법 규정 소정의 당사자에 해당하는 종전의 영업자에 대하여 위 규정 소정의 행정절차를 실시하고 처분을 하여야 한다(대판 2003.2.14, 2001두7015).

② 대판 1998.6.26, 96누18960

③ 허가관청의 사업양수에 의한 지위승계신고의 수리는 적법한 사업의 양도가 있었음을 전제로 하는 것이므로 사업의 양도행위가 무효라고 주장하는 양도자는 민사쟁송으로 양도행위의 무효를 구함이 없이 막바로 허가관청을 상대로 하여 행정소송으로 위 신고수리처분의 무효확인을 구할 법률상 이익이 있다(대판 1993.6.8, 91누11544).

④ 사실상 영업이 양도·양수되었지만 아직 승계신고 및 그 수리처분이 있기 이전에는 여전히 종전의 영업자인 양도인이 영업허가자이고, 양수인은 영업허가자가 되지 못한다 할 것이어서 행정제재처분의 사유가 있는지 여부 및 그 사유가 있다고 하여 행하는 행정제재처분은 영업허가자인 양도인을 기준으로 판단하여 그 양도인에 대하여 행하여야 할 것이고, 한편 양도인이 그의 의사에 따라 양수인에게 영업을 양도하면서 양수인으로 하여금 영업을 하도록 허락하였다면 그 양수인의 영업 중 발생한 위반행위에 대한 행정적인 책임은 영업허가자인 양도인에게 귀속된다고 보아야 할 것이다(대판 1995.2.24, 94누9146).

정답 ④

메모

ADMINISTRATION

02

행정작용법

제1장 행정입법

제1절 행정입법 종합

1. 행정입법에 대한 설명으로 옳지 않은 것은? (다툼이 있는 경우 판례에 의함) 22 국가직9급

① 부령의 형식으로 정해진 제재적 행정처분의 기준은 그 규정의 성질과 내용이 행정청 내부의 사무처리준칙을 정한 것에 불과하므로 대외적으로 국민이나 법원을 구속하는 것은 아니다.
② 항정신병 치료제의 요양급여 인정기준에 관한 보건복지부 고시가 다른 집행행위의 매개 없이 그 자체로서 직접 국민의 구체적인 권리의무와 법률관계를 규율하는 성격을 가질 때에는 항고소송의 대상이 되는 행정처분에 해당한다.
③ 법률의 위임에 의하여 효력을 갖는 법규명령이 법개정으로 위임의 근거가 없어지게 되더라도 효력을 상실하지 않는다.
④ 한국수력원자력 주식회사가 조달하는 기자재, 용역 및 정비공사, 기기수리의 공급자에 대한 관리업무 절차를 규정함을 목적으로 제정·운용하고 있는 '공급자관리지침' 중 등록취소 및 그에 따른 일정 기간의 거래제한조치에 관한 규정들은 상위 법령의 구체적 위임 없이 정한 것이어서 대외적 구속력이 없는 행정규칙이다.

해설 (中)

① 제재적 행정처분의 기준이 부령의 형식으로 규정되어 있더라도 그것은 행정청 내부의 사무처리준칙을 정한 것에 지나지 아니하여 대외적으로 국민이나 법원을 기속하는 효력이 없고, 당해 처분의 적법 여부는 위 처분기준만이 아니라 관계법령의 규정내용과 취지에 따라 판단되어야 하므로, 위 처분기준에 적합하다 하여 곧바로 당해 처분이 적법한 것이라고 할 수는 없지만, 위 처분기준이 그 자체로 헌법 또는 법률에 합치되지 아니하거나 위 처분기준에 따른 제재적 행정처분이 그 처분사유가 된 위반행위의 내용 및 관계법령의 규정내용과 취지에 비추어 현저히 부당하다고 인정할 만한 합리적인 이유가 없는 한 섣불리 그 처분이 재량권의 범위를 일탈하였거나 재량권을 남용한 것이라고 판단해서는 안 된다(대판 2007.9.20, 2007두6946).

② 항정신병 치료제의 요양급여 인정기준에 관한 보건복지부 고시는 다른 집행행위의 매개 없이 그 자체로서 제약회사, 요양기관, 환자 및 국민건강보험공단 사이의 법률관계를 직접 규율하므로 항고소송의 대상이 되는 행정처분에 해당한다(대결 2003.10.9, 2003무23).

③ 일반적으로 법률의 위임에 의하여 효력을 갖는 법규명령(위임명령)의 경우, 구법에 위임의 근거가 없어 무효였더라도 사후에 법개정으로 위임의 근거가 부여되면 그때부터는 유효한 법규명령이 되나, 반대로 구법의 위임에 의한 유효한 법규명령이 법개정으로 위임의 근거가 없어지게 되면 그때부터 무효인 법규명령이 되므로, 어떤 법령의 위임근거 유무에 따른 유효 여부를 심사하려면 법개정의 전·후에 걸쳐 모두 심사하여야만 그 법규명령의 시기에 따른 유효·무효를 판단할 수 있다(대판 1995.6.30, 93추83).

④ 「공공기관의 운영에 관한 법률」(공공기관운영법)이나 그 하위법령은 공기업이 거래상대방 업체에 대하여 공공기관운영법 제39조 제2항 및 공기업·준정부기관 계약사무규칙 제15조에서 정한 범위를 뛰어넘어 추가적인 제재조치를 취할 수 있도록 위임한 바 없다. 따라서 한국수력원자력 주식회사가 조달하는 기자재, 용역 및 정비공사, 기기수리의 공급자에 대한 관리업무 절차를 규정함을 목적으로 제정·운용하고 있는 '공급자관리지침' 중 등록취소 및 그에 따른 일정 기간의 거래제한조치에 관한 규정들은 공공기관으로서 행정청에 해당하는 한국수력원자력 주식회사가 상위법령의 구체적 위임 없이 정한 것이어서 대외적 구속력이 없는 행정규칙이다(대판 2020.5.28, 2017두66541).

정답 ③

2. 행정입법에 대한 판례의 입장으로 옳은 것은? 15 국가직9급

① 행정입법부작위는 부작위위법확인소송의 대상이 된다.
② 의료기관의 명칭표시판에 진료과목을 함께 표시하는 경우 진료과목의 글자 크기를 제한하고 있는 구 「의료법 시행규칙」 제31조는 그 자체로서 국민의 구체적인 권리의무나 법률관계에 직접적인 변동을 초래하므로 항고소송의 대상이 되는 행정처분이라 할 수 있다.
③ 법률의 위임에 의하여 효력을 갖는 법규명령의 경우 구법에 위임의 근거가 없어 무효였더라도 사후에 법개정으로 위임의 근거가 부여되면 그때부터는 유효한 위임명령이 된다.
④ 국립대학의 대학입학고사 주요요강은 행정쟁송의 대상인 행정처분에 해당되지만 헌법소원의 대상인 공권력의 행사에는 해당되지 않는다.

해설 中

① 원고는 안동지역댐 피해대책위원회 위원장으로서 안동댐 건설로 인하여 급격한 이상기후의 발생 등으로 많은 손실을 입어 왔는바, 특정다목적댐법 제41조에 의하면 다목적댐 건설로 인한 손실보상 의무가 국가에게 있고 같은법 제42조에 의하면 손실보상 절차와 그 방법 등 필요한 사항은 대통령령으로 규정하도록 되어 있음에도 피고가 이를 제정하지 아니한 것은 행정입법부작위에 해당하는 것이어서 그 부작위위법확인을 구한다고 주장하나, 행정소송은 구체적 사건에 대한 법률상 분쟁을 법에 의하여 해결함으로써 법적 안정을 기하자는 것이므로 부작위위법확인소송의 대상이 될 수 있는 것은 구체적 권리의무에 관한 분쟁이어야 하고 추상적인 법령에 관하여 제정의 여부 등은 그 자체로서 국민의 구체적인 권리의무에 직접적 변동을 초래하는 것(처분)이 아니어서 행정소송의 대상이 될 수 없으므로 이 사건 소는 부적법하다(대판 1992.5.8, 91누11261).
② 의료기관의 명칭표시판에 진료과목을 함께 표시하는 경우 글자 크기를 제한하고 있는 구 「의료법 시행규칙」 제31조가 그 자체로서 국민의 구체적인 권리의무나 법률관계에 직접적인 변동을 초래하지 아니하므로 항고소송의 대상이 되는 행정처분이라고 할 수 없다(대판 2007.4.12, 2005두15168).
③ 일반적으로 법률의 위임에 의하여 효력을 갖는 법규명령(위임명령)의 경우, 구법에 위임의 근거가 없어 무효였더라도 사후에 법개정으로 위임의 근거가 부여되면 그때부터는 유효한 법규명령이 되나, 반대로 구법의 위임에 의한 유효한 법규명령이 법개정으로 위임의 근거가 없어지게 되면 그때부터 무효인 법규명령이 되므로, 어떤 법령의 위임근거 유무에 따른 유효 여부를 심사하려면 법개정의 전·후에 걸쳐 모두 심사하여야만 그 법규명령의 시기에 따른 유효·무효를 판단할 수 있다(대판 1995.6.30, 93추83).
④ 국립대학인 서울대학교의 「1994학년도 대학입학고사주요요강」은 사실상의 준비행위 내지 사전안내로서 행정쟁송의 대상이 될 수 있는 행정처분이나 공권력의 행사는 될 수 없지만 그 내용이 국민의 기본권에 직접 영향을 끼치는 내용이고 앞으로 법령의 뒷받침에 의하여 그대로 실시될 것이 틀림없을 것으로 예상되어 그로 인하여 직접적으로 기본권 침해를 받게 되는 사람에게는 사실상의 규범작용으로 인한 위험성이 이미 현실적으로 발생하였다고 보아야 할 것이므로 이는 헌법소원의 대상이 되는 헌법재판소법 제68조 제1항 소정의 공권력의 행사에 해당된다고 할 것이며, 이 경우 헌법소원 외에 달리 구제방법이 없다(헌재결 1992.10.1, 92헌마68·76).

정답 ③

3. 행정입법에 대한 설명으로 옳지 않은 것은? (다툼이 있는 경우 판례에 의함) 15 지방직9급

① 구 「청소년보호법」의 위임에 따라 제정된 「청소년보호법 시행령」으로 정한 '위반행위의 종별에 따른 과징금 처분기준'은 법규명령에 해당되며, 그 기준에서 정한 과징금 액수는 정액이 아니라 최고한도액이다.
② 상위법령에서 세부사항 등을 시행규칙으로 정하도록 위임하였음에도 이를 고시 등 행정규칙으로 정하였다면, 당해 고시 등은 상위법령과 결합하여 대외적 구속력을 가지는 법규명령으로서 효력이 인정된다.
③ 법률이 공법적 단체 등의 정관에 자치법적 사항을 위임한 경우에는 포괄적인 위임입법의 금지는 원칙적으로 적용되지 않는다.
④ 법령의 위임관계는 반드시 하위법령의 개별조항에서 위임의 근거가 되는 상위법령의 해당 조항을 구체적으로 명시하고 있어야만 하는 것은 아니다.

해설 ➤ 下

① 구 청소년보호법 제49조 제1항·제2항에 따른 같은법 시행령 제40조 [별표 6]의 '위반행위의 종별에 따른 과징금처분기준'은 법규명령이기는 하나 모법의 위임규정의 내용과 취지 및 헌법상의 과잉금지의 원칙과 평등의 원칙 등에 비추어 같은 유형의 위반행위라 하더라도 그 규모나 기간·사회적 비난 정도·위반행위로 인하여 다른 법률에 의하여 처벌받은 다른 사정·행위자의 개인적 사정 및 위반행위로 얻은 불법이익의 규모 등 여러 요소를 종합적으로 고려하여 사안에 따라 적정한 과징금의 액수를 정하여야 할 것이므로 그 수액은 정액이 아니라 최고한도액이다(대판 2001.3.9, 99두5207).
② 행정규칙이나 규정이 상위법령의 위임범위를 벗어난 경우에는 법규명령으로서 대외적 구속력을 인정할 여지는 없다. 이는 행정규칙이나 규정 '내용'이 위임범위를 벗어난 경우뿐 아니라 상위법령의 위임규정에서 특정하여 정한 권한행사의 '절차'나 '방식'에 위배되는 경우도 마찬가지이므로, 상위법령에서 세부사항 등을 시행규칙으로 정하도록 위임하였음에도 이를 고시 등 행정규칙으로 정하였다면 그 역시 대외적 구속력을 가지는 법규명령으로서 효력이 인정될 수 없다(대판 2012.7.5, 2010다72076).
③ 법률이 공법적 단체 등의 정관에 자치법적 사항을 위임한 경우에는 헌법 제75조가 정하는 포괄적인 위임입법의 금지는 원칙적으로 적용되지 않는다고 봄이 상당하고, 한편 법률이 자치적인 사항을 정관에 위임한 경우 원칙적으로 헌법상의 포괄위임입법금지 원칙이 적용되지 않는다 하더라도 그 사항이 국민의 권리·의무에 관련되는 것일 경우에는 적어도 국민의 권리·의무에 관한 기본적이고 본질적인 사항은 국회가 정하여야 할 것이다(대판 2007.10.12, 2006두14476).
④ 법령의 위임관계는 반드시 하위 법령의 개별조항에서 위임의 근거가 되는 상위 법령의 해당 조항을 구체적으로 명시하고 있어야만 하는 것은 아니라고 할 것이므로, 같은법 시행규칙 제5조가 같은법 시행령 제8조 제3항과의 위임관계를 위와 같이 명시하고 있다고 하여 같은법 시행규칙의 다른 규정에서 같은법 시행령 제8조 제3항의 위임에 기하여 풍속영업의 운영에 관하여 필요한 사항을 따로 정하는 것을 배제하는 취지는 아니라고 할 것이어서, 같은법 시행규칙 제5조 및 제8조 제1항의 위임관계에 관한 규정내용만을 들어 같은법 시행규칙 제8조 제1항과 같은법 시행령 제8조 제3항 사이의 위임관계를 부정할 수는 없다고 할 것이다(대판 1999.12.24, 99두5658).

정답 ②

4. 다음 중 행정입법에 대한 설명으로 옳지 않은 것은? (다툼이 있는 경우 판례에 의함) 15 국회직8급

① 행정규칙인 고시가 법령의 수권에 의해 법령을 보충하는 사항을 정하는 경우에는 법령보충적 고시로서 근거법령규정과 결합하여 대외적으로 구속력 있는 법규명령의 효력을 갖는다.
② 상위법령에서 세부사항 등을 시행규칙으로 정하도록 위임하였음에도 이를 고시 등 행정규칙으로 정한 경우, 대외적 구속력을 가지는 법규명령으로서 효력을 인정할 수는 없다.
③ 상급행정기관이 하급행정기관에 대하여 업무처리지침이나 법령의 해석작용에 관한 기준을 정하여서 발하는 이른바 행정규칙은 일반적으로 행정조직 내부에서의 효력뿐만 아니라 대외적인 구속력도 갖는다.
④ 법제처장은 입법예고를 하지 아니한 법령안의 심사요청을 받은 경우에 입법예고를 하는 것이 적당하다고 판단하는 때에는 해당 행정청에 입법예고를 권고하거나 직접 예고할 수 있다.
⑤ 국립대학의 '대학입학고사 주요요강'을 행정쟁송 대상인 처분으로 보지 않으면서도 헌법소원의 대상이 되는 공권력 행사로 보고 있다.

해설 ➤ 中

① 일반적으로 행정 각부의 장이 정하는 고시라 하더라도 그것이 특히 법령의 규정에서 특정 행정기관에게 법령 내용의 구체적 사항을 정할 수 있는 권한을 부여함으로써 그 법령 내용을 보충하는 기능을 가질 경우에는 그 형식과 상관없이 근거 법령 규정과 결합하여 대외적으로 구속력이 있는 법규명령으로서의 효력을 가지는 것이나 이는 어디까지나 법령의 위임에 따라 그 법령 규정을 보충하는 기능을 가지는 점에 근거하여 예외적으로 인정되는 효력이므로 특정 고시가 비록 법령에 근거를 둔 것이라고 하더라도 그 규정 내용이 법령의 위임 범위를 벗어난 것일 경우에는 위와 같은 법규명령으로서의 대외적 구속력을 인정할 여지는 없다(대판 1999.11.26, 97누13474).
② 행정규칙이나 규정이 상위법령의 위임범위를 벗어난 경우에는 법규명령으로서 대외적 구속력을 인정할 여지는 없다. 이는 행정규칙이나 규정 '내용'이 위임범위를 벗어난 경우뿐 아니라 상위법령의 위임규정에서 특정하여 정한 권한행사의 '절차'나 '방식'에 위배되는 경우도 마찬가지이므로, 상위법령에서 세부사항 등을 시행규칙으로 정하도록 위임하였음에도 이를 고시 등 행정규칙으로 정하였다면 그 역시 대외적 구속력을 가지는 법규명령으로서 효력이 인정될 수 없다(대판 2012.7.5, 2010다72076).
③ 상급행정기관이 하급행정기관에 대하여 업무처리지침이나 법령의 해석적용에 관한 기준을 정하여 발하는 이른바 '행정규칙이나 내부지침'은 일반적으로 행정조직 내부에서만 효력을 가질 뿐 대외적인 구속력을 갖는 것은 아니므로 행정처분이 그에 위반하였다고 하여 그러한 사정만으로 곧바로 위법하게 되는 것은 아니다(대판 2009.12.24, 2009두7967).
④ 행정절차법 제41조 제3항
⑤ 행정규칙은 행정조직 내부의 행위로서 외부적 구속력이 없으므로, 행정규칙은 헌법소원의 대상이 되는 국민의 기본권에 영향을 미치는 공권

력의 행사로 볼 수 없기 때문에 헌법소원의 대상이 될 수 없다. 그러나 예외적으로 ㉠ 서울대학교 「1994학년도 대학입학고사주요요강」이나, ㉡ 법령보충규칙, ㉢ 재량준칙이 평등원칙이나 신뢰보호의 원칙에 따라 자기구속을 받아 대외적 구속력을 갖는 경우에는 헌법소원의 대상이 될 수 있다는 것이 헌법재판소의 입장이다.
국립대학인 서울대학교의 「1994학년도 대학입학고사주요요강」은 사실상의 준비행위 내지 사전안내로서 행정쟁송의 대상이 될 수 있는 행정처분이나 공권력의 행사는 될 수 없지만 그 내용이 국민의 기본권에 직접 영향을 끼치는 내용이고 앞으로 법령의 뒷받침에 의하여 그대로 실시될 것이 틀림없을 것으로 예상되어 그로 인하여 직접적으로 기본권 침해를 받게 되는 사람에게는 사실상의 규범작용으로 인한 위험성이 이미 현실적으로 발생하였다고 보아야 할 것이므로 이는 헌법소원의 대상이 되는 헌법재판소법 제68조 제1항 소정의 공권력의 행사에 해당된다고 할 것이며, 이 경우 헌법소원 외에 달리 구제방법이 없다(헌재결 1992.10.1, 92헌마68·76).

정답 ③

5. 행정입법에 대한 판례의 내용으로 옳지 않은 것은? 15 지방직7급

① 처분의 근거가 행정규칙에 규정되어 있다고 하더라도, 그 처분이 상대방에게 권리 설정 또는 의무 부담을 명하거나 기타 법적인 효과를 발생하게 하는 등으로 상대방의 권리의무에 직접 영향을 미치는 행위인 경우에는 항고소송의 대상이 되는 행정처분에 해당한다.
② 재량권 행사의 준칙인 행정규칙이 그 정한 바에 따라 되풀이 시행되어 행정관행이 이루어지게 되면 평등의 원칙이나 신뢰보호의 원칙에 따라 행정기관은 그 상대방에 대한 관계에서 그 규칙에 따라야 할 자기구속을 받게 되므로, 이러한 경우에는 특별한 사정이 없는 한 그를 위반하는 처분은 평등의 원칙이나 신뢰보호의 원칙에 위배되어 재량권을 일탈·남용한 위법한 처분이 된다.
③ 행정규칙에서 사용하는 개념이 달리 해석될 여지가 있다 하더라도 행정청이 수권의 범위 내에서 법령이 위임한 취지 및 형평과 비례의 원칙에 기초하여 합목적적으로 기준을 설정하여 그 개념을 해석·적용하고 있다면, 개념이 달리 해석될 여지가 있다는 것만으로 이를 사용한 행정규칙이 법령의 위임 한계를 벗어났다고는 할 수 없다.
④ 「국토의 계획 및 이용에 관한 법률」 및 같은 법 시행령이 정한 이행강제금의 부과기준은 단지 상한을 정한 것에 불과한 것이므로 행정청에 이와 다른 이행강제금액을 결정할 재량권이 있다.

해설 中

① 어떠한 처분의 근거가 행정규칙에 규정되어 있다고 하더라도, 그 처분이 상대방에게 권리의 설정 또는 의무의 부담을 명하거나 기타 법적인 효과를 발생하게 하는 등으로 그 상대방의 권리의무에 직접 영향을 미치는 행위라면, 이 경우에도 항고소송의 대상이 되는 행정처분에 해당한다(대판 2004.11.26, 2003두10251·10268).
② 재량권 행사의 준칙인 행정규칙이 그 정한 바에 따라 되풀이 시행되어 행정관행이 이루어지게 되면(선례필요설) 평등의 원칙이나 신뢰보호의 원칙에 따라 행정기관은 그 상대방에 대한 관계에서 그 규칙에 따라야 할 자기구속을 받게 되므로, 이러한 경우에는 특별한 사정이 없는 한 그를 위반하는 처분은 평등의 원칙이나 신뢰보호의 원칙에 위배되어 재량권을 일탈·남용한 위법한 처분이 된다(대판 2009.12.24, 2009두7967).
③ 법령상의 어떤 용어가 별도의 법률상의 의미를 가지지 않으면서 일반적으로 통용되는 의미를 가지고 있다면, 상위규범에 그 용어의 의미에 관한 별도의 정의규정을 두고 있지 않고 권한을 위임받은 하위규범에서 그 용어의 사용기준을 정하고 있다 하더라도 하위규범이 상위규범에서 위임한 한계를 벗어났다고 볼 수 없으며, 행정규칙에서 사용하는 개념이 달리 해석할 여지가 있다 하더라도 행정청이 수권의 범위 내에서 법령이 위임한 취지 및 형평과 비례의 원칙에 기초하여 합목적적으로 기준을 설정하여 그 개념을 해석·적용하고 있다면, 개념이 달리 해석할 여지가 있다는 것만으로 이를 사용한 행정규칙이 법령의 위임 한계를 벗어났다고는 할 수 없다(대판 2008.4.10, 2007두4841).
④ 「국토의 계획 및 이용에 관한 법률」(국토계획법) 제124조의2 제1항, 제2항 및 「국토의 계획 및 이용에 관한 법률 시행령」 제124조의3 제3항이 토지이용에 관한 이행명령의 불이행에 대하여 법령 자체에서 토지이용의무 위반을 유형별로 구분하여 이행강제금을 차별하여 규정하고 있는 등 규정의 체계, 형식 및 내용에 비추어 보면, 국토계획법 및 「국토의 계획 및 이용에 관한 법률 시행령」이 정한 이행강제금의 부과기준은 단지 상한을 정한 것에 불과한 것이 아니라, 위반행위 유형별로 계산된 특정 금액을 규정한 것이므로 행정청에 이와 다른 이행강제금액을 결정할 재량권이 없다고 보아야 한다(대판 2014.11.27, 2013두8653).

정답 ④

6. 행정입법에 대한 판례의 입장으로 옳지 않은 것은? 16 지방직9급

① 행정입법부작위의 위헌·위법성과 관련하여, 하위 행정입법의 제정 없이 상위 법령의 규정만으로 집행이 이루어질 수 있는 경우에도 상위 법령의 명시적 위임이 있다면 하위 행정입법을 제정하여야 할 작위의무는 인정된다.
② 법령의 위임관계는 반드시 하위 법령의 개별조항에서 위임의 근거가 되는 상위 법령의 해당 조항을 구체적으로 명시하고 있어야 하는 것은 아니다.
③ 입법부가 법률로써 행정부에게 특정한 사항을 위임했음에도 불구하고 행정부가 정당한 이유 없이 이를 이행하지 않는다면 권력분립의 원칙과 법치국가 내지 법치행정의 원칙에 위배된다.
④ 상위 법령에서 세부사항 등을 시행규칙으로 정하도록 위임하였으나 이를 고시 등 행정규칙으로 정한 경우에는 대외적 구속력을 가지는 법규명령으로서의 효력을 인정할 수 없다.

해설 ➤ 中

① 행정입법의 부작위가 위헌·위법이라고 하기 위하여는 행정청에게 행정입법을 하여야 할 작위의무를 전제로 하는 것이고, 그 작위의무가 인정되기 위하여는 행정입법의 제정이 법률의 집행에 필수불가결한 것이어야 하는바, 만일 하위 행정입법의 제정 없이 상위 법령의 규정만으로도 집행이 이루어질 수 있는 경우라면 하위 행정입법을 제정하여야 할 작위의무는 인정되지 아니한다고 할 것이다(대판 2007.1.11, 2004두10432).
② 법령의 위임관계는 반드시 하위 법령의 개별조항에서 위임의 근거가 되는 상위 법령의 해당 조항을 구체적으로 명시하고 있어야만 하는 것은 아니라고 할 것이므로, 같은법 시행규칙 제5조가 같은법 시행령 제8조 제3항과의 위임관계를 위와 같이 명시하고 있다고 하여 같은법 시행규칙의 다른 규정에서 같은법 시행령 제8조 제3항의 위임에 기하여 풍속영업의 운영에 관하여 필요한 사항을 따로 정하는 것을 배제하는 취지는 아니라고 할 것이어서, 같은법 시행규칙 제5조 및 제8조 제1항의 위임관계에 관한 규정내용만을 들어 같은법 시행규칙 제8조 제1항과 같은법 시행령 제8조 제3항 사이의 위임관계를 부정할 수는 없다고 할 것이다(대판 1999.12.24, 99두5658).
③ 입법부가 법률로써 행정부에게 특정한 사항을 위임했음에도 불구하고 행정부가 정당한 이유 없이 이를 이행하지 않는다면 권력분립의 원칙과 법치국가 내지 법치행정의 원칙에 위배되는 것으로서 위법함과 동시에 위헌적인 것이 되는바, 구 「군법무관 임용법」 제5조 제3항과 구 「군법무관임용 등에 관한 법률」 제6조가 군법무관의 보수를 법관 및 검사의 예에 준하도록 규정하면서 그 구체적 내용을 시행령에 위임하고 있는 이상, 위 법률의 규정들은 군법무관의 보수의 내용을 법률로써 일차적으로 형성한 것이고, 위 법률들에 의해 상당한 수준의 보수청구권이 인정되는 것이므로, 위 보수청구권은 단순한 기대이익을 넘어서는 것으로서 법률의 규정에 의해 인정된 재산권의 한 내용이 되는 것으로 봄이 상당하고, 따라서 행정부가 정당한 이유 없이 시행령을 제정하지 않은 것은 위 보수청구권을 침해하는 불법행위에 해당한다(대판 2007.11.29, 2006다3561).
④ 행정규칙이나 규정이 상위법령의 위임범위를 벗어난 경우에는 법규명령으로서 대외적 구속력을 인정할 여지는 없다. 이는 행정규칙이나 규정 '내용'이 위임범위를 벗어난 경우뿐 아니라 상위법령의 위임규정에서 특정하여 정한 권한행사의 '절차'나 '방식'에 위배되는 경우도 마찬가지이므로, 상위법령에서 세부사항 등을 시행규칙으로 정하도록 위임하였음에도 이를 고시 등 행정규칙으로 정하였다면 그 역시 대외적 구속력을 가지는 법규명령으로서 효력이 인정될 수 없다(대판 2012.7.5, 2010다72076).

정답 ①

7. 행정입법에 대한 설명으로 옳지 않은 것은? 16 국회직8급

① 상위법령의 위임이 없음에도 상위법령에 규정된 처분 요건을 부령에서 변경하여 규정하였다면 그 부령은 무효이며 따라서 그 부령에 따른 처분 역시 위법하다.
② 고시가 비록 법령에 근거를 둔 것이라고 하더라도 그 규정 내용이 법령의 위임 범위를 벗어난 것일 경우에는 법규명령으로서의 대외적 구속력을 인정할 여지는 없다.
③ 제재적 처분기준의 형식이 부령으로 정립된 경우에는 행정조직 내부에 있어서의 행정명령에 지나지 않는 것과는 달리, 대통령령의 경우에는 대외적으로 국민이나 법원을 구속한다.
④ 법원에 의한 명령 · 규칙의 위헌 · 위법심사는 그 위헌 또는 위법의 여부가 재판의 전제가 된 경우에 비로소 가능하다.
⑤ 헌법재판소는 적극적 행정입법은 물론 행정입법의 부작위에 대하여서도 헌법소원심판의 대상성을 인정한다.

해설 中

① 법령에서 행정처분의 요건 중 일부 사항을 부령으로 정할 것을 위임한 데 따라 시행규칙 등 부령에서 이를 정한 경우에 그 부령의 규정은 국민에 대해서도 구속력이 있는 법규명령에 해당한다고 할 것이지만, 법령의 위임이 없음에도 법령에 규정된 처분 요건에 해당하는 사항을 부령에서 변경하여 규정한 경우에는 그 부령의 규정은 행정청 내부의 사무처리 기준 등을 정한 것으로서 행정조직 내에서 적용되는 행정명령의 성격을 지닐 뿐 국민에 대한 대외적 구속력은 없다고 보아야 한다. 따라서 어떤 행정처분이 그와 같이 법규성이 없는 시행규칙 등의 규정에 위배된다고 하더라도 그 이유만으로 처분이 위법하게 되는 것은 아니라 할 것이고, 또 그 규칙 등에서 정한 요건에 부합한다고 하여 반드시 그 처분이 적법한 것이라고 할 수도 없다. 이 경우 처분의 적법 여부는 그러한 규칙 등에서 정한 요건에 합치하는지 여부가 아니라 일반 국민에 대하여 구속력을 가지는 법률 등 법규성이 있는 관계 법령의 규정을 기준으로 판단하여야 한다(대판 2013.9.12, 2011두10584).

② 「농산물원산지 표시요령」(1999.12.9. 농림부고시 제1999-82호) 제4조 제2항이 "가공품의 원료로 가공품이 사용될 경우 원산지표시는 원료로 사용된 가공품의 원료 농산물의 원산지를 표시하여야 한다."고 규정하고 있더라도 이는 원산지표시 방법에 관한 기술적인 사항이 아닌 원산지표시를 하여야 할 대상에 관한 것이어서 구 「농수산물품질관리법 시행규칙」에 의해 고시로써 정하도록 위임된 사항에 해당한다고 할 수 없어 법규명령으로서의 대외적 구속력을 가질 수 없고, 따라서 법원이 구 농산물품질관리법 시행령을 해석함에 있어서 농산물원산지 표시요령 제4조 제2항을 따라야 하는 것은 아니다(대결 2006.4.28, 2003마715).

③ 주류적 판례는 규정내용을 중시하여 행정규칙설을 취하고 있지만, 구체적으로 보면 법규의 형식이 부령이나 지방자치단체규칙의 형식인 경우에는 행정규칙설을 취하고, 대통령령 형식인 경우에는 법규명령설을 취한다.

④ 헌법 제107조 제2항

⑤ 헌법에서 명문으로 일정한 입법을 하도록 규정한 경우와, 헌법해석상 일정한 입법을 하여야 하는 경우에 국회는 입법의무를 지며 이에 반하는 입법의 부작위는 위헌이 된다. 이 경우 당사자는 위헌확인소송을 청구할 수 있을 것이고, 헌법재판소는 변형결정으로서 입법촉구결정을 할 수도 있다. 즉, 진정입법부작위에 대해서 헌법재판소는 헌법소원을 인정하고 있다(헌재결 1994.12.29, 89헌마2).

헌법에서 기본권보장을 위해 법령에 명시적인 입법 위임을 하였음에도 입법자가 이를 이행하지 않을 때, 그리고 헌법 해석상 특정인에게 구체적인 기본권이 생겨 이를 보장하기 위한 국가의 행위의무 내지 보호의무가 발생하였음이 명백함에도 불구하고 입법자가 전혀 아무런 입법조치를 취하고 있지 않은 경우가 여기에 해당될 것이며, 이때에는 입법부작위가 헌법소원의 대상이 된다(헌재결 1989.3.17, 88헌마1).

정답 ①

8. **행정입법에 대한 설명으로 옳은 것은? (다툼이 있는 경우 판례에 의함)** 16 국가직7급

① 위임명령이 위임 내용을 구체화하는 단계를 벗어나 새로운 입법을 한 것으로 평가할 수 있다고 하더라도 이는 위임의 한계를 일탈한 것이 아니다.

② 법령의 위임이 없음에도 법령에 규정된 처분 요건에 해당하는 사항을 부령에서 변경하여 규정한 경우에는 그 부령의 규정은 행정청 내부의 사무처리 기준 등을 정한 것으로서 행정조직 내에서 적용되는 행정명령의 성격을 지닐 뿐이다.

③ 교육에 관한 조례에 대한 항고소송을 제기함에 있어서는 그 의결기관인 시·도 지방의회를 피고로 하여야 한다.

④ 행정소송에 대한 대법원판결에 의하여 총리령이 법률에 위반된다는 것이 확정된 경우에는 대법원은 지체없이 그 사유를 국무총리에게 통보하여야 한다.

해설 中

① 법률이 특정 사안과 관련하여 시행령에 위임을 한 경우 시행령이 위임의 한계를 준수하고 있는지를 판단할 때는 당해 법률 규정의 입법 목적과 규정 내용, 규정의 체계, 다른 규정과의 관계 등을 종합적으로 살펴야 한다. 법률의 위임 규정 자체가 그 의미 내용을 정확하게 알 수 있는 용어를 사용하여 위임의 한계를 분명히 하고 있는데도 시행령이 그 문언적 의미의 한계를 벗어났다든지, 위임 규정에서 사용하고 있는 용어의 의미를 넘어 그 범위를 확장하거나 축소함으로써 위임 내용을 구체화하는 단계를 벗어나 새로운 입법을 한 것으로 평가할 수 있다면, 이는 위임의 한계를 일탈한 것으로서 허용되지 않는다[대판(전합) 2012.12.20, 2011두30878].

② 법령에서 행정처분의 요건 중 일부 사항을 부령으로 정할 것을 위임한 데 따라 시행규칙 등 부령에서 이를 정한 경우에 그 부령의 규정은 국민에 대해서도 구속력이 있는 법규명령에 해당한다고 할 것이지만, 법령의 위임이 없음에도 법령에 규정된 처분 요건에 해당하는 사항을 부령에서 변경하여 규정한 경우에는 그 부령의 규정은 행정청 내부의 사무처리 기준 등을 정한 것으로서 행정조직 내에서 적용되는 행정명령의 성격을 지닐 뿐 국민에 대한 대외적 구속력은 없다고 보아야 한다. 따라서 어떤 행정처분이 그와 같이 법규성이 없는 시행규칙 등의 규정에 위배된다고 하더라도 그 이유만으로 처분이 위법하게 되는 것은 아니라 할 것이고, 또 그 규칙 등에서 정한 요건에 부합한다고 하여 반드시 그 처분이 적법한 것이라고 할 수도 없다. 이 경우 처분의 적법 여부는 그러한 규칙 등에서 정한 요건에 합치하는지 여부가 아니라 일반 국민에 대하여 구속력을 가지는 법률 등 법규성이 있는 관계 법령의 규정을 기준으로 판단하여야 한다(대판 2013.9.12, 2011두10584).

③ 조례에 대한 항고소송의 피고는 지방자치단체장, 교육조례에 대한 피고는 교육감 : 조례에 대한 무효확인소송을 제기함에 있어서 행정소송법 제38조 제1항, 제13조에 의하여 피고적격이 있는 처분등을 행한 행정청은, 행정주체인 지방자치단체 또는 지방자치단체의 내부적 의결기관으로서 지방자치단체의 의사를 외부에 표시할 권한이 없는 지방의회가 아니라, 구 지방자치법 제19조 제2항, 제92조에 의하여 지방자치단체의 집행

기관으로서 조례로서의 효력을 발생시키는 공포권이 있는 지방자치단체의 장이다. 구 지방교육자치에관한법률 제14조 제5항, 제25조에 의하면 시·도의 교육·학예에 관한 사무의 집행기관은 시·도 교육감이고 시·도 교육감에게 지방교육에 관한 조례안의 공포권이 있다고 규정되어 있으므로, 교육에 관한 조례의 무효확인소송을 제기함에 있어서는 그 집행기관인 시·도 교육감을 피고로 하여야 한다(대판 1996.9.20, 95누8003).
④ 행정소송에 대한 대법원판결에 의하여 명령·규칙이 헌법 또는 법률에 위반된다는 것이 확정된 경우에는 대법원은 지체없이 그 사유를 행정안전부장관[법무부장관(×), 법제처장(×), 국무총리(×), 소관 사무의 관할권이 있는 장관(×)]에게 통보하여야 한다(행정소송법 제6조 제1항).

정답 ②

9. 행정입법에 대한 판례의 입장으로 옳지 않은 것은? 17 국가직9급

① 헌법재판소는 대법원규칙인 구 「법무사법 시행규칙」에 대해, 법규명령이 별도의 집행행위를 기다리지 않고 직접 기본권을 침해하는 것일 때에는 헌법 제107조 제2항의 명령·규칙에 대한 대법원의 최종심사권에도 불구하고 헌법소원심판의 대상이 된다고 한다.
② 대법원은 구 「여객자동차 운수사업법 시행규칙」 제31조 제2항 제1호, 제2호, 제6호는 구 「여객자동차 운수사업법」 제11조 제4항의 위임에 따라 시외버스운송사업의 사업계획변경에 관한 절차, 인가기준 등을 구체적으로 규정한 것으로서 행정청 내부의 사무처리준칙을 규정한 행정규칙에 불과하다고 할 수는 없다고 한다.
③ 대법원은 재량준칙이 되풀이 시행되어 행정관행이 성립된 경우에는 당해 재량준칙에 자기구속력을 인정한다. 따라서 당해 재량준칙에 반하는 처분은 법규범인 당해 재량준칙을 직접 위반한 것으로서 위법한 처분이 된다고 한다.
④ 헌법재판소는 법률이 일정한 사항을 행정규칙에 위임하더라도 그 위임은 전문적·기술적 사항이나 경미한 사항으로서 업무의 성질상 위임이 불가피한 사항에 한정된다고 한다.

해설 > 中

① 입법부에서 제정한 법률, 행정부에서 제정한 시행령이나 시행규칙 및 사법부에서 제정한 규칙 등은 그것들이 별도의 집행행위를 기다리지 않고 직접 기본권을 침해하는 것일 때에는 모두 헌법소원심판의 대상이 될 수 있는 것이다(헌재결 1990.10.15, 89헌마178).
② 시외버스운송사업의 사업계획변경 기준 등에 관한 구 「여객자동차운수사업법 시행규칙」 제31조 제2항 제1호·제2호·제6호의 법적 성질은 법규명령 : 구 「여객자동차운수사업법 시행규칙」 제31조 제2항 제1호·제2호·제6호는 구 여객자동차운수사업법 제11조 제4항의 위임에 따라 시외버스운송사업의 사업계획변경에 관한 절차, 인가기준 등을 구체적으로 규정한 것으로서, 대외적인 구속력이 있는 법규명령이라고 할 것이고, 그것을 행정청 내부의 사무처리준칙을 규정한 행정규칙에 불과하다고 할 수는 없다(대판 2006.6.27, 2003두4355).
③ 재량준칙을 직접 위반했다는 논거가 아니라, 평등의 원칙이나 신뢰보호의 원칙에 위배되어 재량권을 일탈·남용한 위법한 처분이 된다.
상급행정기관이 하급행정기관에 대하여 업무처리지침이나 법령의 해석적용에 관한 기준(법령해석규칙)을 정하여 발하는 이른바 '행정규칙이나 내부지침'은 일반적으로 행정조직 내부에서만 효력을 가질 뿐, 대외적인 구속력을 갖는 것은 아니므로 행정처분이 그에 위반하였다고 하여 그러한 사정만으로 곧바로 위법하게 되는 것은 아니다. 다만, 재량권 행사의 준칙인 행정규칙이 그 정한 바에 따라 되풀이 시행되어 행정관행이 이루어지게 되면(선례필요설) 평등의 원칙이나 신뢰보호의 원칙에 따라 행정기관은 그 상대방에 대한 관계에서 그 규칙에 따라야 할 자기구속을 받게 되므로, 이러한 경우에는 특별한 사정이 없는 한 그를 위반하는 처분은 평등의 원칙이나 신뢰보호의 원칙에 위배되어 재량권을 일탈·남용한 위법한 처분이 된다(대판 2009.12.24, 2009두7967).
④ 기본권을 제한하는 내용의 입법을 위임할 때에는 법규명령에 위임하는 것이 원칙이고, 고시와 같은 형식으로 입법위임을 할 때에는 법령이 전문적·기술적 사항이나 경미한 사항으로서 업무의 성질상 위임이 불가피한 사항에 한정된다(헌재결 2014.7.24, 2013헌바183·202).

정답 ③

10. 행정입법에 대한 판례의 입장으로 옳지 않은 것은? 17 지방직9급

① 제재적 행정처분의 기준이 부령의 형식으로 규정되어 있는 경우, 이 처분기준에 적합하다 하여 곧바로 당해 처분이 적법한 것이라고 할 수는 없다.
② 구 「청소년보호법」의 위임에 따른 동법시행령 상의 위반행위의 종별에 따른 과징금처분기준은 법규명령이다.
③ 어느 시행령의 규정이 모법에 저촉되는지 여부가 명백하지 아니하는 경우에는 모법과 시행령의 다른 규정들과 그 입법 취지, 연혁 등을 종합적으로 살펴 모법에 합치한다는 해석도 가능한 경우라면 그 규정을 모법위반으로 무효라고 선언하여서는 안 된다.
④ 치과전문의 시험실시를 위한 시행규칙 규정의 제정 미비로 인해 치과전문의 자격을 갖지 못한 사람은 부작위위법확인소송을 통하여 구제 받을 수 있다.

해설 ➤ 中

① 제재적 행정처분의 기준이 부령의 형식으로 규정되어 있더라도 그것은 행정청 내부의 사무처리준칙을 정한 것에 지나지 아니하여 대외적으로 국민이나 법원을 기속하는 효력이 없고, 당해 처분의 적법 여부는 위 처분기준만이 아니라 관계법령의 규정내용과 취지에 따라 판단되어야 하므로, 위 처분기준에 적합하다 하여 곧바로 당해 처분이 적법한 것이라고 할 수는 없지만, 위 처분기준이 그 자체로 헌법 또는 법률에 합치되지 아니하거나 위 처분기준에 따른 제재적 행정처분이 그 처분사유가 된 위반행위의 내용 및 관계법령의 규정내용과 취지에 비추어 현저히 부당하다고 인정할 만한 합리적인 이유가 없는 한 섣불리 그 처분이 재량권의 범위를 일탈하였거나 재량권을 남용한 것이라고 판단해서는 안 된다(대판 2007.9.20, 2007두6946).

② 구 청소년보호법 제49조 제1항·제2항에 따른 같은법 시행령 제40조 [별표 6]의 '위반행위의 종별에 따른 과징금처분기준'은 법규명령이기는 하나 모법의 위임규정의 내용과 취지 및 헌법상의 과잉금지의 원칙과 평등의 원칙 등에 비추어 같은 유형의 위반행위라 하더라도 그 규모나 기간·사회적 비난 정도·위반행위로 인하여 다른 법률에 의하여 처벌받은 다른 사정·행위자의 개인적 사정 및 위반행위로 얻은 불법이익의 규모 등 여러 요소를 종합적으로 고려하여 사안에 따라 적정한 과징금의 액수를 정하여야 할 것이므로 그 수액은 정액이 아니라 최고한도액이다(대판 2001.3.9, 99두5207).

③ 어느 시행령이나 조례의 규정이 모법에 저촉되는지가 명백하지 않는 경우에는 모법과 시행령 또는 조례의 다른 규정들과 그 입법 취지, 연혁 등을 종합적으로 살펴 모법에 합치된다는 해석도 가능한 경우라면 그 규정을 모법위반으로 무효라고 선언해서는 안 된다. 이러한 법리는, 국가의 법체계는 그 자체 통일체를 이루고 있는 것이므로 상·하규범 사이의 충돌은 최대한 배제되어야 한다는 원칙과 더불어, 민주법치국가에서 규범은 일반적으로 상위규범에 합치할 것이라는 추정원칙에 근거하고 있을 뿐만 아니라, 실제적으로도 하위규범이 상위규범에 저촉되어 무효라고 선언되는 경우에는 그로 인한 법적 혼란과 법적 불안정은 물론, 그에 대체되는 새로운 규범이 제정될 때까지의 법적 공백과 법적 방황은 상당히 심각할 것이므로 이러한 폐해를 회피하기 위해서도 필요하다(대판 2014.1.16, 2011두6264).

④ 대법원판례는 행정입법에 대한 부작위위법확인소송을 인정하지 않는다. 다만, 헌법재판소는 권리구제소원을 인정한다.

[대법원] 행정소송은 구체적 사건에 대한 법률상 분쟁을 법에 의하여 해결함으로써 법적 안정을 기하자는 것이므로 부작위위법확인소송의 대상이 될 수 있는 것은 구체적 권리의무에 관한 분쟁이어야 하고 추상적인 법령에 관하여 제정의 여부 등은 그 자체로서 국민의 구체적인 권리의무에 직접적 변동을 초래하는 것(처분)이 아니어서 행정소송의 대상이 될 수 없으므로 이 사건 소는 부적법하다(대판 1992.5.8, 91누11261).

[헌법재판소] 삼권분립의 원칙, 법치행정의 원칙을 당연한 전제로 하고 있는 우리 헌법하에서 행정권의 행정입법 등 법집행의무는 헌법적 의무라고 보아야 한다. 왜냐하면 행정입법이나 처분의 개입 없이도 법률이 집행될 수 있거나 법률의 시행 여부나 시행시기까지 행정권에 위임된 경우는 별론으로 하고, 이 사건과 같이 치과전문의제도의 실시를 법률 및 대통령령이 규정하고 있고 그 실시를 위하여 시행규칙의 개정 등이 행해져야 함에도 불구하고 행정권이 법률의 시행에 필요한 행정입법을 하지 아니하는 경우에는 행정권에 의하여 입법권이 침해되는 결과가 되기 때문이다. 따라서 보건복지부장관에게는 헌법에서 유래하는 행정입법의 작위의무가 있다(헌재결 1998.7.16, 96헌마246).

정답 ④

11. 행정입법에 대한 설명으로 옳지 않은 것은? (다툼이 있는 경우 판례에 의함) 17 지방직9급

① 자치법적 사항을 규정한 조례에 대한 법률의 위임은 법규명령에 대한 법률의 위임과 같이 반드시 구체적으로 범위를 정하여야 할 필요가 없으며 포괄적인 것으로 족하다.
② 행정입법부작위에 대해서는 당사자의 신청이 있는 경우에 한하여 부작위위법확인소송의 대상이 된다.
③ 다양한 사실관계를 규율하거나 사실관계가 수시로 변화될 것이 예상되는 분야에서는 다른 분야에 비하여 상대적으로 입법위임의 명확성·구체성이 완화된다.
④ 법률의 시행령이 형사처벌에 관한 사항을 규정하면서 법률의 명시적인 위임 범위를 벗어나 처벌의 대상을 확장하는 것은 죄형법정주의원칙에 어긋나는 것이므로, 그러한 시행령은 위임입법의 한계를 벗어난 것으로서 무효이다.

해설 ➤ 中

① 조례의 제정권자인 지방의회는 선거를 통해서 그 지역적인 민주적 정당성을 지니고 있는 주민의 대표기관이고 헌법이 지방자치단체에 포괄적인 자치권을 보장하고 있는 취지로 볼 때, 조례에 대한 법률의 위임은 법규명령에 대한 법률의 위임과 같이 반드시 구체적으로 범위를 정하여 할 필요가 없으며 포괄적인 것으로 족하다(헌재결 1995.4.20, 92헌마264·279).
② 원고는 안동지역댐 피해대책위원회 위원장으로서 안동댐 건설로 인하여 급격한 이상기후의 발생 등으로 많은 손실을 입어 왔는바, 특정다목적댐법 제41조에 의하면 다목적댐 건설로 인한 손실보상 의무가 국가에게 있고 같은법 제42조에 의하면 손실보상 절차와 그 방법 등 필요한 사항은 대통령령으로 규정하도록 되어 있음에도 피고가 이를 제정하지 아니한 것은 행정입법부작위에 해당하는 것이어서 그 부작위위법확인을 구한다고 주장하나, 행정소송은 구체적 사건에 대한 법률상 분쟁을 법에 의하여 해결함으로써 법적 안정을 기하자는 것이므로 부작위위법확인소송의 대상이 될 수 있는 것은 구체적 권리의무에 관한 분쟁이어야 하고 추상적인 법령에 관하여 제정의 여부 등은 그 자체로서 국민의 구체적인 권리의무에 직접적 변동을 초래하는 것(처분)이 아니어서 행정소송의 대상이 될 수 없으므로 이 사건 소는 부적법하다(대판 1992.5.8, 91누11261).
③ 다양한 형태의 사실관계를 규율하거나 규율대상인 사실관계가 상황에 따라 자주 변화하리라고 예상된다면 규율대상인 사실관계의 특성을 고려하여 명확성에 대하여 엄격한 요구를 할 수 없다. 이러한 경우, 복잡·다양하고 변화하는 상황에 따른 합리적인 해결이 가능하도록 입법권을 위임받는 행정부에 어느 정도 자유공간을 인정할 필요가 있다(헌재결 2003.7.24, 2002헌바82).
④ 법률의 시행령은 모법인 법률의 위임 없이 법률이 규정한 개인의 권리·의무에 관한 내용을 변경·보충하거나 법률에서 규정하지 아니한 새로운 내용을 규정할 수 없고, 특히 법률의 시행령이 형사처벌에 관한 사항을 규정하면서 법률의 명시적인 위임 범위를 벗어나 처벌의 대상을 확장하는 것은 죄형법정주의의 원칙에도 어긋나는 것이므로, 그러한 시행령은 위임입법의 한계를 벗어난 것으로서 무효이다[대판(전합) 2017.2.16, 2015도16014].

정답 ②

12. 행정입법에 대한 설명으로 옳지 않은 것은? (다툼이 있는 경우 판례에 의함) 17 국회직8급

① 상위법령의 시행을 위하여 제정한 집행명령은 그 상위법령이 개정되더라도 개정법령과 성질상 모순·저촉되지 않는 이상 여전히 그 효력을 가진다.
② 행정규칙인 고시가 집행행위의 개입 없이도 그 자체로서 국민의 구체적인 권리·의무에 직접적인 변동을 초래하는 경우에는 항고소송의 대상이 된다.
③ 행정각부의 장관이 정한 고시가 상위 법령의 수권에 의한 것으로 법령 내용을 보충하는 기능을 하는 경우에도 그 규정 형식이 법령의 위임 범위를 벗어난 것이라면 법규명령으로서의 대외적 구속력이 인정되지 않는다.
④ 수권법령에 재위임을 허용하는 규정이 없더라도 위임받은 사항에 관하여 대강을 정하고 그 중의 특정사항을 범위를 정하여 하위법령에 재위임하는 것은 허용된다.
⑤ 상위법령의 시행을 위하여 법규명령을 제정하여야 할 의무가 인정됨에도 불구하고 법규명령을 제정하고 있지 않은 경우, 그러한 부작위는 부작위위법확인소송을 통하여 다툴 수 있다.

해설 ▸ 中

① 상위법령의 시행에 필요한 세부적 사항을 정하기 위하여 행정관청이 일반적 직권에 의하여 제정하는 이른바 집행명령은 근거법령인 상위법령이 폐지되면 특별한 규정이 없는 이상 실효되는 것이나, 상위법령이 개정됨에 그친 경우에는 개정법령과 성질상 모순, 저촉되지 아니하고 개정된 상위법령의 시행에 필요한 사항을 규정하고 있는 이상 그 집행명령은 상위법령의 개정에도 불구하고 당연히 실효되지 아니하고 개정법령의 시행을 위한 집행명령이 제정, 발효될 때까지는 여전히 그 효력을 유지한다(대판 1989.9.12, 88누6962).

② 어떠한 고시가 일반적·추상적 성격을 가질 때에는 법규명령 또는 행정규칙에 해당할 것이지만, 다른 집행행위의 매개 없이 그 자체로서 직접 국민의 구체적인 권리의무나 법률관계를 규율하는 성격을 가질 때에는 항고소송의 대상이 되는 행정처분에 해당한다(대판 2006.9.22, 2005두2506).

③ 행정규칙이나 규정이 상위법령의 위임범위를 벗어난 경우에는 법규명령으로서 대외적 구속력을 인정할 여지는 없다. 이는 행정규칙이나 규정 '내용'이 위임범위를 벗어난 경우뿐 아니라 상위법령의 위임규정에서 특정하여 정한 권한행사의 '절차'나 '방식'에 위배되는 경우도 마찬가지이므로, 상위법령에서 세부사항 등을 시행규칙으로 정하도록 위임하였음에도 이를 고시 등 행정규칙으로 정하였다면 그 역시 대외적 구속력을 가지는 법규명령으로서 효력이 인정될 수 없다(대판 2012.7.5, 2010다72076).

④ 법률에서 위임받은 사항을 전혀 규정하지 아니하고 그대로 하위의 법규명령에 재위임하는 것은 허용되지 않으며 위임받은 사항에 관하여 대강을 정하고 그 중의 특정사항을 범위를 정하여 하위의 법규명령에 다시 위임하는 경우에만 재위임이 허용된다(헌재결 2002.10.31, 2001헌라1부).

⑤ 행정소송은 구체적 사건에 대한 법률상 분쟁을 법에 의하여 해결함으로써 법적 안정을 기하자는 것이므로 부작위위법확인소송의 대상이 될 수 있는 것은 구체적 권리의무에 관한 분쟁이어야 하고 추상적인 법령에 관하여 제정의 여부 등은 그 자체로서 국민의 구체적인 권리의무에 직접적 변동을 초래하는 것(처분)이 아니어서 행정소송의 대상이 될 수 없으므로 이 사건 소는 부적법하다(대판 1992.5.8, 91누11261).

정답 ⑤

13. 다음 설명 중 옳지 않은 것은? (다툼이 있는 경우 판례에 의함) 17 서울시7급

① 삼권분립의 원칙, 법치행정의 원칙을 당연한 전제로 하고 있는 우리 헌법하에서 행정권의 행정입법 등 법집행의무는 헌법적 의무라고 보아야 한다.

② 국립대학교의 대학입학고사 주요 요강은 공권력의 행사로서 행정쟁송의 대상이 될 수 있는 행정처분이다.

③ 입법의 내용·범위·절차 등의 결함을 이유로 헌법소원을 제기하려면 결함이 있는 당해 입법규정 그 자체를 대상으로 하여 그것이 평등의 원칙에 위배된다는 등 헌법위반을 내세워 적극적인 헌법소원을 제기하여야 하며, 이 경우에는 「헌법재판소법」 소정의 제소기간을 준수하여야 한다.

④ 어떠한 고시가 일반적·추상적 성격을 가질 때에는 법규명령 또는 행정규칙에 해당할 것이지만, 다른 집행행위의 매개 없이 그 자체로서 직접 국민의 구체적인 권리의무나 법률관계를 규율하는 성격을 가질 때에는 항고소송의 대상이 되는 행정처분에 해당한다.

해설 ▸ 中

① 삼권분립의 원칙, 법치행정의 원칙을 당연한 전제로 하고 있는 우리 헌법하에서 행정권의 행정입법 등 법집행의무는 헌법적 의무라고 보아야 한다. 왜냐하면 행정입법이나 처분의 개입 없이도 법률이 집행될 수 있거나 법률의 시행 여부나 시행시기까지 행정권에 위임된 경우는 별론으로 하고, 이 사건과 같이 치과전문의제도의 실시를 법률 및 대통령령이 규정하고 있고 그 실시를 위하여 시행규칙의 개정 등이 행해져야 함에도 불구하고 행정권이 법률의 시행에 필요한 행정입법을 하지 아니하는 경우에는 행정권에 의하여 입법권이 침해되는 결과가 되기 때문이다(헌재결 1998.7.16, 96헌마246).

② 국립대학인 서울대학교의 「1994학년도 대학입학고사주요요강」은 사실상의 준비행위 내지 사전안내로서 행정쟁송의 대상이 될 수 있는 행정처분이나 공권력의 행사는 될 수 없지만 그 내용이 국민의 기본권에 직접 영향을 끼치는 내용이고 앞으로 법령의 뒷받침에 의하여 그대로 실시될 것이 틀림없을 것으로 예상되어 그로 인하여 직접적으로 기본권 침해를 받게 되는 사람에게는 사실상의 규범작용으로 인한 위험성이 이미 현실적으로 발생하였다고 보아야 할 것이므로 이는 헌법소원의 대상이 되는 헌법재판소법 제68조 제1항 소정의 공권력의 행사에 해당된다고 할 것이며, 이 경우 헌법소원 외에 달리 구제방법이 없다(헌재결 1992.10.1, 92헌마68·76).

③ 이른바 부진정입법부작위를 대상으로 헌법소원을 제기하려면 그것이 평등의 원칙에 위배된다는 등 헌법위반을 내세워 적극적인 헌법소원을 제기하여야 하며, 이 경우에는 헌법재판소법 소정의 제소기간(청구기간)을 준수하여야 한다(헌재결 1996.10.31, 94헌마204).

④ 대판 2006.9.22, 2005두2506

정답 ②

14. 행정입법에 대한 설명으로 옳지 않은 것은? (다툼이 있는 경우 판례에 의함) 18 국가직9급

① 국민의 구체적인 권리의무에 직접적으로 변동을 초래하지 않는 추상적인 법령의 제정 여부 등은 부작위위법확인소송의 대상이 될 수 없다.
② 보건복지부 고시인 구 「약제급여·비급여목록 및 급여상한금액표」는 그 자체로서 국민건강보험가입자, 국민건강보험공단, 요양기관 등의 법률관계를 직접 규율하는 성격을 가지므로 항고소송의 대상이 되는 행정처분에 해당한다.
③ 행정규칙의 공표는 행정규칙의 성립요건이나 효력요건은 아니나, 「행정절차법」에서는 행정청은 필요한 처분기준을 당해 처분의 성질에 비추어 될 수 있는 한 구체적으로 공표하도록 하고 있다.
④ 일반적으로 시행령이 헌법이나 법률에 위반된다는 사정은 그 시행령의 규정을 위헌 또는 위법하여 무효라고 선언한 대법원의 판결이 선고되지 않은 상태에서도 그 시행령 규정의 위헌 내지 위법 여부가 객관적으로 명백하다고 할 수 있으므로, 이러한 시행령에 근거한 행정처분의 하자는 무효사유에 해당한다.

해설 中

① 원고는 안동지역댐 피해대책위원회 위원장으로서 안동댐 건설로 인하여 급격한 이상기후의 발생 등으로 많은 손실을 입어 왔는바, 특정다목적댐법 제41조에 의하면 다목적댐 건설로 인한 손실보상 의무가 국가에게 있고 같은법 제42조에 의하면 손실보상 절차와 그 방법 등 필요한 사항은 대통령령으로 규정하도록 되어 있음에도 피고가 이를 제정하지 아니한 것은 행정입법부작위에 해당하는 것이어서 그 부작위위법확인을 구한다고 주장하나, 행정소송은 구체적 사건에 대한 법률상 분쟁을 법에 의하여 해결함으로써 법적 안정을 기하자는 것이므로 부작위위법확인소송의 대상이 될 수 있는 것은 구체적 권리의무에 관한 분쟁이어야 하고 추상적인 법령에 관하여 제정의 여부 등은 그 자체로서 국민의 구체적인 권리의무에 직접적 변동을 초래하는 것(처분)이 아니어서 행정소송의 대상이 될 수 없으므로 이 사건 소는 부적법하다(대판 1992.5.8, 91누11261).
② 보건복지부 고시인 「약제급여·비급여목록 및 급여상한금액표」(보건복지부 고시 제2002-46호로 개정된 것)는 다른 집행행위의 매개 없이 그 자체로서 국민건강보험가입자, 국민건강보험공단, 요양기관 등의 법률관계를 직접 규율하는 성격을 가지므로 항고소송의 대상이 되는 행정처분에 해당한다(대판 2006.9.22, 2005두2506).
③ 같은 법 제20조 제1항
④ 일반적으로 시행령이 헌법이나 법률에 위반된다는 사정은 그 시행령의 규정을 위헌 또는 위법하여 무효라고 선언한 대법원의 판결이 선고되지 아니한 상태에서는 그 시행령 규정의 위헌 내지 위법 여부가 해석상 다툼의 여지가 없을 정도로 명백하였다고 인정되지 아니하는 이상 객관적으로 명백한 것이라 할 수 없으므로, 이러한 시행령에 근거한 행정처분의 하자는 취소사유에 해당할 뿐 무효사유가 되지 아니한다(대판 2007.6.14, 2004두619).

정답 ④

15. **다음은 행정입법에 대한 대법원 판결문의 일부이다. 이에 대한 설명으로 옳은 것은?** 18 국회직8급

> 「공공기관의 운영에 관한 법률」(이하 '공공기관법'이라 한다) 제39조 제2항, 제3항 및 그 위임에 따라 기획재정부령으로 제정된 「공기업·준정부기관 계약사무규칙」 제15조 제1항(이하 '이 사건 규칙 조항'이라 한다)의 내용을 대비해 보면, 입찰참가자격제한의 요건을 공공기관법에서는 '공정한 경쟁이나 계약의 적정한 이행을 해칠 것이 명백할 것'을 규정하고 있는 반면, 이 사건 규칙 조항에서는 '경쟁의 공정한 집행이나 계약의 적정한 이행을 해칠 우려가 있거나 입찰에 참가시키는 것이 부적합하다고 인정되는 자'라고 규정함으로써, 이 사건 규칙 조항이 법률에 규정된 것보다 한층 완화된 처분요건을 규정하여 그 처분대상을 확대하고 있다. 그러나 공공기관법 제39조 제3항에서 부령에 위임한 것은 '입찰참가자격의 제한기준 등에 관하여 필요한 사항'일 뿐이고, 이는 그 규정의 문언상 입찰참가자격을 제한하면서 그 기간의 정도와 가중 · 감경 등에 관한 사항을 의미하는 것이지 처분의 요건까지를 위임한 것이라고 볼 수는 없다. 따라서 이 사건 규칙 조항에서 위와 같이 처분의 요건을 완화하여 정한 것은 상위법령의 위임 없이 규정한 것이므로 이는 행정기관 내부의 사무처리준칙을 정한 것에 지나지 않는다.

① 「공기업·준정부기관 계약사무규칙」 제15조 제1항은 국민에 대하여 구속력이 있다.
② 법률의 위임이 없음에도 법률에 규정된 처분 요건을 부령에서 변경하여 규정한 경우에는 그 부령의 규정은 국민에 대하여 대외적 구속력은 없다.
③ 어떤 행정처분이 법규성이 없는 부령의 규정에 위배되면 그 처분은 위법하고, 또 그 부령에서 정한 요건에 부합하면 그 처분은 적법하다.
④ 입찰참가자격제한처분의 적법 여부는 「공기업·준정부기관 계약사무규칙」 제15조 제1항에서 정한 요건에 합치하는지 여부와 공공기관법 제39조의 규정을 기준으로 판단하여야 한다.
⑤ 법령에서 행정처분의 요건 중 일부 사항을 부령으로 정할 것을 위임한 데 따라 부령에서 이를 정하고 있는 경우에 그 부령의 규정은 국민에 대하여 구속력이 없다.

해설 ➤ 中

①②⑤ 법령에서 행정처분의 요건 중 일부 사항을 부령으로 정할 것을 위임한 데 따라 시행규칙 등 부령에서 이를 정한 경우에 그 부령의 규정은 국민에 대해서도 구속력이 있는 법규명령에 해당한다고 할 것이지만, 법령의 위임이 없음에도 법령에 규정된 처분 요건에 해당하는 사항을 부령에서 변경하여 규정한 경우에는 그 부령의 규정은 행정청 내부의 사무처리 기준 등을 정한 것으로서 행정조직 내에서 적용되는 행정명령의 성격을 지닐 뿐 국민에 대한 대외적 구속력은 없다고 보아야 한다(대판 2013.9.12, 2011두10584).

③④ 어떤 행정처분이 그와 같이 법규성이 없는 시행규칙 등의 규정에 위배된다고 하더라도 그 이유만으로 처분이 위법하게 되는 것은 아니라 할 것이고, 또 그 규칙 등에서 정한 요건에 부합한다고 하여 반드시 그 처분이 적법한 것이라고 할 수도 없다. 이 경우 처분의 적법 여부는 그러한 규칙 등에서 정한 요건에 합치하는지 여부가 아니라 일반 국민에 대하여 구속력을 가지는 법률 등 법규성이 있는 관계 법령의 규정을 기준으로 판단하여야 한다(대판 2013.9.12, 2011두10584).

정답 ②

16. 행정입법에 대한 설명으로 옳지 않은 것은? (다툼이 있는 경우 판례에 의함) 18 국회직8급

① 일반적으로 법률의 위임에 따라 효력을 갖는 법규명령의 경우에 위임의 근거가 없어 무효였더라도 나중에 법 개정으로 위임의 근거가 부여되면 그때부터는 유효한 법규명령으로 볼 수 있다. 그러나 법규명령이 개정된 법률에 규정된 내용을 함부로 유추·확장하는 내용의 해석규정이어서 위임의 한계를 벗어난 것으로 인정될 경우에는 법규명령은 여전히 무효이다.

② 헌법 제107조 제2항의 규정에 따르면 행정입법의 심사는 일반적인 재판절차에 의하여 구체적 규범통제의 방법에 의하도록 하고 있으므로, 원칙적으로 당사자는 구체적 사건의 심판을 위한 선결문제로서 행정입법의 위법성을 주장하여 법원에 대하여 당해 사건에 대한 적용 여부의 판단을 구할 수 있을 뿐 행정입법 자체의 합법성의 심사를 목적으로 하는 독립한 신청을 제기할 수는 없다.

③ 행정입법에 관여한 공무원이 입법 당시의 상황에서 다양한 요소를 고려하여 나름대로 합리적인 근거를 찾아 어느 하나의 견해에 따라 경과규정을 두는 등의 조치 없이 새 법령을 그대로 시행하거나 적용하였더라도 이러한 경우에까지 「국가배상법」 제2조 제1항에서 정한 국가배상책임의 성립요건인 공무원의 과실이 있다고 할 수는 없다.

④ 「공공기관의 정보공개에 관한 법률」 제9조 제1항 제1호의 '법률에서 위임한 명령'은 법률의 위임규정에 의하여 제정된 대통령령, 총리령, 부령 전부를 의미한다.

⑤ 구 「여객자동차 운수사업법」 제11조 제4항의 위임에 따라 시외버스운송사업의 사업계획변경에 관한 절차, 인가기준 등을 구체적으로 규정한 구 「여객자동차 운수사업법 시행규칙」 제31조 제2항 제1호, 제2호, 제6호는 대외적인 구속력이 있는 법규명령이라고 할 것이고, 그것을 행정청 내부의 사무처리준칙을 규정한 행정규칙에 불과하다고 할 수는 없다.

해설 ➤ (上)

① 일반적으로 법률의 위임에 의하여 효력을 갖는 법규명령(위임명령)의 경우, 구법에 위임의 근거가 없어 무효였더라도 사후에 법개정으로 위임의 근거가 부여되면 그때부터는 유효한 법규명령이 되나, 반대로 구법의 위임에 의한 유효한 법규명령이 법개정으로 위임의 근거가 없어지게 되면 그때부터 무효인 법규명령이 되므로, 어떤 법령의 위임근거 유무에 따른 유효 여부를 심사하려면 법개정의 전·후에 걸쳐 모두 심사하여야만 그 법규명령의 시기에 따른 유효·무효를 판단할 수 있다(대판 1995.6.30, 93추83).

② 헌법 제107조 제2항의 규정에 따르면 행정입법의 심사는 일반적인 재판절차에 의하여 구체적 규범통제의 방법에 의하도록 명시하고 있으므로, 당사자는 구체적 사건의 심판을 위한 선결문제로서 행정입법의 위법성을 주장하여 법원에 대하여 당해 사건에 대한 적용 여부의 판단을 구할 수 있을 뿐 행정입법 자체의 합법성의 심사를 목적으로 하는 독립한 신청을 제기할 수는 없다(대결 1994.4.26, 93부32).

③ 입법자가 신뢰보호 조치가 필요한지를 판단하기 위하여는 관련 당사자의 신뢰의 정도, 신뢰이익의 보호가치와 새 법령을 통해 실현하고자 하는 공익적 목적 등을 종합적으로 비교·형량하여야 하는데, 이러한 비교·형량에 관하여는 여러 견해가 있을 수 있으므로, 행정입법에 관여한 공무원이 입법 당시의 상황에서 다양한 요소를 고려하여 나름대로 합리적인 근거를 찾아 어느 하나의 견해에 따라 경과규정을 두는 등의 조치 없이 새 법령을 그대로 시행하거나 적용하였다면, 그와 같은 공무원의 판단이 나중에 대법원이 내린 판단과 같지 아니하여 결과적으로 시행령 등이 신뢰보호의 원칙 등에 위배되는 결과가 되었다고 하더라도, 이러한 경우에까지 국가배상법 제2조 제1항에서 정한 국가배상책임의 성립요건인 공무원의 과실이 있다고 할 수는 없다(대판 2013.4.26, 2011다14428).

④ '법률에 의한 명령'은 정보의 공개에 관하여 법률의 구체적인 위임 아래 제정된 법규명령(위임명령)을 의미한다(대판 2010.6.10, 2010두2913).

⑤ 구 「여객자동차운수사업법 시행규칙」 제31조 제2항 제1호·제2호·제6호는 구 여객자동차운수사업법 제11조 제4항의 위임에 따라 시외버스운송사업의 사업계획변경에 관한 절차, 인가기준 등을 구체적으로 규정한 것으로서, 대외적인 구속력이 있는 법규명령이라고 할 것이고, 그것을 행정청 내부의 사무처리준칙을 규정한 행정규칙에 불과하다고 할 수는 없다(대판 2006.6.27, 2003두4355).

정답 ④

17. 행정입법에 대한 설명으로 옳은 것은? (다툼이 있는 경우 판례에 의함) 19 국가직9급

① 상위 법령등의 단순한 집행을 위해 총리령을 제정하려는 경우, 행정상 입법예고를 하지 아니할 수 있다.
② 특히 긴급한 필요가 있거나 미리 법률로 자세히 정할 수 없는 부득이한 사정이 있어 법률에 형벌의 종류·상한·폭을 명확히 규정하더라도, 행정형벌에 대한 위임입법은 허용되지 않는다.
③ 교육부장관이 대학입시기본계획의 내용에서 내신성적 산정기준에 관한 시행지침을 정한 경우, 각 고등학교는 이에 따라 내신성적을 산정할 수밖에 없어 이는 행정처분에 해당된다.
④ 행정소송에 대한 대법원 판결에 의하여 명령·규칙이 헌법 또는 법률에 위반된다는 것이 확정된 경우, 대법원은 지체없이 그 사유를 해당 법령의 소관부처의 장에게 통보하여야 한다.

해설 ㊦

① 법령등을 제정 · 개정 또는 폐지(입법)하려는 경우에는 해당 입법안을 마련한 행정청은 이를 예고하여야 한다. 다만, 다음 각 호의 어느 하나에 해당하는 경우에는 예고를 하지 아니할 수 있다(행정절차법 제41조 제1항).

1. 신속한 국민의 권리 보호 또는 예측 곤란한 특별한 사정의 발생 등으로 입법이 긴급을 요하는 경우
2. 상위 법령등의 단순한 집행을 위한 경우
3. 입법내용이 국민의 권리 · 의무 또는 일상생활과 관련이 없는 경우
4. 단순한 표현 · 자구를 변경하는 경우 등 입법내용의 성질상 예고의 필요가 없거나 곤란하다고 판단되는 경우
5. 예고함이 공공의 안전 또는 복리를 현저히 해칠 우려가 있는 경우

② 형벌법규에 대하여도 특히 긴급한 필요가 있거나 미리 법률로써 자세히 정할 수 없는 부득이한 사정이 있는 경우에 한하여(보충성) 수권법률(위임법률)이 구성요건의 점에서는 처벌대상인 행위가 어떠한 것일 거라고 이를 예측할 수 있을 정도로 구체적으로 정하고, 형벌의 점에서는 형벌의 종류 및 그 상한과 폭을 명확히 규정하는 것을 조건으로 위임입법이 허용되며 이러한 위임입법은 죄형법정주의에 반하지 않는다(헌재결 1996.2.29, 94헌마213).

③ 교육부장관이 내신성적 산정기준의 통일을 기하기 위해 대학입시기본계획의 내용에서 내신성적 산정기준에 관한 시행지침을 마련하여 시·도 교육감에서 통보한 것은 행정조직 내부에서 내신성적 평가에 관한 내부적 심사기준을 시달한 것에 불과하며, 각 고등학교에서 위 지침에 일률적으로 기속되어 내신성적을 산정할 수밖에 없고 또 대학에서도 이를 그대로 내신성적으로 인정하여 입학생을 선발할 수밖에 없는 관계로 장차 일부 수험생들이 위 지침으로 인해 어떤 불이익을 입을 개연성이 없지는 아니하나, 그러한 사정만으로서 위 지침에 의하여 곧바로 개별적이고 구체적인 권리의 침해를 받은 것으로는 도저히 인정할 수 없으므로, 그것만으로는 현실적으로 특정인의 구체적인 권리의무에 직접적으로 변동을 초래케 하는 것은 아니라 할 것이어서 내신성적 산정지침을 항고소송의 대상이 되는 행정처분으로 볼 수 없다(대판 1994.9.10, 94두33).

④ 행정소송에 대한 대법원판결에 의하여 명령 · 규칙이 헌법 또는 법률에 위반된다는 것이 확정된 경우에는 대법원은 지체없이 그 사유를 행정안전부장관[법무부장관(×), 법제처장(×), 국무총리(×), 소관 사무의 관할권이 있는 장관(×), 소관 부서의 장(×)]에게 통보하여야 한다(행정소송법 제6조 제1항). 통보를 받은 행정안전부장관은 지체없이 이를 관보에 게재하여야 한다(같은 조 제2항).

정답 ①

18. 행정입법에 대한 설명으로 옳지 않은 것은? (다툼이 있는 경우 판례에 의함) 19 지방직9급

① 집행명령은 상위법령의 집행에 필요한 세칙을 정하는 범위 내에서만 가능하고 새로운 국민의 권리·의무를 정할 수 없다.
② 구 「청소년보호법 시행령」 제40조 [별표 6]의 위반행위의 종별에 따른 과징금처분기준에서 정한 과징금 수액은 정액이 아니고 최고한도액이다.
③ 집행명령은 상위법령이 개정되더라도 개정법령과 성질상 모순·저촉되지 아니하고 개정된 상위법령의 시행에 필요한 사항을 규정하고 있는 이상, 개정법령의 시행을 위한 집행명령이 제정·발효될 때까지는 여전히 그 효력을 유지한다.
④ 상위법령에서 세부사항 등을 시행규칙으로 정하도록 위임하였으나, 이를 고시 등 행정규칙으로 정하였더라도 이는 대외적 구속력을 가지는 법규명령으로서 효력이 인정된다.

해설 ➤ 下

① 집행명령은 위임명령과 달리 법률 또는 상위명령을 집행하기 위하여 필요한 세부적·구체적 사항만을 규정할 수 있으므로 상위법령을 집행하기 위해 필요한 구체적인 절차·형식 등을 규정할 수 있을 뿐 새로운 입법사항(권리의무에 관한 사항)을 규정할 수 없다.
② 구 청소년보호법 제49조 제1항·제2항에 따른 같은법 시행령 제40조 [별표 6]의 '위반행위의 종별에 따른 과징금처분기준'은 법규명령이기는 하나 모법의 위임규정의 내용과 취지 및 헌법상의 과잉금지의 원칙과 평등의 원칙 등에 비추어 같은 유형의 위반행위라 하더라도 그 규모나 기간·사회적 비난 정도·위반행위로 인하여 다른 법률에 의하여 처벌받은 다른 사정·행위자의 개인적 사정 및 위반행위로 얻은 불법이익의 규모 등 여러 요소를 종합적으로 고려하여 사안에 따라 적정한 과징금의 액수를 정하여야 할 것이므로 그 수액은 정액이 아니라 최고한도액이다(대판 2001.3.9, 99두5207).
③ 상위법령의 시행에 필요한 세부적 사항을 정하기 위하여 행정관청이 일반적 직권에 의하여 제정하는 이른바 집행명령은 근거법령인 상위법령이 폐지되면 특별한 규정이 없는 이상 실효되는 것이나, 상위법령이 개정됨에 그친 경우에는 개정법령과 성질상 모순, 저촉되지 아니하고 개정된 상위법령의 시행에 필요한 사항을 규정하고 있는 이상 그 집행명령은 상위법령의 개정에도 불구하고 당연히 실효되지 아니하고 개정법령의 시행을 위한 집행명령이 제정, 발효될 때까지는 여전히 그 효력을 유지한다(대판 1989.9.12, 88누6962).
④ 상위법령에서 세부사항 등을 시행규칙으로 정하도록 위임하였음에도 이를 고시 등 행정규칙으로 정하였다면 그 역시 대외적 구속력을 가지는 법규명령으로서 효력이 인정될 수 없다(대판 2012.7.5, 2010다72076).

정답 ④

19. 행정입법에 대한 설명으로 옳지 않은 것은? (다툼이 있는 경우 판례에 의함) 19 국회직8급

① 국회규칙은 법규명령이다.
② 대통령령은 총리령 및 부령보다 우월한 효력을 가진다.
③ 총리령으로 제정된 「법인세법 시행규칙」에 따른 「소득금액조정합계표 작성요령」은 법령을 보충하는 법규사항으로서 법규명령의 효력을 가진다.
④ 「학교장·교사 초빙제 실시」는 행정조직 내부에서만 효력을 가지는 행정상의 운영지침을 정한 것으로서 국민이나 법원을 구속하는 효력이 없는 행정규칙에 해당한다.
⑤ 건강보험심사평가원이 보건복지가족부 고시인 「요양급여비용 심사·지급업무 처리기준」에 근거하여 제정한 심사지침인 「방광내압 및 요누출압 측정 시 검사방법」은 내부적 업무처리 기준으로서 행정규칙에 불과하다.

해설 ➤ 中

① 국회는 법률에 저촉되지 아니하는 범위안에서 의사와 내부규율에 관한 규칙을 제정할 수 있다(헌법 제64조 제1항). 국회규칙은 헌법에 규정된 법규명령이다.
② 헌법 제75조는 "대통령은 법률에서 구체적으로 범위를 정하여(총리령, 부령과 달리 명시적 규정) 위임받은 사항(위임명령)과 법률을 집행하기 위하여 필요한 사항(집행명령)에 관하여 대통령령을 발할 수 있다."라고 규정하고 있고, 제95조에서는 "국무총리 또는 행정각부의 장(처장, 청장은 제외)은 소관사무에 관하여 법률이나 대통령령의 위임(위임명령. 대통령령이 총리령·부령보다 상위) 또는 직권으로(집행명령) 총리령 또는 부령을 발할 수 있다."라고 규정하고 있다.
③ 「소득금액조정합계표 작성요령」 제4호 단서는 법률의 위임을 받은 것이기는 하나 법인세의 부과징수라는 행정적 편의를 도모하기 위한 절차적 규정으로서 단순히 행정규칙의 성질을 가지는 데 불과하여 과세관청이나 일반국민을 기속하는 것이 아니다(대판 2003.9.5, 2001두403).
④ 경기도교육청의 1999.6.2.자 '학교장·교사 초빙제 실시'는 학교장·교사 초빙제의 실시에 따른 구체적 시행을 위해 제정한 사무처리지침으로서 행정조직 내부에서만 효력을 가지는 행정상의 운영지침을 정한 것이어서, 국민이나 법원을 구속하는 효력이 없는 행정규칙에 해당하므로 헌법소원의 대상이 되지 않는다(헌재결 2001.5.31, 99헌마413).
⑤ 보건복지부 고시 구 「요양급여의 적용기준 및 방법에 관한 세부사항」의 '제9장 처치 및 수술료 등' 중 '자356 요실금수술' 항목에 따라 요구되는 요류역학검사가 표준화된 방법으로 실시되지 않아 부정확한 검사결과가 발생하고 이로 인하여 불필요한 수술 등을 하게 되는 경우가 있어 이를 방지하고 적정진료를 하도록 유도할 목적으로, 법령에서 정한 요양급여의 인정기준을 구체적 진료행위에 적용하도록 마련한 건강보험심사평가원의 내부적 업무처리 기준으로서 행정규칙에 불과하다(대판 2017.7.11, 2015두2864).

정답 ③

20. 행정입법에 대한 설명으로 가장 옳지 않은 것은? 19 서울시7급

① 행정청은 대통령령을 입법예고할 경우에는 국회 소관 상임위원회에 이를 제출하여야 한다.
② 행정규칙이 대외적인 구속력을 가지는 경우에는 헌법소원의 대상이 된다.
③ 근거규정이 행정규칙에 해당하는 이상, 그 근거규정에 의거한 조치는 행정처분에 해당하지 않는다.
④ 고시가 비록 법령에 근거를 둔 것이라고 하더라도 그 규정 내용이 법령의 위임 범위를 벗어난 것일 경우에는 법규명령으로서의 대외적 구속력을 인정할 여지는 없다.

해설 ㊦

① 행정절차법 제42조 제1항
② 행정규칙은 일반적으로 행정조직 내부에서만 효력을 가지는 것이나, 행정규칙이 법령의 규정에 의하여 행정관청에 법령의 구체적 내용을 보충할 권한을 부여한 경우(법령보충규칙)나 재량권 행사의 준칙인 규칙(재량준칙)이 그 정한 바에 따라 되풀이 시행되어 행정관행이 이룩되게 되면, 평등의 원칙이나 신뢰보호의 원칙에 따라 행정기관은 그 상대방에 대한 관계에서 그 규칙에 따라야 할 자기구속을 당하게 되는 경우에는 대외적인 구속력을 가지게 되는바, 이러한 경우에는 헌법소원의 대상이 될 수도 있다(헌재결 2001.5.31, 99헌마413).
③ 항고소송의 대상이 되는 행정처분이라 함은 원칙적으로 행정청의 공법상 행위로서 특정사항에 대하여 법규에 의한 권리의 설정 또는 의무의 부담을 명하거나 기타 법률상 효과를 발생하게 하는 등으로 일반국민의 권리의무에 직접 영향을 미치는 행위를 가리키는 것이지만, 어떠한 처분의 근거가 행정규칙에 규정되어 있다고 하더라도, 그 처분이 상대방에게 권리의 설정 또는 의무의 부담을 명하거나 기타 법적인 효과를 발생하게 하는 등으로 그 상대방의 권리의무에 직접 영향을 미치는 행위라면, 이 경우에도 항고소송의 대상이 되는 행정처분에 해당한다(대판 2004.11.26, 2003두10251·10268).
④ 일반적으로 행정 각부의 장이 정하는 고시라도 그것이 특히 법령의 규정에서 특정 행정기관에 법령 내용의 구체적 사항을 정할 수 있는 권한을 부여함으로써 법령 내용을 보충하는 기능을 가질 경우에는 형식과 상관없이 근거 법령 규정과 결합하여 대외적으로 구속력이 있는 법규명령으로서의 효력을 가지나 이는 어디까지나 법령의 위임에 따라 법령 규정을 보충하는 기능을 가지는 점에 근거하여 예외적으로 인정되는 효력이므로 특정 고시가 비록 법령에 근거를 둔 것이더라도 규정 내용이 법령의 위임 범위를 벗어난 것일 경우에는 법규명령으로서의 대외적 구속력을 인정할 여지는 없다(대판 2016.8.17, 2015두51132).

정답 ③

21. 행정입법에 대한 설명으로 옳지 않은 것은? (다툼이 있는 경우 판례에 의함) 20 국회직9급

① 조례가 집행행위의 개입 없이도 그 자체로서 직접 국민의 구체적인 권리의무나 법적 이익에 영향을 미치는 경우에는 그 조례를 직접 소송의 대상으로 하여 다툴 수 있다.
② 추상적인 법령에 관하여 제정의 여부는 그 자체로서 국민의 구체적인 권리의무에 직접적 변동을 초래하는 것이 아니어서 부작위위법확인소송의 대상이 될 수 없다.
③ 「도로교통법 시행규칙」이 정한 운전면허행정처분기준은 행정청 내부의 사무처리준칙을 규정한 것에 지나지 아니하므로 대외적으로 국민이나 법원을 기속하는 효력이 없다.
④ 제재적 행정처분의 가중사유나 전제요건에 관한 규정이 부령의 형식으로 되어 있고 그 처분에서 정한 제재기간이 경과하였다면 그 처분의 취소를 구할 법률상 이익이 없다.
⑤ 법률이 입법사항을 고시 등의 형식으로 위임하더라도 위임의 한계가 있으며, 고시 등이 위임의 한계를 벗어난 경우에는 법규명령의 효력이 인정될 수 없다.

해설 ▸ ㊥

① 조례가 집행행위의 개입 없이도 그 자체로서 직접 국민의 구체적인 권리의무나 법적 이익에 영향을 미치는 등의 법률상 효과를 발생하는 경우 그 조례는 항고소송의 대상이 되는 행정처분에 해당하고, 이러한 조례에 대한 무효확인소송을 제기함에 있어서 행정소송법 제38조 제1항, 제13조에 의하여 피고적격이 있는 처분등을 행한 행정청은, 행정주체인 지방자치단체 또는 지방자치단체의 내부적 의결기관으로서 지방자치단체의 의사를 외부에 표시할 권한이 없는 지방의회가 아니라, 구 지방자치법 제19조 제2항, 제92조에 의하여 지방자치단체의 집행기관으로서 조례로서의 효력을 발생시키는 공포권이 있는 지방자치단체의 장이다(대판 1996.9.20, 95누8003).

② 부작위위법확인소송의 대상이 될 수 있는 것은 구체적 권리의무에 관한 분쟁이어야 하고 추상적인 법령에 관하여 제정의 여부 등은 그 자체로서 국민의 구체적인 권리의무에 직접적 변동을 초래하는 것(처분)이 아니어서 행정소송의 대상이 될 수 없으므로 이 사건 소는 부적법하다(대판 1992.5.8, 91누11261).

③ 「도로교통법 시행규칙」 제53조 제1항이 정하고 있는 [별표 16] 운전면허행정처분기준은 관할행정청이 운전면허의 취소 및 운전면허의 효력정지 등의 사무처리를 함에 있어서 처리기준과 방법 등의 세부사항을 규정한 행정기관 내부의 처리지침에 불과한 것으로서 대외적으로 국민이나 법원을 기속하는 것은 아니므로, 자동차운전면허 취소처분의 적법 여부는 위 운전면허행정처분기준이 상위법령에 근거가 있는지 여부 등에 의하여 판단할 것이 아니라 도로교통법의 규정 내용과 취지에 따라 판단하여야 하고, 따라서 위 운전면허행정처분기준이 상위법령에 근거가 없다 하여 자동차운전면허 취소처분이 위법한 것이라고 단정할 수는 없다(대판 1996.4.12, 95누10396).

④ 제재적 행정처분이 그 처분에서 정한 제재기간의 경과로 인하여 그 효과가 소멸되었으나, 부령인 시행규칙 또는 지방자치단체의 규칙의 형식으로 정한 처분기준에서 제재적 행정처분을 받은 것을 가중사유나 전제요건으로 삼아 장래의 제재적 행정처분을 하도록 정하고 있어 그 규칙이 정한 바에 따라 선행처분을 가중사유 또는 전제요건으로 하는 후행처분을 받을 우려가 현실적으로 존재하는 경우에는, 선행처분을 받은 상대방은 비록 그 처분에서 정한 제재기간이 경과하였다 하더라도 그 처분의 취소소송을 통하여 그러한 불이익을 제거할 권리보호의 필요성이 충분히 인정된다고 할 것이므로, 선행처분의 취소를 구할 법률상 이익이 있다고 보아야 할 것이다[대판(전합) 2006.6.22, 2003두1684].

⑤ 법률의 위임 규정 자체가 의미 내용을 정확하게 알 수 있는 용어를 사용하여 위임의 한계를 분명히 하고 있는데도 고시에서 문언적 의미의 한계를 벗어났다든지, 위임 규정에서 사용하고 있는 용어의 의미를 넘어 범위를 확장하거나 축소함으로써 위임 내용을 구체화하는 단계를 벗어나 새로운 입법을 한 것으로 평가할 수 있다면, 이는 위임의 한계를 일탈한 것으로서 허용되지 아니한다(대판 2016.8.17, 2015두51132).

정답 ④

22. 행정입법에 대한 설명으로 옳지 않은 것은? (다툼이 있는 경우 판례에 의함) 20 국가직7급

① 헌법에서 인정한 법규명령의 형식을 예시적으로 이해하는 견해에 의하면 감사원규칙은 법규명령이 아니라고 본다.
② 고시가 상위법령과 결합하여 대외적 구속력을 갖고 국민의 기본권을 침해하는 법규명령으로 기능하는 경우 헌법소원의 대상이 된다.
③ 집행명령은 상위법령의 집행을 위해 필요한 사항을 규정한 것으로 법규명령에 해당하지만 법률의 수권 없이 제정할 수 있다.
④ 상위법령을 시행하기 위하여 하위법령을 제정하거나 필요한 조치를 함에 있어서는 상당한 기간을 필요로 하며 합리적인 기간 내의 지체를 위헌적인 부작위로 볼 수 없다.

해설 ▸ ㊦

① 감사원규칙의 법적 성격에 대해 헌법이 규정하고 있는 행정입법의 법형식은 제한적·열거적인 것이 아니고 예시적인 것이고, 법률이 위임한 범위 내의 사항을 정하는 것은 국회입법의 원칙에 어긋나지 않으므로 법률에 근거한 법규명령도 가능하다는 견해가 다수설이다. 즉, 헌법규정을 예시적으로 볼 경우 감사원규칙의 성질은 법규명령이다.

② 「청소년유해매체물의 표시방법에 관한 정보통신부고시」는 청소년유해매체물을 제공하려는 자가 하여야 할 전자적 표시의 내용을 정하고 있는데, 이는 「정보통신망 이용촉진 및 정보보호 등에 관한 법률」 제42조 및 동법 시행령 제21조 제2항·제3항의 위임규정에 의하여 제정된 것으로서 국민의 기본권을 제한하는 것인바, 상위법령과 결합하여 대외적 구속력을 갖는 법규명령으로 기능하고 있는 것이므로 헌법소원의 대상이 된다(헌재결 2004.1.29, 2001헌마894).

④ 상위법령을 시행하기 위하여 하위법령을 제정하거나 필요한 조치를 함에 있어서는 상당한 기간을 필요로 하며 합리적인 기간 내의 지체를 위헌적인 부작위로 볼 수 없음은 사실이다(헌재결 1998.7.16, 96헌마246).

정답 ①

23. 행정입법에 대한 설명으로 옳은 것은? (다툼이 있는 경우 판례에 의함) 20 지방직7급

① 처분적 조례에 대한 무효확인소송을 제기함에 있어서 피고적격이 있는 처분 등을 행한 행정청은 지방의회이다.
② 상위법령에서 세부사항 등을 시행규칙으로 정하도록 위임하였음에도 이를 고시 등 행정규칙으로 정하였다면 대외적 구속력을 가지는 법규명령으로서 효력이 인정될 수 없다.
③ 법률의 위임에 따라 효력을 갖는 법규명령이 위임의 근거가 없어 무효였더라도 나중에 법개정으로 위임의 근거가 부여되면 당해 법규명령의 제정 시에 소급하여 유효한 법규명령이 된다.
④ 의료기관의 명칭표시판에 진료과목을 함께 표시하는 경우 글자 크기를 제한하고 있는 구 「의료법 시행규칙」 제31조는 그 자체로 국민의 구체적 권리의무나 법률관계에 직접적 변동을 초래하므로 항고소송의 대상이 될 수 있다.

해설 中

① 조례에 대한 무효확인소송을 제기함에 있어서 행정소송법 제38조 제1항, 제13조에 의하여 피고적격이 있는 처분등을 행한 행정청은, 행정주체인 지방자치단체 또는 지방자치단체의 내부적 의결기관으로서 지방자치단체의 의사를 외부에 표시할 권한이 없는 지방의회가 아니라, 구 지방자치법 제19조 제2항, 제92조에 의하여 지방자치단체의 집행기관으로서 조례로서의 효력을 발생시키는 공포권이 있는 지방자치단체의 장이다. 구 지방교육자치에관한법률 제14조 제5항, 제25조에 의하면 시·도의 교육·학예에 관한 사무의 집행기관은 시·도 교육감이고 시·도 교육감에게 지방교육에 관한 조례안의 공포권이 있다고 규정되어 있으므로, 교육에 관한 조례의 무효확인소송을 제기함에 있어서는 그 집행기관인 시·도 교육감을 피고로 하여야 한다(대판 1996.9.20, 95누8003).
② 상위법령에서 세부사항 등을 시행규칙으로 정하도록 위임하였음에도 이를 고시 등 행정규칙으로 정하였다면 그 역시 대외적 구속력을 가지는 법규명령으로서 효력이 인정될 수 없다(대판 2012.7.5, 2010다72076).
③ 일반적으로 법률의 위임에 의하여 효력을 갖는 법규명령(위임명령)의 경우, 구법에 위임의 근거가 없어 무효였더라도 사후에 법개정으로 위임의 근거가 부여되면 그때부터는 유효한 법규명령이 되나, 반대로 구법의 위임에 의한 유효한 법규명령이 법개정으로 위임의 근거가 없어지게 되면 그때부터 무효인 법규명령이 되므로, 어떤 법령의 위임근거 유무에 따른 유효 여부를 심사하려면 법개정의 전·후에 걸쳐 모두 심사하여야만 그 법규명령의 시기에 따른 유효·무효를 판단할 수 있다(대판 1995.6.30, 93추83).
④ 의료기관의 명칭표시판에 진료과목을 함께 표시하는 경우 글자 크기를 제한하고 있는 구 「의료법 시행규칙」 제31조가 그 자체로서 국민의 구체적인 권리의무나 법률관계에 직접적인 변동을 초래하지 아니하므로 항고소송의 대상이 되는 행정처분이라고 할 수 없다(대판 2007.4.12, 2005두15168).

정답 ②

24. 행정입법에 대한 설명으로 옳은 것은? (다툼이 있는 경우 판례에 의함) 21 지방직9급

① 법규명령이 위임의 근거가 없어 무효였더라도 나중에 법 개정으로 위임의 근거가 부여되면, 법규명령 제정 당시로 소급하여 유효한 법규명령이 된다.
② 법률의 시행령 내용이 모법 조항의 취지에 근거하여 이를 구체화하기 위한 것인 때에는 모법에 직접 위임하는 규정을 두지 않았더라도 이를 무효라고 볼 수 없다.
③ 대통령령의 입법부작위에 대한 국가배상책임은 인정되지 않는다.
④ 법규명령의 위임근거가 되는 법률에 대하여 위헌결정이 선고되더라도 그 위임에 근거하여 제정된 법규명령은 별도의 폐지행위가 있어야 효력을 상실한다.

해설 中

① 일반적으로 법률의 위임에 의하여 효력을 갖는 법규명령(위임명령)의 경우, 구법에 위임의 근거가 없어 무효였더라도 사후에 법개정으로 위임의 근거가 부여되면 그때부터는 유효한 법규명령이 되나, 반대로 구법의 위임에 의한 유효한 법규명령이 법개정으로 위임의 근거가 없어지게 되면 그때부터 무효인 법규명령이 되므로, 어떤 법령의 위임근거 유무에 따른 유효 여부를 심사하려면 법개정의 전·후에 걸쳐 모두 심사하여야만 그 법규명령의 시기에 따른 유효·무효를 판단할 수 있다(대판 1995.6.30, 93추83).
② 법률의 시행령이나 시행규칙은 법률에 의한 위임이 없으면 개인의 권리·의무에 관한 내용을 변경·보충하거나 법률이 규정하지 아니한 새로운 내용을 정할 수는 없지만, 법률의 시행령이나 시행규칙의 내용이 모법의 입법 취지와 관련 조항 전체를 유기적·체계적으로 살펴보아 모법의 해석상 가능한 것을 명시한 것에 지나지 아니하거나 모법 조항의 취지에 근거하여 이를 구체화하기 위한 것인 때에는 모법의 규율 범위를 벗어난 것으로 볼 수 없으므로, 모법에 이에 관하여 직접 위임하는 규정을 두지 아니하였다고 하더라도 이를 무효라고 볼 수는 없다. 이러한 법리는 지방자치단체의 교육감이 제정하는 교육규칙과 모법인 상위 법령의 관계에서도 마찬가지이다(대판 2014.8.20, 2012두19526).

③ 입법부가 법률로써 행정부에게 특정한 사항을 위임했음에도 불구하고 행정부가 정당한 이유 없이 이를 이행하지 않는다면 권력분립의 원칙과 법치국가 내지 법치행정의 원칙에 위배되는 것으로서 위법함과 동시에 위헌적인 것이 되는바, 구 「군법무관 임용법」 제5조 제3항과 구 「군법무관임용 등에 관한 법률」 제6조가 군법무관의 보수를 법관 및 검사의 예에 준하도록 규정하면서 그 구체적 내용을 시행령에 위임하고 있는 이상, 위 법률의 규정들은 군법무관의 보수의 내용을 법률로써 일차적으로 형성한 것이고, 위 법률들에 의해 상당한 수준의 보수청구권이 인정되는 것이므로, 위 보수청구권은 단순한 기대이익을 넘어서는 것으로서 법률의 규정에 의해 인정된 재산권의 한 내용이 되는 것으로 봄이 상당하고, 따라서 행정부가 정당한 이유 없이 시행령을 제정하지 않은 것은 위 보수청구권을 침해하는 불법행위에 해당한다(대판 2007.11.29, 2006다3561).

④ 법규명령의 위임근거가 되는 법률에 대하여 위헌결정이 선고되면 그 위임에 근거하여 제정된 법규명령도 원칙적으로 효력을 상실한다(대판 2001.6.12, 2000다18547).

정답 ②

25. 행정입법에 대한 설명으로 옳지 않은 것은? (다툼이 있는 경우 판례에 의함) 21 국회직8급

① 법령의 위임이 없음에도 법령에 규정된 처분 요건에 해당하는 사항을 부령에서 변경하여 규정한 경우에는 그 부령의 규정은 행정청 내부의 사무처리 기준 등을 정한 것으로서 행정조직 내에서 적용되는 행정명령의 성격을 지닐 뿐 국민에 대한 대외적 구속력은 없다.

② 중앙행정기관의 장은 법률에서 위임한 사항이나 법률을 집행하기 위하여 필요한 사항을 규정한 훈령이나 예규가 폐지되었을 때에는 10일 이내에 이를 국회 소관 상임위원회에 제출하여야 한다.

③ 고시가 위법하게 제정된 경우라도 고시의 제정행위는 일반·추상적인 규범의 정립행위이므로 국가배상책임의 대상이 되는 직무행위에 해당한다고 볼 수 없다.

④ 시행령의 규정을 위헌 또는 위법하여 무효라고 선언한 대법원의 판결이 선고되지 아니한 상태에서는, 그 시행령 규정의 위헌 내지 위법 여부가 해석상 다툼의 여지가 없을 정도로 명백하였다고 인정되지 아니하는 이상 그 시행령에 근거한 행정처분의 하자는 취소사유에 해당할 뿐 무효사유가 되지 아니한다.

⑤ 행정입법부작위가 위헌 또는 위법이라고 하기 위해서는 행정청에게 행정입법을 하여야 할 작위의무를 전제로 하는 것이므로, 만일 하위 행정입법의 제정 없이 상위 법령의 규정만으로도 집행이 이루어질 수 있는 경우라면 행정청에게 하위 행정입법을 제정하여야 할 작위의무가 인정되지 않는다.

해설 ▸ 中

① 법령에서 행정처분의 요건 중 일부 사항을 부령으로 정할 것을 위임한 데 따라 시행규칙 등 부령에서 이를 정한 경우에 그 부령의 규정은 국민에 대해서도 구속력이 있는 법규명령에 해당한다고 할 것이지만, 법령의 위임이 없음에도 법령에 규정된 처분 요건에 해당하는 사항을 부령에서 변경하여 규정한 경우에는 그 부령의 규정은 행정청 내부의 사무처리 기준 등을 정한 것으로서 행정조직 내에서 적용되는 행정명령의 성격을 지닐 뿐 국민에 대한 대외적 구속력은 없다고 보아야 한다(대판 2013.9.12, 2011두10584).

② 국회법 제98조의2 제1항

③ 국가배상법 제2조상의 직무행위는 '공권력작용'뿐만 아니라 '비권력적 공행정작용'(즉, 관리작용)까지도 포함하여 모든 공행정작용만 포함하고, 사경제작용은 제외하는 광의설이 다수설이다. 따라서 고시도 공권력작용이기 때문에 직무행위에 해당한다.

④ 일반적으로 시행령이 헌법이나 법률에 위반된다는 사정은 그 시행령의 규정을 위헌 또는 위법하여 무효라고 선언한 대법원의 판결이 선고되지 아니한 상태에서는 그 시행령 규정의 위헌 내지 위법 여부가 해석상 다툼의 여지가 없을 정도로 명백하였다고 인정되지 아니하는 이상 객관적으로 명백한 것이라 할 수 없으므로, 이러한 시행령에 근거한 행정처분의 하자는 취소사유에 해당할 뿐 무효사유가 되지 아니한다(대판 2007.6.14, 2004두619).

⑤ 행정입법의 부작위가 위헌·위법이라고 하기 위하여는 행정청에게 행정입법을 하여야 할 작위의무를 전제로 하는 것이고, 그 작위의무가 인정되기 위하여는 행정입법의 제정이 법률의 집행에 필수불가결한 것이어야 하는바, 만일 하위 행정입법의 제정 없이 상위 법령의 규정만으로도 집행이 이루어질 수 있는 경우라면 하위 행정입법을 제정하여야 할 작위의무는 인정되지 아니한다고 할 것이다(대판 2007.1.11, 2004두10432).

정답 ③

26. 행정입법에 대한 판례의 입장으로 옳지 않은 것은? 21 국가직7급

① 고시가 비록 법령에 근거를 둔 것이더라도 규정 내용이 법령의 위임 범위를 벗어난 것일 경우에는 법규명령으로서의 대외적 구속력을 인정할 여지는 없다.
② 법률의 위임에 따라 효력을 갖는 법규명령의 경우에 위임의 근거가 없어 무효였더라도 나중에 법 개정으로 위임의 근거가 다시 부여된 경우에는 이전부터 소급하여 유효한 법규명령이 있었던 것으로 본다.
③ 어떠한 고시가 다른 집행행위의 매개 없이 그 자체로서 직접 국민의 구체적인 권리의무나 법률관계를 규율하는 성격을 가질 때에는 행정처분에 해당한다.
④ 법률의 시행령이나 시행규칙의 내용이 모법의 입법 취지와 관련 조항 전체를 유기적·체계적으로 살펴보아 모법의 해석상 가능한 것을 명시한 것에 지나지 아니하는 때에는 모법에 이에 관하여 직접 위임하는 규정을 두지 아니하였다고 하더라도 이를 무효라고 볼 수는 없다.

해설 中

① 특정 고시가 비록 법령에 근거를 둔 것이라고 하더라도 그 규정 내용이 법령의 위임 범위를 벗어난 것일 경우에는 위와 같은 법규명령으로서의 대외적 구속력을 인정할 여지는 없다(대판 1999.11.26, 97누13474).
② 일반적으로 법률의 위임에 의하여 효력을 갖는 법규명령(위임명령)의 경우, 구법에 위임의 근거가 없어 무효였더라도 사후에 법개정으로 위임의 근거가 부여되면 그때부터는 유효한 법규명령이 되나, 반대로 구법의 위임에 의한 유효한 법규명령이 법개정으로 위임의 근거가 없어지게 되면 그때부터 무효인 법규명령이 되므로, 어떤 법령의 위임근거 유무에 따른 유효 여부를 심사하려면 법개정의 전·후에 걸쳐 모두 심사하여야만 그 법규명령의 시기에 따른 유효·무효를 판단할 수 있다(대판 1995.6.30, 93추83).
③ 어떠한 고시가 일반적·추상적 성격을 가질 때에는 법규명령 또는 행정규칙에 해당할 것이지만, 다른 집행행위의 매개 없이 그 자체로서 직접 국민의 구체적인 권리의무나 법률관계를 규율하는 성격을 가질 때에는 항고소송의 대상이 되는 행정처분에 해당한다(대판 2006.9.22, 2005두2506).
④ 법률의 시행령이나 시행규칙은 법률에 의한 위임이 없으면 개인의 권리·의무에 관한 내용을 변경·보충하거나 법률이 규정하지 아니한 새로운 내용을 정할 수는 없지만, 법률의 시행령이나 시행규칙의 내용이 모법의 입법 취지와 관련 조항 전체를 유기적·체계적으로 살펴보아 모법의 해석상 가능한 것을 명시한 것에 지나지 아니하거나 모법 조항의 취지에 근거하여 이를 구체화하기 위한 것인 때에는 모법의 규율 범위를 벗어난 것으로 볼 수 없으므로, 모법에 이에 관하여 직접 위임하는 규정을 두지 아니하였다고 하더라도 이를 무효라고 볼 수는 없다. 이러한 법리는 지방자치단체의 교육감이 제정하는 교육규칙과 모법인 상위 법령의 관계에서도 마찬가지이다(대판 2014.8.20, 2012두19526).

정답 ②

27. 행정입법에 대한 설명으로 옳지 않은 것은? (다툼이 있는 경우 판례에 의함) 21 지방직7급

① 어느 시행령의 규정이 모법에 저촉되는지가 명백하지 않은 경우에는 모법과 시행령의 다른 규정들과 그 입법 취지, 연혁 등을 종합적으로 살펴 모법에 합치된다는 해석도 가능한 경우라면 그 규정을 모법위반으로 무효라고 선언해서는 안 된다.
② 법령의 위임이 없음에도 법령에 규정된 처분 요건에 해당하는 사항을 부령에서 변경하여 규정한 경우에 처분의 적법 여부는 그러한 부령에서 정한 요건을 기준으로 판단하여야 한다.
③ 제재적 행정처분의 기준이 부령의 형식으로 규정되어 있는 경우 그러한 처분기준에 적합하다 하여 곧바로 당해 처분이 적법한 것이라고 할 수는 없다.
④ 행정규칙이 이를 정한 행정기관의 재량에 속하는 사항에 관한 것인 때에는 그 규정 내용이 객관적 합리성을 결여하였다는 등의 특별한 사정이 없는 한 법원은 이를 존중하는 것이 바람직하다.

해설 中

① 어느 시행령이나 조례의 규정이 모법에 저촉되는지가 명백하지 않는 경우에는 모법과 시행령 또는 조례의 다른 규정들과 그 입법 취지, 연혁 등을 종합적으로 살펴 모법에 합치된다는 해석도 가능한 경우라면 그 규정을 모법위반으로 무효라고 선언해서는 안 된다. 이러한 법리는, 국가의 법체계는 그 자체 통일체를 이루고 있는 것이므로 상·하규범 사이의 충돌은 최대한 배제되어야 한다는 원칙과 더불어, 민주법치국가에서 규범은 일반적으로 상위규범에 합치할 것이라는 추정원칙에 근거하고 있을 뿐만 아니라, 실제적으로도 하위규범이 상위규범에 저촉되어 무효라고 선언되는 경우에는 그로 인한 법적 혼란과 법적 불안정은 물론, 그에 대체되는 새로운 규범이 제정될 때까지의 법적 공백과 법적 방황은 상당히

심각할 것이므로 이러한 폐해를 회피하기 위해서도 필요하다(대판 2014.1.16, 2011두6264).
② 법령에서 행정처분의 요건 중 일부 사항을 부령으로 정할 것을 위임한 데 따라 시행규칙 등 부령에서 이를 정한 경우에 그 부령의 규정은 국민에 대해서도 구속력이 있는 법규명령에 해당한다고 할 것이지만, 법령의 위임이 없음에도 법령에 규정된 처분 요건에 해당하는 사항을 부령에서 변경하여 규정한 경우에는 그 부령의 규정은 행정청 내부의 사무처리 기준 등을 정한 것으로서 행정조직 내에서 적용되는 행정명령의 성격을 지닐 뿐 국민에 대한 대외적 구속력은 없다고 보아야 한다. 따라서 어떤 행정처분이 그와 같이 법규성이 없는 시행규칙 등의 규정에 위배된다고 하더라도 그 이유만으로 처분이 위법하게 되는 것은 아니라 할 것이고, 또 그 규칙 등에서 정한 요건에 부합한다고 하여 반드시 그 처분이 적법한 것이라고 할 수도 없다. 이 경우 처분의 적법 여부는 그러한 규칙 등에서 정한 요건에 합치하는지 여부가 아니라 일반 국민에 대하여 구속력을 가지는 법률 등 법규성이 있는 관계 법령의 규정을 기준으로 판단하여야 한다(대판 2013.9.12, 2011두10584).
③ 제재적 행정처분의 기준이 부령의 형식으로 규정되어 있더라도 그것은 행정청 내부의 사무처리준칙을 정한 것에 지나지 아니하여 대외적으로 국민이나 법원을 기속하는 효력이 없고, 당해 처분의 적법 여부는 위 처분기준만이 아니라 관계법령의 규정내용과 취지에 따라 판단되어야 하므로, 위 처분기준에 적합하다 하여 곧바로 당해 처분이 적법한 것이라고 할 수는 없지만, 위 처분기준이 그 자체로 헌법 또는 법률에 합치되지 아니하거나 위 처분기준에 따른 제재적 행정처분이 그 처분사유가 된 위반행위의 내용 및 관계법령의 규정내용과 취지에 비추어 현저히 부당하다고 인정할 만한 합리적인 이유가 없는 한 섣불리 그 처분이 재량권의 범위를 일탈하였거나 재량권을 남용한 것이라고 판단해서는 안 된다(대판 2007.9.20, 2007두6946).
④ '행정규칙'은 상위법령의 구체적 위임이 있지 않는 한 행정조직 내부에서만 효력을 가질 뿐 대외적으로 국민이나 법원을 구속하는 효력이 없다. 다만 행정규칙이 이를 정한 행정기관의 재량에 속하는 사항에 관한 것인 때에는 그 규정 내용이 객관적 합리성을 결여하였다는 등의 특별한 사정이 없는 한 법원은 이를 존중하는 것이 바람직하다. 그러나 행정규칙의 내용이 상위법령에 반하는 것이라면 법치국가원리에서 파생되는 법질서의 통일성과 모순금지 원칙에 따라 그것은 법질서상 당연무효이고, 행정내부적 효력도 인정될 수 없다. 이러한 경우 법원은 해당 행정규칙이 법질서상 부존재하는 것으로 취급하여 행정기관이 한 조치의 당부를 상위법령의 규정과 입법 목적 등에 따라서 판단하여야 한다(대판 2020.11.26, 2020두42262).

정답 ②

28. 행정입법에 대한 설명으로 옳지 않은 것은? (다툼이 있는 경우 판례에 의함) 22 지방직9급

① 자치조례에 대한 법률의 위임은 반드시 구체적으로 범위를 정하여 할 필요가 없으며 포괄적인 것으로 족하다.
② 부령 형식으로 정해진 제재적 행정처분의 기준은 법규성이 있어서 대외적으로 국민이나 법원을 기속하는 효력이 있다.
③ 고시가 법령의 수권에 의하여 법령을 보충하는 사항을 정하는 경우 위임의 한계를 벗어나지 않는 한 그 근거 법령과 결합하여 대외적으로 구속력이 있는 법규명령으로서의 효력을 가진다.
④ 법률의 시행령이 형사처벌에 관한 사항을 규정하면서 법률의 명시적인 위임 범위를 벗어나 처벌의 대상을 확장하는 것은 위임입법의 한계를 벗어난 것으로 그 시행령은 무효이다.

해설 ➤ ㊦

① 조례의 제정권자인 지방의회는 선거를 통해서 그 지역적인 민주적 정당성을 지니고 있는 주민의 대표기관이고 헌법이 지방자치단체에 포괄적인 자치권을 보장하고 있는 취지로 볼 때, 조례에 대한 법률의 위임은 법규명령에 대한 법률의 위임과 같이 반드시 구체적으로 범위를 정하여 할 필요가 없으며 포괄적인 것으로 족하다(헌재결 1995.4.20, 92헌마264·279).
② 제재적 행정처분의 기준이 부령의 형식으로 규정되어 있더라도 그것은 행정청 내부의 사무처리준칙을 정한 것에 지나지 아니하여 대외적으로 국민이나 법원을 기속하는 효력이 없고, 당해 처분의 적법 여부는 위 처분기준만이 아니라 관계법령의 규정내용과 취지에 따라 판단되어야 하므로, 위 처분기준에 적합하다 하여 곧바로 당해 처분이 적법한 것이라고 할 수는 없지만, 위 처분기준이 그 자체로 헌법 또는 법률에 합치되지 아니하거나 위 처분기준에 따른 제재적 행정처분이 그 처분사유가 된 위반행위의 내용 및 관계법령의 규정내용과 취지에 비추어 현저히 부당하다고 인정할 만한 합리적인 이유가 없는 한 섣불리 그 처분이 재량권의 범위를 일탈하였거나 재량권을 남용한 것이라고 판단해서는 안 된다(대판 2007.9.20, 2007두6946).
③ 행정규칙인 고시가 법령의 수권에 의하여 법령을 보충하는 사항을 정하는 경우에는 그 근거 법령규정과 결합하여 대외적으로 구속력이 있는 법규명령으로서의 성질과 효력을 가진다(대판 2006.4.27, 2004도1078).
④ 법률의 시행령은 모법인 법률의 위임 없이 법률이 규정한 개인의 권리·의무에 관한 내용을 변경·보충하거나 법률에서 규정하지 아니한 새로운 내용을 규정할 수 없고, 특히 법률의 시행령이 형사처벌에 관한 사항을 규정하면서 법률의 명시적인 위임 범위를 벗어나 처벌의 대상을 확장하는 것은 죄형법정주의의 원칙에도 어긋나는 것이므로, 그러한 시행령은 위임입법의 한계를 벗어난 것으로서 무효이다[대판(전합) 2017.2.16, 2015도16014].

정답 ②

29. 행정입법에 대한 설명으로 옳지 않은 것은? (다툼이 있는 경우 판례에 의함) '22 지방직 7급

① 행정기관 내부의 사무처리준칙에 불과한 행정규칙은 공포되어야 하는 것은 아니므로 특별한 규정이 없는 한, 수명기관에 도달된 때부터 효력이 발생한다.

② 부작위위법확인소송의 대상이 될 수 있는 것은 구체적 권리의무에 관한 분쟁이어야 하고 추상적인 법령에 관하여 제정의 여부 등은 그 자체로서 국민의 구체적인 권리의무에 직접적 변동을 초래하는 것이 아니어서 그 소송의 대상이 될 수 없다.

③ 부령에서 제재적 행정처분의 기준을 정하였다고 하더라도 이에 관한 처분의 적법 여부는 부령에 적합한 것인가의 여부에 따라 판단할 것이 아니라 처분의 근거 법률의 규정 및 그 취지에 적합한 것인가의 여부에 따라 판단하여야 한다.

④ 법률이 공법적 단체 등의 정관에 자치법적 사항을 위임한 경우에도 원칙적으로 헌법 제75조가 정하는 포괄적인 위임입법 금지 원칙이 적용되므로 이와 별도로 법률유보 내지 의회유보의 원칙을 적용할 필요는 없다.

해설 ➤ ㊦

① 서울특별시 1995년 「개인택시운송사업면허업무처리요령」은 관할관청인 서울특별시장이 1995년도 개인택시운송사업의 면허를 위하여 재량권 행사의 기준으로 마련된 행정청 내부의 사무처리준칙에 불과하므로 대외적으로 국민을 기속하는 법규명령의 경우와는 달리 공고 등의 방법으로 외부에 고지되어야만 효력이 발생한다고 볼 수 없다(대판 1997.9.26, 97누8878).

② 대판 1992.5.8, 91누11261

③ 제재적 행정처분의 기준이 부령의 형식으로 규정되어 있더라도 그것은 행정청 내부의 사무처리준칙을 정한 것에 지나지 아니하여 대외적으로 국민이나 법원을 기속하는 효력이 없고, 당해 처분의 적법 여부는 위 처분기준만이 아니라 관계법령의 규정내용과 취지에 따라 판단되어야 하므로, 위 처분기준에 적합하다 하여 곧바로 당해 처분이 적법한 것이라고 할 수는 없지만, 위 처분기준이 그 자체로 헌법 또는 법률에 합치되지 아니하거나 위 처분기준에 따른 제재적 행정처분이 그 처분사유가 된 위반행위의 내용 및 관계법령의 규정내용과 취지에 비추어 현저히 부당하다고 인정할 만한 합리적인 이유가 없는 한 섣불리 그 처분이 재량권의 범위를 일탈하였거나 재량권을 남용한 것이라고 판단해서는 안 된다(대판 2007.9.20, 2007두6946).

④ 헌법 제75조, 제95조가 정하는 포괄적인 위임입법의 금지는, 그 문리해석상 정관에 위임한 경우까지 그 적용대상으로 하고 있지 않고, 또 권력분립의 원칙을 침해할 우려가 없다는 점 등을 볼 때, 법률이 정관에 자치법적 사항을 위임한 경우에는 원칙적으로 적용되지 않는다(헌재결 2001.4.26, 2000헌마122).

정답 ④

제2절 법규명령

30. 법규명령에 대한 설명으로 옳지 않은 것은? (다툼이 있는 경우 판례에 의함) 18 국가직9급

① 법규명령이 구체적인 집행행위 없이 직접 개인의 권리의무에 영향을 주는 경우 처분성이 인정된다.
② 법규명령이 법률상 위임의 근거가 없어 무효이더라도 나중에 법률의 개정으로 위임의 근거가 부여되면 그때부터는 유효한 법규명령으로서 구속력을 갖는다.
③ 행정 각부의 장이 정하는 고시(告示)는 법령의 규정으로부터 구체적 사항을 정할 수 있는 권한을 위임받아 그 법령 내용을 보충하는 기능을 가진 경우라도 그 형식상 대외적으로 구속력을 갖지 않는다.
④ 법규명령이 법률에서 위임받은 사항에 관하여 대강을 정하고 그 중의 특정사항에 대하여 범위를 정하여 하위법령에 다시 위임하는 경우에는 재위임이 허용된다.

해설 ➤ 下

① 법령의 효력을 가진 명령이라도 그 효력이 다른 행정행위를 기다릴 것 없이 직접적으로, 또 현실이 그 자체로서 국민의 권리훼손 기타 이익 침해의 효과를 발생케 하는 성질의 것이라면 행정소송법상 처분이라 보아야 할 것이다(대판 1954.8.19, 4286행상37).
② 일반적으로 법률의 위임에 의하여 효력을 갖는 법규명령(위임명령)의 경우, 구법에 위임의 근거가 없어 무효였더라도 사후에 법개정으로 위임의 근거가 부여되면 그때부터는 유효한 법규명령이 되나, 반대로 구법의 위임에 의한 유효한 법규명령이 법개정으로 위임의 근거가 없어지게 되면 그때부터 무효인 법규명령이 되므로, 어떤 법령의 위임근거 유무에 따른 유효 여부를 심사하려면 법개정의 전·후에 걸쳐 모두 심사하여야만 그 법규명령의 시기에 따른 유효·무효를 판단할 수 있다(대판 1995.6.30, 93추83).
③ 식품제조영업허가기준이라는 고시는 공익상의 이유로 허가를 할 수 없는 영업의 종류를 지정할 권한을 부여한 구 식품위생법 제23조의3 제4호에 따라 보건사회부장관(현 보건복지부장관)이 발한 것으로서, 실질적으로 법의 규정내용을 보충하는 기능을 지니면서 그것과 결합하여 대외적으로 구속력이 있는 법규명령의 성질을 가진 것이다(대판 1994.3.8, 92누1728).
④ 법률에서 위임받은 사항을 전혀 규정하지 않고 모두 재위임하는 것은 "위임받은 권한을 그대로 다시 위임할 수 없다."는 복위임금지의 법리에 반할 뿐 아니라 수권법의 내용변경을 초래하는 것이 되고, 대통령령 이외의 법규명령의 제정·개정절차가 대통령령에 비하여 보다 용이한 점을 고려할 때 하위의 법규명령에 대한 재위임의 경우에도 대통령령에의 위임에 가하여지는 헌법상의 제한이 마땅히 적용되어야 할 것이다. 따라서 법률에서 위임받은 사항을 전혀 규정하지 아니하고 그대로 하위의 법규명령에 재위임하는 것은 허용되지 않으며 위임받은 사항에 관하여 대강을 정하고 그 중의 특정사항을 범위를 정하여 하위의 법규명령에 다시 위임하는 경우에만 재위임이 허용된다(헌재결 2002.10.31, 2001헌라1부).

정답 ③

31. 법규명령에 대한 설명으로 가장 옳지 않은 것은? 18 서울시7급

① 법률이 대통령령으로 정하도록 규정한 사항을 부령으로 정했다면 그 부령은 무효이다.
② 조례에 대한 법률의 위임은 반드시 구체적으로 범위를 정하여 해야 한다.
③ 위임의 근거가 없어 무효인 법규명령도 나중에 법개정으로 위임의 근거가 부여되면 그때부터 유효한 법규명령으로 볼 수 있다.
④ 조례가 집행행위의 개입 없이 직접 국민의 구체적 권리의무에 영향을 미치는 등의 효과를 발생하면 그 조례는 항고소송의 대상이 된다.

해설 ➤ 下

① 헌법 제74조(현행 제75조)는 "행정각부 장관은 그 담임한 직무에 관하여 직권 또는 특별한 위임에 의하여 부령을 발할 수 있다."고 규정하고 있으므로 행정각부 장관이 부령으로 제정할 수 있는 범위는 법률·대통령령이 위임한 사항이나 법률 또는 대통령령을 실시하기 위하여 필요한 사항에 한정되므로 법률 또는 대통령령으로 규정할 사항을 부령으로 규정하였다고 하면 그 부령은 무효임을 면치 못한다(대판 1962.1.25, 4294민상9).
② 조례의 제정권자인 지방의회는 선거를 통해서 그 지역적인 민주적 정당성을 지니고 있는 주민의 대표기관이고 헌법이 지방자치단체에 포괄적

인 자치권을 보장하고 있는 취지로 볼 때, 조례에 대한 법률의 위임은 법규명령에 대한 법률의 위임과 같이 반드시 구체적으로 범위를 정하여 할 필요가 없으며 포괄적인 것으로 족하다(헌재결 1995.4.20, 92헌마264·279).

③ 일반적으로 법률의 위임에 의하여 효력을 갖는 법규명령(위임명령)의 경우, 구법에 위임의 근거가 없어 무효였더라도 사후에 법개정으로 위임의 근거가 부여되면 그때부터는 유효한 법규명령이 되나, 반대로 구법의 위임에 의한 유효한 법규명령이 법개정으로 위임의 근거가 없어지게 되면 그때부터 무효인 법규명령이 되므로, 어떤 법령의 위임근거 유무에 따른 유효 여부를 심사하려면 법개정의 전·후에 걸쳐 모두 심사하여야만 그 법규명령의 시기에 따른 유효·무효를 판단할 수 있다(대판 1995.6.30, 93추83).

④ 조례가 집행행위의 개입 없이도 그 자체로서 직접 국민의 구체적인 권리의무나 법적 이익에 영향을 미치는 등의 법률상 효과를 발생하는 경우 그 조례는 항고소송의 대상이 되는 행정처분에 해당하고, 이러한 조례에 대한 무효확인소송을 제기함에 있어서 행정소송법 제38조 제1항, 제13조에 의하여 피고적격이 있는 처분등을 행한 행정청은, 행정주체인 지방자치단체 또는 지방자치단체의 내부적 의결기관으로서 지방자치단체의 의사를 외부에 표시할 권한이 없는 지방의회가 아니라, 구 지방자치법 제19조 제2항, 제92조에 의하여 지방자치단체의 집행기관으로서 조례로서의 효력을 발생시키는 공포권이 있는 지방자치단체의 장이다(대판 1996.9.20, 95누8003).

정답 ②

32. 행정입법의 통제에 대한 설명으로 옳지 않은 것은? (다툼이 있는 경우 판례에 의함) 18 지방직7급

① 국무회의에 상정될 총리령안과 부령안은 법제처의 심사를 받아야 한다.
② 법령보충규칙에 해당하는 고시의 관계규정에 의하여 직접 기본권 침해를 받는다고 하여도 이에 대하여 바로 「헌법재판소법」 제68조 제1항에 의한 헌법소원심판을 청구할 수 없다.
③ 「행정절차법」에 따르면, 예고된 법령등의 제정·개정 또는 폐지의 안에 대하여 누구든지 의견을 제출할 수 있다.
④ 행정입법부작위는 「행정소송법」상 부작위위법확인소송의 대상이 되지 않는다.

해설 ➤ (下)

① 우리나라 행정절차법은 행정상 입법예고제(제41조), 입법안에 대한 공청회(제45조 제1항)에 대해서만 규정하고 있다. 그 밖에 행정입법에 대한 절차적 규제로는 대통령령에 대한 법제처심사와 국무회의 심의, 총리령·부령에 대한 법제처심사, 관계기관과의 협의 등이 있다.

② 「청소년유해매체물의 표시방법에 관한 정보통신부고시」는 청소년유해매체물을 제공하려는 자가 하여야 할 전자적 표시의 내용을 정하고 있는데, 이는 「정보통신망 이용촉진 및 정보보호 등에 관한 법률」 제42조 및 동법 시행령 제21조 제2항·제3항의 위임규정에 의하여 제정된 것으로서 국민의 기본권을 제한하는 것인바, 상위법령과 결합하여 대외적 구속력을 갖는 법규명령으로 기능하고 있는 것이므로 헌법소원의 대상이 된다(헌재결 2004.1.29, 2001헌마894).

③ 제44조 제1항

④ 부작위위법확인소송의 대상이 될 수 있는 것은 구체적 권리의무에 관한 분쟁이어야 하고 추상적인 법령에 관하여 제정의 여부 등은 그 자체로서 국민의 구체적인 권리의무에 직접적 변동을 초래하는 것(처분)이 아니어서 행정소송의 대상이 될 수 없으므로 이 사건 소는 부적법하다(대판 1992.5.8, 91누11261).

정답 ②

33. 위임입법에 관한 판례의 입장으로 가장 옳지 않은 것은? (다툼이 있는 경우 판례에 의함) 17 서울시7급

① 법률의 위임에 의하여 효력을 갖는 법규명령은 구법에 위임의 근거가 없어 무효였더라도 사후에 법률개정으로 위임의 근거가 부여되면 소급하여 유효한 법규명령이 된다.
② 법령의 위임이 없음에도 법령의 처분요건에 해당하는 사항을 부령에서 변경하여 규정한 경우 그 부령의 규정은 행정명령에 지나지 않아 대외적 구속력이 없다.
③ 상위법령에서 세부사항 등을 시행규칙으로 정하도록 위임하였음에도 이를 고시 등 행정규칙으로 정하였다면 이때 고시 등 행정규칙은 대외적 구속력을 갖는 법규명령으로서 효력이 인정될 수 없다.
④ 법률이 공법적 단체 등의 정관에 자치법적 사항을 위임한 경우에는 「헌법」 제75조가 정하는 포괄적인 위임입법의 금지는 원칙적으로 적용되지 않는다고 봄이 상당하다.

해설 ➤ 下

① 일반적으로 법률의 위임에 의하여 효력을 갖는 법규명령(위임명령)의 경우, 구법에 위임의 근거가 없어 무효였더라도 사후에 법개정으로 위임의 근거가 부여되면 그때부터는 유효한 법규명령이 되나, 반대로 구법의 위임에 의한 유효한 법규명령이 법개정으로 위임의 근거가 없어지게 되면 그때부터 무효인 법규명령이 되므로, 어떤 법령의 위임근거 유무에 따른 유효 여부를 심사하려면 법개정의 전·후에 걸쳐 모두 심사하여야만 그 법규명령의 시기에 따른 유효·무효를 판단할 수 있다(대판 1995.6.30, 93추83).
② 법령에서 행정처분의 요건 중 일부 사항을 부령으로 정할 것을 위임한 데 따라 시행규칙 등 부령에서 이를 정한 경우에 그 부령의 규정은 국민에 대해서도 구속력이 있는 법규명령에 해당한다고 할 것이지만, 법령의 위임이 없음에도 법령에 규정된 처분 요건에 해당하는 사항을 부령에서 변경하여 규정한 경우에는 그 부령의 규정은 행정청 내부의 사무처리 기준 등을 정한 것으로서 행정조직 내에서 적용되는 행정명령의 성격을 지닐 뿐 국민에 대한 대외적 구속력은 없다고 보아야 한다. 따라서 어떤 행정처분이 그와 같이 법규성이 없는 시행규칙 등의 규정에 위배된다고 하더라도 그 이유만으로 처분이 위법하게 되는 것은 아니라 할 것이고, 또 그 규칙 등에서 정한 요건에 부합한다고 하여 반드시 그 처분이 적법한 것이라고 할 수도 없다. 이 경우 처분의 적법 여부는 그러한 규칙 등에서 정한 요건에 합치하는지 여부가 아니라 일반 국민에 대하여 구속력을 가지는 법률 등 법규성이 있는 관계 법령의 규정을 기준으로 판단하여야 한다(대판 2013.9.12, 2011두10584).
③ 행정규칙이나 규정이 상위법령의 위임범위를 벗어난 경우에는 법규명령으로서 대외적 구속력을 인정할 여지는 없다. 이는 행정규칙이나 규정 '내용'이 위임범위를 벗어난 경우뿐 아니라 상위법령의 위임규정에서 특정하여 정한 권한행사의 '절차'나 '방식'에 위배되는 경우도 마찬가지이므로, 상위법령에서 세부사항 등을 시행규칙으로 정하도록 위임하였음에도 이를 고시 등 행정규칙으로 정하였다면 그 역시 대외적 구속력을 가지는 법규명령으로서 효력이 인정될 수 없다(대판 2012.7.5, 2010다72076).
④ 헌법 제75조, 제95조가 정하는 포괄적인 위임입법의 금지는, 그 문리해석상 정관에 위임한 경우까지 그 적용대상으로 하고 있지 않고, 또 권력분립의 원칙을 침해할 우려가 없다는 점 등을 볼 때, 법률이 정관에 자치법적 사항을 위임한 경우에는 원칙적으로 적용되지 않는다(헌재결 2001.4.26, 2000헌마122).

정답 ①

34. 행정입법에 관한 설명으로 가장 옳지 않은 것은? 17 서울시7급

① 대통령령의 경우 모법의 시행에 관한 전반적 사항을 정하는 경우에는 OO법(법률)시행령으로, 모법의 일부규정의 시행에 필요한 개별적 사항을 정하거나 대통령령의 권한 범위 내의 사항을 정하는 경우에는 OO규정, OO령으로 한다.
② 대통령령 중 OO규정은 원칙적으로 조직법규에 관한 사항을 규정하고, OO령은 작용법규에 관한 사항을 규정한다.
③ 헌법재판소에 따르면 긴급재정경제명령도 국민의 기본권 침해와 직접 관련되는 경우에는 당연히 헌법소원의 대상이 된다.
④ 어떤 법률의 말미에 "이 법의 시행에 필요한 사항은 대통령령으로 정한다."라고 하여 일반적 시행령 위임조항을 두었다면 이것은 위임명령의 일반적 발령 근거로 작용한다.

해설 ➤ 下

①② 대통령령 중 '규정'의 형식으로 제정된 대표적인 사례가 「행정권한의 위임 및 위탁에 관한 규정」이다. 제1조의 목적을 보면 조직법규에 관한 사항임을 알 수 있다.
제1조(목적) 이 영은 「정부조직법」 제6조 제1항 및 그 밖의 법령에 따라 행정능률의 향상, 행정사무의 간소화와 행정기관의 권한 및 책임의 일치를 위하여 법률에 규정된 행정기관의 권한 중 그 보조기관 또는 하급행정기관의 장에게 위임하거나 다른 행정기관의 장 또는 지방자치단체의 장에게 위임 또는 위탁할 권한을 정하고, 「정부조직법」 제6조 제3항 및 그 밖의 법령에 따라 행정 간여(干與)의 범위를 축소하여 민간의 자율적인 행정 참여의 기회를 확대하기 위하여 법률에 규정된 행정기관의 소관 사무 중 지방자치단체가 아닌 법인 · 단체 또는 그 기관이나 개인에게 위탁할 사무를 정함을 목적으로 한다.
③ 헌법재판소는 헌법의 수호와 국민의 기본권 보장을 사명으로 하는 국가기관이므로 비록 고도의 정치적 결단에 의하여 행해지는 국가작용이라고 할지라도 그것이 국민의 기본권 침해와 직접 관련되는 경우에는 당연히 헌법재판소의 심판대상이 된다(헌재결 1996.2.29, 93헌마186).
④ '위임명령'이 아니라 '집행명령'의 근거조항이다. 즉, 법률의 범위 내에서 세부적 집행에 관한 구체적·기술적 사항을 규율하기 위해 직권으로 발하는 명령이다. 판례도 같은 입장이다.
구 소득세법(1980.12.13 법률 제3271호로 개정되기 전의 법) 제203조에 의하면 "이 법 시행에 관하여 필요한 사항은 대통령령으로 정한다."고 규정하고 있으나, 이것은 법률의 시행에 필요한 집행명령을 발할 수 있음을 규정한 것에 지나지 아니하며 양도차익과 같은 과세요건에 관한 법규의 제정까지도 포괄적으로 대통령령에 위임한 규정이라고는 볼 수 없다[대판(전합) 1982.11.23, 82누221].

정답 ④

35. 법규명령의 한계에 대한 설명으로 옳지 않은 것은? (다툼이 있는 경우 판례에 의함) 20 국회직9급

① 구법에 위임의 근거가 없어 무효였던 법규명령도 사후에 법 개정으로 위임의 근거가 부여되면 그때부터는 유효한 법규명령이 된다.
② 법규명령은 국회입법의 원칙의 예외에 해당되는 것이므로 일정한 한계 안에서 허용된다.
③ 위임입법에서 요구되는 구체성과 명확성은 침해행정 영역에서 강하게 요청되고 급부행정 영역에서는 다소 완화될 수 있다.
④ 긴급한 경우 집행명령으로 새로운 법규사항을 규정할 수 있다.
⑤ 공법적 단체 등의 정관에 자치법적 사항을 위임하는 경우에는 포괄적 위임도 가능하다.

해설 ➤ 下

① 일반적으로 법률의 위임에 의하여 효력을 갖는 법규명령(위임명령)의 경우, 구법에 위임의 근거가 없어 무효였더라도 사후에 법개정으로 위임의 근거가 부여되면 그때부터는 유효한 법규명령이 되나, 반대로 구법의 위임에 의한 유효한 법규명령이 법개정으로 위임의 근거가 없어지게 되면 그때부터 무효인 법규명령이 되므로, 어떤 법령의 위임근거 유무에 따른 유효 여부를 심사하려면 법개정의 전·후에 걸쳐 모두 심사하여야만 그 법규명령의 시기에 따른 유효·무효를 판단할 수 있다(대판 1995.6.30, 93추83).
③ 보건위생 등 급부행정영역에서는 기본권침해영역보다는 구체성의 요구가 다소 약화되어도 무방하다고 해석된다. 법 제31조 제1항에서 분만급여를 실시할 것을 규정한 이상 그 범위·상한기준까지 반드시 법률로써 정하여야 하는 사항은 아니다. 따라서 의료보험법의 전반적 체계와 위와 같은 규정을 종합해 보면 내재적인 위임의 범위나 한계를 예측할 수 있으므로 이 사건 법률조항이 분만급여의 범위나 상한기준을 더 구체적으로 정하지 아니하였다고 하여 포괄위임에 해당한다고 할 수는 없다고 할 것이다(헌재결 1997.12.24, 95헌마390).
④ 그러한 예외는 인정되지 않는다.
⑤ 법률이 공법적 단체 등의 정관에 자치법적 사항을 위임한 경우에는 헌법 제75조가 정하는 포괄적인 위임입법의 금지는 원칙적으로 적용되지 않는다고 봄이 상당하고, 한편 법률이 자치적인 사항을 정관에 위임한 경우 원칙적으로 헌법상의 포괄위임입법금지 원칙이 적용되지 않는다 하더라도 그 사항이 국민의 권리·의무에 관련되는 것일 경우에는 적어도 국민의 권리·의무에 관한 기본적이고 본질적인 사항은 국회가 정하여야 할 것이다(대판 2007.10.12, 2006두14476).

정답 ④

36. 위임명령의 한계에 대한 설명으로 옳지 않은 것은? (다툼이 있는 경우 판례에 의함) 21 국가직9급

① 법률이 공법적 단체 등의 정관에 자치법적 사항을 위임한 경우에는 헌법 제75조가 정하는 포괄적인 위임입법의 금지는 원칙적으로 적용되지 않지만, 그 사항이 국민의 권리·의무에 관련되는 것일 경우에는 적어도 국민의 권리·의무에 관한 기본적이고 본질적인 사항은 국회가 정하여야 한다.
② 헌법에서 채택하고 있는 조세법률주의의 원칙상 과세요건과 징수절차에 관한 사항을 명령·규칙 등 하위법령에 구체적·개별적으로 위임하여 규정할 수 없다.
③ 법률에서 위임받은 사항에 관하여 대강을 정하고 그 중의 특정사항을 범위를 정하여 하위법령에 다시 위임하는 경우에는 재위임이 허용된다. 이러한 법리는 조례가 「지방자치법」에 따라 주민의 권리제한 또는 의무부과에 관한 사항을 법률로부터 위임받은 후, 이를 다시 지방자치단체장이 정하는 '규칙'이나 '고시' 등에 재위임하는 경우에도 마찬가지이다.
④ 법률의 시행령이나 시행규칙의 내용이 모법 조항의 취지에 근거하여 이를 구체화하기 위한 것인 때에는 모법의 규율 범위를 벗어난 것으로 볼 수 없다. 이러한 경우에는 모법에 이에 관하여 직접 위임하는 규정을 두지 않았다고 하여도 이를 무효라고 볼 수 없다.

해설 ➢ 中

① 헌법 제75조, 제95조가 정하는 포괄적인 위임입법의 금지는, 그 문리해석상 정관에 위임한 경우까지 그 적용대상으로 하고 있지 않고, 또 권력분립의 원칙을 침해할 우려가 없다는 점 등을 볼 때, 법률이 정관에 자치법적 사항을 위임한 경우에는 원칙적으로 적용되지 않는다. 농업기반공사 및 농지관리기금법 부칙 제6조 단서는 농업기반공사의 자치적 입법사항을 정관에 위임한 것으로서 이를 행정부의 법규명령에 위임한 것과 같이 볼 수 없어, 헌법상 포괄위임입법금지 원칙이 적용되지 않으며, 이미 조합장 등의 기존 임기가 종료된 것을 전제로 종전의 기득권 보호 차원에서 필요한 예우를 규정한 것이므로 직업선택의 자유의 기본적이거나 본질적인 사항이라고 볼 수 없어 반드시 국회가 스스로 정할 사항은 아니므로 법률유보의 원칙에 위배되지 않고, 달리 청구인들의 직업선택의 자유를 침해한 것이라 볼만한 사정이 없다(헌재결 2001.4.26, 2000헌마122).

② 헌법 제38조, 제59조에서 채택하고 있는 조세법률주의의 원칙은 과세요건과 징수절차 등 조세권행사의 요건과 절차는 국민의 대표기관인 국회가 제정한 법률로써 규정하여야 한다는 것이나, 과세요건과 징수절차에 관한 사항을 명령·규칙 등 하위법령에 위임하여 규정하게 할 수 없는 것은 아니고, 이러한 사항을 하위법령에 위임하여 규정하게 하는 경우 구체적·개별적 위임만이 허용되며 포괄적·백지적 위임은 허용되지 아니하고(과세요건법정주의), 이러한 법률 또는 그 위임에 따른 명령·규칙의 규정은 일의적이고 명확하여야 한다(과세요건명확주의)는 것이다(대결 1994.9.30, 94부18).

③ 법률에서 위임받은 사항을 전혀 규정하지 않고 모두 재위임하는 것은 "위임받은 권한을 그대로 다시 위임할 수 없다."는 복위임금지의 법리에 반할 뿐 아니라 수권법의 내용변경을 초래하는 것이 되고, 대통령령 이외의 법규명령의 제정·개정절차가 대통령령에 비하여 보다 용이한 점을 고려할 때 하위의 법규명령에 대한 재위임의 경우에도 대통령령에의 위임에 가하여지는 헌법상의 제한이 마땅히 적용되어야 할 것이다. 따라서 법률에서 위임받은 사항을 전혀 규정하지 아니하고 그대로 하위의 법규명령에 재위임하는 것은 허용되지 않으며 위임받은 사항에 관하여 대강을 정하고 그 중의 특정사항을 범위를 정하여 하위의 법규명령에 다시 위임하는 경우에만 재위임이 허용된다(헌재결 2002.10.31, 2001헌라1부).

④ 법률의 시행령이나 시행규칙은 법률에 의한 위임이 없으면 개인의 권리·의무에 관한 내용을 변경·보충하거나 법률이 규정하지 아니한 새로운 내용을 정할 수는 없지만, 법률의 시행령이나 시행규칙의 내용이 모법의 입법 취지와 관련 조항 전체를 유기적·체계적으로 살펴보아 모법의 해석상 가능한 것을 명시한 것에 지나지 아니하거나 모법 조항의 취지에 근거하여 이를 구체화하기 위한 것인 때에는 모법의 규율 범위를 벗어난 것으로 볼 수 없으므로, 모법에 이에 관하여 직접 위임하는 규정을 두지 아니하였다고 하더라도 이를 무효라고 볼 수는 없다. 이러한 법리는 지방자치단체의 교육감이 제정하는 교육규칙과 모법인 상위 법령의 관계에서도 마찬가지이다(대판 2014.8.20, 2012두19526).

정답 ②

37. 조례제정권의 범위와 한계에 대한 설명으로 옳지 않은 것은? (다툼이 있는 경우 판례에 의함) 20 지방직9급

① 지방자치단체는 법령에 위반되지 않는 범위 내에서 자치사무에 관하여 주민의 권리를 제한하거나 의무를 부과하는 사항이 아닌 한 법률의 위임 없이 조례를 제정할 수 있다.
② 담배자동판매기의 설치를 금지하고 설치된 판매기를 철거하도록 하는 조례는 기존 담배자동판매기업자의 직업의 자유와 재산권을 제한하는 조례이므로 법률의 위임이 필요하다.
③ 영유아 보육시설 종사자의 정년을 조례로 규정하고자 하는 경우에는 법률의 위임이 필요 없다.
④ 군민의 출산을 장려하기 위하여 세 자녀 이상 세대 중 세 번째 이후 자녀에게 양육비 등을 지원할 수 있도록 하는 조례의 제정에는 법률의 위임이 필요 없다.

해설 ➢ 中

① 지방자치단체는 법령의 범위 안에서 그 사무에 관하여 조례를 제정할 수 있다. 다만, 주민의 권리 제한 또는 의무 부과에 관한 사항이나 벌칙을 정할 때에는 법률의 위임이 있어야 한다(지방자치법 제28조 제1항).

② 헌재결 1995.4.20, 92헌마264·279

③ 영유아보육법이 보육시설 종사자의 정년에 관한 규정을 두거나 이를 지방자치단체의 조례에 위임한다는 규정을 두고 있지 않음에도 보육시설 종사자의 정년을 규정한 「서울특별시 중구 영유아 보육조례 일부개정조례안」 제17조 제3항은, 법률의 위임 없이 헌법이 보장하는 직업을 선택하여 수행할 권리의 제한에 관한 사항을 정한 것이어서 그 효력을 인정할 수 없으므로, 위 조례안에 대한 재의결은 무효이다(대판 2009.5.28, 2007추134).

④ 지방자치단체의 「세 자녀 이상 세대 양육비 등 지원에 관한 조례안」은 저출산 문제의 국가적·사회적 심각성을 십분 감안하여 향후 지방자치단체의 출산을 적극 장려토록 하여 인구정책을 보다 전향적으로 실효성 있게 추진하고자 세 자녀 이상 세대 중 세 번째 이후 자녀에게 양육비 등을 지원할 수 있도록 하는 것으로서, 위와 같은 사무는 지방자치단체 고유의 자치사무 중 주민의 복지증진에 관한 사무를 규정한 지방자치법 제9조 제2항 제2호 (라)목에서 예시하고 있는 아동·청소년 및 부녀의 보호와 복지증진에 해당되는 사무이고, 또한 위 조례안에는 주민의 편의 및 복리증진에 관한 내용을 담고 있어 그 제정에 있어서 반드시 법률의 개별적 위임이 따로 필요한 것은 아니다(대판 2006.10.12, 2006추38).

정답 ③

제3절 행정규칙

38. 행정규칙에 대한 설명으로 가장 옳지 않은 것은? 18 서울시7급

① 행정규칙이 법령의 규정에 의하여 행정관청에 법령의 구체적 내용을 보충할 권한을 부여한 경우, 평등의 원칙이나 신뢰보호의 원칙에 따라 행정기관은 그 상대방에 대한 관계에서 그 규칙에 따라야 할 자기구속을 당하게 된다.
② 상급행정기관이 하급행정기관에 대하여 업무처리지침이나 법령의 해석적용에 관한 기준을 정하여 발하는 행정규칙은 일반적으로 행정조직 내부에서만 효력을 가질 뿐 대외적인 구속력을 갖는 것은 아니다.
③ 행정규칙도 행정작용의 하나이므로 하자가 있으면 하자의 정도에 따라 무효 또는 취소할 수 있는 행정규칙이 된다.
④ 어떠한 처분의 근거나 법적인 효과가 행정규칙에 규정되어 있다고 하더라도, 그 처분이 행정규칙의 내부적 구속력에 의하여 상대방에게 권리의 설정 또는 의무의 부담을 명하거나 기타 법적인 효과를 발생하게 하는 등 그 상대방의 권리의무에 직접 영향을 미치는 행위라면, 이는 항고소송의 대상이 되는 행정처분에 해당한다.

해설 ➤ 下

①② 상급행정기관이 하급행정기관에 대하여 업무처리지침이나 법령의 해석적용에 관한 기준(법령해석규칙)을 정하여 발하는 이른바 '행정규칙이나 내부지침'은 일반적으로 행정조직 내부에서만 효력을 가질 뿐, 대외적인 구속력을 갖는 것은 아니므로 행정처분이 그에 위반하였다고 하여 그러한 사정만으로 곧바로 위법하게 되는 것은 아니다. 다만, 재량권 행사의 준칙인 행정규칙이 그 정한 바에 따라 되풀이 시행되어 행정관행이 이루어지게 되면(선례필요설) 평등의 원칙이나 신뢰보호의 원칙에 따라 행정기관은 그 상대방에 대한 관계에서 그 규칙에 따라야 할 자기구속을 받게 되므로, 이러한 경우에는 특별한 사정이 없는 한 그를 위반하는 처분은 평등의 원칙이나 신뢰보호의 원칙에 위배되어 재량권을 일탈·남용한 위법한 처분이 된다(대판 2009.12.24, 2009두7967).
③ 행정규칙은 일반적·추상적 규율로서 이에 대하여는 취소소송의 제기가 불가능하기 때문에(행정소송법 제2조 제1항 제1호 처분개념 참조), 행정규칙에 하자가 있을 경우 행정행위와 달리 무효가 될 뿐 취소할 수 있는 행정규칙의 개념은 인정되지 않는다.
④ 대판 2004.11.26, 2003두10251·10268

정답 ③

39. 행정규칙에 대한 판례의 입장으로 옳지 않은 것은? 19 국가직7급

① 행정규칙인 고시가 법령의 수권에 의해 법령을 보충하는 사항을 정하는 경우에는 법령보충적 고시로서 근거법령규정과 결합하여 대외적으로 구속력을 가진다.
② 법령보충적 행정규칙은 법령의 수권에 의하여 인정되고, 그 수권은 포괄위임금지의 원칙상 구체적·개별적으로 한정된 사항에 대하여 행해져야 한다.
③ 고시에 담긴 내용이 구체적 규율의 성격을 갖는다고 하더라도, 해당 고시를 행정처분으로 볼 수는 없으며 법령의 수권 여부에 따라 법규명령 또는 행정규칙으로 볼 수 있을 뿐이다.
④ 재산권 등의 기본권을 제한하는 작용을 하는 법률이 구체적으로 범위를 정하여 고시와 같은 형식으로 입법위임을 할 수 있는 사항은 전문적·기술적 사항이나 경미한 사항으로서 업무의 성질상 위임이 불가피한 사항에 한정된다.

해설 ➤ 中

① 식품제조영업허가기준이라는 고시는 공익상의 이유로 허가를 할 수 없는 영업의 종류를 지정할 권한을 부여한 구 식품위생법 제23조의3 제4호에 따라 보건사회부장관(현 보건복지부장관)이 발한 것으로서, 실질적으로 법의 규정내용을 보충하는 기능을 지니면서 그것과 결합하여 대외적으로 구속력이 있는 법규명령의 성질을 가진 것이다(대판 1994.3.8, 92누1728).
② 상급행정기관이 하급행정기관에 대하여 업무처리지침이나 법령의 해석적용에 관한 기준을 정하여 발하는 이른바 행정규칙은 일반적으로 행정조직 내부에서만 효력을 가질 뿐 대외적인 구속력을 갖지 않지만(원칙적으로 법규성 부정), 법령의 규정이 특정 행정기관에게 그 법령내용의 구체적 사항을 정할 수 있는 권한을 부여하면서 그 권한행사의 절차나 방법을 특정하고 있지 않아 수임행정기관이 행정규칙의 형식으로 그 법령의 내용이 될 사항을 구체적으로 정하고 있다면, 그와 같은 행정규칙은 행정규칙이 갖는 일반적 효력으로서가 아니라 행정기관에 법령의 구체적 내용을 보충할 권한을 부여한 법령규정의 효력에 의하여 그 내용을 보충하는 기능을 갖게 되고, 따라서 이와 같은 행정규칙은 당해 법령의 위임한

계를 벗어나지 않는 한 그것들과 결합하여(행정규칙 자체의 독자적 효력으로서가 아니라 상위법령과 결합하여서만 법규적 효력을 가진다는 점에서, 행정규칙 자체로서 예외적으로 법규성이 인정되는 규범구체화 행정규칙과 다름 ; 필자 주) 대외적인 구속력이 있는 법규명령으로서의 효력을 가진다(대판 2008.3.27, 2006두3742·3759).

③ 고시 또는 공고의 법적 성질은 일률적으로 판단될 것이 아니라 고시에 담겨진 내용에 따라 구체적인 경우마다 달리 결정된다고 보아야 한다. 즉, 고시가 일반·추상적 성격을 가질 때는 법규명령 또는 행정규칙에 해당하지만, 고시가 구체적인 규율의 성격을 갖는다면 행정처분에 해당한다(헌재결 1998.4.30, 97헌마141).

④ 행정규칙은 법규명령과 같은 엄격한 제정 및 개정절차를 요하지 아니하므로, 재산권 등과 같은 기본권을 제한하는 작용을 하는 법률이 입법위임을 할 때에는 '대통령령', '총리령', '부령' 등 법규명령에 위임함이 바람직하고, 금융감독위원회의 고시와 같은 형식으로 입법위임을 할 때에는 적어도 행정규제기본법 제4조 제2항 단서에서 정한 바와 같이 법령이 전문적·기술적 사항이나 경미한 사항으로서 업무의 성질상 위임이 불가피한 사항에 한정된다 할 것이고, 그러한 사항이라 하더라도 포괄위임금지의 원칙상 법률의 위임은 반드시 구체적·개별적으로 한정된 사항에 대하여 행하여져야 한다(헌재결 2004.10.28, 99헌바91).

정답 ③

40. 행정규칙에 대한 설명으로 옳지 않은 것은? (다툼이 있는 경우 판례에 의함) 20 국가직9급

① 법령의 위임이 없음에도 법령에 규정된 처분 요건에 해당하는 사항을 부령에서 변경하여 규정한 경우에는 그 부령의 규정은 행정명령의 성격을 지닐 뿐 국민에 대한 대외적 구속력은 없다.

② 행정관청 내부의 사무처리규정에 불과한 전결규정에 위반하여 원래의 전결권자 아닌 보조기관 등이 처분권자인 행정관청의 이름으로 행정처분을 한 경우, 그 처분은 권한 없는 자에 의하여 행하여진 것으로 무효이다.

③ 법령의 규정이 특정 행정기관에게 법령 내용의 구체적 사항을 정할 수 있는 권한을 부여하면서 권한행사의 절차나 방법을 특정하지 아니한 경우에는 수임 행정기관은 행정규칙으로 법령 내용이 될 사항을 구체적으로 정할 수 있다.

④ 재량권행사의 준칙인 행정규칙이 그 정한 바에 따라 되풀이 시행되어 행정관행이 형성되어 행정기관이 그 상대방에 대한 관계에서 그 행정규칙에 따라야 할 자기구속을 당하게 되는 경우에는 그 행정규칙은 헌법소원의 심판대상이 될 수도 있다.

해설 中

① 법령에서 행정처분의 요건 중 일부 사항을 부령으로 정할 것을 위임한 데 따라 시행규칙 등 부령에서 이를 정한 경우에 그 부령의 규정은 국민에 대해서도 구속력이 있는 법규명령에 해당한다고 할 것이지만, 법령의 위임이 없음에도 법령에 규정된 처분 요건에 해당하는 사항을 부령에서 변경하여 규정한 경우에는 그 부령의 규정은 행정청 내부의 사무처리 기준 등을 정한 것으로서 행정조직 내에서 적용되는 행정명령의 성격을 지닐 뿐 국민에 대한 대외적 구속력은 없다고 보아야 한다. 따라서 어떤 행정처분이 그와 같이 법규성이 없는 시행규칙 등의 규정에 위배된다고 하더라도 그 이유만으로 처분이 위법하게 되는 것은 아니라 할 것이고, 또 그 규칙 등에서 정한 요건에 부합한다고 하여 반드시 그 처분이 적법한 것이라고 할 수도 없다. 이 경우 처분의 적법 여부는 그러한 규칙 등에서 정한 요건에 합치하는지 여부가 아니라 일반 국민에 대하여 구속력을 가지는 법률 등 법규성이 있는 관계 법령의 규정을 기준으로 판단하여야 한다(대판 2013.9.12, 2011두10584).

② 전결과 같은 행정권한의 내부위임은 법령상 처분권자인 행정관청이 내부적인 사무처리의 편의를 도모하기 위하여 그의 보조기관 또는 하급행정관청으로 하여금 그의 권한을 사실상 행사하게 하는 것으로서 법률이 위임을 허용하지 않는 경우에도 인정되는 것이므로, 설사 행정관청 내부의 사무처리규정에 불과한 전결규정에 위반하여 원래의 전결권자 아닌 보조기관 등이 처분권자인 행정관청의 이름으로 행정처분을 하였다고 하더라도 그 처분이 권한 없는 자에 의하여 행하여진 무효의 처분이라고는 할 수 없다(대판 1998.2.27, 97누1105).

③ 상급행정기관이 하급행정기관에 대하여 업무처리지침이나 법령의 해석적용에 관한 기준을 정하여 발하는 이른바 행정규칙은 일반적으로 행정조직 내부에서만 효력을 가질 뿐 대외적인 구속력을 갖지 않지만(원칙적으로 법규성 부정), 법령의 규정이 특정 행정기관에게 그 법령내용의 구체적 사항을 정할 수 있는 권한을 부여하면서 그 권한행사의 절차나 방법을 특정하고 있지 않아 수임행정기관이 행정규칙의 형식으로 그 법령의 내용이 될 사항을 구체적으로 정하고 있다면, 그와 같은 행정규칙은 행정규칙이 갖는 일반적 효력으로서가 아니라 행정기관에 법령의 구체적 내용을 보충할 권한을 부여한 법령규정의 효력에 의하여 그 내용을 보충하는 기능을 갖게 되고, 따라서 이와 같은 행정규칙은 당해 법령의 위임한계를 벗어나지 않는 한 그것들과 결합하여(행정규칙 자체의 독자적 효력으로서가 아니라 상위법령과 결합하여서만 법규적 효력을 가진다는 점에서, 행정규칙 자체로서 예외적으로 법규성이 인정되는 규범구체화 행정규칙과 다름 ; 필자 주) 대외적인 구속력이 있는 법규명령으로서의 효력을 가진다(대판 2008.3.27, 2006두3742·3759).

④ 재량권 행사의 준칙인 행정규칙이 그 정한 바에 따라 되풀이 시행되어 행정관행이 이루어지게 되면(선례필요설) 평등의 원칙이나 신뢰보호의 원칙에 따라 행정기관은 그 상대방에 대한 관계에서 그 규칙에 따라야 할 자기구속을 받게 되므로, 이러한 경우에는 특별한 사정이 없는 한 그를 위반하는 처분은 평등의 원칙이나 신뢰보호의 원칙에 위배되어 재량권을 일탈·남용한 위법한 처분이 된다(대판 2009.12.24, 2009두7967).

정답 ②

41. 대외적 구속력을 인정할 수 없는 경우만을 모두 고르면? (다툼이 있는 경우 판례에 의함) 20 지방직9급

ㄱ. 운전면허에 관한 제재적 행정처분의 기준이 「도로교통법 시행규칙」 [별표]에 규정되어 있는 경우
ㄴ. 행정 각부의 장이 정하는 특정 고시가 비록 법령에 근거를 둔 것이더라도 규정 내용이 법령의 위임 범위를 벗어난 것일 경우
ㄷ. 상위법령에서 세부사항 등을 시행규칙으로 정하도록 위임하였음에도 이를 고시 등 행정규칙으로 정한 경우
ㄹ. 상위 법령의 위임이 없음에도 상위 법령에 규정된 처분 요건에 해당하는 사항을 하위 부령에서 변경하여 규정한 경우

① ㄱ, ㄴ ② ㄴ, ㄷ
③ ㄱ, ㄴ, ㄷ ④ ㄱ, ㄴ, ㄷ, ㄹ

해설 

ㄱ 「도로교통법 시행규칙」 제53조 제1항이 정하고 있는 [별표 16] 운전면허행정처분기준은 관할행정청이 운전면허의 취소 및 운전면허의 효력정지 등의 사무처리를 함에 있어서 처리기준과 방법 등의 세부사항을 규정한 행정기관 내부의 처리지침에 불과한 것으로서 대외적으로 국민이나 법원을 기속하는 것은 아니므로, 자동차운전면허 취소처분의 적법 여부는 위 운전면허행정처분기준이 상위법령에 근거가 있는지 여부 등에 의하여 판단할 것이 아니라 도로교통법의 규정 내용과 취지에 따라 판단하여야 하고, 따라서 위 운전면허행정처분기준이 상위법령에 근거가 없다 하여 자동차운전면허 취소처분이 위법한 것이라고 단정할 수는 없다(대판 1996.4.12, 95누10396).

ㄴ 일반적으로 행정 각부의 장이 정하는 고시라도 그것이 특히 법령의 규정에서 특정 행정기관에 법령 내용의 구체적 사항을 정할 수 있는 권한을 부여함으로써 법령 내용을 보충하는 기능을 가질 경우에는 형식과 상관없이 근거 법령 규정과 결합하여 대외적으로 구속력이 있는 법규명령으로서의 효력을 가지나 이는 어디까지나 법령의 위임에 따라 법령 규정을 보충하는 기능을 가지는 점에 근거하여 예외적으로 인정되는 효력이므로 특정 고시가 비록 법령에 근거를 둔 것이더라도 규정 내용이 법령의 위임 범위를 벗어난 것일 경우에는 법규명령으로서의 대외적 구속력을 인정할 여지는 없다(대판 2016.8.17, 2015두51132).

ㄷ 행정규칙이나 규정이 상위법령의 위임범위를 벗어난 경우에는 법규명령으로서 대외적 구속력을 인정할 여지는 없다. 이는 행정규칙이나 규정 '내용'이 위임범위를 벗어난 경우뿐 아니라 상위법령의 위임규정에서 특정하여 정한 권한행사의 '절차'나 '방식'에 위배되는 경우도 마찬가지이므로, 상위법령에서 세부사항 등을 시행규칙으로 정하도록 위임하였음에도 이를 고시 등 행정규칙으로 정하였다면 그 역시 대외적 구속력을 가지는 법규명령으로서 효력이 인정될 수 없다(대판 2012.7.5, 2010다72076).

ㄹ 법령에서 행정처분의 요건 중 일부 사항을 부령으로 정할 것을 위임한 데 따라 시행규칙 등 부령에서 이를 정한 경우에 그 부령의 규정은 국민에 대해서도 구속력이 있는 법규명령에 해당한다고 할 것이지만, 법령의 위임이 없음에도 법령에 규정된 처분 요건에 해당하는 사항을 부령에서 변경하여 규정한 경우에는 그 부령의 규정은 행정청 내부의 사무처리 기준 등을 정한 것으로서 행정조직 내에서 적용되는 행정명령의 성격을 지닐 뿐 국민에 대한 대외적 구속력은 없다고 보아야 한다. 따라서 어떤 행정처분이 그와 같이 법규성이 없는 시행규칙 등의 규정에 위배된다고 하더라도 그 이유만으로 처분이 위법하게 되는 것은 아니라 할 것이고, 또 그 규칙 등에서 정한 요건에 부합한다고 하여 반드시 그 처분이 적법한 것이라고 할 수도 없다. 이 경우 처분의 적법 여부는 그러한 규칙 등에서 정한 요건에 합치하는지 여부가 아니라 일반 국민에 대하여 구속력을 가지는 법률 등 법규성이 있는 관계 법령의 규정을 기준으로 판단하여야 한다(대판 2013.9.12, 2011두10584).

정답 ④

42. 시험을 준비하던 甲은 다음의 '2019년도 제56회 변리사 국가자격시험 시행계획 공고'를 보고 큰 혼란에 빠졌다. 제56회 변리사 국가자격시험 「상표법」과목에 실무형 문제가 출제될 것을 예상하지 못했기 때문이다. 甲은 이와 같은 시험공고가 위법하다고 보고 이에 대해 다투려고 한다. 이에 대한 설명으로 옳지 않은 것은? (다툼이 있는 경우 판례에 의함) 20 국회직8급

> 2019년도 제56회 변리사 국가자격시험 시행계획 공고
> (한국산업인력공단 공고 제2018-151호)
>
> 1. (생략)
> 2. 2019년 및 2020년 변경사항
>
> ○ 2019년 제2차 시험과목 중 「특허법」과 「상표법」 과목에 실무형 문제를 각 1개씩 출제
> - 다만, 2019년 제2차 시험에서의 실무형 문제 출제범위는 아래와 같고, 배점은 20점으로 함.
> (이하 생략)

① 공고에 의해서 비로소 국민에게 영향을 미치는 규율사항이 정해지는 경우 이에 대해서는 어떤 형태로든 법적으로 다툴 수 있는 기회를 주는 것이 타당하다.
② 헌법재판소는 공고에 의하여 비로소 응시자격이 확정되는 경우에는 공고에 대한 헌법소원을 인정하였으나 위와 같은 경우에는 헌법소원을 인정하지 않았다.
③ 공고가 분명히 위법하고 공무원에게 과실이 있어 이로 인한 손해를 입증한다면 甲은 국가배상을 청구할 수 있다.
④ 공고는 입법행위와 유사한 측면이 없지 않으나 침해의 직접성이 인정되는 경우 헌법소원의 대상이 될 수 있다.
⑤ 이미 법령에 규정된 내용을 그대로 공고한 경우 공고보다는 법령을 다툼의 대상으로 하여야 한다.

해설 ⊕

①② 이 사건 공고의 근거법령의 내용만으로는 변리사 제2차 시험에서 '실무형 문제'가 출제되는지 여부가 정해져 있다고 볼 수 없고, 이 사건 공고에 의하여 비로소 2019년 제56회 변리사 제2차 시험에 실무형 문제가 출제되는 것이 확정된다. 이 사건 공고는 법령의 내용을 구체적으로 보충하고 세부적인 사항을 확정함으로써 대외적 구속력을 가지므로, 헌법소원의 대상이 되는 공권력의 행사에 해당한다(헌재결 2019.5.30, 2018헌마1208·1227).
⑤ 공고 등이 법령에 근거하여 법령의 내용을 구체적으로 보충하거나 세부적인 사항을 확정하는 것일 때에는 이는 공권력의 행사에 해당하지만(헌재 2004.3.25, 2001헌마882 참조), 그것이 법령에 정해지거나 이미 다른 공권력 행사를 통하여 결정된 사항을 단순히 알리는 것 또는 대외적 구속력이 없는 행정관청 내부의 해석지침에 불과한 것인 때에는 공권력의 행사에 해당하지 아니한다(헌재결 2019.5.30, 2018헌마1208·1227).

정답 ②

43. 행정규칙에 대한 설명으로 옳지 않은 것은? (다툼이 있는 경우 판례에 의함) '22 국가직7급

① 중앙행정기관의 장이 정한 훈령·예규 및 고시 등 행정규칙은 상위법령의 위임이 있다고 하더라도 행정기본법 상의 '법령'에 해당하지 않는다.
② 처분이 행정규칙을 위반하였다고 해서 그러한 사정만으로 곧바로 위법하게 되는 것은 아니다.
③ 처분의 근거나 법적인 효과가 행정규칙에 규정되어 있더라도 그 상대방의 권리의무에 직접 영향을 미치는 행위라면, 항고소송의 대상이 되는 행정처분에 당한다.
④ 행정규칙의 내용이 상위법령이나 법의 일반원칙에 반하는 것이라면 행정내부적 효력도 인정될 수 없다.

해설 ➤ ⓕ

① 이 법에서 사용하는 용어의 뜻은 다음과 같다.
1. "법령등"이란 다음 각 목의 것을 말한다(제2조 제1호).

가. 법령: 다음의 어느 하나에 해당하는 것
1) 법률 및 대통령령 · 총리령 · 부령
2) 국회규칙 · 대법원규칙 · 헌법재판소규칙 · 중앙선거관리위원회규칙 및 감사원규칙
3) 1) 또는 2)의 위임을 받아 중앙행정기관(「정부조직법」 및 그 밖의 법률에 따라 설치된 중앙행정기관을 말한다. 이하 같다)의 장이 정한 훈령 · 예규 및 고시 등 행정규칙
나. 자치법규: 지방자치단체의 조례 및 규칙

② 상급행정기관이 하급행정기관에 대하여 업무처리지침이나 법령의 해석적용에 관한 기준(법령해석규칙)을 정하여 발하는 이른바 '행정규칙이나 내부지침'은 일반적으로 행정조직 내부에서만 효력을 가질 뿐, 대외적인 구속력을 갖는 것은 아니므로 행정처분이 그에 위반하였다고 하여 그러한 사정만으로 곧바로 위법하게 되는 것은 아니다. 다만, 재량권 행사의 준칙인 행정규칙이 그 정한 바에 따라 되풀이 시행되어 행정관행이 이루어지게 되면(선례필요설) 평등의 원칙이나 신뢰보호의 원칙에 따라 행정기관은 그 상대방에 대한 관계에서 그 규칙에 따라야 할 자기구속을 받게 되므로, 이러한 경우에는 특별한 사정이 없는 한 그를 위반하는 처분은 평등의 원칙이나 신뢰보호의 원칙에 위배되어 재량권을 일탈·남용한 위법한 처분이 된다(대판 2009.12.24, 2009두7967).
③ 「이 사건 처분이 비록 법률상의 징계처분은 아니라 하더라도, 이 사건 처분에는 적어도 이 사건 처분을 받지 아니하였다면 차후 다른 징계처분이나 경고를 받게 될 경우 징계감경사유로 사용될 수 있었던 표창공적의 사용가능성을 소멸시키는 효과와 1년 동안 인사기록카드에 등재됨으로써 그동안은 장관표창이나 도지사표창 대상자에서 제외시키는 효과 등이 있음을 알 수 있다. 그렇다면 이 사건 처분은 그 근거와 법적 효과가 위와 같은 행정규칙에 규정되어 있다 하더라도, 행정규칙의 내부적 구속력에 의하여 상대방에게 권리의 설정 또는 의무의 부담을 명하거나 기타 법적 효과를 발생하게 하는 등으로 원고의 권리의무에 직접 영향을 미치는 행위로서 항고소송의 대상이 되는 행정처분에 해당하는 것으로 보아야 할 것이다(대판 2002.7.26, 2001두3532).
④ 행정규칙의 내용이 상위법령에 반하는 것이라면 법치국가원리에서 파생되는 법질서의 통일성과 모순금지 원칙에 따라 그것은 법질서상 당연무효이고, 행정내부적 효력도 인정될 수 없다. 이러한 경우 법원은 해당 행정규칙이 법질서상 부존재하는 것으로 취급하여 행정기관이 한 조치의 당부를 상위법령의 규정과 입법 목적 등에 따라서 판단하여야 한다(대판 2020.11.26, 2020두42262).

정답 ①

메모

제2장 행정행위

제1절 행정행위 종합

1. 행정행위에 대한 판례의 내용으로 옳지 않은 것은? (다툼이 있는 경우 판례에 의함) 15 국가직9급

① 침익적 행정행위를 한 처분청은 그 행위에 하자가 있는 경우에 별도의 법적 근거가 없더라도 스스로 이를 취소할 수 있다.
② 허가에 붙은 기한이 그 허가된 사업의 성질상 부당하게 짧은 경우에는 이를 그 허가 자체의 존속기간이 아니라 그 허가조건의 존속기간으로 보고 그 기한이 도래함으로써 그 조건의 개정을 고려한다.
③ 건설업자가 시공자격 없는 자에게 전문공사를 하도급한 행위에 대하여 과징금부과처분을 하는 경우, 구체적인 부과기준에 대하여 처분시의 법령이 행위시의 법령보다 불리하게 개정되었고 어느 법령을 적용할 것인지에 대하여 특별한 규정이 없다면 행위시의 법령을 적용하여야 한다.
④ 헌법재판소가 법률을 위헌으로 결정하였다면 이러한 결정이 있은 후 그 법률을 근거로 한 행정처분은 중대한 하자이기는 하나 명백한 하자는 아니므로 당연무효는 아니다.

해설 中

① 행정행위를 한 처분청은 그 행위에 하자가 있는 경우에는 별도의 법적 근거가 없더라도 스스로 이를 취소할 수 있다(대판 2006.5.25, 2003두4669).
② 일반적으로 행정처분에 효력기간이 정하여져 있는 경우에는 그 기간의 경과로 그 행정처분의 효력은 상실되고(효력존속기간), 다만 허가에 붙은 기한이 그 허가된 사업의 성질상 부당하게 짧은 경우에는 이를 그 '허가자체'의 존속기간이 아니라 그 '허가조건'의 존속기간(갱신기간 또는 조건존속기간)으로 보아 그 기한이 도래함으로써 그 조건의 개정을 고려한다는 뜻으로 해석할 수는 있지만, 그와 같은 경우라 하더라도 그 허가기간이 연장되기 위하여는 그 종기가 도래하기 전에 그 허가기간의 연장에 관한 신청이 있어야 하며, 만일 그러한 연장신청이 없는 상태에서 허가기간이 만료하였다면 그 허가의 효력은 상실된다(대판 2007.10.11, 2005두12404).
③ 법령이 변경된 경우 신 법령이 피적용자에게 유리하여 이를 적용하도록 하는 경과규정을 두는 등의 특별한 규정이 없는 한 헌법 제13조 등의 규정에(행위시법주의) 비추어 볼 때 그 변경 전에 발생한 사항에 대하여는 변경 후의 신 법령이 아니라 변경 전의 구 법령이 적용되어야 한다. 건설업자가 시공자격 없는 자에게 전문공사를 하도급한 행위에 대하여 과징금 부과처분을 하는 경우, 구체적인 부과기준에 대하여 처분시의 법령이 행위시의 법령보다 불리하게 개정되었고 어느 법령을 적용할 것인지에 대하여 특별한 규정이 없다면 행위시의 법령을 적용하여야 한다고 한 사례(대판 2002.12.10, 2001두3228)
④ 위헌결정 이후에 조세채권의 집행을 위한 새로운 체납처분에 착수하거나 이를 속행하는 것은 더 이상 허용되지 않고, 나아가 이러한 위헌결정의 효력에 위배하여 이루어진 체납처분은 그 사유만으로 하자가 중대하고 객관적으로 명백하여 당연무효라고 보아야 한다[대판(전합) 2012.2.16, 2010두10907].

정답 ④

2. 다음 중 행정행위에 대한 설명으로 옳은 것은? (다툼이 있는 경우 판례에 의함) 15 국회직8급

① 허가는 원칙적으로 재량행위, 특허는 원칙적으로 기속행위로 본다.
② 건설업면허증 및 건설업면허수첩의 재교부는 건설업의 면허를 받았다고 하는 특정사실에 대하여 형식적으로 그것을 증명하고 공적인 증거력을 부여하는 행정행위이다.
③ 인가란 타인의 법률적 행위를 보충하여 그 법률적 효력을 완성시켜 주는 행정행위를 말하는데 기본행위에 하자가 있는 경우 인가행위를 다투는 것이 원칙이다.
④ 담배 일반소매인으로 지정되어 있는 기존업자가 신규담배구내 소매인 지정처분을 다투는 경우에는 원고적격이 있다.
⑤ 산림형질변경허가의 경우 중대한 공익상 필요가 있다고 인정되는 때에는 그 허가를 거부할 수 있으며, 다만 그 경우 별도로 명문의 근거가 있어야 한다.

해설 ➤ 中

① 반대이다. 허가가 원칙적으로 기속행위이고, 특허는 재량행위이다.
② 건설업면허증 및 건설업면허수첩의 재교부는 그 면허증 등의 분실, 헐어 못쓰게 된 때, 건설업의 면허이전 등 면허증 및 면허수첩 그 자체의 관리상의 문제로 인하여 종전의 면허증 및 면허수첩과 동일한 내용의 면허증 및 면허수첩을 새로이 또는 교체하여 발급하여 주는 것으로서, 이는 건설업의 면허를 받았다고 하는 특정사실에 대하여 형식적으로 그것을 증명하고 공적인 증거력을 부여하는 행정행위(강학상의 공증행위)이므로, 그로 인하여 면허의 내용 등에는 아무런 영향이 없이 종전의 면허의 효력이 그대로 지속하고, 면허증 및 면허수첩의 재교부에 의하여 재교부 전의 면허는 실효되고 새로운 면허가 부여된 것이라고 볼 수 없다(대판 1994.10.25, 93누21231).
③ 도시재개발법 제34조에 의한 행정청의 인가는 주택개량재개발조합의 관리처분계획에 대한 법률상의 효력을 완성시키는 보충행위로서 그 기본되는 관리처분계획에 하자가 있을 때에는 그에 대한 인가가 있었다 하여도 기본행위인 관리처분계획이 유효한 것으로 될 수 없으며, 다만 그 기본행위가 적법·유효하고 보충행위인 인가처분 자체에만 하자가 있다면 그 인가처분의 무효나 취소를 주장할 수 있다고 할 것이지만, 인가처분에 하자가 없다면 기본행위에 하자가 있다 하더라도 따로 그 기본행위의 하자를 다투는 것은 별론으로 하고 기본행위의 무효를 내세워 바로 그에 대한 행정청의 인가처분의 취소 또는 무효확인을 소구할 법률상의 이익이 있다고 할 수 없다(대판 2001.12.11, 2001두7541).
④ 구 담배사업법과 그 시행령 및 시행규칙의 관계규정에 의하면, 담배소매인을 일반소매인과 구내소매인으로 구분하여, 일반소매인 사이에서는 그 영업소 간에 군청, 읍·면사무소가 소재하는 리 또는 동지역에서는 50m, 그 외의 지역에서는 100m 이상의 거리를 유지하도록 규정하는 등 일반소매인의 영업소 간에 일정한 거리제한을 두고 있는데, 이는 담배유통구조의 확립을 통하여 국민의 건강과 관련되고 국가 등의 주요 세원이 되는 담배산업 전반의 건전한 발전 도모 및 국민경제에의 이바지라는 공익목적을 달성하고자 함과 동시에 일반소매인 간의 과당경쟁으로 인한 불합리한 경영을 방지함으로써 일반소매인의 경영상 이익을 보호하는 데에도 그 목적이 있다고 보이므로, 일반소매인으로 지정되어 영업을 하고 있는 기존업자의 신규 일반소매인에 대한 이익은 단순한 사실상의 반사적 이익이 아니라 법률상 보호되는 이익으로서 기존 일반소매인이 신규 일반소매인 지정처분의 취소를 구할 원고적격이 있다고 보아야 할 것이나, 한편 구내소매인과 일반소매인 사이에서는 구내소매인의 영업소와 일반소매인의 영업소 간에 거리제한을 두지 아니할 뿐 아니라 건축물 또는 시설물의 구조·상주인원 및 이용인원 등을 고려하여 동일 시설물 내 2개소 이상의 장소에 구내소매인을 지정할 수 있으며, 이 경우 일반소매인이 지정된 장소가 구내소매인 지정대상이 된 때에는 동일 건축물 또는 시설물 안에 지정된 일반소매인은 구내소매인으로 보고, 구내소매인이 지정된 건축물 등에는 일반소매인을 지정할 수 없으며, 구내소매인은 담배 진열장 및 담배소매점 표시판을 건물 또는 시설물의 외부에 설치하여서는 아니 된다고 규정하는 등 일반소매인의 입장에서 구내소매인과의 과당경쟁으로 인한 경영의 불합리를 방지하는 것을 그 목적으로 할 수 있다고 보기 어려우므로, 일반소매인으로 지정되어 영업을 하고 있는 기존업자의 신규 구내소매인에 대한 이익은 법률상 보호되는 이익이 아니라 단순한 사실상의 반사적 이익이라고 해석함이 상당하므로, 기존 일반소매인은 신규 구내소매인 지정처분의 취소를 구할 원고적격이 없다(대판 2008.4.10, 2008두402).
⑤ 산림훼손행위는 국토의 유지와 환경의 보전에 직접적으로 영향을 미치는 행위이므로 법령이 규정하는 산림훼손 금지 또는 제한지역에 해당하는 경우는 물론 금지 또는 제한지역에 해당하지 않더라도 허가관청은 산림훼손허가신청 대상 토지의 현상과 위치 및 주위의 상황 등을 고려하여 국토 및 자연의 유지와 환경의 보전 등 중대한 공익상 필요가 있다고 인정될 때에는 허가를 거부할 수 있고, 그 경우 법규에 명문의 근거가 없더라도 거부처분을 할 수 있으며, 산림훼손허가를 함에 있어서 고려하여야 할 공익침해의 정도, 예컨대 자연경관훼손정도, 소음·분진의 정도, 수질오염의 정도 등에 관하여 반드시 수치에 근거한 일정한 기준을 정하여 놓고 허가·불허가 여부를 결정하여야 하는 것은 아니고, 산림훼손을 필요로 하는 사업계획에 나타난 사업의 내용, 규모, 방법과 그것이 환경에 미치는 영향 등 제반사정을 종합하여 사회관념상 공익침해의 우려가 현저하다고 인정되는 경우에 불허가할 수 있다(대판 1997.9.12, 97누1228).

정답 ②

3. 다음 중 행정행위에 대한 판례의 설명으로 옳지 않은 것은? 15 국회직8급

① 구 「전염병예방법」 제54조의2 제2항에 따른 예방접종으로 인한 질병, 장애 또는 사망의 인정여부 결정은 보건복지가족부장관의 재량에 속한다.
② 부담을 부가하기 이전에 상대방과 협의하여 부담의 내용을 협약의 형식으로 미리 정한 다음 행정처분을 하면서 이를 부가할 수도 있다.
③ 부담이 처분 당시 법령을 기준으로 적법하더라도 처분 후 부담의 전제가 된 주된 행정처분의 근거 법령이 개정됨으로써 행정청이 더 이상 부관을 붙일 수 없게 되면 그 부담은 곧바로 위법하게 되어 효력이 소멸된다.
④ 행정청이 직권취소를 할 수 있다는 사정만으로 이해관계인인 제3자에게 행정청에 대한 직권취소청구권이 부여된 것으로 볼 수 없다.
⑤ 수익적 행정처분의 하자가 당사자의 사실은폐나 기타 사위의 방법에 의한 신청행위에 기인한 것이라면, 당사자는 처분에 의한 이익을 위법하게 취득하였음을 알아 취소가능성도 예상하고 있었을 것이므로, 그 자신이 처분에 관한 신뢰이익을 원용할 수 없다.

해설 ➤ ㊥

① 특정인에게 권리나 이익을 부여하는 이른바 수익적 행정처분은 법령에 특별한 규정이 없는 한 재량행위이고, 구 전염병예방법 제54조의2 제2항에 의하여 보건복지가족부장관(현 보건복지부장관)에게 예방접종으로 인한 질병, 장애 또는 사망(장애 등)의 인정 권한을 부여한 것은, 예방접종과 장애 등 사이에 인과관계가 있는지를 판단하는 것은 고도의 전문적 의학 지식이나 기술이 필요한 점과 전국적으로 일관되고 통일적인 해석이 필요한 점을 감안한 것으로 역시 보건복지가족부장관의 재량에 속하는 것이므로, 인정에 관한 보건복지가족부장관의 결정은 가능한 한 존중되어야 한다(대판 2014.5.16, 2014두274).
② 수익적 행정처분에 있어서는 법령에 특별한 근거규정이 없다고 하더라도 그 부관으로서 부담을 붙일 수 있고, 그와 같은 부담은 행정청이 행정처분을 하면서 일방적으로 부가할 수도 있지만 부담을 부가하기 이전에 상대방과 협의하여 부담의 내용을 협약의 형식으로 미리 정한 다음 행정처분을 하면서 이를 부가할 수도 있다(대판 2009.2.12, 2005다65500).
③ 행정청이 수익적 행정처분을 하면서 부가한 부담의 위법 여부는 처분 당시 법령을 기준으로 판단하여야 하고, 부담이 처분 당시 법령을 기준으로 적법하다면 처분 후 부담의 전제가 된 주된 행정처분의 근거법령이 개정됨으로써 행정청이 더 이상 부관을 붙일 수 없게 되었다 하더라도 곧바로 위법하게 되거나 그 효력이 소멸하게 되는 것은 아니다. 따라서 행정처분의 상대방이 수익적 행정처분을 얻기 위하여 행정청과 사이에 행정처분에 부가할 부담에 관한 협약을 체결하고 행정청이 수익적 행정처분을 하면서 협약상의 의무를 부담으로 부가하였으나 부담의 전제가 된 주된 행정처분의 근거법령이 개정됨으로써 행정청이 더 이상 부관을 붙일 수 없게 된 경우에도 곧바로 협약의 효력이 소멸하는 것은 아니다(대판 2009.2.12, 2005다65500).
④ 산림법령에는 채석허가처분을 한 처분청이 산림을 복구한 자에 대하여 복구설계서승인 및 복구준공통보를 한 경우 그 취소신청과 관련하여 아무런 규정을 두고 있지 않고, 원래 행정처분을 한 처분청은 그 처분에 하자가 있는 경우에는 원칙적으로 별도의 법적 근거가 없더라도 스스로 이를 직권으로 취소할 수 있지만, 그와 같이 직권취소를 할 수 있다는 사정만으로 이해관계인에게 처분청에 대하여 그 취소를 요구할 신청권이 부여된 것으로 볼 수는 없다(대판 2006.6.30, 2004두701).
⑤ 수익적 행정처분의 하자가 당사자의 사실은폐나 기타 사위의 방법에 의한 신청행위에 기인한 것이라면 당사자는 처분에 의한 이익이 위법하게 취득되었음을 알아 취소가능성도 예상하고 있었다 할 것이므로, 그 자신이 처분에 관한 신뢰이익을 원용할 수 없음은 물론 행정청이 이를 고려하지 아니하였더라도 재량권의 남용이 되지 아니한다. 한편 당사자의 사실은폐나 기타 사위의 방법에 의한 신청행위가 있었는지 여부는 행정청의 상대방과 그로부터 신청행위를 위임받은 수임인 등 관계자 모두를 기준으로 판단하여야 한다(대판 2014.11.27, 2013두16111).

정답 ③

4. 행정행위에 대한 설명으로 옳지 않은 것은? (다툼이 있는 경우 판례에 의함) 15 국가직7급

① 무효인 행정행위에 대하여는 사정판결이 인정되지 않는다.
② 행정행위에 흠이 있는 경우에도 당연무효인 경우를 제외하고는 권한 있는 기관에 의하여 취소될 때까지는 효력을 지속한다.
③ 형성적 행정행위는 명령적 행정행위와 함께 법률행위적 행정행위에 속하며, 이에는 특허·인가·대리가 속한다.
④ 확인은 특정한 사실 또는 법률관계에 관하여 의문이 있는 경우에 행정청이 그 존부 또는 정부를 판단하는 준법률행위적 행정행위이며, 그 예로는 합격증서의 발급 및 영수증의 교부 등을 들 수 있다.

해설 ➤ 下

① 사정판결은 취소소송에서만 인정되고 당사자소송이나 기관소송의 경우에는 인정되지 않는다. 사정판결은 법치주의에 대한 예외적 제도이므로 무효등확인소송과 부작위위법확인소송의 경우에는 인정되지 않는다고 하는 부정설이 통설·판례이다.
당연무효의 행정처분을 소송목적물로 하는 행정소송에서는 존치시킬 효력이 있는 행정행위가 없기 때문에 행정소송법 제28조 소정의 사정판결을 할 수 없다(대판 1996.3.22, 95누5509).
② 행정행위에는 공정력이나 구성요건적 효력이 인정되기 때문에, 행정행위에 비록 흠이 있다 하더라도 당연무효가 아닌 취소할 수 있는 행정행위라면 권한 있는 기관에 의해 취소되기 전까지 유효한 행위로 통용된다.
④ 합격증서의 발급 및 영수증의 교부 등은 '확인'이 아니라 '공증'에 해당한다.

정답 ④

5. 행정행위의 성격에 대한 설명으로 옳지 않은 것은? 16 국회직8급

① 「친일반민족행위자 재산의 국가귀속에 관한 특별법」에 따른 친일재산의 국가귀속결정은 당해 재산이 친일재산에 해당한다는 사실을 확인하는 준법률행위적 행정행위에 해당한다.
② 「민법」에 따른 재단법인의 정관변경 허가는 재단법인의 정관변경에 대한 법률상의 효력을 완성시키는 보충행위로서 그 법적 성격은 인가에 해당한다.
③ 「도시 및 주거환경정비법」에 따른 토지등소유자에 대한 사업시행인가처분은 사업시행계획에 대한 보충행위로서의 성질을 가지는 것이 아니라 정비사업 시행권한을 가지는 행정주체로서의 지위를 부여하는 일종의 설권적 처분의 성격을 가진다.
④ 「여객자동차 운수사업법」에 의한 개인택시운송사업면허는 특정인에게 권리나 이익을 부여하는 행정행위로서 법령에 특별한 규정이 없는 한 재량행위이고, 그 면허를 위하여 필요한 기준을 정하는 것 역시 행정청의 재량에 속한다.
⑤ 구 「표시·광고의 공정화에 관한 법률」 위반을 이유로 한 공정거래위원회의 경고의결은 당해 표시·광고의 위법을 확인하되 구체적인 조치까지는 명하지 않은 것이므로 행정처분에 해당하지 않는다.

해설 ➤ 中

① 「친일반민족행위자 재산의 국가귀속에 관한 특별법」 제2조 제2호에 정한 친일재산은 친일반민족행위자재산조사위원회가 국가귀속결정을 하여야 비로소 국가의 소유로 되는 것이 아니라 특별법의 시행에 따라 그 취득·증여 등 원인행위시에 소급하여 당연히 국가의 소유로 되는 것이고, 위원회의 국가귀속결정은 당해 재산이 친일재산에 해당한다는 사실을 확인하는 이른바 준법률행위적 행정행위의 성격을 가지는 것이다(대판 2008.11.13, 2008두13491).
② 민법 제45조와 제46조에서 말하는 재단법인의 정관변경 허가는 법률상의 표현이 '허가'로 되어 있기는 하나, 그 성질에 있어 법률행위의 효력을 보충해 주는 것이지 일반적 금지를 해제하는 것이 아니므로, 그 법적 성격은 인가라고 보아야 한다[대판(전합) 1996.5.16, 95누4810].
③ 토지 등 소유자들이 직접 시행하는 도시환경정비사업에서 토지 등 소유자에 대한 사업시행인가처분은 단순히 사업시행계획에 대한 보충행위로서의 성질을 가지는 것이 아니라 구 도시정비법상 정비사업을 시행할 수 있는 권한을 가지는 행정주체로서의 지위를 부여하는 일종의 설권적 처분의 성격을 가진다(대판 2013.6.13, 2011두19994).
④ 개인택시운송사업면허는 특정인에게 권리나 이익을 부여하는 행정행위로서 법령에 특별한 규정이 없는 한 재량행위이고 그 면허에 필요한 기준을 정하는 것 역시 법령에 규정이 없는 한 행정청의 재량에 속하나, 이 경우에도 이는 객관적으로 타당하여야 하며 그 설정된 우선 순위 결정방법이나 기준이 객관적으로 합리성을 잃은 것이라면 이에 따라 면허 여부를 결정하는 것은 재량권의 한계를 일탈한 것이 되어 위법하다(대판 2007.2.8, 2006두13886).
⑤ 구 「표시·광고의 공정화에 관한 법률」 위반을 이유로 한 공정거래위원회의 경고의결은 당해 표시·광고의 위법을 확인하되 구체적인 조치까지는 명하지 않는 것으로 사업자가 장래 다시 「표시·광고의 공정화에 관한 법률」 위반행위를 할 경우 과징금 부과 여부나 그 정도에 영향을 주는 고려사항이 되어 사업자의 자유와 권리를 제한하는 행정처분에 해당한다(대판 2013.12.26, 2011두4930).

정답 ⑤

6. 행정행위에 대한 설명으로 옳은 것은? 17 국가직9급

① 행정행위를 '행정청이 법아래서 구체적 사실에 대한 법집행으로서 행하는 공법행위'로 정의하면, 공법상 계약과 공법상 합동행위는 행정행위의 개념에서 제외된다.
② 강학상 허가와 특허는 의사표시를 요소로 한다는 점과 반드시 신청을 전제로 한다는 점에서 공통점이 있다.
③ 행정행위의 효력으로서 구성요건적 효력과 공정력은 이론적 근거를 법적 안정성에서 찾고 있다는 공통점이 있다.
④ 「행정소송법」상 처분의 개념과 강학상 행정행위의 개념이 다르다고 보는 견해는 처분의 개념을 강학상 행정행위의 개념보다 넓게 본다.

해설 ⓣ 下

① 행정행위의 개념에 관한 협의설의 내용이다. 이에 따르면 행정입법은 제외되지만, 공법상 계약과 합동행위와 같은 비권력적 작용이 포함된다.
② 허가와 특허는 의사표시를 요소로 하는 법률행위적 행정행위에 해당한다는 점은 같다. 신청과 관련해서 허가는 원칙적으로 신청을 요하지만 예외적으로 신청에 의하지 않는 허가가 가능한데, 특허는 언제나 출원(신청)을 요한다는 점에서 다르다.
③ 공정력과 구성요건적 효력의 관계

구분	공정력	구성요건적 효력
법적 성질	절차적 구속력	실체적 구속력
대상	국민(행정행위의 상대방과 이해관계인인 제3자)	타 국가기관
이론적 근거	행정목적의 신속한 달성과 행정의 능률성 및 실효성 확보, 행정법 관계의 안정과 그에 대한 상대방과 제3자의 신뢰 보호	헌법상의 권력분립의 원칙, 행정기관 상호 간의 권한 존중과 불가침(권한 분배의 체계)

④ 행정행위와 처분과의 관계에 대해 행정행위개념은 실체법적 개념이지만, 처분개념은 행정행위와 달리 쟁송법상 인정되는 개념이고 행정행위보다 범위가 넓다는 이원설이 다수설이다.

정답 ④

7. 행정행위에 대한 설명으로 옳은 것은? (다툼이 있는 경우 판례에 의함) 17 국가직7급

① 하명의 대상은 불법광고물의 철거와 같은 사실행위에 한정된다.
② 허가의 갱신은 허가취득자에게 종전의 지위를 계속 유지시키는 효과를 갖게 하는 것으로 갱신 후라도 갱신 전 법위반 사실을 근거로 허가를 취소할 수 있다.
③ 인가처분에 하자가 없더라도 기본행위의 하자를 이유로 행정청의 인가처분의 취소 또는 무효확인을 구할 법률상 이익이 인정된다.
④ 제소기간이 이미 도과하여 불가쟁력이 생긴 행정처분에 대하여는, 관계 법령의 해석상 그 변경을 요구할 신청권이 인정될 수 있는 경우라 하더라도 국민에게 그 행정처분의 변경을 구할 신청권이 없다.

해설 中

① 하명은 주로 사실행위(예 불법광고물이나 건물철거)에 대해 행해지나 법률상의 행위(예 물건의 매매계약이나 영업양도)에 대해 행해지는 경우도 있다.
② 유료 직업소개사업의 허가갱신은 허가취득자에게 종전의 지위를 계속 유지시키는 효과를 갖는 것에 불과하고 갱신 후에는 갱신 전의 법위반사항을 불문에 붙이는 효과를 발생하는 것이 아니므로 일단 갱신이 있은 후에도 갱신 전의 법위반사실을 근거로 허가를 취소할 수 있다(대판 1982.7.27, 81누174).
③ 기본행위는 적법유효하나 보충행위인 인가처분에만 하자가 있는 경우에는 그 인가처분의 취소나 무효확인을 구할 수 있을 것이지만 기본행위인 조합설립에 하자가 있는 경우에는 민사쟁송으로써 따로 그 기본행위의 취소 또는 무효확인 등을 구하는 것은 별론으로 하고 기본행위의 불성립 또는 무효를 내세워 바로 그에 대한 감독청의 인가처분의 취소 또는 무효확인을 소구할 법률상 이익이 있다고 할 수 없다(대판 2000.9.5, 99두1854).
④ 제소기간이 이미 도과하여 불가쟁력이 생긴 행정처분에 대하여는 개별 법규에서 그 변경을 요구할 신청권을 규정하고 있거나 관계 법령의 해석상 그러한 신청권이 인정될 수 있는 등 특별한 사정이 없는 한 국민에게 그 행정처분의 변경을 구할 신청권이 있다 할 수 없다(대판 2007.4.26, 2005두11104).

정답 ②

8. 행정행위에 대한 설명으로 옳지 않은 것은? (다툼이 있는 경우 판례에 의함) 18 국회직8급

① 행정행위 중 당사자의 신청에 의하여 인·허가 또는 면허 등 이익을 주거나 그 신청을 거부하는 처분을 하는 것을 내용으로 하는 이른바 신청에 의한 처분의 경우에는 신청에 대하여 일단 거부처분이 행해지면 그 거부처분이 적법한 절차에 의하여 취소·철회되지 않는 한, 사유를 추가하여 거부처분을 반복하는 것은 존재하지도 않는 신청에 대한 거부처분으로서 당연무효이다.

② 행정행위 효력요건은 정당한 권한있는 기관이 필요한 절차를 거치고 필요한 표시의 형식을 갖추어야 할 뿐만 아니라, 행정행위의 내용이 법률상 효과를 발생할 수 있는 것이어야 되며 그 중의 어느 하나의 요건의 흠결도 당해 행정행위의 취소원인이 된다.

③ 수익적 행정행위를 취소 또는 철회하거나 중지시키는 경우에는 비록 취소 등의 사유가 있다고 하더라도 그 취소권 등의 행사는 기득권의 침해를 정당화할 만한 중대한 공익상의 필요 또는 제3자의 이익을 보호할 필요가 있고, 이를 상대방이 받는 불이익과 비교·교량하여 볼 때 공익상의 필요 등이 상대방이 입을 불이익을 정당화할 만큼 강한 경우에 한하여 허용될 수 있다.

④ 「사립학교법」 제20조 제2항에 의한 학교법인의 임원에 대한 감독청의 취임승인은 학교법인의 임원선임행위를 보충하여 그 법률상의 효력을 완성하게 하는 보충적 행정행위로서 성질상 기본행위를 떠나 승인처분 그 자체만으로는 법률상 아무런 효과도 발생할 수 없다.

⑤ 마을버스 운수업자가 유류사용량을 실제보다 부풀려 유가보조금을 과다 지급받은 데 대하여 관할 행정청이 부정수급기간 동안 지급된 유가보조금 전액을 회수하는 내용의 처분을 한 것은 '거짓이나 부정한 방법으로 지급받은 보조금'에 대하여 반환할 것을 명하는 것일 뿐만 아니라 '정상적으로 지급받은 보조금'까지 반환하도록 명할 수 있는 것이어서 위법하다.

해설 ㊤

① 행정행위의 취소라 함은 일단 유효하게 성립한 행정처분이 위법 또는 부당함을 이유로 소급하여 그 효력을 소멸시키는 별도의 행정처분을 말하고, 행정청은 종전 처분과 양립할 수 없는 처분을 함으로써 묵시적으로 종전 처분을 취소할 수도 있으나, 행정행위 중 당사자의 신청에 의하여 인·허가 또는 면허 등 이익을 주거나 그 신청을 거부하는 처분을 하는 것을 내용으로 하는 이른바 신청에 의한 처분의 경우에는 신청에 대하여 일단 거부처분이 행해지면 그 거부처분이 적법한 절차에 의하여 취소되지 않는 한, 사유를 추가하여 거부처분을 반복하는 것은 존재하지도 않는 신청에 대한 거부처분으로서 당연무효이다(대판 1999.12.28, 98두1895).

② 행정행위 효력요건은 정당한 권한 있는 기관이 필요한 수속을 거치고 필요한 표시의 형식을 갖추어야 할 뿐만 아니라, 행정행위의 내용이 법률상 효과를 발생할 수 있는 것이어야 되며 그 중의 어느 하나의 요건의 흠결도 당해 행정행위의 절대적 무효를 초래하는 것이며 행정행위의 내용이 법률상 결과를 발생할 수 없는 권리의무를 목적한 것이면 그 행정행위 및 부관은 절대무효이다(대판 1959.5.14, 4290민상834).

③ 수익적 행정처분을 취소 또는 철회하는 경우에는 이미 부여된 그 국민의 기득권을 침해하는 것이 되므로, 비록 취소 등의 사유가 있다고 하더라도 그 취소권 등의 행사는 기득권의 침해를 정당화할 만한 중대한 공익상의 필요 또는 제3자의 이익보호의 필요가 있는 때에 한하여 상대방이 받는 불이익과 비교·교량하여 결정하여야 하고, 그 처분으로 인하여 공익상의 필요보다 상대방이 받게 되는 불이익 등이 막대한 경우에는 재량권의 한계를 일탈한 것으로서 그 자체가 위법하다(대판 2004.11.26, 2003두10251·10268).

④ 사립학교법 제20조 제2항에 의한 학교법인의 임원에 대한 감독청의 취임승인은 학교법인의 임원선임행위를 보충하여 그 법률상의 효력을 완성케 하는 보충적 행정행위로서 성질상 기본행위를 떠나 승인처분 그 자체만으로는 법률상 아무런 효력도 발생할 수 없으므로 기본행위인 학교법인의 임원선임행위가 불성립 또는 무효인 경우에는 비록 그에 대한 감독청의 취임승인이 있었다 하여도 이로써 무효인 그 선임행위가 유효한 것으로 될 수는 없다(대판 1987.8.18, 86누152).

⑤ 국토해양부장관 또는 시·도지사는 여객자동차 운수사업자가 '거짓이나 부정한 방법으로 지급받은 보조금'에 대하여 이를 반환할 것을 명하여야 하고 위 규정을 '정상적으로 지급받은 보조금'까지 반환할 것을 명할 수 있는 것으로 해석하는 것은 그 문언의 범위를 넘어서는 것이며, 위 규정의 형식이나 체제 등에 비추어 보면, 이 사건 환수처분은 국토해양부장관 또는 시·도지사가 그 지급받은 보조금을 반환할 것을 명하여야 하는 기속행위이다 (대판 2013.12.12, 2011두3388).

정답 ②

9. 행정작용에 관한 설명 중 옳은 것을 〈보기〉에서 모두 고르면? 18 국회직8급

〈보 기〉

ㄱ. 인가의 대상이 되는 행위에 취소원인이 있더라도 일단 인가가 있는 때에는 그 흠은 치유된다.
ㄴ. 행정계획의 수립에 있어서 행정청에게 인정되는 광범위한 형성의 자유, 즉 '계획재량'은 '형량명령의 원칙'에 따라 통제한다.
ㄷ. 관계법령을 위반하였음을 이유로 장례식장의 사용중지를 명하고 이를 불이행할 경우 「행정대집행법」에 의하여 대집행하겠다는 내용의 장례식장사용중지계고처분은 적법하다.
ㄹ. 이유부기를 결한 행정행위는 무효이며 그 흠의 치유를 인정하지 아니하는 것이 판례의 입장이다.
ㅁ. 행정행위의 구성요건적 효력은 처분청 이외의 다른 국가기관으로 하여금 당해 행위의 존재와 효과를 인정하고 그 내용에 구속될 것을 요구하는 효력을 말한다.

① ㄱ, ㄴ ② ㄱ, ㄷ
③ ㄴ, ㄹ ④ ㄴ, ㅁ
⑤ ㄷ, ㅁ

해설 中

ㄱ 인가는 기본행위인 재단법인의 정관변경에 대한 법률상의 효력을 완성시키는 보충행위로서, 그 기본이 되는 정관변경 결의에 하자가 있을 때에는 그에 대한 인가가 있었다 하여도 기본행위인 정관변경 결의가 유효한 것으로 될 수 없으므로 기본행위인 정관변경 결의가 적법 유효하고 보충행위인 인가처분 자체에만 하자가 있다면 그 인가처분의 무효나 취소를 주장할 수 있지만, 인가처분에 하자가 없다면 기본행위에 하자가 있다 하더라도 따로 그 기본행위의 하자를 다투는 것은 별론으로 하고 기본행위의 무효를 내세워 바로 그에 대한 행정청의 인가처분의 취소 또는 무효확인을 소구할 법률상의 이익이 없다(대판 1996.5.16, 95누4810).

ㄴ 관계법령에는 추상적인 행정목표와 절차만이 규정되어 있을 뿐, 행정계획의 내용에 관하여는 별다른 규정을 두고 있지 아니하므로(목적프로그램) 행정주체는 구체적인 행정계획을 입안·결정함에 있어서 비교적 광범위한 형성의 자유(계획재량)를 가지는 것이지만, 행정주체가 가지는 이와 같은 형성의 자유는 무제한적인 것이 아니라 그 행정계획에 관련되는 자들의 이익을 공익과 사익 사이에서는 물론이고 공익 상호 간과 사익 상호 간에도 정당하게 비교교량하여야 한다는 제한(형량명령)이 있으므로, 행정주체가 행정계획을 입안·결정함에 있어서 이익형량을 전혀 행하지 아니하거나(형량의 탈락·해태·조사결함) 이익형량의 고려대상에 마땅히 포함시켜야 할 사항을 누락한 경우(형량의 흠결·부전) 또는 이익형량을 하였으나 정당성과 객관성이 결여된 경우(오형량·형량과오·형량불비례)에는 그 행정계획결정은 형량에 하자가 있어 위법하게 된다(대판 2007.4.12, 2005두1893).

ㄷ '장례식장 사용중지 의무'가 원고 이외의 '타인이 대신'할 수도 없고, 타인이 대신하여 '행할 수 있는 행위'라고도 할 수 없는 비대체적 부작위의무에 대한 것이므로, 그 자체로 위법함이 명백하다(대판 2005.9.28, 2005두7464).

ㄹ 택지초과소유부담금의 납부고지서에 납부금액 및 산출근거, 납부기한과 납부장소 등의 필요적 기재사항의 일부가 누락되었다면 그 부과처분은 위법하다고 할 것이나, 부과관청이 부과처분에 앞서 「택지소유 상한에 관한 법률 시행령」 제31조 제1항에 따라 납부의무자에게 교부한 부담금 예정통지서에 납부고지서의 필요적 기재사항이 제대로 기재되어 있었다면 납부의무자로서는 부과처분에 대한 불복 여부의 결정 및 불복신청에 전혀 지장을 받지 않았음이 명백하므로, 이로써 납부고지서의 흠결이 보완되거나 하자가 치유될 수 있는 것이다(대판 1997.12.26, 97누9390).

정답 ④

10. **행정청이 행하는 행정처분에 대한 설명으로 옳은 것을 〈보기〉에서 모두 고른 것은?** 18 서울시7급

〈보 기〉

ㄱ. 일반적으로 조례가 법률 등 상위법령에 위배된다는 사정은 그 조례의 규정을 위법하여 무효라고 선언한 대법원의 판결이 선고되지 아니한 상태에서는 그 조례 규정의 위법 여부가 해석상 다툼의 여지가 없을 정도로 명백하였다고 인정되지 아니하는 이상 객관적으로 명백한 것이라 할 수 없으므로, 이러한 조례에 근거한 행정처분의 하자는 취소사유에 해당할 뿐 무효사유가 된다고 볼 수는 없다.
ㄴ. 하자 있는 행정행위의 치유는 행정행위의 성질이나 법치주의의 관점에서 볼 때 원칙적으로 허용될 수 없는 것이고, 예외적으로 행정행위의 무용한 반복을 피하고 당사자의 법적 안정성을 위해 이를 허용하는 때에도 국민의 권리나 이익을 침해하지 않는 범위에서 구체적 사정에 따라 합목적적으로 인정하여야 한다.
ㄷ. 행정처분을 한 처분청은 그 처분의 성립에 하자가 있는 경우 이를 취소할 별도의 법적 근거가 없다고 하더라도 직권으로 이를 취소할 수 있다.
ㄹ. 행정행위를 한 처분청이 그 행위에 하자가 있어 수익적 행정처분을 취소할 때에는 이를 취소하여야 할 공익상의 필요와 그 취소로 인하여 당사자가 입게 될 기득권과 신뢰보호 및 법률생활 안정의 침해 등 불이익을 비교·교량한 후 공익상의 필요가 당사자가 입을 불이익을 정당화할 만큼 강한 경우에 한하여 취소할 수 있다.
ㅁ. 행정행위를 한 처분청은 그 처분 당시에 그 행정처분에 별다른 하자가 없었고 또 그 처분 후에 이를 철회 또는 변경할 별도의 법적 근거가 없다 하더라도 원래의 처분을 그대로 존속시킬 필요가 없게 된 사정변경이 생겼거나 또는 중대한 공익상의 필요가 발생한 경우에는 별개의 행정행위로 이를 철회하거나 변경할 수 있다.

① ㄴ, ㄷ
② ㄱ, ㄹ, ㅁ
③ ㄴ, ㄷ, ㄹ
④ ㄱ, ㄴ, ㄷ, ㄹ, ㅁ

해설 ▸ 中

ㄱ 대판 2009.10.29, 2007두26285
ㄴ 대판 2002.7.9, 2001두10684
ㄷ 대판 2006.5.25, 2003두4669
ㄹ 대판 2004.11.26, 2003두10251·10268
ㅁ 대판 2004.11.26, 2003두10251·10268

정답 ④

11. **행정법상의 행정행위와 관련된 설명으로 가장 옳지 않은 것은?** 18 서울시7급

① 부관의 사후변경은, 법률에 명문의 규정이 있거나 그 변경이 미리 유보되어 있는 경우 또는 상대방의 동의가 있는 경우에 한하여 허용되는 것이 원칙이지만, 사정변경으로 인하여 당초에 부담을 부가한 목적을 달성할 수 없게 된 경우에도 그 목적달성에 필요한 범위 내에서 예외적으로 허용된다.
② 도로점용허가의 점용기간은 행정행위의 본질적인 요소에 해당한다고 볼 것이어서 부관인 점용기간을 정함에 있어서 위법사유가 있다면 이로써 도로점용허가 처분 전부가 위법하게 된다.
③ 민사소송에 있어서 어느 행정처분의 당연무효 여부가 선결문제로 되는 때에는 이를 판단하여 당연무효임을 전제로 판결할 수는 없고, 반드시 행정소송 등의 절차에 의하여 그 취소나 무효확인을 받아야 한다.
④ 일반적으로 행정처분이나 행정심판 재결이 불복기간의 경과로 확정될 경우 그 확정력은, 처분으로 법률상 이익을 침해받은 자가 당해 처분이나 재결의 효력을 더 이상 다툴 수 없다는 의미일 뿐, 판결과 같은 기판력이 인정되는 것은 아니다.

해설 ➤ 下

① 대판 1997.5.30, 97누2627
② 대판 1985.7.9, 84누604
③ 국세 등의 부과 및 징수처분과 같은 행정처분이 당연무효임을 전제로 하여 민사소송을 제기한 때에는 그 행정처분이 당연무효인지의 여부가 선결문제이므로 법원은 이를 심사하여 그 행정처분의 하자가 중대하고도 명백하여 당연무효라고 인정될 경우에는 이를 전제로 하여 판단할 수 있으나, 그 하자가 단순한 취소사유에 그칠 때에는 법원은 그 효력을 부인(취소)할 수 없다(대판 1973.7.10, 70다1439).
④ 대판 1993.4.13, 92누17181

정답 ③

12. 행정행위에 대한 설명으로 옳은 것만을 〈보기〉에서 모두 고르면? (다툼이 있는 경우 판례에 의함)

19 국회직8급

〈보 기〉

ㄱ. 「사립학교법」상 학교법인의 이사장, 이사 등 임원에 대한 임원취임승인행위가 강학상 인가의 대표적인 예이다.
ㄴ. 공유수면매립허가, 보세구역의 설치·운영에 관한 특허, 특허기업의 사업양도허가는 강학상 특허에 해당한다.
ㄷ. 보통의 행정행위는 상대방이 수령하여야만 효력이 발생하는 것이므로 상대방이 그 행정행위를 현실적으로 알고 있어야 한다.
ㄹ. 가행정행위는 그 효력발생이 시간적으로 잠정적이라는 것 외에는 보통의 행정행위와 같은 것이므로 가행정행위로 인한 권리침해에 대한 구제도 보통의 행정행위와 다르지 않다.
ㅁ. 재개발조합설립인가신청에 대하여 행정청의 조합설립인가처분이 있은 이후에 조합설립 동의에 하자가 있음을 이유로 재개발조합설립의 효력을 부정하려면 조합설립동의의 효력을 소의 대상으로 하여야 한다.

① ㄱ, ㄴ　　② ㄱ, ㄹ
③ ㄴ, ㄷ　　④ ㄴ, ㄹ
⑤ ㄷ, ㅁ

해설 ➤ 上

ㄱ 관할청의 임원취임승인행위는 학교법인의 임원선임행위의 법률상 효력을 완성케 하는 보충적 법률행위이다. 따라서 관할청이 학교법인의 임원취임승인신청에 대하여 이를 반려하거나 거부하는 경우 학교법인에 의하여 임원으로 선임된 사람은 학교법인의 임원으로 취임할 수 없게 되는 불이익을 입게 되는바, 이와 같은 불이익은 간접적이거나 사실상의 불이익이 아니라 직접적이고도 구체적인 법률상의 불이익이라 할 것이므로 학교법인에 의하여 임원으로 선임된 사람에게는 관할청의 임원취임승인신청 반려처분을 다툴 수 있는 원고적격이 있다(대판 2007.12.27, 2005두9651).
ㄴ 공유수면매립면허는 설권행위인 특허의 성질을 갖는 것이므로 원칙적으로 행정청의 자유재량에 속하며, 일단 실효된 공유수면매립면허의 효력을 회복시키는 행위도 특단의 사정이 없는 한 새로운 면허부여와 같이 면허관청의 자유재량에 속한다고 할 것이므로 공유수면매립법 부칙 제4항의 규정에 의하여 위 법시행 전에 같은법 제25조 제1항의 규정에 의하여 효력이 상실된 매립면허의 효력을 회복시키는 처분도 특단의 사정이 없는 한 면허관청의 자유재량에 속하는 행위라고 봄이 타당하다(대판 1989.9.12, 88누9206). 그러나 특허기업의 사업양도허가는 인가이다.
ㄷ 공무원에 대한 파면처분이 상대방 있는 행정처분이어서 그 처분의 의사표시는 상대방에게 도달되어야만 효력이 생기는 것은 원심이 판시한 대로라 하더라도 행정처분의 효력발생요건으로서의 도달이란 상대방이 그 내용을 현실적으로 양지할 필요까지는 없고 상대방이 양지할 수 있는 상태에 놓여짐으로서 충분하다(대판 1989.1.31, 88누940).
ㄹ 가행정행위도 행정쟁송법상 처분개념에 해당한다. 따라서 가행정행위의 발령이나 불발령(부작위 또는 거부)으로 인해 법률상 이익이 위법하게 침해된 자는 의무이행심판이나 거부처분취소소송 및 부작위위법확인소송을 제기할 수 있다.
ㅁ 구 「도시 및 주거환경정비법」상 재개발조합설립인가신청에 대하여 행정청의 조합설립인가처분이 있은 이후에는, 조합설립동의에 하자가 있음을 이유로 재개발조합 설립의 효력을 부정하려면 항고소송으로 조합설립인가처분의 효력을 다투어야 한다(대판 2010.1.28, 2009두4845).

정답 ②

13. 행정행위에 대한 설명으로 옳은 것은? (다툼이 있는 경우 판례에 의함) 19 지방직7급

① 확약에는 공정력이나 불가쟁력과 같은 효력이 인정되는 것은 아니라고 하더라도, 일단 확약이 있은 후에 사실적·법률적 상태가 변경되었다고 하여 행정청의 별다른 의사표시 없이 확약이 실효된다고 할 수 없다.
② 영업허가를 취소하는 처분에 대해 불가쟁력이 발생하였더라도 이후 사정변경을 이유로 그 허가취소의 변경을 요구하였으나 행정청이 이를 거부한 경우라면, 그 거부는 원칙적으로 항고소송의 대상이 되는 처분이다.
③ 영업허가취소처분이 나중에 항고소송을 통해 취소되었다면 그 영업허가취소처분 이후의 영업행위를 무허가영업이라 할 수 없다.
④ 행정처분에 대해 불가쟁력이 발생한 경우 이로 인해 그 처분의 기초가 된 사실관계나 법률적 판단이 확정되는 것이므로 처분의 당사자는 당초 처분의 기초가 된 사실관계나 법률관계와 모순되는 주장을 할 수 없다.

해설 ㊥

① 행정청이 상대방에게 장차 어떤 처분을 하겠다고 확약 또는 공적인 의사표명을 하였다고 하더라도, 그 자체에서 상대방으로 하여금 언제까지 처분의 발령을 신청하도록 유효기간을 두었는데도 그 기간 내에 상대방의 신청이 없었다거나 확약 또는 공적인 의사표명이 있은 후에 사실적·법률적 상태가 변경되었다면, 그와 같은 확약 또는 공적인 의사표명은 행정청의 별다른 의사표시를 기다리지 않고 실효된다(대판 1996.8.20, 95누10877).
② 제소기간이 이미 도과하여 불가쟁력이 생긴 행정처분에 대하여는 개별 법규에서 그 변경을 요구할 신청권을 규정하고 있거나 관계 법령의 해석상 그러한 신청권이 인정될 수 있는 등 특별한 사정이 없는 한 국민에게 그 행정처분의 변경을 구할 신청권이 있다 할 수 없다(대판 2007.4.26, 2005두11104).
③ 영업의 금지를 명한 영업허가취소처분 자체가 나중에 행정쟁송절차에 의하여 취소되었다면 그 영업허가취소처분은 그 처분시에 소급하여 효력을 잃게 되며, 그 영업허가취소처분에 복종할 의무가 원래부터 없었음이 확정되었다고 봄이 타당하고, 영업허가취소처분이 장래에 향하여서만 효력을 잃게 된다고 볼 것은 아니므로 그 영업허가취소처분 이후의 영업행위를 무허가영업이라고 볼 수는 없다(대판 1993.6.25, 93도277).
④ 행정처분이나 행정심판 재결이 불복기간의 경과로 인하여 확정될 경우 확정력은 처분으로 인하여 법률상 이익을 침해받은 자가 처분이나 재결의 효력을 더 이상 다툴 수 없다는 의미일 뿐 판결에 있어서와 같은 기판력이 인정되는 것은 아니어서 처분의 기초가 된 사실관계나 법률적 판단이 확정되고 당사자들이나 법원이 이에 기속되어 모순되는 주장이나 판단을 할 수 없게 되는 것은 아니다(대판 1993.4.13, 92누17181).

정답 ③

14. 판례의 입장으로 옳지 않은 것은? 19 지방직7급

① 건축허가관청은 특단의 사정이 없는 한 건축허가내용대로 완공된 건축물의 준공을 거부할 수 없다.
② 지적공부 소관청이 토지대장을 직권으로 말소하는 행위는 항고소송의 대상이 되는 행정처분에 해당한다.
③ 무허가건물을 무허가건물관리대장에서 삭제하는 행위는 다른 특별한 사정이 없는 한 항고소송의 대상이 되는 행정처분에 해당한다.
④ 지목은 토지소유권을 제대로 행사하기 위한 전제요건이므로 지적공부 소관청의 지목변경신청 반려행위는 항고소송의 대상이 되는 행정처분에 해당한다.

해설 ㊦

① 준공검사는 건축허가를 받아 건축한 건물이 건축허가사항대로 건축행정목적에 적합한가의 여부를 확인하고 준공검사필증을 교부하여 주는 것이므로 허가관청으로서는 건축허가사항대로 시공되었다면 준공을 거부할 수 없는 것이다(대판 1999.12.21, 98다29797).
② 토지대장은 토지에 대한 공법상의 규제, 개발부담금의 부과대상, 지방세의 과세대상, 공시지가의 산정, 손실보상가액의 산정 등 토지행정의 기초자료로서 공법상의 법률관계에 영향을 미칠 뿐만 아니라, 토지에 관한 소유권보존등기 또는 소유권이전등기를 신청하려면 이를 등기소에 제출해야 하는 점 등을 종합해 보면, 토지대장은 토지의 소유권을 제대로 행사하기 위한 전제요건으로서 토지 소유자의 실체적 권리관계에 밀접하게 관련되어 있으므로, 이러한 토지대장을 직권으로 말소한 행위는 국민의 권리관계에 영향을 미치는 것으로서 항고소송의 대상이 되는 행정처분에 해당한다(대판 2013.10.24, 2011두13286).
③ 관할관청이 무허가건물의 무허가건물관리대장 등재 요건에 관한 오류를 바로잡으면서 당해 무허가건물을 무허가건물관리대장에서 삭제하는 행위는 다른 특별한 사정이 없는 한 항고소송의 대상이 되는 행정처분이 아니다(대판 2009.3.12, 2008두11525).
④ 지목은 토지소유권을 제대로 행사하기 위한 전제요건으로서 토지소유자의 실체적 권리관계에 밀접하게 관련(조리상 신청권 인정)되어 있으므로 지적공부 소관청의 지목변경신청 반려행위는 국민의 권리관계에 영향을 미치는 것으로서 항고소송의 대상이 되는 행정처분에 해당한다[대판(전합) 2004.4.22, 2003두9015].

정답 ③

15. 행정행위에 대한 설명으로 옳은 것만을 모두 고르면? (다툼이 있는 경우 판례에 의함) 21 국가직9급

ㄱ. 행정의사가 외부에 표시되어 행정청이 자유롭게 취소·철회할 수 없는 구속을 받게 되는 시점에 처분이 성립하고, 그 성립 여부는 행정청이 행정의사를 공식적인 방법으로 외부에 표시하였는지를 기준으로 판단해야 한다.
ㄴ. 구 「공중위생관리법」상 공중위생영업에 대하여 영업을 정지할 위법사유가 있다면, 관할 행정청은 그 영업이 양도·양수되었다 하더라도 양수인에 대하여 영업정지처분을 할 수 있다.
ㄷ. 「도시 및 주거환경정비법」상 주택재건축조합에 대해 조합설립 인가처분이 행하여진 후에는, 조합설립결의의 하자를 이유로 조합설립의 무효를 주장하려면 조합설립 인가처분의 취소 또는 무효확인을 구하는 소송으로 다투어야 하며, 따로 조합설립결의의 하자를 다투는 확인의 소를 제기할 수 없다.
ㄹ. 공정거래위원회가 부당한 공동행위를 한 사업자들 중 자진신고자에 대하여 구 독점규제 및 공정거래에 관한 법령에 따라 과징금 부과처분(선행처분)을 한 뒤, 다시 자진신고자에 대한 사건을 분리하여 자진신고를 이유로 과징금 감면처분(후행처분)을 한 경우라도 선행처분의 취소를 구하는 소는 적법하다.

① ㄴ, ㄷ　② ㄱ, ㄴ, ㄷ
③ ㄱ, ㄴ, ㄹ　④ ㄱ, ㄷ, ㄹ

해설 (上)

ㄱ 행정처분은 주체·내용·절차와 형식이라는 내부적 성립요건과 외부에 대한 표시라는 외부적 성립요건을 모두 갖춘 경우에 존재한다. 행정처분의 외부적 성립은 행정의사가 외부에 표시되어 행정청이 자유롭게 취소·철회할 수 없는 구속을 받게 되는 시점, 그리고 상대방이 쟁송을 제기하여 다툴 수 있는 기간의 시점을 정하는 의미를 가지므로, 어떠한 처분의 외부적 성립 여부는 행정청에 의하여 당해 처분에 관한 행정의사가 법령 등에서 정하는 공식적인 방법으로 외부에 표시되었는지를 기준으로 판단하여야 한다. 따라서 과세관청이 납세의무자의 기한 후 신고에 대하여 내부적인 결정을 하였다 하더라도 이를 납세의무자에게 공식적인 방법으로 통지하지 않은 경우에는 기한 후 신고에 대한 결정이 외부적으로 성립하였다고 볼 수 없으므로, 항고소송의 대상이 되는 처분이 존재한다고 할 수 없다(대판 2020.2.27, 2016두60898).
ㄴ 영업정지나 영업장폐쇄명령 모두 대물적 처분으로 보아야 할 이치이고, 아울러 구 공중위생관리법 제3조 제1항에서 보건복지부장관은 공중위생영업자로 하여금 일정한 시설 및 설비를 갖추고 이를 유지·관리하게 할 수 있으며, 제2항에서 공중위생영업자가 영업소를 개설한 후 시장 등에게 영업소개설사실을 통보하도록 규정하는 외에 공중위생영업에 대한 어떠한 제한규정도 두고 있지 아니한 것은 공중위생영업의 양도가 가능함을 전제로 한 것이라 할 것이므로, 양수인이 그 양수 후 행정청에 새로운 영업소개설통보를 하였다 하더라도, 그로 인하여 영업양도·양수로 영업소에 관한 권리의무가 양수인에게 이전하는 법률효과까지 부정되는 것은 아니라 할 것인바, 만일 어떠한 공중위생영업에 대하여 그 영업을 정지할 위법사유가 있다면, 관할행정청은 그 영업이 양도·양수되었다 하더라도 그 업소의 양수인에 대하여 영업정지처분을 할 수 있다고 봄이 상당하다(대판 2001.6.29, 2001두1611).
ㄷ 관리처분계획에 대한 관할행정청의 인가·고시까지 있게 되면 관리처분계획은 행정처분으로서 효력이 발생하게 되므로, 총회결의의 하자를 이유로 하여 행정처분의 효력을 다투는 항고소송의 방법으로 관리처분계획의 취소 또는 무효확인을 구하여야 하고, 그와 별도로 행정처분에 이르는 절차적 요건 중 하나에 불과한 총회결의 부분만을 따로 떼어내어 효력 유무를 다투는 확인의 소를 제기하는 것은 특별한 사정이 없는 한 허용되지 않는다고 보아야 한다[대판(전합) 2009.9.17, 2007다2428].
ㄹ 공정거래위원회가 부당한 공동행위를 행한 사업자로서 구 「독점규제 및 공정거래에 관한 법률」 제22조의2에서 정한 자진신고자나 조사협조자에 대하여 과징금 부과처분(선행처분)을 한 뒤, 「독점규제 및 공정거래에 관한 법률 시행령」 제35조 제3항에 따라 다시 자진신고자 등에 대한 사건을 분리하여 자진신고 등을 이유로 한 과징금 감면처분(후행처분)을 하였다면, 후행처분은 자진신고 감면까지 포함하여 처분 상대방이 실제로 납부하여야 할 최종적인 과징금액을 결정하는 종국적 처분이고, 선행처분은 이러한 종국적 처분을 예정하고 있는 일종의 잠정적 처분으로서 후행처분이 있을 경우 선행처분은 후행처분에 흡수되어 소멸한다. 따라서 위와 같은 경우에 선행처분의 취소를 구하는 소는 이미 효력을 잃은 처분의 취소를 구하는 것으로 부적법하다(대판 2015.2.12, 2013두987).

정답 ②

16. 행정행위에 대한 설명으로 옳지 않은 것은? (다툼이 있는 경우 판례에 의함) 22 지방직9급

① 건축허가는 대물적 성질을 갖는 것이어서 행정청으로서는 허가를 할 때에 건축주 또는 토지 소유자가 누구인지 등 인적 요소에 관하여는 형식적 심사만 한다.
② 시·도경찰청장이 횡단보도를 설치하여 보행자 통행방법 등을 규제하는 것은 국민의 권리·의무에 직접 관계가 있는 행위로서 행정처분이다.
③ 국유재산의 무단점유에 대한 변상금 징수의 요건은 「국유재산법」에 명백히 규정되어 있으므로 변상금을 징수할 것인가는 처분청의 재량을 허용하지 않는 기속행위이다.
④ 공유수면의 점용·사용허가는 특정인에게 공유수면 이용권이라는 독점적 권리를 설정하여 주는 처분이 아니라 일반적인 상대적 금지를 해제하는 처분이다.

해설 ➤ ㊦

① 대판 2017.3.15, 2014두41190
② 지방경찰청장이 횡단보도를 설치하여 보행자의 통행방법 등을 규제하는 것은 행정청이 특정사항에 대하여 의무의 부담을 명하는 행위이고, 이는 국민의 권리의무에 직접 관계가 있는 행위로서 행정처분이라고 보아야 할 것이다(대판 2000.10.27, 98두896).
③ 국유재산의 무단점유 등에 대한 변상금징수의 요건은 국유재산법 제51조 제1항에 명백히 규정되어 있으므로 변상금을 징수할 것인가는 처분청의 재량을 허용하지 않는 기속행위이다(대판 2000.1.28, 97누4098). [첫출제]
④ 「공유수면 관리 및 매립에 관한 법률」에 따른 공유수면의 점용·사용허가는 특정인에게 공유수면 이용권이라는 독점적 권리를 설정하여 주는 처분으로서 처분 여부 및 내용의 결정은 원칙적으로 행정청의 재량에 속하고, 이와 같은 재량처분에 있어서는 재량권 행사의 기초가 되는 사실인정에 오류가 있거나 그에 대한 법령적용에 잘못이 없는 한 처분이 위법하다고 할 수 없다(대판 2017.4.28, 2017두30139).

정답 ④

17. 행정행위에 대한 설명으로 옳은 것은? (다툼이 있는 경우 판례에 의함) 22 국가직7급

① 상대방 있는 행정처분이 상대방에게 고지되지 아니한 경우에는 특별한 규정이 없는 한 상대방이 다른 경로를 통해 행정처분의 내용을 알게 되었다고 하더라도 행정처분의 효력이 발생한다고 볼 수 없다.
② 기한의 도래로 실효한 종전의 허가에 대한 기간연장신청은 새로운 허가를 내용으로 하는 행정처분을 구하는 것이 아니라, 종전의 허가처분을 전제로 하여 단순히 그 유효기간을 연장하여 주는 행정처분을 구하는 것으로 보아야 한다.
③ 공무원에 대한 당연퇴직의 인사발령은 공무원의 신분을 상실시키는 새로운 형성적 행위이므로 행정소송의 대상이 되는 행정처분이다.
④ 지적공부 소관청의 지목변경신청 반려행위는 국민의 권리관계에 영향을 미친다고 볼 수 없어서 행정처분에 해당하지 않는다.

해설 ➤ ㊦

① 대판 2019.8.9, 2019두38656
② 종전의 허가가 기한(종기)의 도래로 실효한 이상 원고가 종전 허가의 유효기간이 지나서 신청한 이 사건 기간연장 신청은 그에 대한 종전의 허가처분을 전제로 하여 단순히 그 유효기간을 연장하여 주는 행정처분을 구하는 것이라기보다는 종전의 허가처분과는 별도의 새로운 허가를 내용으로 하는 행정처분을 구하는 것이라고 보아야 할 것이어서, 이러한 경우 허가권자는 이를 새로운 허가신청으로 보아 법의 관계규정에 의하여 허가요건의 적합 여부를 새로이 판단하여 그 허가 여부를 결정하여야 할 것이다(대판 1995.11.10, 94누11866).
③ 국가공무원법 제69조에 의하면 공무원이 제33조 각 호의 1에 해당할 때에는 당연히 퇴직한다고 규정하고 있으므로, 국가공무원법상 당연퇴직은 결격사유가 있을 때 법률상 당연히 퇴직하는 것이지 공무원관계를 소멸시키기 위한 별도의 행정처분을 요하는 것이 아니며, 당연퇴직의 인사발령은 법률상 당연히 발생하는 퇴직사유를 공적으로 확인하여 알려주는 이른바 관념의 통지에 불과하고 공무원의 신분을 상실시키는 새로운 형성적 행위가 아니므로 행정소송의 대상이 되는 독립한 행정처분이라고 할 수 없다(대판 1995.11.14, 95누2036).
④ 구 지적법 제20조, 제38조 제2항의 규정은 토지소유자에게 지목변경신청권과 지목정정신청권을 부여한 것이고(법규상 신청권 인정), 한편 지목은 토지에 대한 공법상의 규제, 개발부담금의 부과대상, 지방세의 과세대상, 공시지가의 산정, 손실보상가액의 산정 등 토지행정의 기초로서 공법상의 법률관계에 영향을 미치고, 토지소유자는 지목을 토대로 토지의 사용·수익·처분에 일정한 제한을 받게 되는 점 등을 고려하면, 지목은 토지소유권을 제대로 행사하기 위한 전제요건으로서 토지소유자의 실체적 권리관계에 밀접하게 관련(조리상 신청권 인정)되어 있으므로 지적공부 소관청의 지목변경신청 반려행위는 국민의 권리관계에 영향을 미치는 것으로서 항고소송의 대상이 되는 행정처분에 해당한다[대판(전합) 2004.4.22, 2003두9015].

정답 ①

제2절 행정행위의 종류

18. 다음 중 복효적 행정행위에 대한 설명으로 옳지 않은 것은? (다툼이 있는 경우 판례에 의함) 15 국회직8급

① 기존 시내버스업자는 시외버스사업을 하는 자에 대해 시내버스로 전환함을 허용하는 사업계획변경인가처분의 취소를 구할 법률상 이익이 있다.
② 처분 등을 취소하는 판결에 의하여 권리 또는 이익을 침해 받은 제3자는 소송에 참가하지 못함으로써 판결의 결과에 영향을 미칠 공격 또는 방어 방법을 제출하지 못한 때에는 그 귀책사유 여부와 관계없이 확정된 종국판결에 대하여 재심의 청구를 할 수 있다.
③ 행정심판위원회는 필요하다고 인정하면 그 심판결과에 이해관계가 있는 제3자에게 그 사건 심판에 참가할 것을 요구할 수 있으며, 이 요구를 받은 제3자는 지체없이 참가여부를 위원회에 통지하여야 한다.
④ 「행정소송법」은 제3자효 행정행위에 있어서 제3자도 집행정지를 신청할 수 있는지에 대해서는 규정하고 있지 않다.
⑤ 법원은 소송의 결과에 따라 권리 또는 이익을 침해받을 제3자가 있는 경우에는 당사자 또는 제3자의 신청 또는 직권에 의하여 결정으로써 제3자를 소송에 참가시킬 수 있다.

해설 ㊥

① 자동차운수사업법 제6조 제1호의 규정의 목적이 자동차운수사업에 관한 질서를 확립하고 자동차운수의 종합적인 발달을 도모하여 공공의 복리를 증진함과 동시에 업자 간의 경쟁으로 인한 경영의 불합리를 미리 방지하자는 데 있다 할 것이므로 기존 시내버스 업자로서는, 다른 운송사업자가 운행하고 있는 기존 시외버스를 시내버스로 전환을 허용하는 사업계획변경인가처분에 대하여 그 취소를 구할 법률상의 이익이 있다고 할 것이다(대판 1987.9.22, 85누985).
② 처분등을 취소하는 판결에 의하여 권리 또는 이익의 침해를 받은 제3자는 자기에게 책임없는 사유로 소송에 참가하지 못함으로써 판결의 결과에 영향을 미칠 공격 또는 방어방법을 제출하지 못한 때에는 이를 이유로 확정된 종국판결에 대하여 재심의 청구를 할 수 있다(행정소송법 제31조 제1항).
③ 행정심판법 제21조(심판참가의 요구)
⑤ 행정소송법 제16조(제3자의 소송참가)

정답 ②

19. 다음 중 행정청의 재량권 행사에 대한 설명으로 옳지 않은 것은? (다툼이 있는 경우 판례에 의함) 15 국회직8급

① 「행정절차법」에 따라 행정처분의 처분기준을 설정·공표할 때 그 기준의 구체성은 처분의 공정성과 합리성을 보장하고 당사자등에게 예측가능성을 보장하는 정도의 것이어야 한다.
② 제재처분에 대한 임의적 감경규정이 있는 경우 감경 여부는 행정청의 재량에 속하므로 존재하는 감경사유를 고려하지 않았거나 일부 누락시켰다 하더라도 이를 위법하다고 할 수 없다.
③ 「여객자동차운수사업법」에 의한 개인택시운송사업면허는 특정인에게 권리나 이익을 부여하는 행정행위로서 법령에 특별한 규정이 없는 한 재량행위이다.
④ 「행정절차법」에 따라 공표된 처분기준이 명확하지 않은 경우 당사자등은 해당 행정청에 그 해석 또는 설명을 요청할 수 있고, 해당 행정청은 특별한 사정이 없으면 그 요청에 따라야 한다.
⑤ 음주측정거부를 이유로 운전면허취소를 함에 있어서 행정청이 그 취소여부를 선택할 수 있는 재량의 여지가 없음이 법문상 명백하므로 재량권의 일탈·남용의 문제는 생길 수 없다.

해설 中

① 행정청은 필요한 처분기준을 해당 처분의 성질에 비추어 되도록 구체적으로 정하여 공표하여야 한다. 처분기준을 변경하는 경우에도 또한 같다(행정절차법 제20조 제1항).
② 처분상대방에게 법령에서 정한 임의적 감경사유가 있는 경우에, 행정청이 감경사유까지 고려하고도 감경하지 않은 채 개별처분기준에서 정한 상한으로 처분을 한 경우에는 재량권을 일탈·남용하였다고 단정할 수는 없으나, 행정청이 감경사유를 전혀 고려하지 않았거나 감경사유에 해당하지 않는다고 오인하여 개별처분기준에서 정한 상한으로 처분을 한 경우에는 마땅히 고려대상에 포함하여야 할 사항을 누락하였거나 고려대상에 관한 사실을 오인한 경우에 해당하여 재량권을 일탈·남용한 것이라고 보아야 한다(대판 2020.6.25, 2019두52980).
③ 개인택시운송사업면허는 특정인에게 권리나 이익을 부여하는 행정행위로서 법령에 특별한 규정이 없는 한 재량행위이고 그 면허에 필요한 기준을 정하는 것 역시 법령에 규정이 없는 한 행정청의 재량에 속하나, 이 경우에도 이는 객관적으로 타당하여야 하며 그 설정된 우선 순위 결정 방법이나 기준이 객관적으로 합리성을 잃은 것이라면 이에 따라 면허 여부를 결정하는 것은 재량권의 한계를 일탈한 것이 되어 위법하다(대판 2007.2.8, 2006두13886).
④ 같은 법 제5조 제2항
⑤ 도로교통법 제78조 제1항 단서 제8호의 규정에 의하면, 술에 취한 상태에 있다고 인정할 만한 상당한 이유가 있음에도 불구하고 경찰공무원의 측정에 응하지 아니한 때에는 필요적으로 운전면허를 취소하도록 되어 있어 처분청이 그 취소 여부를 선택할 수 있는 재량의 여지가 없음이 그 법문상 명백하므로, 위 법조의 요건에 해당하였음을 이유로 한 운전면허취소처분에 있어서 재량권의 일탈 또는 남용의 문제는 생길 수 없다(대판 2004.11.12, 2003두12042).

정답 ②

20. 행정소송에 있어 기속행위와 재량행위의 구별에 대한 설명으로 옳은 것은? (다툼이 있는 경우 판례에 의함)

17 지방직9급

① 기속행위의 경우에는 절차상의 하자만으로 독립된 취소사유가 될 수 없으나, 재량행위의 경우에는 절차상의 하자만으로도 독립된 취소사유가 된다.
② 기속행위의 경우에는 소송의 계속 중에 처분사유를 추가·변경할 수 있으나, 재량행위의 경우에는 처분사유의 추가·변경이 허용되지 않는다.
③ 실체적 위법을 이유로 거부처분을 취소하는 판결이 확정된 경우, 해당 행정행위가 기속행위이든 재량행위이든 원고의 신청을 인용하여야 할 의무가 발생하는 점에서는 동일하다.
④ 과징금 감경 여부는 과징금 부과 관청의 재량에 속하는 것이므로, 과징금 부과 관청이 이를 판단함에 있어서 재량권을 일탈·남용하여 과징금 부과처분이 위법하다고 인정될 경우, 법원으로서는 법원이 적정하다고 인정되는 부분을 초과한 부분만 취소할 수는 없다.

해설 中

① 통설·판례 모두 재량행위와 기속행위의 구별 없이 이유부기의 하자를 이유로 행정행위의 취소를 구할 수 있다고 판시하여 독자적 위법사유로 보는 적극설에 따르고 있다. 부과처분의 실체가 적법한 이상 납세고지서의 기재사항 누락이라는 경미한 형식상의 하자 때문에 부과처분을 취소한다면 소득이 있는데 세금을 부과하지 못하는 불공평이 생긴다거나, 다시 납세부과처분이나 보완통지를 하는 등 무용한 처분을 되풀이한다 하더라도 이로 인하여 경제적, 시간적, 정신적인 낭비만 초래하게 된다는 사정만으로는 과세처분을 취소하는 것이 행정소송법 제12조에서 말하는 현저히 공공복리에 적합하지 않거나 납세의무자에게 실익이 전혀 없다고 할 수 없다(대판 1984.5.9, 84누116).
② 처분사유의 추가·변경은 기본적 사실관계의 동일성 인정 여부에 따라 달라지는 것이지, 기속행위와 재량행위에 따라 허용 여부가 달라지는 것은 아니다.
③ 거부처분이 절차상 위법을 이유로 취소된 경우에는 적법한 절차를 거쳐 재처분을 하여야 한다. 이 경우 거부처분은, 다만 절차상의 위법을 이유로 취소된 것이므로 행정청은 적법한 절차에 따라 실체적 요건을 심사하여 신청된 대로 처분을 할 수도 있고 다시 거부처분을 할 수도 있다. 한편, 실체상 위법을 이유로 취소된 경우 거부처분의 취소판결을 통해 발생하는 재처분의무는 기속행위와 재량행위에 따라 내용이 달라진다. 기속행위의 경우에는 거부처분을 취소하는 판결이 확정되면 판결의 취지에 따라 법규에서 규정한 특정한 처분의무가 존재한다. 반면에 재처분의무의 내용이 재량처분인 경우에는 처분청에게 특정한 처분의무가 없으므로 신청된대로 처분을 할 수도 있고, 다른 이유로 거부처분을 할 수도 있다.
④ 처분을 할 것인지 여부와 처분의 정도에 관하여 재량이 인정되는 과징금납부명령에 대하여 그 명령이 재량권을 일탈하였을 경우 법원으로서는 재량권의 일탈 여부만 판단할 수 있을 뿐이지 재량권의 범위 내에서 어느 정도가 적정한 것인지에 관하여 판단할 수 없으므로 그 전부를 취소할 수밖에 없고, 법원이 적정하다고 인정되는 부분을 초과한 부분만 취소할 수는 없는 것이며, 또한 수개의 위반행위에 대하여 하나의 과징금 납부명령을 하였으나 수개의 위반행위 중 일부의 위반행위만이 위법하지만, 소송상 그 일부의 위반행위를 기초로 한 과징금액을 산정할 수 있는 자료가 없는 경우에는 하나의 과징금납부명령 전부를 취소할 수밖에 없다(대판 2007.10.26, 2005두3172).

정답 ④

21. 재량행위에 대한 판례의 입장으로 옳지 않은 것은? 17 지방직9급

① 「개발제한구역의 지정 및 관리에 관한 특별조치법」 및 구 「액화석유가스의 안전관리 및 사업법」 등의 관련 법규에 의하면, 개발제한구역에서의 자동차용 액화석유가스충전사업허가는 그 기준 내지 요건이 불확정개념으로 규정되어 있으므로 그 허가 여부를 판단함에 있어서 행정청에 재량권이 부여되어 있다고 보아야 한다.
② 재량행위의 경우 그 근거법규에 대하여 법원이 사실인정과 관련 법규의 해석·적용을 통하여 일정한 결론을 도출한 후 그 결론에 비추어 행정청이 한 판단의 적법 여부를 독자의 입장에서 판정한다.
③ 구 여객자동차운수사업법령상 마을버스운송사업면허의 허용 여부 및 마을버스 한정면허시 확정되는 마을버스 노선을 정함에 있어서 기존 일반노선버스의 노선과의 중복 허용 정도에 대한 판단은 행정청의 재량에 속한다.
④ 「야생동·식물보호법」상 곰의 웅지를 추출하여 비누, 화장품 등의 재료를 사용할 목적으로 곰의 용도를 '사육곰'에서 '식·가공품 및 약용재료'로 변경하겠다는 내용의 국제적 멸종위기종의 용도변경승인 행위는 재량행위이다.

해설 ➤ 中

① 개발제한구역법 및 액화석유가스법 등의 관련 법규에 의하면, 개발제한구역에서의 자동차용 액화석유가스충전사업허가는 그 기준 내지 요건이 불확정개념으로 규정되어 있으므로 그 허가 여부를 판단함에 있어서 행정청에 재량권이 부여되어 있다고 보아야 한다(대판 2016.1.28, 2015두52432).
② 행정행위를 기속행위와 재량행위로 구분하는 경우 양자에 대한 사법심사는, 전자(기속행위)의 경우 그 법규에 대한 원칙적인 기속성으로 인하여 법원이 사실인정과 관련법규의 해석·적용을 통하여 일정한 결론을 도출한 후 그 결론에 비추어 행정청이 한 판단의 적법 여부를 독자의 입장에서 판정하는 방식(완전심사·판단대체방식)에 의하게 되나, 후자(재량행위)의 경우 행정청의 재량에 기한 공익판단의 여지를 감안하여 법원은 독자의 결론을 도출함이 없이 당해 행위에 재량권의 일탈·남용이 있는지 여부만을 심사(제한심사방식)하게 되고, 이러한 재량권의 일탈·남용 여부에 대한 심사는 사실오인, 비례·평등의 원칙 위배 등을 그 판단대상으로 한다(대판 2005.7.14, 2004두6181).
③ 마을버스운송사업면허의 허용 여부는 사업구역의 교통수요, 노선결정, 운송업체의 수송능력, 공급능력 등에 관하여 기술적·전문적인 판단을 요하는 분야로서 이에 관한 행정처분은 운수행정을 통한 공익실현과 아울러 합목적성을 추구하기 위하여 보다 구체적 타당성에 적합한 기준에 의하여야 할 것이므로 그 범위 내에서는 법령이 특별히 규정한 바가 없으면 행정청의 재량에 속하는 것이라고 보아야 할 것이고, 마을버스 한정면허시 확정되는 마을버스 노선을 정함에 있어서도 기존 일반노선버스의 노선과의 중복 허용 정도에 대한 판단도 행정청의 재량에 속한다고 할 것이며, 노선의 중복 정도는 마을버스 노선과 각 일반버스노선을 개별적으로 대비하여 판단하여야 한다(대판 2002.6.28, 2001두10028).
④ 야생동·식물보호법 제16조 제3항과, 같은법 시행규칙 제22조 제1항의 체재 또는 문언을 살펴보면 원칙적으로 국제적멸종위기종 및 그 가공품의 수입 또는 반입 목적 외의 용도로의 사용을 금지하면서 용도변경이 불가피한 경우로서 환경부 장관의 용도변경승인을 받은 경우에 한하여 용도변경을 허용하도록 하고 있으므로, 법 제16조 제3항에 의한 용도변경승인은 특정인에게만 용도 외의 사용을 허용해주는 권리나 이익을 부여하는 이른바 수익적 행정행위로서 법령에 특별한 규정이 없는 한 재량행위이고, 법 제16조 제3항이 용도변경이 불가피한 경우에만 용도변경을 할 수 있도록 제한하는 규정을 두면서도 시행규칙 제22조에서 용도변경 신청을 할 수 있는 경우에 대하여만 확정적 규정을 두고 있을 뿐 용도변경이 불가피한 경우에 대하여는 아무런 규정을 두지 아니하여 용도변경 승인을 할 수 있는 용도변경의 불가피성에 대한 판단에 있어 재량의 여지를 남겨 두고 있는 이상, 용도변경을 승인하기 위한 요건으로서의 용도변경의 불가피성에 관한 판단에 필요한 기준을 정하는 것도 역시 행정청의 재량에 속하는 것이므로, 그 설정된 기준이 객관적으로 합리적이 아니라거나 타당하지 않다고 볼 만한 다른 특별한 사정이 없는 이상 행정청의 의사는 가능한 한 존중되어야 할 것이다(대판 2011.1.27, 2010두23033).

정답 ②

22. 재량행위와 기속행위에 대한 설명으로 옳지 않은 것은? (다툼이 있는 경우 판례에 의함) 18 국가직7급

① 「사회복지사업법」상 사회복지법인의 정관변경을 허가할 것인지 여부는 주무관청의 정책적 판단에 따른 재량에 맡겨져 있다.
② 재량행위에 대한 사법심사는 행정청의 재량에 기한 공익판단의 여지를 감안하여 법원이 독자의 결론을 도출함이 없이 당해 행위에 재량권의 일탈·남용이 있는지 여부를 심사한다.
③ 구 「도시계획법」상의 개발제한구역 내에서의 건축물 용도변경에 대한 허가는 예외적 허가로서 재량행위에 해당한다.
④ 법규정의 일체성에 의해 요건 판단과 효과 선택의 문제를 구별하기 어렵다고 보는 견해는 재량과 판단여지의 구분을 인정한다.

해설 ▸ 中

① 사회복지법인의 정관변경을 허가할 것인지의 여부는 주무관청의 정책적 판단에 따른 재량에 맡겨져 있다고 할 것이고, 주무관청이 정관변경 허가를 함에 있어서는 비례의 원칙 및 평등의 원칙에 적합하고 행정처분의 본질적 효력을 해하지 않는 한도 내에서 부관을 붙일 수 있다(대판 2002.9.24, 2000두5661).
② 행정행위를 기속행위와 재량행위로 구분하는 경우 양자에 대한 사법심사는, 전자(기속행위)의 경우 그 법규에 대한 원칙적인 기속성으로 인하여 법원이 사실인정과 관련법규의 해석·적용을 통하여 일정한 결론을 도출한 후 그 결론에 비추어 행정청이 한 판단의 적법 여부를 독자의 입장에서 판정하는 방식(완전심사·판단대체방식)에 의하게 되나, 후자(재량행위)의 경우 행정청의 재량에 기한 공익판단의 여지를 감안하여 법원은 독자의 결론을 도출함이 없이 당해 행위에 재량권의 일탈·남용이 있는지 여부만을 심사(제한심사방식)하게 되고, 이러한 재량권의 일탈·남용 여부에 대한 심사는 사실오인, 비례·평등의 원칙 위배 등을 그 판단대상으로 한다(대판 2005.7.14, 2004두6181).
③ 구 도시계획법 제21조와 같은법시행령 제20조 제1, 2항 및 같은법시행규칙 제7조 제1항 제6호 (다)목 등의 규정을 살펴보면, 도시의 무질서한 확산을 방지하고 도시주변의 자연환경을 보전하여 도시민의 건전한 생활환경을 확보하기 위하여 지정되는 개발제한구역 내에서는 구역 지정의 목적상 건축물의 건축이나 그 용도변경은 원칙적으로 금지되고, 다만 구체적인 경우에 위와 같은 구역 지정의 목적에 위배되지 아니할 경우 예외적으로 허가에 의하여 그러한 행위를 할 수 있게 되어 있음이 위와 같은 관련 규정의 체재와 문언상 분명한 한편, 이러한 건축물의 용도변경에 대한 예외적인 허가는 그 상대방에게 수익적인 것에 틀림이 없으므로, 이는 그 법률적 성질이 재량행위 내지 자유재량행위에 속하는 것이라고 할 것이고, 따라서 그 위법 여부에 대한 심사는 재량권 일탈·남용의 유무를 그 대상으로 한다(대판 2001.2.9, 98두17593).
④ 구별긍정설은 법률요건과 법률효과를 엄밀히 구별할 수 있다는 전제에서 법률요건의 판단에는 판단여지가, 법률효과의 선택 영역에서는 재량이 인정된다고 한다. 설문 내용은 구별 부정설의 논거이다.

정답 ④

23. 기속행위와 재량행위에 대한 설명으로 옳지 않은 것은? (다툼이 있는 경우 판례에 의함) 20 지방직9급

① 「국토의 계획 및 이용에 관한 법률」상 개발행위허가는 허가기준 및 금지요건이 불확정개념으로 규정된 부분이 많아 그 요건에 해당하는지 여부는 행정청의 재량판단의 영역에 속한다.
② 기속행위와 재량행위의 구분은 당해 행위의 근거가 된 법규의 체재·형식과 그 문언, 당해 행위가 속하는 행정 분야의 주된 목적과 특성, 당해 행위 자체의 개별적 성질과 유형 등을 모두 고려하여 판단하여야 한다.
③ 처분을 할 것인지 여부와 처분의 정도에 관하여 재량이 인정되는 과징금 납부명령에 대하여 그 명령이 재량권을 일탈하였을 경우, 법원은 재량권의 범위 내에서 어느 정도가 적정한 것인지에 관하여 판단할 수 있고 그 일부를 취소할 수 있다.
④ 마을버스운송사업면허의 허용 여부는 운수행정을 통한 공익실현과 아울러 합목적성을 추구하기 위하여 보다 구체적 타당성에 적합한 기준에 의하여야 할 것이므로 행정청의 재량에 속하는 것이라고 보아야 한다.

해설 ▸ 下

① 「국토의 계획 및 이용에 관한 법률」(국토계획법) 제56조에 따른 개발행위허가와 농지법 제34조에 따른 농지전용허가·협의는 금지요건·허가기준 등이 불확정개념으로 규정된 부분이 많아 그 요건·기준에 부합하는지의 판단에 관하여 행정청에 재량권이 부여되어 있으므로, 그 요건에 해당하는지 여부는 행정청의 재량판단의 영역에 속한다(대판 2017.10.12, 2017두48956).
② 행정행위가 그 재량성의 유무 및 범위와 관련하여 이른바 기속행위 내지 기속재량행위와 재량행위 내지 자유재량행위로 구분된다고 할 때, 그 구분은 당해 행위의 근거가 된 법규의 체재·형식과 그 문언, 당해 행위가 속하는 행정분야의 주된 목적과 특성, 당해 행위 자체의 개별적 성질과 유형 등을 모두 고려하여 판단한다(대판 2001.2.9, 98두17593).
③ 처분을 할 것인지 여부와 처분의 정도에 관하여 재량이 인정되는 과징금납부명령에 대하여 그 명령이 재량권을 일탈하였을 경우 법원으로서는 재량권의 일탈 여부만 판단할 수 있을 뿐이지 재량권의 범위 내에서 어느 정도가 적정한 것인지에 관하여 판단할 수 없으므로 그 전부를 취소할 수밖에 없고, 법원이 적정하다고 인정되는 부분을 초과한 부분만 취소할 수는 없는 것이며, 또한 수개의 위반행위에 대하여 하나의 과징금납부명령을 하였으나 수개의 위반행위 중 일부의 위반행위만이 위법하지만, 소송상 그 일부의 위반행위를 기초로 한 과징금액을 산정할 수 있는 자료가 없는 경우에는 하나의 과징금납부명령 전부를 취소할 수밖에 없다(대판 2007.10.26, 2005두3172).
④ 마을버스운송사업면허의 허용 여부는 사업구역의 교통수요, 노선결정, 운송업체의 수송능력, 공급능력 등에 관하여 기술적·전문적인 판단을 요하는 분야로서 이에 관한 행정처분은 운수행정을 통한 공익실현과 아울러 합목적성을 추구하기 위하여 보다 구체적 타당성에 적합한 기준에 의하여야 할 것이므로 그 범위 내에서는 법령이 특별히 규정한 바가 없으면 행정청의 재량에 속하는 것이라고 보아야 할 것이고, 마을버스 한정면허시 확정되는 마을버스 노선을 정함에 있어서도 기존 일반노선버스의 노선과의 중복 허용 정도에 대한 판단도 행정청의 재량에 속한다고 할 것이며, 노선의 중복 정도는 마을버스 노선과 각 일반버스노선을 개별적으로 대비하여 판단하여야 한다(대판 2002.6.28, 2001두10028).

정답 ③

24. 기속행위와 재량행위에 대한 설명으로 옳지 않은 것은? (다툼이 있는 경우 판례에 의함) 20 국가직7급

① 재량행위는 요건이 충족되어도 공익과의 이익형량을 통하여 법에 정해진 효과를 부여하지 않을 수 있다.
② 기속행위의 경우 법원이 사실인정과 관련 법규의 해석·적용을 통하여 일정한 결론을 도출한 후 그 결론에 비추어 행정청이 한 판단의 적법 여부를 독자의 입장에서 판정한다.
③ 의제되는 인·허가가 재량행위인 경우에는 주된 인·허가가 기속행위인 경우에도 인·허가가 의제되는 한도 내에서 재량행위로 보아야 한다.
④ 사실의 존부에 대한 판단에도 재량권이 인정될 수 있으므로, 사실을 오인하여 재량권을 행사한 경우라도 처분이 위법한 것은 아니다.

해설 中

② 행정행위를 기속행위와 재량행위로 구분하는 경우 양자에 대한 사법심사는, 전자(기속행위)의 경우 그 법규에 대한 원칙적인 기속성으로 인하여 법원이 사실인정과 관련법규의 해석·적용을 통하여 일정한 결론을 도출한 후 그 결론에 비추어 행정청이 한 판단의 적법 여부를 독자의 입장에서 판정하는 방식(완전심사·판단대체방식)에 의하게 되나, 후자(재량행위)의 경우 행정청의 재량에 기한 공익판단의 여지를 감안하여 법원은 독자의 결론을 도출함이 없이 당해 행위에 재량권의 일탈·남용이 있는지 여부만을 심사(제한심사방식)하게 되고, 이러한 재량권의 일탈·남용 여부에 대한 심사는 사실오인, 비례·평등의 원칙 위배 등을 그 판단대상으로 한다(대판 2005.7.14, 2004두6181).
③ 채광계획이 중대한 공익에 배치된다고 할 때에는 인가를 거부할 수 있고, 채광계획을 불인가 하는 경우에는 정당한 사유가 제시되어야 하며 자의적으로 불인가를 하여서는 아니 될 것이므로 채광계획인가는 기속재량행위에 속하는 것으로 보아야 할 것이나, 구 광업법 제47조의2 제5호에 의하여 채광계획인가를 받으면 공유수면 점용허가(특허로서 재량행위)를 받은 것으로 의제(집중효)되고, 이 공유수면 점용허가는 공유수면 관리청이 공공위해의 예방 경감과 공공복리의 증진에 기여함에 적당하다고 인정하는 경우에 그 자유재량에 의하여 허가의 여부를 결정하여야 할 것이므로, 공유수면 점용허가를 필요로 하는 채광계획 인가신청에 대하여도, 공유수면 관리청이 재량적 판단에 의하여 공유수면 점용허가 여부를 결정할 수 있고, 그 결과 공유수면 점용을 허용하지 않기로 결정하였다면, 채광계획 인가관청은 이를 사유로 하여 채광계획을 인가하지 아니할 수 있는 것이다(대판 2002.10.11, 2001두151).
④ 재량권의 일탈·남용 여부에 대한 심사는 사실오인, 비례·평등의 원칙위배, 당해 행위의 목적위반이나 동기의 부정 유무 등을 그 판단대상으로 한다(대판 2001.2.9, 98두17593).

정답 ④

25. 기속행위와 재량행위에 대한 설명으로 옳은 것만을 〈보기〉에서 모두 고르면? (다툼이 있는 경우 판례에 의함) 21 국회직8급

〈보 기〉

ㄱ. 「주택법」상 주택건설사업계획의 승인은 재량행위에 해당하므로, 처분권자는 주택건설사업계획이 법령이 정하는 제한사유에 배치되지 않는 경우에도 공익상 필요가 있으면 사업계획승인신청에 대하여 불허가 결정을 할 수 있다.
ㄴ. 「부동산 실권리자명의 등기에 관한 법률 시행령」 제3조의2 단서는 조세를 포탈하거나 법령에 의한 제한을 회피할 목적이 아닌 경우에 과징금의 100분의 50을 감경할 수 있다고 규정하고 있으므로 감경사유가 존재하더라도 과징금을 감경할 것인지 여부는 과징금 부과관청의 재량에 속한다.
ㄷ. 재량행위이더라도 수익적 행위에 부관을 붙이기 위해서는 특별한 법적 근거가 있어야 한다.
ㄹ. 「의료법」상 신의료기술의 안전성·유효성 평가나 신의료기술의 시술로 국민보건에 중대한 위해가 발생하거나 발생할 우려가 있는지 여부에 대한 판단과, 그 경우 행정청이 어떠한 종류와 내용의 지도나 명령을 할 것인지의 판단에 관해서는 행정청에 재량권이 부여되어 있다.
ㅁ. 재량행위에 대한 사법심사에 있어서 법원은 사실인정과 관련 법규의 해석·적용을 통하여 일정한 결론을 도출한 후 그 결론에 비추어 행정청이 한 판단의 적법 여부를 독자의 입장에서 판정하는 방식에 의한다.

① ㄱ, ㄴ
② ㄴ, ㄷ
③ ㄱ, ㄴ, ㄹ
④ ㄱ, ㄹ, ㅁ
⑤ ㄷ, ㄹ, ㅁ

해설 (上)

ㄱ 주택건설촉진법 제33조 제1항이 정하는 주택건설사업계획의 승인은 이른바 수익적 행정처분으로서 행정청의 재량행위에 속하고, 따라서 그 전 단계로서 같은법 제32조의4 제1항이 정하는 주택건설사업계획의 사전결정 역시 재량행위라고 할 것이므로, 사전결정을 받으려고 하는 주택건설사업계획이 관계법령이 정하는 제한에 배치되는 경우는 물론이고, 그러한 제한사유가 없는 경우에도 공익상 필요가 있으면 처분권자는 그 사전결정 신청에 대하여 불허가결정을 할 수 있다(대판 1998.4.24, 97누1501).

ㄴ 부동산 실권리자명의 등기에 관한 법률 시행령」 제3조의2 단서는 조세를 포탈하거나 법령에 의한 제한을 회피할 목적이 아닌 경우에 과징금의 100분의 50을 감경할 수 있다고 규정하고 있고, 이는 임의적 감경규정임이 명백하므로, 위와 같은 감경사유가 존재하더라도 과징금을 감경할 것인지 여부는 과징금 부과관청의 재량에 속한다(대판 2007.7.12, 2006두4554).

ㄷ 수익적 행정행위에 있어서는 법령에 특별한 근거규정이 없다고 하더라도 그 부관으로서 부담을 붙일 수 있으나, 그러한 부담은 비례의 원칙, 부당결부금지의 원칙에 위반되지 않아야만 적법하다(대판 1997.3.11, 96다49650).

ㄹ 의료법 제53조 제1항, 제2항, 제59조 제1항의 문언과 체제, 형식, 모든 국민이 수준 높은 의료 혜택을 받을 수 있도록 국민의료에 필요한 사항을 규정함으로써 국민의 건강을 보호하고 증진하려는 의료법의 목적 등을 종합하면, 불확정개념으로 규정되어 있는 의료법 제59조 제1항에서 정한 지도와 명령의 요건에 해당하는지, 나아가 요건에 해당하는 경우 행정청이 어떠한 종류와 내용의 지도나 명령을 할 것인지의 판단에 관해서는 행정청에 재량권이 부여되어 있다(대판 2016.1.28, 2013두21120).

ㅁ 행정행위를 기속행위와 재량행위로 구분하는 경우 양자에 대한 사법심사는, 전자(기속행위)의 경우 그 법규에 대한 원칙적인 기속성으로 인하여 법원이 사실인정과 관련법규의 해석·적용을 통하여 일정한 결론을 도출한 후 그 결론에 비추어 행정청이 한 판단의 적법 여부를 독자의 입장에서 판정하는 방식(완전심사·판단대체방식)에 의하게 되나, 후자(재량행위)의 경우 행정청의 재량에 기한 공익판단의 여지를 감안하여 법원은 독자의 결론을 도출함이 없이 당해 행위에 재량권의 일탈·남용이 있는지 여부만을 심사(제한심사방식)하게 되고, 이러한 재량권의 일탈·남용 여부에 대한 심사는 사실오인, 비례·평등의 원칙 위배 등을 그 판단대상으로 한다(대판 2005.7.14, 2004두6181).

정답 ③

26. 기속행위와 재량행위에 대한 판례의 입장으로 옳지 않은 것은? 21 국가직7급

① 「여객자동차 운수사업법」에 의한 개인택시운송사업면허는 특정인에게 권리나 이익을 부여하는 행정행위로서 법령에 특별한 규정이 없는 한 재량행위이다.

② 공유수면점용허가는 특정인에게 공유수면 이용권이라는 독점적 권리를 설정하여 주는 처분으로서 그 처분의 여부 및 내용의 결정은 원칙적으로 행정청의 재량에 속한다.

③ 「국토의 계획 및 이용에 관한 법률」상 토지의 형질변경허가는 그 금지요건이 불확정개념으로 규정되어 있으므로, 동법상 지정된 도시지역 안에서 토지의 형질변경행위를 수반하는 「건축법」상의 건축허가는 재량행위이다.

④ 귀화허가는 강학상 허가에 해당하므로, 귀화신청인이 귀화 요건을 갖추어서 귀화허가를 신청한 경우에 법무부장관은 귀화허가를 해 주어야 한다.

해설 (中)

① 개인택시운송사업면허는 특정인에게 권리나 이익을 부여하는 행정행위로서 법령에 특별한 규정이 없는 한 재량행위이고 그 면허에 필요한 기준을 정하는 것 역시 법령에 규정이 없는 한 행정청의 재량에 속하나, 이 경우에도 이는 객관적으로 타당하여야 하며 그 설정된 우선 순위 결정 방법이나 기준이 객관적으로 합리성을 잃은 것이라면 이에 따라 면허 여부를 결정하는 것은 재량권의 한계를 일탈한 것이 되어 위법하다(대판 2007.2.8, 2006두13886).

② 「공유수면 관리 및 매립에 관한 법률」에 따른 공유수면의 점용·사용허가는 특정인에게 공유수면 이용권이라는 독점적 권리를 설정하여 주는 처분으로서 처분 여부 및 내용의 결정은 원칙적으로 행정청의 재량에 속하고, 이와 같은 재량처분에 있어서는 재량권 행사의 기초가 되는 사실인정에 오류가 있거나 그에 대한 법령적용에 잘못이 없는 한 처분이 위법하다고 할 수 없다(대판 2017.4.28, 2017두30139).

③ 「국토의 계획 및 이용에 관한 법률」(국토계획법)에 의한 토지의 형질변경허가는 그 허가기준 및 금지요건이 불확정개념으로 규정된 부분이 많아 그 요건에 해당하는지 여부를 판단함에 있어서는 행정청에 재량권이 부여되어 있다 할 것이다. 그리고 국토계획법에 따라 지정된 도시지역 안에 있는 토지에 대한 형질변경행위를 수반하는 건축허가는 건축법에 의한 건축허가와 국토계획법에 의한 토지 형질변경허가의 성질을 아울러 갖는 것으로 보아야 할 것이므로 그러한 건축허가는 재량행위에 속한다고 할 것이다. 한편 재량행위에 대한 사법심사는 행정청의 재량에 의한 공익판단의 여지를 감안하여 원칙적으로 재량권의 일탈이나 남용이 있는지 여부만을 대상으로 하고, 재량권의 일탈·남용 여부에 대한 심사는 사실오인, 비례·평등의 원칙 위반 등을 그 판단 대상으로 한다(대판 2012.12.13, 2011두29205).

④ 국적은 국민의 자격을 결정짓는 것이고, 이를 취득한 사람은 국가의 주권자가 되는 동시에 국가의 속인적 통치권의 대상이 되므로, 귀화허가는 외국인에게 대한민국 국적을 부여함으로써 국민으로서의 법적 지위를 포괄적으로 설정하는 행위에 해당한다. 한편 국적법 등 관계 법령 어디에도 외국인에게 대한민국의 국적을 취득할 권리를 부여하였다고 볼 만한 규정이 없다. 이와 같은 귀화허가의 근거 규정의 형식과 문언, 귀화허

가의 내용과 특성 등을 고려하여 보면, 법무부장관은 귀화신청인이 법률이 정하는 귀화요건을 갖추었다고 하더라도 귀화를 허가할 것인지 여부에 관하여 재량권을 가진다(대판 2010.7.15, 2009두19069).

정답 ④

27. 판례상 재량행위에 해당하는 것만을 모두 고르면? 22 지방직9급

ㄱ. 「여객자동차 운수사업법」상 개인택시운송사업면허
ㄴ. 구 「수도권대기환경특별법」상 대기오염물질 총량관리사업장 설치허가
ㄷ. 「국가공무원법」상 휴직 사유 소멸을 이유로 한 신청에 대한 복직명령
ㄹ. 「출입국관리법」상 체류자격 변경허가

① ㄱ, ㄹ　② ㄴ, ㄷ
③ ㄱ, ㄴ, ㄹ　④ ㄱ, ㄴ, ㄷ, ㄹ

해설 ⓣ

ㄱ 개인택시운송사업면허는 특정인에게 권리나 이익을 부여하는 행정행위로서 법령에 특별한 규정이 없는 한 재량행위이고 그 면허에 필요한 기준을 정하는 것 역시 법령에 규정이 없는 한 행정청의 재량에 속하나, 이 경우에도 이는 객관적으로 타당하여야 하며 그 설정된 우선 순위 결정 방법이나 기준이 객관적으로 합리성을 잃은 것이라면 이에 따라 면허 여부를 결정하는 것은 재량권의 한계를 일탈한 것이 되어 위법하다(대판 2007.2.8, 2006두13886).

ㄴ 구 수도권대기환경특별법 제14조 제1항에서 정한 대기오염물질 총량관리사업장 설치의 허가 또는 변경허가는 특정인에게 인구가 밀집되고 대기오염이 심각하다고 인정되는 수도권 대기관리권역에서 총량관리대상 오염물질을 일정량을 초과하여 배출할 수 있는 특정한 권리를 설정하여 주는 행위로서 그 처분의 여부 및 내용의 결정은 행정청의 재량에 속한다고 할 것이다(대판 2013.5.9, 2012두22799).

ㄷ 국가공무원법 제73조 제2항의 문언에 비추어 복직명령은 기속행위이므로 휴직사유가 소멸하였음을 이유로 신청하는 경우 임용권자는 지체 없이 복직명령을 하여야 한다(대판 2014.6.12, 2012두4852). [첫 출제]

ㄹ 체류자격 변경허가는 신청인에게 당초의 체류자격과 다른 체류자격에 해당하는 활동을 할 수 있는 권한을 부여하는 일종의 설권적 처분의 성격을 가지므로, 허가권자는 신청인이 관계 법령에서 정한 요건을 충족하였더라도, 신청인의 적격성, 체류 목적, 공익상의 영향 등을 참작하여 허가 여부를 결정할 수 있는 재량을 가진다(대판 2016.7.14, 2015두48846).

정답 ③

28. 재량권의 한계에 대한 설명으로 옳은 것은? 15 국가직9급

① 재량권의 일탈이란 재량권의 내적 한계를 벗어난 것을 말하고, 재량권의 남용이란 재량권의 외적 한계를 벗어난 것을 말한다.
② 판례는 재량권의 일탈과 재량권의 남용을 명확히 구분하고 있다.
③ 재량권의 불행사에는 재량권을 충분히 행사하지 아니한 경우는 포함되지 않는다.
④ 개인의 신체, 생명 등 중요한 법익에 급박하고 현저한 침해의 우려가 있는 경우 재량권이 영으로 수축된다.

해설 ⓣ

① 설명이 반대다. 즉, 재량의 일탈·유월은 외적 한계 위반으로서 재량규범의 범위 밖에 있는 법효과를 선택한 경우를 말한다. 재량의 남용은 내적 한계 위반으로서 행정청이 재량권을 수권한 법률상의 목적 위반(목적위배), 동기의 부정, 평등원칙·과잉금지원칙·부당결부금지원칙 등 일반법원칙에 위반하여 재량권을 행사한 경우가 이에 해당한다.
② 재량일탈·남용의 구별에 대한 판례의 입장은 구별하기도 하고, 혼용하기도 하기 때문에 양자를 명확하게 구분하고 있지 않다.

구 분	내 용
구 별	① 재량권의 남용이나 재량권의 일탈의 경우에는 그 재량권이 기속재량이거나 자유재량이거나를 막론하고 사법심사의 대상이 된다(대판 1984.1.31, 83누451). ② 무단증축된 부분이 위법함을 들어 적법하게 양성화조치된 이 사건 건물 내에서의 안경업소 개설등록을 취소한 것은 재량권을 남용한 것이다(대판 1993.11.23, 93누6362).
혼 용	과징금부과처분은 재량권을 일탈·남용한 것으로서 위법하다(대판 2001.7.27, 99두9490).
광 의	① 자유재량의 한도를 넘는 것이다(대판 1963.10.10, 63누43). ② 재량권의 범위를 넘는 위법한 처분이다(대판 1967.5.2, 67누24).

③ 재량의 흠결·해태·불행사는 행정청이 재량행위를 기속행위로 오인하여 복수행위 간의 형량을 전혀 하지 않은 경우(예컨대 법이 영업허가취소와 영업허가정지를 할 수 있다고 규정하고 있는데, 영업허가취소만 할 수 있다고 오인하여 양자 중 어느 것이 행정목적 달성에 가장 적합한 것인가에 대한 판단을 하지 않고 획일적으로 영업허가취소를 한 경우)와 행정청이 구체적인 사정의 특수성을 고려(재량고려)하지 않고 일반적 기준에 따라 처분을 하는 경우가 이에 해당한다.
④ 재량권이 0으로 수축되는지 여부는 구체적인 상황을 고려해 볼 때 ㉠ 위협받고 있는 법익(피침해법익)의 종류와 가치성(예 생명, 신체, 재산 등), ㉡ 위해의 정도 및 위해의 제거가능성, ㉢ 보충성(민사소송, 그 밖에 피해자의 개인적인 노력으로는 위험방지가 충분하게 이루어질 수 없다고 판단되는 상황)과 ㉣ 개입으로 초래되는 다른 위해의 정도 등을 고려해서 판단해야 한다.

정답 ④

29. 판단여지와 재량을 구별하는 입장에서 재량에 대한 설명으로 옳지 않은 것은? 15 국가직7급

① 재량은 법률효과에서 인정된다.
② 재량의 존재 여부가 법해석으로 도출되기도 한다.
③ 재량행위에 법효과를 제한하는 부관을 붙일 수 없다.
④ 재량행위와 기속행위의 구분은 법규의 규정양식에 따라 개별적으로 판단된다.

해설 

① 구별긍정설에 따를 때 법률요건에는 판단여지가, 법률효과에는 재량이 인정된다.
②④ 행정행위가 그 재량성의 유무 및 범위와 관련하여 이른바 기속행위 내지 기속재량행위와 재량행위 내지 자유재량행위로 구분된다고 할 때, 그 구분은 당해 행위의 근거가 된 법규의 체재·형식과 그 문언, 당해 행위가 속하는 행정분야의 주된 목적과 특성, 당해 행위 자체의 개별적 성질과 유형 등을 모두 고려하여 판단한다(대판 2001.2.9, 98두17593).
③ 재량행위에 있어서는 법령상의 근거가 없다고 하더라도 부관을 붙일 수 있는데, 그 부관의 내용은 적법하고 이행가능하여야 하며 비례의 원칙 및 평등의 원칙에 적합하고 행정처분의 본질적 효력을 해하지 아니하는 한도의 것이어야 한다(대판 1997.3.14, 96누16698).

정답 ③

30. 불확정개념과 판단여지 및 기속행위와 재량행위에 대한 설명으로 옳지 않은 것은? 17 국가직9급

① 판단여지를 긍정하는 학설은 판단여지는 법률효과 선택의 문제이고 재량은 법률요건에 대한 인식의 문제라는 점, 양자는 그 인정근거와 내용 등을 달리하는 점에서 구별하는 것이 타당하다고 한다.

② 대법원은 재량행위에 대한 사법심사를 하는 경우에 법원은 행정청의 재량에 기한 공익판단의 여지를 감안하여 독자적인 판단을 하여 결론을 도출하지 않고, 당해 처분이 재량권의 일탈·남용에 해당하는지의 여부만을 심사하여야 한다고 한다.

③ 대법원은 처분을 할 것인지 여부와 처분의 정도에 관하여 재량이 인정되는 과징금 납부명령에 대하여 그 명령이 재량권을 일탈하였을 경우, 법원으로서는 재량권의 일탈 여부만 판단할 수 있을 뿐이지 재량권의 범위 내에서 어느 정도가 적정한 것인지에 관하여는 판단할 수 없어 그 전부를 취소할 수밖에 없고, 법원이 적정하다고 인정하는 부분을 초과한 부분만 취소할 수는 없다고 한다.

④ 다수설에 따르면 불확정개념의 해석은 법적 문제이기 때문에 일반적으로 전면적인 사법심사의 대상이 되고, 특정한 사실관계와 관련하여서는 원칙적으로 일의적인 해석(하나의 정당한 결론)만이 가능하다고 본다.

해설 ➤ ㊥

①④ 긍정설에 의하면 판단여지는 법률요건, 재량은 법률효과 영역에서 인정된다. 재량과 판단여지는 인정근거, 내용, 인정범위 등에서 차이가 있으므로 양자를 구별하는 것이 타당하다는 구별긍정설이 다수설이다. 논거로는 이를 재량으로 볼 경우 재량은 효과규정과 관련된다는 점과 모순된다는 점, 불확정개념은 법적 개념이기 때문에 행정청의 행위선택과 관련된 문제가 아니라는 점, 구성요건적 측면은 인식의 문제로서 법해석의 문제이지 행위효과결정에 관련된 것은 아니고, 재량은 '입법자'에 의해 주어지는 것이나 판단여지는 '법원'의 인정에 의하여 주어지는 것이며, 재량은 복수행위 사이의 선택의 자유가 법에 의하여 처음부터 인정되어 있는 경우를 의미하는 데, 판단여지는 불확정법개념의 해석·적용(법률요건에의 포섭)이라는 법률문제로서 본래 법원에 의한 전면적 심사의 대상이 되는 영역에 있어서 예외적으로만 인정되는 점 등의 차이가 있으므로 재량과 판단여지는 구분함이 타당하다는 것을 들고 있다.

② 행정행위가 재량성의 유무 및 범위와 관련하여 이른바 기속행위와 재량행위로 구분된다고 할 때, 그 구분은 해당 행위의 근거가 된 법규의 체재·형식과 문언, 해당 행위가 속하는 행정 분야의 주된 목적과 특성, 해당 행위 자체의 개별적 성질과 유형 등을 모두 고려하여 판단하여야 한다. 이렇게 구분되는 양자에 대한 사법심사는, 전자의 경우 그 법규에 대한 원칙적인 기속성으로 인하여 법원이 사실인정과 관련 법규의 해석·적용을 통하여 일정한 결론을 도출한 후 그 결론에 비추어 행정청이 한 판단의 적법 여부를 독자의 입장에서 판정하는 방식에 의하게 되나, 후자의 경우 행정청의 재량에 기한 공익판단의 여지를 고려하여 법원은 독자의 결론을 도출함이 없이 해당 행위에 재량권의 일탈·남용이 있는지만을 심사하게 된다(대판 2020.10.15, 2019두45739).

③ 처분을 할 것인지 여부와 처분의 정도에 관하여 재량이 인정되는 과징금납부명령에 대하여 그 명령이 재량권을 일탈하였을 경우 법원으로서는 재량권의 일탈 여부만 판단할 수 있을 뿐이지 재량권의 범위 내에서 어느 정도가 적정한 것인지에 관하여 판단할 수 없으므로 그 전부를 취소할 수밖에 없고, 법원이 적정하다고 인정되는 부분을 초과한 부분만 취소할 수는 없는 것이며, 또한 수개의 위반행위에 대하여 하나의 과징금납부명령을 하였으나 수개의 위반행위 중 일부의 위반행위만이 위법하지만, 소송상 그 일부의 위반행위를 기초로 한 과징금액을 산정할 수 있는 자료가 없는 경우에는 하나의 과징금납부명령 전부를 취소할 수밖에 없다(대판 2007.10.26, 2005두3172).

정답 ①

31. 재량의 일탈 또는 남용에 해당하지 않는 사안만을 〈보기〉에서 모두 고른 것은? (다툼이 있는 경우 판례에 의함) 20 국회직9급

〈보 기〉

ㄱ. 「출입국관리법」에 따라 거짓진술이나 사실은폐 등으로 난민인정 결정을 하는 데 하자가 있음을 이유로 법무부장관이 난민인정결정을 취소한 처분
ㄴ. 전역지원의 시기를 상실하였을 뿐 아니라 의무장교의 인력운영 수준이 매우 저조하여 장기활용가능 자원인 군의관을 의무복무기간 중 군에서 계속하여 활용할 필요가 있다는 등의 이유로 해당 군의관을 전역대상자에서 제외한 처분
ㄷ. 공정한 업무처리에 대한 사의로 두고 간 돈 30만 원이 든 봉투를 소지함으로써 피동적으로 금품을 수수하였다가 돌려 준 20여 년 근속의 경찰공무원에 대한 해임처분
ㄹ. 대학교 총장이 해외근무자들의 자녀를 대상으로 한 특별전형에서 외교관, 공무원의 자녀에 대하여만 실제 취득점수의 20%의 가산점을 부여해 합격사정을 함으로써, 실제 취득점수에 의하면 합격할 수 있었던 응시자들에 대한 불합격처분

① ㄱ, ㄴ
② ㄱ, ㄷ
③ ㄴ, ㄷ
④ ㄴ, ㄹ
⑤ ㄷ, ㄹ

해설 中

ㄱ 구 출입국관리법 제76조의3 제1항 제3호는 거짓 진술이나 사실은폐 등으로 난민인정 결정을 하는 데 하자가 있음을 이유로 이를 취소하는 것이므로, 당사자는 애초 난민인정 결정에 관한 신뢰를 주장할 수 없음은 물론 행정청이 이를 고려하지 않았다고 하더라도 재량권을 일탈·남용하였다고 할 수 없다(대판 2017.3.15, 2013두16333).
ㄴ 이 사건과 같은 장교 등 군인의 전역허가 여부는 전역심사위원회 등 관계 기관에서 원칙적으로 자유재량에 의하여 판단할 사항으로서 군의 특수성에 비추어 명백한 법규 위반이 없는 이상 군 당국의 판단을 존중하여야 할 것인데, 원고에 대한 이 사건 전역거부처분에 있어서 군 당국의 법규 위반이 있다고 보여지지 않고, 또한 원고가 주장하는 바와 같은 헌법상 보장된 원고의 직업선택의 자유, 행복추구권, 평등권 등 기본적 인권보호의 필요성을 고려하더라도 원심이 적법하게 인정한 장기복무 의무장교의 확보 필요성 등에 비추어 볼 때 위 처분이 재량의 범위를 일탈하였거나 남용하였다고 할 수도 없으므로 이와 결론을 같이 한 원심판결은 정당하고, 거기에 재량권의 범위에 관한 법리를 오해한 위법이 있다고 할 수 없다(대판 1998.10.13, 98두12253).
ㄷ 20여 년 동안 성실하게 근무하여 온 경찰공무원이 공정한 업무처리가 아니었더라면 곤란한 지경에 처할 뻔 하였는데 그 곤경을 벗어나게 하여 주어 고맙다고 느끼고 있던 사람의 동생이 사후에 찾아와 임의로 두고 간 돈 30만 원이 든 봉투를 소지하는 피동적 형태로 금품을 수수하였고 그후 이를 돌려주었는데도 곧바로 그 직무에서 배제하는 해임처분이라는 중한 징계에 나아간 것은 사회통념상 현저하게 타당성을 잃었다고 하지 아니할 수 없다(대판 1991.7.23, 90누8954).
ㄹ 서울대학교 총장인 피고가 해외근무자들의 자녀를 대상으로 한 「교육법 시행령」 제71조의2 제4항 소정의 특별전형에서 외교관, 공무원의 자녀에 대하여만 획일적으로 과목별 실제 취득점수에 20%의 가산점을 부여하여 합격 사정을 함으로써 실제 취득점수에 의하면 충분히 합격할 수 있는 원고들에 대하여 불합격처분을 하였다면 위법하다(대판 1990.8.28, 89누8255).

정답 ①

32. 다단계행정결정에 대한 설명으로 옳지 않은 것은? (다툼이 있는 경우 판례에 의함) 22 국가직9급

① 「공유재산 및 물품 관리법」에 근거하여 공모제안을 받아 이루어지는 민간투자사업 '우선협상대상자 선정행위'나 '우선협상대상자 지위배제행위'에서 '우선협상대상자 지위배제행위'만이 항고소송의 대상인 처분에 해당한다.
② 구 「원자력법」상 원자로 및 관계 시설의 부지사전승인처분 후 건설허가처분까지 내려진 경우, 선행처분은 후행처분에 흡수되어 건설허가처분만이 행정쟁송의 대상이 된다.
③ 공정거래위원회가 부당한 공동행위를 한 사업자에게 과징금 부과처분을 한 뒤 다시 자진신고 등을 이유로 과징금 감면처분을 한 경우, 선행처분은 후행처분에 흡수되어 소멸하므로 선행처분의 취소를 구하는 소는 부적법하다.
④ 자동차운송사업 양도·양수인가신청에 대하여 행정청이 내인가를 한 후 그 본인가신청이 있음에도 내인가를 취소한 경우, 다시 본인가에 대하여 별도로 인가 여부의 처분을 한다는 사정이 보이지 않는다면 내인가취소는 행정처분에 해당한다.

해설 中

① 선정행위와 배제행위 모두 행정처분에 해당한다. 즉, 지방자치단체의 장이 공유재산법에 근거하여 기부채납 및 사용·수익허가 방식으로 민간투자사업을 추진하는 과정에서 사업시행자를 지정하기 위한 전 단계에서 공모제안을 받아 일정한 심사를 거쳐 우선협상대상자를 선정하는 행위와 이미 선정된 우선협상대상자를 그 지위에서 배제하는 행위는 민간투자사업의 세부내용에 관한 협상을 거쳐 공유재산법에 따른 공유재산의 사용·수익허가를 우선적으로 부여받을 수 있는 지위를 설정하거나 또는 이미 설정한 지위를 박탈하는 조치이므로 모두 항고소송의 대상이 되는 행정처분으로 보아야 한다(대판 2020.4.29, 2017두31064).
② 원자로 및 관계시설의 부지사전승인처분은 그 자체로서 건설부지를 확정하고 사전공사를 허용하는 법률효과를 지닌 독립한 행정처분이기는 하지만, 건설허가 전에 신청자의 편의를 위하여 미리 그 건설허가의 일부 요건을 심사하여 행하는 사전적 부분 건설허가처분의 성격을 갖고 있는 것이어서 나중에 건설허가처분이 있게 되면 그 건설허가처분에 흡수되어 독립된 존재가치를 상실함으로써 그 건설허가처분만이 쟁송의 대상이 되는 것이므로, 부지사전승인처분의 취소를 구하는 소는 소의 이익을 잃게 되고, 따라서 부지사전승인처분의 위법성은 나중에 내려진 건설허가처분의 취소를 구하는 소송에서 이를 다투면 된다(대판 1998.9.4, 97누19588).
③ 후행처분은 자진신고 감면까지 포함하여 처분 상대방이 실제로 납부하여야 할 최종적인 과징금액을 결정하는 종국적 처분이고, 선행처분은 이러한 종국적 처분을 예정하고 있는 일종의 잠정적 처분으로서 후행처분이 있을 경우 선행처분은 후행처분에 흡수되어 소멸한다. 따라서 위와 같은 경우에 선행처분의 취소를 구하는 소는 이미 효력을 잃은 처분의 취소를 구하는 것으로 부적법하다(대판 2015.2.12, 2013두987).

구분	소송대상
자진신고를 한 경우 항고소송 대상이 되는 처분	감면처분
공정위가 원처분을 하고 이의신청 재결시 스스로의 판단에 의하여 감액처분을 하는 경우	선행처분
감면신청 기각처분의 경우	선행처분
법원 판결에 따라 공정위가 과징금을 재산정하는 경우	재산정처분
공정위의 과징금 부과처분을 지지한 원심을 대법원이 파기환송하였는데, 공정위가 판결 확정을 기다리지 않고 과징금을 재산정하는 처분을 한 경우	원처분

④ 내인가의 법적 성질이 행정행위의 일종으로 볼 수 있든 아니든 그것이 행정청의 상대방에 대한 의사표시임이 분명하고, 피고가 위 내인가를 취소함으로써 다시 본인가에 대하여 따로 인가 여부의 처분을 한다는 사정이 보이지 않는다면 위 내인가 취소를 인가신청을 거부하는 처분으로 보아야 할 것이다(대판 1991.6.28, 90누4402).

정답 ①

33. 다음 내용을 근거로 판단할 때, 폐기물처리사업계획의 적합통보에 대한 설명으로 옳지 않은 것은?

15 국가직7급

> 「폐기물관리법」 제25조(폐기물처리업) ① 폐기물의 수집·운반, 재활용 또는 처분을 업으로 하려는 자는 환경부령으로 정하는 바에 따라 지정폐기물을 대상으로 하는 경우에는 폐기물 처리 사업계획서를 환경부장관에게 제출하고, 그 밖의 폐기물을 대상으로 하는 경우에는 시·도지사에게 제출하여야 한다.
> ② 환경부장관이나 시·도지사는 제1항에 따라 제출된 폐기물 처리사업계획서를 다음 각 호의 사항에 관하여 검토한 후 그 적합 여부를 폐기물처리사업계획서를 제출한 자에게 통보하여야 한다.(각 호 중략)
> ③ 제2항에 따라 적합통보를 받은 자는 그 통보를 받은 날부터 2년 이내에 …(중략)… 허가를 받아야 한다. 이 경우 환경부장관 또는 시·도지사는 제2항에 따라 적합통보를 받은 자가 그 적합통보를 받은 사업계획에 따라 시설·장비 및 기술인력 등의 요건을 갖추어 허가신청을 한 때에는 지체 없이 허가하여야 한다.

① 사업계획에 대한 부적합통보는 그 자체로 하나의 완결된 행정행위이다.
② 사업계획에 대한 적합통보가 있는 경우 사업의 허가단계에서는 나머지 허가요건만을 심사하면 된다.
③ 사업계획에 대한 적합통보는 사업허가 전에 신청자의 편의를 위하여 미리 그 사업허가의 일부 요건을 심사하여 행하는 사전결정의 성격이 있는 것이어서 사업허가처분이 있게 되면 그 허가처분에 흡수되어 독립된 존재가치를 상실한다.
④ 사업계획에 대한 적합통보결정은 최종행정행위인 폐기물처리사업허가에 기본적으로 구속력을 미치지 않는다.

해설 中

① 폐기물관리법 관계법령의 규정에 의하면 폐기물처리업의 허가를 받기 위하여는 먼저 사업계획서를 제출하여 허가권자로부터 사업계획에 대한 적정통보를 받아야 하고, 그 적정통보를 받은 자만이 일정기간 내에 시설, 장비, 기술능력, 자본금을 갖추어 허가신청을 할 수 있으므로, 결국 부적정통보는 허가신청 자체를 제한하는 등 개인의 권리 내지 법률상의 이익을 개별적이고 구체적으로 규제하고 있어 행정처분에 해당한다(대판 1998.4.28, 97누21086).

② 폐기물처리업의 허가에 앞서 사업계획서에 대한 적정·부적정통보제도를 두고 있는 것은 폐기물처리업을 하고자 하는 자가 스스로 시설 등을 설치하여 허가신청을 하였다가 허가단계에서 그 사업계획이 부적정하다고 판명되어 불허가되면 허가신청인이 막대한 경제적·시간적 손실을 입게 되므로, 이를 방지하는 동시에 허가관청으로 하여금 미리 사업계획서를 심사하여 그 적정·부적정통보처분을 하도록 하고, 나중에 허가단계에서는 나머지 허가요건만을 심사하여 신속하게 허가업무를 처리하는 데 그 취지가 있다(대판 1998.4.28, 97누21086).

④ 예비결정이란 종국적인 행정행위를 하기에 앞서 종국적인 행정행위에 요구되는 여러 요건 중에서 개별적인 몇몇 요건에 대한 종국적인 판단으로서 내려지는 결정을 의미하며, 후속적인 최종결정의 토대로서 종국적 행정행위에 구속력을 미친다.

정답 ④

34. 甲은 「폐기물관리법」에 따라 폐기물처리업의 허가를 받기 전에 행정청 乙에게 폐기물처리사업계획서를 작성하여 제출하였고, 乙은 그 사업계획서를 검토하여 적합통보를 하였다. 이에 대한 설명으로 옳지 않은 것은? (다툼이 있는 경우 판례에 의함)

18 국가직7급

① 적합통보를 받은 甲은 폐기물처리업의 허가를 받기 전이라도 부분적으로 폐기물처리를 적법하게 할 수 있다.
② 사업계획의 적합 여부는 乙의 재량에 속하고, 사업계획 적합 여부 통보를 위하여 필요한 기준을 정하는 것도 역시 乙의 재량에 속한다.
③ 사업계획서 적합통보가 있는 경우 폐기물처리업의 허가 단계에서는 나머지 허가요건만을 심사한다.
④ 甲이 폐기물처리업허가를 받기 위해서는 용도지역을 변경하는 국토이용계획변경이 선행되어야 할 경우, 甲에게 국토이용계획변경을 신청할 권리가 인정된다.

해설 ➤ 中

① 적합통보는 폐기물처리업허가의 요건 가운데 일부에 대한 심사로서 아직 종국적 허가가 나지 않았기 때문에 폐기물처리업을 할 수 없다. 이와 달리 부분허가는 허가 그 자체의 일부에 관한 허가라는 점에서 구별된다.

② 폐기물처리업 허가와 관련된 법령들의 체제 또는 문언을 살펴보면 이들 규정들은 폐기물처리업 허가를 받기 위한 최소한도의 요건을 규정해 두고는 있으나, 사업계획 적정 여부에 대하여는 일률적으로 확정하여 규정하는 형식을 취하지 아니하여 그 사업의 적정 여부에 대하여 재량의 여지를 남겨 두고 있다 할 것이고, 이러한 경우 사업계획 적정 여부 통보를 위하여 필요한 기준을 정하는 것도 역시 행정청의 재량에 속하는 것이므로, 그 설정된 기준이 객관적으로 합리적이 아니라거나 타당하지 않다고 볼 만한 다른 특별한 사정이 없는 이상 행정청의 의사는 가능한 한 존중되어야 할 것이나, 그 설정된 기준이 객관적으로 합리적이 아니라거나 타당하지 않다고 보이는 경우 또는 그러한 기준을 설정하지 않은 채 구체적이고 합리적인 이유의 제시 없이 사업계획의 부적정 통보를 하거나 사업계획서를 반려하는 경우에까지 단지 행정청의 재량에 속하는 사항이라는 이유만으로 그 행정청의 의사를 존중하여야 하는 것은 아니고, 이러한 경우의 처분은 재량권을 남용하거나 그 범위를 일탈한 조치로서 위법하다(대판 2004.5.28, 2004두961).

③ 허가관청으로 하여금 미리 사업계획서를 심사하여 그 적정·부적정통보처분을 하도록 하고, 나중에 허가단계에서는 나머지 허가요건만을 심사하여 신속하게 허가업무를 처리하는 데 그 취지가 있다(대판 1998.4.28, 97누21086).

④ 장래 일정한 기간 내에 관계법령이 규정하는 시설 등을 갖추어 일정한 행정처분을 구하는 신청을 할 수 있는 법률상 지위에 있는 자의 국토이용계획변경신청을 거부하는 것이 실질적으로 당해 행정처분 자체를 거부하는 결과가 되는 경우(국토이용계획변경신청에 대한 거부행위가 폐기물처리업허가 자체를 거부하는 결과가 되는 경우)에는 예외적으로 그 신청인에게 국토이용계획변경을 신청할 권리가 인정된다고 봄이 상당하므로, 이러한 신청에 대한 거부행위는 항고소송의 대상이 되는 행정처분에 해당한다(대판 2003.9.23, 2001두10936).

정답 ①

메모

제3절 행정행위의 내용

35. 행정행위의 내용과 구체적 사례를 바르게 연결한 것은? (다툼이 있는 경우 판례에 의함) 17 국가직7급

ㄱ. 특정인에 대하여 새로운 권리·능력 또는 포괄적 법률관계를 설정하는 행위
ㄴ. 행정청이 타자의 법률행위를 동의로써 보충하여 그 행위의 효력을 완성시켜 주는 행위

A. 「도시 및 주거환경정비법」상 주택재건축정비사업조합의 설립인가
B. 「자동차관리법」상 사업자단체조합의 설립인가
C. 「도시 및 주거환경정비법」상 도시환경정비사업조합이 수립한 사업시행계획인가
D. 「도시 및 주거환경정비법」상 토지 등 소유자들이 조합을 따로 설립하지 않고 직접 시행하는 도시환경정비사업 시행인가
E. 「출입국관리법」상 체류자격 변경허가

① ㄱ - A, D, E
② ㄴ - B, C, D
③ ㄱ - A, C, D
④ ㄴ - B, D, E

해설 中

ㄱ은 강학상 특허, ㄴ은 강학상 인가에 해당한다. A는 특허, B는 인가, C는 인가, D는 특허, E는 특허이다.
A 행정청이 도시정비법 등 관련법령에 근거하여 행하는 조합설립인가 처분은 단순히 사인들의 조합설립행위에 대한 보충행위로서의 성질을 갖는 것에 그치는 것이 아니라 법령상 요건을 갖출 경우 도시정비법상 주택재건축사업을 시행할 수 있는 권한을 갖는 행정주체(공법인)로서의 지위를 부여하는 일종의 설권적 처분의 성격을 갖는다고 보아야 한다(대판 2009.9.24, 2008다60568).
B 자동차관리법상 자동차관리사업자로 구성하는 사업자단체인 조합 또는 협회(조합 등)의 설립인가처분은 국토해양부장관 또는 시·도지사(시·도지사 등)가 자동차관리사업자들의 단체결성행위를 보충하여 효력을 완성시키는 처분에 해당한다(대판 2015.5.29, 2013두635). 이에 대해 김중권 교수는 설권적 처분이 타당하다고 비판하고 있다.
C 구 「도시 및 주거환경정비법」에 기초하여 주택재개발정비사업조합이 수립한 사업시행계획은 관할 행정청의 인가·고시가 이루어지면 이해관계인들에게 구속력이 발생하는 독립된 행정처분에 해당하고, 관할 행정청의 사업시행계획 인가처분은 사업시행계획의 법률상 효력을 완성시키는 보충행위에 해당한다. 따라서 기본행위인 사업시행계획에는 하자가 없는데 보충행위인 인가처분에 고유한 하자가 있다면 그 인가처분의 무효확인이나 취소를 구하여야 할 것이지만, 인가처분에는 고유한 하자가 없는데 사업시행계획에 하자가 있다면 사업시행계획의 무효확인이나 취소를 구하여야 할 것이지 사업시행계획의 무효를 주장하면서 곧바로 그에 대한 인가처분의 무효확인이나 취소를 구하여서는 아니 된다(대판 2021.2.10, 2020두48031).
D 토지 등 소유자들이 직접 시행하는 도시환경정비사업에서 토지 등 소유자에 대한 사업시행인가처분은 단순히 사업시행계획에 대한 보충행위로서의 성질을 가지는 것이 아니라 구 도시정비법상 정비사업을 시행할 수 있는 권한을 가지는 행정주체로서의 지위를 부여하는 일종의 설권적 처분의 성격을 가진다(대판 2013.6.13, 2011두19994).
E 체류자격 변경허가는 신청인에게 당초의 체류자격과 다른 체류자격에 해당하는 활동을 할 수 있는 권한을 부여하는 일종의 설권적 처분의 성격을 가지므로, 허가권자는 신청인이 관계 법령에서 정한 요건을 충족하였더라도, 신청인의 적격성, 체류 목적, 공익상의 영향 등을 참작하여 허가 여부를 결정할 수 있는 재량을 가진다(대판 2016.7.14, 2015두48846).

정답 ①

36. 다음 법률행위적 행정행위 중 그 성질이 다른 것은? (다툼이 있는 경우 판례에 의함) 21 국회직9급

① 「자동차관리법」상 사업자단체인 조합의 설립에 대한 인가
② 재단법인의 임원취임승인 신청에 대한 승인
③ 「국토의 계획 및 이용에 관한 법률」상 토지거래허가
④ 구 「수도권 대기환경개선에 관한 특별법」상 대기오염 물질 총량관리사업장 설치의 허가
⑤ 주택조합의 조합장 명의변경에 대한 시장, 군수 또는 자치구 구청장의 인가

해설 ➤ 中

①②③⑤는 강학상 인가, ④는 특허에 해당한다.

① 자동차관리법상 자동차관리사업자로 구성하는 사업자단체인 조합 또는 협회(조합 등)의 설립인가처분은 국토해양부장관 또는 시·도지사(시·도지사 등)가 자동차관리사업자들의 단체결성행위를 보충하여 효력을 완성시키는 처분에 해당한다(대판 2015.5.29, 2013두635).

② 종교법인 임원의 취임이 사법인인 그 법인의 정관에 근거한다 할지라도 이에 대한 행정청의 승인(인가)행위는 법인에 대한 주무관청의 감독권에 연유하는 이상 그 인가행위 또는 인가거부행위는 공법상의 행정처분으로서, 그 임원취임을 인가 또는 거부할 것인지 여부는 주무관청의 권한에 속하는 사항이므로, 종교법인의 임원취임승인신청에 대하여 주무관청이 이에 기속되어 이를 당연히 승인(인가)하여야 하는 것은 아니다(대판 2000.1.28, 98두16996).

③ 국토이용관리법 제21조의3 제1항 소정의 허가(토지거래계약허가)가 규제지역 내의 모든 국민에게 전반적으로 토지거래의 자유를 금지하고 일정한 요건을 갖춘 경우에만 금지를 해제하여 계약체결의 자유를 회복시켜 주는 성질의 것(허가)이라고 보는 것은 위 법의 입법취지를 넘어선 지나친 해석이라고 할 것이고, 규제지역 내에서도 토지거래의 자유가 인정되나, 다만 위 허가를 허가 전의 유동적 무효상태에 있는 법률행위의 효력을 완성시켜 주는 인가적 성질을 띤 것이라고 보는 것이 타당하다(대판 1991.12.24, 90다12243).

④ 구 수도권대기환경특별법 제14조 제1항에서 정한 대기오염물질 총량관리사업장 설치의 허가 또는 변경허가는 특정인에게 인구가 밀집되고 대기오염이 심각하다고 인정되는 수도권 대기관리권역에서 총량관리대상 오염물질을 일정량을 초과하여 배출할 수 있는 특정한 권리를 설정하여 주는 행위로서 그 처분의 여부 및 내용의 결정은 행정청의 재량에 속한다고 할 것이다(대판 2013.5.9, 2012두22799).

⑤ 주택조합의 조합장 명의변경에 대한 시장, 군수 또는 자치구 구청장의 인가처분은 종전의 조합장이 그 지위에서 물러나고 새로운 조합장이 그 지위에 취임함을 내용으로 하는 주택조합의 조합장 명의변경 행위를 보충하여 그 법률상의 효력을 완성시키는 보충적 행정행위로서 성질상 기본행위인 주택조합의 조합장 명의변경 행위를 떠나 인가처분 자체만으로는 법률상 아무런 효력도 발생할 수 없다(대판 1995.12.12, 95누7338).

정답 ④

37. 다음 사례에 대한 설명으로 옳은 것은? (다툼이 있는 경우 판례에 의함) 22 지방직9급

> 「도시 및 주거환경정비법」에 따라 설립된 주택재건축정비사업조합은 관할 B구청장으로부터 ㉠ 조합설립인가를 받은 후, 조합총회에서 재건축 관련 ㉡ 관리처분계획에 대한 의결을 하였고, 관할 B구청장으로부터 위 ㉢ 관리처분계획에 대한 인가를 받았다. 이후 조합원 甲은 위 관리처분계획의 의결에는 조합원 전체의 4/5 이상의 결의가 있어야 함에도 불구하고, 이를 위반하여 위법한 것임을 이유로 ㉣ 관리처분계획의 무효를 주장하며 소송으로 다투려고 한다.

① ㉠과 ㉢의 인가의 강학상 법적 성격은 동일하다.
② 甲이 ㉡에 대해 소송으로 다투려면 A주택재건축정비사업조합을 상대로 민사소송을 제기하여야 한다.
③ 甲이 ㉣에 대해 소송으로 다투려면 항고소송을 제기하여야 한다.
④ 甲이 ㉣에 대해 소송으로 다투려면 B구청장을 피고로 하여야 한다.

해설 ➤ 中

① ㉠은 특허이고, ㉢은 인가이다.
㉠ 재개발조합설립인가신청에 대한 행정청의 조합설립인가처분은 단순히 사인(私人)들의 조합설립행위에 대한 보충행위로서의 성질을 가지는 것이 아니라 법령상 일정한 요건을 갖추는 경우 행정주체(공법인)의 지위를 부여하는 일종의 설권적 처분의 성질을 가진다고 보아야 한다. 그러므로 구 「도시 및 주거환경정비법」상 재개발조합설립인가신청에 대하여 행정청의 조합설립인가처분이 있은 이후에는, 조합설립동의에 하자가 있음을 이유로 재개발조합 설립의 효력을 부정하려면 항고소송으로 조합설립인가처분의 효력을 다투어야 한다(대판 2010.1.28, 2009두4845).
㉢ 도시재개발법 제34조에 의한 행정청의 인가는 주택개량재개발조합의 관리처분계획에 대한 법률상의 효력을 완성시키는 보충행위로서 그 기본되는 관리처분계획에 하자가 있을 때에는 그에 대한 인가가 있었다 하여도 기본행위인 관리처분계획이 유효한 것으로 될 수 없으며, 다만 그 기본행위가 적법·유효하고 보충행위인 인가처분 자체에만 하자가 있다면 그 인가처분의 무효나 취소를 주장할 수 있다고 할 것이지만, 인가처분에 하자가 없다면 기본행위에 하자가 있다 하더라도 따로 그 기본행위의 하자를 다투는 것은 별론으로 하고 기본행위의 무효를 내세워 바로 그에 대한 행정청의 인가처분의 취소 또는 무효확인을 소구할 법률상의 이익이 있다고 할 수 없다(대판 2001.12.11, 2001두7541).
② 재건축조합이 행정주체의 지위에서 도시정비법 제48조에 따라 수립하는 관리처분계획은 정비사업의 시행 결과 조성되는 대지 또는 건축물의 권리귀속에 관한 사항과 조합원의 비용 분담에 관한 사항 등을 정함으로써 조합원의 재산상 권리·의무 등에 구체적이고 직접적인 영향을 미치게 되므로, 이는 구속적 행정계획으로서 재건축조합이 행하는 독립된 행정처분에 해당한다. 따라서 행정주체인 재건축조합을 상대로 관리처분계획안에 대한 조합 총회결의의 효력 등을 다투는 소송은 행정처분에 이르는 절차적 요건의 존부나 효력 유무에 관한 소송으로서 그 소송결과에 따라 행정처분의 위법 여부에 직접 영향을 미치는 공법상 법률관계에 관한 것이므로, 이는 행정소송법상의 당사자소송에 해당한다[대판(전합) 2009.9.17, 2007다2428].
③④ 관리처분계획은 토지 등의 소유자에게 구체적이고 결정적인 영향을 미치는 것으로서 조합이 행한 처분에 해당하므로 항고소송의 방법으로 그 무효확인이나 취소를 구할 수 있다(대판 2002.12.10, 2001두6333). 따라서 항고소송의 피고는 처분권자인 조합이지 구청장이 아니다.

정답 ③

38. 「담배사업법」은 일반소매인 사이에서는 그 영업소 간에 100m 이상의 거리를 유지하도록 하는 '일반소매인의 영업소 간에 거리제한' 규정을 두어 일반소매인 간의 과당경쟁으로 인한 불합리한 경영을 방지하고 있다. 한편 동법은 일반소매인과 구내소매인의 영업소 간에는 거리제한 규정을 두지 않고, 동일 시설물 내 2개소 이상의 장소에 구내소매인을 지정할 수 있도록 규정하고 있다. 甲은 A시 시장으로부터 「담배사업법」상 담배 일반소매인으로서 지정을 받아 영업을 하고 있다. 이에 대한 설명으로 옳은 것만을 〈보기〉에서 모두 고른 것은? (주어진 조건 이외의 다른 조건은 고려하지 않으며, 다툼이 있는 경우 판례에 의함)
20 국회직8급

〈보 기〉

ㄱ. 甲의 영업소에서 70m 떨어진 장소에 乙이 담배 일반소매인으로 지정을 받은 경우, 甲은 乙의 일반소매인 지정의 취소를 구할 원고적격이 있다.
ㄴ. 甲의 영업소에서 30m 떨어진 장소에 丙이 담배 구내소매인으로 지정을 받은 경우 甲이 원고로서 제기한 丙의 구내소매인 지정에 대한 취소를 구하는 소는 적법하고, 甲은 수소법원에 丙의 구내소매인 지정에 대한 집행정지신청을 할 수 있다.
ㄷ. 丁이 담배 일반소매인으로 지정을 받은 장소가 甲의 영업소에서 120m 떨어진 곳이자 丙이 담배 구내소매인으로 지정을 받은 곳에서 50m 떨어져 있다면, 甲과 丙이 공동소송으로 제기한 丁의 일반소매인 지정에 대한 취소소송에서 甲과 丙은 각각 원고적격이 있다.

① ㄱ
② ㄴ
③ ㄷ
④ ㄱ, ㄴ
⑤ ㄱ, ㄷ

해설 ▸ 上

다만 국회사무처가 최종적으로 확인한 정답은 ④인데, 이는 명백한 오류이다.

ㄱㄴ 구 담배사업법과 그 시행령 및 시행규칙의 관계규정에 의하면, 담배소매인을 일반소매인과 구내소매인으로 구분하여, 일반소매인 사이에서는 그 영업소 간에 군청, 읍·면사무소가 소재하는 리 또는 동지역에서는 50m, 그 외의 지역에서는 100m 이상의 거리를 유지하도록 규정하는 등 일반소매인의 영업소 간에 일정한 거리제한을 두고 있는데, 이는 담배유통구조의 확립을 통하여 국민의 건강과 관련되고 국가 등의 주요 세원이 되는 담배산업 전반의 건전한 발전 도모 및 국민경제에의 이바지라는 공익목적을 달성하고자 함과 동시에 일반소매인 간의 과당경쟁으로 인한 불합리한 경영을 방지함으로써 일반소매인의 경영상 이익을 보호하는 데에도 그 목적이 있다고 보이므로, 일반소매인으로 지정되어 영업을 하고 있는 기존업자의 신규 일반소매인에 대한 이익은 단순한 사실상의 반사적 이익이 아니라 법률상 보호되는 이익으로서 기존 일반소매인이 신규 일반소매인 지정처분의 취소를 구할 원고적격이 있다고 보아야 할 것이나, 한편 구내소매인과 일반소매인 사이에서는 구내소매인의 영업소와 일반소매인의 영업소 간에 거리제한을 두지 아니할 뿐 아니라 건축물 또는 시설물의 구조·상주인원 및 이용인원 등을 고려하여 동일 시설물 내 2개소 이상의 장소에 구내소매인을 지정할 수 있으며, 이 경우 일반소매인이 지정된 장소가 구내소매인 지정대상이 된 때에는 동일 건축물 또는 시설물 안에 지정된 일반소매인은 구내소매인으로 보고, 구내소매인이 지정된 건축물 등에는 일반소매인을 지정할 수 없으며, 구내소매인은 담배진열장 및 담배소매점 표시판을 건물 또는 시설물의 외부에 설치하여서는 아니 된다고 규정하는 등 일반소매인의 입장에서 구내소매인과의 과당경쟁으로 인한 경영의 불합리를 방지하는 것을 그 목적으로 할 수 있다고 보기 어려우므로, 일반소매인으로 지정되어 영업을 하고 있는 기존업자의 신규 구내소매인에 대한 이익은 법률상 보호되는 이익이 아니라 단순한 사실상의 반사적 이익이라고 해석함이 상당하므로, 기존 일반소매인은 신규 구내소매인 지정처분의 취소를 구할 원고적격이 없다(대판 2008.4.10, 2008두402).

한편, 집행정지신청을 하려면 적법한 본안소송이 계속되어 있어야 한다는 점에서 본안소송 제기 전에 신청이 가능한 민사집행법상의 가처분과 차이가 있다. 원고적격이 부정되어 본안소송이 각하되면 집행정지신청을 할 수 없다.

ㄷ 일반소매인 상호 간의 경우 거리제한 100미터의 제한을 받지만, 120미터 떨어진 곳은 거리제한규정의 적용을 받지 않고, 일반소매인과 구내소매인 간에는 거리제한규정이 없기 때문에 원고적격이 부정된다.

정답 ①

39. 허가에 대한 설명으로 옳지 않은 것은? (다툼이 있는 경우 판례에 의함) 18 지방직7급

① 허가신청 후 허가기준이 변경되었다 하더라도 허가관청이 허가신청을 수리하고도 정당한 이유 없이 그 처리를 늦추어 그 사이에 허가기준이 변경된 것이 아닌 이상, 허가관청은 변경된 허가기준에 따라서 처분을 하여야 한다.

② 구 산림법령이 규정하는 산림훼손 금지 또는 제한 지역에 해당하지 않더라도 환경의 보존 등 중대한 공익상 필요가 인정되는 경우, 허가관청은 법규상 명문의 근거가 없어도 산림훼손허가신청을 거부할 수 있다.

③ 종전 허가의 유효기간이 지난 후에 한 허가기간연장 신청은 종전의 허가처분과는 별도의 새로운 허가를 내용으로 하는 행정처분을 구하는 것이라고 보아야 한다.

④ 「국토의 계획 및 이용에 관한 법률」에 따른 토지의 형질변경허가에는 행정청의 재량권이 부여되어 있다고 하더라도 「건축법」상의 건축허가는 기속행위이므로, 「국토의 계획 및 이용에 관한 법률」에 따른 토지의 형질변경행위를 수반하는 건축허가는 기속행위에 속한다.

해설 ▸ 中

① 인허가신청 후 처분 전에 관계법령이 개정·시행된 경우 신법령 부칙에서 신법령 시행 전에 이미 허가신청이 있는 때에는 종전의 규정에 의한다는 취지의 경과규정을 두지 아니한 이상 당연히 허가신청 당시의 법령에 의하여 허가 여부를 판단하여야 하는 것은 아니며, 소관 행정청이 허가신청을 수리하고도 정당한 이유 없이 처리를 늦추어 그 사이에 법령 및 허가기준이 변경된 것이 아닌 한 새로운 법령 및 허가기준에 따라서 한 불허가처분이 위법하다고 할 수 없다(대판 2006.8.25, 2004두2974).

② 산림훼손행위는 국토의 유지와 환경의 보전에 직접적으로 영향을 미치는 행위이므로 법령이 규정하는 산림훼손 금지 또는 제한지역에 해당하는 경우는 물론 금지 또는 제한지역에 해당하지 않더라도 허가관청은 산림훼손허가신청 대상 토지의 현상과 위치 및 주위의 상황 등을 고려하여 국토 및 자연의 유지와 환경의 보전 등 중대한 공익상 필요가 있다고 인정될 때에는 허가를 거부할 수 있고, 그 경우 법규에 명문의 근거가 없더라도 거부처분을 할 수 있으며, 산림훼손허가를 함에 있어서 고려하여야 할 공익침해의 정도, 예컨대 자연경관훼손정도, 소음·분진의 정도, 수질오염의 정도 등에 관하여 반드시 수치에 근거한 일정한 기준을 정하여 놓고 허가·불허가 여부를 결정하여야 하는 것은 아니고, 산림훼손을 필요로 하는 사업계획에 나타난 사업의 내용, 규모, 방법과 그것이 환경에 미치는 영향 등 제반사정을 종합하여 사회관념상 공익침해의 우려가 현저하다고 인정되는 경우에 불허가할 수 있다(대판 1997.9.12, 97누1228).

③ 종전의 허가가 기한(종기)의 도래로 실효한 이상 원고가 종전 허가의 유효기간이 지나서 신청한 이 사건 기간연장 신청은 그에 대한 종전의 허가처분을 전제로 하여 단순히 그 유효기간을 연장하여 주는 행정처분을 구하는 것이라기보다는 종전의 허가처분과는 별도의 새로운 허가를 내용으로 하는 행정처분을 구하는 것이라고 보아야 할 것이어서, 이러한 경우 허가권자는 이를 새로운 허가신청으로 보아 법의 관계규정에 의하여

허가요건의 적합 여부를 새로이 판단하여 그 허가 여부를 결정하여야 할 것이다(대판 1995.11.10, 94누11866).
④ 국토의계획및이용에관한법률에서 정한 도시지역 안에서 토지의 형질변경행위를 수반하는 건축허가는 건축법 제8조 제1항의 규정에 의한 건축허가와 국토의계획및이용에관한법률 제56조 제1항 제2호의 규정에 의한 토지의 형질변경허가의 성질을 아울러 갖는 것으로 보아야 할 것이고, 같은 법 제58조 제1항 제4호, 제3항, 같은법시행령 제56조 제1항 [별표 1] 제1호 (가)목 (3), (라)목 (1), (마)목 (1)의 각 규정을 종합하면, 같은 법 제56조 제1항 제2호의 규정에 의한 토지의 형질변경허가는 그 금지요건이 불확정개념으로 규정되어 있어 그 금지요건에 해당하는지 여부를 판단함에 있어서 행정청에게 재량권이 부여되어 있다고 할 것이므로, 같은 법에 의하여 지정된 도시지역 안에서 토지의 형질변경행위를 수반하는 건축허가는 결국 재량행위에 속한다(대판 2005.7.14, 2004두6181).

정답 ④

40. 강학상 예외적 승인에 해당하지 않는 것은? 15 국가직9급

① 치료목적의 마약류사용허가
② 재단법인의 정관변경허가
③ 개발제한구역 내의 용도변경허가
④ 사행행위 영업허가

해설 ▸ 下

허가와 예외적 승인은 금지의 해제라는 점은 같지만, 일반적·상대적·예방적 금지의 해제로서의 허가는 절대적·억제적·진압적·사후적 금지를 해제하여 주는 행위인 예외적 승인과 구별된다. 즉, 허가는 '공익침해의 우려'가 있어 잠정적으로 금지된 행위를 적법하게 할 수 있게 해 주는 행위인데 대하여, 예외적 승인은 '행위 그 자체가 사회적으로 해롭기 때문에' 법령에 의해 일반적으로 금지된 행위를 예외적으로 적법하게 행사할 수 있도록 하는 행위이다.
②는 강학상과 판례상 '인가'에 해당한다. 민법 제45조와 제46조에서 말하는 재단법인의 정관변경 허가는 법률상의 표현이 '허가'로 되어 있기는 하나, 그 성질에 있어 법률행위의 효력을 보충해 주는 것이지 일반적 금지를 해제하는 것이 아니므로, 그 법적 성격은 인가라고 보아야 한다[대판(전원합의체) 1996.5.16, 95누4810].

정답 ②

41. 갑은 개발제한구역 내의 토지에 건축물을 건축하기 위하여 건축허가를 신청하였다. 이에 대한 설명으로 옳은 것(○)과 옳지 않은 것(×)을 바르게 연결한 것은? (다툼이 있는 경우 판례에 의함) 19 국가직7급

ㄱ. 갑의 허가신청이 관련 법령의 요건을 모두 충족한 경우에는 관할 행정청은 허가를 하여야 하며, 관련 법령상 제한사유 이외의 사유를 들어 허가를 거부할 수 없다.
ㄴ. 갑에게 허가를 하면서 일방적으로 부담을 부가할 수도 있지만, 부담을 부가하기 이전에 갑과 협의하여 부담의 내용을 협약의 형식으로 미리 정한 다음 허가를 하면서 이를 부가할 수도 있다.
ㄷ. 갑이 허가를 신청한 이후 관계 법령이 개정되어 허가기준이 변경되었다면, 허가 여부에 대해서는 신청 당시의 법령을 적용하여야 하며 허가 당시의 법령을 적용할 수 없다.
ㄹ. 허가가 거부되자 갑이 이에 대해 취소소송을 제기하여 승소하였고 판결이 확정되었다면, 관할 행정청은 갑에게 허가를 하여야 하며 이전 처분사유와 다른 사유를 들어 다시 허가를 거부할 수 없다.

	ㄱ	ㄴ	ㄷ	ㄹ
①	○	○	×	×
②	×	×	○	○
③	×	○	×	×
④	○	×	○	○

해설 ⊙ 上

ㄱ 통상적인 건축허가는 기속행위이지만, 개발제한구역 내의 건축허가는 예외적 승인으로서 재량행위이다. 건축물의 용도변경에 대한 예외적인 허가는 그 상대방에게 수익적인 것에 틀림이 없으므로, 이는 그 법률적 성질이 재량행위 내지 자유재량행위에 속하는 것이라고 할 것이고, 따라서 그 위법 여부에 대한 심사는 재량권 일탈·남용의 유무를 그 대상으로 한다(대판 2001.2.9, 98두17593).

ㄴ 수익적 행정처분에 있어서는 법령에 특별한 근거규정이 없다고 하더라도 그 부관으로서 부담을 붙일 수 있고, 그와 같은 부담은 행정청이 행정처분을 하면서 일방적으로 부가할 수도 있지만 부담을 부가하기 이전에 상대방과 협의하여 부담의 내용을 협약의 형식으로 미리 정한 다음 행정처분을 하면서 이를 부가할 수도 있다(대판 2009.2.12, 2005다65500).

ㄷ 인허가신청 후 처분 전에 관계법령이 개정·시행된 경우 신법령 부칙에서 신법령 시행 전에 이미 허가신청이 있는 때에는 종전의 규정에 의한다는 취지의 경과규정을 두지 아니한 이상 당연히 허가신청 당시의 법령에 의하여 허가 여부를 판단하여야 하는 것은 아니며, 소관 행정청이 허가신청을 수리하고도 정당한 이유 없이 처리를 늦추어 그 사이에 법령 및 허가기준이 변경된 것이 아닌 한 새로운 법령 및 허가기준에 따라서 한 불허가처분이 위법하다고 할 수 없다(대판 2006.8.25, 2004두2974).

ㄹ 실체적 내용을 이유로 취소판결이 난 경우에도 재처분이 재량행위라면 다른 사유로 동일한 처분을 반복해도 기속력 위반이 아니다.

정답 ③

42. 건축허가와 건축신고에 대한 설명으로 옳지 않은 것만을 모두 고르면? (다툼이 있는 경우 판례에 의함)

19 국가직9급

> ㄱ. 「건축법」 제14조 제2항에 의한 인·허가의제 효과를 수반하는 건축신고에 대한 수리거부는 처분성이 인정되나, 동 규정에 의한 인·허가의제 효과를 수반하지 않는 건축신고에 대한 수리거부는 처분성이 부정된다.
> ㄴ. 「국토의 계획 및 이용에 관한 법률」에 의해 지정된 도시지역 안에서 토지의 형질변경행위를 수반하는 건축허가는 재량행위에 속한다.
> ㄷ. 건축허가권자는 중대한 공익상의 필요가 없음에도 관계 법령에서 정하는 제한사유 이외의 사유를 들어 건축허가 요건을 갖춘 자에 대한 허가를 거부할 수 있다.
> ㄹ. 건축허가는 대물적 허가에 해당하므로, 허가의 효과는 허가대상 건축물에 대한 권리변동에 수반하여 이전되고 별도의 승인처분에 의하여 이전되는 것은 아니다.

① ㄱ, ㄴ ② ㄱ, ㄷ
③ ㄴ, ㄷ ④ ㄷ, ㄹ

해설 ⊙ 中

ㄱ 건축신고에 대한 수리거부는 인허가의제를 수반하든 아니든 모두 처분성이 인정된다. 즉, 구 건축법 관련 규정의 내용 및 취지에 의하면, 건축주 등으로서는 신고제하에서도 건축신고가 반려될 경우 당해 건축물의 건축을 개시하면 시정명령, 이행강제금, 벌금의 대상이 되거나 당해 건축물을 사용하여 행할 행위의 허가가 거부될 우려가 있어 불안정한 지위에 놓이게 된다. 따라서 건축신고 반려행위가 이루어진 단계에서 당사자로 하여금 반려행위의 적법성을 다투어 그 법적 불안을 해소한 다음 건축행위에 나아가도록 함으로써 장차 있을지도 모르는 위험에서 미리 벗어날 수 있도록 길을 열어 주고, 위법한 건축물의 양산과 그 철거를 둘러싼 분쟁을 조기에 근본적으로 해결할 수 있게 하는 것이 법치행정의 원리에 부합한다. 그러므로 이 사건 건축신고 반려행위는 항고소송의 대상이 된다고 보는 것이 옳다[대판(전합) 2010.11.18, 2008두167].

ㄴ 국토의계획및이용에관한법률에서 정한 도시지역 안에서 토지의 형질변경행위를 수반하는 건축허가는 건축법 제8조 제1항의 규정에 의한 건축허가와 국토의계획및이용에관한법률 제56조 제1항 제2호의 규정에 의한 토지의 형질변경허가의 성질을 아울러 갖는 것으로 보아야 할 것이고, 같은 법 제58조 제1항 제4호, 제3항, 같은법시행령 제56조 제1항 [별표 1] 제1호 (가)목 (3), (라)목 (1), (마)목 (1)의 각 규정을 종합하면, 같은 법 제56조 제1항 제2호의 규정에 의한 토지의 형질변경허가는 그 금지요건이 불확정개념으로 규정되어 있어 그 금지요건에 해당하는지 여부를 판단함에 있어서 행정청에게 재량권이 부여되어 있다고 할 것이므로, 같은 법에 의하여 지정된 도시지역 안에서 토지의 형질변경행위를 수반하는 건축허가는 결국 재량행위에 속한다(대판 2005.7.14, 2004두6181).

ㄷ 건축허가권자는 건축허가신청이 건축법, 도시계획법 등 관계법규에서 정하는 어떠한 제한에 배치되지 않는 이상 당연히 같은 법조 소정의 건축허가를 하여야 하므로 법률상의 근거 없이 그 신청이 관계법규에서 정한 제한에 배치되는지 여부에 대한 심사를 거부할 수 없고, 심사결과 그 신청이 법정요건에 합치하는 경우에는 특별한 사정이 없는 한 이를 허가하여야 하며, 공익상 필요가 없음에도 불구하고 요건을 갖춘 자에 대한 허가를 관계법령에서 정하는 제한사유 이외의 사유를 들어 거부할 수는 없다(대판 1995.10.13, 94누14247).

ㄹ 건축허가는 대물적 허가의 성질을 가지는 것으로 그 허가의 효과는 허가대상 건축물에 대한 권리변동에 수반하여 이전되고, 별도의 승인처분에 의하여 이전되는 것이 아니며, 건축주 명의변경은 당초의 허가대장상 건축주 명의를 바꾸어 등재하는 것에 불과하므로 행정소송의 대상이 될 수 없다(대판 1979.10.30, 79누190).

정답 ②

43. 「건축법」에는 건축허가를 받으면 「국토의 계획 및 이용에 관한 법률」에 의한 토지의 형질변경허가도 받은 것으로 보는 조항이 있다. 이 조항의 적용을 받는 甲이 토지의 형질을 변경하여 건축물을 건축하고자 건축허가신청을 하였다. 이에 대한 설명으로 옳은 것은? (다툼이 있는 경우 판례에 의함) 15 국가직9급

① 甲은 건축허가절차 외에 형질변경허가절차를 별도로 거쳐야 한다.
② 건축불허가처분을 하면서 건축불허가 사유 외에 형질변경불허가 사유를 들고 있는 경우, 甲은 건축불허가처분취소청구소송에서 형질변경불허가 사유에 대하여도 다툴 수 있다.
③ 건축불허가처분을 하면서 건축불허가 사유 외에 형질변경불허가 사유를 들고 있는 경우, 그 건축불허가처분 외에 별개로 형질변경불허가처분이 존재한다.
④ 甲이 건축불허가처분에 관한 쟁송과는 별개로 형질변경불허가처분취소소송을 제기하지 아니한 경우 형질변경불허가 사유에 관하여 불가쟁력이 발생한다.

해설 ➤ 中

① 통설과 판례인 절차집중설에 따르면 주된 인허가절차 외에 형질변경허가절차를 별도로 거치지 않아도 된다.
②③④ 구 건축법 제8조 제1항, 제3항, 제5항에 의하면, 건축허가를 받은 경우에는 구 도시계획법 제4조에 의한 토지의 형질변경허가나 농지법 제36조에 의한 농지전용허가 등을 받은 것으로 보며(인·허가의제), 한편 건축허가권자가 건축허가를 하고자 하는 경우 당해 용도·규모 또는 형태의 건축물을 그 건축하고자 하는 대지에 건축하는 것이 건축법 관련규정이나 같은 도시계획법 제4조, 농지법 제36조 등 관계 법령의 규정에 적합한지의 여부를 검토하여야 하는 것일 뿐, 건축불허가처분을 하면서 그 처분사유로 건축불허가 사유뿐만 아니라 형질변경불허가 사유나 농지전용불허가 사유를 들고 있다고 하여 그 건축불허가처분 외에 별개로 형질변경불허가처분이나 농지전용불허가처분이 존재하는 것이 아니므로, 그 건축불허가처분을 받은 사람은 그 건축불허가처분에 관한 쟁송에서 건축법상의 건축불허가 사유뿐만 아니라 같은 도시계획법상의 형질변경불허가 사유나 농지법상의 농지전용불허가 사유에 관하여도 다툴 수 있는 것이지, 그 건축불허가처분에 관한 쟁송과는 별개로 형질변경불허가처분이나 농지전용불허가처분에 관한 쟁송을 제기하여 이를 다투어야 하는 것은 아니며, 그러한 쟁송을 제기하지 아니하였어도 형질변경불허가 사유나 농지전용불허가 사유에 관하여 불가쟁력이 생기지 아니한다(대판 2001.1.16, 99두10988).

정답 ②

44. 인·허가 의제에 대한 설명으로 옳은 것은? (다툼이 있는 경우 판례에 의함) 16 지방직7급

① 주된 인·허가처분이 관계기관의 장과 협의를 거쳐 발령된 이상 의제되는 인·허가에 법령상 요구되는 주민의 의견청취 등의 절차는 거칠 필요가 없다.
② 인·허가 의제에 관계기관의 장과 협의가 요구되는 경우, 주된 인·허가를 하기 전에 의제되는 모든 인·허가 사항에 관하여 관계기관의 장과 사전협의를 거쳐야 한다.
③ 주된 인·허가에 의해 의제되는 인·허가는 원칙적으로 주된 인·허가로 인한 사업을 시행하는 데 필요한 범위 내에서만 그 효력이 유지되는 것은 아니므로, 주된 인·허가로 인한 사업이 완료된 이후에도 효력이 있다.
④ 주된 인·허가거부처분을 하면서 의제되는 인·허가거부사유를 제시한 경우, 의제되는 인·허가거부를 다투려는 자는 주된 인·허가거부 외에 별도로 의제되는 인·허가거부에 대한 쟁송을 제기해야 한다.

해설 中

① 건설부장관이 촉진법 제33조에 따라 관계기관의 장과의 협의를 거쳐 사업계획승인을 한 이상 같은조 제4항의 허가·인가·결정·승인 등이 있는 것으로 볼 것이고, 그 절차와 별도로 도시계획법 제12조 등 소정의 중앙도시계획위원회의 의결이나 주민의 의견청취 등 절차를 거칠 필요는 없는 것이다(대판 1992.11.10, 92누1162).

② 사업 관련 모든 인허가의제 사항에 관하여 관계 행정기관의 장과 일괄하여 사전 협의를 거칠 것을 그 요건으로 하는 것은 아니라 할 것이고, 사업시행승인 후 인허가의제 사항에 관하여 관계 행정기관의 장과 협의를 거치면 그때 해당 인허가가 의제된다고 봄이 상당하다(대판 2012.2.9, 2009두16305).

③ 택지개발사업 실시계획승인에 의해 의제되는 도로공사시행허가 및 도로점용허가는 원칙적으로 당해 택지개발사업을 시행하는 데 필요한 범위 내에서만 그 효력이 유지된다고 보아야 한다. 따라서 원고가 이 사건 택지개발사업과 관련하여 그 사업시행의 일환으로 이 사건 도로예정지 또는 도로에 전력관을 매설하였다고 하더라도 사업시행완료 후 이를 계속 유지·관리하기 위해 도로를 점용하는 것에 대한 도로점용허가까지 그 실시계획 승인에 의해 의제된다고 볼 수는 없다(대판 2010.4.29, 2009두18547).

④ 건축불허가처분을 받은 사람은 그 건축불허가처분에 관한 쟁송에서 건축법상의 건축불허가 사유뿐만 아니라 같은 도시계획법상의 형질변경불허가 사유나 농지법상의 농지전용불허가 사유에 관하여도 다툴 수 있는 것이지, 그 건축불허가처분에 관한 쟁송과는 별개로 형질변경불허가처분이나 농지전용불허가처분에 관한 쟁송을 제기하여 이를 다투어야 하는 것은 아니며, 그러한 쟁송을 제기하지 아니하였어도 형질변경불허가 사유나 농지전용불허가 사유에 관하여 불가쟁력이 생기지 아니한다(대판 2001.1.16, 99두10988).

정답 ①

45. 인 · 허가의제에 대한 설명으로 옳지 않은 것은? (다툼이 있는 경우 판례에 의함) 18 국가직7급

① 인 · 허가의제는 행정청의 소관사항과 관련하여 권한행사의 변경을 가져오므로 법령의 근거를 필요로 한다.

② 「국토의 계획 및 이용에 관한 법률」상의 개발행위허가가 의제되는 건축허가신청이 동 법령이 정한 개발행위허가기준에 부합하지 아니하면, 행정청은 건축허가를 거부할 수 있다.

③ 주된 인 · 허가에 관한 사항을 규정하고 있는 법률에서 주된 인 · 허가가 있으면 다른 법률에 의한 인 · 허가를 받은 것으로 의제한다는 규정을 둔 경우, 주된 인 · 허가가 있으면 다른 법률에 의하여 인 · 허가를 받았음을 전제로 하는 그 다른 법률의 모든 규정들까지 적용되는 것은 아니다.

④ A허가에 대해 B허가가 의제되는 것으로 규정된 경우, A불허가처분을 하면서 B불허가사유를 들고 있으면 A불허가처분과 별개로 B불허가처분도 존재한다.

해설 中

① 인허가의 의제는 개별법에 규정된 다른 행정기관의 권한, 절차 등에 대한 특례를 정한 것이므로 반드시 법률의 명시적 근거가 있어야 한다. 인허가의제에 관한 일반법은 존재하지 않고 개별법에서 규정하고 있다.

② 건축물의 건축이 국토계획법상 개발행위에 해당할 경우 그에 대한 건축허가를 하는 허가권자는 건축허가에 배치·저촉되는 관계 법령상 제한 사유의 하나로 국토계획법령의 개발행위허가기준을 확인하여야 하므로, 국토계획법상 건축물의 건축에 관한 개발행위허가가 의제되는 건축허가신청이 국토계획법령이 정한 개발행위허가기준에 부합하지 아니하면 허가권자로서는 이를 거부할 수 있고, 이는 건축법 제16조 제3항에 의하여 개발행위허가의 변경이 의제되는 건축허가사항의 변경허가에서도 마찬가지이다(대판 2016.8.24, 2016두35762).

③ 주된 인허가에 관한 사항을 규정하고 있는 甲법률에서 주된 인허가가 있으면 乙법률에 의한 인허가를 받은 것으로 의제한다는 규정을 둔 경우에는, 주된 인허가가 있으면 乙법률에 의한 인허가가 있는 것으로 보는 데 그치는 것이고, 그에서 더 나아가 乙법률에 의하여 인허가를 받았음을 전제로 한 乙법률의 모든 규정들까지 적용되는 것은 아니다(대판 2004.7.22, 2004다19715).

④ 건축불허가처분을 하면서 그 처분사유로 건축불허가 사유뿐만 아니라 형질변경불허가 사유나 농지전용불허가 사유를 들고 있다고 하여 그 건축불허가처분 외에 별개로 형질변경불허가처분이나 농지전용불허가처분이 존재하는 것이 아니므로, 그 건축불허가처분을 받은 사람은 그 건축불허가처분에 관한 쟁송에서 건축법상의 건축불허가 사유뿐만 아니라 같은 도시계획법상의 형질변경불허가 사유나 농지법상의 농지전용불허가 사유에 관하여도 다툴 수 있는 것이지, 그 건축불허가처분에 관한 쟁송과는 별개로 형질변경불허가처분이나 농지전용불허가처분에 관한 쟁송을 제기하여 이를 다투어야 하는 것은 아니며, 그러한 쟁송을 제기하지 아니하였어도 형질변경불허가 사유나 농지전용불허가 사유에 관하여 불가쟁력이 생기지 아니한다(대판 2001.1.16, 99두10988).

정답 ④

46. 행정처분에 의한 제재를 받을 사유가 있는 영업자가 영업을 양도하거나 이미 행정처분에 의해 제재를 받은 자가 그 제재나 제재의 효과를 피하기 위하여 영업을 양도하는 경우에 대한 설명으로 옳은 것은? (다툼이 있는 경우 판례에 의함) 16 국회직8급

① 「식품위생법」 제78조나 「먹는물관리법」 제49조에서와 같이 개별법상 명문규정으로 책임의 승계를 규정하지 않는 한 양수인에게 양도인의 행위에 따른 제재를 할 수 없다.
② 대법원은 명문규정이 없으면 원칙적으로 양수인의 법적 책임을 부인하지만 대인적 처분의 경우에는 명문규정이 없어도 양수인에게 책임이 승계된다고 판시하고 있다.
③ 대법원은 영업정지 등의 제재처분에 있어서는 양도인에게 발생한 책임이 양수인에게 승계되는 것을 인정하지만 과징금의 부과에 대해서는 이를 인정하지 않고 있다.
④ 대법원은 양도인 양수인 사이에 책임의 승계는 인정하지만 법적 책임을 부과하기 이전 단계에서의 제재사유의 승계는 현재까지 부정하고 있다.
⑤ 「식품위생법」 제78조나 「먹는물관리법」 제49조는 명문규정으로 책임의 승계를 인정하고 있는데, 양수인이 양수할 때에 양도인에 대한 제재처분이나 위반사실을 알지 못하였음을 입증하였을 때에는 책임의 승계를 부인하고 있다.

해설 ㊤

①② 허가효과(권리의무·위법사유·제재사유·귀책사유)의 승계는 대물적 허가의 경우 가능하고 대인적 허가의 경우 불가능하다.
석유판매업(주유소)허가는 소위 대물적 허가의 성질을 갖는 것이어서 그 사업의 양도도 가능하고, 이 경우 양수인은 양도인의 지위를 승계하게 됨에 따라 양도인의 위 허가에 따른 권리의무가 양수인에게 이전되는 것이므로 만약 양도인에게 그 허가를 취소할 위법사유가 있다면 허가관청은 이를 이유로 양수인에게 응분의 제재조치를 취할 수 있다할 것이고, 양수인이 그 양수 후 허가관청으로부터 석유판매업허가를 다시 받았다 하더라도 이는 석유판매업의 양수도를 전제로 한 것이어서 이로써 양도인의 지위승계가 부정되는 것은 아니므로 양도인의 귀책사유는 양수인에게 그 효력이 미친다(대판 1986.7.22, 86누203).
③ 「부동산 실권리자명의 등기에 관한 법률」 제5조에 의하여 부과된 과징금 채무는 대체적 급부가 가능한 의무이므로, 위 과징금을 부과받은 자가 사망한 경우 그 상속인에게 포괄승계된다(대판 1999.5.14, 99두35)
④ 구 「여객자동차 운수사업법」 제15조 제4항에 의하면 개인택시 운송사업을 양수한 사람은 양도인의 운송사업자로서의 지위를 승계하는 것이므로, 관할관청은 개인택시 운송사업의 양도·양수에 대한 인가를 한 후에도 그 양도·양수 이전에 있었던 양도인에 대한 운송사업면허 취소사유를 들어 양수인의 사업면허를 취소할 수 있는 것이고, 가사 양도·양수 당시에는 양도인에 대한 운송사업면허 취소사유가 현실적으로 발생하지 않은 경우라도 그 원인되는 사실이 이미 존재하였다면, 관할관청으로서는 그 후 발생한 운송사업면허 취소사유에 기하여 양수인의 사업면허를 취소할 수 있는 것이다. 즉, 이 사건 운송사업의 양도·양수 당시에는 운송사업면허 취소사유, 즉 소외인의 운전면허 취소사실이 현실적으로 발생하지 않았더라도 그 원인되는 소외인의 음주운전 사실이 존재하였던 이상 원고는 그러한 소외인의 이 사건 운송사업면허상의 지위를 그대로 승계한 것이고, 그 후 소외인의 운전면허가 취소되었다면 피고는 원고에 대하여 이 사건 운송사업면허를 취소할 수 있다(대판 2010.4.8, 2009두17018).
⑤ 영업자가 영업을 양도하거나 법인이 합병되는 경우에는 제75조 제1항 각 호, 같은 조 제2항 또는 제76조 제1항 각 호를 위반한 사유로 종전의 영업자에게 행한 행정 제재처분의 효과는 그 처분기간이 끝난 날부터 1년간 양수인이나 합병 후 존속하는 법인에 승계되며, 행정 제재처분 절차가 진행 중인 경우에는 양수인이나 합병 후 존속하는 법인에 대하여 행정 제재처분 절차를 계속할 수 있다. 다만, 양수인이나 합병 후 존속하는 법인이 양수하거나 합병할 때에 그 처분 또는 위반사실을 알지 못하였음을 증명하는 때에는 그러하지 아니하다(식품위생법 제78조).

정답 ⑤

47. 허가에 대한 설명으로 옳지 않은 것은? (다툼이 있는 경우 판례에 의함) 18 국회직8급

① 인·허가 등 수익적 행정처분을 신청한 여러 사람이 서로 경원관계에 있어서 한 사람에 대한 허가 등 처분이 다른 사람에 대한 불허가 등으로 귀결될 수밖에 없을 때 허가 등 처분을 받지 못한 사람은 신청에 대한 거부처분의 직접 상대방으로서 원칙적으로 자신에 대한 거부처분의 취소를 구할 원고적격이 있고 특별한 사정이 없는 한 자신에 대한 거부처분의 취소를 구할 소의 이익이 있다.

② 공익법인의 기본재산에 대한 감독관청의 처분허가는 그 성질상 특정 상대에 대한 처분행위의 허가가 아니고 처분의 상대가 누구이든 이에 대한 처분행위를 보충하여 유효하게 하는 행위라 할 것이므로 그 처분행위에 따른 권리의 양도가 있는 경우에도 처분이 완전히 끝날 때까지는 허가의 효력이 유효하게 존속한다.

③ 건축허가를 받은 자가 법정 착수기간이 지나 공사에 착수한 경우, 허가권자는 착수기간이 지났음을 이유로 건축허가를 취소하여야 한다.

④ 어업에 관한 허가 또는 신고에 유효기간연장제도가 마련되어 있지 않은 경우 그 유효기간이 경과하면 그 허가나 신고의 효력이 당연히 소멸하며, 재차 허가를 받거나 신고를 하더라도 허가나 신고의 기간만 갱신되어 종전의 어업허가나 신고의 효력 또는 성질이 계속된다고 볼 수 없고 새로운 허가 내지 신고로서의 효력이 발생한다고 할 것이다.

⑤ 정당한 어업허가를 받고 공유수면매립사업지구 내에서 허가어업에 종사하고 있던 어민들에 대하여 손실보상을 할 의무가 있는 사업시행자가 손실보상의무를 이행하지 아니한 채 공유수면매립공사를 시행함으로써 실질적이고 현실적인 침해를 가한 때에는 불법행위를 구성하는 것이고, 이 경우 허가어업자들이 입게 되는 손해는 그 손실보상금 상당액이다.

해설 ⓛ

① 인가·허가 등 수익적 행정처분을 신청한 여러 사람이 서로 경원관계에 있어서 한 사람에 대한 허가 등 처분이 다른 사람에 대한 불허가 등으로 귀결될 수밖에 없을 때 허가 등 처분을 받지 못한 사람은 신청에 대한 거부처분의 직접 상대방으로서 원칙적으로 자신에 대한 거부처분의 취소를 구할 원고적격이 있고, 취소판결이 확정되는 경우 판결의 직접적인 효과로 경원자에 대한 허가 등 처분이 취소되거나 효력이 소멸되는 것은 아니더라도 행정청은 취소판결의 기속력에 따라 판결에서 확인된 위법사유를 배제한 상태에서 취소판결의 원고와 경원자의 각 신청에 관하여 처분요건의 구비 여부와 우열을 다시 심사하여야 할 의무가 있으며, 재심사 결과 경원자에 대한 수익적 처분이 직권취소되고 취소판결의 원고에게 수익적 처분이 이루어질 가능성을 완전히 배제할 수는 없으므로, 특별한 사정이 없는 한 경원관계에서 허가 등 처분을 받지 못한 사람은 자신에 대한 거부처분의 취소를 구할 소의 이익이 있다(대판 2015.10.29, 2013두27517).

② 공익법인의 기본재산에 대한 감독관청의 처분허가는 그 성질상 특정 상대에 대한 처분행위의 허가가 아니고 처분의 상대가 누구이든 이에 대한 처분행위를 보충하여 유효하게 하는 행위라 할 것이므로 그 처분행위에 따른 권리의 양도가 있는 경우에도 처분이 완전히 끝날 때까지는 허가의 효력이 유효하게 존속한다(대판 2005.9.28, 2004다50044).

③ 건축허가를 받은 자가 건축허가가 취소되기 전에 공사에 착수하였다면 허가권자는 그 착수기간이 지났다고 하더라도 건축허가를 취소하여야 할 특별한 공익상 필요가 인정되지 않는 한 건축허가를 취소할 수 없다. 이는 건축허가를 받은 자가 건축허가가 취소되기 전에 공사에 착수하려 하였으나 허가권자의 위법한 공사중단명령으로 공사에 착수하지 못한 경우에도 마찬가지이다(대판 2017.7.11, 2012두22973).

④ 어업에 관한 허가 또는 신고의 경우 그 유효기간이 경과하면 그 허가나 신고의 효력이 당연히 소멸하며, 재차 허가를 받거나 신고를 하더라도 허가나 신고의 기간만 갱신되어 종전의 어업허가나 신고의 효력 또는 성질이 계속된다고 볼 수 없고 새로운 허가 내지 신고로서의 효력이 발생한다. 이러한 법리는 수산업법상 어장이용개발계획에 따른 대체개발 등을 이유로 종전의 어업권을 포기하고 다른 어장에 대하여 새로운 어업권을 등록한 경우에도 마찬가지로 적용된다(대판 2019.4.11, 2018다284400).

⑤ 정당한 어업허가를 받고 공유수면매립사업지구 내에서 허가어업에 종사하고 있던 어민들에 대하여 손실보상을 할 의무가 있는 사업시행자가 손실보상의무를 이행하지 아니한 채 공유수면매립공사를 시행함으로써 실질적이고 현실적인 침해를 가한 때에는 불법행위를 구성하는 것이고, 이 경우 허가어업자들이 입게 되는 손해는 그 손실보상금 상당액이다(대판 1999.11.23, 98다11529).

정답 ③

48. 甲은 강학상 허가에 해당하는 「식품위생법」상 영업허가를 신청하였다. 이에 대한 설명으로 옳은 것은? (다툼이 있는 경우 판례에 의함) 19 지방직9급

① 甲이 공무원인 경우 허가를 받으면 이는 「식품위생법」상의 금지를 해제할 뿐만 아니라 「국가공무원법」상의 영리업무 금지까지 해제하여 주는 효과가 있다.
② 甲이 허가를 신청한 이후 관계법령이 개정되어 허가요건을 충족하지 못하게 된 경우, 행정청이 허가신청을 수리하고도 정당한 이유 없이 그 처리를 늦추어 그 사이에 허가기준이 변경된 것이 아닌 이상 甲에게는 불허가처분을 하여야 한다.
③ 甲에게 허가가 부여된 이후 乙에게 또 다른 신규허가가 행해진 경우, 甲에게는 특별한 규정이 없더라도 乙에 대한 신규허가를 다툴 수 있는 원고적격이 인정되는 것이 원칙이다.
④ 甲에 대해 허가가 거부되었음에도 불구하고 甲이 영업을 한 경우, 당해 영업행위는 사법(私法)상 효력이 없는 것이 원칙이다.

해설 ➤ 中

① 허가는 그 근거가 된 법령에 의한 금지를 해제할 뿐이고 타법에 의한 금지까지 해제하지는 않으므로 각각 별도로 허가를 받아야 한다. 예컨대, 공무원이 음식점영업허가를 받는다고 해도 식품위생법상의 금지만 해제할 뿐 공무원법상의 영리업무금지의무까지 해제해 주는 것은 아니다.
② 인허가신청 후 처분 전에 관계법령이 개정·시행된 경우 신법령 부칙에서 신법령 시행 전에 이미 허가신청이 있는 때에는 종전의 규정에 의한다는 취지의 경과규정을 두지 아니한 이상 당연히 허가신청 당시의 법령에 의하여 허가 여부를 판단하여야 하는 것은 아니며, 소관 행정청이 허가신청을 수리하고도 정당한 이유 없이 처리를 늦추어 그 사이에 법령 및 허가기준이 변경된 것이 아닌 한 새로운 법령 및 허가기준에 따라서 한 불허가처분이 위법하다고 할 수 없다(대판 2006.8.25, 2004두2974).
③ 기존허가업자가 이미 영업을 하고 있는데 경쟁업자(경업자)에게 신규허가를 발급함으로써 침해되는 이익은 영업상 이익으로서 원칙적으로 반사적 이익에 불과하다. 그러나 행정청에 의해 침해되는(예 영업허가나 건축허가취소·철회·정지·거부) 이익이나 타인으로부터 영업행위에 대해 침해를 받게 되는 경우는 자유권(예 영업허가의 경우 직업의 자유, 건축허가의 경우 토지재산권)의 침해로서 법률상 이익이라고 본다.
④ 허가를 받아야 할 행위를 허가받지 않고 행한 경우, 원칙적으로 행정상 강제집행이나 제재의 대상이 되고(적법요건), 행위 자체의 법률상 효력이 당연히 부정되는 것은 아니다. 다만, 법률에 특별한 규정이 있는 경우에는 무효인 경우도 있다.

정답 ②

49. 甲은 관할 행정청에 토지의 형질변경행위가 수반되는 건축허가를 신청하였고, 관할 행정청은 甲에 대해 '건축기간 동안 자재 등을 도로에 불법적치하지 말 것'이라는 부관을 붙여 건축허가를 하였다. 이에 대한 설명으로 옳은 것은? (다툼이 있는 경우 판례에 의함) 19 지방직9급

① 토지의 형질변경의 허용 여부에 대해 행정청의 재량이 인정되더라도 주된 행위인 건축허가가 기속행위인 경우에는 甲에 대한 건축허가는 기속행위로 보아야 한다.
② 위 건축허가에 대해 건축주를 乙로 변경하는 건축주명의변경신고가 관련 법령의 요건을 모두 갖추어 행해졌더라도 관할 행정청이 신고의 수리를 거부한 경우, 그 수리거부행위는 乙의 권리의무에 직접 영향을 미치는 것으로서 취소소송의 대상이 되는 처분이다.
③ 甲이 위 부관을 위반하여 도로에 자재 등을 불법적치한 경우, 관할 행정청은 바로 「행정대집행법」에 따라 불법적치된 자재 등을 제거할 수 있다.
④ 甲이 위 부관에 위반하였음을 이유로 관할 행정청이 건축허가의 효력을 소멸시키려면 법령상의 근거가 있어야 한다.

해설 ➤ 中

① 국토의계획및이용에관한법률에서 정한 도시지역 안에서 토지의 형질변경행위를 수반하는 건축허가는 건축법 제8조 제1항의 규정에 의한 건축허가와 국토의계획및이용에관한법률 제56조 제1항 제2호의 규정에 의한 토지의 형질변경허가의 성질을 아울러 갖는 것으로 보아야 할 것이고, 같은 법 제58조 제1항 제4호, 제3항, 같은법시행령 제56조 제1항 [별표 1] 제1호 (가)목 (3), (라)목 (1), (마)목 (1)의 각 규정을 종합하면, 같은 법 제56조 제1항 제2호의 규정에 의한 토지의 형질변경허가는 그 금지요건이 불확정개념으로 규정되어 있어 그 금지요건에 해당하는지 여부를 판단함에 있어서 행정청에게 재량권이 부여되어 있다고 할 것이므로, 같은 법에 의하여 지정된 도시지역 안에서 토지의 형질변경행위를 수반하는 건축허가는 결국 재량행위에 속한다(대판 2005.7.14, 2004두6181).

② 건축주명의변경신고수리거부행위는 행정청이 허가대상건축물 양수인의 건축주명의변경신고라는 구체적인 사실에 관한 법집행으로서 그 신고를 수리하여야 할 법령상의 의무를 지고 있음에도 불구하고 그 신고의 수리를 거부함으로써, 양수인이 건축공사를 계속하기 위하여 또는 건축공사를 완료한 후 자신의 명의로 소유권보존등기를 하기 위하여 가지는 구체적인 법적 이익을 침해하는 결과가 되었다고 할 것이므로, 비록 건축허가가 대물적 허가로서 그 허가의 효과가 허가대상건축물에 대한 권리변동에 수반하여 이전된다고 하더라도, 양수인의 권리의무에 직접 영향을 미치는 것으로서 취소소송의 대상이 되는 처분이라고 하지 않을 수 없다(대판 1992.3.31, 91누4911).

③ '건축기간 동안 자재 등을 도로에 불법적치하지 말 것'이라는 부관은 부작위의무를 부과하는 내용의 부담에 해당한다. 그런데 행정대집행의 대상은 대체적 작위의무여야 하므로, 행정청은 먼저 상당한 기간을 부여하여 불법적치물 철거명령을 발동해서 작위의무를 부과한 후 그 불이행이 있을 때 비로소 행정대집행을 할 수 있다.

④ 부담의 불이행은 철회사유인데, 판례는 수익적 행정행위의 경우 법적 근거가 없어도 철회가 가능하다는 입장이다.

행정행위를 한 처분청은 비록 그 처분 당시에 별다른 하자가 없었고, 또 그 처분 후에 이를 취소(강학상 철회 ; 필자 주)할 별도의 법적 근거가 없다 하더라도 원래의 처분을 존속시킬 필요가 없게 된 사정변경이 생겼거나 또는 중대한 공익상의 필요가 발생한 경우에는 그 효력을 상실케 하는 별개의 행정행위로 이를 취소할 수 있다(대판 2004.11.26, 2003두10251·10268).

정답 ②

50. 허가에 대한 설명으로 가장 옳지 않은 것은? 19 서울시7급

① 「건축법」에서 인허가의제 제도를 둔 취지는, 인허가의제사항과 관련하여 건축허가의 관할 행정청으로 창구를 단일화하고 절차를 간소화하며 비용과 시간을 절감함으로써 국민의 권익을 보호하려는 것이다.

② 건축허가는 대물적 성질을 갖는 것이어서 행정청으로서는 허가를 할 때에 건축주 또는 토지 소유자가 누구인지 등 인적 요소에 관하여는 형식적 심사만 한다.

③ 허가에 붙은 기한이 그 허가된 사업의 성질상 부당하게 짧은 경우에는 이를 그 허가조건의 존속기간으로 보아야 한다.

④ 허가 등의 행정처분은 원칙적으로 허가 신청시의 법령과 허가기준에 의하여 처리되어야 한다.

해설 ➤ 下

① 건축법에서 이러한 인허가의제 제도를 둔 취지는, 인허가의제사항과 관련하여 건축허가 또는 건축신고의 관할 행정청으로 그 창구를 단일화하고 절차를 간소화하며 비용과 시간을 절감함으로써 국민의 권익을 보호하려는 것이지, 인허가의제사항 관련 법률에 따른 각각의 인허가 요건에 관한 일체의 심사를 배제하려는 것으로 보기는 어렵다[대판(전합) 2011.1.20, 2010두14954].

② 대판 2017.3.15, 2014두41190

③ 일반적으로 행정처분에 효력기간이 정하여져 있는 경우에는 그 기간의 경과로 그 행정처분의 효력은 상실되고(효력존속기간), 다만 허가에 붙은 기한이 그 허가된 사업의 성질상 부당하게 짧은 경우에는 이를 그 '허가자체'의 존속기간이 아니라 그 '허가조건'의 존속기간(갱신기간 또는 조건존속기간)으로 보아 그 기한이 도래함으로써 그 조건의 개정을 고려한다는 뜻으로 해석할 수는 있지만, 그와 같은 경우라 하더라도 그 허가기간이 연장되기 위하여는 그 종기가 도래하기 전에 그 허가기간의 연장에 관한 신청이 있어야 하며, 만일 그러한 연장신청이 없는 상태에서 허가기간이 만료하였다면 그 허가의 효력은 상실된다(대판 2007.10.11, 2005두12404).

④ 허가 등의 행정처분은 원칙적으로 처분시의 법령과 허가기준에 의하여 처리되어야 하고 허가신청 당시의 기준에 따라야 하는 것은 아니며, 비록 허가신청 후 허가기준이 변경되었다 하더라도 그 허가관청이 허가신청을 수리하고도 정당한 이유 없이 그 처리를 늦추어 그 사이에 허가기준이 변경된 것이 아닌 이상 변경된 허가기준에 따라서 처분을 하여야 한다(대판 2006.8.25, 2004두2974).

정답 ④

51. 인·허가 의제에 대한 설명으로 옳지 않은 것은? (다툼이 있는 경우 판례에 의함) 21 국가직9급

① 주택건설사업계획 승인권자가 구 「주택법」에 따라 도시·군관리계획 결정권자와 협의를 거쳐 관계 주택건설사업계획을 승인하면 도시·군관리계획결정이 이루어진 것으로 의제되고, 이러한 협의 절차와 별도로 「국토의 계획 및 이용에 관한 법률」 등에서 정한 도시·군관리계획 입안을 위한 주민 의견청취 절차를 거칠 필요는 없다.

② 건축물의 건축이 「국토의 계획 및 이용에 관한 법률」상 개발행위에 해당할 경우 그 건축의 허가권자는 국토계획법령의 개발행위허가기준을 확인하여야 하므로, 국토계획법상 건축물의 건축에 관한 개발행위허가가 의제되는 건축허가신청이 국토계획법령이 정한 개발행위허가기준에 부합하지 아니하면 허가권자로서는 이를 거부할 수 있다.

③ 「건축법」에서 관련 인·허가 의제 제도를 둔 취지는 인·허가 의제사항 관련 법률에 따른 각각의 인·허가 요건에 관한 일체의 심사를 배제하려는 것이 아니다.

④ 주택건설사업계획 승인처분에 따라 의제된 인·허가가 위법함을 다투고자 하는 이해관계인은, 주택건설사업계획 승인처분의 취소를 구해야지 의제된 인·허가의 취소를 구해서는 아니되며, 의제된 인·허가는 주택건설사업계획 승인처분과 별도로 항고소송의 대상이 되는 처분에 해당하지 않는다.

해설 ㊥

① 주택건설사업계획 승인권자가 구 주택법 제17조 제3항에 따라 도시·군관리계획 결정권자와 협의를 거쳐 관계 주택건설사업계획을 승인하면 같은 조 제1항 제5호에 따라 도시·군관리계획결정이 이루어진 것으로 의제되고, 이러한 협의 절차와 별도로 「국토의 계획 및 이용에 관한 법률」 제28조 등에서 정한 도시·군관리계획 입안을 위한 주민 의견청취 절차를 거칠 필요는 없다(대판 2018.11.29, 2016두38792).

② 건축물의 건축이 국토계획법상 개발행위에 해당할 경우 그에 대한 건축허가를 하는 허가권자는 건축허가에 배치·저촉되는 관계 법령상 제한 사유의 하나로 국토계획법령의 개발행위허가기준을 확인하여야 하므로, 국토계획법상 건축물의 건축에 관한 개발행위허가가 의제되는 건축허가신청이 국토계획법령이 정한 개발행위허가기준에 부합하지 아니하면 허가권자로서는 이를 거부할 수 있고, 이는 건축법 제16조 제3항에 의하여 개발행위허가의 변경이 의제되는 건축허가사항의 변경허가에서도 마찬가지이다(대판 2016.8.24, 2016두35762).

③ 건축법에서 이러한 인허가의제 제도를 둔 취지는, 인허가의제사항과 관련하여 건축허가 또는 건축신고의 관할 행정청으로 그 창구를 단일화하고 절차를 간소화하며 비용과 시간을 절감함으로써 국민의 권익을 보호하려는 것이지, 인허가의제사항 관련 법률에 따른 각각의 인허가 요건에 관한 일체의 심사를 배제하려는 것으로 보기는 어렵다[대판(전합) 2011.1.20, 2010두14954].

④ 구 주택법 제17조 제1항에 따르면, 주택건설사업계획 승인권자가 관계 행정청의 장과 미리 협의한 사항에 한하여 승인처분을 할 때에 인허가 등이 의제될 뿐이고, 각호에 열거된 모든 인허가 등에 관하여 일괄하여 사전협의를 거칠 것을 주택건설사업계획 승인처분의 요건으로 규정하고 있지 않다. 따라서 인허가 의제 대상이 되는 처분에 어떤 하자가 있더라도, 그로써 해당 인허가 의제의 효과가 발생하지 않을 여지가 있게 될 뿐이고, 그러한 사정이 주택건설사업계획 승인처분 자체의 위법사유가 될 수는 없다. 또한 의제된 인허가는 통상적인 인허가와 동일한 효력을 가지므로, 적어도 '부분 인허가 의제'가 허용되는 경우에는 그 효력을 제거하기 위한 법적 수단으로 의제된 인허가의 취소나 철회가 허용될 수 있고, 이러한 직권 취소·철회가 가능한 이상 그 의제된 인허가에 대한 쟁송취소 역시 허용된다.

따라서 주택건설사업계획 승인처분에 따라 의제된 인허가가 위법함을 다투고자 하는 이해관계인은, 주택건설사업계획 승인처분의 취소를 구할 것이 아니라 의제된 인허가의 취소를 구하여야 하며, 의제된 인허가는 주택건설사업계획 승인처분과 별도로 항고소송의 대상이 되는 처분에 해당한다(대판 2018.11.29, 2016두38792).

정답 ④

52. 인허가의제에 대한 설명으로 옳지 않은 것은? (다툼이 있는 경우 판례에 의함) '22 지방직 7급

① 도시계획시설인 주차장에 대한 건축허가신청을 받은 행정청으로서는 「건축법」상 허가 요건뿐 아니라 그에 의해 의제되는 국토의 계획 및 이용에 관한 법령이 정한 도시계획시설사업에 관한 실시계획인가 요건도 충족하는 경우에 한하여 이를 허가해야 한다.

② 주된 인허가에 의해 의제된 인허가는 통상적인 인허가와 동일한 효력을 가지나, '부분 인허가의제'가 허용되는 경우 의제된 인허가의 취소나 철회는 허용되지 않으므로 이해관계인이 의제된 인허가의 위법함을 다투고자 하는 경우에는 주된 인허가처분을 항고소송의 대상으로 삼아야 한다.

③ 행정청이 「주택법」상 주택건설사업계획을 승인하면 「국토의 계획 및 이용에 관한 법률」상의 도시·군관리계획결정이 이루어진 것으로 의제되는데, 이 경우 도시·군관리계획 결정권자와의 협의절차와 별도로 「국토의 계획 및 이용에 관한 법률」에서 정한 도시·군관리계획 입안을 위한 주민 의견청취 절차를 거칠 필요는 없다.

④ 행정청이 건축불허가처분을 하면서 그 처분사유로 건축불허가 사유뿐만 아니라 그 의제의 대상이 되는 형질변경불허가 사유나 농지전용불허가 사유를 들고 있다고 하여 그 건축불허가처분 외에 별개로 형질변경불허가처분이나 농지전용불허가처분이 존재하는 것은 아니다.

해설 ➤ 中

① 대판 2015.7.9, 2015두39590
② 의제된 인허가는 통상적인 인허가와 동일한 효력을 가지므로, 적어도 '부분 인허가 의제'가 허용되는 경우에는 그 효력을 제거하기 위한 법적 수단으로 의제된 인허가의 취소나 철회가 허용될 수 있고, 이러한 직권 취소·철회가 가능한 이상 그 의제된 인허가에 대한 쟁송취소 역시 허용된다.
따라서 주택건설사업계획 승인처분에 따라 의제된 인허가가 위법함을 다투고자 하는 이해관계인은, 주택건설사업계획 승인처분의 취소를 구할 것이 아니라 의제된 인허가의 취소를 구하여야 하며, 의제된 인허가는 주택건설사업계획 승인처분과 별도로 항고소송의 대상이 되는 처분에 해당한다(대판 2018.11.29, 2016두38792).
③ 대판 2018.11.29, 2016두38792
④ 대판 2001.1.16, 99두10988

정답 ②

53. 허가, 특허, 인가에 대한 설명으로 옳지 않은 것은? (다툼이 있는 경우 판례에 의함) 20 국회직9급

① 허가를 받아야만 적법하게 할 수 있는 행위를 허가받지 않고 행한 경우에는 행정상 강제집행이나 행정벌의 대상이 되는 것은 별론으로 하고 당해 무허가행위의 사법상 효력까지 당연히 부인되는 것은 아니다.

② 「출입국관리법」상 체류자격 변경허가는 일종의 설권적 처분의 성격을 가지므로 허가권자는 신청인이 관계 법령에서 정한 요건을 충족하였더라도 신청인의 적격성, 체류 목적, 공익상의 영향 등을 참작하여 허가 여부를 결정할 수 있는 재량을 가진다.

③ 신청을 한 때와 허가를 할 때 사이에 법령의 변경이 있는 경우 행정청이 허가신청을 수리하고도 정당한 이유 없이 처리를 늦추어 그 사이에 법령 및 그 허가기준이 변경된 것이 아닌 한 새로운 법령 및 허가기준에 따른다.

④ 특허는 상대방의 신청을 요건으로 하므로 신청이 없거나 신청내용에 반하는 특허는 완전한 효력을 발생할 수 없다.

⑤ 기본행위인 이사선임결의의 효력에 다툼이 있는 경우 민사쟁송으로 이사선임결의의 무효확인을 구할 것이 아니라 그 이사선임결의에 대한 승인처분의 무효확인이나 그 취소를 구하여야 한다.

해설 ➤ 中

① 허가를 받아야 할 행위를 허가받지 않고 행한 경우, 원칙적으로 행정상 강제집행이나 제재의 대상이 되고(적법요건), 행위 자체의 법률상 효력이 당연히 부정되는 것은 아니다. 다만, 법률에 특별한 규정이 있는 경우에는 무효인 경우도 있다.
② 체류자격 변경허가는 신청인에게 당초의 체류자격과 다른 체류자격에 해당하는 활동을 할 수 있는 권한을 부여하는 일종의 설권적 처분의 성격을 가지므로, 허가권자는 신청인이 관계 법령에서 정한 요건을 충족하였더라도, 신청인의 적격성, 체류 목적, 공익상의 영향 등을 참작하여 허가 여부를 결정할 수 있는 재량을 가진다(대판 2016.7.14, 2015두48846).

③ 인허가신청 후 처분 전에 관계법령이 개정·시행된 경우 신법령 부칙에서 신법령 시행 전에 이미 허가신청이 있는 때에는 종전의 규정에 의한다는 취지의 경과규정을 두지 아니한 이상 당연히 허가신청 당시의 법령에 의하여 허가 여부를 판단하여야 하는 것은 아니며, 소관 행정청이 허가신청을 수리하고도 정당한 이유 없이 처리를 늦추어 그 사이에 법령 및 허가기준이 변경된 것이 아닌 한 새로운 법령 및 허가기준에 따라서 한 불허가처분이 위법하다고 할 수 없다(대판 2006.8.25, 2004두2974).

⑤ 기본행위인 이사선임결의가 적법·유효하고 보충행위인 승인처분 자체에만 하자가 있다면 그 승인처분의 무효확인이나 그 취소를 주장할 수 있지만, 이 사건 임원취임승인처분에 대한 무효확인이나 그 취소의 소처럼 기본행위인 임시이사들에 의한 이사선임결의의 내용 및 그 절차에 하자가 있다는 이유로 이사선임결의의 효력에 관하여 다툼이 있는 경우에는 민사쟁송으로서 그 기본행위에 해당하는 위 이사선임결의의 무효확인을 구하는 등의 방법으로 분쟁을 해결할 것이지 그 이사선임결의에 대한 보충적 행위로서 그 자체만으로는 아무런 효력이 없는 승인처분만의 무효확인이나 그 취소를 구하는 것은 특단의 사정이 없는 한 분쟁해결의 유효적절한 수단이라 할 수 없으므로, 임원취임승인처분의 무효확인이나 그 취소를 구할 법률상 이익이 없다(대판 2002.5.24, 2000두3641).

정답 ⑤

54. **甲은 「여객자동차 운수사업법」상 일반택시운송사업면허를 받아 사업을 운영하던 중, 자신의 사업을 乙에게 양도하고자 乙과 양도·양수계약을 체결하고 관련 법령에 따라 乙이 사업의 양도·양수신고를 하였다. 이와 관련한 설명으로 옳지 않은 것은? (다툼이 있는 경우 판례에 의함)** 17 지방직7급

① 甲에 대한 일반택시운송사업면허는 원칙상 재량행위에 해당한다.
② 사업의 양도·양수에 대한 신고를 수리하는 행위는 「행정절차법」의 적용대상이 된다.
③ 甲과 乙 사이의 사업양도·양수계약이 무효이더라도 이에 대한 신고의 수리가 있게 되면 사업양도의 효과가 발생한다.
④ 사업의 양도·양수신고가 수리된 경우, 甲은 민사쟁송으로 양도·양수행위의 무효를 구함이 없이 곧바로 항고소송으로 신고 수리의 무효확인을 구할 법률상 이익이 있다.

해설 ➤ 中

① 개인택시운송사업면허는 특정인에게 권리나 이익을 부여하는 행정행위로서 법령에 특별한 규정이 없는 한 재량행위이고 그 면허에 필요한 기준을 정하는 것 역시 법령에 규정이 없는 한 행정청의 재량에 속하나, 이 경우에도 이는 객관적으로 타당하여야 하며 그 설정된 우선 순위 결정방법이나 기준이 객관적으로 합리성을 잃은 것이라면 이에 따라 면허 여부를 결정하는 것은 재량권의 한계를 일탈한 것이 되어 위법하다(대판 2007.2.8, 2006두13886).

② 행정청이 구 식품위생법 규정에 의하여 영업자지위승계신고를 수리하는 처분은 종전의 영업자의 권익을 제한하는 처분이라 할 것이고, 따라서 종전의 영업자는 그 처분에 대하여 직접 그 상대가 되는 자에 해당한다고 봄이 상당하므로, 행정청으로서는 위 신고를 수리하는 처분을 함에 있어서 행정절차법 규정 소정의 당사자에 해당하는 종전의 영업자에 대하여 위 규정 소정의 행정절차를 실시하고 처분을 하여야 한다(대판 2003.2.14, 2001두7015).

③④ 사업양도·양수에 따른 허가관청의 지위승계신고의 수리는 적법한 사업의 양도·양수가 있었음을 전제로 하는 것이므로 그 수리대상인 사업양도·양수가 존재하지 아니하거나 무효인 때에는 수리를 하였다 하더라도 그 수리는 유효한 대상이 없는 것으로서 당연히 무효라 할 것이고, 사업의 양도행위가 무효라고 주장하는 양도자는 민사쟁송으로 양도·양수행위의 무효를 구함이 없이 막바로 허가관청을 상대로 하여 행정소송으로 위 신고수리처분의 무효확인을 구할 법률상 이익이 있다(대판 2005.12.23, 2005두3554).

정답 ③

55. 자동차운전면허 및 운송사업면허에 대한 설명으로 옳지 않은 것은? (다툼이 있는 경우 판례에 의함)

20 국가직7급

① 운전면허취소처분에 대한 취소소송에서 취소판결이 확정되었다면 운전면허취소처분 이후의 운전행위를 무면허운전이라 할 수는 없다.
② 음주운전 여부에 대한 조사 과정에서 운전자 본인의 동의를 받지 아니하고 법원의 영장도 없이 채혈 조사가 행해졌다면, 그 조사 결과를 근거로 한 운전면허취소처분은 특별한 사정이 없는 한 위법하다.
③ 개인택시 운송사업의 양도·양수에 대한 인가가 있은 후에 그 양도·양수 이전에 있었던 양도인에 대한 운송사업면허 취소사유를 들어 양수인의 사업면허를 취소할 수 있다.
④ 음주운전으로 인해 운전면허를 취소하는 경우의 이익형량에서 음주운전으로 인한 교통사고를 방지할 공익상의 필요가 취소의 상대방이 입게 될 불이익보다 강조되어야 하는 것은 아니다.

해설 中

① 피고인이 행정청으로부터 자동차 운전면허취소처분을 받았으나 나중에 그 행정처분 자체가 행정쟁송절차에 의하여 취소되었다면, 위 운전면허취소처분은 그 처분시에 소급하여 효력을 잃게 되고, 피고인은 위 운전면허취소처분에 복종할 의무가 원래부터 없었음이 후에 확정되었다고 봄이 타당할 것이고, 행정행위에 공정력의 효력이 인정된다고 하여 행정소송에 의하여 적법하게 취소된 운전면허취소처분이 단지 장래에 향하여서만 효력을 잃게 된다고 볼 수는 없다(대판 1999.2.5, 98도4239).
② 음주운전 여부에 대한 조사 과정에서 운전자 본인의 동의를 받지 아니하고 또한 법원의 영장도 없이 채혈조사를 한 결과를 근거로 한 운전면허 정지·취소 처분은 도로교통법 제44조 제3항을 위반한 것으로서 특별한 사정이 없는 한 위법한 처분으로 볼 수밖에 없다(대판 2016.12.27, 2014두46850).
③ 구 「여객자동차 운수사업법」 제15조 제4항에 의하면 개인택시 운송사업을 양수한 사람은 양도인의 운송사업자로서의 지위를 승계하는 것이므로, 관할관청은 개인택시 운송사업의 양도·양수에 대한 인가를 한 후에도 그 양도·양수 이전에 있었던 양도인에 대한 운송사업면허 취소사유를 들어 양수인의 사업면허를 취소할 수 있는 것이고, 가사 양도·양수 당시에는 양도인에 대한 운송사업면허 취소사유가 현실적으로 발생하지 않은 경우라도 그 원인되는 사실이 이미 존재하였다면, 관할관청으로서는 그 후 발생한 운송사업면허 취소사유에 기하여 양수인의 사업면허를 취소할 수 있는 것이다(대판 2010.4.8, 2009두17018).
④ 음주운전 내지 그 제재를 위한 음주측정 요구의 거부 등을 이유로 한 자동차운전면허의 취소에 있어서는 일반의 수익적 행정행위의 취소와는 달리 그 취소로 인하여 입게 될 당사자의 개인적인 불이익(사익)보다는 이를 방지하여야 하는 일반예방적인 측면(공익)이 더욱 강조되어야 할 것이고, 특히 당해 운전자가 영업용 택시를 운전하는 등 자동차운전을 업으로 삼고 있는 자인 경우에는 더욱 그러하다(대판 1995.9.26, 95누6069).

정답 ④

56. 「도시 및 주거환경정비법」상의 조합 설립과 동법상의 정비사업 추진에 대한 설명으로 옳지 않은 것은? (다툼이 있는 경우 판례에 의함)

16 국회직8급

① 주택재개발조합설립추진위원회의 구성을 승인하는 처분은 보충행위로서 강학상 인가이다.
② 주택재개발조합의 설립인가는 설권처분인 특허의 성질을 가지며 조합은 행정주체의 지위를 가진다.
③ 도시환경정비사업조합이 수립한 사업시행계획을 인가하는 행정청의 행위는 사업시행계획에 대한 법률상의 효력을 완성시키는 보충행위에 해당한다.
④ 재건축조합이 행하는 관리처분계획은 일종의 행정처분으로서 이를 다투고자 하면 재건축조합을 피고로 하여 항고소송으로 이를 다투어야 한다.
⑤ 조합설립결의에 하자가 있었으나 조합설립인가처분이 이루어진 경우에는 조합설립결의의 하자를 당사자소송으로 다툴 것이고 조합설립인가처분에 대해 항고소송을 제기할 수 없다.

해설 上

① 조합설립추진위원 구성승인처분은 조합의 설립을 위한 주체인 추진위원회의 구성행위를 보충하여 그 효력을 부여하는 처분으로서 조합설립이라는 종국적 목적을 달성하기 위한 중간단계의 처분에 해당하지만, 그 법률요건이나 효과가 조합설립인가처분의 그것과는 다른 독립적인 처분이기 때문에, 추진위원회 구성승인처분에 대한 취소 또는 무효확인 판결의 확정만으로는 이미 조합설립인가를 받은 조합에 의한 정비사업의 진행

을 저지할 수 없다(대판 2013.1.31, 2011두11112·2011두11129).
② 조합설립추진위원회(추진위원회)의 구성을 승인하는 처분은 조합의 설립을 위한 주체에 해당하는 비법인 사단인 추진위원회를 구성하는 행위를 보충하여 그 효력을 부여하는 처분인 데 반하여, 조합설립인가처분은 법령상 요건을 갖출 경우 도시정비법상 주택재개발사업을 시행할 수 있는 권한을 가지는 행정주체(공법인)로서의 지위를 부여하는 일종의 설권적 처분이므로, 양자는 그 목적과 성격을 달리한다(대판 2013.12.26, 2011두8291).
③ 구 「도시 및 주거환경정비법」(도정법)에 기초하여 도시환경정비사업조합이 수립한 사업시행계획은 그것이 인가·고시를 통해 확정되면 이해관계인에 대한 구속적 행정계획으로서 독립된 행정처분에 해당하므로, 사업시행계획을 인가하는 행정청의 행위는 도시환경정비사업조합의 사업시행계획에 대한 법률상의 효력을 완성시키는 보충행위에 해당한다. 따라서 기본행위가 적법·유효하고 보충행위인 인가처분 자체에만 하자가 있다면 그 인가처분의 무효나 취소를 주장할 수 있다고 할 것이지만, 인가처분에 하자가 없다면 기본행위에 하자가 있다 하더라도 따로 그 기본행위의 하자를 다투는 것은 별론으로 하고 기본행위의 무효를 내세워 바로 그에 대한 인가처분의 취소 또는 무효확인을 구할 수 없다(대판 2010.12.9, 2010두1248).
④ 재건축조합이 행정주체의 지위에서 도시정비법 제48조에 따라 수립하는 관리처분계획은 정비사업의 시행 결과 조성되는 대지 또는 건축물의 권리귀속에 관한 사항과 조합원의 비용 분담에 관한 사항 등을 정함으로써 조합원의 재산상 권리·의무 등에 구체적이고 직접적인 영향을 미치게 되므로, 이는 구속적 행정계획으로서 재건축조합이 행하는 독립된 행정처분에 해당한다. 따라서 행정주체인 재건축조합을 상대로 관리처분계획안에 대한 조합 총회결의의 효력 등을 다투는 소송은 행정처분에 이르는 절차적 요건의 존부나 효력 유무에 관한 소송으로서 그 소송결과에 따라 행정처분의 위법 여부에 직접 영향을 미치는 공법상 법률관계에 관한 것이므로, 이는 행정소송법상의 당사자소송에 해당한다[대판(전합) 2009.9.17, 2007다2428].
⑤ 조합설립결의는 조합설립인가처분이라는 행정처분을 하는 데 필요한 요건 중 하나에 불과한 것이어서, 조합설립결의에 하자가 있다면 그 하자를 이유로 직접 항고소송의 방법으로 조합설립인가처분의 취소 또는 무효확인을 구하여야 하고, 이와는 별도로 조합설립결의 부분만을 따로 떼어내어 그 효력 유무를 다투는 확인의 소를 제기하는 것은 원고의 권리 또는 법률상의 지위에 현존하는 불안·위험을 제거하는 데에 가장 유효·적절한 수단이라 할 수 없어 특별한 사정이 없는 한 확인의 이익은 인정되지 아니한다(대판 2009.9.24, 2008다60568).

정답 ⑤

57. 갑은 관할 행정청에 「여객자동차 운수사업법」에 따른 개인택시운송사업면허를 신청하였다. 이에 대한 설명으로 옳은 것은? (다툼이 있는 경우 판례에 의함) 17 지방직9급

① 갑이 개인택시운송사업면허를 받았다가 이를 을에게 양도하였고 운송사업의 양도·양수에 대한 인가를 받은 이후에는 양도·양수 이전에 있었던 갑의 운송사업면허 취소사유를 이유로 을의 운송사업면허를 취소할 수 없다.
② 개인택시운송사업면허가 거부된 경우, 거부처분에 대해 취소소송과 함께 제기한 갑의 집행정지 신청은 법원에 의해 허용된다.
③ 관련 법령에 법적 근거가 없더라도 개인택시운송사업면허를 하면서 부관을 붙일 수 있다.
④ 개인택시운송사업면허의 법적 성질은 강학상 허가에 해당한다.

해설 ㊦

① 개인택시운송사업의 양도·양수가 있고 그에 대한 인가가 있은 후 그 양도·양수 이전에 있었던 양도인에 대한 운송사업면허취소사유(음주운전 등으로 인한 자동차운전면허의 취소)를 들어 양수인의 운송사업면허를 취소한 것은 정당하다(대판 1998.6.26, 96누18960).
② 신청에 대한 거부처분의 효력을 정지하더라도 거부처분이 없었던 것과 같은 상태, 즉 거부처분이 있기 전의 신청시의 상태로 되돌아가는 데에 불과하고 행정청에게 신청에 따른 처분을 하여야 할 의무가 생기는 것이 아니므로, 거부처분의 효력정지는 그 거부처분으로 인하여 신청인에게 생길 손해를 방지하는 데 아무런 보탬이 되지 아니하여 그 효력정지를 구할 이익이 없다(대결 1995.6.21, 95두26).
③④ 개인택시운송사업면허는 강학상 특허로서 재량행위이다. 「여객자동차 운수사업법」에 의한 개인택시운송사업면허는 특정인에게 권리나 이익을 부여하는 행정행위로서 법령에 특별한 규정이 없는 한 재량행위이고, 그 면허를 위하여 정하여진 순위 내에서의 운전경력인정방법의 기준설정 역시 행정청의 재량에 속한다 할 것이지만, 행정청이 면허발급 여부를 심사함에 있어서 이미 설정된 면허기준의 해석상 당해 신청이 면허발급의 우선순위에 해당함이 명백함에도 이를 제외시켜 면허거부처분을 하였다면 특별한 사정이 없는 한 그 거부처분은 재량권을 남용한 위법한 처분이 된다(대판 2010.1.28, 2009두19137).

정답 ③

58. 하천점용허가에 대한 설명으로 옳은 것은? (다툼이 있는 경우 판례에 의함) 18 지방직9급

① 하천점용허가는 성질상 일반적 금지의 해제에 불과하여 허가의 일정한 요건을 갖춘 경우 기속적으로 판단하여야 한다.
② 위법한 점용허가를 다투지 않고 있다가 제소기간이 도과한 경우에는 처분청이라도 그 점용허가를 취소할 수 없다.
③ 하천점용허가에 조건인 부관이 부가된 경우 해당 부관에 대해서는 독립적으로 소를 제기할 수 없다.
④ 점용허가취소처분을 취소하는 확정판결의 기속력은 판결의 주문에 미치는 것으로 그 전제가 되는 처분 등의 구체적 위법사유에 관한 이유 중의 판단에 대해서는 인정되지 않는다.

해설 ➤ 下

① 용수계약은 하천점용허가라는 대물적 특허처분에 상응하여 체결된 것이므로, 각 취수장별 계약을 일괄하여 하나의 계약으로 파악하는 것은 각 용수계약 및 하천법상 하천점용허가의 본질에 어긋난다(대판 2011.1.13, 2009다21058).
② 개별토지에 대한 가격결정도 행정처분에 해당하며, 원래 행정처분을 한 처분청은 그 행위에 하자가 있는 경우에는 원칙적으로 별도의 법적 근거가 없더라도 스스로 이를 직권으로 취소할 수 있는 것이고, 행정처분에 대한 법정의 불복기간이 지나면(불가쟁력 발생) 직권으로도 취소할 수 없게 되는 것은 아니므로, 처분청은 토지에 대한 개별토지가격의 산정에 명백한 잘못이 있다면 이를 직권으로 취소할 수 있다(대판 1995.9. 15, 95누6311).
③ 통설과 판례는 부관 중 부담만 독립쟁송제기가 가능하다는 입장이다.
행정행위의 부관은 행정행위의 일반적인 효력이나 효과를 제한하기 위하여 의사표시의 주된 내용에 부가되는 종된 의사표시이지 그 자체로서 직접 법적 효과를 발생하는 독립된 처분이 아니므로 현행 행정쟁송제도 아래서는 부관 그 자체만을 독립된 쟁송의 대상으로 할 수 없는 것이 원칙이나 행정행위의 부관 중에서도 행정행위에 부수하여 그 행정행위의 상대방에게 일정한 의무를 부과하는 행정청의 의사표시인 부담의 경우에는 다른 부관과는 달리 행정행위의 불가분적인 요소가 아니고 그 존속이 본체인 행정행위의 존재를 전제로 하는 것일 뿐이므로 부담 그 자체로서 행정쟁송의 대상이 될 수 있다(대판 1992.1.21, 91누1264).
④ 행정소송법 제30조 제1항에 의하여 인정되는 취소소송에서 처분등을 취소하는 확정판결의 기속력은 주로 판결의 실효성 확보를 위하여 인정되는 효력으로서 판결의 주문뿐만 아니라 그 전제가 되는 처분등의 구체적 위법사유에 관한 이유 중의 판단에 대하여도 인정되고, 같은조 제2항의 규정상 특히 거부처분에 대한 취소판결이 확정된 경우에는 그 처분을 행한 행정청은 판결의 취지에 따라 다시 처분을 하여야 할 의무를 부담하게 되므로, 취소소송에서 소송의 대상이 된 거부처분을 실체법상의 위법사유에 기하여 취소하는 판결이 확정된 경우에는 당해 거부처분을 한 행정청은 원칙적으로 신청을 인용하는 처분을 하여야 하고, 사실심 변론종결 이전의 사유를 내세워 다시 거부처분을 하는 것은 확정판결의 기속력에 저촉되어 허용되지 아니한다(대판 2001.3.23, 99두5238).

정답 ③

59. 인가에 대한 설명으로 옳지 않은 것은? (다툼이 있는 경우 판례에 의함) 15 국가직9급

① 기본행위가 성립하지 않거나 무효인 경우에 인가가 있어도 당해 인가는 무효가 된다.
② 유효한 기본행위를 대상으로 인가가 행해진 후에 기본행위가 취소되거나 실효된 경우에는 인가도 실효된다.
③ 기본행위에 하자가 있는 경우에 그 기본행위의 하자를 다툴 수 있고, 기본행위의 하자를 이유로 인가처분의 취소 또는 무효확인도 소구할 수 있다.
④ 「도시 및 주거환경정비법」상의 조합설립인가처분은 특허의 성질을 가진다.

해설 ➤ 下

① 피고가 한 하천공사 권리의무양수도에 관한 허가는 기본행위인 위의 양수도행위를 보충하여 그 법률상의 효력을 완성시키는 보충행위라고 할 것이니 그 기본행위인 위의 권리의무양수도계약이 무효일 때에는 그 보충행위인 위의 허가처분도 별도의 취소조치를 기다릴 필요 없이 당연무효라고 할 것이고 피고가 한 무효통지는 무효선언을 하는 방법으로 한 위 허가에 대한 일종의 취소처분이다(대판 1980.5.27, 79누196).
② 외자도입법 제19조에 따른 기술도입계약에 대한 인가는 기본행위인 기술도입계약을 보충하여 그 법률상 효력을 완성시키는 보충적 행정행위(인가)에 지나지 아니하므로 기본행위인 기술도입계약이 해지로 인하여 소멸되었다면 위 인가처분은 무효선언이나 그 취소처분이 없어도 당연히 실효된다(대판 1983.12.27, 82누491).
③ 주택건설촉진법에서 규정한 바에 따른 관할시장 등의 재건축조합설립인가는 불량·노후한 주택의 소유자들이 재건축을 위하여 한 재건축조합설립행위를 보충하여 그 법률상 효력을 완성시키는 보충행위일 뿐이므로 그 기본되는 조합설립행위에 하자가 있을 때에는 그에 대한 인가가 있다 하더라도 기본행위인 조합설립이 유효한 것으로 될 수 없고, 따라서 그 기본행위는 적법유효하나 보충행위인 인가처분에만 하자가 있는 경우에는 그 인가처분의 취소나 무효확인을 구할 수 있을 것이지만 기본행위인 조합설립에 하자가 있는 경우에는 민사쟁송으로써 따로 그 기본행위의

취소 또는 무효확인 등을 구하는 것은 별론으로 하고 기본행위의 불성립 또는 무효를 내세워 바로 그에 대한 감독청의 인가처분의 취소 또는 무효확인을 소구할 법률상 이익이 있다고 할 수 없다(대판 2000.9.5, 99두1854).
④ 재개발조합설립 인가신청에 대한 행정청의 조합설립인가처분은 법령상 일정한 요건을 갖출 경우 주택재개발사업의 추진위원회에게 행정주체로서의 지위를 부여하는 일종의 설권적 처분의 성격을 가지고 있다(대판 2010.12.9, 2009두4555).

정답 ③

60. 다음 중 강학상 인가에 해당하는 것을 모두 고른 것은? (다툼이 있는 경우 판례에 의함) 16 지방직9급

ㄱ. 재단법인 정관변경허가
ㄴ. 주택재건축정비사업조합 설립인가
ㄷ. 건축물 준공검사처분
ㄹ. 주택재건축정비사업조합의 사업시행인가

① ㄱ, ㄴ
② ㄱ, ㄹ
③ ㄴ, ㄹ
④ ㄷ, ㄹ

해설 ▸ 中

ㄱ 민법 제45조와 제46조에서 말하는 재단법인의 정관변경 허가는 법률상의 표현이 '허가'로 되어 있기는 하나, 그 성질에 있어 법률행위의 효력을 보충해 주는 것이지 일반적 금지를 해제하는 것이 아니므로, 그 법적 성격은 인가라고 보아야 한다[대판(전합) 1996.5.16, 95누4810].
ㄴ 재개발조합설립인가신청에 대한 행정청의 조합설립인가처분은 단순히 사인(私人)들의 조합설립행위에 대한 보충행위로서의 성질을 가지는 것이 아니라 법령상 일정한 요건을 갖추는 경우 행정주체(공법인)의 지위를 부여하는 일종의 설권적 처분의 성질을 가진다고 보아야 한다(대판 2010.1.28, 2009두4845).
ㄷ 준공검사는 확인행위이다.
준공검사는 건축허가를 받아 건축한 건물이 건축허가사항대로 건축행정목적에 적합한가의 여부를 확인하고 준공검사필증을 교부하여 주는 것이므로 허가관청으로서는 건축허가사항대로 시공되었다면 준공을 거부할 수 없는 것이다(대판 1999.12.21, 98다29797).
ㄹ 조합의 사업시행계획도 원칙적으로 재건축결의에서 결정된 내용에 따라 작성되어야 한다고 할 것이나, 조합이 사업시행계획을 재건축결의에서 결정된 내용과 달리 작성한 경우 이러한 하자는 기본행위인 사업시행계획 작성행위의 하자라고 할 것이고, 이에 대한 보충행위인 행정청의 인가처분이 그 근거 조항인 도정법 제28조의 적법요건을 갖추고 있는 이상은 그 인가처분 자체에 하자가 있는 것이라 할 수 없으므로 , 이 점에 관한 상고이유의 주장은 받아들일 수 없다(대판 2008.1.10, 2007두16691).
다만, 토지등 소유자들이 조합을 따로 설립하지 않고 직접 시행하는 도시환경정비사업에서 사업시행인가처분은 설권적 처분으로서 특허에 해당한다(대판 2013.6.13, 2011두19994).

정답 ②

61. 「사립학교법」은 학교법인의 임원은 정관이 정하는 바에 의하여 학교법인의 이사회에서 선임하고, 관할청의 승인을 얻어 취임하는 것으로 규정하고 있다. A 사립 학교법인은 이사회를 소집하지 않은 채 B를 임원으로 선임하여 취임승인을 요청하였고, 이에 대하여 관할청은 취임을 승인하였다. 이에 대한 설명으로 옳은 것은? (다툼이 있는 경우 판례에 의함) 16 국가직9급

① 관할청의 임원 취임승인으로 선임절차상의 하자는 치유되고 B는 임원으로서의 지위를 취득한다.
② 임원 선임절차상의 하자를 이유로 관할청의 취임승인처분에 대한 취소를 구하는 소송은 허용되지 않는다.
③ A 학교법인의 임원선임행위에 대해서는 선임처분취소소송을 제기하여 그 효력을 다툴 수 있다.
④ 관할청의 임원취임승인은 B에 대해 학교법인의 임원으로서의 포괄적 지위를 설정하여 주는 특허에 해당한다.

해설 中

①④ 사립학교법 제20조 제2항에 의한 학교법인의 임원에 대한 감독청의 취임승인은 학교법인의 임원선임행위를 보충하여 그 법률상의 효력을 완성케 하는 보충적 행정행위로서 성질상 기본행위를 떠나 승인처분 그 자체만으로는 법률상 아무런 효력도 발생할 수 없으므로 기본행위인 학교법인의 임원선임행위가 불성립 또는 무효인 경우에는 비록 그에 대한 감독청의 취임승인이 있었다 하여도 이로써 무효인 그 선임행위가 유효한 것으로 될 수는 없다(대판 1987.8.18, 86누152).
②③ 기본행위인 이사선임결의가 적법·유효하고 보충행위인 승인처분 자체에만 하자가 있다면 그 승인처분의 무효확인이나 그 취소를 주장할 수 있지만, 이 사건 임원취임승인처분에 대한 무효확인이나 그 취소의 소처럼 기본행위인 임시이사들에 의한 이사선임결의의 내용 및 그 절차에 하자가 있다는 이유로 이사선임결의의 효력에 관하여 다툼이 있는 경우에는 민사쟁송으로서 그 기본행위에 해당하는 위 이사선임결의의 무효확인을 구하는 등의 방법으로 분쟁을 해결할 것이지 그 이사선임결의에 대한 보충적 행위로서 그 자체만으로는 아무런 효력이 없는 승인처분만의 무효확인이나 그 취소를 구하는 것은 특단의 사정이 없는 한 분쟁해결의 유효적절한 수단이라 할 수 없으므로, 임원취임승인처분의 무효확인이나 그 취소를 구할 법률상 이익이 없다(대판 2002.5.24, 2000두3641).

정답 ④

62. 인가에 대한 다음 설명 중 옳지 않은 것은? (다툼이 있는 경우 판례에 의함) 17 서울시7급

① 조합설립추진위원회 구성승인처분은 조합의 설립을 위한 주체인 추진위원회의 구성행위를 보충하여 그 효력을 부여하는 처분으로 인가에 해당한다.
② 주택재건축조합설립 인가 후 주택재건축조합설립결의의 하자를 이유로 조합설립인가처분의 무효확인을 구하기 위해서는 직접 항고소송의 방법으로 확인을 구할 수 없으며, 조합설립결의부분에 대한 효력 유무를 민사소송으로 다툰 후 인가의 무효확인을 구해야 한다.
③ 도시 및 주거환경정비법령상 조합설립인가처분은 법령상 요건을 갖출 경우 「도시 및 주거환경정비법」상 주택재건축사업을 시행할 수 있는 권한을 갖는 행정주체로서의 지위를 부여하는 설권적 처분의 효력을 갖는다.
④ 「사립학교법」상 관할관청의 임원취임승인행위는 학교법인의 임원선임행위의 법률상 효력을 완성하게 하는 법률행위로 인가에 해당한다.

해설 中

① 조합설립추진위원회(추진위원회) 구성승인처분은 조합의 설립을 위한 주체인 추진위원회의 구성행위를 보충하여 그 효력을 부여하는 처분으로서 조합설립이라는 종국적 목적을 달성하기 위한 중간단계의 처분에 해당하지만, 그 법률요건이나 효과가 조합설립인가처분의 그것과는 다른 독립적인 처분이기 때문에, 추진위원회 구성승인처분에 대한 취소 또는 무효확인 판결의 확정만으로는 이미 조합설립인가를 받은 조합에 의한 정비사업의 진행을 저지할 수 없다. 따라서 추진위원회 구성승인처분을 다투는 소송 계속 중에 조합설립인가처분이 이루어진 경우에는, 추진위원회 구성승인처분에 위법이 존재하여 조합설립인가 신청행위가 무효라는 점 등을 들어 직접 조합설립인가처분을 다툼으로써 정비사업의 진행을 저지하여야 하고, 이와는 별도로 추진위원회 구성승인처분에 대하여 취소 또는 무효확인을 구할 법률상의 이익은 없다고 보아야 한다(대판 2013.1.31, 2011두11112, 2011두11129).
② 조합설립결의는 조합설립인가처분이라는 행정처분을 하는 데 필요한 요건 중 하나에 불과한 것이어서, 조합설립결의에 하자가 있다면 그 하자를 이유로 직접 항고소송의 방법으로 조합설립인가처분의 취소 또는 무효확인을 구하여야 하고, 이와는 별도로 조합설립결의 부분만을 따로 떼어내어 그 효력 유무를 다투는 확인의 소를 제기하는 것은 원고의 권리 또는 법률상의 지위에 현존하는 불안·위험을 제거하는 데에 가장 유효·적절한 수단이라 할 수 없어 특별한 사정이 없는 한 확인의 이익은 인정되지 아니한다(대판 2009.9.24, 2008다60568).
③ 대판 2010.12.9, 2009두4555
④ 사립학교법 제20조 제2항에 의한 학교법인의 임원에 대한 감독청의 취임승인처분은 학교법인의 임원선임행위를 보충하여 그 법률상의 효력을 완성시키는 보충적 행정행위이므로 기본행위인 사법상의 임원선임행위에 하자가 있다 하여 그 선임행위의 효력에 관하여 다툼이 있는 경우에 민사쟁송으로서 그 선임행위의 취소 또는 무효확인을 구하는 것은 별론으로 하고 기본행위의 불성립 또는 무효를 내세워 바로 그에 대한 감독청의 취임승인처분의 취소 또는 무효확인을 소구할 법률상의 이익이 있다고 할 수 없다(대판 1991.6.14, 90누1557).

정답 ②

63. 다른 법률행위를 보충하여 그 법적 효력을 완성시키는 행위에 해당하지 않는 것만을 모두 고르면? (다툼이 있는 경우 판례에 의함) 19 국가직9급

> ㄱ. 사설법인묘지의 설치에 대한 행정청의 허가
> ㄴ. 토지거래허가구역 내의 토지거래계약에 대한 행정청의 허가
> ㄷ. 재단법인의 정관변경에 대한 행정청의 허가
> ㄹ. 재건축조합이 수립하는 관리처분계획에 대한 행정청의 인가

① ㄱ　② ㄱ, ㄹ
③ ㄴ, ㄹ　④ ㄱ, ㄴ, ㄷ

해설 ➤ 中

ㄱ 사설묘지허가는 강학상 허가이다. 판례도 마찬가지이다.
행정소송은 당해처분이 있음으로 인하여 법률상 직접적이고 구체적인 이익을 침해당한자만이 소송을 제기할 이익이 있는 바 사설묘지설치허가는 단순한 대물적 허가로만 볼수 없어 그 허가의 효과는 위 임야를 양수한 자에게 당연히 이전될 수 없으므로 위 양수인은 사설묘지허가취소처분에 대하여 행정소송을 제기할 이익이 없다(대판 1979.10.16, 79누175).
ㄴ 국토이용관리법 제21조의3 제1항 소정의 허가(토지거래계약허가)가 규제지역 내의 모든 국민에게 전반적으로 토지거래의 자유를 금지하고 일정한 요건을 갖춘 경우에만 금지를 해제하여 계약체결의 자유를 회복시켜 주는 성질의 것(허가)이라고 보는 것은 위 법의 입법취지를 넘어선 지나친 해석이라고 할 것이고, 규제지역 내에서도 토지거래의 자유가 인정되나, 다만 위 허가를 허가 전의 유동적 무효상태에 있는 법률행위의 효력을 완성시켜 주는 인가적 성질을 띤 것이라고 보는 것이 타당하다(대판 1991.12.24, 90다12243).
ㄷ 민법 제45조와 제46조에서 말하는 재단법인의 정관변경 허가는 법률상의 표현이 '허가'로 되어 있기는 하나, 그 성질에 있어 법률행위의 효력을 보충해 주는 것이지 일반적 금지를 해제하는 것이 아니므로, 그 법적 성격은 인가라고 보아야 한다[대판(전합) 1996.5.16, 95누4810].
ㄹ 도시재개발법 제34조에 의한 행정청의 인가는 주택개량재개발조합의 관리처분계획에 대한 법률상의 효력을 완성시키는 보충행위로서 그 기본되는 관리처분계획에 하자가 있을 때에는 그에 대한 인가가 있었다 하여도 기본행위인 관리처분계획이 유효한 것으로 될 수 없으며, 다만 그 기본행위가 적법·유효하고 보충행위인 인가처분 자체에만 하자가 있다면 그 인가처분의 무효나 취소를 주장할 수 있다고 할 것이지만, 인가처분에 하자가 없다면 기본행위에 하자가 있다 하더라도 따로 그 기본행위의 하자를 다투는 것은 별론으로 하고 기본행위의 무효를 내세워 바로 그에 대한 행정청의 인가처분의 취소 또는 무효확인을 소구할 법률상의 이익이 있다고 할 수 없다(대판 2001.12.11, 2001두7541).

정답 ①

64. 인가에 대한 설명으로 옳지 않은 것은? (다툼이 있는 경우 판례에 의함) 20 국가직9급

① 공유수면매립면허의 공동명의자 사이의 면허로 인한 권리의무양도약정은 면허관청의 인가를 받지 않은 이상 법률상 아무런 효력도 발생할 수 없다.
② 재단법인의 임원취임을 인가 또는 거부할 것인지 여부는 주무관청의 권한에 속하는 사항이라고 할 것이고, 재단법인의 임원취임승인 신청에 대하여 주무관청이 이에 기속되어 이를 당연히 승인(인가)하여야 하는 것은 아니다.
③ 인가처분에 하자가 없다면 기본행위에 하자가 있다 하더라도 따로 그 기본행위의 하자를 다투는 것은 별론으로 하고 기본행위의 무효를 내세워 바로 그에 대한 행정청의 인가처분의 취소 또는 무효확인을 소구할 법률상의 이익이 없다.
④ 공익법인의 기본재산 처분에 대한 허가의 법률적 성질이 형성적 행정행위로서의 인가에 해당하므로, 그 허가에 조건으로서의 부관의 부과가 허용되지 아니한다.

해설 ➤ 中

① 공유수면매립의 면허로 인한 권리의무의 양도·양수에 있어서의 면허관청의 인가는 효력요건으로서, 위 각 규정은 강행규정이라고 할 것인바, 위 면허의 공동명의자 사이의 면허로 인한 권리의무양도약정은 면허관청의 인가를 받지 않은 이상 법률상 아무런 효력도 발생할 수 없다(대판 1991.6.25, 90누5184).
② 종교법인 임원의 취임이 사법인인 그 법인의 정관에 근거한다 할지라도 이에 대한 행정청의 승인(인가)행위는 법인에 대한 주무관청의 감독권에 연유하는 이상 그 인가행위 또는 인가거부행위는 공법상의 행정처분으로서, 그 임원취임을 인가 또는 거부할 것인지 여부는 주무관청의 권한에 속하는 사항이므로, 종교법인의 임원취임승인신청에 대하여 주무관청이 이에 기속되어 이를 당연히 승인(인가)하여야 하는 것은 아니다(대

판 2000.1.28, 98두16996).
③ 인가는 기본행위인 재단법인의 정관변경에 대한 법률상의 효력을 완성시키는 보충행위로서, 그 기본이 되는 정관변경 결의에 하자가 있을 때에는 그에 대한 인가가 있었다 하여도 기본행위인 정관변경 결의가 유효한 것으로 될 수 없으므로 기본행위인 정관변경 결의가 적법 유효하고 보충행위인 인가처분 자체에만 하자가 있다면 그 인가처분의 무효나 취소를 주장할 수 있지만, 인가처분에 하자가 없다면 기본행위에 하자가 있다 하더라도 따로 그 기본행위의 하자를 다투는 것은 별론으로 하고 기본행위의 무효를 내세워 바로 그에 대한 행정청의 인가처분의 취소 또는 무효확인을 소구할 법률상의 이익이 없다(대판 1996.5.16, 95누4810).
④ 공익법인의 기본재산의 처분에 관한 「공익법인의 설립·운영에 관한 법률」 제11조 제3항의 규정은 강행규정으로서 이에 위반하여 주무관청의 허가를 받지 않고 기본재산을 처분하는 것은 무효라 할 것인데, 위 처분허가에 부관을 붙인 경우 그 처분허가의 법률적 성질이 형성적 행정행위로서의 인가에 해당한다고 하여 조건으로서의 부관의 부과가 허용되지 아니한다고 볼 수는 없다(대판 2005.9.8, 2004다50044).

정답 ④

65. 강학상 인가에 대한 설명으로 옳은 것만을 모두 고르면? (다툼이 있는 경우 판례에 의함) 20 지방직9급

ㄱ. 강학상 인가는 기본행위에 대한 법률상의 효력을 완성시키는 보충행위로서, 그 기본이 되는 행위에 하자가 있을 때에는 그에 대한 인가가 있었다 하여도 기본행위가 유효한 것으로 될 수 없다.
ㄴ. 「민법」상 재단법인의 정관변경에 대한 주무관청의 허가는 법률상 표현이 허가로 되어 있기는 하나, 그 성질은 법률행위의 효력을 보충해 주는 것이지 일반적 금지를 해제하는 것은 아니다.
ㄷ. 인가처분에 하자가 없더라도 기본행위에 무효사유가 있다면 기본행위의 무효를 내세워 그에 대한 행정청의 인가처분의 취소 또는 무효확인을 구할 소의 이익이 있다.
ㄹ. 「도시 및 주거환경정비법」상 관리처분계획에 대한 인가는 강학상 인가의 성격을 갖고 있으므로 관리처분계획에 대한 인가가 있더라도 관리처분계획안에 대한 총회결의에 하자가 있다면 민사소송으로 총회결의의 하자를 다투어야 한다.

① ㄱ, ㄴ　　② ㄴ, ㄷ
③ ㄷ, ㄹ　　④ ㄱ, ㄴ, ㄹ

해설 中

ㄱ 인가는 기본행위인 재단법인의 정관변경에 대한 법률상의 효력을 완성시키는 보충행위로서, 그 기본이 되는 정관변경 결의에 하자가 있을 때에는 그에 대한 인가가 있었다 하여도 기본행위인 정관변경 결의가 유효한 것으로 될 수 없으므로 기본행위인 정관변경 결의가 적법 유효하고 보충행위인 인가처분 자체에만 하자가 있다면 그 인가처분의 무효나 취소를 주장할 수 있지만, 인가처분에 하자가 없다면 기본행위에 하자가 있다 하더라도 따로 그 기본행위의 하자를 다투는 것은 별론으로 하고 기본행위의 무효를 내세워 바로 그에 대한 행정청의 인가처분의 취소 또는 무효확인을 소구할 법률상의 이익이 없다(대판 1996.5.16, 95누4810).
ㄴ 민법 제45조와 제46조에서 말하는 재단법인의 정관변경 허가는 법률상의 표현이 '허가'로 되어 있기는 하나, 그 성질에 있어 법률행위의 효력을 보충해 주는 것이지 일반적 금지를 해제하는 것이 아니므로, 그 법적 성격은 인가라고 보아야 한다[대판(전합) 1996.5.16, 95누4810].
ㄷ 기본행위인 조합설립에 하자가 있는 경우에는 민사쟁송으로써 따로 그 기본행위의 취소 또는 무효확인 등을 구하는 것은 별론으로 하고 기본행위의 불성립 또는 무효를 내세워 바로 그에 대한 감독청의 인가처분의 취소 또는 무효확인을 소구할 법률상 이익이 있다고 할 수 없다(대판 2000.9.5, 99두1854).
ㄹ 관리처분계획에 대한 관할행정청의 인가·고시까지 있게 되면 관리처분계획은 행정처분으로서 효력이 발생하게 되므로, 총회결의의 하자를 이유로 하여 행정처분의 효력을 다투는 항고소송의 방법으로 관리처분계획의 취소 또는 무효확인을 구하여야 하고, 그와 별도로 행정처분에 이르는 절차적 요건 중 하나에 불과한 총회결의 부분만을 따로 떼어내어 효력 유무를 다투는 확인의 소를 제기하는 것은 특별한 사정이 없는 한 허용되지 않는다고 보아야 한다[대판(전합) 2009.9.17, 2007다2428].

정답 ①

66. 강학상 인가에 대한 설명으로 옳지 않은 것은? (다툼이 있는 경우 판례에 의함) 20 국회직8급

① 주택재개발조합설립인가는 기본행위에 대한 보충행위에 불과하므로 조합총회결의의 하자를 이유로 인가 취소를 구하는 항고소송을 제기하는 것은 부적법하다.
② 주택재개발조합설립인가에 따라 해당 재개발조합은 공법인으로서 지위를 갖게 된다.
③ 사회복지법인의 정관변경을 허가할 것인지의 여부는 주무관청의 정책적 판단에 따른 재량에 맡겨져 있다고 할 것이고, 주무관청이 정관변경허가를 함에 있어서는 비례의 원칙 및 평등의 원칙에 적합하고 행정처분의 본질적 효력을 해하지 않는 한도 내에서 부관을 붙일 수 있다.
④ 주택재개발정비사업을 위한 관리처분계획이 조합원 총회에서 승인되었으나 아직 관할 행정청의 인가 전이라면 조합원은 해당 총회결의에 대해서 당사자소송으로 다툴 수 있다.
⑤ 「도시 및 주거환경정비법」상 당초 관리처분계획의 경미한 사항을 변경하는 경우와 달리 관리처분계획의 주요부분을 실질적으로 변경하는 내용으로 새로운 관리처분계획을 수립하여 관할 행정청의 인가를 받은 경우, 당초 관리처분계획은 원칙적으로 그 효력을 상실한다.

해설 ➤ 中

①② 재개발조합설립인가신청에 대한 행정청의 조합설립인가처분은 단순히 사인(私人)들의 조합설립행위에 대한 보충행위로서의 성질을 가지는 것이 아니라 법령상 일정한 요건을 갖추는 경우 행정주체(공법인)의 지위를 부여하는 일종의 설권적 처분의 성질을 가진다고 보아야 한다. 그러므로 구 「도시 및 주거환경정비법」상 재개발조합설립인가신청에 대하여 행정청의 조합설립인가처분이 있은 이후에는, 조합설립동의에 하자가 있음을 이유로 재개발조합 설립의 효력을 부정하려면 항고소송으로 조합설립인가처분의 효력을 다투어야 한다(대판 2010.1.28, 2009두4845).
③ 사회복지법인의 정관변경을 허가할 것인지의 여부는 주무관청의 정책적 판단에 따른 재량에 맡겨져 있다고 할 것이고, 주무관청이 정관변경허가를 함에 있어서는 비례의 원칙 및 평등의 원칙에 적합하고 행정처분의 본질적 효력을 해하지 않는 한도 내에서 부관을 붙일 수 있다(대판 2002.9.24, 2000두5661).
④ 재건축조합이 행정주체의 지위에서 도시정비법 제48조에 따라 수립하는 관리처분계획은 정비사업의 시행 결과 조성되는 대지 또는 건축물의 권리귀속에 관한 사항과 조합원의 비용 분담에 관한 사항 등을 정함으로써 조합원의 재산상 권리·의무 등에 구체적이고 직접적인 영향을 미치게 되므로, 이는 구속적 행정계획으로서 재건축조합이 행하는 독립된 행정처분에 해당한다. 따라서 행정주체인 재건축조합을 상대로 관리처분계획안에 대한 조합총회결의의 효력 등을 다투는 소송은 행정처분에 이르는 절차적 요건의 존부나 효력 유무에 관한 소송으로서 그 소송결과에 따라 행정처분의 위법여부에 직접 영향을 미치는 공법상 법률관계에 관한 것이므로, 이는 행정소송법상의 당사자소송에 해당한다[대판(전합) 2009.9.17, 2007다2428].
⑤ 구 「도시 및 주거환경정비법」(구 도시정비법) 제48조 제1항의 내용, 형식 및 취지 등에 비추어 보면, 당초 관리처분계획의 경미한 사항을 변경하는 경우와는 달리 당초 관리처분계획의 주요 부분을 실질적으로 변경하는 내용으로 새로운 관리처분계획을 수립하여 시장·군수의 인가를 받은 경우에는 당초 관리처분계획은 달리 특별한 사정이 없는 한 효력을 상실한다(대판 2016.6.23, 2014다16500).

정답 ①

67. 강학상 인가에 대한 설명으로 옳지 않은 것은? (다툼이 있는 경우 판례에 의함) 20 국회직8급

① 재단법인의 정관변경 시 정관변경 결의의 하자가 있는 경우에 주무부장관의 인가가 있다고 하여도 정관변경 결의가 유효한 것으로 될 수 없다.
② 토지거래허가지역 내의 토지거래계약은 허가가 있기 전에는 효력이 발생하지 않은 상태에 있다가 허가가 있으면 토지거래계약은 소급하여 유효하게 된다.
③ 조합이 사업시행계획을 재건축결의에서 결정된 내용과 달리 작성한 경우 이러한 하자는 기본행위인 사업시행계획 작성행위의 하자이고, 이에 대한 보충행위인 행정청의 인가처분이 적법요건을 갖추고 있는 이상은 그 인가처분 자체에 하자가 있는 것이라 할 수 없다.
④ 관할관청이 개인택시운송사업의 양도·양수에 대한 인가를 하였을 경우 거기에는 양도인과 양수인 간의 양도행위를 보충하여 그 법률효과를 완성시키는 의미에서의 인가처분뿐만 아니라 양도인이 가지고 있던 면허와 동일한 내용의 면허를 양수인에게 부여하는 처분이 포함되어 있다.
⑤ 「도시 및 주거환경정비법」상 재건축조합의 관리처분계획에 대한 인가·고시 후 관리처분계획 결의의 하자를 다투고자 하는 경우 조합총회의 결의는 관리처분계획처분의 실체적 요건에 해당하기 때문에 조합총회결의를 대상으로 효력 유무를 다투는 확인의 소를 제기하는 것이 허용된다.

해설 ▸ 中

① 인가는 기본행위인 재단법인의 정관변경에 대한 법률상의 효력을 완성시키는 보충행위로서, 그 기본이 되는 정관변경 결의에 하자가 있을 때에는 그에 대한 인가가 있었다 하여도 기본행위인 정관변경 결의가 유효한 것으로 될 수 없으므로 기본행위인 정관변경 결의가 적법 유효하고 보충행위인 인가처분 자체에만 하자가 있다면 그 인가처분의 무효나 취소를 주장할 수 있지만, 인가처분에 하자가 없다면 기본행위에 하자가 있다 하더라도 따로 그 기본행위의 하자를 다투는 것은 별론으로 하고 기본행위의 무효를 내세워 바로 그에 대한 행정청의 인가처분의 취소 또는 무효확인을 소구할 법률상의 이익이 없다(대판 1996.5.16, 95누4810).

② 허가를 받을 때까지는 법률상 미완성의 법률행위로서 소유권 등 권리의 이전 또는 설정에 관한 거래의 효력이 전혀 발생하지 않음은 위의 확정적 무효의 경우와 다를 바 없지만, 일단 허가를 받으면 그 계약은 소급하여 유효한 계약이 되고 이와 달리 불허가가 된 때에는 무효로 확정되므로 허가를 받기까지는 유동적 무효의 상태에 있다고 보는 것이 타당하므로 허가받을 것을 전제로 한 거래계약은 허가받기 전의 상태에서는 거래계약의 채권적 효력도 전혀 발생하지 않으므로 권리의 이전 또는 설정에 관한 어떠한 내용의 이행청구도 할 수 없으나 일단 허가를 받으면 그 계약은 소급해서 유효화되므로 허가 후에 새로이 거래계약을 체결할 필요는 없다[대판(전합) 1991.12.24, 90다12243].

③ 조합이 사업시행계획을 재건축결의에서 결정된 내용과 달리 작성한 경우 이러한 하자는 기본행위인 사업시행계획 작성행위의 하자이고, 이에 대한 보충행위인 행정청의 인가처분이 그 근거조항인 위 법 제28조의 적법요건을 갖추고 있는 이상은 그 인가처분 자체에 하자가 있는 것이라 할 수 없다(대판 2008.1.10, 2007두16691).

④ 관할 관청이 개인택시운송사업의 양도·양수에 대한 인가를 하였을 경우 거기에는 양도인과 양수인 간의 양도행위를 보충하여 그 법률효과를 완성시키는 의미에서의 인가처분뿐만 아니라 양수인에 대해 양도인이 가지고 있던 면허와 동일한 내용의 면허를 부여하는 처분이 포함되어 있다(대판 2010.11.11, 2009두14934).

⑤ 재관리처분계획에 대한 관할행정청의 인가·고시까지 있게 되면 관리처분계획은 행정처분으로서 효력이 발생하게 되므로, 총회결의의 하자를 이유로 하여 행정처분의 효력을 다투는 항고소송의 방법으로 관리처분계획의 취소 또는 무효확인을 구하여야 하고, 그와 별도로 행정처분에 이르는 절차적 요건 중 하나에 불과한 총회결의 부분만을 따로 떼어내어 효력 유무를 다투는 확인의 소를 제기하는 것은 특별한 사정이 없는 한 허용되지 않는다고 보아야 한다[대판(전합) 2009.9.17, 2007다2428].

정답 ⑤

68. 강학상 인가에 대한 설명으로 옳지 않은 것은? (다툼이 있는 경우 판례에 의함) 21 국가직7급

① 인가는 당사자의 법률적 행위를 보충하여 그 법률적 효력을 완성시키는 행정주체의 보충적 의사표시로서의 법률행위적 행정행위이다.

② 재단법인의 정관변경 결의가 적법 유효하고 보충행위인 인가처분 자체에만 하자가 있다면 그 인가처분의 무효나 취소를 주장할 수 있다.

③ 재단법인의 정관변경 결의에 하자가 있더라도, 그에 대한 인가가 있었다면 기본행위인 정관변경 결의는 유효한 것으로 된다.

④ 재단법인의 임원취임이 사법인인 재단법인의 정관에 근거하였다 할지라도 재단법인의 임원취임승인 신청에 대하여 주무관청이 그 신청을 당연히 승인하여야 하는 것은 아니다.

해설 ▸ 下

②③ 인가는 기본행위인 재단법인의 정관변경에 대한 법률상의 효력을 완성시키는 보충행위로서, 그 기본이 되는 정관변경 결의에 하자가 있을 때에는 그에 대한 인가가 있었다 하여도 기본행위인 정관변경 결의가 유효한 것으로 될 수 없으므로 기본행위인 정관변경 결의가 적법 유효하고 보충행위인 인가처분 자체에만 하자가 있다면 그 인가처분의 무효나 취소를 주장할 수 있지만, 인가처분에 하자가 없다면 기본행위에 하자가 있다 하더라도 따로 그 기본행위의 하자를 다투는 것은 별론으로 하고 기본행위의 무효를 내세워 바로 그에 대한 행정청의 인가처분의 취소 또는 무효확인을 소구할 법률상의 이익이 없다(대판 1996.5.16, 95누4810).

④ 종교법인 임원의 취임이 사법인인 그 법인의 정관에 근거한다 할지라도 이에 대한 행정청의 승인(인가)행위는 법인에 대한 주무관청의 감독권에 연유하는 이상 그 인가행위 또는 인가거부행위는 공법상의 행정처분으로서, 그 임원취임을 인가 또는 거부할 것인지 여부는 주무관청의 권한에 속하는 사항이므로, 종교법인의 임원취임승인신청에 대하여 주무관청이 이에 기속되어 이를 당연히 승인(인가)하여야 하는 것은 아니다(대판 2000.1.28, 98두16996).

정답 ③

69. 다음 사례에 대한 설명으로 옳지 않은 것은? (다툼이 있는 경우 판례에 의함) '22 국가직7급

> 甲은 구 주택건설촉진법 상 아파트를 건설하기 위해 관할 행정청인 A 시장으로부터 주택건설사업계획승인을 받았는데, 그 후 乙에게 위 주택건설사업에 관한 일체의 권리를 양도하였다. 乙은 A 시장에 대하여 사업주체가 변경되었음을 이유로 사업계획변경승인신청서를 제출하였는데, A 시장은 사업계획승인을 받은 날로부터 4년여 간 공사에 착수하지 않았다는 이유로 주택건설사업계획승인을 취소한다고 甲과 乙에게 통지하고, 乙의 사업계획변경승인신청을 반려하였다.

① A 시장의 주택건설사업계획승인의 취소는 취소하여야 할 공익상의 필요와 그 취소로 인하여 당사자가 입게 될 기득권의 침해·신뢰보호 등을 비교·교량하였을 때 공익상의 필요가 당사자가 입을 불이익을 정당화할 만큼 강하지 않다면 적법성을 인정받을 수 없다.
② 사실상 내지 사법상으로 주택건설사업 등이 양도·양수되었을지라도 아직 변경승인을 받기 이전에는 그 사업계획의 피승인자는 여전히 종전의 사업주체인 甲이다.
③ 주택건설사업계획승인취소처분이 甲과 乙에게 같이 통지되었다 하더라도 아직 乙이 사업계획변경승인을 받지 못한 이상 乙로서는 자신에 대한 것이든 甲에 대한 것이든 사업계획승인취소를 다툴 원고적격이 인정되지 않는다.
④ A 시장이 乙에 대하여 한 주택건설사업계획승인취소의 통지는 항고소송의 대상이 되는 행정처분이 아니다.

해설 ➤ 下

① 대판 1991.8.23, 90누7760
②④ 승인은 그로 인하여 사업주체의 변경이라는 공법상의 효과가 발생하는 것이므로, 사실상 내지 사법상으로 주택건설사업 등이 양도·양수되었을지라도 아직 변경승인을 받기 이전에는 그 사업계획의 피승인자는 여전히 종전의 사업주체인 양도인이고 양수인이 아니라 할 것이어서, 사업계획승인취소처분 등의 사유가 있는지의 여부와 취소사유가 있다고 하여 행하는 취소처분은 피승인자인 양도인을 기준으로 판단하여 그 양도인에 대하여 행하여져야 할 것이므로 행정청이 주택건설사업의 양수인에 대하여 양도인에 대한 사업계획승인을 취소하였다는 사실을 통지한 것만으로는 양수인의 법률상 지위에 어떠한 변동을 일으키는 것은 아니므로 위 통지는 항고소송의 대상이 되는 행정처분이라고 할 수는 없다(대판 2000.9.26, 99두646).
③ 주택건설촉진법 제33조 제1항, 구 같은법시행규칙 제20조의 각 규정에 의하면 주택건설 사업주체의 변경승인신청은 양수인이 단독으로 할 수 있고 위 변경승인은 실질적으로 양수인에 대하여 종전에 승인된 사업계획과 동일한 사업계획을 새로이 승인해 주는 행위라 할 것이므로, 사업주체의 변경승인신청이 된 이후에 행정청이 양도인에 대하여 그 사업계획변경승인의 전제로 되는 사업계획승인을 취소하는 처분을 하였다면 양수인은 그 처분 이전에 양도인으로부터 토지와 사업승인권을 사실상 양수받아 사업주체의 변경승인신청을 한 자로서 그 취소를 구할 법률상의 이익을 가진다(대판 2000.9.26, 99두646).

정답 ③

70. 강학상 공증행위에 해당하는 것만을 모두 고른 것은? (다툼이 있는 경우 판례에 의함) 17 지방직9급

> ㄱ. 행정심판의 재결
> ㄴ. 의료유사업자 자격증 갱신발급행위
> ㄷ. 상표사용권설정등록행위
> ㄹ. 건설업 면허증의 재교부
> ㅁ. 특허출원의 공고

① ㄱ, ㄴ, ㄷ　② ㄱ, ㄹ, ㅁ
③ ㄴ, ㄷ, ㄹ　④ ㄴ, ㄹ, ㅁ

해설 中

ㄱ은 확인행위, ㄴㄷㄹ은 공증, ㅁ은 통지에 해당한다.
ㄴ 의료법 부칙 제7조, 동법 시행규칙 제59조 및 1973.11.9. 보건사회부 공고 제58호에 의거한 서울특별시장 또는 도지사의 의료유사업자 자격증 갱신발급행위는 유사의료업자의 자격을 부여 내지 확인하는 것이 아니라 특정한 사실 또는 법률관계의 존부를 공적으로 증명하는 소위 공증행위에 속하는 행정행위라 할 것이다(대판 1977.5.24, 76누295).
ㄷ 상표사용권설정등록신청서가 제출된 경우 특허청장은 신청서와 그 첨부서류만을 자료로 형식적으로 심사하여 그 등록신청을 수리할 것인지의 여부를 결정하여야 되는 것으로서, 특허청장의 상표사용권설정등록행위는 사인 간의 법률관계의 존부를 공적으로 증명하는 준법률행위적 행정행위임이 분명하다(대판 1991.8.13, 90누9414).
ㄹ 건설업면허증 및 건설업면허수첩의 재교부는 그 면허증 등의 분실, 헐어 못쓰게 된 때, 건설업의 면허이전 등 면허증 및 면허수첩 그 자체의 관리상의 문제로 인하여 종전의 면허증 및 면허수첩과 동일한 내용의 면허증 및 면허수첩을 새로이 또는 교체하여 발급하여 주는 것으로서, 이는 건설업의 면허를 받았다고 하는 특정사실에 대하여 형식적으로 그것을 증명하고 공적인 증거력을 부여하는 행정행위(강학상의 공증행위)이므로, 그로 인하여 면허의 내용 등에는 아무런 영향이 없이 종전의 면허의 효력이 그대로 지속하고, 면허증 및 면허수첩의 재교부에 의하여 재교부 전의 면허는 실효되고 새로운 면허가 부여된 것이라고 볼 수 없다(대판 1994.10.25, 93누21231).

정답 ③

71. 다음 사례에 대한 설명으로 옳지 않은 것은? (다툼이 있는 경우 판례에 의함) 18 지방직9급

> 甲은 「식품위생법」 제37조 제1항에 따라 허가를 받아 식품조사처리업 영업을 하고 있던 중 乙과 영업양도계약을 체결하였다. 당해 계약은 하자있는 계약이었음에도 불구하고, 乙은 같은 법 제39조에 따라 식품의약품안전처장에게 영업자지위승계신고를 하였다.

① 식품의약품안전처장이 乙의 신고를 수리한다면, 이는 실질에 있어서 乙에게는 적법하게 사업을 할 수 있는 권리를 설정하여 주는 행위이다.
② 식품의약품안전처장이 乙의 신고를 수리하는 경우에 甲과 乙의 영업양도계약이 무효라면 위 신고수리처분도 무효이다.
③ 식품의약품안전처장이 乙의 신고를 수리하기 전에 甲의 영업허가처분이 취소된 경우, 乙이 甲에 대한 영업허가처분의 취소를 구하는 소송을 제기할 법률상 이익은 없다.
④ 甲은 민사쟁송으로 양도·양수행위의 무효를 구함이 없이 막바로 식품의약품안전처장을 상대로 한 행정소송으로 위 신고수리처분의 무효확인을 구할 법률상 이익이 있다.

해설 中

① 구 식품위생법 제39조는 제1항에서 영업자가 영업을 양도하는 경우에는 양수인이 영업자의 지위를 승계한다고 규정하면서, 제3항에서 제1항에 따라 영업자의 지위를 승계한 자는 보건복지가족부령으로 정하는 바에 따라 1개월 이내에 그 사실을 관할 당국에 신고하도록 규정하고 있고, 위 영업양도에 따른 지위승계신고를 수리하는 허가관청의 행위는 단순히 양도인과 양수인 사이에 이미 발생한 사법상 사업양도의 법률효과에 의하여 양수인이 영업을 승계하였다는 사실의 신고를 접수하는 행위에 그치는 것이 아니라, 실질적으로 양도자의 사업허가 등을 취소함과 아울러 양수자에게 적법하게 사업을 할 수 있는 권리를 설정하여 주는 행위로서 사업허가자 등의 변경이라는 법률효과를 발생시키는 행위라고 할 것이므로, 위와 같은 영업양도가 있다고 볼 수 있는지 여부는 영업양도로 인하여 구법상의 영업자의 지위가 양수인에게 승계되어 양도인에 대한 사업허가 등이 취소되는 효과가 발생함을 염두에 두고, 양수인이 유기적으로 조직화된 수익의 원천으로서의 기능적 재산을 이전받아 양도인이 하던 것과 같은 영업적 활동을 계속하고 있다고 볼 수 있는지에 따라 판단되어야 한다(대판 2012.1.12, 2011도6561).
②④ 사업양도·양수에 따른 허가관청의 지위승계신고의 수리는 적법한 사업의 양도·양수가 있었음을 전제로 하는 것이므로 그 수리대상인 사업양도·양수가 존재하지 아니하거나 무효인 때에는 수리를 하였다 하더라도 그 수리는 유효한 대상이 없는 것으로서 당연히 무효라 할 것이고, 사업의 양도행위가 무효라고 주장하는 양도자는 민사쟁송으로 양도·양수행위의 무효를 구함이 없이 막바로 허가관청을 상대로 하여 행정소송으로 위 신고수리처분의 무효확인을 구할 법률상 이익이 있다(대판 2005.12.23, 2005두3554).
③ 식품위생법에 관한 판례는 없고, 대법원은 유사판례에서 법률상 이익을 인정한 바 있다.
채석허가가 대물적 허가의 성질을 아울러 가지고 있고 수허가자의 지위가 사실상 양도·양수되는 점을 고려하여 수허가자의 지위를 사실상 양수한 양수인의 이익을 보호하고자 하는 데 있는 것으로 해석되므로, 수허가자의 지위를 양수받아 명의변경신고를 할 수 있는 양수인의 지위는 단순한 반사적 이익이나 사실상의 이익이 아니라 산림법령에 의하여 보호되는 직접적이고 구체적인 이익으로서 법률상 이익이라고 할 것이고, 채석허가가 유효하게 존속하고 있다는 것이 양수인의 명의변경신고의 전제가 된다는 의미에서 관할행정청이 양도인에 대하여 채석허가를 취소하는 처분을 하였다면 이는 양수인의 지위에 대한 직접적 침해가 된다고 할 것이므로 양수인은 채석허가를 취소하는 처분의 취소를 구할 법률상 이익을 가진다(대판 2003.7.11, 2001두6289).

정답 ③

제4절 행정행위의 부관

72. 행정행위의 부관에 대한 판례의 입장으로 옳지 않은 것은? 15 지방직9급

① 부담에 의해 부과된 의무의 불이행으로 부담부행정행위가 당연히 효력을 상실하는 것은 아니며, 당해 의무불이행은 부담부행정행위의 취소(철회)사유가 될 뿐이다.
② 행정처분에 붙인 부담이 무효가 되면 그 처분을 받은 사람이 부담의 이행으로 한 사법상 법률행위도 당연히 무효가 된다.
③ 사후부담은 법률에 명문의 규정이 있거나 그것이 미리 유보되어 있는 경우 또는 상대방의 동의가 있는 경우에 허용되는 것이 원칙이다.
④ 행정청이 수익적 행정처분을 하면서 부가한 부담의 위법 여부는 처분 당시 법령을 기준으로 판단하여야 한다.

해설 ➤ 下

① 부담의 불이행의 경우 실효사유는 아니고 철회사유, 후행 행정행위에 대한 거부사유, 강제집행사유, ④ 행정벌의 대상이 될 수 있을 뿐이다.
② 행정처분에 부담인 부관을 붙인 경우 부관의 무효화에 의하여 본체인 행정처분 자체의 효력에도 영향이 있게 될 수는 있지만, 그 처분을 받은 사람이 부담의 이행으로 사법상 매매 등의 법률행위를 한 경우에는 그 부관은 특별한 사정이 없는 한 법률행위를 하게 된 동기 내지 연유로 작용하였을 뿐이므로 이는 법률행위의 취소사유가 될 수 있음은 별론으로 하고 그 법률행위 자체를 당연히 무효화하는 것은 아니다(대판 2009.6.25, 2006다18174).
③ 행정처분에 이미 부담이 부가되어 있는 상태에서 그 의무의 범위 또는 내용 등을 변경하는 부관의 사후변경은 법률에 명문의 규정이 있거나 그 변경이 미리 유보되어 있는 경우 또는 상대방의 동의가 있는 경우에 한하여 허용되는 것이 원칙이지만, 사정변경으로 인하여 당초에 부담을 부가한 목적을 달성할 수 없게 된 경우에도 그 목적달성에 필요한 범위 내에서 예외적으로 허용된다(대판 1997.5.30, 97누2627).
④ 행정청이 수익적 행정처분을 하면서 부가한 부담의 위법 여부는 처분 당시 법령을 기준으로 판단하여야 하고, 부담이 처분 당시 법령을 기준으로 적법하다면 처분 후 부담의 전제가 된 주된 행정처분의 근거법령이 개정됨으로써 행정청이 더 이상 부관을 붙일 수 없게 되었다 하더라도 곧바로 위법하게 되거나 그 효력이 소멸하게 되는 것은 아니다(대판 2009.2.12, 2005다65500).

정답 ②

73. 다음 중 행정행위의 부관에 대한 판례의 설명으로 옳지 않은 것은? 15 국회직8급

① 기부채납 받은 행정재산에 대한 사용·수익허가서에서 사용·수익허가의 기간에 대하여 독립하여 행정소송을 제기할 수 있다.
② 갱신신청 없이 유효기간이 지나면 주된 행정행위는 효력이 상실되므로 갱신기간이 지나 신청한 경우에는 기간연장신청이 아니라 새로운 허가신청으로 보아야 하며 허가요건의 충족여부를 새로이 판단하여야 한다.
③ 허가 또는 특허에 붙은 기한이 그 허가 또는 특허된 사업의 성질상 부당하게 짧은 기한을 정한 경우에 있어서는 그 기한은 그 허가 또는 특허의 조건의 존속기한을 정한 것이다.
④ 행정처분과 실제적 관련성이 없어 부관으로 붙일 수 없는 부담을 사법상 계약의 형식으로 행정처분의 상대방에게 부과할 수는 없다.
⑤ 기선선망어업 허가를 하면서 부속선을 사용할 수 없도록 제한한 위법한 부관에 대해서는 부속선을 사용할 수 있도록 어업허가사항변경신청을 한 다음 그것이 거부된 경우에 거부처분취소소송을 제기할 수 있다.

해설 ➤ 中

① 행정행위의 부관은 부담인 경우를 제외하고는 독립하여 행정소송의 대상이 될 수 없는바, 이 사건 허가에서 피고가 정한 사용·수익허가의 기간은 이 사건 허가의 효력을 제한하기 위한 행정행위의 부관으로서 이러한 사용·수익허가의 기간에 대해서는 독립하여 행정소송을 제기할 수 없는 것이고, 이러한 법리는 이 사건 허가 중 원고가 신청한 허가기간을 받아들이지 않은 부분의 취소를 구하는 이 사건 주위적 청구의 경우에도 마찬가지로 적용되어야 할 것이므로, 결국 이 사건 주위적 청구는 부적법하여 각하를 면할 수 없다(대판 2001.6.15, 99두509).
② 종전의 허가가 기한(종기)의 도래로 실효한 이상 원고가 종전 허가의 유효기간이 지나서 신청한 이 사건 기간연장 신청은 그에 대한 종전의 허가처분을 전제로 하여 단순히 그 유효기간을 연장하여 주는 행정처분을 구하는 것이라기보다는 종전의 허가처분과는 별도의 새로운 허가를 내

용으로 하는 행정처분을 구하는 것이라고 보아야 할 것이어서, 이러한 경우 허가권자는 이를 새로운 허가신청으로 보아 법의 관계규정에 의하여 허가요건의 적합 여부를 새로이 판단하여 그 허가 여부를 결정하여야 할 것이다(대판 1995.11.10, 94누11866).

③ 일반적으로 행정처분에 효력기간이 정하여져 있는 경우에는 그 기간의 경과로 그 행정처분의 효력은 상실되고(효력존속기간), 다만 허가에 붙은 기한이 그 허가된 사업의 성질상 부당하게 짧은 경우에는 이를 그 '허가자체'의 존속기간이 아니라 그 '허가조건'의 존속기간(갱신기간 또는 조건존속기간)으로 보아 그 기한이 도래함으로써 그 조건의 개정을 고려한다는 뜻으로 해석할 수는 있지만, 그와 같은 경우라 하더라도 그 허가기간이 연장되기 위하여는 그 종기가 도래하기 전에 그 허가기간의 연장에 관한 신청이 있어야 하며, 만일 그러한 연장신청이 없는 상태에서 허가기간이 만료하였다면 그 허가의 효력은 상실된다(대판 2007.10.11, 2005두12404).

④ 행정처분과 부관 사이에 실제적 관련성이 있다고 볼 수 없는 경우 공무원이 위와 같은 공법상의 제한을 회피할 목적으로 행정처분의 상대방과 사이에 사법상 계약을 체결하는 형식을 취하였다면 이는 법치행정의 원리에 반하는 것으로서 위법하다(대판 2009.12.10, 2007다63966).

⑤ 이 사건의 경우 원심이 적법하게 확정한 이 사건 처분의 경위는 피고가 1988.5.4. 원고에게 제1 대영호와 제38 청룡호에 대한 수산업법 제11조, 동법시행령 제14조의3 제5호 소정의 기선선망어업(어업의 종류와 명칭:기선선망어업, 조업의 방법과 어구명칭:소형선망어업, 기간:5년, 조업구역:전국연해)의 허가를 하면서 등선, 운반선 등 일체의 부속선을 사용할 수 없다는 제한을 붙였고, 원고는 위 허가받은 내용에 따라 조업을 해오다가 1988.9.9. 위 시행령 제19조 제1항, 제14조 제1항 제5호에 따라 원고 소유의 제38 청룡호 (기존허가어선)와 제3 대운호를 제1 대영호(기존허가어선)의 등선으로, 제22 대원호, 제3선경호 및 한진호를 제1 대영호의 운반선으로 각 사용할 수 있도록 하여 선박의 척수를 변경(본선 2척을 1척으로 줄이는 대신 등선 2척과 운반선 3척을 추가하는 내용임)하여 달라는 어업허가사항변경신청을 하였는데 피고는 1988.9.13. 수산업법 제15조, 제16조와 수산자원보호령 제17조 제2항의 규정에 따라 수산자원보호 및 다른 어업과 어업조정을 위하여 앞서 한 제한조건을 변경할 수 없다는 사유로 위 신청을 불허가하였다는 것이다. 즉, 이 사건의 경우 부관 자체를 소송대상으로 제기한 것이 아니라, 어업허가사항변경신청불허가처분을 대상으로 제기하였기 때문에 본안판단을 한 것이다.

수산업법 제15조에 의하여 어업의 면허 또는 허가에 붙이는 부관은 그 성질상 허가된 어업의 본질적 효력을 해하지 않는 한도의 것이어야 하고 허가된 어업의 내용 또는 효력 등에 대하여는 행정청이 임의로 제한 또는 조건을 붙일 수 없다. …… 기선선망어업의 허가를 하면서 운반선, 등선 등 부속선을 사용할 수 없도록 제한한 부관은 그 어업허가의 목적달성을 사실상 어렵게 하여 그 본질적 효력을 해하는 것일 뿐만 아니라 위 시행령의 규정에도 어긋나는 것이며, 더욱이 어업조정이나, 기타 공익상 필요하다고 인정되는 사정이 없는 이상 위법한 것이다(대판 1990.4.27, 89누6808).

정답 ①

74. 갑은 관할 행정청 A에 도로점용허가를 신청하였고, 이에 대하여 행정청 A는 주민의 민원을 고려하여 갑에 대하여 공원부지를 기부채납할 것을 부관으로 하여 도로점용허가를 하였다. 이와 관련한 판례의 입장으로 옳지 않은 것은? 16 국가직9급

① 위 부관을 조건으로 본다면, 갑은 부관부 행정행위 전체를 취소소송의 대상으로 하여 부관만의 일부취소를 구하여야 한다.
② 위 부관을 부담으로 본다면, 부관만 독립하여 취소소송의 대상으로 할 수 있으며 부관만의 독립취소가 가능하다.
③ 위 부관을 부담으로 보는 경우, 갑이 정해진 기간 내에 공원부지를 기부채납하지 않은 경우에도 도로점용허가를 철회하지 않는 한 도로점용허가는 유효하다.
④ 부가된 부담이 무효임에도 불구하고 갑이 부관을 이행하여 기부채납을 완료한 경우, 갑의 기부채납 행위가 당연히 무효로 되는 것은 아니다.

해설 ㊦

① 통설은 독립가쟁성이 있는 부담에 대해서는 부관만의 취소를 구하는 진정일부취소소송이 인정되지만, 부담 이외의 부관은 처분성이 부정되므로 부관부 행정행위 전체를 소송대상으로 그중에서 부관부분만의 취소를 구하는 부진정일부취소소송 형식을 취해야 한다는 견해이다. 그러나 학설과는 달리 판례는 부진정일부취소소송의 형식을 인정하지 않고 있다.

② 행정행위의 부관은 행정행위의 일반적인 효력이나 효과를 제한하기 위하여 의사표시의 주된 내용에 부가되는 종된 의사표시이지 그 자체로서 직접 법적 효과를 발생하는 독립된 처분이 아니므로 현행 행정쟁송제도 아래서는 부관 그 자체만을 독립된 쟁송의 대상으로 할 수 없는 것이 원칙이나 행정행위의 부관 중에서도 행정행위에 부수하여 그 행정행위의 상대방에게 일정한 의무를 부과하는 행정청의 의사표시인 부담의 경우에는 다른 부관과는 달리 행정행위의 불가분적인 요소가 아니고 그 존속이 본체인 행정행위의 존재를 전제로 하는 것일 뿐이므로 부담 그 자체로서 행정쟁송의 대상이 될 수 있다(대판 1992.1.21, 91누1264).

③ 부담의 불이행은 행정행위의 철회사유이므로 현실적으로 철회가 되어야 효력이 상실되고, 철회하기 전에는 유효하다.

④ 행정처분에 부담인 부관을 붙인 경우 부관의 무효화에 의하여 본체인 행정처분 자체의 효력에도 영향이 있게 될 수는 있지만, 그 처분을 받은 사람이 부담의 이행으로 사법상 매매 등의 법률행위를 한 경우에는 그 부관은 특별한 사정이 없는 한 법률행위를 하게 된 동기 내지 연유로 작용하였을 뿐이므로 이는 법률행위의 취소사유가 될 수 있음은 별론으로 하고 그 법률행위 자체를 당연히 무효화하는 것은 아니다(대판 2009.6.25, 2006다18174).

정답 ①

75. 행정행위의 부관에 대한 설명으로 옳지 않은 것은? (다툼이 있는 경우 판례에 의함) 16 지방직9급

① 부관의 사후변경은 사정변경으로 인해 당초에 부담을 부가한 목적을 달성할 수 없는 경우에도 허용될 수 있다.
② 허가의 유효기간이 지난 후에 그 허가의 기간연장이 신청된 경우, 허가권자는 특별한 사정이 없는 한 유효기간을 연장해 주어야 한다.
③ 부담이 아닌 부관만의 취소를 구하는 소송이 제기된 경우에 법원은 각하판결을 하여야 한다.
④ 행정처분에 붙인 부담이 무효가 되더라도 그 부담의 이행으로 한 사법상 법률행위가 항상 무효가 되는 것은 아니다.

해설 ➤ ㊦

① 행정처분에 이미 부담이 부가되어 있는 상태에서 그 의무의 범위 또는 내용 등을 변경하는 부관의 사후변경은 법률에 명문의 규정이 있거나 그 변경이 미리 유보되어 있는 경우 또는 상대방의 동의가 있는 경우에 한하여 허용되는 것이 원칙이지만, 사정변경으로 인하여 당초에 부담을 부가한 목적을 달성할 수 없게 된 경우에도 그 목적달성에 필요한 범위 내에서 예외적으로 허용된다(대판 1997.5.30, 97누2627).
② 종전의 허가가 기한(종기)의 도래로 실효한 이상 원고가 종전 허가의 유효기간이 지나서 신청한 이 사건 기간연장 신청은 그에 대한 종전의 허가처분을 전제로 하여 단순히 그 유효기간을 연장하여 주는 행정처분을 구하는 것이라기보다는 종전의 허가처분과는 별도의 새로운 허가를 내용으로 하는 행정처분을 구하는 것이라고 보아야 할 것이어서, 이러한 경우 허가권자는 이를 새로운 허가신청으로 보아 법의 관계규정에 의하여 허가요건의 적합 여부를 새로이 판단하여 그 허가 여부를 결정하여야 할 것이다(대판 1995.11.10, 94누11866).
③ 행정행위의 부관은 부담인 경우를 제외하고는 독립하여 행정소송의 대상이 될 수 없는바, 이 사건 허가에서 피고가 정한 사용·수익허가의 기간은 이 사건 허가의 효력을 제한하기 위한 행정행위의 부관으로서 이러한 사용·수익허가의 기간에 대해서는 독립하여 행정소송을 제기할 수 없는 것이고, 이러한 법리는 이 사건 허가 중 원고가 신청한 허가기간을 받아들이지 않은 부분의 취소를 구하는 이 사건 주위적 청구의 경우에도 마찬가지로 적용되어야 할 것이므로, 결국 이 사건 주위적 청구는 부적법하여 각하를 면할 수 없다(대판 2001.6.15, 99두509).
④ 행정처분에 부담인 부관을 붙인 경우 부관의 무효화에 의하여 본체인 행정처분 자체의 효력에도 영향이 있게 될 수는 있지만, 그 처분을 받은 사람이 부담의 이행으로 사법상 매매 등의 법률행위를 한 경우에는 그 부관은 특별한 사정이 없는 한 법률행위를 하게 된 동기 내지 연유로 작용하였을 뿐이므로 이는 법률행위의 취소사유가 될 수 있음은 별론으로 하고 그 법률행위 자체를 당연히 무효화하는 것은 아니다(대판 2009.6.25, 2006다18174).

정답 ②

76. 행정행위의 부관에 대한 설명으로 옳지 않은 것은? (다툼이 있는 경우 판례에 의함) 16 국가직7급

① 부담에 의하여 부가된 의무의 불이행으로 부담부행정행위가 당연히 효력을 상실하는 것은 아니고 당해 의무불이행은 부담부행정행위의 철회사유가 될 수 있다.
② 수익적 행정처분에 있어서는 법령에 특별한 근거규정이 없다고 하더라도 그 부관으로서 부담을 붙일 수 있을 뿐만 아니라, 그러한 부담의 내용을 협약을 통하여 정할 수 있다.
③ 공유수면매립준공인가처분 중 매립지 일부에 대하여 한 국가 및 지방자치단체에의 귀속처분은 독립하여 행정소송의 대상이 될 수 있다.
④ 기속행위 내지 기속적 재량행위에 해당하는 이사회소집승인 행위에 붙인 부관은 무효이다.

해설 ➤ ㊦

② 수익적 행정처분에 있어서는 법령에 특별한 근거규정이 없다고 하더라도 그 부관으로서 부담을 붙일 수 있고, 그와 같은 부담은 행정청이 행정처분을 하면서 일방적으로 부가할 수도 있지만 부담을 부가하기 이전에 상대방과 협의하여 부담의 내용을 협약의 형식으로 미리 정한 다음 행정처분을 하면서 이를 부가할 수도 있다(대판 2009.2.12, 2005다65500).
③ 행정청이 한 공유수면매립준공인가 중 매립지 일부에 대하여 한 국가귀속처분은 매립준공인가를 함에 있어서 매립의 면허를 받은 자의 매립지에 대한 소유권취득을 규정한 공유수면매립법 제14조의 효과 일부를 배제하는 부관을 붙인 것이므로 이러한 행정행위의 부관에 대하여는 독립하여 행정소송의 대상으로 삼을 수 없다(대판 1991.12.13, 90누8503).
④ 이사회소집승인에 있어서의 일시, 장소의 지정을 가리켜 소집승인 행위의 부관으로 본다 하더라도, 일반적으로 기속행위나 기속적 재량행위에는 부관을 붙일 수 없는 것이고, 위 이사회소집승인 행위가 기속행위 내지 기속적 재량행위에 해당함은 위에서 설시한 바에 비추어 분명하므로, 여기에는 부관을 붙이지 못한다 할 것이며, 가사 부관을 붙였다 하더라도 이는 무효의 것으로서 당초부터 부관이 붙지 아니한 소집승인 행위가 있었던 것으로 보아야 할 것이다(대판 1988.4.27, 87누1106).

정답 ③

77. 행정행위의 부관에 대한 설명으로 옳은 것만을 모두 고른 것은? (다툼이 있는 경우 판례에 의함)

16 지방직7급

ㄱ. 행정청이 공유수면매립준공인가처분을 하면서 일부 공유수면매립지에 대해 국가로의 귀속처분을 한 경우, 공유수면매립준공인가처분 중 매립지 일부에 대한 귀속처분만의 취소를 구하는 소송을 청구할 수 없다.
ㄴ. 허가에 붙은 기한이 그 허가된 사업의 성질상 부당하게 짧아 이 기한을 그 허가 조건의 존속기간으로 해석할 수 있더라도, 그 후 당초의 기한이 상당 기간 연장되어 연장된 기간을 포함한 존속기간 전체를 기준으로 보면 더 이상 허가된 사업의 성질상 부당하게 짧은 경우에 해당하지 않게 된 때에는, 관계법령상 허가여부의 재량권을 가진 행정청은 허가조건의 개정만을 고려하여야 하는 것은 아니고, 재량권의 행사로서 더 이상의 기간 연장을 불허가하여 허가의 효력을 상실시킬 수 있다.
ㄷ. 수익적 행정처분에 부가된 부담이 처분 당시에는 적법했다 하더라도, 부담의 전제가 된 주된 행정처분의 근거법령이 개정됨으로써 행정청이 더 이상 부관을 붙일 수 없게 되었다면 곧바로 그 효력은 소멸된다.
ㄹ. 행정처분에 붙은 부담인 부관이 불가쟁력이 생겼다 하더라도, 당해 부담이 당연무효가 아닌 이상 그 부담의 이행으로서 하게 된 매매 등 사법상 법률행위의 효력을 민사소송으로 다툴 수는 없다.

① ㄱ, ㄴ　　② ㄱ, ㄷ
③ ㄴ, ㄷ　　④ ㄴ, ㄹ

해설 中

ㄱ 행정청이 한 공유수면매립준공인가 중 매립지 일부에 대하여 한 국가귀속처분은 매립준공인가를 함에 있어서 매립의 면허를 받은 자의 매립지에 대한 소유권취득을 규정한 공유수면매립법 제14조의 효과 일부를 배제하는 부관을 붙인 것이므로 이러한 행정행위의 부관에 대하여는 독립하여 행정소송의 대상으로 삼을 수 없다(대판 1991.12.13, 90누8503).

ㄴ 당초에 붙은 기한을 허가 자체의 존속기간이 아니라 허가조건의 존속기간으로 보더라도 그 후 당초의 기한이 상당 기간 연장되어 연장된 기간을 포함한 존속기간 전체를 기준으로 볼 경우 더 이상 허가된 사업의 성질상 부당하게 짧은 경우에 해당하지 않게 된 때에는 관계법령의 규정에 따라 허가 여부의 재량권을 가진 행정청으로서는 그때에도 허가조건의 개정만을 고려하여야 하는 것은 아니고 재량권의 행사로서 더 이상의 기간연장을 불허가할 수도 있는 것이며, 이로써 허가의 효력은 상실된다(대판 2004.3.25, 2003두12837).

ㄷ 행정청이 수익적 행정처분을 하면서 부가한 부담의 위법 여부는 처분 당시 법령을 기준으로 판단하여야 하고, 부담이 처분 당시 법령을 기준으로 적법하다면 처분 후 부담의 전제가 된 주된 행정처분의 근거법령이 개정됨으로써 행정청이 더 이상 부관을 붙일 수 없게 되었다 하더라도 곧바로 위법하게 되거나 그 효력이 소멸하게 되는 것은 아니다(대판 2009.2.12, 2005다65500).

ㄹ 행정처분에 붙은 부담인 부관이 제소기간의 도과로 확정되어 이미 불가쟁력이 생겼다면 그 하자가 중대하고 명백하여 당연 무효로 보아야 할 경우 외에는 누구나 그 효력을 부인할 수 없을 것이지만, 부담의 이행으로서 하게 된 사법상 매매 등의 법률행위는 부담을 붙인 행정처분과는 어디까지나 별개의 법률행위이므로 그 부담의 불가쟁력의 문제와는 별도로 법률행위가 사회질서 위반이나 강행규정에 위반되는지 여부 등을 따져보아 그 법률행위의 유효 여부를 판단하여야 한다(대판 2009.6.25, 2006다18174).

정답 ①

78. 다음 사례에 대한 판례의 입장으로 옳지 않은 것은? 17 국가직9급

고속국도 관리청이 고속도로 부지와 접도구역에 송유관 매설을 허가하면서 상대방인 甲과 체결한 협약에 따라 송유관 시설을 이전하게 될 경우 그 비용을 甲이 부담하도록 하였는데, 그 후 「도로법 시행규칙」이 개정되어 접도구역에는 관리청의 허가 없이도 송유관을 매설할 수 있게 되었다.

① 협약에 따라 송유관 시설을 이전하게 될 경우 그 비용을 甲이 부담하도록 한 것은 행정행위의 부관 중 부담에 해당한다.
② 甲과의 협약이 없더라도 고속국도 관리청은 송유관매설허가를 하면서 일방적으로 송유관 이전 시 그 비용을 甲이 부담한다는 내용의 부관을 부가할 수 있다.
③ 「도로법 시행규칙」의 개정 이후에도 위 협약에 포함된 부관은 부당결부금지의 원칙에 반하지 않는다.
④ 「도로법 시행규칙」의 개정으로 접도구역에는 관리청의 허가 없이도 송유관을 매설할 수 있게 되었기 때문에 위 협약 중 접도구역에 대한 부분은 효력이 소멸된다.

해설 ➤ 中

①③④ 행정청이 수익적 행정처분을 하면서 부가한 부담의 위법 여부는 처분 당시 법령을 기준으로 판단하여야 하고, 부담이 처분 당시 법령을 기준으로 적법하다면 처분 후 부담의 전제가 된 주된 행정처분의 근거법령이 개정됨으로써 행정청이 더 이상 부관을 붙일 수 없게 되었다 하더라도 곧바로 위법하게 되거나 그 효력이 소멸하게 되는 것은 아니다. 따라서 행정처분의 상대방이 수익적 행정처분을 얻기 위하여 행정청과 사이에 행정처분에 부가할 부담에 관한 협약을 체결하고 행정청이 수익적 행정처분을 하면서 협약상의 의무를 부담으로 부가하였으나 부담의 전제가 된 주된 행정처분의 근거법령이 개정됨으로써 행정청이 더 이상 부관을 붙일 수 없게 된 경우에도 곧바로 협약의 효력이 소멸하는 것은 아니다(대판 2009.2.12, 2005다65500).
② 수익적 행정처분에 있어서는 법령에 특별한 근거규정이 없다고 하더라도 그 부관으로서 부담을 붙일 수 있고, 그와 같은 부담은 행정청이 행정처분을 하면서 일방적으로 부가할 수도 있지만 부담을 부가하기 이전에 상대방과 협의하여 부담의 내용을 협약의 형식으로 미리 정한 다음 행정처분을 하면서 이를 부가할 수도 있다(대판 2009.2.12, 2005다65500)

정답 ④

79. 행정행위의 부관에 대한 설명으로 옳은 것은? (다툼이 있는 경우 판례에 의함) 17 지방직9급

① 부담부 행정행위의 경우 부담에서 부과하고 있는 의무의 이행이 있어야 비로소 주된 행정행위의 효력이 발생한다.
② 공유재산의 관리청이 기부채납된 행정재산에 대하여 행하는 사용·수익 허가의 경우, 부관인 사용·수익 허가의 기간에 위법사유가 있다면 허가 전부가 위법하게 된다.
③ 학설의 다수견해는 수정부담의 성격을 부관으로 이해한다.
④ 행정행위의 부관은 법령에 명시적 근거가 있는 경우에만 부가할 수 있다.

해설 ➤ 下

① 정지조건부 영업허가의 경우 장래의 불확실한 사실이 성취돼야 영업이 가능한데, 부담부 영업허가의 경우 행정행위 발급 당시부터 영업이 가능하다는 점에서 부담이 유리하다. 즉, 부담부 행정행위의 경우에는 부담을 이행해야 주된 행정행위의 효력이 발생하는 것이 아니다.
② 기부채납받은 공원(서울대공원)시설의 사용·수익허가에서 그 허가기간은 행정행위의 본질적 요소에 해당한다고 볼 것이어서, 부관인 허가기간에 위법사유가 있다면 이로써 이 사건 허가 전부가 위법하게 될 것이다(대판 2001.6.15, 99두509).
③ 수정부담의 부관성에 대해서는 실제로는 부관이 아니라 새로운 행정행위라는 견해가 일반적이다.
④ 재량행위에 있어서는 법령상의 근거가 없다고 하더라도 부관을 붙일 수 있는데, 그 부관의 내용은 적법하고 이행가능하여야 하며 비례의 원칙 및 평등의 원칙에 적합하고 행정처분의 본질적 효력을 해하지 아니하는 한도의 것이어야 한다(대판 1997.3.14, 96누16698).

정답 ②

80. 행정행위의 부관에 대한 설명으로 옳지 않은 것은? (다툼이 있는 경우 판례에 의함) 17 지방직9급

① 행정청이 행정행위에 부가한 부관과 달리 법령이 직접 행정행위의 조건을 정한 경우에 그 조건이 위법하면 이는 법률 및 법규명령에 대한 통제제도에 의해 통제된다.
② 행정청이 행정처분을 하기 이전에 행정행위의 상대방과 협의하여 의무의 내용을 협약의 형식으로 정한 다음에 행정처분을 하면서 그 의무를 부과하는 것은 부담이라고 할 수 없다.
③ 철회권이 유보된 경우에도 철회의 제한이론인 이익형량의 원칙이 적용되나, 행정행위의 계속성에 대한 상대방의 신뢰는 유보된 철회사유에 대해서는 인정되지 않는다.
④ 허가에 붙은 기한이 그 허가된 사업의 성질상 부당하게 짧은 경우, 이를 그 허가 자체의 존속기간이 아니라 그 허가조건의 존속기간으로 볼 수 있다.

해설 ▸ 中

① 법정부관은 법령이 직접 특정한 행정행위의 효과를 제한하기 위해 부가한 것이다. 법정부관의 경우 행정관청의 재량으로 붙이는 부관과는 다르기 때문에 부관에 해당하지 않고, 부관의 한계의 문제가 발생하지 않으며, 사법적 통제는 구체적 규범통제에 의한다.
② 수익적 행정처분에 있어서는 법령에 특별한 근거규정이 없다고 하더라도 그 부관으로서 부담을 붙일 수 있고, 그와 같은 부담은 행정청이 행정처분을 하면서 일방적으로 부가할 수도 있지만 부담을 부가하기 이전에 상대방과 협의하여 부담의 내용을 협약의 형식으로 미리 정한 다음 행정처분을 하면서 이를 부가할 수도 있다(대판 2009.2.12, 2005다65500).
③ 철회사유가 발생한 경우에도 행정청은 자유로이 철회할 수 있는 것은 아니고 철회권의 제한법리가 적용된다. 그러나 철회권이 유보된 경우 상대방은 철회가능성을 예견할 수 있으므로 신뢰보호원칙의 주장에 제한을 받으므로 손실보상을 청구할 수 없게 된다는 점에 존재의의가 있다.
취소권의 유보의 경우에 있어서도 무조건으로 취소권을 행사할 수 있는 것이 아니고 취소를 필요로 할 만한 공익상의 필요가 있는 때에 한하여 취소권을 행사할 수 있는 것이다(대판 1962.2.22, 4293행상42).
④ 일반적으로 행정처분에 효력기간이 정하여져 있는 경우에는 그 기간의 경과로 그 행정처분의 효력은 상실되고(효력존속기간), 다만 허가에 붙은 기한이 그 허가된 사업의 성질상 부당하게 짧은 경우에는 이를 그 '허가자체'의 존속기간이 아니라 그 '허가조건'의 존속기간(갱신기간 또는 조건존속기간)으로 보아 그 기한이 도래함으로써 그 조건의 개정을 고려한다는 뜻으로 해석할 수는 있지만, 그와 같은 경우라 하더라도 그 허가기간이 연장되기 위하여는 그 종기가 도래하기 전에 그 허가기간의 연장에 관한 신청이 있어야 하며, 만일 그러한 연장신청이 없는 상태에서 허가기간이 만료하였다면 그 허가의 효력은 상실된다(대판 2007.10.11, 2005두12404).

정답 ②

81. 〈보기〉에 대한 설명으로 옳지 않은 것은? (다툼이 있는 경우 판례에 의함) 17 국회직8급

〈보 기〉

행정청 A는 甲에 대하여 주택건설사업계획 승인처분을 하면서 사업부지 중 일부를 공공시설용 토지로 기부채납할 것을 부관으로 하였고, 甲은 그 부관의 이행으로 토지에 대한 소유권이전등기를 마쳤다.

① 행정청 A는 법령에 특별한 근거가 없더라도 甲에 대하여 부관을 붙일 수 있다.
② 甲은 기부채납 부관에 대하여서 독립하여 취소소송을 제기할 수 있다.
③ 甲에 대한 기부채납 부관이 무효가 되더라도 그 부담의 이행으로 한 소유권이전등기가 당연히 무효가 되는 것은 아니다.
④ 甲에 대한 기부채납 부관이 제소기간의 도과로 불가쟁력이 발생한 이후에는 그 부담의 이행으로 한 소유권이전등기의 효력을 다툴 수 없다.
⑤ 위 기부채납 부관이 처분과 실체적 관련성이 없어 부관으로 붙일 수 없는 경우, 사법상 계약의 형식으로 甲에게 토지이전 의무를 부과할 수는 없다.

해설 ➤ 中

② 주택건설사업계획 승인에 붙여진 기부채납의 조건은 행정행위의 부관 중 '부담'에 해당하는 것으로서, 그 조건에 하자가 있다고 하더라도 그 하자가 기부채납의 조건을 당연무효로 할 만한 사유에 해당한다고 볼 수는 없고, 또 그와 같은 행정처분의 부관에 근거한 기부채납행위가 당연무효이거나 취소될 사유는 못 된다(대판 1996.1.23, 95다3541). 따라서 부담에 대한 독립쟁송이 가능하다.
③ 행정처분에 부담인 부관을 붙인 경우 부관의 무효화에 의하여 본체인 행정처분 자체의 효력에도 영향이 있게 될 수는 있지만, 그 처분을 받은 사람이 부담의 이행으로 사법상 매매 등의 법률행위를 한 경우에는 그 부관은 특별한 사정이 없는 한 법률행위를 하게 된 동기 내지 연유로 작용하였을 뿐이므로 이는 법률행위의 취소사유가 될 수 있음은 별론으로 하고 그 법률행위 자체를 당연히 무효화하는 것은 아니다(대판 2009.6.25, 2006다18174).
④ 행정처분에 붙은 부담인 부관이 제소기간의 도과로 확정되어 이미 불가쟁력이 생겼다면 그 하자가 중대하고 명백하여 당연 무효로 보아야 할 경우 외에는 누구나 그 효력을 부인할 수 없을 것이지만, 부담의 이행으로서 하게 된 사법상 매매 등의 법률행위는 부담을 붙인 행정처분과는 어디까지나 별개의 법률행위이므로 그 부담의 불가쟁력의 문제와는 별도로 법률행위가 사회질서 위반이나 강행규정에 위반되는지 여부 등을 따져보아 그 법률행위의 유효 여부를 판단하여야 한다(대판 2009.6.25, 2006다18174).
⑤ 행정처분과 부관 사이에 실제적 관련성이 있다고 볼 수 없는 경우 공무원이 위와 같은 공법상의 제한을 회피할 목적으로 행정처분의 상대방과 사이에 사법상 계약을 체결하는 형식을 취하였다면 이는 법치행정의 원리에 반하는 것으로서 위법하다(대판 2009.12.10, 2007다63966).

정답 ④

82. 행정행위의 부관에 대한 설명으로 옳지 않은 것은? (다툼이 있는 경우 판례에 의함) 18 지방직9급

① 행정행위의 부관은 법령이 직접 행정행위의 조건이나 기한 등을 정한 경우와 구별되어야 한다.
② 재량행위에는 법령상의 제한에 근거한 것이 아니라 하더라도 공익상 필요에 의하여 부관을 붙일 수 있다.
③ 허가에 붙은 기한이 그 허가된 사업의 성질상 부당하게 짧은 경우에 그 기한은 허가조건의 존속기간이 아니라 허가 자체의 존속기간으로 보아야 한다.
④ 부담은 독립하여 항고소송의 대상이 될 수 있으며, 부담부 행정행위는 부담의 이행여부를 불문하고 효력이 발생한다.

해설 ➤ 下

① 행정행위의 부관이란 행정청이 행정행위 '효과를 제한 또는 보충'하기 위하여 주된 행정행위에 부가한 '종된 규율'을 말한다. 이에 반해 법정부관은 법령이 직접 특정한 행정행위의 효과를 제한하기 위해 부가한 것이다.
식품제조영업허가기준이라는 고시에 정한 허가기준에 따라 보존음료수 제조업의 허가에 붙여진 "전량수출 또는 주한외국인에 대한 판매에 한한다."는 내용의 조건은 이른바 법정부관으로서 행정청의 의사에 기하여 붙여지는 본래의 의미에서의 행정행위의 부관은 아니므로, 이와 같은 법정부관에 대하여는 행정행위에 부관을 붙일 수 있는 한계에 관한 일반적인 원칙이 적용되지는 않는다[대판(전합) 1994.3.8, 92누1728].
② 재량행위에 있어서는 법령상의 근거가 없다고 하더라도 부관을 붙일 수 있는데, 그 부관의 내용은 적법하고 이행가능하여야 하며 비례의 원칙 및 평등의 원칙에 적합하고 행정처분의 본질적 효력을 해하지 아니하는 한도의 것이어야 한다(대판 1997.3.14, 96누16698).
③ 일반적으로 행정처분에 효력기간이 정하여져 있는 경우에는 그 기간의 경과로 그 행정처분의 효력은 상실되고(효력존속기간), 다만 허가에 붙은 기한이 그 허가된 사업의 성질상 부당하게 짧은 경우에는 이를 그 '허가자체'의 존속기간이 아니라 그 '허가조건'의 존속기간(갱신기간 또는 조건존속기간)으로 보아 그 기한이 도래함으로써 그 조건의 개정을 고려한다는 뜻으로 해석할 수는 있지만, 그와 같은 경우라 하더라도 그 허가기간이 연장되기 위하여는 그 종기가 도래하기 전에 그 허가기간의 연장에 관한 신청이 있어야 하며, 만일 그러한 연장신청이 없는 상태에서 허가기간이 만료하였다면 그 허가의 효력은 상실된다(대판 2007.10.11, 2005두12404).
④ 부담만 독립쟁송이 가능하다는 것이 통설·판례이다. 한편 부담부 행정행위는 유효하게 성립하므로 부담의 이행 여부와 관계 없이 효력이 발생한다. 다만, 부담의 불이행을 이유로 행정행위를 철회하면 효력이 상실된다.

정답 ③

83. 행정행위의 부관에 대한 설명으로 옳지 않은 것은? (다툼이 있는 경우 판례에 의함) 18 국가직7급

① 법령에 특별한 근거규정이 없는 한 기속행위에는 부관을 붙일 수 없고 기속행위에 붙은 부관은 무효이다.
② 행정처분과의 실제적 관련성이 없어 부관으로 붙일 수 없는 부담은 사법상 계약의 형식으로도 부과할 수 없다.
③ 취소소송에 의하지 않으면 권리구제를 받을 수 없는 경우에는, 부담이 아닌 부관이라 하더라도 그 부관만을 대상으로 취소소송을 제기하는 것이 허용된다.
④ 부관의 일종인 사후부담은, 법률에 명문의 규정이 있거나 그것이 미리 유보되어 있는 경우 또는 상대방의 동의가 있는 경우에 허용되는 것이 원칙이다.

해설 (下)

① 일반적으로 기속행위나 기속적 재량행위에는 부관을 붙일 수 없고 가사 부관을 붙였다 하더라도 이는 무효의 것이다(대판 1995.6.13, 94다56883).
② 행정처분과 부관 사이에 실제적 관련성이 있다고 볼 수 없는 경우 공무원이 위와 같은 공법상의 제한을 회피할 목적으로 행정처분의 상대방과 사이에 사법상 계약을 체결하는 형식을 취하였다면 이는 법치행정의 원리에 반하는 것으로서 위법하다(대판 2009.12.10, 2007다63966).
③ 설문과 같은 예외는 인정되지 않는다.
행정행위의 부관은 부담인 경우를 제외하고는 독립하여 행정소송의 대상이 될 수 없는바, 이 사건 허가에서 피고가 정한 사용·수익허가의 기간은 이 사건 허가의 효력을 제한하기 위한 행정행위의 부관으로서 이러한 사용·수익허가의 기간에 대해서는 독립하여 행정소송을 제기할 수 없는 것이고, 이러한 법리는 이 사건 허가 중 원고가 신청한 허가기간을 받아들이지 않은 부분의 취소를 구하는 이 사건 주위적 청구의 경우에도 마찬가지로 적용되어야 할 것이므로, 결국 이 사건 주위적 청구는 부적법하여 각하를 면할 수 없다(대판 2001.6.15, 99두509).
④ 행정처분에 이미 부담이 부가되어 있는 상태에서 그 의무의 범위 또는 내용 등을 변경하는 부관의 사후변경은 법률에 명문의 규정이 있거나 그 변경이 미리 유보되어 있는 경우 또는 상대방의 동의가 있는 경우에 한하여 허용되는 것이 원칙이지만, 사정변경으로 인하여 당초에 부담을 부가한 목적을 달성할 수 없게 된 경우에도 그 목적달성에 필요한 범위 내에서 예외적으로 허용된다(대판 1997.5.30, 97누2627).

정답 ③

84. 행정행위의 부관에 대한 설명으로 옳은 것만을 모두 고르면? (다툼이 있는 경우 판례에 의함) 18 지방직7급

ㄱ. 행정청은 수익적 행정처분으로서 재량행위인 주택재건축사업시행 인가에 대하여 법령상의 제한에 근거한 것이 아니라 하더라도 공익상 필요 등에 의하여 필요한 범위 내에서 조건(부담)을 부과할 수 있다.
ㄴ. 행정청이 수익적 행정처분을 하면서 사전에 상대방과 체결한 협약상의 의무를 부담으로 부가하였는데 부담의 전제가 된 주된 행정처분의 근거 법령이 개정되어 행정청이 더 이상 부관을 붙일 수 없게 된 경우, 위 협약의 효력이 곧바로 소멸하게 되는 것은 아니다.
ㄷ. 허가에 붙은 기한이 그 허가된 사업의 성질상 부당하게 짧은 경우에는 이를 그 허가 자체의 존속기간이 아니라 그 허가조건의 존속기간으로 본다.
ㄹ. 행정청이 종교단체에 대하여 기본재산전환인가를 함에 있어 인가조건을 부가하고 그 불이행시 인가를 취소할 수 있도록 한 경우, 인가조건의 의미는 인가처분에 대한 철회권을 유보한 것이다.

① ㄱ, ㄷ
② ㄷ, ㄹ
③ ㄱ, ㄴ, ㄹ
④ ㄱ, ㄴ, ㄷ, ㄹ

해설 (上)

ㄱ 주택재건축사업시행의 인가는 상대방에게 권리나 이익을 부여하는 효과를 가진 이른바 수익적 행정처분으로서 법령에 행정처분의 요건에 관하여 일의적으로 규정되어 있지 아니한 이상 행정청의 재량행위에 속하므로, 처분청으로서는 법령상의 제한에 근거한 것이 아니라 하더라도 공익상 필요 등에 의하여 필요한 범위 내에서 여러 조건(부담)을 부과할 수 있다(대판 2007.7.12, 2007두6663).
ㄴ 행정청이 수익적 행정처분을 하면서 부가한 부담의 위법 여부는 처분 당시 법령을 기준으로 판단하여야 하고, 부담이 처분 당시 법령을 기준으로 적법하다면 처분 후 부담의 전제가 된 주된 행정처분의 근거법령이 개정됨으로써 행정청이 더 이상 부관을 붙일 수 없게 되었다 하더라도 곧바로 위법하게 되거나 그 효력이 소멸하게 되는 것은 아니다. 따라서 행정처분의 상대방이 수익적 행정처분을 얻기 위하여 행정청과 사이에

행정처분에 부가할 부담에 관한 협약을 체결하고 행정청이 수익적 행정처분을 하면서 협약상의 의무를 부담으로 부가하였으나 부담의 전제가 된 주된 행정처분의 근거법령이 개정됨으로써 행정청이 더 이상 부관을 붙일 수 없게 된 경우에도 곧바로 협약의 효력이 소멸하는 것은 아니다(대판 2009.2.12, 2005다65500).

ㄷ 일반적으로 행정처분에 효력기간이 정하여져 있는 경우에는 그 기간의 경과로 그 행정처분의 효력은 상실되고(효력존속기간), 다만 허가에 붙은 기한이 그 허가된 사업의 성질상 부당하게 짧은 경우에는 이를 그 '허가자체'의 존속기간이 아니라 그 '허가조건'의 존속기간(갱신기간 또는 조건존속기간)으로 보아 그 기한이 도래함으로써 그 조건의 개정을 고려한다는 뜻으로 해석할 수는 있지만, 그와 같은 경우라 하더라도 그 허가기간이 연장되기 위하여는 그 종기가 도래하기 전에 그 허가기간의 연장에 관한 신청이 있어야 하며, 만일 그러한 연장신청이 없는 상태에서 허가기간이 만료하였다면 그 허가의 효력은 상실된다(대판 2007.10.11, 2005두12404).

ㄹ 기본재산전환인가의 인가조건으로 되어 있는 사유들은 모두 위 인가처분의 효력이 발생하여 기본재산 처분행위가 유효하게 이루어진 이후에 비로소 이행할 수 있는 것들이고, 인가처분 당시에 그 처분에 그와 같은 흠이 존재하였던 것은 아니므로, 위 법리에 의하면, 위 사유들은 모두 인가처분의 철회사유에 해당한다고 보아야 하고, 인가처분을 함에 있어 위와 같은 철회사유를 인가조건으로 부가하면서 비록 철회권 유보라고 명시하지 아니한 채 조건불이행시 인가를 취소할 수 있다는 기재를 하였다 하더라도 위 인가조건의 전체적 의미는 인가처분에 대한 철회권을 유보한 것이라고 봄이 상당하다(대판 2003.5.30, 2003다6422).

정답 ④

85. 행정행위의 부관에 대한 설명으로 옳지 않은 것은? (다툼이 있는 경우 판례에 의함) 19 국가직9급

① 도로점용허가의 점용기간을 정함에 있어 위법사유가 있다면 도로점용허가처분 전부가 위법하게 된다.
② 기속행위에 대해서는 법령상 특별한 근거가 없는 한 부관을 붙일 수 없고, 가사 부관을 붙였다고 하더라도 이는 무효이다.
③ 행정처분에 부담인 부관을 붙인 경우, 부관이 무효라면 부담의 이행으로 이루어진 사법상 매매행위도 당연히 무효가 된다.
④ 사정변경으로 당초에 부담을 부가한 목적을 달성할 수 없게 된 경우에도 그 목적달성에 필요한 범위 내에서 예외적으로 부담의 사후변경이 허용된다.

해설 ㊦

① 도로점용허가의 점용기간은 행정행위의 본질적인 요소에 해당한다고 볼 것이어서 부관인 점용기간을 정함에 있어서 위법사유가 있다면 이로써 도로점용허가처분 전부가 위법하게 된다(대판 1985.7.9, 84누604).

② 일반적으로 기속행위나 기속적 재량행위에는 부관을 붙일 수 없고 가사 부관을 붙였다 하더라도 이는 무효의 것이다(대판 1988.4.27, 87누1106).

③ 행정처분에 부담인 부관을 붙인 경우 부관의 무효화에 의하여 본체인 행정처분 자체의 효력에도 영향이 있게 될 수는 있지만, 그 처분을 받은 사람이 부담의 이행으로 사법상 매매 등의 법률행위를 한 경우에는 그 부관은 특별한 사정이 없는 한 법률행위를 하게 된 동기 내지 연유로 작용하였을 뿐이므로 이는 법률행위의 취소사유가 될 수 있음은 별론으로 하고 그 법률행위 자체를 당연히 무효화하는 것은 아니다(대판 2009.6.25, 2006다18174).

④ 행정처분에 이미 부담이 부가되어 있는 상태에서 그 의무의 범위 또는 내용 등을 변경하는 부관의 사후변경은 법률에 명문의 규정이 있거나 그 변경이 미리 유보되어 있는 경우 또는 상대방의 동의가 있는 경우에 한하여 허용되는 것이 원칙이지만, 사정변경으로 인하여 당초에 부담을 부가한 목적을 달성할 수 없게 된 경우에도 그 목적달성에 필요한 범위 내에서 예외적으로 허용된다(대판 1997.5.30, 97누2627).

정답 ③

86. 행정행위의 부관에 대한 설명으로 옳지 않은 것은? (다툼이 있는 경우 판례에 의함) 19 지방직9급

① 도로점용허가의 점용기간은 행정행위의 본질적인 요소에 해당한다고 볼 것이어서 부관인 점용기간을 정함에 있어서 위법사유가 있다면 이로써 도로점용허가처분 전부가 위법하게 된다.
② 부담이 처분 당시 법령을 기준으로 적법하다면 처분 후 부담의 전제가 된 주된 행정처분의 근거 법령이 개정됨으로써 행정청이 더 이상 부관을 붙일 수 없게 되었다 하더라도 곧바로 위법하게 되거나 그 효력이 소멸하게 되는 것은 아니다.
③ 기선선망어업의 허가를 하면서 운반선, 등선 등 부속선을 사용할 수 없도록 제한한 부관은 그 어업허가의 목적 달성을 사실상 어렵게 하여 그 본질적 효력을 해하는 것이다.
④ 공유수면매립준공인가처분을 하면서 매립지 일부에 대하여 한 국가 및 지방자치단체에의 귀속처분은 부관 중 부담에 해당하므로 독립하여 행정소송 대상이 될 수 있다.

해설 ➤ ㊥

① 도로점용허가의 점용기간은 행정행위의 본질적인 요소에 해당한다고 볼 것이어서 부관인 점용기간을 정함에 있어서 위법사유가 있다면 이로써 도로점용허가처분 전부가 위법하게 된다(대판 1985.7.9, 84누604).
② 행정청이 수익적 행정처분을 하면서 부가한 부담의 위법 여부는 처분 당시 법령을 기준으로 판단하여야 하고, 부담이 처분 당시 법령을 기준으로 적법하다면 처분 후 부담의 전제가 된 주된 행정처분의 근거법령이 개정됨으로써 행정청이 더 이상 부관을 붙일 수 없게 되었다 하더라도 곧바로 위법하게 되거나 그 효력이 소멸하게 되는 것은 아니다(대판 2009.2.12, 2005다65500).
③ 수산업법 제15조에 의하여 어업의 면허 또는 허가에 붙이는 부관은 그 성질상 허가된 어업의 본질적 효력을 해하지 않는 한도의 것이어야 하고 허가된 어업의 내용 또는 효력 등에 대하여는 행정청이 임의로 제한 또는 조건을 붙일 수 없다. …… 기선선망어업의 허가를 하면서 운반선, 등선 등 부속선을 사용할 수 없도록 제한한 부관은 그 어업허가의 목적달성을 사실상 어렵게 하여 그 본질적 효력을 해하는 것일 뿐만 아니라 위 시행령의 규정에도 어긋나는 것이며, 더욱이 어업조정이나, 기타 공익상 필요하다고 인정되는 사정이 없는 이상 위법한 것이다(대판 1990.4.27, 89누6808).
④ 부담이 아니라 법률효과의 일부배제이다.
행정청이 한 공유수면매립준공인가 중 매립지 일부에 대하여 한 국가귀속처분은 매립준공인가를 함에 있어서 매립의 면허를 받은 자의 매립지에 대한 소유권취득을 규정한 공유수면매립법 제14조의 효과 일부를 배제하는 부관을 붙인 것이므로 이러한 행정행위의 부관에 대하여는 독립하여 행정소송의 대상으로 삼을 수 없다(대판 1991.12.13, 90누8503).

정답 ④

87. 행정행위의 부관에 대한 설명으로 옳지 않은 것은? (다툼이 있는 경우 판례에 의함) 19 국회직8급

① 매립의 면허를 받은 자의 매립지에 대한 소유권취득을 규정한 법령에도 불구하고 행정청이 공유수면매립준공인가 중 매립지 일부에 대하여 한 국가귀속처분은 독립하여 행정소송의 대상으로 삼을 수 없다.
② 고시에서 정하여진 허가기준에 따라 보존음료수 제조업의 허가에 부가된 조건은 행정행위에 부관을 부가할 수 있는 한계에 관한 일반적인 원칙이 적용되지 아니한다.
③ 기속행위적 행정처분에 부담을 부가한 경우 그 부담은 무효라 할지라도 본체인 행정처분 자체의 효력에는 일반적으로 영향이 없다.
④ 행정처분에 부가한 부담이 무효인 경우에도 그 부담의 이행으로 한 사법상 법률행위가 당연히 무효가 되는 것은 아니며 행정처분에 부가한 부담이 제소기간의 도과로 불가쟁력이 생긴 경우에도 그 부담의 이행으로 한 사법상 법률행위의 효력을 다툴 수 있다.
⑤ 기부채납 받은 행정재산에 대한 사용·수익허가에서 공유재산의 관리청이 정한 사용·수익허가의 기간에 대하여서는 독립하여 행정소송을 제기할 수 없다.

해설 中

① 행정청이 한 공유수면매립준공인가 중 매립지 일부에 대하여 한 국가귀속처분은 매립준공인가를 함에 있어서 매립의 면허를 받은 자의 매립지에 대한 소유권취득을 규정한 공유수면매립법 제14조의 효과 일부를 배제하는 부관을 붙인 것이므로 이러한 행정행위의 부관에 대하여는 독립하여 행정소송의 대상으로 삼을 수 없다(대판 1991.12.13, 90누8503).
② 식품제조영업허가기준이라는 고시에 정한 허가기준에 따라 보존음료수 제조업의 허가에 붙여진 "전량수출 또는 주한외국인에 대한 판매에 한한다."는 내용의 조건은 이른바 법정부관으로서 행정청의 의사에 기하여 붙여지는 본래의 의미에서의 행정행위의 부관은 아니므로, 이와 같은 법정부관에 대하여는 행정행위에 부관을 붙일 수 있는 한계에 관한 일반적인 원칙이 적용되지는 않는다[대판(전합) 1994.3.8, 92누1728].
③ 기속행위 내지 기속적 재량행위 행정처분에 부담인 부관을 붙인 경우 일반적으로 그 부관은 무효라 할 것이고 그 부관의 무효화에 의하여 본체인 행정처분 자체의 효력에도 영향이 있게 될 수는 있지만, 그러한 사유는 그 처분을 받은 사람이 그 부담의 이행으로서의 증여의 의사표시를 하게 된 동기 내지 연유로 작용하였을 뿐이므로 취소사유가 될 수 있음은 별론으로 하여도 그 의사표시 자체를 당연히 무효화하는 것은 아니다(대판 1998.12.22, 98다51305).
④ 행정처분에 붙은 부담인 부관이 제소기간의 도과로 확정되어 이미 불가쟁력이 생겼다면 그 하자가 중대하고 명백하여 당연 무효로 보아야 할 경우 외에는 누구나 그 효력을 부인할 수 없을 것이지만, 부담의 이행으로서 하게 된 사법상 매매 등의 법률행위는 부담을 붙인 행정처분과는 어디까지나 별개의 법률행위이므로 그 부담의 불가쟁력의 문제와는 별도로 법률행위가 사회질서 위반이나 강행규정에 위반되는지 여부 등을 따져보아 그 법률행위의 유효 여부를 판단하여야 한다(대판 2009.6.25, 2006다18174).
⑤ 행정행위의 부관은 부담인 경우를 제외하고는 독립하여 행정소송의 대상이 될 수 없는바, 이 사건 허가에서 피고가 정한 사용·수익허가의 기간은 이 사건 허가의 효력을 제한하기 위한 행정행위의 부관으로서 이러한 사용·수익허가의 기간에 대해서는 독립하여 행정소송을 제기할 수 없는 것이고, 이러한 법리는 이 사건 허가 중 원고가 신청한 허가기간을 받아들이지 않은 부분의 취소를 구하는 이 사건 주위적 청구의 경우에도 마찬가지로 적용되어야 할 것이므로, 결국 이 사건 주위적 청구는 부적법하여 각하를 면할 수 없다(대판 2001.6.15, 99두509).

정답 ③

88. 갑은 개발제한구역 내에서의 건축허가를 관할 행정청인 을에게 신청하였고, 을은 갑에게 일정 토지의 기부채납을 조건으로 이를 허가하였다. 이에 대한 설명으로 옳은 것은? (다툼이 있는 경우 판례에 의함) 19 지방직7급

① 특별한 규정이 없다면 갑에 대한 건축허가는 기속행위로서 건축허가를 하면서 기부채납조건을 붙인 것은 위법하다.
② 갑이 부담인 기부채납조건에 대하여 불복하지 않았고, 이를 이행하지도 않은 채 기부채납조건에서 정한 기부채납기한이 경과하였다면 이로써 갑에 대한 건축허가는 효력을 상실한다.
③ 기부채납조건이 중대하고 명백한 하자로 인하여 무효라 하더라도 갑의 기부채납 이행으로 이루어진 토지의 증여는 그 자체로 사회질서 위반이나 강행규정 위반 등의 특별한 사정이 없는 한 유효하다.
④ 건축허가 자체는 적법하고 부담인 기부채납조건만이 취소사유에 해당하는 위법성이 있는 경우, 갑은 기부채납조건부 건축허가처분 전체에 대하여 취소소송을 제기할 수 있을 뿐이고 기부채납조건만을 대상으로 취소소송을 제기할 수 없다.

해설 中

① 구 도시계획법 제21조와 같은법시행령 제20조 및 같은법시행규칙 제7조, 제8조 등의 규정을 종합해 보면, 개발제한구역 내에서는 구역지정의 목적상 건축물의 건축 및 공작물의 설치 등 개발행위가 원칙적으로 금지되고, 다만 구체적인 경우에 이러한 구역지정의 목적에 위배되지 아니할 경우 예외적으로 허가에 의하여 그러한 행위를 할 수 있게 되어 있음이 그 규정의 체제와 문언상 분명하고, 이러한 예외적인 개발행위의 허가는 상대방에게 수익적인 것이 틀림이 없으므로 그 법률적 성질은 재량행위 내지 자유재량행위에 속하는 것이고, 이러한 재량행위에 있어서는 관계 법령에 명시적인 금지규정이 없는 한 행정목적을 달성하기 위하여 조건이나 기한, 부담 등의 부관을 붙일 수 있고, 그 부관의 내용이 이행 가능하고 비례의 원칙 및 평등의 원칙에 적합하며 행정처분의 본질적 효력을 저해하지 아니하는 이상 위법하다고 할 수 없다(대판 2004.3.25, 2003두12837).
② 부담의 불이행은 행정행위의 '철회'사유이지, '실효'사유가 아니다.
③ 행정처분에 부담인 부관을 붙인 경우 부관의 무효화에 의하여 본체인 행정처분 자체의 효력에도 영향이 있게 될 수는 있지만, 그 처분을 받은 사람이 부담의 이행으로 사법상 매매 등의 법률행위를 한 경우에는 그 부관은 특별한 사정이 없는 한 법률행위를 하게 된 동기 내지 연유로 작용하였을 뿐이므로 이는 법률행위의 취소사유가 될 수 있음은 별론으로 하고 그 법률행위 자체를 당연히 무효화하는 것은 아니다. 또한, 행정처분에 붙은 부담인 부관이 제소기간의 도과로 확정되어 이미 불가쟁력이 생겼다면 그 하자가 중대하고 명백하여 당연 무효로 보아야 할 경우 외에는 누구나 그 효력을 부인할 수 없을 것이지만, 부담의 이행으로서 하게 된 사법상 매매 등의 법률행위는 부담을 붙인 행정처분과는 어디까

지나 별개의 법률행위이므로 그 부담의 불가쟁력의 문제와는 별도로 법률행위가 사회질서 위반이나 강행규정에 위반되는지 여부 등을 따져보아 그 법률행위의 유효 여부를 판단하여야 한다(대판 2009.6.25, 2006다18174).
④ 행정행위의 부관 중에서도 행정행위에 부수하여 그 행정행위의 상대방에게 일정한 의무를 부과하는 행정청의 의사표시인 부담의 경우에는 다른 부관과는 달리 행정행위의 불가분적인 요소가 아니고 그 존속이 본체인 행정행위의 존재를 전제로 하는 것일 뿐이므로 부담 그 자체로서 행정쟁송의 대상이 될 수 있다(대판 1992.1.21, 91누1264).

정답 ③

89. 부관에 대한 설명으로 옳지 않은 것은? (다툼이 있는 경우 판례에 의함) 20 국회직9급

① 일반적으로 기속행위에 대해서는 부관을 붙일 수 없다.
② 조건인지 부담인지 불확실한 경우에는 상대방에게 유리한 부담으로 해석한다.
③ 공익법인의 기본재산의 처분에 관한 주무관청의 허가는 강학상 인가에 해당하고 이에 대한 부관의 부과는 허용되지 아니한다.
④ 법률에 명문의 규정이 있거나 미리 유보되어 있는 경우 또는 상대방의 동의가 있는 경우에 사후부담이 허용된다.
⑤ 행정청이 관리처분계획에 대한 인가처분을 할 때에는 인가 여부를 결정할 수 있을 뿐 기부채납과 같은 다른 조건을 붙일 수는 없다.

해설 中

① 일반적으로 기속행위나 기속적 재량행위에는 부관을 붙일 수 없고 가사 부관을 붙였다 하더라도 이는 무효의 것이다(대판 1995.6.13, 94다56883).
② 정지조건부 영업허가의 경우 장래의 불확실한 사실이 성취돼야 영업이 가능한데, 부담부 영업허가의 경우 행정행위 발급 당시부터 영업이 가능하다는 점에서 부담이 유리하다. 즉, 부담부 행정행위의 경우에는 부담을 이행해야 주된 행정행위의 효력이 발생하는 것이 아니다. 한편, 해제조건부 행정행위는 조건성취 시 바로 효력을 상실하지만, 부담부 행정행위의 경우 부담의 불이행으로 바로 실효되지는 않고 그를 이유로 행정행위가 철회될 때까지는 유효하다는 점에서 부담이 조건보다 유리하다고 할 수 있다. 따라서 양자의 구별은 일차적으로 행정청의 객관적 의사를 기준으로 하되, 2차적으로는 상대방에 대한 침익성이 적은 부담으로 해석한다.
③ 공익법인의 기본재산의 처분에 관한 「공익법인의 설립·운영에 관한 법률」 제11조 제3항의 규정은 강행규정으로서 이에 위반하여 주무관청의 허가를 받지 않고 기본재산을 처분하는 것은 무효라 할 것인데, 위 처분허가에 부관을 붙인 경우 그 처분허가의 법률적 성질이 형성적 행정행위로서의 인가에 해당한다고 하여 조건으로서의 부관의 부과가 허용되지 아니한다고 볼 수는 없다(대판 2005.9.28, 2004다50044).
④ 행정처분에 이미 부담이 부가되어 있는 상태에서 그 의무의 범위 또는 내용 등을 변경하는 부관의 사후변경은 법률에 명문의 규정이 있거나 그 변경이 미리 유보되어 있는 경우 또는 상대방의 동의가 있는 경우에 한하여 허용되는 것이 원칙이지만, 사정변경으로 인하여 당초에 부담을 부가한 목적을 달성할 수 없게 된 경우에도 그 목적달성에 필요한 범위 내에서 예외적으로 허용된다(대판 1997.5.30, 97누2627).
⑤ 행정청이 관리처분계획에 대한 인가 여부를 결정할 때에는 그 관리처분계획에 도시정비법 제48조 및 그 시행령 제50조에 규정된 사항이 포함되어 있는지, 그 계획의 내용이 도시정비법 제48조 제2항의 기준에 부합하는지 여부 등을 심사·확인하여 그 인가 여부를 결정할 수 있을 뿐 기부채납과 같은 다른 조건을 붙일 수는 없다고 할 것이다(대판 2012.8.30, 2010두24951).

정답 ③

90. 행정행위의 부관에 대한 설명으로 옳은 것만을 모두 고르면? (다툼이 있는 경우 판례에 의함) 20 국가직9급

ㄱ. 허가에 붙은 기한이 그 허가된 사업의 성질상 부당하게 짧아 그 기한을 허가조건의 존속기간으로 볼 수 있는 경우에 허가기간이 연장되기 위하여는 그 종기가 도래하기 전에 그 허가기간의 연장에 관한 신청이 있어야 한다.
ㄴ. 토지소유자가 토지형질변경행위허가에 붙은 기부채납의 부관에 따라 토지를 기부채납(증여)한 경우, 기부채납의 부관이 당연무효이거나 취소되지 않은 상태에서 그 부관으로 인하여 증여계약의 중요 부분에 착오가 있음을 이유로 증여계약을 취소할 수 없다.
ㄷ. 행정청이 수익적 행정처분을 하면서 사전에 상대방과 체결한 협약상의 의무를 부담으로 부가하였는데, 부담의 전제가 된 주된 행정처분의 근거 법령이 개정되어 부관을 붙일 수 없게 된 경우에는 곧바로 협약의 효력이 소멸한다.
ㄹ. 행정처분과 실제적 관련성이 없어 부관으로 붙일 수 없는 부담이라고 하더라도 행정처분의 상대방에게 사법상 계약의 형식으로 이를 부과할 수 있다.

① ㄱ, ㄴ　② ㄴ, ㄹ
③ ㄷ, ㄹ　④ ㄱ, ㄴ, ㄹ

해설 ▸ 中

ㄱ 일반적으로 행정처분에 효력기간이 정하여져 있는 경우에는 그 기간의 경과로 그 행정처분의 효력은 상실되고(효력존속기간), 다만 허가에 붙은 기한이 그 허가된 사업의 성질상 부당하게 짧은 경우에는 이를 그 '허가자체'의 존속기간이 아니라 그 '허가조건'의 존속기간(갱신기간 또는 조건존속기간)으로 보아 그 기한이 도래함으로써 그 조건의 개정을 고려한다는 뜻으로 해석할 수는 있지만, 그와 같은 경우라 하더라도 그 허가기간이 연장되기 위하여는 그 종기가 도래하기 전에 그 허가기간의 연장에 관한 신청이 있어야 하며, 만일 그러한 연장신청이 없는 상태에서 허가기간이 만료하였다면 그 허가의 효력은 상실된다(대판 2007.10.11, 2005두12404).
ㄴ 기부채납의 부관이 당연무효이거나 취소되지 않은 상태에서 그 부관으로 인하여 증여계약의 중요부분에 착오가 있음을 이유로 증여계약을 취소할 수 없다(대판 1999.5.25, 98다53134).
ㄷ 행정청이 수익적 행정처분을 하면서 부가한 부담의 위법 여부는 처분 당시 법령을 기준으로 판단하여야 하고, 부담이 처분 당시 법령을 기준으로 적법하다면 처분 후 부담의 전제가 된 주된 행정처분의 근거법령이 개정됨으로써 행정청이 더 이상 부관을 붙일 수 없게 되었다 하더라도 곧바로 위법하게 되거나 그 효력이 소멸하게 되는 것은 아니다(대판 2009.2.12, 2005다65500).
ㄹ 공무원이 인허가 등 수익적 행정처분을 하면서 상대방에게 그 처분과 관련하여 이른바 부관으로서 부담을 붙일 수 있다 하더라도, 그러한 부담은 법치주의와 사유재산 존중, 조세법률주의 등 헌법의 기본원리에 비추어 비례의 원칙이나 부당결부의 원칙에 위반되지 않아야만 적법한 것인바, 행정처분과 부관 사이에 실제적 관련성이 있다고 볼 수 없는 경우 공무원이 위와 같은 공법상의 제한을 회피할 목적으로 행정처분의 상대방과 사이에 사법상 계약을 체결하는 형식을 취하였다면 이는 법치행정의 원리에 반하는 것으로서 위법하다(대판 2009.12.10, 2007다63966).

정답 ①

91. 행정행위의 부관에 대한 설명으로 옳은 것은? (다툼이 있는 경우 판례에 의함) 20 지방직9급

① 부관 중에서 부담은 주된 행정행위로부터 분리될 수 있다 할지라도 부담 그 자체는 독립된 행정행위가 아니므로 주된 행정행위로부터 분리하여 쟁송의 대상이 될 수 없다.
② 기부채납받은 행정재산에 대한 사용·수익허가에서 공유재산의 관리청이 정한 사용·수익허가의 기간은 그 허가의 효력을 제한하기 위한 행정행위의 부관으로서, 이러한 사용·수익허가의 기간에 대해서는 독립하여 행정소송을 제기할 수 있다.
③ 지방국토관리청장이 일부 공유수면매립지를 국가 또는 지방자치단체에 귀속처분한 것은 법률효과의 일부를 배제하는 부관을 붙인 것이므로 이러한 행정행위의 부관은 독립하여 행정쟁송 대상이 될 수 없다.
④ 행정청이 부담을 부가하기 이전에 상대방과 협의하여 부담의 내용을 협약의 형식으로 미리 정한 경우에는 행정처분을 하면서 이를 부담으로 부가할 수 없다.

해설 (下)

① 행정행위의 부관은 행정행위의 일반적인 효력이나 효과를 제한하기 위하여 의사표시의 주된 내용에 부가되는 종된 의사표시이지 그 자체로서 직접 법적 효과를 발생하는 독립된 처분이 아니므로 현행 행정쟁송제도 아래서는 부관 그 자체만을 독립된 쟁송의 대상으로 할 수 없는 것이 원칙이나 행정행위의 부관 중에서도 행정행위에 부수하여 그 행정행위의 상대방에게 일정한 의무를 부과하는 행정청의 의사표시인 부담의 경우에는 다른 부관과는 달리 행정행위의 불가분적인 요소가 아니고 그 존속이 본체인 행정행위의 존재를 전제로 하는 것일 뿐이므로 부담 그 자체로서 행정쟁송의 대상이 될 수 있다(대판 1992.1.21, 91누1264).
② 행정행위의 부관은 부담인 경우를 제외하고는 독립하여 행정소송의 대상이 될 수 없는바, 이 사건 허가에서 피고가 정한 사용·수익허가의 기간은 이 사건 허가의 효력을 제한하기 위한 행정행위의 부관으로서 이러한 사용·수익허가의 기간에 대해서는 독립하여 행정소송을 제기할 수 없는 것이고, 이러한 법리는 이 사건 허가 중 원고가 신청한 허가기간을 받아들이지 않은 부분의 취소를 구하는 이 사건 주위적 청구의 경우에도 마찬가지로 적용되어야 할 것이므로, 결국 이 사건 주위적 청구는 부적법하여 각하를 면할 수 없다(대판 2001.6.15, 99두509).
③ 행정청이 한 공유수면매립준공인가 중 매립지 일부에 대하여 한 국가귀속처분은 매립준공인가를 함에 있어서 매립의 면허를 받은 자의 매립지에 대한 소유권취득을 규정한 공유수면매립법 제14조의 효과 일부를 배제하는 부관을 붙인 것이므로 이러한 행정행위의 부관에 대하여는 독립하여 행정소송의 대상으로 삼을 수 없다(대판 1991.12.13, 90누8503).
④ 수익적 행정처분에 있어서는 법령에 특별한 근거규정이 없다고 하더라도 그 부관으로서 부담을 붙일 수 있고, 그와 같은 부담은 행정청이 행정처분을 하면서 일방적으로 부가할 수도 있지만 부담을 부가하기 이전에 상대방과 협의하여 부담의 내용을 협약의 형식으로 미리 정한 다음 행정처분을 하면서 이를 부가할 수도 있다(대판 2009.2.12, 2005다65500).

정답 ③

92. 행정행위의 부관에 대한 설명으로 옳은 것은? (다툼이 있는 경우 판례에 의함) 21 국가직9급

① 행정처분과 부관 사이에 실제적 관련성이 있다고 볼 수 없는 경우, 공무원이 공법상의 제한을 회피할 목적으로 행정처분의 상대방과 사이에 사법상 계약을 체결하는 형식을 취하였더라도 법치행정의 원리에 반하는 것으로서 위법하다고 볼 수 없다.
② 처분 당시 법령을 기준으로 처분에 부가된 부담이 적법하였더라도, 처분 후 부담의 전제가 된 주된 행정처분의 근거 법령이 개정됨으로써 행정청이 더이상 부관을 붙일 수 없게 되었다면 그때부터 부담의 효력은 소멸한다.
③ 부담의 이행으로서 하게 된 사법상 매매 등의 법률행위는 부담을 붙인 행정처분과는 별개의 법률행위이므로, 그 부담의 불가쟁력의 문제와는 별도로 법률행위가 사회질서 위반이나 강행규정에 위반되는지 여부 등을 따져보아 그 법률행위의 유효 여부를 판단하여야 한다.
④ 허가에 붙은 기한이 그 허가된 사업의 성질상 부당하게 짧아서 이 기한이 허가 자체의 존속기간이 아니라 허가조건의 존속기간으로 해석되는 경우에는 허가 여부의 재량권을 가진 행정청은 허가조건의 개정만을 고려할 수 있고, 그 후 당초의 기한이 상당 기간 연장되어 그 기한이 부당하게 짧은 경우에 해당하지 않게 된 때라도 더 이상의 기간연장을 불허가할 수는 없다.

해설 (中)

① 공무원이 인허가 등 수익적 행정처분을 하면서 상대방에게 그 처분과 관련하여 이른바 부관으로서 부담을 붙일 수 있다 하더라도, 그러한 부담은 법치주의와 사유재산 존중, 조세법률주의 등 헌법의 기본원리에 비추어 비례의 원칙이나 부당결부의 원칙에 위반되지 않아야만 적법한 것인바, 행정처분과 부관 사이에 실제적 관련성이 있다고 볼 수 없는 경우 공무원이 위와 같은 공법상의 제한을 회피할 목적으로 행정처분의 상대방과 사이에 사법상 계약을 체결하는 형식을 취하였다면 이는 법치행정의 원리에 반하는 것으로서 위법하다(대판 2009.12.10, 2007다63966).
② 행정청이 수익적 행정처분을 하면서 부가한 부담의 위법 여부는 처분 당시 법령을 기준으로 판단하여야 하고, 부담이 처분 당시 법령을 기준으로 적법하다면 처분 후 부담의 전제가 된 주된 행정처분의 근거법령이 개정됨으로써 행정청이 더 이상 부관을 붙일 수 없게 되었다 하더라도 곧바로 위법하게 되거나 그 효력이 소멸하게 되는 것은 아니다(대판 2009.2.12, 2005다65500).
③ 행정처분에 붙은 부담인 부관이 제소기간의 도과로 확정되어 이미 불가쟁력이 생겼다면 그 하자가 중대하고 명백하여 당연 무효로 보아야 할 경우 외에는 누구나 그 효력을 부인할 수 없을 것이지만, 부담의 이행으로서 하게 된 사법상 매매 등의 법률행위는 부담을 붙인 행정처분과는 어디까지나 별개의 법률행위이므로 그 부담의 불가쟁력의 문제와는 별도로 법률행위가 사회질서 위반이나 강행규정에 위반되는지 여부 등을 따져보아 그 법률행위의 유효 여부를 판단하여야 한다(대판 2009.6.25, 2006다18174).
④ 당초에 붙은 기한을 허가 자체의 존속기간이 아니라 허가조건의 존속기간으로 보더라도 그 후 당초의 기한이 상당 기간 연장되어 연장된 기간을 포함한 존속기간 전체를 기준으로 볼 경우 더 이상 허가된 사업의 성질상 부당하게 짧은 경우에 해당하지 않게 된 때에는 관계법령의 규정에 따라 허가 여부의 재량권을 가진 행정청으로서는 그때에도 허가조건의 개정만을 고려하여야 하는 것은 아니고 재량권의 행사로서 더 이상의 기간연장을 불허가할 수도 있는 것이며, 이로써 허가의 효력은 상실된다(대판 2004.3.25, 2003두12837).

정답 ③

93. 행정행위의 부관에 대한 설명으로 옳지 않은 것은? (다툼이 있는 경우 판례에 의함) 21 지방직9급

① 행정청은 처분에 재량이 없는 경우에는 법률에 근거가 있는 경우에 부관을 붙일 수 있다.
② 부담이 처분 당시 법령을 기준으로 적법하다면 처분 후 부담의 전제가 된 주된 처분의 근거 법령이 개정됨으로써 행정청이 더 이상 부관을 붙일 수 없게 되었다 하더라도 곧바로 그 효력이 소멸하게 되는 것은 아니다.
③ 처분과 실제적 관련성이 없어 부관으로 붙일 수 없는 부담이라도 사법상 계약의 형식으로 처분의 상대방에게 부과할 수 있다.
④ 행정재산에 대한 사용·수익허가에서 공유재산의 관리청이 정한 사용·수익허가의 기간에 대해서는 독립하여 행정소송을 제기할 수 없다.

해설 ➤ (下)

① 행정기본법 제17조 제2항
② 행정청이 수익적 행정처분을 하면서 부가한 부담의 위법 여부는 처분 당시 법령을 기준으로 판단하여야 하고, 부담이 처분 당시 법령을 기준으로 적법하다면 처분 후 부담의 전제가 된 주된 행정처분의 근거법령이 개정됨으로써 행정청이 더 이상 부관을 붙일 수 없게 되었다 하더라도 곧바로 위법하게 되거나 그 효력이 소멸하게 되는 것은 아니다(대판 2009.2.12, 2005다65500).
③ 행정처분과 부관 사이에 실제적 관련성이 있다고 볼 수 없는 경우 공무원이 위와 같은 공법상의 제한을 회피할 목적으로 행정처분의 상대방과 사이에 사법상 계약을 체결하는 형식을 취하였다면 이는 법치행정의 원리에 반하는 것으로서 위법하다(대판 2009.12.10, 2007다63966).
④ 행정행위의 부관은 부담인 경우를 제외하고는 독립하여 행정소송의 대상이 될 수 없는바, 이 사건 허가에서 피고가 정한 사용·수익허가의 기간은 이 사건 허가의 효력을 제한하기 위한 행정행위의 부관으로서 이러한 사용·수익허가의 기간에 대해서는 독립하여 행정소송을 제기할 수 없는 것이고, 이러한 법리는 이 사건 허가 중 원고가 신청한 허가기간을 받아들이지 않은 부분의 취소를 구하는 이 사건 주위적 청구의 경우에도 마찬가지로 적용되어야 할 것이므로, 결국 이 사건 주위적 청구는 부적법하여 각하를 면할 수 없다(대판 2001.6.15, 99두509).

정답 ③

94. A 행정청은 甲에게 처분을 하면서 법령에 근거 없이 일정 토지를 기부채납하도록 하는 부담을 붙였다. 이에 대한 설명으로 옳지 않은 것은? (다툼이 있는 경우 판례에 의함) 21 국회직8급

① A 행정청이 처분 이전에 甲과 협의하여 기부채납에 관한 내용을 협약의 형식으로 미리 정한 다음에 부담을 붙이는 것도 허용된다.
② 처분이 기속행위임에도 甲이 부담의 이행으로 기부채납을 하였다면, 그 기부채납 행위는 당연무효인 행위가 된다.
③ 사정변경으로 인하여 당초에 부담을 부가한 목적을 달성할 수 없게 된 경우에는 A 행정청은 甲의 동의가 없더라도 그 목적달성에 필요한 범위 내에서 부담을 변경할 수 있다.
④ 甲은 기부채납을 하도록 하는 부담에 대해서만 취소소송을 제기하여 다툴 수 있다.
⑤ 처분이 기속행위라면 甲은 기부채납 부담을 이행할 의무가 없다.

해설 ➤ (中)

① 수익적 행정처분에 있어서는 법령에 특별한 근거규정이 없다고 하더라도 그 부관으로서 부담을 붙일 수 있고, 그와 같은 부담은 행정청이 행정처분을 하면서 일방적으로 부가할 수도 있지만 부담을 부가하기 이전에 상대방과 협의하여 부담의 내용을 협약의 형식으로 미리 정한 다음 행정처분을 하면서 이를 부가할 수도 있다(대판 2009.2.12, 2005다65500).
② 행정처분에 부담인 부관을 붙인 경우 부관의 무효화에 의하여 본체인 행정처분 자체의 효력에도 영향이 있게 될 수는 있지만, 그 처분을 받은 사람이 부담의 이행으로 사법상 매매 등의 법률행위를 한 경우에는 그 부관은 특별한 사정이 없는 한 법률행위를 하게 된 동기 내지 연유로 작용하였을 뿐이므로 이는 법률행위의 취소사유가 될 수 있음은 별론으로 하고 그 법률행위 자체를 당연히 무효화하는 것은 아니다(대판 2009.6.25, 2006다18174).
③ 행정처분에 이미 부담이 부가되어 있는 상태에서 그 의무의 범위 또는 내용 등을 변경하는 부관의 사후변경은 법률에 명문의 규정이 있거나 그 변경이 미리 유보되어 있는 경우 또는 상대방의 동의가 있는 경우에 한하여 허용되는 것이 원칙이지만, 사정변경으로 인하여 당초에 부담을 부가한 목적을 달성할 수 없게 된 경우에도 그 목적달성에 필요한 범위 내에서 예외적으로 허용된다(대판 1997.5.30, 97누2627).
④ 행정행위의 부관은 행정행위의 일반적인 효력이나 효과를 제한하기 위하여 의사표시의 주된 내용에 부가되는 종된 의사표시이지 그 자체로서 직접 법적 효과를 발생하는 독립된 처분이 아니므로 현행 행정쟁송제도 아래서는 부관 그 자체만을 독립된 쟁송의 대상으로 할 수 없는 것이

원칙이나 행정행위의 부관 중에서도 행정행위에 부수하여 그 행정행위의 상대방에게 일정한 의무를 부과하는 행정청의 의사표시인 부담의 경우에는 다른 부관과는 달리 행정행위의 불가분적인 요소가 아니고 그 존속이 본체인 행정행위의 존재를 전제로 하는 것일 뿐이므로 부담 그 자체로서 행정쟁송의 대상이 될 수 있다(대판 1992.1.21, 91누1264).

⑤ 일반적으로 기속행위나 기속적 재량행위에는 부관을 붙일 수 없고 가사 부관을 붙였다 하더라도 이는 무효의 것이다(대판 1995.6.13, 94다56883). 무효인 부담을 이행할 의무는 없다.

정답 ②

95. 행정행위의 부관에 대한 설명으로 옳지 않은 것은? (다툼이 있는 경우 판례에 의함) 21 국가직7급

① 행정청은 처분에 재량이 없는 경우에는 법률에 근거가 있는 경우에 부관을 붙일 수 있다.
② 행정청은 부관을 붙일 수 있는 처분이 당사자의 동의가 있는 경우에는 그 처분을 한 후에도 부관을 새로 붙이거나 종전의 부관을 변경할 수 있다.
③ 행정처분에 붙인 부담인 부관이 무효가 되면 그 부담의 이행으로 한 사법상 법률행위도 당연히 무효가 되는 것은 아니다.
④ 행정처분에 붙인 부담인 부관이 제소기간 도과로 불가쟁력이 생긴 경우에는 그 부담의 이행으로 한 사법상 법률행위의 효력을 다툴 수 없다.

해설 ➤ 下

① 행정기본법 제17조 제2항

② 행정청은 부관을 붙일 수 있는 처분이 다음 각 호의 어느 하나에 해당하는 경우에는 그 처분을 한 후에도 부관을 새로 붙이거나 종전의 부관을 변경할 수 있다(행정기본법 제17조 제3항).

1. 법률에 근거가 있는 경우
2. 당사자의 동의가 있는 경우
3. 사정이 변경되어 부관을 새로 붙이거나 종전의 부관을 변경하지 아니하면 해당 처분의 목적을 달성할 수 없다고 인정되는 경우

③ 행정처분에 부담인 부관을 붙인 경우 부관의 무효화에 의하여 본체인 행정처분 자체의 효력에도 영향이 있게 될 수는 있지만, 그 처분을 받은 사람이 부담의 이행으로 사법상 매매 등의 법률행위를 한 경우에는 그 부관은 특별한 사정이 없는 한 법률행위를 하게 된 동기 내지 연유로 작용하였을 뿐이므로 이는 법률행위의 취소사유가 될 수 있음은 별론으로 하고 그 법률행위 자체를 당연히 무효화하는 것은 아니다(대판 2009.6.25, 2006다18174).

④ 행정처분에 붙은 부담인 부관이 제소기간의 도과로 확정되어 이미 불가쟁력이 생겼다면 그 하자가 중대하고 명백하여 당연 무효로 보아야 할 경우 외에는 누구나 그 효력을 부인할 수 없을 것이지만, 부담의 이행으로서 하게 된 사법상 매매 등의 법률행위는 부담을 붙인 행정처분과는 어디까지나 별개의 법률행위이므로 그 부담의 불가쟁력의 문제와는 별도로 법률행위가 사회질서 위반이나 강행규정에 위반되는지 여부 등을 따져보아 그 법률행위의 유효 여부를 판단하여야 한다(대판 2009.6.25, 2006다18174).

정답 ④

96. 행정행위의 부관에 대한 설명으로 옳은 것은? (다툼이 있는 경우 판례에 의함) 22 지방직9급

① 행정처분에 부가한 부담이 무효인 경우에는 그 부담의 이행으로 이루어진 사법상 법률행위도 무효가 된다.
② 부관의 사후변경은 종전의 부관을 변경하지 아니하면 해당 처분의 목적을 달성할 수 없는 경우가 아니라면 인정되지 않는다.
③ 행정처분과 실제적 관련성이 없어 부관을 붙일 수 없는 경우에도 사법상 계약의 형식으로 공법상 제한을 회피할 수 있다.
④ 행정재산에 대한 기한부 사용·수익허가를 받은 경우, 그 사용 · 수익허가의 기간에 대하여 독립하여 행정소송을 제기할 수 없다.

해설 ➤ 下

① 행정처분에 부담인 부관을 붙인 경우 부관의 무효화에 의하여 본체인 행정처분 자체의 효력에도 영향이 있게 될 수는 있지만, 그 처분을 받은 사람이 부담의 이행으로 사법상 매매 등의 법률행위를 한 경우에는 그 부관은 특별한 사정이 없는 한 법률행위를 하게 된 동기 내지 연유로 작용하였을 뿐이므로 이는 법률행위의 취소사유가 될 수 있음은 별론으로 하고 그 법률행위 자체를 당연히 무효화하는 것은 아니다(대판 2009.6.25, 2006다18174).

② 행정처분에 이미 부담이 부가되어 있는 상태에서 그 의무의 범위 또는 내용 등을 변경하는 부관의 사후변경은 ① 법률에 명문의 규정이 있거나 ② 그 변경이 미리 유보되어 있는 경우 또는 ③ 상대방의 동의가 있는 경우에 한하여 허용되는 것이 원칙이지만, ④ 사정변경으로 인하여 당초에 부담을 부가한 목적을 달성할 수 없게 된 경우에도 그 목적달성에 필요한 범위 내에서 예외적으로 허용된다(대판 1997.5.30, 97누2627).

행정기본법에도 이에 관한 규정이 존재한다. 다만, 사유가 판례와 다르다는 것을 주의해야 한다.

행정청은 부관을 붙일 수 있는 처분이 다음 각 호의 어느 하나에 해당하는 경우에는 그 처분을 한 후에도 부관을 새로 붙이거나(사후부관) 종전의 부관을 변경(부관의 사후변경)할 수 있다(행정기본법 제17조 제3항).

1. 법률에 근거가 있는 경우
2. 당사자의 동의가 있는 경우
3. 사정이 변경되어 부관을 새로 붙이거나 종전의 부관을 변경하지 아니하면 해당 처분의 목적을 달성할 수 없다고 인정되는 경우

③ 행정처분과 부관 사이에 실제적 관련성이 있다고 볼 수 없는 경우 공무원이 위와 같은 공법상의 제한을 회피할 목적으로 행정처분의 상대방과 사이에 사법상 계약을 체결하는 형식을 취하였다면 이는 법치행정의 원리에 반하는 것으로서 위법하다. 지방자치단체가 골프장사업계획승인과 관련하여 사업자로부터 기부금을 지급받기로 한 증여계약은, 공무수행과 결부된 금전적 대가로서 그 조건이나 동기가 사회질서에 반하므로 민법 제103조에 의해 무효라고 본 사례(대판 2009.12.10, 2007다63966)

④ 행정행위의 부관은 부담인 경우를 제외하고는 독립하여 행정소송의 대상이 될 수 없는바, 이 사건 허가에서 피고가 정한 사용·수익허가의 기간은 이 사건 허가의 효력을 제한하기 위한 행정행위의 부관으로서 이러한 사용·수익허가의 기간에 대해서는 독립하여 행정소송을 제기할 수 없는 것이고, 이러한 법리는 이 사건 허가 중 원고가 신청한 허가기간을 받아들이지 않은 부분의 취소를 구하는 이 사건 주위적 청구의 경우에도 마찬가지로 적용되어야 할 것이므로, 결국 이 사건 주위적 청구는 부적법하여 각하를 면할 수 없다(대판 2001.6.15, 99두509).

정답 ④

97. 행정행위의 부관에 대한 설명으로 옳은 것은? (다툼이 있는 경우 판례에 의함) '22 지방직 7급

① 일반적으로 보조금 교부결정은 법령과 예산에서 정하는 바에 엄격히 기속되므로, 행정청은 보조금 교부결정을 할 때 조건을 붙일 수 없다.

② 수익적 행정처분에 있어서는 행정청이 행정처분을 하면서 부담을 일방적으로 부가할 수 있을 뿐, 부담을 부가하기 이전에 상대방과 협의하여 부담의 내용을 협약의 형식으로 미리 정한 다음 부가할 수는 없다.

③ 토지소유자가 토지형질변경행위허가에 붙은 기부채납의 부관에 따라 토지를 국가나 지방자치단체에 기부채납한 경우, 기부채납의 부관이 당연무효이거나 취소되지 아니한 이상 토지소유자는 위 부관으로 인하여 증여계약의 중요 부분에 착오가 있음을 이유로 증여계약을 취소할 수 없다.

④ 부담이 처분 당시 법령을 기준으로 적법하더라도, 처분 후 부담의 전제가 된 주된 행정처분의 근거 법령이 개정됨으로써 행정청이 더 이상 부관을 붙일 수 없게 되었다면 그 부담은 곧바로 위법하게 되거나 그 효력이 소멸한 것으로 보아야 한다.

해설 ➤ 中

① 일반적으로 보조금 교부결정에 관해서는 행정청에게 광범위한 재량이 부여되어 있고, 행정청은 보조금 교부결정을 할 때 법령과 예산에서 정하는 보조금의 교부 목적을 달성하는 데에 필요한 조건을 붙일 수 있다(대판 2021.2.4, 2020두48772).

② 수익적 행정처분에 있어서는 법령에 특별한 근거규정이 없다고 하더라도 그 부관으로서 부담을 붙일 수 있고, 그와 같은 부담은 행정청이 행정처분을 하면서 일방적으로 부가할 수도 있지만 부담을 부가하기 이전에 상대방과 협의하여 부담의 내용을 협약의 형식으로 미리 정한 다음 행정처분을 하면서 이를 부가할 수도 있다(대판 2009.2.12, 2005다65500).

③ 대판 1999.5.25, 98다53134

④ 행정청이 수익적 행정처분을 하면서 부가한 부담의 위법 여부는 처분 당시 법령을 기준으로 판단하여야 하고, 부담이 처분 당시 법령을 기준으로 적법하다면 처분 후 부담의 전제가 된 주된 행정처분의 근거법령이 개정됨으로써 행정청이 더 이상 부관을 붙일 수 없게 되었다 하더라도 곧바로 위법하게 되거나 그 효력이 소멸하게 되는 것은 아니다. 따라서 행정처분의 상대방이 수익적 행정처분을 얻기 위하여 행정청과 사이에

행정처분에 부가할 부담에 관한 협약을 체결하고 행정청이 수익적 행정처분을 하면서 협약상의 의무를 부담으로 부가하였으나 부담의 전제가 된 주된 행정처분의 근거법령이 개정됨으로써 행정청이 더 이상 부관을 붙일 수 없게 된 경우에도 곧바로 협약의 효력이 소멸하는 것은 아니다(대판 2009.2.12, 2005다65500).

정답 ③

98. 행정행위의 부관 중 부담에 대한 설명으로 옳지 않은 것은? (다툼이 있는 경우 판례에 의함) 21 국회직9급

① 부담은 다른 부관과 달리 그 자체로 취소소송의 대상적격이 인정된다.
② 부담은 조건과 달리 본체인 행정행위의 불가분적 요소가 아니다.
③ 부담에 의하여 부과된 의무를 이행하지 않았다고 하여 본체인 행정행위 자체가 당연히 효력을 상실하는 것은 아니다.
④ 행정행위에 붙여진 부관의 성격이 조건인지 부담인지 명백하지 않은 경우에는 독립하여 취소소송의 대상이 되는 부담으로 본다.
⑤ 처분의 상대방이 부담을 이행하지 아니하더라도 처분행정청은 이를 들어 당해 처분을 철회할 수 없다.

해설 ㊦

① 부담만 독립쟁송이 가능하다는 것이 통설·판례이다.
행정행위의 부관 중에서도 행정행위에 부수하여 그 행정행위의 상대방에게 일정한 의무를 부과하는 행정청의 의사표시인 부담의 경우에는 다른 부관과는 달리 행정행위의 불가분적인 요소가 아니고 그 존속이 본체인 행정행위의 존재를 전제로 하는 것일 뿐이므로 부담 그 자체로서 행정쟁송의 대상이 될 수 있다(대판 1992.1.21, 91누1264).
③⑤ 부담의 불이행은 행정행위의 당연 소멸사유인 '실효'사유가 아니라 '철회'사유이다.

정답 ⑤

99. 행정행위 부관의 자유성에 대한 설명으로 가장 옳지 않은 것은? 18 서울시7급

① 부관을 붙일 수 있는 경우에도 신뢰보호의 원칙, 부당결부금지의 원칙에 위배되어서는 안 된다.
② 수익적 행정처분에 있어서 특별한 법령의 근거규정이 없다고 하더라도 부관으로서 부담을 붙일 수 있으나 그와 같은 부담처분을 하기 이전에 협약을 통하여 내용을 정할 수 없다.
③ 사업자에게 주택사업계획 승인을 하면서 그 주택사업과 아무런 관련이 없는 토지를 기부채납하도록 하는 부관을 주택사업계획 승인에 붙인 경우 부당결부금지원칙 위배로 위법하다.
④ 주택건축허가를 하면서 영업목적으로만 사용할 것을 부관으로 정한 경우에, 이러한 부관은 주된 행정행위의 목적에 위배된다.

해설 ㊦

① 수익적 행정행위에 있어서는 법령에 특별한 근거규정이 없다고 하더라도 그 부관으로서 부담을 붙일 수 있으나, 그러한 부담은 비례의 원칙, 부당결부금지의 원칙에 위반되지 않아야만 적법하다(대판 1997.3.11, 96다49650).
② 수익적 행정처분에 있어서는 법령에 특별한 근거규정이 없다고 하더라도 그 부관으로서 부담을 붙일 수 있고, 그와 같은 부담은 행정청이 행정처분을 하면서 일방적으로 부가할 수도 있지만 부담을 부가하기 이전에 상대방과 협의하여 부담의 내용을 협약의 형식으로 미리 정한 다음 행정처분을 하면서 이를 부가할 수도 있다(대판 2009.2.12, 2005다65500).
③ 지방자치단체장이 사업자에게 주택사업계획승인을 하면서 그 주택사업과는 아무런 관련이 없는 토지를 기부채납하도록 하는 부관(부담)을 주택사업계획승인(인가)에 붙인 경우, 그 부관은 부당결부금지의 원칙에 위반되어 위법하지만, 지방자치단체장이 승인한 사업자의 주택사업계획은 상당히 큰 규모의 사업(1,093억원)임에 반하여, 사업자가 기부채납한 토지가액은 그 100분의 1 상당의 금액(12억원)에 불과한 데다가, 사업자가 그동안 그 부관에 대하여 아무런 이의를 제기하지 아니하다가 지방자치단체장이 업무착오로 기부채납한 토지에 대하여 보상협조 요청서를 보내자, 그때서야 비로소 부관의 하자를 들고 나온 사정에 비추어 볼 때 부관의 하자가 중대하고 명백하여 당연무효라고는 볼 수 없다(취소사유에 불과)(대판 1997.3.11, 96다49650).

정답 ②

제5절 행정행위의 성립 및 효력발생요건

100. **다음 사례에 관한 설명으로 옳은 것은? (다툼이 있는 경우 판례에 의함)** 21 국가직7급

> 관할 행정청은 2019.4.17.「청소년보호법」의 규정에 따라 ㉠ A주식회사가 운영하는 인터넷 사이트를 청소년유해매체물로 결정하는 내용, ㉡ 일반 불특정 다수인을 상대방으로 하여 일률적으로 표시의무, 포장의무, 청소년에 대한 판매·대여 등의 금지의무 등 각종 의무를 발생시키는 내용, ㉢ 그 결정·고시의 효력발생일을 2019.4.24.로 정하는 내용 등을 포함한「청소년유해매체물 결정·고시」를 하였다.

① 위 결정·고시는 항고소송의 대상이 되는 행정처분에 해당하지 않는다.
② 관할 행정청이 위 결정·고시를 함에 있어서 A주식회사에게 이를 통지하지 않았다고 하여 결정·고시의 효력 자체가 발생하지 않는 것은 아니다.
③ A주식회사가 위 결정을 통지받지 못하였다는 것은 취소소송의 제소기간을 준수하지 못한 것에 대한 정당한 사유가 될 수 있다.
④ 위 결정·고시에 대한 취소소송의 제소기간을 계산함에 있어서는, A주식회사가 위 결정·고시가 있었다는 사실을 현실적으로 알았는지 여부에 관계없이 고시일인 2019.4.17.에 위 결정·고시가 있음을 알았다고 보아야 한다.

해설 ➤ ㊥

①② 구 청소년보호법에 따른 청소년유해매체물 결정 및 고시처분은 당해 유해매체물의 소유자 등 특정인만을 대상으로 한 행정처분이 아니라 일반 불특정다수인을 상대방으로 하여 일률적으로 표시의무, 포장의무, 청소년에 대한 판매·대여 등의 금지의무 등 각종 의무를 발생시키는 행정처분으로서, 정보통신윤리위원회가 특정 인터넷 웹사이트를 청소년유해매체물로 결정하고 청소년보호위원회가 효력발생시기를 명시하여 고시함으로써 그 명시된 시점에 효력이 발생하였다고 봄이 상당하고, 정보통신윤리위원회와 청소년보호위원회가 위 처분이 있었음을 위 웹사이트 운영자에게 제대로 통지하지 아니하였다고 하여 그 효력 자체가 발생하지 아니한 것으로 볼 수는 없다(대판 2007.6.14, 2004두619).
③ 이 사건 각 처분은 원고가 고시가 있었음을 현실적으로 알았는지 여부에 관계없이 고시의 효력이 발생한 2000.9.27.에 고지된 것으로 보아야 하고, 원고가 피고 정보통신윤리위원회로부터 청소년유해매체물 결정을 통지받지 못하였다는 사정만으로는 제소기간을 준수하지 못한 것에 정당한 사유가 있다고 할 수 없다는 이유로, 원고의 피고들에 대한 각 예비적 청구 부분의 소는 제소기간을 도과한 부적법한 소에 해당한다고 판단하였는바, 앞의 법리와 기록에 의하여 살펴보면, 원심의 이러한 판단은 옳은 것으로 수긍이 가고, 거기에 상고이유의 주장과 같은 취소소송의 제소기간에 관한 법리오해 등의 위법이 있다고 할 수 없다(대판 2007.6.14, 2004두619).
④ 고시일인 2019.4.17.이 아니라 고시의 효력발생시기를 별도로 정한 2019.4.24.에 알았다고 보아야 한다.

정답 ②

101. **행정행위의 효력발생요건으로서의 통지에 대한 설명으로 옳지 않은 것은? (다툼이 있는 경우 판례에 의함)** 18 국가직9급

① 처분의 통지는 행정처분을 상대방에게 표시하는 것으로서 상대방이 인식할 수 있는 상태에 둠으로써 족하고, 객관적으로 보아 행정처분으로 인식할 수 있도록 고지하면 된다.
② 처분서를 보통우편의 방법으로 발송한 경우에는 그 우편물이 상당한 기간 내에 도달하였다고 추정할 수 없다.
③ 구「청소년 보호법」에 따라 정보통신윤리위원회가 특정 웹사이트를 청소년유해매체물로 결정하고 청소년보호위원회가 효력발생시기를 명시하여 고시하였으나 정보통신윤리위원회와 청소년보호위원회가 웹사이트 운영자에게는 위 처분이 있었음을 통지하지 않았다면 그 효력이 발생하지 않는다.
④ 등기에 의한 우편송달의 경우라도 수취인이 주민등록지에 실제로 거주하지 않는 경우에는 우편물의 도달사실을 처분청이 입증해야 한다.

해설 中

① 문화재보호법 제13조 제2항 소정의 중요문화재 가지정의 효력발생요건인 통지는 행정처분을 상대방에게 표시하는 것으로서 상대방이 인식할 수 있는 상태에 둠으로써 족하고, 객관적으로 보아서 행정처분으로 인식할 수 있도록 고지하면 되는 것이다(대판 2003.7.22, 2003두513).
② 내용증명우편이나 등기우편과는 달리, 보통우편의 방법으로 발송되었다는 사실만으로는 그 우편물이 상당기간 내에 도달하였다고 추정할 수 없고 송달의 효력을 주장하는 측에서 증거에 의하여 도달사실을 입증하여야 한다(대판 2002.7.26, 2000다25002).
③ 구 청소년보호법에 따른 청소년유해매체물 결정 및 고시처분은 당해 유해매체물의 소유자 등 특정인만을 대상으로 한 행정처분이 아니라 일반 불특정다수인을 상대방으로 하여 일률적으로 표시의무, 포장의무, 청소년에 대한 판매·대여 등의 금지의무 등 각종 의무를 발생시키는 행정처분(일반처분)으로서, 정보통신윤리위원회가 특정 인터넷 웹사이트를 청소년유해매체물로 결정하고 청소년보호위원회가 효력발생시기를 명시하여 고시함으로써 그 명시된 시점에 효력이 발생하였다고 봄이 상당하고, 정보통신윤리위원회와 청소년보호위원회가 위 처분이 있었음을 위 웹사이트 운영자에게 제대로 통지하지 아니하였다고 하여 그 효력 자체가 발생하지 아니한 것으로 볼 수는 없다(대판 2007.6.14, 2004두619).
④ 우편물이 등기취급의 방법으로 발송된 경우, 특별한 사정이 없는 한, 그 무렵 수취인에게 배달되었다고 보아도 좋을 것이나, 수취인이나 그 가족이 주민등록지에 실제로 거주하고 있지 아니하면서 전입신고만을 해 둔 경우에는 그 사실만으로써 주민등록지 거주자에게 송달수령의 권한을 위임하였다고 보기는 어려울 뿐 아니라 수취인이 주민등록지에 실제로 거주하지 아니하는 경우에도 우편물이 수취인에게 도달하였다고 추정할 수는 없고, 따라서 이러한 경우에는 우편물의 도달사실을 과세관청이 입증해야 할 것이고, 수취인이나 그 가족이 주민등록지에 실제로 거주하고 있지 아니하면서 전입신고만을 해 두었고, 그 밖에 주민등록지 거주자에게 송달수령의 권한을 위임하였다고 보기 어려운 사정이 인정된다면, 등기우편으로 발송된 납세고지서가 반송된 사실이 인정되지 아니한다 하여 납세의무자에게 송달된 것이라고 볼 수는 없다(대판 1998.2.13, 97누8977).

정답 ③

102. 다음 사례에 대한 설명으로 옳은 것은? (다툼이 있는 경우 판례에 의함) 20 국가직9급

○ 2020.1.6. 인기 아이돌 가수인 甲의 노래가 수록된 음반이 청소년 유해 매체물로 결정 및 고시되었는데, 여성가족부장관은 이 고시를 하면서 그 효력발생 시기를 구체적으로 밝히지 않았다.
○ A시의 시장이 「식품위생법」 위반을 이유로 乙에 대해 영업허가를 취소하는 처분을 하고자 하나 송달이 불가능하다.

① 「행정 효율과 협업 촉진에 관한 규정」에 따르면 여성가족부장관의 고시의 효력은 2020.1.20.부터 발생한다.
② 甲의 노래가 수록된 음반을 청소년 유해 매체물로 지정하는 결정 및 고시는 항고소송의 대상이 될 수 없다.
③ A시의 시장이 영업허가취소처분을 송달하려면 乙이 알기 쉽도록 관보, 공보, 게시판, 일간신문 중 하나 이상에 공고하고 인터넷에도 공고하여야 한다.
④ 乙의 영업허가취소처분이 공보에 공고된 경우, 乙이 자신에 대한 영업허가취소처분이 있음을 알고 있지 못하더라도 영업허가취소처분에 대한 취소소송을 제기하려면 공고가 효력을 발생한 날부터 90일 안에 제기해야 한다.

해설 中

① 문서는 수신자에게 도달(전자문서의 경우는 수신자가 관리하거나 지정한 전자적 시스템 등에 입력되는 것을 말한다)됨으로써 효력을 발생한다(「행정 효율과 협업 촉진에 관한 규정」 제6조 제2항). 제2항에도 불구하고 공고문서는 그 문서에서 효력발생 시기를 구체적으로 밝히고 있지 않으면 그 고시 또는 공고 등이 있은 날부터 5일이 경과한 때에 효력이 발생한다(같은 조 제3항). 따라서 여성가족부장관의 고시의 효력은 2020.1.20.부터 발생하는 것이 아니라 초일불산입의 원칙에 따라 1월 7일부터 5일 후인 2020.1.12.부터 발생한다.
② 구 청소년보호법에 따른 청소년유해매체물 결정 및 고시처분은 당해 유해매체물의 소유자 등 특정인만을 대상으로 한 행정처분이 아니라 일반 불특정다수인을 상대방으로 하여 일률적으로 표시의무, 포장의무, 청소년에 대한 판매·대여 등의 금지의무 등 각종 의무를 발생시키는 행정처분(일반처분)으로서, 정보통신윤리위원회가 특정 인터넷 웹사이트를 청소년유해매체물로 결정하고 청소년보호위원회가 효력발생시기를 명시하여 고시함으로써 그 명시된 시점에 효력이 발생하였다고 봄이 상당하고, 정보통신윤리위원회와 청소년보호위원회가 위 처분이 있었음을 위 웹사이트 운영자에게 제대로 통지하지 아니하였다고 하여 그 효력 자체가 발생하지 아니한 것으로 볼 수는 없다(대판 2007.6.14, 2004두619).
③ 다음 각 호의 어느 하나에 해당하는 경우에는 송달받을 자가 알기 쉽도록 관보, 공보, 게시판, 일간신문 중 하나 이상에 공고하고 인터넷에도 공고하여야 한다(행정절차법 제14조 제4항).

1. 송달받을 자의 주소등을 통상적인 방법으로 확인할 수 없는 경우
2. 송달이 불가능한 경우

④ 행정소송법 제20조 제1항 소정의 제소기간 기산점인 '처분이 있음을 안 날'이라 함은 당사자가 통지, 공고 기타의 방법에 의하여 당해 처분

이 있었다는 사실을 현실적으로 안 날을 의미하는바, 특정인에 대한 행정처분을 주소불명 등의 이유로 송달할 수 없어 관보·공보·게시판·일간신문 등에 공고한 경우에는, 공고가 효력을 발생하는 날에 상대방이 그 행정처분이 있음을 알았다고 볼 수는 없고, 상대방이 당해 처분이 있었다는 사실을 현실적으로 안 날에 그 처분이 있음을 알았다고 보아야 한다(대판 2006.4.28, 2005두14851).

정답 ③

103. 행정처분의 송달에 대한 설명으로 옳은 것만을 〈보기〉에서 모두 고른 것은? (다툼이 있는 경우 판례에 의함) 20 국회직8급

〈보 기〉

ㄱ. 정보통신망을 이용한 송달의 경우 전자문서가 송달받을 자가 지정한 컴퓨터 등에 입력된 때에 도달된 것으로 본다.
ㄴ. 보통우편에 의한 송달과 달리 등기우편에 의한 송달은 반송 등 기타 특별한 사유가 없는 한 배달된 것으로 추정된다.
ㄷ. 실제로 거주하지 않더라도 전입신고가 되어 있는 곳에 송달한 것은 위법하지 않다.
ㄹ. 행정청은 송달하는 문서의 명칭, 송달받은 자의 성명 또는 명칭, 발송방법 및 발송연월일을 확인할 수 있는 기록을 보존하여야 한다.
ㅁ. 수취인이 송달을 회피하는 정황이 있어 부득이 사업장에 납세고지서를 두고 왔다면 납세고지서의 송달이 이루어진 것이다.
ㅂ. 송달받을 자의 주소 등을 통상의 방법으로 확인할 수 없을 때에는 공시송달 절차에 의해 송달할 수 있다.

① ㄱ, ㄴ, ㄷ, ㄹ
② ㄱ, ㄴ, ㄹ, ㅂ
③ ㄱ, ㄷ, ㅁ, ㅂ
④ ㄴ, ㄷ, ㄹ, ㅁ
⑤ ㄴ, ㄷ, ㅁ, ㅂ

해설 ⊕

ㄱ 행정절차법 제15조 제2항

ㄴ 우편물이 등기취급의 방법으로 발송된 경우 그것이 도중에 유실되었거나 반송되었다는 등의 특별한 사정에 대한 반증이 없는 한 그 무렵 수취인에게 배달되었다고 추정할 수 있다(대판 2017.3.9, 2016두60577).

ㄷ 우편물이 등기취급의 방법으로 발송된 경우, 특별한 사정이 없는 한, 그 무렵 수취인에게 배달되었다고 보아도 좋을 것이나, 수취인이나 그 가족이 주민등록지에 실제로 거주하고 있지 아니하면서 전입신고만을 해 둔 경우에는 그 사실만으로써 주민등록지 거주자에게 송달수령의 권한을 위임하였다고 보기는 어려울 뿐 아니라 수취인이 주민등록지에 실제로 거주하지 아니하는 경우에도 우편물이 수취인에게 도달하였다고 추정할 수는 없고, 따라서 이러한 경우에는 우편물의 도달사실을 과세관청이 입증해야 할 것이고, 수취인이나 그 가족이 주민등록지에 실제로 거주하고 있지 아니하면서 전입신고만을 해 두었고, 그 밖에 주민등록지 거주자에게 송달수령의 권한을 위임하였다고 보기 어려운 사정이 인정된다면, 등기우편으로 발송된 납세고지서가 반송된 사실이 인정되지 아니한다 하여 납세의무자에게 송달된 것이라고 볼 수는 없다(대판 1998.2.13, 97누8977).

ㄹ 행정절차법 제14조 제5항

ㅁ 납세고지서의 송달을 받아야 할 자가 부과처분 제척기간이 임박하자 그 수령을 회피하기 위하여 일부러 송달을 받을 장소를 비워 두어 세무공무원이 송달을 받을 자와 보충송달을 받을 자를 만나지 못하여 부득이 사업장에 납세고지서를 두고 왔다고 하더라도 이로써 신의성실의 원칙을 들어 그 납세고지서가 송달되었다고 볼 수는 없다(대판 2004.4.9, 2003두13908).

ㅂ 다음 각 호의 어느 하나에 해당하는 경우에는 송달받을 자가 알기 쉽도록 관보, 공보, 게시판, 일간신문 중 하나 이상에 공고하고 인터넷에도 공고하여야 한다(행정절차법 제14조 제4항).

1. 송달받을 자의 주소 등을 통상적인 방법으로 확인할 수 없는 경우
2. 송달이 불가능한 경우

정답 ②

제6절 행정행위의 효력

104. 행정행위의 효력에 대한 설명으로 옳지 않은 것은? (다툼이 있는 경우 판례에 의함) 16 국가직7급

① 행정행위의 불가변력은 당해 행정행위에 대하여서만 인정되는 것이고, 동종의 행정행위라 하더라도 그 대상을 달리할 때에는 이를 인정할 수 없다.
② 과세처분에 관한 이의신청절차에서 과세관청이 이의신청 사유가 옳다고 인정하여 과세처분을 직권으로 취소한 이상 그 후 특별한 사유 없이 이를 번복하고 종전 처분을 되풀이하는 것은 허용되지 않는다.
③ 행정처분이 불복기간의 경과로 인하여 확정될 경우, 처분의 기초가 된 사실관계나 법률적 판단이 확정되고 당사자들이나 법원이 이에 기속되어 모순되는 주장이나 판단을 할 수 없다.
④ 위법한 행정대집행이 완료되면 계고처분의 무효확인 또는 취소를 구할 소의 이익은 없다 하더라도, 미리 그 계고처분의 취소판결이 있어야만 그 계고처분이 위법임을 이유로 손해배상 청구를 할 수 있는 것은 아니다.

해설 ➤ 中

① 행정행위의 불가변력은 당해 행정행위에 대하여서만 인정되는 것이고, 동종의 행정행위라 하더라도 그 대상을 달리할 때에는 이를 인정할 수 없다(대판 1974.12.10, 73누129).
② 과세처분에 관한 불복절차과정에서 과세관청이 그 불복사유가 옳다고 인정하고 이에 따라 필요한 처분을 하였을 경우에는, 불복제도와 이에 따른 시정방법을 인정하고 있는 구 국세기본법 제55조 제1항, 제3항 등 규정들의 취지에 비추어 동일 사항에 관하여 특별한 사유 없이 이를 번복하고 다시 종전의 처분을 되풀이할 수는 없는 것이므로, 과세처분에 관한 이의신청절차에서 과세관청이 이의신청 사유가 옳다고 인정하여 과세처분을 직권으로 취소한 이상 그 후 특별한 사유 없이 이를 번복하고 종전 처분을 되풀이하는 것은 허용되지 않는다(대판 2010.9.30, 2009두1020).
③ 행정처분이나 행정심판 재결이 불복기간의 경과로 인하여 확정될 경우 확정력은 처분으로 인하여 법률상 이익을 침해받은 자가 처분이나 재결의 효력을 더 이상 다툴 수 없다는 의미일 뿐 판결에 있어서와 같은 기판력이 인정되는 것은 아니어서 처분의 기초가 된 사실관계나 법률적 판단이 확정되고 당사자들이나 법원이 이에 기속되어 모순되는 주장이나 판단을 할 수 없게 되는 것은 아니다(대판 1993.4.13, 92누17181).
④ 위법한 행정대집행이 완료되면 그 처분의 무효확인 또는 취소를 구할 소의 이익은 없다 하더라도, 미리 그 행정처분의 취소판결이 있어야만 그 행정처분의 위법임을 이유로 한 손해배상청구를 할 수 있는 것은 아니다(대판 1972.4.28, 72다337).

정답 ③

105. 판례의 입장으로 옳지 않은 것은? 17 지방직9급

① 「출입국관리법」상 체류자격 변경허가는 설권적 처분에 해당하며, 재량행위의 성격을 가진다.
② 인·허가의제의 효과를 수반하는 건축신고는 수리를 요하는 신고에 해당한다.
③ 행정청이 구 「체육시설의 설치·이용에 관한 법률」의 규정에 의하여 체육시설업자 지위승계신고를 수리하는 처분을 하는 경우, 종전 체육시설업자에 대하여 「행정절차법」상 사전통지 등 절차를 거칠 필요는 없다.
④ 망인에 대한 서훈취소는 유족에 대한 것이 아니므로 유족에 대한 통지에 의해서만 성립하여 효력이 발생한다고 볼 수 없고, 그 결정이 처분권자의 의사에 따라 상당한 방법으로 대외적으로 표시됨으로써 행정행위로서 성립하여 효력이 발생한다고 봄이 타당하다.

해설 ➤ 中

① 체류자격 변경허가는 신청인에게 당초의 체류자격과 다른 체류자격에 해당하는 활동을 할 수 있는 권한을 부여하는 일종의 설권적 처분의 성격을 가지므로, 허가권자는 신청인이 관계 법령에서 정한 요건을 충족하였더라도, 신청인의 적격성, 체류 목적, 공익상의 영향 등을 참작하여 허가 여부를 결정할 수 있는 재량을 가진다(대판 2016.7.14, 2015두48846).
② 인허가의제 효과를 수반하는 건축신고는 일반적인 건축신고와는 달리, 특별한 사정이 없는 한 행정청이 그 실체적 요건에 관한 심사를 한 후 수리하여야 하는 이른바 '수리를 요하는 신고'로 보는 것이 옳다[대판(전합) 2011.1.20, 2010두14954].
③ 행정청이 구 관광진흥법 또는 구 체육시설법의 규정에 의하여 유원시설업자 또는 체육시설업자 지위승계신고를 수리하는 처분은 종전 유원시

설업자 또는 체육시설업자의 권익을 제한하는 처분이고, 종전 유원시설업자 또는 체육시설업자는 그 처분에 대하여 직접 그 상대가 되는 자에 해당한다고 보는 것이 타당하므로, 행정청이 그 신고를 수리하는 처분을 할 때에는 행정절차법 규정에서 정한 당사자에 해당하는 종전 유원시설업자 또는 체육시설업자에 대하여 위 규정에서 정한 행정절차를 실시하고 처분을 하여야 한다(대판 2012.12.13, 2011두29144).

④ 비록 유족이라고 하더라도 제3자는 서훈수여 처분의 상대방이 될 수 없고, 구 상훈법 제33조, 제34조 등에 따라 망인을 대신하여 단지 사실행위로서 훈장 등을 교부받거나 보관할 수 있는 지위에 있을 뿐이다. 이러한 서훈의 일신전속적 성격은 서훈취소의 경우에도 마찬가지이므로, 망인에게 수여된 서훈의 취소에서도 유족은 그 처분의 상대방이 되는 것이 아니다. 이와 같이 망인에 대한 서훈취소는 유족에 대한 것이 아니므로 유족에 대한 통지에 의해서만 성립하여 효력이 발생한다고 볼 수 없고, 그 결정이 처분권자의 의사에 따라 상당한 방법으로 대외적으로 표시됨으로써 행정행위로서 성립하여 효력이 발생한다고 봄이 타당하다(대판 2014.9.26, 2013두2518).

정답 ③

106. 행정행위의 효력에 대한 판례의 태도로 옳지 않은 것은? 18 국회직8급

① 처분의 불복기간이 도과된 경우에는 당해 처분의 효력을 더 이상 다툴 수 없도록 그 처분의 기초가 된 사실관계나 법률적 판단도 확정되기 때문에 법원은 그에 모순되는 판단을 할 수 없다.
② 운전면허취소처분을 받았으나 나중에 행정쟁송절차에 의해 취소되었다면, 운전면허취소처분은 그 처분시에 소급하여 효력을 잃게 되고, 운전면허취소처분에 복종할 의무가 원래부터 없었음이 후에 확정된 것이다.
③ 민사소송에 있어서 행정처분의 당연무효여부가 선결문제로 되는 때에는 법원은 이를 판단하여 당연무효임을 전제로 판결할 수 있고 반드시 행정소송 등의 절차에 의하여 그 취소나 무효확인을 받아야 하는 것은 아니다.
④ 국세의 과오납이 위법한 과세처분에 의한 것이라도 그 흠이 단지 취소할 수 있는 정도에 불과한 때에는 그 처분이 취소되지 않는 한 그 납세액을 곧바로 부당이득이라고 하여 반환을 구할 수 있는 것은 아니다.
⑤ 제소기간이 이미 도과하여 불가쟁력이 생긴 행정처분에 대하여는 특별한 사정이 없는 한 국민에게 그 행정처분의 변경을 구할 신청권이 있다고 할 수는 없다.

해설 中

① 행정처분이나 행정심판 재결이 불복기간의 경과로 인하여 확정될 경우 확정력은 처분으로 인하여 법률상 이익을 침해받은 자가 처분이나 재결의 효력을 더 이상 다툴 수 없다는 의미일 뿐 판결에 있어서와 같은 기판력이 인정되는 것은 아니어서 처분의 기초가 된 사실관계나 법률적 판단이 확정되고 당사자들이나 법원이 이에 기속되어 모순되는 주장이나 판단을 할 수 없게 되는 것은 아니다(대판 1993.4.13, 92누17181).

② 피고인이 행정청으로부터 자동차 운전면허취소처분을 받았으나 나중에 그 행정처분 자체가 행정쟁송절차에 의하여 취소되었다면, 위 운전면허취소처분은 그 처분시에 소급하여 효력을 잃게 되고, 피고인은 위 운전면허취소처분에 복종할 의무가 원래부터 없었음이 후에 확정되었다고 봄이 타당할 것이고, 행정행위에 공정력의 효력이 인정된다고 하여 행정소송에 의하여 적법하게 취소된 운전면허취소처분이 단지 장래에 향하여서만 효력을 잃게 된다고 볼 수는 없다(대판 1999.2.5, 98도4239).

③ 민사소송에 있어서 어느 행정처분의 당연무효 여부가 선결문제로 되는 때에는 이를 판단하여 당연무효임을 전제로 판결할 수 있고 반드시 행정소송 등의 절차에 의하여 그 취소나 무효확인을 받아야 하는 것은 아니다(대판 2010.4.8, 2009다90092).

④ 조세의 과오납이 부당이득이 되기 위하여는 납세 또는 조세의 징수가 실체법적으로나 절차법적으로 전혀 법률상의 근거가 없거나 과세처분의 하자가 중대하고 명백하여 당연무효이어야 하고, 과세처분의 하자가 단지 취소할 수 있는 정도에 불과할 때에는 과세관청이 이를 스스로 취소(직권취소)하거나 항고소송절차에 의하여 취소(쟁송취소)되지 않는 한 그로 인한 조세의 납부가 부당이득이 된다고 할 수 없다(대판 1994.11.11, 94다28000).

⑤ 제소기간이 이미 도과하여 불가쟁력이 생긴 행정처분에 대하여는 개별 법규에서 그 변경을 요구할 신청권을 규정하고 있거나 관계 법령의 해석상 그러한 신청권이 인정될 수 있는 등 특별한 사정이 없는 한 국민에게 그 행정처분의 변경을 구할 신청권이 있다 할 수 없다(대판 2007.4.26, 2005두11104).

정답 ①

107. 행정행위의 효력에 대한 설명으로 옳지 않은 것은? (다툼이 있는 경우 판례에 의함) 18 국회직8급

① 행정처분에 그 효력기간이 부관으로 정하여져 있는 경우, 그 처분의 효력 또는 집행이 정지된 바 없다면 위 기간의 경과로 그 행정처분의 효력은 상실되므로 그 기간 경과 후에는 그 처분이 외형상 잔존함으로 인하여 어떠한 법률상 이익이 침해되고 있다고 볼 만한 별다른 사정이 없는 한 그 처분의 취소를 구할 법률상의 이익이 없다.
② 침익적 행정행위의 근거가 되는 행정법규는 엄격하게 해석·적용하여야 하고 그 행정행위의 상대방에게 불리한 방향으로 지나치게 확장해석하거나 유추해석해서는 아니 된다.
③ 과세처분에 취소할 수 있는 위법사유가 있다 하더라도 그 과세처분은 그것이 적법하게 취소되기 전까지는 유효하다 할 것이므로, 민사소송절차에서 그 과세처분의 효력을 부인할 수 없다.
④ 허가에 붙은 기한이 그 허가된 사업의 성질상 부당하게 짧은 경우에는 이를 그 허가 자체의 존속기간이 아니라 그 허가조건의 존속기간으로 보아 그 기한이 도래함으로써 그 조건의 개정을 고려한다는 뜻으로 해석할 수 있을 것이다.
⑤ 구 「중기관리법」에 「도로교통법 시행령」 제86조 제3항 제4호와 같은 운전면허의 취소 정지에 대한 통지에 관한 규정이 없다면 중기조종사면허의 취소나 정지는 상대방에 대한 통지를 요하지 아니한다고 할 수 있고 행정행위의 일반원칙에 따라 이를 상대방에게 고지하여야 효력이 발생한다고 볼 수 없다.

해설 ▶ 中

① 행정처분에 그 효력기간이 정하여져 있는 경우, 그 처분의 효력 또는 집행이 정지된 바 없다면 위 기간의 경과로 그 행정처분의 효력은 상실되므로 그 기간 경과 후에는 그 처분이 외형상 잔존함으로 인하여 어떠한 법률상 이익이 침해되고 있다고 볼만한 별다른 사정이 없는 한 그 처분의 취소를 구할 법률상의 이익이 없다(대판 2002.7.26, 2000두7254).
② 침익적 행정행위의 근거가 되는 행정법규는 엄격하게 해석 · 적용하여야 하고 그 행정행위의 상대방에게 불리한 방향으로 지나치게 확장해석하거나 유추해석하여서는 안 되며, 그 입법 취지와 목적 등을 고려한 목적론적 해석이 전적으로 배제되는 것은 아니라 하더라도 그 해석이 문언의 통상적인 의미를 벗어나서는 아니 된다(대판 2013.12.12, 2011두3388).
③ 국세 등의 부과 및 징수처분과 같은 행정처분이 당연무효임을 전제로 하여 민사소송을 제기한 때에는 그 행정처분이 당연무효인지의 여부가 선결문제이므로 법원은 이를 심사하여 그 행정처분의 하자가 중대하고도 명백하여 당연무효라고 인정될 경우에는 이를 전제로 하여 판단할 수 있으나, 그 하자가 단순한 취소사유에 그칠 때에는 법원은 그 효력을 부인(취소)할 수 없다(대판 1973.7.10, 70다1439).
④ 일반적으로 행정처분에 효력기간이 정하여져 있는 경우에는 그 기간의 경과로 그 행정처분의 효력은 상실되고(효력존속기간), 다만 허가에 붙은 기한이 그 허가된 사업의 성질상 부당하게 짧은 경우에는 이를 그 '허가자체'의 존속기간이 아니라 그 '허가조건'의 존속기간(갱신기간 또는 조건존속기간)으로 보아 그 기한이 도래함으로써 그 조건의 개정을 고려한다는 뜻으로 해석할 수는 있지만, 그와 같은 경우라 하더라도 그 허가기간이 연장되기 위하여는 그 종기가 도래하기 전에 그 허가기간의 연장에 관한 신청이 있어야 하며, 만일 그러한 연장신청이 없는 상태에서 허가기간이 만료하였다면 그 허가의 효력은 상실된다(대판 2007.10.11, 2005두12404).
⑤ 중기조종사면허의 효력을 정지하는 처분이 그 상대방에게 고지되지 아니하였고, 상대방이 그 정지처분이 있다는 사실을 알지 못하고 굴삭기를 조종하였다면 이는 중기관리법의 조종면허에 관한 규정에 위반하는 조종을 하였다고 할 수 없을 것이고 중기관리법에 도로교통법시행령 제53조와 같은 운전면허의 취소 정지에 대한 통지에 관한 규정이 없다고 하여 중기조종사면허의 취소나 정지는 상대방에 대한 통지를 요하지 아니한다고 할 수 없고, 오히려 반대의 규정이 없다면 행정행위의 일반원칙에 따라 이를 상대방에게 고지하여야 효력이 발생한다고 볼 것이다(대판 1993.6.29, 93다10224).

정답 ⑤

108. 행정행위의 효력에 대한 설명으로 옳은 것은? (다툼이 있는 경우 판례에 의함) 18 지방직7급

① 과세대상이 아닌 것을 세무공무원이 직무상 과실로 과세대상으로 오인하여 과세처분을 행함으로 인하여 손해가 발생된 경우, 동 과세처분이 취소되지 아니하였다 하더라도 국가는 이로 인한 손해를 배상할 책임이 있다.
② 과세처분의 하자가 취소할 수 있는 사유인 경우 과세관청이 이를 스스로 취소하거나 항고소송절차에 의하여 취소되지 아니하여도 해당 조세의 납부는 부당이득이 된다.
③ 행정행위의 불가변력은 해당 행정행위에 대해서 뿐만 아니라 그 대상을 달리하는 동종의 행정행위에 대해서도 인정된다.
④ 행정처분이나 행정심판 재결이 불복기간의 경과로 인하여 확정될 경우 확정력은 처분으로 인하여 법률상 이익을 침해받은 자가 처분이나 재결의 효력을 더 이상 다툴 수 없다는 의미에서 판결에 있어서와 같은 기판력이 인정된다.

해설 中

① 물품세 과세대상이 아닌 것을 세무공무원이 직무상 과실로 과세대상으로 오인하여 과세처분을 행함으로 인하여 손해가 발생된 경우에는, 동 과세처분이 취소되지 아니하였다 하더라도, 국가는 이로 인한 손해를 배상할 책임이 있다(대판 1979.4.10, 79다262).

② 조세의 과오납이 부당이득이 되기 위하여는 납세 또는 조세의 징수가 실체법적으로나 절차법적으로 전혀 법률상의 근거가 없거나 과세처분의 하자가 중대하고 명백하여 당연무효이어야 하고, 과세처분의 하자가 단지 취소할 수 있는 정도에 불과할 때에는 과세관청이 이를 스스로 취소(직권취소)하거나 항고소송절차에 의하여 취소(쟁송취소)되지 않는 한 그로 인한 조세의 납부가 부당이득이 된다고 할 수 없다(대판 1994.11.11, 94다28000).

③ 행정행위의 불가변력은 당해 행정행위에 대하여서만 인정되는 것이고, 동종의 행정행위라 하더라도 그 대상을 달리할 때에는 이를 인정할 수 없다(대판 1974.12.10, 73누129).

④ 행정처분이나 행정심판 재결이 불복기간의 경과로 인하여 확정될 경우 확정력은 처분으로 인하여 법률상 이익을 침해받은 자가 처분이나 재결의 효력을 더 이상 다툴 수 없다는 의미일 뿐 판결에 있어서와 같은 기판력이 인정되는 것은 아니어서 처분의 기초가 된 사실관계나 법률적 판단이 확정되고 당사자들이나 법원이 이에 기속되어 모순되는 주장이나 판단을 할 수 없게 되는 것은 아니다(대판 1993.4.13, 92누17181).

정답 ①

109. 행정행위의 효력에 대한 설명으로 옳지 않은 것은? (다툼이 있는 경우 판례에 의함) 19 국가직9급

① 과·오납세금반환청구소송에서 민사법원은 그 선결문제로서 과세처분의 무효 여부를 판단할 수 있다.
② 행정처분이 위법임을 이유로 국가배상을 청구하기 위한 전제로서 그 처분이 취소되어야만 하는 것은 아니다.
③ 영업허가취소처분이 청문절차를 거치지 않았다 하여 행정심판에서 취소되었더라도 그 허가취소처분 이후 취소재결시까지 영업했던 행위는 무허가영업에 해당한다.
④ 건물 소유자에게 소방시설 불량사항을 시정·보완하라는 명령을 구두로 고지한 것은 「행정절차법」에 위반한 것으로 하자가 중대·명백하여 당연 무효이다.

해설 下

① 국세 등의 부과 및 징수처분과 같은 행정처분이 당연무효임을 전제로 하여 민사소송을 제기한 때에는 그 행정처분이 당연무효인지의 여부가 선결문제이므로 법원은 이를 심사하여 그 행정처분의 하자가 중대하고도 명백하여 당연무효라고 인정될 경우에는 이를 전제로 하여 판단할 수 있으나, 그 하자가 단순한 취소사유에 그칠 때에는 법원은 그 효력을 부인(취소)할 수 없다(대판 1973.7.10, 70다1439).

② 위법한 행정대집행이 완료되면 그 처분의 무효확인 또는 취소를 구할 소의 이익은 없다 하더라도, 미리 그 행정처분의 취소판결이 있어야만 그 행정처분의 위법임을 이유로 한 손해배상청구를 할 수 있는 것은 아니다(대판 1972.4.28, 72다337).

③ 영업의 금지를 명한 영업허가취소처분 자체가 나중에 행정쟁송절차에 의하여 취소되었다면 그 영업허가취소처분은 그 처분시에 소급하여 효력을 잃게 되며, 그 영업허가취소처분에 복종할 의무가 원래부터 없었음이 확정되었다고 봄이 타당하고, 영업허가취소처분이 장래에 향하여서만 효력을 잃게 된다고 볼 것은 아니므로 그 영업허가취소처분 이후의 영업행위를 무허가영업이라고 볼 수는 없다(대판 1993.6.25, 93도277).

④ 관할 소방서의 담당 소방공무원이 피고인에게 행정처분인 「소방시설설치유지 및 안전관리에 관한 법률」 제9조에 의한 소방시설의 시정보완명령을 구두로 고지한 것은 행정절차법 제24조에 위반한 것으로 그 하자가 중대하고 명백하여 위 시정보완명령은 당연 무효라고 할 것이고, 무효인 위 시정보완명령에 따른 피고인의 의무위반이 생기지 아니하는 이상 피고인에게 위 시정보완명령에 위반하였음을 이유로 같은법 제48조의2 제1호에 따른 행정형벌을 부과할 수 없다(대판 2011.11.10, 2011도11109).

정답 ③

110. 행정행위의 효력에 대한 설명으로 옳지 않은 것은? (다툼이 있는 경우 판례에 의함) 19 지방직9급

① 민사소송에 있어서 어느 행정처분의 당연무효 여부가 선결문제로 되는 때에는 당해 소송의 수소법원은 이를 판단하여 그 행정처분의 무효확인판결을 할 수 있다.
② 과세처분의 하자가 단지 취소할 수 있는 정도에 불과할 때에는 과세관청이 이를 스스로 취소하거나 행정쟁송절차에 의하여 취소되지 않는 한 그로 인한 조세의 납부가 부당이득이 된다고 할 수 없다.
③ 구 「소방시설 설치·유지 및 안전관리에 관한 법률」 제9조에 의한 소방시설 등의 설치 또는 유지·관리에 대한 명령이 행정처분으로서 하자가 있어 무효인 경우에는 명령에 따른 의무위반이 생기지 아니하므로, 명령 위반을 이유로 행정형벌을 부과할 수 없다.
④ 행정처분이 불복기간의 경과로 인하여 확정될 경우, 그 확정력은 처분으로 인하여 법률상 이익을 침해받은 자가 처분의 효력을 더 이상 다툴 수 없다는 의미일 뿐 판결에 있어서와 같은 기판력이 인정되는 것은 아니다.

해설 ㊥

① 민사소송을 제기받은 수소법원은 처분의 당연무효 여부를 심리하여 무효라고 판단할 경우 이를 '전제'로 부당이득반환청구소송에서 인용판결을 내릴 수 있지만, 직접 처분의 무효확인판결을 내릴 수는 없다. 무효확인판결은 행정소송 수소법원의 권한이기 때문이다.
국세 등의 부과 및 징수처분과 같은 행정처분이 당연무효임을 전제로 하여 민사소송을 제기한 때에는 그 행정처분이 당연무효인지의 여부가 선결문제이므로 법원은 이를 심사하여 그 행정처분의 하자가 중대하고도 명백하여 당연무효라고 인정될 경우에는 이를 전제로 하여 판단할 수 있으나, 그 하자가 단순한 취소사유에 그칠 때에는 법원은 그 효력을 부인(취소)할 수 없다(대판 1973.7.10, 70다1439).
② 조세의 과오납이 부당이득이 되기 위하여는 납세 또는 조세의 징수가 실체법적으로나 절차법적으로 전혀 법률상의 근거가 없거나 과세처분의 하자가 중대하고 명백하여 당연무효이어야 하고, 과세처분의 하자가 단지 취소할 수 있는 정도에 불과할 때에는 과세관청이 이를 스스로 취소(직권취소)하거나 항고소송절차에 의하여 취소(쟁송취소)되지 않는 한 그로 인한 조세의 납부가 부당이득이 된다고 할 수 없다(대판 1994.11.11, 94다28000).
③ 「소방시설설치유지 및 안전관리에 관한 법률」 제9조에 의한 소방시설 등의 설치 또는 유지·관리에 대한 명령을 정당한 사유 없이 위반한 자는 같은법 제48조의2 제1호에 의하여 행정형벌에 처해지는데 위 명령이 행정처분으로서 하자가 있어 무효인 경우에는 위 명령에 따른 의무위반이 생기지 아니하므로 행정형벌을 부과할 수 없다(대판 2011.11.10, 2011도11109).
④ 행정처분이나 행정심판 재결이 불복기간의 경과로 인하여 확정될 경우 확정력은 처분으로 인하여 법률상 이익을 침해받은 자가 처분이나 재결의 효력을 더 이상 다툴 수 없다는 의미일 뿐(처분이나 행정심판의 재결에) 판결에 있어서와 같은 기판력(실질적 확정력)이 인정되는 것은 아니어서 처분의 기초가 된 사실관계나 법률적 판단이 확정되고 당사자들이나 법원이 이에 기속되어 모순되는 주장이나 판단을 할 수 없게 되는 것은 아니다. 종전의 산업재해요양보상급여취소처분이 불복기간의 경과로 인하여 확정되었더라도 요양급여청구권이 없다는 내용의 법률관계까지 확정된 것은 아니며 소멸시효에 걸리지 아니한 이상 다시 요양급여를 청구할 수 있고 그것이 거부된 경우 이는 새로운 거부처분으로서 위법 여부를 소구할 수 있다(대판 1993.4.13, 92누17181).

정답 ①

111. 행정행위의 효력에 대한 설명으로 옳지 않은 것은? (다툼이 있는 경우 판례에 의함) 20 국회직8급

① 공정력이란 행정행위의 위법이 중대명백하여 당연무효가 아닌 한 권한 있는 기관에 의해 취소되기까지는 행정의 상대방이나 이해관계자에게 적법하게 통용되는 힘을 말한다.
② 공정력을 인정하는 이론적 근거는 법적안정성설이 통설이다.
③ 과세처분에 대해 이의신청을 하고 이에 따라 직권취소가 이루어졌다면 특별한 사정이 없는 한 불가변력이 발생한다.
④ 환경영향평가를 거쳐야 함에도 불구하고 환경영향평가를 거치지 않고 개발사업승인을 한 처분에 대해서는 처분이 있은 후 1년이 도과한 경우라도 불가쟁력이 발생하지 않는다.
⑤ 구성요건적 효력에 대한 명시적인 법적 근거는 없으나 국가기관 상호 간에 관할권의 배분이 간접적 근거가 된다.

해설 ㊦

② 행정행위는 하자가 있는 경우에도 이후에 그에 대한 불복절차를 밟는 것은 별론으로 하고 공익을 추구하는 행정목적의 신속한 달성과 행정의 능률성 및 실효성 확보, 행정법관계의 안정과 그에 대한 상대방과 제3자의 신뢰를 보호하기 위한 정책적 필요성에서 인정된다는 행정정책설(법적 안정설, 통설)이 통설이다.

③ 과세처분에 관한 불복절차과정에서 과세관청이 그 불복사유가 옳다고 인정하고 이에 따라 필요한 처분을 하였을 경우에는, 불복제도와 이에 따른 시정방법을 인정하고 있는 구 국세기본법 제55조 제1항, 제3항 등 규정들의 취지에 비추어 동일 사항에 관하여 특별한 사유 없이 이를 번복하고 다시 종전의 처분을 되풀이할 수는 없는 것이므로, 과세처분에 관한 이의신청절차에서 과세관청이 이의신청 사유가 옳다고 인정하여 과세처분을 직권으로 취소한 이상 그 후 특별한 사유 없이 이를 번복하고 종전 처분을 되풀이하는 것은 허용되지 않는다(대판 2010.9.30, 2009두1020).

④ 환경영향평가를 거쳐야 함에도 거치지 않은 경우 주류적 판례는 취소사유라고 판시하고 있고, 무효사유라는 예외판례가 있다. 주류적 판례에 따를 때 취소사유일 경우 처분이 있은 날로부터 1년이 경과하면 불가쟁력이 발생하다. 다만, 무효사유가 맞는 것으로 출제된 경우가 2021년 국회직 9급, 2019년 지방직9급 시험을 포함해 9번이나 있었기 때문에 주의를 요한다.

[주류적 판례] 환경영향평가법령에서 정한 환경영향평가를 거쳐야 할 대상사업에 대하여 그러한 환경영향평가를 거치지 아니하였음에도 승인 등 처분을 하였다면 그 처분은 위법하다[대판(전합) 2006.3.16, 2006두330].

[예외판례] 환경영향평가를 거쳐야 할 대상사업에 대하여 환경영향평가를 거치지 아니하였음에도 불구하고 승인 등 처분이 이루어진다면, 사전에 환경영향평가를 함에 있어 평가대상지역 주민들의 의견을 수렴하고 그 결과를 토대로 하여 환경부장관과의 협의내용을 사업계획에 미리 반영시키는 것 자체가 원천적으로 봉쇄되는바, 이렇게 되면 환경파괴를 미연에 방지하고 쾌적한 환경을 유지·조성하기 위하여 환경영향평가제도를 둔 입법취지를 달성할 수 없게 되는 결과를 초래할 뿐만 아니라 환경영향평가 대상지역 안의 주민들의 직접적이고 개별적인 이익을 근본적으로 침해하게 되므로, 이러한 행정처분의 하자는 법규의 중요한 부분을 위반한 중대한 것이고 객관적으로도 명백한 것이라고 하지 않을 수 없어, 이와 같은 행정처분은 당연무효이다(대판 2006.6.30, 2005두14363).

정답 ④

112. 행정행위의 효력에 대한 설명으로 옳지 않은 것은? (다툼이 있는 경우 판례에 의함) 20 지방직7급

① 선행처분과 후행처분이 서로 독립하여 별개의 법률효과를 목적으로 하는 때에도 선행처분이 당연무효이면 선행처분의 하자를 이유로 후행처분의 효력을 다툴 수 있다.
② 도시·군계획시설결정과 실시계획인가는 서로 결합하여 도시·군계획시설사업의 실시라는 하나의 법적 효과를 완성하므로, 도시·군계획시설결정의 하자는 실시계획인가에 승계된다.
③ 도지사의 인사교류안 작성과 그에 따른 인사교류의 권고가 전혀 이루어지지 않은 상태에서, 관할구역 내 A시의 시장이 인사교류로서 소속 지방공무원인 甲에게 B시 지방공무원으로 전출을 명한 처분은 당연무효이다.
④ 물품세 과세대상이 아닌 것을 세무공무원이 직무상 과실로 과세대상으로 오인하여 과세처분을 행함으로 인하여 손해가 발생된 경우에는, 동 과세처분이 취소되지 아니하였다 하더라도, 국가는 이로 인한 손해를 배상할 책임이 있다.

해설 ➤ 中

① 선행처분과 후행처분이 서로 독립하여 별개의 법률효과를 목적으로 하는 때에도 선행처분이 당연무효이면 선행처분의 하자를 이유로 후행처분의 효력을 다툴 수 있다. 도시계획시설사업의 시행자가 작성한 실시계획을 인가하는 처분은 도시계획시설사업 시행자에게 도시계획시설사업의 공사를 허가하고 수용권을 부여하는 처분으로서 선행처분인 도시계획시설사업 시행자 지정 처분이 처분 요건을 충족하지 못하여 당연무효인 경우에는 사업시행자 지정 처분이 유효함을 전제로 이루어진 후행처분인 실시계획 인가처분도 무효라고 보아야 한다(대판 2017.7.11, 2016두35120).

② 도시·군계획시설결정과 실시계획인가는 도시·군계획시설사업을 위하여 이루어지는 단계적 행정절차에서 별도의 요건과 절차에 따라 별개의 법률효과를 발생시키는 독립적인 행정처분이다. 그러므로 선행처분인 도시·군계획시설결정에 하자가 있더라도 그것이 당연무효가 아닌 한 원칙적으로 후행처분인 실시계획인가에 승계되지 않는다(대판 2017.7.18, 2016두49938).

③ 경기도지사의 인사교류안의 작성과 그에 따른 인사교류의 권고가 전혀 이루어지지 않은 상태에서 행하여진 이 사건 처분은 그 하자가 중대한 것으로서 객관적으로 명백하여 당연무효라 할 것이다(대판 2005.6.24, 2004두10968).

④ 물품세 과세대상이 아닌 것을 세무공무원이 직무상 과실로 과세대상으로 오인하여 과세처분을 행함으로 인하여 손해가 발생된 경우에는, 동 과세처분이 취소되지 아니하였다 하더라도, 국가는 이로 인한 손해를 배상할 책임이 있다(대판 1979.4.10, 79다262).

정답 ②

113. 행정행위의 효력에 대한 설명으로 옳지 않은 것은? (다툼이 있는 경우 판례에 의함) 21 지방직9급

① 행정처분이 아무리 위법하다고 하여도 그 하자가 중대하고 명백하여 당연 무효라고 보아야 할 사유가 있는 경우를 제외하고는 아무도 그 하자를 이유로 무단히 그 효과를 부정하지 못한다.
② 민사소송에 있어서 어느 행정처분의 당연무효 여부가 선결문제로 되는 때에는 이를 판단하여 당연무효임을 전제로 판결할 수 있고 반드시 행정소송 등의 절차에 의하여 그 취소나 무효확인을 받아야 하는 것은 아니다.
③ 불가쟁력이 발생한 행정행위로 손해를 입은 국민은 국가배상청구를 할 수 있다.
④ 행정행위의 불가변력은 당해 행정행위에 대해서만 인정되는 것이 아니고, 동종의 행정행위라면 그 대상을 달리하더라도 인정된다.

해설 (下)

① 행정처분이 아무리 위법하다고 하여도 그 하자가 중대하고 명백하여 당연무효라고 보아야 할 사유가 있는 경우를 제외하고는 아무도 그 하자를 이유로 무단히 그 효과를 부정하지 못하는 것으로, 이러한 행정행위의 공정력은 판결의 기판력과 같은 효력은 아니지만 그 공정력의 객관적 범위에 속하는 행정행위의 하자가 취소사유에 불과한 때에는 그 처분이 취소되지 않는 한 처분의 효력을 부정하여 그로 인한 이득을 법률상 원인 없는 이득(부당이득)이라고 말할 수 없는 것이다(대판 2007.3.16, 2006다83802).
② 민사소송에 있어서 어느 행정처분의 당연무효 여부가 선결문제로 되는 때에는 이를 판단하여 당연무효임을 전제로 판결할 수 있고 반드시 행정소송 등의 절차에 의하여 그 취소나 무효확인을 받아야 하는 것은 아니다(대판 2010.4.8, 2009다90092).
③ 불가쟁력은 취소소송에서만 적용되는 효력으로서, 민사소송인 국가배상청구소송에서는 적용되지 않으므로 기간 제한 없이 소송을 제기할 수 있다.
④ 행정행위의 불가변력은 당해 행정행위에 대하여서만 인정되는 것이고, 동종의 행정행위라 하더라도 그 대상을 달리할 때에는 이를 인정할 수 없다(대판 1974.12.10, 73누129).

정답 ④

114. 행정행위의 효력에 대한 설명으로 옳지 않은 것은? (다툼이 있는 경우 판례에 의함) 22 국가직9급

① 영업허가취소처분이 나중에 행정쟁송절차에 의하여 취소되었더라도, 그 영업허가취소처분 이후의 영업행위는 무허가 영업이다.
② 연령미달 결격자가 다른 사람 이름으로 교부받은 운전면허는 당연무효가 아니고 취소되지 않는 한 유효하므로 그 연령미달 결격자의 운전행위는 무면허운전에 해당하지 아니한다.
③ 구 「도시계획법」상 원상회복 등의 조치명령을 받고도 이를 따르지 않은 자에 대해 형사처벌을 하기 위해서는 적법한 조치명령이 전제되어야 하며, 이때 형사법원은 그 적법여부를 심사할 수 있다.
④ 조세부과처분을 취소하는 행정판결이 확정된 경우 부과처분의 효력은 처분 시에 소급하여 효력을 잃게 되므로 확정된 행정판결은 조세포탈에 대한 무죄를 인정할 명백한 증거에 해당한다.

해설 (下)

① 영업의 금지를 명한 영업허가취소처분 자체가 나중에 행정쟁송절차에 의하여 취소되었다면 그 영업허가취소처분은 그 처분시에 소급하여 효력을 잃게 되며, 그 영업허가취소처분에 복종할 의무가 원래부터 없었음이 확정되었다고 봄이 타당하고, 영업허가취소처분이 장래에 향하여서만 효력을 잃게 된다고 볼 것은 아니므로 그 영업허가취소처분 이후의 영업행위를 무허가영업이라고 볼 수는 없다(대판 1993.6.25, 93도277).
② 연령미달의 결격자인 피고인이 소외인의 이름으로 운전면허시험에 응시, 합격하여 교부받은 운전면허는 당연무효가 아니고 도로교통법 제65조 제3호의 사유(운전면허취소사유)에 해당함에 불과하여 취소되지 않는 한 유효하므로 피고인의 운전행위는 무면허운전에 해당하지 아니한다(대판 1982.6.8, 80도2646).
③ 도시계획구역 안에서 허가 없이 토지의 형질을 변경한 경우 행정청은 그 토지의 형질을 변경한 자(토지임차인)에 대하여서만 같은법 제78조 제1항에 의하여 처분이나 원상회복 등의 조치명령을 할 수 있다고 해석되고, 토지의 형질을 변경한 자도 아닌 자(토지소유자)에 대하여 원상복구의 시정명령이 발하여진 경우 위 원상복구의 시정명령은 위법하다 할 것이다. 같은법 제78조 제1항에 정한 처분이나 조치명령을 받은 자가 이에 위반한 경우 이로 인하여 같은법 제92조에 정한 처벌을 하기 위하여는 그 처분이나 조치명령이 적법한 것이라야 하고, 그 처분이 당연무효가 아니라 하더라도 그것이 위법한 처분으로 인정되는 한 같은법 제92조 위반죄가 성립될 수 없다(대판 1992.8.18, 90도1709).
④ 조세의 부과처분을 취소하는 행정소송판결이 확정된 경우 그 조세부과처분의 효력은 처분시에 소급하여 효력을 잃게 되고 따라서 그 부과처분을 받은 사람은 그 처분에 따른 납부의무가 없다고 할 것이므로 위 확정된 행정판결은 조세포탈에 대한 무죄 내지 원판결이 인정한 죄보다 경한 죄를 인정할 명백한 증거라 할 것이다(대판 1985.10.22, 83도2933).

정답 ①

115. 행정행위의 효력과 선결문제의 관계에 대한 설명으로 옳지 않은 것은? (다툼이 있는 경우 판례에 의함)

16 지방직7급

① 하자있는 수입승인에 기초하여 수입면허를 받고 물품을 통관한 경우, 당해 수입면허가 당연무효가 아닌 이상 무면허수입죄가 성립되지 않는다.
② 손해배상청구소송에서 계고처분의 위법여부가 선결문제인 경우, 계고처분의 취소판결이 있어야 그 행정처분의 위법을 이유로 손해배상청구를 할 수 있는 것은 아니다.
③ 영업허가취소처분이 행정쟁송에 의하여 취소되었다면, 영업허가취소 이후에 행한 영업에 대하여 무허가영업으로 처벌할 수 없다.
④ 구 「주택법」에 따른 시정명령이 위법하더라도 당연무효가 아닌 이상 그 시정명령을 따르지 아니한 경우에는 동법상의 시정명령위반죄가 성립한다.

해설 ▸ 下

① 물품을 수입하고자 하는 자가 일단 세관장에게 수입신고를 하여 그 면허를 받고 물품을 통관한 경우에는, 세관장의 수입면허가 중대하고도 명백한 하자가 있는 행정행위이어서 당연무효가 아닌 한 관세법 제181조 소정의 무면허수입죄가 성립될 수 없다(대판 1989.3.28, 89도149).
② 위법한 행정대집행이 완료되면 그 처분의 무효확인 또는 취소를 구할 소의 이익은 없다 하더라도, 미리 그 행정처분의 취소판결이 있어야만 그 행정처분의 위법임을 이유로 한 손해배상청구를 할 수 있는 것은 아니다(대판 1972.4.28, 72다337).
③ 영업의 금지를 명한 영업허가취소처분 자체가 나중에 행정쟁송절차에 의하여 취소되었다면 그 영업허가취소처분은 그 처분시에 소급하여 효력을 잃게 되며, 그 영업허가취소처분에 복종할 의무가 원래부터 없었음이 확정되었다고 봄이 타당하고, 영업허가취소처분이 장래에 향하여서만 효력을 잃게 된다고 볼 것은 아니므로 그 영업허가취소처분 이후의 영업행위를 무허가영업이라고 볼 수는 없다(대판 1993.6.25, 93도277).
④ 행정청으로부터 구 주택법 제91조에 의한 시정명령을 받고도 이를 위반하였다는 이유로 위 법 제98조 제11호에 의한 처벌을 하기 위해서는 그 시정명령이 적법한 것이어야 하고, 그 시정명령이 위법하다고 인정되는 한 위 법 제98조 제11호 위반죄는 성립하지 않는다(대판 2009.6.25, 2006도824).

정답 ④

116. 행정행위의 공정력과 선결문제에 대한 설명으로 옳지 않은 것은? (다툼이 있는 경우 판례에 의함)

18 국가직7급

① 처분의 효력 유무가 민사소송의 선결문제로 되어 당해 소송의 수소법원이 이를 심리·판단하는 경우 수소법원은 필요하다고 인정할 때에는 직권으로 증거조사를 할 수 있고, 당사자가 주장하지 아니한 사실에 대하여도 판단할 수 있다.
② 처분의 효력 유무가 당사자소송의 선결문제인 경우, 당사자소송의 수소법원은 이를 심사하여 하자가 중대·명백한 경우에는 처분이 무효임을 전제로 판단할 수 있고, 또한 단순한 취소사유에 그칠 때에도 처분의 효력을 부인할 수 있다.
③ 취소소송에 당해 처분과 관련되는 부당이득반환청구소송이 병합되어 제기된 경우, 부당이득반환청구가 인용되기 위해서는 그 소송절차에서 판결에 의해 당해 처분이 취소되면 충분하고 그 처분의 취소가 확정되어야 하는 것은 아니다.
④ 행정청이 침해적 행정처분인 시정명령을 하면서 사전통지를 하거나 의견제출 기회를 부여하지 않아 시정명령이 절차적 하자로 위법하다면, 그 시정명령을 위반한 사람에 대하여는 시정명령위반죄가 성립하지 않는다.

해설 ▸ 中

① 처분등의 효력 유무 또는 존재 여부가 민사소송의 선결문제로 되어 당해 민사소송의 수소법원이 이를 심리·판단하는 경우에는 제17조(행정청의 소송참가), 제25조(행정심판기록의 제출명령), 제26조(직권심리) 및 제33조(소송비용에 관한 재판의 효력)의 규정을 준용한다(행정소송법 제11조 제1항).
② 민사소송의 수소법원은 당연무효라는 전제로 판단할 수는 있지만, 처분을 취소할 수는 없다. 취소권은 처분청과 취소소송 수소법원의 권한이기 때문이다.
국세 등의 부과 및 징수처분과 같은 행정처분이 당연무효임을 전제로 하여 민사소송을 제기한 때에는 그 행정처분이 당연무효인지의 여부가 선결문제이므로 법원은 이를 심사하여 그 행정처분의 하자가 중대하고도 명백하여 당연무효라고 인정될 경우에는 이를 전제로 하여 판단할 수 있으나, 그 하자가 단순한 취소사유에 그칠 때에는 법원은 그 효력을 부인(취소)할 수 없다(대판 1973.7.10, 70다1439).

③ 행정소송법 제10조는 처분의 취소를 구하는 취소소송에 당해 처분과 관련되는 부당이득반환소송을 관련 청구로 병합할 수 있다고 규정하고 있는바, 이 조항을 둔 취지에 비추어 보면, 취소소송에 병합할 수 있는 당해 처분과 관련되는 부당이득반환소송에는 당해 처분의 취소를 선결문제로 하는 부당이득반환청구가 포함되고, 이러한 부당이득반환청구가 인용되기 위해서는 그 소송절차에서 판결에 의해 당해 처분이 취소되면 충분하고 그 처분의 취소가 확정되어야 하는 것은 아니라고 보아야 한다(대판 2009.4.9, 2008두23153).

④ 관할관청이 침해적 행정처분인 시정명령을 하면서 피고인 乙에게 행정절차법 제21조, 제22조에 따른 적법한 사전통지를 하거나 의견제출 기회를 부여하지 않았고 이를 정당화할 사유도 없으므로 시정명령은 절차적 하자가 있어 위법하고, 시정명령이 당연무효가 아니더라도 위법한 것으로 인정되는 이상 피고인 乙이 시정명령을 이행하지 아니하였더라도 피고인 乙에 대하여 개발제한구역법 제32조 제2호 위반죄가 성립하지 아니함에도, 이와 달리 보아 피고인들에게 유죄를 인정한 원심판단에 행정행위의 공정력과 선결문제, 개발제한구역법 제32조의 시정명령위반죄에 관한 법리오해의 위법이 있다고 한 사례(대판 2017.9.21, 2017도7321)

정답 ②

117. 행정행위의 공정력과 선결문제에 대한 설명으로 옳지 않은 것은? (다툼이 있는 경우 판례에 의함)

20 국회직8급

① 조세과오납에 따른 부당이득반환청구사안에서 민사법원은 사전통지 및 의견제출절차를 거치지 않은 하자를 이유로 행정행위의 효력을 부인할 수 있다.

② 위법한 행정처분으로 인해 피해를 입은 자가 제기한 국가배상청구소송에서 민사법원은 행정행위의 위법성 여부를 확인하여 배상청구를 인용할 수 있다.

③ 연령미달의 결격자가 이를 속이고 운전면허를 교부받아 운전 중 적발되어 기소된 경우 형사법원은 운전면허처분의 효력을 부인하고 무면허운전죄로 판단할 수 없다.

④ 「건축법」상 위법건축물에 내려진 시정명령을 이행하지 않아 명령위반죄로 기소된 경우 형사법원은 이를 판단할 수 있다.

⑤ 행정행위에 중대명백한 하자가 있는 경우 선결문제에도 불구하고 민사법원 및 형사법원은 제기된 청구에 대하여 판결을 내릴 수 있다.

해설 ➤ 中

국회사무처의 최종정답은 ③인데 명백한 오류이다.

① 사전통지 및 의견제출절차를 거치지 않은 절차하자의 경우 통상 취소사유에 불과하므로, 민사법원은 행정처분의 효력을 부인할 수 없다.

조세의 과오납이 부당이득이 되기 위하여는 납세 또는 조세의 징수가 실체법적으로나 절차법적으로 전혀 법률상의 근거가 없거나 과세처분의 하자가 중대하고 명백하여 당연무효이어야 하고, 과세처분의 하자가 단지 취소할 수 있는 정도에 불과할 때에는 과세관청이 이를 스스로 취소(직권취소)하거나 항고소송절차에 의하여 취소(쟁송취소)되지 않는 한 그로 인한 조세의 납부가 부당이득이 된다고 할 수 없다(대판 1994.11.11, 94다28000).

② 위법한 행정대집행이 완료되면 그 처분의 무효확인 또는 취소를 구할 소의 이익은 없다 하더라도, 미리 그 행정처분의 취소판결이 있어야만 그 행정처분의 위법임을 이유로 한 손해배상청구를 할 수 있는 것은 아니다(대판 1972.4.28, 72다337).

③ 연령미달의 결격자인 피고인이 소외인의 이름으로 운전면허시험에 응시, 합격하여 교부받은 운전면허는 당연무효가 아니고 도로교통법 제65조 제3호의 사유(운전면허취소사유)에 해당함에 불과하여 취소되지 않는 한 유효하므로 피고인의 운전행위는 무면허운전에 해당하지 아니한다(대판 1982.6.8, 80도2646).

④ 구 도시계획법 제92조 제4호, 제78조 제1호, 제4조 제1항 제1호의 각 규정을 종합하면 도시계획구역 안에서 허가 없이 토지의 형질을 변경한 경우 행정청은 그 토지의 형질을 변경한 자(토지임차인)에 대하여서만 같은법 제78조 제1항에 의하여 처분이나 원상회복 등의 조치명령을 할 수 있다고 해석되고, 토지의 형질을 변경한 자도 아닌 자(토지소유자)에 대하여 원상복구의 시정명령이 발하여진 경우 위 원상복구의 시정명령은 위법하다 할 것이다. 같은법 제78조 제1항에 정한 처분이나 조치명령을 받은 자가 이에 위반한 경우 이로 인하여 같은법 제92조에 정한 처벌을 하기 위하여는 그 처분이나 조치명령이 적법한 것이라야 하고, 그 처분이 당연무효가 아니라 하더라도 그것이 위법한 처분으로 인정되는 한 같은법 제92조 위반죄가 성립될 수 없다(대판 1992.8.18, 90도1709).

⑤ [민사법원] 국세 등의 부과 및 징수처분과 같은 행정처분이 당연무효임을 전제로 하여 민사소송을 제기한 때에는 그 행정처분이 당연무효인지의 여부가 선결문제이므로 법원은 이를 심사하여 그 행정처분의 하자가 중대하고도 명백하여 당연무효라고 인정될 경우에는 이를 전제로 하여 판단할 수 있으나, 그 하자가 단순한 취소사유에 그칠 때에는 법원은 그 효력을 부인(취소)할 수 없다(대판 1973.7.10, 70다1439).

[형사법원] 소론 법조에 정한 체납범은 정당한 과세에 대하여서만 성립되는 것이고, 과세가 당연히 무효한 경우에 있어서는 체납의 대상이 없어 체납범 성립의 여지가 없다(대판 1971.5.31, 71도742).

정답 ①

118. 선결문제에 대한 판례의 입장으로 옳지 않은 것은? 22 지방직9급

① 조세부과처분이 무효임을 이유로 이미 납부한 세금의 반환을 청구하는 민사소송에서 법원은 그 조세부과처분이 무효라는 판단과 함께 세금을 반환하라는 판결을 할 수 있다.
② 영업허가취소처분으로 손해를 입은 자가 제기한 국가배상청구소송에서 법원은 영업허가취소처분에 취소사유에 해당하는 하자가 있는 경우에는 영업허가취소처분의 위법을 이유로 배상청구를 인용할 수 없다.
③ 물품을 수입하고자 하는 자가 세관장에게 수입신고를 하여 그 면허를 받고 물품을 통관한 경우에는, 세관장의 수입면허가 중대하고도 명백한 하자가 있는 행정행위이어서 당연무효가 아닌 한 「관세법」 소정의 무면허수입죄가 성립될 수 없다.
④ 영업허가취소처분 이후에 영업을 한 행위에 대하여 무허가영업으로 기소되었으나 형사법원이 판결을 내리기 전에 영업허가취소처분이 행정소송에서 취소되면 형사법원은 무허가영업행위에 대해서 무죄를 선고하여야 한다.

해설 ➤ ㊦

① 행정소송법 제11조 제1항은 "처분등의 효력 유무(유효·무효·실효) 또는 존재 여부(존재·부존재)가 민사소송의 선결문제로 되어 당해 민사소송의 수소법원이 이를 심리·판단하는 경우에는 제17(행정청의 소송참가)·25(행정심판기록의 제출명령)·26조(직권심리) 및 제33조(소송비용에 관한 재판의 효력)의 규정을 준용한다(재판관할, 사정판결에 관한 준용규정은 없음)."라고 규정하여 행정행위가 무효이거나 부존재인 경우에는 선결문제로 심사할 수 있음을 명문으로 규정하고 있다.
한편, 조세처분이 무효인 경우 부당이득반환청구권이 성립하므로 법원은 세금 반환판결을 내릴 수 있다.
② 민사법원이 선결문제로서 행정행위의 위법성 여부에 대하여 심사를 할 수 있다고 한다. 그러나 행정행위가 당연무효가 아닌 한, 민사법원이 행정행위의 효력·존재까지 부인할 수 없다는 입장이다. 해당 지문에 관한 판례는 없지만, 유사사안에서 같은 입장을 취한 바 있다.
위법한 행정대집행이 완료되면 그 처분의 무효확인 또는 취소를 구할 소의 이익은 없다 하더라도, 미리 그 행정처분의 취소판결이 있어야만 그 행정처분의 위법임을 이유로 한 손해배상청구를 할 수 있는 것은 아니다(대판 1972.4.28, 72다337).
③ 물품을 수입하고자 하는 자가 일단 세관장에게 수입신고를 하여 그 면허를 받고 물품을 통관한 경우에는, 세관장의 수입면허가 중대하고도 명백한 하자가 있는 행정행위이어서 당연무효가 아닌 한 관세법 제181조 소정의 무면허수입죄가 성립될 수 없다(대판 1989.3.28, 89도149).
④ 영업의 금지를 명한 영업허가취소처분 자체가 나중에 행정쟁송절차에 의하여 취소되었다면 그 영업허가취소처분은 그 처분시에 소급하여 효력을 잃게 되며, 그 영업허가취소처분에 복종할 의무가 원래부터 없었음이 확정되었다고 봄이 타당하고, 영업허가취소처분이 장래에 향하여서만 효력을 잃게 된다고 볼 것은 아니므로 그 영업허가취소처분 이후의 영업행위를 무허가영업이라고 볼 수는 없다(대판 1993.6.25, 93도277).

정답 ②

메모

제7절 행정행위의 하자

119. 환경영향평가와 행정처분과의 관계에 대한 설명으로 옳지 않은 것은? (다툼이 있는 경우 판례에 의함)

15 국가직7급

① 관련 법률에 따라 요구되는 환경영향평가절차를 거치지 않고 한 사업계획승인처분은 무효이다.
② 환경영향평가 대상지역 밖의 주민이라 할지라도 사업승인처분의 결과가 수인한도를 넘는 환경피해를 받을 우려가 있는 경우, 그 처분으로 인한 환경상 이익에 대한 침해 우려 사실을 입증하면 무효확인소송의 원고적격이 인정된다.
③ 환경영향평가의 내용이 환경영향평가를 하지 아니한 정도로 부실하지 않은 경우, 승인기관의 장이 환경부장관과의 협의를 거쳤다면 당해 환경영향평가에 근거한 사업계획승인처분이 위법하다고 할 수 없다.
④ 「환경영향평가법」상 환경영향평가의 내용에 대해 승인기관의 장이 환경부장관과의 재협의를 거쳐 사업계획승인처분을 한 경우, 주민의 의견수렴절차를 다시 거치지 않았다는 것만으로는 그 처분이 위법하게 되는 것은 아니다.

해설 ➤ 中

① 환경영향평가를 거쳐야 할 대상사업에 대하여 환경영향평가를 거치지 아니하였음에도 불구하고 승인 등 처분이 이루어진다면, 사전에 환경영향평가를 함에 있어 평가대상지역 주민들의 의견을 수렴하고 그 결과를 토대로 하여 환경부장관과의 협의내용을 사업계획에 미리 반영시키는 것 자체가 원천적으로 봉쇄되는바, 이렇게 되면 환경파괴를 미연에 방지하고 쾌적한 환경을 유지·조성하기 위하여 환경영향평가제도를 둔 입법취지를 달성할 수 없게 되는 결과를 초래할 뿐만 아니라 환경영향평가 대상지역 안의 주민들의 직접적이고 개별적인 이익을 근본적으로 침해하게 되므로, 이러한 행정처분의 하자는 법규의 중요한 부분을 위반한 중대한 것이고 객관적으로도 명백한 것이라고 하지 않을 수 없어, 이와 같은 행정처분은 당연무효이다(대판 2006.6.30, 2005두14363).
② 환경영향평가 대상지역 밖의 주민이라 할지라도 공유수면매립면허처분등으로 인하여 그 처분 전과 비교하여 수인한도를 넘는 환경피해를 받거나 받을 우려가 있는 경우에는, 공유수면매립면허처분등으로 인하여 환경상 이익에 대한 침해 또는 침해우려가 있다는 것을 입증함으로써 그 처분등의 취소(무효확인)를 구할 원고적격을 인정받을 수 있다(대판 2006.12.22, 2006두14001).
③ 환경영향평가법령에서 정한 환경영향평가를 거쳐야 할 대상사업에 대하여 그러한 환경영향평가를 거치지 아니하였음에도 승인 등 처분을 하였다면 그 처분은 위법하다 할 것이나, 그러한 절차를 거쳤다면, 비록 그 환경영향평가의 내용이 다소 부실하다 하더라도, 그 부실의 정도가 환경영향평가 제도를 둔 입법취지를 달성할 수 없을 정도이어서 환경영향평가를 하지 아니한 것과 다를 바 없는 정도의 것이 아닌 이상, 그 부실은 당해 승인 등 처분에 재량권 일탈·남용의 위법이 있는지 여부를 판단하는 하나의 요소로 됨에 그칠 뿐, 그 부실로 인하여 당연히 당해 승인 등 처분이 위법하게 되는 것이 아니다[대판(전합) 2006.3.16, 2006두330].
④ 해당내용의 판례는 존재하지 않지만, 환경영향평가법에는 재협의절차와 주민의견수렴절차를 별개의 절차로 규정하고 있기 때문에, 재협의절차를 거쳤다 하더라도 주민의견수렴절차를 거치지 않으면 위법하다.
승인기관장등은 제27조부터 제29조까지의 규정에 따라 협의한 사업계획 등을 변경하는 경우 등 다음 각 호의 어느 하나에 해당하는 경우에는 환경부장관에게 재협의를 요청하여야 한다(환경영향평가법 제32조 제1항). 사업자는 제24조에 따라 결정된 환경영향평가항목등에 따라 환경영향평가서 초안을 작성하여 주민 등의 의견을 수렴하여야 한다(같은 법 제25조 제1항).

정답 ④

120. 행정행위의 하자에 대한 판례의 내용으로 옳은 것은? 15 지방직7급

① 임면권자가 아닌 행정청이 소속 공무원에 대하여 행한 의원면직처분은 권한유월의 행위로서 무권한의 행위이므로 당연무효이다.
② 적법한 건축물에 대한 철거명령의 불이행을 이유로 후행행위로 행해진 건축물철거 대집행계고처분은 당연무효이다.
③ 처분 이후에 처분의 근거가 된 법률이 헌법재판소에 의해 위헌으로 결정되었다면 그 처분은 법률상 근거 없는 처분이 되어 당연무효임이 원칙이다.
④ 「국방·군사시설 사업에 관한 법률」 및 구 「산림법」에서 보전임지를 다른 용도로 이용하기 위한 사업에 대하여 승인 등 처분을 하기 전에 미리 산림청장과 협의를 하라고 규정한 의미는 그 의견에 따라 처분을 하라는 것이므로, 이러한 협의를 거치지 아니하고서 행해진 승인처분은 당연무효이다.

해설 中

① 행정청의 권한에는 사무의 성질 및 내용에 따르는 제약이 있고, 지역적·대인적으로 한계가 있으므로 이러한 권한의 범위를 넘어서는 권한유월의 행위는 무권한 행위로서 원칙적으로 무효라고 할 것이나, 행정청의 공무원에 대한 의원면직처분은 공무원의 사직의사를 수리하는 소극적 행정행위에 불과하고, 당해 공무원의 사직의사를 확인하는 확인적 행정행위의 성격이 강하며 재량의 여지가 거의 없기 때문에 의원면직처분에서의 행정청의 권한유월 행위를 다른 일반적인 행정행위에서의 그것과 반드시 같이 보아야 할 것은 아니다(대판 2007.7.26, 2005두15748).

② 적법한 건축물에 대한 철거명령은 그 하자가 중대하고 명백하여 당연무효라고 할 것이고, 그 후행행위인 건축물철거 대집행계고처분 역시 당연무효라고 할 것이다(대판 1999.4.27, 97누6780).

③ 하자 있는 행정처분이 당연무효가 되기 위해서는 그 하자가 중대할 뿐만 아니라 명백한 것이어야 하는바, 일반적으로 국회에서 헌법과 법률이 정한 절차에 의하여 제정·공포된 법률이 헌법에 위반된다는 사정은 헌법재판소의 위헌결정이 있기 전에는 객관적으로 명백한 것이라고 할 수는 없으므로, 특별한 사정이 없는 한 이러한 하자는 행정처분의 취소사유에 해당할 뿐 당연무효 사유는 아니다(대판 1998.4.10, 96다52359).

④ 국방·군사시설 사업에 관한 법률 및 구 산림법에서 보전임지를 다른 용도로 이용하기 위한 사업에 대하여 승인 등 처분을 하기 전에 미리 산림청장과 협의를 하라고 규정한 의미는 그의 자문을 구하라는 것이지 그 의견을 따라 처분을 하라는 의미는 아니라 할 것이므로, 이러한 협의를 거치지 아니하였다고 하더라도 이는 당해 승인처분을 취소할 수 있는 원인이 되는 하자 정도에 불과하고 그 승인처분이 당연무효가 되는 하자에 해당하는 것은 아니라고 봄이 상당하다(대판 2006.6.30, 2005두14363).

정답 ②

121. 행정행위의 하자에 대한 설명으로 옳은 것은? (다툼이 있는 경우 판례에 의함) 16 국가직9급

① 임용 당시 법령상 공무원임용 결격사유가 있었더라도 임용권자의 과실에 의하여 임용결격자임을 밝혀내지 못한 경우라면 그 임용행위가 당연무효가 된다고 할 수는 없다.

② 철거명령이 당연무효인 경우에는 그에 근거한 후행행위인 건축물철거 대집행계고처분도 당연무효이다.

③ 행정행위의 내용상의 하자는 치유의 대상이 될 수 있으나, 형식이나 절차상의 하자에 대해서는 치유가 인정되지 않는다.

④ 부담금 부과처분 이후에 처분의 근거법률이 위헌결정된 경우, 그 부과처분에 불가쟁력이 발생하였고 위헌결정 전에 이미 관할 행정청이 압류처분을 하였다면, 위헌결정 이후에도 후속절차인 체납처분절차를 통하여 부담금을 강제징수할 수 있다.

해설 中

① 경찰공무원법에 규정되어 있는 경찰관임용 결격사유는 경찰관으로 임용되기 위한 절대적인 소극적 요건으로서 임용 당시 경찰관임용 결격사유가 있었다면 비록 임용권자의 과실에 의하여 임용결격자임을 밝혀내지 못하였다 하더라도 그 임용행위는 당연무효로 보아야 한다(대판 2005.7.28, 2003두469).

② 적법한 건축물에 대한 철거명령은 그 하자가 중대하고 명백하여 당연무효라고 할 것이고, 그 후행행위인 건축물철거 대집행계고처분 역시 당연무효라고 할 것이다(대판 1999.4.27, 97누6780).

③ 하자의 치유는 형식이나 절차상의 하자에만 인정되고 내용상의 하자에는 인정되지 않는다. 판례도 마찬가지이다.

사업계획변경인가처분에 관한 하자가 행정처분의 내용에 관한 것이고 새로운 노선면허가 소 제기 이후에 이루어진 사정 등에 비추어 하자의 치유를 인정하지 않은 원심의 판단은 정당하다(대판 1991.5.28, 90누1359).

④ 조세 부과의 근거가 되었던 법률규정이 위헌으로 선언된 경우, 비록 그에 기한 과세처분이 위헌결정 전에 이루어졌고, 그 과세처분에 대한 제소기간이 이미 경과하여 조세채권이 확정되었으며, 그 조세채권의 집행을 위한 체납처분의 근거규정 자체에 대하여는 따로 위헌결정이 내려진 바 없다고 하더라도, 위와 같은 위헌결정 이후에 조세채권의 집행을 위한 새로운 체납처분에 착수하거나 이를 속행하는 것은 더 이상 허용되지 않고, 나아가 이러한 위헌결정의 효력에 위배하여 이루어진 체납처분은 그 사유만으로 하자가 중대하고 객관적으로 명백하여 당연무효라고 보아야 한다[대판(전합) 2012.2.16, 2010두10907].

정답 ②

122. 행정행위의 하자에 대한 설명으로 옳은 것은? (다툼이 있는 경우 판례에 의함) 16 국회직8급

① 선행 행정행위가 당연무효이더라도 양자가 서로 독립하여 별개의 효과를 목적으로 하는 경우에는 후행 행정행위가 당연무효가 되는 것은 아니다.
② 「학교보건법」에 따른 학교환경위생정화구역 내에서의 금지행위 및 해제여부에 관한 행정처분을 하면서 학교환경위생정화위원회의 심의절차를 누락한 것은 당연무효사유이다.
③ 처분 당시 당사자가 어떠한 근거와 이유로 처분이 이루어진 것인지를 충분히 알 수 있어서 그에 불복하여 행정구제절차로 나아가는 데에 별다른 지장이 없었던 것으로 인정되는 경우에도 처분서에 처분의 근거와 이유가 구체적으로 명시되어 있지 않았다면, 그 처분은 위법한 것으로 된다.
④ 선행 사업인정과 후행 수용재결 사이에는 하자가 승계된다.
⑤ 과세처분 이후 조세 부과의 근거가 되었던 법률규정에 대하여 헌법재판소의 위헌결정이 내려진 경우, 비록 체납처분의 근거법률에 대하여 따로 위헌결정이 내려진 바 없더라도 그 조세채권의 집행을 위한 체납처분은 당연무효이다.

해설 ▸ 中

① 선행처분과 후행처분이 서로 독립하여 별개의 법률효과를 목적으로 하는 때에도 선행처분이 당연무효이면 선행처분의 하자를 이유로 후행처분의 효력을 다툴 수 있다. 도시계획시설사업의 시행자가 작성한 실시계획을 인가하는 처분은 도시계획시설사업 시행자에게 도시계획시설사업의 공사를 허가하고 수용권을 부여하는 처분으로서 선행처분인 도시계획시설사업 시행자 지정 처분이 처분 요건을 충족하지 못하여 당연무효인 경우에는 사업시행자 지정 처분이 유효함을 전제로 이루어진 후행처분인 실시계획 인가처분도 무효라고 보아야 한다(대판 2017.7.11, 2016두35120).
② 금지행위 및 시설의 해제 여부에 관한 행정처분을 하면서 절차상 위와 같은 심의를 누락한 흠이 있다면 그와 같은 흠을 가리켜 위 행정처분의 효력에 아무런 영향을 주지 않는다거나 경미한 정도에 불과하다고 볼 수는 없으므로, 특별한 사정이 없는 한 이는 행정처분을 위법하게 하는 취소사유가 된다(대판 2007.3.15, 2006두15806).
③ 처분서에 기재된 내용과 관계 법령 및 당해 처분에 이르기까지 전체적인 과정 등을 종합적으로 고려하여, 처분 당시 당사자가 어떠한 근거와 이유로 처분이 이루어진 것인지를 충분히 알 수 있어서 그에 불복하여 행정구제절차로 나아가는 데에 별다른 지장이 없었던 것으로 인정되는 경우에는 처분서에 처분의 근거와 이유가 구체적으로 명시되어 있지 않았다고 하더라도 그로 말미암아 그 처분이 위법한 것으로 된다고 할 수는 없다(대판 2013.11.14, 2011두18571).
④ 토지수용법 제14조에 따른 사업인정은 그후 일정한 절차를 거칠 것을 조건으로 하여 일정한 내용의 수용권을 설정해 주는 행정처분의 성격을 띠는 것으로서 그 사업인정을 받음으로써 수용할 목적물의 범위가 확정되고 수용권으로 하여금 목적물에 관한 현재 및 장래의 권리자에게 대항할 수 있는 일종의 공법상의 권리로서의 효력을 발생시킨다고 할 것이므로 위 사업인정단계에서의 하자를 다투지 아니하여 이미 쟁송기간이 도과한 수용재결단계에 있어서는 위 사업인정처분에 중대하고 명백한 하자가 있어 당연무효라고 볼만한 특단의 사정이 없다면 그 처분의 불가쟁력에 의하여 사업인정처분의 위법, 부당함을 이유로 수용재결처분의 취소를 구할 수 없다(대판 1987.9.8, 87누395).
⑤ 조세 부과의 근거가 되었던 법률규정이 위헌으로 선언된 경우, 비록 그에 기한 과세처분이 위헌결정 전에 이루어졌고, 그 과세처분에 대한 제소기간이 이미 경과하여 조세채권이 확정되었으며, 그 조세채권의 집행을 위한 체납처분의 근거규정 자체에 대하여는 따로 위헌결정이 내려진 바 없다고 하더라도, 위와 같은 위헌결정 이후에 조세채권의 집행을 위한 새로운 체납처분에 착수하거나 이를 속행하는 것은 더 이상 허용되지 않고, 나아가 이러한 위헌결정의 효력에 위배하여 이루어진 체납처분은 그 사유만으로 하자가 중대하고 객관적으로 명백하여 당연무효라고 보아야 한다[대판(전합) 2012.2.16, 2010두10907].

정답 ⑤

123. 행정행위의 하자에 대한 설명으로 옳지 않은 것은? (다툼이 있는 경우 판례에 의함) 16 국가직7급

① 적법한 건축물에 대한 철거명령의 하자가 중대하고 명백하여 당연무효라고 하더라도 그 후행행위인 건축물철거 대집행 계고처분 역시 당연무효가 되는 것은 아니다.
② 계고처분의 후속절차인 대집행에 위법이 있다고 하더라도, 그와 같은 후속절차에 위법성이 있다는 점을 들어 선행절차인 계고처분이 부적법하다는 사유로 삼을 수는 없다.
③ 과세처분 이후 조세 부과의 근거가 되었던 법률규정에 대하여 위헌결정이 내려진 경우, 그 위헌결정의 효력에 위배하여 이루어진 체납처분은 당연무효이다.
④ 절차상 하자로 인하여 무효인 행정처분이 있은 후 행정청이 관계 법령에서 정한 절차를 갖추어 다시 동일한 행정처분을 하였다면 당해 행정처분은 종전의 무효인 행정처분과 관계없이 새로운 행정처분이라고 보아야 한다.

해설 ▸ 中

① 적법한 건축물에 대한 철거명령은 그 하자가 중대하고 명백하여 당연무효라고 할 것이고, 그 후행행위인 건축물철거 대집행계고처분 역시 당연무효라고 할 것이다(대판 1999.4.27, 97누6780).
② 대판 1997.2.14, 96누15428
③ 조세 부과의 근거가 되었던 법률규정이 위헌으로 선언된 경우, 비록 그에 기한 과세처분이 위헌결정 전에 이루어졌고, 그 과세처분에 대한 제소기간이 이미 경과하여 조세채권이 확정되었으며, 그 조세채권의 집행을 위한 체납처분의 근거규정 자체에 대하여는 따로 위헌결정이 내려진 바 없다고 하더라도, 위와 같은 위헌결정 이후에 조세채권의 집행을 위한 새로운 체납처분에 착수하거나 이를 속행하는 것은 더 이상 허용되지 않고, 나아가 이러한 위헌결정의 효력에 위배하여 이루어진 체납처분은 그 사유만으로 하자가 중대하고 객관적으로 명백하여 당연무효라고 보아야 한다[대판(전합) 2012.2.16, 2010두10907].
④ 절차상 또는 형식상 하자로 인하여 무효인 행정처분이 있은 후 행정청이 관계 법령에서 정한 절차 또는 형식을 갖추어 다시 동일한 행정처분을 하였다면 당해 행정처분은 종전의 무효인 행정처분과 관계없이 새로운 행정처분이라고 보아야 한다(대판 2014.3.13, 2012두1006).

정답 ①

124. 행정행위의 하자에 대한 설명으로 옳은 것만을 모두 고른 것은? (다툼이 있는 경우 판례에 의함)

17 지방직9급

ㄱ. 명백성보충설에 의하면 무효판단의 기준에 명백성이 항상 요구되지는 아니하므로 중대명백설보다 무효의 범위가 넓어지게 된다.
ㄴ. 조세 부과처분이 무효라 하더라도 그로써 압류 등 체납처분의 효력을 다툴 수는 없다.
ㄷ. 구 「학교보건법」상 학교환경위생정화구역에서의 금지행위 및 시설의 해제 여부에 관한 행정처분을 함에 있어 학교환경위생정화위원회의 심의절차를 누락한 행정처분은 무효이다.
ㄹ. 선행행위의 하자를 이유로 후행행위를 다투는 경우뿐 아니라 후행행위의 하자를 이유로 선행행위를 다투는 것도 하자의 승계이다.

① ㄱ
② ㄱ, ㄹ
③ ㄴ, ㄷ
④ ㄴ, ㄷ, ㄹ

해설 ▸ 中

ㄱ 명백성보충요건설은 하자의 중대성은 필수적 요건이지만, 하자의 명백성은 구체적인 사안에 있어서 이익형량에 따라 요구될 수도 있는 보충적 가중요건이라는 견해로서, 통설보다는 무효사유의 인정 폭이 넓다.
ㄴ 조세의 부과처분과 압류 등의 체납처분은 별개의 행정처분으로서 독립성을 가지므로 부과처분에 하자가 있더라도 그 부과처분이 취소되지 아니하는 한 그 부과처분에 의한 체납처분은 위법이라고 할 수는 없지만, 체납처분은 부과처분의 집행을 위한 절차에 불과하므로 그 부과처분에 중대하고도 명백한 하자가 있어 무효인 경우에는 그 부과처분의 집행을 위한 체납처분도 무효라 할 것이다(대판 1987.9.22, 87누383).
ㄷ 금지행위 및 시설의 해제 여부에 관한 행정처분을 하면서 절차상 위와 같은 심의를 누락한 흠이 있다면 그와 같은 흠을 가리켜 위 행정처분의 효력에 아무런 영향을 주지 않는다거나 경미한 정도에 불과하다고 볼 수는 없으므로, 특별한 사정이 없는 한 이는 행정처분을 위법하게 하는 취소사유가 된다(대판 2007.3.15, 2006두15806).
ㄹ 계고처분의 후속절차인 대집행에 위법이 있다고 하더라도, 그와 같은 후속절차에 위법성이 있다는 점을 들어 선행절차인 계고처분이 부적법하다는 사유로 삼을 수는 없다(대판 1997.2.14, 96누15428).

정답 ①

125. 행정행위의 하자에 대한 설명으로 옳은 것은? (다툼이 있는 경우 판례에 의함) 17 국회직8급

① 행정심판전치주의는 무효확인소송에는 적용되지만 취소소송에는 적용되지 않는다.
② 대법원은 무효와 취소의 구별기준에 대해서 중대명백설을 취하고 있으나, 반대의견으로 객관적 명백성설이 제시된 판례도 존재한다.
③ 판례는 권한유월의 행위는 무권한의 행위로서 원칙적으로 취소사유로 보면서도 의원면직처분에서의 권한유월은 확인적 행정행위의 성격을 갖고 있기 때문에 원칙적으로 무효사유로 보아야 한다는 입장이다.
④ 판례는 민원사무를 처리하는 행정기관이 민원 1회 방문 처리제를 시행하는 절차의 일환으로 민원사항의 심의, 조정 등을 위한 민원조정위원회를 개최하면서 민원인에게 회의일정 등을 사전에 통지하지 아니하였다면 취소사유가 존재한다는 입장이다.
⑤ 판례는 환경영향평가를 거쳐야 할 대상사업에 대하여 이를 거치지 아니하였음에도 불구하고 승인 등 처분이 이루어졌다면 이는 당연무효라는 입장이다.

해설 ➤ 中

① 행정소송법 제18조 제1항 본문은 "취소소송은 법령의 규정에 의하여 당해 처분에 대한 행정심판을 제기할 수 있는 경우에도 이를 거치지 아니하고 제기할 수 있다."라고 규정하고 있다. 따라서 현행 행정소송법상 원칙적으로 임의적 전치주의, 예외적으로 필요적 전치주의를 채택하고 있다고 할 수 있다. 행정소송법은 취소소송에 대해 예외적으로 필요적 행정심판전치주의를 채택하고(제18조 제1항 단서), 부작위위법확인소송에 이를 준용하고 있다(제38조 제2항). 그러나 항고소송 중 무효등확인소송과 당사자소송에는 행정심판전치주의가 적용되지 않는다(제38조 제1항, 제44조).
② 반대의견은 '명백성 보충요건설'이지 '객관적 명백성설'이 아니다.
하자 있는 행정처분이 당연무효가 되기 위하여는 그 하자가 법규의 중요한 부분을 위반한 중대한 것으로서 객관적으로 명백한 것이어야 한다(대판 2011.7.28, 2011두2842).
[반대의견] 행정행위의 무효사유를 판단하는 기준으로서의 명백성은 행정처분의 법적 안정성 확보를 통하여 행정의 원활한 수행을 도모하는 한편 그 행정처분을 유효한 것으로 믿은 제3자나 공공의 신뢰를 보호하여야 할 필요가 있는 경우에 보충적으로 요구되는 것으로서, 그와 같은 필요가 없거나 하자가 워낙 중대하여 그와 같은 필요에 비하여 처분 상대방의 권익을 구제하고 위법한 결과를 시정할 필요가 훨씬 더 큰 경우라면 그 하자가 명백하지 않더라도 그와 같이 중대한 하자를 가진 행정처분은 당연무효라고 보아야 한다[대판(전합) 1995.7.11, 94누4615].
③ 행정청의 권한에는 사무의 성질 및 내용에 따르는 제약이 있고, 지역적·대인적으로 한계가 있으므로 이러한 권한의 범위를 넘어서는 권한유월의 행위는 무권한 행위로서 원칙적으로 무효라고 할 것이나, 행정청의 공무원에 대한 의원면직처분은 공무원의 사직의사를 수리하는 소극적 행정행위에 불과하고, 당해 공무원의 사직의사를 확인하는 확인적 행정행위의 성격이 강하며 재량의 여지가 거의 없기 때문에 의원면직처분에서의 행정청의 권한유월 행위를 다른 일반적인 행정행위에서의 그것과 반드시 같이 보아야 할 것은 아니다(대판 2007.7.26, 2005두15748).
④ 민원사무를 처리하는 행정기관이 민원 1회방문 처리제를 시행하는 절차의 일환으로 민원사항의 심의·조정 등을 위한 민원조정위원회를 개최하면서 민원인에게 회의일정 등을 사전에 통지하지 아니하였다 하더라도, 이러한 사정만으로 곧바로 민원사항에 대한 행정기관의 장의 거부처분에 취소사유에 이를 정도의 흠이 존재한다고 보기는 어렵다(대판 2015.8.27, 2013두1560).
⑤ 환경영향평가를 거쳐야 할 대상사업에 대하여 환경영향평가를 거치지 아니하였음에도 불구하고 승인 등 처분이 이루어진다면, 사전에 환경영향평가를 함에 있어 평가대상지역 주민들의 의견을 수렴하고 그 결과를 토대로 하여 환경부장관과의 협의내용을 사업계획에 미리 반영시키는 것 자체가 원천적으로 봉쇄되는바, 이렇게 되면 환경파괴를 미연에 방지하고 쾌적한 환경을 유지·조성하기 위하여 환경영향평가제도를 둔 입법취지를 달성할 수 없게 되는 결과를 초래할 뿐만 아니라 환경영향평가 대상지역 안의 주민들의 직접적이고 개별적인 이익을 근본적으로 침해하게 되므로, 이러한 행정처분의 하자는 법규의 중요한 부분을 위반한 중대한 것이고 객관적으로도 명백한 것이라고 하지 않을 수 없어, 이와 같은 행정처분은 당연무효이다(대판 2006.6.30, 2005두14363).

정답 ⑤

126. 행정행위의 하자에 대한 판례의 입장으로 옳지 않은 것은? 18 지방직9급

① 친일반민족행위자로 결정한 최종발표와 그에 따라 그 유가족에 대하여 한 「독립유공자 예우에 관한 법률」 적용배제자 결정은 별개의 법률효과를 목적으로 하는 처분이다.
② 무권한의 행위는 원칙적으로 무효라고 할 것이므로, 5급 이상의 국가정보원 직원에 대해 임면권자인 대통령이 아닌 국가정보원장이 행한 의원면직처분은 당연무효에 해당한다.
③ 「국가유공자 등 예우 및 지원에 관한 법률」에 따른 여러 개의 상이에 대한 국가유공자요건비해당처분에 대한 취소소송에서 그 중 일부 상이만이 국가유공자요건이 인정되는 상이에 해당하는 경우, 국가유공자요건비해당처분 중 그 요건이 인정되는 상이에 대한 부분만을 취소하여야 한다.
④ 위법하게 구성된 폐기물처리시설 입지선정위원회가 의결을 한 경우, 그에 터잡아 이루어진 폐기물처리시설 입지결정처분의 하자는 무효사유로 본다.

해설 ➤ 中

① 진상규명위원회가 甲의 친일반민족행위자 결정 사실을 통지하지 않아 乙은 후행처분이 있기 전까지 선행처분의 사실을 알지 못하였고, 후행처분인 지방보훈지청장의 독립유공자법 적용배제결정이 자신의 법률상 지위에 직접적인 영향을 미치는 행정처분이라고 생각했을 뿐, 통지를 받지도 않은 진상규명위원회의 친일반민족행위자 결정처분이 자신의 법률상 지위에 영향을 주는 독립된 행정처분이라고 생각하기는 쉽지 않았을 것으로 보여, 乙이 선행처분에 대하여 「일제강점하 반민족행위 진상규명에 관한 특별법」에 의한 이의신청절차를 밟거나 후행처분에 대한 것과 별개로 행정심판이나 행정소송을 제기하지 않았다고 하여 선행처분의 하자를 이유로 후행처분의 효력을 다툴 수 없게 하는 것은 乙에게 수인한도를 넘는 불이익을 주고 그 결과가 乙에게 예측가능한 것이라고 할 수 없어 선행처분의 후행처분에 대한 구속력을 인정할 수 없으므로 선행처분의 위법을 이유로 후행처분의 효력을 다툴 수 있음에도, 이와 달리 본 원심판결에 법리를 오해한 위법이 있다고 한 사례(대판 2013.3.14, 2012두6964)
② 임면권자가 아닌 국가정보원장이 5급 이상의 국가정보원직원에 대하여 한 의원면직처분은 <u>당연무효가 아니다</u>(대판 2007.7.26, 2005두15748).
③ 「국가유공자 등 예우 및 지원에 관한 법률」 제4조 제1항 제6호, 제6조의3 제1항, 제6조의4 등 관련 법령의 해석상, 여러 개의 상이에 대한 국가유공자 요건 비해당결정처분에 대한 취소소송에서 그중 <u>일부 상이에 대해서만 국가유공자 요건이 인정될 경우에는 비해당결정처분 중 요건이 인정되는 상이에 대한 부분만을 취소하여야</u> 하고, 비해당결정처분 전부를 취소할 것은 아니다(대판 2016.8.30, 2014두46034).
④ 구 「폐기물처리시설 설치촉진 및 주변지역 지원 등에 관한 법률」에 정한 입지선정위원회가 그 구성방법 및 절차에 관한 같은법 시행령의 규정에 위배하여 군수와 주민대표가 선정·추천한 전문가를 포함시키지 않은 채 임의로 구성되어 의결을 한 경우, 그에 터잡아 이루어진 폐기물처리시설 입지결정처분의 <u>하자는 중대한 것이고 객관적으로도 명백하므로 무효사유</u>에 해당한다(대판 2007.4.12, 2006두20150).

정답 ②

127. 행정행위의 하자에 대한 설명으로 가장 옳지 않은 것은? 18 서울시7급

① 선행 도시계획시설사업시행자 지정처분이 당연무효이면 후행처분인 실시계획인가처분도 당연무효이다.
② 과세처분 이후 조세 부과의 근거가 되었던 법률규정에 대하여 위헌결정이 내려진 후에 행한 처분의 집행은 당연무효이다.
③ 재건축주택조합설립인가처분 당시 동의율을 충족하지 못한 하자는 후에 추가동의서가 제출되었다는 사정만으로 치유될 수 없다.
④ 출생연월일 정정으로 특례노령연금 수급요건을 충족하지 못하게 된 자에 대하여 지급결정을 소급적으로 직권취소하고, 이미 지급된 급여를 환수하는 처분은 위법하다.

해설 ➤ 中

① <u>선행처분과 후행처분이 서로 독립하여 별개의 법률효과를 목적으로 하는 때에도 선행처분이 당연무효이면 선행처분의 하자를 이유로 후행처분의 효력을 다툴 수 있다.</u> 도시계획시설사업의 시행자가 작성한 실시계획을 인가하는 처분은 도시계획시설사업 시행자에게 도시계획시설사업의 공사를 허가하고 수용권을 부여하는 처분으로서 <u>선행처분인 도시계획시설사업 시행자 지정 처분이 처분 요건을 충족하지 못하여 당연무효인 경우에는 사업시행자 지정 처분이 유효함을 전제로 이루어진 후행처분인 실시계획 인가처분도 무효</u>라고 보아야 한다(대판 2017.7.11, 2016두35120).
② 조세 부과의 근거가 되었던 법률규정이 위헌으로 선언된 경우, 비록 그에 기한 과세처분이 위헌결정 전에 이루어졌고, 그 과세처분에 대한

제소기간이 이미 경과하여 조세채권이 확정되었으며, 그 조세채권의 집행을 위한 체납처분의 근거규정 자체에 대하여는 따로 위헌결정이 내려진 바 없다고 하더라도, 위와 같은 위헌결정 이후에 조세채권의 집행을 위한 새로운 체납처분에 착수하거나 이를 속행하는 것은 더 이상 허용되지 않고, 나아가 이러한 위헌결정의 효력에 위배하여 이루어진 체납처분은 그 사유만으로 하자가 중대하고 객관적으로 명백하여 당연무효라고 보아야 한다[대판(전합) 2012.2.16, 2010두10907].

③ 이 사건 변경인가처분은 이 사건 설립인가처분 후 추가동의서가 제출되어 동의자 수가 변경되었음을 이유로 하는 것으로서 조합원의 신규가입을 이유로 한 경미한 사항의 변경에 대한 신고를 수리하는 의미에 불과하므로 이 사건 설립인가처분이 이 사건 변경인가처분에 흡수된다고 볼 수 없고, 또한 이 사건 설립인가처분 당시 동의율을 충족하지 못한 하자는 후에 추가동의서가 제출되었다는 사정만으로 치유될 수 없다(대판 2013.7.11, 2011두27544).

④ 판례는 연금 지급결정을 취소하는 처분은 적법하지만, 그에 기초한 환수처분은 위법하다고 판시하고 있다. 즉, 연금 지급결정을 취소하는 처분과 그 처분에 기초하여 잘못 지급된 급여액에 해당하는 금액을 환수하는 처분이 적법한지를 판단하는 경우 비교·교량할 각 사정이 동일하다고는 할 수 없으므로, 연금 지급결정을 취소하는 처분이 적법하다고 하여 환수처분도 반드시 적법하다고 판단하여야 하는 것은 아니다(대판 2017.3.30, 2015두43971).

정답 ④

128. 행정행위의 하자에 대한 설명으로 옳지 않은 것은? (다툼이 있는 경우 판례에 의함) 19 지방직9급

① 구 「환경영향평가법」상 환경영향평가를 실시하여야 할 사업에 대하여 환경영향평가를 거치지 아니하였음에도 승인 등 처분을 한 경우, 그 처분은 당연무효이다.

② 적법한 권한 위임 없이 세관출장소장에 의하여 행하여진 관세부과처분은 그 하자가 중대하기는 하지만 객관적으로 명백하다고 할 수 없어 당연무효는 아니다.

③ 행정청이 사전에 교통영향평가를 거치지 아니한 채 '건축허가 전까지 교통영향평가 심의필증을 교부받을 것'을 부관으로 붙여서 한 '실시계획변경 승인 및 공사시행변경 인가 처분'은 그 하자가 중대하고 객관적으로 명백하여 당연무효이다.

④ 징계처분이 중대하고 명백한 하자 때문에 당연무효의 것이라면 징계처분을 받은 자가 이를 용인하였다 하여 그 하자가 치유되는 것은 아니다.

해설 (中)

① 환경영향평가를 거쳐야 할 대상사업에 대하여 환경영향평가를 거치지 아니하였음에도 불구하고 승인 등 처분이 이루어진다면, 사전에 환경영향평가를 함에 있어 평가대상지역 주민들의 의견을 수렴하고 그 결과를 토대로 하여 환경부장관과의 협의내용을 사업계획에 미리 반영시키는 것 자체가 원천적으로 봉쇄되는바, 이렇게 되면 환경파괴를 미연에 방지하고 쾌적한 환경을 유지·조성하기 위하여 환경영향평가제도를 둔 입법취지를 달성할 수 없게 되는 결과를 초래할 뿐만 아니라 환경영향평가 대상지역 안의 주민들의 직접적이고 개별적인 이익을 근본적으로 침해하게 되므로, 이러한 행정처분의 하자는 법규의 중요한 부분을 위반한 중대한 것이고 객관적으로도 명백한 것이라고 하지 않을 수 없어, 이와 같은 행정처분은 당연무효이다(대판 2006.6.30, 2005두14363).

② 대판 2004.11.26, 2003두2403

③ 교통영향평가는 환경영향평가와 그 취지 및 내용, 대상사업의 범위, 사전 주민의견수렴절차 생략 여부 등에 차이가 있는 점 및 그 후 교통영향평가가 교통영향분석·개선대책으로 대체된 점, 나아가 원심판결 이유 및 원심이 적법하게 채택한 증거에 의하여 알 수 있는 바와 같이, 이 사건 화물터미널(용인시 중부공용화물터미널) 조성사업은 부지면적 161,164m^2로 지방교통영향평가심의위원회 심의대상인 사업으로서 주민의견수렴절차를 거치지 아니할 수 있는 점, 피고는 교통영향평가를 배제한 것이 아니라 '건축허가 전까지 교통영향평가 심의필증을 교부받을 것'을 부관(법률요건충족적 부관)으로 하여 이 사건 제2차 처분을 한 점, 이에 따라 피고는 건축허가시까지 참가인으로 하여금 평가서 협의기관장과의 협의내용을 사업계획 등에 반영하도록 할 수 있는 점, 교통영향평가에 관하여 위와 같은 부관을 붙여 사업승인을 할 수 있는지 여부에 관한 법리가 명백히 밝혀지지 아니하여 해석상 다툼의 여지가 있는 점 등에 비추어 보면, 사전에 교통영향평가를 거치지 아니한 채 위와 같은 부관을 붙여 한 이 사건 제2차 처분에 중대하고 명백한 흠이 있다고 할 수 없으므로 이를 무효로 보기는 어렵다(대판 2010.2.25, 2009두102).

④ 대판 1989.12.12, 88누8869

정답 ③

129. 행정처분의 하자에 대한 설명으로 옳은 것은? (다툼이 있는 경우 판례에 의함) 19 국회직8급

① 과세관청의 소득처분과 그에 따른 소득금액변동통지가 있는 경우 원천징수하는 소득세의 납세의무에 관하여는 이를 확정하는 소득금액변동통지에 대한 항고소송에서 다투어야 하고 소득금액변동통지가 취소사유에 불과한 경우 징수처분에 대한 항고소송에서 이를 다툴 수는 없다.

② 토지구획정리사업 시행 후 시행인가처분의 하자가 취소사유에 불과하더라도 사업 시행 후 시행인가처분의 하자를 이유로 환지청산금 부과처분의 효력을 다툴 수 있다.

③ 선행처분인 국제항공노선 운수권 배분 실효처분 및 노선면허거부처분에 대하여 이미 불가쟁력이 생겨 그 효력을 다툴 수 없게 되었더라도 후행처분인 노선면허처분을 다투는 단계에서 선행처분의 하자를 다툴 수 있다.

④ 선행처분인 개별공시지가결정이 위법하여 그에 기초한 개발부담금 부과처분도 위법하게 되었지만 그 후 적법한 절차를 거쳐 공시된 개별공시지가결정이 종전의 위법한 공시지가결정과 그 내용이 동일하다면 위법한 개별공시지가결정에 기초한 개발부담금 부과처분은 적법하게 된다.

⑤ 선행처분인 계고처분이 하자가 있는 위법한 처분이라도 당연무효의 처분이 아니라면 후행처분인 대집행비용납부명령의 취소를 청구하는 소송에서 그 계고처분을 전제로 행하여진 대집행비용납부명령도 위법한 것이라는 주장을 할 수는 없다.

해설 ▸ 中

① 원천징수의무자인 법인이 원천징수하는 소득세의 납세의무를 이행하지 아니함에 따라 과세관청이 하는 납세고지는 확정된 세액의 납부를 명하는 징수처분에 해당하므로 선행처분인 소득금액변동통지에 하자가 존재하더라도 그 하자가 당연무효 사유에 해당하지 않는 한 후행처분인 징수처분에 그대로 승계되지 아니한다. 따라서 과세관청의 소득처분과 그에 따른 소득금액변동통지가 있는 경우 원천징수하는 소득세의 납세의무에 관하여는 이를 확정하는 소득금액변동통지에 대한 항고소송에서 다투어야 하고 그 소득금액변동통지가 당연무효가 아닌 한 징수처분에 대한 항고소송에서 이를 다툴 수는 없다고 해야 할 것이다(대판 2012.1.26, 2009두14439).

② 토지구획정리사업은 대지로서의 효용증진과 공공시설의 정비를 위하여 실시하는 토지의 교환·분합 기타의 구획변경, 지목 또는 형질의 변경이나 공공시설의 설치·변경에 관한 사업으로서, 그 시행인가는 사업지구에 편입될 목적물의 범위를 확정하고 시행자로 하여금 목적물에 관한 현재 및 장래의 권리자에게 대항할 수 있는 법적 지위를 설정해 주는 행정처분의 성격을 갖는 것이므로, 사업시행자의 자격이나 토지소유자의 동의 여부 및 특정 토지의 사업지구 편입 등에 하자가 있다고 주장하는 토지소유자 등은 시행인가 단계에서 그 하자를 다투었어야 하며, 시행인가처분에 명백하고도 중대한 하자가 있어 당연 무효라고 볼 특별한 사정이 없는 한, 사업시행 후 시행인가처분의 하자를 이유로 환지청산금 부과처분의 효력을 다툴 수는 없다(대판 2004.10.14, 2002두424).

③ 피고가 참가인에게 한 이 사건 노선에 대한 운수권배분 및 이를 기초로 한 2000.4.15.자 이 사건 노선면허처분은 피고가 원고에게 한 위 1999.12.10.자 운수권배분 실효처분 및 노선면허거부처분이 유효함을 전제로 하고 있기는 하나 원고에게 한 위 각 처분과는 독립하여 별개의 법률효과를 목적으로 하는 독립한 행정처분이므로, 선행처분인 위 운수권배분 실효처분 및 노선면허거부처분에 대하여 이미 불가쟁력이 생겨 그 효력을 다툴 수 없게 된 이상 그에 위법사유가 있더라도 그것이 당연무효 사유가 아닌 한 그 하자가 후행처분인 이 사건 노선면허처분에 승계된다고 할 수 없다(대판 2004.11.26, 2003두3123).

④ 선행처분인 개별공시지가결정이 위법하여 그에 기초한 개발부담금 부과처분도 위법하게 된 경우 그 하자의 치유를 인정하면 개발부담금 납부의무자로서는 위법한 처분에 대한 가산금 납부의무를 부담하게 되는 등 불이익이 있을 수 있으므로, 그 후 적법한 절차를 거쳐 공시된 개별공시지가결정이 종전의 위법한 공시지가결정과 그 내용이 동일하다는 사정만으로는 위법한 개별공시지가결정에 기초한 개발부담금 부과처분이 적법하게 된다고 볼 수 없다(대판 2001.6.26, 99두11592).

⑤ 후행처분인 대집행비용납부명령의 취소를 청구하는 소송에서 청구원인으로 선행처분인 계고처분이 위법한 것이기 때문에 그 계고처분을 전제로 행하여진 대집행비용납부명령도 위법한 것이라는 주장을 할 수 있다(대판 1993.11.9, 93누14271).

정답 ①

130. **갑은 재산세 부과의 근거가 되는 개별공시지가와 그 산정의 기초가 되는 표준지공시지가가 위법하게 산정되었다고 주장한다. 이에 대한 설명으로 옳은 것만을 모두 고르면? (다툼이 있는 경우 판례에 의함)**

19 국가직7급

ㄱ. 취소사유에 해당하는 하자가 있는 표준지공시지가결정에 대한 취소소송의 제소기간이 지난 경우, 갑은 개별토지가격결정을 다투는 소송에서 그 개별토지가격 산정의 기초가 된 표준지공시지가의 위법성을 다툴 수 있다. ㄴ. 갑은 개별공시지가결정에 대하여 곧바로 행정소송을 제기하거나 「부동산 가격공시에 관한 법률」에 따른 이의신청과 「행정심판법」에 따른 행정심판청구 중 어느 하나만을 거쳐 행정소송을 제기할 수 있을 뿐만 아니라, 이의신청을 하여 그 결과 통지를 받은 후 다시 행정심판을 거쳐 행정소송을 제기할 수도 있다. ㄷ. 개별공시지가 산정업무 담당공무원 등이 그 직무상 의무에 위반하여 현저하게 불합리한 개별공시지가가 결정되도록 함으로써 갑의 재산권을 침해한 경우 상당인과관계가 인정되는 범위에서 그 손해에 대하여 그 담당공무원 등이 속한 지방자치단체가 배상책임을 지게 된다. ㄹ. 갑이 개별공시지가결정에 따라 부과된 재산세를 납부한 후 이미 납부한 재산세에 대한 부당이득반환을 구하는 민사소송을 제기한 경우, 민사법원은 재산세부과처분에 취소사유의 하자가 있음을 이유로 재산세부과처분의 효력을 부인하고 그 납세액의 반환을 명하는 판결을 내릴 수 있다.

① ㄱ, ㄴ　　② ㄱ, ㄹ
③ ㄴ, ㄷ　　④ ㄷ, ㄹ

해설 ⊕

ㄱ 표준지로 선정된 토지의 공시지가에 대하여 불복하기 위하여는 지가공시및토지등의평가에관한법률 제8조 제1항 소정의 이의절차를 거쳐 처분청을 상대로 공시지가결정의 취소를 구하는 행정소송을 제기하여야 하고, 그러한 절차를 밟지 아니한 채 개별토지가격결정을 다투는 소송에서 개별토지가격 산정의 기초가 된 표준지공시지가의 위법성을 다툴 수는 없다(대판 1995.3.28, 94누12920).

ㄴ 개별공시지가에 대하여 이의가 있는 자는 곧바로 행정소송을 제기하거나 부동산 가격공시 및 감정평가에 관한 법률에 따른 이의신청과 행정심판법에 따른 행정심판청구 중 어느 하나만을 거쳐 행정소송을 제기할 수 있을 뿐 아니라, 이의신청을 하여 그 결과 통지를 받은 후 다시 행정심판을 거쳐 행정소송을 제기할 수도 있다고 보아야 하고, 이 경우 행정소송의 제소기간은 그 행정심판 재결서 정본을 송달받은 날부터 기산한다(대판 2010.1.28, 2008두19987).

ㄷ 대판 2010.7.22, 2010다13527

ㄹ 행정처분이 위법하더라도 하자가 중대하고 명백하여 당연무효라고 보아야 할 사유가 있는 경우를 제외하고는 그 하자를 이유로 무단히 그 효과를 부정하지 못한다. 행정처분의 하자가 취소사유에 불과한 때에는 취소되지 않는 한 그 행정처분이 계속 유효하다고 할 것이므로 민사소송절차에서 부당이득반환청구를 심리하는 법원이 행정처분의 효력을 부인하고 행정처분에 따라 부과·징수한 조세나 부담금 등의 금원을 법률상 원인 없는 이득이라고 판단할 수 없다(헌재결 2010.2.25, 2007헌바131, 2008헌바37 · 71, 2009헌가1, 2009헌바18 · 239 · 283).

정답 ③

131. 행정청의 침익적 행위에 대한 판례의 입장으로 옳지 않은 것은? 19 국가직7급

① 「국민연금법」상 연금 지급결정을 취소하는 처분과 그 처분에 기초하여 잘못 지급된 급여액에 해당하는 금액을 환수하는 처분이 적법한지를 판단하는 경우 비교·교량할 각 사정이 상이하다고는 할 수 없으므로, 연금 지급결정을 취소하는 처분이 적법하다면 환수처분도 적법하다고 판단하여야 한다.

② 세무조사가 과세자료의 수집 등의 본연의 목적이 아니라 부정한 목적을 위하여 행하여진 것이라면 세무조사에 중대한 위법사유가 있는 경우에 해당하고, 이러한 세무조사에 의하여 수집된 과세자료를 기초로 한 과세처분 역시 위법하다.

③ 과세관청이 과세예고 통지 후 과세전적부심사 청구나 그에 대한 결정이 있기 전에 과세처분을 한 경우, 특별한 사정이 없는 한 그 과세처분은 절차상 하자가 중대·명백하여 당연무효이다.

④ 건축주 등이 장기간 시정명령을 이행하지 아니하였으나 그 기간 중에 시정명령의 이행 기회가 제공되지 아니하였다가 뒤늦게 이행 기회가 제공된 경우, 이행 기회가 제공되지 아니한 과거의 기간에 대한 이행강제금까지 한꺼번에 부과하였다면 그러한 이행강제금 부과처분은 하자가 중대·명백하여 당연무효이다.

해설 ▸ 中

① 연금 지급결정을 취소하는 처분과 그 처분에 기초하여 잘못 지급된 급여액에 해당하는 금액을 환수하는 처분이 적법한지를 판단하는 경우 비교·교량할 각 사정이 동일하다고는 할 수 없으므로, 연금 지급결정을 취소하는 처분이 적법하다고 하여 환수처분도 반드시 적법하다고 판단하여야 하는 것은 아니다(대판 2017.3.30, 2015두43971).

② 세무조사가 과세자료의 수집 또는 신고내용의 정확성 검증이라는 본연의 목적이 아니라 부정한 목적을 위하여 행하여진 것이라면 이는 세무조사에 중대한 위법사유가 있는 경우에 해당하고 이러한 세무조사에 의하여 수집된 과세자료를 기초로 한 과세처분 역시 위법하다(대판 2016.12.15, 2016두47659).

③ 국세기본법 및 「국세기본법 시행령」이 과세전적부심사를 거치지 않고 곧바로 과세처분을 할 수 있거나 과세전적부심사에 대한 결정이 있기 전이라도 과세처분을 할 수 있는 예외사유로 정하고 있다는 등의 특별한 사정이 없는 한, 과세예고 통지 후 과세전적부심사 청구나 그에 대한 결정이 있기도 전에 과세처분을 하는 것은 원칙적으로 과세전적부심사 이후에 이루어져야 하는 과세처분을 그보다 앞서 함으로써 과세전적부심사 제도 자체를 형해화시킬 뿐만 아니라 과세전적부심사 결정과 과세처분 사이의 관계 및 불복절차를 불분명하게 할 우려가 있으므로, 그와 같은 과세처분은 납세자의 절차적 권리를 침해하는 것으로서 절차상 하자가 중대하고도 명백하여 무효이다(대판 2016.12.27, 2016두49228).

④ 비록 건축주 등이 장기간 시정명령을 이행하지 아니하였더라도, 그 기간 중에는 시정명령의 이행 기회가 제공되지 아니하였다가 뒤늦게 시정명령의 이행 기회가 제공된 경우라면, 시정명령의 이행 기회 제공을 전제로 한 1회분의 이행강제금만을 부과할 수 있고, 시정명령의 이행 기회가 제공되지 아니한 과거의 기간에 대한 이행강제금까지 한꺼번에 부과할 수는 없다. 그리고 이를 위반하여 이루어진 이행강제금 부과처분은 과거의 위반행위에 대한 제재가 아니라 행정상의 간접강제 수단이라는 이행강제금의 본질에 반하여 구 건축법 제80조 제1항, 제4항 등 법규의 중요한 부분을 위반한 것으로서, 그러한 하자는 중대할 뿐만 아니라 객관적으로도 명백하다(대판 2016.7.14, 2015두46598).

정답 ①

132. 행정행위의 하자에 대한 설명으로 옳지 않은 것은? (다툼이 있는 경우 판례에 의함) 20 국가직9급

① 행정청이 「식품위생법」상의 청문절차를 이행함에 있어 청문서 도달기간을 다소 어겼지만 영업자가 이의하지 아니한 채 청문일에 출석하여 의견을 진술하고 변명하는 등 방어의 기회를 충분히 가졌다면 청문서 도달기간을 준수하지 아니한 하자는 치유되었다고 본다.

② 행정처분을 한 처분청은 그 처분의 성립에 하자가 있는 경우 이를 취소할 별도의 법적 근거가 없다고 하더라도 직권으로 이를 취소할 수 있다.

③ 행정처분에 있어 여러 개의 처분사유 중 일부가 적법하지 않으면 다른 처분사유로써 그 처분의 정당성이 인정된다고 하더라도, 그 처분은 위법하게 된다.

④ 계고처분의 후속절차인 대집행에 위법이 있다고 하더라도 그와 같은 후속절차에 위법성이 있다는 점을 들어 선행절차인 계고처분이 부적법하다는 사유로 삼을 수는 없다.

해설 ➤ 下

① 행정청이 식품위생법상의 청문절차를 이행함에 있어 소정의 청문서 도달기간을 지키지 아니하였다면 이는 청문의 절차적 요건을 준수하지 아니한 것이므로 이를 바탕으로 한 행정처분은 일단 위법하다고 보아야 할 것이지만 이러한 청문제도의 취지는 처분으로 말미암아 받게 될 영업자에게 미리 변명과 유리한 자료를 제출할 기회를 부여함으로써 부당한 권리침해를 예방하려는 데에 있는 것임을 고려하여 볼 때, 가령 행정청이 청문서 도달기간을 다소 어겼다 하더라도 영업자가 이에 대하여 이의하지 아니한 채 스스로 청문일에 출석하여 그 의견을 진술하고 변명하는 등 방어의 기회를 충분히 가졌다면 청문서 도달기간을 준수하지 아니한 하자는 치유되었다고 봄이 상당하다(대판 1992.10.23, 92누2844).
② 대판 2006.5.25, 2003두4669
③ 행정처분에 있어 수개의 처분사유 중 일부가 적법하지 않다고 하더라도 다른 처분사유로써 그 처분의 정당성이 인정되는 경우에는 그 처분을 위법하다고 할 수 없다(대판 2013.10.24, 2013두963).
④ 계고처분의 후속절차인 대집행에 위법이 있다고 하더라도, 그와 같은 후속절차에 위법성이 있다는 점을 들어 선행절차인 계고처분이 부적법하다는 사유로 삼을 수는 없다(대판 1997.2.14, 96누15428).

정답 ③

133. 행정처분의 위법성에 대한 설명으로 옳지 않은 것은? (다툼이 있는 경우 판례에 의함) 22 지방직9급

① 행정청이 행정처분을 하면서 상대방에게 불복절차에 관한 고지의무를 이행하지 않았다면 이는 절차적 하자로서 그 행정처분은 위법하게 된다.
② 행정처분이 나중에 항고소송에서 위법하다고 판단되어 취소되더라도 그러한 사실만으로 바로 행정처분이 공무원의 고의나 과실로 인한 불법행위를 구성한다고 할 수 없다.
③ 절차상의 하자를 이유로 행정처분을 취소하는 판결이 선고되어 확정된 경우, 그 확정판결의 기속력은 취소사유로 된 절차의 위법에 한하여 미치는 것이므로 행정청은 적법한 절차를 갖추어 동일한 내용의 처분을 다시 할 수 있다.
④ 권한 없는 행정청이 한 위법한 행정처분을 취소할 수 있는 권한은 그 행정처분을 한 처분청에게 속하는 것이고, 그 행정처분을 할 수 있는 적법한 권한을 가지는 행정청에게 그 취소권이 귀속되는 것은 아니다.

해설 ➤ 下

① 자동차운수사업법 제31조 등의 규정에 의한 사업면허의 취소 등의 처분에관한 규칙(교통부령) 제7조 제3항의 고지절차에 관한 규정은 행정처분의 상대방이 그 처분에 대한 행정심판의 절차를 밟는데 있어 편의를 제공하려는데 있으며 처분청이 위 규정에 따른 고지의무를 이행하지 아니하였다고 하더라도 경우에 따라서는 행정심판의 제기기간이 연장될 수 있는 것에 그치고 이로 인하여 심판의 대상이 되는 행정처분에 어떤 하자가 수반된다고 할 수 없다(대판 1987.11.24, 87누529).
② 대판 2021.6.30, 2017다249219
③ 과세처분시 납세고지서에 과세표준, 세율, 세액의 산출근거등이 누락되어 있어 이러한 절차 내지 형식의 위법을 이유로 과세처분을 취소하는 판결이 확정된 경우에 그 확정판결의 기판력은 확정판결에 적시된 절차 내지 형식의 위법사유에 한하여 미친다고 할 것이므로 과세처분권자가 그 확정판결에 적시된 위법사유를 보완하여 행한 새로운 과세처분은 확정판결에 의하여 취소된 종전의 과세처분과는 별개의 처분으로서 확정판결의 기판력에 저촉되는 것은 아니다(대판 1986.11.11, 85누231).
④ 대판 1984.10.10, 84누463

정답 ①

134. 행정행위의 하자에 대한 설명으로 옳지 않은 것은? (다툼이 있는 경우 판례에 의함) '22 국가직7급

① 인가처분에 하자가 없다면 기본행위에 하자가 있다 하더라도 기본행위의 무효를 내세워 바로 그에 대한 행정청의 인가처분의 취소 또는 무효확인을 소구할 법률상의 이익이 없다.
② 행정처분의 당연무효를 선언하는 의미에서 취소를 구하는 행정소송을 제기한 경우에는 취소소송의 제소요건을 갖추어야 한다.
③ 행정처분이 발하여진 후에 헌법재판소가 그 행정처분의 근거가 된 법률을 위헌으로 결정하였다면, 그 행정처분은 특별한 사정이 없는 한 당연무효이다.
④ 납세자가 아닌 제3자의 재산을 대상으로 한 압류처분은 그 처분의 내용이 법률상 실현될 수 없는 것이어서 당연무효이다.

해설 

① 도시재개발법 제34조에 의한 행정청의 인가는 주택개량재개발조합의 관리처분계획에 대한 법률상의 효력을 완성시키는 보충행위로서 그 기본되는 관리처분계획에 하자가 있을 때에는 그에 대한 인가가 있었다 하여도 기본행위인 관리처분계획이 유효한 것으로 될 수 없으며, 다만 그 기본행위가 적법·유효하고 보충행위인 인가처분 자체에만 하자가 있다면 그 인가처분의 무효나 취소를 주장할 수 있다고 할 것이지만, 인가처분에 하자가 없다면 기본행위에 하자가 있다 하더라도 따로 그 기본행위의 하자를 다투는 것은 별론으로 하고 기본행위의 무효를 내세워 바로 그에 대한 행정청의 인가처분의 취소 또는 무효확인을 소구할 법률상의 이익이 있다고 할 수 없다(대판 2001.12.11, 2001두7541).
② 행정처분의 당연무효를 선언하는 의미에서 그 취소를 청구하는 행정소송을 제기한 경우에도 전심절차와 제소기간의 준수 등 취소소송의 제소요건을 갖추어야 한다(대판 1990.12.26, 90누6279).
③ 하자 있는 행정처분이 당연무효가 되기 위해서는 그 하자가 중대할 뿐만 아니라 명백한 것이어야 하는바, 일반적으로 국회에서 헌법과 법률이 정한 절차에 의하여 제정·공포된 법률이 헌법에 위반된다는 사정은 헌법재판소의 위헌결정이 있기 전에는 객관적으로 명백한 것이라고 할 수는 없으므로, 특별한 사정이 없는 한 이러한 하자는 행정처분의 취소사유에 해당할 뿐 당연무효 사유는 아니다(대판 1998.4.10, 96다52359).
④ 과세관청이 납세자에 대한 체납처분으로서 제3자의 소유 물건을 압류하고 공매하더라도 그 처분으로 인하여 제3자가 소유권을 상실하는 것이 아니고, 체납처분으로서 압류의 요건을 규정하는 국세징수법 제24조 각 항의 규정을 보면 어느 경우에나 압류의 대상을 납세자의 재산에 국한하고 있으므로, 납세자가 아닌 제3자의 재산을 대상으로 한 압류처분은 그 처분의 내용이 법률상 실현될 수 없는 것이어서 당연무효이다(대판 2006.4.13, 2005두15151).

정답 ③

135. 행정행위의 하자에 대한 판례의 입장으로 옳지 않은 것은? '22 지방직 7급

① 과세처분 이후 과세의 근거가 되었던 법률규정에 대하여 위헌결정이 내려진 경우, 그 조세채권의 집행을 위해 새로운 체납처분에 착수하거나 이를 속행하는 것은 당연무효로 볼 수 없다.
② 행정청이 어느 법률관계나 사실관계에 대하여 어느 법률의 규정을 적용하여 행정처분을 한 경우에, 그 법률관계나 사실관계에 대하여는 그 법률의 규정을 적용할 수 없다는 법리가 명백히 밝혀져 해석에 다툼의 여지가 없음에도 행정청이 그 규정을 적용하여 처분을 한 때에는 하자가 중대하고 명백하다.
③ 행정청이 청문서 도달기간을 다소 어겼다 하더라도 당사자가 이에 대하여 이의하지 아니한 채 스스로 청문일에 출석하여 그 의견을 진술하고 변명하는 등 방어의 기회를 충분히 가졌다면 청문서 도달기간을 준수하지 아니한 하자는 치유되었다고 볼 수 있다.
④ 선행처분인 소득금액변동통지에 하자가 존재하더라도 당연무효 사유에 해당하지 않는 한 그 하자는 후행처분인 소득세 납세고지처분에 그대로 승계되지 아니한다.

해설 (中)

① 위헌결정의 기속력과 헌법을 최고규범으로 하는 법질서의 체계적 요청에 비추어 국가기관 및 지방자치단체는 위헌으로 선언된 법률규정에 근거하여 새로운 행정처분을 할 수 없음은 물론이고, 위헌결정 전에 이미 형성된 법률관계에 기한 후속처분이라도 그것이 새로운 위헌적 법률관계를 생성·확대하는 경우라면 이를 허용할 수 없다고 봄이 타당하다. 따라서 조세 부과의 근거가 되었던 법률규정이 위헌으로 선언된 경우, 비록 그에 기한 과세처분이 위헌결정 전에 이루어졌고, 그 과세처분에 대한 제소기간이 이미 경과하여 조세채권이 확정되었으며, 그 조세채권의 집행을 위한 체납처분의 근거규정 자체에 대하여는 따로 위헌결정이 내려진 바 없다고 하더라도, 위와 같은 위헌결정 이후에 조세채권의 집행을 위한 새로운 체납처분에 착수하거나 이를 속행하는 것은 더 이상 허용되지 않고, 나아가 이러한 위헌결정의 효력에 위배하여 이루어진 체납처분은 그 사유만으로 하자가 중대하고 객관적으로 명백하여 당연무효라고 보아야 한다[대판(전합) 2012.2.16, 2010두10907].
② 행정청이 어느 법률관계나 사실관계에 대하여 어느 법률 규정을 적용하여 행정처분을 한 경우에 그 법률관계나 사실관계에 대하여는 그 법률 규정을 적용할 수 없다는 법리가 명백히 밝혀져 해석에 다툼의 여지가 없음에도 행정청이 위 규정을 적용하여 처분을 한 때에는 하자가 중대하고도 명백하지만, 그 법률관계나 사실관계에 대하여 그 법률 규정을 적용할 수 없다는 법리가 명백히 밝혀지지 않아 해석에 다툼의 여지가 있는 때에는 행정관청이 이를 잘못 해석하여 행정처분을 했더라도 이는 처분 요건사실을 오인한 것에 불과하여 하자가 명백하다고 할 수 없다(대판 2012.8.23, 2010두13463).
③ 대판 1992.10.23, 92누2844
④ 원천징수의무자인 법인이 원천징수하는 소득세의 납세의무를 이행하지 아니함에 따라 과세관청이 하는 납세고지는 확정된 세액의 납부를 명하는 징수처분에 해당하므로 선행처분인 소득금액변동통지에 하자가 존재하더라도 그 하자가 당연무효 사유에 해당하지 않는 한 후행처분인 징수처분에 그대로 승계되지 아니한다. 따라서 과세관청의 소득처분과 그에 따른 소득금액변동통지가 있는 경우 원천징수하는 소득세의 납세의무에 관하여는 이를 확정하는 소득금액변동통지에 대한 항고소송에서 다투어야 하고 그 소득금액변동통지가 당연무효가 아닌 한 징수처분에 대한 항고소송에서 이를 다툴 수는 없다고 해야 할 것이다(대판 2012.1.26, 2009두14439).

정답 ①

136. 행정행위의 무효와 취소의 구별에 대한 설명으로 옳지 않은 것은? (다툼이 있는 경우 판례에 의함)

16 국회직8급

① 취소할 수 있는 행정행위는 민사소송에서 선결문제로서 그 효력을 부인할 수 없지만, 무효인 행정행위는 민사소송에서 그 선결문제로서 무효를 확인할 수 있다.
② 무효인 행정행위에 대하여 취소소송을 제기하는 경우에는 제소기간의 제한이 적용되지 않는다.
③ 「행정소송법」 제18조 제1항 단서에 따라 행정심판전치주의가 적용되는 경우에도 무효확인의 소를 제기함에 있어서는 행정심판을 거쳐야만 하는 것은 아니다.
④ 현행법상 거부처분에 대한 무효확인판결에 대하여서는 간접강제가 인정되지 않는다.
⑤ 하자의 치유는 취소할 수 있는 행정행위에 대하여서만 인정된다.

해설 ➢ 下

① 국세 등의 부과 및 징수처분과 같은 행정처분이 당연무효임을 전제로 하여 민사소송을 제기한 때에는 그 행정처분이 당연무효인지의 여부가 선결문제이므로 법원은 이를 심사하여 그 행정처분의 하자가 중대하고도 명백하여 당연무효라고 인정될 경우에는 이를 전제로 하여 판단할 수 있으나, 그 하자가 단순한 취소사유에 그칠 때에는 법원은 그 효력을 부인(취소)할 수 없다(대판 1973.7.10, 70다1439).
② 국민의 권리구제의 편의를 위해 다수설과 판례는 무효선언을 구하는 의미의 취소소송의 제기를 허용하는 입장이다. 다만, 어디까지나 취소소송의 형식이므로 취소소송의 제소요건을 충족해야 하므로 행정심판전치나 제소기간의 제한규정이 적용된다는 것이 판례의 입장이다.
행정처분의 당연무효를 선언하는 의미에서 그 취소를 청구하는 행정소송을 제기한 경우에도 전심절차와 제소기간의 준수 등 취소소송의 제소요건을 갖추어야 한다(대판 1990.12.26, 90누6279).
③ 필요적 행정심판 전치주의는 무효등확인소송에는 적용되지 않는다(행정소송법 제18조, 제38조 제2항)
④ 행정소송법 제34조는 취소판결의 간접강제에 관하여 규정하면서 제1항에서 행정청이 같은법 제30조 제2항의 규정에 의한 처분을 하지 아니한 때에 간접강제를 할 수 있도록 규정하고 있고, 같은법 제30조 제2항은 "판결에 의하여 취소되는 처분이 당사자의 신청을 거부하는 것을 내용으로 하는 경우에는 그 처분을 행한 행정청은 판결의 취지에 따라 다시 이전의 신청에 대한 처분을 하여야 한다."라고 규정함으로써 취소판결에 따라 취소된 행정처분이 거부처분인 경우에 행정청에 다시 처분을 할 의무가 있음을 명시하고 있으므로, 결국 같은법상 간접강제가 허용되는 것은 취소판결에 의하여 취소된 행정처분이 거부처분인 경우라야 할 것이다(대결 1998.12.24, 98무37). 간접강제제도는 부작위위법확인소송에도 준용되고 있으나(행정소송법 제38조 제2항), 무효확인판결에는 준용되지 않는다.

정답 ②

137. 무효인 행정행위에 대한 설명으로 옳은 것은? (다툼이 있는 경우 판례에 의함) 20 국가직7급

① 무효인 행정행위에 대해서 무효선언을 구하는 의미의 취소소송을 제기하는 경우 취소소송의 제소요건을 구비하여야 한다.
② 행정행위의 무효사유를 판단하는 기준으로서의 명백성은 행정행위의 법적 안정성 확보를 통하여 행정의 원활한 수행을 도모하는 한편, 그 행정행위를 유효한 것으로 믿은 제3자나 공공의 신뢰를 보호하여야 할 필요가 있는 경우에 보충적으로 요구된다.
③ 무효인 행정행위에 대해서 사정판결을 할 수 있다.
④ 거부처분에 대한 무효확인판결에는 간접강제가 인정된다.

해설 ➢ 下

① 행정처분의 당연무효를 선언하는 의미에서 그 취소를 구하는 행정소송을 제기하는 경우에는 전치절차와 그 제소기간의 준수 등 취소소송의 제소요건을 갖추어야 한다(대판 1993.3.12, 92누11039).
② 명백성 보충요건설은 대법원의 공식적인 입장이 아니라 소수의견인 반대의견에서 제시된 견해이다.
③ 사정판결은 취소소송에서만 인정 되고 당사자소송이나 기관소송의 경우에는 인정되지 않는다. 사정판결은 법치주의에 대한 예외적 제도이므로 무효등확인소송과 부작위위법확인소송의 경우에는 인정되지 않는다고 하는 부정설이 통설·판례이다.
당연무효의 행정처분을 소송목적물로 하는 행정소송에서는 존치시킬 효력이 있는 행정행위가 없기 때문에 행정소송법 제28조 소정의 사정판결을 할 수 없다(대판 1996.3.22, 95누5509).
④ 간접강제제도는 부작위위법확인소송에도 준용되고 있으나(행정소송법 제38조 제2항), 무효확인판결에는 준용되지 않는다.

정답 ①

138. 처분의 하자를 무효와 취소로 구별할 실익이 있는 경우만을 모두 고르면? (다툼이 있는 경우 판례에 의함)

21 국회직9급

ㄱ. 행정처분의 효력유무가 선결문제인 경우 민사법원의 판단 방법
ㄴ. 선행처분 하자의 후행처분에의 승계 여부
ㄷ. 사정판결의 허용 여부
ㄹ. 국가배상소송에 있어서 공무원 직무행위의 위법성 인정 여부

① ㄴ, ㄹ
② ㄱ, ㄴ, ㄷ
③ ㄱ, ㄷ, ㄹ
④ ㄴ, ㄷ, ㄹ
⑤ ㄱ, ㄴ, ㄷ, ㄹ

해설 ㊦

ㄱ 무효인 행정행위에 대한 선결문제 심리는 행정소송법 제11조에 명문규정이 있다. 처분등의 효력 유무 또는 존재 여부가 민사소송의 선결문제로 되어 당해 민사소송의 수소법원이 이를 심리 · 판단하는 경우에는 제17조, 제25조, 제26조 및 제33조의 규정을 준용한다(제11조 제1항). 취소할 수 있는 행정행위의 경우 위법성확인은 가능하지만, 효력 부인은 불가하다.

ㄴ 무효인 선행행위는 언제나 쟁송제기 가능하고, 후행행위도 당연무효(당연승계)이다. 그러나 취소할 수 있는 행정행위의 경우에는 일정한 경우(하나의 목적과 효과)에만 하자의 승계가 인정된다.

ㄷ 사정판결은 취소할 수 있는 행정행위에만 인정된다.

ㄹ 위법성 인정은 무효나 취소사유나 모두 가능하므로 구별 실익이 없다.

정답 ②

139. 무효인 행정행위에 대한 설명으로 옳은 것은? (다툼이 있는 경우 판례에 의함) 16 지방직7급

① 행정청이 권한을 유월하여 공무원에 대한 의원면직처분을 하였다면 그러한 처분은 다른 일반적인 행정행위에서의 그것과 같이 보아 당연무효로 보아야 한다.

② 환경영향평가법령의 규정상 환경영향평가를 거쳐야 할 사업인 경우에, 환경영향평가를 거치지 아니하고 행한 사업승인처분을 당연무효라 볼 수는 없다.

③ 법률이 위헌으로 선언된 경우, 위헌결정 전에 이미 형성된 법률관계에 기한 후속처분은 비록 그것이 새로운 위헌적 법률관계를 생성·확대하는 경우라도 당연무효라 볼 수는 없다.

④ 사직원 제출자의 내심의 의사가 사직할 뜻이 없었더라도 「민법」상 비진의 의사표시의 무효에 관한 규정이 적용되지 않으므로 그 사직원을 받아들인 의원면직처분을 당연무효라 볼 수는 없다.

해설 ㊥

① 행정청의 권한에는 사무의 성질 및 내용에 따르는 제약이 있고, 지역적·대인적으로 한계가 있으므로 이러한 권한의 범위를 넘어서는 권한유월의 행위는 무권한 행위로서 원칙적으로 무효라고 할 것이나, 행정청의 공무원에 대한 의원면직처분은 공무원의 사직의사를 수리하는 소극적 행정행위에 불과하고, 당해 공무원의 사직의사를 확인하는 확인적 행정행위의 성격이 강하며 재량의 여지가 거의 없기 때문에 의원면직처분에서의 행정청의 권한유월 행위를 다른 일반적인 행정행위에서의 그것과 반드시 같이 보아야 할 것은 아니다(대판 2007.7.26, 2005두15748).

② 환경영향평가를 거쳐야 할 대상사업에 대하여 환경영향평가를 거치지 아니하였음에도 불구하고 승인 등 처분이 이루어진다면, 사전에 환경영향평가를 함에 있어 평가대상지역 주민들의 의견을 수렴하고 그 결과를 토대로 하여 환경부장관과의 협의내용을 사업계획에 미리 반영시키는 것 자체가 원천적으로 봉쇄되는바, 이렇게 되면 환경파괴를 미연에 방지하고 쾌적한 환경을 유지·조성하기 위하여 환경영향평가제도를 둔 입법취지를 달성할 수 없게 되는 결과를 초래할 뿐만 아니라 환경영향평가 대상지역 안의 주민들의 직접적이고 개별적인 이익을 근본적으로 침해하게 되므로, 이러한 행정처분의 하자는 법규의 중요한 부분을 위반한 중대한 것이고 객관적으로도 명백한 것이라고 하지 않을 수 없어, 이와 같은 행정처분은 당연무효이다(대판 2006.6.30, 2005두14363).

③ 조세 부과의 근거가 되었던 법률규정이 위헌으로 선언된 경우, 비록 그에 기한 과세처분이 위헌결정 전에 이루어졌고, 그 과세처분에 대한 제소기간이 이미 경과하여 조세채권이 확정되었으며, 그 조세채권의 집행을 위한 체납처분의 근거규정 자체에 대하여는 따로 위헌결정이 내려진 바 없다고 하더라도, 위와 같은 위헌결정 이후에 조세채권의 집행을 위한 새로운 체납처분에 착수하거나 이를 속행하는 것은 더 이상 허용되지

않고, 나아가 이러한 위헌결정의 효력에 위배하여 이루어진 체납처분은 그 사유만으로 하자가 중대하고 객관적으로 명백하여 당연무효라고 보아야 한다[대판(전합) 2012.2.16, 2010두10907].
④ 공무원이 사직의 의사표시를 하여 의원면직된 경우, 그 사직의 의사표시에 민법 제107조가 준용되지 않는다 : 공무원이 사직의 의사표시를 하여 의원면직처분을 하는 경우 그 사직의 의사표시는 그 법률관계의 특수성에 비추어 외부적·객관적으로 표시된 바를 존중하여야 할 것이므로, 비록 사직원제출자의 내심의 의사가 사직할 뜻이 아니었다고 하더라도 진의 아닌 의사표시에 관한 민법 제107조는 그 성질상 사직의 의사표시와 같은 사인의 공법행위에는 준용되지 아니하므로 그 의사가 외부에 표시된 이상 그 의사는 표시된 대로 효력을 발한다(대판 1997.12.12, 97누13962).

정답 ④

140. 다음 중 무효인 행정행위에 해당하는 것을 모두 고른 것은? (다툼이 있는 경우 판례에 의함) 17 지방직7급

ㄱ. 「환경영향평가법」상 환경영향평가를 실시하여야 할 사업에 대하여 환경영향평가를 거치지 않고 행한 승인처분
ㄴ. 과세처분의 근거가 되었던 법률규정에 대해 위헌결정이 내려진 이후 당해 처분의 집행을 위해 행한 체납처분
ㄷ. 「행정절차법」상 청문절차를 거쳐야 하는 처분임에도 청문절차를 결여한 처분
ㄹ. 「택지개발촉진법」상 택지개발예정지구를 지정함에 있어 거쳐야 하는 관계중앙행정기관의 장과의 협의를 거치지 않은 택지개발예정지구 지정처분

① ㄱ, ㄴ
② ㄱ, ㄹ
③ ㄴ, ㄷ
④ ㄷ, ㄹ

해설 

ㄱ 환경영향평가를 거쳐야 할 대상사업에 대하여 환경영향평가를 거치지 아니하였음에도 불구하고 승인 등 처분이 이루어진다면, 사전에 환경영향평가를 함에 있어 평가대상지역 주민들의 의견을 수렴하고 그 결과를 토대로 하여 환경부장관과의 협의내용을 사업계획에 미리 반영시키는 것 자체가 원천적으로 봉쇄되는바, 이렇게 되면 환경파괴를 미연에 방지하고 쾌적한 환경을 유지·조성하기 위하여 환경영향평가제도를 둔 입법취지를 달성할 수 없게 되는 결과를 초래할 뿐만 아니라 환경영향평가 대상지역 안의 주민들의 직접적이고 개별적인 이익을 근본적으로 침해하게 되므로, 이러한 행정처분의 하자는 법규의 중요한 부분을 위반한 중대한 것이고 객관적으로도 명백한 것이라고 하지 않을 수 없어, 이와 같은 행정처분은 당연무효이다(대판 2006.6.30, 2005두14363).
ㄴ 조세 부과의 근거가 되었던 법률규정이 위헌으로 선언된 경우, 비록 그에 기한 과세처분이 위헌결정 전에 이루어졌고, 그 과세처분에 대한 제소기간이 이미 경과하여 조세채권이 확정되었으며, 그 조세채권의 집행을 위한 체납처분의 근거규정 자체에 대하여는 따로 위헌결정이 내려진 바 없다고 하더라도, 위와 같은 위헌결정 이후에 조세채권의 집행을 위한 새로운 체납처분에 착수하거나 이를 속행하는 것은 더 이상 허용되지 않고, 나아가 이러한 위헌결정의 효력에 위배하여 이루어진 체납처분은 그 사유만으로 하자가 중대하고 객관적으로 명백하여 당연무효라고 보아야 한다[대판(전합) 2012.2.16, 2010두10907].
ㄷ 행정청이 특히 침해적 행정처분을 할 때 그 처분의 근거법령 등에서 청문을 실시하도록 규정하고 있다면, 행정절차법 등 관련법령상 청문을 실시하지 않아도 되는 예외적인 경우에 해당하지 않는 한 반드시 청문을 실시하여야 하며, 그러한 절차를 결여한 처분은 위법한 처분으로서 취소사유에 해당한다(대판 2007.11.16, 2005두15700).
ㄹ 건설부장관이 택지개발예정지구를 지정함에 있어 미리 관계중앙행정기관의 장과 협의를 하라고 규정한 의미는 그의 자문을 구하라는 것이지 그 의견을 따라 처분을 하라는 의미는 아니라 할 것이므로 이러한 협의를 거치지 아니하였다고 하더라도 이는 위 지정처분을 취소할 수 있는 원인이 되는 하자 정도에 불과하고 위 지정처분이 당연무효가 되는 하자에 해당하는 것은 아니다(대판 2000.10.13, 99두653).

정답 ①

141. 甲은 중대명백한 하자가 있어 무효인 A 처분에 대해 소송을 제기하려고 한다. 이에 대한 설명으로 옳은 것은? (다툼이 있는 경우 판례에 의함) 21 국회직8급

① 甲은 A 처분에 대한 무효확인소송과 취소소송을 선택적 청구로서 병합하여 제기할 수 있다.
② 甲이 A 처분에 대해 취소소송을 제기하는 경우 제소기간의 제한을 받지 않는다.
③ 甲이 취소소송을 제기하였더라도 A 처분에 중대명백한 하자가 있다면 법원은 무효확인판결을 하여야 한다.
④ 甲이 A 처분에 대해 무효확인소송을 제기하려면 확인소송의 일반적 요건인 즉시확정의 이익이 있어야 한다.
⑤ 甲이 A 처분에 대해 무효확인소송을 제기하였다가 그 후 그 처분에 대한 취소소송을 추가적으로 병합한 경우, 주된 청구인 무효확인소송이 적법한 제소기간 내에 제기되었다면 추가로 병합된 취소소송도 제소기간을 준수한 것으로 보아야 한다.

해설 中

① 행정처분에 대한 무효확인과 취소청구는 서로 양립할 수 없는 청구로서 주위적·예비적 청구로서만 병합이 가능하고 선택적 청구로서의 병합이나 단순병합은 허용되지 아니한다(대판 1999.8.20,
② 행정처분의 당연무효를 선언하는 의미에서 그 취소를 구하는 행정소송을 제기하는 경우에는 전치절차와 그 제소기간의 준수 등 취소소송의 제소요건을 갖추어야 한다(대판 1993.3.12, 92누11039).
③ 하자의 정도가 무효사유라 하더라도 취소소송을 제기했기 때문에 무효확인판결이 아니라 취소판결을 내려야 한다.
④ 행정처분의 근거법률에 의하여 보호되는 직접적이고 구체적인 이익이 있는 경우에는 행정소송법 제35조에 규정된 '무효확인을 구할 법률상 이익'이 있다고 보아야 하고, 이와 별도로 무효확인소송의 보충성이 요구되는 것은 아니므로 행정처분의 무효를 전제로 한 이행소송 등과 같은 직접적인 구제수단이 있는지 여부를 따질 필요가 없다고 해석함이 상당하다[대판(전합) 2008.3.20, 2007두6342].
⑤ 동일한 행정처분에 대하여 무효확인의 소를 제기하였다가 그 후 그 처분의 취소를 구하는 소를 추가적으로 병합한 경우, 주된 청구인 무효확인의 소가 적법한 제소기간 내에 제기되었다면 추가로 병합된 취소청구의 소도 적법하게 제기된 것으로 봄이 상당하다(대판 2005.12.23, 2005두3554).

정답 ⑤

142. 행정행위의 하자의 치유에 대한 설명으로 옳은 것은? (다툼이 있는 경우 판례에 의함) 16 지방직9급

① 처분에 하자가 있더라도 처분청이 처분 이후에 새로운 사유를 추가하였다면, 처분 당시의 하자는 치유된다.
② 징계처분이 중대하고 명백한 하자로 인해 당연 무효의 것이라도 징계처분을 받은 원고가 이를 용인하였다면 그 하자는 치유된다.
③ 행정청이 청문서 도달기간을 다소 어겼다 하더라도 당사자가 이에 대하여 이의하지 아니한 채 스스로 청문일에 출석하여 방어의 기회를 충분히 가졌다면 청문서 도달기간을 준수하지 아니한 하자는 치유된다.
④ 토지소유자 등의 동의율을 충족하지 못했다는 주택재건축정비사업조합설립인가처분 당시의 하자는 후에 토지소유자 등의 추가 동의서가 제출되었다면 치유된다.

해설 中

① 행정처분의 적법 여부는 특별한 사정이 없는 한 그 처분 당시를 기준으로 하여 판단하여야 하고, 처분청이 처분 이후에 추가한 새로운 사유를 보태어 처분 당시의 흠을 치유시킬 수는 없다 할 것이다(대판 1996.12.20, 96누9799).
② 징계처분이 중대하고 명백한 흠 때문에 당연무효의 것이라면 징계처분을 받은 자가 이를 용인하였다 하여 그 흠이 치료되는 것은 아니다(대판 1989.12.12, 88누8869).
③ 행정청이 청문서 도달기간을 다소 어겼다 하더라도 영업자가 이에 대하여 이의하지 아니한 채 스스로 청문일에 출석하여 그 의견을 진술하고 변명하는 등 방어의 기회를 충분히 가졌다면 청문서 도달기간을 준수하지 아니한 하자는 치유되었다고 봄이 상당하다(대판 1992.10.23, 92누2844).
④ 이 사건 변경인가처분은 이 사건 설립인가처분 후 추가동의서가 제출되어 동의자 수가 변경되었음을 이유로 하는 것으로서 조합원의 신규가입을 이유로 한 경미한 사항의 변경에 대한 신고를 수리하는 의미에 불과하므로 이 사건 설립인가처분이 이 사건 변경인가처분에 흡수된다고 볼 수 없고, 또한 이 사건 설립인가처분 당시 동의율을 충족하지 못한 하자는 후에 추가동의서가 제출되었다는 사정만으로 치유될 수 없다(대판 2013.7.11, 2011두27544).

정답 ③

143. 행정행위의 하자승계론에서 구속력설(규준력설)의 입장에 대한 설명으로 옳지 않은 것은? 15 국가직7급

① 선행행위의 사실적·법적 상태가 유지되는 한도에서 선행행위의 구속력은 인정된다.
② 선행행위의 상대방과 후행행위의 상대방이 일치하는 경우에 선행행위의 구속력은 인정된다.
③ 선행행위와 후행행위의 목적 및 법효과가 동일한 경우에 선행행위의 구속력은 인정된다.
④ 선행행위의 구속력의 법적 결과를 예측할 수 없거나 수인이 불가능한 경우에 선행행위의 구속력은 인정된다.

해설 ▶ (下)

①은 규준력설의 시간적 한계, ②는 주관적(대인적) 한계, ③은 사물적(사항적, 객관적, 내용적) 한계로서 이 요건이 충족되면 구속력이 인정된다. 그러나 ④는 추가적 요건으로서 예견가능성과 수인가능성·기대가능성에 관한 내용인데, 선행행위의 후행행위에 대한 구속력의 한계 내에서는 선행행위의 위법을 이유로 후행행위의 취소를 구할 수 없지만, 그 결과가 개인에게 지나치게 가혹하며 수인 또는 기대(예측)가능한 것이 아닌 경우에는 규준력의 효과가 차단된다.

정답 ④

144. 하자의 승계에 대한 설명으로 옳지 않은 것은? (다툼이 있는 경우 판례에 의함) 17 지방직9급

① 선행행위에 무효의 하자가 존재하더라도 선행행위와 후행행위가 결합하여 하나의 법적 효과를 목적으로 하는 경우에는 하자의 승계에 대한 논의의 실익이 있다.
② 적정행정의 유지에 대한 요청에서 나오는 하자의 승계를 인정하면 국민의 권리를 보호하고 구제하는 범위가 더 넓어진다.
③ 선행행위에 대하여 불가쟁력이 발생하지 않았거나 선행행위와 후행행위가 서로 독립하여 각각 별개의 법률효과를 목적으로 하는 때에는 원칙적으로 선행행위의 하자를 이유로 후행행위의 효력을 다툴 수 없다.
④ 선행행위와 후행행위가 서로 독립하여 별개의 법률효과를 목적으로 하는 경우라도 선행행위의 불가쟁력이나 구속력이 그로 인하여 불이익을 입는 자에게 수인한도를 넘는 가혹함을 가져오고 그 결과가 예측가능한 것이 아닌 때에는 하자의 승계를 인정할 수 있다.

해설 ▶ (中)

① 행정행위가 당연무효인 경우 불가쟁력이 발생하지 않아 후행행위단계에서 선행행위의 하자를 언제나 다툴 수 있고, 선행행위의 하자가 후행행위에 당연히 승계되거나, 당연히 위법(무효)이 되기 때문에 선행행위가 취소사유일 경우에만 하자의 승계가 문제가 된다.

하자 승계 논의의 전제	선행행위	① 불가쟁력 발생 : 불가쟁력이 발생하지 않으면 선행행위를 대상으로 제기하면 됨 ② 취소사유 : 무효사유이면 불가쟁력이 발생하지 않음 1. 선행행위인 원상복구명령이 당연무효이면 후행행위인 계고처분도 당연무효이다(대판 1996.6.28, 96누4374). 2. 선행행위인 철거명령이 당연무효이면 후행행위인 대집행 계고처분도 당연무효이다(대판 1999.4.27, 97누6780). ③ 소송제기 시 각하판결
	후행행위	① 적법 : 후행행위가 위법이면 후행행위를 다툼으로써 권리구제 가능 ② 소송제기 시 기각판결
	공통	선행행위와 후행행위가 처분일 것

② 행정행위의 하자의 승계란 둘 이상의 행정행위가 연속적으로 행해지는 경우에 불가쟁력이 발생한 선행행위의 하자가 후행행위에 승계됨으로써 선행행위의 하자를 후행행위에 대한 쟁송에서 다툴 수 있게 된다는 의미이다. 하자가 승계되면 후행행위가 위법이 됨으로써 후행행위에 대한 소송에서 인용판결이 가능하게 된다.
③④ 두 개 이상의 행정처분을 연속적으로 하는 경우 선행처분과 후행처분이 서로 독립하여 별개의 법률효과를 목적으로 하는 때에는 선행처분 불가쟁력이 생겨 그 효력을 다툴 수 없게 된 경우에는 선행처분의 하자가 중대하고 명백하여 당연무효인 경우를 제외하고는 선행처분의 하자를 이유로 후행처분의 효력을 다툴 수 없는 것이 원칙이다. 그러나 선행처분과 후행처분이 서로 독립하여 별개의 효과를 목적으로 하는 경우에도 선행처분의 불가쟁력이나 구속력이 그로 인하여 불이익을 입게 되는 자에게 수인한도를 넘는 가혹함을 가져오며, 그 결과가 당사자에게 예측가능한 것이 아닌 경우에는 국민의 재판받을 권리를 보장하고 있는 헌법의 이념에 비추어 선행처분의 후행처분에 대한 구속력은 인정될 수 없다(대판 2013.3.14, 2012두6964).

정답 ①

145. 「부동산가격공시에 관한 법률」에 관한 판례의 설명으로 가장 옳은 것은? 17 서울시7급

① 표준지공시지가는 토지시장에 지가정보를 제공하고 일반적인 토지거래의 지표가 되며, 국가·지방자치단체 등이 그 업무와 관련하여 지가를 산정하거나 감정평가업자가 개별적으로 토지를 감정평가하는 경우에 기준이 되는 행정규칙으로서의 고시이다.
② 수용보상금증액청구소송에서 선행처분으로서 그 수용대상 토지가격 산정의 기초가 된 비교표준지 공시지가결정의 위법을 독립한 사유로 주장할 수 있다.
③ 선행처분인 개별공시지가결정의 하자가 과세처분 등 후행하는 처분에 승계될 수 있는지 여부에 관해 판례는 서로 결합하여 하나의 법률효과를 발생시킨다는 관점에서 하자승계를 인정하였다.
④ 개별공시지가에 대해 이의신청을 하여 그 결과 통지를 받은 후 행정심판을 거쳐 행정소송을 제기하였다면 이 경우 행정소송의 제소기간은 이의신청의 결과통지를 받은 날로부터 기산한다.

해설 ➤ 中

①② 표준시 공시지가의 법적 성질에 대해 판례는 표준지로 선정되어 공시지가가 공시된 토지의 공시지가에 대하여 불복을 하기 위해서는 공시지가결정의 취소를 구하는 행정소송을 제기해야 한다고 판시하여 행정처분성을 인정하고 있다.
「표준지공시지가결정이 위법한 경우에는 그 자체를 행정소송의 대상이 되는 행정처분으로 보아 그 위법 여부를 다툴 수 있음은 물론, 수용보상금의 증액을 구하는 소송에서도 선행처분으로서 그 수용대상 토지가격 산정의 기초가 된 비교표준지공시지가결정의 위법을 독립한 사유로 주장할 수 있다(대판 2008.8.21, 2007두13845).
③ 판례는 '하나의 법률효과'가 아니라 '별개의 법률효과'임에도 하자의 승계를 인정하고 있다.
개별공시지가결정은 이를 기초로 한 과세처분등과는 별개의 독립된 처분으로서 서로 독립하여 별개의 법률효과를 목적으로 하는 것이나, 개별공시지가는 이를 토지소유자나 이해관계인에게 개별적으로 고지하도록 되어 있는 것이 아니어서 토지소유자 등이 개별공시지가결정 내용을 알고 있었다고 전제하기도 곤란할 뿐만 아니라, 결정된 개별공시지가가 자신에게 유리하게 작용될 것인지 또는 불이익하게 작용될 것인지 여부를 쉽사리 예견할 수 있는 것도 아니며, 더욱이 장차 어떠한 과세처분등 구체적인 불이익이 현실적으로 나타나게 되었을 경우에 비로소 권리구제의 길을 찾는 것이 우리 국민의 권리의식임을 감안하여 볼 때, 토지소유자 등으로 하여금 결정된 개별공시지가를 기초로 하여 장차 과세처분등이 이루어질 것에 대비하여 항상 토지의 가격을 주시하고 개별공시지가결정이 잘못된 경우 정해진 시정절차를 통하여 이를 시정하도록 요구하는 것은 부당하게 높은 주의의무를 지우는 것이라고 아니할 수 없고, 위법한 개별공시지가결정에 대하여 그 정해진 시정절차를 통하여 시정하도록 요구하지 아니하였다는 이유로 위법한 개별공시지가를 기초로 한 과세처분등 후행 행정처분에서 개별공시지가결정의 위법을 주장할 수 없도록 하는 것은 수인한도를 넘는 불이익을 강요하는 것으로서 국민의 재산권과 재판받을 권리를 보장한 헌법의 이념에도 부합하는 것이 아니라고 할 것이므로, 개별공시지가결정에 위법이 있는 경우에는 그 자체를 행정소송의 대상이 되는 행정처분으로 보아 그 위법 여부를 다툴 수 있음은 물론 이를 기초로 한 과세처분등 행정처분의 취소를 구하는 행정소송에서도 선행처분인 개별공시지가결정의 위법을 독립된 위법사유로 주장할 수 있다고 해석함이 타당하다(대판 1994.1.25, 93누8542).
④ 개별공시지가에 대하여 이의가 있는 자는 곧바로 행정소송을 제기하거나 「부동산 가격공시 및 감정평가에 관한 법률」에 따른 이의신청과 행정심판법에 따른 행정심판청구 중 어느 하나만을 거쳐 행정소송을 제기할 수 있을 뿐 아니라, 이의신청을 하여 그 결과 통지를 받은 후 다시 행정심판을 거쳐 행정소송을 제기할 수도 있다고 보아야 하고, 이 경우 행정소송의 제소기간은 그 행정심판 재결서 정본을 송달받은 날부터 기산한다(대판 2010.1.28, 2008두19987).

정답 ②

146. 행정행위의 하자의 승계에 대한 설명으로 옳지 않은 것은? (다툼이 있는 경우 판례에 의함) 18 국가직9급

① 「도시 및 주거환경정비법」상 사업시행계획에 관한 취소사유인 하자는 관리처분계획에 승계되지 않는다.
② 「행정대집행법」상 선행처분인 계고처분의 하자는 대집행영장발부통보처분에 승계된다.
③ 「국토의 계획 및 이용에 관한 법률」상 도시·군계획시설결정과 실시계획인가는 동일한 법률효과를 목적으로 하는 것이므로 선행처분인 도시·군계획시설결정의 하자는 실시계획인가에 승계된다.
④ 구 「부동산 가격공시 및 감정평가에 관한 법률」상 선행처분인 표준지공시지가의 결정에 하자가 있는 경우에 그 하자는 보상금 산정을 위한 수용재결에 승계된다.

 ㊦

① 사업시행계획과 관리처분계획은 서로 독립하여 별개의 법적 효과를 발생시키는 것으로서 이 사건 사업시행계획의 수립에 관한 취소사유인 하자가 이 사건 관리처분계획에 승계되지 아니하므로, 위 취소사유를 들어 이 사건 관리처분계획의 적법 여부를 다툴 수는 없다(대판 2014.6.12, 2012두28520).

② 대집행의 계고, 대집행영장에 의한 통지, 대집행의 실행, 대집행에 요한 비용의 납부명령 등은 타인이 대신하여 행할 수 있는 행정의무의 이행을 의무자의 비용부담하에 확보하고자 하는, 동일한 행정목적을 달성하기 위하여 단계적인 일련의 절차로 연속하여 행하여지는 것으로서 서로 결합하여 하나의 법률효과를 발생시키는 것이므로, 선행처분인 계고처분이 하자가 있는 위법한 처분이라면, 비록 그 하자가 중대하고도 명백한 것이 아니어서 당연무효의 처분이라고 볼 수 없고, 행정소송으로 효력이 다투어지지도 아니하여 이미 불가쟁력이 생겼으며, 후행처분인 대집행영장발부통보처분 자체에는 아무런 하자가 없다고 하더라도, 후행처분인 대집행영장발부통보처분의 취소를 청구하는 소송에서 청구원인으로 선행처분인 계고처분이 위법한 것이기 때문에 그 계고처분을 전제로 행하여진 대집행영장발부통보처분도 위법한 것이라는 주장을 할 수 있다(대판 1996.2.9, 95누12507).

③ 도시·군계획시설결정과 실시계획인가는 도시·군계획시설사업을 위하여 이루어지는 단계적 행정절차에서 별도의 요건과 절차에 따라 별개의 법률효과를 발생시키는 독립적인 행정처분이다. 그러므로 선행처분인 도시·군계획시설결정에 하자가 있더라도 그것이 당연무효가 아닌 한 원칙적으로 후행처분인 실시계획인가에 승계되지 않는다(대판 2017.7.18, 2016두49938).

④ 표준지공시지가결정이 위법한 경우에는 그 자체를 행정소송의 대상이 되는 행정처분으로 보아 그 위법 여부를 다툴 수 있음은 물론, 수용보상금의 증액을 구하는 소송에서도 선행처분으로서 그 수용대상 토지가격 산정의 기초가 된 비교표준지공시지가결정의 위법을 독립한 사유로 주장할 수 있다(대판 2008.8.21, 2007두13845).

※ 하자승계 인정사례

구분		사례
하명과 강제집행	인정	강제집행절차 상호 간 1. 대집행절차 상호 간(계고처분 ⇨ 대집행영장에 의한 통지 ⇨ 대집행의 실행 ⇨ 대집행에 요한 비용의 납부명령 사이)(대판 1996.2.9, 95누12507) 2. 강제징수절차 상호 간[독촉 ⇨ 체납처분(압류 ⇨ 매각(공매) ⇨ 청산)] ㉠ 독촉과 가산금·중가산금징수처분(대판 1986.10.28, 86누147) ㉡ 압류와 공매처분 ㉢ 독촉과 압류
	부정	의무부과(하명)와 강제집행절차 상호 간 1. 건물철거명령과 대집행계고처분(대판 1982.7.27, 81누293) 2. 과세처분과 체납처분(대판 1987.9.22, 87누383)
공시지가	인정	1. 개별공시지가결정과 과세처분(대판 1994.1.25, 93누8542) ※ 별개의 목적·효과임에도 하자의 승계를 인정한 예외판례임. 2. 표준지공시지가와 수용재결(대판 2008.8.21, 2007두13845) ※ 별개의 목적·효과임에도 하자의 승계를 인정한 예외판례임.
	부정	1. 개별토지가격 결정에 대한 재조사 청구에 따른 감액조정에 대하여 더 이상 불복하지 아니한 경우(대판 1998.3.13, 96누6059) 2. 표준지공시지가결정과 개별토지가격결정(조세부과처분) 사이 ① 표준지공시지가결정과 개별토지가격(개별공시지가)결정(대판 1995.3.28, 94누12920) ② 표준지공시지가결정과 조세부과처분(대판 1997.2.28, 96누10225)
기타	인정	1. 시 험 ① 한지의사시험자격인정과 한지의사면허처분(대판 1975.12.9, 75누123) ② 안경사시험의 합격무효처분과 안경사면허취소처분(대판 1993.2.9, 92누4567) 2. 암매장분묘개장명령과 계고처분(대판 1961.12.21, 4293행상31) ※ 하명과 강제집행 간의 하자승계 긍정한 예외판례임. 3. 귀속재산임대처분과 매각처분(대판 1963.2.7, 62누215) 4. 기준지가고시처분과 토지수용처분(대판 1979.4.24, 78누227) 5. 친일반민족행위진상규명위원회의 최종발표(선행처분)와 「독립유공자 예우에 관한 법률」 적용배제자 결정(후행처분)(대판 2013.3.14, 2012두6964) 6. 근로복지공단의 산재보험 사업종류 변경결정과 그에 따른 국민건강보험공단의 보험료 부과처분(대판 2020.4.9, 2019두61137) : 행정절차법에서 정한 처분절차를 준수함으로써 사업주에게 방어권행사 및 불복의 기회가 보장된 경우에는 부정, 실질적으로 행정절차법에서 정한 처분절차를 준수하지 않아 사업주에게 방어권행사 및 불복의 기회가 보장되지 않은 경우에는 예외적 인정

정답 ③

147. 판례의 입장으로 옳지 않은 것은? 16 지방직9급

① 과세처분 이후 조세 부과의 근거가 되었던 법률규정에 대하여 위헌결정이 내려진 경우, 그 조세채권이 확정되었다 하더라도 위헌결정이 내려진 후 행하여진 체납처분은 당연무효이다.
② 토지수용위원회의 수용재결에 불복하여 취소소송을 제기하는 때에는 이의신청을 거친 경우에도 원칙적으로 수용재결을 한 지방토지수용위원회 또는 중앙토지수용위원회를 피고로 하여 수용재결의 취소를 구하여야 한다.
③ 정보통신매체를 이용하여 원격평생교육을 불특정 다수인에게 학습비를 받고 실시하기 위해 인터넷 침·뜸학습센터를 평생교육시설로 신고한 경우, 관할 행정청은 신고서 기재사항에 흠결이 없고 형식적 요건을 모두 갖추었더라도 신고대상이 된 교육이나 학습이 공익적 기준에 적합하지 않는다는 등의 실체적 사유를 들어 신고수리를 거부할 수 있다.
④ 하나의 납세고지서에 의하여 복수의 과세처분을 함께하는 경우에는 과세처분별로 그 세액과 산출근거 등을 구분하여 기재함으로써 납세의무자가 각 과세처분의 내용을 알 수 있도록 해야 한다.

해설 ➤ 中

① 조세 부과의 근거가 되었던 법률규정이 위헌으로 선언된 경우, 비록 그에 기한 과세처분이 위헌결정 전에 이루어졌고, 그 과세처분에 대한 제소기간이 이미 경과하여 조세채권이 확정되었으며, 그 조세채권의 집행을 위한 체납처분의 근거규정 자체에 대하여는 따로 위헌결정이 내려진 바 없다고 하더라도, 위와 같은 위헌결정 이후에 조세채권의 집행을 위한 새로운 체납처분에 착수하거나 이를 속행하는 것은 더 이상 허용되지 않고, 나아가 이러한 위헌결정의 효력에 위배하여 이루어진 체납처분은 그 사유만으로 하자가 중대하고 객관적으로 명백하여 당연무효라고 보아야 한다[대판(전합) 2012.2.16, 2010두10907].
② 수용재결에 불복하여 취소소송을 제기하는 때에는 이의신청을 거친 경우에도 수용재결을 한 중앙토지수용위원회 또는 지방토지수용위원회를 피고로 하여 수용재결의 취소를 구하여야 하고, 다만 이의신청에 대한 재결 자체에 고유한 위법이 있음을 이유로 하는 경우에는 그 이의재결을 한 중앙토지수용위원회를 피고로 하여 이의재결의 취소를 구할 수 있다고 보아야 한다(대판 2010.1.28, 2008두1504).
③ 관할 행정청은 신고서 기재사항에 흠결이 없고 정해진 서류가 구비된 이상 신고를 수리하여야 하고 형식적 요건이 아닌 신고 내용이 공익적 기준에 적합하지 않다는 등 실체적 사유를 들어 이를 거부할 수 없고, 또한 행정청이 단지 교육과정에서 무면허 의료행위 등 금지된 행위가 있을지 모른다는 막연한 우려만으로 침·뜸에 대한 교육과 학습의 기회제공을 일률적·전면적으로 차단하는 것은 후견주의적 공권력의 과도한 행사일 뿐 아니라 그렇게 해야 할 공익상 필요가 있다고 볼 수 없으므로, 형식적 심사 범위에 속하지 않는 사항을 수리거부사유로 삼았을 뿐만 아니라 처분사유도 인정되지 않는다는 이유로, 위 처분은 위법하다고 한 사례(대판 2011.7.28, 2005두11784)9
④ 하나의 납세고지서에 의하여 복수의 과세처분을 함께 하는 경우에는 과세처분별로 그 세액과 산출근거 등을 구분하여 기재함으로써 납세의무자가 각 과세처분의 내용을 알 수 있도록 해야 하는 것 역시 당연하다고 할 것이다[대판(전합) 2012.10.18, 2010두12347].

정답 ③

148. 위헌법령에 근거한 행정처분의 효력에 대한 대법원 판례의 입장으로 옳지 않은 것은? 15 지방직9급

① 취소소송의 제소기간을 경과하여 확정력이 발생한 행정처분에는 위헌결정의 소급효가 미치지 않는다.
② 과세처분의 근거규정에 대한 헌법재판소의 위헌결정이 내려진 후 행한 체납처분은 그 하자가 객관적으로 명백하다고 할 수 없다.
③ 헌법재판소의 위헌결정의 효력은 위헌제청을 한 당해 사건은 물론 위헌제청신청은 아니하였지만 당해 법률 또는 법률의 조항이 재판의 전제가 되어 법원에 계속 중인 사건에도 미친다.
④ 시행령 규정의 위헌 여부가 해석상 다툼의 여지가 없을 정도로 명백하였다고 인정되지 아니하는 이상 이러한 시행령에 근거한 행정처분의 하자는 취소사유에 해당할 뿐 무효사유가 되지 아니한다.

해설 ➤ 中

① 위헌결정의 효력은 그 결정 이후에 당해 법률이 재판의 전제가 되었음을 이유로 법원에 제소된 일반사건에도 미치므로, 당해 법률에 근거하여 행정처분이 발하여진 후에 헌법재판소가 그 행정처분의 근거가 된 법률을 위헌으로 결정하였다면 결과적으로 행정처분은 법률의 근거가 없이 행하여진 것과 마찬가지가 되어 하자가 있는 것이 되나, 이미 취소소송의 제기기간을 경과하여 확정력이 발생한 행정처분의 경우에는 위헌결정의 소급효가 미치지 않는다고 보아야 할 것이고, 일반적으로 법률이 헌법에 위반된다는 사정은 헌법재판소의 위헌결정이 있기 전에는 객관적으로 명백한 것이라고 할 수는 없으므로 헌법재판소의 위헌결정 전에 행정처분의 근거되는 당해 법률이 헌법에 위반된다는 사유는 특별한 사정이 없는 한 그 행정처분의 취소소송의 전제가 될 수 있을 뿐 당연무효사유는 아니라고 봄이 상당하다(대판 2002.11.8, 2001두3181).

② 구 헌법재판소법 제47조 제1항은 "법률의 위헌결정은 법원 기타 국가기관 및 지방자치단체를 기속한다."고 규정하고 있는데, 이러한 위헌결정의 기속력과 헌법을 최고규범으로 하는 법질서의 체계적 요청에 비추어 국가기관 및 지방자치단체는 위헌으로 선언된 법률규정에 근거하여 새로운 행정처분을 할 수 없음은 물론이고, 위헌결정 전에 이미 형성된 법률관계에 기한 후속처분이라도 그것이 새로운 위헌적 법률관계를 생성·확대하는 경우라면 이를 허용할 수 없다고 봄이 타당하다. 따라서 조세 부과의 근거가 되었던 법률규정이 위헌으로 선언된 경우, 비록 그에 기한 과세처분이 위헌결정 전에 이루어졌고, 그 과세처분에 대한 제소기간이 이미 경과하여 조세채권이 확정되었으며, 그 조세채권의 집행을 위한 체납처분의 근거규정 자체에 대하여는 따로 위헌결정이 내려진 바 없다고 하더라도, 위와 같은 위헌결정 이후에 조세채권의 집행을 위한 새로운 체납처분에 착수하거나 이를 속행하는 것은 더 이상 허용되지 않고, 나아가 이러한 위헌결정의 효력에 위배하여 이루어진 체납처분은 그 사유만으로 하자가 중대하고 객관적으로 명백하여 당연무효라고 보아야 한다[대판(전합) 2012.2.16, 2010두10907].

③ 헌법재판소의 위헌결정의 효력은 위헌제청을 한 당해사건, 위헌결정이 있기 전에 이와 동종의 위헌여부에 관하여 헌법재판소에 위헌여부심판제청을 하였거나 법원에 위헌여부심판제청신청을 한 동종사건과 따로 위헌제청신청은 아니하였지만 당해 법률 또는 법률조항이 재판의 전제가 되어 법원에 계속 중인 병행사건뿐만 아니라, 위헌결정 이후에 위와 같은 이유로 제소된 일반사건에도 미친다고 할 것이나, 위헌결정의 효력은 그 미치는 범위가 무한정일 수는 없고 다른 법리에 의하여 그 소급효를 제한하는 것까지 부정되는 것은 아니라 할 것이며, 법적 안정성의 유지나 당사자의 신뢰보호를 위하여 불가피한 경우에 위헌결정의 소급효를 제한하는 것은 오히려 법치주의의 원칙상 요청되는 바라 할 것이다(대판 2006.6.9, 2006두1296).

④ 일반적으로 시행령이 헌법이나 법률에 위반된다는 사정은 그 시행령의 규정을 위헌 또는 위법하여 무효라고 선언한 대법원의 판결이 선고되지 아니한 상태에서는 그 시행령 규정의 위헌 내지 위법 여부가 해석상 다툼의 여지가 없을 정도로 명백하였다고 인정되지 아니하는 이상 객관적으로 명백한 것이라 할 수 없으므로, 이러한 시행령에 근거한 행정처분의 하자는 취소사유에 해당할 뿐 무효사유가 되지 아니한다(대판 2007.6.14, 2004두619).

정답 ②

149. 위헌법률에 근거한 처분의 효력에 대한 설명으로 옳지 않은 것은? (다툼이 있는 경우 판례에 의함)

18 지방직9급

① 위헌인 법률에 근거한 행정처분이 당연무효인지의 여부는 위헌결정의 소급효와는 별개의 문제로서 취소소송의 제기기간을 경과하여 확정력이 발생한 행정처분에는 위헌결정의 소급효가 미치지 않는다.
② 근거법률의 위헌결정 이전에 이미 부담금 부과처분과 압류처분 및 이에 기한 압류등기가 이루어지고 각 처분이 확정된 경우에는 기존의 압류등기나 교부청구로도 다른 사람에 의하여 개시된 경매절차에서 배당을 받을 수 있다.
③ 어느 행정처분에 대하여 그 행정처분의 근거가 된 법률이 위헌이라는 이유로 무효확인청구의 소가 제기된 경우, 다른 특별한 사정이 없는 한 법원으로서는 그 법률이 위헌인지 여부에 대하여는 판단할 필요 없이 그 무효확인청구를 기각하여야 한다.
④ 행정처분 자체의 효력이 쟁송기간 경과 후에도 존속 중인 경우, 그 행정처분이 위헌인 법률에 근거하여 내려졌고 그 목적달성을 위해 필요한 후행 행정처분이 아직 이루어지지 않았다면 그 하자가 중대하여 그 구제가 필요한 경우에 대하여서는 쟁송기간 경과 후라도 무효확인을 구할 수 있다.

해설 ▸ 中

①③ 위헌인 법률에 근거한 행정처분이 당연무효인지의 여부는 위헌결정의 소급효와는 별개의 문제로서, 위헌결정의 소급효가 인정된다고 하여 위헌인 법률에 근거한 행정처분이 당연무효가 된다고는 할 수 없고, 오히려 이미 취소소송의 제기기간을 경과하여 확정력이 발생한 행정처분에는 위헌결정의 소급효가 미치지 않는다고 보아야 한다. 어느 행정처분에 대하여 그 행정처분의 근거가 된 법률이 위헌이라는 이유로 무효확인청구의 소가 제기된 경우에는 다른 특별한 사정이 없는 한 법원으로서는 그 법률이 위헌인지 여부에 대하여는 판단할 필요 없이 그 무효확인청구를 기각하여야 한다(대판 1994.10.28, 92누9463).

② 위헌법률에 기한 행정처분의 집행이나 집행력을 유지하기 위한 행위는 위헌결정의 기속력에 위반되어 허용되지 않는다고 보아야 할 것인데, 그 위헌결정 이전에 이미 부담금 부과처분과 압류처분 및 이에 기한 압류등기가 이루어지고 위의 각 처분이 확정되었다고 하여도, 위헌결정 이후에는 별도의 행정처분인 매각처분, 분배처분등 후속 체납처분절차를 진행할 수 없는 것은 물론이고, 특별한 사정이 없는 한 기존의 압류등기나 교부청구만으로는 다른 사람에 의하여 개시된 경매절차에 배당을 받을 수도 없다(대판 2002.8.23, 2001두2959).

④ 행정처분 자체의 효력이 쟁송기간 경과 후에도 존속 중인 경우, 특히 그 처분이 위헌법률에 근거하여 내려진 것이고 그 행정처분의 목적달성을 위하여서는 후행(後行)행정처분이 필요한데 후행(後行)행정처분은 아직 이루어지지 않은 경우와 같이 그 행정처분을 무효로 하더라도 법적 안정성을 크게 해치지 않는 반면에, 그 하자가 중대하여 그 구제가 필요한 경우에 대하여서는 그 예외를 인정하여 이를 당연무효사유로 보아서 쟁송기간 경과 후에라도 무효확인을 구할 수 있는 것이라고 봐야 할 것이다(헌재결 1994.6.30, 92헌바23).

정답 ②

150. **갑에 대한 과세처분 이후 조세부과의 근거가 되었던 법률에 대해 헌법재판소의 위헌결정이 있었고, 위헌결정 이후에 그 조세채권의 집행을 위해 갑의 재산에 대해 압류처분이 있었다. 이에 대한 설명으로 옳은 것은? (다툼이 있는 경우 판례에 의함)** 19 국가직7급

① 갑은 압류처분에 대해 무효확인소송을 제기하려면 무효확인심판을 거쳐야 한다.
② 위헌결정 당시 이미 과세처분에 불가쟁력이 발생하여 조세채권이 확정된 경우에도 갑의 재산에 대한 압류처분은 무효이다.
③ 갑이 압류처분에 대해 무효확인소송을 제기하였다가 압류처분에 대한 취소소송을 추가로 병합하는 경우, 무효확인의 소가 취소소송 제소기간 내에 제기됐더라도 취소청구의 소의 추가 병합이 제소기간을 도과했다면 병합된 취소청구의 소는 부적법하다.
④ 갑이 압류처분에 대해 무효확인소송을 제기하였다가 취소소송으로 소의 종류를 변경하는 경우, 제소기간의 준수 여부는 취소소송으로 변경되는 때를 기준으로 한다.

해설 ➤ 中

① 행정심판 전치주의는 취소소송과 부작위위법확인소송에만 적용되고, 무효확인소송에는 적용되지 않는다.
② 조세 부과의 근거가 되었던 법률규정이 위헌으로 선언된 경우, 비록 그에 기한 과세처분이 위헌결정 전에 이루어졌고, 그 과세처분에 대한 제소기간이 이미 경과하여 조세채권이 확정되었으며, 그 조세채권의 집행을 위한 체납처분의 근거규정 자체에 대하여는 따로 위헌결정이 내려진 바 없다고 하더라도, 위와 같은 위헌결정 이후에 조세채권의 집행을 위한 새로운 체납처분에 착수하거나 이를 속행하는 것은 더 이상 허용되지 않고, 나아가 이러한 위헌결정의 효력에 위배하여 이루어진 체납처분은 그 사유만으로 하자가 중대하고 객관적으로 명백하여 당연무효라고 보아야 한다[대판(전합) 2012.2.16, 2010두10907].
③ 동일한 행정처분에 대하여 무효확인의 소를 제기하였다가 그 후 그 처분의 취소를 구하는 소를 추가적으로 병합한 경우, 주된 청구인 무효확인의 소가 적법한 제소기간 내에 제기되었다면 추가로 병합된 취소청구의 소도 적법하게 제기된 것으로 봄이 상당하다(대판 2005.12.23, 2005두3554).
④ 소의 종류의 변경의 경우 새로운 소에 대한 제소기간의 준수는 변경된 처음의 소가 제기된 때를 기준으로 한다(행정소송법 제21조 제4항).

정답 ②

151. **위헌결정된 법령 및 처분에 대한 설명으로 옳은 것만을 〈보기〉에서 모두 고른 것은? (다툼이 있는 경우 판례에 의함)** 20 국회직8급

〈보 기〉

ㄱ. 위헌결정 이전에 이미 부담금 부과처분과 압류처분 및 이에 기한 압류등기가 이루어지고 각 처분이 확정되었다고 하여도, 특별한 사정이 없는 한 기존의 압류등기나 교부청구만으로는 다른 사람에 의하여 개시된 경매절차에서 배당을 받을 수 없다.
ㄴ. 처분이 있은 날로부터 1년이 도과한 처분으로서 당연무효에 해당하는 하자가 없는 경우, 그 처분의 근거법령이 위헌결정되었다면 원칙적으로 소급효가 미친다.
ㄷ. 위헌결정은 원칙적으로 장래효를 가지나, 예외적으로 당해사건, 동종사건, 병행사건에 효력을 미치며, 위헌결정 이후 제소된 일반사건에서도 소급효의 부인이 정의와 형평에 반하는 경우에는 소급효가 인정된다.
ㄹ. 법률의 위헌여부가 명백하지 않은 상태라도 이후 해당 법률에 위헌이 선언되었다면 위헌판결의 기속력에 의해 그 법률에 근거한 행정처분의 하자는 무효사유이다.

① ㄱ, ㄴ
② ㄱ, ㄷ
③ ㄴ, ㄷ
④ ㄱ, ㄴ, ㄷ
⑤ ㄴ, ㄷ, ㄹ

해설 ➤ 中

ㄱ 위헌법률에 기한 행정처분의 집행이나 집행력을 유지하기 위한 행위는 위헌결정의 기속력에 위반되어 허용되지 않는다고 보아야 할 것인데, 그 위헌결정 이전에 이미 부담금 부과처분과 압류처분 및 이에 기한 압류등기가 이루어지고 위의 각 처분이 확정되었다고 하여도, 위헌결정 이후에는 별도의 행정처분인 매각처분, 분배처분등 후속 체납처분절차를 진행할 수 없는 것은 물론이고, 특별한 사정이 없는 한 기존의 압류등기나 교부청구만으로는 다른 사람에 의하여 개시된 경매절차에 배당을 받을 수도 없다(대판 2002.8.23, 2001두2959).

ㄴ 위헌인 법률에 근거한 행정처분이 당연무효인지의 여부는 위헌결정의 소급효와는 별개의 문제로서, 위헌결정의 소급효가 인정된다고 하여 위헌인 법률에 근거한 행정처분이 당연무효가 된다고는 할 수 없고, 오히려 이미 취소소송의 제기기간을 경과하여 확정력이 발생한 행정처분에는 위헌결정의 소급효가 미치지 않는다고 보아야 한다. 어느 행정처분에 대하여 그 행정처분의 근거가 된 법률이 위헌이라는 이유로 무효확인청구의 소가 제기된 경우에는 다른 특별한 사정이 없는 한 법원으로서는 그 법률이 위헌인지 여부에 대하여는 판단할 필요 없이 그 무효확인청구를 기각하여야 한다(대판 1994.10.28, 92누9463).

ㄷ 효력이 다양할 수밖에 없는 위헌결정의 특수성 때문에 예외적으로 부분적인 소급효의 인정을 부인해서는 안 될 것이다. 첫째, 구체적 규범통제의 실효성의 보장의 견지에서 법원의 제청·헌법소원 청구 등을 통하여 헌법재판소에 법률의 위헌결정을 위한 계기를 부여한 당해 사건, 위헌결정이 있기 전에 이와 동종의 위헌여부에 관하여 헌법재판소에 위헌제청을 하였거나 법원에 위헌제청신청을 한 경우의 당해 사건, 그리고 따로 위헌제청신청을 아니하였지만 당해 법률 또는 법률의 조항이 재판의 전제가 되어 법원에 계속 중인 사건에 대하여는 소급효를 인정하여야 할 것이다. 둘째, 당사자의 권리구제를 위한 구체적 타당성의 요청이 현저한 반면에 소급효를 인정하여도 법적 안정성을 침해할 우려가 없고 나아가 구 법에 의하여 형성된 기득권자의 이득이 해쳐질 사안이 아닌 경우로서 소급효의 부인이 오히려 정의와 평등 등 헌법적 이념에 심히 배치되는 때에도 소급효를 인정할 수 있다(헌재결 1993.5.13, 92헌가10, 91헌바7, 92헌바24, 50).

ㄹ 일반적으로 법률이 헌법에 위반된다는 사정은 헌법재판소의 위헌결정이 있기 전에는 객관적으로 명백한 것이라고 할 수는 없으므로 헌법재판소의 위헌결정 전에 행정처분의 근거되는 당해 법률이 헌법에 위반된다는 사유는 특별한 사정이 없는 한 그 행정처분의 취소소송의 전제가 될 수 있을 뿐 당연무효사유는 아니라고 봄이 상당하다(대판 2002.11.8, 2001두3181).

정답 ②

152. 행정절차의 하자에 대한 설명으로 옳은 것은? (다툼이 있는 경우 판례에 의함) 16 국회직8급

① 처분 이전에 개최하도록 되어 있는 민원조정위원회의 경우, 민원조정위원회의 절차요건에 하자가 있을 때에는 그 처분이 재량행위이면 위법하다고 할 수 없으나 그 처분이 기속행위이면 재량권 일탈·남용이라고 볼 수 있는 한 취소의 대상이 되는 위법한 행위이다.

② 변상금부과처분을 하면서 그 납부고지서 또는 적어도 사전통지서에 그 산출근거를 제시하지 아니하였다면 위법이지만 그 산출근거가 법령상 규정되어 있거나 부과통지서 등에 산출근거가 되는 법령을 명기하였다면 이유제시의 요건을 충족한 것이다.

③ 예산의 편성에 절차적 하자가 있으면 그 예산을 집행하는 처분은 위법하게 된다.

④ 난민인정·귀화 등과 같이 성질상 행정절차를 거치기 곤란하거나 불필요하다고 인정되는 처분이나 행정절차에 준하는 절차를 거치도록 하고 있는 처분의 경우에는 「행정절차법」의 적용이 배제되는 것으로 보아야 하고, 이러한 법리는 '공무원 인사관계 법령에 의한 처분'에 해당하는 별정직 공무원에 대한 직권면직 처분의 경우에도 마찬가지로 적용된다.

⑤ 사전통지와 청문 등의 주요절차를 위반하면 위법이 되나 의견제출절차, 타 기관과의 협의절차를 위반한다고 하여 위법이 되는 것은 아니다.

해설 ➤ 中

① 민원사무를 처리하는 행정기관이 민원 1회방문 처리제를 시행하는 절차의 일환으로 민원사항의 심의·조정 등을 위한 민원조정위원회를 개최하면서 민원인에게 회의일정 등을 사전에 통지하지 아니하였다 하더라도, 이러한 사정만으로 곧바로 민원사항에 대한 행정기관의 장의 거부처분에 취소사유에 이를 정도의 흠이 존재한다고 보기는 어렵다(대판 2015.8.27, 2013두1560).

② 구 국유재산법시행령 제56조 제4항은 변상금부과 징수의 주체, 납부고지서에 명시하여야 할 사항, 납부기한 등의 절차적 규정에 관하여 가산금의 부과절차에 관한 위 시행령 제31조 제2항 내지 제4항을 준용하고 있음이 분명한바, 국유재산 무단 점유자에 대하여 변상금을 부과함에 있어서 그 납부고지서에 일정한 사항을 명시하도록 요구한 위 시행령의 취지와 그 규정의 강행성 등에 비추어 볼 때, 처분청이 변상금 부과처분을 함에 있어서 그 납부고지서 또는 적어도 사전통지서에 그 산출근거를 밝히지 아니하였다면 위법한 것이고, 위 시행령 제26조, 제26조의2에 변상금 산정의 기초가 되는 사용료의 산정방법에 관한 규정이 마련되어 있다고 하여 산출근거를 명시할 필요가 없다거나, 부과통지서 등에 위 시행령 제56조를 명기함으로써 간접적으로 산출근거를 명시하였다고는 볼 수 없다(대판 2001.12.14, 2000두86).

③ 예산은 1회계연도에 대한 국가의 향후 재원 마련 및 지출 예정 내역에 관하여 정한 계획으로 매년 국회의 심의·의결을 거쳐 확정되는 것으로서, 각 처분과 비교할 때 수립절차, 효과, 목적이 서로 다른 점 등을 종합하면, 구 국가재정법 제38조 및 구 「국가재정법 시행령」 제13조에

규정된 예비타당성조사는 각 처분과 형식상 전혀 별개의 행정계획인 예산의 편성을 위한 절차일 뿐 각 처분에 앞서 거쳐야 하거나 근거 법규 자체에서 규정한 절차가 아니므로, 예비타당성조사를 실시하지 아니한 하자는 원칙적으로 예산 자체의 하자일 뿐, 그로써 곧바로 각 처분의 하자가 된다고 할 수 없어, 예산이 각 처분 등으로써 이루어지는 '4대강 살리기 사업' 중 한강 부분을 위한 재정 지출을 내용으로 하고 있고 예산의 편성에 절차상 하자가 있다는 사정만으로 각 처분에 취소사유에 이를 정도의 하자가 존재한다고 보기 어렵다고 한 사례(대판 2015.12.10, 2011두32515)

④ 구 행정절차 제3조 제2항 제9호, 구 「행정절차법 시행령」 제2조 제3호의 내용을 행정의 공정성, 투명성 및 신뢰성을 확보하고 국민의 권익을 보호함을 목적으로 하는 행정절차법의 입법 목적에 비추어 보면, 공무원 인사관계 법령에 의한 처분에 관한 사항이라 하더라도 전부에 대하여 행정절차법의 적용이 배제되는 것이 아니라, 성질상 행정절차를 거치기 곤란하거나 불필요하다고 인정되는 처분이나 행정절차에 준하는 절차를 거치도록 하고 있는 처분의 경우에만 행정절차법의 적용이 배제되는 것으로 보아야 하고, 이러한 법리는 '공무원 인사관계 법령에 의한 처분'에 해당하는 별정직 공무원에 대한 직권면직 처분의 경우에도 마찬가지로 적용된다(대판 2013.1.16, 2011두30687).

⑤ 사전통지와 청문 등의 주요절차를 위반한 경우만이 아니라, 의견제출절차, 타 기관과의 협의절차를 위반해도 절차하자로 위법이다.

정답 ④

153. 다음 사례에 대한 설명으로 옳지 않은 것을 고르시오. (다툼이 있는 경우 판례에 의함) 22 국가직9급

> A시 시장은 「학교용지 확보 등에 관한 특례법」 관계 조항에 따라 공동주택을 분양받은 甲, 乙, 丙, 丁 등에게 각각 다른 시기에 학교용지 부담금을 부과하였다. 이후 해당 조항에 대하여 법원의 위헌법률심판제청에 따라 헌법재판소가 위헌결정을 하였다. (단, 甲, 乙, 丙, 丁은 모두 위헌법률심판제청신청을 하지 않은 것으로 가정함)

① 甲이 부담금을 납부하였고 부담금부과처분에 불가쟁력이 발생한 상태라면, 해당 조항이 위헌으로 결정되더라도 이미 납부한 부담금을 반환받을 수 없다.

② 乙은 부담금을 납부한 후 부담금부과처분에 대해 행정소송을 제기하였고 현재 소가 계속 중인 경우에도, 乙이 위헌법률심판제청신청을 하지 않았으므로 乙에게 위헌결정의 소급효는 미치지 않는다.

③ 丙이 부담금부과처분에 대한 행정심판청구를 하여 기각재결서를 송달받았으나, 재결서 송달일로부터 90일 이내에 취소소송을 제기하였다면 丙의 청구는 인용될 수 있다.

④ 부담금부과처분에 대한 제소기간이 경과하여 丁의 부담금 납부의무가 확정되었고 위헌결정 전에 丁의 재산에 대한 압류가 이루어진 상태라도, 丁에 대해 부담금 징수를 위한 체납처분을 속행할 수는 없다.

해설 ➤ 中

① 위헌인 법률에 근거한 행정처분이 당연무효인지의 여부는 위헌결정의 소급효와는 별개의 문제로서, 위헌결정의 소급효가 인정된다고 하여 위헌인 법률에 근거한 행정처분이 당연무효가 된다고는 할 수 없고, 오히려 이미 취소소송의 제기기간을 경과하여 확정력이 발생한 행정처분에는 위헌결정의 소급효가 미치지 않는다고 보아야 한다(대판 1994.10.28, 92누9463).

② 헌법재판소의 위헌결정의 효력은 위헌제청을 한 당해사건, 위헌결정이 있기 전에 이와 동종의 위헌여부에 관하여 헌법재판소에 위헌여부심판제청을 하였거나 법원에 위헌여부심판제청신청을 한 동종사건과 따로 위헌제청신청은 아니하였지만 당해 법률 또는 법률조항이 재판의 전제가 되어 법원에 계속 중인 병행사건뿐만 아니라, 위헌결정 이후에 위와 같은 이유로 제소된 일반사건에도 미친다고 할 것이나, 위헌결정의 효력은 그 미치는 범위가 무한정일 수는 없고 다른 법리에 의하여 그 소급효를 제한하는 것까지 부정되는 것은 아니라 할 것이며, 법적 안정성의 유지나 당사자의 신뢰보호를 위하여 불가피한 경우에 위헌결정의 소급효를 제한하는 것은 오히려 법치주의의 원칙상 요청되는 바라 할 것이다(대판 2006.6.9, 2006두1296).

③ 기판력에 관한 내용이다. 재결에서 '적법'이라고 판단했는데, 법원에서 '위법'이라고 재결과 모순되는 주장·판단을 할 수 있느냐의 문제이기 때문이다. '기판력'은 말 그대로 확정판결에만 인정되는 효력이기 때문에 판결이라도 확정되지 않은 판결은 심급제도에 따라 항소, 상고를 통해 번복할 수 있다. 하물며 판결도 아닌 재결에 기판력이 인정된다는 것은 개념상 있을 수 없다. 판례도 마찬가지이다.
행정심판의 재결은 피청구인인 행정청을 기속하는 효력을 가지므로 재결청이 취소심판의 청구가 이유 있다고 인정하여 처분청에 처분을 취소할 것을 명하면 처분청으로서는 재결의 취지에 따라 처분을 취소하여야 하지만, 나아가 재결에 판결에서와 같은 기판력이 인정되는 것은 아니어서 재결이 확정된 경우에도 처분의 기초가 된 사실관계나 법률적 판단이 확정되고 당사자들이나 법원이 이에 기속되어 모순되는 주장이나 판단을 할 수 없게 되는 것은 아니다(대판 2015.11.27, 2013다6759).

④ 위헌결정의 기속력과 헌법을 최고규범으로 하는 법질서의 체계적 요청에 비추어 국가기관 및 지방자치단체는 위헌으로 선언된 법률규정에 근거하여 새로운 행정처분을 할 수 없음은 물론이고, 위헌결정 전에 이미 형성된 법률관계에 기한 후속처분이라도 그것이 새로운 위헌적 법률관계를 생성·확대하는 경우라면 이를 허용할 수 없다고 봄이 타당하다. 따라서 조세 부과의 근거가 되었던 법률규정이 위헌으로 선언된 경우, 비록

그에 기한 과세처분이 위헌결정 전에 이루어졌고, 그 과세처분에 대한 제소기간이 이미 경과하여 조세채권이 확정되었으며, 그 조세채권의 집행을 위한 체납처분의 근거규정 자체에 대하여는 따로 위헌결정이 내려진 바 없다고 하더라도, 위와 같은 위헌결정 이후에 조세채권의 집행을 위한 새로운 체납처분에 착수하거나 이를 속행하는 것은 더 이상 허용되지 않고, 나아가 이러한 위헌결정의 효력에 위배하여 이루어진 체납처분은 그 사유만으로 하자가 중대하고 객관적으로 명백하여 당연무효라고 보아야 한다[대판(전합) 2012.2.16, 2010두10907].

정답 ②

154. 행정행위의 하자 중 무효사유에 해당하지 않는 것은? (다툼이 있는 경우 판례에 의함) 15 지방직9급

① 납세자가 아닌 제3자의 재산을 대상으로 한 압류처분
② 환경영향평가의 실시대상사업에 대하여 환경영향평가를 거치지 않고 행한 승인 등 처분
③ 적법한 건축물에 대한 철거명령의 후행행위인 건축물철거 대집행계고처분
④ 적법한 권한 위임 없이 세관출장소장에 의하여 행하여진 관세부과처분

해설 ➤ 中

① 과세관청이 납세자에 대한 체납처분으로서 제3자의 소유물건을 압류하고 공매하더라도 그 처분으로 인하여 제3자가 소유권을 상실하는 것이 아니므로 체납자가 아닌 제3자의 소유물건을 대상으로 한 압류처분은 하자가 객관적으로 명백한 것인지 여부와는 관계없이 처분의 내용이 법률상 실현될 수 없는 것이어서 당연무효라고 하지 않을 수 없다(대판 1993.4.27, 92누12117).
② 환경영향평가를 거쳐야 할 대상사업에 대하여 환경영향평가를 거치지 아니하였음에도 불구하고 승인 등 처분이 이루어진다면, 사전에 환경영향평가를 함에 있어 평가대상지역 주민들의 의견을 수렴하고 그 결과를 토대로 하여 환경부장관과의 협의내용을 사업계획에 미리 반영시키는 것 자체가 원천적으로 봉쇄되는바, 이렇게 되면 환경파괴를 미연에 방지하고 쾌적한 환경을 유지·조성하기 위하여 환경영향평가제도를 둔 입법취지를 달성할 수 없게 되는 결과를 초래할 뿐만 아니라 환경영향평가 대상지역 안의 주민들의 직접적이고 개별적인 이익을 근본적으로 침해하게 되므로, 이러한 행정처분의 하자는 법규의 중요한 부분을 위반한 중대한 것이고 객관적으로도 명백한 것이라고 하지 않을 수 없어, 이와 같은 행정처분은 당연무효이다(대판 2006.6.30, 2005두14363).
③ 적법한 건축물에 대한 철거명령은 그 하자가 중대하고 명백하여 당연무효라고 할 것이고, 그 후행행위인 건축물철거 대집행계고처분 역시 당연무효라고 할 것이다(대판 1999.4.27, 97누6780).
④ 적법한 권한위임 없이 세관출장소장에 의하여 행하여진 관세부과처분은 그 하자가 중대하기는 하지만 객관적으로 명백하다고 할 수 없어 당연무효는 아니다(대판 2004.11.26, 2003두2403).

정답 ④

155. 다음 중 당연무효인 행정처분에 해당하지 않는 것은? (다툼이 있는 경우 판례에 의함) 21 국회직9급

① 납세자 아닌 제3자의 재산을 대상으로 행한 압류처분
② 내부위임된 도지사의 권한을 행사함에 있어서 군수가 자신의 명의로 행한 행정처분
③ 「행정절차법」상 문서로 하도록 한 처분을 구술로 한 행정처분
④ 환경영향평가대상사업에 대해 환경영향평가를 거치지 아니하고 행한 승인처분
⑤ 행정처분이 행해진 이후에 근거법률이 위헌으로 결정될 경우 그 행정처분

해설 ➤ 中

① 과세관청이 납세자에 대한 체납처분으로서 제3자의 소유 물건을 압류하고 공매하더라도 그 처분으로 인하여 제3자가 소유권을 상실하는 것이 아니고, 체납처분으로서 압류의 요건을 규정하는 국세징수법 제24조 각 항의 규정을 보면 어느 경우에나 압류의 대상을 납세자의 재산에 국한하고 있으므로, 납세자가 아닌 제3자의 재산을 대상으로 한 압류처분은 그 처분의 내용이 법률상 실현될 수 없는 것이어서 당연무효이다(대판 2006.4.13, 2005두15151).
② 체납취득세에 대한 압류처분권한은 도지사로부터 시장에게 권한위임된 것이고 시장으로부터 압류처분권한을 내부위임받은 데 불과한 구청장으로서는 시장 명의로 압류처분을 대행처리할 수 있을 뿐이고 자신의 명의로 이를 할 수 없다 할 것이므로 구청장이 자신의 명의로 한 압류처분은 권한 없는 자에 의하여 행하여진 위법무효의 처분이다(대판 1993.5.27, 93누6621).
③ 행정절차법 제24조는 행정청이 처분을 하는 때에는 다른 법령 등에 특별한 규정이 있는 경우를 제외하고는 문서로 하여야 하고, 전자문서로 하는 경우에는 당사자 등의 동의가 있어야 하며, 다만 신속을 요하거나 사안이 경미한 경우에는 구술 기타 방법으로 할 수 있다고 규정하고 있

는바, 이는 행정의 공정성·투명성 및 신뢰성을 확보하고 국민의 권익을 보호하기 위한 것이므로 위 규정에 위반하여 행하여진 행정청의 처분은 그 하자가 중대하고 명백하여 원칙적으로 무효이다. 관할 소방서의 담당 소방공무원이 피고인에게 행정처분인 「소방시설설치유지 및 안전관리에 관한 법률」 제9조에 의한 소방시설의 시정보완명령을 구두로 고지한 것은 행정절차법 제24조에 위반한 것으로 그 하자가 중대하고 명백하여 위 시정보완명령은 당연 무효라고 할 것이고, 무효인 위 시정보완명령에 따른 피고인의 의무위반이 생기지 아니하는 이상 피고인에게 위 시정보완명령에 위반하였음을 이유로 같은법 제48조의2 제1호에 따른 행정형벌을 부과할 수 없다(대판 2011.11.10, 2011도11109).

④ 환경영향평가를 거쳐야 할 대상사업에 대하여 환경영향평가를 거치지 아니하였음에도 불구하고 승인 등 처분이 이루어진다면, 사전에 환경영향평가를 함에 있어 평가대상지역 주민들의 의견을 수렴하고 그 결과를 토대로 하여 환경부장관과의 협의내용을 사업계획에 미리 반영시키는 것 자체가 원천적으로 봉쇄되는바, 이렇게 되면 환경파괴를 미연에 방지하고 쾌적한 환경을 유지·조성하기 위하여 환경영향평가제도를 둔 입법취지를 달성할 수 없게 되는 결과를 초래할 뿐만 아니라 환경영향평가 대상지역 안의 주민들의 직접적이고 개별적인 이익을 근본적으로 침해하게 되므로, 이러한 행정처분의 하자는 법규의 중요한 부분을 위반한 중대한 것이고 객관적으로도 명백한 것이라고 하지 않을 수 없어, 이와 같은 행정처분은 당연무효이다(대판 2006.6.30, 2005두14363).

⑤ 하자 있는 행정처분이 당연무효가 되기 위해서는 그 하자가 중대할 뿐만 아니라 명백한 것이어야 하는바, 일반적으로 국회에서 헌법과 법률이 정한 절차에 의하여 제정·공포된 법률이 헌법에 위반된다는 사정은 헌법재판소의 위헌결정이 있기 전에는 객관적으로 명백한 것이라고 할 수는 없으므로, 특별한 사정이 없는 한 이러한 하자는 행정처분의 취소사유에 해당할 뿐 당연무효 사유는 아니다(대판 1998.4.10, 96다52359).

정답 ⑤

156. 행정행위의 직권취소와 철회에 대한 설명으로 옳지 않은 것은? (다툼이 있는 경우 판례에 의함) 15 국가직7급

① 취소소송이 진행 중이라도 처분권자는 위법한 처분을 스스로 취소하고 그 하자를 보완하여 다시 적법한 처분을 할 수 있다.

② 당연무효가 아닌 상속세 부과를 직권취소한 것에 대하여 과세관청이 상속세 부과취소를 다시 취소함으로써 원래의 상속세부과처분을 회복시킬 수 있다.

③ 행정행위를 한 처분청은 이를 철회할 별도의 법적 근거가 없더라도 사정변경이 생겼거나 또는 중대한 공익상의 필요가 발생한 경우에는 스스로 이를 철회할 수 있다.

④ 행정행위의 직권취소사유는 행정행위의 성립 당시에 존재하였던 하자를 말하고, 철회사유는 행정행위가 성립된 이후에 새로이 발생한 것으로서 행정행위의 효력을 존속시킬 수 없는 사유를 말한다.

해설 ➤ ⓘ

① 변상금부과처분에 대한 취소소송이 진행 중이라도 그 부과권자로서는 위법한 처분을 스스로 취소하고 그 하자를 보완하여 다시 적법한 부과처분을 할 수도 있는 것이어서 그 권리행사에 법률상의 장애사유가 있는 경우에 해당한다고 할 수 없으므로, 그 처분에 대한 취소소송이 진행되는 동안에도 그 부과권의 소멸시효가 진행된다(대판 2006.2.10, 2003두5686).

② 부과의 취소에 위법사유가 있다고 하더라도 당연무효가 아닌 한 일단 유효하게 성립하여 부과처분을 확정적으로 상실시키는 것이므로, 과세관청은 부과의 취소를 다시 취소함으로써 원부과처분을 소생시킬 수는 없고 납세의무자에게 종전의 과세대상에 대한 납부의무를 지우려면 다시 법률에서 정한 부과절차에 좇아 동일한 내용의 새로운 처분을 하는 수밖에 없다(대판 1995.3.10, 94누7027).

③ 행정행위를 한 처분청은 비록 그 처분 당시에 별다른 하자가 없었고, 또 그 처분 후에 이를 취소(강학상 철회 ; 필자 주)할 별도의 법적 근거가 없다 하더라도 원래의 처분을 존속시킬 필요가 없게 된 사정변경이 생겼거나 또는 중대한 공익상의 필요가 발생한 경우에는 그 효력을 상실케 하는 별개의 행정행위로 이를 취소할 수 있다(대판 2004.11.26, 2003두10251·10268).

④ 행정행위의 '취소'는 일단 유효하게 성립한 행정행위를 그 행위에 위법한 하자가 있음을 이유로 소급하여 효력을 소멸시키는 별도의 행정처분을 의미함이 원칙이다. 반면, 행정행위의 '철회'는 적법요건을 구비하여 완전히 효력을 발하고 있는 행정행위를 사후적으로 효력의 전부 또는 일부를 장래에 향해 소멸시키는 별개의 행정처분이다. 그리고 행정행위의 '취소 사유'는 원칙적으로 행정행위의 성립 당시에 존재하였던 하자를 말하고, '철회 사유'는 행정행위가 성립된 이후에 새로이 발생한 것으로서 행정행위의 효력을 존속시킬 수 없는 사유를 말한다(대판 2018.6.28, 2015두58195).

정답 ②

157. 행정행위의 취소와 철회에 대한 판례의 입장으로 옳지 않은 것은? 17 국가직9급

① 행정처분을 한 처분청은 그 처분에 하자가 있는 경우에는 원칙적으로 별도의 법적 근거가 없더라도 스스로 이를 직권으로 취소할 수 있고, 이러한 경우 이해관계인에게는 처분청에 대하여 그 취소를 요구할 신청권이 부여된 것으로 볼 수 있다.
② 변상금 부과처분에 대한 취소소송이 진행 중이라도 그 부과권자는 위법한 처분을 스스로 취소하고 그 하자를 보완하여 다시 적법한 부과처분을 할 수도 있다.
③ 행정행위를 한 처분청은 사정변경이 생겼거나 또는 중대한 공익상의 필요가 발생한 경우에는 그 효력을 상실케 하는 별개의 행정행위로 이를 철회할 수 있다고 할 것이나, 기득권을 침해하는 경우에는 기득권의 침해를 정당화할 만한 중대한 공익상의 필요 또는 제3자의 이익보호의 필요가 있는 때에 한하여 상대방이 받는 불이익과 비교·교량하여 철회하여야 한다.
④ 행정청이 의료법인의 이사에 대한 이사취임승인취소처분을 직권으로 취소하면 이사의 지위가 소급하여 회복된다.

해설 中

① 산림법령에는 채석허가처분을 한 처분청이 산림을 복구한 자에 대하여 복구설계서승인 및 복구준공통보를 한 경우 그 취소신청과 관련하여 아무런 규정을 두고 있지 않고, 원래 행정처분을 한 처분청은 그 처분에 하자가 있는 경우에는 원칙적으로 별도의 법적 근거가 없더라도 스스로 이를 직권으로 취소할 수 있지만, 그와 같이 직권취소를 할 수 있다는 사정만으로 이해관계인에게 처분청에 대하여 그 취소를 요구할 신청권이 부여된 것으로 볼 수는 없으므로, 처분청이 위와 같이 법규상 또는 조리상의 신청권이 없이 한 이해관계인의 복구준공통보 등의 취소신청을 거부하더라도, 그 거부행위는 항고소송의 대상이 되는 처분에 해당하지 않는다(대판 2006.6.30, 2004두701).
② 변상금부과처분에 대한 취소소송이 진행 중이라도 그 부과권자로서는 위법한 처분을 스스로 취소하고 그 하자를 보완하여 다시 적법한 부과처분을 할 수도 있는 것이어서 그 권리행사에 법률상의 장애사유가 있는 경우에 해당한다고 할 수 없으므로, 그 처분에 대한 취소소송이 진행되는 동안에도 그 부과권의 소멸시효가 진행된다(대판 2006.2.10, 2003두5686).
③ 행정행위를 한 처분청은 비록 그 처분 당시에 별다른 하자가 없었고, 또 그 처분 후에 이를 철회할 별도의 법적 근거가 없다 하더라도 원래의 처분을 존속시킬 필요가 없게 된 사정변경이 생겼거나 또는 중대한 공익상의 필요가 발생한 경우에는 그 효력을 상실케 하는 별개의 행정행위로 이를 철회할 수 있다고 할 것이나, 수익적 행정처분을 취소 또는 철회하는 경우에는 이미 부여된 그 국민의 기득권을 침해하는 것이 되므로, 비록 취소 등의 사유가 있다고 하더라도 그 취소권 등의 행사는 기득권의 침해를 정당화할 만한 중대한 공익상의 필요 또는 제3자의 이익보호의 필요가 있는 때에 한하여 상대방이 받는 불이익과 비교·교량하여 결정하여야 하고, 그 처분으로 인하여 공익상의 필요보다 상대방이 받게 되는 불이익 등이 막대한 경우에는 재량권의 한계를 일탈한 것으로서 그 자체가 위법하다(대판 2004.11.26, 2003두10251,10268).
④ 행정처분이 취소되면 그 소급효에 의하여 처음부터 그 처분이 없었던 것과 같은 효과를 발생하게 되는바, 행정청이 의료법인의 이사에 대한 이사취임승인취소처분(제1처분)을 직권으로 취소(제2처분)한 경우에는 그로 인하여 이사가 소급하여 이사로서의 지위를 회복하게 되고, 그 결과 위 제1처분과 제2처분 사이에 법원에 의하여 선임결정된 임시이사들의 지위는 법원의 해임결정이 없더라도 당연히 소멸된다(대판 1997.1.21, 96누3401).

정답 ①

158. 행정행위의 취소와 철회에 대한 설명으로 옳은 것만을 모두 고르면? (다툼이 있는 경우 판례에 의함)

18 지방직9급

ㄱ. 행정행위를 한 처분청은 처분 당시에 별다른 하자가 없었고, 또 그 처분 후에 이를 철회할 별도의 법적 근거가 없다면 사정변경을 이유로 그 효력을 상실케 하는 별개의 행정행위로 이를 철회할 수 없다.
ㄴ. 「국세기본법」상 상속세부과처분의 취소에 하자가 있는 경우, 부과의 취소의 취소에 대하여는 법률이 명문으로 그 취소요건이나 그에 대한 불복절차에 대하여 따로 규정을 두고 있지 않더라도 과세관청은 부과의 취소를 다시 취소함으로써 원부과처분을 소생시킬 수 있다.
ㄷ. 행정청이 여러 종류의 자동차운전면허를 취득한 자에 대해 그 운전면허를 취소하는 경우, 취소사유가 특정 면허에 관한 것이 아니고 다른 면허와 공통된 것이거나 운전면허를 받은 사람에 관한 것일 경우에는 여러 면허를 전부 취소할 수 있다.
ㄹ. 국세감액결정 처분은 이미 부과된 과세처분에 하자가 있음을 이유로 사후에 이를 일부 취소하는 처분이고, 취소의 효력은 판결 등에 의한 취소이거나 과세관청의 직권에 의한 취소이거나에 관계없이 그 부과처분이 있었을 당시로 소급하여 발생한다.

① ㄱ, ㄴ ② ㄱ, ㄹ
③ ㄴ, ㄷ ④ ㄷ, ㄹ

해설 ➤ 中

ㄱ 행정행위를 한 처분청은 비록 그 처분 당시에 별다른 하자가 없었고, 또 그 처분 후에 이를 취소(강학상 철회 ; 필자 주)할 별도의 법적 근거가 없다 하더라도 원래의 처분을 존속시킬 필요가 없게 된 사정변경이 생겼거나 또는 중대한 공익상의 필요가 발생한 경우에는 그 효력을 상실케 하는 별개의 행정행위로 이를 취소할 수 있다(대판 2004.11.26, 2003두10251·10268).

ㄴ 부과의 취소에 위법사유가 있다고 하더라도 당연무효가 아닌 한 일단 유효하게 성립하여 부과처분을 확정적으로 상실시키는 것이므로, 과세관청은 부과의 취소를 다시 취소함으로써 원부과처분을 소생시킬 수는 없고 납세의무자에게 종전의 과세대상에 대한 납부의무를 지우려면 다시 법률에서 정한 부과절차에 좇아 동일한 내용의 새로운 처분을 하는 수밖에 없다(대판 1995.3.10, 94누7027).

ㄷ 한 사람이 여러 종류의 자동차운전면허를 취득하는 경우뿐 아니라 이를 취소 또는 정지하는 경우에도 서로 별개의 것으로 취급하는 것이 원칙이고, 다만 취소사유가 특정 면허에 관한 것이 아니고 다른 면허와 공통된 것이거나 운전면허를 받은 사람에 관한 것일 경우에는 여러 면허를 전부 취소할 수도 있다(대판 2012.5.24, 2012두1891).

ㄹ 국세 감액결정 처분은 이미 부과된 과세처분에 하자가 있음을 이유로 사후에 이를 일부취소하는 처분이므로, 취소의 효력은 그 취소된 국세 부과처분이 있었을 당시에 소급하여 발생하는 것이고, 이는 판결 등에 의한 취소이거나 과세관청의 직권에 의한 취소이거나에 따라 차이가 있는 것이 아니다(대판 1995.9.15, 94다16045).

정답 ④

159. 행정행위의 직권취소 및 철회에 대한 설명으로 옳지 않은 것은? (다툼이 있는 경우 판례에 의함)

18 국회직8급

① 수익적 행정행위의 철회는 법령에 명시적인 규정이 있거나 행정행위의 부관으로 그 철회권이 유보되어 있는 등의 경우가 아니라면, 원래의 행정행위를 존속시킬 필요가 없게 된 사정변경이 생겼거나 또는 중대한 공익상의 필요가 발생한 경우 등의 예외적인 경우에만 허용된다.
② 행정행위의 처분권자는 취소사유가 있는 경우 별도의 법적 근거가 없더라도 직권취소를 할 수 있다.
③ 행정청이 행한 공사중지명령의 상대방은 그 명령 이후에 그 원인사유가 소멸하였음을 들어 행정청에게 공사중지명령의 철회를 요구할 수 있는 조리상의 신청권이 없다.
④ 외형상 하나의 행정처분이라 하더라도 가분성이 있거나 그 처분대상의 일부가 특정될 수 있다면 그 일부만의 취소도 가능하고 그 일부의 취소는 당해 취소부분에 관하여 효력이 생긴다.
⑤ 직권취소는 처분의 성격을 가지므로, 이유제시절차 등의 「행정절차법」상 처분절차에 따라야 하며, 특히 수익적 행위의 직권취소는 상대방에게 침해적 효과를 발생시키므로 「행정절차법」에 따른 사전통지, 의견청취의 절차를 거쳐야 한다.

해설 中

①② 행정행위를 한 처분청은 비록 그 처분 당시에 별다른 하자가 없었고, 또 그 처분 후에 이를 취소(강학상 철회 ; 필자 주)할 별도의 법적 근거가 없다 하더라도 원래의 처분을 존속시킬 필요가 없게 된 사정변경이 생겼거나 또는 중대한 공익상의 필요가 발생한 경우에는 그 효력을 상실케 하는 별개의 행정행위로 이를 취소할 수 있다(대판 2004.11.26, 2003두10251·10268).
③ 행정청이 행한 공사중지명령의 상대방은 그 명령 이후에 그 원인사유가 소멸하였음을 들어 행정청에게 공사중지명령의 철회를 요구할 수 있는 조리상의 신청권이 있다 할 것이고, 상대방으로부터 그 신청을 받은 행정청으로서는 상당한 기간 내에 그 신청을 인용하는 적극적 처분을 하거나 각하 또는 기각하는 등의 소극적 처분을 하여야 할 법률상의 응답의무가 있다고 할 것이며, 행정청이 상대방의 신청에 대하여 아무런 적극적 또는 소극적 처분을 하지 않고 있는 이상 행정청의 부작위는 그 자체로 위법하다고 할 것이고, 구체적으로 그 신청이 인용될 수 있는지 여부는 소극적 처분에 대한 항고소송의 본안에서 판단하여야 할 사항이라고 할 것이다(대판 2005.4.14, 2003두7590).
④ 외형상 하나의 행정처분이라 하더라도 가분성이 있거나 그 처분대상의 일부가 특정될 수 있다면 그 일부만의 취소도 가능하고 그 일부의 취소는 당해 취소부분에 관하여 효력이 생긴다고 할 것인바, 이는 한 사람이 여러 종류의 자동차 운전면허를 취득한 경우 그 각 운전면허를 취소하거나 그 운전면허의 효력을 정지함에 있어서도 마찬가지이다[대판(전합) 1995.11.16, 95누8850].
⑤ 처분의 사전통지(제21조 제1항·제3항)와 의견청취는 불이익처분에만 적용된다.

정답 ③

160. 행정행위의 직권취소 및 철회에 대한 설명으로 옳은 것만을 모두 고르면? (다툼이 있는 경우 판례에 의함)

20 지방직7급

ㄱ. 과세관청은 세금부과처분을 취소한 처분에 취소원인인 하자가 있다는 이유로 취소처분을 다시 취소함으로써 원부과처분을 소생시킬 수 있다.
ㄴ. 행정처분을 한 행정청은 원래의 처분을 존속시킬 필요가 없게 된 사정변경이 생겼거나 중대한 공익상의 필요가 생긴 경우 이를 철회할 별도의 법적 근거가 없다 하더라도 별개의 행정행위로 이를 철회할 수 있다.
ㄷ. 보건복지부장관이 어린이집에 대한 평가인증이 이루어진 이후에 새로이 발생한 사유를 들어 「영유아보육법」 제30조 제5항에 따라 평가인증을 철회하는 처분을 하면서도, 그 평가인증의 효력을 과거로 소급하여 상실시키기 위해서는, 특별한 사정이 없는 한 「영유아보육법」 제30조 제5항과는 별도의 법적 근거가 필요하다.
ㄹ. 면허의 취소처분에는 그 근거가 되는 법령이나 취소권 유보의 부관 등을 명시하여야 함은 물론 처분을 받은 자가 어떠한 위반사실에 대하여 당해 처분이 있었는지를 알 수 있을 정도로 사실을 적시할 것을 요하지만, 이와 같은 취소처분의 근거와 위반사실의 적시를 빠뜨린 하자는 피처분자가 처분 당시 그 취지를 알고 있었거나 그 후 알게 되었다면 그 하자는 치유될 수 있다.

① ㄱ, ㄴ　　② ㄱ, ㄹ
③ ㄴ, ㄷ　　④ ㄷ, ㄹ

해설 中

ㄱ 부과의 취소에 위법사유가 있다고 하더라도 당연무효가 아닌 한 일단 유효하게 성립하여 부과처분을 확정적으로 상실시키는 것이므로, 과세관청은 부과의 취소를 다시 취소함으로써 원부과처분을 소생시킬 수는 없고 납세의무자에게 종전의 과세대상에 대한 납부의무를 지우려면 다시 법률에서 정한 부과절차에 좇아 동일한 내용의 새로운 처분을 하는 수밖에 없다(대판 1995.3.10, 94누7027).
ㄴ 행정행위를 한 처분청은 비록 그 처분 당시에 별다른 하자가 없었고, 또 그 처분 후에 이를 취소(강학상 철회 ; 필자 주)할 별도의 법적 근거가 없다 하더라도 원래의 처분을 존속시킬 필요가 없게 된 사정변경이 생겼거나 또는 중대한 공익상의 필요가 발생한 경우에는 그 효력을 상실케 하는 별개의 행정행위로 이를 취소할 수 있다(대판 2004.11.26, 2003두10251·10268).
ㄷ 영유아보육법 제30조 제5항 제3호에 따른 평가인증의 취소는 평가인증 당시에 존재하였던 하자가 아니라 그 이후에 새로이 발생한 사유로 평가인증의 효력을 소멸시키는 경우에 해당하므로, 법적 성격은 평가인증의 '철회'에 해당한다. 그런데 행정청이 평가인증을 철회하면서 그 효력을 철회의 효력발생일 이전으로 소급하게 하면, 철회 이전의 기간에 평가인증을 전제로 지급한 보조금 등의 지원이 그 근거를 상실하게 되어 이를 반환하여야 하는 법적 불이익이 발생한다. 이는 장래를 향하여 효력을 소멸시키는 철회가 예정한 법적 불이익의 범위를 벗어나는 것이다. 이처럼 행정청이 평가인증이 이루어진 이후에 새로이 발생한 사유를 들어 영유아보육법 제30조 제5항에 따라 평가인증을 철회하는 처분을 하면서

도, 평가인증의 효력을 과거로 소급하여 상실시키기 위해서는, 특별한 사정이 없는 한 영유아보육법 제30조 제5항과는 별도의 법적 근거가 필요하다(대판 2018.6.28, 2015두58195).
ㄹ 면허의 취소처분에는 그 근거가 되는 법령이나 취소권 유보의 부관 등을 명시하여야 함은 물론 처분을 받은 자가 어떠한 위반사실에 대하여 당해 처분이 있었는지를 알 수 있을 정도로 사실을 적시할 것을 요하며, 이와 같은 취소처분의 근거와 위반사실의 적시를 빠뜨린 하자는 피처분자가 처분 당시 그 취지를 알고 있었다거나 그 후 알게 되었다 하여도 치유될 수 없다고 할 것인바, 세무서장인 피고가 주류도매업자인 원고에 대하여 한 이 사건 일반주류도매업면허취소통지에 "상기 주류도매장은 무면허 주류판매업자에게 주류를 판매하여 주세법 제11조 및 국세법사무처리규정 제26조에 의거 지정조건위반으로 주류판매면허를 취소합니다."라고만 되어 있어서 원고의 영업기간과 거래상대방 등에 비추어 원고가 어떠한 거래행위로 인하여 이 사건 처분을 받았는지 알 수 없게 되어 있다면 이 사건 면허취소처분은 위법하다(대판 1990.9.11, 90누1786).

정답 ③

161. 〈보기〉에 대한 설명으로 옳은 것은? (다툼이 있는 경우 판례에 의함) 16 국회직8급

〈보 기〉

甲은 관련법령에 따라 공장등록을 하기 위하여 등록신청을 乙에게 위임하였고, 수임인 乙은 등록서류를 위조하여 공장등록을 하였으나 甲은 그 사실을 알지 못하였다. 이후 관할 행정청 A는 위조된 서류에 의한 공장등록임을 이유로 甲에 대해 공장등록을 취소하는 처분을 하였다.

① 관할 행정청 A가 甲에 대해 공장등록을 취소하려면 법적 근거가 있어야 한다.
② 甲에 대한 공장등록 취소는 상대방의 귀책사유에 의한 것이므로 관할 행정청 A는 「행정절차법」상 사전통지 및 의견제출절차를 거치지 않아도 된다.
③ 관할 행정청 A는 甲에 대해 공장등록을 취소하면서 甲의 신뢰이익을 고려하지 아니할 수 있다.
④ 甲에 대한 공장등록을 취소하면 공장등록이 확정적으로 효력을 상실하게 되므로, 공장등록 취소처분이 위법함을 이유로 그 취소처분을 직권취소하더라도 공장등록이 다시 효력을 발생할 수는 없다.
⑤ 甲의 공장등록을 취소하는 처분에 대해 제소기간이 경과하여 불가쟁력이 발생한 이후에는 관할 행정청 A도 그 취소처분을 직권취소할 수 없다.

해설 中

① 행정행위를 한 처분청은 그 행위에 하자가 있는 경우에는 별도의 법적 근거가 없더라도 스스로 이를 취소할 수 있다(대판 2006.5.25, 2003두4669).
② 甲에 대한 공장등록 취소는 권익을 제한하는 처분에 해당하므로 행정절차법상 사전통지와 의견제출절차를 거쳐야 된다
③ 귀책사유라 함은 행정청의 견해표명의 하자가 상대방 등 관계자의 사실은폐나 기타 사위의 방법에 의한 신청행위 등 부정행위에 기인한 것이거나 그러한 부정행위가 없다고 하더라도 하자가 있음을 알았거나(악의) 중대한 과실(중과실)로 알지 못한 경우 등을 의미한다고 해석함이 상당하고, 귀책사유의 유무는 상대방과 그로부터 신청행위를 위임받은 수임인 등 관계자 모두를 기준으로 판단하여야 한다(대판 2002.11.8, 2001두1512).
④ 판례는 부담적 행정행위의 취소의 취소에 대해서는 결과적으로 침익의 결과가 되므로 소극설의 입장이지만(대법원 1995.3.10, 94누7027), 수익적 행정행위의 취소의 취소에 있어서는 새로운 이해관계인이 생기지 않는 한 적극설을 취하고 있다(대법원 1967.10.23, 67누126). 판례의 입장에 따르면 공장등록 취소처분을 취소하면 하면 수익적 결과가 되므로 취소의 취소가 인정된다고 추론할 수 있다.
⑤ 개별토지에 대한 가격결정도 행정처분에 해당하며, 원래 행정처분을 한 처분청은 그 행위에 하자가 있는 경우에는 원칙적으로 별도의 법적 근거가 없더라도 스스로 이를 직권으로 취소할 수 있는 것이고, 행정처분에 대한 법정의 불복기간이 지나면(불가쟁력 발생) 직권으로도 취소할 수 없게 되는 것은 아니므로, 처분청은 토지에 대한 개별토지가격의 산정에 명백한 잘못이 있다면 이를 직권으로 취소할 수 있다(대판 1995.9.15, 95누6311).

정답 ③

162. 甲은 「영유아보육법」에 따라 보건복지부장관의 평가인증을 받아 어린이집을 설치·운영하고 있다. 甲은 어린이집을 운영하면서 부정한 방법으로 보조금을 교부받아 사용하였고, 보건복지부장관은 이를 근거로 관련 법령에 따라 평가인증을 취소하였다. 이에 대한 설명으로 옳은 것은? (다툼이 있는 경우 판례에 의함) 19 국가직9급

① 평가인증의 취소는 강학상 취소에 해당하며, 행정청이 평가인증취소처분을 하면서 별도의 법적 근거 없이도 평가인증의 효력을 취소사유 발생일로 소급하여 상실시킬 수 있다.
② 평가인증의 취소는 강학상 철회에 해당하며, 행정청이 평가인증취소처분을 하면서 별도의 법적 근거 없이는 평가인증의 효력을 취소사유 발생일로 소급하여 상실시킬 수 없다.
③ 평가인증의 취소는 강학상 취소에 해당하며, 행정청이 평가인증취소처분을 하면서 별도의 법적 근거 없이는 평가인증의 효력을 취소사유 발생일로 소급하여 상실시킬 수 없다.
④ 평가인증의 취소는 강학상 철회에 해당하며, 행정청이 평가인증취소처분을 하면서 별도의 법적 근거 없이도 평가인증의 효력을 취소사유 발생일로 소급하여 상실시킬 수 있다.

해설 ㊥

①②③④ 영유아보육법 제30조 제5항 제3호에 따른 평가인증의 취소는 평가인증 당시에 존재하였던 하자가 아니라 그 이후에 새로이 발생한 사유로 평가인증의 효력을 소멸시키는 경우에 해당하므로, 법적 성격은 평가인증의 '철회'에 해당한다. 그런데 행정청이 평가인증을 철회하면서 그 효력을 철회의 효력발생일 이전으로 소급하게 하면, 철회 이전의 기간에 평가인증을 전제로 지급한 보조금 등의 지원이 그 근거를 상실하게 되어 이를 반환하여야 하는 법적 불이익이 발생한다. 이는 장래를 향하여 효력을 소멸시키는 철회가 예정한 법적 불이익의 범위를 벗어나는 것이다. 이처럼 행정청이 평가인증이 이루어진 이후에 새로이 발생한 사유를 들어 영유아보육법 제30조 제5항에 따라 평가인증을 철회하는 처분을 하면서도, 평가인증의 효력을 과거로 소급하여 상실시키기 위해서는, 특별한 사정이 없는 한 영유아보육법 제30조 제5항과는 별도의 법적 근거가 필요하다(대판 2018.6.28, 2015두58195).

정답 ②

163. 행정행위의 취소와 철회에 대한 설명으로 옳지 않은 것은? (다툼이 있는 경우 판례에 의함) 21 지방직9급

① 과세관청은 과세처분의 취소를 다시 취소함으로써 이미 효력을 상실한 과세처분을 소생시킬 수 있다.
② 행정청은 적법한 처분이 중대한 공익을 위하여 필요한 경우에는 그 처분을 장래를 향하여 철회할 수 있다.
③ 수익적 행정행위의 철회는 특별한 다른 규정이 없는 한 「행정절차법」상의 절차에 따라 행해져야 한다.
④ 처분청은 처분의 성립에 하자가 있는 경우 별도의 법적 근거가 없더라도 직권으로 이를 취소할 수 있다.

해설 ㊦

① 부과의 취소에 위법사유가 있다고 하더라도 당연무효가 아닌 한 일단 유효하게 성립하여 부과처분을 확정적으로 상실시키는 것이므로, 과세관청은 부과의 취소를 다시 취소함으로써 원부과처분을 소생시킬 수는 없고 납세의무자에게 종전의 과세대상에 대한 납부의무를 지우려면 다시 법률에서 정한 부과절차에 좇아 동일한 내용의 새로운 처분을 하는 수밖에 없다(대판 1995.3.10, 94누7027).
② 영주 목적의 귀국이나 1년 이상 국내에서 취업 또는 체류라는 사유는 구 병역법시행령 제113조 제3항상 국외여행허가취소사유로 규정되어 있지만 이는 그 성질상 국외여행허가를 받은 것으로 간주된 후에도 병역의무를 마칠 때까지 계속해서 갖추어야 할 소극적 요건이라고 봄이 상당하므로, 국외여행허가를 받은 후 위와 같은 사유가 발생한 경우에는 이러한 사정은 국외여행허가를 취소할 수 있는 사정변경 또는 중대한 공익상의 필요가 발생한 것으로 볼 수 있어 처분청으로서는 위 조항이 신설되기 전에 사유발생으로 그 취소에 관한 별도의 법적 근거가 없이도 이를 취소할 수 있다(대판 1995.6.9, 95누1194).
④ 대판 2006.5.25, 2003두4669

정답 ①

164. 행정기본법 상 처분의 취소 및 철회에 대한 설명으로 옳지 않은 것은? '22 국가직7급

① 행정청은 당사자의 신뢰를 보호할 가치가 있는 등 정당한 사유가 있는 경우에는 위법한 처분을 장래를 향하여 취소할 수 있다.
② 당사자가 부정한 방법으로 수익적 처분을 받은 경우에도 행정청이 그 처분을 취소하려면 취소로 인하여 당사자가 입게 될 불이익을 취소로 달성되는 공익과 비교·형량하여야 한다.
③ 행정청은 중대한 공익을 위하여 필요한 경우에는 적법한 처분의 전부 또는 일부를 장래를 향하여 철회할 수 있다.
④ 처분은 무효가 아닌 한 권한이 있는 기관이 취소 또는 철회하거나 기간의 경과 등으로 소멸되기 전까지는 유효한 것으로 통용된다.

해설 ⓣ

① 행정청은 위법 또는 부당한 처분의 전부나 일부를 소급하여 취소할 수 있다. 다만, 당사자의 신뢰를 보호할 가치가 있는 등 정당한 사유가 있는 경우에는 장래를 향하여 취소할 수 있다(제18조 제1항).
② 행정청은 당사자에게 권리나 이익을 부여하는 처분을 취소하려는 경우에는 취소로 인하여 당사자가 입게 될 불이익을 취소로 달성되는 공익과 비교·형량(衡量)하여야 한다. 다만, 다음 각 호의 어느 하나에 해당하는 경우에는 그러하지 아니하다(제18조 제2항).

1. 거짓이나 그 밖의 부정한 방법으로 처분을 받은 경우
2. 당사자가 처분의 위법성을 알고 있었거나 중대한 과실로 알지 못한 경우

③ 행정청은 적법한 처분이 다음 각 호의 어느 하나에 해당하는 경우에는 그 처분의 전부 또는 일부를 장래를 향하여 철회할 수 있다(제19조 제1항).

1. 법률에서 정한 철회 사유에 해당하게 된 경우
2. 법령등의 변경이나 사정변경으로 처분을 더 이상 존속시킬 필요가 없게 된 경우
3. 중대한 공익을 위하여 필요한 경우

④ 처분은 권한이 있는 기관이 취소 또는 철회하거나 기간의 경과 등으로 소멸되기 전까지는 유효한 것으로 통용된다. 다만, 무효인 처분은 처음부터 그 효력이 발생하지 아니한다(행정기본법 제15조).

정답 ②

165. 행정행위의 직권취소에 대한 설명으로 옳지 않은 것은? (다툼이 있는 경우 판례에 의함) 16 국가직9급

① 처분청이라도 자신이 행한 수익적 행정행위를 위법 또는 부당을 이유로 취소하려면 취소에 대한 법적 근거가 있어야 한다.
② 과세처분을 직권취소한 경우 그 취소가 당연무효가 아닌 한 과세처분은 확정적으로 효력을 상실하므로, 취소처분을 직권취소하여 원과세처분의 효력을 회복시킬 수 없다.
③ 위법한 행정행위에 대하여 불가쟁력이 발생한 이후에도 당해 행정행위의 위법을 이유로 직권취소할 수 있다.
④ 행정행위의 위법이 치유된 경우에는 그 위법을 이유로 당해 행정행위를 직권취소할 수 없다.

해설 ⓣ

① 행정행위를 한 처분청은 그 행위에 하자가 있는 경우에는 별도의 법적 근거가 없더라도 스스로 이를 취소할 수 있고, 다만 수익적 행정처분을 취소할 때에는 이를 취소하여야 할 공익상의 필요와 취소로 인하여 당사자가 입게 될 기득권과 신뢰보호 및 법률생활 안정의 침해 등 불이익을 비교·교량한 후 공익상의 필요가 당사자가 입을 불이익을 정당화할 만큼 강한 경우에 한하여 취소할 수 있으며, 나아가 수익적 행정처분의 하자가 당사자의 사실은폐나 기타 사위의 방법에 의한 신청행위에 기인한 것이라면 당사자는 처분에 의한 이익이 위법하게 취득되었음을 알아 취소가능성도 예상하고 있었다 할 것이므로, 그 자신이 처분에 관한 신뢰이익을 원용할 수 없음은 물론 행정청이 이를 고려하지 아니하였더라도 재량권의 남용이 되지 아니한다(대판 2014.11.27, 2013두16111).
② 부과의 취소에 위법사유가 있다고 하더라도 당연무효가 아닌 한 일단 유효하게 성립하여 부과처분을 확정적으로 상실시키는 것이므로, 과세관청은 부과의 취소를 다시 취소함으로써 원부과처분을 소생시킬 수는 없고 납세의무자에게 종전의 과세대상에 대한 납부의무를 지우려면 다시 법률에서 정한 부과절차에 좇아 동일한 내용의 새로운 처분을 하는 수밖에 없다(대판 1995.3.10, 94누7027).
③ 불가쟁력은 쟁송취소에만 적용되기 때문에 불가쟁력이 발생하면 쟁송취소가 불가능하지만 직권취소는 가능하다.
④ 하자가 치유되면 적법한 행정행위가 되기 때문에 직권취소를 할 수 없다.

정답 ①

166. 〈보기〉에 대한 설명으로 옳지 않은 것은? (다툼이 있는 경우 판례에 의함) 17 국회직8급

〈보 기〉

甲은 녹지지역의 용적률 제한을 충족하지 못한다는 점을 숨기고 마치 그 제한을 충족하는 것처럼 가장하여 관할 행정청 A에게 건축허가를 신청하였고, A는 사실관계에 대하여 명확한 확인을 하지 아니한 채 甲에게 건축허가를 하였다. 그 후 A는 甲의 건축허가신청이 위와 같은 제한을 충족하지 못한다는 사실을 알게 되자 甲에 대한 건축허가를 직권으로 취소하였다.

① A의 건축허가취소는 강학상 철회가 아니라 직권취소에 해당한다.
② 甲이 건축허가에 관한 자신의 신뢰이익을 원용하는 것은 허용되지 아니한다.
③ 건축관계법령상 명문의 취소근거규정이 없다고 하더라도 그 점만을 이유로 A의 건축허가취소가 위법하게 되는 것은 아니다.
④ 만약 甲으로부터 건축허가신청을 위임받은 乙이 건축허가를 신청한 경우라면, 사실은폐나 기타 사위의 방법에 의한 건축허가 신청행위가 있었는지 여부는 甲과 乙 모두를 기준으로 판단하여야 한다.
⑤ A는 甲의 신청내용에 구애받지 아니하고 조사 및 검토를 거쳐 관련 법령에 정한 기준에 따라 허가조건의 충족 여부를 제대로 따져 허가 여부를 결정하여야 함에도 불구하고 자신의 잘못으로 건축허가를 한 것이므로 A의 건축허가취소는 위법하다.

해설 ➤ 中

① 건축허가처분의 하자는 처분을 발급할 당시의 원시적 하자이기 때문에 취소사유이다.
②③⑤ 행정행위를 한 처분청은 그 행위에 하자가 있는 경우에는 별도의 법적 근거가 없더라도 스스로 이를 취소할 수 있고, 다만 수익적 행정처분을 취소할 때에는 이를 취소하여야 할 공익상의 필요와 그 취소로 인하여 당사자가 입게 될 기득권과 신뢰보호 및 법률생활 안정의 침해 등 불이익을 비교·교량한 후 공익상의 필요가 당사자가 입을 불이익을 정당화할 만큼 강한 경우에 한하여 취소할 수 있다. 그런데 수익적 행정처분의 하자가 당사자의 사실은폐나 기타 사위의 방법에 의한 신청행위에 기인한 것이라면, 당사자는 처분에 의한 이익을 위법하게 취득하였음을 알아 취소가능성도 예상하고 있었을 것이므로, 그 자신이 처분에 관한 신뢰이익을 원용할 수 없음은 물론, 행정청이 이를 고려하지 않았다 하여도 재량권의 남용이 되지 않고, 이 경우 당사자의 사실은폐나 기타 사위의 방법에 의한 신청행위가 제3자를 통하여 소극적으로 이루어졌다고 하여 달리 볼 것이 아니다(대판 2008.11.13, 2008두8628).
③ 행정행위를 한 처분청은 그 행위에 하자가 있는 경우에는 별도의 법적 근거가 없더라도 스스로 이를 취소할 수 있다(대판 2006.5.25, 2003두4669).
④ 귀책사유라 함은 행정청의 견해표명의 하자가 상대방 등 관계자의 사실은폐나 기타 사위의 방법에 의한 신청행위 등 부정행위에 기인한 것이거나 그러한 부정행위가 없다고 하더라도 하자가 있음을 알았거나(악의) 중대한 과실(중과실)로 알지 못한 경우 등을 의미한다고 해석함이 상당하고, 귀책사유의 유무는 상대방과 그로부터 신청행위를 위임받은 수임인 등 관계자 모두를 기준으로 판단하여야 한다(대판 2002.11.8, 2001두1512).

정답 ⑤

167. 행정행위의 취소에 대한 설명으로 가장 옳지 않은 것은? 18 서울시7급

① 변상금 부과처분에 대한 취소소송이 진행 중이라도 처분청은 위법한 처분을 스스로 취소하고 그 하자를 보완하여 다시 적법한 부과처분을 할 수 있다.
② 수익적 행정처분의 경우 상대방의 신뢰보호와 관련하여 직권취소가 제한되나 그 필요성에 대한 입증책임은 기존 이익과 권리를 침해하는 처분을 한 행정청에 있다.
③ 처분청의 행정처분 후 사정변경이 있거나 중대한 공익상 필요가 있는 경우 법적 근거가 없어도 그 처분의 효력을 상실케 하는 별도의 행정행위로 이를 철회할 수 있다.
④ 명문의 규정을 불문하고 처분청과 감독청은 철회권을 가진다.

해설 (下)

① 변상금부과처분에 대한 취소소송이 진행 중이라도 그 부과권자로서는 위법한 처분을 스스로 취소하고 그 하자를 보완하여 다시 적법한 부과처분을 할 수도 있는 것이어서 그 권리행사에 법률상의 장애사유가 있는 경우에 해당한다고 할 수 없으므로, 그 처분에 대한 취소소송이 진행되는 동안에도 그 부과권의 소멸시효가 진행된다(대판 2006.2.10, 2003두5686).
② 일정한 행정처분으로 국민이 일정한 이익과 권리를 취득하였을 경우에 종전 행정처분에 하자가 있음을 전제로 직권으로 이를 취소하는 행정처분은 이미 취득한 국민의 기존 이익과 권리를 박탈하는 별개의 행정처분으로, 취소될 행정처분에 하자가 있어야 하고, 나아가 행정처분에 하자가 있다고 하더라도 취소해야 할 공익상 필요와 취소로 당사자가 입게 될 기득권과 신뢰보호 및 법률생활안정의 침해 등 불이익을 비교·교량한 후 공익상 필요가 당사자가 입을 불이익을 정당화할 만큼 강한 경우에 한하여 취소할 수 있는 것이며, 하자나 취소해야 할 필요성에 관한 증명책임은 기존 이익과 권리를 침해하는 처분을 한 행정청에 있다(대판 2014.11.27, 2014두9226).
③ 대판 2004.11.26, 2003두10251·10268
④ 행정행위의 철회는 처분청만이 할 수 있고 감독청은 법률에 근거가 있는 경우에 한해 철회권을 갖는다는 것이 통설이다.

정답 ④

168. 행정행위의 취소에 대한 설명으로 옳은 것만을 모두 고르면? (다툼이 있는 경우 판례에 의함)

19 지방직9급

ㄱ. 「산업재해보상보험법」상 각종 보험급여 등의 지급결정을 변경 또는 취소하는 처분과 처분에 터 잡아 잘못 지급된 보험급여액에 해당하는 금액을 징수하는 처분이 적법한지를 판단하는 경우, 지급결정을 변경 또는 취소하는 처분이 적법하다면 그에 터 잡은 징수처분도 적법하다고 판단해야 한다.
ㄴ. 권한 없는 행정기관이 한 당연무효인 행정처분을 취소할 수 있는 권한은 당해 행정처분을 한 처분청에게 속하고, 당해 행정처분을 할 수 있는 적법한 권한을 가지는 행정청에게 그 취소권이 귀속되는 것이 아니다.
ㄷ. 수익적 처분이 상대방의 허위 기타 부정한 방법으로 인하여 행하여졌다면 상대방은 그 처분이 그와 같은 사유로 인하여 취소될 것임을 예상할 수 없었다고 할 수 없으므로, 이러한 경우에까지 상대방의 신뢰를 보호하여야 하는 것은 아니다.

① ㄱ, ㄴ
② ㄱ, ㄷ
③ ㄴ, ㄷ
④ ㄱ, ㄴ, ㄷ

해설 (下)

ㄱ 산재보상법상 각종 보험급여 등의 지급결정을 변경 또는 취소하는 처분과 처분에 터 잡아 잘못 지급된 보험급여액에 해당하는 금액을 징수하는 처분이 적법한지를 판단하는 경우 비교·교량할 각 사정이 동일하다고는 할 수 없으므로, 지급결정을 변경 또는 취소하는 처분이 적법하다고 하여 그에 터 잡은 징수처분도 반드시 적법하다고 판단해야 하는 것은 아니다(대판 2014.7.24, 2013두27159).
ㄴ 대판 1984.10.10, 84누463
ㄷ 수익적 처분이 있으면 상대방은 그것을 기초로 하여 새로운 법률관계 등을 형성하게 되는 것이므로, 이러한 상대방의 신뢰를 보호하기 위하여 수익적 처분의 취소에는 일정한 제한이 따르는 것이나, 수익적 처분이 상대방의 허위 기타 부정한 방법으로 인하여 행하여졌다면 상대방은 그 처분이 그와 같은 사유로 인하여 취소될 것임을 예상할 수 없었다고 할 수 없으므로, 이러한 경우에까지 상대방의 신뢰를 보호하여야 하는 것은 아니라고 할 것이다(대판 1995.1.20, 94누6529).

정답 ③

169. 행정행위의 직권취소에 대한 설명으로 옳은 것은? (다툼이 있는 경우 판례에 의함) 19 국가직7급

① 법률에서 직권취소에 대한 근거를 두고 있는 경우에는 이해관계인이 처분청에 대하여 위법을 이유로 행정행위의 취소를 요구할 신청권을 갖는다고 보아야 한다.
② 행정행위를 한 행정청은 그 행정행위에 하자가 있는 경우에는 원칙적으로 별도의 법적 근거가 없더라도 스스로 그 행정행위를 직권으로 취소할 수 있다.
③ 직권취소는 행정행위의 성립상의 하자를 이유로 하는 것이므로, 개별법에 특별한 규정이 없는 한 「행정절차법」에 따른 절차규정이 적용되지 않는다.
④ 행정행위의 위법 여부에 대하여 취소소송이 이미 진행 중인 경우 처분청은 위법을 이유로 그 행정행위를 직권취소할 수 없다.

해설 ➤ (下)

①② 산림법령에는 채석허가처분을 한 처분청이 산림을 복구한 자에 대하여 복구설계서승인 및 복구준공통보를 한 경우 그 취소신청과 관련하여 아무런 규정을 두고 있지 않고, 원래 행정처분을 한 처분청은 그 처분에 하자가 있는 경우에는 원칙적으로 별도의 법적 근거가 없더라도 스스로 이를 직권으로 취소할 수 있지만, 그와 같이 직권취소를 할 수 있다는 사정만으로 이해관계인에게 처분청에 대하여 그 취소를 요구할 신청권이 부여된 것으로 볼 수는 없다(대판 2006.6.30, 2004두701).
③ 직권취소 가운데 수익적 처분의 취소는 불이익처분에 해당하므로 사전통지와 의견청취절차를 거쳐야 한다.
④ 변상금부과처분에 대한 취소소송이 진행 중이라도 그 부과권자로서는 위법한 처분을 스스로 취소하고 그 하자를 보완하여 다시 적법한 부과처분을 할 수도 있는 것이어서 그 권리행사에 법률상의 장애사유가 있는 경우에 해당한다고 할 수 없으므로, 그 처분에 대한 취소소송이 진행되는 동안에도 그 부과권의 소멸시효가 진행된다(대판 2006.2.10, 2003두5686).

정답 ②

170. 〈보기〉에 대한 설명으로 옳지 않은 것은? (다툼이 있는 경우 판례에 의함) 16 국회직8급

〈보 기〉

甲은 A구청장으로부터 「식품위생법」의 관련규정에 따라 적법하게 유흥접객업 영업허가를 받아 영업을 시작하였다. 영업을 시작한 지 1년이 지난 후에 甲의 영업장을 포함한 일부지역이 새로이 적법한 절차에 따라 학교환경위생정화구역으로 설정되었다. A구청장은 甲의 영업이 관할 학교환경위생정화위원회의 심의에 따라 금지되는 행위로 결정되었다는 이유로 청문을 거친 후에 甲의 영업허가를 취소하였다. 甲은 A구청장의 취소처분이 위법하다고 주장하면서 영업허가취소처분에 대하여 취소소송을 제기하였다.

① 甲에 대한 영업허가를 철회하기 위하여서는 중대한 공익상의 필요가 있어야 한다.
② A구청장은 甲에 대한 영업허가의 허가권자로서 이에 대한 철회권도 갖고 있다.
③ A구청장은 甲의 영업허가를 철회함에 있어 그 근거가 되는 법령이나 취소권 유보의 부관 등을 명시하여야 하나, 피처분자가 처분 당시 그 취지를 알고 있었다거나 그 후 알게 된 경우에는 생략할 수 있다.
④ A구청장의 甲에 대한 영업허가 취소는 처분시로 소급하여 효력을 소멸시키는 것이 아니라 장래효를 갖는다.
⑤ 甲이 위 취소소송을 제기하여 기각판결을 받았다고 하더라도 A구청장은 위 영업허가 취소처분을 철회할 수 있다.

해설 ➤ (中)

① 철회사유는 행정행위가 성립된 이후에 새로이 발생한 것으로서 행정행위의 효력을 존속시킬 수 없는 사유를 말한다. 철회사유로는 보통 사정변경(사실관계의 변화, 근거 법령의 변경, 철회권이 유보된 경우 유보된 사실의 발생, 상대방의 의무위반, 부담의 불이행, 중대한 공익상의 필요 등이 있다.
행정행위의 부관으로 철회권을 유보한 경우, 철회사유는 법령에 규정이 있는 것에 한하지 않음 : 행정행위의 부관으로 취소권(강학상 철회)이 유보되어 있는 경우, 당해 행정행위를 한 행정청은 그 취소사유가 법령에 규정되어 있는 경우뿐만 아니라 의무위반이 있는 경우, 사정변경이 있는 경우, 좁은 의미의 취소권이 유보된 경우, 또는 중대한 공익상의 필요가 발생한 경우 등에도 그 행정처분을 취소할 수 있는 것이다(대판 1984.11.13, 84누269).

② 행정행위의 철회는 처분청만이 할 수 있고 감독청은 법률에 근거가 있는 경우에 한해 철회권을 갖는다는 것이 통설이다.
③ 면허의 취소처분에는 그 근거가 되는 법령이나 취소권 유보의 부관 등을 명시하여야 함은 물론 처분을 받은 자가 어떠한 위반사실에 대하여 당해 처분이 있었는지를 알 수 있을 정도로 사실을 적시할 것을 요하며, 이와 같은 취소처분의 근거와 위반사실의 적시를 빠뜨린 하자는 피처분자가 처분 당시 그 취지를 알고 있었다거나 그 후 알게 되었다 하여도 치유될 수 없다고 할 것인바, 세무서장인 피고가 주류도매업자인 원고에 대하여 한 이 사건 일반주류도매업면허취소통지에 "상기 주류도매장은 무면허 주류판매업자에게 주류를 판매하여 주세법 제11조 및 국세법사무처리규정 제26조에 의거 지정조건위반으로 주류판매면허를 취소합니다."라고만 되어 있어서 원고의 영업기간과 거래상대방 등에 비추어 원고가 어떠한 거래행위로 인하여 이 사건 처분을 받았는지 알 수 없게 되어 있다면 이 사건 면허취소처분은 위법하다(대판 1990.9.11, 90누1786).
⑤ 취소판결의 기속력은 인용판결인 취소판결에만 인정되고 기각판결에는 인정되지 않기 때문에, 행정청이 취소처분을 철회해도 기속력 위반이 아니라 허용된다.

정답 ③

171. 다음 사례에 대한 설명으로 옳지 않은 것을 고르시오. (다툼이 있는 경우 판례에 의함) 22 국가직9급

> 건축주 甲은 토지소유자 乙과 매매계약을 체결하고 乙로부터 토지사용승낙서를 받아 乙의 토지 위에 건축물을 건축하는 건축허가를 관할 행정청인 A시장으로부터 받았다. 매매계약서에 의하면 甲이 잔금을 기일 내에 지급하지 못하면 즉시 매매계약이 해제될 수 있고 이 경우 토지사용승낙서는 효력을 잃으며 甲은 건축허가를 포기·철회하기로 甲과 乙이 약정하였다. 乙은 甲이 잔금을 기일 내에 지급하지 않자 甲과의 매매계약을 해제하였다.

① 착공에 앞서 甲의 귀책사유로 해당 토지를 사용할 권리를 상실한 경우, 乙은 A시장에 대하여 건축허가의 철회를 신청할 수 있다.
② 건축허가는 대물적 성질을 갖는 것이어서 행정청으로서는 그 허가를 할 때에 건축주 또는 토지소유자가 누구인지 등 인적 요소에 관하여는 형식적 심사만 한다.
③ A시장은 건축허가 당시 별다른 하자가 없었고 철회의 법적 근거가 없으므로 건축허가를 철회할 수 없다.
④ 철회권의 행사는 기득권의 침해를 정당화할 만한 중대한 공익상의 필요 또는 제3자의 이익을 보호할 필요가 있고, 공익상의 필요 등이 상대방이 입을 불이익을 정당화할 만큼 강한 경우에 한해 허용될 수 있다.

해설 ㊦

①② 건축허가는 대물적 성질을 갖는 것이어서 행정청으로서는 허가를 할 때에 건축주 또는 토지 소유자가 누구인지 등 인적 요소에 관하여는 형식적 심사만 한다. 건축주가 토지 소유자로부터 토지사용승낙서를 받아 그 토지 위에 건축물을 건축하는 대물적(對物的) 성질의 건축허가를 받았다가 착공에 앞서 건축주의 귀책사유로 해당 토지를 사용할 권리를 상실한 경우, 건축허가의 존재로 말미암아 토지에 대한 소유권 행사에 지장을 받을 수 있는 토지 소유자로서는 건축허가의 철회를 신청할 수 있다고 보아야 한다. 따라서 토지 소유자의 위와 같은 신청을 거부한 행위는 항고소송의 대상이 된다(대판 2017.3.15, 2014두41190).
③ 행정행위를 한 처분청은 비록 그 처분 당시에 별다른 하자가 없었고, 또 그 처분 후에 이를 취소(강학상 철회 ; 필자 주)할 별도의 법적 근거가 없다 하더라도 원래의 처분을 존속시킬 필요가 없게 된 사정변경이 생겼거나 또는 중대한 공익상의 필요가 발생한 경우에는 그 효력을 상실케 하는 별개의 행정행위로 이를 취소할 수 있다(대판 2004.11.26, 2003두10251·10268).
④ 수익적 행정처분을 취소 또는 철회하는 경우에는 이미 부여된 그 국민의 기득권을 침해하는 것이 되므로, 비록 취소 등의 사유가 있다고 하더라도 그 취소권 등의 행사는 기득권의 침해를 정당화할 만한 중대한 공익상의 필요 또는 제3자의 이익보호의 필요가 있는 때에 한하여 상대방이 받는 불이익과 비교·교량하여 결정하여야 하고, 그 처분으로 인하여 공익상의 필요보다 상대방이 받게 되는 불이익 등이 막대한 경우에는 재량권의 한계를 일탈한 것으로서 그 자체가 위법하다(대판 2004.11.26, 2003두10251,10268).

정답 ③

172. 행정행위의 실효에 관한 설명으로 옳지 않은 것은? 07 국가직7급

① 신청에 의한 허가처분을 받은 자가 그 영업을 폐업한 경우에는 그 허가도 당연히 실효된다고 할 것이고, 이 경우 허가행정청의 허가취소처분은 허가가 실효되었음을 확인하는 것에 불과하다.
② 행정행위가 그 성립상의 중대·명백한 하자가 존재한다면 이는 실효사유로서 그 효력이 소멸한다.
③ 행정행위의 직권취소는 별개의 행정행위에 의하여 원행정행위의 효력을 소멸시키는 것인데 반하여, 행정행위의 실효는 일정한 사유의 발생에 따라 당연히 기존의 행정행위의 효력이 소멸하는 것이다.
④ 해제조건부 행정행위에 있어서 조건의 성취, 종기부 행정행위에 있어서 종기의 도래는 행정행위의 효력의 소멸을 가져온다.

해설 ㊦

② 행정행위의 실효란 하자 없이 성립한 행정행위가 일정한 사실의 발생에 의하여 당연히 그 효력이 소멸되는 것을 말한다. 성립상의 중대·명백한 하자는 무효사유를 말한다.

정답 ②

173. 행정행위의 실효사유에 해당되지 않는 것은? 11 국회9급

① 행정행위의 대상소멸
② 행정행위의 목적달성
③ 사기 등 부정행위
④ 해제조건의 성취
⑤ 행정행위의 종기도래

 ㊦

③은 행정행위의 취소사유에 해당한다.

정답 ③

메모

제3장 그밖의 행정의 행위형식

제1절 행정상의 확약

1. 확약에 관한 설명으로 옳지 않은 것은? (다툼이 있는 경우 판례에 의함) 13 국가직9급

① 확약에 관한 일반법은 없다.
② 유효한 확약은 권한을 가진 행정청에 의해서만 그리고 권한의 범위 내에서만 발해질 수 있다.
③ 확약이 있은 후에 사실적·법률적 상태가 변경되었다면, 그와 같은 확약은 행정청의 별다른 의사표시를 기다리지 않고 실효된다.
④ 어업권면허에 선행하는 우선순위결정은 행정청이 우선권자로 결정된 자의 신청이 있으면 어업권면허처분을 하겠다는 것을 약속하는 행위로서 그 우선순위결정에 공정력과 불가쟁력이 인정된다.

해설 ➤ ㊦

① 출제 당시에는 맞는 지문이었지만, 2022.1.11. 개정 행정절차법 제40조의2에서 확약에 대한 일반적인 규정을 두고 있다. 따라서 현재의 법률에 따를 때 틀린 지문이다.
② 본처분을 할 수 있는 권한이 있는 행정청이 권한의 범위 내에서 해야 한다. 본처분에 관한 권한 없는 기관의 확약은 무효이다.
③ 행정청이 상대방에게 장차 어떤 처분을 하겠다고 확약 또는 공적인 의사표명을 하였다고 하더라도, 그 자체에서 상대방으로 하여금 언제까지 처분의 발령을 신청하도록 유효기간을 두었는데도 그 기간 내에 상대방의 신청이 없었다거나 확약 또는 공적인 의사표명이 있은 후에 사실적·법률적 상태가 변경되었다면, 그와 같은 확약 또는 공적인 의사표명은 행정청의 별다른 의사표시를 기다리지 않고 실효된다(대판 1996.8.20, 95누10877).
④ 어업권면허에 선행하는 우선순위결정은 행정청이 우선권자로 결정된 자의 신청이 있으면 어업권면허처분을 하겠다는 것을 약속하는 행위로서 강학상 확약에 불과하고 행정처분은 아니므로, 우선순위결정에 공정력이나 불가쟁력과 같은 효력은 인정되지 아니하며, 따라서 우선순위결정이 잘못되었다는 이유로 종전의 어업권면허처분(특허)이 취소되면 행정청은 종전의 우선순위결정을 무시하고 다시 우선순위를 결정한 다음, 새로운 우선순위결정에 기하여 새로운 어업권면허를 할 수 있다(대판 1995.1.20, 94누6529).

정답 ①④

2. 행정청의 확약에 대한 설명으로 옳은 것은? (다툼이 있는 경우 판례에 의함) 18 국가직9급

① 행정청의 확약은 위법하더라도 중대명백한 하자가 있어 당연무효가 아닌 한 취소되기 전까지는 유효한 것으로 통용된다.
② 재량행위에 대해 상대방에게 확약을 하려면 확약에 대한 법적 근거가 있어야 한다.
③ 행정청이 상대방에게 확약을 한 후에 사실적·법률적 상태가 변경되었다면 확약은 행정청의 별다른 의사표시가 없더라도 실효된다.
④ 행정청의 확약에 대해 법률상 이익이 있는 제3자는 확약에 대해 취소소송으로 다툴 수 있다.

해설 

①④ 확약의 법적 성질에 대해 다수설은 행정청에 대하여 장래에 일정한 행위의 의무를 부과한다는 점에서 행정행위라고 본다. 그러나 판례는 행정행위성과 처분성을 부인하는 입장이다.

어업권면허에 선행하는 우선순위결정은 행정청이 우선권자로 결정된 자의 신청이 있으면 어업권면허처분을 하겠다는 것을 약속하는 행위로서 강학상 확약에 불과하고 행정처분은 아니므로, 우선순위결정에 공정력이나 불가쟁력과 같은 효력은 인정되지 아니하며, 따라서 우선순위결정이 잘못되었다는 이유로 종전의 어업권면허처분(특허)이 취소되면 행정청은 종전의 우선순위결정을 무시하고 다시 우선순위를 결정한 다음, 새로운 우선순위결정에 기하여 새로운 어업권면허를 할 수 있다(대판 1995.1.20, 94누6529).

② 확약에 관한 근거 규정이 있으면 확약은 허용된다는 데 이견이 없다. 독일에는 행정절차법이나 조세통칙법에 확약에 관한 규정이 있는데, 우리나라 행정절차법에는 확약에 관한 규정이 없다. 학설은 법령이 본행정행위를 할 수 있는 권한(예 공무원임명권, 건축허가권)을 부여한 경우에는, 반대규정이 없는 한 확약의 권한(예 공무원임용 내정권, 건축허가발급약속권)도 함께 부여한 것으로 보고 별도의 근거를 요하지 않는다는 본처분권한포함(내재)설이 통설이다.

③ 행정청이 상대방에게 장차 어떤 처분을 하겠다고 확약 또는 공적인 의사표명을 하였다고 하더라도, 그 자체에서 상대방으로 하여금 언제까지 처분의 발령을 신청하도록 유효기간을 두었는데도 그 기간 내에 상대방의 신청이 없었다거나 확약 또는 공적인 의사표명이 있은 후에 사실적·법률적 상태가 변경되었다면, 그와 같은 확약 또는 공적인 의사표명은 행정청의 별다른 의사표시를 기다리지 않고 실효된다(대판 1996.8.20, 95누10877).

정답 ③

메모

제2절 행정계획

3. 행정계획에 대한 설명으로 옳지 않은 것은? (다툼이 있는 경우 판례에 의함) 15 지방직7급

① 도시관리계획결정은 행정청의 처분이며, 항고소송의 대상이 된다.
② 행정계획의 절차에 관한 일반적 규정은 없고, 개별법에 다양하게 규정되어 있다.
③ 장래 일정한 기간 내에 관계 법령이 규정하는 시설 등을 갖추어 일정한 행정처분을 구하는 신청을 할 수 있는 법률상 지위에 있는 자의 국토이용계획변경신청을 거부하는 것이 실질적으로 당해 행정처분 자체를 거부하는 결과가 되는 경우에는 그 신청인에게 국토이용계획변경을 신청할 권리가 인정된다.
④ 비구속적 행정계획안이나 행정지침은 비록 그것이 국민의 기본권에 직접적으로 영향을 끼치고, 앞으로 법령의 뒷받침에 의하여 그대로 실시될 것이 틀림없을 것으로 예상될 수 있을 때에도 헌법소원의 대상이 될 수 없다.

해설 ➤ ㊦

① 대판 1982.3.9, 80누105
② 행정절차법상 계획수립(확정)절차에 대하여는 규정이 없다. 다만, 행정계획수립시의 형량명령, 계획의 행정예고와 처분성을 갖는 계획의 경우 처분에 관한 절차규정이 적용된다(1987년 행정절차법안에는 행정계획수립절차에 관한 명문규정이 존재).
③ 대판 2003.9.23, 2001두10936
④ 비구속적 행정계획안이나 행정지침이라도 국민의 기본권에 직접적으로 영향을 끼치고, 앞으로 법령의 뒷받침에 의하여 그대로 실시될 것이 틀림없을 것으로 예상될 수 있을 때에는 공권력행위로서 예외적으로 헌법소원의 대상이 될 수 있다(헌재결 2000.6.1, 99헌마538).

정답 ④

4. 행정계획에 대한 판례의 입장으로 옳지 않은 것은? 16 지방직9급

① 비구속적 행정계획안이라도 국민의 기본권에 직접적으로 영향을 끼치고 앞으로 법령의 뒷받침에 의하여 그대로 실시될 것이 틀림없을 것으로 예상되는 경우에는 예외적으로 헌법소원의 대상이 될 수 있다.
② 도시계획구역 내 토지 등을 소유하고 있는 주민이라도 도시계획입안권자에게 도시계획의 입안을 요구할 수 있는 법규상·조리상 신청권은 없다.
③ 구 「도시계획법」상 도시기본계획은 도시계획입안의 지침이 되는 것으로서 일반 국민에 대한 직접적 구속력이 없다.
④ 선행 도시계획의 결정·변경 등의 권한이 없는 행정청이 행한 선행 도시계획과 양립할 수 없는 새로운 내용의 후행 도시계획결정은 무효이다.

해설 ➤ ㊦

① 헌재결 2000.6.1, 99헌마538
② 도시계획구역 내 토지 등을 소유하고 있는 주민으로서는 입안권자에게 도시계획입안을 요구할 수 있는 법규상 또는 조리상의 신청권이 있다고 할 것이고, 이러한 신청에 대한 거부행위는 항고소송의 대상이 되는 행정처분에 해당한다(대판 2004.4.28, 2003두1806).
③ 도시기본계획은 도시의 기본적인 공간구조와 장기발전방향을 제시하는 종합계획으로서 그 계획에는 토지이용계획, 환경계획, 공원녹지계획 등 장래의 도시개발의 일반적인 방향이 제시되지만, 그 계획은 도시계획입안의 지침이 되는 것에 불과하여 일반국민에 대한 직접적인 구속력은 없는 것이다(대판 2002.10.11, 2000두8226).
④ 도시계획의 결정·변경 등에 관한 권한을 가진 행정청은 이미 도시계획이 결정·고시된 지역에 대하여도 다른 내용의 도시계획을 결정·고시할 수 있고, 이때에 후행 도시계획에 선행 도시계획과 서로 양립할 수 없는 내용이 포함되어 있다면, 특별한 사정이 없는 한 선행 도시계획은 후행 도시계획과 같은 내용으로 변경되는 것이나, 후행 도시계획의 결정을 하는 행정청이 선행 도시계획의 결정·변경 등에 관한 권한을 가지고 있지 아니한 경우에 선행 도시계획과 서로 양립할 수 없는 내용이 포함된 후행 도시계획결정을 하는 것은 아무런 권한 없이 선행 도시계획결정을 폐지하고, 양립할 수 없는 새로운 내용이 포함된 후행 도시계획결정을 하는 것으로서, 선행 도시계획결정의 폐지부분은 권한 없는 자에 의하여 행해진 것으로서 무효이고, 같은 대상지역에 대하여 선행 도시계획결정이 적법하게 폐지되지 아니한 상태에서 그 위에 다시 한 후행 도시계획결정 역시 위법하고, 그 하자는 중대하고도 명백하여 다른 특별한 사정이 없는 한 무효라고 보아야 한다(대판 2000.9.8, 99두11257).

정답 ②

5. 행정계획에 대한 판례의 입장으로 옳지 않은 것은? 16 국회직8급

① 공유수면 점용허가를 필요로 하는 채광계획 인가신청에 대하여, 공유수면 관리청이 공유수면 점용을 허용하지 않기로 결정한 경우, 채광계획 인가관청은 이를 사유로 채광계획 인가신청을 반려할 수 없다.
② 건설부장관이 구 「주택건설촉진법」에 따라 관계기관의 장과의 협의를 거쳐 사업계획승인을 한 이상 허가·인가·결정·승인 등이 있는 것으로 볼 것이고, 그 절차와 별도로 구 「도시계획법」 소정의 중앙도시계획위원회의 의결이나 주민의 의견청취 등 절차를 거칠 필요는 없다.
③ 구 「도시계획법」 제12조 소정의 고시된 도시계획결정은 특정 개인의 권리 내지 법률상의 이익을 개별적이고 구체적으로 규제하는 효과를 가져 오게 하는 행정청의 처분이라 할 것이고, 이는 행정소송의 대상이 된다.
④ 환지계획은 환지예정지 지정이나 환지처분의 근거가 될 뿐, 고유한 법률효과를 수반하는 것이 아니어서 항고소송의 대상이 되는 처분에 해당한다고 할 수가 없다.
⑤ 행정계획은 행정에 관한 전문적·기술적 판단을 기초로 하여 도시의 건설·정비·개량 등과 같은 특정한 행정목표를 달성하기 위하여 서로 관련되는 행정수단을 종합·조정함으로써 장래의 일정한 시점에 있어서 일정한 질서를 실현하기 위한 활동기준이다.

해설 ➤ 中

① 공유수면 점용허가를 필요로 하는 채광계획 인가신청에 대하여도, 공유수면 관리청이 재량적 판단에 의하여 공유수면 점용허가 여부를 결정할 수 있고, 그 결과 공유수면 점용을 허용하지 않기로 결정하였다면, 채광계획 인가관청은 이를 사유로 하여 채광계획을 인가하지 아니할 수 있는 것이다(대판 2002.10.11, 2001두151).
② 대판 1992.11.10, 92누1162
③ 대판 1982.3.9, 80누105
④ 토지구획정리사업법(현 도시개발법) 제57조, 제62조 등의 규정상 환지예정지 지정이나 환지처분은 그에 의하여 직접 토지소유자 등의 권리의무가 변동되므로 이를 항고소송의 대상이 되는 처분이라고 볼 수 있으나, 환지계획은 위와 같은 환지예정지 지정이나 환지처분의 근거가 될 뿐, 그 자체가 직접 토지소유자 등의 법률상의 지위를 변동시키거나 또는 환지예정지 지정이나 환지처분과는 다른 고유한 법률효과를 수반하는 것이 아니어서 이를 항고소송의 대상이 되는 처분에 해당한다고 할 수가 없다(대판 1999.8.20, 97누6889).
⑤ 대판 2007.4.12, 2005두1893

정답 ①

6. 「도시 및 주거환경정비법」상 관리처분계획에 대한 설명으로 옳지 않은 것은? (다툼이 있는 경우 판례에 의함) 16 국가직7급

① 주택재건축정비사업조합을 상대로 관리처분계획안에 대한 조합총회 결의의 효력을 다투는 소송은 「행정소송법」상 당사자소송에 해당한다.
② 관리처분계획에 대한 인가처분은 단순한 보충행위에 그치지 않고 일종의 설권적 처분의 성질을 가지므로, 인가처분시 기부채납과 같은 다른 조건을 붙일 수 있다.
③ 관리처분계획에 대한 관할 행정청의 인가·고시 이후 관리처분계획에 대한 조합총회 결의의 하자를 다투고자 하는 경우에는 관리처분계획을 항고소송으로 다투어야 한다.
④ 이전고시가 효력을 발생하게 된 이후에는 조합원 등이 관리처분계획의 취소 또는 무효확인을 구할 법률상 이익이 없다.

해설 ➤ 中

① 대판(전합) 2009.9.17, 2007다2428
② 관리처분계획인가에는 관리처분계획 작성자에게 조건(부담)을 부과하는 부관을 붙일 수 없으므로, 원고 프라자빌라재건축정비사업조합, 청화아파트주택재건축정비사업조합에 대한 관리처분계획인가 시 이 사건 인가조건을 부과한 것은 그 위법성이 중대하고 명백하여 무효이고, 이 사건 인가조건과 동일한 사실이 관리처분계획의 일부 내용으로 기재되어 있다고 하더라도 무효인 이 사건 인가조건이 유효로 될 수는 없다(대판 2012.8.30, 2010두24951).
③ 관리처분계획에 대한 관할행정청의 인가·고시까지 있게 되면 관리처분계획은 행정처분으로서 효력이 발생하게 되므로, 총회결의의 하자를 이

유로 하여 행정처분의 효력을 다투는 항고소송의 방법으로 관리처분계획의 취소 또는 무효확인을 구하여야 하고, 그와 별도로 행정처분에 이르는 절차적 요건 중 하나에 불과한 총회결의 부분만을 따로 떼어내어 효력 유무를 다투는 확인의 소를 제기하는 것은 특별한 사정이 없는 한 허용되지 않는다고 보아야 한다[대판(전합) 2009.9.17, 2007다2428].

④ 이전고시의 효력 발생으로 이미 대다수 조합원 등에 대하여 획일적·일률적으로 처리된 권리귀속 관계를 모두 무효화시키고 다시 처음부터 관리처분계획을 수립하여 이전고시 절차를 거치도록 하는 것은 정비사업의 공익적·단체법적 성격에 배치된다고 할 것이므로, 이전고시가 그 효력을 발생하게 된 이후에는 조합원 등이 관리처분계획의 취소 또는 무효확인을 구할 법률상 이익이 없다고 봄이 타당하고, 이는 관리처분계획에 대한 인가처분의 취소 또는 무효확인을 구하는 경우에도 마찬가지이다(대판 2012.5.24, 2009두22140).

정답 ②

7. 행정계획에 대한 설명으로 옳지 않은 것은? (다툼이 있는 경우 판례에 의함) 16 지방직7급

① 도시계획의 결정·변경 등에 관한 권한을 가진 행정청이 이미 도시계획이 결정·고시된 지역에 대하여 행한 다른 내용의 도시계획의 결정·고시는 무효이다.

② 비구속적 행정계획안이라도 국민의 기본권에 직접적으로 영향을 끼치고, 앞으로 법령의 뒷받침에 의하여 그대로 실시될 것이 틀림없을 것으로 예상될 때에는 예외적으로 헌법소원의 대상이 될 수 있다.

③ 법률에 규정된 공청회를 열지 아니한 하자가 있는 도시계획결정에 불가쟁력이 발생하였다면, 당해 도시계획결정이 당연무효가 아닌 이상 그 하자를 이유로 후행하는 수용재결처분의 취소를 구할 수는 없다.

④ 「국토의 계획 및 이용에 관한 법률」상 도시계획구역 내 토지 등을 소유하고 있는 사람과 같이 도시계획시설결정에 이해관계가 있는 주민은 도시시설계획의 입안 내지 변경을 요구할 수 있는 법규상 또는 조리상의 신청권이 있다.

해설 ➤ 中

① 도시계획의 결정·변경 등에 관한 권한을 가진 행정청은 이미 도시계획이 결정·고시된 지역에 대하여도 다른 내용의 도시계획을 결정·고시할 수 있고, 이때에 후행 도시계획에 선행 도시계획과 서로 양립할 수 없는 내용이 포함되어 있다면, 특별한 사정이 없는 한 선행 도시계획은 후행 도시계획과 같은 내용으로 변경되는 것이나, 후행 도시계획의 결정을 하는 행정청이 선행 도시계획의 결정·변경 등에 관한 권한을 가지고 있지 아니한 경우에 선행 도시계획과 서로 양립할 수 없는 내용이 포함된 후행 도시계획결정을 하는 것은 아무런 권한 없이 선행 도시계획결정을 폐지하고, 양립할 수 없는 새로운 내용이 포함된 후행 도시계획결정을 하는 것으로서, 선행 도시계획결정의 폐지부분은 권한 없는 자에 의하여 행해진 것으로서 무효이고, 같은 대상지역에 대하여 선행 도시계획결정이 적법하게 폐지되지 아니한 상태에서 그 위에 다시 한 후행 도시계획결정 역시 위법하고, 그 하자는 중대하고도 명백하여 다른 특별한 사정이 없는 한 무효라고 보아야 한다(대판 2000.9.8, 99두11257).

② 헌재결 2000.6.1, 99헌마538

③ 도시계획의 수립에 있어서 도시계획법 제16조의2 소정의 공청회를 열지 아니하고 「공공용지의 취득 및 손실보상에 관한 특례법」 제8조 소정의 이주대책을 수립하지 아니하였더라도 이는 절차상의 위법으로서 취소사유에 불과하고 그 하자가 도시계획결정 또는 도시계획사업시행인가를 무효라고 할 수 있을 정도로 중대하고 명백하다고는 할 수 없으므로 이러한 위법을 선행처분인 도시계획결정이나 사업시행인가 단계에서 다투지 아니하였다면 그 쟁송기간이 이미 도과한 후인 수용재결단계에 있어서는 도시계획수립행위의 위와 같은 위법을 들어 재결처분의 취소를 구할 수는 없다고 할 것이다(대판 1990.1.23, 87누947).

④ 대판 2015.3.26, 2014두42742

정답 ①

8. 행정계획에 대한 설명으로 옳지 않은 것은? (다툼이 있는 경우 판례에 의함) 17 지방직9급

① 개발제한구역의 지정·고시에 대한 헌법소원 심판청구는 행정쟁송절차를 모두 거친 후가 아니면 부적법하다.

② 국공립대학의 총장직선제 개선 여부를 재정지원 평가요소로 반영하고 이를 개선하지 않을 경우 다음 연도에 지원금을 삭감 또는 환수하도록 규정한 교육부장관의 '대학교육역량강화사업 기본계획'은 헌법소원의 대상이 된다.

③ 관계 법령에 따라 일정한 행정처분을 구하는 신청을 할 수 있는 법률상 지위에 있는 자의 국토이용계획변경신청을 거부하는 것이 실질적으로 당해 행정처분 자체를 거부하는 결과가 되는 경우, 그 신청인에게 국토이용계획변경을 신청할 권리가 인정된다.

④ 위법한 도시기본계획에 대하여 제기되는 취소소송은 법원에 의하여 허용되지 아니한다.

해설 中

① 헌재결 1991.7.22, 89헌마174
② 2012년도와 2013년도 대학교육역량강화사업 기본계획은 대학교육역량강화 지원사업을 추진하기 위한 국가의 기본방침을 밝히고 국가가 제시한 일정 요건을 충족하여 높은 점수를 획득한 대학에 대하여 지원금을 배분하는 것을 내용으로 하는 행정계획일 뿐, 위 계획에 따를 의무를 부과하는 것은 아니다. 총장직선제를 개선하지 않을 경우 지원금을 받지 못하게 될 가능성이 있어 대학들이 이 계획에 구속될 여지가 있다 하더라도, 이는 사실상의 구속에 불과하고 이에 따를지 여부는 전적으로 대학의 자율에 맡겨져 있다. 더구나 총장직선제를 개선하려면 학칙이 변경되어야 하므로, 계획 자체만으로는 대학의 구성원인 청구인들의 법적 지위나 권리의무에 어떠한 영향도 미친다고 보기 어렵다. 따라서 2012년도와 2013년도 계획 부분은 헌법소원의 대상이 되는 공권력 행사에 해당하지 아니한다(헌재결 2016.10.27, 2013헌마576).
③ 대판 2003.9.23, 2001두10936
④ 대판 2002.10.11, 2000두8226

정답 ②

9. 행정계획에 대한 판례의 입장으로 옳지 않은 것은? 17 지방직9급

① 이미 고시된 실시계획에 포함된 상세계획으로 관리되는 토지 위의 건물의 용도를 상세계획 승인권자의 변경승인 없이 임의로 판매시설에서 상세계획에 반하는 일반목욕장으로 변경한 사안에서, 그 영업신고를 수리하지 않고 영업소를 폐쇄한 처분은 위법하다.
② 개발제한구역지정처분의 입안·결정에 관하여 행정청은 광범위한 형성의 자유를 갖지만, 이익형량을 전혀 행하지 아니하거나 이익형량의 고려 대상에 마땅히 포함시켜야 할 사항을 누락하는 등 형량에 하자가 있는 행정계획은 위법하게 된다.
③ 「국토의 계획 및 이용에 관한 법률」상 도시계획시설결정에 이해관계가 있는 주민에게는 도시시설계획의 입안 내지 변경을 요구할 수 있는 법규상 또는 조리상의 신청권이 있다.
④ 비구속적 행정계획안이나 행정지침이라도 국민의 기본권에 직접적으로 영향을 끼치고, 앞으로 법령의 뒷받침에 의하여 그대로 실시될 것이 틀림없을 것으로 예상될 수 있을 때에는, 예외적으로 헌법소원의 대상이 될 수 있다.

해설 中

① 승인된 상세계획을 변경 승인하는 절차를 거치지 아니하는 이상 임의로 상세계획에 반하는 토지 및 그 지상 건축물의 용도를 변경할 수는 없으므로, 판매시설인 이 사건 건물을 일반목욕장의 용도로 변경하기 위하여 필요한 이 사건 상세계획 승인권자의 변경 승인이 있었음을 인정할 아무런 증거가 없는 이 사건에서, 피고가 원고의 영업신고를 수리하지 아니하고 영업소를 폐쇄한 이 사건 처분은 적법하다(대판 2008.3.27, 2006두3742.3759).
② 관계법령에는 추상적인 행정목표와 절차만이 규정되어 있을 뿐, 행정계획의 내용에 관하여는 별다른 규정을 두고 있지 아니하므로(목적프로그램) 행정주체는 구체적인 행정계획을 입안·결정함에 있어서 비교적 광범위한 형성의 자유(계획재량)를 가지는 것이지만, 행정주체가 가지는 이와 같은 형성의 자유는 무제한적인 것이 아니라 그 행정계획에 관련되는 자들의 이익을 공익과 사익 사이에서는 물론이고 공익 상호 간과 사익 상호 간에도 정당하게 비교교량하여야 한다는 제한(형량명령)이 있으므로, 행정주체가 행정계획을 입안·결정함에 있어서 이익형량을 전혀 행하지 아니하거나(형량의 탈락·해태·조사결함) 이익형량의 고려대상에 마땅히 포함시켜야 할 사항을 누락한 경우(형량의 흠결·부전) 또는 이익형량을 하였으나 정당성과 객관성이 결여된 경우(오형량·형량과오·형량불비례)에는 그 행정계획결정은 형량에 하자가 있어 위법하게 된다(대판 2007.4.12, 2005두1893).
③ 도시계획구역 내 토지 등을 소유하고 있는 사람과 같이 당해 도시계획시설결정에 이해관계가 있는 주민으로서는 도시시설계획의 입안권자 내지 결정권자에게 도시시설계획의 입안 내지 변경을 요구할 수 있는 법규상 또는 조리상의 신청권이 있고, 이러한 신청에 대한 거부행위는 항고소송의 대상이 되는 행정처분에 해당한다(대판 2015.3.26, 2014두42742).
④ 헌재결 2000.6.1, 99헌마538

정답 ①

10. 행정계획에 대한 설명으로 옳은 것을 〈보기〉에서 모두 고르면? (다툼이 있는 경우 판례에 의함) 17 국회직8급

〈보 기〉

ㄱ. 장래 일정한 기간 내에 관계법령이 규정하는 시설 등을 갖추어 일정한 행정처분을 구하는 신청을 할 수 있는 법률상 지위에 있는 자의 국토이용계획변경신청을 거부하는 것이 실질적으로 당해 행정처분 자체를 거부하는 결과가 되는 경우에는 그 신청인에게 국토이용계획을 신청할 권리가 인정된다고 보아야 하므로, 이러한 신청에 대한 거부행위는 행정처분에 해당한다.

ㄴ. 구 「도시계획법」 제12조의 도시관리계획(현 「국토의 계획 및 이용에 관한 법률」 제30조의 도시·군관리계획) 결정의 경우 도시관리계획구역 안의 토지나 건물소유자의 토지형질변경, 건축물의 신축·개축 또는 증축 등 권리행사가 일정한 제한을 받게 되므로 항고소송의 대상이 되는 처분에 해당한다.

ㄷ. 인허가의제에서 계획확정기관이 의제되는 인허가의 실체적 및 절차적 요건에 기속되는지 여부가 문제되는데, 인허가의 실체적 요건 및 절차적 요건 모두에 기속된다고 보는 것이 일반적이다.

ㄹ. 도시계획의 결정·변경 등에 관한 권한을 가진 행정청은 이미 도시계획이 결정·고시된 지역에 대하여도 다른 내용의 도시계획을 결정·고시할 수 있고, 이 때에 후행 도시계획에 선행 도시계획과 서로 양립할 수 없는 내용이 포함되어 있다면, 특별한 사정이 없는 한 선행 도시계획은 후행 도시계획과 같은 내용으로 변경되는 것이나, 후행 도시계획의 결정을 하는 행정청이 선행 도시계획의 결정·변경 등에 관한 권한을 가지고 있지 아니한 경우에 선행 도시계획과 서로 양립할 수 없는 내용이 포함된 후행 도시계획결정을 하는 것은 취소사유에 해당한다.

① ㄱ, ㄴ　② ㄱ, ㄹ
③ ㄴ, ㄷ　④ ㄱ, ㄴ, ㄷ
⑤ ㄱ, ㄴ, ㄹ

해설 ➤ 中

ㄱ 대판 2003.9.23, 2001두10936
ㄴ 대판 1982.3.9, 80누105
ㄷ 법적으로 특별히 규정되어 있지 않는 한 대체행정청에 적용되는 부차적인 절차법은 적용되지 않지만, 계획을 확정하는 행정청도 부차적인 실체법에 대해서는 대체행정청과 같은 정도로 기속된다는 견해인 절차집중설이 다수설·판례이다.
ㄹ 도시계획의 결정·변경 등에 관한 권한을 가진 행정청은 이미 도시계획이 결정·고시된 지역에 대하여도 다른 내용의 도시계획을 결정·고시할 수 있고, 이때에 후행 도시계획에 선행 도시계획과 서로 양립할 수 없는 내용이 포함되어 있다면, 특별한 사정이 없는 한 선행 도시계획은 후행 도시계획과 같은 내용으로 변경되는 것이나, 후행 도시계획의 결정을 하는 행정청이 선행 도시계획의 결정·변경 등에 관한 권한을 가지고 있지 아니한 경우에 선행 도시계획과 서로 양립할 수 없는 내용이 포함된 후행 도시계획결정을 하는 것은 아무런 권한 없이 선행 도시계획결정을 폐지하고, 양립할 수 없는 새로운 내용이 포함된 후행 도시계획결정을 하는 것으로서, 선행 도시계획결정의 폐지부분은 권한 없는 자에 의하여 행해진 것으로서 무효이고, 같은 대상지역에 대하여 선행 도시계획결정이 적법하게 폐지되지 아니한 상태에서 그 위에 다시 한 후행 도시계획결정 역시 위법하고, 그 하자는 중대하고도 명백하여 다른 특별한 사정이 없는 한 무효라고 보아야 한다(대판 2000.9.8, 99두11257).

정답 ①

11. 행정계획에 대한 다음의 설명 중 옳지 않은 것은? (다툼이 있는 경우 판례에 의함) 17 서울시7급

① 후행도시계획을 결정하는 행정청이 선행도시계획의 결정·변경에 관한 권한을 가지고 있지 아니한 경우 선행도시계획과 양립할 수 없는 후행도시계획결정은 취소사유에 해당한다.
② 행정주체가 행정계획을 입안·결정하면서 이익형량을 전혀 행하지 않거나 이익형량의 고려대상에 포함시켜야 할 사항을 누락하거나 또는 이익형량의 정당성과 객관성이 결여된 경우 그 행정계획은 형량하자로 위법하다.
③ 도시계획구역 내 토지 등을 소유하고 있는 주민에게는 입안권자에게 도시계획입안을 요구할 수 있는 법규상 또는 조리상 신청권이 인정되며, 신청에 대한 거부행위는 항고소송의 대상이 된다.
④ 비구속적 행정계획이라도 국민의 기본권에 직접적으로 영향을 끼치고, 법령의 뒷받침에 의하여 그대로 실시될 것이 확실하게 예상될 수 있을 때에는 헌법소원의 대상이 될 수 있다.

해설 ➤ 下

① 도시계획의 결정·변경 등에 관한 권한을 가진 행정청은 이미 도시계획이 결정·고시된 지역에 대하여도 다른 내용의 도시계획을 결정·고시할 수 있고, 이때에 후행 도시계획에 선행 도시계획과 서로 양립할 수 없는 내용이 포함되어 있다면, 특별한 사정이 없는 한 선행 도시계획은 후행 도시계획과 같은 내용으로 변경되는 것이나, 후행 도시계획의 결정을 하는 행정청이 선행 도시계획의 결정·변경 등에 관한 권한을 가지고 있지 아니한 경우에 선행 도시계획과 서로 양립할 수 없는 내용이 포함된 후행 도시계획결정을 하는 것은 아무런 권한 없이 선행 도시계획결정을 폐지하고, 양립할 수 없는 새로운 내용이 포함된 후행 도시계획결정을 하는 것으로서, 선행 도시계획결정의 폐지부분은 권한 없는 자에 의하여 행해진 것으로서 무효이고, 같은 대상지역에 대하여 선행 도시계획결정이 적법하게 폐지되지 아니한 상태에서 그 위에 다시 한 후행 도시계획결정 역시 위법하고, 그 하자는 중대하고도 명백하여 다른 특별한 사정이 없는 한 무효라고 보아야 한다(대판 2000.9.8, 99두11257).

② 행정주체가 행정계획을 입안·결정함에 있어서 이익형량을 전혀 행하지 아니하거나(형량의 탈락·해태·조사결함) 이익형량의 고려대상에 마땅히 포함시켜야 할 사항을 누락한 경우(형량의 흠결·부전) 또는 이익형량을 하였으나 정당성과 객관성이 결여된 경우(오형량·형량과오·형량불비례)에는 그 행정계획결정은 형량에 하자가 있어 위법하게 된다(대판 2007.4.12, 2005두1893).

③ 도시계획구역 내 토지 등을 소유하고 있는 주민으로서는 입안권자에게 도시계획입안을 요구할 수 있는 법규상 또는 조리상의 신청권이 있다고 할 것이고, 이러한 신청에 대한 거부행위는 항고소송의 대상이 되는 행정처분에 해당한다(대판 2004.4.28, 2003두1806).

④ 비구속적 행정계획안이나 행정지침이라도 국민의 기본권에 직접적으로 영향을 끼치고, 앞으로 법령의 뒷받침에 의하여 그대로 실시될 것이 틀림없을 것으로 예상될 수 있을 때에는 공권력행위로서 예외적으로 헌법소원의 대상이 될 수 있다(헌재결 2000.6.1, 99헌마538).

정답 ①

12. 행정계획에 관한 설명으로 가장 옳은 것은? 18 서울시7급

① 행정계획의 절차에 관한 일반법은 없고, 행정계획의 절차는 각 개별법에 맡겨져 있다.
② 국민의 기본권에 직접적으로 영향을 끼치고 법령의 뒷받침에 의해 실시될 것이라고 예상될 수 있다 하더라도 비구속적 행정계획안의 경우 헌법소원의 대상이 될 수 없다.
③ 확정된 행정계획에 대하여 사정변경을 이유로 조리상 변경 신청권이 인정된다.
④ 판례에 따르면 행정계획의 구속효는 계획마다 상이하나 집중효에 있어서는 절차집중과 실체집중 모두 인정된다.

해설 ➤ 下

① 일반법에 해당하는 행정기본법에는 행정계획에 관한 규정이 존재하지 않고, 행정절차법은 "행정청은 행정청이 수립하는 계획 중 국민의 권리·의무에 직접 영향을 미치는 계획을 수립하거나 변경·폐지할 때에는 관련된 여러 이익을 정당하게 형량하여야 한다(제40조의4)."라고 하여 형량명령과 계획의 행정예고와 처분성을 갖는 계획의 경우 처분에 관한 절차규정에 대해서만 규정하고, 계획수립절차에 관해서는 규정하고 있지 않다. 따라서 현행법상 계획수립(확정)절차에 대하여는 일반법에 규정이 없고 「국토의 계획 및 이용에 관한 법률」 등 개별법에만 규정이 있다.

② 비구속적 행정계획안이나 행정지침이라도 국민의 기본권에 직접적으로 영향을 끼치고, 앞으로 법령의 뒷받침에 의하여 그대로 실시될 것이 틀림없을 것으로 예상될 수 있을 때에는 공권력행위로서 예외적으로 헌법소원의 대상이 될 수 있다(헌재결 2000.6.1, 99헌마538).

③ 판례는 행정계획을 변경해 달라는 국민의 신청에 대해 종래 법규상 신청권뿐만 아니라 조리상 신청권도 부정함으로써 처분성을 부정하는 입장이 주류적이고, 최근에 예외적으로 긍정설(대판 2003.9.23, 2001두10936)을 취한 바 있다.

[관련판례] 국민의 신청에 대한 행정청의 거부처분이 항고소송의 대상이 되는 행정처분이 되기 위하여는, 국민이 행정청에 대하여 그 신청에 따른 행정행위를 해 줄 것을 요구할 수 있는 법규상 또는 조리상의 권리가 있어야 하는바, 도시계획법상 주민이 도시계획 및 그 변경에 대하여 어떤 신청을 할 수 있음에 관한 규정이 없을 뿐만 아니라(이는 법규상의 신청권이 없다는 내용의 판시임), 도시계획과 같이 장기성·종합성이 요구되는 행정계획에 있어서는 그 계획이 일단 확정된 후에 어떤 사정의 변동이 있다고 하여 지역주민에게 일일이 그 계획의 변경을 청구할 권리를 인정해 줄 수도 없는 이치(이는 조리상의 신청권조차 없다는 내용의 판시임. 이처럼 판례는 일관되게 거부행위의 처분성과 관련하여 일반의 작위와는 달리 법규상 또는 조리상의 신청권을 추가적으로 요구하고 있다는 점에 유의할 것)이므로 도시계획시설변경신청을 불허한 행위는 항고소송의 대상이 되는 행정처분이라고 볼 수 없다(대판 1994.1.28, 93누22029).

④ 인허가의제의 경우 관계인허가기관과의 협의를 거치도록 하는 것이 보통이다. 그러나 관계기관과의 협의 외에 의제되는 인허가의 절차규정들을 모두 준수하도록 하는 것은 인허가의제를 통해 심사절차를 간소화함으로써 달성하려는 심사의 신속성을 방해하게 되고, 절차규정들 사이에 상호 충돌이 일어날 수도 있기 때문에 실체적 규정들과는 달리 생략할 수 있다는 절차집중설 내지 제한적 긍정설이 다수설·판례이다.

[관련판례] 건축물의 건축이 국토계획법상 개발행위에 해당할 경우 그에 대한 건축허가를 하는 허가권자는 건축허가에 배치·저촉되는 관계 법령상 제한 사유의 하나로 국토계획법령의 개발행위허가기준을 확인하여야 하므로, 국토계획법상 건축물의 건축에 관한 개발행위허가가 의제되는 건축허가신청이 국토계획법령이 정한 개발행위허가기준에 부합하지 아니하면 허가권자로서는 이를 거부할 수 있고, 이는 건축법 제16조 제3항에 의하여 개발행위허가의 변경이 의제되는 건축허가사항의 변경허가에서도 마찬가지이다(대판 2016.8.24, 2016두35762).

정답 ①

13. 행정계획에 대한 설명으로 옳지 않은 것은? (다툼이 있는 경우 판례에 의함) 18 국가직7급

① 「국토의 계획 및 이용에 관한 법률」에 따른 도시기본계획은 일반 국민에 대한 직접적인 구속력은 인정되지 않지만, 도시의 장기적 개발방향과 미래상을 제시하는 도시계획 입안의 지침이 되기에 행정청에 대한 직접적인 구속력은 인정된다.
② 관계법령에 추상적인 행정목표와 절차만이 규정되어 있을 뿐 행정계획의 내용에 관하여 별다른 규정을 두고 있지 아니하는 경우에, 행정주체는 구체적인 행정계획의 입안·결정에 관하여 비교적 광범위한 형성의 자유를 가진다.
③ 비구속적 행정계획안이나 행정지침이라도 국민의 기본권에 직접적으로 영향을 끼치고, 앞으로 법령의 뒷받침에 의하여 그대로 실시될 것이 틀림없을 것으로 예상될 수 있을 때에는, 공권력행위로서 헌법소원의 대상이 될 수 있다.
④ 행정주체가 행정계획을 입안·결정함에 있어서 행정계획에 관련되는 자들의 이익을 공익과 사익 사이에서는 물론이고 공익 상호 간과 사익 상호 간에도 정당하게 비교교량하여야 한다.

해설 ➤ ㊦

① 도시기본계획은 도시의 기본적인 공간구조와 장기발전방향을 제시하는 종합계획으로서 그 계획에는 토지이용계획, 환경계획, 공원녹지계획 등 장래의 도시개발의 일반적인 방향이 제시되지만, 그 계획은 도시계획입안의 지침이 되는 것에 불과하여 일반국민에 대한 직접적인 구속력은 없는 것이다(대판 2002.10.11, 2000두8226).
구 도시계획법 제19조 제1항 및 도시계획시설결정 당시의 지방자치단체의 도시계획조례에서는 도시계획이 도시기본계획에 부합되어야 한다고 규정하고 있으나, 도시기본계획은 도시의 장기적 개발방향과 미래상을 제시하는 도시계획 입안의 지침이 되는 장기적·종합적인 개발계획으로서 행정청에 대한 직접적인 구속력은 없다(대판 2007.4.12, 2005두1893).
②④ 대판 2007.4.12, 2005두1893
③ 헌재결 2000.6.1, 99헌마538

정답 ①

14. 「문화재보호법」상 문화재보호구역의 지정과 관련한 설명으로 옳은 것은? (다툼이 있는 경우 판례에 의함)

18 지방직7급

① 문화재보호구역 내에 토지를 소유하고 있는 자는 문화재보호구역의 지정에 대해 항고소송을 통해 다툴 수 없다.
② 문화재보호구역 내의 국유토지는 「국유재산법」상 보존재산에 해당하므로 시효취득의 대상이 될 수 있다.
③ 문화재보호구역의 확대지정이 공공사업인 택지개발사업의 시행을 직접 목적으로 하여 가하여진 것이 아님이 명백한 이상, 문화재보호구역의 확대지정이 당해 공공사업의 시행 이후에 행해진 경우라 하더라도, 공공사업지구에 포함된 토지에 대한 수용보상액은 문화재보호구역의 확대지정에 의한 공법상 제한을 받지 아니한 것으로 보고 평가하여야 한다.
④ 문화재보호구역 내에 토지를 소유하고 있는 자가 문화재보호구역의 지정해제를 요구하였으나 거부된 경우, 그 거부행위는 행정처분에 해당한다.

해설 ➤ ㊥

① 문화재보호구역 내에 있는 토지소유자 등으로서는 위 보호구역의 지정해제를 요구할 수 있는 법규상 또는 조리상의 신청권이 있다고 할 것이고, 이러한 신청에 대한 거부행위는 항고소송의 대상이 되는 행정처분에 해당한다(대판 2004.4.27, 2003두8821).
② 문화재보호구역 내의 국유토지는 '법령의 규정에 의하여 국가가 보존하는 재산', 즉 국유재산법 제4조 제3항 소정의 '보존재산'에 해당하므로 구 국유재산법 제5조 제2항에 의하여 시효취득의 대상이 되지 아니한다(대판 1994.5.10, 93다23442).
③ 공법상의 제한을 받는 토지의 수용보상액을 산정함에 있어서는 그 공법상의 제한이 당해 공공사업의 시행을 직접 목적으로 하여 가하여진 경우에는 그 제한을 받지 아니하는 상태대로 평가하여야 할 것이지만, 공법상 제한이 당해 공공사업의 시행을 직접 목적으로 하여 가하여진 경우가 아니라면 그러한 제한을 받는 상태 그대로 평가하여야 하고, 그와 같은 제한이 당해 공공사업의 시행 이후에 가하여진 경우라고 하여 달리 볼 것은 아니다(대판 2005.2.18, 2003두14222).
④ 문화재보호구역 내에 있는 토지소유자 등으로서는 위 보호구역의 지정해제를 요구할 수 있는 법규상 또는 조리상의 신청권이 있다고 할 것이고, 이러한 신청에 대한 거부행위는 항고소송의 대상이 되는 행정처분에 해당한다(대판 2004.4.27, 2003두8821).

정답 ④

15. 행정계획에 대한 설명으로 옳지 않은 것은? (다툼이 있는 경우 판례에 의함) 20 국회직9급

① 국토교통부장관이 법령의 범위 내에서 행한 개발제한구역지정처분은 재량적 성질을 가진다.
② 행정주체가 행정계획을 입안·결정함에 있어서 형량의 부존재, 형량의 누락, 평가의 과오와 형량의 불비례가 있는 경우에는 그 행정계획결정은 위법하게 된다.
③ 행정계획이 위법하더라도 사정판결이 내려지면 행정계획이 취소되지 않을 수 있다.
④ 통상 행정계획변경청구권은 무하자재량행사청구권의 성질을 갖는다.
⑤ 산업단지개발계획상 산업단지 안의 토지소유자로서 산업단지개발계획에 적합한 시설을 설치하여 입주하려는 자가 산업단지개발계획의 변경을 요청하는 경우에 행정계획변경신청권이 인정되지 아니한다.

해설 中

① 개발제한구역지정처분은 건설부장관이 법령의 범위 내에서 도시의 무질서한 확산 방지 등을 목적으로 도시정책상의 전문적·기술적 판단에 기초하여 행하는 일종의 행정계획으로서 그 입안·결정에 관하여 광범위한 형성의 자유를 가지는 계획재량처분이므로, 그 지정에 관련된 공익과 사익을 전혀 비교교량하지 아니하였거나 비교교량을 하였더라도 그 정당성과 객관성이 결여되어 비례의 원칙에 위반되었다고 볼 만한 사정이 없는 이상, 그 개발제한구역지정처분은 재량권을 일탈·남용한 위법한 것이라고 할 수 없다(대판 1997.6.24, 96누1313).
② 행정청은 구체적인 행정계획을 입안·결정할 때 비교적 광범위한 형성의 재량을 가진다. 다만 행정청의 이러한 형성의 재량이 무제한적이라고 할 수는 없고, 행정계획에서는 그에 관련되는 자들의 이익을 공익과 사익 사이에서는 물론이고 공익 사이에서나 사익 사이에서도 정당하게 비교·교량하여야 한다는 제한이 있으므로, 행정청이 행정계획을 입안·결정할 때 이익형량을 전혀 행하지 아니하거나 이익형량의 고려 대상에 마땅히 포함시켜야 할 사항을 누락한 경우 또는 이익형량을 하였으나 정당성과 객관성이 결여된 경우에는 그 행정계획 결정은 이익형량에 하자가 있어 위법하게 될 수 있다. 이러한 법리는 행정청이「국토의 계획 및 이용에 관한 법률」(국토계획법)에 따라 주민 등의 도시관리계획 입안 제안을 받아들여 도시관리계획결정을 할 것인지를 결정하는 경우에도 마찬가지로 적용된다(대판 2020.6.25, 2019두56135).
③ 사정판결은 기각판결의 일종이기 때문에 당연히 행정계획이 취소되지 않는다.
⑤ 산업단지개발계획상 산업단지 안의 토지 소유자로서 산업단지개발계획에 적합한 시설을 설치하여 입주하려는 자는 산업단지지정권자 또는 그로부터 권한을 위임받은 기관에 대하여 산업단지개발계획의 변경을 요청할 수 있는 법규상 또는 조리상 신청권이 있고, 이러한 신청에 대한 거부행위는 항고소송의 대상이 되는 행정처분에 해당한다고 보아야 한다(대판 2017.8.29, 2016두44186).

정답 ⑤

16. 행정계획에 대한 설명으로 옳지 않은 것은? (다툼이 있는 경우 판례에 의함) 20 국가직9급

① 행정주체가 구체적인 행정계획을 입안·결정할 때 가지는 형성의 자유의 한계에 관한 법리는 주민의 입안 제안 또는 변경신청을 받아들여 도시관리계획결정을 하거나 도시계획시설을 변경할 것인지를 결정할 때에도 동일하게 적용된다.
② 「도시 및 주거환경정비법」에 기초하여 주택재건축정비사업조합이 수립한 사업시행계획은 인가·고시를 통해 확정되어도 이해관계인에 대한 직접적인 구속력이 없는 행정계획으로서 독립된 행정처분에 해당하지 아니한다.
③ 장래 일정한 기간 내에 관계 법령이 규정하는 시설 등을 갖추어 일정한 행정처분을 구하는 신청을 할 수 있는 법률상 지위에 있는 자의 국토이용계획변경신청을 거부하는 것이 실질적으로 당해 행정처분 자체를 거부하는 결과가 되는 경우에는 예외적으로 그 신청인에게 국토이용계획변경을 신청할 권리가 인정된다.
④ 장기미집행 도시계획시설결정의 실효제도에 의해 개인의 재산권이 보호되는 것은 입법자가 새로운 제도를 마련함에 따라 얻게 되는 법률에 기한 권리일 뿐 헌법상 재산권으로부터 당연히 도출되는 권리는 아니다.

해설 中

① 행정주체가 구체적인 행정계획을 입안·결정할 때에 가지는 비교적 광범위한 형성의 자유는 무제한적인 것이 아니라 행정계획에 관련되는 자들의 이익을 공익과 사익 사이에서는 물론이고 공익 상호 간과 사익 상호 간에도 정당하게 비교교량하여야 한다는 제한이 있는 것이므로, 행정주체가 행정계획을 입안·결정하면서 이익형량을 전혀 행하지 않거나 이익형량의 고려 대상에 마땅히 포함시켜야 할 사항을 빠뜨린 경우 또는 이익형량을 하였으나 정당성과 객관성이 결여된 경우에는 행정계획결정은 형량에 하자가 있어 위법하게 된다. 위와 같은 법리(계획재량, 형량명령, 형량하자)는 행정주체가 구 「국토의 계획 및 이용에 관한 법률」 제26조에 의한 주민의 도시관리계획 입안 제안에 대하여 이를 받아들여 도시관리계획결정을 할 것인지 여부를 결정함에 있어서도 마찬가지이고, 나아가 도시계획시설구역 내 토지 등을 소유하고 있는 주민이 장기간 집행되지 아니한 도시계획시설의 결정권자에 대하여 도시계획시설의 변경을 신청하고, 그 결정권자가 이러한 신청을 받아들여 도시계획시설을 변경할

것인지 여부를 결정함에 있어서도 동일하게 적용된다고 보아야 한다(대판 2012.1.12, 2010두5806).

② 「도시 및 주거환경정비법」에 따른 주택재건축정비사업조합은 관할행정청의 감독 아래 도시정비법상 주택재건축사업을 시행하는 공법인으로서, 그 목적 범위 내에서 법령이 정하는 바에 따라 일정한 행정작용을 행하는 행정주체의 지위를 가진다 할 것인데, 채무자조합이 이러한 행정주체의 지위에서 도시정비법에 기초하여 수립한 이 사건 사업시행계획은 인가·고시를 통해 확정되면 이해관계인에 대한 구속적 행정계획으로서 독립된 행정처분에 해당하고, 이와 같은 사업시행계획안에 대한 조합 총회결의는 그 행정처분에 이르는 절차적 요건 중 하나에 불과한 것으로서, 그 계획이 확정된 후에는 항고소송의 방법으로 계획의 취소 또는 무효확인을 구할 수 있을 뿐, 절차적 요건에 불과한 총회결의 부분만을 대상으로 그 효력 유무를 다투는 확인의 소를 제기하는 것은 허용되지 아니하고, 한편 이러한 항고소송의 대상이 되는 행정처분의 효력이나 집행 혹은 절차속행 등의 정지를 구하는 신청은 행정소송법상 집행정지신청의 방법으로써만 가능할 뿐, 민사소송법상 가처분의 방법으로는 허용될 수 없다(대결 2009.11.2, 2009마596).

③ 대판 2003.9.23, 2001두10936

④ 헌재결 2005.9.29, 2002헌바84·89, 2003헌마678·943

정답 ②

17. 행정계획에 대한 설명으로 옳지 않은 것은? (다툼이 있는 경우 판례에 의함) 20 지방직9급

① 도시계획구역 내 토지 등을 소유하고 있는 사람과 같이 당해 도시계획시설결정에 이해관계가 있는 주민은 도시시설계획의 입안권자 내지 결정권자에게 도시시설계획의 입안 내지 변경을 요구할 수 있는 법규상 또는 조리상의 신청권이 있다.

② 구 「국토이용관리법」상의 국토이용계획은 그 계획이 일단 확정된 후에 어떤 사정의 변동이 있다고 하여 지역주민이나 일반 이해관계인에게 일일이 그 계획의 변경을 신청할 권리를 인정하여 줄 수 없다.

③ 장래 일정한 기간 내에 관계 법령이 규정하는 시설 등을 갖추어 일정한 행정처분을 구하는 신청을 할 수 있는 법률상 지위에 있는 자의 국토이용계획변경신청을 거부하는 것이 실질적으로 당해 행정처분 자체를 거부하는 결과가 되는 경우에는 항고소송의 대상이 되는 처분에 해당한다.

④ 문화재보호구역 내의 토지소유자가 문화재보호구역의 지정해제를 신청하는 경우에는 그 신청인에게 법규상 또는 조리상 행정계획 변경을 신청할 권리가 인정되지 않는다.

해설 ➤ 中

① 대판 2015.3.26, 2014두42742

② 국토이용관리법상 주민이 국토이용계획의 변경에 대하여 신청을 할 수 있다는 규정이 없을 뿐만 아니라, 국토건설종합계획의 효율적인 추진과 국토이용질서를 확립하기 위한 국토이용계획은 장기성, 종합성이 요구되는 행정계획에 있어서는 그 계획이 일단 확정된 후에 어떤 사정의 변동이 있다고 하여 지역주민이나 일반 이해관계인에게 일일이 그 계획의 변경을 청구할 권리를 인정하여 줄 수도 없는 것이라고 할 것이므로, 이 사건 임야의 국토이용계획상의 용도지역을 사설묘지를 설치할 수 있는 용도지역으로 변경하는 것을 허가하여 달라는 원고의 이 사건 신청을 피고가 거부 내지 반려하였다고 하여 그 거부 내지 반려한 행위를 가지고 항고소송의 대상이 되는 행정처분이라고 볼 수는 없다고 할 것이다(대판 1995.4.28, 95누627).

③ 대판 2003.9.23, 2001두10936

④ 문화재보호구역 내에 있는 토지소유자 등으로서는 위 보호구역의 지정해제를 요구할 수 있는 법규상 또는 조리상의 신청권이 있다고 할 것이고, 이러한 신청에 대한 거부행위는 항고소송의 대상이 되는 행정처분에 해당한다(대판 2004.4.27, 2003두8821).

정답 ④

18. 행정계획에 대한 설명으로 옳지 않은 것은? (다툼이 있는 경우 판례에 의함) 21 국회직9급

① 「도시 및 주거환경정비법」상 토지 등 소유자들이 조합을 따로 설립하지 않고 직접 시행하는 도시환경정비사업에서 토지 등 소유자들이 사업시행인가를 받기 전에 작성한 사업시행계획은 항고소송의 대상이 되는 독립된 행정처분에 해당한다.
② 「행정절차법」에서는 행정계획의 수립·확정에 관한 일반적 규정을 두고 있지 않다.
③ 행정주체는 구체적 행정계획을 입안·결정함에 있어서 그 계획에 관련된 사람들의 이익을 공익과 사익 간은 물론이고 공익 상호 간과 사익 상호 간에도 비교교량하여야 한다.
④ 행정계획의 폐지·변경으로 손해가 발생한 국민에게는 국가배상청구권이 인정될 수 있다.
⑤ 비구속적 행정계획안이나 행정지침이라도 국민의 기본권에 직접적으로 영향을 끼치면 예외적으로 헌법소원의 대상이 될 수 있다.

해설 ㊥

① 도시환경정비사업을 직접 시행하려는 토지 등 소유자들은 시장·군수로부터 사업시행인가를 받기 전에는 행정주체로서의 지위를 가지지 못한다. 따라서 그가 작성한 사업시행계획은 인가처분의 요건 중 하나에 불과하고 항고소송의 대상이 되는 독립된 행정처분에 해당하지 아니한다고 할 것이다(대판 2013.6.13, 2011두19994).
② 행정계획에 대한 사후구제가 어렵기 때문에 다른 어떤 행정작용보다 사전적 권리구제절차인 계획수립절차의 중요성이 더욱 크다. 그러나 현행 행정절차법은 1987년 초안이나 독일연방행정절차법과는 달리 계획수립절차에 관한 규정이 없어 문제점으로 지적된다.
③ 행정청은 구체적인 행정계획을 입안·결정할 때 비교적 광범위한 형성의 재량을 가진다. 다만 행정청의 이러한 형성의 재량이 무제한적이라고 할 수는 없고, 행정계획에서는 그에 관련되는 자들의 이익을 공익과 사익 사이에서는 물론이고 공익 사이에서나 사익 사이에서도 정당하게 비교·교량하여야 한다는 제한이 있으므로, 행정청이 행정계획을 입안·결정할 때 이익형량을 전혀 행하지 아니하거나 이익형량의 고려 대상에 마땅히 포함시켜야 할 사항을 누락한 경우 또는 이익형량을 하였으나 정당성과 객관성이 결여된 경우에는 그 행정계획 결정은 이익형량에 하자가 있어 위법하게 될 수 있다(대판 2020.6.25, 2019두56135).
⑤ 비구속적 행정계획안이나 행정지침이라도 국민의 기본권에 직접적으로 영향을 끼치고, 앞으로 법령의 뒷받침에 의하여 그대로 실시될 것이 틀림없을 것으로 예상될 수 있을 때에는 공권력행위로서 예외적으로 헌법소원의 대상이 될 수 있다(헌재결 2000.6.1, 99헌마538).

정답 ①

19. 행정계획에 대한 설명으로 옳지 않은 것은? (다툼이 있는 경우 판례에 의함) 21 국가직9급

① 구 「도시계획법」상 도시기본계획은 도시의 기본적인 공간구조와 장기발전방향을 제시하는 종합계획으로서 도시계획입안의 지침이 되므로 일반 국민에 대한 직접적인 구속력은 없다.
② 장래 일정한 기간 내에 관계 법령이 규정하는 시설 등을 갖추어 일정한 행정처분을 구하는 신청을 할 수 있는 법률상 지위에 있는 자의 국토이용계획변경신청을 거부하는 것이 실질적으로 당해 행정처분 자체를 거부하는 결과가 되는 경우라도, 구 「국토이용관리법」상 주민이 국토이용계획의 변경에 대하여 신청을 할 수 있다는 규정이 없으므로 그 신청인에게 국토이용계획변경을 신청할 권리가 인정된다고 볼 수 없다.
③ 구속력 없는 행정계획안이나 행정지침이라도 국민의 기본권에 직접적으로 영향을 끼치고 법령의 뒷받침에 의하여 그대로 실시될 것이 틀림없을 것으로 예상되는 때에는 예외적으로 헌법소원의 대상이 된다.
④ 도시계획의 결정·변경 등에 대한 권한행정청은 이미 도시계획이 결정·고시된 지역에 대하여도 다른 내용의 도시계획을 결정·고시할 수 있고, 이 때에 후행 도시계획에 선행 도시계획과 양립할 수 없는 내용이 포함되어 있다면 특별한 사정이 없는 한 선행 도시계획은 후행 도시계획과 같은 내용으로 변경된다.

해설 ㊦

① 도시기본계획은 도시의 기본적인 공간구조와 장기발전방향을 제시하는 종합계획으로서 그 계획에는 토지이용계획, 환경계획, 공원녹지계획 등 장래의 도시개발의 일반적인 방향이 제시되지만, 그 계획은 도시계획입안의 지침이 되는 것에 불과하여 일반국민에 대한 직접적인 구속력은 없는 것이다(대판 2002.10.11, 2000두8226).
② 장래 일정한 기간 내에 관계법령이 규정하는 시설 등을 갖추어 일정한 행정처분을 구하는 신청을 할 수 있는 법률상 지위에 있는 자의 국토이용계획변경신청을 거부하는 것이 실질적으로 당해 행정처분 자체를 거부하는 결과가 되는 경우(국토이용계획변경신청에 대한 거부행위가 폐기

물처리업허가 자체를 거부하는 결과가 되는 경우)에는 예외적으로 그 신청인에게 국토이용계획변경을 신청할 권리가 인정된다고 봄이 상당하므로, 이러한 신청에 대한 거부행위는 항고소송의 대상이 되는 행정처분에 해당한다(대판 2003.9.23, 2001두10936).
③ 헌재결 2000.6.1, 99헌마538
④ 도시계획의 결정·변경 등에 관한 권한을 가진 행정청은 이미 도시계획이 결정·고시된 지역에 대하여도 다른 내용의 도시계획을 결정·고시할 수 있고, 이때에 후행 도시계획에 선행 도시계획과 서로 양립할 수 없는 내용이 포함되어 있다면, 특별한 사정이 없는 한 선행 도시계획은 후행 도시계획과 같은 내용으로 변경되는 것이나, 후행 도시계획의 결정을 하는 행정청이 선행 도시계획의 결정·변경 등에 관한 권한을 가지고 있지 아니한 경우에 선행 도시계획과 서로 양립할 수 없는 내용이 포함된 후행 도시계획결정을 하는 것은 아무런 권한 없이 선행 도시계획결정을 폐지하고, 양립할 수 없는 새로운 내용이 포함된 후행 도시계획결정을 하는 것으로서, 선행 도시계획결정의 폐지부분은 권한 없는 자에 의하여 행해진 것으로서 무효이고, 같은 대상지역에 대하여 선행 도시계획결정이 적법하게 폐지되지 아니한 상태에서 그 위에 다시 한 후행 도시계획결정 역시 위법하고, 그 하자는 중대하고도 명백하여 다른 특별한 사정이 없는 한 무효라고 보아야 한다(대판 2000.9.8, 99두11257).

정답 ②

20. 「국토의 계획 및 이용에 관한 법률」에 대한 설명으로 옳은 것만을 〈보기〉에서 모두 고르면? (다툼이 있는 경우 판례에 의함) 21 국회직8급

〈보 기〉

ㄱ. 도시계획시설결정의 대상면적이 도시기본계획에서 예정했던 것보다 증가하였다 하여 그 도시계획시설결정이 위법한 것은 아니다.
ㄴ. 지구단위계획구역의 지정 및 변경과 지구단위계획의 수립 및 변경에 관한 사항에 대해서는 주민이 입안을 제안할 수 있으므로, 이 경우에 도시계획구역 내 토지 등을 소유하고 있는 주민은 입안권자에게 입안을 요구할 수 있는 법규상 또는 조리상의 신청권이 있다.
ㄷ. 지구단위계획을 수립하면서 그 권장용도를 판매·위락·숙박시설로 결정하여 고시한 행위를 당해 지구 내에서는 공익과 무관하게 언제든지 숙박시설에 대한 건축허가를 받을 수 있을 것이라는 공적 견해를 표명한 것이라고 평가할 수는 없다.
ㄹ. 행정주체가 행정계획을 입안·결정하는 데에는 비록 광범위한 계획재량을 갖고 있지만 비례의 원칙에 어긋나게 된 경우에는 재량권을 일탈·남용한 위법한 처분이 된다.
ㅁ. 도시·군계획시설 부지 소유자의 매수 청구에 대한 관할 행정청의 매수 거부 결정은 항고소송의 대상인 처분에 해당한다.

① ㄱ, ㄷ, ㅁ
② ㄴ, ㄹ, ㅁ
③ ㄱ, ㄴ, ㄷ, ㄹ
④ ㄴ, ㄷ, ㄹ, ㅁ
⑤ ㄱ, ㄴ, ㄷ, ㄹ, ㅁ

해설 ➤ ㊤

ㄱ 대판 1998.11.27, 96누13927
ㄴ 대판 2004.4.28, 2003두1806
ㄷ 피고가 위와 같은 계획을 수립하여 고시하고 관련도서를 비치하여 열람하게 한 행위로서 표명한 공적 견해는 숙박시설의 건축허가를 불허하여야 할 중대한 공익상의 필요가 없음을 전제로 숙박시설 건축허가도 가능하다는 것이지, 이를 H지구 내에서는 공익과 무관하게 언제든지 숙박시설에 대한 건축허가가 가능하리라는 취지의 공적 견해를 표명한 것이라고 평가할 수는 없을 것이고, 만일 원고들이 위 고시를 보고 H지구 내에서는 숙박시설 건축허가를 받아 줄 것으로 신뢰하였다면 원고들의 그러한 신뢰에 과실이 있다고 하지 않을 수 없다(대판 2005.11.25, 2004두6822·6839·6846).
ㄹ 관계법령에는 추상적인 행정목표와 절차만이 규정되어 있을 뿐, 행정계획의 내용에 관하여는 별다른 규정을 두고 있지 아니하므로(목적프로그램) 행정주체는 구체적인 행정계획을 입안·결정함에 있어서 비교적 광범위한 형성의 자유(계획재량)를 가지는 것이지만, 행정주체가 가지는 이와 같은 형성의 자유는 무제한적인 것이 아니라 그 행정계획에 관련되는 자들의 이익을 공익과 사익 사이에서는 물론이고 공익 상호 간과 사익 상호 간에도 정당하게 비교교량하여야 한다는 제한(형량명령)이 있으므로, 행정주체가 행정계획을 입안·결정함에 있어서 이익형량을 전혀 행하지 아니하거나(형량의 탈락·해태·조사결함) 이익형량의 고려대상에 마땅히 포함시켜야 할 사항을 누락한 경우(형량의 흠결·부전) 또는 이익형량을 하였으나 정당성과 객관성이 결여된 경우(오형량·형량과오·형량불비례)에는 그 행정계획결정은 형량에 하자가 있어 위법하게 된다(대판 2007.4.1

2, 2005두1893).

ㅁ 처분성을 인정한 명시적 판례는 없지만, 매수거부처분취소에 관한 대법원 2007.12.28, 선고 2006두4738 판결에서 처분성을 전제로 본안판단을 한 바 있다.

정답 ⑤

21. 행정계획에 대한 설명으로 옳지 않은 것은? (다툼이 있는 경우 판례에 의함) 21 지방직7급

① 도시관리계획결정·고시와 그 도면에 특정 토지가 도시관리계획에 포함되지 않았음이 명백한데도 도시관리계획을 집행하기 위한 후속 계획이나 처분에서 그 토지가 도시관리계획에 포함된 것처럼 표시되어 있는 경우, 이는 원칙적으로 취소사유에 해당한다.

② 구 「도시계획법」상 행정청이 정당하게 도시계획결정의 처분을 하였다고 하더라도 이를 관보에 게재하여 고시하지 아니한 이상 대외적으로는 아무런 효력이 발생하지 않는다.

③ 행정주체가 행정계획을 입안·결정함에 있어서 이익형량을 하였으나 정당성과 객관성이 결여된 경우 그 행정계획결정은 위법하다.

④ 산업단지개발계획상 산업단지 안의 토지 소유자로서 산업단지개발계획에 적합한 시설을 설치하여 입주하려는 자는 산업단지지정권자 또는 그로부터 권한을 위임받은 기관에 대하여 산업단지개발 계획의 변경을 요청할 수 있는 법규상 또는 조리상 신청권이 있다.

해설 ㊥

① 도시관리계획결정·고시와 그 도면에 특정 토지가 도시관리계획에 포함되지 않았음이 명백한데도 도시관리계획을 집행하기 위한 후속 계획이나 처분에서 그 토지가 도시관리계획에 포함된 것처럼 표시되어 있는 경우가 있다. 이것은 실질적으로 도시관리계획결정을 변경하는 것에 해당하여 구 「국토의 계획 및 이용에 관한 법률」 제30조 제5항에서 정한 도시관리계획 변경절차를 거치지 않는 한 당연무효이다(대판 2019.7.11, 2018두47783).

② 대판 1985.12.10, 85누186

③ 대판 2007.4.12, 2005두1893

④ 산업단지개발계획상 산업단지 안의 토지 소유자로서 산업단지개발계획에 적합한 시설을 설치하여 입주하려는 자는 산업단지지정권자 또는 그로부터 권한을 위임받은 기관에 대하여 산업단지개발계획의 변경을 요청할 수 있는 법규상 또는 조리상 신청권이 있고, 이러한 신청에 대한 거부행위는 항고소송의 대상이 되는 행정처분에 해당한다고 보아야 한다(대판 2017.8.29, 2016두44186).

정답 ①

22. 행정작용에 대한 설명으로 옳은 것은? (다툼이 있는 경우 판례에 의함) 22 국가직9급

① 구체적인 계획을 입안함에 있어 지침이 되거나 특정 사업의 기본방향을 제시하는 내용의 행정계획은 항고소송의 대상인 행정처분에 해당하지 않는다.

② 공법상 계약이 법령 위반 등의 내용상 하자가 있는 경우에도 그 하자가 중대명백한 것이 아니면 취소할 수 있는 하자에 불과하고 이에 대한 다툼은 당사자소송에 의하여야 한다.

③ 지도, 권고, 조언 등의 행정지도는 법령의 근거를 요하고 항고소송의 대상이 된다.

④ 「국가를 당사자로 하는 계약에 관한 법률」에 따라 국가가 당사자가 되는 이른바 공공계약에 관한 법적 분쟁은 원칙적으로 행정법원의 관할 사항이다.

해설 ㊦

① [지침] 도시기본계획은 도시의 기본적인 공간구조와 장기발전방향을 제시하는 종합계획으로서 그 계획에는 토지이용계획, 환경계획, 공원녹지계획 등 장래의 도시개발의 일반적인 방향이 제시되지만, 그 계획은 도시계획입안의 지침이 되는 것에 불과하여 일반국민에 대한 직접적인 구속력은 없는 것이다(대판 2002.10.11, 2000두8226).

[기본방향] 국토해양부, 환경부, 문화체육관광부, 농림수산부, 식품부가 합동으로 2009.6.8. 발표한 '4대강 살리기 마스터플랜' 등은 4대강 정비사업과 주변 지역의 관련 사업을 체계적으로 추진하기 위하여 수립한 종합계획이자 '4대강 살리기 사업'의 기본방향을 제시하는 계획으로서, 행정기관 내부에서 사업의 기본방향을 제시하는 것일 뿐, 국민의 권리·의무에 직접 영향을 미치는 것이 아니어서 행정처분에 해당하지 않는다[대결(전합) 2011.4.21, 2010무111].

② 현행 실정법이 지방전문직공무원 채용계약 해지의 의사표시를 일반공무원에 대한 징계처분과는 달리 항고소송의 대상이 되는 처분 등의 성격을 가진 것으로 인정하지 아니하고, 지방전문직공무원규정 제7조 각호의 1에 해당하는 사유가 있을 때 지방자치단체가 채용계약관계의 한쪽 당사자로서 대등한 지위에서 행하는 의사표시로 취급하고 있는 것으로 이해되므로, 지방전문직공무원 채용계약 해지의 의사표시에 대하여는 대등한 당사자 간의 소송형식인 공법상 당사자소송으로 그 의사표시의 무효확인을 청구할 수 있다(대판 1993.9.14, 92누4611). 한편, 처분이 아닌 공법상 계약의 경우 하자가 있으면 무효사유이다.

③ 행정지도는 비권력적 사실행위이기 때문에 법적 근거를 요하지 않고, 처분성이 부정되므로 항고소송의 대상이 될 수 없다.
세무당국이 소외 회사에 대하여 원고와의 주류거래를 일정기간 중지하여 줄 것을 요청한 행위는 권고 내지 협조를 요청하는 권고적 성격의 행위로서 소외 회사나 원고의 법률상의 지위에 직접적인 법률상의 변동을 가져오는 행정처분이라고 볼 수 없는 것이므로 항고소송의 대상이 될 수 없다(대판 1980.10.27, 80누395).

④ 지방재정법에 의하여 준용되는 「국가를 당사자로 하는 계약에 관한 법률」에 따라 지방자치단체가 당사자가 되는 이른바 공공계약은 사경제의 주체로서 상대방과 대등한 위치에서 체결하는 사법상의 계약으로서 그 본질적인 내용은 사인 간의 계약과 다를 바가 없으므로, 그에 관한 법령에 특별한 정함이 있는 경우를 제외하고는 사적 자치와 계약자유의 원칙 등 사법의 원리가 그대로 적용된다(대결 2006.6.19, 2006마117). 따라서 사법관계인 공공계약에 관한 다툼은 민사소송으로서 지방법원의 관할이다.

정답 ①

23. 행정계획에 대한 설명으로 옳지 않은 것은? (다툼이 있는 경우 판례에 의함) '22 국가직7급

① '4대강 살리기 마스터플랜'은 4대강 정비사업 지역 인근에 거주하는 주민의 권리·의무에 직접 영향을 미치는 것이어서 행정처분에 해당한다.
② 구 도시계획법령상 도시계획안의 내용에 대한 공고 및 공람 절차에 하자가 있는 도시계획결정은 위법하다.
③ 행정주체는 구체적인 행정계획을 입안·결정함에 있어서 비교적 광범위한 형성의 자유를 가진다.
④ 행정주체가 행정계획을 입안·결정함에 있어서 이익형량의 고려 대상에 마땅히 포함시켜야 할 사항을 누락한 경우 그 행정계획결정은 재량권을 일탈·남용한 것으로서 위법하다.

해설 ➤ 下

① 국토해양부, 환경부, 문화체육관광부, 농림수산부, 식품부가 합동으로 2009.6.8. 발표한 '4대강 살리기 마스터플랜' 등은 4대강 정비사업과 주변 지역의 관련 사업을 체계적으로 추진하기 위하여 수립한 종합계획이자 '4대강 살리기 사업'의 기본방향을 제시하는 계획으로서, 행정기관 내부에서 사업의 기본방향을 제시하는 것일 뿐, 국민의 권리·의무에 직접 영향을 미치는 것이 아니어서 행정처분에 해당하지 않는다[대결(전합) 2011.4.21, 2010무111].

② 도시계획의 입안에 있어 해당 도시계획안의 내용을 공고 및 공람하게 한 것은 다수 이해관계자의 이익을 합리적으로 조정하여 국민의 권리자유에 대한 부당한 침해를 방지하고 행정의 민주화와 신뢰를 확보하기 위하여 국민의 의사를 그 과정에 반영시키는데 있는 것이므로 이러한 공고 및 공람 절차에 하자가 있는 도시계획결정은 위법하다(대판 2000.3.23, 98두2768).

③ 도시계획법 등 관계법령에는 추상적인 행정목표와 절차만이 규정되어 있을 뿐 행정계획의 내용에 대하여는 별다른 규정을 두고 있지 아니하므로 행정주체는 구체적인 행정계획을 입안·결정함에 있어서 비교적 광범위한 형성의 자유를 가진다(대판 2000.3.23, 98두2768).

④ 행정청은 구체적인 행정계획을 입안·결정할 때 비교적 광범위한 형성의 재량을 가진다. 다만 행정청의 이러한 형성의 재량이 무제한적이라고 할 수는 없고, 행정계획에서는 그에 관련되는 자들의 이익을 공익과 사익 사이에서는 물론이고 공익 사이에서나 사익 사이에서도 정당하게 비교·교량하여야 한다는 제한이 있으므로, 행정청이 행정계획을 입안·결정할 때 이익형량을 전혀 행하지 아니하거나 이익형량의 고려 대상에 마땅히 포함시켜야 할 사항을 누락한 경우 또는 이익형량을 하였으나 정당성과 객관성이 결여된 경우에는 그 행정계획 결정은 이익형량에 하자가 있어 위법하게 될 수 있다. 이러한 법리는 행정청이 「국토의 계획 및 이용에 관한 법률」(국토계획법)에 따라 주민 등의 도시관리계획 입안 제안을 받아들여 도시관리계획결정을 할 것인지를 결정하는 경우에도 마찬가지로 적용된다(대판 2020.6.25, 2019두56135).

정답 ①

제3절 공법상 계약

24. 공법상 계약에 대한 판례의 입장으로 옳지 않은 것은? 15 지방직9급

① 계약직공무원에 대한 계약을 해지할 때에는 「행정절차법」에 의하여 근거와 이유를 제시하여야 한다.
② 채용계약상 특별한 약정이 없는 한 지방계약직공무원에 대하여 「지방공무원법」, 「지방공무원 징계 및 소청 규정」에 정한 징계절차에 의하지 않고서는 보수를 삭감할 수 없다.
③ 지방전문직공무원 채용계약에서 정한 채용기간이 만료한 경우 채용계약을 갱신하거나 채용기간을 연장할 것인지 여부는 지방자치단체장의 재량에 맡겨져 있다.
④ 공중보건의사 채용계약 해지의 의사표시에 대하여는 공법상의 당사자소송으로 그 의사표시의 무효확인을 청구할 수 있다.

해설 中

① 계약직공무원 채용계약 해지의 의사표시는 일반공무원에 대한 징계처분과는 달라서 항고소송의 대상이 되는 처분등의 성격을 가진 것으로 인정되지 아니하고, 일정한 사유가 있을 때에 국가 또는 지방자치단체가 채용계약관계의 한쪽 당사자로서 대등한 지위에서 행하는 의사표시로 취급되는 것으로 이해되므로, 이를 징계해고 등에서와 같이 그 징계사유에 한하여 효력 유무를 판단하여야 하거나, 행정처분과 같이 행정절차법에 의하여 근거와 이유를 제시하여야 하는 것은 아니다(대판 2002.11.26, 2002두5948).
② 대판 2008.6.12, 2006두16328
③ 지방공무원법과 지방전문직공무원규정 등 관계법령의 규정내용에 비추어 보면, 지방전문직공무원 채용계약에서 정한 채용기간이 만료한 경우 채용계약을 갱신하거나 채용기간을 연장할 것인지 여부는 지방자치단체장의 재량에 맡겨져 있는 것으로 보아야 할 것이므로 지방전문직공무원 채용계약에서 정한 기간이 형식적인 것에 불과하고 그 채용계약은 기간의 약정이 없는 것이라고 볼 수 없다(대판 1993.9.14, 92누4611).
④ 현행 실정법이 전문직공무원인 공중보건의사의 채용계약 해지의 의사표시는 일반공무원에 대한 징계처분과는 달라서 항고소송의 대상이 되는 처분등의 성격을 가진 것으로 인정되지 아니하고, 일정한 사유가 있을 때에 관할도지사가 채용계약 관계의 한쪽 당사자로서 대등한 지위에서 행하는 의사표시로 취급하고 있는 것으로 이해되므로, 공중보건의사 채용계약 해지의 의사표시에 대하여는 대등한 당사자 간의 소송형식인 공법상의 당사자소송으로 그 의사표시의 무효확인을 청구할 수 있는 것이지, 이를 항고소송의 대상이 되는 행정처분이라는 전제하에서 그 취소를 구하는 항고소송을 제기할 수는 없다(대판 1996.5.31, 95누10617).

정답 ①

25. 공법상 계약에 대한 설명으로 옳지 않은 것은? (다툼이 있는 경우 판례에 의함) 15 지방직7급

① 행정청이 자신과 상대방 사이의 근로관계를 일방적인 의사표시로 종료시켰다면, 곧바로 그 의사표시는 행정청으로서 공권력을 행사하여 행하는 행정처분에 해당한다.
② 공공사업에 필요한 토지 등의 협의취득에 기한 손실보상금의 환수통보는 사법상의 이행청구에 해당하는 것으로서 항고소송의 대상이 될 수 없다.
③ 서울특별시립무용단원의 위촉은 공법상 계약에 해당하며, 따라서 그 단원의 해촉에 대하여는 공법상의 당사자소송으로 무효확인을 청구할 수 있다.
④ 지방계약직공무원에 대해서도, 채용계약상 특별한 약정이 없는 한, 「지방공무원법」, 「지방공무원 징계 및 소청규정」에 정한 징계절차에 의하지 않고서는 보수를 삭감할 수는 없다.

해설 中

① 계약직공무원에 관한 현행 법령의 규정에 비추어 볼 때, 계약직공무원 채용계약해지의 의사표시는 일반공무원에 대한 징계처분과는 달라서 항고소송의 대상이 되는 처분등의 성격을 가진 것으로 인정되지 아니하고, 일정한 사유가 있을 때에 국가 또는 지방자치단체가 채용계약관계의 한쪽 당사자로서 대등한 지위에서 행하는 의사표시로 취급되는 것으로 이해되므로, 이를 징계해고 등에서와 같이 그 징계사유에 한하여 효력 유무를 판단하여야 하거나, 행정처분과 같이 행정절차법에 의하여 근거와 이유를 제시하여야 하는 것은 아니다(대판 2002.11.26, 2002두5948).
② 구 「공공용지의 취득 및 손실보상에 관한 특례법」(2002.2.4. 법률 제6656호 「공익사업을 위한 토지 등의 취득 및 보상에 관한 법률」 부칙

제2조로 폐지됨)에 따른 토지 등의 협의취득은 공공사업에 필요한 토지 등을 그 소유자와의 협의에 의하여 취득하는 것으로서 공공기관이 사경제주체로서 행하는 사법상 매매 내지 사법상 계약의 실질을 가지는 것이지 행정청이 공권력의 주체로서 상대방의 의사 여하에 불구하고 일방적으로 행하는 행정처분이라 볼 수 없는 것이고, 위 협의취득에 기한 손실보상금의 환수통보 역시 사법상의 이행청구에 해당하는 것으로서 이를 항고소송의 대상이 되는 행정처분이라고 할 수 없다(대판 2010.11.11, 2010두14367).
③ 대판 1995.12.22, 95누4636
④ 대판 2008.6.12, 2006두16328

정답 ①

26. 공법상 계약에 대한 설명으로 옳은 것은? (다툼이 있는 경우 판례에 의함) 16 국가직9급

① 국립의료원 부설 주차장에 관한 위탁관리용역운영계약은 공법상 계약에 해당한다.
② 공법상 계약에 대해서도 「행정절차법」이 적용된다.
③ 「사회기반시설에 대한 민간투자법」상 민간투자사업의 사업시행자 지정은 공법상 계약이 아니라 행정처분에 해당한다.
④ 부담은 그 자체로서 독립된 행정처분이므로 행정청이 행정처분을 하면서 일방적으로 부가하는 것이지, 사전에 상대방과 협의하여 부담의 내용을 협약의 형식으로 미리 정한 후에 행정처분을 하면서 이를 부가할 수는 없다.

해설 ㊦

① 운영계약의 실질은 행정재산인 위 부설주차장에 대한 국유재산법 제24조 제1항에 의한 사용·수익 허가로서 이루어진 것임을 알 수 있으므로, 이는 위 국립의료원이 원고의 신청에 의하여 공권력을 가진 우월적 지위에서 행한 행정처분으로서 특정인에게 행정재산을 사용할 수 있는 권리를 설정하여 주는 강학상 특허에 해당한다 할 것이고 순전히 사경제주체로서 원고와 대등한 위치에서 행한 사법상의 계약으로 보기 어렵다고 할 것이다(대판 2006.3.9, 2004다31074).
② 행정절차법은 공법상 계약에 대해서는 규정을 두고 있지 않고, 행정기본법에 규정이 있다.
③ 판례는 사업시행자 지정이 처분이라는 전제에서 하자 여부를 판단함으로써 행정처분에 해당한다고 간접적으로 판시하고 있다.
선행처분인 서울-춘천 간 고속도로 민간투자시설사업의 사업시행자 지정처분의 무효를 이유로 그 후행처분인 도로구역결정처분의 취소를 구하는 소송에서, 선행처분인 사업시행자 지정처분을 무효로 할 만큼 중대하고 명백한 하자가 없다(대판 2009.4.23, 2007두13159).
④ 수익적 행정처분에 있어서는 법령에 특별한 근거규정이 없다고 하더라도 그 부관으로서 부담을 붙일 수 있고, 그와 같은 부담은 행정청이 행정처분을 하면서 일방적으로 부가할 수도 있지만 부담을 부가하기 이전에 상대방과 협의하여 부담의 내용을 협약의 형식으로 미리 정한 다음 행정처분을 하면서 이를 부가할 수도 있다(대판 2009.2.12, 2005다65500).

정답 ③

27. 공법상 계약에 대한 설명으로 옳은 것은 17 국가직9급

① 다수설에 따르면 공법상 계약은 당사자의 자유로운 의사의 합치에 의하므로 원칙적으로 법률유보의 원칙이 적용되지 않는다고 본다.
② 공법상 계약은 행정주체와 사인 간에만 체결 가능하며, 행정주체 상호 간에는 공법상 계약이 성립할 수 없다.
③ 대법원은 구 「농어촌 등 보건의료를 위한 특별조치법」 및 관계법령에 따른 전문직공무원인 공중보건의사의 채용계약 해지의 의사표시는 일반공무원에 대한 징계처분과 같은 성격을 가지며, 따라서 항고소송의 대상이 된다고 본다.
④ 현행 「행정절차법」은 공법상 계약에 대한 규정을 두고 있다.

해설 ㊦

① 공법상 계약은 비권력적·쌍방적 공법행위이기 때문에 법률유보 원칙이 적용되지 않는다.
② 공법상 계약은 행정주체 상호 간, 행정주체와 사인 상호 간에도 체결할 수 있다.
③ 현행 실정법이 전문직공무원인 공중보건의사의 채용계약 해지의 의사표시는 일반공무원에 대한 징계처분과는 달라서 항고소송의 대상이 되는 처분등의 성격을 가진 것으로 인정되지 아니하고, 일정한 사유가 있을 때에 관할도지사가 채용계약 관계의 한쪽 당사자로서 대등한 지위에서 행하는 의사표시로 취급하고 있는 것으로 이해되므로, 공중보건의사 채용계약 해지의 의사표시에 대하여는 대등한 당사자 간의 소송형식인 공법상의 당사자소송으로 그 의사표시의 무효확인을 청구할 수 있는 것이지, 이를 항고소송의 대상이 되는 행정처분이라는 전제하에서 그 취소를 구하

는 항고소송을 제기할 수는 없다(대판 1996.5.31, 95누10617).
④ 행정절차법은 공법상 계약에 관한 규정을 두고 있지 않고, 행정기본법에 규정이 있다.

정답 ①

28. 공법상 계약에 관한 설명으로 가장 옳지 않은 것은? (다툼이 있는 경우 판례에 의함) 17 서울시7급

① 시립무용단원의 채용계약과 공중보건의사 채용계약은 공법상 계약에 해당한다.
② 일반적으로 공법상 계약은 법규에 저촉되지 않는 한 자유로이 체결할 수 있으며 법률의 근거도 필요하지 않다.
③ 공법상 계약의 일방 당사자인 행정이 계약위반행위를 한다면 타방 당사자인 주민 또는 국민은 행정소송 중 당사자소송으로써 권리구제를 받을 수 있다.
④ 공법상 계약도 공행정작용이므로 「행정절차법」이 적용된다.

해설 ➤ ㊦

①③ 서울특별시립무용단 단원의 위촉은 공법상의 계약이라고 할 것이고, 따라서 그 단원의 해촉에 대하여는 공법상의 당사자소송으로 그 무효확인을 청구할 수 있다(대판 1995.12.22, 95누4636).
현행 실정법이 전문직공무원인 공중보건의사의 채용계약 해지의 의사표시는 일반공무원에 대한 징계처분과는 달라서 항고소송의 대상이 되는 처분등의 성격을 가진 것으로 인정되지 아니하고, 일정한 사유가 있을 때에 관할도지사가 채용계약 관계의 한쪽 당사자로서 대등한 지위에서 행하는 의사표시로 취급하고 있는 것으로 이해되므로, 공중보건의사 채용계약 해지의 의사표시에 대하여는 대등한 당사자 간의 소송형식인 공법상의 당사자소송으로 그 의사표시의 무효확인을 청구할 수 있는 것이지, 이를 항고소송의 대상이 되는 행정처분이라는 전제하에서 그 취소를 구하는 항고소송을 제기할 수는 없다(대판 1996.5.31, 95누10617).
한편, 판례는 항고소송의 일종인 무효확인소송에는 확인의 이익(즉시확정의 이익, 보충성)을 요하지 않지만, 당사자소송의 일종으로서의 무효확인소송을 제기할 경우에는 확인의 이익을 요한다.
② 비권력적 행정작용에는 법률의 근거가 필요하지 않다. 즉, 법률유보가 적용되지 않는다.
④ 처분, 신고, 확약, 위반사실 등의 공표, 행정계획, 행정상 입법예고, 행정예고 및 행정지도의 절차(행정절차)에 관하여 다른 법률에 특별한 규정이 있는 경우를 제외하고는 이 법에서 정하는 바에 따른다(행정절차법 제3조 제1항). 공법상 계약은 처분이 아니므로 위 규정에 따를 때 행정절차법이 적용되지 않는다.

정답 ④

29. 공법상 계약에 대한 설명으로 옳지 않은 것은? (다툼이 있는 경우 판례에 의함) 17 국가직7급

① 「지방자치단체를 당사자로 하는 계약에 관한 법률」에 따라, 지방자치단체가 당사자가 되는 이른바 공공계약은 본질적인 내용이 사인 간의 계약과 다를 바가 없다.
② 공법상 채용계약에 대한 해지의 의사표시는 공무원에 대한 징계처분과 달라서 「행정절차법」에 의하여 그 근거와 이유를 제시하여야 하는 것은 아니다.
③ 택시회사들의 자발적 감차와 그에 따른 감차보상금의 지급 및 자발적 감차 조치의 불이행에 따른 행정청의 직권 감차명령을 내용으로 하는 택시회사들과 행정청 간의 합의는 대등한 당사자 사이에서 체결한 공법상 계약에 해당하므로, 그에 따른 감차명령은 행정청이 우월한 지위에서 행하는 공권력의 행사로 볼 수 없다.
④ 공법상 계약의 무효확인을 구하는 당사자소송의 청구는 당해 소송에서 추구하는 권리구제를 위한 다른 직접적인 구제방법이 있는 이상 소송요건을 구비하지 못한 위법한 청구이다.

해설 ➤ ㊥

① 지방재정법에 의하여 준용되는 국가계약법에 따라 지방자치단체가 당사자가 되는, 이른바 공공계약은 사경제의 주체로서 상대방과 대등한 위치에서 체결하는 사법상의 계약으로서 그 본질적인 내용은 사인 간의 계약과 다를 바가 없으므로, 그에 관한 법령에 특별한 정함이 있는 경우를 제외하고는 사적 자치와 계약자유의 원칙 등 사법의 원리가 그대로 적용된다 할 것이다(대판 2001.12.11, 2001다33604).
② 대판 2002.11.26, 2002두5948

③ 「여객자동차 운수사업법」(여객자동차법) 제85조 제1항 제38호에 의하면, 운송사업자에 대한 면허에 붙인 조건을 위반한 경우 감차 등이 따르는 사업계획변경명령(감차명령)을 할 수 있는데, 감차명령의 사유가 되는 '면허에 붙인 조건을 위반한 경우'에서 '조건'에는 운송사업자가 준수할 일정한 의무를 정하고 이를 위반할 경우 감차명령을 할 수 있다는 내용의 '부관'도 포함된다. 그리고 부관은 면허 발급 당시에 붙이는 것뿐만 아니라 면허 발급 이후에 붙이는 것도 법률에 명문의 규정이 있거나 변경이 미리 유보되어 있는 경우 또는 상대방의 동의가 있는 경우 등에는 특별한 사정이 없는 한 허용된다. 따라서 관할 행정청은 면허 발급 이후에도 운송사업자의 동의하에 여객자동차운송사업의 질서 확립을 위하여 운송사업자가 준수할 의무를 정하고 이를 위반할 경우 감차명령을 할 수 있다는 내용의 면허 조건을 붙일 수 있고, 운송사업자가 조건을 위반하였다면 여객자동차법 제85조 제1항 제38호에 따라 감차명령을 할 수 있으며, 감차명령은 행정소송법 제2조 제1항 제1호가 정한 처분으로서 항고소송의 대상이 된다(대판 2016.11.24, 2016두45028).

④ 항고소송인 무효확인소송에는 보충성 내지 확인의 이익을 요하지 않지만, 당사자소송으로 무효확인을 구하는 경우에는 보충성이 요구된다.

정답 ③

30. 공법상 계약에 대한 설명으로 옳지 않은 것은? (다툼이 있는 경우 판례에 의함) 17 지방직7급

① 「공익사업을 위한 토지 등의 취득 및 보상에 관한 법률」상 협의취득계약은 공법상 계약이 아니라 사법상 매매계약에 해당한다.

② 구 「중소기업기술혁신 촉진법」상 중소기업 정보화지원사업에 따른 지원금 출연을 위하여 중소기업청장이 체결하는 협약은 공법상 계약에 해당한다.

③ 공법상 계약의 해지의 의사표시에 있어서는 특별한 규정이 없는 한 「행정절차법」에 의하여 근거와 이유를 제시하여야 한다.

④ 구 「산업집적활성화 및 공장설립에 관한 법률」에 따른 산업단지 입주계약의 해지통보는 행정청인 관리권자로부터 관리업무를 위탁받은 한국산업단지공단이 우월적 지위에서 그 상대방에게 일정한 법률상 효과를 발생하게 하는 것으로서 항고소송의 대상이 되는 행정처분에 해당한다.

해설 ▸ 中

① 대판 2010.11.11, 2010두14367

② 중소기업 정보화지원사업에 따른 지원금 출연을 위하여 중소기업청장이 체결하는 협약은 공법상 대등한 당사자 사이의 의사표시의 합치로 성립하는 공법상 계약에 해당하는 점, 구 「중소기업 기술혁신 촉진법」 제32조 제1항은 제10조가 정한 기술혁신사업과 제11조가 정한 산학협력지원사업에 관하여 출연한 사업비의 환수에 적용될 수 있을 뿐 이와 근거 규정을 달리하는 중소기업 정보화지원사업에 관하여 출연한 지원금에 대하여는 적용될 수 없고 달리 지원금 환수에 관한 구체적인 법령상 근거가 없는 점 등을 종합하면, 협약의 해지 및 그에 따른 환수통보는 공법상 계약에 따라 행정청이 대등한 당사자의 지위에서 하는 의사표시로 보아야 하고, 이를 행정청이 우월한 지위에서 행하는 공권력의 행사로서 행정처분에 해당한다고 볼 수는 없다고 한 사례(대판 2015.8.27, 2015두41449)

③ 계약직공무원 채용계약 해지의 의사표시는 일반공무원에 대한 징계처분과는 달라서 항고소송의 대상이 되는 처분등의 성격을 가진 것으로 인정되지 아니하고, 일정한 사유가 있을 때에 국가 또는 지방자치단체가 채용계약관계의 한쪽 당사자로서 대등한 지위에서 행하는 의사표시로 취급되는 것으로 이해되므로, 이를 징계해고 등에서와 같이 그 징계사유에 한하여 효력 유무를 판단하여야 하거나, 행정처분과 같이 행정절차법에 의하여 근거와 이유를 제시하여야 하는 것은 아니다(대판 2002.11.26, 2002두5948).

④ 대판 2011.6.30, 2010두23859

정답 ③

31. 행정계약에 대한 판례의 입장으로 옳지 않은 것은? 18 국가직9급

① 계약직공무원 채용계약해지의 의사표시는 일반공무원에 대한 징계처분과는 다르지만, 「행정절차법」의 처분절차에 의하여 근거와 이유를 제시하여야 한다.
② 구 「중소기업 기술혁신 촉진법」상 중소기업 정보화지원사업의 일환으로 중소기업기술정보진흥원장이 甲 주식회사와 중소기업 정보화지원사업에 관한 협약을 체결한 후 甲 주식회사의 협약불이행으로 인해 사업실패가 초래된 경우, 중소기업기술진흥원장이 협약에 따라 甲에 대해 행한 협약의 해지 및 지급받은 정부지원금의 환수통보는 행정처분에 해당하지 않는다.
③ 구 「도시계획법」상 도시계획사업의 시행자가 그 사업에 필요한 토지를 협의취득하는 행위는 사경제주체로서 행하는 사법상의 법률행위이므로 행정소송의 대상이 되지 않는다.
④ 「지방공무원법」상 지방전문직공무원 채용계약에서 정한 채용기간이 만료한 경우에는 채용계약의 갱신이나 기간연장 여부는 기본적으로 지방자치단체장의 재량이다.

해설 ➤ 中

① 계약직공무원에 관한 현행 법령의 규정에 비추어 볼 때, 계약직공무원 채용계약해지의 의사표시는 일반공무원에 대한 징계처분과는 달라서 항고소송의 대상이 되는 처분등의 성격을 가진 것으로 인정되지 아니하고, 일정한 사유가 있을 때에 국가 또는 지방자치단체가 채용계약관계의 한쪽 당사자로서 대등한 지위에서 행하는 의사표시로 취급되는 것으로 이해되므로, 이를 징계해고 등에서와 같이 그 징계사유에 한하여 효력 유무를 판단하여야 하거나, 행정처분과 같이 행정절차법에 의하여 근거와 이유를 제시하여야 하는 것은 아니다(대판 2002.11.26, 2002두5948).
② 대판 2015.8.27, 2015두41449
③ 대판 1992.10.27, 91누3871
④ 대판 1993.9.14, 92누4611

정답 ①

32. 행정상 계약에 대한 설명으로 옳은 것은? (다툼이 있는 경우 판례에 의함) 20 국회직9급

① 「산업집적활성화 및 공장설립에 관한 법률」상의 입주계약의 해지는 행정처분에 해당하지 않는다.
② 음식물류 폐기물의 수집·운반 업무의 대행을 위탁하고 그에 대한 대행료를 지급하는 것을 내용으로 하는 지방자치단체와 사인 간의 계약은 민사소송의 대상이다.
③ 「행정절차법」은 공법상 계약에 관하여 규정하고 있다.
④ 「공익사업을 위한 토지 등의 취득 및 보상에 관한 법률」상의 협의취득의 법적 성질은 공법상 계약에 해당한다.
⑤ 중소기업기술정보진흥원장이 중소기업 정보화지원사업 지원대상인 사업의 지원에 관하여 체결한 협약의 해지는 행정처분에 해당한다.

해설 ➤ 中

① 산업단지 입주계약의 해지통보는 단순히 대등한 당사자의 지위에서 형성된 공법상계약을 계약당사자의 지위에서 종료시키는 의사표시에 불과하다고 볼 것이 아니라 행정청인 관리권자로부터 관리업무를 위탁받은 피고가 우월적 지위에서 원고에게 일정한 법률상 효과를 발생하게 하는 것으로서 항고소송의 대상이 되는 행정처분에 해당한다(대판 2011.6.30, 2010두23859).
② 이 사건 최초계약과 변경계약은 피고가 원고들에게 음식물류 폐기물의 수집·운반, 가로 청소, 재활용품의 수집·운반 업무의 대행을 위탁하고 그에 대한 대행료를 지급하는 것을 내용으로 하는 용역계약으로서 이 사건 변경계약에 따른 대행료 정산의무의 존부는 민사 법률관계에 해당하므로 이를 소송물로 다투는 소송은 민사소송에 해당하는 것으로 보아야 한다. 따라서 행정사건이 아닌 민사사건은 지방법원의 전속관할에 속하지 않으므로 이 사건 원심 역시 관할위반의 잘못은 없다(대판 2018.2.13, 2014두11328).
③ 처분, 신고, 행정상 입법예고, 행정예고 및 행정지도의 절차(행정절차)에 관하여 다른 법률에 특별한 규정이 있는 경우를 제외하고는 이 법에서 정하는 바에 따른다(행정절차법 제3조 제1항). 확약과 계획수립절차, 계약에 대한 규정은 없다.
④ 공공사업의 시행자가 토지수용법에 의하여 그 사업에 필요한 토지를 취득하는 경우 그것이 협의에 의한 취득이고 토지수용법 제25조의2의 규정에 의한 협의성립의 확인이 없는 이상, 그 취득행위는 어디까지나 사경제주체로서 행하는 사법상의 취득으로서 승계취득한 것으로 보아야 할 것이고, 재결에 의한 취득과 같이 원시취득한 것으로 볼 수는 없다(대판 1996.2.13, 95다3510).
⑤ 중소기업 정보화지원사업에 따른 지원금 출연을 위하여 중소기업청장이 체결하는 협약은 공법상 대등한 당사자 사이의 의사표시의 합치로 성

립하는 공법상 계약에 해당하는 점, 구 「중소기업 기술혁신 촉진법」 제32조 제1항은 제10조가 정한 기술혁신사업과 제11조가 정한 산학협력 지원사업에 관하여 출연한 사업비의 환수에 적용될 수 있을 뿐 이와 근거 규정을 달리하는 중소기업 정보화지원사업에 관하여 출연한 지원금에 대하여는 적용될 수 없고 달리 지원금 환수에 관한 구체적인 법령상 근거가 없는 점 등을 종합하면, 협약의 해지 및 그에 따른 환수통보는 공법상 계약에 따라 행정청이 대등한 당사자의 지위에서 하는 의사표시로 보아야 하고, 이를 행정청이 우월한 지위에서 행하는 공권력의 행사로서 행정처분에 해당한다고 볼 수는 없다고 한 사례(대판 2015.8.27, 2015두41449).

정답 ②

33. 공법상 계약에 대한 설명으로 옳지 않은 것만을 〈보기〉에서 모두 고른 것은? (다툼이 있는 경우 판례에 의함) 20 국회직8급

〈보 기〉

ㄱ. 지방계약직공무원에 대하여 채용계약상 특별한 약정이 없는 한 「지방공무원법」, 「지방공무원징계 및 소청 규정」에서 정한 징계 절차에 의하지 않고서는 보수를 삭감할 수 없다.
ㄴ. 단순히 계약상의 규정에 근거한 것이 아니라 계약상의 규정과 중첩되더라도 법령상의 근거를 가진 행위에 대해서는 공권력성을 인정하여 이를 처분으로 인정하는 경우가 있다.
ㄷ. 한국환경산업기술원장이 환경기술개발사업 협약을 체결한 甲 주식회사 등에게 연차평가 실시 결과 절대평가 60점 미만으로 평가되었다는 이유로 연구개발 중단 조치 및 연구비 집행중지 조치를 한 사안에서, 연구개발 중단 조치 및 연구비 집행중지 조치는 항고소송의 대상이 되는 행정처분에 해당한다.
ㄹ. 시립합창단원에 대한 위촉은 처분에 의한 임명행위라 할 수 있다.
ㅁ. 공법상 계약에 기초한 공무원의 근무관계에서 징계행위는 행정처분이다.
ㅂ. 계약직 공무원의 채용계약해지는 행정처분으로 본다.

① ㄱ, ㄴ
② ㄱ, ㄷ
③ ㄹ, ㅁ
④ ㄹ, ㅂ
⑤ ㅁ, ㅂ

해설 ㊤

ㄱㅁ 대판 2008.6.12, 2006두16328
ㄴ 행정청이 자신과 상대방 사이의 법률관계를 일방적인 의사표시로 종료시켰다고 하더라도 곧바로 의사표시가 행정청으로서 공권력을 행사하여 행하는 행정처분이라고 단정할 수는 없고, 관계 법령이 상대방의 법률관계에 관하여 구체적으로 어떻게 규정하고 있는지에 따라 의사표시가 항고소송의 대상이 되는 행정처분에 해당하는지 아니면 공법상 계약관계의 일방 당사자로서 대등한 지위에서 행하는 의사표시인지를 개별적으로 판단하여야 한다(대판 2015.8.27, 2015두41449).
ㄷ 대판 2015.12.24, 2015두264
ㄹ 광주광역시문화예술회관장의 단원 위촉은 광주광역시문화예술회관장이 행정청으로서 공권력을 행사하여 행하는 행정처분이 아니라 공법상의 근무관계의 설정을 목적으로 하여 광주광역시와 단원이 되고자 하는 자 사이에 대등한 지위에서 의사가 합치되어 성립하는 공법상 근로계약에 해당한다고 보아야 할 것이므로, 광주광역시립합창단원으로서 위촉기간이 만료되는 자들의 재위촉 신청에 대하여 광주광역시문화예술회관장이 실기와 근무성적에 대한 평정을 실시하여 재위촉을 하지 아니한 것을 항고소송의 대상이 되는 불합격처분이라고 할 수는 없다(대판 2001.12.11, 2001두7794).
ㅂ 계약직공무원에 관한 현행 법령의 규정에 비추어 볼 때, 계약직공무원 채용계약해지의 의사표시는 일반공무원에 대한 징계처분과는 달라서 항고소송의 대상이 되는 처분등의 성격을 가진 것으로 인정되지 아니하고, 일정한 사유가 있을 때에 국가 또는 지방자치단체가 채용계약관계의 한쪽 당사자로서 대등한 지위에서 행하는 의사표시로 취급되는 것으로 이해되므로, 이를 징계해고 등에서와 같이 그 징계사유에 한하여 효력 유무를 판단하여야 하거나, 행정처분과 같이 행정절차법에 의하여 근거와 이유를 제시하여야 하는 것은 아니다(대판 2002.11.26, 2002두5948).

정답 ④

34. 공법상 계약에 대한 설명으로 옳은 것은? (다툼이 있는 경우 판례에 의함) 20 지방직7급

① 지방자치단체가 사인과 체결한 자원회수시설에 대한 위탁운영협약은 사법상 계약에 해당하므로 그에 관한 다툼은 민사소송의 대상이 된다.

② 구 「사회간접자본시설에 대한 민간투자법」에 근거한 서울 - 춘천 간 고속도로 민간투자시설사업의 사업시행자 지정은 공법상 계약에 해당한다.

③ 과학기술기본법령상 사업 협약의 해지 통보는 대등 당사자의 지위에서 형성된 공법상 계약을 계약당사자의 지위에서 종료시키는 의사표시에 해당한다.

④ A광역시립합창단원으로서 위촉기간이 만료되는 자들의 재위촉 신청에 대하여 A광역시문화예술회관장이 실기와 근무성적에 대한 평정을 실시하여 재위촉을 하지 아니한 것은 항고소송의 대상이 되는 불합격 처분에 해당한다.

해설 ➢ 中

① 위 협약은 甲 지방자치단체가 사인인 乙 회사 등에 위 시설의 운영을 위탁하고 그 위탁운영비용을 지급하는 것을 내용으로 하는 용역계약으로서 상호 대등한 입장에서 당사자의 합의에 따라 체결한 사법상 계약에 해당하고, 위 협약에 따르면 수탁자인 乙 회사 등이 위탁운영비용 중 비정산비용 항목을 일부 집행하지 않았다고 하더라도, 위탁자인 甲 지방자치단체에 미집행액을 회수할 계약상 권리가 인정된다고 볼 수 없는 점, 인건비 등이 일부 집행되지 않았다는 사정만으로 乙 회사 등이 협약상 의무를 불이행하였다고 볼 수는 없는 점, 乙 회사 등이 甲 지방자치단체에 미집행액을 반환하여야 할 계약상 의무가 없으므로 결과적으로 乙 회사 등이 미집행액을 계속 보유하고 자신들의 이윤으로 귀속시킬 수 있다고 해서 협약에서 정한 '운영비용의 목적 외 사용'에 해당한다고 볼 수도 없는 점 등을 종합하면, 甲 지방자치단체가 미집행액 회수를 위하여 乙 회사 등으로부터 지급받은 돈이 부당이득에 해당하지 않는다고 본 원심판단에 법리를 오해한 잘못이 있다고 한 사례(대판 2019.10.17, 2018두60588)

② 판례는 명시적으로 처분성을 인정하지는 않았지만, 처분성 인정을 전제로 하자 여부를 판단하고 있다.
심의위원회는 스스로 민간제안사업의 민간투자사업 추진 여부나 사업시행자 지정 여부를 결정하는 것이 아니고 의사결정권자의 자문에 응하여 심의하는 기관에 불과하므로, 위와 같은 절차규정 위반은 이 사건 사업시행자지정처분을 무효로 할 만한 중대하고 명백한 하자라고 볼 수 없다(대판 2009.4.23, 2007두13159).

③ 과학기술기본법령상 사업 협약의 해지 통보는 단순히 대등 당사자의 지위에서 형성된 공법상 계약을 계약당사자의 지위에서 종료시키는 의사표시에 불과한 것이 아니라 행정청이 우월적 지위에서 연구개발비의 회수 및 관련자에 대한 국가연구개발사업 참여제한 등의 법률상 효과를 발생시키는 행정처분에 해당하므로, 이로 인하여 자신의 법률상 지위에 영향을 받는 연구자 등은 적어도 그 이해관계를 대변하는 연구팀장을 통해서 협약 해지 통보의 효력을 다툴 개별적·직접적·구체적 이해관계가 있다고 보이는 점 등 제반 사정을 앞서 본 법리에 비추어 살펴보면, 이 사건 사업의 연구팀장인 원고는 이 사건 사업에 관한 협약의 해지 통보의 효력을 다툴 법률상 이익이 있다(대판 2014.12.11, 2012두28704).

④ 광주광역시문화예술회관장의 단원 위촉은 광주광역시문화예술회관장이 행정청으로서 공권력을 행사하여 행하는 행정처분이 아니라 공법상의 근무관계의 설정을 목적으로 하여 광주광역시와 단원이 되고자 하는 자 사이에 대등한 지위에서 의사가 합치되어 성립하는 공법상 근로계약에 해당한다고 보아야 할 것이므로, 광주광역시립합창단원으로서 위촉기간이 만료되는 자들의 재위촉 신청에 대하여 광주광역시문화예술회관장이 실기와 근무성적에 대한 평정을 실시하여 재위촉을 하지 아니한 것을 항고소송의 대상이 되는 불합격처분이라고 할 수는 없다(대판 2001.12.11, 2001두7794).

정답 ①

35. 공법상 계약에 대한 설명으로 옳지 않은 것은? (다툼이 있는 경우 판례에 의함) 21 국가직9급

① 행정청이 자신과 상대방 사이의 법률관계를 일방적인 의사표시로 종료시켰다고 하더라도 곧바로 그 의사표시가 행정청으로서 공권력을 행사하여 행하는 행정처분이라고 단정할 수는 없고, 관계 법령이 상대방의 법률관계에 관하여 구체적으로 어떻게 규정하고 있는지에 따라 개별적으로 판단하여야 한다.

② 채용계약상 특별한 약정이 없는 한, 지방계약직공무원에 대하여 「지방공무원법」, 「지방공무원 징계 및 소청 규정」에 정한 징계절차에 의하지 않고서는 보수를 삭감할 수 없다.

③ 중소기업 정보화지원사업에 대한 지원금출연협약의 해지 및 환수통보는 공법상 계약에 따른 의사표시가 아니라 행정청이 우월한 지위에서 행하는 공권력의 행사로서 행정처분이다.

④ 계약직공무원 채용계약해지는 국가 또는 지방자치단체가 대등한 지위에서 행하는 의사표시로서 처분이 아니므로 「행정절차법」에 의하여 근거와 이유를 제시하여야 하는 것은 아니다.

해설 ㊥

① 대판 2015.8.27, 2015두41449
② 대판 2008.6.12, 2006두16328
③ 중소기업 정보화지원사업에 따른 지원금 출연을 위하여 중소기업청장이 체결하는 협약은 공법상 대등한 당사자 사이의 의사표시의 합치로 성립하는 공법상 계약에 해당하는 점, 구 「중소기업 기술혁신 촉진법」 제32조 제1항은 제10조가 정한 기술혁신사업과 제11조가 정한 산학협력 지원사업에 관하여 출연한 사업비의 환수에 적용될 수 있을 뿐 이와 근거 규정을 달리하는 중소기업 정보화지원사업에 관하여 출연한 지원금에 대하여는 적용될 수 없고 달리 지원금 환수에 관한 구체적인 법령상 근거가 없는 점 등을 종합하면, 협약의 해지 및 그에 따른 환수통보는 공법상 계약에 따라 행정청이 대등한 당사자의 지위에서 하는 의사표시로 보아야 하고, 이를 행정청이 우월한 지위에서 행하는 공권력의 행사로서 행정처분에 해당한다고 볼 수는 없다고 한 사례(대판 2015.8.27, 2015두41449)
④ 대판 2002.11.26, 2002두5948

정답 ③

36. 공법상 계약에 대한 설명으로 옳지 않은 것은? (다툼이 있는 경우 판례에 의함) 21 지방직9급

① 공중보건의사 채용계약 해지의 의사표시에 대하여는 공법상의 당사자소송으로 그 의사표시의 무효확인을 청구할 수 있다.
② 공법상 계약에는 법률우위의 원칙이 적용된다.
③ 계약직공무원 채용계약해지의 의사표시는 항고소송의 대상이 되는 처분 등의 성격을 가진 것으로 행정처분과 같이 「행정절차법」에 의하여 근거와 이유를 제시하여야 한다.
④ 행정청은 공법상 계약의 상대방을 선정하고 계약 내용을 정할 때 공법상 계약의 공공성과 제3자의 이해관계를 고려하여야 한다.

 ㊦

① 현행 실정법이 전문직공무원인 공중보건의사의 채용계약 해지의 의사표시는 일반공무원에 대한 징계처분과는 달라서 항고소송의 대상이 되는 처분등의 성격을 가진 것으로 인정되지 아니하고, 일정한 사유가 있을 때에 관할도지사가 채용계약 관계의 한쪽 당사자로서 대등한 지위에서 행하는 의사표시로 취급하고 있는 것으로 이해되므로, 공중보건의사 채용계약 해지의 의사표시에 대하여는 대등한 당사자 간의 소송형식인 공법상의 당사자소송으로 그 의사표시의 무효확인을 청구할 수 있는 것이지, 이를 항고소송의 대상이 되는 행정처분이라는 전제하에서 그 취소를 구하는 항고소송을 제기할 수는 없다(대판 1996.5.31, 95누10617).
② 법률우위는 법치주의의 소극적 측면으로서 행정의 전 영역에 적용된다.
③ 계약직공무원에 관한 현행 법령의 규정에 비추어 볼 때, 계약직공무원 채용계약해지의 의사표시는 일반공무원에 대한 징계처분과는 달라서 항고소송의 대상이 되는 처분등의 성격을 가진 것으로 인정되지 아니하고, 일정한 사유가 있을 때에 국가 또는 지방자치단체가 채용계약관계의 한쪽 당사자로서 대등한 지위에서 행하는 의사표시로 취급되는 것으로 이해되므로, 이를 징계해고 등에서와 같이 그 징계사유에 한하여 효력 유무를 판단하여야 하거나, 행정처분과 같이 행정절차법에 의하여 근거와 이유를 제시하여야 하는 것은 아니다(대판 2002.11.26, 2002두5948).
④ 행정기본법 제27조 제2항

정답 ③

37. 공법상 계약에 대한 설명으로 옳지 않은 것은? (다툼이 있는 경우 판례에 의함) 21 지방직7급

① 구 「정부투자기관 관리기본법」의 적용 대상인 정부투자기관이 일방 당사자가 되는 계약은 사법상의 계약으로서 그에 관한 법령에 특별한 정함이 있는 경우를 제외하고는 사적 자치의 원칙이 그대로 적용된다.
② 구 「중소기업 기술혁신촉진법」상 중소기업 정보화지원사업에 따른 지원금 출연을 위하여 중소기업청장이 체결하는 협약은 공법상 대등한 당사자 사이의 의사표시의 합치로 성립하는 공법상 계약에 해당한다.
③ 행정청이 자신과 상대방 사이의 법률관계를 일방적인 의사표시로 종료시켰다면 그 의사표시는 공법상 계약관계의 일방 당사자로서 대등한 지위에서 행하는 의사표시가 아니라 공권력행사로서 행정처분에 해당한다.
④ 공법상 계약의 한쪽 당사자가 다른 당사자를 상대로 효력을 다투거나 이행을 청구하는 소송은 분쟁의 실질이 공법상 권리·의무의 존부·범위에 관한 다툼이 아니라 손해배상액의 구체적인 산정방법·금액에 국한되는 등의 특별한 사정이 없는 한 공법상 당사자소송으로 제기하여야 한다.

해설 ➤ ㊥

① 대판 2014.12.24, 2010다83182
② 대판 2015.8.27, 2015두41449
③ 행정청이 자신과 상대방 사이의 법률관계를 일방적인 의사표시로 종료시켰다고 하더라도 곧바로 의사표시가 행정청으로서 공권력을 행사하여 행하는 행정처분이라고 단정할 수는 없고, 관계 법령이 상대방의 법률관계에 관하여 구체적으로 어떻게 규정하고 있는지에 따라 의사표시가 항고소송의 대상이 되는 행정처분에 해당하는지 아니면 공법상 계약관계의 일방 당사자로서 대등한 지위에서 행하는 의사표시인지를 개별적으로 판단하여야 한다(대판 2015.8.27, 2015두41449).
④ 대판 2021.2.4, 2019다277133

정답 ③

38. 공법상 계약에 대한 설명으로 옳은 것은? (다툼이 있는 경우 판례에 의함) 22 지방직9급

① 지방자치단체가 일방 당사자가 되는 이른바 '공공계약'이 사법상 계약에 해당하는 경우에도 법령에 특별한 규정이 없다면 사적 자치와 계약자유의 원칙 등 사법의 원리가 그대로 적용되지 않는다.
② 국립의료원 부설 주차장 위탁관리용역운영계약은 공법상 계약에 해당한다.
③ 공법상 계약이더라도 한쪽 당사자가 다른 당사자를 상대로 계약의 이행을 청구하는 소송은 민사소송으로 제기하여야 한다.
④ 지방자치단체가 A주식회사를 자원회수시설과 부대시설의 운영·유지관리 등을 위탁할 민간사업자로 선정하고 A주식회사와 체결한 위 시설에 관한 위·수탁 운영 협약은 사법상 계약에 해당한다.

해설 ➤ ㊦

① 지방재정법에 의하여 준용되는 「국가를 당사자로 하는 계약에 관한 법률」에 따라 지방자치단체가 당사자가 되는 이른바 공공계약은 사경제의 주체로서 상대방과 대등한 위치에서 체결하는 사법상의 계약으로서 그 본질적인 내용은 사인 간의 계약과 다를 바가 없으므로, 그에 관한 법령에 특별한 정함이 있는 경우를 제외하고는 사적 자치와 계약자유의 원칙 등 사법의 원리가 그대로 적용된다(대결 2006.6.19, 2006마117).
② 운영계약의 실질은 행정재산인 위 부설주차장에 대한 국유재산법 제24조 제1항에 의한 사용·수익 허가로서 이루어진 것임을 알 수 있으므로, 이는 위 국립의료원이 원고의 신청에 의하여 공권력을 가진 우월적 지위에서 행한 행정처분으로서 특정인에게 행정재산을 사용할 수 있는 권리를 설정하여 주는 강학상 특허에 해당한다 할 것이고 순전히 사경제주체로서 원고와 대등한 위치에서 행한 사법상의 계약으로 보기 어렵다고 할 것이다(대판 2006.3.9, 2004다31074).
③ 공법상 계약의 한쪽 당사자가 다른 당사자를 상대로 효력을 다투거나 이행을 청구하는 소송은 공법상의 법률관계에 관한 분쟁이므로 분쟁의 실질이 공법상 권리·의무의 존부·범위에 관한 다툼이 아니라 손해배상액의 구체적인 산정방법·금액에 국한되는 등의 특별한 사정이 없는 한 공법상 당사자소송으로 제기하여야 한다(대판 2021.2.4, 2019다277133). [첫출제]
④ 위 협약은 甲 지방자치단체가 사인인 乙 회사 등에 위 시설의 운영을 위탁하고 그 위탁운영비용을 지급하는 것을 내용으로 하는 용역계약으로서 상호 대등한 입장에서 당사자의 합의에 따라 체결한 사법상 계약에 해당하고, 위 협약에 따르면 수탁자인 乙 회사 등이 위탁운영비용 중 비정산비용 항목을 일부 집행하지 않았다고 하더라도, 위탁자인 甲 지방자치단체에 미집행액을 회수할 계약상 권리가 인정된다고 볼 수 없는 점, 인건비 등이 일부 집행되지 않았다는 사정만으로 乙 회사 등이 협약상 의무를 불이행하였다고 볼 수는 없는 점, 乙 회사 등이 甲 지방자치단체에 미집행액을 반환하여야 할 계약상 의무가 없으므로 결과적으로 乙 회사 등이 미집행액을 계속 보유하고 자신들의 이윤으로 귀속시킬 수 있다고 해서 협약에서 정한 '운영비용의 목적 외 사용'에 해당한다고 볼 수도 없는 점 등을 종합하면, 甲 지방자치단체가 미집행액 회수를 위하여 乙 회사 등으로부터 지급받은 돈이 부당이득에 해당하지 않는다고 본 원심판단에 법리를 오해한 잘못이 있다고 한 사례(대판 2019.10.17, 2018두60588)

정답 ④

39. 공법상 계약에 대한 설명으로 옳지 않은 것은? (다툼이 있는 경우 판례에 의함)

'22 국가직7급

① 행정청은 공법상 계약의 상대방을 선정하고 계약 내용을 정할 때 공법상 계약의 공공성과 제3자의 이해관계를 고려하여야 한다.
② 중소기업 정보화지원사업에 따른 지원금 출연을 위하여 중소기업청장이 체결하는 협약은 공법상 대등한 당사자 사이의 의사표시의 합치로 성립하는 공법상 계약에 해당하고 그 협약의 해지 및 그에 따른 환수통보는 공법상 계약에 따라 행정청이 대등한 당사자의 지위에서 하는 의사표시이다.
③ 공법상 계약의 한쪽 당사자가 다른 당사자를 상대로 그 효력을 다투거나 그 이행을 청구하는 소송은 공법상의 법률관계에 관한 분쟁이므로 특별한 사정이 없는 한 공법상 당사자소송으로 제기하여야 한다.
④ 민간투자사업 실시협약을 체결한 당사자가 공법상 당사자소송에 의하여 그 실시협약에 따른 재정지원금의 지급을 구하는 경우에, 수소법원은 주무관청이 재정지원금액을 산정한 절차 등에 위법이 있는지 여부를 심사할 수는 있지만 실시협약에 따른 적정한 재정지원금액이 얼마인지를 구체적으로 심리·판단할 수 없다.

 ㊦

① 행정청은 법령등을 위반하지 아니하는 범위에서 행정목적을 달성하기 위하여 필요한 경우에는 공법상 법률관계에 관한 계약(공법상 계약)을 체결할 수 있다. 이 경우 계약의 목적 및 내용을 명확하게 적은 계약서를 작성하여야 한다(행정기본법 제27조 제1항). 행정청은 공법상 계약의 상대방을 선정하고 계약 내용을 정할 때 공법상 계약의 공공성과 제3자의 이해관계를 고려하여야 한다(같은 조 제2항).

② 중소기업 정보화지원사업에 따른 지원금 출연을 위하여 중소기업청장이 체결하는 협약은 공법상 대등한 당사자 사이의 의사표시의 합치로 성립하는 공법상 계약에 해당하는 점, 구 「중소기업 기술혁신 촉진법」 제32조 제1항은 제10조가 정한 기술혁신사업과 제11조가 정한 산학협력 지원사업에 관하여 출연한 사업비의 환수에 적용될 수 있을 뿐 이와 근거 규정을 달리하는 중소기업 정보화지원사업에 관하여 출연한 지원금에 대하여는 적용될 수 없고 달리 지원금 환수에 관한 구체적인 법령상 근거가 없는 점 등을 종합하면, 협약의 해지 및 그에 따른 환수통보는 공법상 계약에 따라 행정청이 대등한 당사자의 지위에서 하는 의사표시로 보아야 하고, 이를 행정청이 우월한 지위에서 행하는 공권력의 행사로서 행정처분에 해당한다고 볼 수는 없다고 한 사례(대판 2015.8.27, 2015두41449)

③ 공법상 계약의 한쪽 당사자가 다른 당사자를 상대로 효력을 다투거나 이행을 청구하는 소송은 공법상의 법률관계에 관한 분쟁이므로 분쟁의 실질이 공법상 권리·의무의 존부·범위에 관한 다툼이 아니라 손해배상액의 구체적인 산정방법·금액에 국한되는 등의 특별한 사정이 없는 한 공법상 당사자소송으로 제기하여야 한다(대판 2021.2.4, 2019다277133).

④ 민간투자사업 실시협약을 체결한 당사자가 공법상 당사자소송에 의하여 그 실시협약에 따른 재정지원금의 지급을 구하는 경우에, 수소법원은 단순히 주무관청이 재정지원금액을 산정한 절차 등에 위법이 있는지 여부를 심사하는 데 그쳐서는 아니 되고, 실시협약에 따른 적정한 재정지원금액이 얼마인지를 구체적으로 심리·판단하여야 한다(대판 2019.1.31, 2017두46455).

정답 ④

제4절 행정상의 사실행위

40. 사실행위에 관한 설명으로 가장 옳지 않은 것은? 18 서울시7급

① 위법한 행정지도에 따라 행한 사인의 행위는 법령에 명시적으로 정함이 없는 한 위법성이 조각된다고 할 수 없다.
② 헌법재판소는 "수형자의 서신을 교도소장이 검열하는 행위는 이른바 권력적 사실행위로서 행정심판이나 행정소송의 대상이 되는 행정처분으로 볼 수 있다."라고 하여 명시적으로 권력적 사실행위의 처분성을 긍정하였다.
③ 위법한 행정지도로 손해가 발생한 경우 국가 등을 상대로 손해배상을 청구할 수 있으나, 이 경우 「국가배상법」 제2조가 정한 배상책임의 요건을 갖추어야 한다.
④ 판례에 의하면, 행정규칙에 의한 불문경고 조치는 차후 징계감경사유로 작용할 수 있는 표창대상자에서 제외되는 등의 인사상 불이익을 줄 수 있다 하여도 이는 간접적 효과에 불과하므로 항고소송의 대상인 행정처분에 해당하지 않는다.

해설 ㊦

① 행정관청이 국토이용관리법 소정의 토지거래계약신고에 관하여 공시된 기준시가를 기준으로 매매가격을 신고하도록 행정지도를 하여 그에 따라 허위신고를 한 것이라 하더라도 이와 같은 행정지도는 법에 어긋나는 것으로서 그와 같은 행정지도나 관행에 따라 허위신고행위에 이르렀다고 하여도 이것만 가지고서는 그 범법행위가 정당화될 수 없다(대판 1994.6.14, 93도3247).
② 수형자의 서신을 교도소장이 검열하는 행위는 이른바 권력적 사실행위로서 행정심판이나 행정소송의 대상이 되는 행정처분으로 볼 수 있으나, 위 검열행위가 이미 완료되어 행정심판이나 행정소송을 제기하더라도 소의 이익이 부정될 수 밖에 없으므로 헌법소원심판을 청구하는 외에 다른 효과적인 구제방법이 있다고 보기 어렵기 때문에 보충성의 원칙에 대한 예외에 해당한다(헌재결 1998.8.27, 96헌마398).
④ 이 사건 처분이 비록 법률상의 징계처분은 아니라 하더라도, 이 사건 처분에는 적어도 이 사건 처분을 받지 아니하였다면 차후 다른 징계처분이나 경고를 받게 될 경우 징계감경사유로 사용될 수 있었던 표창공적의 사용가능성을 소멸시키는 효과와 1년 동안 인사기록카드에 등재됨으로써 그동안은 장관표창이나 도지사표창 대상자에서 제외시키는 효과 등이 있음을 알 수 있다. 그렇다면 이 사건 처분은 그 근거와 법적 효과가 위와 같은 행정규칙에 규정되어 있다 하더라도, 행정규칙의 내부적 구속력에 의하여 상대방에게 권리의 설정 또는 의무의 부담을 명하거나 기타 법적 효과를 발생하게 하는 등으로 원고의 권리의무에 직접 영향을 미치는 행위로서 항고소송의 대상이 되는 행정처분에 해당하는 것으로 보아야 할 것이다(대판 2002.7.26, 2001두3532).

정답 ④

메모

제5절 행정지도

41. 행정지도에 대한 설명으로 옳지 않은 것은? (다툼이 있는 경우 판례에 의함) 17 국가직9급

① 위법한 행정지도에 따라 행한 사인의 행위는 법령에 명시적으로 정함이 없는 한 위법성이 조각된다고 할 수 없다.
② 행정지도의 상대방은 행정지도의 내용에 동의하지 않는 경우 이를 따르지 않을 수 있으므로, 행정지도의 내용이나 방식에 대해 의견제출권을 갖지 않는다.
③ 행정지도가 말로 이루어지는 경우에 상대방이 행정지도의 취지 및 내용, 행정지도를 하는 자의 신분에 관한 사항을 적은 서면의 교부를 요구하면 그 행정지도를 하는 자는 직무 수행에 특별한 지장이 없으면 이를 교부하여야 한다.
④ 「국가배상법」이 정한 배상청구의 요건인 '공무원의 직무'에는 권력적 작용만이 아니라 행정지도와 같은 비권력적 작용도 포함된다.

해설 ㊦

① 대판 1994.6.14, 93도3247
② 행정지도의 상대방은 해당 행정지도의 방식·내용 등에 관하여 행정기관에 의견제출을 할 수 있다(행정절차법 제50조).
③ 행정절차법 제49조 제2항
④ 대판 1998.7.10, 96다38971

정답 ②

42. 행정지도에 대한 판례의 입장으로 옳은 것(○)과 옳지 않은 것(×)을 바르게 조합한 것은? 17 지방직9급

ㄱ. 행정관청이 구 「국토이용관리법」 소정의 토지거래계약신고에 관하여 공시된 기준시가를 기준으로 매매가격을 신고하도록 행정지도를 하여 그에 따라 허위신고를 한 것이라 하더라도 이와 같은 행정지도는 법에 어긋나는 것으로서 그 범법행위가 정당화될 수 없다.
ㄴ. 교육인적자원부장관의 국·공립대학총장들에 대한 학칙시정요구는 대학총장의 임의적인 협력을 통하여 사실상의 효과를 발생시키는 행정지도의 일종으로 헌법소원의 대상이 되는 공권력행사라고 볼 수 없다.
ㄷ. 노동부장관이 공공기관 단체협약내용을 분석하여 불합리한 요소를 개선하라고 요구한 행위는 행정지도로서의 한계를 넘어 규제적·구속적 성격을 강하게 갖는다고 할 수 없어 헌법소원의 대상이 되는 공권력의 행사에 해당한다고 볼 수 없다.
ㄹ. 행정기관의 위법한 행정지도로 일정기간 어업권을 행사하지 못하는 손해를 입은 자가 그 어업권을 타인에게 매도하여 매매대금 상당의 이득을 얻은 경우, 손해배상액의 산정에서 그 이득을 손익상계할 수 있다.

	ㄱ	ㄴ	ㄷ	ㄹ
①	○	○	○	○
②	○	×	×	×
③	○	×	○	×
④	×	×	○	○

해설 中

ㄱ 대판 1994.6.14, 93도3247

ㄴ 교육인적자원부장관(현 교육부장관)의 대학총장들에 대한 이 사건 학칙시정요구는 고등교육법 제6조 제2항, 동법 시행령 제4조 제3항에 따른 것으로서 그 법적 성격은 대학총장의 임의적인 협력을 통하여 사실상의 효과를 발생시키는 행정지도의 일종이지만, 그에 따르지 않을 경우 일정한 불이익조치를 예정하고 있어 사실상 상대방에게 그에 따를 의무를 부과하는 것과 다를 바 없으므로 단순한 행정지도로서의 한계를 넘어 규제적·구속적 성격을 상당히 강하게 갖는 것으로서 헌법소원의 대상이 되는 공권력의 행사라고 볼 수 있다(헌재결 2003.6.26, 2002헌마337, 2003헌마7·8).

ㄷ 헌재결 2011.12.29, 2009헌마330·344

ㄹ 행정기관의 위법한 행정지도로 일정기간 어업권을 행사하지 못하는 손해를 입은 자가 그 어업권을 타인에게 매도하여 매매대금 상당의 이득을 얻었더라도 그 이득은 손해배상책임의 원인이 되는 행위인 위법한 행정지도와 상당인과관계에 있다고 볼 수 없고, 행정기관이 배상하여야 할 손해는 위법한 행정지도로 피해자가 일정기간 어업권을 행사하지 못한 데 대한 것임에 반해 피해자가 얻은 이득은 어업권 자체의 매각대금이므로 위 이득이 위 손해의 범위에 대응하는 것이라고 볼 수도 없어, 피해자가 얻은 매매대금 상당의 이득을 행정기관이 배상하여야 할 손해액에서 공제할 수 없다(대판 2008.9.25, 2006다18228).

정답 ③

43. 행정지도에 대한 설명으로 옳은 것은? (다툼이 있는 경우 판례에 의함) 17 국회직8급

① 「국가배상법」이 정하는 손해배상청구의 요건인 '공무원의 직무'에는 비권력작용인 행정지도는 포함되지 아니한다.

② 강제성을 띠지 아니한 행정지도로 인하여 손해가 발생한 경우에 행정청은 손해배상책임이 있다.

③ 행정지도는 비권력적 사실행위이므로 행정지도가 그 한계를 넘어 규제적·구속적 성격을 강하게 갖는 경우라 하여 헌법소원의 대상이 되는 공권력의 행사에 해당한다고 볼 수는 없다.

④ 「행정절차법」에 따르면 행정지도의 상대방은 해당 행정지도의 내용에 관하여서뿐만 아니라 그 방식에 관하여도 행정기관에 의견을 제출할 수 있다.

⑤ 「행정절차법」은 행정지도는 반드시 서면으로 하여야 하고 그 서면에는 행정지도의 취지·내용을 기재하도록 규정함으로써 행정지도의 명확성을 요구하고 있다.

해설 中

① 국가배상법이 정한 배상청구의 요건인 '공무원의 직무'에는 권력적 작용만이 아니라 행정지도와 같은 비권력적 작용도 포함되며 단지 행정주체가 사경제주체로서 하는 활동만 제외되는 것이고, 기록에 의하여 살펴보면, 피고 및 그 산하의 강남구청은 이 사건 도시계획사업의 주무관청으로서 그 사업을 적극적으로 대행·지원하여 왔고 이 사건 공탁도 행정지도의 일환으로 직무수행으로서 행하였다고 할 것이므로, 비권력적 작용인 공탁으로 인한 피고의 손해배상책임은 성립할 수 없다는 상고이유의 주장은 이유가 없다(대판 1998.7.10, 96다38971).

② 행정지도가 강제성을 띠지 않은 비권력적 작용으로서 행정지도의 한계를 일탈하지 아니하였다면, 그로 인하여 상대방에게 어떤 손해가 발생하였다 하더라도 행정기관은 그에 대한 손해배상책임이 없다(대판 2008.9.25, 2006다18228).

③ 교육인적자원부장관(현 교육부장관)의 대학총장들에 대한 이 사건 학칙시정요구는 고등교육법 제6조 제2항, 동법 시행령 제4조 제3항에 따른 것으로서 그 법적 성격은 대학총장의 임의적인 협력을 통하여 사실상의 효과를 발생시키는 행정지도의 일종이지만, 그에 따르지 않을 경우 일정한 불이익조치를 예정하고 있어 사실상 상대방에게 그에 따를 의무를 부과하는 것과 다를 바 없으므로 단순한 행정지도로서의 한계를 넘어 규제적·구속적 성격을 상당히 강하게 갖는 것으로서 헌법소원의 대상이 되는 공권력의 행사라고 볼 수 있다(헌재결 2003.6.26, 2002헌마337, 2003헌마7·8).

④ 행정지도의 상대방은 해당 행정지도의 방식·내용 등에 관하여 행정기관에 의견제출을 할 수 있다(행정절차법 제50조).

⑤ 행정절차법은 행정지도의 방식에 관해 말로 하는 것을 전제로 규정하고 있다.

행정지도를 하는 자는 그 상대방에게 그 행정지도의 취지 및 내용과 신분을 밝혀야 한다(행정절차법 제49조 제1항). 행정지도가 말로 이루어지는 경우에 상대방이 제1항의 사항을 적은 서면의 교부를 요구하면 그 행정지도를 하는 자는 직무 수행에 특별한 지장이 없으면 이를 교부하여야 한다(같은 조 제2항).

정답 ④

44. **행정지도에 대한 설명으로 옳지 않은 것은? (다툼이 있는 경우 판례에 의함)** 19 국가직9급

① 행정지도는 상대방의 의사에 반하여 부당하게 강요하여서는 안 된다.
② 행정지도는 작용법적 근거가 필요하지 않으므로, 비례원칙과 평등원칙에 구속되지 않는다.
③ 교육인적자원부장관의 대학총장들에 대한 학칙시정요구는 법령에 따른 것으로 행정지도의 일종이지만, 단순한 행정지도로서의 한계를 넘어 헌법소원의 대상이 되는 공권력의 행사라고 볼 수 있다.
④ 세무당국이 주류제조회사에 대하여 특정 업체와의 주류거래를 일정기간 중지하여 줄 것을 요청한 행위는 권고적 성격의 행위로서 행정처분이라고 볼 수 없다.

해설 ▸ 下

① 행정지도는 그 목적 달성에 필요한 최소한도에 그쳐야 하며, 행정지도의 상대방의 의사에 반하여 부당하게 강요하여서는 아니 된다(행정절차법 제48조 제1항).
② 행정지도는 작용법적 근거를 필요로 하지는 않지만, 비례원칙 등 일반법원칙은 행정지도를 포함한 모든 국가작용에 적용된다.
③ 헌재결 2003.6.26, 2002헌마337, 2003헌마7·8
④ 대판 1980.10.27, 80누395

정답 ②

메모

제4장 행정과정에 대한 법적 규율

제1절 행정기본법

1. 「행정기본법」상 처분에 대한 설명으로 옳은 것은? 21 지방직7급

① 행정청은 적법한 처분의 경우 당사자의 신청이 있는 경우에만 철회가 가능하다.
② 행정청은 처분에 재량이 있는 경우 법령이나 행정규칙이 정하는 바에 따라 완전히 자동화된 시스템으로 처분할 수 있다.
③ 당사자의 신청에 따른 처분은 다른 법령에 특별한 규정이 있는 경우를 제외하고는 신청 당시의 법령 등에 따른다.
④ 새로운 법령등은 법령등에 특별한 규정이 있는 경우를 제외하고는 그 법령등의 효력 발생 전에 완성되거나 종결된 사실관계 또는 법률관계에 대해서는 적용되지 아니한다.

해설 ⓣ

① 취소·철회권은 행정청의 재량으로서 통상 사인의 취소·철회신청권은 인정되지 않는다.
행정청은 적법한 처분이 다음 각 호의 어느 하나에 해당하는 경우에는 그 처분의 전부 또는 일부를 장래를 향하여 철회할 수 있다(제19조(적법한 처분의 철회 제1항).

1. 법률에서 정한 철회 사유에 해당하게 된 경우
2. 법령등의 변경이나 사정변경으로 처분을 더 이상 존속시킬 필요가 없게 된 경우
3. 중대한 공익을 위하여 필요한 경우

② 행정청은 법률로 정하는 바에 따라 완전히 자동화된 시스템(인공지능 기술을 적용한 시스템을 포함한다)으로 처분을 할 수 있다. 다만, 처분에 재량이 있는 경우는 그러하지 아니하다(제20조).
③ 당사자의 신청에 따른 처분은 법령등에 특별한 규정이 있거나 처분 당시의 법령등을 적용하기 곤란한 특별한 사정이 있는 경우를 제외하고는 처분 당시의 법령등에 따른다(제14조 제2항).
④ 제14조 제1항

정답 ④

메모

제2절 행정절차

2. 행정절차에 대한 설명으로 옳지 않은 것은? (다툼이 있는 경우 판례에 의함) 15 지방직9급

① 퇴직연금의 환수결정은 관련 법령에 따라 당연히 환수금액이 정하여지는 것이므로, 퇴직연금의 환수결정에 앞서 당사자에게 「행정절차법」상의 의견진술 기회를 주지 아니하여도 된다.
② 당사자가 근거규정 등을 명시하여 신청하는 인·허가 등을 거부하는 처분을 함에 있어 당사자가 그 근거를 알 수 있을 정도로 상당한 이유를 제시한 경우에는 당해 처분의 근거 및 이유를 구체적 조항 및 내용까지 명시하지 않았더라도 그로 말미암아 그 처분이 위법한 것이 된다고 할 수 없다.
③ 신청에 대한 거부처분은 당사자의 권익을 제한하는 처분에 해당한다고 할 수 있어서 처분의 사전통지대상이 된다.
④ 고시의 방법으로 불특정 다수인을 상대로 의무를 부과하거나 권익을 제한하는 처분은 「행정절차법」 제22조 제3항의 의견제출절차의 대상이 되는 처분이 아니다.

해설 中

① 대판 2000.11.28, 99두5443
② 대판 2002.5.17, 2000두8912
③ 신청에 따른 처분이 이루어지지 아니한 경우에는 아직 당사자에게 권익이 부과되지 아니하였으므로 특별한 사정이 없는 한 신청에 대한 거부처분이라고 하더라도 직접 당사자의 권익을 제한하는 것은 아니어서 신청에 대한 거부처분을 여기에서 말하는 '당사자의 권익을 제한하는 처분'에 해당한다고 할 수 없는 것이어서 처분의 사전통지대상이 된다고 할 수 없다(대판 2003.11.28, 2003두674).
④ '고시'의 방법으로 불특정 다수인을 상대로 의무를 부과하거나 권익을 제한하는 처분은 성질상 의견제출의 기회를 주어야 하는 상대방을 특정할 수 없으므로, 이와 같은 처분에 있어서까지 구 행정절차법 제22조 제3항에 의하여 그 상대방에게 의견제출의 기회를 주어야 한다고 해석할 것은 아니다(대판 2014.10.27, 2012두7745).

정답 ③

3. 다음 중 행정절차에 대한 설명으로 옳지 않은 것은? (다툼이 있는 경우 판례에 의함) 15 국회직8급

① 퇴직연금의 환수결정은 관련 법령에 따라 당연히 환수금액이 정해지는 것이므로 당사자에게 의견진술의 기회를 주지 않아도 신의칙에 어긋나지 아니한다.
② 특별한 사정이 없는 한 거부처분은 직접 당사자의 권익을 제한하는 것은 아니어서 신청에 대한 거부처분은 처분의 사전통지대상이 된다고 할 수 없다.
③ '고시'의 방법으로 불특정 다수인을 상대로 의무를 부과하거나 권익을 제한하는 처분의 경우에는 「행정절차법」 제22조 제3항에 의하여 그 상대방을 대표할 수 있는 사업자단체 등에게 의견제출의 기회를 주어야 한다.
④ 청문절차의 당사자등은 참고인이나 감정인 등에게 질문할 수 있다.
⑤ 행정청은 신청내용을 모두 그대로 인정하는 처분인 경우 당사자에게 처분의 근거와 이유를 제시하지 아니하여도 된다.

해설 中

① 대판 2000.11.28, 99두5443
② 대판 2003.11.28, 2003두674
③ '고시'의 방법으로 불특정 다수인을 상대로 의무를 부과하거나 권익을 제한하는 처분은 성질상 의견제출의 기회를 주어야 하는 상대방을 특정할 수 없으므로, 이와 같은 처분에 있어서까지 구 행정절차법 제22조 제3항에 의하여 그 상대방에게 의견제출의 기회를 주어야 한다고 해석할 것은 아니다(대판 2014.10.27, 2012두7745).
④ 행정절차법 제31조 제2항
⑤ 같은 법 제13조 제1항

정답 ③

4. 「행정절차법」상 행정처분의 사전통지에 대한 설명으로 옳은 것은? (다툼이 있는 경우 판례에 의함)

15 국가직7급

① 신청에 대한 거부처분도 사전통지의 대상이 된다.
② 행정청이 침해적 행정처분을 할 경우에는 사전통지를 반드시 하여야 한다.
③ 법령에서 요구된 자격이 없어지게 되면 반드시 일정한 처분을 하여야 하는 경우에 그 자격이 없어지게 된 사실이 법원의 재판에 의하여 객관적으로 증명된 경우에는 행정청의 사전통지의무가 면제될 수 있다.
④ 행정청은 행정처분으로 인하여 권익을 침해받게 되는 제3자에 대하여 처분의 원인이 되는 사실과 처분의 내용 및 법적 근거를 미리 통지하여야 한다.

해설 ㊦

① 신청에 따른 처분이 이루어지지 아니한 경우에는 아직 당사자에게 권익이 부과되지 아니하였으므로 특별한 사정이 없는 한 신청에 대한 거부처분이라고 하더라도 직접 당사자의 권익을 제한하는 것은 아니어서 신청에 대한 거부처분을 여기에서 말하는 '당사자의 권익을 제한하는 처분'에 해당한다고 할 수 없는 것이어서 처분의 사전통지대상이 된다고 할 수 없다(대판 2003.11.28, 2003두674).
②③ 사전통지의 예외사유가 존재한다. 즉, 다음 각 호의 어느 하나에 해당하는 경우에는 제1항에 따른 통지를 하지 아니할 수 있다(행정절차법 제21조 제4항).

1. 공공의 안전 또는 복리를 위하여 긴급히 처분을 할 필요가 있는 경우
2. 법령등에서 요구된 자격이 없거나 없어지게 되면 반드시 일정한 처분을 하여야 하는 경우에 그 자격이 없거나 없어지게 된 사실이 법원의 재판 등에 의하여 객관적으로 증명된 경우
3. 해당 처분의 성질상 의견청취가 현저히 곤란하거나 명백히 불필요하다고 인정될 만한 상당한 이유가 있는 경우

④ 행정절차법 제21조 제1항에서는 "행정청은 당사자에게 의무를 과하거나 권익을 제한하는 처분(불이익처분)을 하는 경우에는 미리 일정한 사항을 당사자등에게 통지하여야 한다."라고 규정하고 있다. 여기서 당사자등이란 행정청의 처분에 대하여 직접 그 상대가 되는 당사자(상대방)와 행정청이 직권으로 또는 신청에 따라 행정절차에 참여하게 한 이해관계인(제3자)을 말한다(같은 법 제2조 제4호). 따라서 행정청의 직권 또는 이해관계인의 신청에 따른 결정이 있는 경우에만 행정절차에 참여할 수 있고, 상대방에게 이익을 주는 복효적 행정행위에 대하여는 적용되지 않는다는 점에서 제3자에 대한 절차적 보장이 미흡한 실정이다.

정답 ③

5. 「행정절차법」의 내용에 대한 설명으로 옳지 않은 것은? 15 지방직7급

① 입법예고기간은 예고할 때 정하되, 특별한 사정이 없으면 40일(자치법규는 20일) 이상으로 한다.
② 당사자 등이 정당한 이유 없이 의견제출기한까지 의견제출을 하지 아니한 경우에는 의견이 없는 것으로 본다.
③ 침해적 행정처분을 함에 있어서 행정처분의 상대방이 청문일시에 불출석하였다는 이유로 청문을 실시하지 아니하고 처분을 한 경우 당해 처분은 적법하다는 것이 판례의 입장이다.
④ 행정청은 「행정절차법」 제38조에 따른 공청회와 병행하여서만 정보통신망을 이용한 공청회를 실시할 수 있다.

해설 ㊦

① 행정절차법 제43조
② 같은 법 제27조 제4항
③ '의견청취가 현저히 곤란하거나 명백히 불필요하다고 인정될 만한 상당한 이유가 있는지 여부'는 당해 행정처분의 성질에 비추어 판단하여야 하는 것이지, 청문통지서의 반송 여부, 청문통지의 방법 등에 의하여 판단할 것은 아니며, 또한 행정처분의 상대방이 통지된 청문일시에 불출석하였다는 이유만으로 행정청이 관계법령상 그 실시가 요구되는 청문을 실시하지 아니한 채 침해적 행정처분을 할 수는 없을 것이므로, 행정처분의 상대방에 대한 청문통지서가 반송되었다거나, 행정처분의 상대방이 청문일시에 불출석하였다는 이유로 청문을 실시하지 아니하고 한 침해적 행정처분은 위법하다(대판 2001.4.13, 2000두3337).
④ 같은 법 제38조의2

정답 ③

6. 「행정절차법」의 적용에 대한 설명으로 옳은 것은? (다툼이 있는 경우 판례에 의함) 16 국가직9급

① 상대방의 귀책사유로 야기된 처분의 하자를 이유로 수익적 행정행위를 취소하는 경우에는 특별한 규정이 없는 한 「행정절차법」상 사전통지의 대상이 되지 않는다.
② 행정절차법령이 '공무원 인사관계 법령에 의한 처분에 관한 사항'에 대하여 「행정절차법」의 적용이 배제되는 것으로 규정하고 있는 이상, '공무원 인사관계 법령에 의한 처분에 관한 사항' 전부에 대해 「행정절차법」의 적용이 배제되는 것으로 보아야 한다.
③ 「식품위생법」상 허가영업에 대해 영업자지위승계신고를 수리하는 처분은 종전의 영업자에 대하여 다소 권익을 침해하는 효과가 발생한다고 하더라도 「행정절차법」상 사전통지를 거쳐야 하는 대상이 아니다.
④ 행정청과 당사자 사이에 「행정절차법」상 규정된 청문절차를 배제하는 내용의 협약이 체결되었다고 하여, 그러한 협약이 청문의 실시에 관한 「행정절차법」규정의 적용이 배제된다거나 청문을 실시하지 않아도 되는 예외적인 경우에 해당한다고 할 수 없다.

해설 ▸ ㊥

① 수익적 행정행위의 취소는 불이익처분에 해당하므로 행정절차법상 사전통지와 의견청취절차를 거쳐야 한다.
② 행정과정에 대한 국민의 참여와 행정의 공정성, 투명성 및 신뢰성을 확보하고 국민의 권익을 보호함을 목적으로 하는 행정절차법의 입법목적과 행정절차법 제3조 제2항 제9호의 규정내용 등에 비추어 보면, 공무원인사 관계법령에 의한 처분에 관한 사항 전부에 대하여 행정절차법의 적용이 배제되는 것이 아니라 성질상 행정절차를 거치기 곤란하거나 불필요하다고 인정되는 처분이나 행정절차에 준하는 절차를 거치도록 하고 있는 처분의 경우에만 행정절차법의 적용이 배제된다(대판 2007.9.21, 2006두20631).
③ 행정청이 구 식품위생법 규정에 의하여 영업자지위승계신고를 수리하는 처분은 종전의 영업자의 권익을 제한하는 처분이라 할 것이고, 따라서 종전의 영업자는 그 처분에 대하여 직접 그 상대가 되는 자에 해당한다고 봄이 상당하므로, 행정청으로서는 위 신고를 수리하는 처분을 함에 있어서 행정절차법 규정 소정의 당사자에 해당하는 종전의 영업자에 대하여 위 규정 소정의 행정절차를 실시하고 처분을 하여야 한다(대판 2003.2.14, 2001두7015).
④ 대판 2004.7.8, 2002두8350

정답 ④

7. 「행정절차법」상 행정절차에 대한 설명으로 옳지 않은 것은? 16 지방직9급

① 말로 행정지도를 하는 자는 상대방이 그 행정지도의 취지 및 내용과 행정지도를 하는 자의 신분을 적은 서면의 교부를 요구하는 경우에 직무수행에 특별한 지장이 없으면 이를 교부하여야 한다.
② 행정청은 부득이한 사유로 공표한 처리기간 내에 처분을 처리하기 곤란한 경우에는 해당 처분의 처리기간의 범위에서 한 번만 그 기간을 연장할 수 있다.
③ 정보통신망을 이용한 공청회(전자공청회)는 공청회를 실시할 수 없는 불가피한 상황에서만 실시할 수 있다.
④ 청문은 원칙적으로 당사자가 공개를 신청하거나 청문주재자가 필요하다고 인정하는 경우 공개할 수 있다.

해설 ▸ ㊦

① 행정지도를 하는 자는 그 상대방에게 그 행정지도의 취지 및 내용과 신분을 밝혀야 한다(법 제49조 제②항). 행정지도가 말로 이루어지는 경우에 상대방이 제1항의 사항을 적은 서면의 교부를 요구하면 그 행정지도를 하는 자는 직무 수행에 특별한 지장이 없으면 이를 교부하여야 한다(같은 조 제2항).
② 법 제19조 제2항
③ 행정청은 제38조에 따른 공청회와 병행하여서만 정보통신망을 이용한 공청회(온라인공청회)를 실시할 수 있다(제38조의2 제1항). 〈개정 2022.1.11. 시행 2022.7.12.〉 제1항에도 불구하고 다음 각 호의 어느 하나에 해당하는 경우에는 온라인공청회를 단독으로 개최할 수 있다(같은 조 제2항). 〈신설 2022.1.11, 시행 2022.7.12.〉

1. 국민의 생명 · 신체 · 재산의 보호 등 국민의 안전 또는 권익보호 등의 이유로 제38조에 따른 공청회를 개최하기 어려운 경우
2. 제38조에 따른 공청회가 행정청이 책임질 수 없는 사유로 개최되지 못하거나 개최는 되었으나 정상적으로 진행되지 못하고 무산된 횟수가 3회 이상인 경우
3. 행정청이 널리 의견을 수렴하기 위하여 온라인공청회를 단독으로 개최할 필요가 있다고 인정하는 경우. 다만, 제22조 제2항 제1호 또는 제3호에 따라 공청회를 실시하는 경우는 제외한다.

출제 당시에는 맞는 지문이었지만, 현행법률에 따를 때 틀린 지문이다. 즉, 국세기본법은불성실기부금수령단체 등의 명단 공개를, 국세징수법은 고액 · 상습체납자의 명단 공개를 규정하고 있다.
국세청장은 국세기본법 제81조의13에도 불구하고 체납 발생일부터 1년이 지난 국세의 합계액이 2억 원 이상인 경우 체납자의 인적사항 및 체납액 등을 공개할 수 있다. 다만, 체납된 국세와 관련하여 심판청구등이 계속 중이거나 그 밖에 대통령령으로 정하는 경우에는 공개할 수 없다(국세징수법 제114조 제1항).
공매통지는 공매의 요건이 아니고 공매사실 그 자체를 체납자에게 알려 주는 데 불과한 것으로서[이 부분은 대판(전합) 2008.11.20, 2007두18154에 의해 파기됨] 통지의 상대방인 골프장업자의 법적 지위나 권리의무에 직접 영향을 주는 것이 아니라고 할 것이므로 이것 역시 행정처분에 해당한다고 할 수 없다(대판 1998.6.26, 96누12030).
피고들이 이 사건 건물을 철거하여 이 사건 공유수면을 원상회복하여야 할 의무는 대체적 작위의무에 해당하므로 행정대집행의 대상이 된다 할 것이며, 당진시장은 이 사건 건물 철거의무를 행정대집행의 방법으로 실현하는 과정에서 부수적으로 피고들과 그 가족들의 퇴거 조치를 실현할 수 있으므로, 행정대집행 외에 별도로 퇴거를 명하는 집행권원은 필요하지 않다고 할 것이다(대판 2017.4.28, 2016다213916).
법률(법률의 위임에 의한 명령, 지방자치단체의 조례를 포함한다)에 의하여 직접 명령되었거나(법규하명) 또는 법률에 의거한 행정청의 명령에 의한 행위(행정행위로서의 하명처분)로서 타인이 대신하여 행할 수 있는 행위를(대체적 작위의무) 의무자가 이행하지 아니하는 경우(의무의 불이행을 전제로 하고 있다는 점에서 즉시강제와 구별) 또한 그 불이행을 방치함이 심히 공익을 해할 것으로 인정될 때(과잉금지의 원칙 중 상당성의 원칙, 판단여지 인정)에는 당해 행정청[감독청(×)·상급청(×)·제3자(×)·법원(×)·집행관(×)]은 스스로 의무자가 하여야 할 행위를 하거나(자기집행, 독일은 이 경우를 직접강제로 분류) 또는 제3자로 하여금 이를 하게 하여(타자집행, 제3자집행) 그 비용을 의무자[국가(×)·지방자치단체(×)·행정청(×)]로부터 징수할 수 있다(재량행위)."(행정대집행법 제2조).
④ 법 제30조

정답 ③

8. 행정절차에 대한 설명으로 옳지 않은 것은? (다툼이 있는 경우 판례에 의함) 16 국가직7급

① 신청인이 신청에 앞서 행정청의 허가업무 담당자에게 신청서의 내용에 대한 검토를 요청한 것만으로는 다른 특별한 사정이 없는 한 명시적이고 확정적인 신청의 의사표시가 있었다고 하기 어렵다.
② 당사자가 근거규정 등을 명시하여 신청하는 인·허가 등을 거부하는 처분을 함에 있어 당사자가 그 근거를 알 수 있을 정도로 상당한 이유를 제시한 경우에는 당해 처분의 근거 및 이유를 구체적 조항 및 내용까지 명시하지 않았더라도 그로 말미암아 그 처분이 위법한 것이 된다고 할 수 없다.
③ 행정청이 청문서 도달기간을 다소 어겼다 하더라도 영업자가 이에 대하여 이의하지 아니한 채 스스로 청문일에 출석하여 그 의견을 진술하고 변명하는 등 방어의 기회를 충분히 가졌다면 청문서 도달기간을 준수하지 아니한 하자는 치유된다.
④ 공정거래위원회의 시정조치 및 과징금납부명령에 「행정절차법」 소정의 의견청취절차 생략사유가 존재한다면, 공정거래위원회는 「행정절차법」을 적용하여 의견청취절차를 생략할 수 있다.

해설 ➤ 中

① 대판 2004.9.24, 2003두13236
② 대판 2002.5.17, 2000두8912
③ 대판 1992.10.23, 92누2844
④ 행정절차법 제3조 제2항, 같은법 시행령 제2조 제6호에 의하면 공정거래위원회의 의결·결정을 거쳐 행하는 사항에는 행정절차법의 적용이 제외되게 되어 있으므로, 설사 공정거래위원회의 시정조치 및 과징금납부명령에 행정절차법 소정의 의견청취절차 생략사유가 존재한다고 하더라도, 공정거래위원회는 행정절차법을 적용하여 의견청취절차를 생략할 수는 없다(대판 2001.5.8, 2000두10212).

정답 ④

9. 행정절차에 대한 설명으로 옳지 않은 것은? (다툼이 있는 경우 판례에 의함) 16 지방직7급

① 신청에 대한 거부처분은 특별한 사정이 없는 한 사전통지절차의 대상인 당사자의 권익을 제한하는 처분에 해당하지 않는다.
② 허가처분의 신청인이 신청에 앞서 행정청의 허가업무 담당자에게 신청서의 내용에 대한 검토를 요청한 것은 다른 특별한 사정이 없는 한 신청의 의사표시로 볼 수 없다.
③ '고시'의 방법으로 불특정 다수인을 상대로 의무를 부과하거나 권익을 제한하는 처분을 하는 경우에도 「행정절차법」 소정의 의견제출기회를 주어야 하는 것은 아니다.
④ 「국가공무원법」상 직위해제처분을 하는 경우에 처분의 사전통지 및 의견청취 등에 관한 「행정절차법」 규정이 적용된다.

해설 ▸ 中

① 신청에 따른 처분이 이루어지지 아니한 경우에는 아직 당사자에게 권익이 부과되지 아니하였으므로 특별한 사정이 없는 한 신청에 대한 거부처분이라고 하더라도 직접 당사자의 권익을 제한하는 것은 아니어서 신청에 대한 거부처분을 여기에서 말하는 '당사자의 권익을 제한하는 처분'에 해당한다고 할 수 없는 것이어서 처분의 사전통지대상이 된다고 할 수 없다(대판 2003.11.28, 2003두674).
② 신청인의 행정청에 대한 신청의 의사표시는 명시적이고 확정적인 것이어야 한다고 할 것이므로 신청인이 신청에 앞서 행정청의 허가업무 담당자에게 신청서의 내용에 대한 검토를 요청한 것만으로는 다른 특별한 사정이 없는 한 명시적이고 확정적인 신청의 의사표시가 있었다고 하기 어렵다(대판 2004.9.24, 2003두13236).
③ 대판 2014.10.27, 2012두7745
④ 국가공무원법상 직위해제처분은 구 행정절차법 제3조 제2항 제9호, 구 「행정절차법 시행령」 제2조 제3호에 의하여 당해 행정작용의 성질상 행정절차를 거치기 곤란하거나 불필요하다고 인정되는 사항 또는 행정절차에 준하는 절차를 거친 사항에 해당하므로, 처분의 사전통지 및 의견청취 등에 관한 행정절차법의 규정이 별도로 적용되지 않는다(대판 2014.5.16, 2012두26180).

정답 ④

10. 「행정절차법」의 내용에 대한 설명으로 옳은 것은? 17 국가직9급

① 행정청은 직권으로 또는 당사자 및 이해관계인의 신청에 따라 여러 개의 사안을 병합하거나 분리하여 청문을 할 수 있다.
② 법령 등에서 행정청에 일정한 사항을 통지함으로써 의무가 끝나는 신고를 규정하고 있는 경우 신고가 본법 제40조 제2항 각 호의 요건을 갖춘 경우에는 신고서가 접수기관에 발송된 때에 신고 의무가 이행된 것으로 본다.
③ 행정청이 신분·자격의 박탈처분을 할 때 미리 당사자등에게 통지한 의견제출기한 내에 당사자등의 청문신청이 있는 경우에는 청문을 한다.
④ 행정청이 신청내용을 모두 그대로 인정하는 처분을 하는 경우 당사자에게 그 근거와 이유를 제시하여야 한다.

해설 ▸ 下

① '당사자'의 신청이지 '이해관계인'의 신청이 아니다.
행정청은 직권으로 또는 당사자의 신청에 따라 여러 개의 사안을 병합하거나 분리하여 청문을 할 수 있다(행정절차법 제32조).
② '발송된 때'가 아니라 '도달된 때'이다.
법령등에서 행정청에 일정한 사항을 통지함으로써 의무가 끝나는 신고를 규정하고 있는 경우 신고를 관장하는 행정청은 신고에 필요한 구비서류, 접수기관, 그 밖에 법령등에 따른 신고에 필요한 사항을 게시(인터넷 등을 통한 게시를 포함한다)하거나 이에 대한 편람을 갖추어 두고 누구나 열람할 수 있도록 하여야 한다(행정절차법 제40조 제1항). 제1항에 따른 신고가 다음 각 호의 요건을 갖춘 경우에는 신고서가 접수기관에 도달된 때에 신고 의무가 이행된 것으로 본다(같은 조 제2항).
③ 행정청이 처분을 할 때 다음 각 호의 어느 하나에 해당하는 경우에는 청문을 한다(행정절차법 제22조 제1항).

1. 다른 법령등에서 청문을 하도록 규정하고 있는 경우
2. 행정청이 필요하다고 인정하는 경우
3. 다음 각 목의 처분 시 제21조 제1항 제6호에 따른 의견제출기한 내에 당사자등의 신청이 있는 경우
 가. 인허가 등의 취소
 나. 신분 · 자격의 박탈
 다. 법인이나 조합 등의 설립허가의 취소

④ 행정청은 처분을 할 때에는 다음 각 호의 어느 하나에 해당하는 경우를 제외하고는 당사자에게 그 근거와 이유를 제시하여야 한다(행정절차법 제23조 제1항).

1. 신청 내용을 모두 그대로 인정하는 처분인 경우
2. 단순 · 반복적인 처분 또는 경미한 처분으로서 당사자가 그 이유를 명백히 알 수 있는 경우
3. 긴급히 처분을 할 필요가 있는 경우

정답 ③

11. 행정절차법이 규정하고 있는 내용으로 옳지 않은 것은? 17 지방직9급

① 행정청에 처분을 구하는 신청은 문서로 함이 원칙이며, 행정청은 신청에 필요한 구비서류, 접수기관, 처리기간, 그 밖에 필요한 사항을 게시하거나 이에 대한 편람을 갖추어 두고 누구나 열람할 수 있도록 하여야 한다.
② 국민생활에 매우 큰 영향을 주는 사항 및 그 밖에 널리 국민의 의견을 수렴할 필요가 있는 사항에 대한 정책, 제도 및 계획을 수립·시행하는 경우라도 예고로 인하여 공공의 안전 또는 복리를 현저히 해칠 우려가 있는 때에는 행정청은 이를 예고하지 아니할 수 있다.
③ 행정기관은 행정지도의 상대방이 행정지도에 따르지 아니하였다는 것을 이유로 불이익한 조치를 하여서는 아니되며, 행정지도의 상대방은 해당 행정지도의 방식·내용 등에 관하여 행정기관에 의견제출을 할 수 있다.
④ 행정청은 행정계획의 취지, 주요 내용을 관보·공보나 인터넷·신문·방송 등을 통하여 널리 공고하여야 하고 국회 소관 상임위원회에 이를 제출하여야 하되, 공고기간은 특별한 사정이 없으면 40일 이상으로 한다.

 (下)

① 행정절차법 제17조
② 행정절차법 제46조
③ 행정절차법 제50조
④ 행정절차법은 행정계획에 대하여 규정하고 있지 않다.

정답 ④

12. 다음은 「행정절차법」 상 기간과 관련된 규정을 정리한 것이다. ㉠~㉣에 들어갈 기간을 바르게 나열한 것은? 17 지방직9급

> ○ 행정청은 공청회를 개최하려는 경우에는 공청회 개최 (㉠)일 전까지 제목, 일시 및 장소 등을 당사자 등에게 통지하고 관보, 공보, 인터넷 홈페이지 또는 일간신문 등에 공고하는 등의 방법으로 널리 알려야 한다.
> ○ 입법예고기간은 예고할 때 정하되, 특별한 사정이 없으면 (㉡)일 (자치법규는 (㉢)일) 이상으로 한다.
> ○ 행정예고기간은 예고 내용의 성격 등을 고려하여 정하되, 특별한 사정이 없으면 (㉣)일 이상으로 한다.

	㉠	㉡	㉢	㉣
①	10	40	30	20
②	14	30	20	20
③	14	40	20	20
④	15	30	20	30

해설 ㊦

ㄱ 행정청은 공청회를 개최하려는 경우에는 공청회 개최 14일 전까지 다음 각 호의 사항을 당사자등에게 통지하고 관보, 공보, 인터넷 홈페이지 또는 일간신문 등에 공고하는 등의 방법으로 널리 알려야 한다. 다만, 공청회 개최를 알린 후 예정대로 개최하지 못하여 새로 일시 및 장소 등을 정한 경우에는 공청회 개최 7일 전까지 알려야 한다(법 제38조).

ㄴㄷ 입법예고기간은 예고할 때 정하되, 특별한 사정이 없으면 40일(자치법규는 20일) 이상으로 한다(법 제43조).

ㄹ 행정예고기간은 예고 내용의 성격 등을 고려하여 정하되, 특별한 사정이 없으면 20일 이상으로 한다(법 제46조 제3항).

정답 ③

13. 행정절차에 대한 설명으로 옳은 것은? (다툼이 있는 경우 판례에 의함) 17 국회직8급

① 행정절차에는 당사자주의가 적용되므로 행정청은 당사자가 제출한 증거나 당사자의 증거신청에 구속된다.
② 환경영향평가법령에서 요구하는 환경영향평가절차를 거쳤더라도 그 내용이 부실한 경우, 부실의 정도가 환경영향평가를 하지 아니한 것과 마찬가지인 정도가 아니라면 이는 취소사유에 해당한다.
③ 행정처분의 직접 상대방이 아닌 제3자라도 법적 보호이익이 있는 자는 당연히 「행정절차법」 상 당사자에 해당한다.
④ 기속행위의 경우에도 행정처분의 절차상 하자만으로 독자적인 취소사유가 된다.
⑤ 행정처분이 절차의 하자를 이유로 취소된 경우, 적법한 절차를 갖추더라도 이전의 처분과 동일한 내용의 처분을 다시 하는 것은 기속력에 위반되어 허용되지 않는다.

해설 ㊥

① 청문 주재자는 직권으로 또는 당사자의 신청에 따라 필요한 조사를 할 수 있으며, 당사자등이 주장하지 아니한 사실에 대하여도 조사할 수 있다(행정절차법 제33조 제1항). 행정청에 대한 구속력을 인정하는 규정은 없다.

② 환경영향평가법령에서 정한 환경영향평가를 거쳐야 할 대상사업에 대하여 그러한 환경영향평가를 거치지 아니하였음에도 승인 등 처분을 하였다면 그 처분은 위법하다 할 것이나, 그러한 절차를 거쳤다면, 비록 그 환경영향평가의 내용이 다소 부실하다 하더라도, 그 부실의 정도가 환경영향평가 제도를 둔 입법취지를 달성할 수 없을 정도이어서 환경영향평가를 하지 아니한 것과 다를 바 없는 정도의 것이 아닌 이상, 그 부실은 당해 승인 등 처분에 재량권 일탈·남용의 위법이 있는지 여부를 판단하는 하나의 요소로 됨에 그칠 뿐, 그 부실로 인하여 당연히 당해 승인 등 처분이 위법하게 되는 것이 아니다[대판(전합) 2006.3.16, 2006두330].

③ "당사자등"이란 다음 각 목의 자를 말한다(행정절차법 제2조 제4호).

가. 행정청의 처분에 대하여 직접 그 상대가 되는 당사자
나. 행정청이 직권으로 또는 신청에 따라 행정절차에 참여하게 한 이해관계인

④ 절차상의 하자가 독자적 위법사유가 되므로 취소판결사유가 된다는 견해가 통설이다. 판례도 재량행위와 기속행위의 구별 없이 절차하자를 이유로 행정행위의 취소를 구할 수 있다고 판시하여 독자적 위법사유로 보는 적극설에 따르고 있다.
부과처분의 실체가 적법한 이상 납세고지서의 기재사항 누락이라는 경미한 형식상의 하자 때문에 부과처분을 취소한다면 소득이 있는데 세금을 부과하지 못하는 불공평이 생긴다거나, 다시 납세부과처분이나 보완통지를 하는 등 무용한 처분을 되풀이한다 하더라도 이로 인하여 경제적, 시간적, 정신적인 낭비만 초래하게 된다는 사정만으로는 과세처분을 취소하는 것이 행정소송법 제12조에서 말하는 현저히 공공복리에 적합하지 않거나 납세의무자에게 실익이 전혀 없다고 할 수 없다(대판 1984.5.9, 84누116).
⑤ 과세처분시 납세고지서에 과세표준, 세율, 세액의 산출근거등이 누락되어 있어 이러한 절차 내지 형식의 위법을 이유로 과세처분을 취소하는 판결이 확정된 경우에 그 확정판결의 기판력은 확정판결에 적시된 절차 내지 형식의 위법사유에 한하여 미친다고 할 것이므로 과세처분권자가 그 확정판결에 적시된 위법사유를 보완하여 행한 새로운 과세처분은 확정판결에 의하여 취소된 종전의 과세처분과는 별개의 처분으로서 확정판결의 기판력에 저촉되는 것은 아니다(대판 1986.11.11, 85누231).

정답 ④

14. 「행정절차법」상의 내용으로 옳은 것은? 17 서울시7급

① 「행정절차법」은 「행정심판법」, 「행정소송법」과 마찬가지로 처분의 개념을 정의하고 있고, 그 내용도 동일하다.
② 행정청은 긴급히 처분을 할 필요가 있는 경우 당사자에게 처분의 근거와 이유를 제시하지 않아도 되지만, 처분 후에는 당사자의 요청이 없어도 그 근거와 이유를 제시하여야 한다.
③ 행정청이 전자문서로 처분을 함에 있어서 반드시 당사자 등의 동의가 필요한 것은 아니다.
④ 입법예고기간은 예고할 때 정하되, 특별한 사정이 없으면 자치법규의 입법예고기간은 15일 이상으로 한다.

해설 (下)

① 행정소송법은 처분과 재결을 합쳐 처분등으로 표현하고 있고, 나머지 법률에서는 처분에 대한 정의만 내리고 있는 차이는 있지만, 처분 자체의 개념은 단어의 배열 순서만 일부 다를 뿐 내용은 동일하다.

구 분	내 용
행정절차법	"처분"이란 행정청이 행하는 구체적 사실에 관한 법 집행으로서의 공권력의 행사 또는 그 거부와 그 밖에 이에 준하는 행정작용을 말한다(제2조 제2호).
행정심판법	"처분"이란 행정청이 행하는 구체적 사실에 관한 법집행으로서의 공권력의 행사 또는 그 거부, 그 밖에 이에 준하는 행정작용을 말한다(제2조 제1호).
행정소송법	"처분등"이라 함은 행정청이 행하는 구체적 사실에 관한 법집행으로서의 공권력의 행사 또는 그 거부와 그 밖에 이에 준하는 행정작용(처분) 및 행정심판에 대한 재결을 말한다.
행정기본법	"처분"이란 행정청이 구체적 사실에 관하여 행하는 법 집행으로서 공권력의 행사 또는 그 거부와 그 밖에 이에 준하는 행정작용을 말한다(제2조 제4호).

② '당사자가 요청하는 경우'에만 근거와 이유를 제시할 의무가 있다. 즉, 행정청은 처분을 할 때에는 다음 각 호의 어느 하나에 해당하는 경우를 제외하고는 당사자에게 그 근거와 이유를 제시하여야 한다(제23조 제1항).

1. 신청 내용을 모두 그대로 인정하는 처분인 경우
2. 단순·반복적인 처분 또는 경미한 처분(중요한 처분이 아님)으로서 당사자가 그 이유를 명백히 알 수 있는 경우
3. 긴급히 처분을 할 필요가 있는 경우

※ 행정을 신중하고 공정하게 할 필요성이 있는 경우와 처분의 성질상 이유제시가 현저히 곤란한 경우는 예외사유가 아님.

행정청은 제1항 제2호 및 제3호의 경우에 처분 후 당사자가 요청하는 경우에는 그 근거와 이유를 제시하여야 한다(같은 조 제2항).
③ '당사자등의 동의가 있는 경우' 전자문서로 처분을 할 수 있다. 즉, 행정청이 처분을 할 때에는 다른 법령등에 특별한 규정이 있는 경우를 제외하고는 문서로 하여야 하며, 다음 각 호의 어느 하나에 해당하는 경우에는 전자문서로 할 수 있다(제24조 제1항). 〈개정 2022.1.11. 시행 2022.7.12.〉

1. 당사자등의 동의가 있는 경우
2. 당사자가 전자문서로 처분을 신청한 경우

제1항에도 불구하고 공공의 안전 또는 복리를 위하여 긴급히 처분을 할 필요가 있거나 사안이 경미한 경우에는 말, 전화, 휴대전화를 이용한 문자 전송, 팩스 또는 전자우편 등 문서가 아닌 방법으로 처분을 할 수 있다. 이 경우 당사자가 요청하면 지체 없이 처분에 관한 문서를 주어야 한다(같은 조 제2항). 〈신설 2022.1.11. 시행 2022.7.12.〉 처분을 하는 문서에는 그 처분 행정청과 담당자의 소속·성명 및 연락처(전화번호,

팩스번호, 전자우편주소 등을 말한다)를 적어야 한다(같은 조 제3항). 〈개정 2022.1.11. 시행 2022.7.12.〉
④ '15일'이 아니라 '20일'이다. 즉, 입법예고기간은 예고할 때 정하되, 특별한 사정이 없으면 40일(자치법규는 20일) 이상으로 한다(제43조).

정답 ①

15. 「행정절차법」상 행정절차에 대한 설명으로 옳지 않은 것은? 18 국가직9급

① 단순·반복적인 처분 또는 경미한 처분으로서 당사자가 그 이유를 명백히 알 수 있는 경우라 하더라도 처분 후 당사자가 요청하는 경우에는 행정청은 그 근거와 이유를 제시하여야 한다.
② 행정청이 당사자에게 의무를 과하거나 권익을 제한하는 처분을 하는 경우라도 당사자가 명백히 의견진술의 기회를 포기한다는 뜻을 표시한 경우에는 의견청취를 하지 않을 수 있다.
③ 행정청은 대통령령을 입법예고하는 경우에는 이를 국회 소관 상임위원회에 제출하여야 한다.
④ 인허가 등의 취소 또는 신분·자격의 박탈, 법인이나 조합 등의 설립허가의 취소 시 의견제출기한 내에 당사자등의 신청이 있는 경우에 공청회를 개최한다.

해설 (下)

① 행정절차법 제23조 제1항
② 같은 법 제22조 제4항
③ 같은 법 제42조 제2항
④ '공청회'가 아니라 '청문'의 실시사유이다.
행정청이 처분을 할 때 다음 각 호의 어느 하나에 해당하는 경우에는 청문을 한다(제22조 제1항).

1. 다른 법령등에서 청문을 하도록 규정하고 있는 경우
2. 행정청이 필요하다고 인정하는 경우
3. 다음 각 목의 처분 시 제21조 제1항 제6호에 따른 의견제출기한 내에 당사자등의 신청이 있는 경우
   가. 인허가 등의 취소
   나. 신분·자격의 박탈
   다. 법인이나 조합 등의 설립허가의 취소

정답 ④

16. 행정처분의 이유제시에 대한 설명으로 옳지 않은 것은? (다툼이 있는 경우 판례에 의함) 18 지방직9급

① 당초 행정처분의 근거로 제시한 이유가 실질적인 내용이 없는 경우에도 행정소송의 단계에서 행정처분의 사유를 추가할 수 있다.
② 행정처분의 이유제시가 아예 결여되어 있는 경우에 이를 사후적으로 추완하거나 보완하는 것은 늦어도 당해 행정처분에 대한 쟁송이 제기되기 전에는 행해져야 위법성이 치유될 수 있다.
③ 당사자가 신청하는 허가 등을 거부하는 처분을 하면서 당사자가 그 근거를 알 수 있을 정도로 이유를 제시했다면 처분의 근거와 이유를 구체적으로 명시하지 않았더라도 당해 처분이 위법한 것은 아니다.
④ 이유제시에 하자가 있어 당해 처분을 취소하는 판결이 확정된 경우에 처분청이 그 이유제시의 하자를 보완하여 종전의 처분과 동일한 내용의 처분을 하는 것은 종전의 처분과는 별개의 처분을 하는 것이다.

해설 (中)

① 피고는 이 사건 소송에서 '이 사건 산업단지 안에 새로운 폐기물시설부지를 마련할 시급한 필요가 없다.'는 점을 이 사건 거부처분의 사유로 추가하였다. 그러나 피고가 당초 처분의 근거로 제시한 사유가 실질적인 내용이 없다고 보는 이상, 위 추가 사유는 그와 기본적 사실관계가 동일한지 여부를 판단할 대상조차 없는 것이므로, 결국 소송단계에서 처분사유를 추가하여 주장할 수 없다(대판 2017.8.29, 2016두44186).
② 과세처분시 납세고지서에 과세표준, 세율, 세액의 산출근거 등이 누락된 경우에는 늦어도 과세처분에 대한 불복 여부의 결정 및 불복신청에 편의를 줄 수 있는 상당한 기간 내에 보정행위를 하여야 그 하자가 치유된다 할 것이므로, 과세처분이 있은 지 4년이 지나서 그 취소소송이 제

기된 때에 보정된 납세고지서를 송달하였다는 사실이나 오랜 기간(4년)의 경과로써 과세처분의 하자가 치유되었다고 볼 수는 없다(대판 1983.7.26, 82누420).

③ 대판 2002.5.17, 2000두8912

④ 과세처분시 납세고지서에 과세표준, 세율, 세액의 산출근거등이 누락되어 있어 이러한 절차 내지 형식의 위법을 이유로 과세처분을 취소하는 판결이 확정된 경우에 그 확정판결의 기판력은 확정판결에 적시된 절차 내지 형식의 위법사유에 한하여 미친다고 할 것이므로 과세처분권자가 그 확정판결에 적시된 위법사유를 보완하여 행한 새로운 과세처분은 확정판결에 의하여 취소된 종전의 과세처분과는 별개의 처분으로서 확정판결의 기판력에 저촉되는 것은 아니다(대판 1986.11.11, 85누231).

정답 ①

17. 행정절차에 대한 설명으로 옳지 않은 것은? (다툼이 있는 경우 판례에 의함) 18 국회직8급

① 공무원 인사관계 법령에 의한 처분에 관한 사항이라 하더라도 전부에 대하여 「행정절차법」의 적용이 배제되는 것이 아니라, 성질상 행정절차를 거치기 곤란하거나 불필요하다고 인정되는 처분이나 행정절차에 준하는 절차를 거치도록 하고 있는 처분의 경우에만 「행정절차법」의 적용이 배제되는 것으로 보아야 한다.

② 군인사법령에 의하여 진급예정자명단에 포함된 자에 대하여 의견제출의 기회를 부여하지 아니한 채 진급선발을 취소하는 처분을 한 것은 절차상 하자가 있어 위법하다.

③ 지방의회의 동의를 얻어 행하는 처분에 대해서는 「행정절차법」이 적용되지 아니한다.

④ 도시·군계획시설결정과 실시계획인가는 도시·군계획시설사업을 위하여 이루어지는 단계적 행정절차에서 별도의 요건과 절차에 따라 별개의 법률효과를 발생시키는 독립적인 행정처분이다. 그러므로 선행처분인 도시·군계획시설결정에 하자가 있더라도 그것이 당연무효가 아닌 한 원칙적으로 후행처분인 실시계획인가에 승계되지 않는다.

⑤ 한국방송공사의 설치·운영에 관한 사항을 정하고 있는 「방송법」은 제50조 제2항에서 "사장은 이사회의 제청으로 대통령이 임명한다."고 규정하고 있을 뿐 한국방송공사 사장에 대한 해임에 관하여는 명시적 규정을 두고 있지 아니하므로, 한국방송공사 사장의 임명권자인 대통령에게 해임권한이 없다고 보는 것이 타당하다.

해설 ▸ 中

① 대판 2013.1.16, 2011두30687

② 대판 2007.9.21, 2006두20631

③ 행정절차법 제3조 제2항

④ 대판 2017.7.18, 2016두49938

⑤ 방송법 제정으로 대통령의 해임권을 제한하기 위해 '임명'이라는 용어를 사용하였다면 해임 제한에 관한 규정을 따로 두어 이를 명확히 할 수 있었을 텐데도 방송법에 한국방송공사 사장의 해임 제한 등 신분보장에 관한 규정이 없는 점 등에 비추어 방송법에서 '임면' 대신 '임명'이라는 용어를 사용한 입법 취지가 대통령의 해임권을 배제하기 위한 것으로 보기 어려운 점 등 방송법의 입법 경과와 연혁, 다른 법률과의 관계, 입법 형식 등을 종합하면, 한국방송공사 사장의 임명권자인 대통령에게 해임권한도 있다고 보는 것이 타당하다(대판 2012.2.23, 2011두5001).

정답 ⑤

18. 행정절차에 대한 설명으로 가장 옳지 않은 것은? 18 서울시7급

① 귀속재산을 불하받은 자가 사망한 후에 불하처분 취소처분을 수불하자의 상속인에게 송달한 때에는 그 상속인에 대하여 다시 그 불하처분을 취소한다는 새로운 행정처분을 한 것으로 본다.

② 당사자가 처분의 근거를 알 수 있을 정도로 상당한 이유를 제시할 뿐 그 구체적 조항 및 내용까지 명시하지 않으면, 해당 처분은 위법하다.

③ 경미한 처분으로서 당사자가 그 이유를 명백히 알 수 있는 경우에는 당사자에게 그 근거와 이유를 제시하지 아니할 수 있다.

④ 납세자가 아닌 제3자의 재산을 대상으로 한 압류처분은 당연무효이다.

해설 (下)

① 대판 1969.1.21, 68누190
② 일반적으로 당사자가 근거규정 등을 명시하여 신청하는 인허가 등을 거부하는 처분을 함에 있어 당사자가 그 근거를 알 수 있을 정도로 상당한 이유를 제시한 경우에는 당해 처분의 근거 및 이유를 구체적 조항 및 내용까지 명시하지 않았더라도 그로 말미암아 그 처분이 위법한 것이 된다고 할 수 없다(대판 2002.5.17, 2000두8912).
③ 행정청은 처분을 할 때에는 다음 각 호의 어느 하나에 해당하는 경우를 제외하고는 당사자에게 그 근거와 이유를 제시하여야 한다(제23조 제1항).

1. 신청 내용을 모두 그대로 인정하는 처분인 경우
2. 단순·반복적인 처분 또는 경미한 처분(중요한 처분이 아님)으로서 당사자가 그 이유를 명백히 알 수 있는 경우
3. 긴급히 처분을 할 필요가 있는 경우

※ 행정을 신중하고 공정하게 할 필요성이 있는 경우와 처분의 성질상 이유제시가 현저히 곤란한 경우는 예외사유가 아님.

행정청은 제1항 제2호 및 제3호의 경우에 처분 후 당사자가 요청하는 경우에는 그 근거와 이유를 제시하여야 한다(같은 조 제2항). 이에 해당하는가의 여부는 엄격히 새겨야 한다.
④ 체납처분으로서 압류의 요건을 규정한 구 지방세법 제28조를 보면 어느 경우에나 압류의 대상을 납세의무자 또는 특별징수의무자의 재산에 국한하고 있으므로, 납세의무자 또는 특별징수의무자가 아닌 제3자의 재산을 대상으로 한 압류처분은 그 처분의 내용이 법률상 실현될 수 없는 것이어서 당연무효이다(대판 2013.1.24, 2010두27998).

정답 ②

19. 행정절차 및 「행정절차법」에 대한 설명으로 옳은 것은? (다툼이 있는 경우 판례에 의함) 18 국가직7급

① 처분의 사전통지 및 의견청취 등에 관한 「행정절차법」 규정은 「국가공무원법」상 직위해제처분에 대해서는 적용되지만, 「군인사법」상 진급선발취소처분에 대해서는 적용되지 않는다.
② 자격의 박탈을 내용으로 하는 처분의 상대방은 처분의 근거 법률에 청문을 하도록 규정되어 있지 않더라도 「행정절차법」에 따라 청문을 신청할 수 있다.
③ 행정처분의 이유로 제시한 수개의 처분사유 중 일부가 위법하면, 다른 처분사유로써 그 처분의 정당성이 인정되더라도 그 처분은 위법하다.
④ 행정청은 건축신고를 받은 날부터 5일 이내에 신고수리 여부 또는 민원 처리 관련 법령에 따른 처리기간의 연장 여부를 신고인에게 통지하여야 하고, 그 기간 내에 통지하지 아니하면 그 기간이 끝난 날의 다음 날에 신고를 수리한 것으로 본다.

해설 (中)

① 설명이 반대이다.
[직위해제처분] 국가공무원법상 직위해제처분은 구 행정절차법 제3조 제2항 제9호, 구 「행정절차법 시행령」 제2조 제3호에 의하여 당해 행정작용의 성질상 행정절차를 거치기 곤란하거나 불필요하다고 인정되는 사항 또는 행정절차에 준하는 절차를 거친 사항에 해당하므로, 처분의 사전통지 및 의견청취 등에 관한 행정절차법의 규정이 별도로 적용되지 않는다(대판 2014.5.16, 2012두26180).
[진급선발취소처분] 군인사법 및 그 시행령의 관계 규정에 따르면, 원고와 같이 진급예정자 명단에 포함된 자는 진급예정자명단에서 삭제되거나 진급선발이 취소되지 않는 한 진급예정자 명단 순위에 따라 진급하게 되므로, 이 사건 처분과 같이 진급선발을 취소하는 처분은 진급예정자로서 가지는 원고의 이익을 침해하는 처분이라 할 것이고, 한편 군인사법 및 그 시행령에 이 사건 처분과 같이 진급예정자 명단에 포함된 자의 진급선발을 취소하는 처분을 함에 있어 행정절차에 준하는 절차를 거치도록 하는 규정이 없을 뿐만 아니라 위 처분이 성질상 행정절차를 거치기 곤란하거나 불필요하다고 인정되는 처분이라고 보기도 어렵다고 할 것이어서 이 사건 처분이 행정절차법의 적용이 제외되는 경우에 해당한다고 할 수 없으며, 나아가 원고가 수사과정 및 징계과정에서 자신의 비위행위에 대한 해명기회를 가졌다는 사정만으로 이 사건 처분이 행정절차법 제21조 제4항 제3호, 제22조 제4항에 따라 원고에게 사전통지를 하지 않거나 의견제출의 기회를 주지 아니하여도 되는 예외적인 경우에 해당한다고 할 수 없으므로, 피고가 이 사건 처분을 함에 있어 원고에게 의견제출의 기회를 부여하지 아니한 이상, 이 사건 처분은 절차상 하자가 있어 위법하다고 할 것이다(대판 2007.9.21, 2006두20631).
② 행정청이 처분을 할 때 다음 각 호의 어느 하나에 해당하는 경우에는 청문을 한다(행정절차법 제22조 제1항).

1. 다른 법령등에서 청문을 하도록 규정하고 있는 경우
2. 행정청이 필요하다고 인정하는 경우
3. 다음 각 목의 처분 시 제21조 제1항제6호에 따른 의견제출기한 내에 당사자등의 신청이 있는 경우
가. 인허가 등의 취소
나. 신분 · 자격의 박탈
다. 법인이나 조합 등의 설립허가의 취소

③ 행정처분에 있어 수개의 처분사유 중 일부가 적법하지 않다고 하더라도 다른 처분사유로써 그 처분의 정당성이 인정되는 경우에는 그 처분을 위법하다고 할 수 없다(대판 2013.10.24, 2013두963).

④ 한심한 출제이다. 건축기술직 시험이 아닌 일반행정직렬 시험에 건축법의 구체적인 내용을 출제한 것은 출제위원의 지적 수준을 의심할 수밖에 없는 일이다. 그러나 일단 출제가 되었으니 건축법을 찾아서 해설을 달았다. 수리의제규정은 '착공신고'에만 규정이 있고, '건축신고'에는 없다.

[건축신고] 특별자치시장 · 특별자치도지사 또는 시장 · 군수 · 구청장은 제1항에 따른 신고를 받은 날부터 5일 이내에 신고수리 여부 또는 민원 처리 관련 법령에 따른 처리기간의 연장 여부를 신고인에게 통지하여야 한다. 다만, 이 법 또는 다른 법령에 따라 심의, 동의, 협의, 확인 등이 필요한 경우에는 20일 이내에 통지하여야 한다(건축법 제14조 제3항).

[착공신고] 허가권자는 제1항 본문에 따른 신고를 받은 날부터 3일 이내에 신고수리 여부 또는 민원 처리 관련 법령에 따른 처리기간의 연장 여부를 신고인에게 통지하여야 한다(같은 법 제21조 제3항). 허가권자가 제3항에서 정한 기간 내에 신고수리 여부 또는 민원 처리 관련 법령에 따른 처리기간의 연장 여부를 신고인에게 통지하지 아니하면 그 기간이 끝난 날의 다음 날에 신고를 수리한 것으로 본다(같은 조 제4항).

정답 ②

20. 「행정절차법」상 행정절차에 대한 설명으로 옳은 것은? (다툼이 있는 경우 판례에 의함) 18 지방직7급

① 청문은 행정청이 어떠한 처분을 하기 전에 당사자 등의 의견을 직접 듣는 절차일 뿐, 증거를 조사하는 절차는 아니다.
② 「국가공무원법」상 직위해제처분에는 처분의 사전통지 및 의견청취 등에 관한 「행정절차법」의 규정이 별도로 적용되지 않는다.
③ 「행정절차법」은 당사자에게 의무를 부과하거나 당사자의 권익을 제한하는 처분을 하는 경우에 대해서만 그 근거와 이유를 제시하도록 규정하고 있다.
④ 법령에 의해 당연히 퇴직연금 환수금액이 결정되는 경우에도 퇴직연금의 환수결정은 당사자에게 의무를 과하는 처분이기 때문에, 퇴직연금의 환수결정에 앞서 당사자에게 의견진술의 기회를 주어야 한다.

해설 中

① 청문절차에 증거조사절차가 포함되어 있다. 즉, 청문 주재자는 직권으로 또는 당사자의 신청에 따라 필요한 조사를 할 수 있으며, 당사자등이 주장하지 아니한 사실에 대하여도 조사할 수 있다(행정절차법 제33조 제1항).
② 대판 2014.5.16, 2012두2618
③ 처분기준의 설정·공표(제20조), 처분의 이유제시(강학상 이유부기)(제23조), 처분의 방식 : 문서주의(제24조), 처분의 정정(명백한 오기·오산)(제25조), 고지제도 등은 침익적·수익적 처분에 공통적으로 적용되는 절차이다.
④ 퇴직연금의 환수결정은 당사자에게 의무를 과하는 처분이기는 하나, 관련법령에 따라 당연히 환수금액이 정하여지는 것이므로, 퇴직연금의 환수결정에 앞서 당사자에게 의견진술의 기회를 주지 아니하여도 행정절차법 제22조 제3항이나 신의칙에 어긋나지 아니한다(대판 2000.11.28, 99두5443).

정답 ②

21. 행정절차에 대한 설명으로 옳은 것은? (다툼이 있는 경우 판례에 의함) 19 지방직9급

① 공정거래위원회의 시정조치 및 과징금납부명령에 「행정절차법」 소정의 의견청취절차 생략사유가 존재하면 공정거래위원회는 「행정절차법」을 적용하여 의견청취절차를 생략할 수 있다.
② 묘지공원과 화장장의 후보지를 선정하는 과정에서 추모공원건립추진협의회가 후보지 주민들의 의견을 청취하기 위하여 그 명의로 개최한 공청회는 「행정절차법」에서 정한 절차를 준수하여야 하는 것은 아니다.
③ 구 「공중위생법」상 유기장업허가취소처분을 함에 있어서 두 차례에 걸쳐 발송한 청문통지서가 모두 반송되어 온 경우, 처분의 상대방이 청문일시에 불출석하였다는 이유로 청문을 거치지 않고 한 침해적 행정처분은 적법하다.
④ 구 「광업법」에 근거하여 처분청이 광업용 토지수용을 위한 사업인정을 하면서 토지소유자와 토지에 관한 권리를 가진 자의 의견을 들은 경우 처분청은 그 의견에 기속된다.

해설 ➤ 中

① 행정절차법 제3조 제2항, 같은법 시행령 제2조 제6호에 의하면 공정거래위원회의 의결·결정을 거쳐 행하는 사항에는 행정절차법의 적용이 제외되게 되어 있으므로, 설사 공정거래위원회의 시정조치 및 과징금납부명령에 행정절차법 소정의 의견청취절차 생략사유가 존재한다고 하더라도, 공정거래위원회는 행정절차법을 적용하여 의견청취절차를 생략할 수는 없다(대판 2001.5.8, 2000두10212).
② 대판 2007.4.12, 2005두1893
③ '의견청취가 현저히 곤란하거나 명백히 불필요하다고 인정될 만한 상당한 이유가 있는지 여부'는 당해 행정처분의 성질에 비추어 판단하여야 하는 것이지, 청문통지서의 반송 여부, 청문통지의 방법 등에 의하여 판단할 것은 아니며, 또한 행정처분의 상대방이 통지된 청문일시에 불출석하였다는 이유만으로 행정청이 관계법령상 그 실시가 요구되는 청문을 실시하지 아니한 채 침해적 행정처분을 할 수는 없을 것이므로, 행정처분의 상대방에 대한 청문통지서가 반송되었다거나, 행정처분의 상대방이 청문일시에 불출석하였다는 이유로 청문을 실시하지 아니하고 한 침해적 행정처분은 위법하다(대판 2001.4.13, 2000두3337).
④ 광업법 제88조 제2항에서 처분청이 광업용 토지수용을 위한 사업인정(특허)을 하고자 할 때에 토지소유자와 토지에 관한 권리를 가진 자의 의견을 들어야 한다고 한 것은 그 사업인정 여부를 결정함에 있어서 소유자나 기타 권리자가 의견을 반영할 기회를 주어 이를 참작하도록 하고자 하는 데 있을 뿐, 처분청이 그 의견에 기속되는 것은 아니다(대판 1995.12.22, 95누30).

정답 ②

22. 행정절차에 대한 설명으로 옳지 않은 것은? (다툼이 있는 경우 판례에 의함) 19 국회직8급

① 정규공무원으로 임용된 사람에게 시보임용처분 당시 「지방공무원법」에 정한 공무원임용 결격사유가 있어 시보임용처분을 취소하고 그에 따라 정규임용처분을 취소한 경우 정규임용처분을 취소하는 처분에 대하여서는 「행정절차법」의 규정이 적용된다.
② 소청심사위원회가 절차상 하자가 있다는 이유로 의원면직처분을 취소하는 결정을 한 후 징계권자가 징계절차에 따라 별도로 당해 공무원에 대하여 징계처분을 하는 경우 「국가공무원법」에서 정한 불이익변경금지의 원칙이 적용된다.
③ 공무원 인사관계법령에 따른 징계는 모두 「행정절차법」의 적용이 배제되는 것이 아니라 성질상 행정절차를 거치기 곤란하거나 불필요하다고 인정되는 처분이나 행정절차에 준하는 절차를 거치도록 하고 있는 처분의 경우에만 그 적용이 배제된다.
④ 군인사법령에 의하여 진급예정자명단에 포함된 자에 대하여 의견제출의 기회를 부여하지 아니한 채 진급선발을 취소하는 처분을 한 것은 절차상 하자가 있어 위법하다.
⑤ 구 「군인사법」상 보직해임처분에는 처분의 근거와 이유 제시 등에 관한 구 「행정절차법」의 규정이 별도로 적용되지 아니한다.

해설 ➤ 中

① 대판 2009.1.30, 2008두16155
② 국가공무원법 제14조 제6항은 소청심사결정에서 당초의 원처분청의 징계처분보다 청구인에게 불리한 결정을 할 수 없다는 의미인데, 의원면직처분에 대하여 소청심사청구를 한 결과 소청심사위원회가 의원면직처분의 전제가 된 사의표시에 절차상 하자가 있다는 이유로 의원면직처분을 취소하는 결정을 하였다고 하더라도, 그 효력은 의원면직처분을 취소하여 당해 공무원으로 하여금 공무원으로서의 신분을 유지하게 하는 것에 그치고, 이때 당해 공무원이 국가공무원법 제78조 제1항 각 호에 정한 징계사유에 해당하는 이상 같은 항에 따라 징계권자로서는 반드시 징계

절차를 열어 징계처분을 하여야 하므로, 이러한 징계절차는 소청심사위원회의 의원면직처분취소 결정과는 별개의 절차로서 여기에 국가공무원법 제14조 제6항에 정한 불이익변경금지의 원칙이 적용될 여지는 없다(대판 2008.10.9, 2008두11853·11860).
③ 대판 2013.1.16, 2011두30687
④ 대판 2007.9.21, 2006두20631
⑤ 구 군인사법상 보직해임처분은 구 행정절차법 제3조 제2항 제9호, 같은 법 시행령 제2조 제3호에 의하여 당해 행정작용의 성질상 행정절차를 거치기 곤란하거나 불필요하다고 인정되는 사항 또는 행정절차에 준하는 절차를 거친 사항에 해당하므로, 처분의 근거와 이유 제시 등에 관한 구 행정절차법의 규정이 별도로 적용되지 아니한다고 봄이 상당하다(대판 2014.10.15, 2012두5756).

정답 ②

23. 「행정절차법」에 따른 행정절차에 대한 설명으로 가장 옳은 것은? 19 서울시7급

① 의견청취절차를 배제하는 내용의 협약이 체결되었다면, 청문실시에 관한 규정의 적용이 배제되거나 청문을 실시하지 않아도 되는 예외적인 경우에 해당한다.
② 법령에 따라 당연히 환수금액이 정해지더라도 퇴직연금의 환수결정에 앞서 당사자에게 의견진술의 기회를 주어야 한다.
③ 공무원 직위해제처분에 대해서는 사전통지 등에 관한 「행정절차법」의 규정이 적용되지 않는다.
④ 행정청이 '고시'의 방법으로 불특정 다수인을 상대로 의무를 부과하거나 권익을 제한하는 처분을 한 경우에도 상대방에게 의견제출의 기회를 주어야 한다.

해설 ➤ 下

① 행정청이 당사자와 사이에 도시계획사업의 시행과 관련한 협약을 체결하면서 관계법령 및 행정절차법에 규정된 청문의 실시 등 의견청취절차를 배제하는 조항을 두었다고 하더라도, 국민의 행정참여를 도모함으로써 행정의 공정성·투명성 및 신뢰성을 확보하고 국민의 권익을 보호한다는 행정절차법의 목적 및 청문제도의 취지 등에 비추어 볼 때, 위와 같은 협약의 체결로 청문의 실시에 관한 규정의 적용을 배제할 수 있다고 볼만한 법령상의 규정이 없는 한, 이러한 협약이 체결되었다고 하여 청문의 실시에 관한 규정의 적용이 배제된다거나 청문을 실시하지 않아도 되는 예외적인 경우에 해당한다고 할 수 없다(대판 2004.7.8, 2002두8350).
② 퇴직연금의 환수결정은 당사자에게 의무를 과하는 처분이기는 하나, 관련법령에 따라 당연히 환수금액이 정하여지는 것이므로, 퇴직연금의 환수결정에 앞서 당사자에게 의견진술의 기회를 주지 아니하여도 행정절차법 제22조 제3항이나 신의칙에 어긋나지 아니한다(대판 2000.11.28, 99두5443).
③ 국가공무원법상 직위해제처분은 구 행정절차법 제3조 제2항 제9호, 구 「행정절차법 시행령」 제2조 제3호에 의하여 당해 행정작용의 성질상 행정절차를 거치기 곤란하거나 불필요하다고 인정되는 사항 또는 행정절차에 준하는 절차를 거친 사항에 해당하므로, 처분의 사전통지 및 의견청취 등에 관한 행정절차법의 규정이 별도로 적용되지 않는다(대판 2014.5.16, 2012두26180).
④ '고시'의 방법으로 불특정 다수인을 상대로 의무를 부과하거나 권익을 제한하는 처분은 성질상 의견제출의 기회를 주어야 하는 상대방을 특정할 수 없으므로, 이와 같은 처분에 있어서까지 구 행정절차법 제22조 제3항에 의하여 그 상대방에게 의견제출의 기회를 주어야 한다고 해석할 것은 아니다(대판 2014.10.27, 2012두7745).

정답 ③

24. 행정절차에 대한 판례의 입장으로 옳지 않은 것은? 19 국가직7급

① 당사자가 신청하는 허가 등을 거부하는 처분을 하면서 당사자가 그 근거를 알 수 있을 정도로 이유를 제시한 경우에는 처분의 근거와 이유를 구체적으로 명시하지 않았더라도 그로 말미암아 그 처분이 위법하다고 볼 수는 없다.
② 구 「폐기물처리시설 설치촉진 및 주변지역 지원 등에 관한 법률」상 입지선정위원회가 동법 시행령의 규정에 위배하여 군수와 주민대표가 선정·추천한 전문가를 포함시키지 않은 채 임의로 구성되어 의결을 한 경우에, 이에 터잡아 이루어진 폐기물처리시설 입지결정처분은 당연무효가 된다.
③ 「공무원연금법」상 퇴직연금 지급정지 사유기간 중 수급자에게 지급된 퇴직연금의 환수결정은 당사자에게 의무를 과하는 처분으로, 퇴직연금의 환수결정에 앞서 당사자에게 의견진술의 기회를 주지 아니하면 「행정절차법」에 반한다.
④ 납세고지서에 세액산출근거 등의 기재사항이 누락되었거나 과세표준과 세액의 계산명세서가 첨부되지 않은 납세고지의 하자는 납세의무자가 그 나름대로 산출근거를 알고 있다거나 사실상 이를 알고서 쟁송에 이르렀다 하더라도 치유되지 않는다.

해설 中

① 대판 2017.8.29, 2016두44186
② 대판 2007.4.12, 2006두20150
③ 퇴직연금의 환수결정은 당사자에게 의무를 과하는 처분이기는 하나, 관련법령에 따라 당연히 환수금액이 정하여지는 것이므로, 퇴직연금의 환수결정에 앞서 당사자에게 의견진술의 기회를 주지 아니하여도 행정절차법 제22조 제3항이나 신의칙에 어긋나지 아니한다(대판 2000.11.28, 99두5443).
④ 대판 2002.11.13, 2001두1543

정답 ③

25. 「행정절차법」상 의견청취절차에 대한 설명으로 옳은 것만을 모두 고르면? (다툼이 있는 경우 판례에 의함) 19 지방직7급

ㄱ. 의견제출제도는 당사자에게 의무를 부과하거나 권익을 제한하는 경우에 적용되고 수익적 행위나 수익적 행위의 신청에 대한 거부에는 적용이 없으며, 일반처분의 경우에도 적용이 없다.
ㄴ. 처분의 상대방에게 이익이 되며 제3자의 권익을 침해하는 이중효과적 행정행위는 「행정절차법」상 사전통지·의견제출의 대상이 된다.
ㄷ. 「공무원연금법」상 퇴직연금의 환수결정은 당사자에게 의무를 과하는 처분이므로, 퇴직연금의 환수결정에 앞서 당사자에게 「행정절차법」상의 의견진술의 기회를 주지 아니한 경우 당해 처분은 「행정절차법」 위반이다.
ㄹ. 행정청과 당사자 사이에 청문의 실시 등 의견청취절차를 배제하는 협약이 있었다 하더라도, 이와 같은 협약의 체결로 청문의 실시에 관한 규정의 적용을 배제할 수 있다고 볼 만한 법령상의 규정이 없는 한, 청문의 실시에 관한 규정의 적용이 배제되지 않으며 청문을 실시하지 않아도 되는 예외적인 경우에 해당하지 아니한다.

① ㄱ, ㄴ
② ㄱ, ㄹ
③ ㄴ, ㄷ
④ ㄷ, ㄹ

해설 中

ㄱ [신청에 대한 거부처분] 신청에 따른 처분이 이루어지지 아니한 경우에는 아직 당사자에게 권익이 부과되지 아니하였으므로 특별한 사정이 없는 한 신청에 대한 거부처분이라고 하더라도 직접 당사자의 권익을 제한하는 것은 아니어서 신청에 대한 거부처분을 여기에서 말하는 '당사자의 권익을 제한하는 처분'에 해당한다고 할 수 없는 것이어서 처분의 사전통지대상이 된다고 할 수 없다(대판 2003.11.28, 2003두674).
[일반처분] '고시'의 방법으로 불특정 다수인을 상대로 의무를 부과하거나 권익을 제한하는 처분은 성질상 의견제출의 기회를 주어야 하는 상대

방을 특정할 수 없으므로, 이와 같은 처분에 있어서까지 구 행정절차법 제22조 제3항에 의하여 그 상대방에게 의견제출의 기회를 주어야 한다고 해석할 것은 아니다(대판 2014.10.27, 2012두7745).

ㄴ 권익을 침해당한 모든 이해관계인(제3자)에게 적용되는 것이 아니라 당사자등에 해당하는 제3자에게만 적용된다. 즉, 행정절차법 제21조 제1항에서는 "행정청은 당사자에게 의무를 과하거나 권익을 제한하는 처분(불이익처분)을 하는 경우에는 미리 일정한 사항을 당사자등에게 통지하여야 한다."라고 규정하고 있다. 여기서 당사자등이란 행정청의 처분에 대하여 직접 그 상대가 되는 당사자(상대방)와 행정청이 직권으로 또는 신청에 따라 행정절차에 참여하게 한 이해관계인(제3자)을 말한다(같은 법 제2조 제4호). 따라서 행정청의 직권 또는 이해관계인의 신청에 따른 결정이 있는 경우에만 행정절차에 참여할 수 있고, 상대방에게 이익을 주는 복효적 행정행위에 대하여는 적용되지 않는다는 점에서 제3자에 대한 절차적 보장이 미흡한 실정이다.

ㄷ 퇴직연금의 환수결정은 당사자에게 의무를 과하는 처분이기는 하나, 관련법령에 따라 당연히 환수금액이 정하여지는 것이므로, 퇴직연금의 환수결정에 앞서 당사자에게 의견진술의 기회를 주지 아니하여도 행정절차법 제22조 제3항이나 신의칙에 어긋나지 아니한다(대판 2000.11.28, 99두5443).

ㄹ 대판 2004.7.8, 2002두8350

정답 ②

26. 「행정절차법」에 의한 행정절차에 대한 설명으로 옳지 않은 것은? (다툼이 있는 경우 판례에 의함)

20 국회직9급

① 공무원직위해제처분에 대해서는 사전통지 및 의견청취 등에 관한 「행정절차법」 규정이 적용되지 않는다.
② 행정청은 「행정절차법」에 따라 일반적인 공청회와 병행하지 않으면서 정보통신망을 이용한 공청회(온라인공청회)를 실시할 수 있다.
③ 「도로법」에 따른 도로구역의 변경은 고시와 열람의 절차를 거치므로 「행정절차법」상 사전통지나 의견청취의 대상이 되지 않는다.
④ 「식품위생법」상의 영업자지위승계신고를 수리하는 경우에는 종전의 영업자에 대하여 「행정절차법」상 사전통지를 하고 의견제출의 기회를 주어야 한다.
⑤ 단순 반복적인 처분으로서 당사자가 그 이유를 명백히 알 수 있어서 처분의 이유제시가 생략된 경우에도 당사자는 「행정절차법」에 따라 그 처분의 이유제시를 요청할 수 있다.

해설 ➤ 中

① 대판 2014.5.16, 2012두26180
② 행정청은 제38조에 따른 공청회와 병행하여서만 정보통신망을 이용한 공청회(온라인공청회)를 실시할 수 있다(제38조의2 제1항).
③ 대판 2008.6.12, 2007두1767
④ 행정청이 구 식품위생법 규정에 의하여 영업자지위승계신고를 수리하는 처분은 종전의 영업자의 권익을 제한하는 처분이라 할 것이고, 따라서 종전의 영업자는 그 처분에 대하여 직접 그 상대가 되는 자에 해당한다고 봄이 상당하므로, 행정청으로서는 위 신고를 수리하는 처분을 함에 있어서 행정절차법 규정 소정의 당사자에 해당하는 종전의 영업자에 대하여 위 규정 소정의 행정절차를 실시하고 처분을 하여야 한다(대판 2003.2.14, 2001두7015).
⑤ 행정청은 처분을 할 때에는 다음 각 호의 어느 하나에 해당하는 경우를 제외하고는 당사자에게 그 근거와 이유를 제시하여야 한다(행정절차법 제23조 제1항).

1. 신청 내용을 모두 그대로 인정하는 처분인 경우
2. 단순·반복적인 처분 또는 경미한 처분으로서 당사자가 그 이유를 명백히 알 수 있는 경우
3. 긴급히 처분을 할 필요가 있는 경우

행정청은 제1항 제2호 및 제3호의 경우에 처분 후 당사자가 요청하는 경우에는 그 근거와 이유를 제시하여야 한다(같은 조 제2항).

정답 ②

27. 행정절차에 대한 설명으로 옳은 것은? (다툼이 있는 경우 판례에 의함) 20 국가직9급

① 퇴직연금의 환수결정은 당사자에게 의무를 과하는 처분이기는 하나 관련 법령에 따라 당연히 환수금액이 정하여지는 것이므로, 퇴직연금의 환수결정에 앞서 당사자에게 의견진술의 기회를 주지 아니하여도 「행정절차법」에 어긋나지 아니한다.
② 수익적 행정행위의 신청에 대한 거부처분은 직접 당사자의 권익을 제한하는 처분에 해당하므로, 그 거부처분은 「행정절차법」상 처분의 사전통지대상이 된다.
③ 절차상의 하자를 이유로 과세처분을 취소하는 판결이 확정된 후 그 위법사유를 보완하여 이루어진 새로운 부과처분은 확정판결의 기판력에 저촉된다.
④ 행정청이 당사자와 사이에 도시계획사업의 시행과 관련한 협약을 체결하면서 관련 법령상 요구되는 청문절차를 배제하는 조항을 두었다면, 이는 청문을 실시하지 않아도 되는 예외적인 경우에 해당한다.

해설 中

① 대판 2000.11.28, 99두5443
② 신청에 따른 처분이 이루어지지 아니한 경우에는 아직 당사자에게 권익이 부과되지 아니하였으므로 특별한 사정이 없는 한 신청에 대한 거부처분이라고 하더라도 직접 당사자의 권익을 제한하는 것은 아니어서 신청에 대한 거부처분을 여기에서 말하는 '당사자의 권익을 제한하는 처분'에 해당한다고 할 수 없는 것이어서 처분의 사전통지대상이 된다고 할 수 없다(대판 2003.11.28, 2003두674).
③ 과세처분시 납세고지서에 과세표준, 세율, 세액의 산출근거등이 누락되어 있어 이러한 절차 내지 형식의 위법을 이유로 과세처분을 취소하는 판결이 확정된 경우에 그 확정판결의 기판력은 확정판결에 적시된 절차 내지 형식의 위법사유에 한하여 미친다고 할 것이므로 과세처분권자가 그 확정판결에 적시된 위법사유를 보완하여 행한 새로운 과세처분은 확정판결에 의하여 취소된 종전의 과세처분과는 별개의 처분으로서 확정판결의 기판력에 저촉되는 것은 아니다(대판 1986.11.11, 85누231).
④ 행정청이 당사자와 사이에 도시계획사업의 시행과 관련한 협약을 체결하면서 관계법령 및 행정절차법에 규정된 청문의 실시 등 의견청취절차를 배제하는 조항을 두었다고 하더라도, 국민의 행정참여를 도모함으로써 행정의 공정성·투명성 및 신뢰성을 확보하고 국민의 권익을 보호한다는 행정절차법의 목적 및 청문제도의 취지 등에 비추어 볼 때, 위와 같은 협약의 체결로 청문의 실시에 관한 규정의 적용을 배제할 수 있다고 볼만한 법령상의 규정이 없는 한, 이러한 협약이 체결되었다고 하여 청문의 실시에 관한 규정의 적용이 배제된다거나 청문을 실시하지 않아도 되는 예외적인 경우에 해당한다고 할 수 없다(대판 2004.7.8, 2002두8350).

정답 ①

28. 「행정절차법」에 대한 설명으로 옳지 않은 것은? (다툼이 있는 경우 판례에 의함) 20 국회직8급

① 「국가공무원법」상 직위해제처분은 행정작용의 성질상 행정절차를 거치기 곤란하거나 불필요하다고 인정되는 사항 또는 행정절차에 준하는 절차를 거친 사항에 해당되므로 「행정절차법」이 적용되지 않는다.
② 외국인의 출입국에 관한 사항은 「행정절차법」이 적용되지 않으므로, 미국국적을 가진 교민에 대한 사증거부처분에 대해서도 처분의 방식에 관한 「행정절차법」 제24조는 적용되지 않는다.
③ 「병역법」에 의한 소집에 관한 사항에는 「행정절차법」이 적용되지 않으나 「병역법」상의 산업기능요원의 편입취소처분에 대해서는 「행정절차법」이 적용된다.
④ 「독점규제 및 공정거래에 관한 법률」 규정에 의한 처분의 상대방에게 부여된 절차적 권리의 범위와 한계를 확정하려면 「행정절차법」이 당사자에게 부여한 절차적 권리의 범위와 한계 수준을 고려하여야 한다.
⑤ 「행정절차법 시행령」 제2조 제8호는 '학교 · 연수원 등에서 교육 · 훈련의 목적을 달성하기 위하여 학생 · 연수생들을 대상으로 하는 사항'을 「행정절차법」이 적용되지 않는 경우로 규정하고 있으나 생도의 퇴학처분과 같이 신분을 박탈하는 징계처분은 여기에 해당한다고 할 수 없다.

해설 中

① 대판 2014.5.16, 2012두26180
② 외국인의 사증발급 신청에 대한 거부처분은 당사자에게 의무를 부과하거나 적극적으로 권익을 제한하는 처분이 아니므로, 행정절차법 제21조 제1항에서 정한 '처분의 사전통지'와 제22조 제3항에서 정한 '의견제출 기회 부여'의 대상은 아니다. 그러나 사증발급 신청에 대한 거부처분이 성질상 행정절차법 제24조에서 정한 '처분서 작성·교부'를 할 필요가 없거나 곤란하다고 일률적으로 단정하기 어렵다. 또한 출입국관리법령에

사증발급 거부처분서 작성에 관한 규정을 따로 두고 있지 않으므로, 외국인의 사증발급 신청에 대한 거부처분을 하면서 행정절차법 제24조에 정한 절차를 따르지 않고 '행정절차에 준하는 절차'로 대체할 수도 없다(대판 2019.7.11, 2017두38874).
③ 대판 2002.9.6, 2002두554
④ 대판 2018.12.27, 2015두44028
⑤ 대판 2018.3.13, 2016두33339

정답 ②

29. 행정절차에 대한 설명으로 옳지 않은 것은? (다툼이 있는 경우 판례에 의함) 20 국회직8급

① 행정에서 적법절차원리의 헌법적 근거는 형사절차에서의 적법절차를 규정한 헌법 제12조 제3항에 있다.
② 침익적 행정처분을 하면서 사전통지 및 의견제출의 기회를 주지 않았다면, 사전통지 및 의견제출 절차를 생략해야 할 예외적 사유가 없는 한, 그 처분은 위법하여 취소되어야 한다.
③ 수익적 행정행위의 신청에 대해서 이를 거부하면서 사전통지 및 의견제출 절차를 거치지 않은 것은 실질적으로 침익적 결과를 초래하였으므로 취소사유에 해당한다.
④ 인허가 등의 취소를 내용으로 하는 처분의 상대방은 처분의 근거법률에 청문을 하도록 규정되어 있지 않더라도 「행정절차법」에 따라 의견제출 기한 내에 청문을 신청할 수 있다.
⑤ 행정청이 처분의 근거법률상 청문절차를 이행하는 과정에서 청문서 도달기간을 다소 어겼지만 당사자가 이의를 제기하지 않고 청문일에 출석하여 의견진술과 변명의 기회를 충분히 가졌다면 청문서 도달기간 미준수의 하자는 치유된 것으로 본다.

해설 ㊥

① 헌법 제12조 제3항 본문은 동조 제1항과 함께 적법절차원리의 일반조항에 해당하는 것으로서, 형사절차상의 영역에 한정되지 않고 입법, 행정 등 국가의 모든 공권력의 작용에는 절차상의 적법성뿐만 아니라 법률의 구체적 내용도 합리성과 정당성을 갖춘 실체적인 적법성이 있어야 한다는 적법절차의 원칙을 헌법의 기본원리로 명시하고 있는 것이므로 헌법 제12조 제3항에 규정된 영장주의는 구속의 개시시점에 한하지 않고 구속영장의 효력을 계속 유지할 것인지 아니면 취소 또는 실효시킬 것인지의 여부도 사법권독립의 원칙에 의하여 신분이 보장되고 있는 법관의 판단에 의하여 결정되어야 한다는 것을 의미하고, 따라서 형사소송법 제331조 단서 규정과 같이 구속영장의 실효 여부를 검사의 의견에 좌우되도록 하는 것은 헌법상의 적법절차의 원칙에 위배된다(헌재결 1992.12.24, 92헌가8).
② 대판 2007.11.16, 2005두15700
③ 신청에 따른 처분이 이루어지지 아니한 경우에는 아직 당사자에게 권익이 부과되지 아니하였으므로 특별한 사정이 없는 한 신청에 대한 거부처분이라고 하더라도 직접 당사자의 권익을 제한하는 것은 아니어서 신청에 대한 거부처분을 여기에서 말하는 '당사자의 권익을 제한하는 처분'에 해당한다고 할 수 없는 것이어서 처분의 사전통지대상이 된다고 할 수 없다(대판 2003.11.28, 2003두674).
④ 행정청이 처분을 할 때 다음 각 호의 어느 하나에 해당하는 경우에는 청문을 한다(행정절차법 제22조 제1항).

1. 다른 법령등에서 청문을 하도록 규정하고 있는 경우
2. 행정청이 필요하다고 인정하는 경우
3. 다음 각 목의 처분 시 제21조 제1항 제6호에 따른 의견제출기한 내에 당사자등의 신청이 있는 경우
   가. 인허가 등의 취소
   나. 신분 · 자격의 박탈
   다. 법인이나 조합 등의 설립허가의 취소

⑤ 대판 1992.10.23, 92누2844

정답 ③

30. 「행정절차법」상 행정절차에 대한 설명으로 옳지 않은 것은? (다툼이 있는 경우 판례에 의함)

20 국가직7급

① 행정청이 처분절차를 준수하였는지는 취소소송의 본안에서 고려할 요소이지, 소송요건 심사단계에서 고려할 요소가 아니다.
② 신청인이 신청에 앞서 행정청의 허가업무 담당자에게 한 신청서의 내용에 대한 검토요청은 다른 특별한 사정이 없는 한 명시적이고 확정적인 신청의 의사표시로 보기 어렵다.
③ 「병역법」에 따라 지방병무청장이 산업기능요원에 대하여 산업기능요원 편입취소처분을 할 때에는 「행정절차법」에 따라 처분의 사전통지를 하고 의견제출의 기회를 부여하여야 한다.
④ 행정청은 행정처분의 상대방에 대한 청문통지서가 반송되었거나, 행정처분의 상대방이 청문일시에 불출석하였다는 이유로 청문절차를 생략하고 침해적 행정처분을 할 수 있다.

해설 ➤ 中

① 대판 2021.1.14, 2020두50324
② 대판 2004.9.24, 2003두13236
③ 대판 2002.9.6, 2002두554
④ '의견청취가 현저히 곤란하거나 명백히 불필요하다고 인정될 만한 상당한 이유가 있는지 여부'는 당해 행정처분의 성질에 비추어 판단하여야 하는 것이지, 청문통지서의 반송 여부, 청문통지의 방법 등에 의하여 판단할 것은 아니며, 또한 행정처분의 상대방이 통지된 청문일시에 불출석하였다는 이유만으로 행정청이 관계법령상 그 실시가 요구되는 청문을 실시하지 아니한 채 침해적 행정처분을 할 수는 없을 것이므로, 행정처분의 상대방에 대한 청문통지서가 반송되었다거나, 행정처분의 상대방이 청문일시에 불출석하였다는 이유로 청문을 실시하지 아니하고 한 침해적 행정처분은 위법하다(대판 2001.4.13, 2000두3337).

정답 ④

31. 「행정절차법」의 적용 대상이 되지 않는 것만을 모두 고르면? (다툼이 있는 경우 판례에 의함)

20 지방직7급

ㄱ. 「병역법」에 따른 징집·소집
ㄴ. 산업기능요원편입취소처분
ㄷ. 「국가공무원법」상 직위해제처분
ㄹ. 헌법재판소의 심판을 거쳐 행하는 사항
ㅁ. 대통령의 한국방송공사 사장의 해임처분

① ㄱ, ㄴ, ㄷ
② ㄱ, ㄷ, ㄹ
③ ㄴ, ㄹ, ㅁ
④ ㄷ, ㄹ, ㅁ

해설 ➤ 上

행정절차법의 적용범위
이 법은 다음 각 호의 어느 하나에 해당하는 사항에 대하여는 적용하지 아니한다(제3조 제2항).

1. 국회 또는 지방의회의 의결을 거치거나 동의 또는 승인을 받아 행하는 사항
2. 법원 또는 군사법원의 재판에 의하거나 그 집행으로 행하는 사항
3. 헌법재판소의 심판을 거쳐 행하는 사항
4. 각급 선거관리위원회의 의결을 거쳐 행하는 사항
5. 감사원이 감사위원회의의 결정을 거쳐 행하는 사항
6. 형사(刑事), 행형(行刑) 및 보안처분 관계 법령에 따라 행하는 사항
7. 국가안전보장 · 국방 · 외교 또는 통일에 관한 사항 중 행정절차를 거칠 경우 국가의 중대한 이익을 현저히 해칠 우려가 있는 사항

8. 심사청구, 해양안전심판, 조세심판, 특허심판, 행정심판, 그 밖의 불복절차에 따른 사항
9. 「병역법」에 따른 징집 · 소집, 외국인의 출입국 · 난민인정 · 귀화, 공무원 인사 관계 법령에 따른 징계와 그 밖의 처분, 이해 조정을 목적으로 하는 법령에 따른 알선 · 조정 · 중재(仲裁) · 재정(裁定) 또는 그 밖의 처분 등 해당 행정작용의 성질상 행정절차를 거치기 곤란하거나 거칠 필요가 없다고 인정되는 사항과 행정절차에 준하는 절차를 거친 사항으로서 대통령령으로 정하는 사항

ㄱ 제3조 제2항 제9호 중 일정한 사항

ㄴ 지방병무청장이 병역법 제41조 제1항 제1호, 제40조 제2호의 규정에 따라 산업기능요원에 대하여 한 산업기능요원 편입취소처분은, 행정처분을 할 경우 '처분의 사전통지'와 '의견제출 기회의 부여'를 규정한 행정절차법 제21조 제1항, 제22조 제3항에서 말하는 '당사자의 권익을 제한하는 처분'에 해당하는 한편, 행정절차법의 적용이 배제되는 사항인 행정절차법 제3조 제2항 제9호, 같은법 시행령 제2조 제1호에서 규정하는 '병역법에 의한 소집에 관한 사항'에는 해당하지 아니하므로, 행정절차법상의 '처분의 사전통지'와 '의견제출 기회의 부여' 등의 절차를 거쳐야 한다(대판 2002.9.6, 2002두554).

ㄷ 국가공무원법상 직위해제처분은 구 행정절차법 제3조 제2항 제9호, 구 「행정절차법 시행령」 제2조 제3호에 의하여 당해 행정작용의 성질상 행정절차를 거치기 곤란하거나 불필요하다고 인정되는 사항 또는 행정절차에 준하는 절차를 거친 사항에 해당하므로, 처분의 사전통지 및 의견청취 등에 관한 행정절차법의 규정이 별도로 적용되지 않는다(대판 2014.5.16, 2012두26180).

ㄹ 제3조 제2항 제9호

ㅁ 해임처분 과정에서 甲이 처분 내용을 사전에 통지받거나 그에 대한 의견제출 기회 등을 받지 못했고 해임처분 시 법적 근거 및 구체적 해임사유를 제시받지 못하였으므로 해임처분이 행정절차법에 위배되어 위법하지만, 절차나 처분형식의 하자가 중대하고 명백하다고 볼 수 없어 역시 당연무효가 아닌 취소 사유에 해당한다(대판 2012.2.23, 2011두5001).

정답 ②

32. 행정절차에 대한 설명으로 옳은 것은? (다툼이 있는 경우 판례에 의함) 21 지방직9급

① 「국가공무원법」상 직위해제처분은 공무원의 인사상 불이익을 주는 처분이므로 「행정절차법」상 사전통지 및 의견청취 절차를 거쳐야 한다.
② 처분 당시 당사자가 어떠한 근거와 이유로 처분이 이루어진 것인지를 충분히 알 수 있어서 그에 불복하여 행정구제절차로 나아가는 데에 별다른 지장이 없었던 것으로 인정되는 경우에도 처분서에 처분의 근거와 이유가 구체적으로 명시되어 있지 않았다면 그 처분은 위법하다.
③ 세액산출근거가 기재되지 아니한 납세고지서에 의한 부과처분은 그 후 부과된 세금을 자진납부하였다거나 또는 조세채권의 소멸시효기간이 만료되었다 하여 하자가 치유되는 것이라고는 할 수 없다.
④ 당사자등은 청문조서의 내용을 열람·확인할 수 있을 뿐, 그 청문조서에 이의가 있더라도 정정을 요구할 수는 없다.

해설 ㉦

① 국가공무원법상 직위해제처분은 구 행정절차법 제3조 제2항 제9호, 구 「행정절차법 시행령」 제2조 제3호에 의하여 당해 행정작용의 성질상 행정절차를 거치기 곤란하거나 불필요하다고 인정되는 사항 또는 행정절차에 준하는 절차를 거친 사항에 해당하므로, 처분의 사전통지 및 의견청취 등에 관한 행정절차법의 규정이 별도로 적용되지 않는다(대판 2014.5.16, 2012두26180).
② 처분서에 기재된 내용과 관계 법령 및 당해 처분에 이르기까지 전체적인 과정 등을 종합적으로 고려하여, 처분 당시 당사자가 어떠한 근거와 이유로 처분이 이루어진 것인지를 충분히 알 수 있어서 그에 불복하여 행정구제절차로 나아가는 데에 별다른 지장이 없었던 것으로 인정되는 경우에는 처분서에 처분의 근거와 이유가 구체적으로 명시되어 있지 않았다고 하더라도 그로 말미암아 그 처분이 위법한 것으로 된다고 할 수는 없다(대판 2013.11.14, 2011두18571).
③ 대판 1985.4.9, 84누431
④ 당사자등은 청문조서의 내용을 열람 · 확인할 수 있으며, 이의가 있을 때에는 그 정정을 요구할 수 있다(행정절차법 제34조 제2항).

정답 ③

33. 행정절차에 대한 설명으로 옳지 않은 것은? (다툼이 있는 경우 판례에 의함) 21 국회직8급

① 행정청은 국민에게 영향을 미치는 주요 정책 등에 대하여 국민의 다양하고 창의적인 의견을 널리 수렴하기 위하여 정보통신망을 이용하여 국민의 의견을 수렴하거나 정책토론을 실시할 수 있다.
② 행정청은 효율적인 전자적 정책토론을 위하여 과제별로 한시적인 토론 패널을 구성하여 해당 토론에 참여시킬 수 있다.
③ 행정청이 청문절차를 이행하면서 청문서 도달기간을 다소 어겼다면 상대방이 이의하지 아니한 채 스스로 청문일에 출석하여 그 의견을 진술하고 변명하는 등 방어의 기회를 충분히 가졌더라도 청문서 도달기간을 준수하지 아니한 하자는 치유된다고 볼 수 없다.
④ 행정청은 공청회를 마친 후 처분을 할 때까지 새로운 사정이 발견되어 공청회를 다시 개최할 필요가 있다고 인정할 때에는 공청회를 다시 개최할 수 있다.
⑤ 행정절차의 하자를 이유로 한 취소판결이 확정된 경우, 판결의 취지에 따라 절차를 보완한 후 종전의 처분과 동일한 내용의 처분을 다시 하더라도 기속력에 위반되지 아니한다.

해설 ㊥

① 행정절차법 제53조 제1항
② 같은 조 제2항
③ 행정청이 식품위생법상의 청문절차를 이행함에 있어 소정의 청문서 도달기간을 지키지 아니하였다면 이는 청문의 절차적 요건을 준수하지 아니한 것이므로 이를 바탕으로 한 행정처분은 일단 위법하다고 보아야 할 것이지만 이러한 청문제도의 취지는 처분으로 말미암아 받게 될 영업자에게 미리 변명과 유리한 자료를 제출할 기회를 부여함으로써 부당한 권리침해를 예방하려는 데에 있는 것임을 고려하여 볼 때, 가령 행정청이 청문서 도달기간을 다소 어겼다 하더라도 영업자가 이에 대하여 이의하지 아니한 채 스스로 청문일에 출석하여 그 의견을 진술하고 변명하는 등 방어의 기회를 충분히 가졌다면 청문서 도달기간을 준수하지 아니한 하자는 치유되었다고 봄이 상당하다(대판 1992.10.23, 92누2844).
④ 행정절차법 제39조의3
⑤ 대판 1986.11.11, 85누231

정답 ③

34. 행정절차에 대한 설명으로 옳은 것은? (다툼이 있는 경우에는 판례에 의함) 21 국가직7급

① 「도로법」상 도로구역을 변경할 경우, 이를 고시하고 그 도면을 일반인이 열람할 수 있도록 하고 있는바, 도로구역을 변경한 처분은 「행정절차법」상 사전통지나 의견청취의 대상이 되는 처분이 아니다.
② 「군인사법」에 따라 당해 직무를 수행할 능력이 없다고 인정하여 장교를 보직해임하는 경우, 처분의 근거와 이유 제시 등에 관하여 「행정절차법」의 규정이 적용된다.
③ 특별한 사정이 없는 한, 신청에 대한 거부처분은 사전통지 및 의견제출의 대상이 된다.
④ 「식품위생법」상의 영업자지위승계신고를 수리하는 경우, 영업시설을 인수하여 영업자의 지위를 승계한 자에 대하여 사전통지를 하고, 그에게 의견제출의 기회를 주어야 한다.

해설 ㊦

① 대판 2008.6.12, 2007두1767
② 구 군인사법상 보직해임처분은 구 행정절차법 제3조 제2항 제9호, 같은 법 시행령 제2조 제3호에 의하여 당해 행정작용의 성질상 행정절차를 거치기 곤란하거나 불필요하다고 인정되는 사항 또는 행정절차에 준하는 절차를 거친 사항에 해당하므로, 처분의 근거와 이유 제시 등에 관한 구 행정절차법의 규정이 별도로 적용되지 아니한다고 봄이 상당하다(대판 2014.10.15, 2012두5756).
③ 신청에 따른 처분이 이루어지지 아니한 경우에는 아직 당사자에게 권익이 부과되지 아니하였으므로 특별한 사정이 없는 한 신청에 대한 거부처분이라고 하더라도 직접 당사자의 권익을 제한하는 것은 아니어서 신청에 대한 거부처분을 여기에서 말하는 '당사자의 권익을 제한하는 처분'에 해당한다고 할 수 없는 것이어서 처분의 사전통지대상이 된다고 할 수 없다(대판 2003.11.28, 2003두674).
④ '지위를 승계한 자' 즉, 양수인이 아니라 '종전의 영업자' 즉, 양도인에게 불이익한 처분이므로 종전의 영업자에게 행정절차를 실시하여야 한다.
행정청이 구 식품위생법 규정에 의하여 영업자지위승계신고를 수리하는 처분은 종전의 영업자의 권익을 제한하는 처분이라 할 것이고, 따라서 종전의 영업자는 그 처분에 대하여 직접 그 상대가 되는 자에 해당한다고 봄이 상당하므로, 행정청으로서는 위 신고를 수리하는 처분을 함에 있

어서 행정절차법 규정 소정의 당사자에 해당하는 종전의 영업자에 대하여 위 규정 소정의 행정절차를 실시하고 처분을 하여야 한다(대판 2003. 2.14, 2001두7015).

정답 ①

35. 「행정절차법」상 행정절차에 대한 설명으로 옳지 않은 것은? (다툼이 있는 경우 판례에 의함) 21 지방직7급

① 「국가공무원법」상 직위해제처분은 처분의 사전통지 및 의견청취 등에 관한 「행정절차법」의 규정이 적용되지 않는다.
② 행정예고기간은 예고 내용의 성격 등을 고려하여 정하되, 특별한 사정이 없으면 40일 이상으로 한다.
③ 신청인이 신청에 앞서 행정청의 허가업무 담당자에게 신청서의 내용에 대한 검토를 요청한 것만으로는 다른 특별한 사정이 없는 한 명시적이고 확정적인 신청의 의사표시가 있었다고 하기 어렵다.
④ 신청에 따른 처분이 이루어지지 아니한 경우에는 아직 당사자에게 권익이 부과되지 아니하였으므로 특별한 사정이 없는 한 신청에 대한 거부처분은 직접 당사자의 권익을 제한하는 것은 아니어서 처분의 사전통지대상이 된다고 할 수 없다.

해설 (下)

① 대판 2014.5.16, 2012두26180
② 행정예고기간은 예고 내용의 성격 등을 고려하여 정하되, 특별한 사정이 없으면 20일 이상으로 한다(제46조 제3항).
③ 대판 2004.9.24, 2003두13236
④ 대판 2003.11.28, 2003두674

정답 ②

36. 행정절차에 대한 설명으로 옳지 않은 것은? (다툼이 있는 경우 판례에 의함) 22 지방직9급

① 계약직공무원 채용계약해지의 의사표시는 「행정절차법」에 의하여 근거와 이유를 제시하여야 하는 것은 아니다.
② 교육부장관이 부적격사유가 없는 후보자들 사이에서 어떤 후보자를 상대적으로 더욱 적합하다고 판단하여 국립대학교의 총장으로 임용제청을 하였다면, 그러한 임용제청행위 자체로서 이유제시의무를 다한 것이다.
③ 「국가공무원법」상 직위해제처분에는 처분의 사전통지 및 의견청취 등에 관한 「행정절차법」의 규정이 적용된다.
④ 과세처분 시 납세고지서에 법으로 규정한 과세표준 등의 기재가 누락되면 그 과세처분 자체가 위법한 처분이 되어 취소의 대상이 된다.

해설 (下)

① 계약직공무원 채용계약해지의 의사표시는 일반공무원에 대한 징계처분과는 달라서 항고소송의 대상이 되는 처분등의 성격을 가진 것으로 인정되지 아니하고, 일정한 사유가 있을 때에 국가 또는 지방자치단체가 채용계약관계의 한쪽 당사자로서 대등한 지위에서 행하는 의사표시로 취급되는 것으로 이해되므로, 이를 징계해고 등에서와 같이 그 징계사유에 한하여 효력 유무를 판단하여야 하거나, 행정처분과 같이 행정절차법에 의하여 근거와 이유를 제시하여야 하는 것은 아니다(대판 2002.11.26, 2002두5948).
② 교육부장관이 어떤 후보자를 총장 임용에 부적격하다고 판단하여 배제하고 다른 후보자를 임용제청하는 경우라면 배제한 후보자에게 연구윤리 위반, 선거부정, 그 밖의 비위행위 등과 같은 부적격사유가 있다는 점을 구체적으로 제시할 의무가 있다. 그러나 부적격사유가 없는 후보자들 사이에서 어떤 후보자를 상대적으로 더욱 적합하다고 판단하여 임용제청하는 경우라면, 이는 후보자의 경력, 인격, 능력, 대학운영계획 등 여러 요소를 종합적으로 고려하여 총장 임용의 적격성을 정성적으로 평가하는 것으로 그 판단 결과를 수치화하거나 이유제시를 하기 어려울 수 있다. 이 경우에는 교육부장관이 어떤 후보자를 총장으로 임용제청하는 행위 자체에 그가 총장으로 더욱 적합하다는 정성적 평가 결과가 당연히 포함되어 있는 것으로, 이로써 행정절차법상 이유제시의무를 다한 것이라고 보아야 한다. 여기에서 나아가 교육부장관에게 개별 심사항목이나 고려요소에 대한 평가 결과를 더 자세히 밝힐 의무까지는 없다(대판 2018.6.15, 2016두57564).
③ 국가공무원법상 직위해제처분은 구 행정절차법 제3조 제2항 제9호, 구 「행정절차법 시행령」 제2조 제3호에 의하여 당해 행정작용의 성질상 행정절차를 거치기 곤란하거나 불필요하다고 인정되는 사항 또는 행정절차에 준하는 절차를 거친 사항에 해당하므로, 처분의 사전통지 및 의견청취 등에 관한 행정절차법의 규정이 별도로 적용되지 않는다(대판 2014.5.16, 2012두26180).
④ 부과처분의 실체가 적법한 이상 납세고지서의 기재사항 누락이라는 경미한 형식상의 하자 때문에 부과처분을 취소한다면 소득이 있는데 세금

을 부과하지 못하는 불공평이 생긴다거나, 다시 납세부과처분이나 보완통지를 하는 등 무용한 처분을 되풀이한다 하더라도 이로 인하여 경제적, 시간적, 정신적인 낭비만 초래하게 된다는 사정만으로는 과세처분을 취소하는 것이 행정소송법 제12조에서 말하는 현저히 공공복리에 적합하지 않거나 납세의무자에게 실익이 전혀 없다고 할 수 없다(대판 1984.5.9, 84누116).

정답 ③

37. 행정절차에 대한 설명으로 옳지 않은 것은? (다툼이 있는 경우 판례에 의함) '22 국가직7급

① 당사자가 근거규정 등을 명시하여 신청하는 인·허가 등을 거부하는 처분을 함에 있어 당사자가 그 근거를 알 수 있을 정도로 상당한 이유를 제시한 경우에는 당해 처분의 근거 및 이유를 구체적 조항 및 내용까지 명시하지 않았더라도 그로 말미암아 그 처분이 위법한 것이 된다고 할 수 없다.
② 환경영향평가절차를 거쳤다면, 환경영향평가의 내용이 다소 부실하다 하더라도, 그 부실의 정도가 환경영향평가를 하지 아니한 것과 다를 바 없는 정도의 것이 아니라면 당연히 당해 승인 등 처분이 위법하게 되는 것은 아니다.
③ 행정청이 당사자와 도시계획사업의 시행과 관련한 협약을 체결하면서 관계 법령 및 행정절차법에 규정된 청문의 실시 등 의견청취절차를 배제하는 조항을 두었다고 하더라도, 청문의 실시에 관한 규정의 적용을 배제할 수 있다고 볼 만한 법령상의 규정이 없는 한, 청문의 실시에 관한 규정의 적용이 배제된다거나 청문을 실시하지 않아도 되는 예외적인 경우에 해당한다고 할 수 없다.
④ 국가공무원법 상 직위해제처분을 할 경우 처분의 사전통지 및 의견청취 등에 관한 행정절차법의 규정이 적용된다.

해설 ➤ ㊦

① 대판 2002.5.17, 2000두8912
② 환경영향평가법령에서 정한 환경영향평가를 거쳐야 할 대상사업에 대하여 그러한 환경영향평가를 거치지 아니하였음에도 승인 등 처분을 하였다면 그 처분은 위법하다 할 것이나, 그러한 절차를 거쳤다면, 비록 그 환경영향평가의 내용이 다소 부실하다 하더라도, 그 부실의 정도가 환경영향평가 제도를 둔 입법취지를 달성할 수 없을 정도이어서 환경영향평가를 하지 아니한 것과 다를 바 없는 정도의 것이 아닌 이상, 그 부실은 당해 승인 등 처분에 재량권 일탈·남용의 위법이 있는지 여부를 판단하는 하나의 요소로 됨에 그칠 뿐, 그 부실로 인하여 당연히 당해 승인 등 처분이 위법하게 되는 것이 아니다[대판(전합) 2006.3.16, 2006두330].
③ 대판 2004.7.8, 2002두8350
④ 국가공무원법상 직위해제처분은 구 행정절차법 제3조 제2항 제9호, 구 「행정절차법 시행령」 제2조 제3호에 의하여 당해 행정작용의 성질상 행정절차를 거치기 곤란하거나 불필요하다고 인정되는 사항 또는 행정절차에 준하는 절차를 거친 사항에 해당하므로, 처분의 사전통지 및 의견청취 등에 관한 행정절차법의 규정이 별도로 적용되지 않는다(대판 2014.5.16, 2012두26180).

정답 ④

38. 행정절차에 대한 설명으로 옳지 않은 것은? (다툼이 있는 경우 판례에 의함) '22 지방직 7급

① 「행정절차법」상 문서주의 원칙에도 불구하고, 행정청의 처분서의 문언만으로는 행정청이 어떤 처분을 하였는지 불분명하다는 등 특별한 사정이 있는 때에는 처분 경위나 처분 이후의 상대방의 태도 등 다른 사정을 고려하여 처분서의 문언과 달리 그 처분의 내용을 해석할 수도 있다.
② '고시'의 방법으로 불특정 다수인을 상대로 의무를 부과하거나 권익을 제한하는 처분은 성질상 의견제출의 기회를 주어야 하는 상대방을 특정할 수 없으므로, 이와 같은 처분에 있어서까지 그 상대방에게 의견제출의 기회를 주어야 하는 것은 아니다.
③ 행정청이 당사자와 도시계획사업의 시행과 관련한 협약을 체결하면서 관계 법령 및 「행정절차법」에 규정된 청문의 실시 등 의견청취절차를 배제하는 조항을 두었다면, 이는 청문을 실시하지 않아도 되는 예외적인 경우에 해당한다.
④ 공무원에 대한 징계절차에서 징계심의대상자가 대리인으로 선임한 변호사가 징계위원회 심의에 출석하여 진술하려고 하였음에도 불구하고 징계권자나 그 소속직원이 변호사가 심의에 출석하는 것을 막았다면 징계위원회의 심의·의결의 절차적 정당성이 상실되어 그 징계의결에 따른 징계처분은 위법하며 원칙적으로 취소되어야 한다.

해설 中

① 행정청이 문서에 의하여 처분을 한 경우 원칙적으로 그 처분서의 문언에 따라 어떤 처분을 하였는지 확정하여야 하나, 그 처분서의 문언만으로는 행정청이 어떤 처분을 하였는지 불분명하다는 등 특별한 사정이 있는 때에는 처분 경위나 처분 이후의 상대방의 태도 등 다른 사정을 고려하여 처분서의 문언과 달리 그 처분의 내용을 해석할 수도 있다(대판 2010.2.11, 2009두18035).
② 대판 2014.10.27, 2012두7745
③ 협약의 체결로 청문의 실시에 관한 규정의 적용을 배제할 수 있다고 볼만한 법령상의 규정이 없는 한, 이러한 협약이 체결되었다고 하여 청문의 실시에 관한 규정의 적용이 배제된다거나 청문을 실시하지 않아도 되는 예외적인 경우에 해당한다고 할 수 없다(대판 2004.7.8, 2002두8350).
④ 육군3사관학교의 사관생도에 대한 징계절차에서 징계심의대상자가 대리인으로 선임한 변호사가 징계위원회 심의에 출석하여 진술하려고 하였음에도, 징계권자나 그 소속 직원이 변호사가 징계위원회의 심의에 출석하는 것을 막았다면 징계위원회 심의·의결의 절차적 정당성이 상실되어 그 징계의결에 따른 징계처분은 위법하여 원칙적으로 취소되어야 한다. 다만 징계심의대상자의 대리인이 관련된 행정절차나 소송절차에서 이미 실질적인 증거조사를 하고 의견을 진술하는 절차를 거쳐서 징계심의대상자의 방어권 행사에 실질적으로 지장이 초래되었다고 볼 수 없는 특별한 사정이 있는 경우에는, 징계권자가 징계심의대상자의 대리인에게 징계위원회에 출석하여 의견을 진술할 기회를 주지 아니하였더라도 그로 인하여 징계위원회 심의에 절차적 정당성이 상실되었다고 볼 수 없으므로 징계처분을 취소할 것은 아니다(대판 2018.3.13, 2016두33339).

정답 ③

39. 「행정절차법」에서 규정하는 '당사자등'에 대한 설명으로 가장 옳은 것은? 18 서울시7급

① 행정청이 직권으로 행정절차에 참여하게 한 이해관계인은 당사자등에 해당하지 않는다.
② 법인이 아닌 재단은 당사자등이 될 수 없다.
③ 다수의 대표자가 있는 경우 그 중 1인에 대한 행정청의 통지는 모든 당사자등에게 효력이 있다.
④ 당사자등은 당사자등의 형제자매를 대리인으로 선임할 수 있다.

해설 下

① 당사자등이란 행정청의 처분에 대하여 직접 그 상대가 되는 당사자(상대방)와 행정청이 직권으로 또는 신청에 따라 행정절차에 참여하게 한 이해관계인(제3자)을 말한다(제2조 제4호).
② 다음 각 호의 어느 하나에 해당하는 자는 행정절차에서 당사자등이 될 수 있다(제9조).

1. 자연인
2. 법인, 법인이 아닌 사단 또는 재단(법인등)
3. 그 밖에 다른 법령등에 따라 권리의무의 주체가 될 수 있는 자

③ 다수의 대표자가 있는 경우 그중 1인에 대한 행정청의 행위는 모든 당사자등에게 효력이 있다. 다만, 행정청의 통지는 대표자 모두(1인이 아님)에게 하여야 그 효력이 있다(제11조 제6항).
④ 당사자등은 다음 각 호의 어느 하나에 해당하는 자를 대리인으로 선임할 수 있다(제12조 제1항).

1. 당사자등의 배우자, 직계 존속·비속 또는 형제자매
2. 당사자등이 법인등인 경우 그 임원 또는 직원
3. 변호사
4. 행정청 또는 청문 주재자(청문의 경우만 해당한다)의 허가를 받은 자

정답 ④

40. 「행정절차법」상 처분의 이유제시에 대한 설명으로 옳지 않은 것은? (다툼이 있는 경우 판례에 의함)

15 국가직7급

① 이유제시는 처분의 결정과정을 보다 투명하게 하는 데 기여한다.
② 이유제시는 처분의 상대방에게 처분의 적법성을 보다 확신시켜 이를 수용하게 한다는 점에서 법원의 부담을 경감시켜 주는 기능을 한다.
③ 거부처분을 하면서 이유제시에 구체적 조항 및 내용을 명시하지 않았어도 상대방이 그 근거를 알 수 있을 정도로 상당한 이유가 제시된 경우에는 그로 말미암아 그 처분이 위법하게 되는 것은 아니다.
④ 이유제시는 처분의 상대방에게 제시된 이유에 대해 방어할 기회를 보장하기 위해 처분에 앞서 사전에 함이 원칙이다.

해설 ➤ ㊦

①② 이유부기는 명료화기능(사안을 설명하며 명확하게 하는 기능), 설득기능·충족기능·동의기능(당사자를 양해시키고 만족시켜 공동의 동의를 가져오는 기능), 정당화기능·결정기능(정당한 결론의 도출을 가능하게 하는 기능), 권리구제기능(상대방의 불복 여부의 결정과 불복신청에 편의제공), 자기통제기능(처분 전에 상대방의 불복가능성을 고려하여 자의를 배제, 신중하고 합리적이며 공정한 처분을 가능하게 하는 기능), 외부적 통제기능(외부기관에 의한 통제기능), 사후통제 시 부담완화기능 등 다양한 기능을 발휘한다.
③ 대판 2002.5.17, 2000두8912
④ 이유제시는 처분에 앞서 사전에 해야 하는 절차가 아니라, 처분시에 하는 것이 원칙이다.

정답 ④

41. 「행정절차법」상 처분의 이유제시 및 의견제출절차에 대한 판례의 입장으로 옳지 않은 것은?

17 지방직7급

① 고시 등 불특정 다수인을 상대로 의무를 부과하거나 권익을 제한하는 처분에 있어서는 그 상대방에게 의견제출의 기회를 주어야 하는 것은 아니다.
② 가산세 부과처분에 관해서는 「국세기본법」이나 개별 세법 어디에도 그 납세고지의 방식 등에 관하여 따로 정한 규정이 없으므로, 가산세의 종류와 세액의 산출근거 등을 전혀 밝히지 않고 가산세의 합계액만을 기재한 경우 그 부과처분은 위법하지 않다.
③ 행정청이 토지형질변경허가신청을 불허하는 근거규정으로 '도시계획법 시행령 제20조'를 명시하지 아니하고 '도시계획법'이라고만 기재하였으나, 신청인이 자신의 신청이 개발제한구역의 지정 목적에 현저히 지장을 초래하는 것이라는 이유로 구 「도시계획법 시행령」 제20조 제1항 제2호에 따라 불허된 것임을 알 수 있었던 경우에는 그 불허처분이 위법하지 않다.
④ 불이익처분의 직접 상대방인 당사자 또는 행정청이 참여하게 한 이해관계인이 아닌 제3자에 대하여는 의견제출에 관한 「행정절차법」의 규정이 적용되지 아니한다.

해설 ➤ ㊥

① 대판 2014.10.27, 2012두7745
② 하나의 납세고지서에 의하여 본세와 가산세를 함께 부과할 때에는 납세고지서에 본세와 가산세 각각의 세액과 산출근거 등을 구분하여 기재하여야 하고, 여러 종류의 가산세를 함께 부과하는 경우에는 가산세 상호 간에도 종류별로 세액과 산출근거 등을 구분하여 기재하여야 한다. 본세와 가산세 각각의 세액과 산출근거 및 가산세 상호 간의 종류별 세액과 산출근거 등을 제대로 구분하여 기재하지 않은 채 본세와 가산세의 합계액 등만을 기재한 경우에도 과세처분은 위법하다(대판 2018.12.13, 2018두128).
③ 대판 2002.5.17, 2000두8912
④ 행정절차법 제2조 제4호

정답 ②

42. 「행정절차법」상의 사전통지절차에 대한 설명으로 옳지 않은 것은? (다툼이 있는 경우 판례에 의함)

17 국가직7급

① 처분의 사전통지가 적용되는 제3자는 '행정청이 직권 또는 신청에 따라 행정절차에 참여하게 한 이해관계인'으로 한정된다.
② 공기업 사장에 대한 해임처분 과정에서 처분 내용을 사전에 통지받지 못했고 해임처분 시 법적 근거 및 구체적 해임 사유를 제시받지 못하였다면, 그 해임처분은 위법하지만 당연 무효는 아니다.
③ 처분상대방이 이미 행정청에 위반사실을 시인하였다는 사정은 사전통지의 예외가 적용되는 '의견청취가 현저히 곤란하거나 명백히 불필요하다고 인정될 만한 상당한 이유가 있는 경우'에 해당한다.
④ 특별한 사정이 없는 한 신청에 대한 거부처분은 '당사자의 권익을 제한하는 처분'에 해당한다고 할 수 없는 것이어서 처분의 사전통지대상이 된다고 할 수 없다.

해설 ➤ (下)

① 행정절차법 제2조 제4호
② 대판 2012.2.23, 2011두5001
③ 피고(가평군수) 소속 공무원 소외인이 위 현장조사에 앞서 원고에게 전화로 통지한 것은 행정조사의 통지이지 이 사건 처분에 대한 사전통지로 볼 수 없다. 그리고 위 소외인이 현장조사 당시 위반경위에 관하여 원고에게 의견진술기회를 부여하였다 하더라도, 이 사건 처분이 현장조사 바로 다음 날 이루어진 사정에 비추어 보면, 의견제출에 필요한 상당한 기간을 고려하여 의견제출기한이 부여되었다고 보기도 어렵다. 그리고 현장조사에서 원고가 위반사실을 시인하였다거나 위반경위를 진술하였다는 사정만으로는 행정절차법 제21조 제4항 제3호가 정한 '의견청취가 현저히 곤란하거나 명백히 불필요하다고 인정될 만한 상당한 이유가 있는 경우'로서 처분의 사전통지를 하지 아니하여도 되는 경우에 해당한다고 볼 수도 없다. 따라서 행정청인 피고가 침해적 행정처분인 이 사건 처분을 하면서 원고에게 행정절차법에 따른 적법한 사전통지를 하거나 의견제출의 기회를 부여하였다고 볼 수 없다(대판 2016.10.27, 2016두41811).
④ 대판 2003.11.28, 2003두674

정답 ③

43. 「행정절차법」상 사전통지와 의견제출에 대한 판례의 입장으로 옳은 것은? 19 국가직9급

① 항만시설 사용허가신청에 대하여 거부처분을 하는 경우, 사전에 통지하여 의견제출 기회를 주어야 한다.
② 용도를 무단변경한 건물의 원상복구를 명하는 시정명령 및 계고처분을 하는 경우, 사전에 통지할 필요가 없다.
③ 고시의 방법으로 불특정 다수인을 상대로 권익을 제한하는 처분을 하는 경우, 상대방에게 사전에 통지하여 의견제출 기회를 주어야 한다.
④ 공매를 통하여 체육시설을 인수한 자의 체육시설업자 지위승계신고를 수리하는 경우, 종전 체육시설업자에게 사전에 통지하여 의견제출 기회를 주어야 한다.

해설 ➤ (中)

① 원고에게 항만시설인 이 사건 대지의 사용을 불허한 이 사건 제1처분은 당사자에게 권리나 이익을 부여하는 효과를 수반하는 이른바 수익적 행위를 구하는 원고의 신청에 대한 거부처분에 해당할 뿐, 행정절차법 제21조에서 말하는 당사자의 권익을 제한하는 처분에 해당한다고 볼 수 없다. 따라서 같은 취지에서 이 사건 제1처분에 행정절차법 제21조에 따른 사전통지나 의견제출 절차를 거치지 않은 위법이 없다고 본 원심의 판단은 정당하고, 거기에 상고이유 주장과 같이 필요한 심리를 다하지 아니하거나 처분의 사전통지와 의견제출 대상에 관한 법리를 오해하는 등의 잘못이 없다(대판 2017.11.23, 2014두1628).
② 피고(가평군수) 소속 공무원 소외인이 위 현장조사에 앞서 원고에게 전화로 통지한 것은 행정조사의 통지이지 이 사건 처분에 대한 사전통지로 볼 수 없다. 그리고 위 소외인이 현장조사 당시 위반경위에 관하여 원고에게 의견진술기회를 부여하였다 하더라도, 이 사건 처분이 현장조사 바로 다음 날 이루어진 사정에 비추어 보면, 의견제출에 필요한 상당한 기간을 고려하여 의견제출기한이 부여되었다고 보기도 어렵다. 그리고 현장조사에서 원고가 위반사실을 시인하였다거나 위반경위를 진술하였다는 사정만으로는 행정절차법 제21조 제4항 제3호가 정한 '의견청취가 현저히 곤란하거나 명백히 불필요하다고 인정될 만한 상당한 이유가 있는 경우'로서 처분의 사전통지를 하지 아니하여도 되는 경우에 해당한다고 볼 수도 없다. 따라서 행정청인 피고가 침해적 행정처분인 이 사건 처분을 하면서 원고에게 행정절차법에 따른 적법한 사전통지를 하거나 의견제출의 기회를 부여하였다고 볼 수 없다(대판 2016.10.27, 2016두41811).

③ '고시'의 방법으로 불특정 다수인을 상대로 의무를 부과하거나 권익을 제한하는 처분은 성질상 의견제출의 기회를 주어야 하는 상대방을 특정할 수 없으므로, 이와 같은 처분에 있어서까지 구 행정절차법 제22조 제3항에 의하여 그 상대방에게 의견제출의 기회를 주어야 한다고 해석할 것은 아니다(대판 2014.10.27, 2012두7745).
④ 대판 2012.12.13, 2011두29144

정답 ④

44. 「행정절차법」상 처분의 사전통지 및 의견청취 등에 대한 설명으로 옳은 것은? (다툼이 있는 경우 판례에 의함) 20 지방직9급

① 고시의 방법으로 불특정 다수인을 상대로 권익을 제한하는 처분을 할 경우 당사자는 물론 제3자에게도 의견제출의 기회를 주어야 한다.
② 청문은 다른 법령등에서 규정하고 있는 경우 이외에 행정청이 필요하다고 인정하는 경우에도 실시할 수 있으나, 공청회는 다른 법령등에서 규정하고 있는 경우에만 개최할 수 있다.
③ 행정청이 당사자에게 의무를 과하거나 권익을 제한하는 처분을 하는 경우에는 처분의 사전통지를 하여야 하는데, 이때의 처분에는 신청에 대한 거부처분도 포함된다.
④ 행정청이 당사자와 사이에 도시계획사업시행 관련 협약을 체결하면서 청문 실시를 배제하는 조항을 두었더라도, 이와 같은 협약의 체결로 청문 실시 규정의 적용을 배제할 만한 법령상 규정이 없는 한, 이러한 협약이 체결되었다고 하여 청문을 실시하지 않아도 되는 예외적인 경우에 해당한다고 할 수 없다.

해설 ➤ ㊦

① '고시'의 방법으로 불특정 다수인을 상대로 의무를 부과하거나 권익을 제한하는 처분은 성질상 의견제출의 기회를 주어야 하는 상대방을 특정할 수 없으므로, 이와 같은 처분에 있어서까지 구 행정절차법 제22조 제3항에 의하여 그 상대방에게 의견제출의 기회를 주어야 한다고 해석할 것은 아니다(대판 2014.10.27, 2012두7745).
② 행정청이 처분을 할 때 다음 각 호의 어느 하나에 해당하는 경우에는 공청회를 개최한다(행정절차법 제22조 제2항).

1. 다른 법령등에서 공청회를 개최하도록 규정하고 있는 경우
2. 해당 처분의 영향이 광범위하여 널리 의견을 수렴할 필요가 있다고 행정청이 인정하는 경우
3. 국민생활에 큰 영향을 미치는 처분으로서 대통령령으로 정하는 처분에 대하여 대통령령으로 정하는 수 이상의 당사자등이 공청회 개최를 요구하는 경우

③ 신청에 따른 처분이 이루어지지 아니한 경우에는 아직 당사자에게 권익이 부과되지 아니하였으므로 특별한 사정이 없는 한 신청에 대한 거부처분이라고 하더라도 직접 당사자의 권익을 제한하는 것은 아니어서 신청에 대한 거부처분을 여기에서 말하는 '당사자의 권익을 제한하는 처분'에 해당한다고 할 수 없는 것이어서 처분의 사전통지대상이 된다고 할 수 없다(대판 2003.11.28, 2003두674).
④ 대판 2004.7.8, 2002두8350

정답 ④

45. 「행정절차법」상 처분의 사전통지의무에 대한 설명으로 옳지 않은 것은? (다툼이 있는 경우 판례에 의함) 21 국회직9급

① 당사자에게 의무를 부과하거나 권익을 제한하는 처분이 그 대상이다.
② 공무원의 직위해제처분에 대하여 「행정절차법」상 사전통지의무 규정이 적용된다.
③ 처분의 당사자가 아닌 제3자의 권익을 제한하더라도 그 자에게 처분의 사전통지를 할 의무는 없다.
④ 처분하려는 원인이 되는 사실과 처분의 내용 및 법적 근거에 대해 당사자가 의견을 제출할 수 있다는 뜻과 의견을 제출하지 아니하는 경우의 처리방법도 사전통지의 대상이다.
⑤ 특별한 사정이 없는 한 신청에 대한 거부처분은 사전통지의 대상이 아니다.

해설 ➢ 下

①③ 행정청은 당사자에게 의무를 부과하거나 권익을 제한하는 처분을 하는 경우에는 미리 다음 각 호의 사항을 당사자등에게 통지하여야 한다(제21조 제1항).
이 법에서 사용하는 용어의 뜻은 다음과 같다(제2조 제4호).

4. "당사자등"이란 다음 각 목의 자를 말한다.
   가. 행정청의 처분에 대하여 직접 그 상대가 되는 당사자
   나. 행정청이 직권으로 또는 신청에 따라 행정절차에 참여하게 한 이해관계인

② 국가공무원법상 직위해제처분은 구 행정절차법 제3조 제2항 제9호, 구 「행정절차법 시행령」 제2조 제3호에 의하여 당해 행정작용의 성질상 행정절차를 거치기 곤란하거나 불필요하다고 인정되는 사항 또는 행정절차에 준하는 절차를 거친 사항에 해당하므로, 처분의 사전통지 및 의견청취 등에 관한 행정절차법의 규정이 별도로 적용되지 않는다(대판 2014.5.16, 2012두26180).
④행정청은 당사자에게 의무를 부과하거나 권익을 제한하는 처분을 하는 경우에는 미리 다음 각 호의 사항을 당사자등에게 통지하여야 한다(제21조 제1항).

1. 처분의 제목
2. 당사자의 성명 또는 명칭과 주소
3. 처분하려는 원인이 되는 사실과 처분의 내용 및 법적 근거
4. 제3호에 대하여 의견을 제출할 수 있다는 뜻과 의견을 제출하지 아니하는 경우의 처리방법
5. 의견제출기관의 명칭과 주소
6. 의견제출기한
7. 그 밖에 필요한 사항

⑤ 신청에 따른 처분이 이루어지지 아니한 경우에는 아직 당사자에게 권익이 부과되지 아니하였으므로 특별한 사정이 없는 한 신청에 대한 거부처분이라고 하더라도 직접 당사자의 권익을 제한하는 것은 아니어서 신청에 대한 거부처분을 여기에서 말하는 '당사자의 권익을 제한하는 처분'에 해당한다고 할 수 없는 것이어서 처분의 사전통지대상이 된다고 할 수 없다(대판 2003.11.28, 2003두674).

정답 ②

46. 「행정절차법」상 처분의 사전통지 및 의견제출 절차에 대한 설명으로 옳지 않은 것은? (다툼이 있는 경우 판례에 의함) 22 국가직9급

① 법령등에서 요구된 자격이 없거나 없어지게 되면 반드시 일정한 처분을 하여야 하는 경우에 그 자격이 없거나 없어지게 된 사실이 법원의 재판에 의하여 객관적으로 증명된 경우에는 사전통지를 생략할 수 있다.
② 행정청의 처분으로 의무가 부과되거나 권익이 제한되는 경우라도 당사자가 의견진술의 기회를 포기한다는 뜻을 명백히 표시한 경우에는 의견청취를 생략할 수 있다.
③ 별정직 공무원인 대통령기록관장에 대한 직권면직 처분에는 처분의 사전통지 및 의견청취 등에 관한 「행정절차법」 규정이 적용되지 않는다.
④ 대통령이 한국방송공사 사장을 해임하면서 사전통지절차를 거치지 않은 경우에는 그 해임처분은 위법하다.

해설 ➢ 下

① 다음 각 호의 어느 하나에 해당하는 경우에는 제1항에 따른 통지를 하지 아니할 수 있다(제21조 제4항).

1. 공공의 안전 또는 복리를 위하여 긴급히 처분을 할 필요가 있는 경우
2. 법령등에서 요구된 자격이 없거나 없어지게 되면 반드시 일정한 처분을 하여야 하는 경우에 그 자격이 없거나 없어지게 된 사실이 법원의 재판 등에 의하여 객관적으로 증명된 경우
3. 해당 처분의 성질상 의견청취가 현저히 곤란하거나 명백히 불필요하다고 인정될 만한 상당한 이유가 있는 경우

② 의견청취의 예외사유(3호까지는 사전통지의 예외사유와 동일. 제22조 제4항)

1. 공공의 안전 또는 복리를 위하여 긴급히 처분을 할 필요가 있는 경우
2. 법령등에서 요구된 자격이 없거나 없어지게 되면 반드시 일정한 처분을 하여야 하는 경우에 그 자격이 없거나 없어지게 된 사실이 법원의 재판 등에 의하여 객관적으로 증명된 경우
3. 해당 처분의 성질상 의견청취가 현저히 곤란하거나 명백히 불필요하다고 인정될 만한 상당한 이유가 있는 경우

4. 당사자가 의견진술의 기회를 포기한다는 뜻을 명백히 표시한 경우

③ 공무원 인사관계 법령에 의한 처분에 관한 사항이라 하더라도 전부에 대하여 행정절차법의 적용이 배제되는 것이 아니라, 성질상 행정절차를 거치기 곤란하거나 불필요하다고 인정되는 처분이나 행정절차에 준하는 절차를 거치도록 하고 있는 처분의 경우에만 행정절차법의 적용이 배제되는 것으로 보아야 하고, 이러한 법리는 '공무원 인사관계 법령에 의한 처분'에 해당하는 별정직 공무원(대통령기록관장)에 대한 직권면직 처분의 경우에도 마찬가지로 적용된다(대판 2007.9.21, 2006두20631).

④ 대통령의 한국방송공사 사장의 해임 절차에 관하여 방송법이나 관련 법령에도 별도의 규정을 두지 않고 있고, 행정절차법의 입법 목적과 행정절차법 제3조 제2항 제9호와 관련 시행령의 규정 내용 등에 비추어 보면, 이 사건 해임처분이 행정절차법과 그 시행령에서 열거적으로 규정한 예외 사유에 해당한다고 볼 수 없으므로 이 사건 해임처분에도 행정절차법이 적용된다고 할 것이다. 대통령이 한국방송공사 적자구조 만성화에 대한 경영책임을 물어 사장인 원고(정연주 사장)를 해임하면서 행정절차법 소정의 사전통지 등 절차를 거치지 않은 위법이 있음을 이유로 그 해임처분을 취소한 원심을 수긍한 사례(대판 2012.2.23, 2011두5001)

정답 ③

47. 「음악산업진흥에 관한 법률」 제30조는 동법 소정의 의무위반을 이유로 노래연습장의 등록을 취소하고자 하는 경우에는 청문을 실시하여야 한다는 취지로 규정하고 있다. 이에 관할 시장은 甲에 대해 동법 소정의 의무위반을 이유로 청문을 실시하고 2014.8.4. 등록취소처분을 하였으나, 청문을 실시함에 있어서 행정절차법에서 보장하는 10일의 기간을 준수하지 않고 청문 개시일 7일 전에야 비로소 청문에 관한 통지를 하였다. 甲은 청문기일에 출석하여 의견진술을 하였으나 받아들여지지 않았다. 甲은 노래연습장 등록취소처분을 다투는 취소심판을 제기하였으나 2014.10.2. 기각재결서 정본을 송달받았다. 이에 甲은 2015.1.5. 노래연습장 등록취소처분의 취소를 구하는 행정소송을 제기하였다. 이에 관한 설명 중 옳지 않은 것을 모두 고른 것은? (다툼이 있는 경우 판례에 의함) 15 변호사

ㄱ. 甲이 이의를 제기하지 아니하고 청문일에 출석하여 그 의견을 진술하고 변명하는 등 방어의 기회를 충분히 가졌다면 절차상 하자는 치유되었다.
ㄴ. 甲은 노래연습장 등록취소처분취소소송의 제소기간을 준수하였다.
ㄷ. 만일 甲이 제기한 취소심판에서 인용재결이 내려졌다면 처분청은 인용재결을 대상으로 취소소송을 제기할 수 있다.

① ㄱ ② ㄷ
③ ㄱ, ㄴ ④ ㄱ ㄷ
⑤ ㄴ, ㄷ

해설 (上)

ㄱ 행정청이 식품위생법상의 청문절차를 이행함에 있어 소정의 청문서 도달기간을 지키지 아니하였다면 이는 청문의 절차적 요건을 준수하지 아니한 것이므로 이를 바탕으로 한 행정처분은 일단 위법하다고 보아야 할 것이지만 이러한 청문제도의 취지는 처분으로 말미암아 받게 될 영업자에게 미리 변명과 유리한 자료를 제출할 기회를 부여함으로써 부당한 권리침해를 예방하려는 데에 있는 것임을 고려하여 볼 때, 가령 행정청이 청문서 도달기간을 다소 어겼다 하더라도 영업자가 이에 대하여 이의하지 아니한 채 스스로 청문일에 출석하여 그 의견을 진술하고 변명하는 등 방어의 기회를 충분히 가졌다면 청문서 도달기간을 준수하지 아니한 하자는 치유되었다고 봄이 상당하다(대판 1992.10.23, 92누2844).

ㄴ 행정심판의 재결을 거친 경우에는 재결서 정본을 송달받은 날인 2014.10.2.부터 90일 내에 취소소송을 제기해야 하는데 2015.1.5.은 송달받은 날부터 94일(29 + 60 + 5)이 지났기 때문에 제소기간을 준수하지 못한 위법이 있다.

ㄷ 행정심판에서 기각재결이 있는 경우 사인인 청구인은 당연히 취소소송을 제기할 수 있다. 그러나 인용재결이 있는 경우, 피청구인인 행정청은 재결의 기속력(행정심판법 제49조 제1항)으로 인해 취소소송을 제기할 수 없다.

정답 ⑤

48. 「행정절차법」상 청문 또는 공청회 절차에 대한 설명으로 옳지 않은 것은? (다툼이 있는 경우 판례에 의함)

15 국가직9급

① 행정청이 청문을 거쳐야 하는 처분을 하면서 청문절차를 거치지 않는 경우에는 그 처분은 위법하지만 당연무효인 것은 아니다.
② 청문서가 「행정절차법」에서 정한 날짜보다 다소 늦게 도달하였을 경우에도, 당사자가 이에 대하여 이의하지 아니하고 청문일에 출석하여 의견을 진술하였다면 청문서 도달기간을 준수하지 않은 하자는 치유된다.
③ 행정청은 「행정절차법」 제38조에 따른 공청회와 병행하여서만 정보통신망을 이용한 공청회(전자공청회)를 실시할 수 있다.
④ 청문 주재자는 당사자등의 전부 또는 일부가 정당한 사유 없이 청문기일에 출석하지 아니한 경우라도 이들에게 다시 의견진술 및 증거제출의 기회를 주지 아니하고는 청문을 마칠 수 없다.

해설 ㊦

① 행정청이 영업허가취소 등의 처분을 하려면 반드시 사전에 청문절차를 거쳐야 하고 설사 식품위생법 제26조 제1항 소정의 사유가 분명히 존재하는 경우라 할지라도 당해 영업자가 청문을 포기한 경우가 아닌 한 청문절차를 거치지 않고 한 영업소 폐쇄명령은 위법하여 취소사유에 해당된다(대판 1983.6.14, 83누14).
② 행정청이 식품위생법상의 청문절차를 이행함에 있어 소정의 청문서 도달기간을 지키지 아니하였다면 이는 청문의 절차적 요건을 준수하지 아니한 것이므로 이를 바탕으로 한 행정처분은 일단 위법하다고 보아야 할 것이지만 이러한 청문제도의 취지는 처분으로 말미암아 받게 될 영업자에게 미리 변명과 유리한 자료를 제출할 기회를 부여함으로써 부당한 권리침해를 예방하려는 데에 있는 것임을 고려하여 볼 때, 가령 행정청이 청문서 도달기간을 다소 어겼다 하더라도 영업자가 이에 대하여 이의하지 아니한 채 스스로 청문일에 출석하여 그 의견을 진술하고 변명하는 등 방어의 기회를 충분히 가졌다면 청문서 도달기간을 준수하지 아니한 하자는 치유되었다고 봄이 상당하다(대판 1992.10.23, 92누2844).
③ 행정청은 제38조에 따른 공청회와 병행하여서만 정보통신망을 이용한 공청회(온라인공청회)를 실시할 수 있다(제38조의2 제1항).
④ 청문 주재자는 당사자등의 전부 또는 일부가 정당한 사유 없이 청문기일에 출석하지 아니하거나 의견서를 제출하지 아니한 경우에는 이들에게 다시 의견진술 및 증거제출의 기회를 주지 아니하고 청문을 마칠 수 있다(제35조 제2항).

정답 ④

메모

제3절 행정정보공개

49. 행정정보의 공개에 대한 판례의 입장이 아닌 것은? 15 국가직9급

① 구 「공공기관의 정보공개에 관한 법률 시행령」 제2조 제1호가 정보공개의무기관으로 사립대학교를 들고 있는 것은 모법의 위임범위를 벗어난 것으로 위법하다.
② 청구인이 공공기관에 대하여 정보공개를 청구하였다가 거부처분을 받은 것 자체가 법률상 이익의 침해에 해당한다.
③ 청구대상정보를 기재할 때는 사회일반인의 관점에서 청구대상정보의 내용과 범위를 확정할 수 있을 정도로 특정하여야 한다.
④ 공개를 거부한 정보에 비공개대상정보에 해당하는 부분과 공개가 가능한 부분이 혼합되어 있고, 공개청구의 취지에 어긋나지 아니하는 범위 안에서 두 부분을 분리할 수 있을 때에는 청구취지의 변경이 없더라도 공개가 가능한 부분만의 일부취소를 명할 수 있다.

해설 ➤ ㊦

① 정보공개의무기관을 정하는 것은 입법자의 입법형성권에 속하고, 이에 따라 입법자는 구 「공공기관의 정보공개에 관한 법률」 제2조 제3호에서 정보공개의무기관을 공공기관으로 정하였는바, 공공기관은 국가기관에 한정되는 것이 아니라 지방자치단체, 정부투자기관, 그 밖에 공동체 전체의 이익에 중요한 역할이나 기능을 수행하는 기관도 포함되는 것으로 해석되고, 여기에 정보공개의 목적, 교육의 공공성 및 공·사립학교의 동질성, 사립대학교에 대한 국가의 재정지원 및 보조 등 여러 사정을 고려해 보면, 사립대학교에 대한 국비 지원이 한정적·일시적·국부적이라는 점을 고려하더라도, 같은법 시행령 제2조 제1호가 정보공개의무를 지는 공공기관의 하나로 사립대학교를 들고 있는 것이 모법인 구 「공공기관의 정보공개에 관한 법률」의 위임 범위를 벗어났다거나 사립대학교가 국비의 지원을 받는 범위 내에서만 공공기관의 성격을 가진다고 볼 수 없다(대판 2006.8.24, 2004두2783).
② 정보공개청구권은 법률상 보호되는 구체적인 권리이므로 청구인이 공공기관에 대하여 정보공개를 청구하였다가 거부처분을 받은 것 자체가 법률상 이익의 침해에 해당한다고 할 것이고, 거부처분을 받은 것 이외에 추가로 어떤 법률상의 이익을 가질 것을 요구하는 것은 아니다(대판 2004.9.23, 2003두1370).
③ 정보공개법 제10조 제1항 제2호는 정보의 공개를 청구하는 자는 정보공개청구서에 '공개를 청구하는 정보의 내용' 등을 기재할 것을 규정하고 있는바, 청구대상정보를 기재함에 있어서는 사회일반인의 관점에서 청구대상정보의 내용과 범위를 확정할 수 있을 정도로 특정함을 요한다고 할 것이다(대판 2007.6.1, 2007두2555).
④ 법원이 행정청의 정보공개거부처분의 위법 여부를 심리한 결과, 공개를 거부한 정보에 비공개대상정보에 해당하는 부분과 공개가 가능한 부분이 혼합되어 있고 공개청구의 취지에 어긋나지 아니하는 범위 안에서 두 부분을 분리할 수 있음을 인정할 수 있을 때에는, 위 정보 중 공개가 가능한 부분을 특정하고 판결의 주문에 행정청의 위 거부처분 중 공개가 가능한 정보에 관한 부분만을 취소한다고 표시하여야 한다(대판 2003.3.11, 2001두6425).

정답 ①

50. 판례의 입장으로 옳지 않은 것은? 15 지방직9급

① 「보안관찰법」 소정의 보안관찰 관련 통계자료는 「공공기관의 정보공개에 관한 법률」상의 공개대상정보에 해당한다.
② 기부채납받은 행정재산에 대한 사용·수익허가에서 공유재산의 관리청이 정한 사용·수익허가의 기간에 대해서는 독립하여 행정소송을 제기할 수 없다.
③ 한국전력공사가 「정부투자기관회계규정」에 의하여 행한 입찰참가자격을 제한하는 내용의 부정당업자제재처분은 사법상의 효력을 가지는 통지행위이다.
④ 유료직업 소개사업의 허가갱신은 허가취득자에게 종전의 지위를 계속 유지시키는 효과를 갖는 것에 불과하고, 갱신 후에는 갱신 전의 법위반사항을 불문에 붙이는 효과가 발생하는 것은 아니다.

해설 ▸ ㊦

① 위 정보는 「공공기관의 정보공개에 관한 법률」 제7조 제1항 제2호 소정의 공개될 경우 국가안전보장·국방·통일·외교관계 등 국가의 중대한 이익을 해할 우려가 있는 정보 또는 제3호 소정의 공개될 경우 국민의 생명·신체 및 재산의 보호 기타 공공의 안전과 이익을 현저히 해할 우려가 있다고 인정되는 정보에 해당한다[대판(전합) 2004.3.18, 2001두8254].
② 대판 2001.6.15, 99두509
③ 대결 1999.11.26, 99부3
④ 대판 1982.7.27, 81누174

정답 ①

51. 공공기관의 정보공개에 관한 법령의 내용에 대한 설명으로 옳지 않은 것은? 15 지방직9급

① 정보의 공개 및 우송 등에 소요되는 비용은 실비의 범위에서 청구인이 부담하나, 공개를 청구하는 정보의 사용 목적이 공공복리의 유지·증진을 위하여 필요하다고 인정되는 경우에는 그 비용을 감면할 수 있다.
② 지방자치단체는 그 소관 사무에 관하여 법령의 범위에서 정보공개에 관한 조례를 정할 수 있다.
③ 직무를 수행한 공무원의 성명과 직위는 공개될 경우 개인의 사생활의 비밀 또는 자유를 침해할 우려가 있다면 비공개 대상정보에 해당한다.
④ 학술·연구를 위하여 일시적으로 체류하는 외국인은 정보공개청구를 할 수 있다.

해설 ▸ ㊦

① 법 제17조
② 법 제4조 제2항
③ 해당 정보에 포함되어 있는 성명·주민등록번호 등 「개인정보 보호법」 제2조 제1호에 따른 개인정보로서 공개될 경우 사생활의 비밀 또는 자유를 침해할 우려가 있다고 인정되는 정보. 다만, 다음 각 목에 열거한 사항은 제외한다(법 제4조 제1항 제6호 라목).

라. 직무를 수행한 공무원의 성명·직위

④ 같은 법 시행령 제3조

정답 ③

52. 다음 중 「공공기관의 정보공개에 관한 법률」(이하 '정보공개법'이라 함) 상 정보공개에 대한 설명으로 옳지 않은 것은? (다툼이 있는 경우 판례에 의함) 15 국회직8급

① 정보공개심의회는 위원장 1명을 포함하여 5명 이상 7명 이하의 위원으로 구성한다.
② 정보공개청구인은 공공기관의 결정에 따른 이의신청 절차를 거치지 아니하고 행정심판을 청구할 수 있다.
③ '정보공개에 관하여 다른 법률에 특별한 규정이 있는 경우'에 해당한다고 하여 정보공개법의 적용을 배제하기 위해서는, 특별한 규정이 '법률'이어야 하고, 내용이 정보공개의 대상 및 범위, 정보공개의 절차, 비공개대상정보 등에 관하여 정보공개법과 달리 규정하고 있는 것이어야 한다.
④ 공개대상 정보는 원칙적으로 공개를 청구하는 자가 작성한 정보공개청구서의 기재내용에 의하여 특정되며, 공개청구자가 특정한 바와 같은 정보를 공공기관이 보유·관리하고 있지 않은 경우라도 해당 정보에 대한 공개거부처분에 대해 취소를 구할 법률상 이익은 인정된다.
⑤ 실제로는 해당 정보를 취득 또는 활용할 의사가 전혀 없이 정보공개 제도를 이용하여 사회통념상 용인될 수 없는 부당한 이득을 얻으려 하거나, 오로지 공공기관의 담당공무원을 괴롭힐 목적으로 정보공개청구를 하는 경우처럼 권리의 남용에 해당하는 것이 명백한 경우에는 정보공개청구에 대해 거부하여도 위법하지 않다.

해설 ➢ 中

① 제12조 제2항
② 제19조 제2항
③ 대판 2007.6.1, 2007두2555
④ 공공기관이 그 정보를 보유·관리하고 있지 아니한 경우에는 특별한 사정이 없는 한 정보공개거부처분의 취소를 구할 법률상의 이익이 없다(대판 2006.1.13, 2003두9459).
⑤ 대판 2014.12.24, 2014두9349

정답 ④

53. 「공공기관의 정보공개에 관한 법률」에 따른 정보공개에 대한 설명으로 옳은 것은? (다툼이 있는 경우 판례에 의함) 16 국가직9급

① 국·공립의 초등학교는 공공기관의 정보공개에 관한 법령상 공공기관에 해당하지만, 사립 초등학교는 이에 해당하지 않는다.
② 공개방법을 선택하여 정보공개를 청구하였더라도 공공기관은 정보공개청구자가 선택한 방법에 따라 정보를 공개하여야 하는 것은 아니며, 원칙적으로 그 공개방법을 선택할 재량권이 있다.
③ 정보공개청구에 대해 공공기관의 비공개결정이 있는 경우 이의신청절차를 거치지 않더라도 행정심판을 청구할 수 있다.
④ 정보공개청구자는 정보공개와 관련한 공공기관의 비공개결정에 대해서는 이의신청을 할 수 있지만, 부분공개의 결정에 대해서는 따로 이의신청을 할 수 없다.

해설 ➢ 中

① 각급학교가 모두 포함되기 때문에 국공립이나 사립학교를 불문한다.
「공공기관의 정보공개에 관한 법률」 제2조 제3호 라목에서 '그 밖에 대통령령으로 정하는 기관'이란 다음 각 호의 기관 또는 단체를 말한다(동 시행령 제2조).
유아교육법·초·중등교육법·고등교육법에 따른 각급 학교 또는 그 밖의 다른 법률에 따라 설치된 학교(제1호) : 사립고등학교와 사립대학교
② 정보공개를 청구하는 자가 공공기관에 대해 정보의 사본 또는 출력물의 교부의 방법으로 공개방법을 선택하여 정보공개청구를 한 경우에 공개청구를 받은 공공기관으로서는 같은법 제8조 제2항에서 규정한 정보의 사본 또는 복제물의 교부를 제한할 수 있는 사유에 해당하지 않는 한 정보공개청구자가 선택한 공개방법에 따라 정보를 공개하여야 하므로 그 공개방법을 선택할 재량권이 없다고 해석함이 상당하다(대판 2003.12.12, 2003두8050).
③ 청구인은 이의신청 절차를 거치지 아니하고 행정심판을 청구할 수 있다(제19조 제2항).
④ 청구인이 정보공개와 관련한 공공기관의 비공개 결정 또는 부분 공개 결정에 대하여 불복이 있거나 정보공개 청구 후 20일이 경과하도록 정보공개 결정이 없는 때에는 공공기관으로부터 정보공개 여부의 결정 통지를 받은 날 또는 정보공개 청구 후 20일이 경과한 날부터 30일 이내에 해당 공공기관에 문서로 이의신청을 할 수 있다(제18조 제1항).

정답 ③

54. 정보공개제도에 대한 설명으로 옳지 않은 것은? (다툼이 있는 경우 판례에 의함) 16 국가직7급

① 법인 등이 거래하는 금융기관의 계좌번호에 관한 정보는 영업상 비밀에 관한 사항으로서 「공공기관의 정보공개에 관한 법률」상 비공개대상정보에 해당한다.
② 직무를 수행한 공무원의 성명과 직위는 「공공기관의 정보공개에 관한 법률」에 의하여 공개대상정보에 해당한다.
③ 공공기관이 그 정보를 보유·관리하고 있지 아니한 경우에는 특별한 사정이 없는 한 정보공개를 구하는 자에게 정보공개거부처분의 취소를 구할 법률상의 이익이 없다.
④ 「공공기관의 정보공개에 관한 법률」은 모든 국민을 정보공개청구권자로 규정하고 있는데, 이에는 자연인은 물론 법인, 권리능력 없는 사단·재단, 지방자치단체 등이 포함된다.

해설 ➤ 中

① 대판 2004.8.20, 2003두8302
② 해당 정보에 포함되어 있는 성명 · 주민등록번호 등 「개인정보 보호법」 제2조 제1호에 따른 개인정보로서 공개될 경우 사생활의 비밀 또는 자유를 침해할 우려가 있다고 인정되는 정보. 다만, 다음 각 목에 열거한 사항은 제외한다(법 제4조 제1항 제6호 라목).

라. 직무를 수행한 공무원의 성명 · 직위

③ 대판 2006.1.13, 2003두9459
④ 지방자치단체는 제외된다.
「공공기관의 정보공개에 관한 법률」 제6조 제1항은 "모든 국민은 정보의 공개를 청구할 권리를 가진다."고 규정하고 있는데, 여기에서 말하는 국민에는 자연인은 물론 법인, 권리능력 없는 사단·재단도 포함되고, 법인, 권리능력 없는 사단·재단 등의 경우에는 설립목적을 불문한다(시민단체인 충주환경운동연합의 당사자능력을 인정)(대판 2003.12.12, 2003두8050).
「공공기관의 정보공개에 관한 법률」은 국민을 정보공개청구권자로, 지방자치단체를 국민에 대응하는 정보공개의무자로 상정하고 있다고 할 것이므로, 지방자치단체는 「공공기관의 정보공개에 관한 법률」 제5조에서 정한 정보공개청구권자인 '국민'에 해당되지 아니한다(서울행판 2005.10.12, 2005구합10484).

정답 ④

55. 「공공기관의 정보공개에 관한 법률」에 따른 정보공개에 대한 설명으로 옳지 않은 것은? (다툼이 있는 경우 판례에 의함) 17 국가직9급

① 공공기관은 정보공개의 청구를 받으면 그 청구를 받은 날부터 10일 이내에 공개 여부를 결정하여야 하나 부득이한 사유로 이 기간 이내에 공개 여부를 결정할 수 없는 때에는 그 기간이 끝나는 날의 다음 날부터 기산하여 10일의 범위에서 공개 여부 결정기간을 연장할 수 있다.
② 모든 국민은 정보의 공개를 청구할 권리를 가진다고 규정하고 있고, 여기의 국민에는 자연인과 법인이 포함되지만 권리능력 없는 사단은 포함되지 않는다.
③ 정보공개청구에 대하여 공공기관이 비공개결정을 한 경우 청구인이 이에 불복한다면 이의신청 절차를 거치지 않고 행정심판을 청구할 수 있다.
④ 한국증권업협회는 증권회사 상호 간의 업무질서를 유지하고 유가증권의 공정한 매매거래 및 투자자보호를 위하여 구성된 회원조직으로, 「증권거래법」 또는 그 법에 의한 명령에 대하여 특별한 규정이 있는 것을 제외하고는 「민법」 중 사단법인에 관한 규정을 적용받으므로 구 「공공기관의 정보공개에 관한 법률 시행령」상의 '특별법에 의하여 설립된 특수법인'에 해당하지 않는다.

해설 ➤ 下

① 정보공개법 제11조 제1항, 제2항
② 「공공기관의 정보공개에 관한 법률」 제6조 제1항은 "모든 국민은 정보의 공개를 청구할 권리를 가진다."고 규정하고 있는데, 여기에서 말하는 국민에는 자연인은 물론 법인, 권리능력 없는 사단·재단도 포함되고, 법인, 권리능력 없는 사단·재단 등의 경우에는 설립목적을 불문한다(시민단체인 충주환경운동연합의 당사자능력을 인정)(대판 2003.12.12, 2003두8050).
③ 정보공개법 제19조 제2항
④ 대판 2010.4.29, 2008두5643

정답 ②

56. 정보공개제도에 대한 판례의 입장으로 옳은 것은? 17 지방직9급

① 정보공개청구의 대상이 되는 공공기관이 보유하는 정보는 공공기관이 직무상 작성 또는 취득한 원본문서이어야 하며 전자적 형태로 보유·관리되는 경우에는 행정기관의 업무수행에 큰 지장을 주지 않는 한도 내에서 검색·편집하여 제공하여야 한다.

② 법무부령인 「검찰보존사무규칙」에서 불기소사건 기록 등의 열람·등사 등을 제한하는 것은 「공공기관의 정보공개에 관한 법률」에 따른 '다른 법률 또는 명령에 의하여 비공개사항으로 규정된 경우'에 해당되어 적법하다.

③ '독립유공자 서훈 공적심사위원회의 심의·의결 과정 및 그 내용을 기재한 회의록'은 공개될 경우에 업무의 공정한 수행에 현저한 지장을 초래한다고 인정할 만한 상당한 이유가 있는 정보에 해당한다.

④ 정보공개제도를 이용하여 사회통념상 용인될 수 없는 부당한 이득을 얻으려 하거나, 오로지 공공기관의 담당공무원을 괴롭힐 목적으로 정보공개청구를 하는 경우라 하더라도 적법한 공개청구 요건을 갖추고 있는 경우라면 정보공개청구권 행사 자체를 권리남용으로 볼 수는 없다.

해설 ➤ ㊥

① 앞부분은 틀리고, 뒷부분은 맞다.
[원본불요] 「공공기관의 정보공개에 관한 법률」상 공개청구의 대상이 되는 정보란 공공기관이 직무상 작성 또는 취득하여 현재 보유·관리하고 있는 문서에 한정되는 것이기는 하나, 그 문서가 반드시 원본일 필요는 없다(대판 2006.5.25, 2006두3049).
[전자적 형태] 「공공기관의 정보공개에 관한 법률」에 의한 정보공개제도는 공공기관이 보유·관리하는 정보를 그 상태대로 공개하는 제도이지만, 전자적 형태로 보유·관리되는 정보의 경우에는, 그 정보가 청구인이 구하는 대로는 되어 있지 않다고 하더라도, 공개청구를 받은 공공기관이 공개청구대상정보의 기초자료를 전자적 형태로 보유·관리하고 있고, 당해 기관에서 통상 사용되는 컴퓨터 하드웨어 및 소프트웨어와 기술적 전문지식을 사용하여 그 기초자료를 검색하여 청구인이 구하는 대로 편집할 수 있으며, 그러한 작업이 당해 기관의 컴퓨터 시스템 운용에 별다른 지장을 초래하지 아니한다면, 그 공공기관이 공개청구대상정보를 보유·관리하고 있는 것으로 볼 수 있고, 이러한 경우에 기초자료를 검색·편집하는 것은 새로운 정보의 생산 또는 가공에 해당한다고 할 수 없다(대판 2010.2.11, 2009두6001).
② 검찰보존사무규칙이 검찰청법 제11조에 기하여 제정된 법무부령이기는 하지만, 그 사실만으로 같은규칙 내의 모든 규정이 법규적 효력을 가지는 것은 아니다. 기록의 열람·등사의 제한을 정하고 있는 같은 규칙 제22조는 법률상의 위임근거가 없어 행정기관 내부의 사무처리준칙으로서 행정규칙에 불과하므로, 위 규칙상의 열람·등사의 제한을 「공공기관의 정보공개에 관한 법률」 제9조 제1항 제1호의 '다른 법률 또는 법률에 의한 명령에 의하여 비공개사항으로 규정된 경우'에 해당한다고 볼 수 없다(대판 2006.5.25, 2006두3049).
③ 대판 2014.7.24, 2013두20301
④ 일반적인 정보공개청구권의 의미와 성질, 구 「공공기관의 정보공개에 관한 법률」(정보공개법) 제3조, 제5조 제1항, 제6조의 규정 내용과 입법 목적, 정보공개법이 정보공개청구권의 행사와 관련하여 정보의 사용 목적이나 정보에 접근하려는 이유에 관한 어떠한 제한을 두고 있지 아니한 점 등을 고려하면, 국민의 정보공개청구는 정보공개법 제9조에 정한 비공개 대상 정보에 해당하지 아니하는 한 원칙적으로 폭넓게 허용되어야 하지만, 실제로는 해당 정보를 취득 또는 활용할 의사가 전혀 없이 정보공개 제도를 이용하여 사회통념상 용인될 수 없는 부당한 이득을 얻으려 하거나, 오로지 공공기관의 담당공무원을 괴롭힐 목적으로 정보공개청구를 하는 경우처럼 권리의 남용에 해당하는 것이 명백한 경우에는 정보공개청구권의 행사를 허용하지 아니하는 것이 옳다(대판 2014.12.24, 2014두9349).

정답 ③

57. 「공공기관의 정보공개에 관한 법률」(이하 '정보공개법'이라 함)에 대한 판례의 설명으로 옳지 않은 것은?

17 국회직8급

① 정보공개청구를 거부하는 처분이 있은 후 대상정보가 폐기되었다든가 하여 공공기관이 그 정보를 보유·관리하지 아니하게 된 경우에는 특별한 사정이 없는 한 정보공개거부처분의 취소를 구할 법률상의 이익이 없다.
② 「공직자윤리법」상의 등록의무자가 구 「공직자윤리법 시행규칙」 제12조에 따라 제출한 '자신의 재산등록사항의 고지를 거부한 직계존비속의 본인과의 관계, 성명, 고지거부사유, 서명'이 기재되어 있는 문서는 정보공개법상의 비공개대상정보에 해당한다.
③ 정보공개를 구하는 정보를 공공기관이 한때 보유·관리하였으나 후에 그 정보가 담긴 문서들이 폐기되어 존재하지 않게 된 것이라면 그 정보를 더 이상 보유·관리하고 있지 아니하다는 점에 대한 증명책임은 공공기관에 있다.
④ 정보공개법 제13조 제2항에서 규정한 정보의 사본 또는 복제물의 교부를 제한할 수 있는 사유에 해당하지 아니하는 한 정보공개청구자가 선택한 공개방법에 따라 공개하여야 하므로 공공기관은 정보공개방법을 선택할 재량권이 없다.
⑤ 공공기관은 정보공개청구를 거부할 경우에도 대상이 된 정보의 내용을 구체적으로 확인·검토하여 어느 부분이 어떠한 법익 또는 기본권과 충돌되어 정보공개법 제9조 제1항 몇 호에서 정하고 있는 비공개사유에 해당하는지를 주장·입증하여야 하며, 그에 이르지 아니한 채 개괄적인 사유만 들어 공개를 거부하는 것은 허용되지 아니한다.

해설 中

① 공공기관이 그 정보를 보유·관리하고 있지 아니한 경우에는 특별한 사정이 없는 한 정보공개거부처분의 취소를 구할 법률상의 이익이 없다(대판 2006.1.13, 2003두9459).

② 구 「공공기관의 정보공개에 관한 법률」과 구 공직자윤리법의 관련규정들을 종합하여 보면, 구 공직자윤리법에 의한 '등록사항' 중 같은법 제10조 제1항 및 제2항에 의하여 공개하여야 할 등록사항을 제외한 나머지 등록사항은 같은법 제10조 제3항 또는 제14조의 규정에 의한 법령비정보에 해당한다. 그런데 위 규정들의 내용 및 공직자윤리법의 목적, 입법취지 등을 종합하여 보면, 등록의무자 본인 및 그 배우자와 직계존비속이 소유하는 재산의 종류와 가액 및 고지거부사실(직계존비속이 자신의 재산등록사항의 고지를 거부하는 경우 그 고지거부사실 자체는 등록할 재산에 대응하는 것이므로 등록사항으로 보아야 한다)은 구 공직자윤리법에 의한 등록사항에 해당하나, 그밖에 등록의무자의 배우자 및 직계존비속의 존부와 그 인적사항 및 고지거부자의 고지거부사유는 그 등록사항에 해당하지 않는다. 따라서 공직자윤리법상의 등록의무자가 제출한 '자신의 재산등록사항의 고지를 거부한 직계존비속의 본인과의 관계, 성명, 고지거부사유, 서명(날인)'이 기재되어 있는 구 「공직자윤리법 시행규칙」 제12조 관련 [별지 제14호서식]의 문서는 구 공직자윤리법에 의한 등록사항이 아니므로, 같은법 제10조 제3항 및 제14조의 각 규정에 의하여 열람복사가 금지되거나 누설이 금지된 정보가 아니고, 나아가 구 「공공기관의 정보공개에 관한 법률」 제7조 제1항 제1호에 정한 법령비정보에도 해당하지 않는다(대판 2007.12.13, 2005두13117).

③ 대판 2004.12.9, 2003두12707
④ 대판 2003.12.12, 2003두8050
⑤ 대판 2003.12.11, 2001두8827

정답 ②

58. 정보공개에 대한 설명으로 옳지 않은 것은? (다툼이 있는 경우 판례에 의함) 17 국가직7급

① 「공공기관의 정보공개에 관한 법률」상 공개청구의 대상이 되는 정보는 반드시 원본일 필요는 없고 사본도 가능하다.
② 공개를 구하는 정보를 공공기관이 한때 보유·관리하였으나 후에 그 정보가 담긴 문서들이 폐기되어 존재하지 않게 된 것이라면 그 정보를 더 이상 보유·관리하고 있지 아니하다는 점에 대한 입증책임은 공공기관에 있다.
③ 정보에의 접근·수집·처리의 자유는 자유권적 성질과 청구권적 성질을 공유하는 것으로서 헌법 제21조에 의하여 직접 보장되는 권리이다.
④ 「공공기관의 정보공개에 관한 법률」 제9조 제1항 제4호의 '진행 중인 재판에 관련된 정보'에 해당한다는 사유로 정보공개를 거부하기 위해서는 그 정보가 진행 중인 재판의 소송기록 그 자체에 포함된 내용이어야 한다.

해설 中

① 대판 2006.5.25, 2006두3049

② 대판 2004.12.9, 2003두12707
③ 헌재결 1991.5.13, 90헌마133
④ 법원 이외의 공공기관이 위 규정이 정한 '진행 중인 재판에 관련된 정보'에 해당한다는 사유로 정보공개를 거부하기 위하여는 반드시 그 정보가 진행 중인 재판의 소송기록 그 자체에 포함된 내용의 정보일 필요는 없으나, 재판에 관련된 일체의 정보가 그에 해당하는 것은 아니고 진행 중인 재판의 심리 또는 재판결과에 구체적으로 영향을 미칠 위험이 있는 정보에 한정된다고 봄이 상당하다(대판 2011.11.24, 2009두19021).

정답 ④

59. 「공공기관의 정보공개에 관한 법률」에 대한 설명으로 옳지 않은 것은? (다툼이 있는 경우 판례에 의함)

17 지방직7급

① 정보공개청구권은 국민의 알 권리에 근거한 헌법상 기본권이므로, 권리남용을 이유로 정보공개를 거부하는 것은 허용되지 아니한다.
② 정보공개청구권을 가지는 국민에는 자연인은 물론 법인, 권리능력 없는 사단·재단도 포함되고, 법인, 권리능력 없는 사단·재단 등의 경우에는 설립목적을 불문한다.
③ 정보공개청구권은 법률상 보호되는 구체적인 권리이므로 청구인이 공공기관에 대하여 정보공개를 청구하였다가 거부처분을 받은 것 자체가 법률상 이익의 침해에 해당한다.
④ 공개청구의 대상이 되는 정보가 이미 다른 사람에게 공개되어 널리 알려져 있다거나 인터넷 등을 통하여 공개되어 인터넷검색 등을 통하여 쉽게 알 수 있다는 사정만으로는 비공개결정이 정당화될 수 없다.

해설 ㊦

① 국민의 정보공개청구는 정보공개법 제9조에 정한 비공개 대상 정보에 해당하지 아니하는 한 원칙적으로 폭넓게 허용되어야 하지만, 실제로는 해당 정보를 취득 또는 활용할 의사가 전혀 없이 정보공개 제도를 이용하여 사회통념상 용인될 수 없는 부당한 이득을 얻으려 하거나, 오로지 공공기관의 담당공무원을 괴롭힐 목적으로 정보공개청구를 하는 경우처럼 권리의 남용에 해당하는 것이 명백한 경우에는 정보공개청구권의 행사를 허용하지 아니하는 것이 옳다(대판 2014.12.24, 2014두9349).
② 대판 2003.12.12, 2003두8050
③ 대판 2004.9.23, 2003두1370
④ 대판 2008.11.27, 2005두15694

정답 ①

60. 「공공기관의 정보공개에 관한 법률」상 정보공개에 대한 설명으로 옳지 않은 것은? (다툼이 있는 경우 판례에 의함)

18 지방직9급

① 공개될 경우 부동산 투기로 특정인에게 이익 또는 불이익을 줄 우려가 있다고 인정되는 정보는 비공개대상에 해당한다.
② 공개청구의 대상이 되는 정보가 인터넷에 공개되어 인터넷 검색 등을 통하여 쉽게 알 수 있다면 정보공개청구권자는 공개거부처분의 취소를 구할 법률상의 이익이 없다.
③ 불기소처분기록 중 피의자신문조서 등에 기재된 피의자 등의 인적사항 이외의 진술내용이 개인의 사생활의 비밀 또는 자유를 침해할 우려가 인정된다면 비공개대상에 해당한다.
④ 정보공개거부처분취소소송에서 공개를 거부한 정보에 비공개대상 부분과 공개가 가능한 부분이 혼합되어 있는 경우, 공개청구의 취지에 어긋나지 아니하는 범위 안에서 두 부분을 분리할 수 있다면 법원은 청구취지의 변경이 없더라도 공개가 가능한 정보에 관한 부분만의 일부취소를 명할 수 있다.

해설 ㊦

① 법 제9조 제1항 제8호

② 구법 제8조 제2항은 정보공개청구의 대상이 이미 널리 알려진 사항이라 하더라도 그 공개의 방법만을 제한할 수 있도록 규정하고 있을 뿐 공개 자체를 제한하고 있지는 아니하므로, 공개청구의 대상이 되는 정보가 이미 다른 사람에게 공개하여 널리 알려져 있다거나 인터넷이나 관보 등을 통하여 공개하여 인터넷검색이나 도서관에서의 열람 등을 통하여 쉽게 알 수 있다는 사정만으로는 소의 이익이 없다거나 비공개결정이 정당화될 수는 없다(대판 2008.11.27, 2005두15694).
③ 대판 2017.9.7, 2017두44558
④ 대판 2003.3.11, 2001두6425

정답 ②

61. 「공공기관의 정보공개에 관한 법률」에 대한 설명으로 가장 옳은 것은? 18 서울시7급

① 정보공개청구의 거부에 대해서는 의무이행심판을 제기할 수 없다.
② 검찰보존사무규칙에서 정한 기록의 열람·등사의 제한은 「공공기관의 정보공개에 관한 법률」에 의한 비공개대상에 해당한다.
③ 법인 등의 경영·영업상 비밀은 사업활동에 관한 일체의 비밀사항을 의미한다.
④ 국가정보원이 직원에게 지급하는 현금급여 및 월초수당에 대한 정보는 비공개대상에 해당하지 아니한다.

해설 下

① 의무이행심판이란 당사자의 신청에 대한 행정청의 위법 또는 부당한 거부처분이나 부작위에 대하여 일정한 처분을 하도록 하는 행정심판을 말한다. 따라서 정보공개거부처분에 대해 의무이행심판 제기가 가능하다.
② 검찰보존사무규칙이 검찰청법 제11조에 기하여 제정된 법무부령이기는 하지만, 그 사실만으로 같은규칙 내의 모든 규정이 법규적 효력을 가지는 것은 아니다. 기록의 열람·등사의 제한을 정하고 있는 같은 규칙 제22조는 법률상의 위임근거가 없어 행정기관 내부의 사무처리준칙으로서 행정규칙에 불과하므로, 위 규칙상의 열람·등사의 제한을 「공공기관의 정보공개에 관한 법률」 제9조 제1항 제1호의 '다른 법률 또는 법률에 의한 명령에 의하여 비공개사항으로 규정된 경우'에 해당한다고 볼 수 없다(대판 2006.5.25, 2006두3049).
③ 정보공개법 제9조 제1항 제7호 소정의 '법인등의 경영·영업상 비밀'은 부정경쟁방지법 제2조 제2호 소정의 '영업비밀'에 한하지 않고, '타인에게 알려지지 아니함이 유리한 사업활동에 관한 일체의 정보' 또는 '사업활동에 관한 일체의 비밀사항'으로 해석함이 상당하다(대판 2008.10.23, 2007두1798).
④ 국가정보원이 그 직원에게 지급하는 현금급여 및 월초수당에 관한 정보는 국가정보원 예산집행내역의 일부를 구성하는 것이므로, 위 현금급여 및 월초수당에 관한 정보는 국가정보원법 제12조에 의하여 비공개 사항으로 규정된 정보로서 「공공기관의 정보공개에 관한 법률」 제9조 제1항 제1호의 비공개대상정보인 '다른 법률에 의하여 비공개 사항으로 규정된 정보'에 해당한다고 보아야 하고, 위 현금급여 및 월초수당이 근로의 대가로서의 성격을 가진다거나 정보공개청구인이 해당 직원의 배우자라고 하여 달리 볼 것은 아니다(대판 2010.12.23, 2010두14800).

정답 ③

62. 공공기관의 정보공개 절차에 관한 설명으로 가장 옳지 않은 것은? 18 서울시7급

① 정보의 공개 및 우송 등에 소요되는 비용은 실비의 범위에서 청구인의 부담으로 한다. 다만 그 액수가 너무 많아서 청구인에게 과중한 부담을 주는 경우에는 비용을 감면할 수 있다.
② 공개대상의 양이 과다하여 정상적인 업무수행에 현저한 지장을 초래할 우려가 있는 경우에는 이를 기간별로 나누어 교부하거나 열람과 병행하여 교부할 수 있다.
③ 국가안전보장·국방·통일·외교관계 분야 업무를 주로 하는 국가기관의 정보공개심의회 구성 시 최소한 3분의 1 이상은 외부 전문가로 위촉하여야 한다.
④ 공개대상정보의 일부 또는 전부가 제3자와 관련이 있다고 인정하는 때에는 공공기관은 지체 없이 관련된 제3자에게 통지하여야 한다.

해설 下

① 단서 규정이 틀린 내용이다. 즉, 정보의 공개 및 우송 등에 드는 비용은 실비(實費)의 범위에서 청구인(공공기관, 행정청이 아님)이 부담한다(무료가 아님)(제17조 제1항). 공개를 청구하는 정보의 사용 목적이 공공복리의 유지·증진을 위하여 필요하다고 인정되는 경우에는 제1항에 따

른 비용을 감면할 수 있다(같은 조 제2항).
② 제13조 제3항
③ 심의회의 위원은 소속 공무원, 임직원 또는 외부 전문가로 지명하거나 위촉하되, 그 중 3분의 2는 해당 국가기관등의 업무 또는 정보공개의 업무에 관한 지식을 가진 외부 전문가로 위촉하여야 한다. 다만, 제9조 제1항 제2호(국가안전보장 · 국방 · 통일 · 외교관계 등에 관한 사항으로서 공개될 경우 국가의 중대한 이익을 현저히 해칠 우려가 있다고 인정되는 정보) 및 제4호[진행 중인 재판에 관련된 정보와 범죄의 예방, 수사, 공소의 제기 및 유지, 형의 집행, 교정(矯正), 보안처분에 관한 사항으로서 공개될 경우 그 직무수행을 현저히 곤란하게 하거나 형사피고인의 공정한 재판을 받을 권리를 침해한다고 인정할 만한 상당한 이유가 있는 정보]에 해당하는 업무를 주로 하는 국가기관은 그 국가기관의 장이 외부 전문가의 위촉 비율을 따로 정하되, 최소한 3분의 1 이상은 외부 전문가로 위촉하여야 한다(같은 조 제3항).
④ 공공기관은 공개 청구된 공개 대상 정보의 전부 또는 일부가 제3자와 관련이 있다고 인정할 때에는 그 사실을 제3자에게 지체 없이(7일 이내가 아님) 통지하여야 하며, 필요한 경우에는 그의 의견을 들을 수 있다(제11조 제3항).

정답 ①

63. 「공공기관의 정보공개에 관한 법률」에 대한 설명으로 옳지 않은 것은? (다툼이 있는 경우 판례에 의함)

18 국가직7급

① 공공기관이 공개청구대상 정보를 청구인이 신청한 공개방법 이외의 방법으로 공개하는 결정을 한 경우, 정보공개청구 중 정보공개방법 부분에 대하여 일부 거부처분을 한 것이다.
② 정보비공개결정 취소소송에서 공공기관이 청구정보를 증거로 법원에 제출하여 법원을 통하여 그 사본을 청구인에게 교부되게 하여 정보를 공개하게 된 경우에는 비공개결정의 취소를 구할 소의 이익이 소멸한다.
③ 통일에 관한 사항으로서 공개될 경우 국가의 중대한 이익을 현저히 해칠 우려가 있다고 인정되는 정보는 비공개대상정보에 해당한다.
④ 공개하는 것이 공익을 위하여 필요한 경우로서 법령에 따라 국가가 업무의 일부를 위탁 또는 위촉한 개인의 성명 · 직업은, 공개되면 사생활의 비밀 또는 자유가 침해될 우려가 있다고 인정되더라도 공개대상정보에 해당한다.

해설 中

① 대판 2016.11.10, 2016두44674
② 청구인이 정보공개거부처분의 취소를 구하는 소송에서 공공기관이 청구정보를 증거 등으로 법원에 제출하여 법원을 통하여 그 사본을 청구인에게 교부 또는 송달되게 하여 결과적으로 청구인에게 정보를 공개하는 셈이 되었다고 하더라도, 이러한 우회적인 방법은 정보공개법이 예정하고 있지 아니한 방법으로서 정보공개법에 의한 공개라고 볼 수는 없으므로, 당해 정보의 비공개결정의 취소를 구할 소의 이익은 소멸되지 않는다(대판 2016.12.15, 2012두11409·11416).
③ 「공공기관의 정보공개에 관한 법률」 제9조 제1항 제2호
④ 같은 법 제9조 제1항 제6호 마목

정답 ②

64. 「공공기관의 정보공개에 관한 법률」상 정보공개에 대한 설명으로 옳은 것은? (다툼이 있는 경우 판례에 의함)

19 국가직9급

① 공개청구된 정보가 인터넷을 통하여 공개되어 인터넷 검색을 통하여 쉽게 알 수 있다는 사정만으로 비공개결정이 정당화될 수는 없다.
② 정보공개 청구 후 20일이 경과하도록 정보공개 결정이 없는 경우, 이의신청은 허용되나 행정심판청구는 허용되지 않는다.
③ 정보의 공개 및 우송 등에 드는 비용은 정보공개청구를 받은 행정청이 부담한다.
④ 행정소송의 재판기록 일부의 정보공개청구에 대한 비공개결정은 전자문서로 통지할 수 없다.

해설 ➤ 下

① 구법 제8조 제2항은 정보공개청구의 대상이 이미 널리 알려진 사항이라 하더라도 그 공개의 방법만을 제한할 수 있도록 규정하고 있을 뿐 공개 자체를 제한하고 있지는 아니하므로, 공개청구의 대상이 되는 정보가 이미 다른 사람에게 공개하여 널리 알려져 있다거나 인터넷이나 관보 등을 통하여 공개하여 인터넷검색이나 도서관에서의 열람 등을 통하여 쉽게 알 수 있다는 사정만으로는 소의 이익이 없다거나 비공개결정이 정당화될 수는 없다(대판 2008.11.27, 2005두15694).
② 청구인이 정보공개와 관련한 공공기관의 결정에 대하여 불복이 있거나 정보공개 청구 후 20일이 경과하도록 정보공개 결정이 없는 때에는 「행정심판법」에서 정하는 바에 따라 행정심판을 청구할 수 있다. 이 경우 국가기관 및 지방자치단체 외의 공공기관의 결정에 대한 감독행정기관은 관계 중앙행정기관의 장 또는 지방자치단체의 장으로 한다(정보공개법 제19조 제1항). 청구인은 제18조에 따른 이의신청 절차를 거치지 아니하고 행정심판을 청구할 수 있다(같은 조 제2항).
③ 정보의 공개 및 우송 등에 드는 비용은 실비(實費)의 범위에서 청구인이 부담한다(같은 법 제17조 제1항).
④ '문서'에 '전자문서'를 포함한다고 규정한 구 「공공기관의 정보공개에 관한 법률」(정보공개법) 제2조와 정보의 비공개결정을 '문서'로 통지하도록 정한 정보공개법 제13조 제4항의 규정에 의하면 정보의 비공개결정은 전자문서로 통지할 수 있고, 위 규정들은 행정절차법 제3조 제1항에서 행정절차법의 적용이 제외되는 것으로 정한 '다른 법률'에 특별한 규정이 있는 경우에 해당하므로, 비공개결정 당시 정보의 비공개결정은 정보공개법 제13조 제4항에 의하여 전자문서로 통지할 수 있다고 본 원심판단에 법리오해 등의 위법이 없다(대판 2014.4.10, 2012두17384).

정답 ①

65. 정보공개에 대한 판례의 입장으로 옳은 것은? 19 지방직9급

① 지방자치단체의 업무추진비 세부항목별 집행내역 및 그에 관한 증빙서류에 포함된 개인에 관한 정보는 「공공기관의 정보공개에 관한 법률」 소정의 '공개하는 것이 공익을 위하여 필요하다고 인정되는 정보'에 해당하여 공개대상이 된다.
② 학교환경위생구역 내 금지행위(숙박시설) 해제결정에 관한 학교환경위생정화위원회의 회의록에 기재된 발언내용에 대한 해당 발언자의 인적사항 부분에 관한 정보는 「공공기관의 정보공개에 관한 법률」 소정의 비공개대상정보에 해당하지 않는다.
③ 「보안관찰법」 소정의 보안관찰 관련 통계자료는 「공공기관의 정보공개에 관한 법률」 소정의 비공개대상정보에 해당하지 않는다.
④ 학교폭력대책자치위원회가 피해학생의 보호를 위한 조치, 가해학생에 대한 조치, 학교폭력과 관련된 분쟁의 조정 등에 관하여 심의한 결과를 기재한 회의록은 「공공기관의 정보공개에 관한 법률」 소정의 비공개대상 정보에 해당한다.

해설 ➤ 中

① '공개하는 것이 공익을 위하여 필요하다고 인정되는 정보'에 해당하는지 여부는 비공개에 의하여 보호되는 개인의 사생활 보호 등의 이익과 공개에 의하여 보호되는 국정운영의 투명성 확보 등의 공익을 비교·교량하여 구체적 사안에 따라 신중히 판단하여야 할 것인바, 이 사건 정보 중 개인에 관한 정보는 특별한 사정이 없는 한 그 개인의 사생활 보호라는 관점에서 보더라도 위와 같은 정보가 공개되는 것은 바람직하지 않으며 위 정보의 비공개에 의하여 보호되는 이익보다 공개에 의하여 보호되는 이익이 우월하다고 단정할 수도 없으므로, 이는 '공개하는 것이 공익을 위하여 필요하다고 인정되는 정보'에 해당하지 않는다고 봄이 상당하다(대판 2003.3.11, 2001두6425).
② 학교환경위생구역 내 금지행위(숙박시설) 해제결정에 관한 학교환경위생정화위원회의 회의록에 기재된 발언내용에 대한 해당 발언자의 인적사항 부분에 관한 정보는 「공공기관의 정보공개에 관한 법률」 제7조 제1항 제5호 소정의 비공개대상에 해당한다(대판 2003.8.22, 2002두12946).
③ 위 정보는 「공공기관의 정보공개에 관한 법률」 제7조 제1항 제2호 소정의 공개될 경우 국가안전보장·국방·통일·외교관계 등 국가의 중대한 이익을 해할 우려가 있는 정보 또는 제3호 소정의 공개될 경우 국민의 생명·신체 및 재산의 보호 기타 공공의 안전과 이익을 현저히 해할 우려가 있다고 인정되는 정보에 해당한다[대판(전합) 2004.3.18, 2001두8254].
④ 대판 2010.6.10, 2010두2913

정답 ④

66. 행정상 정보공개에 대한 설명으로 옳은 것은? (다툼이 있는 경우 판례에 의함) 19 국회직8급

① 국회는 「공공기관의 정보공개에 관한 법률」상 공공기관에 해당하지만 동법이 적용되는 것이 아니라 「국회정보공개규칙」이 적용된다.
② 국내에 일정한 주소를 두고 있는 외국인은 오로지 상대방을 괴롭힐 목적으로 정보공개를 구하고 있다는 등의 특별한 사정이 없는 한 한국방송공사(KBS)에 대하여 정보공개를 청구할 수 있다.
③ 독립유공자서훈 공적심사위원회의 심의·의결 과정 및 그 내용을 기재한 회의록은 독립유공자 등록에 관한 신청당사자의 알 권리 보장과 공정한 업무수행을 위해서 공개되어야 한다.
④ 정보공개에 관한 정책 수립 및 제도 개선에 관한 사항을 심의·조정하기 위하여 행정안전부장관 소속으로 정보공개위원회를 둔다.
⑤ 행정안전부장관은 정보공개에 관하여 필요할 경우에 국회사무총장에게 정보공개 처리 실태의 개선을 권고할 수 있고 전년도의 정보공개 운영에 관한 보고서를 매년 국정감사 시작 30일 전까지 국회에 제출하여야 한다.

해설 中

① 이 규칙은 「공공기관의 정보공개에 관한 법률」에서 위임된 사항과 그 시행에 관하여 필요한 사항을 규정함을 목적으로 한다(국회정보공개규칙 제1조).
② 외국인의 정보공개청구는 일정한 경우로 제한된다. 즉, 외국인의 정보공개 청구에 관하여는 대통령령으로 정한다(정보공개법 제5조 제2항). 법 제5조 제2항에 따라 정보공개를 청구할 수 있는 외국인은 다음 각 호의 어느 하나에 해당하는 자로 한다(같은 법 시행령 제3조).

1. 국내에 일정한 주소를 두고 거주하거나 학술 · 연구를 위하여 일시적으로 체류하는 사람
2. 국내에 사무소를 두고 있는 법인 또는 단체

③ 독립유공자 등록에 관한 신청당사자의 알권리 보장에는 불가피한 제한이 따를 수밖에 없고 관계 법령에서 제한을 다소나마 해소하기 위해 조치를 마련하고 있는 점, 공적심사위원회의 심사에는 심사위원들의 전문적·주관적 판단이 상당 부분 관계 법령에서 제한을 다소나마 해소하기 위해 조치를 마련하고 있는 점, 공적심사위원회의 심사에는 심사위원들의 전문적·주관적 판단이 상당 부분 개입될 수밖에 없는 심사의 본질에 비추어 공개를 염두에 두지 않은 상태에서의 심사가 그렇지 않은 경우보다 더 자유롭고 활발한 토의를 거쳐 객관적이고 공정한 심사 결과에 이를 개연성이 큰 점 등 위 회의록 공개에 의하여 보호되는 알권리의 보장과 비공개에 의하여 보호되는 업무수행의 공정성 등의 이익 등을 비교·교량해 볼 때, 위 회의록은 정보공개법 제9조 제1항 제5호에서 정한 '공개될 경우 업무의 공정한 수행에 현저한 지장을 초래한다고 인정할 만한 상당한 이유가 있는 정보'에 해당함에도 이와 달리 본 원심판결에 비공개대상정보에 관한 법리를 오해한 위법이 있다(대판 2014.7.24, 2013두20301).
④ 다음 각 호의 사항을 심의·조정하기 위하여 국무총리 소속으로 정보공개위원회를 둔다(정보공개법 제22조).
⑤ 행정안전부장관은 전년도의 정보공개 운영에 관한 보고서를 매년 정기국회 개회 전까지 국회에 제출하여야 한다(같은 법 제26조 제1항).

정답 ②

67. 정보공개에 대한 판례의 내용으로 가장 옳지 않은 것은? 19 서울시7급

① 한·일 군사정보보호협정 및 한·일 상호군수지원협정과 관련하여 각종 회의자료 및 회의록 등의 정보는 정보공개법상 공개가 가능한 부분과 공개가 불가능한 부분을 쉽게 분리하는 것이 불가능한 비공개정보에 해당하지 아니한다.
② 공개를 거부한 정보에 비공개사유에 해당하는 부분과 그렇지 않은 부분이 혼합되어 있고, 공개청구의 취지에 어긋나지 않는 범위 안에서 두 부분을 분리할 수 있는 경우에는 법원은 공개가 가능한 정보에 한하여 일부취소를 명할 수 있다.
③ 외국 기관으로부터 비공개를 전제로 정보를 입수하였다는 이유만으로, 이를 공개할 경우 업무의 공정한 수행에 현저한 지장을 받을 것이라 단정할 수 없다.
④ 공공기관이 청구인이 신청한 공개방법 이외의 방법으로 공개하기로 결정하였다면, 이는 정보공개청구 중 정보공개방법에 관한 부분에 대하여 일부 거부처분을 한 것이므로 이에 대해 항고소송으로 다툴 수 있다.

해설 中

① 이 사건 쟁점 정보는 상호 유기적으로 결합되어 있어 공개가 가능한 부분과 공개가 불가능한 부분을 용이하게 분리하는 것이 불가능하고, 이 사건 쟁점 정보에 관한 목록에는 '문서의 제목, 생산 날짜, 문서 내용을 추론할 수 있는 목차 등'이 포함되어 있어 목록의 공개만으로도 한·일 양국 간의 논의 주제와 논의 내용, 그에 대한 우리나라의 입장 및 전략을 추론할 수 있는 가능성이 충분하여 부분공개도 가능하지 않다(대판 2

019.1.17, 2015두46512).
② 법원이 행정청의 정보공개거부처분의 위법 여부를 심리한 결과, 공개를 거부한 정보에 비공개대상정보에 해당하는 부분과 공개가 가능한 부분이 혼합되어 있고 공개청구의 취지에 어긋나지 아니하는 범위 안에서 두 부분을 분리할 수 있음을 인정할 수 있을 때에는, 위 정보 중 공개가 가능한 부분을 특정하고 판결의 주문에 행정청의 위 거부처분 중 공개가 가능한 정보에 관한 부분만을 취소한다고 표시하여야 한다(대판 2003.3.11, 2001두6425).
③ 외국 또는 외국 기관으로부터 비공개를 전제로 정보를 입수하였다는 이유만으로 이를 공개할 경우 업무의 공정한 수행에 현저한 지장을 받을 것이라고 단정할 수는 없다. 다만 위와 같은 사정은 정보 제공자와의 관계, 정보 제공자의 의사, 정보의 취득 경위, 정보의 내용 등과 함께 업무의 공정한 수행에 현저한 지장이 있는지를 판단할 때 고려하여야 할 형량 요소이다(대판 2018.9.28, 2017두69892).
④ 대판 2016.11.10, 2016두44674

정답 ①

68. 정보공개에 대한 판례의 입장으로 옳은 것은? 19 국가직7급

① 공공기관이 정보공개청구권자가 신청한 공개방법 이외의 방법으로 정보를 공개하기로 하는 결정을 하였다면, 정보공개청구자는 이에 대하여 항고소송으로 다툴 수 있다.
② 공개청구된 정보가 이미 인터넷을 통해 공개되어 인터넷검색으로 쉽게 접근할 수 있는 경우는 비공개사유가 된다.
③ 공개청구된 정보를 공공기관이 한때 보유·관리하였으나 후에 그 정보가 담긴 문서가 정당하게 폐기되어 존재하지 않게 된 경우, 정보 보유·관리 여부의 입증책임은 정보공개청구자에게 있다.
④ 정보공개를 청구한 목적이 손해배상소송에 제출할 증거자료를 획득하기 위한 것이었고 그 소송이 이미 종결되었다면, 그러한 정보공개청구는 권리남용에 해당한다

해설 ➤ ㊦

① 대판 2016.11.10, 2016두44674
② 구법 제8조 제2항은 정보공개청구의 대상이 이미 널리 알려진 사항이라 하더라도 그 공개의 방법만을 제한할 수 있도록 규정하고 있을 뿐 공개 자체를 제한하고 있지는 아니하므로, 공개청구의 대상이 되는 정보가 이미 다른 사람에게 공개하여 널리 알려져 있다거나 인터넷이나 관보 등을 통하여 공개하여 인터넷검색이나 도서관에서의 열람 등을 통하여 쉽게 알 수 있다는 사정만으로는 소의 이익이 없다거나 비공개결정이 정당화될 수는 없다(대판 2008.11.27, 2005두15694).
③ 정보공개제도는 공공기관이 보유·관리하는 정보를 그 상태대로 공개하는 제도로서 공개를 구하는 정보를 공공기관이 보유·관리하고 있을 상당한 개연성이 있다는 점에 대하여 원칙적으로 공개청구자에게 증명책임이 있다고 할 것이지만, 공개를 구하는 정보를 공공기관이 한때 보유·관리하였으나 후에 그 정보가 담긴 문서 등이 폐기되어 존재하지 않게 된 것이라면 그 정보를 더 이상 보유·관리하고 있지 아니하다는 점에 대한 증명책임은 공공기관에게 있다(대판 2004.12.9, 2003두12707).
④ 원고가 이 사건 정보공개를 청구한 목적이 이 사건 손해배상소송에 제출할 증거자료를 획득하기 위한 것이었고 위 소송이 이미 종결되었다고 하더라도, 원고가 오로지 피고를 괴롭힐 목적으로 정보공개를 구하고 있다는 등의 특별한 사정이 없는 한, 위와 같은 사정만으로는 원고가 이 사건 소송을 계속하고 있는 것이 권리남용에 해당한다고 볼 수 없다(대판 2004.9.23, 2003두1370).

정답 ①

69. 「공공기관의 정보공개에 관한 법률」상 행정정보공개제도에 대한 설명으로 옳지 않은 것은? (다툼이 있는 경우 판례에 의함) 19 지방직7급

① 정보공개 청구권자의 권리구제 가능성 등은 정보의 공개 여부 결정에 아무런 영향을 미치지 못한다.
② 형사재판확정기록의 공개에 관하여는 「형사소송법」의 규정이 적용되므로 「공공기관의 정보공개에 관한 법률」에 의한 공개청구는 허용되지 아니한다.
③ 「공공기관의 정보공개에 관한 법률」상 비공개대상정보인 '진행 중인 재판에 관련된 정보'라 함은 재판에 관련된 일체의 정보를 의미한다.
④ 정보의 공개를 청구하는 자가 청구대상정보를 기재함에 있어서는 사회일반인의 관점에서 청구대상정보의 내용과 범위를 확정할 수 있을 정도로 특정하여야 한다.

해설 ➤ 下

① 대판 2017.9.7, 2017두44558
② 대판 2016.12.15, 2013두20882
③ 법원 이외의 공공기관이 위 규정이 정한 '진행 중인 재판에 관련된 정보'에 해당한다는 사유로 정보공개를 거부하기 위하여는 반드시 그 정보가 진행 중인 재판의 소송기록 그 자체에 포함된 내용의 정보일 필요는 없으나, 재판에 관련된 일체의 정보가 그에 해당하는 것은 아니고 진행 중인 재판의 심리 또는 재판결과에 구체적으로 영향을 미칠 위험이 있는 정보에 한정된다고 봄이 상당하다(대판 2011.11.24, 2009두19021).
④ 대판 2007.6.1, 2007두2555

정답 ③

70. 「공공기관의 정보공개에 관한 법률」상 정보공개에 대한 설명으로 옳지 않은 것은? (다툼이 있는 경우 판례에 의함) 20 국회직9급

① 정보공개청구는 청구인과 직접적인 이해관계가 없는 공익을 위한 경우에도 할 수 있다.
② 지방자치단체는 「공공기관의 정보공개에 관한 법률」에서 정한 정보공개청구권자인 국민에 해당되지 않는다.
③ 「공공기관의 정보공개에 관한 법률」 제9조 제1항 제1호의 '법률에서 위임한 명령'은 일반적인 법률의 위임규정에 따라 제정된 대통령령, 총리령, 부령 전부를 의미한다.
④ 개인정보는 절대적으로 공개가 거부될 수 있는 것은 아니며 공개의 이익과 형량하여 공개여부를 결정하여야 한다.
⑤ 정보공개의 대상이 되는 정보가 이미 다른 사람에게 널리 알려져 있다는 사정만으로 비공개결정이 정당화될 수는 없다.

해설 ➤ 下

① 「공공기관의 정보공개에 관한 법률」 제6조 제1항은 "모든 국민은 정보의 공개를 청구할 권리를 가진다."고 규정하고 있는데, 여기에서 말하는 국민에는 자연인은 물론 법인, 권리능력 없는 사단·재단도 포함되고, 법인, 권리능력 없는 사단·재단 등의 경우에는 설립목적을 불문한다(시민단체인 충주환경운동연합의 당사자능력을 인정)(대판 2003.12.12, 2003두8050).
② 「공공기관의 정보공개에 관한 법률」은 국민을 정보공개청구권자로, 지방자치단체를 국민에 대응하는 정보공개의무자로 상정하고 있다고 할 것이므로, 지방자치단체는 공공기관의 정보공개에 관한 법률 제5조에서 정한 정보공개청구권자인 '국민'에 해당되지 아니한다(서울행판 2005.10.12, 2005구합10484).
③ 다른 법률 또는 법률에서 위임한 명령(국회규칙 · 대법원규칙 · 헌법재판소규칙 · 중앙선거관리위원회규칙 · 대통령령 및 조례로 한정한다)에 따라 비밀이나 비공개 사항으로 규정된 정보(정보공개법 제9조 제1항 제1호)
④ 공공기관이 보유 · 관리하는 정보는 공개 대상이 된다. 다만, 다음 각 호의 어느 하나에 해당하는 정보는 공개하지 아니할 수 있다(제9조 제1항). 즉, 비공개대상정보에 대하여는 공공기관이 공개하지 않을 수 있는 재량행위이기 때문에 공개하지 않아야 하는 의무가 있는 것은 아니다.
⑤ 구법 제8조 제2항은 정보공개청구의 대상이 이미 널리 알려진 사항이라 하더라도 그 공개의 방법만을 제한할 수 있도록 규정하고 있을 뿐 공개 자체를 제한하고 있지는 아니하므로, 공개청구의 대상이 되는 정보가 이미 다른 사람에게 공개하여 널리 알려져 있다거나 인터넷이나 관보 등을 통하여 공개하여 인터넷검색이나 도서관에서의 열람 등을 통하여 쉽게 알 수 있다는 사정만으로는 소의 이익이 없다거나 비공개결정이 정당화될 수는 없다(대판 2008.11.27, 2005두15694).

정답 ③

71. 정보공개에 대한 설명으로 옳지 않은 것은? (다툼이 있는 경우 판례에 의함) 20 국가직9급

① 정보공개거부처분의 취소를 구하는 소송에서 공공기관이 청구정보를 증거 등으로 법원에 제출하여 법원을 통하여 그 사본을 청구인에게 교부 또는 송달되게 하여 청구인에게 정보를 공개하는 셈이 되었다면, 이러한 우회적인 방법에 의한 공개는 「공공기관의 정보공개에 관한 법률」에 의한 공개라고 볼 수 있다.
② 정보공개청구권자에는 자연인은 물론 법인, 권리능력 없는 사단·재단도 포함되고, 법인, 권리능력 없는 사단·재단 등의 경우에는 설립목적을 불문한다.
③ 공개청구의 대상이 되는 정보가 이미 다른 사람에게 공개되어 널리 알려져 있다거나 인터넷 등을 통하여 공개되어 인터넷검색 등을 통하여 쉽게 알 수 있다는 사정만으로는 비공개결정이 정당화될 수 없다.
④ 「공공기관의 정보공개에 관한 법률」은 정보공개청구권자가 공개를 청구하는 정보와 어떤 관련성을 가질 것을 요구하거나 정보공개청구의 목적에 특별한 제한을 두고 있지 아니하므로 정보공개청구권자의 권리구제 가능성 등은 정보의 공개 여부 결정에 아무런 영향을 미치지 못한다.

해설 ➤ 中

① 청구인이 정보공개거부처분의 취소를 구하는 소송에서 공공기관이 청구정보를 증거 등으로 법원에 제출하여 법원을 통하여 그 사본을 청구인에게 교부 또는 송달되게 하여 결과적으로 청구인에게 정보를 공개하는 셈이 되었다고 하더라도, 이러한 우회적인 방법은 정보공개법이 예정하고 있지 아니한 방법으로서 정보공개법에 의한 공개라고 볼 수는 없으므로, 당해 정보의 비공개결정의 취소를 구할 소의 이익은 소멸되지 않는다(대판 2016.12.15, 2012두11409·11416).
② 대판 2003.12.12, 2003두8050
③ 대판 2008.11.27, 2005두15694
④ 대판 2017.9.7, 2017두44558

정답 ①

72. 정보공개청구에 대한 설명으로 옳은 것은? (다툼이 있는 경우 판례에 의함) 20 지방직9급

① 공공기관이 공개청구의 대상이 된 정보를 공개는 하되, 청구인이 신청한 공개방법 이외의 방법으로 공개하기로 하는 결정을 한 경우 이는 정보공개방법만을 달리 한 것이므로 일부 거부처분이라 할 수 없다.
② 「공공기관의 정보공개에 관한 법률」에 의하면 "다른 법률 또는 법률에서 위임한 명령에 의하여 비밀 또는 비공개 사항으로 규정된 정보"는 이를 공개하지 아니할 수 있다고 규정하고 있는바, 여기에서 '법률에 의한 명령'은 정보의 공개에 관하여 법률의 구체적인 위임 아래 제정된 법규명령(위임명령)을 의미한다.
③ 국민의 알권리를 두텁게 보호하기 위해 「공공기관의 정보공개에 관한 법률」 제9조 제1항 제6호 본문의 규정에 따라 비공개대상이 되는 정보는 이름·주민등록번호 등 '개인식별정보'로 한정된다.
④ 공개청구의 대상이 되는 정보가 이미 다른 사람에게 공개되어 널리 알려져 있다거나 인터넷 등을 통하여 공개되어 인터넷 검색 등을 통하여 쉽게 알 수 있다면 행정청의 정보비공개 결정이 정당화될 수 있다.

해설 ➤ 中

① 공공기관이 공개청구의 대상이 된 정보를 공개는 하되, 청구인이 신청한 공개방법 이외의 방법으로 공개하기로 하는 결정을 하였다면, 이는 정보공개청구 중 정보공개방법에 관한 부분에 대하여 일부 거부처분을 한 것이고, 청구인은 그에 대하여 항고소송으로 다툴 수 있다(대판 2016.11.10, 2016두44674).
② 대판 2010.6.10, 2010두2913
③ 공공기관의 정보공개에 관한 법률」(정보공개법)의 개정 연혁, 내용 및 취지 등에 헌법상 보장되는 사생활의 비밀 및 자유의 내용을 보태어 보면, 정보공개법 제9조 제1항 제6호 본문의 규정에 따라 비공개대상이 되는 정보에는 구 「공공기관의 정보공개에 관한 법률」의 이름·주민등록번호 등 정보 형식이나 유형을 기준으로 비공개대상정보에 해당하는지를 판단하는 '개인식별정보'뿐만 아니라 그 외에 정보의 내용을 구체적으로 살펴 '개인에 관한 사항의 공개로 개인의 내밀한 내용의 비밀 등이 알려지게 되고, 그 결과 인격적·정신적 내면생활에 지장을 초래하거나 자유로운 사생활을 영위할 수 없게 될 위험성이 있는 정보'도 포함된다고 새겨야 한다. 따라서 불기소처분 기록 중 피의자신문조서 등에 기재된 피의자 등의 인적사항 이외의 진술내용 역시 개인의 사생활의 비밀 또는 자유를 침해할 우려가 인정되는 경우 정보공개법 제9조 제1항 제6호 본문 소정의 비공개대상에 해당한다[대판(전합) 2012.6.18, 2011두2361].
④ 구법 제8조 제2항은 정보공개청구의 대상이 이미 널리 알려진 사항이라 하더라도 그 공개의 방법만을 제한할 수 있도록 규정하고 있을 뿐

공개 자체를 제한하고 있지는 아니하므로, 공개청구의 대상이 되는 정보가 이미 다른 사람에게 공개하여 널리 알려져 있다거나 인터넷이나 관보 등을 통하여 공개하여 인터넷검색이나 도서관에서의 열람 등을 통하여 쉽게 알 수 있다는 사정만으로는 소의 이익이 없다거나 비공개결정이 정당화될 수는 없다(대판 2008.11.27, 2005두15694).

정답 ②

73. 「공공기관의 정보공개에 관한 법률」상 정보공개에 대한 설명으로 옳지 않은 것은? (다툼이 있는 경우 판례에 의함) 20 국가직7급

① 정보공개청구권자에는 자연인은 물론 법인, 권리능력 없는 사단·재단도 포함되며, 법인, 권리능력 없는 사단·재단의 경우에는 설립목적을 불문한다.

② 공개청구된 정보가 수사의견서인 경우 수사의 방법 및 절차 등이 공개되더라도 수사기관의 직무수행을 현저히 곤란하게 하지 않는 때에는 비공개대상정보에 해당하지 않는다.

③ 외국 또는 외국 기관으로부터 비공개를 전제로 입수한 정보는 비공개를 전제로 하였다는 이유만으로 비공개대상정보에 해당한다.

④ 교육공무원의 근무성적평정 결과를 공개하지 아니한다고 규정하고 있는 「교육공무원 승진규정」을 근거로 정보공개청구를 거부하는 것은 위법하다.

해설 中

① 대판 2003.12.12, 2003두8050

② 「공공기관의 정보공개에 관한 법률」(정보공개법) 제9조 제1항 제4호는 '수사에 관한 사항으로서 공개될 경우 그 직무수행을 현저히 곤란하게 한다고 인정할 만한 상당한 이유가 있는 정보'를 비공개대상정보의 하나로 규정하고 있다. 그 취지는 수사의 방법 및 절차 등이 공개되어 수사기관의 직무수행에 현저한 곤란을 초래할 위험을 막고자 하는 것으로서, 수사기록 중의 의견서, 보고문서, 메모, 법률검토, 내사자료 등(의견서 등)이 이에 해당하나, 공개청구대상인 정보가 의견서 등에 해당한다고 하여 곧바로 정보공개법 제9조 제1항 제4호에 규정된 비공개대상정보라고 볼 것은 아니고, 의견서 등의 실질적인 내용을 구체적으로 살펴 수사의 방법 및 절차 등이 공개됨으로써 수사기관의 직무수행을 현저히 곤란하게 한다고 인정할 만한 상당한 이유가 있어야만 위 비공개대상정보에 해당한다(대판 2017.9.7, 2017두44558).

③ 외국 또는 외국 기관으로부터 비공개를 전제로 정보를 입수하였다는 이유만으로 이를 공개할 경우 업무의 공정한 수행에 현저한 지장을 받을 것이라고 단정할 수는 없다. 다만 위와 같은 사정은 정보 제공자와의 관계, 정보 제공자의 의사, 정보의 취득 경위, 정보의 내용 등과 함께 업무의 공정한 수행에 현저한 지장이 있는지를 판단할 때 고려하여야 할 형량 요소이다(대판 2018.9.28, 2017두69892).

④ 대판 2006.10.26, 2006두11910

정답 ③

74. 정보공개제도에 대한 설명으로 옳지 않은 것은? (다툼이 있는 경우 판례에 의함) 20 지방직7급

① 정보공개를 청구하는 자가 공개를 구하는 정보를 행정기관이 보유·관리하고 있을 상당한 개연성이 있다는 점을 입증하여야 한다.

② 국민의 알 권리, 즉 정보에의 접근·수집·처리의 자유는 자유권적 성질과 청구권적 성질을 공유하는 것으로서, 헌법 제21조에 의하여 직접 보장되는 권리이다.

③ 사립대학교에 정보공개를 청구하였다가 거부될 경우 사립대학교에 대한 국가의 지원이 한정적·국부적·일시적임을 고려한다면 사립대학교 총장을 피고로 하여 취소소송을 제기할 수 없다.

④ 공개를 구하는 정보를 공공기관이 한때 보유·관리하였으나 그 후에 그 정보가 담긴 문서 등이 폐기되어 존재하지 않게 된 것이라면 그 정보를 더 이상 보유·관리하고 있지 아니하다는 점에 대한 증명책임은 공공기관에 있다.

해설 下

①④ 대판 2004.12.9, 2003두12707

② 헌재결 1991.5.13, 90헌마133

③ 사립대학교에 대한 국비 지원이 한정적·일시적·국부적이라는 점을 고려하더라도, 같은법 시행령 제2조 제1호가 정보공개의무를 지는 공공기관의 하나로 사립대학교를 들고 있는 것이 모법인 구 「공공기관의 정보공개에 관한 법률」의 위임 범위를 벗어났다거나 사립대학교가 국비의 지원을 받는 범위 내에서만 공공기관의 성격을 가진다고 볼 수 없다(대판 2006.8.24, 2004두2783).

정답 ③

75. 정보공개에 대한 판례의 입장으로 옳지 않은 것은? 21 국가직9급

① 국민의 알 권리의 내용에는 일반 국민 누구나 국가에 대하여 보유·관리하고 있는 정보의 공개를 청구할 수 있는 이른바 일반적인 정보공개청구권이 포함된다.
② 정보공개청구권은 법률상 보호되는 구체적인 권리이므로 청구인이 공공기관에 대하여 정보공개를 청구하였다가 거부처분을 받은 것 자체가 법률상 이익의 침해에 해당한다.
③ 「공공기관의 정보공개에 관한 법률」상 공개청구의 대상이 되는 정보란 공공기관이 직무상 작성 또는 취득하여 현재 보유·관리하고 있는 원본인 문서만을 의미한다.
④ 정보공개가 신청된 정보를 공공기관이 보유·관리하고 있지 아니한 경우에는 특별한 사정이 없는 한 정보공개거부처분의 취소를 구할 법률상의 이익이 없다.

해설 ㊦

① 국민의 알 권리, 특히 국가정보에의 접근의 권리는 우리 헌법상 기본적으로 표현의 자유와 관련하여 인정되는 것으로 그 권리의 내용에는 일반국민 누구나 국가에 대하여 보유·관리하고 있는 정보의 공개를 청구할 수 있는 이른바 일반적인 정보공개청구권이 포함되고, 이 청구권은 「공공기관의 정보공개에 관한 법률」이 1998.1.1. 시행되기 전에는 구 사무관리규정(현 행정업무의 효율적 운영에 관한 규정) 제33조 제2항과 행정정보공개운영지침에서 구체화되어 있었다(대판 1999.9.21, 97누5114).
② 대판 2004.9.23, 2003두1370
③ 「공공기관의 정보공개에 관한 법률」상 공개청구의 대상이 되는 정보란 공공기관이 직무상 작성 또는 취득하여 현재 보유·관리하고 있는 문서에 한정되는 것이기는 하나, 그 문서가 반드시 원본일 필요는 없다(대판 2006.5.25, 2006두3049).
④ 대판 2006.1.13, 2003두9459

정답 ③

76. 「공공기관의 정보공개에 관한 법률」상 정보공개에 대한 설명으로 옳지 않은 것은? (다툼이 있는 경우 판례에 의함) 21 지방직9급

① 정보의 공개 및 우송 등에 드는 비용은 실비의 범위에서 청구인이 부담한다.
② 공공기관은 공개 청구된 정보가 공공기관이 보유·관리하지 아니하는 정보인 경우로서 「민원 처리에 관한 법률」에 따른 민원으로 처리할 수 있는 경우에는 민원으로 처리할 수 있다.
③ 청구인이 공공기관에 대하여 정보공개를 청구하였다가 거부처분을 받은 것 자체가 법률상 이익의 침해에 해당한다.
④ 오로지 공공기관의 담당공무원을 괴롭힐 목적으로 정보공개청구를 하는 경우에도 정보공개청구권의 행사는 허용되어야 한다.

해설 ㊦

① 제17조 제1항
② 제11조 제5항
③ 대판 2004.9.23, 2003두1370
④ 오로지 공공기관의 담당공무원을 괴롭힐 목적으로 정보공개청구를 하는 경우처럼 권리의 남용에 해당하는 것이 명백한 경우에는 정보공개청구권의 행사를 허용하지 아니하는 것이 옳다(대판 2014.12.24, 2014두9349).

정답 ④

77. 「공공기관의 정보공개에 관한 법률」(이하 「정보공개법」)상 정보공개제도에 대한 설명으로 옳은 것은? (다툼이 있는 경우 판례에 의함) 21 국회직8급

① 사립대학교는 정보공개 의무기관인 공공기관에 해당하지 않는다.
② 정보공개제도는 공공기관이 보유·관리하는 정보를 그 상태대로 공개하는 제도이므로, 전자적 형태로 보유·관리하는 정보를 검색·편집하여야 하는 경우는 새로운 정보의 생산으로서 정보공개의 대상이 아니다.
③ 예산집행의 내용과 사업평가 결과 등 행정감시를 위하여 필요한 정보 등 공개를 목적으로 작성되고 이미 정보통신망 등을 통하여 공개된 정보는 해당 정보의 소재 안내의 방법으로 공개한다.
④ 「형사소송법」이 형사재판확정기록의 공개 여부나 공개 범위, 불복절차 등에 대하여 규정하고 있는 것은 「정보공개법」 제4조 제1항에서 정한 '정보의 공개에 관하여 다른 법률에 특별한 규정이 있는 경우'에 해당한다고 볼 수 없으므로 형사재판확정기록의 공개에 관하여는 「정보공개법」에 의한 공개청구가 허용된다.
⑤ 법원 이외의 공공기관이 「정보공개법」 제9조 제1항 제4호에서 정한 '진행 중인 재판에 관련된 정보'에 해당한다는 사유로 정보공개를 거부하기 위하여는 원칙적으로 그 정보가 진행 중인 재판의 소송기록 자체에 포함된 내용이어야 한다.

해설 ➤ 中

① 정보공개의 목적, 교육의 공공성 및 공·사립학교의 동질성, 사립대학교에 대한 국가의 재정지원 및 보조 등 여러 사정을 고려해 보면, 사립대학교에 대한 국비 지원이 한정적·일시적·국부적이라는 점을 고려하더라도, 같은법 시행령 제2조 제1호가 정보공개의무를 지는 공공기관의 하나로 사립대학교를 들고 있는 것이 모법인 구 「공공기관의 정보공개에 관한 법률」의 위임 범위를 벗어났다거나 사립대학교가 국비의 지원을 받는 범위 내에서만 공공기관의 성격을 가진다고 볼 수 없다(대판 2006.8.24, 2004두2783).
② 「공공기관의 정보공개에 관한 법률」에 의한 정보공개제도는 공공기관이 보유·관리하는 정보를 그 상태대로 공개하는 제도이지만, 전자적 형태로 보유·관리되는 정보의 경우에는, 그 정보가 청구인이 구하는 대로는 되어 있지 않다고 하더라도, 공개청구를 받은 공공기관이 공개청구대상정보의 기초자료를 전자적 형태로 보유·관리하고 있고, 당해 기관에서 통상 사용되는 컴퓨터 하드웨어 및 소프트웨어와 기술적 전문지식을 사용하여 그 기초자료를 검색하여 청구인이 구하는 대로 편집할 수 있으며, 그러한 작업이 당해 기관의 컴퓨터 시스템 운용에 별다른 지장을 초래하지 아니한다면, 그 공공기관이 공개청구대상정보를 보유·관리하고 있는 것으로 볼 수 있고, 이러한 경우에 기초자료를 검색·편집하는 것은 새로운 정보의 생산 또는 가공에 해당한다고 할 수 없다(대판 2010.2.11, 2009두6001).
③ 공공기관은 다음 각 호의 어느 하나에 해당하는 정보에 대해서는 공개의 구체적 범위, 주기, 시기 및 방법 등을 미리 정하여 정보통신망 등을 통하여 알리고, 이에 따라 정기적으로 공개하여야 한다. 다만, 제9조 제1항 각 호의 어느 하나에 해당하는 정보에 대해서는 그러하지 아니하다(법 제7조 제1항).

3. 예산집행의 내용과 사업평가 결과 등 행정감시를 위하여 필요한 정보

정보는 다음 각 호의 구분에 따른 방법으로 공개한다(같은 법 시행령 제14조 제1항).

5. 법 제7조 제1항에 따른 정보 등 공개를 목적으로 작성되고 이미 정보통신망 등을 통하여 공개된 정보 : 해당 정보의 소재(所在) 안내

④ 형사소송법 제59조의2의 내용·취지 등을 고려하면, 형사소송법 제59조의2는 형사재판확정기록의 공개 여부나 공개범위, 불복절차 등에 대하여 정보공개법과 달리 규정하고 있는 것으로 정보공개법 제4조 제1항에서 정한 '정보의 공개에 관하여 다른 법률에 특별한 규정이 있는 경우'에 해당한다고 볼 수 있다. 따라서 형사재판확정기록의 공개에 관하여는 정보공개법에 의한 공개청구가 허용되지 아니한다(대판 2016.12.15, 2013두20882).
⑤ 법원 이외의 공공기관이 위 규정이 정한 '진행 중인 재판에 관련된 정보'에 해당한다는 사유로 정보공개를 거부하기 위하여는 반드시 그 정보가 진행 중인 재판의 소송기록 그 자체에 포함된 내용의 정보일 필요는 없으나, 재판에 관련된 일체의 정보가 그에 해당하는 것은 아니고 진행 중인 재판의 심리 또는 재판결과에 구체적으로 영향을 미칠 위험이 있는 정보에 한정된다고 봄이 상당하다(대판 2011.11.24, 2009두19021).

정답 ③

78. 행정정보의 공개에 대한 설명으로 옳지 않은 것은? (다툼이 있는 경우 판례에 의함) 21 국가직7급

① 공개청구의 대상이 되는 정보가 인터넷 등을 통하여 공개되어 인터넷검색 등을 통하여 쉽게 알 수 있는 경우에는 비공개결정이 정당화될 수 있다.
② 정보의 공개에 관하여 법률의 구체적인 위임이 없는 「교육공무원승진규정」상 근무성적평정 결과를 공개하지 않는다는 규정을 근거로 정보공개청구를 거부할 수 없다.
③ 의사결정과정에 제공된 회의관련자료나 의사결정과정이 기록된 회의록은 의사가 결정되거나 의사가 집행된 경우에도 비공개대상정보에 포함될 수 있다.
④ 공공기관이 정보를 보유·관리하고 있지 아니한 경우에는 특별한 사정이 없는 한 정보공개거부처분의 취소를 구할 법률상의 이익이 없다.

해설 ㊦

① 구법 제8조 제2항은 정보공개청구의 대상이 이미 널리 알려진 사항이라 하더라도 그 공개의 방법만을 제한할 수 있도록 규정하고 있을 뿐 공개 자체를 제한하고 있지는 아니하므로, 공개청구의 대상이 되는 정보가 이미 다른 사람에게 공개하여 널리 알려져 있다거나 인터넷이나 관보 등을 통하여 공개하여 인터넷검색이나 도서관에서의 열람 등을 통하여 쉽게 알 수 있다는 사정만으로는 소의 이익이 없다거나 비공개결정이 정당화될 수는 없다(대판 2008.11.27, 2005두15694).
② 대판 2006.10.26, 2006두11910
③ 대판 2003.8.22, 2002두12946
④ 대판 2006.1.13, 2003두9459

정답 ①

79. 「공공기관의 정보공개에 관한 법률」상 정보공개에 대한 설명으로 옳지 않은 것은? (다툼이 있는 경우 판례에 의함) 21 지방직7급

① 청구인이 공공기관에 대하여 정보공개를 청구하였다가 거부처분을 받은 것 자체가 법률상 이익의 침해에 해당한다고 할 것이고, 거부처분을 받은 것 이외에 추가로 어떤 법률상의 이익을 가질 것을 요구하는 것은 아니다.
② 비공개대상정보로 '진행 중인 재판에 관련된 정보'는 재판에 관련된 일체의 정보가 그에 해당하는 것은 아니고, 진행 중인 재판의 심리 또는 재판결과에 구체적으로 영향을 미칠 위험이 있는 정보에 한정된다.
③ 법원이 행정기관의 정보공개거부처분의 위법 여부를 심리한 결과 공개를 거부한 정보에 비공개사유에 해당하는 부분과 그렇지 않은 부분이 혼합되어 있고, 공개청구의 취지에 어긋나지 않는 범위 안에서 두 부분을 분리할 수 있음을 인정할 수 있을 때에도 공개가 가능한 정보에 국한하여 정보공개거부 처분의 일부취소를 명할 수는 없다.
④ 정보공개를 요구받은 공공기관이 법률에서 정한 비공개사유에 해당하는지를 주장·증명하지 아니한 채 개괄적인 사유만을 들어 공개를 거부하는 것은 허용되지 아니한다.

해설 ㊦

① 대판 2004.9.23, 2003두1370
② 대판 2011.11.24, 2009두19021
③ 법원이 행정청의 정보공개거부처분의 위법 여부를 심리한 결과, 공개를 거부한 정보에 비공개대상정보에 해당하는 부분과 공개가 가능한 부분이 혼합되어 있고 공개청구의 취지에 어긋나지 아니하는 범위 안에서 두 부분을 분리할 수 있음을 인정할 수 있을 때에는, 위 정보 중 공개가 가능한 부분을 특정하고 판결의 주문에 행정청의 위 거부처분 중 공개가 가능한 정보에 관한 부분만을 취소한다고 표시하여야 한다(대판 2003.3.11, 2001두6425).
④ 판 2003.12.11, 2001두8827

정답 ③

80. 다음 사례에 대한 설명으로 옳은 것은? (다툼이 있는 경우 판례에 의함) 22 국가직9급

> 민간시민단체 A는 관할 행정청 B에게 개발사업의 승인과 관련한 정보공개를 청구하였으나 B는 현재 재판 진행 중인 사안이 포함되어 있다는 이유로 「공공기관의 정보공개에 관한 법률」 제9조 제1항 제4호의 사유를 들어 A의 정보공개청구를 거부하였다.

① A는 공개청구한 정보에 대해 개별·구체적 이익이 없는 경우에도 B의 정보공개거부에 대해 취소소송으로 다툴 수 있다.
② A가 공개청구한 정보에 대해 직접적인 이해관계가 있는 경우에는 B의 정보공개거부에 대해 정보공개의 이행을 구하는 당사자소송을 제기하여 다툴 수 있다.
③ A가 공개청구한 정보의 일부가 「공공기관의 정보공개에 관한 법률」상 비공개사유에 해당하는 때에는 그 나머지 정보만을 공개하는 것이 가능한 경우라 하더라도 법원은 공개가능한 정보에 관한 부분만의 일부취소를 명할 수는 없다.
④ B의 비공개사유가 정당화되기 위해서는 A가 공개청구한 정보가 진행 중인 재판의 소송기록 자체에 포함된 내용이어야 한다.

해설 ➤ ㊥

① 정보공개청구권은 법률상 보호되는 구체적인 권리이므로 청구인이 공공기관에 대하여 정보공개를 청구하였다가 거부처분을 받은 것 자체가 법률상 이익의 침해에 해당한다고 할 것이고, 거부처분을 받은 것 이외에 추가로 어떤 법률상의 이익을 가질 것을 요구하는 것은 아니다(대판 2004.9.23, 2003두1370).
② 직접적인 이해관계가 있든 없든 정보공개청구 거부처분에 대한 소송은 '당사자소송'이 아니라 '항고소송'이다.
③ 법원이 행정청의 정보공개거부처분의 위법 여부를 심리한 결과, 공개를 거부한 정보에 비공개대상정보에 해당하는 부분과 공개가 가능한 부분이 혼합되어 있고 공개청구의 취지에 어긋나지 아니하는 범위 안에서 두 부분을 분리할 수 있음을 인정할 수 있을 때에는, 위 정보 중 공개가 가능한 부분을 특정하고 판결의 주문에 행정청의 위 거부처분 중 공개가 가능한 정보에 관한 부분만을 취소한다고 표시하여야 한다(대판 2003.3.11, 2001두6425).
④ 법원 이외의 공공기관이 위 규정이 정한 '진행 중인 재판에 관련된 정보'에 해당한다는 사유로 정보공개를 거부하기 위하여는 반드시 그 정보가 진행 중인 재판의 소송기록 그 자체에 포함된 내용의 정보일 필요는 없으나, 재판에 관련된 일체의 정보가 그에 해당하는 것은 아니고 진행 중인 재판의 심리 또는 재판결과에 구체적으로 영향을 미칠 위험이 있는 정보에 한정된다고 봄이 상당하다(대판 2011.11.24, 2009두19021).

정답 ①

81. 「공공기관의 정보공개에 관한 법률」상 정보공개에 대한 설명으로 옳지 않은 것은? (다툼이 있는 경우 판례에 의함) 22 지방직9급

① 정보공개 청구권자의 권리구제 가능성은 정보의 공개 여부 결정에 아무런 영향을 미치지 못한다.
② 학교환경위생구역 내 금지행위 해제결정에 관한 학교환경위생정화위원회의 회의록에 기재된 발언내용에 대한 해당 발언자의 인적사항 부분에 관한 정보는 비공개대상에 해당하지 아니한다.
③ 공공기관이 정보공개를 거부하는 경우에는 어느 부분이 어떠한 법익 또는 기본권과 충돌되어 비공개사유에 해당하는지를 주장·증명하여야 하고, 그에 이르지 아니한 채 개괄적인 사유만을 들어 공개를 거부하는 것은 허용되지 아니한다.
④ 공개를 구하는 정보를 공공기관이 한때 보유·관리하였으나 후에 그 정보가 담긴 문서등이 폐기되어 존재하지 않게 된 것이라면 그 정보를 더 이상 보유·관리하고 있지 아니하다는 점에 대한 증명책임은 공공기관에게 있다.

해설 ➤ ㊦

① 비공개대상정보에 해당하지 않는 한 공공기관이 보유·관리하는 정보는 공개 대상이 된다고 규정하고 있을 뿐(제9조 제1항) 정보공개 청구권자가 공개를 청구하는 정보와 어떤 관련성을 가질 것을 요구하거나 정보공개청구의 목적에 특별한 제한을 두고 있지 아니하므로 정보공개 청구권자의 권리구제 가능성 등은 정보의 공개 여부 결정에 아무런 영향을 미치지 못한다(대판 2017.9.7, 2017두44558).
② 학교환경위생구역 내 금지행위(숙박시설) 해제결정에 관한 학교환경위생정화위원회의 회의록에 기재된 발언내용에 대한 해당 발언자의 인적사항 부분에 관한 정보는 「공공기관의 정보공개에 관한 법률」 제7조 제1항 제5호 소정의 비공개대상에 해당한다(대판 2003.8.22, 2002두12946).

③ 「공공기관의 정보공개에 관한 법률」 제1조, 제3조, 제6조는 국민의 알권리를 보장하고 국정에 대한 국민의 참여와 국정운영의 투명성을 확보하기 위하여 공공기관이 보유·관리하는 정보를 모든 국민에게 원칙적으로 공개하도록 하고 있으므로, 국민으로부터 보유·관리하는 정보에 대한 공개를 요구받은 공공기관으로서는 같은법 제7조(현행 제9조) 제1항 각호에서 정하고 있는 비공개사유에 해당하지 않는 한 이를 공개하여야 할 것이고, 만일 이를 거부하는 경우라 할지라도 대상이 된 정보의 내용을 구체적으로 확인·검토하여 어느 부분이 어떠한 법익 또는 기본권과 충돌되어 같은법(현행 제9조) 제7조 제1항 몇 호에서 정하고 있는 비공개사유에 해당하는지를 주장·입증하여야만 할 것이며, 그에 이르지 아니한 채 개괄적인 사유만을 들어 공개를 거부하는 것은 허용되지 아니한다(대판 2003.12.11, 2001두8827).
④ 정보공개제도는 공공기관이 보유·관리하는 정보를 그 상태대로 공개하는 제도로서 공개를 구하는 정보를 공공기관이 보유·관리하고 있을 상당한 개연성이 있다는 점에 대하여 원칙적으로 공개청구자에게 증명책임이 있다고 할 것이지만, 공개를 구하는 정보를 공공기관이 한때 보유·관리하였으나 후에 그 정보가 담긴 문서 등이 폐기되어 존재하지 않게 된 것이라면 그 정보를 더 이상 보유·관리하고 있지 아니하다는 점에 대한 증명책임은 공공기관에게 있다(대판 2004.12.9, 2003두12707).

정답 ②

82. 정보공개에 대한 판례의 입장으로 옳지 않은 것은? '22 국가직7급

① 정보공개 청구권자의 권리구제 가능성은 정보의 공개 여부 결정에 영향을 미치지 못한다.
② 정보공개청구에 대하여 행정청이 전부공개 결정을 하는 경우에는, 청구인이 지정한 정보공개방법에 의하지 않았다고 하더라도 청구인은 이를 다툴 수 없다.
③ 정보공개거부처분취소소송에서 행정기관이 청구정보를 증거 등으로 법원에 제출하여 결과적으로 청구인에게 정보를 공개하는 결과가 되었다고 하더라도, 당해 정보의 비공개결정의 취소를 구할 소의 이익은 소멸되지 않는다.
④ 형사소송법은 형사재판확정기록의 공개 여부 등에 대하여 「공공기관의 정보공개에 관한 법률」과 달리 규정하고 있으므로, 형사재판확정기록의 공개에 관하여는 「공공기관의 정보공개에 관한 법률」에 의한 공개청구가 허용되지 아니한다.

해설 ㊦

① 비공개대상정보에 해당하지 않는 한 공공기관이 보유·관리하는 정보는 공개 대상이 된다고 규정하고 있을 뿐(제9조 제1항) 정보공개 청구권자가 공개를 청구하는 정보와 어떤 관련성을 가질 것을 요구하거나 정보공개청구의 목적에 특별한 제한을 두고 있지 아니하므로 정보공개 청구권자의 권리구제 가능성 등은 정보의 공개 여부 결정에 아무런 영향을 미치지 못한다(대판 2017.9.7, 2017두44558).
② 공공기관이 공개청구의 대상이 된 정보를 청구인이 신청한 공개방법 이외의 방법으로 공개하기로 하는 결정을 한 경우, 정보공개방법에 관한 부분에 대하여 일부 거부처분을 한 것이고 이에 대하여 항고소송으로 다툴 수 있다(대판 2016.11.10, 2016두44674).
③ 청구인이 정보공개거부처분의 취소를 구하는 소송에서 공공기관이 청구정보를 증거 등으로 법원에 제출하여 법원을 통하여 그 사본을 청구인에게 교부 또는 송달되게 하여 결과적으로 청구인에게 정보를 공개하는 셈이 되었다고 하더라도, 이러한 우회적인 방법은 정보공개법이 예정하고 있지 아니한 방법으로서 정보공개법에 의한 공개라고 볼 수는 없으므로, 당해 정보의 비공개결정의 취소를 구할 소의 이익은 소멸되지 않는다(대판 2016.12.15, 2012두11409·11416).
④ 2007.6.1. 신설되어 2008.1.1.부터 시행된 형사소송법 제59조의2의 내용과 취지 등을 고려하면, 형사소송법 제59조의2는 재판이 확정된 사건의 소송기록, 즉 형사재판확정기록의 공개 여부나 공개 범위, 불복절차 등에 관하여 「공공기관의 정보공개에 관한 법률」(정보공개법)과 달리 규정하고 있는 것으로 정보공개법 제4조 제1항에서 정한 '정보의 공개에 관하여 다른 법률에 특별한 규정이 있는 경우'에 해당한다. 따라서 형사재판확정기록의 공개에 관하여는 정보공개법에 의한 공개청구가 허용되지 않는다. 따라서 형사재판확정기록에 관해서는 형사소송법 제59조의2에 따른 열람·등사신청이 허용되고 그 거부나 제한 등에 대한 불복은 준항고에 의하며, 형사재판확정기록이 아닌 불기소처분으로 종결된 기록에 관해서는 정보공개법에 따른 정보공개청구가 허용되고 그 거부나 제한 등에 대한 불복은 항고소송절차에 의한다(대결 2022.2.11, 2021모3175).

정답 ②

83. 정보공개제도에 대한 설명으로 옳은 것은? (다툼이 있는 경우 판례에 의함) '22 지방직 7급

① 공개를 구하는 정보를 공공기관이 한때 보유·관리하였으나 후에 그 정보가 담긴 문서등이 폐기되어 존재하지 않게 된 것이라면 그 정보를 더 이상 보유·관리하고 있지 아니하다는 점에 대한 증명책임은 공공기관에 있다.
② 의사결정과정에 제공된 회의관련자료나 의사결정과정이 기록된 회의록은 의사가 결정되거나 의사가 집행된 경우에는 더 이상 의사결정과정에 있는 사항 그 자체라고는 할 수 없으므로 비공개대상정보에 포함될 수 없다.
③ 정보공개거부처분의 취소를 구하는 소송에서 공공기관이 청구정보를 증거 등으로 법원에 제출하여 법원을 통하여 그 사본을 청구인에게 교부 또는 송달되게 하여 결과적으로 청구인에게 정보를 공개하는 셈이 되었다면, 당해 정보의 비공개결정의 취소를 구할 소의 이익은 소멸된다.
④ 공공기관이 공개청구의 대상이 된 정보를 공개는 하되, 청구인이 신청한 공개방법 이외의 방법으로 공개하기로 하는 결정을 하였다면, 이는 정보공개청구 중 정보공개방법에 관한 부분만을 달리한 것이므로 일부 거부처분이라 할 수 없다.

해설 ➤ 中

① 정보공개제도는 공공기관이 보유·관리하는 정보를 그 상태대로 공개하는 제도로서 공개를 구하는 정보를 공공기관이 보유·관리하고 있을 상당한 개연성이 있다는 점에 대하여 원칙적으로 공개청구자에게 증명책임이 있다고 할 것이지만, 공개를 구하는 정보를 공공기관이 한때 보유·관리하였으나 후에 그 정보가 담긴 문서 등이 폐기되어 존재하지 않게 된 것이라면 그 정보를 더 이상 보유·관리하고 있지 아니하다는 점에 대한 증명책임은 공공기관에게 있다(대판 2004.12.9, 2003두12707).
② 「공공기관의 정보공개에 관한 법률」상 비공개대상정보의 입법취지에 비추어 살펴보면, 같은법 제7조 제1항 제5호에서의 '감사·감독·검사·시험·규제·입찰계약·기술개발·인사·관리·의사결정과정 또는 내부검토과정에 있는 사항'은 비공개대상정보를 예시적으로 열거한 것이라고 할 것이므로 의사결정과정에 제공된 회의관련자료나 의사결정과정이 기록된 회의록 등은 의사가 결정되거나 의사가 집행된 경우에는 더 이상 의사결정과정에 있는 사항 그 자체라고는 할 수 없으나, 의사결정과정에 있는 사항에 준하는 사항으로서 비공개대상정보에 포함될 수 있다(대판 2003.8.22, 2002두12946).
③ 청구인이 정보공개거부처분의 취소를 구하는 소송에서 공공기관이 청구정보를 증거 등으로 법원에 제출하여 법원을 통하여 그 사본을 청구인에게 교부 또는 송달되게 하여 결과적으로 청구인에게 정보를 공개하는 셈이 되었다고 하더라도, 이러한 우회적인 방법은 정보공개법이 예정하고 있지 아니한 방법으로서 정보공개법에 의한 공개라고 볼 수는 없으므로, 당해 정보의 비공개결정의 취소를 구할 소의 이익은 소멸되지 않는다(대판 2016.12.15, 2012두11409·11416).
④ 공공기관이 공개청구의 대상이 된 정보를 청구인이 신청한 공개방법 이외의 방법으로 공개하기로 하는 결정을 한 경우, 정보공개방법에 관한 부분에 대하여 일부 거부처분을 한 것이고 이에 대하여 항고소송으로 다툴 수 있다(대판 2016.11.10, 2016두44674).

정답 ①

84. 정보공개의무를 부담하는 공공기관에 대한 설명으로 옳지 않은 것은? (다툼이 있는 경우 판례에 의함)

17 지방직9급

① 사립대학교는 「공공기관의 정보공개에 관한 법률 시행령」에 따른 공공기관에 해당하나, 국비의 지원을 받는 범위 내에서만 공공기관의 성격을 가진다.
② 한국방송공사는 「공공기관의 정보공개에 관한 법률 시행령」 제2조 제4호에 규정된 '특별법에 따라 설립된 특수법인'에 해당한다.
③ 한국증권업협회는 「공공기관의 정보공개에 관한 법률 시행령」 제2조 제4호에 규정된 '특별법에 따라 설립된 특수법인'에 해당하지 아니한다.
④ 사립학교에 대하여 「교육관련기관의 정보공개에 관한 특례법」이 적용되는 경우에도 「공공기관의 정보공개에 관한 법률」을 적용할 수 없는 것은 아니다.

해설 ▸ 中

① 사립대학교에 대한 국비 지원이 한정적·일시적·국부적이라는 점을 고려하더라도, 같은법 시행령 제2조 제1호가 정보공개의무를 지는 공공기관의 하나로 사립대학교를 들고 있는 것이 모법인 구 「공공기관의 정보공개에 관한 법률」의 위임 범위를 벗어났다거나 사립대학교가 국비의 지원을 받는 범위 내에서만 공공기관의 성격을 가진다고 볼 수 없다(대판 2006.8.24, 2004두2783).
② 대판 2010.12.23, 2008두13101
③ 대판 2010.4.29, 2008두5643
④ 교육기관정보공개법은 공공기관이 직무상 작성 또는 취득하여 관리하고 있는 정보 가운데 교육관련기관이 학교교육과 관련하여 직무상 작성 또는 취득하여 관리하고 있는 정보의 공개에 관하여 특별히 규율하는 법률이므로, 학교에 대하여 교육기관정보공개법이 적용된다고 하여 더 이상 정보공개법을 적용할 수 없게 되는 것은 아니라고 할 것이다(대판 2013.11.28, 2011두5049).
※ 판례상 공개 대상 정보

1. 외무부장관이 1996.3.경 미국정부로부터 당시 미국 정보공개법에 따라 비밀이 해제된 바 있는 1979년 및 1980년의 우리나라 정치상황과 관련한 미국 정부로부터 제공받아 보관하고 있는 문서사본(대판 1999.9.21, 97누5114)
2. 지방자치단체의 도시공원에 관한 조례에서 규정된 도시공원위원회의 심의사항에 관하여 위 위원회의 심의를 거친 후 시장이나 구청장이 위 사항들에 대한 결정을 대외적으로 공표한 후(대판 2000.5.30, 99추85)
   ▶ 다만, 대외적 공표행위가 있기 전까지는 비공개대상정보
3. 형사소송법 제47조의 공개금지는 일반에게 공표를 금지하려는 취지이지, 당해사건의 고소인에게 공소제기내용을 알려주는 것을 금지하는 취지가 아니다(대판 2006.5.25, 2006두3049).
4. 수용자자비부담물품의 판매수익금총액과 교도소장에게 배당된 수익금액 및 사용내역 등에 관한 정보(대판 2004.12.9, 2003두12707)
5. 사법시험 제2차 답안지(대판 2003.3.14, 2000두6114)
   ▶ 다만, 사법시험 채점위원별 채점결과는 비공개대상정보임.
6. 아파트재건축주택조합의 조합원들에게 제공될 무상보상평수의 사업수익성 등을 검토한 자료(대판 2006.1.13, 2003두9459)
   ▶ 다만, 개인의 인적사항, 재산에 관한 내용이 포함되어 있어서 공개될 경우에는 타인의 사생활의 비밀과 자유를 침해할 우려가 있고, 자료의 분량이 합계 9,029매에 달하는 재개발사업에 관한 자료는 비공개대상정보임(대판 1997.5.23, 96누2439).
7. 교육공무원의 근무성적평정의 결과(대판 2006.10.26, 2006두11910)
8. 사면대상자들의 사면실시건의서와 그와 관련된 국무회의 안건자료에 관한 정보(대판 2006.12.7, 2005두241)
9. 대한주택공사의 아파트 분양원가 산출내역에 관한 정보(대판 2007.6.1, 2006두20587)
10. 한국방송공사의 '수시집행 접대성 경비의 건별 집행서류 일체'에 관한 정보(대판 2008.10.23, 2007두1798)
    ▶ 다만, 지방자치단체장의 업무추진비는 비공개대상정보임(대판 2003.3.11, 2001두6425).
11. 교도관이 직무 중 발생한 사유에 관하여 작성하는 근무보고서는 정보공개대상이고, 징벌위원회 회의록 중 비공개 심사·의결 부분은 비공개사유에 해당하지만, 징벌절차 진행 부분은 비공개사유에 해당하지 않으므로 분리공개가 허용된다(대판 2009.12.10, 2009두12785).
12. '2002학년도부터 2005학년도까지의 대학수학능력시험 원데이터'를 연구목적으로 그 정보의 공개를 청구하는 경우(대판 2010.2.25, 2007두9877)
13. 금융위원회의 2003.9.26.자 론스타에 대한 동일인 주식보유한도 초과보유 승인과 관련하여 '론스타 측이 제출한 동일인 현황 등 자료' 등(대판 2011.11.24, 2009두19021)
14. 장기요양등급판정과 관련된 자료로서 장기요양인정조사표(조사원 수기 작성분)(대판 2012.2.9, 2010두14268)
15. 수사기록 중의 의견서, 보고문서, 메모, 법률검토, 내사자료 등(의견서등) 중 개인 인적사항 부분을 제외한 나머지 부분인 범죄사실, 적용법조, 증거관계, 고소인 및 피고소인의 진술, 수사결과 및 의견 등(대판 2012.7.12, 2010두7048)
16. 심리생리검사를 의뢰한 문서의 발송에 관한 내용이 기재된 부분(발송대장)은 공개대상정보이고, 심리생리검사에서 질문한 질문내용문서에 관한 부분은 비공개대상정보(대판 2016.12.15, 2012두11409·11416)
17. 갑 단체(민주사회를 위한 변호사 모임)가 국세청장에게 '을 외국법인(론스타펀드가 대한민국에 투자할 목적으로 벨기에와 룩셈부르크에 설립한 8개 법인) 등이 대한민국을 상대로 국제투자분쟁해결센터(ICSID)에 제기한 국제중재 사건에서 중재신청인들이 주장·청구하는 손해액 중 대한민국이 중재신청인들에게 부과한 과세·원천징수세액의 총합계액과 이를 청구하는 중재신청인들의 명단 등'의 공개를 청구한 정보(대판 2020.5.14, 2017두49652)
    ▶ 국세기본법 제81조의13 제1항 본문의 과세정보는 「공공기관의 정보공개에 관한 법률」 제9조 제1항 제1호의 '다른 법률에 의하여 비밀 또는 비공개 사항으로 규정한 정보'에 해당

정답 ①

제4절 개인정보보호

85. 「개인정보 보호법」에 대한 설명으로 옳은 것은? 16 지방직7급

① 개인정보처리자란 개인정보파일을 운용하기 위하여 스스로 개인정보를 처리하는 공공기관, 법인, 단체 및 개인 등을 말한다.

② 개인정보처리자가 「개인정보 보호법」상의 허용요건을 충족하여 개인정보를 수집하는 경우에는 그 목적에 필요한 최소한의 개인정보를 수집하여야 한다. 이 경우 개인정보처리자가 최소한의 개인정보 수집이라는 의무를 위반한 경우 그 입증책임은 이의를 제기하는 정보주체가 부담한다.

③ 불특정 다수가 이용하는 목욕실, 화장실, 발한실(發汗室), 탈의실 등에의 영상정보처리기기 설치는 대통령령으로 정하는 바에 따라 안내판 설치 등 필요한 조치를 취하는 경우에만 허용된다.

④ 개인정보처리자는 「개인정보 보호법」에 따라 개인정보의 처리에 대하여 정보주체의 동의를 받을 때에는, 정보주체와의 계약 체결 등을 위하여 정보주체의 동의 없이 처리할 수 있는 개인정보와 정보주체의 동의가 필요한 개인정보를 구분하여야 한다. 이 경우 동의 없이 처리할 수 있는 개인정보라는 입증책임은 개인정보처리자가 부담한다.

해설 ㊦

① "개인정보처리자"란 업무를 목적으로 개인정보파일을 운용하기 위하여 스스로 또는 다른 사람을 통하여 개인정보를 처리하는 공공기관, 법인, 단체 및 개인 등을 말한다(제2조 제5호).

② 개인정보처리자는 제15조 제1항 각 호의 어느 하나에 해당하여 개인정보를 수집하는 경우에는 그 목적에 필요한 최소한의 개인정보를 수집하여야 한다. 이 경우 최소한의 개인정보 수집이라는 입증책임은 개인정보처리자가 부담한다(제16조 제1항).

③ [일반적인 영상정보처리기기의 설치·운영 제한] 누구든지 다음 각 호의 경우를 제외하고는 공개된 장소에 영상정보처리기기를 설치·운영하여서는 아니 된다(제25조 제1항).

1. 법령에서 구체적으로 허용하고 있는 경우
2. 범죄의 예방 및 수사를 위하여 필요한 경우
3. 시설안전 및 화재 예방을 위하여 필요한 경우
4. 교통단속을 위하여 필요한 경우
5. 교통정보의 수집·분석 및 제공을 위하여 필요한 경우

제1항 각 호에 따라 영상정보처리기기를 설치·운영하는 자(영상정보처리기기운영자)는 정보주체가 쉽게 인식할 수 있도록 다음 각 호의 사항이 포함된 안내판을 설치하는 등 필요한 조치를 하여야 한다. 다만, 「군사기지 및 군사시설 보호법」 제2조 제2호에 따른 군사시설, 「통합방위법」 제2조 제13호에 따른 국가중요시설, 그 밖에 대통령령으로 정하는 시설에 대하여는 그러하지 아니하다(같은 조 제4항).

[목욕실, 화장실, 발한실(發汗室), 탈의실 등 개인의 사생활을 현저히 침해할 우려가 있는 장소의 내부] 누구든지 불특정 다수가 이용하는 목욕실, 화장실, 발한실(發汗室), 탈의실 등 개인의 사생활을 현저히 침해할 우려가 있는 장소의 내부를 볼 수 있도록 영상정보처리기기를 설치·운영하여서는 아니 된다. 다만, 교도소, 정신보건 시설 등 법령에 근거하여 사람을 구금하거나 보호하는 시설로서 대통령령으로 정하는 시설에 대하여는 그러하지 아니하다(제25조 제2항).

④ 제22조 제3항

정답 ④

86. 「개인정보 보호법」상 개인정보 보호에 대한 설명으로 옳지 않은 것은? (다툼이 있는 경우 판례에 의함)

18 국가직9급

① 헌법재판소는 개인정보자기결정권을 사생활의 비밀과 자유, 일반적 인격권 등을 이념적 기초로 하는 독자적 기본권으로서 헌법에 명시되지 않은 기본권으로 보고 있다.
② 「개인정보 보호법」에는 개인정보 단체소송을 제기할 수 있는 단체에 대한 제한을 두고 있지 않으므로 법인격이 있는 단체라면 어느 단체든지 권리침해 행위의 금지·중지를 구하는 소송을 제기할 수 있다.
③ 개인정보처리자의 「개인정보 보호법」 위반행위로 손해를 입은 정보주체는 개인정보처리자에게 손해배상을 청구할 수 있고, 그 개인정보처리자는 고의 또는 과실이 없음을 입증하지 않으면 책임을 면할 수 없다.
④ 「개인정보 보호법」은 집단분쟁조정제도에 대하여 규정하고 있다.

해설 ⓣ

① 개인정보자기결정권의 헌법상 근거로는 헌법 제17조의 사생활의 비밀과 자유, 헌법 제10조 제1문의 인간의 존엄과 가치 및 행복추구권에 근거를 둔 일반적 인격권 또는 위 조문들과 동시에 우리 헌법의 자유민주적 기본질서 규정 또는 국민주권원리와 민주주의원리 등을 고려할 수 있으나, 개인정보자기결정권으로 보호하려는 내용을 위 각 기본권들 및 헌법원리들 중 일부에 완전히 포섭시키는 것은 불가능하다고 할 것이므로, 그 헌법적 근거를 굳이 어느 한두 개에 국한시키는 것은 바람직하지 않은 것으로 보이고, 오히려 개인정보자기결정권은 이들을 이념적 기초로 하는 독자적 기본권으로서 헌법에 명시되지 아니한 기본권이라고 보아야 할 것이다(헌재결 2005.5.26, 2004헌마190).
② 단체소송은 공익을 목적으로 하는 객관소송이지만, 현행법상 단체소송을 제기할 수 있는 단체는 일정한 조건을 갖춘 단체에 한정된다.
다음 각 호의 어느 하나에 해당하는 단체는 개인정보처리자가 집단분쟁조정을 거부하거나 집단분쟁조정의 결과를 수락하지 아니한 경우에는 법원에 권리침해 행위의 금지·중지를 구하는 소송(단체소송)을 제기할 수 있다(제51조).

1. 소비자기본법 제29조에 따라 공정거래위원회에 등록한 소비자단체로서 다음 각 목의 요건을 모두 갖춘 단체
   가. 정관에 따라 상시적으로 정보주체의 권익증진을 주된 목적으로 하는 단체일 것
   나. 단체의 정회원수가 1천명 이상일 것
   다. 소비자기본법 제29조에 따른 등록 후 3년이 경과하였을 것
2. 「비영리민간단체 지원법」 제2조에 따른 비영리민간단체로서 다음 각 목의 요건을 모두 갖춘 단체
   가. 법률상 또는 사실상 동일한 침해를 입은 100명 이상의 정보주체로부터 단체소송의 제기를 요청받을 것
   나. 정관에 개인정보 보호를 단체의 목적으로 명시한 후 최근 3년 이상 이를 위한 활동실적이 있을 것
   다. 단체의 상시 구성원수가 5천명 이상일 것
   라. 중앙행정기관에 등록되어 있을 것

③ 제39조 제1항
④ 국가 및 지방자치단체, 개인정보 보호단체 및 기관, 정보주체, 개인정보처리자는 정보주체의 피해 또는 권리침해가 다수의 정보주체에게 같거나 비슷한 유형으로 발생하는 경우로서 대통령령으로 정하는 사건에 대하여는 분쟁조정위원회에 일괄적인 분쟁조정(집단분쟁조정)을 의뢰 또는 신청할 수 있다(제49조 제1항).

정답 ②

87. 개인정보보호에 대한 설명으로 옳지 않은 것은? (다툼이 있는 경우 판례에 의함) 18 국회직8급

① 「개인정보보호법」은 개인정보의 누설이나 권한 없는 처리 또는 다른 사람의 이용에 제공하는 등 부당한 목적으로 사용한 행위를 처벌하도록 규정하고 있다. 여기에서 '누설'이라 함은 아직 이를 알지 못하는 타인에게 알려주는 일체의 행위를 말한다.

② 개인정보자기결정권의 보호대상이 되는 개인정보는 개인의 신체, 신념, 사회적 지위, 신분 등과 같이 인격주체성을 특징짓는 사항으로서 개인의 동일성을 식별할 수 있게 하는 일체의 정보를 의미하는 것이므로 개인의 내밀한 영역에 속하는 정보에 국한되고 공적 생활에서 형성되었거나 이미 공개된 개인정보는 포함되지 않는다.

③ 개인정보자기결정권이나 익명표현의 자유도 국가안전보장·질서유지 또는 공공복리를 위하여 필요한 경우에는 헌법 제37조 제2항에 따라 법률로써 제한될 수 있다.

④ 헌법 제10조의 인간의 존엄과 가치, 행복추구권과 헌법 제17조의 사생활의 비밀과 자유에서 도출되는 개인정보자기결정권은 자신에 관한 정보가 언제 누구에게 어느 범위까지 알려지고 또 이용되도록 할 것인지를 정보주체가 스스로 결정할 수 있는 권리이다.

⑤ 헌법 제21조에서 보장하고 있는 표현의 자유는 개인이 인간으로서의 존엄과 가치를 유지하고 국민주권을 실현하는 데 필수불가결한 자유로서, 자신의 신원을 누구에게도 밝히지 않은 채 익명 또는 가명으로 자신의 사상이나 견해를 표명하고 전파할 익명표현의 자유도 그 보호영역에 포함된다.

해설 中

① 대판 2015.7.9, 2013도13070

② 개인정보자기결정권의 보호대상이 되는 개인정보는 개인의 신체, 신념, 사회적 지위, 신분 등과 같이 인격주체성을 특징짓는 사항으로서 개인의 동일성을 식별할 수 있게 하는 일체의 정보를 의미하며, 반드시 개인의 내밀한 영역에 속하는 정보에 국한되지 않고 공적 생활에서 형성되었거나 이미 공개된 개인정보까지도 포함한다(대판 2016.3.10, 2012다105482).

③ 헌법상 기본권의 행사는 국가공동체 내에서 타인과의 공동생활을 가능하게 하고 다른 헌법적 가치나 국가의 법질서를 위태롭게 하지 않는 범위 내에서 이루어져야 하므로, 개인정보자기결정권이나 익명표현의 자유도 국가안전보장·질서유지 또는 공공복리를 위하여 필요한 경우에는 헌법 제37조 제2항에 따라 법률로써 제한될 수 있다(대판 2016.3.10, 2012다105482).

④ 대판 2014.7.24, 2012다49933

⑤ 대판 2016.3.10, 2012다105482

정답 ②

88. 「개인정보 보호법」의 내용으로 가장 옳지 않은 것은? 18 서울시7급

① 개인정보는 살아 있는 개인에 관한 정보로서 성명, 주민등록번호 및 영상 등을 통하여 개인을 알아볼 수 있는 정보이며, 해당 정보만으로는 특정 개인을 알아볼 수 없다면, 다른 정보와 쉽게 결합하여 그 개인을 알아볼 수 있는 경우라도 개인정보라 할 수 없다.

② 개인정보처리자는 법령상 의무를 준수하기 위하여 불가피한 경우에는 개인정보를 수집할 수 있으며 그 수집 목적의 범위 내에서 이용할 수 있다.

③ 개인정보처리자로부터 개인정보를 제공받은 자는 정보주체로부터 별도의 동의를 받은 경우나 다른 법률에 특별한 규정이 있는 경우를 제외하고는 개인정보를 제공받은 목적 외의 용도로 이용하거나 이를 제3자에게 제공하여서는 아니 된다.

④ 개인정보처리자의 고의 또는 중대한 과실로 인하여 개인정보가 유출된 경우로서 정보주체에게 손해가 발생한 때에는 법원은 그 손해액의 3배를 넘지 아니하는 범위에서 손해배상액을 정할 수 있다.

해설 ➤ 中

① 개인정보란 살아 있는 개인에 관한 정보로서 다음 각 목의 어느 하나에 해당하는 정보를 말한다(제2조 제1호). 즉, 살아 있는 개인의 정보에 한정되므로 사자(死者)와 단체(법인, 법인 아닌 사단·재단)의 정보는 보호대상이 아니다.

가. 성명, 주민등록번호 및 영상 등을 통하여 개인을 알아볼 수 있는 정보
나. 해당 정보만으로는 특정 개인을 알아볼 수 없더라도 다른 정보와 쉽게 결합하여 알아볼 수 있는 정보. 이 경우 쉽게 결합할 수 있는지 여부는 다른 정보의 입수 가능성 등 개인을 알아보는 데 소요되는 시간, 비용, 기술 등을 합리적으로 고려하여야 한다.
다. 가목 또는 나목을 제1호의2에 따라 가명처리함으로써 원래의 상태로 복원하기 위한 추가 정보의 사용·결합 없이는 특정 개인을 알아볼 수 없는 정보(가명정보)

---

② 개인정보처리자는 다음 각 호의 어느 하나에 해당하는 경우에는 개인정보를 수집할 수 있으며 그 수집 목적의 범위에서 이용할 수 있다(제15조 제1항).

---

1. 정보주체의 동의를 받은 경우
2. 법률에 특별한 규정이 있거나 법령상 의무를 준수하기 위하여 불가피한 경우
3. 공공기관이 법령등에서 정하는 소관 업무의 수행을 위하여 불가피한 경우
4. 정보주체와의 계약의 체결 및 이행을 위하여 불가피하게 필요한 경우
5. 정보주체 또는 그 법정대리인이 의사표시를 할 수 없는 상태에 있거나 주소불명 등으로 사전 동의를 받을 수 없는 경우로서 명백히 정보주체 또는 제3자의 급박한 생명, 신체, 재산의 이익을 위하여 필요하다고 인정되는 경우
6. 개인정보처리자의 정당한 이익을 달성하기 위하여 필요한 경우로서 명백하게 정보주체의 권리보다 우선하는 경우. 이 경우 개인정보처리자의 정당한 이익과 상당한 관련이 있고 합리적인 범위를 초과하지 아니하는 경우에 한한다.

---

③ 제19조
④ 제39조 제3항

정답 ①

89. 「개인정보 보호법」에 대한 설명으로 옳지 않은 것은? (다툼이 있는 경우 판례에 의함) 18 지방직7급

① 시장·군수 또는 구청장이 개인의 지문정보를 수집하고, 경찰청장이 이를 보관·전산화하여 범죄수사목적에 이용하는 것은 모두 개인정보자기결정권을 제한하는 것이다.
② 개인정보자기결정권의 보호대상이 되는 개인정보는 개인의 신체, 신념, 사회적 지위, 신분 등과 같이 개인의 인격주체성을 특징짓는 사항으로서 그 개인의 동일성을 식별할 수 있는 일체의 정보이고, 이미 공개된 개인정보는 포함하지 않는다.
③ 「개인정보 보호법」을 위반한 개인정보처리자의 행위로 손해를 입은 정보주체가 개인정보처리자에게 손해배상을 청구한 경우, 그 개인정보처리자는 고의 또는 과실이 없음을 입증하지 아니하면 책임을 면할 수 없다.
④ 법인의 정보는 「개인정보 보호법」의 보호대상이 아니다.

해설 ➤ 下

① 헌재결 2005.5.26, 99헌마513
② 개인정보자기결정권의 보호대상이 되는 개인정보는 개인의 신체, 신념, 사회적 지위, 신분 등과 같이 개인의 인격주체성을 특징짓는 사항으로서 개인의 동일성을 식별할 수 있게 하는 일체의 정보라고 할 수 있고, 반드시 개인의 내밀한 영역에 속하는 정보에 국한되지 않고 공적 생활에서 형성되었거나 이미 공개된 개인정보까지 포함한다. 또한 그러한 개인정보를 대상으로 한 조사·수집·보관·처리·이용 등의 행위는 모두 원칙적으로 개인정보자기결정권에 대한 제한에 해당한다(대판 2014.7.24, 2012다49933).
③ 「개인정보 보호법」 제39조 제1항
④ 개인정보란 살아 있는 개인에 관한 정보로서 다음 각 목의 어느 하나에 해당하는 정보를 말한다(같은 법 제2조 제1호). 즉, 살아 있는 개인의 정보에 한정되므로 사자(死者)와 단체(법인, 법인 아닌 사단·재단)의 정보는 보호대상이 아니다.

정답 ②

90. 「개인정보 보호법」상 개인정보 보호에 대한 설명으로 옳지 않은 것은? 20 국회직9급

① 법인 등의 단체는 개인정보의 주체가 될 수 없다.
② 개인정보처리자는 법령에서 민감정보의 처리를 요구하거나 허용하는 경우 민감정보를 처리할 수 있다.
③ 개인정보처리자의 「개인정보 보호법」 위반 행위로 손해를 입은 정보주체가 개인정보처리자에게 손해배상을 청구한 경우 개인정보처리자는 고의 또는 과실이 없음을 입증하지 아니하면 책임을 면할 수 없다.
④ 개인정보에 관한 분쟁의 조정을 위하여 개인정보 보호위원회를 둔다.
⑤ 일정한 단체는 개인정보처리자가 집단분쟁조정을 거부하거나 집단분쟁조정의 결과를 수락하지 아니한 경우에는 법원에 권리침해 행위의 금지·중지를 구하는 단체소송을 제기할 수 있다.

해설 ㊦

① 개인정보란 살아 있는 개인에 관한 정보로서 다음 각 목의 어느 하나에 해당하는 정보를 말한다(제2조 제1호). 즉, 살아 있는 개인의 정보에 한정되므로 사자(死者)와 단체(법인, 법인 아닌 사단·재단)의 정보는 보호대상이 아니다.
② 개인정보처리자는 사상 · 신념, 노동조합 · 정당의 가입 · 탈퇴, 정치적 견해, 건강, 성생활 등에 관한 정보, 그 밖에 정보주체의 사생활을 현저히 침해할 우려가 있는 개인정보로서 대통령령으로 정하는 정보(민감정보)를 처리하여서는 아니 된다. 다만, 다음 각 호의 어느 하나에 해당하는 경우에는 그러하지 아니하다(제23조 제1항).

1. 정보주체에게 제15조 제2항 각 호 또는 제17조 제2항 각 호의 사항을 알리고 다른 개인정보의 처리에 대한 동의와 별도로 동의를 받은 경우
2. 법령에서 민감정보의 처리를 요구하거나 허용하는 경우

③ 제39조 제1항
④ 개인정보에 관한 분쟁조정기관은 '개인정보 보호위원회'가 아니라 '개인정보 분쟁조정위원회'이다.
개인정보에 관한 분쟁의 조정(調停)을 위하여 개인정보 분쟁조정위원회를 둔다(제40조 제1항).
개인정보 보호에 관한 사무를 독립적으로 수행하기 위하여 국무총리 소속으로 개인정보 보호위원회를 둔다(제7조 제1항).
⑤ 다음 각 호의 어느 하나에 해당하는 단체는 개인정보처리자가 제49조에 따른 집단분쟁조정을 거부하거나 집단분쟁조정의 결과를 수락하지 아니한 경우에는 법원에 권리침해 행위의 금지 · 중지를 구하는 소송(단체소송)을 제기할 수 있다(제51조).

1. 「소비자기본법」 제29조에 따라 공정거래위원회에 등록한 소비자단체로서 다음 각 목의 요건을 모두 갖춘 단체
   가. 정관에 따라 상시적으로 정보주체의 권익증진을 주된 목적으로 하는 단체일 것
   나. 단체의 정회원수가 1천명 이상일 것
   다. 「소비자기본법」 제29조에 따른 등록 후 3년이 경과하였을 것
2. 「비영리민간단체 지원법」 제2조에 따른 비영리민간단체로서 다음 각 목의 요건을 모두 갖춘 단체
   가. 법률상 또는 사실상 동일한 침해를 입은 100명 이상의 정보주체로부터 단체소송의 제기를 요청받을 것
   나. 정관에 개인정보 보호를 단체의 목적으로 명시한 후 최근 3년 이상 이를 위한 활동실적이 있을 것
   다. 단체의 상시 구성원수가 5천명 이상일 것
   라. 중앙행정기관에 등록되어 있을 것

정답 ④

91. 「개인정보 보호법」의 내용으로 옳지 않은 것은? 21 국회직9급

① 개인정보처리자는 통계작성, 과학적 연구, 공익적 기록보존 등을 위하여 정보주체의 동의 없이도 가명(假名)정보를 처리할 수 있다.
② 개인정보 보호에 관한 사무를 독립적으로 수행하기 위하여 행정안전부 소속으로 개인정보 보호위원회를 둔다.
③ 개인정보처리자는 정보주체 또는 제3자의 급박한 생명, 신체, 재산의 이익을 위하여 명백히 필요하다고 인정되는 경우에 주민등록번호를 처리할 수 있다.
④ 개인정보처리자가 집단분쟁조정을 거부하거나 집단분쟁조정의 결과를 수락하지 아니한 경우에는 법원에 권리침해 행위의 금지·중지를 구하는 단체소송을 제기할 수 있다.
⑤ 개인정보 보호위원회는 개인정보처리자가 특정 개인을 알아보기 위한 목적으로 가명정보를 처리한 경우 전체 매출액의 100분의 3 이하에 해당하는 금액을 과징금으로 부과할 수 있다.

해설 ▸ ㊦

① 제28조의2 제1항
② 개인정보 보호에 관한 사무를 독립적으로 수행하기 위하여 국무총리 소속으로 개인정보 보호위원회를 둔다(제7조 제1항).
③ 제24조 제1항에도 불구하고 개인정보처리자는 다음 각 호의 어느 하나에 해당하는 경우를 제외하고는 주민등록번호를 처리할 수 없다(제24조의2 제1항).

1. 법률 · 대통령령 · 국회규칙 · 대법원규칙 · 헌법재판소규칙 · 중앙선거관리위원회규칙 및 감사원규칙에서 구체적으로 주민등록번호의 처리를 요구하거나 허용한 경우
2. 정보주체 또는 제3자의 급박한 생명, 신체, 재산의 이익을 위하여 명백히 필요하다고 인정되는 경우
3. 제1호 및 제2호에 준하여 주민등록번호 처리가 불가피한 경우로서 보호위원회가 고시로 정하는 경우

④ 제51조
⑤ 제28조의6 제1항

정답 ②

92. 개인정보의 보호에 대한 판례의 설명으로 옳은 것만을 모두 고르면? 21 국가직9급

ㄱ. 개인정보자기결정권의 보호대상이 되는 개인정보는 반드시 개인의 내밀한 영역에 속하는 정보에 국한되지 않고 공적 생활에서 형성되었거나 이미 공개된 개인정보까지 포함한다.
ㄴ. 이미 공개된 개인정보를 정보주체의 동의가 있었다고 객관적으로 인정되는 범위 내에서 처리를 할 때는 정보주체의 별도의 동의는 불필요하다고 보아야 하고, 별도의 동의를 받지 아니하였다고 하여 「개인정보 보호법」을 위반한 것으로 볼 수 없다.
ㄷ. 개인정보 처리위탁에 있어 수탁자는 정보제공자의 관리·감독 아래 위탁받은 범위 내에서만 개인정보를 처리하게 되지만, 위탁자로부터 위탁사무 처리에 따른 대가를 지급받는 이상 개인정보 처리에 관하여 독자적인 이익을 가지므로, 그러한 수탁자는 「개인정보 보호법」 제17조에 의해 개인정보처리자가 정보주체의 개인정보를 제공할 수 있는 '제3자'에 해당한다.
ㄹ. 인터넷 포털사이트 등의 개인정보 유출사고로 주민등록번호가 불법 유출 되어 그 피해자가 주민등록번호 변경을 신청했으나 구청장이 거부 통지를 한 사안에서, 피해자의 의사와 무관하게 주민등록번호가 유출된 경우에는 조리상 주민등록번호의 변경요구신청권을 인정함이 타당하다.

① ㄱ, ㄷ
② ㄴ, ㄹ
③ ㄱ, ㄴ, ㄷ
④ ㄱ, ㄴ, ㄹ

해설 ▸ ㊤

ㄱ 대판 2016.3.10, 2012다105482
ㄴ 대판 2016.8.17, 2014다235080
ㄷ 개인정보 처리위탁에 있어 수탁자는 위탁자로부터 위탁사무 처리에 따른 대가를 지급받는 것 외에는 개인정보 처리에 관하여 독자적인 이익을 가지지 않고, 정보제공자의 관리·감독 아래 위탁받은 범위 내에서만 개인정보를 처리하게 되므로, 「개인정보 보호법」 제17조와 정보통신망법 제24조의2에 정한 '제3자'에 해당하지 않는다(대판 2017.4.7, 2016도13263).
ㄹ 대판 2017.6.15, 2013두2945

정답 ④

93. 판례의 입장으로 옳지 않은 것은? 21 지방직9급

① 개인의 고유성, 동일성을 나타내는 지문은 그 정보주체를 타인으로부터 식별가능하게 하는 개인정보이다.
② 거부처분의 처분성을 인정하기 위한 전제 요건이 되는 신청권은 신청인이 그 신청에 따른 단순한 응답을 받을 권리를 넘어서 신청의 인용이라는 만족적 결과를 얻을 권리를 의미한다.
③ 지적공부 소관청의 지목변경신청 반려행위는 국민의 권리관계에 영향을 미치는 것으로서 항고소송의 대상이 되는 행정처분에 해당한다.
④ 산업단지개발계획상 산업단지 안의 토지 소유자로서 산업단지개발계획에 적합한 시설을 설치하여 입주하려는 자는 산업단지지정권자 또는 그로부터 권한을 위임받은 기관에 대하여 산업단지개발계획의 변경을 요청할 수 있는 법규상 또는 조리상 신청권이 있다.

해설 ▸ 中

① 개인의 고유성, 동일성을 나타내는 지문은 그 정보주체를 타인으로부터 식별가능하게 하는 개인정보이므로, 시장·군수 또는 구청장이 개인의 지문정보를 수집하고, 경찰청장이 이를 보관·전산화하여 범죄수사목적에 이용하는 것은 모두 개인정보자기결정권을 제한하는 것이라고 할 수 있다(헌재결 2005.5.26, 2004헌마190).
② 거부처분의 처분성을 인정하기 위한 전제요건이 되는 신청권의 존부는 구체적 사건에서 신청인이 누구인가를 고려하지 않고 관계법규의 해석에 의하여 일반국민에게 그러한 신청권을 인정하고 있는가를 살펴 추상적으로 결정되는 것이고, 신청인이 그 신청에 따른 단순한 응답을 받을 권리를 넘어서 신청의 인용이라는 만족적 결과를 얻을 권리를 의미하는 것은 아니다. 따라서 국민이 어떤 신청을 한 경우에 그 신청의 근거가 된 조항의 해석상 행정발동에 대한 개인의 신청권을 인정하고 있다고 보여지면 그 거부행위는 항고소송의 대상이 되는 처분으로 보아야 할 것이고, 구체적으로 그 신청이 인용될 수 있는가 하는 점은 본안에서 판단하여야 할 사항인 것이다(대판 1996.6.11, 95누12460).
③ 대판(전합) 2004.4.22, 2003두9015
④ 대판 2017.8.29, 2016두44186

정답 ②

94. 「개인정보 보호법」에 대한 설명으로 옳지 않은 것은? (다툼이 있는 경우 판례에 의함) 21 국회직8급

① 개인정보처리자가 주민등록번호를 처리하기 위해서는 정보주체에게 다른 개인정보의 처리에 대한 동의와 별도로 동의를 받아야 한다.
② 가명처리란 개인정보의 일부를 삭제하거나 일부 또는 전부를 대체하는 등의 방법으로 추가 정보가 없이는 특정 개인을 알아볼 수 없도록 처리하는 것을 말한다.
③ 개인정보처리자는 당초 수집 목적과 합리적으로 관련된 범위에서 정보주체에게 불이익이 발생하는지 여부, 암호화 등 안전성 확보에 필요한 조치를 하였는지 여부 등을 고려하여 대통령령으로 정하는 바에 따라 정보주체의 동의 없이 개인정보를 제공할 수 있다.
④ 개인정보처리자는 개인정보처리자의 정당한 이익을 달성하기 위하여 필요한 경우로서 명백하게 정보주체의 권리보다 우선하는 경우에는 개인정보처리자의 정당한 이익과 상당한 관련이 있고 합리적인 범위를 초과하지 않는다면 정보주체의 동의가 없더라도 개인정보를 수집할 수 있다.
⑤ 살아 있는 개인에 관한 정보로서 해당 정보만으로는 특정 개인을 알아볼 수 없더라도 다른 정보와 쉽게 결합하여 알아볼 수 있는 정보는 개인정보에 해당한다.

해설 ➤ 中

① 일반적인 고유식별정보의 처리에는 별도의 동의로 족하다. 그러나 고유식별정보의 일종이지만 주민등록번호를 처리하려면 더 엄격한 제한이 뒤따른다.

[고유식별정보의 처리 제한] 개인정보처리자는 다음 각 호의 경우를 제외하고는 법령에 따라 개인을 고유하게 구별하기 위하여 부여된 식별정보로서 대통령령으로 정하는 정보(고유식별정보)를 처리할 수 없다(제24조 제1항).

1. 정보주체에게 제15조 제2항 각 호 또는 제17조 제2항 각 호의 사항을 알리고 다른 개인정보의 처리에 대한 동의와 별도로 동의를 받은 경우
2. 법령에서 구체적으로 고유식별정보의 처리를 요구하거나 허용하는 경우

[주민등록번호 처리의 제한] 제24조 제1항에도 불구하고 개인정보처리자는 다음 각 호의 어느 하나에 해당하는 경우를 제외하고는 주민등록번호를 처리할 수 없다(제24조의2 제1항).

1. 법률 · 대통령령 · 국회규칙 · 대법원규칙 · 헌법재판소규칙 · 중앙선거관리위원회규칙 및 감사원규칙에서 구체적으로 주민등록번호의 처리를 요구하거나 허용한 경우
2. 정보주체 또는 제3자의 급박한 생명, 신체, 재산의 이익을 위하여 명백히 필요하다고 인정되는 경우
3. 제1호 및 제2호에 준하여 주민등록번호 처리가 불가피한 경우로서 보호위원회가 고시로 정하는 경우

② 제2조 제1의2호

③ 제15조 제3항

④ 개인정보처리자는 다음 각 호의 어느 하나에 해당하는 경우에는 개인정보를 수집할 수 있으며 그 수집 목적의 범위에서 이용할 수 있다(제15조 제1항).

1. 정보주체의 동의를 받은 경우
2. 법률에 특별한 규정이 있거나 법령상 의무를 준수하기 위하여 불가피한 경우
3. 공공기관이 법령 등에서 정하는 소관 업무의 수행을 위하여 불가피한 경우
4. 정보주체와의 계약의 체결 및 이행을 위하여 불가피하게 필요한 경우
5. 정보주체 또는 그 법정대리인이 의사표시를 할 수 없는 상태에 있거나 주소불명 등으로 사전 동의를 받을 수 없는 경우로서 명백히 정보주체 또는 제3자의 급박한 생명, 신체, 재산의 이익을 위하여 필요하다고 인정되는 경우
6. 개인정보처리자의 정당한 이익을 달성하기 위하여 필요한 경우로서 명백하게 정보주체의 권리보다 우선하는 경우. 이 경우 개인정보처리자의 정당한 이익과 상당한 관련이 있고 합리적인 범위를 초과하지 아니하는 경우에 한한다.

⑤ "개인정보"란 살아 있는 개인에 관한 정보로서 다음 각 목의 어느 하나에 해당하는 정보를 말한다(제2조 제1호).

가. 성명, 주민등록번호 및 영상 등을 통하여 개인을 알아볼 수 있는 정보
나. 해당 정보만으로는 특정 개인을 알아볼 수 없더라도 다른 정보와 쉽게 결합하여 알아볼 수 있는 정보. 이 경우 쉽게 결합할 수 있는지 여부는 다른 정보의 입수 가능성 등 개인을 알아보는 데 소요되는 시간, 비용, 기술 등을 합리적으로 고려하여야 한다.
다. 가목 또는 나목을 제1호의2에 따라 가명처리함으로써 원래의 상태로 복원하기 위한 추가 정보의 사용 · 결합 없이는 특정 개인을 알아볼 수 없는 정보(이하 "가명정보"라 한다)

정답 ①

메모

ADMINISTRATION

제1장 행정의 실효성확보수단 종합

제2장 행정상의 강제집행

제3장 행정상 즉시강제 및 행정조사

제4장 행정벌

제5장 새로운 의무이행확보수단

03

행정의 실효성확보수단

제1장 행정의 실효성확보수단 종합

1. 행정의 실효성 확보수단에 대한 설명으로 옳은 것은? (다툼이 있는 경우 판례에 의함) 15 국가직9급

① 행정상 강제집행이 법률에 규정되어 있는 경우에도 민사상 강제집행은 인정된다.
② 「건축법」상의 이행강제금은 간접강제의 일종으로서 그 이행강제금 납부의무는 일신전속적인 성질의 것이므로 이미 사망한 사람에게 이행강제금을 부과하는 내용의 처분은 당연무효이다.
③ 이행강제금은 형벌과 병과될 경우 이중처벌금지원칙에 반한다.
④ 이행강제금은 비대체적 작위의무 위반에만 부과될 뿐 대체적 작위의무의 위반에는 부과될 수 없다.

해설 ➤ 下

① 토지에 관한 도로구역 결정이 고시된 후 구 토지수용법 제18조의2 제2항에 위반하여 공작물을 축조하고 물건을 부가한 자에 대하여 관리청은 이러한 위반행위에 의하여 생긴 유형적 결과의 시정을 명하는 행정처분을 하여 이에 따르지 않는 경우에는 행정대집행의 방법으로 그 의무내용을 실현할 수 있는 것이고, 이러한 행정대집행의 절차가 인정되는 경우에는 따로 민사소송의 방법으로 공작물의 철거, 수거 등을 구할 수는 없다(대판 2000.5.12, 99다18909).
② 구 건축법상의 이행강제금은 구 건축법의 위반행위에 대하여 시정명령을 받은 후 시정기간 내에 당해 시정명령을 이행하지 아니한 건축주 등에 대하여 부과되는 간접강제의 일종으로서 그 이행강제금 납부의무는 상속인 기타의 사람에게 승계될 수 없는 일신전속적인 성질의 것이므로 이미 사망한 사람에게 이행강제금을 부과하는 내용의 처분이나 결정은 당연무효이고, 이행강제금을 부과받은 사람의 이의에 의하여 비송사건절차법에 의한 재판절차가 개시된 후에 그 이의한 사람이 사망한 때에는 사건 자체가 목적을 잃고 절차가 종료한다(대결 2006.12.8, 2006마470).
③ 이 사건 법률조항에서 규정하고 있는 이행강제금은 일정한 기한까지 의무를 이행하지 않을 때에는 일정한 금전적 부담을 과할 뜻을 미리 계고함으로써 의무자에게 심리적 압박을 주어 장래에 그 의무를 이행하게 하려는 행정상 간접적인 강제집행 수단의 하나로서 과거의 일정한 법률위반 행위에 대한 제재로서의 형벌이 아니라 장래의 의무이행의 확보를 위한 강제수단일 뿐이어서 범죄에 대하여 국가가 형벌권을 실행한다고 하는 과벌에 해당하지 아니하므로 헌법 제13조 제1항이 금지하는 이중처벌금지의 원칙이 적용될 여지가 없을 뿐 아니라, 건축법 제108조, 제110조에 의한 형사처벌의 대상이 되는 행위와 이 사건 법률조항에 따라 이행강제금이 부과되는 행위는 기초적 사실관계가 동일한 행위가 아니라 할 것이므로 이런 점에서도 이 사건 법률조항이 헌법 제13조 제1항의 이중처벌금지의 원칙에 위반되지 아니한다(헌재결 2011.10.25, 2009헌바140).
④ 전통적으로 행정대집행은 대체적 작위의무에 대한 강제집행수단으로, 이행강제금은 부작위의무나 비대체적 작위의무에 대한 강제집행수단으로 이해되어 왔으나, 이는 이행강제금제도의 본질에서 오는 제약은 아니며, 이행강제금은 대체적 작위의무의 위반에 대하여도 부과될 수 있다(헌재결 2004.2.26, 2001헌바80·84·102·103, 2002헌바26).

정답 ②

2. 다음 중 행정상 실효성확보수단에 대한 설명으로 옳지 않은 것은? (다툼이 있는 경우 판례에 의함) 15 국회직8급

① 「국세징수법」상 공매통지 자체는 원칙적으로 항고소송의 대상이 되는 행정처분이다.
② 「질서위반행위규제법」의 적용을 받는 과태료부과처분은 행정청을 피고로 하는 행정소송의 대상이 되는 행정처분이라고 볼 수 없다.
③ 「국세기본법」상에는 고액체납자의 명단공개제도에 대하여 규정하고 있다.
④ 구 「건축법」상 이행강제금은 일신전속적인 성질의 것이므로 이행강제금을 부과받은 사람이 재판절차가 개시된 이후에 사망한 경우, 절차가 종료된다.
⑤ 가산세를 부과함에 있어 고의·과실은 고려되지 않는다.

해설 ▶ ⓣ

① 체납자 등에 대한 공매통지는 국가의 강제력에 의하여 진행되는 공매에서 체납자 등의 권리 내지 재산상의 이익을 보호하기 위하여 법률로 규정한 절차적 요건이라고 보아야 하며, 공매처분을 하면서 체납자 등에게 공매통지를 하지 않았거나 공매통지를 하였더라도 그것이 적법하지 아니한 경우에는 절차상의 흠이 있어 그 공매처분이 위법하게 되는 것이지만, 공매통지 자체가 그 상대방인 체납자 등의 법적 지위나 권리·의무에 직접적인 영향을 주는 행정처분에 해당한다고 할 것은 아니므로 다른 특별한 사정이 없는 한 체납자 등은 공매통지의 결여나 위법을 들어 공매처분의 취소 등을 구할 수 있는 것이지 공매통지 자체를 항고소송의 대상으로 삼아 그 취소 등을 구할 수는 없다(대판 2011.3.24, 2010두25527).

② 수도조례 및 하수도사용조례에 기한 과태료의 부과 여부 및 그 당부는 최종적으로 질서위반행위규제법에 의한 절차에 의하여 판단되어야 한다고 할 것이므로, 그 과태료 부과처분은 행정청을 피고로 하는 행정소송의 대상이 되는 행정처분이라고 볼 수 없다(대판 2012.10.11, 2011두19369).

③ 출제 당시에는 맞는 지문이었지만, 현행법률에 따를 때 틀린 지문이다. 즉, 국세기본법은불성실기부금수령단체 등의 명단 공개를, 국세징수법은 고액 · 상습체납자의 명단 공개를 규정하고 있다.

국세청장은 국세기본법 제81조의13에도 불구하고 체납 발생일부터 1년이 지난 국세의 합계액이 2억 원 이상인 경우 체납자의 인적사항 및 체납액 등을 공개할 수 있다. 다만, 체납된 국세와 관련하여 심판청구등이 계속 중이거나 그 밖에 대통령령으로 정하는 경우에는 공개할 수 없다(국세징수법 제114조 제1항).

④ 대결 2006.12.8, 2006마470

⑤ 대판 2004.6.24, 2002두10780

정답 ①③

3. 행정의 실효성 확보수단에 대한 설명으로 옳은 것은? (다툼이 있는 경우 판례에 의함) 15 지방직7급

① 「질서위반행위규제법」에 의하면 고의 또는 과실이 없는 질서위반행위에 대해서도 과태료를 부과할 수 있다.

② 이행강제금이란 행정법상 의무를 불이행하였거나 위반한 자에 대하여 당해 위반행위로 얻은 경제적 이익을 박탈하기 위하여 부과하거나 또는 사업의 취소·정지에 갈음하여 부과되는 금전상의 제재를 말한다.

③ 무허가 건축행위에 대한 형사처벌과 시정명령 위반에 대한 이행강제금의 부과는 그 처벌 내지 제재대상이 되는 기본적 사실관계로서의 행위를 달리하며, 또한 그 보호법익과 목적에서도 차이가 있으므로 이중처벌이 아니다.

④ 감염병환자의 강제입원, 불법게임물의 폐기는 행정상 직접강제의 예이다.

해설 ▶ ⓣ

① 고의 또는 과실이 없는 질서위반행위는 과태료를 부과하지 아니한다(제7조).

② 지문의 내용은 과징금에 관한 설명이다.

이행강제금은 일정한 기한까지 의무를 이행하지 않을 때에는 일정한 금전적 부담을 과할 뜻을 미리 계고함으로써 의무자에게 심리적 압박을 주어 장래에 그 의무를 이행하게 하려는 행정상 간접적인 강제집행 수단의 하나로서 과거의 일정한 법률위반 행위에 대한 제재로서의 형벌이 아니라 장래의 의무이행의 확보를 위한 강제수단일 뿐이어서 범죄에 대하여 국가가 형벌권을 실행한다고 하는 과벌에 해당하지 아니하므로 헌법 제13조 제1항이 금지하는 이중처벌금지의 원칙이 적용될 여지가 없을 뿐 아니라, 건축법 제108조, 제110조에 의한 형사처벌의 대상이 되는 행위와 이 사건 법률조항에 따라 이행강제금이 부과되는 행위는 기초적 사실관계가 동일한 행위가 아니라 할 것이므로 이런 점에서도 이 사건 법률조항이 헌법 제13조 제1항의 이중처벌금지의 원칙에 위반되지 아니한다(헌재결 2011.10.25, 2009헌바140).

③ 대결 2005.8.19, 2005마30

④ 직접강제가 아니라 행정상 즉시강제의 예이다.

정답 ③

4. 행정의 실효성 확보수단에 대한 판례의 입장으로 옳지 않은 것은? 16 지방직9급

① 과세관청이 체납처분으로서 행하는 공매는 우월한 공권력의 행사로서 행정소송의 대상이 되는 행정처분이나, 공매에 의하여 재산을 매수한 자는 그 공매처분이 취소된 경우에 그 취소처분의 위법을 주장하여 행정소송을 제기할 법률상 이익이 없다.

② 「식품위생법」에 따른 식품접객업(일반음식점영업)의 영업신고의 요건을 갖춘 자는 그 영업신고를 한 당해 건축물이 「건축법」 소정의 허가를 받지 아니한 무허가 건물이라면 적법한 신고를 할 수 없다.

③ 과세관청의 체납자 등에 대한 공매통지는 국가의 강제력에 의하여 진행되는 공매절차에서 체납자 등의 권리 내지 재산상 이익을 보호하기 위하여 법률로 규정한 절차적 요건에 해당하지만, 그 통지를 하지 아니한 채 공매처분을 하였다 하여도 그 공매처분이 당연무효로 되는 것은 아니다.

④ 「건축법」상 이행강제금은 일정한 기한까지 의무를 이행하지 않을 때에는 일정한 금전적 부담을 과할 뜻을 미리 계고함으로써 의무자에게 심리적 압박을 주어 장래에 그 의무를 이행하게 하려는 행정상 간접적인 강제집행 수단의 하나로서 반복적으로 부과되더라도 헌법상 이중처벌금지의 원칙이 적용될 여지가 없다.

해설 ➤ 中

① 과세관청이 체납처분으로서 행하는 공매는 우월한 공권력의 행사로서 행정소송의 대상이 되는 공법상의 행정처분이며 공매에 의하여 재산을 매수한 자는 그 공매처분이 취소된 경우에 그 취소처분의 위법을 주장하여 행정소송을 제기할 법률상 이익이 있다(대판 1984.9.25, 84누201).
② 대판 2009.4.23, 2008도6829
③ 대판 2012.7.26, 2010다50625
④ 이행강제금은 일정한 기한까지 의무를 이행하지 않을 때에는 일정한 금전적 부담을 과할 뜻을 미리 계고함으로써 의무자에게 심리적 압박을 주어 장래에 그 의무를 이행하게 하려는 행정상 간접적인 강제집행 수단의 하나로서 과거의 일정한 법률위반 행위에 대한 제재로서의 형벌이 아니라 장래의 의무이행의 확보를 위한 강제수단일 뿐이어서 범죄에 대하여 국가가 형벌권을 실행한다고 하는 과벌에 해당하지 아니하므로 헌법 제13조 제1항이 금지하는 이중처벌금지의 원칙이 적용될 여지가 없을 뿐 아니라, 건축법 제108조, 제110조에 의한 형사처벌의 대상이 되는 행위와 이 사건 법률조항에 따라 이행강제금이 부과되는 행위는 기초적 사실관계가 동일한 행위가 아니라 할 것이므로 이런 점에서도 이 사건 법률조항이 헌법 제13조 제1항의 이중처벌금지의 원칙에 위반되지 아니한다(헌재결 2011.10.25, 2009헌바140).

정답 ①

5. 행정의 실효성확보수단에 대한 설명으로 옳지 않은 것은? (다툼이 있는 경우 판례에 의함) 16 국가직7급

① 아무런 권원 없이 국유재산에 설치한 시설물에 대하여 행정청이 행정대집행을 할 수 있는 경우에는 따로 민사소송의 방법으로 그 시설물의 철거를 구하는 것은 허용되지 않는다.

② 허가없이 신축·증축한 불법건축물의 철거의무를 대집행하기 위한 계고처분 요건의 주장·입증책임은 처분 행정청에 있다.

③ 한국자산관리공사가 인터넷을 통하여 재공매(입찰)하기로 한 결정 자체는 상대방의 법적 지위나 권리·의무에 직접 영향을 주는 것으로 행정처분에 해당한다.

④ 공매에 의하여 재산을 매수한 자는 그 공매처분이 취소된 경우에 그 취소처분의 위법을 주장하여 행정소송을 제기할 법률상 이익이 있다.

해설 ➤ 下

① 대판 2017.4.28, 2016다213916
② 대판 1993.9.14, 92누16690)
③ 한국자산공사가 당해 부동산을 인터넷을 통하여 재공매(입찰)하기로 한 결정 자체는 내부적인 의사결정에 불과하여 항고소송의 대상이 되는 행정처분이라고 볼 수 없고, 또한 한국자산공사가 공매통지는 공매의 요건이 아니라 공매사실 자체를 체납자에게 알려주는 데 불과한 것으로서 [이 부분은 대판(전합) 2008.11.20, 2007두18154에 의해 파기됨], 통지의 상대방의 법적 지위나 권리·의무에 직접 영향을 주는 것이 아니라고 할 것이므로 이것 역시 행정처분에 해당한다고 할 수 없다(대판 2007.7.27, 2006두8464).
④ 대판 1984.9.25, 84누201

정답 ③

6. 행정상 실효성 확보수단에 대한 판례의 입장으로 옳은 것은? 17 지방직9급

① 과세처분 이후에 그 근거법률이 위헌결정을 받았으나 이미 과세처분의 불가쟁력이 발생한 경우, 당해 과세처분에 대한 조세채권의 집행을 위한 체납처분의 속행은 적법하다.
② 세법상의 세무조사결정은 납세의무자의 권리·의무에 직접 영향을 미치는 공권력의 행사이므로 항고소송의 대상이 된다.
③ 도로교통법 상 통고처분에 대하여 이의가 있는 자는 통고처분에 따른 범칙금의 납부를 이행한 후에 행정쟁송을 통해 통고처분을 다툴 수 있다.
④ 건축법 상 이행강제금의 부과에 대해서는 항고소송을 제기할 수 없고 비송사건절차법에 따라 재판을 청구할 수 있다.

해설 ➤ (下)

① 조세 부과의 근거가 되었던 법률규정이 위헌으로 선언된 경우, 비록 그에 기한 과세처분이 위헌결정 전에 이루어졌고, 그 과세처분에 대한 제소기간이 이미 경과하여 조세채권이 확정되었으며, 그 조세채권의 집행을 위한 체납처분의 근거규정 자체에 대하여는 따로 위헌결정이 내려진 바 없다고 하더라도, 위와 같은 위헌결정 이후에 조세채권의 집행을 위한 새로운 체납처분에 착수하거나 이를 속행하는 것은 더 이상 허용되지 않고, 나아가 이러한 위헌결정의 효력에 위배하여 이루어진 체납처분은 그 사유만으로 하자가 중대하고 객관적으로 명백하여 당연무효라고 보아야 한다[대판(전합) 2012.2.16, 2010두10907].
② 세무조사결정은 납세의무자의 권리·의무에 직접 영향을 미치는 공권력의 행사에 따른 행정작용으로써 항고소송의 대상이 된다(대판 2011.3.10, 2009두23617·23624).
③ 조세범처벌절차법에 의한 통고처분은 그 처분을 받은 자가 통고취지를 이행하지 아니한 때에는 세무관서의 고발에 의하여 형사절차로 옮아가 처분의 대상이 된 사실은 그 절차에 의하여 최종적으로 결정될 것이고 통고처분은 따로이 그대로 존속하여 별개의 효력을 나타낼 수 있는 것이 아니므로 행정소송의 대상이 되지 않는다(대판 1962.1.31, 4294행상40).
④ 해당법률에서 특별한 불복방법을 규정하고 있지 아니한 경우로서 건축법 등 대부분의 법률에 의한 이행강제금은 일반적인 행정심판과 행정소송절차에 의한다. 2005.11.8, 개정 건축법(시행일 2006.5.9.)은 과태료부과절차에 관한 준용규정을 삭제함으로써 이행강제금부과처분과 계고처분은 성질이 행정행위이므로 행정소송(명시적 규정은 없음)에 의해 구제를 받을 수 있게 되었다.

정답 ②

7. 행정의 실효성 확보수단에 대한 설명으로 옳지 않은 것은? (다툼이 있는 경우 판례에 의함) 18 국가직9급

① 질서위반행위에 대하여 과태료를 부과하는 근거 법령이 개정되어 행위 시의 법률에 의하면 과태료 부과대상이었지만 재판 시의 법률에 의하면 부과대상이 아니게 된 때에는 개정 법률의 부칙 등에서 행위 시의 법률을 적용하도록 명시하는 등 특별한 사정이 없는 한 재판 시의 법률을 적용하여야 한다.
② 「건축법」상 이행강제금은 시정명령의 불이행이라는 과거의 위반행위에 대한 제재이므로, 건축주가 장기간 시정명령을 이행하지 않았다면 그 기간 중에 시정명령의 이행 기회가 제공되지 않았다가 뒤늦게 이행 기회가 제공된 경우라 하더라도 이행 기회가 제공되지 않은 과거의 기간에 대한 이행강제금까지 한꺼번에 부과할 수 있다.
③ 세법상 가산세를 부과할 때 납세자에게 조세납부를 거부 또는 지연하는데 고의 또는 과실이 있었는지는 원칙적으로 고려하지 않지만, 납세의무자의 의무해태를 탓할 수 없는 정당한 사유가 있는 경우에는 가산세를 부과할 수 없다.
④ 재량행위인 과징금부과처분이 해당 법령이 정한 한도액을 초과하여 부과된 경우 이러한 과징금부과처분은 법이 정한 한도액을 초과하여 위법하므로 법원으로서는 그 전부를 취소할 수밖에 없고, 그 한도액을 초과한 부분만 취소할 수는 없다.

해설 ➤ (中)

① 질서위반행위규제법 제3조 제2항
② 비록 건축주 등이 장기간 시정명령을 이행하지 아니하였더라도, 그 기간 중에는 시정명령의 이행 기회가 제공되지 아니하였다가 뒤늦게 시정명령의 이행 기회가 제공된 경우라면, 시정명령의 이행 기회 제공을 전제로 한 1회분의 이행강제금만을 부과할 수 있고, 시정명령의 이행 기회가 제공되지 아니한 과거의 기간에 대한 이행강제금까지 한꺼번에 부과할 수는 없다. 그리고 이를 위반하여 이루어진 이행강제금 부과처분은 과거의 위반행위에 대한 제재가 아니라 행정상의 간접강제 수단이라는 이행강제금의 본질에 반하여 구 건축법 제80조 제1항, 제4항 등 법규의 중요한 부분을 위반한 것으로서, 그러한 하자는 중대할 뿐만 아니라 객관적으로도 명백하다(대판 2016.7.14, 2015두46598).

③ 대판 2011.4.28, 2010두16622
④ 대판 2007.10.26, 2005두3172

정답 ②

8. 행정상 의무이행 확보수단에 대한 설명으로 옳지 않은 것은? (다툼이 있는 경우 판례에 의함) 18 국회직8급

① 이행강제금은 행정법상의 작위 또는 부작위의무를 이행하지 않은 경우에 '일정한 기한까지 의무를 이행하지 않을 때에는 일정한 금전적 부담을 과할 뜻'을 미리 '계고'함으로써 의무자에게 심리적 압박을 주어 장래를 향하여 의무의 이행을 확보하려는 간접적인 행정상 강제집행 수단이다.
② 행정상 즉시강제는 그 본질상 행정 목적 달성을 위하여 불가피한 한도 내에서 예외적으로 허용되는 것이므로, 「경찰관 직무집행법」 제6조 경찰관의 범죄의 제지 조치 역시 그러한 조치가 불가피한 최소한도 내에서만 행사되도록 그 발동·행사 요건을 신중하고 엄격하게 해석하여야 한다.
③ 세무조사는 국가의 과세권을 실현하기 위한 행정조사의 일종으로서 국세의 과세표준과 세액을 결정 또는 경정하기 위하여 질문을 하고 장부·서류 그 밖의 물건을 검사·조사하거나 그 제출을 명하는 일체의 행위를 말한다.
④ 공정거래위원회의 과징금 납부명령이 재량권 일탈·남용으로 위법한지는 다른 특별한 사정이 없는 한 과징금 납부명령이 행하여진 '의결일' 당시의 사실상태를 기준으로 판단하여야 한다.
⑤ 하천구역의 무단 점용을 이유로 부당이득금 부과처분과 그 부당이득금 미납으로 인한 가산금 징수처분을 받은 사람이 가산금 징수처분에 대하여 행정청이 안내한 전심절차를 밟지 않았다면 부당이득금 부과처분에 대하여 전심절차를 거쳤다 하더라도 가산금 징수처분에 대하여는 부당이득금 부과처분과 함께 행정소송으로 다툴 수 없다.

해설 ➤ (中)

① 대판 2015.6.24, 2011두2170
② 대판 2013.6.13, 2012도9937
③ 세무조사는 국가의 과세권을 실현하기 위한 행정조사의 일종으로서 국세의 과세표준과 세액을 결정 또는 경정하기 위하여 질문을 하고 장부·서류 그 밖의 물건을 검사·조사하거나 그 제출을 명하는 일체의 행위를 말하며, 부과처분을 위한 과세관청의 질문조사권이 행하여지는 세무조사의 경우 납세자 또는 그 납세자와 거래가 있다고 인정되는 자 등(납세자 등)은 세무공무원의 과세자료 수집을 위한 질문에 대답하고 검사를 수인하여야 할 법적 의무를 부담한다(대판 2017.3.16, 2014두8360).
④ 대판 2015.5.28, 2015두36256
⑤ 이 사건 가산금 징수처분은 이 사건 부당이득금 부과처분과 별개의 행정처분이라고 볼 수 있다 할지라도, 이 사건 부당이득금 부과처분의 내용이 구체적으로 확정된 후에 비로소 발생되는 징수권의 행사이므로, 서로 내용상 관련되는 처분 또는 같은 목적을 위하여 단계적으로 진행되는 처분 중 어느 하나가 이미 행정심판의 재결을 거친 때에는 행정심판을 제기함이 없이 취소소송을 제기할 수 있다는 행정소송법 제18조 제3항 제2호의 규정 취지에 비추어 보면, 비록 원고가 이 사건 가산금 징수처분에 대하여 이 사건 부당이득금 부과처분과 달리 피고가 안내한 전심절차를 모두 밟지 않았다 하더라도 이 사건 부당이득금 부과처분에 대하여 위와 같은 전심절차를 거친 이상 이 사건 부당이득금 부과처분과 함께 행정소송으로 이를 다툴 수 있다 할 것이다(대판 2006.9.8, 2004두947).

정답 ⑤

9. 행정의 실효성 확보수단에 대한 설명으로 옳은 것만을 모두 고르면? (다툼이 있는 경우 판례에 의함)

18 국가직7급

ㄱ. 「건축법」상의 이행강제금과 관련하여, 시정명령을 받은 의무자가 시정명령에서 정한 기간을 지나서 시정명령을 이행한 경우, 이행강제금이 부과되기 전에 그 이행이 있었다 하더라도 시정명령상의 기간을 준수하지 않은 이상 이행강제금을 부과하는 것은 정당하다.
ㄴ. 과징금 부과처분의 경우 원칙적으로 위반자의 고의·과실을 요하지 아니하나, 위반자의 의무 해태를 탓할 수 없는 정당한 사유가 있는 등의 특별한 사정이 있는 경우에는 이를 부과할 수 없다.
ㄷ. 「건축법」상 위법 건축물에 대하여 행정청은 대집행과 이행강제금을 선택적으로 활용할 수 있으며, 이러한 선택적 활용이 중첩적 제재에 해당한다고 볼 수 없다.
ㄹ. 「질서위반행위규제법」에 의한 과태료부과처분은 처분의 상대방이 이의제기하지 않은 채 납부기간까지 과태료를 납부하지 않으면 「도로교통법」상 통고처분과 마찬가지로 그 효력을 상실한다.

① ㄷ　　② ㄴ, ㄷ
③ ㄱ, ㄴ, ㄹ　　④ ㄴ, ㄷ, ㄹ

해설 ➤ 中

ㄱ 이행명령을 받은 의무자가 그 명령을 이행한 경우에는 이행명령에서 정한 기간을 지나서 이행한 경우라도 최초의 이행강제금을 부과할 수 없다(대판 2014.12.11, 2013두15750).
ㄴ 대판 2014.10.15, 2013두5005
ㄷ 헌재결 2004.2.26, 2001헌바80·84·102·103, 2002헌바26
ㄹ 행정청의 과태료 부과에 불복하는 당사자는 제17조 제1항에 따른 과태료 부과 통지를 받은 날부터 60일 이내에 해당 행정청에 서면으로 이의제기를 할 수 있다(질서위반행위규제법 제20조 제1항). 제1항에 따른 이의제기가 있는 경우에는 행정청의 과태료 부과처분은 그 효력을 상실한다(같은 조 제2항).

정답 ②

10. 행정의 실효성 확보수단에 대한 설명으로 옳은 것만을 모두 고르면? (다툼이 있는 경우 판례에 의함)

18 지방직7급

ㄱ. 시정명령이란 행정법령의 위반행위로 초래된 위법상태의 제거 내지 시정을 명하는 행정행위를 말하는 것으로서, 그 위법행위의 결과가 더 이상 존재하지 않는다면 시정명령을 할 수 없다.
ㄴ. 납세의무자가 세무공무원의 잘못된 설명을 믿고 신고납부의무를 이행하지 아니하였다 하더라도 그것이 관계법령에 어긋나는 것임이 명백한 때에는 그러한 사유만으로는 가산세를 부과할 수 없는 정당한 사유가 있는 경우에 해당한다고 할 수 없다.
ㄷ. 행정법규 위반에 대하여 가하는 제재조치(영업정지처분)는 반드시 현실적인 행위자가 아니라도 법령상 책임자로 규정된 자에게 부과되고, 특별한 사정이 없는 한 위반자에게 고의나 과실이 없더라도 부과할 수 있다.
ㄹ. 행정청의 재량권이 부여되어 있는 과징금부과처분이 법이 정한 한도액을 초과하여 위법할 경우, 법원으로서는 그 한도액을 초과한 부분이나 법원이 적정하다고 인정되는 부분을 초과한 부분만을 취소할 수 있다.

① ㄱ, ㄷ　　② ㄴ, ㄹ
③ ㄱ, ㄴ, ㄷ　　④ ㄱ, ㄷ, ㄹ

해설 ▸ 中

ㄱ 구 「하도급거래 공정화에 관한 법률」 제25조 제1항은 공정거래위원회는 같은법 제13조, 제16조 등의 규정을 위반한 원사업자에 대하여 하도급대금 등의 지급, 법위반행위의 중지 기타 '당해 위반행위의 시정'에 필요한 조치를 권고하거나 명할 수 있다고 규정하고 있다. 위 법이 제13조, 제16조 등의 위반행위 그 자체에 대하여 과징금을 부과하고(제25조의3 제1항) 형사처벌을 하도록(제30조 제1항) 규정하고 있는 것과 별도로 그 위반행위를 이유로 한 시정명령의 불이행에 대하여도 형사처벌을 하도록(제30조 제2항 제2호) 규정하고 있는 점 및 이익침해적 제재규정의 엄격해석원칙 등에 비추어 보면, 비록 위 법 제13조, 제16조 등의 위반행위가 있었더라도 그 위반행위의 결과가 더 이상 존재하지 않는다면, 위 법 제25조 제1항에 의한 시정명령을 할 수 없다고 보아야 한다(대판 2010.11.11, 2008두20093).

ㄴ 대판 2004.9.24, 2003두10350

ㄷ 대판 2017.5.11, 2014두8773

ㄹ 처분을 할 것인지 여부와 처분의 정도에 관하여 재량이 인정되는 과징금 납부명령에 대하여 그 명령이 재량권을 일탈하였을 경우, 법원으로서는 재량권의 일탈 여부만 판단할 수 있을 뿐이지 재량권의 범위 내에서 어느 정도가 적정한 것인지에 관하여는 판단할 수 없어 그 전부를 취소할 수밖에 없고, 법원이 적정하다고 인정하는 부분을 초과한 부분만 취소할 수는 없다(대판 2009.6.23, 2007두18062).

정답 ③

11. 행정의 실효성 확보수단에 대한 설명으로 옳은 것만을 모두 고르면? (다툼이 있는 경우 판례에 의함)

19 국가직9급

ㄱ. 조세부과처분에 취소사유인 하자가 있는 경우 그 하자는 후행 강제징수절차인 독촉·압류·매각·청산절차에 승계된다.

ㄴ. 세법상 가산세는 과세권 행사 및 조세채권 실현을 용이하게 하기 위하여 납세자가 정당한 이유 없이 법에 규정된 신고, 납세 등의 의무를 위반한 경우에 개별세법에 따라 부과하는 행정상 제재로서, 납세자의 고의·과실은 고려되지 아니하고 법령의 부지·착오 등은 그 의무위반을 탓할 수 없는 정당한 사유에 해당하지 아니한다.

ㄷ. 세무공무원은 압류, 수색, 질문 · 검사를 하는 경우 그 신분을 나타내는 증표 및 압류·수색 등 통지서를 지니고 이를 관계자에게 보여 주어야 한다

ㄹ. 구 「국세징수법」상 가산금은 국세를 납부기한까지 납부하지 아니하면 과세청의 확정절차 없이도 법률에 의하여 당연히 발생하는 것이므로 가산금의 고지는 항고소송의 대상이 되는 처분이라고 볼 수 없다.

① ㄱ, ㄴ ② ㄴ, ㄷ
③ ㄷ, ㄹ ④ ㄴ, ㄷ, ㄹ

해설 ▸ 中

ㄱ 일정한 행정목적을 위하여 독립된 행위가 단계적으로 이루어진 경우에 선행행위인 과세처분의 하자는 당연무효사유를 제외하고는 집행행위인 체납처분에 승계되지 아니한다(대판 1961.10.26, 4292행상73).

ㄴ 대판 2004.6.24, 2002두10780

ㄷ 국세징수법 제38조

ㄹ 대판 2005.6.10, 2005다15482

정답 ④

12. 행정의 실효성 확보수단에 대한 판례의 입장으로 옳지 않은 것은? 19 국가직7급

① 행정청이 행정대집행의 방법으로 건물철거의무의 이행을 실현할 수 있는 경우에는 건물철거 대집행 과정에서 부수적으로 건물의 점유자들에 대한 퇴거 조치를 할 수 있고, 점유자들이 적법한 행정대집행을 위력을 행사하여 방해하는 경우 「경찰관직무집행법」에 근거한 위험발생 방지조치 차원에서 경찰의 도움을 받을 수도 있다.

② 대집행계고를 하기 위하여는 법령에 의하여 직접 명령되거나 법령에 근거한 행정청의 명령에 의한 의무자의 대체적 작위의무 위반행위가 있어야 하는데, 단순한 부작위의무 위반의 경우에는 당해 법령에서 그 위반자에게 위반에 의해 생긴 유형적 결과의 시정을 명하는 행정처분 권한을 인정하는 규정을 두고 있지 않은 이상, 이와 같은 부작위의무로부터 그 의무를 위반함으로써 생긴 결과를 시정하기 위한 작위의무를 당연히 끌어낼 수는 없다.

③ 사용자가 이행하여야 할 행정법상 의무의 내용을 초과하는 것을 '불이행 내용'으로 기재한 이행강제금 부과 예고서에 의하여 이행강제금 부과 예고를 한 다음 이를 이행하지 않았다는 이유로 이행강제금을 부과하였다면, 초과한 정도가 근소하다는 등의 특별한 사정이 없는 한 이행강제금 부과 예고는 위법하며, 이에 터 잡은 이행강제금 부과처분 역시 위법하다.

④ 체납자 등에 대한 공매처분을 하면서 체납자 등에게 공매통지를 하지 않았거나 공매통지를 하였더라도 그것이 적법하지 않은 경우 절차상의 흠이 있어 그 공매처분이 위법하게 되는 것인바, 공매통지는 상대방인 체납자 등의 법적 지위나 권리·의무에 직접적인 영향을 주는 행정처분으로서 항고소송의 대상이 된다.

해설 ➤ 中

① 행정청이 행정대집행의 방법으로 건물철거의무의 이행을 실현할 수 있는 경우에는 건물철거 대집행 과정에서 부수적으로 건물의 점유자들에 대한 퇴거 조치를 할 수 있고, 점유자들이 적법한 행정대집행을 위력을 행사하여 방해하는 경우 형법상 공무집행방해죄가 성립하므로, 필요한 경우에는 「경찰관 직무집행법」에 근거한 위험발생 방지조치 또는 형법상 공무집행방해죄의 범행방지 내지 현행범체포의 차원에서 경찰의 도움을 받을 수도 있다(대판 2017.4.28, 2016다213916).

② 대판 1996.6.28, 96누4374

③ 대판 2015.6.24, 2011두2170

④ 체납자 등에 대한 공매통지는 국가의 강제력에 의하여 진행되는 공매에서 체납자 등의 권리 내지 재산상의 이익을 보호하기 위하여 법률로 규정한 절차적 요건이라고 보아야 하며, 공매처분을 하면서 체납자 등에게 공매통지를 하지 않았거나 공매통지를 하였더라도 그것이 적법하지 아니한 경우에는 절차상의 흠이 있어 그 공매처분이 위법하게 되는 것이지만, 공매통지 자체가 그 상대방인 체납자 등의 법적 지위나 권리·의무에 직접적인 영향을 주는 행정처분에 해당한다고 할 것은 아니므로 다른 특별한 사정이 없는 한 체납자 등은 공매통지의 결여나 위법을 들어 공매처분의 취소 등을 구할 수 있는 것이지 공매통지 자체를 항고소송의 대상으로 삼아 그 취소 등을 구할 수는 없다(대판 2011.3.24, 2010두25527).

정답 ④

13. 행정의 실효성확보수단에 대한 설명으로 옳지 않은 것은? (다툼이 있는 경우 판례에 의함) 20 국가직9급

① 대집행과 이행강제금 중 어떠한 강제수단을 선택할 것인지에 대하여 행정청의 재량이 인정된다.

② 「건축법」상 시정명령을 받은 의무자가 이행강제금이 부과되기 전에 그 의무를 이행한 경우에는 비록 시정명령에서 정한 기간을 지나서 이행한 경우라도 이행강제금을 부과할 수 없다.

③ 「여객자동차 운수사업법」상 과징금부과처분은 원칙적으로 위반자의 고의·과실을 요하지 않는다.

④ 「국세징수법」상 공매통지에 하자가 있는 경우, 다른 특별한 사정이 없는 한 체납자는 공매통지 자체를 항고소송의 대상으로 삼아 그 취소 등을 구할 수 있다.

해설 ➤ 下

① 현행 건축법상 위법건축물에 대한 이행강제수단으로 대집행과 이행강제금(제83조 제1항)이 인정되고 있는데, 양 제도는 각각의 장·단점이 있으므로 행정청은 개별사건에 있어서 위반내용, 위반자의 시정의지 등을 감안하여 대집행과 이행강제금을 선택적으로 활용할 수 있으며, 이처럼 그 합리적인 재량에 의해 선택하여 활용하는 이상 중첩적인 제재에 해당한다고 볼 수 없다(헌재결 2004.2.26, 2001헌바80·84·102·103, 2002헌바26).

② 대판 2014.12.11, 2013두15750

③ 대판 2014.10.15, 2013두5005

④ 체납자 등에 대한 공매통지는 국가의 강제력에 의하여 진행되는 공매에서 체납자 등의 권리 내지 재산상의 이익을 보호하기 위하여 법률로 규정한 절차적 요건이라고 보아야 하며, 공매처분을 하면서 체납자 등에게 공매통지를 하지 않았거나 공매통지를 하였더라도 그것이 적법하지 아니한 경우에는 절차상의 흠이 있어 그 공매처분이 위법하게 되는 것이지만, 공매통지 자체가 그 상대방인 체납자 등의 법적 지위나 권리·의무에 직접적인 영향을 주는 행정처분에 해당한다고 할 것은 아니므로 다른 특별한 사정이 없는 한 체납자 등은 공매통지의 결여나 위법을 들어 공매처분의 취소 등을 구할 수 있는 것이지 공매통지 자체를 항고소송의 대상으로 삼아 그 취소 등을 구할 수는 없다(대판 2011.3.24, 2010두25527).

정답 ④

14. 행정의 실효성 확보수단에 대한 설명으로 옳지 않은 것은? (다툼이 있는 경우 판례에 의함) 20 국가직7급

① 하나의 납세고지서에 의하여 본세와 가산세를 함께 부과할 때 납세고지서에 본세와 가산세 각각의 세액과 산출근거 등을 구분하여 기재하여야 한다.

② 「농지법」상 이행강제금 부과처분은 항고소송의 대상이 되는 처분에 해당하므로 이에 불복하는 경우 항고소송을 제기할 수 있다.

③ 지방자치단체 소속 공무원이 지방자치단체 고유의 자치사무를 수행하던 중 「도로법」 규정에 의한 위반행위를 한 경우 지방자치단체는 「도로법」의 양벌규정에 따라 처벌대상이 되는 법인에 해당한다.

④ 구 「여객자동차 운수사업법」상 과징금부과처분은 원칙적으로 위반자의 고의·과실을 요하지 아니하나, 위반자의 의무해태를 탓할 수 없는 정당한 사유가 있는 등의 특별한 사정이 있는 경우에는 이를 부과할 수 없다.

해설 ➤ 中

① 대판(전합) 2012.10.18, 2010두12347

② 농지법은 농지 처분명령에 대한 이행강제금 부과처분에 불복하는 자가 그 처분을 고지 받은 날부터 30일 이내에 부과권자에게 이의를 제기할 수 있고, 이의를 받은 부과권자는 지체 없이 관할 법원에 그 사실을 통보하여야 하며, 그 통보를 받은 관할 법원은 비송사건절차법에 따른 과태료 재판에 준하여 재판을 하도록 정하고 있다(제62조 제1항, 제6항, 제7항). 따라서 농지법 제62조 제1항에 따른 이행강제금 부과처분에 불복하는 경우에는 비송사건절차법에 따른 재판절차가 적용되어야 하고, 행정소송법상 항고소송의 대상은 될 수 없다(대판 2019.4.11, 2018두42955).

③ 국가가 본래 그의 사무의 일부를 지방자치단체의 장에게 위임하여 그 사무를 처리하게 하는 기관위임사무의 경우에는 지방자치단체는 국가기관의 일부로 볼 수 있는 것이지만, 지방자치단체가 그 고유의 자치사무를 처리하는 경우에는 지방자치단체는 국가기관의 일부가 아니라 국가기관과는 별도의 독립한 공법인이므로, 지방자치단체 소속 공무원이 지방자치단체 고유의 자치사무를 수행하던 중 도로법 제81조 내지 제85조의 규정에 의한 위반행위를 한 경우에는 지방자치단체는 도로법 제86조의 양벌규정에 따라 처벌대상이 되는 법인에 해당한다(대판 2005.11.10, 2004도2657).

④ 대판 2014.10.15, 2013두5005

정답 ②

15. 판례의 입장으로 옳지 않은 것은? 20 지방직7급

① 구 「부가가치세법」상 명의위장등록가산세는 부가가치세 본세 납세의무와 무관하게 타인 명의로 사업자등록을 하고 실제 사업을 한 것에 대한 제재로서 부과되는 별도의 가산세이고, 그 부과제척기간은 5년으로 봄이 타당하다.
② 국세환급금 충당의 법적 성격과 관련하여 국세환급금의 충당은 납세의무자가 갖는 환급청구권의 존부나 범위 또는 소멸에 구체적이고 직접적인 영향을 미치는 처분이라기보다는 국가의 환급금 채무와 조세채권이 대등액에서 소멸되는 점에서 오히려 「민법」상의 상계와 비슷한 것이다.
③ 어떤 보상항목이 손실보상대상에 해당함에도 관할 토지수용위원회가 사실이나 법리를 오해하여 손실보상대상에 해당하지 않는다고 잘못된 내용의 재결을 한 경우, 피보상자는 관할 토지수용위원회를 상대로 그 재결에 대한 취소소송을 제기하여야 한다.
④ 법원이 구체적 규범통제를 통해 위헌·위법으로 선언할 심판대상은, 해당 규정의 전부가 불가분적으로 결합되어 있어 일부를 무효로 하는 경우 나머지 부분이 유지될 수 없는 결과를 가져오는 특별한 사정이 없는 한, 원칙적으로 해당 규정 중 재판의 전제성이 인정되는 조항에 한정된다.

해설 (上)

① 대판 2019.8.30, 2016두62726
② 국세환급금의 충당은 납세의무자가 갖는 환급청구권의 존부나 범위 또는 소멸에 구체적이고 직접적인 영향을 미치는 처분이라기보다는 국가의 환급금 채무와 조세채권이 대등액에서 소멸되는 점에서 오히려 민법상의 상계와 비슷하고, 소멸대상인 조세채권이 존재하지 아니하거나 당연무효 또는 취소되는 경우에는 그 충당의 효력이 없는 것으로서 이러한 사유가 있는 경우에 납세의무자로서는 충당의 효력이 없음을 주장하여 언제든지 민사소송에 의하여 이미 결정된 국세환급금의 반환을 청구할 수 있는 것이다(대판 2004.3.25, 2003다64435).
③ 어떤 보상항목이 공익사업을 위한 토지 등의 취득 및 보상에 관한 법령상 손실보상대상에 해당함에도 관할 토지수용위원회가 사실을 오인하거나 법리를 오해함으로써 손실보상대상에 해당하지 않는다고 잘못된 내용의 재결을 한 경우에는, 피보상자는 관할 토지수용위원회를 상대로 그 재결에 대한 취소소송을 제기할 것이 아니라, 사업시행자를 상대로 「공익사업을 위한 토지 등의 취득 및 보상에 관한 법률」 제85조 제2항에 따른 보상금증감소송을 제기하여야 한다(대판 2019.11.28, 2018두227).
④ 법원이 법률 하위의 법규명령, 규칙, 조례, 행정규칙 등(규정)이 위헌·위법인지를 심사하려면 그것이 '재판의 전제'가 되어야 한다. 여기에서 '재판의 전제'란 구체적 사건이 법원에 계속 중이어야 하고, 위헌·위법인지가 문제 된 경우에는 규정의 특정 조항이 해당 소송사건의 재판에 적용되는 것이어야 하며, 그 조항이 위헌·위법인지에 따라 그 사건을 담당하는 법원이 다른 판단을 하게 되는 경우를 말한다. 따라서 법원이 구체적 규범통제를 통해 위헌·위법으로 선언할 심판대상은, 해당 규정의 전부가 불가분적으로 결합되어 있어 일부를 무효로 하는 경우 나머지 부분이 유지될 수 없는 결과를 가져오는 특별한 사정이 없는 한, 원칙적으로 해당 규정 중 재판의 전제성이 인정되는 조항에 한정된다(대판 2019.6.13, 2017두33985).

정답 ③

16. 행정의 실효성 확보수단의 예와 그 법적 성질의 연결이 옳지 않은 것은? (다툼이 있는 경우 판례에 의함)

21 국가직9급

① 「건축법」에 따른 이행강제금의 부과 - 집행벌
② 「식품위생법」에 따른 영업소 폐쇄 - 직접강제
③ 「공유재산 및 물품 관리법」에 따른 공유재산 원상복구명령의 강제적 이행 - 즉시강제
④ 「부동산등기 특별조치법」에 따른 과태료의 부과 - 행정벌

해설 (下)

③ 원상복구명령에 따른 원복회복의무는 대체적 작위의무로서 행정상 대집행의 대상이다. 판례도 마찬가지이다.
공유재산의 점유자가 그 공유재산에 관하여 대부계약 외 달리 정당한 권원이 있다는 자료가 없는 경우 그 대부계약이 적법하게 해지된 이상 그 점유자의 공유재산에 대한 점유는 정당한 이유 없는 점유라 할 것이고, 따라서 지방자치단체의 장은 지방재정법 제85조에 의하여 행정대집행의 방법으로 그 지상물을 철거시킬 수 있다(대판 2001.10.12, 2001두4078).

정답 ③

17. **행정법상 실효성 확보수단에 대한 설명으로 옳지 않은 것은? (다툼이 있는 경우 판례에 의함)** 21 국회직8급

① 대집행계고처분 취소소송의 변론종결 전에 사실행위로서 대집행의 실행이 완료된 경우에는 손해배상이나 원상회복 등을 청구하는 것은 별론으로 하고 대집행계고처분의 취소를 구할 법률상 이익은 없다.
② 과세관청이 체납처분으로서 행하는 공매는 우월한 공권력의 행사로서 행정소송의 대상이 되는 공법상의 행정처분이며 공매에 의하여 재산을 매수한 자는 그 공매처분이 취소된 경우에 그 취소처분의 취소를 구할 법률상 이익이 있다.
③ 행정청이 위법 건축물에 대한 시정명령을 하고 나서 위반자가 이를 이행하지 아니하여 전기·전화의 공급자에게 그 위법 건축물에 대한 전기·전화공급을 하지 말아 줄 것을 요청한 행위는 권고적 성격의 행위에 불과한 것으로서 전기·전화공급자나 특정인의 법률상 지위에 직접적인 변동을 가져오는 것은 아니므로 이를 항고소송의 대상이 되는 행정처분이라고 볼 수 없다.
④ 체납자 등에 대한 공매통지는 국가의 강제력에 의하여 진행되는 공매에서 체납자 등의 권리 내지 재산상의 이익을 보호하기 위하여 법률로 규정한 절차적 요건이라고 보아야 하며, 공매처분을 하면서 체납자 등에게 공매통지를 하지 않았거나 공매통지를 하였더라도 그것이 적법하지 아니한 경우에는 절차상의 흠이 있어 그 공매처분이 위법하게 되는 것이므로 위법한 공매통지에 대해서는 처분성이 인정된다.
⑤ 전통적으로 행정대집행은 대체적 작위의무에 대한 강제집행수단으로, 이행강제금은 부작위의무나 비대체적 작위의무에 대한 강제집행수단으로 이해되어 왔으나, 이는 이행강제금제도의 본질에서 오는 제약은 아니며, 이행강제금은 대체적 작위의무의 위반에 대하여도 부과될 수 있다.

해설 ➤ ㊥

① 대판 1993.6.8, 93누6164
② 대판 1984.9.25, 84누201
③ 대판 1996.3.22, 96누433
④ 체납자 등에 대한 공매통지는 국가의 강제력에 의하여 진행되는 공매에서 체납자 등의 권리 내지 재산상의 이익을 보호하기 위하여 법률로 규정한 절차적 요건이라고 보아야 하며, 공매처분을 하면서 체납자 등에게 공매통지를 하지 않았거나 공매통지를 하였더라도 그것이 적법하지 아니한 경우에는 절차상의 흠이 있어 그 공매처분이 위법하게 되는 것이지만, 공매통지 자체가 그 상대방인 체납자 등의 법적 지위나 권리·의무에 직접적인 영향을 주는 행정처분에 해당한다고 할 것은 아니므로 다른 특별한 사정이 없는 한 체납자 등은 공매통지의 결여나 위법을 들어 공매처분의 취소 등을 구할 수 있는 것이지 공매통지 자체를 항고소송의 대상으로 삼아 그 취소 등을 구할 수는 없다(대판 2011.3.24, 2010두25527).
⑤ 헌재결 2004.2.26, 2001헌바80·84·102·103, 2002헌바26

정답 ④

18. **행정의 실효성확보수단에 대한 설명으로 옳은 것만을 모두 고른 것은? (다툼이 있는 경우 판례에 의함)**
21 국가직7급

ㄱ. 위반 결과의 시정을 명하는 권한은 금지규정으로부터 당연히 추론되는 것은 아니다.
ㄴ. 양벌규정에 의해 영업주를 처벌하는 경우, 금지위반행위자인 종업원을 처벌할 수 없는 경우에도 영업주만 따로 처벌할 수 있다.
ㄷ. 「농지법」상 이행강제금부과처분은 행정소송의 대상이다.
ㄹ. 행정상 의무위반행위자에 대하여 과징금을 부과하기 위해서는 원칙적으로 위반자의 고의 또는 과실이 있어야 한다.

① ㄱ
② ㄱ, ㄴ
③ ㄷ, ㄹ
④ ㄱ, ㄴ, ㄷ, ㄹ

해설 ➤ 中

ㄱ 대판 1996.6.28, 96누4374
ㄴ 대판 1987.11.10, 87도1213
ㄷ 농지법 제62조 제1항에 따른 이행강제금 부과처분에 불복하는 경우에는 비송사건절차법에 따른 재판절차가 적용되어야 하고, 행정소송법상 항고소송의 대상은 될 수 없다(대판 2019.4.11, 2018두42955).
ㄹ 구 「여객자동차 운수사업법」 제88조 제1항의 과징금부과처분은 제재적 행정처분으로서 여객자동차 운수사업에 관한 질서를 확립하고 여객의 원활한 운송과 여객자동차 운수사업의 종합적인 발달을 도모하여 공공복리를 증진한다는 행정목적의 달성을 위하여 행정법규 위반이라는 객관적 사실에 착안하여 가하는 제재이므로 반드시 현실적인 행위자가 아니라도 법령상 책임자로 규정된 자에게 부과되고 원칙적으로 위반자의 고의·과실을 요하지 아니하나, 위반자의 의무 해태를 탓할 수 없는 정당한 사유가 있는 등의 특별한 사정이 있는 경우에는 이를 부과할 수 없다(대판 2014.10.15, 2013두5005).

정답 ②

19. 행정상 제재에 대한 설명으로 옳지 않은 것은? (다툼이 있는 경우 판례에 의함) 21 지방직7급

① 「도로교통법」에 따른 경찰서장의 통고처분은 행정소송의 대상이 되는 행정처분이다.
② 지방자치단체 소속 공무원이 지방자치단체 고유의 자치사무를 수행하던 중 「도로법」 규정에 의한 위반행위를 한 경우에는 지방자치단체는 「도로법」의 양벌규정에 따라 처벌대상이 되는 법인에 해당한다.
③ 「독점규제 및 공정거래에 관한 법률」상 부당내부거래에 대한 과징금에는 행정상의 제재금으로서의 기본적 성격에 부당이득환수적 요소도 부가되어 있다.
④ 「법인세법」상 가산세는 형벌이 아니므로 행위자의 고의 또는 과실·책임능력·책임조건 등을 고려하지 아니하며, 조세의 부과절차에 따라 과징할 수 있다.

해설 ➤ 下

① 조세범처벌절차법에 의한 통고처분은 그 처분을 받은 자가 통고취지를 이행하지 아니한 때에는 세무관서의 고발에 의하여 형사절차로 옮아가 처분의 대상이 된 사실은 그 절차에 의하여 최종적으로 결정될 것이고 통고처분은 따로이 그대로 존속하여 별개의 효력을 나타낼 수 있는 것이 아니므로 행정소송의 대상이 되지 않는다(대판 1962.1.31, 4294행상40).
② 국가가 본래 그의 사무의 일부를 지방자치단체의 장에게 위임하여 그 사무를 처리하게 하는 기관위임사무의 경우에는 지방자치단체는 국가기관의 일부로 볼 수 있는 것이지만, 지방자치단체가 그 고유의 자치사무를 처리하는 경우에는 지방자치단체는 국가기관의 일부가 아니라 국가기관과는 별도의 독립한 공법인이므로, 지방자치단체 소속 공무원이 지방자치단체 고유의 자치사무를 수행하던 중 도로법 제81조 내지 제85조의 규정에 의한 위반행위를 한 경우에는 지방자치단체는 도로법 제86조의 양벌규정에 따라 처벌대상이 되는 법인에 해당한다(대판 2005.11.10, 2004도2657).
③ 헌재결 2003.7.24, 2001헌가25
④ 헌재결 2006.7.27, 2004헌가13

정답 ①

20. 행정상 제재에 대한 설명으로 가장 옳지 않은 것은? 18 서울시7급

① 「도로교통법」에서 규정하는 경찰서장의 통고처분은 행정소송의 대상이 되는 행정처분이다.
② 행정기관의 과태료부과처분에 대하여 상대방이 이의를 제기하여 그 사실이 「비송사건절차법」에 의한 과태료의 재판을 하여야 할 법원에 통지되면 당초의 행정기관의 부과처분은 그 효력을 상실한다.
③ 「독점규제 및 공정거래에 관한 법률」상의 부당내부거래에 대한 과징금에는 행정상의 제재금으로서의 기본적 성격에 부당이득환수적 요소도 부가되어 있다.
④ 가산세는 형벌이 아니므로 행위자의 고의 또는 과실·책임능력·책임조건 등을 고려하지 아니하며, 조세의 부과절차에 따라 과징할 수 있다.

해설 ➤ 中

① 성질상으로는 행정처분이라 하여도 그것이 전부 행정소송의 대상으로 취소변경을 소구할 수 있는 것은 아니며, 형사절차에 관한 행위의 옳고 그른 것은 형사소송법규에 의하여서만 다툴 수 있고 행정소송의 대상이 될 수 없는 것인바, 조세범처벌절차법에 의한 통고처분은 그 처분을 받은 자가 통고취지를 이행하지 아니한 때에는 세무관서의 고발에 의하여 형사절차로 옮아가 처분의 대상이 된 사실은 그 절차에 의하여 최종적으로 결정될 것이고 통고처분은 따로이 그대로 존속하여 별개의 효력을 나타낼 수 있는 것이 아니므로 행정소송의 대상이 되지 않는다(대판 1962.1.31, 4294행상40).

② 행정기관의 과태료 부과처분에 대하여 그 상대방이 이의를 제기함으로써 비송사건절차법에 의한 과태료의 재판을 하게 되는 경우, 법원은 당초 행정기관의 과태료 부과처분을 심판의 대상으로 하여 그 당부를 심사한 후 이의가 이유 있다고 인정하여 그 처분을 취소하거나 이유 없다는 이유로 이의를 기각하는 재판을 하는 것이 아니라, 직권으로 과태료 부과요건이 있는지를 심사하여 그 요건이 있다고 인정하면 새로이 위반자에 대하여 과태료를 부과하는 것이므로, 행정기관의 과태료 부과처분에 대하여 상대방이 이의를 하여 그 사실이 비송사건절차법에 의한 과태료의 재판을 하여야 할 법원에 통지되면 당초의 행정기관의 부과처분은 그 효력을 상실한다 할 것이다. 따라서 이미 효력을 상실한 피청구인의 과태료 부과처분의 취소를 구하는 이 사건 심판청구는 권리보호의 이익이 없다(헌재결 1998.9.30, 98헌마18).
다만 현행 질서위반행위규제법에 따르면 이의제시기 효력을 상실한다고 규정하고 있다. 즉, 행정청의 과태료 부과에 불복하는 당사자는 과태료 부과 통지를 받은 날부터 60일 내에 해당 행정청에 서면으로 이의제기를 할 수 있다(제20조 제1항). 이의제기가 있는 경우에는 행정청의 과태료부과처분은 그 효력을 상실(집행정지가 아님)한다(같은 조 제2항).

③ 헌재결 2003.7.24, 2001헌가25

④ 헌재결 2006.7.27, 2004헌가13

정답 ①

21. 행정상 제재에 대한 설명으로 옳지 않은 것은? (다툼이 있는 경우 판례에 의함) 20 지방직7급

① 관할 행정청이 이행강제금의 부과·징수를 게을리한 행위는 주민소송의 대상이 되는 공금의 부과·징수를 게을리한 사항에 해당한다.

② 구 「독점규제 및 공정거래에 관한 법률」상의 부당내부거래에 대한 과징금에는 행정상의 제재금으로서의 기본적 성격에 부당이득환수적 요소도 부가되어 있다.

③ 구 「법인세법」 제76조 제9항에 근거하여 부과하는 가산세는 형벌이 아니므로 행위자의 고의 또는 과실·책임능력·책임조건 등을 고려하지 아니하며, 조세의 부과절차에 따라 과징할 수 있다.

④ 양벌규정에 의한 영업주의 처벌은 금지위반행위자인 종업원의 처벌에 종속하는 것이므로 종업원의 범죄성립이나 처벌이 영업주 처벌의 전제조건이 된다.

해설 ➤ 中

① 이 판례는 순수각론판례이기 때문에 7급시험에서는 출제할 수 있지만, 9급시험에서는 출제할 수가 없다. 따라서 9급시험만 준비하는 수험생은 이 판례를 무시해도 좋다.
이행강제금은 지방자치단체의 재정수입을 구성하는 재원 중 하나로서 '지방세외수입금의 징수 등에 관한 법률'에서 이행강제금의 효율적인 징수 등에 필요한 사항을 특별히 규정하는 등 부과·징수를 재무회계 관점에서도 규율하고 있으므로, 이행강제금의 부과·징수를 게을리한 행위는 주민소송의 대상이 되는 공금의 부과·징수를 게을리한 사항에 해당한다(대판 2015.9.10, 2013두16746).

② 구 「독점규제 및 공정거래에 관한 법률」 제24조의2에 의한 부당내부거래에 대한 과징금은 그 취지와 기능, 부과의 주체와 절차 등을 종합할 때 부당내부거래 억지라는 행정목적을 실현하기 위하여 그 위반행위에 대하여 제재를 가하는 행정상의 제재금으로서의 기본적 성격에 부당이득환수적 요소도 부가되어 있는 것이라 할 것이고, 이를 두고 헌법 제13조 제1항에서 금지하는 국가형벌권 행사로서의 '처벌'에 해당한다고는 할 수 없으므로, 공정거래법에서 형사처벌과 아울러 과징금의 병과를 예정하고 있더라도 이중처벌금지원칙에 위반된다고 볼 수 없으며, 이 과징금부과처분에 대하여 공정력과 집행력을 인정한다고 하여 이를 확정판결 전의 형벌집행과 같은 것으로 보아 무죄추정의 원칙에 위반된다고도 할 수 없다(헌재결 2003.7.24, 2001헌가25).

③ 가산세는 형벌이 아니므로 행위자의 고의 또는 과실·책임능력·책임조건 등을 고려하지 아니하고 가산세 과세요건의 충족 여부만을 확인하여 조세의 부과 절차에 따라 과징할 수 있다(헌재결 2006.7.27, 2004헌가13).

④ 양벌규정에 의한 영업주의 처벌은 금지위반행위자인 종업원의 처벌에 종속하는 것이 아니라 독립하여 그 자신의 종업원에 대한 선임감독상의 과실로 인하여 처벌되는 것이므로 종업원의 범죄성립이나 처벌이 영업주 처벌의 전제조건이 될 필요는 없다. 여행사 종업원이 여행사 홈페이지에 사진을 게시할 당시 사진의 저작권자가 누구인지 몰랐다 하더라도 타인의 저작물을 영리를 위하여 임의로 게시한다는 인식이 있었으므로 저작권 침해행위에 해당한다(대판 2006.2.24, 2005도7673).

정답 ④

제2장 행정상의 강제집행

제1절 행정상의 강제집행 종합

1. **행정상 강제집행에 대한 설명으로 옳은 것은? (다툼이 있는 경우 판례에 의함)** 16 국가직9급

① 법령에 의해 행정대집행의 절차가 인정되는 경우에도 행정청은 따로 민사소송의 방법으로 시설물의 철거를 구할 수 있다.
② 행정대집행을 함에 있어 비상시 또는 위험이 절박한 경우에 당해 행위의 급속한 실시를 요하여 절차를 취할 여유가 없을 때에는 계고 및 대집행영장 통지 절차를 생략할 수 있다.
③ 체납자에 대한 공매통지는 체납자의 법적 지위나 권리·의무에 직접적인 영향을 주는 행정처분에 해당한다.
④ 사망한 건축주에 대하여 「건축법」상 이행강제금이 부과된 경우 그 이행강제금 납부의무는 상속인에게 승계된다.

해설 ➤ (下)

① 관계 법령상 행정대집행의 절차가 인정되어 행정청이 행정대집행의 방법으로 건물의 철거 등 대체적 작위의무의 이행을 실현할 수 있는 경우에는 따로 민사소송의 방법으로 그 의무의 이행을 구할 수 없다. 한편 건물의 점유자가 철거의무자일 때에는 건물철거의무에 퇴거의무도 포함되어 있는 것이어서 별도로 퇴거를 명하는 집행권원이 필요하지 않다(대판 2017.4.28, 2016다213916).
② 행정대집행법 제3조 제3항
③ 체납자 등에 대한 공매통지는 국가의 강제력에 의하여 진행되는 공매에서 체납자 등의 권리 내지 재산상의 이익을 보호하기 위하여 법률로 규정한 절차적 요건이라고 보아야 하며, 공매처분을 하면서 체납자 등에게 공매통지를 하지 않았거나 공매통지를 하였더라도 그것이 적법하지 아니한 경우에는 절차상의 흠이 있어 그 공매처분이 위법하게 되는 것이지만, 공매통지 자체가 그 상대방인 체납자 등의 법적 지위나 권리·의무에 직접적인 영향을 주는 행정처분에 해당한다고 할 것은 아니므로 다른 특별한 사정이 없는 한 체납자 등은 공매통지의 결여나 위법을 들어 공매처분의 취소 등을 구할 수 있는 것이지 공매통지 자체를 항고소송의 대상으로 삼아 그 취소 등을 구할 수는 없다(대판 2011.3.24, 2010두25527).
④ 구 건축법상의 이행강제금은 구 건축법의 위반행위에 대하여 시정명령을 받은 후 시정기간 내에 당해 시정명령을 이행하지 아니한 건축주 등에 대하여 부과되는 간접강제의 일종으로서 그 이행강제금 납부의무는 상속인 기타의 사람에게 승계될 수 없는 일신전속적인 성질의 것이므로 이미 사망한 사람에게 이행강제금을 부과하는 내용의 처분이나 결정은 당연무효이고, 이행강제금을 부과받은 사람의 이의에 의하여 비송사건절차법에 의한 재판절차가 개시된 후에 그 이의한 사람이 사망한 때에는 사건 자체가 목적을 잃고 절차가 종료한다(대결 2006.12.8, 2006마470).

정답 ②

2. **행정의 실효성 확보수단에 대한 설명으로 옳은 것은? (다툼이 있는 경우 판례에 의함)** 17 서울시7급

① 행정벌에 대하여 명문규정이 없는 경우에도 법령의 입법목적이나 제반 관계규정의 취지 등을 고려하여 과실범을 처벌할 수 있다는 것이 대법원의 입장이다.
② 대법원은 행정법규 위반에 대하여 가하는 제재조치로서의 행정처분에도 특별한 경우가 아닌 한 고의 또는 과실을 그 요건으로 한다고 판시하였다.
③ 양벌규정의 대상이 되는 법인에 국가는 포함되지 않지만 기관위임사무를 행하는 지방자치단체는 포함된다.
④ 통고처분은 실체법상 행정행위이므로 「행정쟁송법」상의 처분이 되고 취소소송의 대상이 된다.

해설 ➤ 下

① 다수설·판례는 과실범을 처벌하는 명문규정이 있는 경우뿐만 아니라 해석상 과실범의 처벌이 인정되는 경우에도 벌할 수 있다는 입장이다. 행정상의 단속을 주안으로 하는 법규라 하더라도 명문규정이 있거나 해석상 과실범도 벌할 뜻이 명확한 경우를 제외하고는 형법의 원칙에 따라 고의가 있어야 벌할 수 있다(대판 1986.7.22, 85도108).

② 행정법규 위반에 대한 제재조치는 행정목적의 달성을 위하여 행정법규 위반이라는 객관적 사실에 착안하여 가하는 제재이므로, 반드시 현실적인 행위자가 아니라도 법령상 책임자로 규정된 자에게 부과되고, 특별한 사정이 없는 한 위반자에게 고의나 과실이 없더라도 부과할 수 있다(대판 2017.5.11, 2014두8773).

③ 국가가 본래 그의 사무의 일부를 지방자치단체의 장에게 위임하여 그 사무를 처리하게 하는 기관위임사무의 경우에는 지방자치단체는 국가기관의 일부로 볼 수 있는 것이지만, 지방자치단체가 그 고유의 자치사무를 처리하는 경우에는 지방자치단체는 국가기관의 일부가 아니라 국가기관과는 별도의 독립한 공법인이므로, 지방자치단체 소속 공무원이 지방자치단체 고유의 자치사무를 수행하던 중 도로법 제81조 내지 제85조의 규정에 의한 위반행위를 한 경우에는 지방자치단체는 도로법 제86조의 양벌규정에 따라 처벌대상이 되는 법인에 해당한다(대판 2005.11.10, 2004도2657).

④ 성질상으로는 행정처분이라 하여도 그것이 전부 행정소송의 대상으로 취소변경을 소구할 수 있는 것은 아니며, 형사절차에 관한 행위의 옳고 그른 것은 형사소송법규에 의하여서만 다툴 수 있고 행정소송의 대상이 될 수 없는 것인바, 조세범처벌절차법에 의한 통고처분은 그 처분을 받은 자가 통고취지를 이행하지 아니한 때에는 세무관서의 고발에 의하여 형사절차로 옮아가 처분의 대상이 된 사실은 그 절차에 의하여 최종적으로 결정될 것이고 통고처분은 따로이 그대로 존속하여 별개의 효력을 나타낼 수 있는 것이 아니므로 행정소송의 대상이 되지 않는다(대판 1962.1.31, 4294행상40).

정답 ①

3. 행정상 강제집행에 대한 설명으로 옳은 것은? (다툼이 있는 경우 판례에 의함) 17 국가직7급

① 행정법관계에서는 강제력의 특질이 인정되므로 행정법상의 의무를 명하는 명령권의 근거규정은 동시에 그 의무 불이행에 대한 행정상 강제집행의 근거가 될 수 있다.

② 관계 법령에 위반하여 장례식장 영업을 하고 있는 자의 장례식장 사용 중지 의무는 「행정대집행법」 제2조의 규정에 따른 대집행의 대상이 된다.

③ 「국토의 계획 및 이용에 관한 법률」에 의해 이행명령을 받은 의무자가 이행명령에서 정한 기간을 지나서 그 명령을 이행한 경우, 의무불이행에 대한 이행강제금을 새로이 부과할 수 있다.

④ 「국세징수법」상 체납자에 대한 공매통지는 국가의 강제력에 의하여 진행되는 공매에서 체납자의 권리 내지 재산상의 이익을 보호하기 위하여 법률로 규정한 절차적 요건으로, 이를 이행하지 않은 경우 그 공매처분은 위법하다.

해설 ➤ 下

① 종래에는 국민에게 의무를 명하는 법규에는 의무의 내용을 실현하는 강제집행권을 포함하는 것으로 보아 강제집행을 위해서 별도의 법적 근거가 필요 없다고 보았다(긴급권이론, 처분권내재설). 그러나 현재는 강제집행이 의무부과보다 더 침익적이기 때문에 의무부과에 대한 근거 규정 외에 강제집행의 근거 규정이 별도로 존재해야 한다는 데 이견이 없다.

② 이 사건 처분에 따른 '장례식장 사용중지 의무'가 원고 이외의 '타인이 대신'할 수도 없고, 타인이 대신하여 '행할 수 있는 행위'라고도 할 수 없는 비대체적 부작위의무에 대한 것이므로, 그 자체로 위법함이 명백하다(대판 2005.9.28, 2005두7464).

③ 「국토의 계획 및 이용에 관한 법률」(국토계획법) 제124조의2 제5항이 이행명령을 받은 자가 그 명령을 이행하는 경우에 새로운 이행강제금의 부과를 즉시 중지하도록 규정한 것은 이행강제금의 본질상 이행강제금 부과로 이행을 확보하고자 한 목적이 이미 실현된 경우에는 그 이행강제금을 부과할 수 없다는 취지를 규정한 것으로서, 이에 의하여 부과가 중지되는 '새로운 이행강제금'에는 국토계획법 제124조의2 제3항의 규정에 의하여 반복 부과되는 이행강제금뿐만 아니라 이행명령 불이행에 따른 최초의 이행강제금도 포함된다. 따라서 이행명령을 받은 의무자가 그 명령을 이행한 경우에는 이행명령에서 정한 기간을 지나서 이행한 경우라도 최초의 이행강제금을 부과할 수 없다(대판 2014.12.11, 2013두15750).

④ 대판(전합) 2008.11.20, 2007두18154

정답 ④

4. 행정강제에 대한 설명으로 옳지 않은 것은? (다툼이 있는 경우 판례에 의함) 18 지방직9급

① 관계 법령상 행정대집행의 절차가 인정되어 행정청이 행정대집행의 방법으로 건물의 철거 등 대체적 작위의무의 이행을 실현할 수 있는 경우에는 따로 민사소송의 방법으로 그 의무의 이행을 구할 수 없다.
② 「국세징수법」상 체납자 등에 대한 공매통지는 체납자 등의 법적 지위나 권리·의무에 직접적인 영향을 주는 행정처분에 해당하지 아니하므로 공매통지가 적법하지 아니한 경우에도 그에 따른 공매처분이 위법하게 되는 것은 아니다.
③ 이행강제금 납부의무는 상속인 기타의 사람에게 승계될 수 없는 일신전속적인 성질의 것이므로 이미 사망한 사람에게 이행강제금을 부과하는 내용의 처분이나 결정은 당연무효이다.
④ 행정청이 행정대집행의 방법으로 건물철거의무의 이행을 실현할 수 있는 경우, 점유자들이 적법한 행정대집행을 위력을 행사하여 방해한다면 「형법」상 공무집행방해죄의 범행방지 차원에서 경찰의 도움을 받을 수도 있다.

해설 ▸ 下

① 대판 2017.4.28, 2016다213916
② 체납자 등에 대한 공매통지는 국가의 강제력에 의하여 진행되는 공매에서 체납자 등의 권리 내지 재산상의 이익을 보호하기 위하여 법률로 규정한 절차적 요건이라고 보아야 하며, 공매처분을 하면서 체납자 등에게 공매통지를 하지 않았거나 공매통지를 하였더라도 그것이 적법하지 아니한 경우에는 절차상의 흠이 있어 그 공매처분이 위법하게 되는 것이지만, 공매통지 자체가 그 상대방인 체납자 등의 법적 지위나 권리·의무에 직접적인 영향을 주는 행정처분에 해당한다고 할 것은 아니므로 다른 특별한 사정이 없는 한 체납자 등은 공매통지의 결여나 위법을 들어 공매처분의 취소 등을 구할 수 있는 것이지 공매통지 자체를 항고소송의 대상으로 삼아 그 취소 등을 구할 수는 없다(대판 2011.3.24, 2010두25527).
③ 대결 2006.12.8, 2006마470
④ 대판 2017.4.28, 2016다213916

정답 ②

5. 행정강제에 대한 설명으로 옳은 것은? (다툼이 있는 경우 판례에 의함) 19 국가직9급

① 행정대집행의 방법으로 건물철거의무이행을 실현할 수 있는 경우, 철거의무자인 건물 점유자의 퇴거의무를 실현하려면 퇴거를 명하는 별도의 집행권원이 있어야 하고, 철거 대집행 과정에서 부수적으로 건물 점유자들에 대한 퇴거조치를 할 수는 없다.
② 즉시강제란 법령 또는 행정처분에 의한 선행의 구체적 의무의 불이행으로 인한 목전의 급박한 장해를 제거할 필요가 있는 경우에 행정기관이 즉시 국민의 신체 또는 재산에 실력을 행사하여 행정상의 필요한 상태를 실현하는 작용을 말한다.
③ 공법인이 대집행권한을 위탁받아 공무인 대집행 실시에 지출한 비용을 「행정대집행법」에 따라 강제징수할 수 있음에도 민사소송절차에 의하여 상환을 청구하는 것은 허용되지 않는다.
④ 이행강제금은 심리적 압박을 통하여 간접적으로 의무이행을 확보하는 수단인 행정벌과는 달리 의무이행의 강제를 직접적인 목적으로 하므로, 강학상 직접강제에 해당한다.

해설 ▸ 下

① 행정청이 행정대집행의 방법으로 건물철거의무의 이행을 실현할 수 있는 경우에는 건물철거 대집행 과정에서 부수적으로 건물의 점유자들에 대한 퇴거 조치를 할 수 있고, 점유자들이 적법한 행정대집행을 위력을 행사하여 방해하는 경우 형법상 공무집행방해죄가 성립하므로, 필요한 경우에는 「경찰관 직무집행법」에 근거한 위험발생 방지조치 또는 형법상 공무집행방해죄의 범행방지 내지 현행범체포의 차원에서 경찰의 도움을 받을 수도 있다(대판 2017.4.28, 2016다213916).
② 행정상 즉시강제란 행정강제의 일종으로서 목전의 급박한 행정상 장해를 제거할 필요가 있는 경우에, 미리 의무를 명할 시간적 여유가 없을 때 또는 그 성질상 의무를 명하여 가지고는 목적달성이 곤란할 때에, 직접 국민의 신체 또는 재산에 실력을 가하여 행정상 필요한 상태를 실현하는 작용이며, 법령 또는 행정처분에 의한 선행의 구체적 의무의 존재와 그 불이행을 전제로 하는 행정상 강제집행과 구별된다(헌재결 2002.10.31, 2000헌가12).
③ 대한주택공사가 구 대한주택공사법 및 동법 시행령에 의하여 대집행권한을 위탁받아 공무인 대집행을 실시함에 따라 발생하는 대집행에 요한 비용은 행정대집행법의 절차에 따라 국세징수법의 예에 의하여 징수할 수 있다. 행정대집행법이 대집행비용의 징수에 관하여 민사소송절차에 의

한 소송이 아닌 간이하고 경제적인 특별구제절차를 마련해 놓고 있으므로 민법 제750조에 기한 손해배상으로서 대집행비용의 상환을 구하는 한국토지주택공사의 청구는 소의 이익이 없어 부적법하다(대판 2011.9.8, 2010다48240).
④ 대집행과 직접강제는 직접적 의무이행확보수단인 데 반해 이행강제금은 일정한 기간까지 의무를 이행하지 않을 때에는 일정한 금전적인 부담이 과해진다는 것을 통지함으로써 의무자에게 심리적 압박을 주어 의무를 이행하게 하려는 간접적인 의무이행확보수단이다.

정답 ③

6. 행정상 강제집행에 대한 설명으로 옳지 않은 것은? (다툼이 있는 경우 판례에 의함) 19 국회직8급

① 관계 법령상 행정대집행의 절차가 인정되어 행정청이 행정대집행의 방법으로 건물 철거 등 대체적 작위의무의 이행을 실현할 수 있는 경우에는 따로 민사소송의 방법으로 그 의무의 이행을 구할 수 없다.
② 「건축법」에 위반된 건축물의 철거를 명하였으나 불응하자 이행강제금을 부과·징수한 후 이후에도 철거를 하지 아니하자 다시 행정대집행계고처분을 한 경우 그 계고처분은 유효하다.
③ 한국자산공사의 공매통지는 공매의 요건이 아니라 공매사실 자체를 체납자에게 알려주는 데 불과한 것으로서 행정처분에 해당한다고 할 수 없다.
④ 「건축법」상 이행강제금은 의무자에게 심리적 압박을 주어 시정명령에 따른 의무이행을 간접적으로 강제하는 강제집행수단이 아니라 시정명령의 불이행이라는 과거의 위반행위에 대한 금전적 제재에 해당한다.
⑤ 위법건축물에 대한 철거명령 및 계고처분에 불응하여 제2차, 제3차로 계고처분을 한 경우에 제2차, 제3차의 후행 계고처분은 행정처분에 해당하지 아니한다.

해설 中

① 대판 2017.4.28, 2016다213916
② 이에 관한 명시적 판례는 없다. 다만, 대집행과 이행강제금을 선택적으로 활용하는 한 중첩적 제재가 아니라는 헌법재판소의 입장에 따를 때 위헌소지가 있다.
현행 건축법상 위법건축물에 대한 이행강제수단으로 대집행과 이행강제금(제83조 제1항)이 인정되고 있는데, 양 제도는 각각의 장·단점이 있으므로 행정청은 개별사건에 있어서 위반내용, 위반자의 시정의지 등을 감안하여 대집행과 이행강제금을 선택적으로 활용할 수 있으며, 이처럼 그 합리적인 재량에 의해 선택하여 활용하는 이상 중첩적인 제재에 해당한다고 볼 수 없다(헌재결 2004.2.26, 2001헌바80·84·102·103, 2002헌바26).
③ [파기 전 판결] 공매통지는 공매의 요건이 아니고 공매사실 그 자체를 체납자에게 알려 주는 데 불과한 것으로서[이 부분은 대판(전합) 2008.11.20, 2007두18154에 의해 파기됨] 통지의 상대방인 골프장업자의 법적 지위나 권리의무에 직접 영향을 주는 것이 아니라고 할 것이므로 이것 역시 행정처분에 해당한다고 할 수 없다(대판 1998.6.26, 96누12030).
그러나 공매의 요건이 아니라는 부분은 전원합의체 판결로 파기되었기 때문에 지문의 행정처분이 아니라는 결론은 맞지만 논거는 틀렸다.
[전원합의체 판결] 체납자 등에 대한 공매통지는 국가의 강제력에 의하여 진행되는 공매에서 체납자 등의 권리 내지 재산상의 이익을 보호하기 위하여 법률로 규정한 절차적 요건이라고 보아야 하며, 공매처분을 하면서 체납자 등에게 공매통지를 하지 않았거나 공매통지를 하였더라도 그것이 적법하지 아니한 경우에는 절차상의 흠이 있어 그 공매처분은 위법하다고 할 것이다. 다만, 공매통지의 목적이나 취지 등에 비추어 보면, 체납자 등은 자신에 대한 공매통지의 하자만을 공매처분의 위법사유로 주장할 수 있을 뿐 다른 권리자에 대한 공매통지의 하자를 들어 공매처분의 위법사유로 주장하는 것은 허용되지 않는다. 공매통지는 공매의 요건이 아니라 공매사실 자체를 체납자 등에게 알려주는 데 불과한 것이라는 취지로 판시한 대법원 1971.2.23. 선고 70누161 판결, 대법원 1996.9.6. 선고 95누12026 판결 등을 비롯한 같은 취지의 판결들은 이 판결의 견해에 배치되는 범위 내에서 이를 모두 변경하기로 한다[대판(전합) 2008.11.20, 2007두18154].
④ 이행강제금은 일정한 기한까지 의무를 이행하지 않을 때에는 일정한 금전적 부담을 과할 뜻을 미리 계고함으로써 의무자에게 심리적 압박을 주어 장래에 그 의무를 이행하게 하려는 행정상 간접적인 강제집행 수단의 하나로서 과거의 일정한 법률위반 행위에 대한 제재로서의 형벌이 아니라 장래의 의무이행의 확보를 위한 강제수단일 뿐이어서 범죄에 대하여 국가가 형벌권을 실행한다고 하는 과벌에 해당하지 아니하므로 헌법 제13조 제1항이 금지하는 이중처벌금지의 원칙이 적용될 여지가 없을 뿐 아니라, 건축법 제108조, 제110조에 의한 형사처벌의 대상이 되는 행위와 이 사건 법률조항에 따라 이행강제금이 부과되는 행위는 기초적 사실관계가 동일한 행위가 아니라 할 것이므로 이런 점에서도 이 사건 법률조항이 헌법 제13조 제1항의 이중처벌금지의 원칙에 위반되지 아니한다(헌재결 2011.10.25, 2009헌바140).
⑤ 대판 1994.10.28, 94누5144

정답 ③ ④

7. 판례의 입장으로 옳지 않은 것은? 19 지방직7급

① 「건축법」상 이행강제금은 행정상의 간접강제 수단에 해당하므로, 시정명령을 받은 의무자가 이행강제금이 부과되기 전에 그 의무를 이행한 경우에는 비록 시정명령에서 정한 기간을 지나서 이행한 경우라도 이행강제금을 부과할 수 없다.
② 지방자치단체가 체결하는 이른바 '공공계약'이 사경제의 주체로서 상대방과 대등한 위치에서 체결하는 사법상 계약에 해당하는 경우, 그 계약에는 법령에 특별한 정함이 있는 경우 외에는 사적 자치와 계약자유의 원칙 등 사법의 원리가 그대로 적용된다.
③ 「교육공무원법」에 따라 승진후보자명부에 포함되어 있던 후보자를 승진심사에 의해 승진임용인사발령에서 제외하는 행위는 항고소송의 대상인 처분으로 보아야 한다.
④ 허가에 타법상의 인·허가가 의제되는 경우, 의제된 인·허가는 통상적인 인·허가와 동일한 효력을 가질 수 없으므로 '부분 인·허가 의제'가 허용되는 경우라도 그에 대한 쟁송취소는 허용될 수 없다.

해설 ➤ 下

① 대판 2014.12.11, 2013두15750
② 대판 2018.2.13, 2014두11328
③ 대판 2018.3.27, 2015두47492
④ 의제된 인허가는 통상적인 인허가와 동일한 효력을 가지므로, 적어도 '부분 인허가 의제'가 허용되는 경우에는 그 효력을 제거하기 위한 법적 수단으로 의제된 인허가의 취소나 철회가 허용될 수 있고, 이러한 직권 취소·철회가 가능한 이상 그 의제된 인허가에 대한 쟁송취소 역시 허용된다. 따라서 주택건설사업계획 승인처분에 따라 의제된 인허가가 위법함을 다투고자 하는 이해관계인은, 주택건설사업계획 승인처분의 취소를 구할 것이 아니라 의제된 인허가의 취소를 구하여야 하며, 의제된 인허가는 주택건설사업계획 승인처분과 별도로 항고소송의 대상이 되는 처분에 해당한다(대판 2018.11.29, 2016두38792).

정답 ④

8. 행정상 강제집행에 대한 설명으로 옳지 않은 것은? (다툼이 있는 경우 판례에 의함) 19 지방직7급

① 「건축법」상 이행강제금 납부의무는 상속인 기타의 사람에게 승계될 수 없는 일신전속적인 성질을 갖는다.
② 「행정대집행법」상 건물철거 대집행은 다른 방법으로는 이행의 확보가 어렵고 불이행을 방치함이 심히 공익을 해하는 것으로 인정될 때에 한하여 허용되고 이러한 요건의 주장·입증책임은 처분 행정청에 있다.
③ 관계 법령상 행정대집행의 절차가 인정되어 행정청이 행정대집행의 방법으로 건물의 철거 등 대체적 작위의무의 이행을 실현할 수 있는 경우에는 따로 민사소송의 방법으로 그 의무의 이행을 구할 수 없다.
④ 「국세징수법」상의 공매통지 자체는 그 상대방인 체납자 등의 법적 지위나 권리·의무에 직접적인 영향을 주는 행정처분에 해당한다고 할 것이므로 공매통지 자체를 항고소송의 대상으로 삼아 그 취소 등을 구할 수 있다.

해설 ➤ 下

① 대결 2006.12.8, 2006마470
② 대판 1993.9.14, 92누16690
③ 대판 2017.4.28, 2016다213916
④ 공매통지 자체가 그 상대방인 체납자 등의 법적 지위나 권리·의무에 직접적인 영향을 주는 행정처분에 해당한다고 할 것은 아니므로 다른 특별한 사정이 없는 한 체납자 등은 공매통지의 결여나 위법을 들어 공매처분의 취소 등을 구할 수 있는 것이지 공매통지 자체를 항고소송의 대상으로 삼아 그 취소 등을 구할 수는 없다(대판 2011.3.24, 2010두25527).

정답 ④

9. 「행정대집행법」상 대집행과 이행강제금에 대한 甲과 乙의 대화 중 乙의 답변이 옳지 않은 것은? (다툼이 있는 경우 판례에 의함) 21 국가직9급

① 甲: 행정대집행의 절차가 인정되는 경우에도 행정청이 민사상 강제집행수단을 이용할 수 있나요?
乙: 행정대집행의 절차가 인정되어 실현할 수 있는 경우에는 따로 민사소송의 방법을 이용할 수 없습니다.
② 甲: 대집행의 적용대상은 무엇인가요?
乙: 대집행은 공법상 대체적 작위의무의 불이행이 있는 경우에 행할 수 있습니다.
③ 甲: 행정청은 대집행의 대상이 될 수 있는 것에 대하여 이행강제금을 부과할 수도 있나요?
乙: 행정청은 개별사건에 있어서 위법건축물에 대하여 대집행과 이행강제금을 선택적으로 활용할 수 있습니다.
④ 甲: 만약 이행강제금을 부과받은 사람이 사망하였다면 이행강제금의 납부의무는 상속인에게 승계되나요?
乙: 이행강제금의 납부의무는 상속의 대상이 되므로, 상속인이 납부의무를 승계합니다.

해설 ㊦

① 대판 2017.4.28, 2016다213916
③ 헌재결 2004.2.26, 2001헌바80·84·102·103, 2002헌바26
④ 구 건축법상의 이행강제금은 구 건축법의 위반행위에 대하여 시정명령을 받은 후 시정기간 내에 당해 시정명령을 이행하지 아니한 건축주 등에 대하여 부과되는 간접강제의 일종으로서 그 이행강제금 납부의무는 상속인 기타의 사람에게 승계될 수 없는 일신전속적인 성질의 것이므로 이미 사망한 사람에게 이행강제금을 부과하는 내용의 처분이나 결정은 당연무효이고, 이행강제금을 부과받은 사람의 이의에 의하여 비송사건절차법에 의한 재판절차가 개시된 후에 그 이의한 사람이 사망한 때에는 사건 자체가 목적을 잃고 절차가 종료한다(대결 2006.12.8, 2006마470).

정답 ④

10. 행정상 강제집행에 대한 설명으로 옳은 것만을 모두 고르면? (다툼이 있는 경우 판례에 의함) 22 지방직9급

ㄱ. 행정청은 퇴거를 명하는 집행권원이 없더라도 건물철거 대집행 과정에서 부수적으로 철거의무자인 건물의 점유자들에 대해 퇴거 조치를 할 수 있다.
ㄴ. 권원 없이 국유재산에 설치한 시설물에 대하여 관리청이 행정대집행을 통해 철거를 하지 않는 경우 그 국유재산에 대하여 사용청구권을 가진 자는 국가를 대위하여 민사소송으로 그 시설물의 철거를 구할 수 있다.
ㄷ. 공유 일반재산의 대부료 지급은 사법상 법률관계이므로 행정상 강제집행절차가 인정되더라도 따로 민사소송으로 대부료의 지급을 구하는 것이 허용된다.
ㄹ. 관계법령에 위반하여 장례식장 영업을 하고 있는 자에게 부과된 장례식장 사용중지의무는 공법상 의무로서 행정대집행의 대상이 된다.

① ㄱ, ㄴ ② ㄱ, ㄹ
③ ㄴ, ㄷ ④ ㄷ, ㄹ

해설 ㊦

ㄱ 피고들이 이 사건 건물을 철거하여 이 사건 공유수면을 원상회복하여야 할 의무는 대체적 작위의무에 해당하므로 행정대집행의 대상이 된다 할 것이며, 당진시장은 이 사건 건물 철거의무를 행정대집행의 방법으로 실현하는 과정에서 부수적으로 피고들과 그 가족들의 퇴거 조치를 실현할 수 있으므로, 행정대집행 외에 별도로 퇴거를 명하는 집행권원은 필요하지 않다고 할 것이다(대판 2017.4.28, 2016다213916).
ㄴ 관리권자인 보령시장이 행정대집행을 실시하지 아니하는 경우 국가에 대하여 이 사건 토지 사용청구권을 가지는 원고로서는 위 청구권을 보전하기 위하여 국가를 대위하여 피고들을 상대로 민사소송의 방법으로 이 사건 시설물의 철거를 구하는 이외에는 이를 실현할 수 있는 다른 절차와 방법이 없어 그 보전의 필요성이 인정되므로, 원고는 국가를 대위하여 피고들을 상대로 민사소송의 방법으로 이 사건 시설물의 철거를 구할 수 있다(대판 2009.6.11, 2009다1122).
ㄷ 공유 일반재산의 대부료와 연체료를 납부기한까지 내지 아니한 경우에도 「공유재산 및 물품 관리법」 제97조 제2항에 의하여 지방세 체납처분의 예에 따라 이를 징수할 수 있다. 이와 같이 공유 일반재산의 대부료의 징수에 관하여도 지방세 체납처분의 예에 따른 간이하고 경제적인

특별한 구제절차가 마련되어 있으므로, 특별한 사정이 없는 한 민사소송으로 공유 일반재산의 대부료의 지급을 구하는 것은 허용되지 아니한다 (대판 2017.4.13, 2013다207941).

ㄹ 이 사건 용도위반 부분을 장례식장으로 사용하는 것이 관계법령에 위반한 것이라는 이유로 장례식장의 사용을 중지할 것과 이를 불이행할 경우 행정대집행법에 의하여 대집행하겠다는 내용의 이 사건 처분은, 이 사건 처분에 따른 '장례식장 사용중지 의무'가 원고 이외의 '타인이 대신' 할 수도 없고, 타인이 대신하여 '행할 수 있는 행위'라고도 할 수 없는 비대체적 부작위의무에 대한 것이므로, 그 자체로 위법함이 명백하다(대판 2005.9.28, 2005두7464).

정답 ①

메모

제2절 행정상 대집행

11. 대집행에 대한 설명으로 옳지 않은 것은? (다툼이 있는 경우 판례에 의함) 15 국가직9급

① 건축물의 철거와 토지의 명도는 대집행의 대상이 된다.
② 부작위의무를 규정한 금지규정에서 작위의무명령권이 당연히 도출되지는 않는다.
③ 계고는 행정처분으로서 항고소송의 대상이 된다.
④ 대집행이 완료되어 취소소송을 제기할 수 없는 경우에도 국가배상청구는 가능하다.

해설 ▸ 下

① 피수용자 등이 기업자(현 사업시행자)에 대하여 부담하는 수용대상 토지의 인도의무에 관한 구 토지수용법 제63조, 제64조, 제77조 규정에서의 '인도'에는 명도도 포함되는 것으로 보아야 하고, 이러한 명도의무는 그것을 강제적으로 실현하면서 직접적인 실력행사가 필요한 것이지 대체적 작위의무라고 볼 수 없으므로 특별한 사정이 없는 한 행정대집행법에 의한 대집행의 대상이 될 수 있는 것이 아니다(대판 2005.8.19, 2004다2809).
② 대판 1996.6.28, 96누4374
③ 계고가 있음으로 인하여 대집행이 실행되어 상대방의 권리의무에 변동을 가져오는 것이라 할 것이므로, 상대방은 계고절차의 단계에서 이의 취소를 소구할 법률상 이익이 있다 할 것이고, 계고는 행정소송법 소정 처분에 포함된다고 보아 계고처분 자체에 위법이 있는 경우에 한하여 항고소송의 대상이 될 수 있다(대판 1966.10.31, 66누25).
④ 위법한 행정대집행이 완료되면 그 처분의 무효확인 또는 취소를 구할 소의 이익은 없다 하더라도, 미리 그 행정처분의 취소판결이 있어야만 그 행정처분의 위법임을 이유로 한 손해배상청구를 할 수 있는 것은 아니다(대판 1972.4.28, 72다337).

정답 ①

12. 행정대집행에 대한 설명으로 옳은 것은? (다툼이 있는 경우 판례에 의함) 15 지방직9급

① 행정주체와 사인 사이의 건축도급계약에 있어서, 사인이 의무불이행을 하였다고 하여도 행정대집행은 허용되지 않는다.
② 부작위의무 위반이 있는 경우, 그 위반결과의 시정을 요구할 수 있는 작위의무 명령권은 부작위의무의 근거인 금지규정으로부터 일반적으로 도출된다.
③ 대집행의 요건이 충족된 경우에는 대집행을 하여야 하며, 대집행권한을 발동할지에 대해 행정청의 재량은 인정되지 않는다.
④ 대집행을 위한 계고가 동일한 내용으로 수회 반복된 경우에는 최후에 행해진 계고가 항고소송의 대상이 되는 처분이다.

해설 ▸ 下

① 행정대집행의 요건으로는 공법상 의무의 불이행이 있어야 하는데, 도급계약은 사법상의 계약이므로 의무불이행이 있더라도 행정대집행은 허용되지 않는다.
② 단순한 부작위의무의 위반, 즉 관계법령에 정하고 있는 절대적 금지나 허가를 유보한 상대적 금지를 위반한 경우에는 당해 법령에서 그 위반자에 대하여 위반에 의하여 생긴 유형적 결과의 시정을 명하는 행정처분의 권한을 인정하는 규정(건축법 제69조, 도로법 제74조, 하천법 제67조, 도시공원법 제20조, 옥외광고물 등 관리법 제10조 등)을 두고 있지 아니한 이상, 법치주의의 원리에 비추어 볼 때 위와 같은 부작위의무로부터 그 의무를 위반함으로써 생긴 결과를 시정하기 위한 작위의무를 당연히 끌어낼 수는 없으며, 또 위 금지규정(특히, 허가를 유보한 상대적 금지규정)으로부터 작위의무, 즉 위반결과의 시정을 명하는 권한이 당연히 추론되는 것도 아니다(대판 1996.6.28, 96누4374).
③ 계고처분을 발할 수 있는 요건에 대한 판단은 행정청의 공익재량에 속하나 그것이 심히 부당할 경우에는 법원이 이를 심사할 수 있다(대판 1967.11.28, 67누139).
④ 행정대집행법상의 철거의무는 제1차 철거명령 및 계고처분으로써 발생하였다고 할 것이고, 제3차 철거명령 및 대집행계고는 새로운 철거의무를 부과하는 것이라고는 볼 수 없으며, 단지 종전의 계고처분에 의한 건물철거를 독촉하거나 그 대집행기한을 연기한다는 통지에 불과하므로 취소소송의 대상이 되는 독립한 행정처분이라고 할 수 없다(대판 1994.10.28, 94누5144).

정답 ①

13. 다음 중 행정대집행에 대한 판례의 설명으로 옳지 않은 것은? 15 국회직8급

① 도시공원시설 점유자의 퇴거 및 명도의무는 「행정대집행법」에 의한 대집행의 대상이 되지 않는다.
② 계고시 상당한 기간을 부여하지 않은 경우 대집행영장으로 대집행의 시기를 늦추었다 하더라도 대집행계고처분은 상당한 이행기간을 정하여 한 것이 아니므로 위법하다.
③ 제1차 계고처분에 불응하여 제2차 계고처분을 한 경우 제2차 계고처분은 행정쟁송의 대상이 되지 않는다.
④ 선행 계고처분의 위법성을 들어 대집행 비용납부명령의 취소를 구할 수 없다.
⑤ 대집행의 실행이 완료된 후에는 소의 이익이 없으므로 행정쟁송으로 다툴 수 없음이 원칙이다.

해설 ➤ 下

① 대판 1998.10.23, 97누157
② 대판 1990.9.14, 90누2048
③ 대판 1994.10.28, 94누5144
④ 후행처분인 대집행비용납부명령의 취소를 청구하는 소송에서 청구원인으로 선행처분인 계고처분이 위법한 것이기 때문에 그 계고처분을 전제로 행하여진 대집행비용납부명령도 위법한 것이라는 주장을 할 수 있다(대판 1993.11.9, 93누14271).
⑤ 대판 1993.6.8, 93누6164

정답 ④

14. 행정대집행에 대한 설명으로 옳지 않은 것은? (다툼이 있는 경우 판례에 의함) 15 지방직7급

① 구 「공공용지의 취득 및 손실보상에 관한 특례법」에 의한 협의취득시 건물소유자가 매매대상 건물에 대한 철거의무를 부담하겠다는 취지의 약정을 한 경우, 그 철거의무는 「행정대집행법」에 의한 대집행의 대상이 된다.
② 관계 법령에 위반하여 장례식장 영업을 하고 있는 자의 장례식장 사용중지의무는 비대체적 부작위의무이므로 「행정대집행법」에 의한 대집행의 대상이 아니다.
③ 도시공원시설 점유자의 퇴거 및 명도의무는 「행정대집행법」에 의한 대집행의 대상이 되지 않는다.
④ 대집행의 계고와 대집행영장에 의한 통지는 그 자체가 독립하여 취소소송의 대상이 된다.

해설 ➤ 下

① 행정대집행법상 대집행의 대상이 되는 대체적 작위의무는 공법상 의무이어야 할 것인데, 구 「공공용지의 취득 및 손실보상에 관한 특례법」에 따른 토지 등의 협의취득은 공공사업에 필요한 토지 등을 그 소유자와의 협의에 의하여 취득하는 것으로서 공공기관이 사경제주체로서 행하는 사법상 매매 내지 사법상 계약의 실질을 가지는 것이므로, 그 협의취득시 건물소유자가 매매대상 건물에 대한 철거의무를 부담하겠다는 취지의 약정을 하였다고 하더라도 이러한 철거의무는 공법상의 의무가 될 수 없고, 이 경우에도 행정대집행법을 준용하여 대집행을 허용하는 별도의 규정이 없는 한 위와 같은 철거의무는 행정대집행법에 의한 대집행의 대상이 되지 않는다(대판 2006.10.13, 2006두7096).
② 대판 2005.9.28, 2005두7464
③ 대판 1998.10.23, 97누157
④ 계고가 있음으로 인하여 대집행이 실행되어 상대방의 권리의무에 변동을 가져오는 것이라 할 것이므로, 상대방은 계고절차의 단계에서 이의 취소를 소구할 법률상 이익이 있다 할 것이고, 계고는 행정소송법 소정 처분에 포함된다고 보아 계고처분 자체에 위법이 있는 경우에 한하여 항고소송의 대상이 될 수 있다(대판 1966.10.31, 66누25).

정답 ①

15. 「행정대집행법」상 대집행에 대한 설명으로 옳지 않은 것은? (다툼이 있는 경우 판례에 의함) 16 지방직9급

① 대집행에 소용된 비용을 납부하지 아니할 때에는 국세징수의 예에 의하여 징수할 수 있다.
② 계고가 반복적으로 부과된 경우 제1차 계고가 행정처분이라면 같은 내용이 반복된 제2차 계고는 새로운 의무를 부과하는 것이 아니어서 행정처분이 아니다.
③ 대집행의 내용과 범위는 대집행의 계고서에 의해서만 특정되어야 하는 것이 아니고, 계고처분 전후에 송달된 문서나 기타 사정을 종합하여 행위의 내용이 특정되면 족하다.
④ 계고서라는 명칭의 1장의 문서로써 건축물의 철거명령과 동시에 그 소정기한 내에 자진철거를 하지 아니할 때에는 대집행할 뜻을 미리 계고한 경우, 「건축법」에 의한 철거명령과 「행정대집행법」에 의한 계고처분은 각 그 요건이 충족되었다고 볼 수 없다.

해설 

① 행정대집행법 제6조 제1항
② 대판 1994.10.28, 94누5144
③ 대판 1994.10.28, 94누5144
④ 계고서라는 명칭의 1장의 문서로써 일정기간 내에 위법건축물의 자진철거를 명함과 동시에 그 소정기한 내에 자진철거를 하지 아니할 때에는 대집행할 뜻을 미리 계고한 경우라도 위 건축법에 의한 철거명령과 행정대집행법에 의한 계고처분은 독립하여 있는 것으로서 각 그 요건이 충족되었다고 볼 것이고, 이 경우 철거명령에서 주어진 일정기간이 자진철거에 필요한 상당한 기간이라면 그 기간 속에는 계고시에 필요한 '상당한 이행기간'도 포함되어 있다고 보아야 할 것이다(대판 1992.6.12, 91누13564).

정답 ④

16. 행정대집행에 대한 판례의 입장으로 옳은 것은? 16 지방직7급

① 법령상 부작위의무 위반에 대해 작위의무를 부과할 수 있는 법령의 근거가 없음에도, 행정청이 작위의무를 명한 후 그 의무불이행을 이유로 대집행계고처분을 한 경우 그 계고처분은 유효하다.
② 건축법에 위반한 건축물의 철거를 명하였으나 불응하자 이행강제금을 부과·징수한 후, 이후에도 철거를 하지 아니하자 다시 행정대집행계고처분을 한 경우 그 계고처분은 유효하다.
③ 계고서라는 명칭의 1장의 문서로 일정기간 내에 위법건축물의 자진철거를 명함과 동시에 그 소정기한 내에 자진철거를 하지 아니할 때에는 대집행할 뜻을 미리 계고한 경우, 철거명령에서 주어진 일정기간이 자진철거에 필요한 상당한 기간이라도 그 기간 속에 계고 시에 필요한 '상당한 이행기간'이 포함된다고 볼 수 없다.
④ 행정청이 대집행계고를 함에 있어서 의무자가 스스로 이행하지 아니하는 경우에 대집행할 행위의 내용 및 범위는 반드시 대집행계고서에 의해서만 특정되어야 하는 것이지, 계고처분 전후에 송달된 문서나 기타 사정을 종합하여 행위의 내용이 특정되거나 대집행 의무자가 그 이행의무의 범위를 알 수 있는 것만으로는 부족하다.

해설 (中)

① 건축법 제69조 등과 같은 부작위의무 위반행위에 대하여 대체적 작위의무로 전환하는 규정을 두고 있지 아니하므로 위 금지규정으로부터 그 위반결과의 시정을 명하는 원상복구명령을 할 수 있는 권한이 도출되는 것은 아니다. 결국 행정청의 원고에 대한 원상복구명령은 권한 없는 자의 처분으로 무효라고 할 것이고, 위 원상복구명령이 당연무효인 이상 후행처분인 계고처분의 효력에 당연히 영향을 미쳐 그 계고처분 역시 무효로 된다(대판 1996.6.28, 96누4374).
② 이에 관한 명시적 판례는 없다. 다만, 대집행과 이행강제금을 선택적으로 활용하는 한 중첩적 제재가 아니라는 헌법재판소의 입장에 따를 때 위헌소지가 있다.
현행 건축법상 위법건축물에 대한 이행강제수단으로 대집행과 이행강제금(제83조 제1항)이 인정되고 있는데, 양 제도는 각각의 장·단점이 있으므로 행정청은 개별사건에 있어서 위반내용, 위반자의 시정의지 등을 감안하여 대집행과 이행강제금을 선택적으로 활용할 수 있으며, 이처럼 그 합리적인 재량에 의해 선택하여 활용하는 이상 중첩적인 제재에 해당한다고 볼 수 없다(헌재결 2004.2.26, 2001헌바80·84·102·103, 2002헌바26).
③ 계고서라는 명칭의 1장의 문서로써 일정기간 내에 위법건축물의 자진철거를 명함과 동시에 그 소정기한 내에 자진철거를 하지 아니할 때에는 대집행할 뜻을 미리 계고한 경우라도 위 건축법에 의한 철거명령과 행정대집행법에 의한 계고처분은 독립하여 있는 것으로서 각 그 요건이

충족되었다고 볼 것이고, 이 경우 철거명령에서 주어진 일정기간이 자진철거에 필요한 상당한 기간이라면 그 기간 속에는 계고시에 필요한 '상당한 이행기간'도 포함되어 있다고 보아야 할 것이다(대판 1992.6.12, 91누13564).
④ 행정청이 건축법 제42조 제1항과 행정대집행법 제2조 및 제3조 제1항에 따라 건축법위반 건축물의 철거를 명하고 그 의무불이행시 행할 대집행의 계고를 함에 있어서는, 의무자가 이행하여야 할 행위와 그 의무불이행시 대집행할 행위의 내용 및 범위가 구체적으로 특정되어야 할 것이지만, 반드시 철거명령서나 대집행계고서에 의하여서만 특정되어야 하는 것은 아니고, 그 처분 전후에 송달된 문서나 기타 사정을 종합하여 이를 특정할 수 있으면 족하다(대판 1994.10.28, 94누5144).

정답 ②

17. 「행정대집행법」상 행정대집행에 대한 설명으로 옳은 것은? (다툼이 있는 경우 판례에 의함) 17 국가직9급

① 「행정대집행법」 제2조에 따른 대집행의 실시여부는 행정청의 재량에 속하지 않는다.
② 원칙적으로 '의무의 불이행을 방치하는 것이 심히 공익을 해하는 것으로 인정되는 경우'의 요건은 계고를 할 때에 충족되어 있어야 한다.
③ 부작위하명에는 행정행위의 강제력의 효력이 있으므로 당해 하명에 따른 부작위 의무의 불이행에 대하여는 별도의 법적 근거 없이 대집행이 가능하다.
④ 의무를 명하는 행정행위가 불가쟁력이 발생하지 않은 경우에는 그 행정행위에 따른 의무의 불이행에 대하여 대집행을 할 수 없다.

해설 ➢ ㊦

① 계고처분을 발할 수 있는 요건에 대한 판단은 행정청의 공익재량에 속하나 그것이 심히 부당할 경우에는 법원이 이를 심사할 수 있다(대판 1967.11.28, 67누139).
③ 단순한 부작위의무의 위반, 즉 관계법령에 정하고 있는 절대적 금지나 허가를 유보한 상대적 금지를 위반한 경우에는 당해 법령에서 그 위반자에 대하여 위반에 의하여 생긴 유형적 결과의 시정을 명하는 행정처분의 권한을 인정하는 규정(건축법 제69조, 도로법 제74조, 하천법 제67조, 도시공원법 제20조, 옥외광고물 등 관리법 제10조 등)을 두고 있지 아니한 이상, 법치주의의 원리에 비추어 볼 때 위와 같은 부작위의무로부터 그 의무를 위반함으로써 생긴 결과를 시정하기 위한 작위의무를 당연히 끌어낼 수는 없으며, 또 위 금지규정(특히, 허가를 유보한 상대적 금지규정)으로부터 작위의무, 즉 위반결과의 시정을 명하는 권한이 당연히 추론되는 것도 아니다(대판 1996.6.28, 96누4374).
④ 행정행위의 불가쟁력 발생은 대집행의 요건이 아니다.

정답 ②

18. 행정대집행에 대한 설명으로 옳은 것은? (다툼이 있는 경우 판례에 의함) 17 지방직9급

① 대집행계고처분을 함에 있어서 의무이행을 할 수 있는 상당한 기간을 부여하지 아니하였다 하더라도, 행정청이 대집행계고처분 후에 대집행영장으로써 대집행의 시기를 늦추었다면 그 대집행계고처분은 적법한 처분이다.
② 의무자가 대집행에 요한 비용을 납부하지 않으면 당해 행정청은 「민법」 제750조에 기한 손해배상으로서 대집행비용의 상환을 구할 수 있다.
③ 「공유재산 및 물품관리법」 제83조에 따라 지방자치단체장이 행정대집행의 방법으로 공유재산에 설치한 시설물을 철거할 수 있는 경우, 민사소송의 방법으로도 시설물의 철거를 구하는 것이 허용된다.
④ 구 「공공용지의 취득 및 손실보상에 관한 특례법」에 의한 협의취득시 건물소유자가 협의취득대상 건물에 대하여 철거의무를 부담하겠다는 취지의 약정을 한 경우, 그 철거의무는 「행정대집행법」에 의한 대집행의 대상이 되지 않는다.

해설 ➤ 下

① 행정청인 피고가 의무이행기한이 1988.5.24.까지로 된 이 사건 대집행계고서를 5.19. 원고에게 발송하여 원고가 그 이행종기인 5.24. 이를 수령하였다면, 설사 피고가 대집행영장으로써 대집행의 시기를 1988.5.27. 15 : 00로 늦추었더라도 위 대집행계고처분은 상당한 이행기한을 정하여 한 것이 아니어서 대집행의 적법절차에 위배한 것으로 위법한 처분이라고 할 것이다(대판 1990.9.14, 90누2048).
② 대한주택공사가 구 대한주택공사법 및 동법 시행령에 의하여 대집행권한을 위탁받아 공무인 대집행을 실시함에 따라 발생하는 대집행에 요한 비용은 행정대집행법의 절차에 따라 국세징수법의 예에 의하여 징수할 수 있다. 행정대집행법이 대집행비용의 징수에 관하여 민사소송절차에 의한 소송이 아닌 간이하고 경제적인 특별구제절차를 마련해 놓고 있으므로 민법 제750조에 기한 손해배상으로서 대집행비용의 상환을 구하는 한국토지주택공사의 청구는 소의 이익이 없어 부적법하다(대판 2011.9.8, 2010다48240).
③ 공유 일반재산의 대부료와 연체료를 납부기한까지 내지 아니한 경우에도 「공유재산 및 물품 관리법」 제97조 제2항에 의하여 지방세 체납처분의 예에 따라 이를 징수할 수 있다. 이와 같이 공유 일반재산의 대부료의 징수에 관하여도 지방세 체납처분의 예에 따른 간이하고 경제적인 특별한 구제절차가 마련되어 있으므로, 특별한 사정이 없는 한 민사소송으로 공유 일반재산의 대부료의 지급을 구하는 것은 허용되지 아니한다(대판 2017.4.13, 2013다207941).
④ 대판 2006.10.13, 2006두7096

정답 ④

19. 행정대집행에 대한 설명으로 옳은 것을 모두 고른 것은? (다툼이 있는 경우 판례에 의함) 17 지방직7급

ㄱ. 토지나 건물의 명도는 대집행의 대상이 된다.
ㄴ. 대집행권한을 위탁받아 공무인 대집행을 실시하기 위하여 지출한 비용은 「행정대집행법」의 절차에 따라 「국세징수법」의 예에 의하여 징수할 수 있다.
ㄷ. 비상시 또는 위험이 절박한 경우에 있어서 당해 행위의 급속한 실시를 요하여 대집행영장에 의한 통지절차를 취할 여유가 없을 때에는 그 절차를 거치지 아니하고 대집행을 할 수 있다.
ㄹ. 행정대집행의 절차가 인정되는 경우에는 따로 민사소송의 방법으로 의무이행을 구할 수는 없다.
ㅁ. 공유재산대부계약이 적법하게 해지되었음에도 불구하고 공유재산의 점유자가 그 지상물을 점유하고 있는 경우, 지방자치단체의 장은 원상회복을 위해 행정대집행의 방법으로 그 지상물을 철거시킬 수는 없다.

① ㄱ, ㄴ, ㄷ
② ㄴ, ㄷ, ㄹ
③ ㄷ, ㄹ, ㅁ
④ ㄱ, ㄹ, ㅁ

해설 ➤ 中

ㄱ 피수용자 등이 기업자(현 사업시행자)에 대하여 부담하는 수용대상 토지의 인도의무에 관한 구 토지수용법 제63조, 제64조, 제77조 규정에서의 '인도'에는 명도도 포함되는 것으로 보아야 하고, 이러한 명도의무는 그것을 강제적으로 실현하면서 직접적인 실력행사가 필요한 것이지 대체적 작위의무라고 볼 수 없으므로 특별한 사정이 없는 한 행정대집행법에 의한 대집행의 대상이 될 수 있는 것이 아니다(대판 2005.8.19, 2004다2809).
ㄴ 행정대집행법 제6조 제1항
ㄷ 행정대집행법 제3조 제3항
ㄹ 대판 2017.4.28, 2016다213916
ㅁ 공유재산의 점유자가 그 공유재산에 관하여 대부계약 외 달리 정당한 권원이 있다는 자료가 없는 경우 그 대부계약이 적법하게 해지된 이상 그 점유자의 공유재산에 대한 점유는 정당한 이유 없는 점유라 할 것이고, 따라서 지방자치단체의 장은 지방재정법 제85조에 의하여 행정대집행의 방법으로 그 지상물을 철거시킬 수 있다(대판 2001.10.12, 2001두4078).

정답 ②

20. 「행정대집행법」상 행정대집행에 대한 설명으로 옳지 않은 것은? (다툼이 있는 경우 판례에 의함)

18 국가직9급

① 퇴거의무 및 점유인도의무의 불이행은 행정대집행의 대상이 되지 않는다.
② 건물철거명령 및 철거대집행계고를 한 후에 이에 불응하자 다시 제2차, 제3차의 계고를 하였다면 철거의무는 처음에 한 건물철거명령 및 철거대집행계고로 이미 발생하였고 그 이후에 한 제2차, 제3차의 계고는 새로운 철거의무를 부과한 것이 아니라 대집행 기한을 연기하는 통지에 불과하다.
③ 관계 법령에서 금지규정 및 그 위반에 대한 벌칙규정은 두고 있으나 금지규정 위반행위에 대한 시정명령의 권한에 대해서는 규정하고 있지 않은 경우에 그 금지규정 및 벌칙규정은 당연히 금지규정 위반행위로 인해 발생한 유형적 결과를 시정하게 하는 것도 예정하고 있다고 할 것이어서 금지규정 위반으로 인한 결과의 시정을 명하는 권한도 인정하고 있는 것으로 해석된다.
④ 대집행계고를 함에 있어서는 의무자가 스스로 이행하지 않는 경우에 대집행할 행위의 내용 및 범위가 구체적으로 특정되어야 하는데 그 내용과 범위는 대집행 계고서뿐만 아니라 계고처분 전후에 송달된 문서나 기타 사정 등을 종합하여 특정될 수 있다.

해설 (下)

① 대판 1998.10.23, 97누157
② 대판 1994.10.28, 94누5144
③ 단순한 부작위의무의 위반, 즉 관계법령에 정하고 있는 절대적 금지나 허가를 유보한 상대적 금지를 위반한 경우에는 당해 법령에서 그 위반자에 대하여 위반에 의하여 생긴 유형적 결과의 시정을 명하는 행정처분의 권한을 인정하는 규정(건축법 제69조, 도로법 제74조, 하천법 제67조, 도시공원법 제20조, 옥외광고물 등 관리법 제10조 등)을 두고 있지 아니한 이상, 법치주의의 원리에 비추어 볼 때 위와 같은 부작위의무로부터 그 의무를 위반함으로써 생긴 결과를 시정하기 위한 작위의무를 당연히 끌어낼 수는 없으며, 또 위 금지규정(특히, 허가를 유보한 상대적 금지규정)으로부터 작위의무, 즉 위반결과의 시정을 명하는 권한이 당연히 추론되는 것도 아니다(대판 1996.6.28, 96누4374).
④ 대판 1994.10.28, 94누5144

정답 ③

21. 대집행에 대한 설명으로 옳은 것을 〈보기〉에서 모두 고르면? (다툼이 있는 경우 판례에 의함) 18 국회직8급

〈보 기〉

ㄱ. 대집행을 통한 건물철거의 경우 건물의 점유자가 철거의무자인 때에는 부수적으로 건물의 점유자에 대한 퇴거조치를 할 수 있다.
ㄴ. 대집행에 의한 건물철거 시 점유자들이 위력을 행사하여 방해하는 경우라도 경찰의 도움을 받을 수 없다.
ㄷ. 대집행 시에 대집행계고서에 대집행의 대상물 등 대집행 내용이 특정되지 않으면 다른 문서나 기타 사정을 종합하여 특정될 수 있다 하더라도 그 대집행은 위법하다.
ㄹ. 1장의 문서에 철거명령과 계고처분을 동시에 기재하여 처분할 수 있다.

① ㄱ, ㄴ
② ㄱ, ㄹ
③ ㄴ, ㄷ
④ ㄴ, ㄹ
⑤ ㄷ, ㄹ

해설 

ㄱ 대판 2017.4.28, 2016다213916

ㄴ 행정청이 행정대집행의 방법으로 건물철거의무의 이행을 실현할 수 있는 경우에는 건물철거 대집행 과정에서 부수적으로 건물의 점유자들에 대한 퇴거 조치를 할 수 있고, 점유자들이 적법한 행정대집행을 위력을 행사하여 방해하는 경우 형법상 공무집행방해죄가 성립하므로, 필요한 경우에는 「경찰관 직무집행법」에 근거한 위험발생 방지조치 또는 형법상 공무집행방해죄의 범행방지 내지 현행범체포의 차원에서 경찰의 도움을 받을 수도 있다(대판 2017.4.28, 2016다213916).

ㄷ 행정청이 건축법 제42조 제1항과 행정대집행법 제2조 및 제3조 제1항에 따라 건축법위반 건축물의 철거를 명하고 그 의무불이행시 행할 대집행의 계고를 함에 있어서는, 의무자가 이행하여야 할 행위와 그 의무불이행시 대집행할 행위의 내용 및 범위가 구체적으로 특정되어야 할 것이지만, 반드시 철거명령서나 대집행계고서에 의하여서만 특정되어야 하는 것은 아니고, 그 처분 전후에 송달된 문서나 기타 사정을 종합하여 이를 특정할 수 있으면 족하다(대판 1994.10.28, 94누5144).

ㄹ 대판 1992.6.12, 91누13564

정답 ②

22. 「행정대집행법」 제2조가 규정하고 있는 행정대집행의 요건에 관한 설명으로 가장 옳은 것은? 18 서울시7급

① 의무자에게 부과된 의무는 행정청에 의해서 행해진 명령에 한하며 법률에 의해 혹은 법률에 근거하여 행해진 명령은 해당되지 않는다.

② 대체적, 비대체적 의무 모두 해당되지만 부작위의무가 아니어야 한다.

③ 당해 행정청은 의무자가 하여야 할 행위를 제3자로 하여금 행하게 할 수도 있다.

④ 다른 수단에 의한 이행의 확보도 가능하지만 그 수단이 행정대집행보다 비용이 많이 들어야 한다.

해설 ⓕ

①③ 법률(법률의 위임에 의한 명령, 지방자치단체의 조례를 포함한다)에 의하여 직접 명령되었거나(법규하명) 또는 법률에 의거한 행정청의 명령에 의한 행위(행정행위로서의 하명처분)로서 타인이 대신하여 행할 수 있는 행위를(대체적 작위의무) 의무자가 이행하지 아니하는 경우(의무의 불이행을 전제로 하고 있다는 점에서 즉시강제와 구별) 다른 수단으로써 그 이행을 확보하기 곤란하고(필요성, 보충성, 최후수단성의 원칙) 또한 그 불이행을 방치함이 심히 공익을 해할 것으로 인정될 때(과잉금지의 원칙 중 상당성의 원칙, 판단여지 인정)에는 당해 행정청[감독청(×)·상급청(×)·제3자(×)·법원(×)·집행관(×)]은 스스로 의무자가 하여야 할 행위를 하거나(자기집행, 독일은 이 경우를 직접강제로 분류) 또는 제3자로 하여금 이를 하게 하여(타자집행, 제3자집행) 그 비용을 의무자[국가(×)·지방자치단체(×)·행정청(×)]로부터 징수할 수 있다(재량행위)."라고 규정하고 있다(행정대집행법 제2조).

② 대집행의 대상이 될 수 있는 의무는 오직 타인이 대신 행할 수 있는 행위, 즉 대체적 작위의무이다. 따라서 일신전속적이거나 전문기술적이어서 대체성이 없는 작위의무(비대체적 작위의무), 부작위의무 및 수인의무, 금전급부의무 등은 대집행의 대상이 되지 않는다.

④ '다른 수단으로써 그 이행을 확보하기 곤란할 것(필요성, 보충성, 최후수단성의 원칙)'이 요건이다.

정답 ③

23. 행정대집행에 대한 설명으로 옳지 않은 것은? (다툼이 있는 경우 판례에 의함) 19 지방직9급

① 구 대한주택공사가 대집행권한을 위탁받아 공무인 대집행을 실시하기 위하여 지출한 비용을 「행정대집행법」 절차에 따라 「국세징수법」의 예에 의하여 징수할 수 있음에도 민사소송절차에 의하여 그 비용의 상환을 구하는 청구는 소의 이익이 없어 부적법하다.

② 건물의 점유자가 철거의무자일 때에는 건물철거의무에 퇴거의무도 포함되어 있는 것이어서 별도로 퇴거를 명하는 집행권원이 필요하지 않다.

③ 철거명령에서 주어진 일정기간이 자진철거에 필요한 상당한 기간이라고 하여도 그 기간 속에는 계고시에 필요한 '상당한 이행기간'이 포함되어 있다고 볼 수 없다.

④ 대집행계고처분 취소소송의 변론이 종결되기 전에 대집행영장에 의한 통지절차를 거쳐 사실행위로서 대집행의 실행이 완료된 경우에는 계고처분의 취소를 구할 법률상의 이익이 없다.

해설 ➤ ㊥

① 대판 2011.9.8, 2010다48240
② 대판 2017.4.28, 2016다213916
③ 계고서라는 명칭의 1장의 문서로써 일정기간 내에 위법건축물의 자진철거를 명함과 동시에 그 소정기한 내에 자진철거를 하지 아니할 때에는 대집행할 뜻을 미리 계고한 경우라도 위 건축법에 의한 철거명령과 행정대집행법에 의한 계고처분은 독립하여 있는 것으로서 각 그 요건이 충족되었다고 볼 것이고, 이 경우 철거명령에서 주어진 일정기간이 자진철거에 필요한 상당한 기간이라면 그 기간 속에는 계고시에 필요한 '상당한 이행기간'도 포함되어 있다고 보아야 할 것이다(대판 1992.6.12, 91누13564).
④ 대판 1993.6.8, 93누6164

정답 ③

24. 「행정대집행법」상 대집행에 대한 설명으로 옳은 것은? (다툼이 있는 경우 판례에 의함) 20 국회직9급

① 관계 법령상 행정대집행의 절차가 인정되어 행정청이 행정대집행의 방법으로 건물의 철거 등 대체적 작위의무의 이행을 실현할 수 있는 경우에도 따로 민사소송의 방법으로 그 의무의 이행을 구할 수 있다.
② 대집행에 요한 비용은 「국세징수법」의 예에 의하여 징수할 수 없다.
③ 대집행 계고처분과 대집행 비용납부명령은 각각 별개의 법률효과를 발생시키는 것이어서 선행처분의 하자가 후행처분에 승계되지 아니 한다.
④ 대집행에 대한 계고는 행정처분이고, 1차 계고 이후 대집행기한을 연기하기 위한 2차 계고, 3차 계고 또한 독립된 행정처분이다.
⑤ 사인이 행정청에 대하여 물건의 인도 또는 토지·건물의 명도의무가 있는 경우 그 의무는 대체적 작위의무가 아니어서 대집행의 대상이 될 수 없다.

해설 ➤ ㊦

① 관계 법령상 행정대집행의 절차가 인정되어 행정청이 행정대집행의 방법으로 건물의 철거 등 대체적 작위의무의 이행을 실현할 수 있는 경우에는 따로 민사소송의 방법으로 그 의무의 이행을 구할 수 없다(대판 2017.4.28, 2016다213916).
② 대집행에 요한 비용은 국세징수법의 예에 의하여 징수할 수 있다(행정대집행법 제6조 제1항).
③ 후행처분인 대집행비용납부명령의 취소를 청구하는 소송에서 청구원인으로 선행처분인 계고처분이 위법한 것이기 때문에 그 계고처분을 전제로 행하여진 대집행비용납부명령도 위법한 것이라는 주장을 할 수 있다(대판 1993.11.9, 93누14271).
④ 행정대집행법상의 철거의무는 제1차 철거명령 및 계고처분으로써 발생하였다고 할 것이고, 제3차 철거명령 및 대집행계고는 새로운 철거의무를 부과하는 것이라고는 볼 수 없으며, 단지 종전의 계고처분에 의한 건물철거를 독촉하거나 그 대집행기한을 연기한다는 통지에 불과하므로 취소소송의 대상이 되는 독립한 행정처분이라고 할 수 없다(대판 1994.10.28, 94누5144).
⑤ 대판 2005.8.19, 2004다2809

정답 ⑤

25. 「행정대집행법」상 대집행에 대한 설명으로 옳지 않은 것은? (다툼이 있는 경우 판례에 의함) 20 국가직9급

① 「공익사업을 위한 토지 등의 취득 및 보상에 관한 법률」상의 협의취득시에 매매대상 건물에 대한 철거의무를 부담하겠다는 취지의 약정을 건물소유자가 하였다고 하더라도, 그 철거의무는 대집행의 대상이 되지 않는다.
② 공유수면에 설치한 건물을 철거하여 공유수면을 원상회복하여야 할 의무는 대체적 작위의무에 해당하므로 행정대집행의 대상이 된다.
③ 행정청이 건물 철거의무를 행정대집행의 방법으로 실현하는 과정에서, 건물을 점유하고 있는 철거의무자들에 대하여 제기한 건물퇴거를 구하는 소송은 적법하다.
④ 철거대상건물의 점유자들이 적법한 행정대집행을 위력을 행사하여 방해하는 경우, 행정청은 필요하다면 「경찰관 직무집행법」에 근거한 위험발생 방지조치 차원에서 경찰의 도움을 받을 수 있다.

해설 ㊦

① 대판 2006.10.13, 2006두7096
②③ 피고들이 이 사건 건물을 철거하여 이 사건 공유수면을 원상회복하여야 할 의무는 대체적 작위의무에 해당하므로 행정대집행의 대상이 된다 할 것이며, 당진시장은 이 사건 건물 철거의무를 행정대집행의 방법으로 실현하는 과정에서 부수적으로 피고들과 그 가족들의 퇴거 조치를 실현할 수 있으므로, 행정대집행 외에 별도로 퇴거를 명하는 집행권원은 필요하지 않다고 할 것이다. 원심이 같은 취지에서 원고가 피고들에 대하여 건물퇴거를 구하는 이 사건 소가 부적법하다고 판단한 것은 정당하고, 거기에 상고이유 주장과 같이 소의 이익이나 행정대집행에 관한 법리를 오해한 잘못이 없다(대판 2017.4.28, 2016다213916).
④ 대판 2017.4.28, 2016다213916

정답 ③

26. 행정상 강제집행 중 대집행에 대한 설명으로 옳지 않은 것은? (다툼이 있는 경우 판례에 의함) 20 지방직9급

① 대집행의 대상은 원칙적으로 대체적 작위의무에 한하며, 부작위의무위반의 경우 대체적 작위의무로 전환하는 규정을 두고 있지 아니하는 한 대집행의 대상이 되지 않는다.
② 행정청이 계고를 함에 있어 의무자가 스스로 이행하지 아니하는 경우 대집행의 내용과 범위가 구체적으로 특정되어야 하며, 대집행의 내용과 범위는 반드시 대집행 계고서에 의해서만 특정되어야 한다.
③ 대집행을 함에 있어 계고요건의 주장과 입증책임은 처분행정청에 있는 것이지, 의무불이행자에 있는 것이 아니다.
④ 대집행 비용은 원칙상 의무자가 부담하며 행정청은 그 비용액과 납기일을 정하여 의무자에게 문서로 납부를 명하여야 한다.

해설 

① 대판 1996.6.28, 96누4374
② 행정청이 건축법 제42조 제1항과 행정대집행법 제2조 및 제3조 제1항에 따라 건축법위반 건축물의 철거를 명하고 그 의무불이행시 행할 대집행의 계고를 함에 있어서는, 의무자가 이행하여야 할 행위와 그 의무불이행시 대집행할 행위의 내용 및 범위가 구체적으로 특정되어야 할 것이지만, 반드시 철거명령서나 대집행계고서에 의하여서만 특정되어야 하는 것은 아니고, 그 처분 전후에 송달된 문서나 기타 사정을 종합하여 이를 특정할 수 있으면 족하다(대판 1994.10.28, 94누5144).
③ 대판 1993.9.14, 92누16690
④ 행정대집행법 제5조

정답 ②

27. 대집행에 대한 설명으로 옳은 것은? (다툼이 있는 경우 판례에 의함) 20 국회직8급

① 토지의 명도 의무를 이행하지 않을 경우 직접강제 또는 대집행을 통해 이를 실현할 수 있다.
② 구두에 의한 계고는 무효이며, 계고와 통지는 동시에 생략할 수 없다.
③ 공유재산 대부계약 해지에 따라 원상회복을 위하여 실시하는 지상물의 철거는 대집행의 대상이 아니다.
④ 행정청이 대집행을 실시하지 않는 경우, 그 국유재산에 대한 사용청구권을 가지고 있는 자가 국가를 대위하여 민사소송으로 그 시설물의 철거를 구할 수 있다.
⑤ 위법건축물 철거명령과 대집행한다는 계고처분은 각각 별도의 처분서에 의하여야만 한다.

해설 ㊥

① 명도의무는 비대체적 작위의무이기 때문에 법률에 규정이 있을 경우 직접강제는 가능하지만 행정대집행은 불가능하다.
피수용자 등이 기업자(현 사업시행자)에 대하여 부담하는 수용대상 토지의 인도의무에 관한 구 토지수용법 제63조, 제64조, 제77조 규정에서의 '인도'에는 명도도 포함되는 것으로 보아야 하고, 이러한 명도의무는 그것을 강제적으로 실현하면서 직접적인 실력행사가 필요한 것이지 대체적 작위의무라고 볼 수 없으므로 특별한 사정이 없는 한 행정대집행법에 의한 대집행의 대상이 될 수 있는 것이 아니다(대판 2005.8.19, 2004다2809).

② 구두에 의한 계고는 문서주의라는 형식 위반으로 무효이며, 계고와 통지는 동시에 생략할 수 있다.
전조의 규정에 의한 처분(以下 代執行이라 한다)을 하려함에 있어서는 상당한 이행기한을 정하여 그 기한까지 이행되지 아니할 때에는 대집행을 한다는 뜻을 미리 문서로써 계고하여야 한다. 이 경우 행정청은 상당한 이행기한을 정함에 있어 의무의 성질·내용 등을 고려하여 사회통념상 해당 의무를 이행하는 데 필요한 기간이 확보되도록 하여야 한다(행정대집행법 제3조 제1항). 의무자가 전항의 계고를 받고 지정기한까지 그 의무를 이행하지 아니할 때에는 당해 행정청은 대집행영장으로써 대집행을 할 시기, 대집행을 시키기 위하여 파견하는 집행책임자의 성명과 대집행에 요하는 비용의 개산에 의한 견적액을 의무자에게 통지하여야 한다(같은 조 제2항). 비상시 또는 위험이 절박한 경우에 있어서 당해 행위의 급속한 실시를 요하여 전2항에 규정한 수속을 취할 여유가 없을 때에는 그 수속을 거치지 아니하고 대집행을 할 수 있다(같은 조 제2항).
③ 공유재산의 점유자가 그 공유재산에 관하여 대부계약 외 달리 정당한 권원이 있다는 자료가 없는 경우 그 대부계약이 적법하게 해지된 이상 그 점유자의 공유재산에 대한 점유는 정당한 이유 없는 점유라 할 것이고, 따라서 지방자치단체의 장은 지방재정법 제85조에 의하여 행정대집행의 방법으로 그 지상물을 철거시킬 수 있다(대판 2001.10.12, 2001두4078).
④ 관리권자인 보령시장이 행정대집행을 실시하지 아니하는 경우 국가에 대하여 이 사건 토지 사용청구권을 가지는 원고로서는 위 청구권을 보전하기 위하여 국가를 대위하여 피고들을 상대로 민사소송의 방법으로 이 사건 시설물의 철거를 구하는 이외에는 이를 실현할 수 있는 다른 절차와 방법이 없어 그 보전의 필요성이 인정되므로, 원고는 국가를 대위하여 피고들을 상대로 민사소송의 방법으로 이 사건 시설물의 철거를 구할 수 있다(대판 2009.6.11, 2009다1122).
⑤ 계고서라는 명칭의 1장의 문서로써 일정기간 내에 위법건축물의 자진철거를 명함과 동시에 그 소정기한 내에 자진철거를 하지 아니할 때에는 대집행할 뜻을 미리 계고한 경우라도 위 건축법에 의한 철거명령과 행정대집행법에 의한 계고처분은 독립하여 있는 것으로서 각 그 요건이 충족되었다고 볼 것이고, 이 경우 철거명령에서 주어진 일정기간이 자진철거에 필요한 상당한 기간이라면 그 기간 속에는 계고시에 필요한 '상당한 이행기간'도 포함되어 있다고 보아야 할 것이다(대판 1992.6.12, 91누13564).

정답 ④

28. 「행정대집행법」상 행정대집행에 대한 설명으로 옳은 것은? (다툼이 있는 경우 판례에 의함) 20 국가직7급

① 대집행계고 시 대집행할 행위의 내용 및 범위는 반드시 대집행계고서에 의해서만 특정되어야 하는 것은 아니다.
② 관계 법령에 위반하여 장례식장 영업을 하고 있는 자에 대한 장례식장 사용중지의무는 대집행의 대상이 된다.
③ 대체적 작위의무가 법률의 위임을 받은 조례에 의해 직접 부과된 경우에는 대집행의 대상이 되지 아니한다.
④ 대집행의 계고는 대집행의 의무적 절차의 하나이므로 생략할 수 없지만, 철거명령과 계고처분을 1장의 문서로 동시에 행할 수는 있다.

해설 ㊦

① 대판 1994.10.28, 94누5144
② 용도위반 부분을 장례식장으로 사용하는 것이 관계법령에 위반한 것이라는 이유로 장례식장의 사용을 중지할 것과 이를 불이행할 경우 행정대집행법에 의하여 대집행하겠다는 내용의 이 사건 처분은, 이 사건 처분에 따른 '장례식장 사용중지 의무'가 원고 이외의 '타인이 대신'할 수도 없고, 타인이 대신하여 '행할 수 있는 행위'라고도 할 수 없는 비대체적 부작위의무에 대한 것이므로, 그 자체로 위법함이 명백하다(대판 2005.9.28, 2005두7464).
③ 행정대집행법은 "법률(법률의 위임에 의한 명령, 지방자치단체의 조례를 포함한다)에 의하여 직접 명령되었거나(법규하명) 또는 법률에 의거한 행정청의 명령에 의한 행위(행정행위로서의 하명처분)로서 타인이 대신하여 행할 수 있는 행위를(대체적 작위의무) 의무자가 이행하지 아니하는 경우(의무의 불이행을 전제로 하고 있다는 점에서 즉시강제와 구별) 다른 수단으로써 그 이행을 확보하기 곤란하고(필요성, 보충성, 최후수단성의 원칙) 또한 그 불이행을 방치함이 심히 공익을 해할 것으로 인정될 때(과잉금지의 원칙 중 상당성의 원칙, 판단여지 인정)에는 당해 행정청[감독청(×)·상급청(×)·제3자(×)·법원(×)·집행관(×)]은 스스로 의무자가 하여야 할 행위를 하거나(자기집행, 독일은 이 경우를 직접강제로 분류) 또는 제3자로 하여금 이를 하게 하여(타자집행, 제3자집행) 그 비용을 의무자[국가(×)·지방자치단체(×)·행정청(×)]로부터 징수할 수 있다(재량행위)."라고 규정하고 있다(행정대집행법 제2조).
④ 계고절차는 비상시에 생략이 가능하고, 1장의 문서로 철거명령과 계고처분을 동시에 할 수 있다.
[계고절차의 생략] 비상시 또는 위험이 절박한 경우에 있어서 당해 행위의 급속한 실시를 요하여 계고나 대집행영장에 의한 통지절차를 취할 여유가 없을 때에는 계고나 통지를 생략할 수 있다(행정대집행법 제3조 제3항).
[의무부과와 계고의 결합 가능] 계고서라는 명칭의 1장의 문서로써 일정기간 내에 위법건축물의 자진철거를 명함과 동시에 그 소정기한 내에 자진철거를 하지 아니할 때에는 대집행할 뜻을 미리 계고한 경우라도 위 건축법에 의한 철거명령과 행정대집행법에 의한 계고처분은 독립하여 있는 것으로서 각 그 요건이 충족되었다고 볼 것이고, 이 경우 철거명령에서 주어진 일정기간이 자진철거에 필요한 상당한 기간이라면 그 기간 속에는 계고시에 필요한 '상당한 이행기간'도 포함되어 있다고 보아야 할 것이다(대판 1992.6.12, 91누13564).

정답 ①

29. 「행정대집행법」상 대집행에 대한 설명으로 옳지 않은 것은? (다툼이 있는 경우 판례에 의함) 20 지방직7급

① 행정청은 해가 지기 전에 대집행을 착수한 경우라도 해가 진 후에는 대집행을 할 수 없다.
② 무허가증축부분으로 인하여 건물의 미관이 나아지고 증축부분을 철거하는 데 비용이 많이 소요된다고 하더라도 건물철거대집행계고처분을 할 요건에 해당된다.
③ 계고처분의 후속절차인 대집행에 위법이 있다고 하더라도, 그와 같은 후속절차에 위법성이 있다는 점을 들어 선행절차인 계고처분이 부적법하다는 사유로 삼을 수는 없다.
④ 「건축법」에 위반하여 증·개축함으로써 철거의무가 있더라도 그 철거의무를 대집행하기 위한 계고처분을 하려면 다른 방법으로는 그 이행의 확보가 어렵고, 그 불이행을 방치함이 심히 공익을 해하는 것으로 인정되는 경우에 한한다.

해설 ➤ ㊦

① 행정청(제2조에 따라 대집행을 실행하는 제3자를 포함한다)은 해가 뜨기 전이나 해가 진 후에는 대집행을 하여서는 아니 된다. 다만, 다음 각 호의 어느 하나에 해당하는 경우에는 그러하지 아니하다(행정대집행법 제4조 제1항).

1. 의무자가 동의한 경우
2. 해가 지기 전에 대집행을 착수한 경우
3. 해가 뜬 후부터 해가 지기 전까지 대집행을 하는 경우에는 대집행의 목적 달성이 불가능한 경우
4. 그 밖에 비상시 또는 위험이 절박한 경우

② 엄밀히 말하면 틀린 지문이다. 소방도로침범, 불법건축물을 단속하는 당국의 권능을 무력화하거나(수회 무시) 건축허가 및 준공검사시에 소방시설, 주차시설, 교통소통의 원활화, 건물의 높이 등 인접건물과의 조화, 적정한 생활환경의 보호를 위한 건폐율, 용적률 기타 건축법 소정의 제한규정을 회피하고자 하는 경우(탈법행위), 합법화가 불가능한 경우 등과 같은 공익저해 표지가 있을 경우에만 적법하다는 것이 판례의 입장이다. 판례 독해도 제대로 못 하는 교수가 출제위원으로 들어가 사고를 쳤다. 한심하고, 누군지 몹시 궁금하다.
무허가증축부분으로 인하여 건물의 미관이 나아지고 위 증축부분을 철거하는 데 비용이 많이 소요된다고 하더라도 위 무허가증축부분을 그대로 방치한다면 이를 단속하는 당국의 권능이 무력화되어 건축행정의 원활한 수행이 위태롭게 되며 건축법 소정의 제한규정을 회피하는 것을 사전예방하고 또한 도시계획구역 안에서 토지의 경제적이고 효율적인 이용을 도모한다는 더 큰 공익을 심히 해할 우려가 있다고 보아 건물철거대집행 계고처분을 할 요건에 해당된다고 한 사례(대판 1992.3.10, 91누4140)
③ 대판 1997.2.14, 96누15428
④ 대판 1993.9.14, 92누16690

정답 ①

30. 행정대집행에 대한 설명으로 옳지 않은 것은? (다툼이 있는 경우 판례에 의함) 21 국회직9급

① 의무자가 동의한 경우 해가 뜨기 전이나 해가 진 후에도 대집행을 할 수 있다.
② 법령상의 용도 이외에 사용하는 행위를 금지하는 부작위의무의 위반은 대집행의 대상이 될 수 없다.
③ 대집행에 요한 비용은「국세징수법」의 예에 의하여 징수할 수 있다.
④ 매점의 명도는 대체적 작위의무에 해당하지 아니하여 대집행의 대상이 아니다.
⑤ 「공유재산 및 물품 관리법」에 따라 지방자치단체장이 행정대집행의 방법으로 공유재산에 설치한 시설물을 철거할 수 있는 경우에도 민사소송의 방법으로 시설물의 철거를 구할 수 있다.

해설 ➤ ㊦

① 행정청(제2조에 따라 대집행을 실행하는 제3자를 포함한다)은 해가 뜨기 전이나 해가 진 후에는 대집행을 하여서는 아니 된다. 다만, 다음 각 호의 어느 하나에 해당하는 경우에는 그러하지 아니하다(행정대집행법 제4조 제1항).

1. 의무자가 동의한 경우
2. 해가 지기 전에 대집행을 착수한 경우
3. 해가 뜬 후부터 해가 지기 전까지 대집행을 하는 경우에는 대집행의 목적 달성이 불가능한 경우
4. 그 밖에 비상시 또는 위험이 절박한 경우

② 용도위반 부분을 장례식장으로 사용하는 것이 관계법령에 위반한 것이라는 이유로 장례식장의 사용을 중지할 것과 이를 불이행할 경우 행정

대집행법에 의하여 대집행하겠다는 내용의 이 사건 처분은, 이 사건 처분에 따른 '장례식장 사용중지 의무'가 원고 이외의 '타인이 대신'할 수도 없고, 타인이 대신하여 '행할 수 있는 행위'라고도 할 수 없는 비대체적 부작위의무에 대한 것이므로, 그 자체로 위법함이 명백하다(대판 2005. 9.28, 2005두7464).

③ 행정대집행법 제6조 제1항

④ 대판 1998.10.23, 97누157

⑤ 관계 법령상 행정대집행의 절차가 인정되어 행정청이 행정대집행의 방법으로 건물의 철거 등 대체적 작위의무의 이행을 실현할 수 있는 경우에는 따로 민사소송의 방법으로 그 의무의 이행을 구할 수 없다(대판 2017.4.28, 2016다213916).

정답 ⑤

31. 행정대집행에 대한 설명으로 옳지 않은 것은? (다툼이 있는 경우 판례에 의함) 21 지방직9급

① 도시공원시설 점유자의 퇴거 및 명도 의무는 「행정대집행법」에 의한 대집행의 대상이 아니다.

② 후행처분인 대집행비용납부명령 취소청구 소송에서 선행처분인 계고처분이 위법하다는 이유로 대집행비용납부명령의 취소를 구할 수 없다.

③ 대집행에 요한 비용을 징수하였을 때에는 그 징수금은 사무비의 소속에 따라 국고 또는 지방자치단체의 수입으로 한다.

④ 대집행에 대하여는 행정심판을 제기할 수 있다.

해설 ➤ 下

① 대판 1998.10.23, 97누157

② 후행처분인 대집행비용납부명령의 취소를 청구하는 소송에서 청구원인으로 선행처분인 계고처분이 위법한 것이기 때문에 그 계고처분을 전제로 행하여진 대집행비용납부명령도 위법한 것이라는 주장을 할 수 있다(대판 1993.11.9, 93누14271).

③ 행정대집행법 제6조 제3항

④ 행정대집행법 제7조

정답 ②

32. 「행정대집행법」상 행정대집행에 대한 설명으로 옳지 않은 것은? (다툼이 있는 경우 판례에 의함)

'22 지방직 7급

① 관계 법령상 행정대집행의 절차가 인정되어 행정청이 행정대집행의 방법으로 건물의 철거 등 대체적 작위의무의 이행을 실현할 수 있는 경우에는 따로 민사소송의 방법으로 그 의무의 이행을 구할 수 없다.

② 행정청이 행정대집행을 한 경우 그에 따른 비용의 징수는 「행정대집행법」의 절차에 따라 「국세징수법」의 예에 의하여 징수하여야 하며, 손해배상을 구하는 민사소송으로 징수할 수는 없다.

③ 행정대집행에 있어 대집행 대상인 건물의 점유자가 철거의무자일 때에는 건물철거의무에 퇴거의무도 포함되어 있는 것이어서 별도로 퇴거를 명하는 집행권원이 필요하지 않다.

④ 법령이 일정한 행위를 금지하고 있는 경우, 그 금지규정으로부터 위반결과의 시정을 명하는 행정청의 처분권한은 당연히 도출되므로 행정청은 그 금지규정에 근거하여 시정을 명하고 행정대집행에 나아갈 수 있다.

해설 ➤ 下

① 대판 2017.4.28, 2016다213916

② 대한주택공사가 구 대한주택공사법 및 동법 시행령에 의하여 대집행권한을 위탁받아 공무인 대집행을 실시함에 따라 발생하는 대집행에 요한 비용은 행정대집행법의 절차에 따라 국세징수법의 예에 의하여 징수할 수 있다. 행정대집행법이 대집행비용의 징수에 관하여 민사소송절차에 의한 소송이 아닌 간이하고 경제적인 특별구제절차를 마련해 놓고 있으므로 민법 제750조에 기한 손해배상으로서 대집행비용의 상환을 구하는 한국토지주택공사의 청구는 소의 이익이 없어 부적법하다(대판 2011.9.8, 2010다48240).

③ 피고들이 이 사건 건물을 철거하여 이 사건 공유수면을 원상회복하여야 할 의무는 대체적 작위의무에 해당하므로 행정대집행의 대상이 된다 할 것이며, 당진시장은 이 사건 건물 철거의무를 행정대집행의 방법으로 실현하는 과정에서 부수적으로 피고들과 그 가족들의 퇴거 조치를 실현

할 수 있으므로, 행정대집행 외에 별도로 퇴거를 명하는 집행권원은 필요하지 않다고 할 것이다. 원심이 같은 취지에서 원고가 피고들에 대하여 건물퇴거를 구하는 이 사건 소가 부적법하다고 판단한 것은 정당하고, 거기에 상고이유 주장과 같이 소의 이익이나 행정대집행에 관한 법리를 오해한 잘못이 없다(대판 2017.4.28, 2016다213916).
④ 금지규정(특히, 허가를 유보한 상대적 금지규정)으로부터 작위의무, 즉 위반결과의 시정을 명하는 권한이 당연히 추론되는 것도 아니다(대판 1996.6.28, 96누4374).

정답 ④

메모

제3절 이행강제금(집행벌)

33. 이행강제금에 대한 설명으로 옳지 않은 것은? (다툼이 있는 경우 판례에 의함) 15 국가직7급

① 이행강제금은 작위의무 또는 부작위의무를 불이행한 경우에 그 의무를 간접적으로 강제이행시키는 수단으로서 집행벌이라고도 한다.
② 이행강제금의 부과는 의무불이행에 대한 집행벌로 가하는 것이기 때문에 행정절차상 의견청취를 거치지 않아도 된다.
③ 행정청은 대체적 작위의무 불이행시 강제수단으로서 대집행과 이행강제금을 재량에 의하여 선택적으로 결정할 수 있다.
④ 이행강제금의 부과처분에 대한 불복방법에 관하여 아무런 규정을 두고 있지 않는 경우에는 이행강제금 부과처분은 행정행위이므로 행정심판 또는 행정소송을 제기할 수 있다.

해설 ➤ (下)

② 이행강제금의 부과는 불이익처분으로서 예외사유에 해당하지 않는 한 사전통지와 의견청취절차를 거쳐야 한다.
③ 헌재결 2004.2.26, 2001헌바80·84·102·103, 2002헌바26
④ 해당법률에서 특별한 불복방법을 규정하고 있지 아니한 경우로서 건축법 등 대부분의 법률에 의한 이행강제금은 일반적인 행정심판과 행정소송절차에 의한다. 2005.11.8, 개정 건축법(시행일 2006.5.9.)은 과태료부과절차에 관한 준용규정을 삭제함으로써 이행강제금부과처분과 계고처분은 성질이 행정행위이므로 행정소송(명시적 규정은 없음)에 의해 구제를 받을 수 있게 되었다.

정답 ②

34. 이행강제금에 대한 설명으로 옳지 않은 것은? (다툼이 있는 경우 판례에 의함) 17 지방직9급

① 「건축법」 제79조 제1항에 따른 위반 건축물 등에 대한 시정명령을 받은 자가 이를 이행하면, 허가권자는 새로운 이행강제금의 부과를 즉시 중지하되 이미 부과된 이행강제금은 징수하여야 한다.
② 건축주 등이 장기간 건축철거를 명하는 시정명령을 이행하지 아니하였다면, 비록 그 기간 중에 시정명령의 이행 기회가 제공되지 아니하였다가 뒤늦게 시정명령의 이행 기회가 제공된 경우라 하더라도, 행정청은 이행 기회가 제공되지 아니한 과거의 기간에 대한 이행강제금까지 한꺼번에 부과할 수 있다.
③ 사용자가 이행하여야 할 행정법상 의무의 내용을 초과하는 것을 '불이행 내용'으로 기재한 이행강제금 부과 예고서에 의하여 이행강제금 부과 예고를 한 다음 이를 이행하지 않았다는 이유로 이행강제금을 부과하였다면, 초과한 정도가 근소하다는 등의 특별한 사정이 없는 한 이행강제금 부과 예고는 이행강제금 제도의 취지에 반하는 것으로서 위법하고, 이에 터 잡은 이행강제금 부과처분 역시 위법하다.
④ 구 「건축법」상 이행강제금 납부의 최초 독촉은 징수처분으로서 항고소송의 대상이 되는 행정처분에 해당한다.

해설 ➤ (中)

① 건축법 제80조 제6항
② 비록 건축주 등이 장기간 시정명령을 이행하지 아니하였더라도, 그 기간 중에는 시정명령의 이행 기회가 제공되지 아니하였다가 뒤늦게 시정명령의 이행 기회가 제공된 경우라면, 시정명령의 이행 기회 제공을 전제로 한 1회분의 이행강제금만을 부과할 수 있고, 시정명령의 이행 기회가 제공되지 아니한 과거의 기간에 대한 이행강제금까지 한꺼번에 부과할 수는 없다. 그리고 이를 위반하여 이루어진 이행강제금 부과처분은 과거의 위반행위에 대한 제재가 아니라 행정상의 간접강제 수단이라는 이행강제금의 본질에 반하여 구 건축법 제80조 제1항, 제4항 등 법규의 중요한 부분을 위반한 것으로서, 그러한 하자는 중대할 뿐만 아니라 객관적으로도 명백하다(대판 2016.7.14, 2015두46598).
③ 대판 2015.6.24, 2011두2170
④ 이행강제금 납부의 최초 독촉은 징수처분으로서 항고소송의 대상이 되는 행정처분이 될 수 있다(대판 2009.12.24, 2009두14507).

정답 ②

35. 행강제금에 대한 설명으로 옳지 않은 것은? (다툼이 있는 경우 판례에 의함) 19 지방직9급

① 이행강제금은 과거의 의무불이행에 대한 제재의 기능을 지니고 있으므로, 이행강제금이 부과되기 전에 의무를 이행한 경우에도 시정명령에서 정한 기간을 지나서 이행한 경우라면 이행강제금을 부과할 수 있다.
② 「건축법」상 허가권자는 이행강제금을 부과하기 전에 이행강제금을 부과·징수한다는 뜻을 미리 문서로써 계고하여야 한다.
③ 「건축법」상 이행강제금 납부의 최초 독촉은 징수처분으로서 항고소송의 대상이 되는 행정처분이 될 수 있다.
④ 부작위의무나 비대체적 작위의무 뿐만 아니라 대체적 작위의무의 위반에 대하여도 이행강제금을 부과할 수 있다.

해설 ➤ 下

① 이행명령을 받은 의무자가 그 명령을 이행한 경우에는 이행명령에서 정한 기간을 지나서 이행한 경우라도 최초의 이행강제금을 부과할 수 없다(대판 2014.12.11, 2013두15750).
② 건축법 제80조 제3항
③ 대판 2009.12.24, 2009두14507
④ 헌재결 2004.2.26, 2001헌바80·84·102·103, 2002헌바26

정답 ①

36. 행정의 실효성 확보수단으로서 이행강제금에 대한 설명으로 옳지 않은 것은? (다툼이 있는 경우 판례에 의함) 20 지방직9급

① 이행강제금은 침익적 강제수단이므로 법적 근거를 요한다.
② 형사처벌과 이행강제금은 병과될 수 있다.
③ 대체적 작위의무 위반에 대해서는 이행강제금이 부과될 수 없다.
④ 「건축법」상 이행강제금은 반복하여 부과·징수될 수 있다.

해설 ➤ 下

② 이행강제금은 일정한 기한까지 의무를 이행하지 않을 때에는 일정한 금전적 부담을 과할 뜻을 미리 계고함으로써 의무자에게 심리적 압박을 주어 장래에 그 의무를 이행하게 하려는 행정상 간접적인 강제집행 수단의 하나로서 과거의 일정한 법률위반 행위에 대한 제재로서의 형벌이 아니라 장래의 의무이행의 확보를 위한 강제수단일 뿐이어서 범죄에 대하여 국가가 형벌권을 실행한다고 하는 과벌에 해당하지 아니하므로 헌법 제13조 제1항이 금지하는 이중처벌금지의 원칙이 적용될 여지가 없을 뿐 아니라, 건축법 제108조, 제110조에 의한 형사처벌의 대상이 되는 행위와 이 사건 법률조항에 따라 이행강제금이 부과되는 행위는 기초적 사실관계가 동일한 행위가 아니라 할 것이므로 이런 점에서도 이 사건 법률조항이 헌법 제13조 제1항의 이중처벌금지의 원칙에 위반되지 아니한다(헌재결 2011.10.25, 2009헌바140).
③ 전통적으로 행정대집행은 대체적 작위의무에 대한 강제집행수단으로, 이행강제금은 부작위의무나 비대체적 작위의무에 대한 강제집행수단으로 이해되어 왔으나, 이는 이행강제금제도의 본질에서 오는 제약은 아니며, 이행강제금은 대체적 작위의무의 위반에 대하여도 부과될 수 있다(헌재결 2004.2.26, 2001헌바80·84·102·103, 2002헌바26).
④ 허가권자는 최초의 시정명령이 있었던 날을 기준으로 하여 1년에 2회 이내의 범위에서 그 시정명령이 이행될 때까지 반복하여 이행강제금을 부과징수할 수 있다(건축법 제80조 제4항).

정답 ③

37. 이행강제금에 대한 설명으로 옳지 않은 것은? (다툼이 있는 경우 판례에 의함) 20 국회직8급

① 이행강제금은 법령으로 정하는 바에 따라 계고나 시정명령 없이 부과할 수 있으며 법령으로 정하는 바에 따라 반복적으로 이행할 때까지 부과할 수 있다.
② 이행강제금은 금전의 징수가 목적이 아니라 의무이행을 촉구하기 위한 것이므로 일단 의무이행이 있으면 비록 시정명령에서 정한 기간을 지나서 이행한 경우라도 이행강제금을 부과할 수 없다.
③ 「건축법」 제80조 제6항에 따르면 시정명령을 받은 자가 시정명령을 이행한 경우에는 더 이상 이행강제금을 부과하지 않지만, 이미 부과된 이행강제금은 징수한다.
④ 이행강제금은 대체적 작위의무 위반에 대해서도 부과될 수 있고 대집행과 선택적으로 활용될 수 있다.
⑤ 「건축법」상 시정명령 위반에 따른 이행강제금의 부과와 건축행위에 대한 형사처벌은 그 처벌 내지 제재대상이 되는 기본적 사실관계가 다르므로 이중처벌에 해당하지 않는다.

해설 ➤ 中

①③ 계고나 시정명령은 이행강제금을 부과하기 위한 필수적인 요건이지만, 반복부과는 가능하다.
[시정명령과 계고의무] 허가권자는 제79조 제1항에 따라 시정명령을 받은 후 시정기간 내에 시정명령을 이행하지 아니한 건축주등에 대하여는 그 시정명령의 이행에 필요한 상당한 이행기한을 정하여 그 기한까지 시정명령을 이행하지 아니하면 다음 각 호의 이행강제금을 부과한다(제80조 제1항). 허가권자는 제1항 및 제2항에 따른 이행강제금을 부과하기 전에 이행강제금을 부과·징수한다는 뜻을 미리 문서로써 계고(戒告)하여야 한다(같은 조 제3항).
[반복부과가능] 허가권자는 최초의 시정명령이 있었던 날을 기준으로 하여 1년에 2회 이내의 범위에서 해당 지방자치단체의 조례로 정하는 횟수만큼 그 시정명령이 이행될 때까지 반복하여 제1항 및 제2항에 따른 이행강제금을 부과·징수할 수 있다(건축법 제80조 제5항). 허가권자는 제79조 제1항에 따라 시정명령을 받은 자가 이를 이행하면 새로운 이행강제금의 부과를 즉시 중지하되, 이미 부과된 이행강제금은 징수하여야 한다(같은 조 제6항).
② 대판 2014.12.11, 2013두15750
④ 헌재결 2004.2.26, 2001헌바80·84·102·103, 2002헌바26
⑤ 헌재결 2011.10.25, 2009헌바140

정답 ①

38. 이행강제금제도에 대한 설명으로 옳지 않은 것은? (다툼이 있는 경우 판례에 의함) 21 국회직9급

① 이행강제금은 집행벌이라고도 하며 행정벌과는 구분된다.
② 동일한 의무위반에 대해 의무를 이행할 때까지 이행강제금을 반복해서 부과하는 것도 가능하다.
③ 대체적 작위의무의 강제방법으로 이행강제금제도를 활용해서는 안 된다.
④ 이행강제금부과를 위해서는 반드시 법적 근거가 필요하다.
⑤ 이행강제금 금액을 법률에서 규정하고 있는 경우 법원이 그 금액보다 적은 이행강제금을 판결을 통해 부과할 수 없다.

해설 ➤ 下

① 행정벌은 과거의 법위반에 대한 제재로서 의무자에게 심리적 압박을 가해 간접적으로 의무의 이행을 강제하는 기능을 갖지만 이행강제금과 달리 의무의 이행을 직접적인 목적으로 하는 것은 아니라는 점, 이행강제금은 반복부과가 가능하지만 행정벌은 하나의 위반행위에 대해서는 이중처벌금지의 원칙에 따라 반복부과할 수 없다는 점, 행정벌과 달리 이행강제금에는 고의·과실이 필요하지 않다는 점, 이행강제금은 현재의 의무위반에 대한 의무이행확보 수단이라는 점에서 과거의 위반행위에 대한 제재인 행정형벌과 구별된다. 따라서 양자(행정형벌 또는 과태료와 이행강제금)는 규제목적을 달리하므로 병과될 수 있다.
② 허가권자는 최초의 시정명령이 있었던 날을 기준으로 하여 1년에 2회 이내의 범위에서 해당 지방자치단체의 조례로 정하는 횟수만큼 그 시정명령이 이행될 때까지 반복하여 제1항 및 제2항에 따른 이행강제금을 부과·징수할 수 있다(건축법 제80조 제5항).
③ 전통적으로 행정대집행은 대체적 작위의무에 대한 강제집행수단으로, 이행강제금은 부작위의무나 비대체적 작위의무에 대한 강제집행수단으로 이해되어 왔으나, 이는 이행강제금제도의 본질에서 오는 제약은 아니며, 이행강제금은 대체적 작위의무의 위반에 대하여도 부과될 수 있다(헌재결 2004.2.26, 2001헌바80·84·102·103, 2002헌바26).
④ 이행강제금부과는 침익적 처분이므로 반드시 법적 근거를 요한다.
⑤ 농지법 제65조 제1항이 처분명령을 정당한 사유 없이 이행하지 아니한 자에 대하여 당해 농지의 토지가액의 100분의 20에 상당하는 이행

강제금을 부과한다고 정하고 있으므로, 처분명령이 효력이 없거나 그 불이행에 같은 항 소정의 정당한 사유가 있어 이행강제금에 처하지 아니하는 결정을 하지 않는 한, 법원으로서는 그보다 적은 이행강제금을 부과할 수도 없다(대결 2005.11.30, 2005마1031).

정답 ③

39. 이행강제금에 대한 설명으로 옳지 않은 것은? (다툼이 있는 경우 판례에 의함) 21 지방직9급

① 이행강제금은 대체적 작위의무의 위반에 대하여도 부과될 수 있다.
② 이미 사망한 사람에게 「건축법」상의 이행강제금을 부과하는 내용의 처분이나 결정은 당연무효이다.
③ 「부동산 실권리자명의 등기에 관한 법률」상 장기미등기자가 이행강제금 부과 전에 등기신청의무를 이행하였더라도 동법에 규정된 기간이 지나서 등기신청의무를 이행하였다면 이행강제금을 부과할 수 있다.
④ 「건축법」상 위법건축물에 대한 이행강제수단으로 대집행과 이행강제금이 인정되고 있는데, 행정청은 개별사건에 있어서 위반내용, 위반자의 시정의지 등을 감안하여 대집행과 이행강제금을 선택적으로 활용할 수 있다.

해설 (下)

① 헌재결 2004.2.26, 2001헌바80·84·102·103, 2002헌바26
② 대결 2006.12.8, 2006마470
③ 장기미등기자가 이행강제금 부과 전에 등기신청의무를 이행하였다면 이행강제금의 부과로써 이행을 확보하고자 하는 목적은 이미 실현된 것이므로 부동산실명법 제6조 제2항에 규정된 기간이 지나서 등기신청의무를 이행한 경우라 하더라도 이행강제금을 부과할 수 없다(대판 2016.6.23, 2015두36454).
④ 헌재결 2004.2.26, 2001헌바80·84·102·103, 2002헌바26

정답 ③

40. 이행강제금에 대한 설명으로 옳지 않은 것은? (다툼이 있는 경우 판례에 의함) 21 지방직7급

① 「건축법」상 이행강제금은 시정명령의 불이행이라는 과거의 위반행위에 대한 제재가 아니라 시정명령을 이행하지 않고 있는 건축주 등에 대하여 다시 상당한 이행기한을 부여하고 기한 안에 시정명령을 이행하지 않으면 이행강제금이 부과된다는 사실을 고지함으로써 의무자에게 심리적 압박을 주어 시정명령에 따른 의무의 이행을 간접적으로 강제하는 수단의 성질을 가진다.
② 「건축법」상 행정청은 의무자가 행정상 의무를 이행할 때까지 이행강제금을 반복하여 부과할 수 있으나, 의무자가 의무를 이행하면 새로운 이행강제금의 부과를 즉시 중지하여야 하고 이미 부과한 이행강제금은 징수하지 아니한다.
③ 「농지법」에 따른 이행강제금을 부과할 때에는 그때마다 이행강제금을 부과·징수한다는 뜻을 미리 문서로 알려야 하고, 이와 같은 절차를 거치지 아니한 채 이행강제금을 부과하는 것은 이행강제금 제도의 취지에 반하는 것으로서 위법하다.
④ 「건축법」상 이행강제금은 위반행위에 대하여 시정명령을 받은 후 시정기간 내에 당해 시정명령을 이행하지 아니한 건축주 등에 대하여 부과하는 것으로서 그 이행강제금 납부의무는 상속인 기타의 사람에게 승계될 수 없는 일신전속적인 성질의 것이므로 이미 사망한 사람에게 이행강제금을 부과하는 내용의 처분이나 결정은 당연무효이다.

해설 (中)

① 대판 2016.7.14, 2015두46598
② 허가권자는 최초의 시정명령이 있었던 날을 기준으로 하여 1년에 2회 이내의 범위에서 해당 지방자치단체의 조례로 정하는 횟수만큼 그 시정명령이 이행될 때까지 반복하여 제1항 및 제2항에 따른 이행강제금을 부과·징수할 수 있다(건축법 제80조 제5항). 허가권자는 제79조 제1항에 따라 시정명령을 받은 자가 이를 이행하면 새로운 이행강제금의 부과를 즉시 중지하되, 이미 부과된 이행강제금은 징수하여야 한다(같은 조 제6항).
③ 이행강제금은 행정법상의 부작위의무 또는 비대체적 작위의무를 이행하지 않은 경우에 '일정한 기한까지 의무를 이행하지 않을 때에는 일정한 금전적 부담을 과할 뜻'을 미리 알림으로써 의무자에게 심리적 압박을 주어 장래를 향하여 그 의무의 이행을 확보하려는 간접적인 행정상 강

제집행 수단이므로(대법원 2015.6.24. 선고 2011두2170 판결 참조), 농지법 제62조 제1항에 따른 이행강제금을 부과할 때에는 그때마다 이행강제금을 부과·징수한다는 뜻을 미리 문서로 알려야 하고, 이와 같은 절차를 거치지 아니한 채 이행강제금을 부과하는 것은 이행강제금 제도의 취지에 반하는 것으로서 위법하다(대결 2018.11.2, 2018마5608).

④ 이행강제금은 행정법상의 부작위의무 또는 비대체적 작위의무를 이행하지 않은 경우에 '일정한 기한까지 의무를 이행하지 않을 때에는 일정한 금전적 부담을 과할 뜻'을 미리 알림으로써 의무자에게 심리적 압박을 주어 장래를 향하여 그 의무의 이행을 확보하려는 간접적인 행정상 강제집행 수단이므로, 농지법 제62조 제1항에 따른 이행강제금을 부과할 때에는 그때마다 이행강제금을 부과·징수한다는 뜻을 미리 문서로 알려야 하고, 이와 같은 절차를 거치지 아니한 채 이행강제금을 부과하는 것은 이행강제금 제도의 취지에 반하는 것으로서 위법하다(대결 2018.11.2, 2018마5608).

정답 ②

메모

제4절 강제징수

41. 행정상 강제징수에 대한 설명으로 옳지 않은 것은? 15 국가직9급

① 「국세징수법」상의 체납처분에서 압류재산의 매각은 공매를 통해서만 이루어지며 수의계약으로 해서는 안 된다.
② 세무서장은 한국자산관리공사로 하여금 공매를 대행하게 할 수 있으며, 이 경우 공매는 세무서장이 한 것으로 본다.
③ 과세관청의 압류처분에 대해서는 심사청구 또는 심판청구 중 하나에 대한 결정을 거친 후 행정소송을 제기하여야 한다.
④ 과세관청이 체납처분으로서 행하는 공매는 우월한 공권력의 행사로서 행정소송의 대상이 되는 행정처분이다.

해설 ➤ 下

① 매각은 공정성을 확보하기 위해 원칙적으로 공공기관에 의해 이루어지는 공매에 의하고, 예외적으로 거래상대방을 임의로 선택하는 수의계약에 의한다.
② 세무서장은 압류한 재산의 공매에 전문지식이 필요하거나 그 밖에 특수한 사정이 있어 직접 공매하기에 적당하지 아니하다고 인정할 때에는 한국자산관리공사(구 성업공사)로 하여금 공매를 대행하게 할 수 있으며 이 경우의 공매는 세무서장이 한 것으로 본다(국세징수법 제61조 제5항).
③ 위법한 국세부과처분에 대한 행정소송은 심사청구 또는 심판청구와 그에 대한 결정을 거치지 아니하면 이를 제기할 수 없다(국세기본법 제56조 제2항).
④ 과세관청이 체납처분으로서 행하는 공매는 우월한 공권력의 행사로서 행정소송의 대상이 되는 공법상의 행정처분이며 공매에 의하여 재산을 매수한 자는 그 공매처분이 취소된 경우에 그 취소처분의 위법을 주장하여 행정소송을 제기할 법률상 이익이 있다(대판 1984.9.25, 84누201).

정답 ①

42. 「국세징수법」상 강제징수절차에 대한 판례의 입장으로 옳지 않은 것은? 17 국가직9급

① 세무 공무원이 국세의 징수를 위해 납세자의 재산을 압류하는 경우 그 재산의 가액이 징수할 국세액을 초과한다면 당해 압류처분은 무효이다.
② 국세를 납부기한까지 납부하지 아니하면 과세권자의 가산금 확정절차 없이 「국세징수법」 제21조에 의하여 가산금이 당연히 발생하고 그 액수도 확정된다.
③ 조세부과처분의 근거규정이 위헌으로 선언된 경우, 그에 기한 조세부과처분이 위헌결정 전에 이루어졌다 하더라도 위헌결정 이후에 조세채권의 집행을 위해 새로이 착수된 체납처분은 당연무효이다.
④ 공매통지가 적법하지 아니하다면 특별한 사정이 없는 한, 공매통지를 직접 항고소송의 대상으로 삼아 다툴 수 없고 통지 후에 이루어진 공매처분에 대하여 다투어야 한다.

해설 ➤ 中

① 세무공무원이 국세의 징수를 위해 납세자의 재산을 압류하는 경우 그 재산의 가액이 징수할 국세액을 초과한다 하여 위 압류가 당연무효의 처분이라고는 할 수 없다(대판 1986.11.11, 86누479).
② 국세징수법 제21조, 제22조가 규정하는 가산금 또는 중가산금은 국세를 납부기한까지 납부하지 아니하면 과세청의 확정절차 없이도 법률 규정에 의하여 당연히 발생하는 것이므로 가산금 또는 중가산금의 고지가 항고소송의 대상이 되는 처분이라고 볼 수 없다(대판 2005.6.10, 2005다15482).
③ 조세 부과의 근거가 되었던 법률규정이 위헌으로 선언된 경우, 비록 그에 기한 과세처분이 위헌결정 전에 이루어졌고, 그 과세처분에 대한 제소기간이 이미 경과하여 조세채권이 확정되었으며, 그 조세채권의 집행을 위한 체납처분의 근거규정 자체에 대하여는 따로 위헌결정이 내려진 바 없다고 하더라도, 위와 같은 위헌결정 이후에 조세채권의 집행을 위한 새로운 체납처분에 착수하거나 이를 속행하는 것은 더 이상 허용되지 않고, 나아가 이러한 위헌결정의 효력에 위배하여 이루어진 체납처분은 그 사유만으로 하자가 중대하고 객관적으로 명백하여 당연무효라고 보아야 한다[대판(전합) 2012.2.16, 2010두10907].
④ 공매통지 자체가 그 상대방인 체납자 등의 법적 지위나 권리·의무에 직접적인 영향을 주는 행정처분에 해당한다고 할 것은 아니므로 다른 특별한 사정이 없는 한 체납자 등은 공매통지의 결여나 위법을 들어 공매처분의 취소 등을 구할 수 있는 것이지 공매통지 자체를 항고소송의 대상으로 삼아 그 취소 등을 구할 수는 없다(대판 2011.3.24, 2010두25527).

정답 ①

43. 조세의 부과징수 및 그 구제에 대한 설명으로 옳지 않은 것은? (다툼이 있는 경우 판례에 의함)

'22 국가직7급

① 심판청구 등에 대한 결정의 한 유형으로 실무상 행해지고 있는 재조사 결정은 재결청의 결정에서 지적된 사항에 관하여 처분청의 재조사결과를 기다려 그에 따른 후속 처분의 내용을 심판청구 등에 대한 결정의 일부분으로 삼겠다는 의사가 내포된 변형결정에 해당하므로, 처분청은 재조사 결정의 취지에 따라 재조사를 한 후 그 내용을 보완하는 후속 처분만을 할 수 있다.

② 납세의무자에 대한 국가의 부가가치세 환급세액 지급의무는 그 납세의무자로부터 어느 과세기간에 과다하게 거래징수된 세액 상당을 국가가 실제로 납부받았는지와 관계없이 부가가치세법령의 규정에 의하여 직접 발생하는 것으로서, 그 법적 성질은 부당이득 반환의무가 아니다.

③ 과세표준과 세액을 감액하는 경정처분에 대해서 그 감액경정처분으로도 아직 취소되지 아니하고 남아 있는 부분을 다투는 경우, 적법한 전심절차를 거쳤는지 여부, 제소기간의 준수 여부는 당해 경정처분을 기준으로 판단하여야 한다.

④ 증액경정처분이 있는 경우, 원칙적으로는 당초 신고나 결정에 대한 불복기간의 경과 여부 등에 관계없이 증액경정처분만이 항고소송의 심판대상이 되고, 납세의무자는 그 항고소송에서 당초 신고나 결정에 대한 위법사유도 함께 주장할 수 있다.

해설 ㊦

① 대판 2017.5.11, 2015두37549

② 납세의무자에 대한 국가의 부가가치세 환급세액 지급의무는 그 납세의무자로부터 어느 과세기간에 과다하게 거래징수된 세액 상당을 국가가 실제로 납부받았는지 여부와 관계없이 부가가치세법령의 규정에 의하여 직접 발생하는 것으로서, 그 법적 성질은 정의와 공평의 관념에서 수익자와 손실자 사이의 재산상태 조정을 위해 인정되는 부당이득 반환의무가 아니라 부가가치세법령에 의하여 그 존부나 범위가 구체적으로 확정되고 조세 정책적 관점에서 특별히 인정되는 공법상 의무라고 봄이 타당하다. 그렇다면 납세의무자에 대한 국가의 부가가치세 환급세액 지급의무에 대응하는 국가에 대한 납세의무자의 부가가치세 환급세액 지급청구는 민사소송이 아니라 행정소송법 제3조 제2호에 규정된 당사자소송의 절차에 따라야 한다[대판(전합) 2013.3.21, 2011다95564].

③ 과세표준과 세액을 감액하는 경정처분은 당초 부과처분과 별개 독립의 과세처분이 아니라 그 실질은 당초 부과처분의 변경이고, 그에 의하여 세액의 일부 취소라는 납세자에게 유리한 효과를 가져오는 처분이므로 그 감액경정처분으로도 아직 취소되지 아니하고 남아 있는 부분이 위법하다 하여 다투는 경우, 항고소송 대상은 당초의 부과처분 중 경정처분에 의하여 취소되지 않고 남은 부분이고, 경정처분이 항고소송의 대상이 되는 것은 아니며, 이 경우 적법한 전심절차를 거쳤는지 여부, 제소기간의 준수 여부도 당초 처분을 기준으로 판단하여야 한다(대판 2007.10.26, 2005두3585).

④ 국세기본법 제22조의2 제1항의 주된 입법 취지는 증액경정처분이 있더라도 불복기간의 경과 등으로 확정된 당초 신고 또는 결정에서의 세액만큼은 그 불복을 제한하려는 데 있는 점 등을 종합하여 볼 때, 국세기본법 제22조의2의 시행 이후에도 증액경정처분이 있는 경우 당초 신고나 결정은 증액경정처분에 흡수됨으로써 독립된 존재가치를 잃게 된다고 보아야 할 것이므로, 원칙적으로는 당초 신고나 결정에 대한 불복기간의 경과 여부 등에 관계없이 증액경정처분만이 항고소송의 심판대상이 되고, 납세의무자는 그 항고소송에서 당초 신고나 결정에 대한 위법사유도 함께 주장할 수 있다고 해석함이 타당하다(대판 2009.5.14, 2006두17390).

정답 ③

제3장 행정상 즉시강제 및 행정조사

제1절 행정상 즉시강제

1. 다음은 「감염병의 예방 및 관리에 관한 법률」의 다음 규정 중 일부이다. 이 규정에 대한 설명으로 옳은 것을 〈보기〉에서 모두 고르면? 18 국회직8급

> 제47조(감염병 유행에 대한 방역조치) 보건복지부장관 … 은 감염병이 유행하면 감염병 전파를 막기 위하여 다음 각 호에 해당하는 … 조치를 하여야 한다.
> 1. 감염병환자등이 있는 장소나 감염병병원체에 오염되었다고 인정되는 장소에 대한 다음 각 목의 조치
>   가. 일시적 폐쇄
>   나. 〈이하 생략〉
> 3. 감염병병원체에 감염되었다고 의심되는 사람을 적당한 장소에 일정한 기간 입원 또는 격리시키는 것
> 4. 〈이하 생략〉
>
> 제80조(벌칙) 다음 각 호의 어느 하나에 해당하는 자는 300만 원 이하의 벌금에 처한다.
> 1.~4. 〈생략〉
> 5. 제47조 … 에 따른 조치에 위반한 자.
> 6. 〈이하 생략〉

〈보 기〉

ㄱ. 제47조 제1호의 '일시적 폐쇄'는 의무의 불이행을 전제로 하지 않으므로 강학상 '직접강제'에 해당한다.
ㄴ. 제47조 제3호의 '입원 또는 격리'가 항고소송의 대상이 된다고 하더라도 입원 또는 격리가 이미 종료된 경우에는 권리보호의 필요성이 부정될 수 있다.
ㄷ. 제47조의 각 호 조치가 급박한 상황에 대처하기 위한 것으로서 그 불가피성과 정당성이 충분히 인정된다면 헌법상의 사전영장주의 원칙에 위배되는 것은 아니라 할 것이다.
ㄹ. 제80조의 벌금은 과실범 처벌에 관한 명문규정이 있거나 해석상 과실범도 벌할 뜻이 명확한 경우를 제외하고는 형법의 원칙에 따라 고의가 있어야 벌할 수 있다.
ㅁ. 법인의 종업원이 제80조의 위반행위를 하였음을 이유로 종업원과 함께 법인도 처벌하고자 한다면, 종업원의 행위의 결과에 대하여 법인에게 독자적인 책임이 있어야 한다.

① ㄱ, ㄴ, ㄷ
② ㄱ, ㄹ, ㅁ
③ ㄴ, ㄷ, ㅁ
④ ㄴ, ㄷ, ㄹ, ㅁ
⑤ ㄱ, ㄴ, ㄷ, ㄹ, ㅁ

해설 ▸ 上

ㄱ 감염병 유행에 대한 방역조치로서의 일시 폐쇄조치는 긴급한 경우로서 의무부과와 불이행을 전제로 하지 않는 행정상 즉시강제에 해당한다.
ㄴ 입원 또는 격리가 이미 종료된 경우에는 침해가 종료된 상태이기 때문에 권리보호의 필요성이 부정된다.
ㄷ 사전영장주의는 인신보호를 위한 헌법상의 기속원리이기 때문에 인신의 자유를 제한하는 모든 국가작용의 영역에서 존중되어야 하지만, 헌법 제12조 제3항 단서도 사전영장주의의 예외를 인정하고 있는 것처럼 사전영장주의를 고수하다가는 도저히 행정목적을 달성할 수 없는 지극히 예외적인 경우에는 형사절차에서와 같은 예외가 인정되므로, 구 사회안전법 제11조 소정의 동행보호규정은 재범의 위험성이 현저한 자를 상대로 긴급히 보호할 필요가 있는 경우에 한하여 단기간의 동행보호를 허용한 것으로서 그 요건을 엄격히 해석하는 한, 동규정 자체가 사전영장주의를 규정한 헌법규정에 반한다고 볼 수는 없다(대판 1997.6.13, 96다56115).
ㄹ 행정상의 단속을 주안으로 하는 법규라 하더라도 명문규정이 있거나 해석상 과실범도 벌할 뜻이 명확한 경우를 제외하고는 형법의 원칙에 따라 고의가 있어야 벌할 수 있다(대판 1986.7.22, 85도108).
ㅁ 이 사건 심판대상 법률조항인 구 폐기물관리법 제67조 제1항("법인의 대리인, 사용인, 그 밖의 종업원이 그 법인의 업무에 관하여 제65조 제1호의 규정에 따른 위반행위를 하면 그 법인도 해당 조문의 벌금형을 과한다.") 등은 법인이 고용한 종업원 등의 범죄행위에 관하여 비난할 근거가 되는 법인의 의사결정 및 행위구조, 즉 종업원 등이 저지른 행위의 결과에 대한 법인의 독자적인 책임에 관하여 전혀 규정하지 않은 채, 단순히 법인이 고용한 종업원 등이 업무에 관하여 범죄행위를 하였다는 이유만으로 법인에 대하여 형사처벌을 과하고 있는바, 이는 다른 사람의 범죄에 대하여 그 책임 유무를 묻지 않고 형벌을 부과함으로써 법치국가의 원리 및 죄형 법정주의로부터 도출되는 책임주의원칙에 반한다(헌재결 2010.7.29, 2009헌가18).

정답 ④

2. 행정상 즉시강제에 대한 설명으로 옳지 않은 것은? (다툼이 있는 경우 판례에 의함) 21 국가직9급

① 행정상 즉시강제는 국민의 권리침해를 필연적으로 수반하므로, 이에 대해서는 항상 영장주의가 적용된다.
② 행정상 즉시강제는 직접강제와는 달리 행정상 강제집행에 해당하지 않는다.
③ 구 「음반·비디오물 및 게임물에 관한 법률」상 불법게임물에 대한 수거 및 폐기 조치는 행정상 즉시강제에 해당한다.
④ 다른 수단으로는 행정목적을 달성할 수 없는 경우에만 허용되며, 이 경우에도 최소한으로만 실시하여야 한다.

해설 ▸ 下

① 사전영장주의는 인신보호를 위한 헌법상의 기속원리이기 때문에 인신의 자유를 제한하는 모든 국가작용의 영역에서 존중되어야 하지만, 헌법 제12조 제3항 단서도 사전영장주의의 예외를 인정하고 있는 것처럼 사전영장주의를 고수하다가는 도저히 행정목적을 달성할 수 없는 지극히 예외적인 경우에는 형사절차에서와 같은 예외가 인정되므로, 구 사회안전법 제11조 소정의 동행보호규정은 재범의 위험성이 현저한 자를 상대로 긴급히 보호할 필요가 있는 경우에 한하여 단기간의 동행보호를 허용한 것으로서 그 요건을 엄격히 해석하는 한, 동규정 자체가 사전영장주의를 규정한 헌법규정에 반한다고 볼 수는 없다(대판 1997.6.13, 96다56115).
② 행정상 강제집행은 행정대집행, 이행강제금, 직접강제, 행정상 강제징수 등을 말한다.
③ 이 사건 법률조항은 문화관광부장관, 시·도지사, 시장·군수·구청장이 법 제18조 제5항의 규정에 의한 등급분류를 받지 아니하거나 등급분류를 받은 게임물과 다른 내용의 게임물을 발견한 때에는 관계공무원으로 하여금 이를 수거하여 폐기하게 할 수 있도록 규정하고 있는바, 이는 어떤 하명도 거치지 않고 행정청이 직접 대상물에 실력을 가하는 경우로서, 위 조항은 행정상 즉시강제 그 중에서도 대물적(對物的) 강제를 규정하고 있다고 할 것이다(헌재결 2002.10.31, 2000헌가12).
④ 행정상 즉시강제는 국민의 권익침해행위이므로 엄격한 법적 근거를 필요로 한다. 실정법상의 발동요건이 다의적이고 추상적 개념이므로 행정법의 일반법원칙에 의한 한계가 강조된다. 또한 급박성(시간적 한계), 보충성(최후수단성), 소극성, 비례성 등의 원칙을 준수해야 한다.

정답 ①

3. 행정상 즉시강제에 대한 설명으로 옳은 것만을 모두 고르면? 22 국가직9급

ㄱ. 항고소송의 대상이 되는 처분의 성질을 갖는다.
ㄴ. 과거의 의무위반에 대하여 가해지는 제재이다.
ㄷ. 목전에 급박한 장해를 예방하기 위한 경우에는 예외적으로 법률의 근거가 없이도 발동될 수 있다는 것이 일반적인 견해이다.
ㄹ. 강제 건강진단과 예방접종은 대인적 강제수단에 해당한다.
ㅁ. 위법한 즉시강제작용으로 손해를 입은 자는 국가나 지방자치단체를 상대로 「국가배상법」이 정한 바에 따라 손해배상을 청구할 수 있다.

① ㄴ, ㄷ
② ㄱ, ㄴ, ㅁ
③ ㄱ, ㄹ, ㅁ
④ ㄷ, ㄹ, ㅁ

해설 ➤ 下

ㄱ 즉시강제는 강학상 권력적 사실행위로서 항고소송의 대상인 처분이다.

ㄴ 행정상 즉시강제란 목전에 급박한 행정상의 장해를 제거할 필요가 있으나 미리 의무를 명할 시간적 여유가 없을 때 또는 성질상 의무를 명해서는 목적달성이 곤란한 때에 즉시 국민의 신체 또는 재산에 실력을 가해 행정상의 필요한 상태를 실현하는 작용이다. 과거의 의무위반행위(행정목적상의 명령·금지위반)에 대해 일반통치권에 의해 일반사인에게 제재로서 과하는 처벌은 행정벌이다.

ㄷ 즉시강제는 기본권을 침해할 소지가 큰 권력적 사실행위이므로 이론적 근거만으로는 정당화될 수 없고, 엄격한 법적 근거하에서만 인정된다는 게 일반적 견해이다.

ㄹ 그 외에 「경찰관 직무집행법」상 대인적 강제로는 보호조치(대판 2012.12.13, 2012도11162)(제4조), 위험발생방지조치(경고, 억류, 피난, 접근 또는 통행의 제한이나 금지)(제5조), 범죄예방·제지(제6조)(대판 2021.10.14, 2018도2993), 장구·무기사용(제10조, 제10조의2, 제10조의3, 제10조의4) 등을 들 수 있다.

ㅁ 위법한 즉시강제나 행정조사(비권력적 조사 포함)로 인해 재산상의 손해를 받은 자는 국가에 대하여 배상을 청구할 수 있다(국가배상법 제2조).

정답 ③

메모

제2절 행정조사

4. 「행정조사기본법」상 행정조사에 대한 설명으로 옳지 않은 것은? 15 지방직9급

① 조사대상자는 법령 등에서 규정하고 있는 경우에 한하여 조사대상 선정기준에 대한 열람을 행정기관의 장에게 신청할 수 있다.
② 조사대상자에 의한 조사원 교체신청은 그 이유를 명시한 서면으로 행정기관의 장에게 하여야 한다.
③ 행정기관의 장은 인터넷 등 정보통신망을 통하여 조사대상자로 하여금 자료의 제출 등을 하게 할 수 있다.
④ 행정기관은 조사대상자의 자발적인 협조를 얻어 실시하는 행정조사의 경우를 제외하고는 법령 등에서 행정조사를 규정하고 있는 경우에 한하여 행정조사를 실시할 수 있다.

해설 ➤ 下

① 법령 등의 규정과 같은 제한은 없다. 즉, 조사대상자는 조사대상 선정기준에 대한 열람을 행정기관의 장에게 신청할 수 있다(행정조사기본법 제8조 제2항).
② 같은 법 제22조 제1항
③ 같은 법 제28조 제1항
④ 같은 법 제5조

정답 ①

5. 행정조사에 대한 설명으로 옳은 것은? (다툼이 있는 경우 판례에 의함) 15 지방직7급

① 위법한 중복세무조사에 기초하여 이루어진 과세처분은 위법한 처분이다.
② 세무조사결정은 납세의무자의 권리·의무에 직접 영향을 미치는 공권력의 행사에 따른 행정작용이 아니므로 항고소송의 대상이 될 수 없다.
③ 우편물 통관검사절차에서 압수·수색영장 없이 우편물의 개봉, 시료채취, 성분분석 등의 검사가 진행되었다면 특별한 사정이 없는 한 위법하다.
④ 행정기관이 조사대상자의 자발적인 협조를 얻어 실시하는 행정조사의 경우에도 법령 등에서 행정조사를 규정하고 있지 아니한 경우에는 행정조사를 실시할 수 없다.

해설 ➤ 中

① 이 사건 부가가치세부과처분은 이미 피고가 1998.11.경에 한 세무조사(부가가치세 경정조사)와 같은 세목 및 같은 과세기간에 대하여 중복하여 실시한 서울지방국세청장의 위법한 중복조사에 기초하여 이루어진 것이므로 위법하다(대판 2006.6.2, 2004두12070).
② 세무조사결정은 납세의무자의 권리·의무에 직접 영향을 미치는 공권력의 행사에 따른 행정작용으로서 항고소송의 대상이 된다고 할 것이다(대판 2011.3.10, 2009두23617·23624).
③ 우편물 통관검사절차에서 이루어지는 우편물의 개봉, 시료채취, 성분분석 등의 검사는 수출입물품에 대한 적정한 통관 등을 목적으로 한 행정조사의 성격을 가지는 것으로서 수사기관의 강제처분이라고 할 수 없으므로, 압수·수색영장 없이 우편물의 개봉, 시료채취, 성분분석 등 검사가 진행되었다 하더라도 특별한 사정이 없는 한 위법하다고 볼 수 없다(대판 2013.9.26, 2013도7718).
④ 행정기관은 법령등에서 행정조사를 규정하고 있는 경우에 한하여 행정조사를 실시할 수 있다. 다만, 조사대상자의 자발적인 협조를 얻어 실시하는 행정조사의 경우에는 그러하지 아니하다(행정조사기본법 제5조).

정답 ①

6. 행정조사에 대한 설명으로 옳지 않은 것은? (다툼이 있는 경우 판례에 의함) 16 국가직9급

① 행정조사는 조사목적을 달성하는 데 필요한 최소한의 범위 안에서 실시하여야 한다.
② 위법한 행정조사로 손해를 입은 국민은 「국가배상법」에 따른 손해배상을 청구할 수 있다.
③ 위법한 세무조사를 통하여 수집된 과세자료에 기초하여 과세처분을 하였더라도 그러한 사정만으로 그 과세처분이 위법하게 되는 것은 아니다.
④ 우편물 통관검사절차에서 이루어지는 우편물 개봉 등의 검사는 행정조사의 성격을 가지는 것으로서 수사기관의 강제처분이라고 할 수 없으므로, 압수·수색영장 없이 검사가 진행되었다 하더라도 특별한 사정이 없는 한 위법하다고 볼 수 없다.

해설 ➤ 下

① 행정조사기본법 제4조 제1항
② 국가배상법 제2조의 직무행위를 '공권력작용'뿐만 아니라 '비권력적 공행정작용'(즉, 관리작용)까지도 포함하여 모든 공행정작용만 포함하고, 사경제작용은 제외하는 광의설이 다수설·판례이다. 따라서 나머지 요건을 충족하면 위법한 행정조사에 대한 손해배상청구가 가능하다.
국가배상법이 정한 손해배상청구의 요건인 '공무원의 직무'에는 국가나 지방자치단체의 권력적 작용뿐만 아니라 비권력적 작용도 포함되지만 단순한 사경제의 주체로서 하는 작용은 포함되지 않는다(대판 2004.4.9, 2002다10691).
③ 이 사건 부가가치세부과처분은 이미 피고가 1998.11.경에 한 세무조사(부가가치세 경정조사)와 같은 세목 및 같은 과세기간에 대하여 중복하여 실시한 서울지방국세청장의 위법한 중복조사에 기초하여 이루어진 것이므로 위법하다(대판 2006.6.2, 2004두12070).
④ 대판 2013.9.26, 2013도7718

정답 ③

7. 행정조사에 대한 설명으로 옳은 것을 〈보기〉에서 모두 고르면? 17 국회직8급

〈보 기〉

ㄱ. 행정조사가 사인에게 미치는 중요한 사항인 경우에는 설령 비권력적 행정조사라고 하더라도 중요사항유보설에 의하면 법률의 근거를 필요로 한다.
ㄴ. 행정기관의 장은 법령 등에서 규정하고 있는 조사사항을 조사대상자로 하여금 스스로 신고하도록 하는 제도를 운영할 의무가 있다.
ㄷ. 「행정절차법」은 행정조사절차에 관한 명문의 규정을 두고 있다.
ㄹ. 판례에 의하면 우편물 통관검사절차에서 이루어지는 우편물의 개봉·시료채취·성분분석 등의 검사는 행정조사의 성격을 가지므로 압수·수색영장 없이 진행되어도 특별한 사정이 없는 한 위법하지 않다.
ㅁ. 판례에 의하면 세무조사결정은 납세의무자의 권리·의무에 직접 영향을 미치는 것이 아니라 행정내부의 행위로서 항고소송의 대상이 아니다.

① ㄹ　　② ㄱ, ㄴ
③ ㄱ, ㄹ　　④ ㄱ, ㄴ, ㄹ
⑤ ㄷ, ㄹ, ㅁ

해설 ➤ 中

ㄱ 학설 명칭 그대로 중요사항유보설은 중요사항이면 권력적이든 비권력적이든 법률유보가 적용된다는 입장이다.
ㄴ 자율신고제도의 운영은 '의무'가 아니라 '재량'이다.
행정기관의 장은 법령등에서 규정하고 있는 조사사항을 조사대상자로 하여금 스스로 신고하도록 하는 제도를 운영할 수 있다(행정조사기본법 제25조 제1항).
ㄷ 행정절차법은 확약, 행정계획수립절차, 공법상 계약, 행정조사절차에 관해 규정하고 있지 않다.
ㄹ 우편물 통관검사절차에서 이루어지는 우편물의 개봉, 시료채취, 성분분석 등의 검사는 수출입물품에 대한 적정한 통관 등을 목적으로 한 행정조사의 성격을 가지는 것으로서 수사기관의 강제처분이라고 할 수 없으므로, 압수·수색영장 없이 우편물의 개봉, 시료채취, 성분분석 등 검사

가 진행되었다 하더라도 특별한 사정이 없는 한 위법하다고 볼 수 없다(대판 2013.9.26, 2013도7718).

ㅁ 부과처분을 위한 과세관청의 질문조사권이 행해지는 세무조사결정이 있는 경우 납세의무자는 세무공무원의 과세자료 수집을 위한 질문에 대답하고 검사를 수인하여야 할 법적 의무를 부담하게 되는 점, 세무조사는 기본적으로 적정하고 공평한 과세의 실현을 위하여 필요한 최소한의 범위 안에서 행하여져야 하고, 더욱이 동일한 세목 및 과세기간에 대한 재조사는 납세자의 영업의 자유 등 권익을 심각하게 침해할 뿐만 아니라 과세관청에 의한 자의적인 세무조사의 위험마저 있으므로 조세공평의 원칙에 현저히 반하는 예외적인 경우를 제외하고는 금지될 필요가 있는 점, 납세의무자로 하여금 개개의 과태료 처분에 대하여 불복하거나 조사 종료 후의 과세처분에 대하여만 다툴 수 있도록 하는 것보다는 그에 앞서 세무조사결정에 대하여 다툼으로써 분쟁을 조기에 근본적으로 해결할 수 있는 점 등을 종합하면, 세무조사결정은 납세의무자의 권리·의무에 직접 영향을 미치는 공권력의 행사에 따른 행정작용으로써 항고소송의 대상이 된다고 할 것이다(대판 2011.3.10, 2009두23617·23624).

정답 ③

8. 행정조사에 대한 설명으로 옳지 않은 것은? (다툼이 있는 경우 판례에 의함) 18 국가직9급

① 「행정조사기본법」에 따르면, 행정기관은 법령 등에서 행정조사를 규정하고 있는 경우에 한하여 행정조사를 실시할 수 있지만 조사대상자가 자발적으로 협조하는 경우에는 법령 등에서 행정조사를 규정하고 있지 않더라도 행정조사를 실시할 수 있다.

② 「행정조사기본법」에 따르면, 행정조사를 실시하는 경우 조사개시 7일 전까지 조사대상자에게 출석요구서, 보고요구서·자료제출요구서, 현장출입조사서를 서면으로 통지하여야 하나, 조사대상자의 자발적인 협조를 얻어 행정조사를 실시하는 경우에는 미리 서면으로 통지하지 않고 행정조사의 개시와 동시에 이를 조사대상자에게 제시할 수 있다.

③ 헌법 제12조 제1항에서 규정하고 있는 적법절차의 원칙은 형사소송절차에 국한되지 않고 모든 국가작용 전반에 대하여 적용되는 원칙이므로 세무공무원의 세무조사권의 행사에서도 적법절차의 원칙은 준수되어야 한다.

④ 행정조사는 처분성이 인정되지 않으므로 세무조사결정이 위법하더라도 이에 대해서는 항고소송을 제기할 수 없다.

해설 ㊦

① 행정조사기본법 제5조

② 행정조사를 실시하고자 하는 행정기관의 장은 제9조에 따른 출석요구서, 제10조에 따른 보고요구서 · 자료제출요구서 및 제11조에 따른 현장출입조사서(출석요구서등)를 조사개시 7일 전까지 조사대상자에게 서면으로 통지하여야 한다. 다만, 다음 각 호의 어느 하나에 해당하는 경우에는 행정조사의 개시와 동시에 출석요구서등을 조사대상자에게 제시하거나 행정조사의 목적 등을 조사대상자에게 구두로 통지할 수 있다(행정조사기본법 제17조 제1항).

1. 행정조사를 실시하기 전에 관련 사항을 미리 통지하는 때에는 증거인멸 등으로 행정조사의 목적을 달성할 수 없다고 판단되는 경우
2. 「통계법」 제3조 제2호에 따른 지정통계의 작성을 위하여 조사하는 경우
3. 제5조 단서에 따라 조사대상자의 자발적인 협조를 얻어 실시하는 행정조사의 경우

③ 헌법 제12조 제1항에서 규정하고 있는 적법절차의 원칙은 형사소송절차에 국한되지 아니하고, 세무공무원이 과세권을 행사하는 경우에도 마찬가지로 준수하여야 하는 점 등을 고려하여 보면, 구 국세기본법 등이 과세전적부심사를 거치지 않고 곧바로 과세처분을 할 수 있거나 과세전적부심사에 대한 결정이 있기 전이라도 과세처분을 할 수 있는 예외사유로 정하고 있다는 등의 특별한 사정이 없는 한, 세무조사결과통지 후 과세전적부심사 청구나 그에 대한 결정이 있기도 전에 과세처분을 하는 것은 원칙적으로 과세전적부심사 이후에 이루어져야 하는 과세처분을 그보다 앞서 함으로써 과세전적부심사 제도 자체를 형해화시킬 뿐 아니라 과세전적부심사 결정과 과세처분 사이의 관계 및 불복절차를 불분명하게 할 우려가 있으므로, 그와 같은 과세처분은 납세자의 절차적 권리를 침해하는 것으로서 절차상 하자가 중대하고도 명백하여 무효이다(대판 2020.10.29, 2017두51174).

④ 부과처분을 위한 과세관청의 질문조사권이 행해지는 세무조사결정이 있는 경우 납세의무자는 세무공무원의 과세자료 수집을 위한 질문에 대답하고 검사를 수인하여야 할 법적 의무를 부담하게 되는 점, 세무조사는 기본적으로 적정하고 공평한 과세의 실현을 위하여 필요한 최소한의 범위 안에서 행하여져야 하고, 더욱이 동일한 세목 및 과세기간에 대한 재조사는 납세자의 영업의 자유 등 권익을 심각하게 침해할 뿐만 아니라 과세관청에 의한 자의적인 세무조사의 위험마저 있으므로 조세공평의 원칙에 현저히 반하는 예외적인 경우를 제외하고는 금지될 필요가 있는 점, 납세의무자로 하여금 개개의 과태료 처분에 대하여 불복하거나 조사 종료 후의 과세처분에 대하여만 다툴 수 있도록 하는 것보다는 그에 앞서 세무조사결정에 대하여 다툼으로써 분쟁을 조기에 근본적으로 해결할 수 있는 점 등을 종합하면, 세무조사결정은 납세의무자의 권리·의무에 직접 영향을 미치는 공권력의 행사에 따른 행정작용으로써 항고소송의 대상이 된다고 할 것이다(대판 2011.3.10, 2009두23617·23624).

정답 ④

9. 「행정조사기본법」상 행정조사에 대한 설명으로 옳은 것은? 18 지방직9급

① 행정조사를 행하는 행정기관에는 법령 및 조례·규칙에 따라 행정권한이 있는 기관뿐만 아니라 그 권한을 위임 또는 위탁받은 법인·단체 또는 그 기관이나 개인이 포함된다.
② 「행정조사기본법」은 행정조사 실시를 위한 일반적인 근거규범으로서 행정기관은 다른 법령 등에서 따로 행정조사를 규정하고 있지 않더라도 「행정조사기본법」을 근거로 행정조사를 실시할 수 있다.
③ 조사대상자가 조사대상 선정기준에 대한 열람을 신청한 경우에 행정기관은 그 열람이 당해 행정조사업무를 수행할 수 없을 정도로 조사활동에 지장을 초래한다는 이유로 열람을 거부할 수 없다.
④ 정기조사 또는 수시조사를 실시한 행정기관의 장은 조사대상자의 자발적인 협조를 얻어 실시하는 경우가 아닌 한, 동일한 사안에 대하여 동일한 조사대상자를 재조사하여서는 아니 된다.

해설 ➤ ㊦

① 행정조사기본법 제2조 제2호
② 행정기관은 법령등에서 행정조사를 규정하고 있는 경우에 한하여 행정조사를 실시할 수 있다. 다만, 조사대상자의 자발적인 협조를 얻어 실시하는 행정조사의 경우에는 그러하지 아니하다(같은 법 제5조).
③ 조사대상자는 조사대상 선정기준에 대한 열람을 행정기관의 장에게 신청할 수 있다.
③ 행정기관의 장이 제2항에 따라 열람신청을 받은 때에는 다음 각 호의 어느 하나에 해당하는 경우를 제외하고 신청인이 조사대상 선정기준을 열람할 수 있도록 하여야 한다(같은 법 제8조 제3항).

1. 행정기관이 당해 행정조사업무를 수행할 수 없을 정도로 조사활동에 지장을 초래하는 경우
2. 내부고발자 등 제3자에 대한 보호가 필요한 경우

④ 제7조에 따라 정기조사 또는 수시조사를 실시한 행정기관의 장은 동일한 사안에 대하여 동일한 조사대상자를 재조사 하여서는 아니 된다. 다만, 당해 행정기관이 이미 조사를 받은 조사대상자에 대하여 위법행위가 의심되는 새로운 증거를 확보한 경우에는 그러하지 아니하다(같은 법 제15조 제1항).

정답 ①

10. 행정조사 및 「행정조사기본법」에 대한 설명으로 옳은 것(○)과 옳지 않은 것(×)을 바르게 연결한 것은? (다툼이 있는 경우 판례에 의함) 18 국가직7급

ㄱ. 우편물 통관검사절차에서 이루어지는 우편물의 개봉, 시료채취, 성분분석 등의 검사는 수출입물품에 대한 적정한 통관 등을 목적으로 한 행정조사의 성격을 가지는 것으로서 수사기관의 강제처분이라고 할 수 없다.
ㄴ. 조사원이 현장조사 중에 자료·서류·물건 등을 영치하는 경우에 조사대상자의 생활이나 영업이 사실상 불가능하게 될 우려가 있는 때에는 조사원은 증거인멸의 우려가 있는 경우가 아니라면 사진촬영 등의 방법으로 영치에 갈음할 수 있다.
ㄷ. 행정기관의 장이 조사대상자의 자발적인 협조를 얻어 행정조사를 실시하고자 하는 경우 조사대상자는 문서·전화·구두 등의 방법으로 당해 행정조사를 거부할 수 있다.
ㄹ. 조사대상자가 행정조사의 실시를 거부하거나 방해하는 경우 조사원은 「행정조사기본법」상의 명문규정에 의하여 조사대상자의 신체와 재산에 대해 실력을 행사할 수 있다.

	ㄱ	ㄴ	ㄷ	ㄹ
①	○	○	○	×
②	○	×	○	×
③	×	×	○	○
④	○	○	×	×

해설 > 中

ㄱ 대판 2013.9.26, 2013도7718
ㄴ 행정조사기본법 제13조 제2항
ㄷ 행정조사기본법 제20조 제1항
ㄹ 해당 내용은 행정조사기본법에 규정이 없다.

정답 ①

11. 행정조사에 대한 설명으로 가장 옳지 않은 것은? 18 서울시7급

① 행정기관의 장은 법령 등에 특별한 규정이 있는 경우를 제외하고는 행정조사의 결과를 확정한 날로부터 7일 이내에 그 결과를 조사대상자에게 통지하여야 한다.
② 행정기관의 장은 당해 행정기관이 이미 조사를 받은 조사대상자에 대하여 위법행위가 의심되는 새로운 증거를 확보하는 경우에는 재조사할 수 있다.
③ 「지방세기본법」은 지방자치단체장의 세무조사권에 대한 남용금지를 규정하고 있다.
④ 지방자치단체장의 세무조사결정은 납세의무자의 권리·의무에 간접적 영향을 미치는 행정작용으로서 항고소송의 대상이 되지 않는다.

해설 > 下

① 제24조
② 정기조사 또는 수시조사를 실시한 행정기관의 장은 동일한 사안에 대해 동일한 조사대상자를 재조사해서는 아니 된다. 다만, 당해 행정기관이 이미 조사를 받은 조사대상자에 대해 위법행위가 의심되는 새로운 증거를 확보한 경우에는 그러하지 아니하다(행정조사기본법 제15조 제1항).
③ 지방자치단체의 장은 적절하고 공평한 과세의 실현을 위하여 필요한 최소한의 범위에서 세무조사를 하여야 하며, 다른 목적 등을 위하여 조사권을 남용해서는 아니 된다(지방세기본법 제80조 제1항).
④ 부과처분을 위한 과세관청의 질문조사권이 행해지는 세무조사결정이 있는 경우 납세의무자는 세무공무원의 과세자료 수집을 위한 질문에 대답하고 검사를 수인하여야 할 법적 의무를 부담하게 되는 점, 세무조사는 기본적으로 적정하고 공평한 과세의 실현을 위하여 필요한 최소한의 범위 안에서 행하여져야 하고, 더욱이 동일한 세목 및 과세기간에 대한 재조사는 납세자의 영업의 자유 등 권익을 심각하게 침해할 뿐만 아니라 과세관청에 의한 자의적인 세무조사의 위험마저 있으므로 조세공평의 원칙에 현저히 반하는 예외적인 경우를 제외하고는 금지될 필요가 있는 점, 납세의무자로 하여금 개개의 과태료 처분에 대하여 불복하거나 조사 종료 후의 과세처분에 대하여만 다툴 수 있도록 하는 것보다는 그에 앞서 세무조사결정에 대하여 다툼으로써 분쟁을 조기에 근본적으로 해결할 수 있는 점 등을 종합하면, 세무조사결정은 납세의무자의 권리·의무에 직접 영향을 미치는 공권력의 행사에 따른 행정작용으로써 항고소송의 대상이 된다고 할 것이다(대판 2011.3.10, 2009두23617·23624).

정답 ④

12. 행정조사에 대한 설명으로 옳지 않은 것은? (다툼이 있는 경우 판례에 의함) 19 지방직7급

① 조세부과처분을 위한 과세관청의 세무조사결정은 사실행위로서 납세의무자의 권리·의무에 직접 영향을 미치는 것은 아니므로 항고소송의 대상이 되지 아니한다.
② 부가가치세부과처분이 종전의 부가가치세 경정조사와 같은 세목 및 같은 과세기간에 대하여 중복하여 실시한 위법한 세무조사에 기초하여 이루어진 경우 그 과세처분은 위법하다.
③ 「행정조사기본법」에 의하면 행정기관은 행정조사를 통하여 알게 된 정보를 다른 법률에 따라 내부에서 이용하거나 다른 기관에 제공하는 경우를 제외하고는 원래의 조사목적 이외의 용도로 이용하거나 타인에게 제공하여서는 아니 된다.
④ 「행정조사기본법」에 의하면 조사대상자의 자발적인 협조를 얻어 실시하는 행정조사의 경우에는 법령 등의 근거 없이도 행할 수 있으며, 이러한 행정조사에 대하여 조사대상자가 조사에 응할 것인지에 대한 응답을 하지 아니하는 경우에는 법령 등에 특별한 규정이 없는 한 그 조사를 거부한 것으로 본다.

해설 ㊥

① 세무조사결정은 납세의무자의 권리·의무에 직접 영향을 미치는 공권력의 행사에 따른 행정작용으로서 항고소송의 대상이 된다고 할 것이다(대판 2011.3.10, 2009두23617·23624).
② 대판 2006.6.2, 2004두12070
③ 행정조사기본법 제4조 제6항
④ 같은 법 제5조, 제20조 제2항

정답 ①

13. **행정조사에 대한 설명으로 옳지 않은 것은? (다툼이 있는 경우 판례에 의함)** 20 국회직8급

① 법령상 서면조사에 의하도록 한 것을 실지조사를 행하여 과세처분을 하였다면 그 과세처분은 위법하다.
② 세무조사가 동일기간, 동일세목에 관한 것인 한 내용이 중첩되지 않아도 중복조사에 해당한다.
③ 「토양환경보전법」상 토양오염실태조사를 실시할 권한은 시·도지사에게 있으나 토양오염실태조사가 감사원 소속 감사관의 주도하에 실시되었다는 사정만으로 그에 기초하여 내려진 토양정밀조사명령이 위법하다고 할 수 없다.
④ 다른 세목, 다른 과세기간에 대한 세무조사 도중 해당 세목 및 과세기간에 대한 조사가 부분적으로 이루어진 경우 추후 이루어진 재조사는 위법한 중복조사에 해당한다.
⑤ 행정조사는 조사목적을 달성하는 데 필요한 최소한의 범위 안에서 실시하여야 한다.

해설 ㊤

① 조정계산서가 증빙서류 등의 근거 없이 전혀 허위·가공으로 작성되었음이 명백하거나, 수입금액이 전혀 신고내용에 포함되지 아니하고 처음부터 탈루되었음이 명백하거나, 수입금액이 신고되었으나 그 신고내용 자체에 의하여 탈루 또는 오류를 범한 것임이 객관적으로 명백한 경우 등과 같이 과세표준과 세액을 서면조사만으로 결정하도록 하는 것이 부당하다고 인정되는 경우에는 서면조사로 결정하지 아니하고 실지조사 또는 추계조사로 결정할 수 있으나, 그렇지 아니한 경우에는 과세표준확정신고서와 조정계산서의 기재내용을 기초로 결정하여야 하고(다만 그 신고내용의 범위 내에서 소득세법상의 익금가산이나 필요경비에 관한 시·부인절차를 거쳐 총수입금액이거나 소득금액을 가감하여 과세표준과 세액을 결정하는 것은 서면조사결정의 범위에 포함된다), 그 신고내용 자체를 부인하고 그와 다른 내용의 사실을 인정하거나, 이를 위하여 구 소득세법 제100조 제5항의 규정에 기하여 증빙서류의 제출을 요구하는 것과 같은 보정요구는 실지조사나 추계조사를 허용하는 결과가 되어 이를 할 수 없다(대판 1995.12.8, 94누11200).
② 이 사건 부가가치세부과처분은 이미 피고가 1998.11.경에 한 세무조사(부가가치세 경정조사)와 같은 세목 및 같은 과세기간에 대하여 중복하여 실시한 서울지방국세청장의 위법한 중복조사에 기초하여 이루어진 것이므로 위법하다(대판 2006.6.2, 2004두12070).
③ 행정기관 및 공무원의 직무를 감찰하여 행정운영의 개선향상을 기하여야 할 감사원의 임무나 감사원이 원고 사업장 인근 주민의 환경오염 진정에 따라 충청남도에 대한 감사를 진행하던 중 현지조사 차원에서 피고 소속 담당공무원과 충청남도의 담당공무원 참여하에 이 사건 토양오염실태조사가 이루어진 경위, 토양오염실태조사는 토양정밀조사명령의 사전 절차를 이루는 사실행위로서 그 자체가 행정처분에 해당하지는 않는 점 등을 종합 고려해 보면, 이 사건 토양오염실태조사가 감사원 소속 감사관의 주도하에 실시되었다는 사정만으로 이 사건 토양정밀조사명령에 이를 위법한 것으로서 취소해야 할 정도의 하자가 있다고 볼 수는 없다(대판 2009.1.30, 2006두9498).
④ 다만 당초의 세무조사가 다른 세목이나 다른 과세기간에 대한 세무조사 도중에 해당 세목이나 과세기간에도 동일한 잘못이나 세금탈루 혐의가 있다고 인정되어 관련 항목에 대하여 세무조사 범위가 확대됨에 따라 부분적으로만 이루어진 경우와 같이 당초 세무조사 당시 모든 항목에 걸쳐 세무조사를 하는 것이 무리였다는 등의 특별한 사정이 있는 경우에는 당초 세무조사를 한 항목을 제외한 나머지 항목에 대하여 향후 다시 세무조사를 하는 것은 구 국세기본법 제81조의4 제2항에서 금지하는 재조사에 해당하지 아니한다(대판 2015.2.26, 2014두12062).
⑤ 행정조사기본법 제4조 제1항

정답 ④

14. **행정조사에 대한 설명으로 옳지 않은 것은? (다툼이 있는 경우 판례에 의함)** 21 국회직9급

① 세무조사결정은 행정조사의 일종으로 사실행위에 불과하여 취소소송의 대상이 되지 아니한다.
② 위법한 행정조사에 대해 예방적 금지소송이 효과적인 방어수단이나 현재는 인정되고 있지 않다.
③ 중복하여 실시되어 위법하게 된 세무조사에 기초하여 이루어진 부가가치세 부과처분은 위법하다.
④ 행정기관의 장은 조사목적의 달성을 위하여 행하여진 시료채취로 조사대상자에게 손실을 입힌 때에는 그 손실을 보상하여야 한다.
⑤ 개별 법령 등에서 행정조사를 규정하고 있는 경우에도 행정기관이 「행정조사기본법」 제5조 단서에서 정한 '조사대상자의 자발적인 협조를 얻어 실시하는 행정조사'를 실시할 수 있다.

해설 ㊥

① 부과처분을 위한 과세관청의 질문조사권이 행해지는 세무조사결정이 있는 경우 납세의무자는 세무공무원의 과세자료 수집을 위한 질문에 대답하고 검사를 수인하여야 할 법적 의무를 부담하게 되는 점, 세무조사는 기본적으로 적정하고 공평한 과세의 실현을 위하여 필요한 최소한의 범위 안에서 행하여져야 하고, 더욱이 동일한 세목 및 과세기간에 대한 재조사는 납세자의 영업의 자유 등 권익을 심각하게 침해할 뿐만 아니라 과세관청에 의한 자의적인 세무조사의 위험마저 있으므로 조세공평의 원칙에 현저히 반하는 예외적인 경우를 제외하고는 금지될 필요가 있는 점, 납세의무자로 하여금 개개의 과태료 처분에 대하여 불복하거나 조사 종료 후의 과세처분에 대하여만 다툴 수 있도록 하는 것보다는 그에 앞서 세무조사결정에 대하여 다툼으로써 분쟁을 조기에 근본적으로 해결할 수 있는 점 등을 종합하면, 세무조사결정은 납세의무자의 권리·의무에 직접 영향을 미치는 공권력의 행사에 따른 행정작용으로써 항고소송의 대상이 된다고 할 것이다(대판 2011.3.10, 2009두23617·23624).

② 판례는 의무이행소송, 예방적 부작위청구소송(금지소송) 등을 인정하지 않는다.
건축건물의 준공처분을 하여서는 아니 된다는 내용의 부작위를 구하는 청구는 행정소송에서 허용되지 아니하는 것이므로 부적법하다(대판 1987.3.24, 86누182).

③ 대판 2006.6.2, 2004두12070

④ 행정조사기본법 제12조 제2항

⑤ 행정조사기본법 제5조에 의하면 행정기관은 법령 등에서 행정조사를 규정하고 있는 경우에 한하여 행정조사를 실시할 수 있으나(본문), 한편 '조사대상자의 자발적인 협조를 얻어 실시하는 행정조사'의 경우에는 그러한 제한이 없이 실시가 허용된다(단서). 행정조사기본법 제5조는 행정기관이 정책을 결정하거나 직무를 수행하는 데에 필요한 정보나 자료를 수집하기 위하여 행정조사를 실시할 수 있는 근거에 관하여 정한 것으로서, 이러한 규정의 취지와 아울러 문언에 비추어 보면, 단서에서 정한 '조사대상자의 자발적인 협조를 얻어 실시하는 행정조사'는 개별 법령 등에서 행정조사를 규정하고 있는 경우에도 실시할 수 있다(대판 2016.10.27, 2016두41811).

정답 ①

15. **「행정조사기본법」에 대한 설명으로 옳지 않은 것은? (다툼이 있는 경우 판례에 의함)** 21 국회직8급

① 행정기관은 조사목적에 적합하도록 조사대상자를 선정하여 행정조사를 실시하는 것을 원칙으로 하나 필요한 경우 제3자에 대하여도 조사할 수 있다.
② 행정기관은 법령 등에서 행정조사를 규정하고 있는 경우가 아니라도 조사대상자의 자발적인 협조를 얻어 행정조사를 실시할 수 있다.
③ 행정기관은 조사대상자의 자발적인 협조를 얻어 실시하는 행정조사인 경우 「행정조사기본법」 제17조 제1항 본문에 따른 사전통지를 하지 않을 수 있다.
④ 당해 행정기관 내의 2 이상의 부서가 동일하거나 유사한 업무분야에 대하여 동일한 조사대상자에게 행정조사를 실시하는 경우에는 공동조사를 할 수 있다.
⑤ 행정기관의 장은 법령등에 특별한 규정이 있는 경우를 제외하고는 행정조사의 결과를 확정한 날부터 7일 이내에 그 결과를 조사대상자에게 통지하여야 한다.

해설 ㊦

① 제4조 제2항, 제19조 제1항
② 제25조
③ 제17조 제1항 제3호

④ 공동조사는 재량이 아니라 의무사항이다.
행정기관의 장은 다음 각 호의 어느 하나에 해당하는 행정조사를 하는 경우에는 공동조사를 하여야 한다(제14조 제1항).

1. 당해 행정기관 내의 2 이상의 부서가 동일하거나 유사한 업무분야에 대하여 동일한 조사대상자에게 행정조사를 실시하는 경우
2. 서로 다른 행정기관이 대통령령으로 정하는 분야에 대하여 동일한 조사대상자에게 행정조사를 실시하는 경우

⑤ 제24조

정답 ④

16. 행정조사에 대한 설명으로 옳지 않은 것은? (다툼이 있는 경우 판례에 의함) '22 국가직7급

① 세무조사에 중대한 위법사유가 있는 경우 이러한 세무조사에 의하여 수집된 과세자료를 기초로 한 과세처분 역시 위법하다.
② 과세관청의 질문조사권이 행해지는 세무조사결정은 납세의무자의 권리·의무에 직접 영향을 미치는 공권력의 행사에 따른 행정작용으로서 항고소송의 대상이 된다.
③ 행정조사기본법 제4조(행정조사의 기본원칙)는 조세·보안처분에 관한 사항에 대하여 적용하지 아니한다.
④ 행정기관의 장은 법령등에 특별한 규정이 있는 경우를 제외하고는 행정조사의 결과를 확정한 날부터 7일 이내에 그 결과를 조사대상자에게 통지하여야 한다.

해설 ㊦

① 대판 2016.12.15, 2016두47659
② 부과처분을 위한 과세관청의 질문조사권이 행해지는 세무조사결정이 있는 경우 납세의무자는 세무공무원의 과세자료 수집을 위한 질문에 대답하고 검사를 수인하여야 할 법적 의무를 부담하게 되는 점, 세무조사는 기본적으로 적정하고 공평한 과세의 실현을 위하여 필요한 최소한의 범위 안에서 행하여져야 하고, 더욱이 동일한 세목 및 과세기간에 대한 재조사는 납세자의 영업의 자유 등 권익을 심각하게 침해할 뿐만 아니라 과세관청에 의한 자의적인 세무조사의 위험마저 있으므로 조세공평의 원칙에 현저히 반하는 예외적인 경우를 제외하고는 금지될 필요가 있는 점, 납세의무자로 하여금 개개의 과태료 처분에 대하여 불복하거나 조사 종료 후의 과세처분에 대하여만 다툴 수 있도록 하는 것보다는 그에 앞서 세무조사결정에 대하여 다툼으로써 분쟁을 조기에 근본적으로 해결할 수 있는 점 등을 종합하면, 세무조사결정은 납세의무자의 권리·의무에 직접 영향을 미치는 공권력의 행사에 따른 행정작용으로써 항고소송의 대상이 된다고 할 것이다(대판 2011.3.10, 2009두23617·23624).
③ 다음 각 호의 어느 하나에 해당하는 사항에 대하여는 이 법을 적용하지 아니한다(행정조사기본법 제3조 제2항).

1. 행정조사를 한다는 사실이나 조사내용이 공개될 경우 국가의 존립을 위태롭게 하거나 국가의 중대한 이익을 현저히 해칠 우려가 있는 국가안전보장·통일 및 외교에 관한 사항
2. 국방 및 안전에 관한 사항 중 다음 각 목의 어느 하나에 해당하는 사항
가. 군사시설·군사기밀보호 또는 방위사업에 관한 사항
나. 병역법·예비군법·민방위기본법·「비상대비자원 관리법」에 따른 징집·소집·동원 및 훈련에 관한 사항
3. 「공공기관의 정보공개에 관한 법률」 제4조 제3항의 정보에 관한 사항
4. 근로기준법 제101조에 따른 근로감독관의 직무에 관한 사항
5. 조세·형사·행형 및 보안처분에 관한 사항
6. 금융감독기관의 감독·검사·조사 및 감리에 관한 사항
7. 「독점규제 및 공정거래에 관한 법률」, 「표시·광고의 공정화에 관한 법률」, 「하도급거래 공정화에 관한 법률」, 「가맹사업거래의 공정화에 관한 법률」, 「방문판매 등에 관한 법률」, 「전자상거래 등에서의 소비자보호에 관한 법률」, 「약관의 규제에 관한 법률」 및 「할부거래에 관한 법률」에 따른 공정거래위원회의 법률위반행위 조사에 관한 사항

제2항에도 불구하고 제4조(행정조사의 기본원칙), 제5조(행정조사의 근거) 및 제28조(정보통신수단을 통한 행정조사)는 제2항 각 호의 사항에 대하여 적용한다(같은 조 제3항).
④ 같은 법 제24조

정답 ③

제4장 행정벌

1. **행정벌에 대한 설명으로 옳지 않은 것은? (다툼이 있는 경우 판례에 의함)** 16 국가직7급

① 질서위반행위를 한 자가 자신의 책임 없는 사유로 위반행위에 이르렀다고 주장하는 경우, 법원은 그 내용을 살펴 행위자에게 고의나 과실이 있는지를 따져보아야 한다.
② 「질서위반행위규제법」에 의하면 법원이 과태료 재판을 약식재판으로 진행하고자 하는 경우 당사자와 검사는 약식재판의 고지를 받은 날부터 7일 이내에 이의신청을 할 수 있다.
③ 과태료는 행정상의 질서유지를 위한 행정질서벌에 해당할 뿐이므로 죄형법정주의의 규율대상에 해당하지 아니한다.
④ 양벌규정에 의한 영업주의 처벌에 있어서 종업원의 범죄성립이나 처벌은 영업주 처벌의 전제조건이 된다.

해설 ▸ ㊦

① 대결 2011.7.14, 2011마364
② 질서위반행위규제법 제45조 제1항
③ 죄형법정주의의 적용 여부에 대하여 다수설은 적용된다는 입장인 데 반해, 헌법재판소는 적용되지 않는다는 입장이다(헌재결 1998.5.28, 96헌바83). 죄형법정주의는 무엇이 범죄이며 그에 대한 형벌이 어떠한 것인가는 국민의 대표로 구성된 입법부가 제정한 법률로써 정하여야 한다는 원칙인데, 부동산등기특별조치법 제11조 제1항 본문 중 제2조 제1항에 관한 부분이 정하고 있는 과태료는 행정상의 질서유지를 위한 행정질서벌에 해당할 뿐 형벌이라고 할 수 없어 죄형법정주의의 규율대상에 해당하지 아니한다(헌재결 1998.5.28, 96헌바83).
④ 양벌규정에 의한 영업주의 처벌은 금지위반행위자인 종업원의 처벌에 종속하는 것이 아니라 독립하여 그 자신의 종업원에 대한 선임감독상의 과실로 인하여 처벌되는 것이므로 종업원의 범죄성립이나 처벌이 영업주 처벌의 전제조건이 될 필요는 없다(대판 2006.2.24, 2005도7673).

정답 ④

2. **행정벌에 대한 설명으로 옳은 것은? (다툼이 있는 경우 판례에 의함)** 17 국가직9급

① 종업원 등의 범죄에 대해 법인에게 어떠한 잘못이 있는지를 전혀 묻지 않고, 곧바로 그 종업원 등을 고용한 법인에게도 종업원 등에 대한 처벌조항에 규정된 벌금형을 과하도록 규정하는 것은 책임주의에 반한다.
② 행정벌과 이행강제금은 장래에 의무의 이행을 강제하기 위한 제재로서 직접적으로 행정작용의 실효성을 확보하기 위한 수단이라는 점에서는 동일하다.
③ 「질서위반행위규제법」상 개인의 대리인이 업무에 관하여 그 개인에게 부과된 법률상의 의무를 위반한 때에는 행위자인 대리인에게 과태료를 부과한다.
④ 일반형사소송절차에 앞선 절차로서의 통고처분은 그 자체로 상대방에게 금전납부의무를 부과하는 행위로서 항고소송의 대상이 된다.

해설 ➤ 中

① 이 사건 법률조항은 영업주가 고용한 종업원 등이 그 업무와 관련하여 위반행위를 한 경우에, 그와 같은 종업원 등의 범죄행위에 대해 영업주가 비난받을 만한 행위가 있었는지 여부와는 전혀 관계없이 종업원 등의 범죄행위가 있으면 자동적으로 영업주도 처벌하도록 규정하고 있으므로 책임주의에 반한다(헌재결 2009.7.30, 2008헌가10).
② 행정벌은 과거의 법위반에 대한 제재로서 의무자에게 심리적 압박을 가해 간접적으로 의무의 이행을 강제하는 기능을 갖지만 이행강제금과 달리 의무의 이행을 직접적인 목적으로 하는 것은 아니라는 점, 이행강제금은 반복부과가 가능하지만 행정벌은 하나의 위반행위에 대해서는 이중처벌금지의 원칙에 따라 반복부과할 수 없다는 점, 행정벌과 달리 이행강제금에는 고의·과실이 필요하지 않다는 점, 이행강제금은 현재의 의무위반에 대한 의무이행확보 수단이라는 점에서 과거의 위반행위에 대한 제재인 행정형벌과 구별된다.
③ '대리인'이 아니라 대리를 시킨 '개인'에게 부과한다. 즉, 법인의 대표자, 법인 또는 개인의 대리인·사용인 및 그 밖의 종업원이 업무에 관하여 법인 또는 그 개인에게 부과된 법률상의 의무를 위반한 때에는 법인 또는 그 개인에게 과태료를 부과한다(같은 법 제11조 제1항).
④ 조세범처벌절차법에 의한 통고처분은 그 처분을 받은 자가 통고취지를 이행하지 아니한 때에는 세무관서의 고발에 의하여 형사절차로 옮아가 처분의 대상이 된 사실은 그 절차에 의하여 최종적으로 결정될 것이고 통고처분은 따로이 그대로 존속하여 별개의 효력을 나타낼 수 있는 것이 아니므로 행정소송의 대상이 되지 않는다(대판 1962.1.31, 4294행상40).

정답 ①

3. 행정벌에 대한 설명으로 옳지 않은 것은? (다툼이 있는 경우 판례에 의함) 17 국회직8급

① 행정형벌의 과벌절차로서의 통고처분은 행정소송의 대상이 되는 행정처분이 아니다.
② 고의 또는 과실이 없는 질서위반행위는 과태료를 부과하지 아니한다.
③ 과태료의 부과는 서면으로 하여야 한다. 이때 당사자가 동의하는 경우에는 전자문서도 여기서의 서면에 포함된다.
④ 과태료의 부과·징수의 절차에 관해 「질서위반행위규제법」의 규정에 저촉되는 다른 법률의 규정이 있는 경우에는 그 다른 법률의 규정이 정하는 바에 따른다.
⑤ 자신의 행위가 위법하지 아니한 것으로 오인하고 행한 질서위반행위는 그 오인에 정당한 이유가 있는 때에 한하여 과태료를 부과하지 아니한다.

해설 ➤ 下

① 대판 1962.1.31, 4294행상40
② 질서위반행위규제법 제7조
③ 같은 법 제17조
④ 과태료의 부과 · 징수, 재판 및 집행 등의 절차에 관한 다른 법률의 규정 중 이 법의 규정에 저촉되는 것은 이 법으로 정하는 바에 따른다(같은 법 제5조).
⑤ 같은 법 제8조

정답 ④

4. 행정벌에 대한 설명으로 옳지 않은 것은? (다툼이 있는 경우 판례에 의함) 17 국가직7급

① 명문의 규정이 없더라도 관련 행정형벌법규의 해석에 따라 과실행위도 처벌한다는 뜻이 명확한 경우에는 과실행위를 처벌할 수 있다.
② 영업주에 대한 양벌규정이 존재하는 경우, 영업주의 처벌은 금지위반행위자인 종업원의 범죄성립이나 처벌을 전제로 하지 않는다.
③ 통고처분에 의해 범칙금을 납부한 경우, 그 납부의 효력에 따라 다시 벌 받지 아니하게 되는 행위사실은 범칙금 통고의 이유에 기재된 당해 범칙행위 자체에 한정될 뿐, 그 범칙행위와 동일성이 인정되는 범칙행위에는 미치지 않는다.
④ 「질서위반행위규제법」에 의하면 행정청은 질서위반행위가 종료된 날부터 5년이 경과한 경우에는 해당 질서위반행위에 대하여 과태료를 부과할 수 없다.

해설 ▸ 中

① 대판 1986.7.22, 85도108
② 대판 2006.2.24, 2005도7673
③ 범칙금의 납부에 따라 확정판결에 준하는 효력이 인정되는 범위는 범칙금 통고의 이유에 기재된 당해 범칙행위 자체 및 범칙행위와 동일성이 인정되는 범칙행위에 한정된다. 따라서 범칙행위와 같은 시간과 장소에서 이루어진 행위라 하더라도 범칙행위의 동일성을 벗어난 형사범죄행위에 대하여는 범칙금의 납부에 따라 확정판결에 준하는 일사부재리의 효력이 미치지 아니한다(대판 2012.9.13, 2012도6612).
④ 질서위반행위규제법 제15조 제1항

정답 ③

5. 사업주 甲에게 고용된 종업원 乙이 영업행위 중 행정법규를 위반한 경우 행정벌의 부과에 대한 설명으로 옳은 것은? (다툼이 있는 경우 판례에 의함) 18 지방직9급

① 위 위반행위에 대해 내려진 시정명령에 따르지 않았다는 이유로 乙이 과태료 부과처분을 받고 이를 납부하였다면, 당초의 위반행위를 이유로 乙을 형사처벌할 수 없다.
② 행위자 외에 사업주를 처벌한다는 명문의 규정이 없더라도 관계규정의 해석에 의해 과실 있는 사업주도 벌할 뜻이 명확한 경우에는 乙 외에 甲도 처벌할 수 있다.
③ 甲의 처벌을 규정한 양벌규정이 있는 경우에도 乙이 처벌을 받지 않는 경우에는 甲만 처벌할 수 없다.
④ 乙의 위반행위가 과태료 부과대상인 경우에 乙이 자신의 행위가 위법하지 아니한 것으로 오인하였다면 乙에 대해서 과태료를 부과할 수 없다.

해설 ▸ 中

① 행정법상의 질서벌인 과태료의 부과처분과 형사처벌은 그 성질이나 목적을 달리하는 별개의 것이므로 행정법상의 질서벌인 과태료를 납부한 후에 형사처벌을 한다고 하여 이를 일사부재리의 원칙에 반하는 것이라고 할 수는 없으며, 자동차의 임시운행허가를 받은 자가 그 허가 목적 및 기간의 범위 안에서 운행하지 아니한 경우에 과태료를 부과하는 것은 당해 자동차가 무등록 자동차인지 여부와는 관계없이, 이미 등록된 자동차의 등록번호표 또는 봉인이 멸실되거나 식별하기 어렵게 되어 임시운행허가를 받은 경우까지를 포함하여, 허가받은 목적과 기간의 범위를 벗어나 운행하는 행위 전반에 대하여 행정질서벌로써 제재를 가하고자 하는 취지라고 해석되므로, 만일 임시운행허가기간을 넘어 운행한 자가 등록된 차량에 관하여 그러한 행위를 한 경우라면 과태료의 제재만을 받게 되겠지만, 무등록 차량에 관하여 그러한 행위를 한 경우라면 과태료와 별도로 형사처벌의 대상이 된다(대판 1996.4.12, 96도158).
② 행정상의 단속을 주안으로 하는 법규라 하더라도 명문규정이 있거나 해석상 과실범도 벌할 뜻이 명확한 경우를 제외하고는 형법의 원칙에 따라 고의가 있어야 벌할 수 있다(대판 1986.7.22, 85도108).
③ 양벌규정에 의한 영업주의 처벌은 금지위반행위자인 종업원의 처벌에 종속하는 것이 아니라 독립하여 그 자신의 종업원에 대한 선임감독상의 과실로 인하여 처벌되는 것이므로 종업원의 범죄성립이나 처벌이 영업주 처벌의 전제조건이 될 필요는 없다. 여행사 종업원이 여행사 홈페이지에 사진을 게시할 당시 사진의 저작권자가 누구인지 몰랐다 하더라도 타인의 저작물을 영리를 위하여 임의로 게시한다는 인식이 있었으므로 저작권 침해행위에 해당한다(대판 2006.2.24, 2005도7673).
④ 오인한 경우 무조건 부과할 수 없는 게 아니라 오인에 정당한 이유가 있는 때에 한정된다. 자신의 행위가 위법하지 아니한 것으로 오인하고 행한 질서위반행위는 그 오인에 정당한 이유가 있는 때에 한하여 과태료를 부과하지 아니한다(질서위반행위규제법 제8조).

정답 ②

6. 행정벌에 대한 설명으로 옳지 않은 것은? (다툼이 있는 경우 판례에 의함) 19 국가직9급

① 과실범을 처벌한다는 명문의 규정이 없더라도 행정형벌법규의 해석에 의하여 과실행위도 처벌한다는 뜻이 도출되는 경우에는 과실범도 처벌될 수 있다.
② 통고처분에 따른 범칙금을 납부한 후에 동일한 사건에 대하여 다시 형사처벌을 하는 것이 일사부재리의 원칙에 반하는 것은 아니다.
③ 과태료는 행정질서벌에 해당할 뿐 형벌이라고 할 수 없어 죄형법정주의의 규율대상에 해당하지 아니한다.
④ 과태료를 부과하는 근거 법령이 개정되어 행위 시의 법률에 의하면 과태료 부과대상이었지만 재판 시의 법률에 의하면 부과대상이 아니게 된 때에는 특별한 사정이 없는 한 과태료를 부과할 수 없다.

해설 ▶ 中

① 다수설·판례는 과실범을 처벌하는 명문규정이 있는 경우뿐만 아니라 해석상 과실범의 처벌이 인정되는 경우에도 벌할 수 있다는 입장이다. 구 대기환경보전법의 입법목적이나 제반 관계규정의 취지 등을 고려하면, 법정의 배출허용기준을 초과하는 배출가스를 배출하면서 자동차를 운행하는 행위를 처벌하는 위 법 제57조 제6호의 규정은 자동차의 운행자가 그 자동차에서 배출되는 배출가스가 소정의 운행자동차 배출허용기준을 초과한다는 점을 실제로 인식하면서 운행한 고의범의 경우는 물론 과실로 인하여 그러한 내용을 인식하지 못한 과실범의 경우도 함께 처벌하는 규정이다(대판 1993.9.10, 92도1136).

② 경범죄처벌법 제7조 제3항, 제8조 제3항에 의하면 범칙금 납부의 통고처분을 받고 범칙금을 납부한 사람은 그 범칙행위에 대하여 다시 벌받지 아니한다고 규정하고 있는바, 이는 통고처분에 의한 범칙금의 납부에 확정판결에 준하는 효력을 인정한 것이고, 형사소송법 제326조 제1호는 '확정판결이 있는 때'를 면소사유로 규정하고 있으므로 확정판결이 있는 사건과 동일사건에 대하여 공소가 제기된 경우에는 판결로써 면소의 선고를 하여야 하며, 여기에서 공소사실이나 범칙행위의 동일성 여부는 사실의 동일성이 갖는 법률적 기능을 염두에 두고 피고인의 행위와 그 사회적인 사실관계를 기본으로 하되 그 규범적 요소도 아울러 고려하여 판단하여야 한다(대판 2011.1.27, 2010도11987).

③ 죄형법정주의의 적용 여부에 대하여 다수설은 적용된다는 입장인 데 반해, 헌법재판소는 적용되지 않는다는 입장이다(헌재결 1998.5.28, 96헌바83). 그러나 질서위반행위 법정주의는 당연히 적용된다. 법률에 따르지 아니하고는 어떤 행위도 질서위반행위로 과태료를 부과하지 아니한다(질서위반행위규제법 제6조).

죄형법정주의는 무엇이 범죄이며 그에 대한 형벌이 어떠한 것인가는 국민의 대표로 구성된 입법부가 제정한 법률로써 정하여야 한다는 원칙인데, 부동산등기특별조치법 제11조 제1항 본문 중 제2조 제1항에 관한 부분이 정하고 있는 과태료는 행정상의 질서유지를 위한 행정질서벌에 해당할 뿐 형벌이라고 할 수 없어 죄형법정주의의 규율대상에 해당하지 아니한다(헌재결 1998.5.28, 96헌바83).

④ 과태료 부과에 관한 일반법인 질서위반행위규제법에 의하면, 질서위반행위의 성립과 과태료 처분은 원칙적으로 행위 시의 법률에 따르지만(제3조 제1항), 질서위반행위 후 법률이 변경되어 그 행위가 질서위반행위에 해당하지 아니하게 되거나 과태료가 변경되기 전의 법률보다 가볍게 된 때에는 법률에 특별한 규정이 없는 한 변경된 법률을 적용하여야 한다(제3조 제2항). 따라서 질서위반행위에 대하여 과태료 부과의 근거 법률이 개정되어 행위 시의 법률에 의하면 과태료 부과대상이었지만 재판 시의 법률에 의하면 과태료 부과대상이 아니게 된 때에는, 개정 법률의 부칙에서 종전 법률 시행 당시에 행해진 질서위반행위에 대해서는 행위 시의 법률을 적용하도록 특별한 규정을 두지 않은 이상 재판 시의 법률을 적용하여야 하므로 과태료를 부과할 수 없다(대결 2020.12.18, 2020마6912).

정답 ②

7. 행정벌에 대한 설명으로 옳지 않은 것은? (다툼이 있는 경우 판례에 의함) 19 국회직8급

① 「도로교통법」에 의한 경찰서장의 통고처분에 대한 항고소송은 부적법하고 이에 대하여 이의가 있는 경우에는 통고처분에 따른 범칙금을 이행하지 아니함으로써 경찰서장의 즉결심판청구에 의하여 법원의 심판을 받을 수 있게 된다.

② 행정청의 과태료 부과에 불복하는 당사자는 과태료 부과 통지를 받은 날부터 60일 이내에 해당 행정청에 서면으로 이의제기를 할 수 있다.

③ 피고인이 「행형법」에 의한 징벌을 받아 그 집행을 종료한 뒤에 형사처벌을 한다고 하여 일사부재리의 원칙에 반하는 것은 아니다.

④ 과태료는 행정청의 과태료 부과처분이나 법원의 과태료 재판이 확정된 후 5년간 징수하지 아니하거나 집행하지 아니하면 시효로 인하여 소멸한다.

⑤ 질서위반행위에 대하여 과태료를 부과하는 근거 법령이 개정되어 행위시의 법률에 의하면 과태료 부과대상이었으나 재판시의 법률에 의하면 부과대상이 아닌 때에도 특별한 사정이 없는 한 행위시의 법률에 의하여 과태료를 부과할 수 있다.

해설 ▶ 中

① 대판 1995.6.29, 95누4674

② 질서위반행위규제법 제20조 제1항

③ 피고인이 행형법에 의한 징벌을 받아 그 집행을 종료하였다고 하더라도 행형법상의 징벌은 수형자의 교도소 내의 준수사항위반에 대하여 과하는 행정상의 질서벌의 일종으로서 형법 법령에 위반한 행위에 대한 형사책임과는 그 목적, 성격을 달리하는 것이므로 징벌을 받은 뒤에 형사처벌을 한다고 하여 일사부재리의 원칙에 반하는 것은 아니다(대판 2000.10.27, 2000도3874).

④ 질서위반행위규제법 제15조 제1항

⑤ 질서위반행위 후 법률이 변경되어 그 행위가 질서위반행위에 해당하지 아니하게 되거나 과태료가 변경되기 전의 법률보다 가볍게 된 때에는 법률에 특별한 규정이 없는 한 변경된 법률을 적용한다(같은 법 제3조 제2항).

정답 ⑤

8. 행정법에 대한 설명으로 옳은 것은? (다툼이 있는 경우 판례에 의함) 19 국가직7급

① 지방자치단체가 그 고유의 자치사무를 처리하는 경우 지방자치단체는 양벌규정에 의한 처벌대상이 되지 않는다.
② 「관세법」상 통고처분은 상대방의 임의의 승복을 그 발효요건으로 하기 때문에 그 자체만으로는 통고이행을 강제하거나 상대방에게 아무런 권리의무를 형성하지 않는다.
③ 질서위반행위 후 법률이 변경되어 그 행위가 질서위반행위에 해당하지 아니하게 된 때에는 법률에 특별한 규정이 없는 한 변경되기 전의 법률을 적용한다.
④ 스스로 심신장애 상태를 일으켜 질서위반행위를 한 자에 대하여는 과태료를 감경한다.

해설 ➤ ㊦

① 국가가 본래 그의 사무의 일부를 지방자치단체의 장에게 위임하여 그 사무를 처리하게 하는 기관위임사무의 경우에는 지방자치단체는 국가기관의 일부로 볼 수 있는 것이지만, 지방자치단체가 그 고유의 자치사무를 처리하는 경우에는 지방자치단체는 국가기관의 일부가 아니라 국가기관과는 별도의 독립한 공법인이므로, 지방자치단체 소속 공무원이 지방자치단체 고유의 자치사무를 수행하던 중 도로법 제81조 내지 제85조의 규정에 의한 위반행위를 한 경우에는 지방자치단체는 도로법 제86조의 양벌규정에 따라 처벌대상이 되는 법인에 해당한다(대판 2005.11.10, 2004도2657).
② 통고처분은 상대방의 임의의 승복을 그 발효요건으로 하기 때문에 그 자체만으로는 통고이행을 강제하거나 상대방에게 아무런 권리의무를 형성하지 않으므로 행정심판이나 행정소송의 대상으로서의 처분성을 부여할 수 없고, 통고처분에 대하여 이의가 있으면 통고내용을 이행하지 않음으로써 고발되어 형사재판절차에서 통고처분의 위법·부당함을 얼마든지 다툴 수 있기 때문에 관세법 제38조 제3항 제2호가 법관에 의한 재판받을 권리를 침해한다든가 적법절차의 원칙에 저촉된다고 볼 수 없다(헌재결 1998.5.28, 96헌바4).
③ 질서위반행위에 대하여 과태료 부과의 근거 법률이 개정되어 행위 시의 법률에 의하면 과태료 부과대상이었지만 재판 시의 법률에 의하면 과태료 부과대상이 아니게 된 때에는, 개정 법률의 부칙에서 종전 법률 시행 당시에 행해진 질서위반행위에 대해서는 행위 시의 법률을 적용하도록 특별한 규정을 두지 않은 이상 재판 시의 법률을 적용하여야 하므로 과태료를 부과할 수 없다(대결 2020.12.18, 2020마6912).
④ 심신(心神)장애로 인하여 행위의 옳고 그름을 판단할 능력이 없거나 그 판단에 따른 행위를 할 능력이 없는 자의 질서위반행위는 과태료를 부과하지 아니한다(질서위반행위규제법 제10조 제1항). 스스로 심신장애 상태를 일으켜 질서위반행위를 한 자에 대하여는 제1항 및 제2항을 적용하지 아니한다(같은 조 제3항).

정답 ②

9. 행정법에 대한 설명으로 옳은 것으로만 묶은 것은? (다툼이 있는 경우 판례에 의함) 20 지방직9급

ㄱ. 행정청의 과태료 부과에 불복하는 자는 서면으로 이의제기를 할 수 있으나, 이의제기가 있더라도 과태료 부과처분은 그 효력을 유지한다.
ㄴ. 「도로교통법」상 범칙금 통고처분은 항고소송의 대상이 되는 행정처분에 해당하지 않는다.
ㄷ. 과징금은 어떤 경우에도 영업정지에 갈음하여 부과할 수 없다.
ㄹ. 「질서위반행위규제법」에 따른 과태료는 행정청의 과태료 부과처분이나 법원의 과태료 재판이 확정된 후 5년간 징수하지 아니하거나 집행하지 아니하면 시효로 소멸한다.

① ㄱ, ㄴ　　② ㄱ, ㄷ
③ ㄴ, ㄷ　　④ ㄴ, ㄹ

해설 ➤ ㊦

ㄱ 행정청의 과태료 부과에 불복하는 당사자는 제17조 제1항에 따른 과태료 부과 통지를 받은 날부터 60일 이내에 해당 행정청에 서면으로 이의제기를 할 수 있다(질서위반행위규제법 제20조) 제1항. 제1항에 따른 이의제기가 있는 경우에는 행정청의 과태료 부과처분은 그 효력을 상실한다(같은 조 제2항).
ㄴ 대판 1962.1.31, 4294행상40
ㄷ 변형과징금이란 인·허가사업에 관한 법률에 의한 의무위반을 이유로 단속상 그 인·허가사업 등을 정지해야 할 경우에, 조업정지가 주민의 생활, 대외적인 신용·고용·물가 등 국민경제 기타 공익에 현저한 지장을 초래할 우려가 있다고 인정되는 경우 사업정지(조업정지)를 하는 대신 사업을 계속함으로써 얻은 이익을 박탈(최소침해수단이 아님)하는 제도이다. 변형된 과징금의 경우 영업정지에 갈음하는 과징금을 부과할 것인가

영업정지처분을 내릴 것인가는 통상 행정청의 재량에 속한다.
ㄹ 질서위반행위규제법 제15조

정답 ④

10. 행정벌에 대한 설명으로 옳지 않은 것은? (다툼이 있는 경우 판례에 의함) 21 지방직9급

① 법률에 따르지 아니하고는 어떤 행위도 질서위반행위로 과태료를 부과하지 아니한다.
② 경찰서장이 범칙행위에 대하여 통고처분을 한 이상, 통고처분에서 정한 범칙금 납부 기간까지는 원칙적으로 경찰서장은 즉결심판을 청구할 수 없고, 검사도 동일한 범칙행위에 대하여 공소를 제기할 수 없다.
③ 행정청의 과태료 부과에 대해 이의가 제기된 경우에는 행정청의 과태료 부과처분은 그 효력을 상실한다.
④ 신분에 의하여 성립하는 질서위반행위에 신분이 없는 자가 가담한 경우 신분이 없는 자에 대하여는 질서위반행위가 성립하지 않는다.

해설 ㊦

① 질서위반행위규제법 제6조
② 대판 2020.4.29, 2017도13409
③ 질서위반행위규제법 제20조 제2항
④ 신분에 의하여 성립하는 질서위반행위에 신분이 없는 자가 가담한 때에는 신분이 없는 자에 대하여도 질서위반행위가 성립한다(질서위반행위규제법 제12조 제2항).

정답 ④

11. 행정벌에 대한 설명으로 옳은 것은? (다툼이 있는 경우 판례에 의함) 22 지방직9급

① 양벌규정에 의한 영업주의 처벌은 금지위반행위자인 종업원의 처벌에 종속되는 것이므로 영업주만 따로 처벌할 수는 없다.
② 통고처분은 법정기간 내에 납부하지 않는 것을 해제조건으로 하는 행정처분이므로 행정소송의 대상이 된다.
③ 행정청의 과태료 부과에 대해 서면으로 이의가 제기된 경우 과태료 부과처분은 그 효력을 상실한다.
④ 법원이 하는 과태료재판에는 원칙적으로 행정소송에서와 같은 신뢰보호의 원칙이 적용된다.

해설 ㊦

① 양벌규정에 의한 영업주의 처벌은 금지위반행위자인 종업원의 처벌에 종속하는 것이 아니라 독립하여 그 자신의 종업원에 대한 선임감독상의 과실로 인하여 처벌되는 것이므로 영업주의 위 과실책임을 묻는 경우 금지위반행위자인 종업원에게 구성요건상의 자격이 없다고 하더라도 영업주의 범죄성립에는 아무런 지장이 없다(대판 1987.11.10, 87도1213).
② 성질상으로는 행정처분이라 하여도 그것이 전부 행정소송의 대상으로 취소변경을 소구할 수 있는 것은 아니며, 형사절차에 관한 행위의 옳고 그른 것은 형사소송법규에 의하여서만 다툴 수 있고 행정소송의 대상이 될 수 없는 것인바, 조세범처벌절차법에 의한 통고처분은 그 처분을 받은 자가 통고취지를 이행하지 아니한 때에는 세무관서의 고발에 의하여 형사절차로 옮아가 처분의 대상이 된 사실은 그 절차에 의하여 최종적으로 결정될 것이고 통고처분은 따로이 그대로 존속하여 별개의 효력을 나타낼 수 있는 것이 아니므로 행정소송의 대상이 되지 않는다(대판 1962.1.31, 4294행상40).
③ 행정청의 과태료 부과에 불복하는 당사자는 과태료 부과 통지를 받은 날부터 60일 내에 해당 행정청에 서면으로 이의제기를 할 수 있다(질서위반행위규제법 제20조 제1항). 이의제기가 있는 경우에는 행정청의 과태료부과처분은 그 효력을 상실(집행정지가 아님)한다(같은 조 제2항).
④ 법원이 비송사건절차법에 따라서 하는 과태료재판은 관할 관청이 부과한 과태료처분에 대한 당부를 심판하는 행정소송절차가 아니라 법원의 직권으로 개시·결정하는 것이므로, 원칙적으로 과태료 재판에서는 행정소송에서와 같은 신뢰보호의 원칙위반 여부가 문제로 되지 아니한다(대결 2006.4.28, 2003마715). [첫출제]

정답 ③

12. 행정법규의 양벌규정에 대한 설명으로 옳지 않은 것은? (다툼이 있는 경우 판례에 의함) 22 국가직9급

① 양벌규정은 행위자에 대한 처벌규정임과 동시에 그 위반행위의 이익귀속주체인 영업주에 대한 처벌규정이다.
② 종업원의 범죄성립이나 처벌이 영업주 처벌의 전제조건이 되는 것은 아니다.
③ 법인 대표자의 법규위반행위에 대한 법인의 책임은 법인 자신의 법규위반행위로 평가될 수 있는 행위에 대한 법인의 직접책임이다.
④ 양벌규정에 의한 법인의 처벌은 어디까지나 행정적 제재처분일 뿐 형벌과는 성격을 달리한다.

해설 ➤ 下

① 구 건축법 제54조 내지 제56조의 벌칙규정에서 그 적용대상자를 건축주, 공사감리자, 공사시공자 등 일정한 업무주로 한정한 경우에 있어서, 같은법 제57조의 양벌규정은 업무주가 아니면서 당해 업무를 실제로 집행하는 자가 있는 때에 위 벌칙규정의 실효성을 확보하기 위하여 그 적용대상자를 당해 업무를 실제로 집행하는 자에게까지 확장함으로써 그러한 자가 당해 업무집행과 관련하여 위 벌칙규정의 위반행위를 한 경우 위 양벌규정에 의하여 처벌할 수 있도록 한 행위자의 처벌규정임과 동시에 그 위반행위의 이익귀속주체인 업무주에 대한 처벌규정이라고 할 것이다. 이와 일부 달리 구 건축법 제57조의 양벌규정은 행위자 처벌규정이라고 해석할 수 없는 것이므로 위 규정을 근거로 실제의 행위자를 처벌할 수 없다고 한 대법원 1990.10.12. 선고 90도1219 판결, 1992.7.28. 선고 92도1163 판결 및 1993.2.9. 선고 92도3207 판결의 견해는 이와 저촉되는 한도에서 변경하기로 한다[대판(전합) 1999.7.15, 95도2870].
② 양벌규정에 의한 영업주의 처벌은 금지위반행위자인 종업원의 처벌에 종속하는 것이 아니라 독립하여 그 자신의 종업원에 대한 선임감독상의 과실로 인하여 처벌되는 것이므로 종업원의 범죄성립이나 처벌이 영업주 처벌의 전제조건이 될 필요는 없다(대판 2006.2.24, 2005도7673).
③ 법인은 기관을 통하여 행위하므로 법인의 대표자의 행위로 인한 법률효과는 법인에게 귀속되어야 하고, 법인 대표자의 범죄행위에 대하여는 법인 자신이 책임을 져야 하는바, 법인 대표자의 법규위반행위에 대한 법인의 책임은 법인 자신의 법규위반행위로 평가될 수 있는 행위에 대한 법인의 직접책임으로서, 대표자의 고의에 의한 위반행위에 대하여는 법인 자신의 고의에 의한 책임을, 대표자의 과실에 의한 위반행위에 대하여는 법인 자신의 과실에 의한 책임을 지는 것이다. 따라서 이 사건 법률조항 중 법인의 대표자 관련 부분은 대표자의 책임을 요건으로 하여 법인을 처벌하는 것이므로 위 양벌규정에 근거한 형사처벌이 형벌의 자기책임원칙에 반하여 헌법에 위반된다고 볼 수 없다(대판 2011.3.24, 2010도14817).
④ 범죄행위자와 함께 행위자 이외의 자를 함께 처벌하는 법규정을 양벌(쌍벌)규정이라고 한다. 형사범에 있어서는 현실적인 범죄행위자만 처벌하는 데 비해 행정범의 경우에는 반드시 현실적인 행위자만이 아니라 행정법상의 의무를 지는 자가 책임을 지는 경우도 있다. 따라서 양벌규정은 형벌의 일종이다. 판례도 마찬가지다.
양벌규정에 의한 법인의 처벌은 어디까지나 형벌의 일종으로서 행정적 제재처분이나 민사상 불법행위책임과는 성격을 달리하는 점, 형사소송법 제328조가 '피고인인 법인이 존속하지 아니하게 되었을 때'를 공소기각결정의 사유로 규정하고 있는 것은 형사책임이 승계되지 않음을 전제로 한 것이라고 볼 수 있는 점 등에 비추어 보면, 법인이 형사처벌을 면탈하기 위한 방편으로 합병제도 등을 남용하는 경우 이를 처벌하거나 형사책임을 승계시킬 수 있는 근거규정을 특별히 두고 있지 않은 현행법하에서는 합병으로 인하여 소멸한 법인이 그 종업원 등의 위법행위에 대해 양벌규정에 따라 부담하던 형사책임은 그 성질상 이전을 허용하지 않는 것으로서 합병으로 인하여 존속하는 법인에 승계되지 않는다(대판 2015.12.24, 2015도13946).

정답 ④

13. 행정법에 대한 설명으로 옳지 않은 것은? (다툼이 있는 경우 판례에 의함) 22 국가직7급

① 지방자치법 상 사기나 부정한 방법으로 사용료 징수를 면한 자에 대한 과태료의 부과·징수 등의 절차에 관한 사항은 질서위반행위규제법에 따른다.
② 구 행형법에 의한 징벌을 받은 뒤에 형사처벌을 한다고 하여 일사부재리의 원칙에 반하는 것은 아니다.
③ 도로교통법 상 경찰서장의 통고처분은 행정소송의 대상이 되는 행정처분이 아니다.
④ 질서위반행위규제법 상 법원의 과태료 재판이 확정된 후에는 법률이 변경되어 그 행위가 질서위반행위에 해당하지 아니하게 된 경우라 하더라도 과태료의 집행을 면제하지 못한다.

해설 ➤ 下

① 사기나 그 밖의 부정한 방법으로 사용료·수수료 또는 분담금의 징수를 면한 자에 대하여는 그 징수를 면한 금액의 5배 이내의 과태료를, 공공시설을 부정사용한 자에 대하여는 50만 원 이하의 과태료를 부과하는 규정을 조례로 정할 수 있다(지방자치법 제156조 제2항). 과태료의 부과·징수, 재판 및 집행 등의 절차에 관한 사항은 질서위반행위규제법에 따른다(같은 조 제3항).
② 피고인이 행형법에 의한 징벌을 받아 그 집행을 종료하였다고 하더라도 행형법상의 징벌은 수형자의 교도소 내의 준수사항위반에 대하여 과하는 행정상의 질서벌의 일종으로서 형법 법령에 위반한 행위에 대한 형사책임과는 그 목적, 성격을 달리하는 것이므로 징벌을 받은 뒤에 형사

처벌을 한다고 하여 일사부재리의 원칙에 반하는 것은 아니다(대판 2000.10.27, 2000도3874).
③ 도로교통법 제118조에서 규정하는 경찰서장의 통고처분은 행정소송의 대상이 되는 행정처분이 아니므로 그 처분의 취소를 구하는 소송은 부적법하고, 도로교통법상의 통고처분을 받은 자가 그 처분에 대하여 이의가 있는 경우에는 통고처분에 따른 범칙금의 납부를 이행하지 아니함으로써 경찰서장의 즉결심판청구에 의하여 법원의 심판을 받을 수 있게 될 뿐이다(대판 1995.6.29, 95누4674).

정답 ④

14. 통고처분에 대한 설명으로 옳은 것은? (다툼이 있는 경우 판례에 의함) 15 지방직9급

① 「조세범 처벌절차법」에 근거한 범칙자에 대한 세무관서의 통고처분은 행정소송의 대상이 되는 행정처분이다.
② 법률에 따라 통고처분을 할 수 있으면 행정청은 통고처분을 하여야 하며, 통고처분 이외의 조치를 취할 재량은 없다.
③ 행정법규 위반자가 법정기간 내에 통고처분에 의해 부과된 금액을 납부하지 않으면 「비송사건절차법」에 의해 처리된다.
④ 행정법규 위반자가 통고처분에 의해 부과된 금액을 납부하면 과벌절차가 종료되며 동일한 사건에 대하여 다시 처벌받지 아니한다.

해설 ㉾ 中

①③ 조세범처벌절차법에 의한 통고처분은 그 처분을 받은 자가 통고취지를 이행하지 아니한 때에는 세무관서의 고발에 의하여 형사절차로 옮아가 처분의 대상이 된 사실은 그 절차에 의하여 최종적으로 결정될 것이고 통고처분은 따로이 그대로 존속하여 별개의 효력을 나타낼 수 있는 것이 아니므로 행정소송의 대상이 되지 않는다(대판 1962.1.31, 4294행상40).
② 통고처분을 할 것인지의 여부는 관세청장 또는 세관장의 재량에 맡겨져 있고, 따라서 관세청장 또는 세관장이 관세범에 대하여 통고처분을 하지 아니한 채 고발하였다는 것만으로는 그 고발 및 이에 기한 공소의 제기가 부적법하게 되는 것은 아니다(대판 2007.5.11, 2006도1993).
④ 범칙금을 낸 사람은 범칙행위에 대하여 다시 벌 받지 아니한다(도로교통법 제164조 제3항).

정답 ④

15. 통고처분에 대한 설명으로 옳지 않은 것은? (다툼이 있는 경우 판례에 의함) 21 국회직9급

① 통고처분은 조세범, 관세범, 출입국사범, 교통사범 등의 경우 허용된다.
② 행정청이 벌금·과료에 상당하는 금액의 납부를 통고하며 당사자가 법정기간 내에 통고된 내용을 이행한 때에 처벌절차는 종료된다.
③ 통고처분에 따른 범칙금을 납부하지 않은 경우에는 고발 등의 절차를 거쳐 형사소송절차로 이행되는 것이 일반적이다.
④ 위법한 통고처분에 대해서는 제소기간 내에 취소소송을 제기할 수 있다.
⑤ 통고처분은 법관에 의한 재판을 받을 권리를 침해한다든가 적법절차의 원칙에 저촉된다고 볼 수 없다.

해설 ㉾ 下

① 통고처분은 조세범(「조세범 처벌절차법」 제15조 제1항), 관세범(관세법 제311조), 출입국관리사범(출입국관리법 제102조 이하), 도로교통사범(도로교통법 제163조 이하), 경범죄처벌사범(「경범죄 처벌법」) 제7조)을 대상으로 부과된다. 따라서 모든 행정상 의무불이행에 대해 부과할 수 있는 것이 아니다.
③⑤ 통고처분은 상대방의 임의의 승복을 그 발효요건으로 하기 때문에 그 자체만으로는 통고이행을 강제하거나 상대방에게 아무런 권리의무를 형성하지 않으므로 행정심판이나 행정소송의 대상으로서의 처분성을 부여할 수 없고, 통고처분에 대하여 이의가 있으면 통고내용을 이행하지 않음으로써 고발되어 형사재판절차에서 통고처분의 위법·부당함을 얼마든지 다툴 수 있기 때문에 관세법 제38조 제3항 제2호가 법관에 의한 재판받을 권리를 침해한다든가 적법절차의 원칙에 저촉된다고 볼 수 없다(헌재결 1998.5.28, 96헌바4).
④ 도로교통법 제118조에서 규정하는 경찰서장의 통고처분은 행정소송의 대상이 되는 행정처분이 아니므로 그 처분의 취소를 구하는 소송은 부적법하고, 도로교통법상의 통고처분을 받은 자가 그 처분에 대하여 이의가 있는 경우에는 통고처분에 따른 범칙금의 납부를 이행하지 아니함으로써 경찰서장의 즉결심판청구에 의하여 법원의 심판을 받을 수 있게 될 뿐이다(대판 1995.6.29, 95누4674).

정답 ④

16. 「질서위반행위규제법」의 내용에 대한 설명으로 옳지 않은 것은? 15 지방직9급

① 고의 또는 과실이 없는 질서위반행위는 과태료를 부과하지 아니한다.
② 과태료는 행정청의 과태료 부과처분이나 법원의 과태료 재판이 확정된 후 5년간 징수하지 아니하거나 집행하지 아니하면 시효로 인하여 소멸한다.
③ 신분에 의하여 성립하는 질서위반행위에 신분이 없는 자가 가담한 때에는 신분이 없는 자에 대하여는 질서위반행위가 성립하지 않는다.
④ 행정청이 질서위반행위에 대하여 과태료를 부과하고자 하는 때에는 미리 당사자에게 대통령령으로 정하는 사항을 통지하고, 10일 이상의 기간을 정하여 의견을 제출할 기회를 주어야 한다.

해설 ➤ (下)

① 제7조
② 제15조 제1항
③ 신분에 의하여 성립하는 질서위반행위에 신분이 없는 자가 가담한 때에는 신분이 없는 자에 대하여도 질서위반행위가 성립한다(제12조 제2항).
④ 제16조 제1항

정답 ③

17. 「질서위반행위규제법」상 과태료에 대한 설명으로 옳지 않은 것만을 모두 고른 것은? 15 국가직7급

ㄱ. 고의 또는 과실이 없는 질서위반행위는 과태료를 부과하지 아니한다.
ㄴ. 신분에 의하여 성립하는 질서위반행위에 신분이 없는 자가 가담한 때에는 신분이 없는 자에 대해서는 질서위반행위가 성립하지 않는다.
ㄷ. 과태료는 당사자가 과태료 부과처분에 대하여 이의를 제기하지 아니한 채 이의제기 기한이 종료한 후 사망한 경우에는 집행할 수 없다.
ㄹ. 행정청은 질서위반행위가 종료된 날부터 5년이 경과한 경우에는 해당 질서위반행위에 대하여 과태료를 부과할 수 없다.

① ㄱ, ㄴ
② ㄴ, ㄷ
③ ㄱ, ㄷ, ㄹ
④ ㄴ, ㄷ, ㄹ

해설 ➤ (中)

ㄱ 제7조
ㄴ 신분에 의하여 성립하는 질서위반행위에 신분이 없는 자가 가담한 때에는 신분이 없는 자에 대하여도 질서위반행위가 성립한다(제12조 제2항).
ㄷ 과태료는 당사자가 과태료 부과처분에 대하여 이의를 제기하지 아니한 채 제20조 제1항에 따른 기한이 종료한 후 사망한 경우에는 그 상속재산에 대하여 집행할 수 있다(제24조의2 제1항).
ㄹ 제19조 제1항

정답 ②

18. 과태료에 대한 설명으로 옳지 않은 것은? (다툼이 있는 경우 판례에 의함) 16 국가직9급

① 행정법규 위반행위에 대하여 과하여지는 과태료는 행정형벌이 아니라 행정질서벌에 해당한다.
② 「질서위반행위규제법」에 따르면 고의 또는 과실이 없는 질서위반행위에는 과태료를 부과하지 아니한다.
③ 지방자치단체의 조례도 과태료 부과의 근거가 될 수 있다.
④ 「질서위반행위규제법」에 따른 과태료부과처분은 항고소송의 대상인 행정처분에 해당한다.

해설 ➤ (下)

② 제7조
③ "질서위반행위"란 법률(지방자치단체의 조례를 포함한다)상의 의무를 위반하여 과태료를 부과하는 행위를 말한다(같은 법 제2조 제1호).
④ 수도조례 및 하수도사용조례에 기한 과태료의 부과 여부 및 그 당부는 최종적으로 질서위반행위규제법에 의한 절차에 의하여 판단되어야 한다고 할 것이므로, 그 과태료 부과처분은 행정청을 피고로 하는 행정소송의 대상이 되는 행정처분이라고 볼 수 없다(대판 2012.10.11, 2011두19369).

정답 ④

19. 과태료부과처분에 대한 설명으로 옳지 않은 것은? 16 국회직8급

① 과태료부과에 대해서는 일반적으로 「질서위반행위규제법」이 적용되므로 그 부과처분에 대해 불복이 있을 때에는 법원에서 「비송사건절차법」을 준용하여 이에 대해 재판하고 과태료부과처분에 대해 항고소송은 원칙적으로 허용되지 않는다.
② 「질서위반행위규제법」상의 과태료를 부과하기 위해서는 위반행위자에게 반드시 고의나 과실이 있어야 한다.
③ 「지방자치법」 제34조 조례위반에 대한 과태료의 경우에는 「질서위반행위규제법」이 적용되지 않으므로 그에 대한 불복이 있으면 항고소송을 제기할 수 있다.
④ 「지방자치법」 제156조 제2항 및 제3항에 따라 사기나 그 밖의 부정한 방법으로 사용료·수수료 또는 분담금의 징수를 면한 자, 그리고 공공시설을 부정사용한 자에 대한 과태료 부과에는 「질서위반행위규제법」이 적용된다.
⑤ '수도조례' 및 '하수도사용조례'에 기한 과태료의 부과여부 및 그 당부는 최종적으로 「질서위반행위규제법」에 의한 절차에 의하여 판단되어야 하므로 그 과태료부과처분은 행정청을 피고로 하는 행정소송의 대상이 되는 처분이라고 할 수 없다.

해설 ➤ (中)

① 수도조례 및 하수도사용조례에 기한 과태료의 부과 여부 및 그 당부는 최종적으로 질서위반행위규제법에 의한 절차에 의하여 판단되어야 한다고 할 것이므로, 그 과태료 부과처분은 행정청을 피고로 하는 행정소송의 대상이 되는 행정처분이라고 볼 수 없다(대판 2012.10.11, 2011두19369).
② 질서위반행위규제법 제7조
③ 지방자치단체는 조례를 위반한 행위에 대하여 조례로써 1천만 원 이하의 과태료를 정할 수 있다(지방자치법 제34조 제1항). 비송사건절차법에 의한다는 조항은 2009.4.1. 삭제되었기 때문에 일반법인 질서위반행위규제법에 의한다. 과태료에 대해서는 당연히 질서위반행위규제법이 적용되므로 항고소송이 대상이 아니다.
④ 사기나 그 밖의 부정한 방법으로 사용료·수수료 또는 분담금의 징수를 면한 자에게는 그 징수를 면한 금액의 5배 이내의 과태료를, 공공시설을 부정사용한 자에게는 50만원 이하의 과태료를 부과하는 규정을 조례로 정할 수 있다(지방자치법 제156조 제2항). 제2항에 따른 과태료의 부과·징수, 재판 및 집행 등의 절차에 관한 사항은 「질서위반행위규제법」에 따른다(같은 조 제3항).
⑤ 대판 2012.10.11, 2011두19369

정답 ②

20. 「질서위반행위규제법」상 과태료에 대한 설명으로 옳은 것은? 16 지방직7급

① 행정형벌이 아니므로 고의 또는 과실과 무관하게 부과할 수 있다.
② 위법성의 착오는 과태료 부과에 영향을 미치지 않는다.
③ 과태료는 당사자가 과태료 부과처분에 대하여 이의를 제기하지 아니한 채 「질서위반행위규제법」에 따른 이의제기기한이 종료한 후 사망한 경우에는 그 상속재산에 대하여 집행할 수 있다.
④ 하나의 행위가 2 이상의 질서위반행위에 해당하는 경우에는 각 질서위반행위에 대하여 정한 과태료를 가중하여 부과한다.

해설 ➤ 下

① 고의 또는 과실이 없는 질서위반행위는 과태료를 부과하지 아니한다(제7조).
② 자신의 행위가 위법하지 아니한 것으로 오인하고 행한 질서위반행위는 그 오인에 정당한 이유가 있는 때에 한하여 과태료를 부과하지 아니한다(제8조).
③ 제20조의2 제1항
④ 하나의 행위가 2 이상의 질서위반행위에 해당하는 경우에는 각 질서위반행위에 대하여 정한 과태료 중 가장 중한 과태료를 부과한다(제13조 제1항).

정답 ③

21. 「질서위반행위규제법」의 내용으로 가장 옳은 것은? 18 서울시7급

① 지방자치단체의 조례상의 의무를 위반하여 과태료를 부과하는 행위는 질서위반행위에 해당되지 않는다.
② 법원의 과태료 재판이 확정된 후 법률이 변경되어 그 행위가 질서위반행위에 해당하지 아니하게 된 때에는 변경된 법률에 특별한 규정이 없는 한 과태료의 징수 또는 집행을 면제한다.
③ 과태료는 행정청의 과태료 부과처분이 있은 후 3년간 징수하지 아니하면 시효로 인하여 소멸한다.
④ 과태료 부과에 대한 이의제기는 과태료 부과처분의 효력에 영향을 주지 아니한다.

해설 ➤ 下

① 질서위반행위란 법률(지방자치단체의 조례를 포함한다)상의 의무를 위반하여 과태료를 부과하는 행위를 말한다. 다만, 다음 각 목의 어느 하나에 해당하는 행위를 제외한다(제2조 제1호).

1. 대통령령으로 정하는 사법(私法)상·소송법상 의무를 위반하여 과태료를 부과하는 행위
2. 대통령령으로 정하는 법률에 따른 징계사유에 해당하여 과태료를 부과하는 행위

② 제3조 제3항
③ 과태료는 행정청의 과태료부과처분이나 법원의 과태료재판이 확정된 후 5년간 징수하지 아니하거나 집행하지 아니하면 시효로 인하여 소멸한다(제15조 제1항).
④ 행정청의 과태료 부과에 불복하는 당사자는 과태료 부과 통지를 받은 날부터 60일 내에 해당 행정청에 서면으로 이의제기를 할 수 있다(같은 법 제20조 제1항). 이의제기가 있는 경우에는 행정청의 과태료부과처분은 그 효력을 상실(집행정지가 아님)한다(같은 조 제2항).

정답 ②

22. 「질서위반행위규제법」에 대한 설명으로 옳지 않은 것은? (다툼이 있는 경우 판례에 의함) 18 지방직7급

① 질서위반행위 후 법률이 변경되어 그 행위가 질서위반행위에 해당하지 아니하게 된 경우, 법률에 특별한 규정이 없는 한 질서위반행위의 성립은 행위 시의 법률에 따른다.
② 당사자가 행정청의 과태료 부과에 불복하여 이의제기를 한 경우, 행정청의 과태료 부과처분은 그 효력을 상실한다.
③ 신분에 의하여 성립하는 질서위반행위에 신분이 없는 자가 가담한 때에는 신분이 없는 자에 대하여도 질서위반행위가 성립한다.
④ 질서위반행위를 한 자가 자신의 책임 없는 사유로 위반행위에 이르렀다고 주장하는 경우 법원으로서는 그 내용을 살펴 행위자에게 고의나 과실이 있는지를 따져보아야 한다.

해설 下

① 질서위반행위 후 법률이 변경되어 그 행위가 질서위반행위에 해당하지 아니하게 되거나 과태료가 변경되기 전의 법률보다 가볍게 된 때에는 법률에 특별한 규정이 없는 한 변경된 법률을 적용한다(제3조 제2항).
② 제20조 제2항
③ 제12조 제2항
④ 질서위반행위를 한 자가 자신의 책임 없는 사유로 위반행위에 이르렀다고 주장하는 경우 법원으로서는 그 내용을 살펴 행위자에게 고의나 과실이 있는지를 따져보아야 한다(대결 2011.7.14, 2011마364).

정답 ①

23. 「질서위반행위규제법」의 내용에 대한 설명으로 옳은 것은? 19 지방직9급

① 지방자치단체의 조례상의 의무를 위반하여 과태료를 부과하는 행위는 질서위반행위에 해당되지 않는다.
② 법원의 과태료 재판이 확정된 후 법률이 변경되어 그 행위가 질서위반행위에 해당하지 아니하게 된 때에는 변경된 법률에 특별한 규정이 없는 한 과태료의 집행을 면제한다.
③ 과태료는 행정청의 과태료 부과처분이 있은 후 3년간 징수하지 아니하면 시효로 인하여 소멸한다.
④ 행정청의 과태료 부과에 대한 이의제기는 과태료 부과처분의 효력에 영향을 주지 아니한다.

해설 下

① "질서위반행위"란 법률(지방자치단체의 조례를 포함한다)상의 의무를 위반하여 과태료를 부과하는 행위를 말한다(제2조 제1호).
② 제3조 제3항
③ 행정청은 질서위반행위가 종료된 날(다수인이 질서위반행위에 가담한 경우에는 최종행위가 종료된 날을 말한다)부터 5년이 경과한 경우에는 해당 질서위반행위에 대하여 과태료를 부과할 수 없다(동법 제19조 제1항).
④ 이의제기가 있는 경우에는 행정청의 과태료 부과처분은 그 효력을 상실한다(제20조 제2항).

정답 ②

24. 「질서위반행위규제법」의 내용으로 가장 옳지 않은 것은? 19 서울시7급

① 고의 또는 과실이 없는 질서위반행위는 과태료를 부과하지 아니한다.
② 자신의 행위가 위법하지 아니한 것으로 오인하고 행한 질서위반행위는 그 오인에 정당한 이유가 있는 때에 한하여 과태료를 부과하지 아니한다.
③ 법률에 따르지 아니하고는 어떤 행위도 질서위반행위로 과태료를 부과하지 아니한다.
④ 행정청의 과태료 부과에 불복하려는 당사자는 과태료 부과 통지를 받은 날부터 90일 이내에 해당 행정청에 서면으로 이의제기를 할 수 있다.

해설 ▸ 下

① 제7조
② 제8조
③ 제6조
④ 행정청의 과태료 부과에 불복하는 당사자는 과태료 부과 통지를 받은 날부터 60일 내에 해당 행정청에 서면으로 이의제기를 할 수 있다(제20조 제1항).

정답 ④

25. 「질서위반행위 규제법」의 내용으로 옳은 것만을 모두 고르면? 20 국가직9급

ㄱ. 행정청이 질서위반행위에 대하여 과태료를 부과하고자 하는 때에는 미리 당사자에게 대통령령으로 정하는 사항을 통지하고, 10일 이상의 기간을 정하여 의견을 제출할 기회를 주어야 한다.
ㄴ. 행정청에 의해 부과된 과태료는 질서위반행위가 종료된 날(다수인이 질서위반행위에 가담한 경우에는 최종행위가 종료된 날을 말한다)부터 5년간 징수하지 아니하거나 집행하지 아니하면 시효로 인하여 소멸한다.
ㄷ. 과태료 사건은 다른 법령에 특별한 규정이 있는 경우를 제외하고는 과태료 부과관청의 소재지의 지방법원 또는 그 지원의 관할로 한다.
ㄹ. 다른 법률에 특별한 규정이 없는 경우, 14세가 되지 아니한 자의 질서위반행위는 과태료를 부과하지 아니한다.

① ㄱ, ㄹ
② ㄴ, ㄹ
③ ㄱ, ㄴ, ㄷ
④ ㄱ, ㄷ, ㄹ

中

ㄱ 제16조 제1항
ㄴ 과태료는 행정청의 과태료 부과처분이나 법원의 과태료 재판이 확정된 후 5년간 징수하지 아니하거나 집행하지 아니하면 시효로 인하여 소멸한다(제15조 제1항).
ㄷ 과태료 사건은 다른 법령에 특별한 규정이 있는 경우를 제외하고는 당사자의 주소지의 지방법원 또는 그 지원의 관할로 한다(제25조).
ㄹ 제9조

정답 ①

26. 「질서위반행위규제법」상 과태료에 대한 내용으로 옳지 않은 것은? 20 국회직8급

① 행정청의 과태료 부과에 불복하는 당사자는 과태료 부과 통지를 받은 날부터 60일 이내에 해당 행정청에 서면으로 이의제기를 할 수 있다.
② 하나의 행위가 2 이상의 질서위반행위에 해당하는 경우에는 각 질서위반행위에 대하여 정한 과태료 중 가장 중한 과태료를 부과한다.
③ 행정청은 과태료 부과에 앞서 7일 이상의 기간을 정하여 당사자에게 의견을 제출할 기회를 주어야 한다.
④ 과태료는 행정청의 과태료 부과 처분 이후 5년간 징수하지 아니하면 시효로 인하여 소멸한다.
⑤ 고의 또는 과실이 없는 질서위반행위에는 과태료를 부과하지 아니한다.

해설 ▸ 下

① 제20조 제1항
② 제13조 제1항

③ 행정청이 질서위반행위에 대하여 과태료를 부과하고자 하는 때에는 미리 당사자(제11조 제2항에 따른 고용주등을 포함한다)에게 대통령령으로 정하는 사항을 통지하고, 10일 이상의 기간을 정하여 의견을 제출할 기회를 주어야 한다. 이 경우 지정된 기일까지 의견 제출이 없는 경우에는 의견이 없는 것으로 본다(제16조 제1항).
④ 제15조 제1항
⑤ 제7조

정답 ③

27. 「질서위반행위규제법」의 내용으로 옳지 않은 것은? 21 국회직9급

① 질서위반행위의 성립과 과태료 처분은 행위시의 법률에 따른다.
② 과태료 사건은 다른 법령에 특별한 규정이 있는 경우를 제외하고는 당사자의 주소지의 지방법원 또는 그 지원의 관할로 한다.
③ 질서위반행위란 법률(조례를 포함한다)상의 의무를 위반하여 과태료를 부과하는 행위를 말하고, 이에는 대통령령으로 정하는 사법(私法)상·소송법상 의무를 위반하여 과태료를 부과하는 행위가 포함된다.
④ 「질서위반행위규제법」에 의하면, 고의 또는 과실이 없는 질서위반행위는 과태료를 부과하지 아니한다.
⑤ 「질서위반행위규제법」에 의한 과태료는 행정청의 과태료 부과처분이나 법원의 과태료 재판이 확정된 후 5년간 징수하지 아니하거나 집행하지 아니하면 시효로 인하여 소멸한다.

해설 ➤ 下

① 제3조 제1항
② 제25조
③ "질서위반행위"란 법률(지방자치단체의 조례를 포함한다)상의 의무를 위반하여 과태료를 부과하는 행위를 말한다. 다만, 다음 각 목의 어느 하나에 해당하는 행위를 제외한다(제2조 제1호).

가. 대통령령으로 정하는 사법(私法)상 · 소송법상 의무를 위반하여 과태료를 부과하는 행위
나. 대통령령으로 정하는 법률에 따른 징계사유에 해당하여 과태료를 부과하는 행위

④ 제7조
⑤ 제15조 제1항

정답 ③

28. 행정질서벌과 「질서위반행위규제법」에 대한 설명으로 옳은 것은? (다툼이 있는 경우 판례에 의함) 21 국가직7급

① 신분에 의하여 과태료를 감경 또는 가중하거나 과태료를 부과하지 아니하는 때에는 그 신분의 효과는 신분이 없는 자에게는 미치지 않는다.
② 「질서위반행위규제법」 원칙상 고의 또는 과실이 없는 질서위반행위에 대해서도 과태료를 부과할 수 있다.
③ 행정청의 과태료 부과에 불복하는 이의제기가 있더라도 과태료 부과처분은 그 효력을 상실하지 않는다.
④ 행정질서벌인 과태료는 죄형법정주의의 규율 대상이다.

해설 ➤ 下

① 제12조 제3항
② 고의 또는 과실이 없는 질서위반행위는 과태료를 부과하지 아니한다(제7조).
③ 이의제기가 있는 경우에는 행정청의 과태료 부과처분은 그 효력을 상실한다(제20조 제2항).
④ 죄형법정주의는 무엇이 범죄이며 그에 대한 형벌이 어떠한 것인가는 국민의 대표로 구성된 입법부가 제정한 법률로써 정하여야 한다는 원칙인데, 부동산등기특별조치법 제11조 제1항 본문 중 제2조 제1항에 관한 부분이 정하고 있는 과태료는 행정상의 질서유지를 위한 행정질서벌에 해당할 뿐 형벌이라고 할 수 없어 죄형법정주의의 규율대상에 해당하지 아니한다(헌재결 1998.5.28, 96헌바83).

정답 ①

제5장 새로운 의무이행확보수단

1. 행정의 실효성확보수단으로서 금전상 제재에 대한 설명으로 옳은 것만을 모두 고른 것은? (다툼이 있는 경우 판례에 의함) 17 지방직7급

> ㄱ. 구 「독점규제 및 공정거래에 관한 법률」 제24조의2에 의한 부당내부거래행위에 대한 과징금은 부당내부거래 억지라는 행정목적을 실현하기 위하여 그 위반행위에 대한 행정상의 제재금으로서의 기본적 성격에 부당이득 환수적 요소도 부가되어 있는 것으로, 이는 헌법 제13조 제1항에서 금지하는 국가형벌권의 행사로서의 '처벌'에 해당하지 아니한다.
> ㄴ. 가산금은 행정법상의 금전급부의무의 불이행에 대한 제재로서 가해지는 금전부담으로, 금전채무의 이행에 대한 간접강제의 효과를 갖는다.
> ㄷ. 세법상 가산세는 납세자가 정당한 이유 없이 법에 규정된 신고·납세의무 등을 위반한 경우에 부과되는 행정상 제재로서, 납세의무자가 세무공무원의 잘못된 설명을 믿고 그 신고납부의무를 이행하지 아니한 경우에는 그것이 관계 법령에 어긋나는 것임이 명백하다고 하더라도 정당한 사유가 있는 경우에 해당한다.

① ㄱ　　② ㄱ, ㄴ
③ ㄴ, ㄷ　　④ ㄱ, ㄴ, ㄷ

해설 ➤ 中

ㄱ 구 「독점규제 및 공정거래에 관한 법률」 제23조 제1항 제7호, 같은법 제24조의2 소정의 부당지원행위를 한 지원주체에 대한 과징금은 그 취지와 기능, 부과의 주체와 절차 등을 종합할 때 부당지원행위의 억지(抑止)라는 행정목적을 실현하기 위한 입법자의 정책적 판단에 기하여 그 위반행위에 대하여 제재를 가하는 행정상의 제재금으로서의 기본적 성격에 부당이득환수적 요소도 부가되어 있는 것이라고 할 것이어서 그것이 헌법 제13조 제1항에서 금지하는 국가형벌권 행사로서의 처벌에 해당한다고 할 수 없으므로 구 「독점규제 및 공정거래에 관한 법률」에서 형사처벌과 아울러 과징금의 부과처분을 할 수 있도록 규정하고 있다 하더라도 이중처벌금지원칙이나 무죄추정원칙에 위반된다거나 사법권이나 재판청구권을 침해한다고 볼 수 없고, 또한 같은법 제55조의3 제1항에 정한 각 사유를 참작하여 부당지원행위의 불법의 정도에 비례하여 상당한 금액의 범위 내에서만 과징금을 부과할 수 있도록 하고 있음에 비추어 비례원칙에 반한다고 할 수도 없다(대판 2004.4.9, 2001두6197).

ㄴ 가산금이란 국세를 납부기한까지 납부하지 아니한 경우에 국세징수법에 따라 고지세액에 가산하여 징수하는 금액과 납부기한이 지난 후 일정 기한까지 납부하지 아니한 경우에 그 금액에 다시 가산하여 징수하는 금액을 말한다. 가산금을 포함해 새로운 실효성 확보수단은 간접적 강제수단이다.

ㄷ 세법상 가산세는 과세권의 행사 및 조세채권의 실현을 용이하게 하기 위하여 납세자가 정당한 이유 없이 법에 규정된 신고·납세의무 등을 위반한 경우에 법이 정하는 바에 의하여 부과하는 행정상의 제재로서 납세자의 고의·과실은 고려되지 아니하는 것이고, 법령의 부지 또는 오인은 그 정당한 사유에 해당한다고 볼 수 없으며, 또한 납세의무자가 세무공무원의 잘못된 설명을 믿고 그 신고·납부의무를 이행하지 아니하였다 하더라도 그것이 관계 법령에 어긋나는 것임이 명백한 때에는 그러한 사유만으로는 정당한 사유가 있는 경우에 해당한다고 할 수 없다(대판 2004.9.24, 2003두10350).

정답 ②

2. 과징금에 대한 설명으로 옳은 것은? (다툼이 있는 경우 판례에 의함) 18 지방직9급

① 과징금은 원칙적으로 행위자의 고의·과실이 있는 경우에 부과한다.
② 과징금부과처분의 기준을 규정하고 있는 구 「청소년보호법 시행령」 제40조 [별표 6]은 행정규칙의 성질을 갖는다.
③ 부과관청이 추후에 부과금 산정 기준이 되는 새로운 자료가 나올 경우 과징금액이 변경될 수도 있다고 유보하며 과징금을 부과했다면, 새로운 자료가 나온 것을 이유로 새로이 부과처분을 할 수 있다.
④ 자동차운수사업면허조건 등을 위반한 사업자에 대한 과징금 부과처분이 법이 정한 한도액을 초과하여 위법한 경우 법원은 그 처분 전부를 취소하여야 한다.

해설 ➤ 中

① 구 「여객자동차 운수사업법」 제88조 제1항의 과징금부과처분은 제재적 행정처분으로서 여객자동차 운수사업에 관한 질서를 확립하고 여객의 원활한 운송과 여객자동차 운수사업의 종합적인 발달을 도모하여 공공복리를 증진한다는 행정목적의 달성을 위하여 행정법규 위반이라는 객관적 사실에 착안하여 가하는 제재이므로 반드시 현실적인 행위자가 아니라도 법령상 책임자로 규정된 자에게 부과되고 원칙적으로 위반자의 고의·과실을 요하지 아니하나, 위반자의 의무 해태를 탓할 수 없는 정당한 사유가 있는 등의 특별한 사정이 있는 경우에는 이를 부과할 수 없다(대판 2014.10.15, 2013두5005).
② 구 청소년보호법 제49조 제1항·제2항에 따른 같은법 시행령 제40조 [별표 6]의 '위반행위의 종별에 따른 과징금처분기준'은 법규명령이기는 하나 모법의 위임규정의 내용과 취지 및 헌법상의 과잉금지의 원칙과 평등의 원칙 등에 비추어 같은 유형의 위반행위라 하더라도 그 규모나 기간·사회적 비난 정도·위반행위로 인하여 다른 법률에 의하여 처벌받은 다른 사정·행위자의 개인적 사정 및 위반행위로 얻은 불법이익의 규모 등 여러 요소를 종합적으로 고려하여 사안에 따라 적정한 과징금의 액수를 정하여야 할 것이므로 그 수액은 정액이 아니라 최고한도액이다(대판 2001.3.9, 99두5207).
③ 부과관청이 과징금을 부과하면서 추후에 부과금 산정기준이 되는 새로운 자료가 나올 경우에는 과징금액이 변경될 수도 있다고 유보한다든지, 실제로 추후에 새로운 자료가 나왔다고 하여 새로운 부과처분을 할 수는 없다(대판 1999.5.28, 99두1571).
④ 처분을 할 것인지 여부와 처분의 정도에 관하여 재량이 인정되는 과징금납부명령에 대하여 그 명령이 재량권을 일탈하였을 경우 법원으로서는 재량권의 일탈 여부만 판단할 수 있을 뿐이지 재량권의 범위 내에서 어느 정도가 적정한 것인지에 관하여 판단할 수 없으므로 그 전부를 취소할 수밖에 없고, 법원이 적정하다고 인정되는 부분을 초과한 부분만 취소할 수는 없는 것이며, 또한 수개의 위반행위에 대하여 하나의 과징금납부명령을 하였으나 수개의 위반행위 중 일부의 위반행위만이 위법하지만, 소송상 그 일부의 위반행위를 기초로 한 과징금액을 산정할 수 있는 자료가 없는 경우에는 하나의 과징금납부명령 전부를 취소할 수밖에 없다(대판 2007.10.26, 2005두3172).

정답 ④

3. 과징금 부과처분에 대한 설명으로 옳지 않은 것은? (다툼이 있는 경우 판례에 의함) 22 국가직9급

① 「독점규제 및 공정거래에 관한 법률」상의 과징금은 법이 규정한 범위 내에서 그 부과처분 당시까지 부과관청이 확인한 사실을 기초로 일의적으로 확정되어야 할 것이지, 추후에 부과금 산정기준이 되는 새로운 자료가 나왔다고 하여 새로운 부과처분을 할 수 있는 것은 아니다.
② 영업정지에 갈음하여 부과되는 이른바 변형된 과징금의 부과 여부는 통상 행정청의 재량행위이다.
③ 과징금은 행정상 제재금이고 범죄에 대한 국가 형벌권의 실행이 아니므로 행정법규 위반에 대해 벌금 이외에 과징금을 부과하는 것은 이중처벌금지의 원칙에 위반되지 않는다.
④ 「부동산 실권리자명의 등기에 관한 법률」상 명의신탁자에 대한 과징금의 부과 여부는 행정청의 재량행위이다.

해설 ➤ 下

① 과징금의 부과와 같이 재산권의 직접적인 침해를 가져오는 처분을 변경하려면 법령에 그 요건 및 절차가 명백히 규정되어 있어야 할 것인데, 위와 같은 변경처분에 대한 법령상의 근거규정이 없고, 이를 인정하여야 할 합리적인 이유 또한 찾아 볼 수 없기 때문이다(대판 1999.5.28, 99두1571).
② 구 영유아보육법 제45조 제1항 각 호의 사유가 인정되는 경우, 행정청에는 운영정지 처분이 영유아 및 보호자에게 초래할 불편의 정도 또는 그 밖에 공익을 해칠 우려가 있는지 등을 고려하여 어린이집 운영정지 처분을 할 것인지 또는 이에 갈음하여 과징금을 부과할 것인지를 선택할 수 있는 재량이 인정된다(대판 2015.6.24, 2015두39378).
③ 구 「독점규제 및 공정거래에 관한 법률」 제23조 제1항 제7호, 같은법 제24조의2 소정의 부당지원행위를 한 지원주체에 대한 과징금은 그 취지와 기능, 부과의 주체와 절차 등을 종합할 때 부당지원행위의 억지(抑止)라는 행정목적을 실현하기 위한 입법자의 정책적 판단에 기하여 그

위반행위에 대하여 제재를 가하는 행정상의 제재금으로서의 기본적 성격에 부당이득환수적 요소도 부가되어 있는 것이라고 할 것이어서 그것이 헌법 제13조 제1항에서 금지하는 국가형벌권 행사로서의 처벌에 해당한다고 할 수 없으므로 구 「독점규제 및 공정거래에 관한 법률」에서 형사처벌과 아울러 과징금의 부과처분을 할 수 있도록 규정하고 있다 하더라도 이중처벌금지원칙이나 무죄추정원칙에 위반된다거나 사법권이나 재판청구권을 침해한다고 볼 수 없고, 또한 같은법 제55조의3 제1항에 정한 각 사유를 참작하여 부당지원행위의 불법의 정도에 비례하여 상당한 금액의 범위 내에서만 과징금을 부과할 수 있도록 하고 있음에 비추어 비례원칙에 반한다고 할 수도 없다(대판 2004.4.9, 2001두6197).

④ 명의신탁자에 대하여 과징금을 부과할 것인지 여부는 기속행위에 해당하여, 명의신탁이 조세를 포탈하거나 법령에 의한 제한을 회피할 목적이 아닌 경우에 한하여 그 과징금을 일정한 범위 내에서 감경할 수 있을 뿐이지 그에 대하여 과징금부과처분을 하지 않거나 과징금을 전액 감면할 수 있는 것은 아니라고 할 것이다(대판 2007.7.12, 2005두17287).

이 판례 외의 과징금에 관한 것은 재량행위라고 정리하면 된다.

정답 ④

4. 과징금에 대한 설명으로 옳지 않은 것은? (다툼이 있는 경우 판례에 의함) '22 지방직 7급

① 과징금의 근거가 되는 법률에는 과징금의 상한액을 명확하게 규정하여야 한다.

② 「행정기본법」 제28조 제1항에 과징금 부과의 법적 근거를 마련하였으므로 행정청은 직접 이 규정에 근거하여 과징금을 부과할 수 있다.

③ 영업정지처분에 갈음하는 과징금이 규정되어 있는 경우 과징금을 부과할 것인지 영업정지처분을 내릴 것인지는 통상 행정청의 재량에 속한다.

④ 과징금부과처분은 원칙적으로 위반자의 고의·과실을 요하지 아니하나, 위반자의 의무 해태를 탓할 수 없는 정당한 사유가 있는 등의 특별한 사정이 있는 경우에는 이를 부과할 수 없다.

해설 (下)

①② 과징금은 제재적 행정처분이므로 반드시 법적 근거가 있는 경우에만 인정된다. 행정기본법에서 과징금의 기준과 과징금의 납부기한 연기 및 분할 납부에 대해 규정하고 있다. 그러나 행정기본법에서 규정하고 있는 것은 부과할 경우의 기준과 납부기한 및 방법에 관한 것일 뿐, 과징금의 부과 근거에 관해서는 규정하고 있지 않다. 따라서 개별법에서 과징금 부과에 관한 규정이 없을 경우 행정기본법에 근거해서 과징금을 부과할 수는 없다.

③ 구 영유아보육법 제45조 제1항 각 호의 사유가 인정되는 경우, 행정청에는 운영정지 처분이 영유아 및 보호자에게 초래할 불편의 정도 또는 그 밖에 공익을 해칠 우려가 있는지 등을 고려하여 어린이집 운영정지 처분을 할 것인지 또는 이에 갈음하여 과징금을 부과할 것인지를 선택할 수 있는 재량이 인정된다(대판 2015.6.24, 2015두39378).

정답 ②

5. 다음 사례에 대한 설명으로 옳은 것을 고르시오. (다툼이 있는 경우 판례에 의함) 22 국가직9급

A시 시장은 식품접객업주 甲에게 청소년고용금지업소에 청소년을 고용하였다는 사유로 식품위생법령에 근거하여 영업정지 2개월 처분에 갈음하는 과징금부과처분을 하였고, 甲은 부과된 과징금을 납부하였다. 그러나 甲은 이후 과징금부과처분에 하자가 있음을 알게 되었다.

① 甲은 납부한 과징금을 돌려받기 위해 관할 행정법원에 과징금반환을 구하는 당사자소송을 제기할 수 있다.

② A시 시장이 과징금부과처분을 함에 있어 과징금부과통지서의 일부 기재가 누락되어 이를 이유로 甲이 관할 행정법원에 과징금부과처분의 취소를 구하는 소를 제기한 경우, A시 시장은 취소소송 절차가 종결되기 전까지 보정된 과징금부과처분 통지서를 송달하면 일부 기재 누락의 하자는 치유된다.

③ 「식품위생법」이 청소년을 고용한 행위에 대하여 영업허가를 취소하거나 6개월 이내의 기간을 정하여 그 영업의 전부 또는 일부를 정지하거나 영업소 폐쇄를 명할 수 있다고 하면서 행정처분의 세부기준은 총리령으로 위임한다고 정하고 있는 경우에, 총리령에서 정하고 있는 행정처분의 기준은 재판규범이 되지 못한다.

④ 甲이 자신은 청소년을 고용한 적이 없다고 주장하면서 제기한 과징금부과처분의 취소소송 계속 중에 A시 시장은 甲이 유통기한이 경과한 식품을 판매한 사실을 처분사유로 추가·변경할 수 있다.

해설 ➤ 下

① 과징금을 돌려받기 위한 소송은 부당이득반환청구소송으로서 판례상 민사소송이지 당사자소송이 아니다. 다만, 과징금 부과처분은 공정력이 있기 때문에 무효일 부과처분인 경우 바로 부당이득반환청구소송을 제기할 수 있지만, 취소사유에 불과할 경우에는 취소소송을 제기하여 부과처분을 취소한 후에 부당이득반환청구소송을 하거나, 취소소송에 부당이득반환청구소송을 관련청구소송으로 병합하여 제기할 수 있다.
조세부과처분이 무효임을 전제로 하여 이미 납부한 세금의 반환을 청구하는 것은 민사상의 부당이득반환청구로서 민사소송절차에 따라야 한다(대판 1991.2.6, 90프2).
② 과세관청이 취소소송 계속 중에 납세고지서의 세액산출근거를 밝히는 보정통지를 하였다 하여 이것을 종전에 위법한 부과처분을 스스로 취소하고 새로운 부과처분을 한 것으로 볼 수 없으므로 이미 항고소송이 계속 중인 단계에서 위와 같은 보정통지를 하였다 하여 그 위법성이 이로써 치유된다 할 수 없다(대판 1988.2.9, 83누404).
③ 시행규칙 조항에는 일반음식점에서 손님들이 춤을 출 수 있도록 하는 시설(무도장)을 설치해서는 안 된다는 내용이 명시적으로 규정되어 있지 않고, 다만 시행규칙 제89조가 법 제74조에 따른 행정처분의 기준으로 마련한 [별표 23] 제3호 8. 라. 1)에서 위반사항을 '유흥주점 외의 영업장에 무도장을 설치한 경우'로 한 행정처분 기준을 규정하고 있을 뿐이다. 그러나 이러한 행정처분 기준은 행정청 내부의 재량준칙에 불과하므로, 재량준칙에서 위반사항의 하나로 '유흥주점 외의 영업장에 무도장을 설치한 경우'를 들고 있다고 하여 이를 위반의 대상이 된 금지의무의 근거규정이라고 해석할 수는 없다. 또한 업종별 시설기준에 관한 시행규칙 조항의 '8. 식품접객업의 시설기준'의 구체적 내용을 살펴보더라도, 시설기준 위반의 하나로서 '유흥주점 외의 영업장에 무도장을 설치한 경우'를 금지하고 있다고 해석할 만한 규정이 없고, 달리 식품위생법령에 이러한 내용의 시설기준 위반 금지의무를 부과하고 있는 규정을 찾아보기 어렵다(대판 2015.7.9, 2014두47853).
④ 처분사유의 추가·변경은 기본적 사실관계의 동일성이 인정되고, 원고의 권리방어가 침해되지 않는 한도 내에서 인정된다는 견해로서 통설·판례이다. 행정처분취소소송에 있어서는 실질적 법치주의와 행정처분의 상대방인 국민에 대한 신뢰보호라는 견지에서 처분청은 당초의 처분사유와 기본적 사실관계에 있어서 동일성이 인정되는 한도 내에서만 새로운 처분사유를 추가하거나 변경할 수 있고 기본적 사실관계와 동일성이 전혀 없는 별개의 사실을 들어 처분사유로서 주장함은 허용되지 아니하며 법원으로서도 당초 처분사유와 기본적 사실관계의 동일성이 없는 사실은 처분사유로 인정할 수 없다(대판 2004.11.26, 2004두4482).
청소년고용금지업소에 청소년을 고용하였다는 사유와 유통기한이 경과한 식품을 판매했다는 사유는 기본적 사실관계의 동일성이 인정되지 않기 때문에 처분사유로 추가·변경할 수 없다.

정답 ③

6. 여객자동차운송사업을 하는 甲은 관련법규 위반을 이유로 사업정지 처분에 갈음하는 과징금부과처분을 받았다. 이에 대한 설명으로 옳지 않은 것은? (다툼이 있는 경우 판례에 의함) 22 지방직9급

① 甲이 현실적인 위반행위자가 아닌 법령상 책임자인 경우에도 甲에게 과징금을 부과할 수 있다.
② 甲에게 고의·과실이 없는 경우에는 과징금을 부과할 수 없다.
③ 과징금부과처분에 대해 甲은 취소소송을 제기하여 다툴 수 있다.
④ 甲에게 부과된 과징금이 법이 정한 한도액을 초과하여 위법한 경우, 법원은 그 초과부분에 대하여 일부 취소할 수 없고 그 전부를 취소하여야 한다.

해설 ➤ 下

①② 구「여객자동차 운수사업법」 제88조 제1항의 과징금부과처분은 제재적 행정처분으로서 여객자동차 운수사업에 관한 질서를 확립하고 여객의 원활한 운송과 여객자동차 운수사업의 종합적인 발달을 도모하여 공공복리를 증진한다는 행정목적의 달성을 위하여 행정법규 위반이라는 객관적 사실에 착안하여 가하는 제재이므로 반드시 현실적인 행위자가 아니라도 법령상 책임자로 규정된 자에게 부과되고 원칙적으로 위반자의 고의·과실을 요하지 아니하나, 위반자의 의무 해태를 탓할 수 없는 정당한 사유가 있는 등의 특별한 사정이 있는 경우에는 이를 부과할 수 없다(대판 2014.10.15, 2013두5005).
③ 과징금은 행정행위이므로 그에 대한 권리구제수단은 당연히 항고소송이다.
④ 처분을 할 것인지 여부와 처분의 정도에 관하여 재량이 인정되는 과징금납부명령에 대하여 그 명령이 재량권을 일탈하였을 경우 법원으로서는 재량권의 일탈 여부만 판단할 수 있을 뿐이지 재량권의 범위 내에서 어느 정도가 적정한 것인지에 관하여 판단할 수 없으므로 그 전부를 취소할 수밖에 없고, 법원이 적정하다고 인정되는 부분을 초과한 부분만 취소할 수는 없는 것이며, 또한 수개의 위반행위에 대하여 하나의 과징금 납부명령을 하였으나 수개의 위반행위 중 일부의 위반행위만이 위법하지만, 소송상 그 일부의 위반행위를 기초로 한 과징금액을 산정할 수 있는 자료가 없는 경우에는 하나의 과징금납부명령 전부를 취소할 수밖에 없다(대판 2007.10.26, 2005두3172).

정답 ②

7. 제재적 행정처분에 대한 설명으로 옳지 않은 것은? (다툼이 있는 경우 판례에 의함) 16 국가직7급

① 업무정지처분을 받은 후 새로운 업무정지처분을 받음이 없이 1년이 경과하여 실제로 가중된 제재처분을 받을 우려가 없어졌다면 위 처분에서 정한 정지기간이 경과한 이상 특별한 사정이 없는 한 그 처분의 취소를 구할 법률상 이익이 없다.
② 행정법규 위반에 대하여 가하는 제재조치는 반드시 현실적인 행위자가 아니라도 법령상 책임자로 규정된 자에게 부과되고 특별한 사정이 없는 한 위반자에게 고의나 과실이 없더라도 부과할 수 있다.
③ 제재적 처분기준이 부령의 형식으로 규정되어 있는 경우, 그 처분기준에 따른 제재적 행정처분이 현저히 부당하다고 인정할 만한 합리적인 이유가 없는 한 섣불리 그 처분이 재량권의 범위를 일탈하였거나 재량권을 남용한 것이라고 판단해서는 안 된다.
④ 제재적 행정처분의 가중사유나 전제요건에 관한 규정이 법령이 아닌 행정규칙의 형식으로 되어 있다면 이는 행정청 내부의 재량준칙을 규정한 것에 불과하므로 관할 행정청이나 담당공무원은 이를 준수할 의무가 없다.

해설 ㊥

① 대판 2000.4.21, 98두10080
② 대판 2017.5.11, 2014두8773
③ 대판 2007.9.20, 2007두6946
④ 제재적 행정처분이 그 처분에서 정한 제재기간의 경과로 인하여 그 효과가 소멸되었으나, 부령인 시행규칙 또는 지방자치단체의 규칙(이하 이들을 '규칙'이라고 한다)의 형식으로 정한 처분기준에서 제재적 행정처분(이하 '선행처분'이라고 한다)을 받은 것을 가중사유나 전제요건으로 삼아 장래의 제재적 행정처분(이하 '후행처분'이라고 한다)을 하도록 정하고 있는 경우, 제재적 행정처분의 가중사유나 전제요건에 관한 규정이 법령이 아니라 규칙의 형식으로 되어 있다고 하더라도, 그러한 규칙이 법령에 근거를 두고 있는 이상 그 법적 성질이 대외적·일반적 구속력을 갖는 법규명령인지 여부와는 상관없이, 관할 행정청이나 담당공무원은 이를 준수할 의무가 있으므로 이들이 그 규칙에 정해진 바에 따라 행정작용을 할 것이 당연히 예견되고, 그 결과 행정작용의 상대방인 국민으로서는 그 규칙의 영향을 받을 수밖에 없다[대판(전합) 2006.6.22, 2003두1684].

정답 ④

8. 제재처분에 대한 설명으로 옳지 않은 것은? (다툼이 있는 경우 판례에 의함) '22 국가직7급

① 일정한 법규위반 사실이 행정처분의 전제사실이자 형사법규의 위반사실이 되는 경우, 형사판결이 확정되기 전에 그 위반사실을 이유로 제재처분을 하였다면 절차적 위반에 해당한다.
② 행정청이 여러 개의 위반행위에 대하여 하나의 제재처분을 하였으나, 위반행위별로 제재처분의 내용을 구분하는 것이 가능하고 여러 개의 위반행위 중 일부의 위반행위에 대한 제재처분 부분만이 위법하다면, 법원은 제재처분 전부를 취소하여서는 아니 된다.
③ 법령위반 행위가 2022년 3월 23일 있은 후 법령이 개정되어 그 위반행위에 대한 제재처분 기준이 감경된 경우, 특별한 규정이 없다면 해당 제재처분에 대해서는 개정된 법령을 적용한다.
④ 행정법규 위반에 대한 영업정지 처분은 행정목적의 달성을 위하여 행정법규 위반이라는 객관적 사실에 착안하여 가하는 제재이므로, 반드시 현실적인 행위자가 아니라도 법령상
책임자로 규정된 자에게 부과되고, 특별한 사정이 없는 한 위반자에게 고의나 과실이 없더라도 부과할 수 있다.

해설 ㊦

① 행정처분과 형벌은 각각 그 권력적 기초, 대상, 목적이 다르다. 일정한 법규 위반 사실이 행정처분의 전제사실이자 형사법규의 위반 사실이 되는 경우에 동일한 행위에 관하여 독립적으로 행정처분이나 형벌을 부과하거나 이를 병과할 수 있다. 법규가 예외적으로 형사소추 선행 원칙을 규정하고 있지 않은 이상 형사판결 확정에 앞서 일정한 위반사실을 들어 행정처분을 하였다고 하여 절차적 위반이 있다고 할 수 없다(대판 2017.6.19, 2015두59808).
② 대판 2020.5.14, 2019두63515
③ 법령등을 위반한 행위의 성립과 이에 대한 제재처분은 법령등에 특별한 규정이 있는 경우를 제외하고는 법령등을 위반한 행위 당시의 법령등에 따른다. 다만, 법령등을 위반한 행위 후 법령등의 변경에 의하여 그 행위가 법령등을 위반한 행위에 해당하지 아니하거나 제재처분 기준이 가벼워진 경우로서 해당 법령등에 특별한 규정이 없는 경우에는 변경된 법령등을 적용한다(행정기본법 제14조 제3항).
④ 대판 2017.5.11, 2014두8773

정답 ①

ADMINISTRATION

제1장 행정상 권리구제 종합

제2장 행정상 손해전보

제3장 행정쟁송

04

행정구제법

제1장
행정상 권리구제 종합

1. 행정구제제도에 대한 판례의 입장으로 옳지 않은 것은? 15 지방직9급

① 조세심판에서의 재결청의 재조사결정에 따른 행정소송의 제소기간은 이의신청인 등이 후속 처분의 통지를 받은 날부터 기산된다.
② 재결의 기속력은 재결의 주문 및 그 전제가 된 요건사실의 인정과 판단, 즉 처분 등의 구체적 위법사유에 관한 판단에만 미친다.
③ 법률상 이의신청을 제기해야 할 사람이 처분청에 표제를 '행정심판청구서'로 한 서류를 제출하였다면, 서류의 내용에 이의신청 요건에 맞는 불복취지와 사유가 충분히 기재되어 있다고 하여도 이를 처분에 대한 이의신청으로 볼 수 없다.
④ 피해자에게 손해를 직접 배상한 경과실이 있는 공무원은 특별한 사정이 없는 한 국가에 대하여 국가의 피해자에 대한 손해배상책임의 범위 내에서 공무원이 변제한 금액에 관하여 구상권을 취득한다.

해설 ㊥

① 재조사결정은 처분청의 후속 처분에 의하여 그 내용이 보완됨으로써 이의신청 등에 대한 결정으로서의 효력이 발생한다고 할 것이므로, 재조사결정에 따른 심사청구기간이나 심판청구기간 또는 행정소송의 제소기간은 이의신청인 등이 후속 처분의 통지를 받은 날부터 기산된다고 봄이 상당하다[대판(전합) 2010.6.25, 2007두12514].
② 재결의 기속력은 재결의 주문 및 그 전제가 된 요건사실의 인정과 판단, 즉 처분등의 구체적 위법사유에 관한 판단에만 미친다고 할 것이고, 종전 처분이 재결에 의하여 취소되었다 하더라도 종전 처분시와는 다른 사유를 들어서 처분을 하는 것은 기속력에 저촉되지 않는다(대판 2005.12.9, 2003두7705).
③ 이의신청을 제기하여야 할 사람이 처분청에 표제를 행정심판청구서로 한 서류를 제출한 경우라 할지라도, 서류의 내용에 있어서 이의신청의 요건에 맞는 불복취지와 그 사유가 충분히 기재되어 있다면 그 표제에도 불구하고 이를 그 처분에 대한 이의신청으로 볼 수 있다(대판 2012.3.29, 2011두26886).
④ 피해자에게 손해를 직접 배상한 경과실이 있는 공무원은 특별한 사정이 없는 한 국가에 대하여 국가의 피해자에 대한 손해배상책임의 범위 내에서 공무원이 변제한 금액에 관하여 구상권을 취득한다(대판 2014.8.20, 2012다54478).

정답 ③

2. 행정상 권리구제에 대한 설명으로 옳은 것은? (다툼이 있는 경우 판례에 의함) 16 국가직7급

① 법률의 집행을 위해 시행규칙을 제정할 의무가 있음에도 불구하고 행정청이 시행규칙을 제정하지 않고 있는 경우, 부작위위법확인소송을 통하여 다툴 수 있다.
② 당사자소송을 본안으로 하는 가처분에 대하여는 「행정소송법」상 집행정지에 관한 규정이 준용되지 않고, 「민사집행법」상 가처분에 관한 규정이 준용되어야 한다.
③ 이주대책은 생활보상의 한 내용이므로 이주대책이 수립되면 이주자들에게는 구체적인 권리가 발생하며, 사업시행자의 확인·결정이 있어야만 구체적인 수분양권이 발생하는 것은 아니다.
④ 국가공무원이 직무수행 중 경과실로 인한 불법행위로 국민에게 손해를 입힌 경우에 피해자에게 손해를 직접 배상하였다 하더라도 자신이 변제한 금액에 관하여 국가에 대하여 구상권을 취득할 수 없다.

해설 ▶ 中

① 부작위위법확인소송의 대상이 될 수 있는 것은 구체적 권리의무에 관한 분쟁이어야 하고 추상적인 법령에 관하여 제정의 여부 등은 그 자체로서 국민의 구체적인 권리의무에 직접적 변동을 초래하는 것(처분)이 아니어서 행정소송의 대상이 될 수 없으므로 이 사건 소는 부적법하다(대판 1992.5.8, 91누11261).
② 당사자소송에 대하여는 행정소송법 제8조 제2항에 따라 민사집행법상 가처분에 관한 규정이 준용되므로, 사업시행자는 민사집행법 제300조 제2항에 따라 현저한 손해를 피하기 위해 필요한 경우 '임시의 지위를 정하기 위한 가처분'을 통하여 공익사업을 신속하고 원활하게 수행할 수 있다(대판 2019.9.9, 2016다262550).
③ 「공공용지의 취득 및 손실보상에 관한 특례법」 제8조 제1항이 사업시행자에게 이주대책의 수립·실시의무를 부과하고 있다고 하여 그 규정 자체만에 의하여 이주자에게 사업시행자가 수립한 이주대책상의 택지분양권이나 아파트입주권 등을 받을 수 있는 구체적인 권리(수분양권)가 직접 발생하는 것이라고는 도저히 볼 수 없으며, 사업시행자가 이주대책에 관한 구체적인 계획을 수립하여 이를 해당자에게 통지 내지 공고한 후, 이주자가 수분양권을 취득하기를 희망하여 이주대책에 정한 절차에 따라 사업시행자에게 이주대책대상자 선정신청을 하고 사업시행자가 이를 받아들여 이주대책대상자로 확인·결정하여야만 비로소 구체적인 수분양권이 발생하게 된다[대판(전합) 1994.5.24, 92다35783].
④ 피해자에게 손해를 직접 배상한 경과실이 있는 공무원은 특별한 사정이 없는 한 국가에 대하여 국가의 피해자에 대한 손해배상책임의 범위 내에서 공무원이 변제한 금액에 관하여 구상권을 취득한다고 봄이 타당하다(대판 2014.8.20, 2012다54478).

정답 ②

3. 제시문을 전제로 한 설명으로 옳지 않은 것은? (다툼이 있는 경우 판례에 의함) 18 국가직9급

> 甲이 A시에 공장을 설립하였는데 그 공장이 들어선 이후로 공장 인근에 거주하는 주민들에게 중한 피부질환과 호흡기질환이 발생하였다. 환경운동실천시민단체와 주민들은 역학조사를 실시하였고 그 결과에 따라 甲의 공장에서 배출되는 매연물질과 오염물질이 주민들에게 발생한 질환의 원인이라고 판단하고 있다. 주민들은 규제권한이 있는 A시장에게 甲의 공장에 대해 개선조치를 해줄 것을 요청하였으나, A시장은 상당한 기간이 지나도록 아무런 조치를 취하지 않고 있다.

① 관계 법령에서 A시장에게 일정한 조치를 취하여야 할 작위의무를 규정하고 있지 않더라도 甲의 공장에서 나온 매연물질과 오염물질로 인해 질환을 앓게 된 주민들이 많고 그 정도가 심각하여 주민들의 생명, 신체에 가해지는 위험이 절박하고 중대하다고 인정된다면 A시장에게 그러한 위험을 배제하는 조치를 하여야 할 작위의무를 인정할 수 있다.
② 개선조치를 요청한 주민이 A시장을 상대로 개선조치를 해달라는 행정쟁송을 하고자 할 때 가능한 쟁송 유형으로 의무이행심판은 가능하나 의무이행소송은 허용되지 않는다.
③ 甲의 공장에서 배출된 물질 때문에 피해를 입은 주민이 A시장의 부작위를 원인으로 하여 국가배상을 청구한 경우에 국가배상책임이 인정되기 위해서는 A시장의 작위의무위반이 인정되면 충분하고, A시장이 그와 같은 결과를 예견하여 그 결과를 회피하기 위한 조치를 취할 수 있는 가능성까지 인정되어야 하는 것은 아니다.
④ 부작위위법확인소송에서 A시장의 부작위가 위법하다고 확인한 인용판결이 확정되어도 A시장의 부작위를 원인으로 한 국가배상소송에서 A시장의 부작위가 고의 또는 과실에 의한 불법행위를 구성한다는 점이 곧바로 인정되는 것은 아니다.

해설 ▶ 上

①③ 국민의 생명·신체·재산 등에 대하여 절박하고 중대한 위험상태가 발생하였거나 발생할 상당한 우려가 있어서 국민의 생명 등을 보호하는 것을 본래적 사명으로 하는 국가가 초법규적·일차적으로 그 위험의 배제에 나서지 아니하면 국민의 생명 등을 보호할 수 없는 경우에는 형식적 의미의 법령에 근거가 없더라도 국가나 관련 공무원에 대하여 그러한 위험을 배제할 작위의무를 인정할 수 있을 것이다. 절박하고 중대한 위험상태가 발생하였거나 발생할 상당한 우려가 있는 경우가 아닌 한, 원칙적으로 공무원이 관련 법령에서 정하여진 대로 직무를 수행하였다면 그와 같은 공무원의 부작위를 가지고 '고의 또는 과실로 법령에 위반'하였다고 할 수는 없다. 따라서 공무원의 부작위로 인한 국가배상책임을 인정할 것인지 여부가 문제되는 경우에 관련 공무원에 대하여 작위의무를 명하는 법령의 규정이 없는 때라면 공무원의 부작위로 인하여 침해되는 국민의 법익 또는 국민에게 발생하는 손해가 어느 정도 심각하고 절박한 것인지, 관련 공무원이 그와 같은 결과를 예견하여 그 결과를 회피하기 위한 조치를 취할 수 있는 가능성이 있는지 등을 종합적으로 고려하여 판단하여야 한다(대판 2012.7.26, 2010다95666).
② 행정심판법 제3조에 의하면 행정청의 위법 또는 부당한 거부처분이나 부작위에 대하여 의무이행심판청구를 할 수 있으나 행정소송법 제4조에서는 행정심판법상의 의무이행심판청구에 대응하여 부작위위법확인소송만을 규정하고 있으므로 행정청의 부작위에 대한 의무이행소송은 현행법상 허용되지 않는다(대판 1989.9.12, 87누868).
④ 대판 2000.5.12, 99다70600

정답 ③

4. **판례의 입장으로 옳은 것(○)과 옳지 않은 것(×)을 바르게 연결한 것은?** 20 지방직7급

> ㄱ. 환지처분이 고시되어 효력을 발생한 이상, 환지처분의 대상이 된 특정 토지에 대한 개별적인 환지가 지정되어 있어야만 환지처분에 따른 소유권 상실의 효과가 그 토지에 대하여 발생하는 것은 아니다.
> ㄴ. 국민건강보험공단에 의한 '직장가입자 자격상실 및 자격변동 안내' 통보 및 '사업장 직권탈퇴에 따른 가입자 자격상실 안내' 통보는 가입자 자격이 변동되는 효력을 가져오므로 항고소송의 대상이 되는 처분에 해당한다.
> ㄷ. 감사원의 변상판정 처분에 대하여 위법 또는 부당하다고 인정하는 본인 등은 이 처분에 대하여 행정소송을 제기할 수 없고, 재결에 해당하는 재심의 판정에 대하여서만 감사원을 피고로 행정소송을 제기할 수 있다.
> ㄹ. 직무집행과 관련하여 공상을 입은 군인 등이 먼저 「국가배상법」에 따라 손해배상금을 지급받은 다음, 구 「국가유공자 등 예우 및 지원에 관한 법률」이 정한 보상금 등 보훈급여금의 지급을 청구하는 경우, 「국가배상법」에 따라 손해배상을 받았다는 이유로 그 지급을 거부할 수 없다.

	ㄱ	ㄴ	ㄷ	ㄹ
①	○	○	○	○
②	○	×	○	○
③	○	×	×	○
④	×	○	×	×

해설 ➤ ㊤

ㄱ 공용환지·공용환권은 각론 특별행정작용법 중 공용부담법에 속한다. 따라서 9급 수험생은 이 판례를 몰라도 된다.
일단 환지처분이 고시되어 효력을 발생한 이상, 환지처분의 대상이 된 특정 토지에 대한 개별적인 '환지'가 지정되어 있어야만 환지처분에 따른 소유권 상실의 효과가 그 토지에 대하여 발생하는 것은 아니다(대판 2019.1.31, 2018다255105).

ㄴ 국민건강보험 직장가입자 또는 지역가입자 자격 변동은 법령이 정하는 사유가 생기면 별도 처분 등의 개입 없이 사유가 발생한 날부터 변동의 효력이 당연히 발생하므로, 국민건강보험공단이 甲 등에 대하여 가입자 자격이 변동되었다는 취지의 '직장가입자 자격상실 및 자격변동 안내' 통보를 하였거나, 그로 인하여 사업장이 국민건강보험법상의 적용대상사업장에서 제외되었다는 취지의 '사업장 직권탈퇴에 따른 가입자 자격상실 안내' 통보를 하였더라도, 이는 甲 등의 가입자 자격의 변동 여부 및 시기를 확인하는 의미에서 한 사실상 통지행위에 불과할 뿐, 위 각 통보에 의하여 가입자 자격이 변동되는 효력이 발생한다고 볼 수 없고, 또한 위 각 통보로 甲 등에게 지역가입자로서의 건강보험료를 납부하여야 하는 의무가 발생함으로써 甲 등의 권리의무에 직접적 변동을 초래하는 것도 아니라는 이유로, 위 각 통보의 처분성이 인정되지 않는다고 보아 그 취소를 구하는 甲 등의 소를 모두 각하한 원심판단이 정당하다고 한 사례(대판 2019.2.14, 2016두41729)

ㄷ 감사원의 변상판정처분(원처분)에 대하여서는 행정소송을 제기할 수 없고, 재결에 해당하는 재심의판정에 대하여서만 감사원(감사원장이 아님)을 피고로 하여 행정소송을 제기할 수 있다(대판 1984.4.10, 84누91).

ㄹ 대판 2017.2.3, 2014두40012

정답 ②

메모

제2장 행정상 손해전보

제1절 행정상의 손해배상

1. 다음 설명 중 옳은 것은? (다툼이 있는 경우 판례에 의함) 15 지방직9급

① 「자동차손해배상 보장법」은 배상책임의 성립요건에 관하여 「국가배상법」에 우선하여 적용된다.
② 「개인정보 보호법」상 단체소송을 허가하거나 불허가하는 법원의 결정에 대하여는 더 이상 소송으로 다툴 수 없다.
③ 행정심판에 있어서 사건의 심리·의결에 관한 사무에 관여하는 직원에게는 「행정심판법」 제10조의 위원의 제척·기피·회피가 적용되지 않는다.
④ 「공익사업을 위한 토지 등의 취득 및 보상에 관한 법률」상 행정청이 아닌 사업시행자가 이주대책을 수립·실시하는 경우에 이주정착지에 대한 도로 등 통상적인 생활기본시설에 필요한 비용은 지방자치단체가 부담하여야 한다.

해설 中

① 국가나 지방자치단체는 공무원 또는 공무를 위탁받은 사인(공무원)이 직무를 집행하면서 고의 또는 과실로 법령을 위반하여 타인에게 손해를 입히거나, 「자동차손해배상 보장법」에 따라 손해배상의 책임이 있을 때에는 이 법에 따라 그 손해를 배상하여야 한다(국가배상법 제2조 제1항).
② 단체소송을 허가하거나 불허가하는 결정에 대하여는 즉시항고할 수 있다(「개인정보 보호법」 제55조 제2항).
③ 위원회의 위원은 다음 각 호의 어느 하나에 해당하는 경우에는 그 사건의 심리 · 의결에서 제척(除斥)된다. 이 경우 제척결정은 위원회의 위원장이 직권으로 또는 당사자의 신청에 의하여 한다(행정심판법 제10조 제1항). 사건의 심리 · 의결에 관한 사무에 관여하는 위원 아닌 직원에게도 제1항부터 제7항까지의 규정을 준용한다(같은 조 제8항).
④ 이주대책의 내용에는 이주정착지(이주대책의 실시로 건설하는 주택단지를 포함한다)에 대한 도로, 급수시설, 배수시설, 그 밖의 공공시설 등 통상적인 수준의 생활기본시설이 포함되어야 하며, 이에 필요한 비용은 사업시행자가 부담한다. 다만, 행정청이 아닌 사업시행자가 이주대책을 수립 · 실시하는 경우에 지방자치단체는 비용의 일부를 보조할 수 있다(「공익사업을 위한 토지 등의 취득 및 보상에 관한 법률」 제78조 제4항).

정답 ①

2. 다음 중 국가배상에 대한 설명으로 옳지 않은 것은? (다툼이 있는 경우 판례에 의함) 15 국회직8급

① 국가배상청구소송을 제기하기 전에 반드시 국가배상심의회의 결정을 거치지 않아도 된다.
② 법령의 해석이 복잡·미묘하여 어렵고 학설·판례가 통일되지 않을 때에 공무원이 신중을 기해 그 중 어느 한 설을 취하여 처리한 경우에는 그 해석이 결과적으로 위법한 것이었다 하더라도 「국가배상법」상 공무원의 과실을 인정할 수 없다.
③ 법령에 의해 대집행권한을 위탁받은 한국토지공사 는「국가배상법」 제2조에서 말하는 공무원에 해당한다.
④ 공무원이 자기소유 차량으로 공무수행 중 사고를 일으킨 경우 공무원 개인은 경과실에 의한 것인지 또는 고의 또는 중과실에 의한 것인지를 가리지 않고 「자동차손해배상 보장법」 상의 운행자성이 인정되는 한 배상책임을 부담한다.
⑤ 행정처분이 후에 항고소송에서 취소된 사실만으로 당해 행정처분이 곧바로 공무원의 고의 또는 과실로 인한 불법행위를 구성한다고 단정할 수 없다.

해설 ➤ 中

① 이 법에 따른 손해배상의 소송은 배상심의회(심의회)에 배상신청을 하지 아니하고도 제기할 수 있다(국가배상법 제9조).
② 대판 1973.10.10, 72다2583
③ 한국토지공사는 이러한 법령의 위탁에 의하여 이 사건 대집행을 수권받은 자로서 공무인 대집행을 실시함에 따르는 권리·의무 및 책임이 귀속되는 행정주체의 지위에 있다고 볼 것이지 지방자치단체 등의 기관으로서 국가배상법 제2조 소정의 공무원에 해당한다고 볼 것은 아니다(대판 2010.1.28, 2007다82950).
④ 자동차손해배상보장법이 정하는 바에 의할 것이므로, 공무원이 직무상 자동차를 운전하다가 사고를 일으켜 다른 사람에게 손해를 입힌 경우에는 그 사고가 자동차를 운전한 공무원의 경과실에 의한 것인지 중과실 또는 고의에 의한 것인지를 가리지 않고, 그 공무원이 자동차손해배상보장법 제3조 소정의 '자기를 위하여 자동차를 운행하는 자'에 해당하는 한 자동차손해배상보장법상의 손해배상책임을 부담한다(대판 1996.3.8, 94다23876).
⑤ 어떠한 행정처분이 후에 항고소송에서 취소되었다고 할지라도 그 기판력에 의하여 당해 행정처분이 곧바로 공무원의 고의 또는 과실로 인한 것으로서 불법행위를 구성한다고 단정할 수는 없는 것이고, 그 행정처분의 담당공무원이 보통 일반의 공무원을 표준으로 하여 볼 때 객관적 주의의무를 결하여 그 행정처분이 객관적 정당성을 상실하였다고 인정될 정도에 이른 경우에 국가배상법 제2조 소정의 국가배상책임의 요건을 충족하였다고 봄이 상당할 것이며, 이때에 객관적 정당성을 상실하였는지 여부는 피침해이익의 종류 및 성질, 침해행위가 되는 행정처분의 태양 및 그 원인, 행정처분의 발동에 대한 피해자측의 관여의 유무, 정도 및 손해의 정도 등 제반 사정을 종합하여 손해의 전보책임을 국가 또는 지방자치단체에게 부담시켜야 할 실질적인 이유가 있는지 여부에 의하여 판단하여야 한다(대판 2000.5.12, 99다70600).

정답 ③

3. 국가배상에 대한 설명으로 옳은 것은? (다툼이 있는 경우 판례에 의함) 15 지방직7급

① 인사업무담당 공무원이 다른 공무원의 공무원증 등을 위조한 행위는 「국가배상법」 제2조 제1항 소정의 '공무원이 직무를 집행하면서 행한 행위'로 인정되지 않는다.
② 법령에 의해 대집행권한을 위탁받은 한국토지공사는 대집행을 수권 받은 자로서 「국가배상법」 제2조 소정의 공무원에 해당한다.
③ 헌법재판소 재판관의 위법한 직무집행의 결과 잘못된 각하결정을 함으로써 청구인으로 하여금 본안판단을 받을 기회를 상실하게 한 이상, 설령 본안판단을 하였더라도 어차피 청구가 기각되었을 것이라는 사정이 있다고 하더라도 청구인의 합리적인 기대를 침해한 것이고, 그 침해로 인한 정신상의 고통에 대하여는 위자료를 지급할 의무가 있다.
④ 어떠한 행정처분이 후에 항고소송에서 취소되면, 그 기판력에 의하여 당해 행정처분은 곧바로 공무원의 고의 또는 과실로 인한 불법행위를 구성한다.

해설 ➤ 中

① 울산세관의 통관지원과에서 인사업무를 담당하면서 울산세관 공무원들의 공무원증 및 재직증명서 발급업무를 하는 공무원인 김영선이 울산세관의 다른 공무원의 공무원증 등을 위조하는 행위는 비록 그것이 실질적으로는 직무행위에 속하지 아니한다 할지라도 적어도 외관상으로는 공무원증과 재직증명서를 발급하는 행위로서 직무집행으로 보여지므로 결국 소외인의 공무원증 등 위조행위는 국가배상법 제2조 제1항 소정의 공무원이 직무를 집행함에 당하여 한 행위로 인정되고, 소외인이 실제로는 공무원증 및 재직증명서의 발급권자인 울산세관장의 직무를 보조하는 데 불과한 지위(보조기관)에 있다거나, 신청자의 발급신청 없이 정상의 발급절차를 거치지 아니하고 이를 발급하였으며, 위 공무원증 등 위조행위가 원고로부터 대출을 받기 위한 목적으로 행하여졌다 하더라도 이를 달리 볼 수 없다(대판 2005.1.14, 2004다26805).
② 한국토지공사는 이러한 법령의 위탁에 의하여 이 사건 대집행을 수권받은 자로서 공무인 대집행을 실시함에 따르는 권리·의무 및 책임이 귀속되는 행정주체의 지위에 있다고 볼 것이지 지방자치단체 등의 기관으로서 국가배상법 제2조 소정의 공무원에 해당한다고 볼 것은 아니다(대판 2010.1.28, 2007다82950).
③ 대판 2003.7.11, 99다24218
④ 어떠한 행정처분이 후에 항고소송에서 취소되었다고 할지라도 그 기판력에 의하여 당해 행정처분이 곧바로 공무원의 고의 또는 과실로 인한 것으로서 불법행위를 구성한다고 단정할 수는 없는 것이고, 그 행정처분의 담당공무원이 보통 일반의 공무원을 표준으로 하여 볼 때 객관적 주의의무를 결하여 그 행정처분이 객관적 정당성을 상실하였다고 인정될 정도에 이른 경우에 국가배상법 제2조 소정의 국가배상책임의 요건을 충족하였다고 봄이 상당할 것이며, 이때에 객관적 정당성을 상실하였는지 여부는 피침해이익의 종류 및 성질, 침해행위가 되는 행정처분의 태양 및 그 원인, 행정처분의 발동에 대한 피해자측의 관여의 유무, 정도 및 손해의 정도 등 제반 사정을 종합하여 손해의 전보책임을 국가 또는 지방자치단체에게 부담시켜야 할 실질적인 이유가 있는지 여부에 의하여 판단하여야 한다(대판 2000.5.12, 99다70600).

정답 ③

4. 국가배상에 대한 판례의 입장으로 옳지 않은 것은? 16 지방직9급

① 국회의원의 입법행위는 그 입법 내용이 헌법의 문언에 명백히 위배됨에도 불구하고 국회가 굳이 당해 입법을 한 것과 같은 특수한 경우가 아닌 한 「국가배상법」 제2조 제1항 소정의 위법행위에 해당된다고 볼 수 없다.
② 일반적으로 공무원이 관계법규를 알지 못하거나 필요한 지식을 갖추지 못하고 법규의 해석을 그르쳐 행정처분을 하였다면 그가 법률전문가가 아닌 행정직 공무원이라고 하여 과실이 없다고는 할 수 없다.
③ 법령의 규정을 따르지 아니한 법관의 재판상 직무행위는 곧바로 「국가배상법」 제2조 제1항에서 규정하고 있는 위법행위가 되어 국가의 손해배상책임이 발생한다.
④ 영업허가취소처분이 행정심판에 의하여 재량권의 일탈을 이유로 취소되었다고 하더라도 그 처분이 당시 시행되던 「공중위생법 시행규칙」에 정해진 행정처분의 기준에 따른 것인 이상 그 영업허가취소처분을 한 행정청 공무원에게 그와 같은 위법한 처분을 한 데 있어 직무집행상의 과실이 있다고 할 수는 없다.

해설 中

① 대판 2008.5.29, 2004다33469
② 대판 1995.10.13, 95다32747
③ 법관의 재판에 법령의 규정을 따르지 아니한 잘못이 있다 하더라도 이로써 바로 그 재판상 직무행위가 국가배상법 제2조 제1항에서 말하는 위법한 행위로 되어 국가의 손해배상책임이 발생하는 것은 아니고, 그 국가배상책임이 인정되려면 당해 법관이 위법 또는 부당한 목적을 가지고 재판을 하였다거나 법이 법관의 직무수행상 준수할 것을 요구하고 있는 기준을 현저하게 위반하는 등 법관이 그에게 부여된 권한의 취지에 명백히 어긋나게 이를 행사하였다고 인정할 만한 특별한 사정이 있어야 한다(대판 2001.10.12, 2001다47290).
④ 대판 1994.11.8, 94다26141

정답 ③

5. 국가배상제도에 대한 설명으로 옳지 않은 것은? (다툼이 있는 경우 판례에 의함) 16 국회직8급

① 공무원의 불법행위에 고의 또는 중과실이 있는 경우 피해자는 국가·지방자치단체나 가해공무원 어느 쪽이든 선택적 청구가 가능하다.
② 공무원이 준수하여야 할 직무상 의무가 오로지 공공 일반의 전체적인 이익을 도모하기 위한 것이라면 그 의무를 위반하여 국민에게 손해를 가하여도 국가배상책임은 성립하지 아니한다.
③ 재량권의 행사에 관하여 행정청 내부에 일응의 기준을 정해 둔 경우 그 기준에 따른 행정처분을 하였다면 이에 관여한 공무원에게 그 직무상의 과실이 있다고 할 수 없다.
④ 주관적 요소를 고려하는 최근의 판례에 따르면 영조물의 결함이 영조물의 설치관리자의 관리행위가 미칠 수 없는 상황 아래에 있는 것이 입증되는 경우 영조물의 설치·관리상의 하자를 인정할 수 있다.
⑤ 직무수행에 재량이 인정되는 경우라도 그 권한을 부여한 취지와 목적에 비추어 볼 때 구체적 사정에 따라 그 권한을 행사하여 필요한 조치를 취하지 아니하는 것이 현저하게 불합리하다고 인정되는 때에는 그러한 권한의 불행사는 직무상의 의무를 위반한 것이 되어 위법하게 된다.

해설 中

① 공무원이 직무수행 중 불법행위로 타인에게 손해를 입힌 경우에 국가등이 국가배상책임을 부담하는 외에 공무원 개인도 고의 또는 중과실이 있는 경우에는 불법행위로 인한 손해배상책임을 진다고 할 것이지만, 공무원에게 경과실뿐인 경우에는 공무원 개인은 손해배상책임을 부담하지 아니한다고 해석하는 것이 헌법 제29조 제1항 본문과 단서 및 국가배상법 제2조의 입법취지에 조화되는 올바른 해석이다[대판(전합) 1996.2.15, 95다38677].
② 대판 2006.4.14, 2003다41746
③ 대판 1994.11.8, 94다26141
④ 객관적으로 보아 시간적·장소적으로 영조물의 기능상 결함으로 인한 손해발생의 예견가능성과 회피가능성이 없는 경우, 즉 그 영조물의 결함이 영조물의 설치·관리자의 관리행위가 미칠 수 없는 상황 아래에 있는 경우에는 영조물의 설치·관리상의 하자를 인정할 수 없다(대판 2001.7.27, 2000다56822).
⑤ 경찰관이 권한을 행사하여 필요한 조치를 하지 아니하는 것이 현저하게 불합리하다고 인정되는 경우에는 권한의 불행사는 직무상 의무를 위반한 것이 되어 위법하게 된다(대판 2016.4.15, 2013다20427).

정답 ④

6. 행정상 손해배상에 대한 설명으로 옳은 것만을 모두 고른 것은? (다툼이 있는 경우 판례에 의함) 17 지방직9급

ㄱ. 공무원의 직무상 불법행위로 손해를 입은 피해자의 국가배상청구권의 소멸시효 기간이 지났으나 국가가 소멸시효 완성을 주장하는 것이 권리남용으로 허용될 수 없어 배상책임을 이행한 경우에는, 소멸시효 완성 주장이 권리남용에 해당하게 된 원인행위와 관련하여 공무원이 원인이 되는 행위를 적극적으로 주도하였다는 등의 특별한 사정이 없는 한, 국가가 공무원에게 구상권을 행사하는 것은 신의칙상 허용되지 않는다.
ㄴ. 경찰은 국민의 생명, 신체 및 재산의 보호 등과 기타 공공의 안녕과 질서유지도 직무로 하고 있고 그 직무의 원활한 수행을 위한 권한은 일반적으로 경찰관의 전문적 판단에 기한 합리적인 재량에 위임되어 있는 것이나, 그 취지와 목적에 비추어 볼 때 구체적인 사정에 따라 경찰관이 그 권한을 행사하여 필요한 조치를 취하지 아니하는 것이 현저하게 불합리하다고 인정되는 경우에는 그러한 권한의 불행사는 직무상의 의무를 위반한 것이 되어 위법하게 된다.
ㄷ. 지방자치단체의 장이 기관위임된 국가행정사무를 처리하는 경우 그에 소요되는 경비의 실질적 · 궁극적 부담자는 국가라고 하더라도 당해 지방자치단체는 국가로부터 내부적으로 교부된 금원으로 그 사무에 필요한 경비를 대외적으로 지출하는 자이므로, 이러한 경우 지방자치단체는 「국가배상법」 제6조 제1항의 비용부담자로서 공무원의 직무상 불법행위로 인한 손해를 배상할 책임이 있다.

① ㄱ, ㄴ
② ㄱ, ㄷ
③ ㄴ, ㄷ
④ ㄱ, ㄴ, ㄷ

해설 ▶ 上

ㄱ 대판 2016.6.9, 2015다200258
ㄴ 대판 2016.4.15, 2013다20427
ㄷ 구 지방재정법 제16조 제2항(현행 제18조 제2항)의 규정상, 지방자치단체의 장이 기관위임된 국가행정사무를 처리하는 경우 그에 소요되는 경비의 실질적·궁극적 부담자는 국가라고 하더라도 당해 지방자치단체는 국가로부터 내부적으로 교부된 금원으로 그 사무에 필요한 경비를 대외적으로 지출하는 자(형식적 비용부담자)이므로, 이러한 경우 지방자치단체는 국가배상법 제6조 제1항 소정의 비용부담자로서 공무원의 불법행위로 인한 같은법에 의한 손해를 배상할 책임이 있다(대판 1994.12.9, 94다38137).

정답 ④

7. 甲은 A시장의 영업허가 취소처분이 위법함을 이유로 국가배상청구소송을 제기하였다. 이에 대한 설명으로 옳은 것은? (다툼이 있는 경우 판례에 의함) 17 국회직8급

① 甲의 국가배상청구소송은 공법상 당사자소송에 해당한다.
② 甲의 소송이 인용되려면 미리 영업허가 취소처분에 대한 취소의 인용판결이 있어야 한다.
③ 甲이 국가배상청구소송을 제기한 이후에 영업허가 취소처분에 대한 취소소송을 제기한 경우 그 취소소송은 국가배상청구소송에 병합될 수 있다.
④ A시장의 영업허가 취소사무가 국가사무로서 국가가 실질적인 비용을 부담하는 자인 경우에는 甲은 국가를 상대로 국가배상을 청구하여야 한다.
⑤ A시장의 영업허가 취소처분에 대한 취소소송에서 인용판결이 확정된 이후에도 甲의 국가배상청구소송은 기각될 수 있다.

해설 ▶ 上

① 국가배상법을 공법으로 보는 통설은 공법상의 청구권, 사법으로 보는 소수설과 판례는 사법상의 청구권으로 본다.
공무원의 직무상 불법행위로 손해를 받은 국민이 국가 또는 공공단체에 배상을 청구하는 경우 국가 또는 공공단체에 대하여 그의 불법행위를 이유로 손해배상을 구함은 국가배상법이 정한 바에 따른다 하여도 이 역시 민사상의 손해배상책임을 특별법인 국가배상법이 정한 데 불과하다(대

판 1972.10.10, 69다701).

② 위법한 행정대집행이 완료되면 그 처분의 무효확인 또는 취소를 구할 소의 이익은 없다 하더라도, 미리 그 행정처분의 취소판결이 있어야만 그 행정처분의 위법임을 이유로 한 손해배상청구를 할 수 있는 것은 아니다(대판 1972.4.28, 72다337).

③ 취소소송과 다음 각호의 1에 해당하는 소송(이하 "關聯請求訴訟"이라 한다)이 각각 다른 법원에 계속되고 있는 경우에 관련청구소송이 계속된 법원이 상당하다고 인정하는 때에는 당사자의 신청 또는 직권에 의하여 이를 취소소송이 계속된 법원으로 이송할 수 있다(행정소송법 제10조 제1항).

1. 당해 처분등과 관련되는 손해배상 · 부당이득반환 · 원상회복등 청구소송
2. 당해 처분등과 관련되는 취소소송

처분등의 취소는 취소소송을 제기받은 법원의 전속적 관할이기 때문에 국가배상청구소송에 병합할 수는 없고, 반대로 국가배상청구소송을 취소소송을 제기받은 법원에 병합하는 것은 가능하다.

④ 국가배상법은 제6조 제1항에서 "제2조·제3조 및 제5조에 따라 국가나 지방자치단체가 손해를 배상할 책임이 있는 경우에 공무원의 선임·감독 또는 영조물의 설치·관리를 맡은 자(사무관리주체)와 공무원의 봉급·급여, 그 밖의 비용 또는 영조물의 설치·관리 비용을 부담하는 자(비용부담자)가 동일하지 아니하면(위임사무) 그 비용을 부담하는 자도 손해를 배상하여야 한다."라고 규정함으로써 피해자의 선택적 청구를 인정하고 있다. 따라서 갑(甲)은 국가배상법 제2조에 따라 사무관리주체인 국가, 제6조 제1항에 따른 실질적 비용부담자인 국가, 형식적 비용부담자인 A시에 대해 선택적 청구를 할 수 있다.

⑤ 어떠한 행정처분이 후에 항고소송에서 취소되었다고 할지라도 그 기판력에 의하여 당해 행정처분이 곧바로 공무원의 고의 또는 과실로 인한 것으로서 불법행위를 구성한다고 단정할 수는 없는 것이고, 그 행정처분의 담당공무원이 보통 일반의 공무원을 표준으로 하여 볼 때 객관적 주의의무를 결하여 그 행정처분이 객관적 정당성을 상실하였다고 인정될 정도에 이른 경우에 국가배상법 제2조 소정의 국가배상책임의 요건을 충족하였다고 봄이 상당할 것이며, 이때에 객관적 정당성을 상실하였는지 여부는 피침해이익의 종류 및 성질, 침해행위가 되는 행정처분의 태양 및 그 원인, 행정처분의 발동에 대한 피해자측의 관여의 유무, 정도 및 손해의 정도 등 제반 사정을 종합하여 손해의 전보책임을 국가 또는 지방자치단체에게 부담시켜야 할 실질적인 이유가 있는지 여부에 의하여 판단하여야 한다(대판 2000.5.12, 99다70600).

정답 ⑤

8. 국가배상에 관한 다음의 설명 중 옳지 않은 것은? (다툼이 있는 경우 판례에 의함) 17 서울시7급

① 국가배상책임이 인정되려면 공무원의 직무상 의무위반 행위와 손해 사이에 상당인과관계가 인정되어야 하는데 공무원에게 직무상 의무를 부과한 법령이 단순히 공공의 이익을 위한 것이고 사익을 보호하기 위한 것이 아니라면 상당인과관계가 부인되어 배상책임이 인정되지 않는다.

② 공무를 위탁받아 실질적으로 공무에 종사하고 있더라도 그 위탁이 일시적이고 한정적인 경우에는 「국가배상법」 제2조의 공무원에 해당하지 않는다.

③ 국가배상의 요건 중 법령위반의 의미를 판단하는 데 있어서는 형식적 의미의 법령을 위반한 것뿐만 아니라 인권존중, 권력남용금지, 신의성실과 같이 공무원으로서 당연히 지켜야 할 원칙을 지키지 않은 경우도 포함한다.

④ 어떠한 행정처분이 후에 항고소송에서 취소되었다고 할지라도 그 기판력에 의하여 당해 행정처분이 곧바로 공무원의 고의 또는 과실로 인한 것으로서 불법행위를 구성한다고 볼 수 없다.

해설 ➤ 下

① 상당인과관계가 인정되기 위하여는 공무원에게 부과된 직무상 의무의 내용이 단순히 공공 일반의 이익을 위한 것이거나 행정기관 내부의 질서를 규율하기 위한 것이 아니고 전적으로 또는 부수적으로 사회구성원 개인의 안전과 이익을 보호하기 위하여 설정된 것이어야 한다(대판 2010.9.9, 2008다77795).

② 국가배상법 제2조 소정의 '공무원'이라 함은 국가공무원법이나 지방공무원법에 의하여 공무원으로서의 신분을 가진 자에 국한하지 않고, 널리 공무를 위탁받아 실질적으로 공무에 종사하고 있는 일체의 자를 가리키는 것으로서, 공무의 위탁이 일시적이고 한정적인 사항에 관한 활동을 위한 것이어도 달리 볼 것은 아니다(대판 2001.1.5, 98다39060).

③ 국가배상책임에 있어서 공무원의 가해행위는 '법령에 위반한' 것이어야 하고, 법령 위반이라 함은 엄격한 의미의 법령 위반뿐만 아니라 인권존중, 권력남용금지, 신의성실, 공서양속 등의 위반도 포함하여 널리 그 행위가 객관적인 정당성을 결여하고 있음을 의미한다고 할 것이다(대판 2009.12.24, 2009다70180).

④ 어떠한 행정처분이 후에 항고소송에서 취소되었다고 할지라도 그 기판력에 의하여 당해 행정처분이 곧바로 공무원의 고의 또는 과실로 인한 것으로서 불법행위를 구성한다고 단정할 수는 없는 것이고, 그 행정처분의 담당공무원이 보통 일반의 공무원을 표준으로 하여 볼 때 객관적 주의의무를 결하여 그 행정처분이 객관적 정당성을 상실하였다고 인정될 정도에 이른 경우에 국가배상법 제2조 소정의 국가배상책임의 요건을 충족하였다고 봄이 상당할 것이며, 이때에 객관적 정당성을 상실하였는지 여부는 피침해이익의 종류 및 성질, 침해행위가 되는 행정처분의 태양

및 그 원인, 행정처분의 발동에 대한 피해자측의 관여의 유무, 정도 및 손해의 정도 등 제반 사정을 종합하여 손해의 전보책임을 국가 또는 지방자치단체에게 부담시켜야 할 실질적인 이유가 있는지 여부에 의하여 판단하여야 한다(대판 2000.5.12, 99다70600).

정답 ②

9. 「국가배상법」에 대한 설명으로 옳지 않은 것은? (다툼이 있는 경우 판례에 의함) 17 지방직7급

① 「국가배상법」 제2조 제1항의 공무원의 직무에는 권력적 작용만이 아니라 행정지도와 같은 비권력적 작용도 포함되지만, 행정주체가 사경제주체로서 하는 활동은 제외된다.

② 영조물의 설치·관리상의 하자로 인한 손해의 원인에 대하여 책임을 질 사람이 따로 있는 경우에는 국가·지방자치단체는 그 사람에게 구상할 수 있다.

③ 「국가배상법」 제5조 제1항의 '공공의 영조물'이란 국가 또는 지방자치단체에 의하여 공공의 목적에 공여된 유체물 내지 물적 설비로서 국가 또는 지방자치단체가 소유권, 임차권 그 밖의 권한에 기하여 관리하고 있는 경우를 말하는 것으로, 그러한 권원 없이 사실상 관리하고 있는 경우는 포함되지 않는다.

④ 어떠한 행정처분이 후에 항고소송에서 취소되었다고 할지라도 그 판결의 기판력에 의하여 당해 처분이 곧바로 공무원의 고의 또는 과실로 인한 것으로서 불법행위를 구성한다고 단정할 수는 없다.

해설 ➤ 下

① 대판 2004.4.9, 2002다10691

② 국가배상법 제5조 제2항

③ 국가배상법 제5조 제1항 소정의 '공공의 영조물'이라 함은 국가 또는 지방자치단체에 의하여 특정 공공의 목적에 공여된 유체물 내지 물적 설비를 지칭하며, 특정 공공의 목적에 공여된 물이라 함은 일반공중의 자유로운 사용에 직접적으로 제공되는 공공용물에 한하지 아니하고, 행정주체 자신의 사용에 제공되는 공용물도 포함하며 국가 또는 지방자치단체가 소유권, 임차권 그 밖의 권한에 기하여 관리하고 있는 경우뿐만 아니라 사실상의 관리를 하고 있는 경우도 포함한다(대판 1995.1.24, 94다45302).

④ 대판 2000.5.12, 99다70600

정답 ③

10. 행정상 손해배상에 대한 설명으로 옳은 것은? (다툼이 있는 경우 판례에 의함) 18 국가직9급

① 국가나 지방자치단체는 공무원이 직무를 집행하면서 고의 또는 과실로 위법하게 타인에게 손해를 가한 때에 「국가배상법」상 배상책임을 지고, 공무원의 선임 및 감독에 상당한 주의를 한 경우에도 그 배상책임을 면할 수 없다.

② 국가 또는 지방자치단체가 공무원의 위법한 직무집행으로 발생한 손해에 대해 「국가배상법」에 따라 배상한 경우에 당해 공무원에게 구상권을 행사할 수 있는지에 대해 「국가배상법」은 규정을 두고 있지 않으나, 판례에 따르면 당해 공무원에게 고의 또는 중과실이 인정될 경우 국가 또는 지방자치단체는 그 공무원에게 구상권을 행사할 수 있다.

③ 「국가배상법」상 공무원의 직무행위는 객관적으로 직무행위로서의 외형을 갖추고 있어야 할 뿐만 아니라 주관적 공무집행의 의사도 있어야 한다.

④ 민간인과 직무집행 중인 군인의 공동불법행위로 인하여 직무집행 중인 다른 군인이 피해를 입은 경우 민간인이 피해군인에게 자신의 과실비율에 따라 내부적으로 부담할 부분을 초과하여 피해금액 전부를 배상한 경우에 대법원 판례에 따르면 민간인은 국가에 대해 가해 군인의 과실비율에 대한 구상권을 행사할 수 있다.

해설 ➤ 中

① 국가의 선임·감독상의 과실이 없다고 하여 면책되지 않는다는 점이 민법 제756조에 의한 사용자 책임과 다르다.
민사상 사용자책임에 있어서 사용자의 피용자에 대한 구상권을 규정한 민법 제756조 제3항이 피용자의 귀책사유의 정도(고의·중과실 또는 경과실의 구분)에 관계없이 구상권을 인정하고 있는 것과는 달리 직무상 불법행위를 한 공무원에게 고의·중과실이 있는 경우에 한하여 국가 등의 공무원에 대한 구상권을 인정하고 경과실의 경우에는 구상권을 인정하지 아니하고 있으며, 한편으로 국가배상법은 민법상의 사용자책임을 규정한 민법 제756조 제1항 단서에서 사용자가 피용자의 선임감독에 무과실인 경우에는 면책되도록 규정한 것과는 달리 이러한 면책규정을 두지 아니

함으로써 국가배상책임이 용이하게 인정되도록 하고 있다[대판(전합) 1996.2.15, 95다38677].
② 공무원의 구상권에 대해서는 국가배상법에 규정이 있다. 즉, 공무원에게 고의 또는 중대한 과실이 있으면 국가나 지방자치단체는 그 공무원에게 구상(求償)할 수 있다(제2조 제2항).
③ 공무원의 직무행위로 보여질 때에는 비록 그것이 실질적으로 직무행위가 아니거나 또는 행위자로서는 주관적으로 공무집행의 의사가 없었다고 하더라도 그 행위는 공무원이 '직무를 집행함에 당하여'한 것으로 보아야 한다(대판 1995.4.21, 93다14240).
④ 공동불법행위자 등이 부진정연대채무자로서 각자 피해자의 손해 전부를 배상할 의무를 부담하는 공동불법행위의 일반적인 경우와 달리 예외적으로 민간인은 피해군인 등에 대하여 그 손해 중 국가등이 민간인에 대한 구상의무를 부담한다면 그 내부적인 관계에서 부담하여야 할 부분을 제외한 나머지 자신의 부담부분에 한하여 손해배상의무를 부담하고, 한편 국가 등에 대하여는 그 귀책부분의 구상을 청구할 수 없다고 해석함이 상당하다[대판(전합) 2001.2.15, 96다42420].

정답 ①

11. 국가배상에 대한 설명으로 가장 옳지 않은 것은? 18 서울시7급

① 국가배상청구의 요건인 공무원의 직무에는 비권력적 작용도 포함되며 행정주체가 사경제주체로서 하는 활동도 포함된다.
② 어떠한 행정처분이 후에 항고소송에서 취소되었다고 할지라도 당해 행정처분이 곧바로 공무원의 고의 또는 과실로 인한 것으로서 불법행위를 구성한다고 단정할 수는 없다.
③ 공무원의 직무집행이 법령이 정한 요건과 절차에 따라 이루어진 것이라면 특별한 사정이 없는 한 이는 법령에 적합한 것이고, 그 과정에서 개인의 권리가 침해되는 일이 생긴다고 하여 그 법령적합성이 곧바로 부정되는 것은 아니다.
④ 국가배상청구권은 피해자나 그 법정대리인이 그 손해 및 가해자를 안 날로부터 3년간 이를 행사하지 아니하면 시효로 인하여 소멸한다.

해설 ㉻

① 국가배상법이 정한 손해배상청구의 요건인 '공무원의 직무'에는 국가나 지방자치단체의 권력적 작용뿐만 아니라 비권력적 작용도 포함되지만 단순한 사경제의 주체로서 하는 작용은 포함되지 않는다(대판 2004.4.9, 2002다10691).
② 어떠한 행정처분이 후에 항고소송에서 취소되었다고 할지라도 그 기판력에 의하여 당해 행정처분이 곧바로 공무원의 고의 또는 과실로 인한 것으로서 불법행위를 구성한다고 단정할 수는 없는 것이고, 그 행정처분의 담당공무원이 보통 일반의 공무원을 표준으로 하여 볼 때 객관적 주의의무를 결하여 그 행정처분이 객관적 정당성을 상실하였다고 인정될 정도에 이른 경우에 국가배상법 제2조 소정의 국가배상책임의 요건을 충족하였다고 봄이 상당할 것이며, 이때에 객관적 정당성을 상실하였는지 여부는 피침해이익의 종류 및 성질, 침해행위가 되는 행정처분의 태양 및 그 원인, 행정처분의 발동에 대한 피해자측의 관여의 유무, 정도 및 손해의 정도 등 제반 사정을 종합하여 손해의 전보책임을 국가 또는 지방자치단체에게 부담시켜야 할 실질적인 이유가 있는지 여부에 의하여 판단하여야 한다(대판 2000.5.12, 99다70600).
③ 대판 1997.7.25, 94다2480
④ 불법행위로 인한 손해배상의 청구권은 피해자나 그 법정대리인이 그 손해 및 가해자를 안 날로부터 3년간 이를 행사하지 아니하면 시효로 인하여 소멸한다(민법 제766조 제1항).

정답 ①

12. **「국가배상법」상 국가배상에 대한 설명으로 옳은 것(O)과 옳지 않은 것(X)을 바르게 연결한 것은? (다툼이 있는 경우 판례에 의함)** 19 국가직9급

ㄱ. 재판에 대하여 불복절차 내지 시정절차 자체가 없는 경우, 부당한 재판으로 인하여 불이익 내지 손해를 입은 사람에게는 배상책임의 요건이 충족되는 한 국가배상책임이 인정될 수 있다.
ㄴ. 국가가 일정한 사항에 관하여 헌법에 의하여 부과되는 구체적인 입법의무를 부담하고 있음에도 불구하고 그 입법에 필요한 상당한 기간이 경과하도록 고의·과실로 입법의무를 이행하지 아니하는 경우, 국가배상책임이 인정될 수 있다.
ㄷ. 직무집행과 관련하여 공상을 입은 군인이 먼저 「국가배상법」상 손해배상을 받은 다음 구 「국가유공자 등 예우 및 지원에 관한 법률」상 보훈급여금을 지급청구하는 경우, 국가배상을 받았다는 이유로 그 지급을 거부할 수 없다.
ㄹ. 피해자에게 손해를 직접 배상한 경과실이 있는 공무원은 특별한 사정이 없는 한, 국가의 피해자에 대한 손해배상책임의 범위 내에서 자신이 변제한 금액에 관하여 국가에 대한 구상권을 취득한다.

	ㄱ	ㄴ	ㄷ	ㄹ
①	○	○	×	○
②	×	○	○	×
③	○	×	×	×
④	○	○	○	○

해설 ➤ ㊤

ㄱ 재판에 대하여 불복절차 내지 시정절차 자체가 없는 경우에는 부당한 재판으로 인하여 불이익 내지 손해를 입은 사람은 국가배상 이외의 방법으로는 자신의 권리 내지 이익을 회복할 방법이 없으므로, 이와 같은 경우에는 배상책임의 요건이 충족되는 한 국가배상책임을 인정하지 않을 수 없다(대판 2003.7.11, 99다24218).
ㄴ 국회의원의 입법행위는 그 입법 내용이 헌법의 문언에 명백히 위배됨에도 불구하고 국회가 굳이 당해 입법을 한 것과 같은 특수한 경우가 아닌 한 국가배상법 제2조 제1항 소정의 위법행위에 해당한다고 볼 수 없고, 같은 맥락에서 국가가 일정한 사항에 관하여 헌법에 의하여 부과되는 구체적인 입법의무를 부담하고 있음에도 불구하고 그 입법에 필요한 상당한 기간이 경과하도록 고의 또는 과실로 이러한 입법의무를 이행하지 아니하는 등 극히 예외적인 사정이 인정되는 사안에 한정하여 국가배상법 소정의 배상책임이 인정될 수 있으며, 위와 같은 구체적인 입법의무 자체가 인정되지 않는 경우에는 애당초 부작위로 인한 불법행위가 성립할 여지가 없다(대판 2008.5.29, 2004다33469).
ㄷ 전투·훈련 등 직무집행과 관련하여 공상을 입은 군인 등이 먼저 국가배상법에 따라 손해배상금을 지급받은 다음 구 국가유공자법이 정한 보상금 등 보훈급여금의 지급을 청구하는 경우 피고로서는 다음과 같은 사정에 비추어 국가배상법에 따라 손해배상을 받았다는 사정을 들어 보상금 등 보훈급여금의 지급을 거부할 수 없다고 보아야 한다(대판 2017.2.3, 2014두40012).
ㄹ 피해자에게 손해를 직접 배상한 경과실이 있는 공무원은 특별한 사정이 없는 한 국가에 대하여 국가의 피해자에 대한 손해배상책임의 범위 내에서 공무원이 변제한 금액에 관하여 구상권을 취득한다고 봄이 타당하다(대판 2014.8.20, 2012다54478).

정답 ④

13. 국가배상에 대한 설명으로 옳은 것만을 모두 고르면? (다툼이 있는 경우 판례에 의함) 19 지방직9급

ㄱ. 헌법재판소 재판관이 청구기간 내에 제기된 헌법소원심판청구 사건에서 청구기간을 오인하여 각하결정을 한 경우, 이에 대한 불복절차 내지 시정절차가 없는 때에는 국가배상책임을 인정할 수 있다.
ㄴ. 형벌에 관한 법령이 헌법재판소의 위헌결정으로 소급하여 효력을 상실한 경우, 위헌 선언 전 그 법령에 기초하여 수사가 개시되어 공소가 제기되고 유죄판결이 선고되었더라도, 그러한 사정만으로 국가의 손해배상책임이 발생한다고 볼 수 없다.
ㄷ. 법령의 위탁에 의해 지방자치단체로부터 대집행을 수권받은 구 한국토지공사는 지방자치단체의 기관으로서 「국가배상법」 제2조 소정의 공무원에 해당한다.
ㄹ. 취소판결의 기판력은 국가배상청구소송에도 미치므로, 행정처분이 후에 항고소송에서 위법을 이유로 취소된 경우에는 그 기판력에 의하여 당해 행정처분이 곧바로 공무원의 고의 또는 과실에 의한 불법행위를 구성한다고 보아야 한다.

① ㄱ, ㄴ　　② ㄱ, ㄹ
③ ㄴ, ㄷ　　④ ㄷ, ㄹ

해설 ≻ 上

ㄱ 대판 2003.7.11, 99다24218
ㄴ 대판 2014.10.27, 2013다217962
ㄷ 한국토지공사는 이러한 법령의 위탁에 의하여 이 사건 대집행을 수권받은 자로서 공무인 대집행을 실시함에 따르는 권리·의무 및 책임이 귀속되는 행정주체의 지위에 있다고 볼 것이지 지방자치단체 등의 기관으로서 국가배상법 제2조 소정의 공무원에 해당한다고 볼 것은 아니다(대판 2010.1.28, 2007다82950).
ㄹ 어떠한 행정처분이 후에 항고소송에서 취소되었다고 할지라도 그 기판력에 의하여 당해 행정처분이 곧바로 공무원의 고의 또는 과실로 인한 것으로서 불법행위를 구성한다고 단정할 수는 없는 것이고, 그 행정처분의 담당공무원이 보통 일반의 공무원을 표준으로 하여 볼 때 객관적 주의의무를 결하여 그 행정처분이 객관적 정당성을 상실하였다고 인정될 정도에 이른 경우에 국가배상법 제2조 소정의 국가배상책임의 요건을 충족하였다고 봄이 상당할 것이며, 이때에 객관적 정당성을 상실하였는지 여부는 피침해이익의 종류 및 성질, 침해행위가 되는 행정처분의 태양 및 그 원인, 행정처분의 발동에 대한 피해자측의 관여의 유무, 정도 및 손해의 정도 등 제반 사정을 종합하여 손해의 전보책임을 국가 또는 지방자치단체에게 부담시켜야 할 실질적인 이유가 있는지 여부에 의하여 판단하여야 한다(대판 2000.5.12, 99다70600).

정답 ①

14. **국가배상에 대한 설명으로 옳은 것만을 〈보기〉에서 모두 고르면? (다툼이 있는 경우 판례에 의함)**

19 국회직8급

〈보 기〉

ㄱ. 공무원에게 부과된 직무상 의무의 내용이 공공 일반의 이익을 위한 것이거나 행정기관의 내부질서를 규율하기 위한 경우에도 공무원이 그 직무상 의무를 위반하여 피해자가 입은 손해에 대하여서는 상당인과관계가 인정되는 범위 내에서 국가가 배상책임을 진다.

ㄴ. 서울특별시가 점유·관리하는 도로에 대하여 행정권한 위임조례에 따라 보도 관리 등을 위임 받은 관할 자치구청장 갑으로부터 도급받은 A 주식회사가 공사를 진행하면서 남은 자갈더미를 그대로 방치하여 오토바이를 타고 이곳을 지나가던 을이 넘어져 상해를 입은 경우 서울특별시는 「국가배상법」 제5조 제1항에서 정한 설치·관리상의 하자로 인한 국가배상책임을 부담하지 아니한다.

ㄷ. 도지사에 의한 지방의료원의 폐업결정과 관련하여 국가배상책임이 성립하기 위하여서는 공무원의 직무집행이 위법하다는 점만으로는 부족하고 그로 인하여 타인의 권리·이익이 침해되어 구체적 손해가 발생하여야 한다.

ㄹ. 소방공무원의 권한 행사가 관계 법률의 규정에 의하여 소방공무원의 재량에 맡겨져 있으면 구체적인 상황에서 소방공무원이 권한을 행사하지 아니한 것이 현저하게 합리성을 잃어 사회적 타당성이 없는 경우에도 직무상 의무를 위반하여 위법하게 되는 것은 아니다.

① ㄱ
② ㄷ
③ ㄱ, ㄷ
④ ㄴ, ㄷ
⑤ ㄴ, ㄷ, ㄹ

해설 ➤ ㊤

ㄱ 공무원이 직무를 수행하면서 그 근거되는 법령의 규정에 따라 구체적으로 의무를 부여받았어도 그것이 국민의 이익과는 관계없이 순전히 행정기관 내부의 질서를 유지하기 위한 것이거나, 또는 국민의 이익과 관련된 것이라도 직접 국민 개개인의 이익을 위한 것이 아니라 전체적으로 공공 일반의 이익을 도모하기 위한 것이라면 그 의무에 위반하여 국민에게 손해를 가하여도 국가 또는 지방자치단체는 배상책임을 부담하지 아니한다(대판 2006.4.14, 2003다41746).

ㄴ 사안의 경우 기관위임사무이기 때문에 서울특별시는 국가배상법 제5조상의 사무관리주체로서의 배상책임을 지고, 자치구는 국가배상법 제6조 제1항에 의한 실질적·형식적 비용부담자로서의 배상책임을 진다. 따라서 피해자는 서울특별시나 자치구에 대해 선택적으로 배상청구를 할 수 있다.

ㄷ 국가배상책임이 성립하기 위해서는 공무원의 직무집행이 위법하다는 점만으로는 부족하고, 그로 인해 타인의 권리·이익이 침해되어 구체적 손해가 발생하여야 한다(대판 2016.8.30, 2015두60617).

ㄹ 소방공무원의 행정권한 행사가 관계법률의 규정 형식상 소방공무원의 재량에 맡겨져 있다고 하더라도 소방공무원에게 그러한 권한을 부여한 취지와 목적에 비추어 볼 때 구체적인 상황 아래에서 소방공무원이 그 권한을 행사하지 않은 것이 현저하게 합리성을 잃어 사회적 타당성이 없는 경우에는 소방공무원의 직무상 의무를 위반한 것으로서 위법하게 된다(대판 2008.4.10, 2005다48994).

정답 ②

15. 국가배상에 대한 설명으로 옳지 않은 것은? (다툼이 있는 경우 판례에 의함) 19 국회직8급

① 「국가공무원법」 및 「지방공무원법」상 공무원뿐만 아니라 공무를 위탁받은 사인의 직무행위도 국가배상청구의 대상이 된다.
② 경찰공무원이 전투·훈련 등 직무집행과 관련하여 전사·순직하거나 공상을 입은 경우에 본인이나 그 유족이 다른 법령에 따라 재해보상금이나 유족연금 등의 보상을 지급받은 때에는 「국가배상법」 및 「민법」에 따른 손해배상을 청구할 수 없다.
③ 직무집행과 관련하여 공상을 입은 군인이 먼저 「국가배상법」에 따라 손해배상금을 지급받은 후 「보훈보상대상자 지원에 관한 법률」이 정한 보상금 등 보훈급여금의 지급을 청구하는 경우에 국가보훈처장은 「국가배상법」에 따라 손해배상을 받았다는 것을 이유로 그 지급을 거부할 수 있다.
④ 경찰공무원이 낙석사고 현장 부근으로 이동하던 중 대형 낙석이 순찰차를 덮쳐 사망한 사안에서 「국가배상법」의 이중배상 금지 규정에 따른 면책조항은 전투·훈련 또는 이에 준하는 직무집행뿐만 아니라 일반 직무집행에 관하여도 국가나 지방자치단체의 배상책임을 제한하는 것으로 해석하여야 한다.
⑤ 우편집배원이 압류 및 전부명령 결정 정본을 특별송달함에 있어 부적법한 송달을 하고도 적법한 송달을 한 것처럼 보고서를 작성하여 압류 및 전부의 효력이 발생하지 않아 집행채권자가 피압류채권을 전부받지 못한 경우 우편집배원의 직무상 의무위반과 집행채권자의 손해 사이에는 상당인과관계가 있다.

해설 ➤ 中

① 대판 2001.1.5, 98다39060
② 국가배상법 제2조 단서
③ 전투·훈련 등 직무집행과 관련하여 공상을 입은 군인 등이 먼저 국가배상법에 따라 손해배상금을 지급받은 다음 구 국가유공자법이 정한 보상금 등 보훈급여금의 지급을 청구하는 경우 피고로서는 다음과 같은 사정에 비추어 국가배상법에 따라 손해배상을 받았다는 사정을 들어 보상금 등 보훈급여금의 지급을 거부할 수 없다고 보아야 한다(대판 2017.2.3, 2014두40012).
그러나 반대로 군인 등이 직무집행과 관련하여 공상을 입는 등의 이유로 구 「국가유공자 등 예우 및 지원에 관한 법률」이 정한 국가유공자 요건에 해당하여 보상금 등 보훈급여금을 지급받을 수 있는 경우, 국가를 상대로 국가배상을 청구할 수 없다(대판 2017.2.3, 2014두40012). 사실관계 전후의 차이에 따라 결과가 달라짐을 주의해야 한다.
④ 이 사건 면책조항은 종전 면책조항과 마찬가지로 전투·훈련 또는 이에 준하는 직무집행뿐만 아니라 일반 직무집행에 관하여도 국가나 지방자치단체의 배상책임을 제한하는 것이라고 해석한 원심의 판결을 수긍한 사례(대판 2011.3.10, 2010다85942)
⑤ 대판 2009.7.23, 2006다87798

정답 ③

16. 행정상 손해배상에 대한 판례의 입장으로 옳지 않은 것은? 19 국가직7급

① 「국가배상법」 제2조에 따른 공무원은 「국가공무원법」 등에 의해 공무원의 신분을 가진 자에 국한하지 않고, 널리 공무를 위탁받아 실질적으로 공무에 종사하고 있는 일체의 자를 가리킨다.
② 공무원이 직무를 수행하면서 그 근거법령에 따라 구체적으로 의무를 부여받았어도 그것이 국민 개개인의 이익을 위한 것이 아니라 전체적으로 공공 일반의 이익을 도모하기 위한 것이라면 그 의무에 위반하여 국민에게 손해를 가하여도 국가 또는 지방자치단체는 배상책임을 지지 않는다.
③ 어떠한 행정처분이 항고소송에서 취소되었을지라도 그 기판력에 의하여 당해 행정처분이 곧바로 공무원의 고의 또는 과실로 인한 것으로서 국가배상책임이 성립한다고 단정할 수는 없다.
④ 「공직선거법」이 후보자가 되고자 하는 자와 그 소속 정당에게 전과기록을 조회할 권리를 부여하고 수사기관에 회보의무를 부과한 것은 공공의 이익만을 위한 것이지 후보자가 되고자 하는 자나 그 소속 정당의 개별적 이익까지 보호하기 위한 것은 아니다.

해설 ➤ 下

① 대판 2001.1.5, 98다39060
② 대판 2006.4.14, 2003다41746
③ 대판 2000.5.12, 99다70600
④ 공직선거법이 위와 같이 후보자가 되고자 하는 자와 그 소속 정당에게 전과기록을 조회할 권리를 부여하고 수사기관에 회보의무를 부과한 것은 단순히 유권자의 알권리 보호 등 공공 일반의 이익만을 위한 것이 아니라, 그와 함께 후보자가 되고자 하는 자가 자신의 피선거권 유무를 정확하게 확인할 수 있게 하고, 정당이 후보자가 되고자 하는 자의 범죄경력을 파악함으로써 부적격자를 공천함으로 인하여 생길 수 있는 정당의 신뢰도 하락을 방지할 수 있게 하는 등의 개별적인 이익도 보호하기 위한 것이라고 할 수 있다(대판 2011.9.8, 2011다34521).

정답 ④

17. 국가배상에 대한 설명으로 옳지 않은 것은? (다툼이 있는 경우 판례에 의함) 20 지방직9급

① 국가배상책임에서의 법령위반은, 인권존중·권력남용금지·신의성실·공서양속 등의 위반도 포함해 널리 그 행위가 객관적인 정당성을 결여하고 있음을 의미한다.
② 공무원에게 부과된 직무상 의무는 전적으로 또는 부수적으로 사회구성원 개인의 안전과 이익을 보호하기 위해 설정된 것이어야 국가배상책임이 인정된다.
③ 배상심의회의 결정은 대외적인 법적 구속력을 가지므로 배상 신청인과 상대방은 그 결정에 항상 구속된다.
④ 판례는 구 「국가배상법」(67.3.3. 법률 제1899호) 제3조의 배상액 기준은 배상심의회 배상액 결정의 기준이 될 뿐 배상범위를 법적으로 제한하는 규정이 아니므로 법원을 기속하지 않는다고 보았다.

해설 ➤ 中

① 대판 2009.12.24, 2009다70180
② 대판 2006.4.14, 2003다41746
③ "신청인의 동의가 있거나 지방자치단체가 신청인의 청구에 따라 배상금을 지급한 때에는 민사소송법에 의한 재판상 화해가 이루어진 것으로 간주된다."(제16조)는 구 국가배상법 규정은 헌법재판소에 의해 위헌결정을 받아(헌재결 1995.5.25, 91헌가7) 삭제되었다. 그에 따라 신청인의 동의가 있는 배상심의회의 배상결정은 민법상 화해와 같은 효력만 인정된다. 따라서 현행 국가배상법상 배상심의회의 결정은 법적 구속력을 갖지 않고, 신청인과 지방자치단체도 그 결정에 따른 동의나 지급 여부를 결정할 수 있다(박균성). 즉, 배상결정을 받은 신청인은 지체 없이 그 결정에 대한 동의서를 첨부하여 국가나 지방자치단체에 배상금 지급을 청구하여야 한다(국가배상법 제15조 제1항). 배상결정을 받은 신청인이 배상금 지급을 청구하지 아니하거나 지방자치단체가 대통령령으로 정하는 기간 내에 배상금을 지급하지 아니하면 그 결정에 동의하지 아니한 것으로 본다(같은 조 제3항).
④ 구 국가배상법 제3조 제1항과 제3항의 손해배상의 기준은 배상심의회의 배상금지급기준을 정함에 있어서의 하나의 기준을 정한 것에 지나지 아니하는 것이고 이로써 배상액의 상한을 제한한 것으로 볼 수 없다 할 것이며 따라서 법원이 국가배상법에 의한 손해배상액을 산정함에 있어서 그 기준에 구애되는 것이 아니라 할 것이니 이 규정은 국가 또는 공공단체에 대한 손해배상청구권을 규정한 구 헌법(1962.12.26, 개정헌법) 제26조에 위반된다고 볼 수 없다(대판 1970.1.29, 69다1203).

정답 ③

18. 국가배상에 대한 설명으로 옳은 것은? (다툼이 있는 경우 판례에 의함) 20 지방직7급

① 행정처분의 담당공무원이 주관적 주의의무를 결하여 그 행정처분이 주관적 정당성을 상실하였다고 인정될 정도에 이른 경우에 「국가배상법」 제2조의 요건을 충족하였다고 봄이 상당하다.

② 「국가배상법」 제6조 제1항에 의하면 지방자치단체장이 설치하여 관할 지방경찰청장에게 관리권한이 위임된 교통신호기의 고장으로 인하여 교통사고가 발생한 경우, 지방자치단체가 손해배상책임을 지고 국가는 피해자에 대하여 배상책임을 지지 않는다.

③ 국민이 법령에 정하여진 수질기준에 미달한 상수원수로 생산된 수돗물을 마심으로써 건강상의 위해 발생에 대한 염려 등에 따른 정신적 고통을 받았다고 하더라도, 이러한 사정만으로는 국가 또는 지방자치단체가 국민에게 손해배상책임을 부담하지 아니한다.

④ 「국가배상법」 제5조 제1항 소정의 '공공의 영조물'이라 함은 국가 또는 지방자치단체에 의하여 특정 공공의 목적에 공여된 유체물 내지 물적 설비를 말하며, 국가 또는 지방자치단체가 소유권, 임차권, 그 밖의 권한에 기하여 관리하고 있는 경우로 한정되고, 사실상의 관리를 하고 있는 경우는 포함되지 않는다.

해설 中

① 행정처분의 담당공무원이 보통 일반의 공무원을 표준으로 하여 볼 때 객관적 주의의무를 결하여 처분 여부 결정을 지체함으로써 객관적 정당성을 상실하였다고 인정될 정도에 이른 경우에 비로소 국가배상법 제2조가 정한 국가배상책임의 요건을 충족한다(대판 2015.11.27, 2013다6759).

② 지방자치단체장(대전광역시장)이 교통신호기를 설치하여 그 관리권한이 도로교통법 제71조의2 제1항의 규정에 의하여 관할 지방경찰청장에게 위임되어 지방자치단체 소속 공무원과 지방경찰청 소속 공무원이 합동근무하는 교통종합관제센터에서 그 관리업무를 담당하던 중 위 신호기가 고장난 채 방치되어 교통사고가 발생한 경우, 국가배상법 제2조 또는 제5조에 의한 배상책임을 부담하는 것은 지방경찰청장이 소속된 국가가 아니라, 그 권한을 위임한 지방자치단체장이 소속된 지방자치단체라고 할 것이나, 한편 국가배상법 제6조 제1항은 같은법 제2조·제3조 및 제5조의 규정에 의하여 국가 또는 지방자치단체가 손해를 배상할 책임이 있는 경우에 공무원의 선임·감독 또는 영조물의 설치·관리를 맡은 자와 공무원의 봉급·급여 기타의 비용 또는 영조물의 설치·관리의 비용을 부담하는 자가 동일하지 아니한 경우에는 그 비용을 부담하는 자도 손해를 배상하여야 한다고 규정하고 있으므로 교통신호기를 관리하는 지방경찰청장 산하 경찰관들에 대한 봉급을 부담하는 국가도 국가배상법 제6조 제1항에 해당한다(대판 1999.6.25, 99다11120).

③ 상수원수의 수질을 환경기준에 따라 유지하도록 규정하고 있는 관련법령의 취지·목적·내용과 그 법령에 따라 국가 또는 지방자치단체가 부담하는 의무의 성질 등을 고려할 때, 국가등에게 일정한 기준에 따라 상수원수의 수질을 유지하여야 할 의무를 부과하고 있는 법령의 규정은 국민에게 양질의 수돗물이 공급되게 함으로써 국민 일반의 건강을 보호하여 공공 일반의 전체적인 이익을 도모하기 위한 것이지, 국민 개개인의 안전과 이익을 직접적으로 보호하기 위한 규정이 아니므로, 국민에게 공급된 수돗물의 상수원의 수질이 수질기준에 미달한 경우가 있고, 이로 말미암아 국민이 법령에 정하여진 수질기준에 미달한 상수원수로 생산된 수돗물을 마심으로써 건강상의 위해발생에 대한 염려 등에 따른 정신적 고통을 받았다고 하더라도, 이러한 사정만으로는 국가 또는 지방자치단체가 국민에게 손해배상책임을 부담하지 아니한다(대판 2001.10.23, 99다36280).

④ 국가배상법 제5조 제1항 소정의 '공공의 영조물'이라 함은 국가 또는 지방자치단체에 의하여 특정 공공의 목적에 공여된 유체물 내지 물적 설비를 지칭하며, 특정 공공의 목적에 공여된 물이라 함은 일반공중의 자유로운 사용에 직접적으로 제공되는 공공용물에 한하지 아니하고, 행정주체 자신의 사용에 제공되는 공용물도 포함하며 국가 또는 지방자치단체가 소유권, 임차권 그 밖의 권한에 기하여 관리하고 있는 경우뿐만 아니라 사실상의 관리를 하고 있는 경우도 포함한다(대판 1995.1.24, 94다45302).

정답 ③

19. 국가배상책임에 관한 설명으로 옳지 않은 것은? (다툼이 있는 경우 판례에 의함) 21 국회직9급

① 군인·군무원 등의 특례규정(「국가배상법」 제2조 제1항 단서의 면책조항)은 전투·훈련 또는 이에 준하는 직무집행뿐만 아니라 일반 직무집행과 관련해서도 적용될 수 있다.
② 공무원의 부작위로 인한 국가배상책임을 인정하기 위해서는 법령에 명시적으로 공무원의 작위의무가 규정되어 있어야 한다.
③ 공무원의 직무상 불법과 관련해서 공무원에게 고의 또는 중과실이 인정되면 피해자는 공무원 개인에 대해 선택적으로 배상을 청구할 수 있다.
④ 국회의원은 입법행위에 관하여 원칙적으로 국민 전체에 대한 관계에서 정치적 책임을 질 뿐 국민 개개인의 권리에 대응하여 법적 의무를 지는 것은 아니다.
⑤ 적설지대가 아닌 지역의 도로 또는 고속도로 등 특수 목적의 도로가 아닌 일반 도로의 경우 강설로 인하여 발생한 도로통행상의 위험을 즉시 배제하여 그 안전성을 확보할 의무가 인정되지 않는다.

해설 中

① 이 사건 면책조항은 종전 면책조항과 마찬가지로 전투·훈련 또는 이에 준하는 직무집행뿐만 아니라 일반 직무집행에 관하여도 국가나 지방자치단체의 배상책임을 제한하는 것이라고 해석한 원심의 판결을 수긍한 사례(대판 2011.3.10, 2010다85942)
② 국민의 생명·신체·재산 등에 대하여 절박하고 중대한 위험상태가 발생하였거나 발생할 상당한 우려가 있어서 국민의 생명 등을 보호하는 것을 본래적 사명으로 하는 국가가 초법규적·일차적으로 그 위험의 배제에 나서지 아니하면 국민의 생명 등을 보호할 수 없는 경우에는 형식적 의미의 법령에 근거가 없더라도 국가나 관련 공무원에 대하여 그러한 위험을 배제할 작위의무를 인정할 수 있을 것이다(대판 2012.7.26, 2010다95666).
③ 공무원이 직무수행 중 불법행위로 타인에게 손해를 입힌 경우에 국가등이 국가배상책임을 부담하는 외에 공무원 개인도 고의 또는 중과실이 있는 경우에는 불법행위로 인한 손해배상책임을 진다고 할 것이지만, 공무원에게 경과실뿐인 경우에는 공무원 개인은 손해배상책임을 부담하지 아니한다고 해석하는 것이 헌법 제29조 제1항 본문과 단서 및 국가배상법 제2조의 입법취지에 조화되는 올바른 해석이다[대판(전합) 1996.2.15, 95다38677].
④ 대판 2008.5.29, 2004다33469
⑤ 판례는 적설지대도로와 고속도로 등 특수목적도로는 면책 부정, 기타도로는 면책을 긍정하는 입장이다(대판 2000.4.25, 99다54998).

정답 ②

20. 국가배상에 대한 설명으로 옳지 않은 것은? (다툼이 있는 경우 판례에 의함) 21 지방직9급

① 국가나 지방자치단체가 손해를 배상할 책임이 있는 경우에 공무원의 선임·감독 또는 영조물의 설치·관리를 맡은 자와 공무원의 봉급·급여, 그 밖의 비용 또는 영조물의 설치·관리 비용을 부담하는 자가 동일하지 아니하면 그 비용을 부담하는 자도 손해를 배상하여야 한다.
② 국가배상책임에 있어서 국가는 직무상의 의무 위반과 피해자가 입은 손해 사이에 상당인과관계가 인정되는 범위 내에서만 배상책임을 지는 것이고, 이 경우 상당인과관계가 인정되기 위해서는 공무원에게 부과된 직무상 의무의 내용이 전적으로 또는 부수적으로 사회구성원 개인의 안전과 이익을 보호하기 위하여 설정된 것이어야 한다.
③ 「국가배상법」상 '공공의 영조물'은 지방자치단체가 소유권, 임차권 그밖의 권한에 기하여 관리하고 있는 경우는 포함하지만, 사실상의 관리를 하고 있는 경우는 포함하지 않는다.
④ 공무원 개인이 고의 또는 중과실이 있는 경우에는 불법행위로 인한 손해배상책임을 진다고 할 것이지만, 공무원의 위법행위가 경과실에 기한 경우에는 공무원은 손해배상책임을 부담하지 않는다.

해설 下

① 국가배상법 제6조 제1항
② 대판 2006.4.14, 2003다41746
③ 국가배상법 제5조 제1항 소정의 '공공의 영조물'이라 함은 국가 또는 지방자치단체에 의하여 특정 공공의 목적에 공여된 유체물 내지 물적 설비를 지칭하며, 특정 공공의 목적에 공여된 물이라 함은 일반공중의 자유로운 사용에 직접적으로 제공되는 공공용물에 한하지 아니하고, 행정주체 자신의 사용에 제공되는 공용물도 포함하며 국가 또는 지방자치단체가 소유권, 임차권 그 밖의 권한에 기하여 관리하고 있는 경우뿐만 아

니라 사실상의 관리를 하고 있는 경우도 포함한다(대판 1995.1.24, 94다45302).
④ 대판(전합) 1996.2.15, 95다38677

정답 ③

21. 「국가배상법」에 대한 설명으로 옳은 것만을 〈보기〉에서 모두 고르면? (다툼이 있는 경우 판례에 의함)

21 국회직8급

〈보 기〉

ㄱ. 경과실이 있는 공무원이 피해자에 대하여 손해배상책임을 부담하지 아니함에도 피해자에게 손해를 배상하였다면 이는 법률상 원인이 없는 것으로 피해자는 공무원에 대하여 이를 반환할 의무가 있다.
ㄴ. 공무원이 직무수행 중 불법행위로 타인에게 손해를 입힌 경우에 국가 등이 국가배상책임을 부담하는 것 외에 공무원 개인도 고의 또는 중과실이 있는 경우에는 불법행위로 인한 손해배상책임을 진다.
ㄷ. 본래 시·도지사나 시장·군수 또는 구청장의 업무에 속하는 대집행권한이 LH공사에게 위탁된 경우에 LH공사는 지방자치단체 등의 기관으로서 「국가배상법」 제2조 소정의 공무원에 해당한다.
ㄹ. 입법자가 법률로써 특정한 사항을 시행령으로 정하도록 위임했음에도 불구하고 행정부가 정당한 이유 없이 이를 이행하지 않는다면 권력분립의 원칙과 법치국가 내지 법치행정의 원칙에 위배되는 것으로서 위헌성이 인정되나 이는 헌법소원을 통한 구제의 대상이 될 뿐이고 국가배상의 대상이 되는 것은 아니다.

① ㄱ
② ㄴ
③ ㄱ, ㄷ
④ ㄴ, ㄹ
⑤ ㄴ, ㄷ, ㄹ

해설 ㊤

ㄱㄴ 공무원이 직무수행 중 불법행위로 타인에게 손해를 입힌 경우에 국가 등이 국가배상책임을 부담하는 외에 공무원 개인도 고의 또는 중과실이 있는 경우에는 불법행위로 인한 손해배상책임을 지고, 공무원에게 경과실이 있을 뿐인 경우에는 공무원 개인은 손해배상책임을 부담하지 아니한다. 이처럼 경과실이 있는 공무원이 피해자에 대하여 손해배상책임을 부담하지 아니함에도 피해자에게 손해를 배상하였다면 그것은 채무자 아닌 사람이 타인의 채무를 변제한 경우에 해당하고, 이는 민법 제469조의 '제3자의 변제' 또는 민법 제744조의 '도의관념에 적합한 비채변제'에 해당하여 피해자는 공무원에 대하여 이를 반환할 의무가 없고, 그에 따라 피해자의 국가에 대한 손해배상청구권이 소멸하여 국가는 자신의 출연 없이 채무를 면하게 되므로, 피해자에게 손해를 직접 배상한 경과실이 있는 공무원은 특별한 사정이 없는 한 국가에 대하여 국가의 피해자에 대한 손해배상책임의 범위 내에서 공무원이 변제한 금액에 관하여 구상권을 취득한다고 봄이 타당하다(대판 2014.8.20, 2012다54478).
ㄷ 한국토지공사는 이러한 법령의 위탁에 의하여 이 사건 대집행을 수권받은 자로서 공무인 대집행을 실시함에 따르는 권리·의무 및 책임이 귀속되는 행정주체의 지위에 있다고 볼 것이지 지방자치단체 등의 기관으로서 국가배상법 제2조 소정의 공무원에 해당한다고 볼 것은 아니다(대판 2010.1.28, 2007다82950).
ㄹ 입법부가 법률로써 행정부에게 특정한 사항을 위임했음에도 불구하고 행정부가 정당한 이유 없이 이를 이행하지 않는다면 권력분립의 원칙과 법치국가 내지 법치행정의 원칙에 위배되는 것으로서 위법함과 동시에 위헌적인 것이 되는바, 구 「군법무관 임용법」 제5조 제3항과 구 「군법무관 임용 등에 관한 법률」 제6조가 군법무관의 보수를 법관 및 검사의 예에 준하도록 규정하면서 그 구체적 내용을 시행령에 위임하고 있는 이상, 위 법률의 규정들은 군법무관의 보수의 내용을 법률로써 일차적으로 형성한 것이고, 위 법률들에 의해 상당한 수준의 보수청구권이 인정되는 것이므로, 위 보수청구권은 단순한 기대이익을 넘어서는 것으로서 법률의 규정에 의해 인정된 재산권의 한 내용이 되는 것으로 봄이 상당하고, 따라서 행정부가 정당한 이유 없이 시행령을 제정하지 않은 것은 위 보수청구권을 침해하는 불법행위에 해당한다(대판 2007.11.29, 2006다3561).

정답 ②

22. 「국가배상법」에 대한 설명으로 옳지 않은 것은? (다툼이 있는 경우 판례에 의함) 21 국가직7급

① 공무원들의 공무원증 발급 업무를 하는 공무원이 다른 공무원의 공무원증을 위조하는 행위는 「국가배상법」상의 직무집행에 해당하지 않는다.
② 국가의 철도운행사업과 관련하여 발생한 사고로 인한 손해배상청구의 경우 그 사고에 공무원이 간여하였다고 하더라도 「국가배상법」이 아니라 「민법」이 적용되어야 하지만, 철도시설물의 설치 또는 관리의 하자로 인한 손해배상청구의 경우에는 「국가배상법」이 적용된다.
③ 재판작용에 대한 국가배상의 경우, 재판에 대하여 불복절차 내지 시정절차 자체가 없는 경우에는 부당한 재판으로 인하여 불이익 내지 손해를 입은 사람은 국가배상책임의 요건이 충족된다면 국가배상을 청구할 수 있다.
④ 영업허가취소처분이 나중에 행정심판에 의하여 재량권을 일탈한 위법한 처분이 되었더라도 그 처분이 당시 시행되던 「공중위생법시행규칙」에 정하여진 행정처분의 기준에 따른 것이라면 그 영업허가취소처분을 한 공무원에게 그와 같은 위법한 처분을 한 데 있어 어떤 직무집행상의 과실이 있다고 할 수 없다.

해설 (中)

① 울산세관의 통관지원과에서 인사업무를 담당하면서 울산세관 공무원들의 공무원증 및 재직증명서 발급업무를 하는 공무원인 김영선이 울산세관의 다른 공무원의 공무원증 등을 위조하는 행위는 비록 그것이 실질적으로는 직무행위에 속하지 아니한다 할지라도 적어도 외관상으로는 공무원증과 재직증명서를 발급하는 행위로서 직무집행으로 보여지므로 결국 소외인의 공무원증 등 위조행위는 국가배상법 제2조 제1항 소정의 공무원이 직무를 집행함에 당하여 한 행위로 인정되고, 소외인이 실제로는 공무원증 및 재직증명서의 발급권자인 울산세관장의 직무를 보조하는 데 불과한 지위(보조기관)에 있다거나, 신청자의 발급신청 없이 정상의 발급절차를 거치지 아니하고 이를 발급하였으며, 위 공무원증 등 위조행위가 원고로부터 대출을 받기 위한 목적으로 행하여졌다 하더라도 이를 달리 볼 수 없다(대판 2005.1.14, 2004다26805).
② 두 가지 사안을 다룬 판례임에 주의해야 한다.
국가 또는 지방자치단체라 할지라도 공권력의 행사가 아니고 단순한 사경제의 주체로 활동하였을 경우에는 그 손해배상책임에 국가배상법이 적용될 수 없고 민법상의 사용자책임 등이 인정되는 것이고, 국가의 철도운행사업은 국가가 공권력의 행사로서 하는 것이 아니고 사경제적 작용이라 할 것이므로, 이로 인한 사고에 공무원이 간여하였다고 하더라도 국가배상법을 적용할 것이 아니고 일반 민법의 규정에 따라야 하므로, 국가배상법상의 배상전치절차를 거칠 필요가 없으나, 공공의 영조물인 철도시설물의 설치 또는 관리의 하자로 인한 불법행위를 원인으로 하여 국가에 대하여 손해배상청구를 하는 경우에는 국가배상법이 적용되므로 배상전치절차를 거쳐야(현재는 임의주의로 개정) 한다(대판 1999.6.22, 99다7008).
③ 대판 2003.7.11, 99다24218
④ 대판 1994.11.8, 94다26141

정답 ①

23. 국가배상에 대한 설명으로 옳지 않은 것은? (다툼이 있는 경우 판례에 의함) 21 지방직7급

① 공무원이 고의 또는 과실로 그에게 부과된 직무상 의무를 위반하였을 경우라고 하더라도 국가는 그러한 직무상의 의무 위반과 피해자가 입은 손해 사이에 상당인과관계가 인정되는 범위 내에서만 배상책임을 진다.
② 공무원의 부작위로 인한 국가배상책임을 인정할 것인지 여부가 문제되는 경우에 관련 공무원에 대하여 작위의무를 명하는 형식적 법률의 규정이 없는 경우에는 국가배상책임이 인정되지 않는다.
③ 「국가배상법」 제5조 소정의 공공의 영조물이란 공유나 사유임을 불문하고 행정주체에 의하여 특정 공공의 목적에 공여된 유체물 또는 물적 설비를 의미한다.
④ 설치 공사 중인 옹벽은 아직 완성되지 아니하여 일반 공중의 이용에 제공되지 않고 있었던 이상 공공의 영조물에 해당한다고 할 수 없다.

해설 (下)

① 공무원이 고의 또는 과실로 그에게 부과된 직무상 의무를 위반하였을 경우라고 하더라도 국가는 그러한 직무상의 의무 위반과 피해자가 입은 손해 사이에 상당인과관계가 인정되는 범위 내에서만 배상책임을 지는 것이고, 이 경우 상당인과관계가 인정되기 위하여는 공무원에게 부과된 직무상 의무의 내용이 단순히 공공 일반의 이익을 위한 것이거나 행정기관 내부의 질서를 규율하기 위한 것이 아니고 전적으로 또는 부수적으로 사회구성원 개인의 안전과 이익을 보호하기 위하여 설정된 것이어야 한다(대판 2010.9.9, 2008다77795).

② 국민의 생명·신체·재산 등에 대하여 절박하고 중대한 위험상태가 발생하였거나 발생할 상당한 우려가 있어서 국민의 생명 등을 보호하는 것을 본래적 사명으로 하는 국가가 초법규적·일차적으로 그 위험의 배제에 나서지 아니하면 국민의 생명 등을 보호할 수 없는 경우에는 형식적 의미의 법령에 근거가 없더라도 국가나 관련 공무원에 대하여 그러한 위험을 배제할 작위의무를 인정할 수 있을 것이다(대판 2012.7.26, 2010다95666).
③ 국가배상법 제5조 소정의 공공의 영조물이란 공유나 사유임을 불문하고 행정주체에 의하여 특정 공공의 목적에 공여된 유체물 또는 물적 설비를 의미하므로 사실상 군민의 통행에 제공되고 있던 도로 옆의 암벽으로부터 떨어진 낙석에 맞아 소외인이 사망하는 사고가 발생하였다고 하여도 동 사고지점 도로가 피고 군에 의하여 노선인정 기타 공용개시가 없었으면 이를 영조물이라 할 수 없다(대판 1981.7.7, 80다2478).
④ 사고 당시 설치하고 있던 옹벽은 소외 회사가 공사를 도급받아 공사 중에 있었을 뿐만 아니라 아직 완성도 되지 아니하여 일반 공중의 이용에 제공되지 않고 있었던 이상 국가배상법 제5조 제1항 소정의 영조물에 해당한다고 할 수 없다(대판 1998.10.23, 98다17381).

정답 ②

24. 행정상 손해배상에 대한 설명으로 옳지 않은 것은? (다툼이 있는 경우 판례에 의함) 22 국가직9급

① 국가배상청구권의 소멸시효 기간은 지났으나 국가가 소멸시효 완성을 주장하는 것이 신의성실의 원칙에 반하는 권리남용으로 허용될 수 없어 배상책임을 이행한 경우, 국가는 원칙적으로 해당 공무원에 대해 구상권을 행사할 수 있다.
② 공무원이 관계 법령의 해석이 확립되기 전에 어느 한 설을 취하여 업무를 처리한 것이 결과적으로 위법하더라도 처분 당시 그 이상의 업무처리를 성실한 평균적 공무원에게 기대하기 어려웠던 경우라면 원칙적으로 공무원의 과실을 인정할 수 없다.
③ 공무원이 직무를 수행하면서 그 근거가 되는 법령의 규정에 따라 구체적으로 의무를 부여받았어도 그것이 국민의 이익과 관계없이 순전히 행정기관 내부의 질서를 유지하기 위한 것이라면 그 의무에 위반하여 국민에게 손해를 가하여도 국가 등은 배상책임을 부담하지 않는다.
④ 행정처분이 후에 항고소송에서 취소되었다고 할지라도 그 기판력에 의하여 당해 행정처분이 곧바로 공무원의 고의 또는 과실로 인한 것으로서 불법행위를 구성한다고 단정할 수는 없다.

해설 (下)

① 공무원의 불법행위로 손해를 입은 피해자의 국가배상청구권의 소멸시효 기간이 지났으나 국가가 소멸시효 완성을 주장하는 것이 신의성실의 원칙에 반하는 권리남용으로 허용될 수 없어 배상책임을 이행한 경우에는, 그 소멸시효 완성 주장이 권리남용에 해당하게 된 원인행위와 관련하여 해당 공무원이 그 원인이 되는 행위를 적극적으로 주도하였다는 등의 특별한 사정이 없는 한, 국가가 해당 공무원에게 구상권을 행사하는 것은 신의칙상 허용되지 않는다고 봄이 상당하다(대판 2016.6.9, 2015다200258).
② 법령에 대한 해석이 복잡·미묘하여 워낙 어렵고 이에 대한 학설·판례조차 귀일되지 못하여 의의가 없을 수 없는 경우에 공무원이 그 나름대로 신중을 다하여 합리적인 근거를 찾아 그 중 어느 한 설을 취하여 내린 해석이 대법원이 가린 그것과 같지 않아 결과적으로 잘못된 해석에 돌아가고 그에 따른 처리가 역시 결과적으로 위법하게 되어 그 법령의 부당집행이란 결과를 빚었다고 하더라도 그와 같은 처리방법 이상의 것을 성실한 평균적 공무원에게 기대하기란 어려운 일이므로 다른 특별한 사정이 없으면 그 한 설을 취한 처리가 공무원의 과실에 의한다고 일컬을 수 없다 할 것이다(대판 1973.10.10, 72다2583).
③ 공무원이 직무를 수행하면서 그 근거되는 법령의 규정에 따라 구체적으로 의무를 부여받았어도 그것이 국민의 이익과는 관계없이 순전히 행정기관 내부의 질서를 유지하기 위한 것이거나, 또는 국민의 이익과 관련된 것이라도 직접 국민 개개인의 이익을 위한 것이 아니라 전체적으로 공공 일반의 이익을 도모하기 위한 것이라면 그 의무에 위반하여 국민에게 손해를 가하여도 국가 또는 지방자치단체는 배상책임을 부담하지 아니한다(대판 2006.4.14, 2003다41746).
④ 어떠한 행정처분이 후에 항고소송에서 취소되었다고 할지라도 그 기판력에 의하여 당해 행정처분이 곧바로 공무원의 고의 또는 과실로 인한 것으로서 불법행위를 구성한다고 단정할 수는 없는 것이고, 그 행정처분의 담당공무원이 보통 일반의 공무원을 표준으로 하여 볼 때 객관적 주의의무를 결하여 그 행정처분이 객관적 정당성을 상실하였다고 인정될 정도에 이른 경우에 국가배상법 제2조 소정의 국가배상책임의 요건을 충족하였다고 봄이 상당할 것이며, 이때에 객관적 정당성을 상실하였는지 여부는 피침해이익의 종류 및 성질, 침해행위가 되는 행정처분의 태양 및 그 원인, 행정처분의 발동에 대한 피해자측의 관여의 유무, 정도 및 손해의 정도 등 제반 사정을 종합하여 손해의 전보책임을 국가 또는 지방자치단체에게 부담시켜야 할 실질적인 이유가 있는지 여부에 의하여 판단하여야 한다(대판 2000.5.12, 99다70600).

정답 ①

25. 국가배상제도에 대한 설명으로 옳은 것은? (다툼이 있는 경우 판례에 의함) 22 지방직9급

① 공무원에게 부과된 직무상 의무가 단순히 공공일반의 이익만을 위한 경우라면 그러한 직무상 의무 위반에 대해서는 국가배상책임이 인정되지 않는다.
② 국가의 비권력적 작용은 국가배상청구의 요건인 직무에 포함되지 않는다.
③ 경과실로 불법행위를 한 공무원이 피해자에게 손해를 배상하였다면 이는 타인의 채무를 변제한 경우에 해당하므로 피해자는 공무원에게 이를 반환할 의무가 있다.
④ 지방자치단체가 권원 없이 사실상 관리하고 있는 도로는 국가배상책임의 대상이 되는 영조물에 해당하지 않는다.

해설 ➤ 下

① 공무원이 직무를 수행하면서 그 근거되는 법령의 규정에 따라 구체적으로 의무를 부여받았어도 그것이 국민의 이익과는 관계없이 순전히 행정기관 내부의 질서를 유지하기 위한 것이거나, 또는 국민의 이익과 관련된 것이라도 직접 국민 개개인의 이익을 위한 것이 아니라 전체적으로 공공 일반의 이익을 도모하기 위한 것이라면 그 의무에 위반하여 국민에게 손해를 가하여도 국가 또는 지방자치단체는 배상책임을 부담하지 아니한다(대판 2006.4.14, 2003다41746).
② 국가배상법이 정한 손해배상청구의 요건인 '공무원의 직무'에는 국가나 지방자치단체의 권력적 작용뿐만 아니라 비권력적 작용도 포함되지만 단순한 사경제의 주체로서 하는 작용은 포함되지 않는다(대판 2004.4.9, 2002다10691).
③ 경과실이 있는 공무원이 피해자에 대하여 손해배상책임을 부담하지 아니함에도 피해자에게 손해를 배상하였다면 그것은 채무자 아닌 사람이 타인의 채무를 변제한 경우에 해당하고, 이는 민법 제469조의 '제3자의 변제' 또는 민법 제744조의 '도의관념에 적합한 비채변제'에 해당하여 피해자는 공무원에 대하여 이를 반환할 의무가 없고, 그에 따라 피해자의 국가에 대한 손해배상청구권이 소멸하여 국가는 자신의 출연 없이 채무를 면하게 되므로, 피해자에게 손해를 직접 배상한 경과실이 있는 공무원은 특별한 사정이 없는 한 국가에 대하여 국가의 피해자에 대한 손해배상책임의 범위 내에서 공무원이 변제한 금액에 관하여 구상권을 취득한다고 봄이 타당하다(대판 2014.8.20, 2012다54478).
④ 국가배상법 제5조 제1항 소정의 '공공의 영조물'이라 함은 국가 또는 지방자치단체에 의하여 특정 공공의 목적에 공여된 유체물 내지 물적 설비를 지칭하며, 특정 공공의 목적에 공여된 물이라 함은 일반공중의 자유로운 사용에 직접적으로 제공되는 공공용물에 한하지 아니하고, 행정주체 자신의 사용에 제공되는 공용물도 포함하며 국가 또는 지방자치단체가 소유권, 임차권 그 밖의 권한에 기하여 관리하고 있는 경우뿐만 아니라 사실상의 관리를 하고 있는 경우도 포함한다(대판 1995.1.24, 94다45302).

정답 ①

26. 「국가배상법」상 공무원의 직무행위에 대한 판례의 내용으로 옳지 않은 것은? 16 지방직7급

① 강남구청이 도시계획사업의 주무관청으로서 그 사업을 적극적으로 대행·지원하는 과정에서 토지소유권 이전에 필요한 일체의 서류를 반대급부로 제공할 것을 조건으로 토지수용보상금을 공탁한 경우, 이는 행정지도의 일환으로 직무수행으로서 행하였다고 할 것이므로, 비권력적 작용인 공탁으로 인한 손해배상책임은 성립할 수 있다.
② 서울특별시장의 대행자인 도봉구청장이 서울지하철 도봉차량기지 건설사업의 부지로 예정된 원고 소유의 토지를 구 「공공용지의 취득 및 손실보상에 관한 특례법」에 따라 매수하기로 하는 내용의 매매계약을 체결한 경우, 이 매매계약은 공공기관이 사경제주체로서 행한 사법상 매매이므로 이에 대하여는 「국가배상법」을 적용하기는 어렵고 일반 「민법」의 규정을 적용할 수 있을 뿐이다.
③ 도로개설 등 공사로 인한 무허가건물의 강제철거와 관련하여 이루어지는 지방자치단체의 그 철거건물 소유자에 대한 시영아파트 분양권부여 등의 업무는, 사경제주체로서의 활동이므로 지방자치단체의 공권력행사로 보기 어렵다고 할 것이다.
④ 육군중사 갑이 다음날 실시예정인 독수리 훈련에 대비하여 사전정찰차 훈련지역 일대를 살피고 귀대하던 중 교통사고가 일어났다면, 갑이 비록 개인소유의 오토바이를 운전하였다 하더라도 실질적·객관적으로 위 갑의 운전행위는 그에게 부여된 훈련지역의 사전정찰임무를 수행하기 위한 직무와 밀접한 관련이 있다고 보아야 한다.

해설 ➤ 上

① 대판 1998.7.10, 96다38971
② 서울특별시장의 대행자인 도봉구청장이 원고와 사이에 체결한 이 사건 매매계약은 공공기관이 사경제주체로서 행한 사법상 매매이므로, 설령 서울특별시장이나 그 대행자인 도봉구청장에게 원고를 위하여 양도소득세 감면신청을 할 법률상의 의무가 인정되고 이러한 의무를 위반하여 원고에게 손해를 가한 행위가 불법행위를 구성하는 것으로 본다 하더라도, 이에 대하여는 국가배상법을 적용하기는 어렵고 일반 민법의 규정을 적용할 수 있을 뿐이라 할 것이다(대판 1999.11.26, 98다47245).
③ 도로가설 등 공사로 인한 무허가건물의 강제철거와 관련하여 이루어지는 시나 구 등 지방자치단체의 철거건물 소유자에 대한 시영아파트 분양권 부여 및 세입자에 대한 지원대책 등의 업무는 지방자치단체의 공권력 행사 기타 공행정작용과 관련된 활동으로 볼 것이지 사경제주체로서 하는 활동이라고는 볼 수 없다(대판 1994.9.30, 94다11767).
④ 대판 1994.5.27, 94다6741

정답 ③

27. 「국가배상법」 제2조에 의한 손해배상에 대한 설명으로 옳은 것은? (다툼이 있는 경우 판례에 의함) | 17 국가직7급

① 헌법에 의하여 일반적으로 부과된 의무가 있음에도 불구하고 국회가 그 입법을 하지 않고 있다면 「국가배상법」상 배상책임이 인정된다.
② 헌법재판소 재판관이 청구기간을 오인하여 청구기간 내에 제기된 헌법소원심판 청구를 위법하게 각하한 경우, 설령 본안판단을 하였더라도 어차피 청구가 기각되었을 것이라는 사정이 있다면 국가배상책임이 인정될 수 없다.
③ 공무원의 가해행위에 대해 형사상 무죄판결이 있었더라도 그 가해행위를 이유로 국가배상책임이 인정될 수 있다.
④ 배상청구권의 시효와 관련하여 '가해자를 안다는 것'은 피해자나 그 법정대리인이 가해 공무원의 불법행위가 그 직무를 집행함에 있어서 행해진 것이라는 사실까지 인식함을 요구하지 않는다.

해설 ➤ 中

① 국회의원의 입법행위는 그 입법 내용이 헌법의 문언에 명백히 위배됨에도 불구하고 국회가 굳이 당해 입법을 한 것과 같은 특수한 경우가 아닌 한 국가배상법 제2조 제1항 소정의 위법행위에 해당한다고 볼 수 없고, 같은 맥락에서 국가가 일정한 사항에 관하여 헌법에 의하여 부과되는 구체적인 입법의무를 부담하고 있음에도 불구하고 그 입법에 필요한 상당한 기간이 경과하도록 고의 또는 과실로 이러한 입법의무를 이행하지 아니하는 등 극히 예외적인 사정이 인정되는 사안에 한정하여 국가배상법 소정의 배상책임이 인정될 수 있으며, 위와 같은 구체적인 입법의무 자체가 인정되지 않는 경우에는 애당초 부작위로 인한 불법행위가 성립할 여지가 없다(대판 2008.5.29, 2004다33469).
② 설령 본안판단을 하였더라도 어차피 청구가 기각되었을 것이라는 사정이 있다고 하더라도 잘못된 판단으로 인하여 헌법소원심판 청구인의 위와 같은 합리적인 기대를 침해한 것이고 이러한 기대는 인격적 이익으로서 보호할 가치가 있다고 할 것이므로 그 침해로 인한 정신상 고통에 대하여는 위자료를 지급할 의무가 있다(대판 2003.7.11, 99다24218).
③ 불법행위에 따른 형사책임은 사회의 법질서를 위반한 행위에 대한 책임을 묻는 것으로서 행위자에 대한 공적인 제재(형벌)를 그 내용으로 함에 비하여, 민사책임은 타인의 법익을 침해한 데 대하여 행위자의 개인적 책임을 묻는 것으로서 피해자에게 발생한 손해의 전보를 그 내용으로 하는 것이고, 손해배상제도는 손해의 공평·타당한 부담을 그 지도원리로 하는 것이므로, 형사상 범죄를 구성하지 아니하는 침해행위라고 하더라도 그것이 민사상 불법행위를 구성하는지 여부는 형사책임과 별개의 관점에서 검토하여야 한다. 경찰관이 범인을 제압하는 과정에서 총기를 사용하여 범인을 사망에 이르게 한 사안에서, 총기사용행위에 대한 무죄판결이 확정된 것과 무관하게 민사상 불법행위책임을 인정한 사례(대판 2008.2.1, 2006다6713)
④ 국가배상법 제2조 제1항 본문 전단 규정에 따른 배상책임을 묻는 사건에 대하여는 같은법 제8조의 규정에 의하여 민법 제766조 제1항 소정의 단기소멸시효제도가 적용되는 것인바, 여기서 가해자를 안다는 것은 피해자나 그 법정대리인이 가해 공무원이 국가 또는 지방자치단체와 공법상 근무관계가 있다는 사실을 알고, 또한 일반인이 당해 공무원의 불법행위가 국가 또는 지방자치단체의 직무를 집행함에 있어서 행해진 것이라고 판단하기에 족한 사실까지 인식하는 것을 의미한다(대판 2008.5.29, 2004다33469).

정답 ③

28. 「국가배상법」상 공무원의 위법한 직무행위로 인한 손해배상에 대한 설명으로 옳지 않은 것은? (다툼이 있는 경우 판례에 의함) 18 지방직7급

① 특별한 사정이 없는 한 일반적으로 공무원이 관계법규를 알지 못하거나 필요한 지식을 갖추지 못하고 법규의 해석을 그르쳐 행정처분을 하였다면 그가 법률전문가가 아닌 행정직 공무원이라도 과실이 있다.
② 헌법재판소 재판관이 잘못된 각하결정을 하여 청구인으로 하여금 본안판단을 받을 기회를 상실하게 하였더라도, 본안판단에서 어차피 청구가 기각되었을 것이라는 사정이 있다면 국가배상책임이 인정되지 않는다.
③ 공익근무요원은 「국가배상법」상 손해배상청구가 제한되는 군인·군무원·경찰공무원 또는 향토예비군대원에 해당한다고 할 수 없다.
④ 인사업무담당 공무원이 다른 공무원의 공무원증 등을 위조한 행위는 실질적으로 직무행위에 속하지 아니한다 할지라도 외관상으로는 「국가배상법」상의 직무집행에 해당한다.

해설 ➤ 下

① 대판 1995.10.13, 95다32747
② 헌법재판소 재판관의 위법한 직무집행의 결과 잘못된 각하결정을 함으로써 청구인으로 하여금 본안판단을 받을 기회를 상실하게 한 이상, 설령 본안판단을 하였더라도 어차피 청구가 기각되었을 것이라는 사정이 있다고 하더라도 잘못된 판단으로 인하여 헌법소원심판 청구인의 위와 같은 합리적인 기대를 침해한 것이고 이러한 기대는 인격적 이익으로서 보호할 가치가 있다고 할 것이므로 그 침해로 인한 정신상 고통에 대하여는 위자료를 지급할 의무가 있다(대판 2003.7.11, 99다24218).
③ 대판 1997.3.28, 97다4036
④ 대판 2005.1.14, 2004다26805

정답 ②

29. 공무원의 위법한 직무행위로 인한 국가배상책임에 대한 설명으로 옳지 않은 것은? (다툼이 있는 경우 판례에 의함) 20 국회직9급

① 공무원의 행위가 실질적으로 공무집행행위가 아니라는 사정을 피해자가 알았다면 그것만으로 국가배상책임을 부인할 수 있다.
② 주관적 책임요소로서의 공무원의 고의·과실에 관한 증명책임은 원고인 피해자에게 있다.
③ 직무행위가 위법하게 되었다고 하더라도 그것만으로 곧바로 담당공무원에게 과실이 있다고 할 수 없다.
④ 생명·신체상의 손해에 대한 배상청구권은 양도·압류할 수 없다.
⑤ 「국가배상법」 제6조(비용부담자 등의 책임)의 '공무원의 봉급·급여 그 밖의 비용'은 공무원의 인건비만이 아니라 당해 사무에 필요한 일체의 경비를 의미한다.

해설 ➤ 下

① 국가배상법 제2조 제1항에서 말하는 '직무를 행함에 당하여'라는 취지는, 공무원의 행위의 외관을 객관적으로 관찰하여, 공무원의 직무행위로 보여질 때에는, 비록 그것이 실질적으로 직무행위이거나 아니거나, 또는 행위자의 주관적 의사에 관계없이 그 행위는 공무원의 직무집행행위로 볼 것이요, 이러한 행위가 실질적으로 공무집행행위가 아니라는 사정을 피해자가 알았다 하더라도, 그것을 국가배상법 제2조 제1항에서 말하는 '직무를 행함에 당하여'라고 단정하는데, 아무러한 영향을 미치는 것은 아니다(대판 1966.6.28, 66다781).
② 각자에게 유리한 요건은 각자 입증하라는 법률요건분류설에 따를 때 국가배상청구권의 요건 충족은 원고에게 유리한 요건이므로 원고가 증명할 책임을 진다.
③ 어떠한 행정처분이 후에 항고소송에서 취소되었다고 할지라도 그 기판력에 의하여 당해 행정처분이 곧바로 공무원의 고의 또는 과실로 인한 것으로서 불법행위를 구성한다고 단정할 수는 없는 것이고, 그 행정처분의 담당공무원이 보통 일반의 공무원을 표준으로 하여 볼 때 객관적 주의의무를 결하여 그 행정처분이 객관적 정당성을 상실하였다고 인정될 정도에 이른 경우에 국가배상법 제2조 소정의 국가배상책임의 요건을 충족하였다고 봄이 상당할 것이며, 이때에 객관적 정당성을 상실하였는지 여부는 피침해이익의 종류 및 성질, 침해행위가 되는 행정처분의 태양 및 그 원인, 행정처분의 발동에 대한 피해자측의 관여의 유무, 정도 및 손해의 정도 등 제반 사정을 종합하여 손해의 전보책임을 국가 또는 지방자치단체에게 부담시켜야 할 실질적인 이유가 있는지 여부에 의하여 판단하여야 한다(대판 2000.5.12, 99다70600).
④ 국가배상법 제4조

⑤ 국가배상법 제6조 제1항 소정의 비용부담자란 '공무원의 봉급·급여 기타의 비용을 부담하는 자'이다. 기타의 비용이란 공무원의 인건비만을 가리키는 것이 아니라 당해 사무에 필요한 일체의 경비를 의미한다(대판 1994.12.9, 94다38137).

정답 ①

30. 「국가배상법」상 공무원의 위법한 직무행위로 인한 손해배상에 대한 설명으로 옳은 것은? (다툼이 있는 경우 판례에 의함) 21 국가직9급

① 일반적으로 공무원이 필요한 지식을 갖추지 못하고 법규의 해석을 그르쳐 행정처분을 하였다면 그가 법률전문가가 아닌 행정직공무원이라고 하여 과실이 없다고는 할 수 없다.
② 국가배상의 요건인 '공무원의 직무'에는 국가나 지방자치단체의 비권력적 작용과 사경제 주체로서 하는 작용이 포함된다.
③ 손해배상책임을 묻기 위해서는 가해 공무원을 특정하여야 한다.
④ 국가가 가해 공무원에 대하여 구상권을 행사하는 경우 국가가 배상한 배상액 전액에 대하여 구상권을 행사하여야 한다.

해설 ➤ 下

① 대판 1995.10.13, 95다32747
② 국가배상법이 정한 손해배상청구의 요건인 '공무원의 직무'에는 국가나 지방자치단체의 권력적 작용뿐만 아니라 비권력적 작용도 포함되지만 단순한 사경제의 주체로서 하는 작용은 포함되지 않는다(대판 2004.4.9, 2002다10691).
③ 국가배상책임은 공무원에 의한 가해행위의 태양이 확정될 수 있으면 성립되고 구체적인 행위자가 반드시 특정될 것을 요하지 않는다(대판 2011.1.27, 2010다6680).
④ 손해의 공평한 분담이라는 견지에서 신의칙상 상당하다고 인정되는 한도 내에서만 당해 공무원에 대하여 구상권을 행사할 수 있다고 봄이 상당하다(대판 1991.5.10, 91다6764).

정답 ①

31. 국가배상에 대한 판례의 입장으로 옳은 것은? '22 국가직7급

① 공익근무요원은 국가배상법 제2조 제1항 단서규정에 의하여 손해배상청구가 제한된다.
② 외국인이 피해자인 경우에는 해당 국가와 상호보증이 있을 때에만 국가배상법이 적용되며, 상호보증은 해당 국가와 조약이 체결되어 있어야 한다.
③ 공무원에 대한 전보인사가 인사권을 다소 부적절하게 행사한 것으로 볼 여지가 있다 하더라도 그러한 사유만으로 그 전보인사가 당연히 불법행위를 구성한다고 볼 수는 없다.
④ 직무집행과 관련하여 공상을 입은 군인이 먼저 국가배상법에 따라 손해배상금을 지급받았다면 「국가유공자 등 예우 및 지원에 관한 법률」이 정한 보상금 등 보훈급여금의 지급을 청구하는 것은 이중배상금지원칙에 따라 인정되지 아니한다.

해설 ➤ 下

① 공익근무요원(현 사회복무요원)은 소집되어 군에 복무하지 않는 한 군인이라고 말할 수 없으므로, 비록 병역법 제75조 제2항이 공익근무요원으로 복무 중 순직한 사람의 유족에 대하여 「국가유공자 등 예우 및 지원에 관한 법률」에 따른 보상을 하도록 규정하고 있다고 하여도, 공익근무요원이 국가배상법 제2조 제1항 단서의 규정에 의하여 국가배상법상 손해배상청구가 제한되는 군인·군무원·경찰공무원 또는 향토예비군대원에 해당한다고 할 수 없다(대판 1997.3.28, 97다4036).
② 상호보증은 외국의 법령, 판례 및 관례 등에 의하여 발생요건을 비교하여 인정되면 충분하고 반드시 당사국과의 조약이 체결되어 있을 필요는 없으며, 당해 외국에서 구체적으로 우리나라 국민에게 국가배상청구를 인정한 사례가 없더라도 실제로 인정될 것이라고 기대할 수 있는 상태이면 충분하다(대판 2015.6.11, 2013다208388).
③ 공무원에 대한 전보인사가 법령이 정한 기준과 원칙에 위반하거나 인사권을 다소 부적절하게 행사한 것으로 볼 여지가 있다 하더라도 그러한 사유만으로 그 전보인사가 당연히 불법행위를 구성한다고 볼 수는 없고, 인사권자가 당해 공무원에 대한 보복감정 등 다른 의도를 가지고 인사재량권을 일탈·남용하여 객관적 정당성을 상실하였음이 명백한 전보인사를 한 경우 등 전보인사가 우리의 건전한 사회통념이나 사회상규상 도저히 용인될 수 없음이 분명한 경우에, 그 전보인사는 위법하게 상대방에게 정신적 고통을 가하는 것이 되어 당해 공무원에 대한 관계에서 불법행위를 구성한다(대판 2009.5.28, 2006다16215).

④ 국가배상법 제2조 제1항 단서가 보훈보상자법 등에 의한 보상을 받을 수 있는 경우 국가배상법에 따른 손해배상청구를 하지 못한다는 것을 넘어 국가배상법상 손해배상금을 받은 경우 보훈보상자법상 보상금 등 보훈급여금의 지급을 금지하는 것으로 해석하기는 어려운 점 등에 비추어, 국가보훈처장은 국가배상법에 따라 손해배상을 받았다는 사정을 들어 보상금 등 보훈급여금의 지급을 거부할 수 없다(대판 2017.2.3, 2015두60075).

정답 ③

32. 「국가배상법」 제2조의 국가배상책임이 인정되기 위한 요건에 대한 설명으로 옳지 않은 것은? (다툼이 있는 경우 판례에 의함) '22 지방직 7급

① 공무원의 부작위가 공무원으로서 마땅히 지켜야 할 준칙이나 규범을 위반한 경우를 포함하여 널리 객관적인 정당성이 없는 경우, 그 부작위는 '법령을 위반'하는 경우에 해당한다.
② 상급행정기관이 소속 공무원이나 하급행정기관에 대하여 업무처리지침이나 법령의 해석·적용 기준을 정해 주는 행정규칙을 위반한 공무원의 조치가 있다고 해서 그러한 사정만으로 곧바로 그 조치의 위법성이 인정되는 것은 아니다.
③ '공무원'에는 공무를 위탁받아 실질적으로 공무에 종사하고 있는 자가 포함되나, 공무의 위탁이 일시적이고 한정적인 사항에 관한 활동을 위한 것인 경우 그러한 활동을 하는 자는 포함되지 않는다.
④ 공무원에게 부과된 직무상 의무의 내용이 전적으로 또는 부수적으로라도 사회구성원 개인의 안전과 이익을 보호하기 위하여 설정된 것이어야 직무상 의무위반과 피해자가 입은 손해 사이에 상당인과관계가 인정될 수 있다.

해설 ▸ 下

① 국가배상책임에 있어서 공무원의 가해행위는 '법령에 위반한' 것이어야 하고, 법령 위반이라 함은 엄격한 의미의 법령 위반뿐만 아니라 인권존중, 권력남용금지, 신의성실, 공서양속 등의 위반도 포함하여 널리 그 행위가 객관적인 정당성을 결여하고 있음을 의미한다고 할 것이다(대판 2009.12.24, 2009다70180).
② 대판 2020.5.28, 2017다211559
③ 국가배상법 제2조 소정의 '공무원'이라 함은 국가공무원법이나 지방공무원법에 의하여 공무원으로서의 신분을 가진 자에 국한하지 않고, 널리 공무를 위탁받아 실질적으로 공무에 종사하고 있는 일체의 자를 가리키는 것으로서, 공무의 위탁이 일시적이고 한정적인 사항에 관한 활동을 위한 것이어도 달리 볼 것은 아니다(대판 2001.1.5, 98다39060).
④ 상당인과관계가 인정되기 위하여는 공무원에게 부과된 직무상 의무의 내용이 단순히 공공 일반의 이익을 위한 것이거나 행정기관 내부의 질서를 규율하기 위한 것이 아니고 전적으로 또는 부수적으로 사회구성원 개인의 안전과 이익을 보호하기 위하여 설정된 것이어야 한다(대판 2010.9.9, 2008다77795).

정답 ③

33. 「국가배상법」상 공무원의 개인책임에 대한 설명으로 가장 옳지 않은 것은? 18 서울시7급

① 공무원책임에 대한 규정인 헌법 제29조 제1항 단서는 그 조항 자체로 공무원 개인의 구체적인 손해배상책임의 범위까지 규정한 것으로 보기는 어렵다.
② 공무원의 불법행위책임을 국가 자신의 책임으로 보는 입장에서는 일반적으로 공무원의 피해자에 대한 책임을 부인한다.
③ 공무원의 위법행위가 고의·중과실인 경우에는 공무원의 개인책임이 인정된다.
④ 국가가 공무원의 불법행위로 인한 손해배상을 한 경우에 공무원에게 고의 또는 중대한 과실이 있으면 국가는 그 공무원에게 구상권을 행사할 수 있다.

해설 ▸ 下

① 헌법 제29조 제1항 단서는 공무원이 한 직무상 불법행위로 인하여 국가등이 배상책임을 진다고 할지라도 그 때문에 공무원 자신의 민·형사책임이나 징계책임이 면제되지 아니한다는 원칙을 규정한 것이나, 그 조항 자체로 공무원 개인의 구체적인 손해배상책임의 범위까지 규정한 것으로 보기는 어렵다[대판(전합) 1996.2.15, 95다38677].

② 자기책임설은 국가의 배상책임과 공무원 개인의 책임은 상호 무관한 것으로서 양립될 수 있으므로, 피해자는 선택적 청구권을 갖는 것으로 본다. 반면, 대위책임설의 당연한 귀결로서 공무원의 배상책임은 부정되고 피해자는 국가에 대해서만 배상을 청구할 수 있다고 한다.
③ 공무원이 직무수행 중 불법행위로 타인에게 손해를 입힌 경우에 국가등이 국가배상책임을 부담하는 외에 공무원 개인도 고의 또는 중과실이 있는 경우에는 불법행위로 인한 손해배상책임을 진다고 할 것이지만, 공무원에게 경과실뿐인 경우에는 공무원 개인은 손해배상책임을 부담하지 아니한다고 해석하는 것이 헌법 제29조 제1항 본문과 단서 및 국가배상법 제2조의 입법취지에 조화되는 올바른 해석이다[대판(전합) 1996.2.15, 95다38677].
④ 국가배상법 제2조 제2항

정답 ②

34. 「국가배상법」 제5조에 따른 배상책임에 대한 설명으로 옳지 않은 것은? (다툼이 있는 경우 판례에 의함)

16 국가직9급

① '공공의 영조물'이란 국가 또는 지방자치단체가 소유권, 임차권 그 밖의 권한에 기하여 관리하고 있는 경우를 의미하고, 그러한 권원 없이 사실상의 관리를 하고 있는 경우는 제외된다.
② '영조물의 설치 또는 관리의 하자'란 공공의 목적에 제공된 영조물이 그 용도에 따라 통상 갖추어야 할 안전성을 갖추지 못한 상태에 있음을 말한다.
③ 예산부족 등 설치·관리자의 재정사정은 배상책임 판단에 있어 참작사유는 될 수 있으나 안전성을 결정지을 절대적 요건은 아니다.
④ 소음 등을 포함한 공해 등의 위험지역으로 이주하여 거주하는 것이 피해자가 위험의 존재를 인식하고 그로 인한 피해를 용인하면서 접근한 것이라고 볼 수 있는 경우 가해자의 면책이 인정될 수 있다.

해설 ㊦

① 국가배상법 제5조 제1항 소정의 '공공의 영조물'이라 함은 국가 또는 지방자치단체에 의하여 특정 공공의 목적에 공여된 유체물 내지 물적 설비를 지칭하며, 특정 공공의 목적에 공여된 물이라 함은 일반공중의 자유로운 사용에 직접적으로 제공되는 공공용물에 한하지 아니하고, 행정주체 자신의 사용에 제공되는 공용물도 포함하며 국가 또는 지방자치단체가 소유권, 임차권 그 밖의 권한에 기하여 관리하고 있는 경우뿐만 아니라 사실상의 관리를 하고 있는 경우도 포함한다(대판 1995.1.24, 94다45302).
② 대판 1967.2.21, 66다1723
③ 대판 1967.2.21, 66다1723
④ 소음 등을 포함한 공해 등의 위험지역으로 이주하여 들어가서 거주하는 경우와 같이 위험의 존재를 인식하면서 그로 인한 피해를 용인하며 접근한 것으로 볼 수 있는 경우에, 그 피해가 직접 생명이나 신체에 관련된 것이 아니라 정신적 고통이나 생활방해의 정도에 그치고 그 침해행위에 고도의 공공성이 인정되는 때에는, 위험에 접근한 후 실제로 입은 피해 정도가 위험에 접근할 당시에 인식하고 있었던 위험의 정도를 초과하는 것이거나 위험에 접근한 후에 그 위험이 특별히 증대하였다는 등의 특별한 사정이 없는 한 가해자의 면책을 인정하여야 하는 경우도 있을 수 있다(대판 2010.11.25, 2007다74560).

정답 ①

35. 공공의 영조물의 설치·관리의 하자로 인한 국가배상책임에 대한 판례의 입장으로 옳지 않은 것은?

17 국가직9급

① '공공의 영조물'이라 함은 강학상 공물을 뜻하므로 국가 또는 지방자치단체가 사실상의 관리를 하고 있는 유체물은 포함되지 않는다.
② '공공의 영조물의 설치·관리의 하자'에는 영조물이 공공의 목적에 이용됨에 있어 그 이용 상태 및 정도가 일정한 한도를 초과하여 제3자에게 사회통념상 참을 수 없는 피해를 입히고 있는 경우가 포함된다.
③ 영조물의 설치 및 관리에 있어서 항상 완전무결한 상태를 유지할 정도의 고도의 안전성을 갖추지 아니하였다고 하여 영조물의 설치 또는 관리에 하자가 있다고 단정할 수 없다.
④ 국가배상청구소송에서 공공의 영조물에 하자가 있다는 입증책임은 피해자가 지지만, 관리주체에게 손해발생의 예견가능성과 회피가능성이 없다는 입증책임은 관리주체가 진다.

해설 ▸ 下

① 국가배상법 제5조 제1항 소정의 '공공의 영조물'이라 함은 국가 또는 지방자치단체에 의하여 특정 공공의 목적에 공여된 유체물 내지 물적 설비를 지칭하며, 특정 공공의 목적에 공여된 물이라 함은 일반공중의 자유로운 사용에 직접적으로 제공되는 공공용물에 한하지 아니하고, 행정 주체 자신의 사용에 제공되는 공용물도 포함하며 국가 또는 지방자치단체가 소유권, 임차권 그 밖의 권한에 기하여 관리하고 있는 경우뿐만 아니라 사실상의 관리를 하고 있는 경우도 포함한다(대판 1995.1.24, 94다45302).
② 대판 2005.1.27, 2003다49566
③ 대판 2001.7.27, 2000다56822
④ 법률요건분류설에 따르면 국가배상청구권의 성립요건을 충족하는 영조물의 하자는 피해자가, 성립을 부정하는 예견가능성과 회피가능성이 없다는 점은 관리주체가 증명책임을 진다.

정답 ①

36. 영조물의 설치 · 관리상 하자책임에 대한 설명으로 옳지 않은 것은? (다툼이 있는 경우 판례에 의함)

17 지방직9급

① 소음 등의 공해로 인한 법적 쟁송이 제기되거나 그 피해에 대한 보상이 실시되는 등 피해지역임이 구체적으로 드러나고 이러한 사실이 그 지역에 널리 알려진 이후에 이주하여 오는 경우에는 위와 같은 위험에의 접근에 따른 가해자의 면책 여부를 보다 적극적으로 인정할 여지가 있다.
② 고속도로의 관리상 하자가 인정되더라도 고속도로의 관리상 하자를 판단할 때 고속도로의 점유관리자가 손해의 방지에 필요한 주의의무를 해태하였다는 주장·입증책임은 피해자에게 있다.
③ 영조물의 하자 유무는 객관적 견지에서 본 안전성의 문제이며, 국가의 예산 부족으로 인해 영조물의 설치·관리에 하자가 생긴 경우에도 국가는 면책될 수 없다.
④ 일반 공중이 사용하는 공공용물 외에 행정주체가 직접 사용하는 공용물이나 하천과 같은 자연공물도 국가배상법 제5조의 '공공의 영조물'에 포함된다.

해설 ▸ 中

① 소음 등의 공해로 인한 법적 쟁송이 제기되거나 그 피해에 대한 보상이 실시되는 등 피해지역임이 구체적으로 드러나고 또한 이러한 사실이 그 지역에 널리 알려진 이후에 이주하여 오는 경우에는 위와 같은 위험에의 접근에 따른 가해자의 면책 여부를 보다 적극적으로 인정할 여지가 있을 것이다(대판 2010.11.25, 2007다74560).
② 고속도로의 관리상 하자가 인정되는 이상 고속도로의 점유관리자는 그 하자가 불가항력에 의한 것이거나 손해의 방지에 필요한 주의를 해태하지 아니하였다는 점을 주장·입증하여야 비로소 그 책임을 면할 수 있다(대판 2008.3.13, 2007다29287·29294).
③ 대판 1967.2.21, 66다1723
④ 영조물은 ㉠ 개개의 물건(예 관용차 등)과 물건의 집합체인 공공시설(예 국립도서관), ㉡ 부동산[예 서울시청사, 공립학교교사(校舍)·국립병원]·동산(예 소방차, 경찰차 등의 관용자동차·항공기·군견·경찰견·경찰마·경찰관의 총기 등), ㉢ 인공공물(예 도로·상하수도·정부청사·교량 등)과 자연공물(예 하천·호수·해면 등), ㉣ 자유공물(自有公物)·타유공물(他有公物), ㉤ 공공용물(일반공중의 자유로운 사용에 직접적으로 제공)·공용물(행정주체 자신의 사용에 제공)·보존공물(보존 자체가 목적인 물건으로 숭례문, 보안림 등)을 포함한다. 또한 도로와 같은 인공공물만이 아니라 하천 등 자연공물도 포함한다. 그러나 현금은 영조물에 해당하지 않는다.

정답 ②

37. 다음 행정상 손해배상과 관련된 사례에 대한 설명으로 옳은 것은? (다툼이 있는 경우 판례에 의함)

18 지방직9급

> (가) 甲은 자동차로 좌로 굽은 내리막 국도 편도 1차로를 달리던 중 커브 길에서 앞선 차량을 무리하게 추월하기 위하여 중앙선을 침범하여 반대편 도로를 벗어나 도로 옆 계곡으로 떨어져 중상해를 입었다.
> (나) 乙은 자동차로 겨울철 눈이 내린 직후에 산간지역에 위치한 국도를 달리던 중 도로에 생긴 빙판길에 미끄러져 상해를 입었다.

① (가)와 (나) 사례에서 국가가 甲과 乙에게 손해배상책임을 부담할 것인지 여부는 위 도로들이 모든 가능한 경우를 예상하여 고도의 안전성을 갖추었는지 여부에 따라 결정될 것이다.
② (가) 사례에서 만약 반대편 갓길에 차량용 방호울타리가 설치되었다면 甲이 상해를 입지 않았거나 경미한 상해를 입었을 것이므로 그 방호울타리 미설치만으로도 손해배상을 받기에 충분한 요건을 갖추었다고 볼 수 있다.
③ (나) 사례에서 乙은 산악지역의 특성상 빙판길 위험 경고나 위험 표지판이 설치되었다면 주의를 기울여 운행하여 상해를 입지 않았을 것이므로 그 미설치만으로도 국가에 대한 손해배상책임을 묻기에 충분하다.
④ (가)와 (나) 사례에서 만약 도로의 관리상 하자가 인정된다면 비록 그 사고의 원인에 제3자의 행위가 개입되었더라도 甲과 乙은 국가에 대하여 손해배상책임을 물을 수 있다.

해설 ➤ (上)

① 국가배상법 제5조 제1항에 정하여진 '영조물 설치·관리상의 하자'라 함은 공공의 목적에 공여된 영조물이 그 용도에 따라 통상 갖추어야 할 안전성을 갖추지 못한 상태에 있음을 말하는바, 영조물의 설치 및 관리에 있어서 항상 완전무결한 상태를 유지할 정도의 고도의 안전성을 갖추지 아니하였다고 하여 영조물의 설치 또는 관리에 하자가 있다고 단정할 수 없는 것이고, 영조물의 설치자 또는 관리자에게 부과되는 방호조치의무는 영조물의 위험성에 비례하여 사회통념상 일반적으로 요구되는 정도의 것을 의미하므로 영조물인 도로의 경우도 다른 생활필수시설과의 관계나 그것을 설치하고 관리하는 주체의 재정적, 인적, 물적 제약 등을 고려하여 그것을 이용하는 자의 상식적이고 질서 있는 이용방법을 기대한 상대적인 안전성을 갖추는 것으로 족하다(대판 2002.8.23, 2002다9158).
② 甲이 차량을 운전하여 지방도 편도 1차로를 진행하던 중 커브길에서 중앙선을 침범하여 반대편 도로를 벗어나 도로 옆 계곡으로 떨어져 동승자인 乙이 사망한 사안에서, 좌로 굽은 도로에서 운전자가 무리하게 앞지르기를 시도하여 중앙선을 침범하여 반대편 도로로 미끄러질 경우까지 대비하여 도로 관리자인 지방자치단체가 차량용 방호울타리를 설치하지 않았다고 하여 도로에 통상 갖추어야 할 안전성이 결여된 설치·관리상의 하자가 있다고 보기 어려운데도, 이와 달리 본 원심판결에 법리오해의 위법이 있다고 한 사례(대판 2013.10.24, 2013다208074)
③ 강설의 특성, 기상적 요인과 지리적 요인, 이에 따른 도로의 상대적 안전성을 고려하면 겨울철 산간지역에 위치한 도로에 강설로 생긴 빙판을 그대로 방치하고 도로상황에 대한 경고나 위험표지판을 설치하지 않았다는 사정만으로 도로관리상의 하자가 있다고 볼 수 없다고 한 사례(대판 2000.4.25, 99다54998)
④ '영조물의 설치 또는 관리상의 하자로 인한 사고'라 함은 영조물의 설치 또는 관리상의 하자만이 손해발생의 원인이 되는 경우만을 말하는 것이 아니고, 다른 자연적 사실이나 제3자의 행위 또는 피해자의 행위와 경합하여 손해가 발생하더라도 영조물의 설치 또는 관리상의 하자가 공동원인의 하나가 되는 이상 그 손해는 영조물의 설치 또는 관리상의 하자에 의하여 발생한 것이라고 해석함이 상당하다(대판 1994.11.22, 94다32924).

정답 ④

38. 공공의 영조물의 설치·관리의 하자로 인한 「국가배상법」상 배상책임에 대한 설명으로 옳지 않은 것은? (다툼이 있는 경우 판례에 의함) 18 국회직8급

① 영조물의 설치·관리의 하자란 '영조물이 그 용도에 따라 통상 갖추어야 할 안정성을 갖추지 못한 상태에 있음'을 말한다.
② 영조물의 설치·관리상의 하자로 인한 배상책임은 무과실책임이고, 국가는 영조물의 설치·관리상의 하자로 인하여 타인에게 손해를 가한 경우에 그 손해방지에 필요한 주의를 해태하지 아니하였다 하여 면책을 주장할 수 없다.
③ 객관적으로 보아 시간적·장소적으로 영조물의 기능상 결함으로 인한 손해발생의 예견가능성과 회피가능성이 없는 경우에는 영조물의 설치관리상의 하자를 인정할 수 없다.
④ 영조물의 설치·관리의 하자에는 영조물이 공공의 목적에 이용됨에 있어 그 이용상태 및 정도가 일정한 한도를 초과하여 제3자에게 사회통념상 참을 수 없는 피해를 입히는 경우도 포함된다.
⑤ 광역시와 국가 모두가 도로의 점유자 및 관리자, 비용부담자로서의 책임을 중첩적으로 지는 경우 국가만이 「국가배상법」에 따라 궁극적으로 손해를 배상할 책임이 있는 자가 된다.

해설 ➤ 中

① 대판 2002.8.23, 2002다9158
② 대판 1994.11.22, 94다32924
③ 대판 2001.7.27, 2000다56822
④ 대판 2005.1.27, 2003다49566
⑤ 원래 광역시가 점유·관리하던 일반국도 중 일부구간의 포장공사를 국가가 대행하여 광역시에 도로의 관리를 이관하기 전에 교통사고가 발생한 경우, 광역시는 그 도로의 점유자 및 관리자, 도로법 제56조·제55조, 도로법 시행령 제30조에 의한 도로관리비용 등의 부담자로서의 책임이 있고, 국가는 그 도로의 점유자 및 관리자, 관리사무귀속자, 포장공사비용 부담자로서의 책임이 있다고 할 것이며, 이와 같이 광역시와 국가 모두가 도로의 점유자 및 관리자, 비용부담자로서의 책임을 중첩적으로 지는 경우에는, 광역시와 국가 모두가 국가배상법 제6조 제2항 소정의 궁극적으로 손해를 배상할 책임이 있는 자라고 할 것이고, 결국 광역시와 국가의 내부적인 부담부분은, 그 도로의 인계·인수경위, 사고의 발생경위, 광역시와 국가의 그 도로에 관한 분담비용 등 제반 사정을 종합하여 결정함이 상당하다(대판 1998.7.10, 96다42819).

정답 ⑤

39. 국토교통부장관은 X국도 중 A도에 속한 X1, X2, X3 구간의 유지·관리에 관한 권한을 A도지사에게 위임하였고, A도지사는 그중 A도 B군에 속한 X1 구간의 유지·관리에 관한 권한을 B군수에게 재위임하였다. 이에 대한 설명으로 옳지 않은 것은? (다툼이 있는 경우 판례에 의함) 19 국가직7급

① 국토교통부장관의 A도지사에 대한 권한위임은 법률이 위임을 허용하는 경우에 한하여 인정된다.
② A도지사가 B군수에게 권한을 재위임하기 위해서는 국토교통부장관의 승인이 필요하다.
③ 권한의 위임과 재위임이 적법하게 이루어진 경우 X국도의 X1구간에 대하여 B군수가 유지·관리 권한을 갖고 국토교통부장관은 그 권한을 잃는다.
④ 권한의 위임과 재위임이 적법하게 이루어진 경우 X국도 X1구간의 유지·관리 사무의 귀속주체는 B군이다.

해설 ➤ 中

①②는 각론의 논점이므로 9급수험생은 몰라도 된다.
① 권한의 위임과 위탁은 법적 권한의 이전을 초래하므로 행정조직법정주의에 따라 반드시 법적 근거가 있어야 한다.
② 특별시장 · 광역시장 · 특별자치시장 · 도지사 또는 특별자치도지사(특별시 · 광역시 · 특별자치시 · 도 또는 특별자치도의 교육감을 포함한다)나 시장 · 군수 또는 구청장(자치구의 구청장을 말한다)은 행정의 능률향상과 주민의 편의를 위하여 필요하다고 인정될 때에는 수임사무의 일부를 그 위임기관의 장의 승인을 받아 규칙으로 정하는 바에 따라 시장 · 군수 · 구청장(교육장을 포함한다) 또는 읍 · 면 · 동장, 그 밖의 소속기관의 장에게 다시 위임할 수 있다(「행정권한의 위임 및 위탁에 관한 규정」 제4조).
③④ 권한의 위임시 권한은 이전하지만, 사무귀속주체의 지위까지 이전하는 것은 아니라는 점을 주의해야 한다.
[권한의 이전] 도로의 유지·관리에 관한 상위 지방자치단체의 행정권한이 행정권한 위임조례에 의하여 하위 지방자치단체장에게 위임되었다면 그

것은 기관위임이지 단순한 내부위임이 아니고 권한을 위임받은 하위 지방자치단체장은 도로의 관리청이 되며 위임 관청은 사무처리의 권한을 잃는다(대판 1996.11.8, 96다21331).
[사무관리주체] 도로법 제22조 제2항에 의하여 지방자치단체의 장인 시장이 국도의 관리청이 되었다 하더라도 이는 시장이 국가로부터 관리업무를 위임받아 국가행정기관의 지위에서 집행하는 것이므로 국가는 도로관리상 하자로 인한 손해배상책임을 면할 수 없다(대판 1993.1.26, 92다2684).

정답 ④

40. 「국가배상법」상 영조물의 설치·관리상의 하자로 인한 손해배상책임에 대한 설명으로 옳지 않은 것은? (다툼이 있는 경우 판례에 의함) 20 국회직9급

① 영조물의 설치·관리상의 하자란 영조물이 그 용도에 따라 통상 갖추어야 할 안정성을 갖추지 못한 상태에 있음을 말한다.
② 편도 2차선 도로의 1차선 상에 교통사고의 원인이 될 수 있는 크기의 돌멩이가 방치되어 있었고 도로의 점유·관리자가 그것에 대한 관리 가능성이 없다는 입증을 하지 못하고 있다면 이는 도로 관리·보존상의 하자에 해당한다.
③ 영조물이 공공의 목적에 이용됨에 있어 그 이용상태 및 정도가 일정한 한도를 초과하여 제3자에게 사회통념상 참을 수 없는 피해를 입히는 경우까지 영조물의 설치·관리상의 하자에 포함되는 것은 아니다.
④ 다른 자연적 사실과 경합하여 손해가 발생하더라도 영조물의 설치·관리상의 하자가 공동원인의 하나가 되는 이상 그 손해는 영조물의 설치·관리상의 하자에 의하여 발생한 것이라고 해석할 수 있다.
⑤ 영조물의 설치·관리상의 하자로 인한 국가배상책임이 인정되는 경우에도 손해의 원인에 대하여 책임을 질 자가 따로 있을 때에는 국가 또는 지방자치단체는 그 자에 대하여 구상할 수 있다.

해설 ➤ 中

① 대판 1967.2.21, 66다1723
② 편도 2차선 도로의 1차선 상에 교통사고의 원인이 될 수 있는 크기의 돌멩이가 방치되어 있는 경우, 도로의 점유·관리자가 그에 대한 관리 가능성이 없다는 입증을 하지 못하는 한 이는 도로의 관리·보존상의 하자에 해당한다(대판 1998.2.10, 97다32536).
③ 안전성을 갖추지 못한 상태, 즉 타인에게 위해를 끼칠 위험성이 있는 상태라 함은 당해 영조물을 구성하는 물적 시설 그 자체에 있는 물리적·외형적 흠결이나 불비로 인하여 그 이용자에게 위해를 끼칠 위험성이 있는 경우뿐만 아니라, 그 영조물이 공공의 목적에 이용됨에 있어 그 이용상태 및 정도가 일정한 한도를 초과하여 제3자에게 사회통념상 수인할 것이 기대되는 한도를 넘는 피해를 입히는 경우까지 포함된다고 보아야 한다(대판 2005.1.27, 2003다49566).
④ 대판 1994.11.22, 94다32924
⑤ 국가배상법 제5조 제2항

정답 ③

41. 甲은 A 지방자치단체가 관리하는 도로를 운행하던 중 도로에 방치된 낙하물로 인하여 손해를 입었고, 이를 이유로 「국가배상법」상 손해배상을 청구하려고 한다. 이에 대한 설명으로 옳지 않은 것은? (다툼이 있는 경우 판례에 의함) 20 국가직9급

① A 지방자치단체가 위 도로를 권원 없이 사실상 관리하고 있는 경우에는 A 지방자치단체의 배상책임은 인정될 수 없다.
② 위 도로의 설치·관리상의 하자가 있는지 여부는 위 도로가 그 용도에 따라 통상 갖추어야 할 안전성을 갖추었는지 여부에 따라 결정된다.
③ 위 도로가 국도이며 그 관리권이 A 지방자치단체의 장에게 위임되었다면, A 지방자치단체가 도로의 관리에 필요한 일체의 경비를 대외적으로 지출하는 자에 불과하더라도 甲은 A 지방자치단체에 대해 국가배상을 청구할 수 있다.
④ 甲이 배상을 받기 위하여 소송을 제기하는 경우에는 민사소송을 제기하여야 한다.

해설 ➤ ⓕ

① 국가배상법 제5조 제1항 소정의 '공공의 영조물'이라 함은 국가 또는 지방자치단체에 의하여 특정 공공의 목적에 공여된 유체물 내지 물적 설비를 지칭하며, 특정 공공의 목적에 공여된 물이라 함은 일반공중의 자유로운 사용에 직접적으로 제공되는 공공용물에 한하지 아니하고, 행정주체 자신의 사용에 제공되는 공용물도 포함하며 국가 또는 지방자치단체가 소유권, 임차권 그 밖의 권한에 기하여 관리하고 있는 경우뿐만 아니라 사실상의 관리를 하고 있는 경우도 포함한다(대판 1995.1.24, 94다45302).

② 대판 1967.2.21, 66다1723

③ 비용부담자의 범위에 대해서는 형식적 비용부담자와 실질적 비용부담자의 구분이 곤란하고, 피해자인 국민을 두텁게 보호할 필요가 있으므로 형식적 비용부담자 외에 실질적 비용부담자도 포함된다는 병합설(병존설)이 다수설·판례이다. 사안의 경우 국가사무의 기관위임이기 때문에 사무관리주체로서의 책임은 국가가, A 지방자치단체는 도로법 특칙에 따라 도로관리비용의 실질적·형식적 비용부담자로서의 책임을 진다.

④ 국가배상청구소송의 성질을 다수설은 당사자소송, 판례는 민사소송으로 본다.

정답 ①

42. 「국가배상법」 제5조상 영조물의 설치·관리의 하자로 인한 손해배상책임에 대한 설명으로 옳지 않은 것은? (다툼이 있는 경우 판례에 의함) 20 국가직7급

① '공공의 영조물'에는 철도시설물인 대합실과 승강장 및 도로 상에 설치된 보행자 신호기와 차량 신호기도 포함된다.
② 하천의 제방이 계획홍수위를 넘고 있더라도, 하천이 그 후 새로운 하천시설을 설치할 때 '하천시설기준'으로 정한 여유고(餘裕高)를 확보하지 못하고 있다면 그 사정만으로 안정성이 결여된 하자가 있다고 보아야 한다.
③ 국가나 지방자치단체가 손해를 배상할 책임이 있는 경우에 영조물의 설치·관리를 맡은 자와 영조물의 설치·관리 비용을 부담하는 자가 동일하지 아니하면 그 비용을 부담하는 자도 손해를 배상하여야 한다.
④ 사실상 군민(郡民)의 통행에 제공되고 있던 도로라고 하여도 군(郡)에 의하여 노선인정 기타 공용개시가 없었던 이상 이 도로를 '공공의 영조물'이라 할 수 없다.

해설 ➤ ⓕ

① [대합실과 승강장] 공공의 영조물인 철도시설물(수원역 대합실과 승강장)의 설치 또는 관리의 하자로 인한 불법행위를 원인으로 하여 국가에 대하여 손해배상청구를 하는 경우에는 국가배상법이 적용되므로 배상전치절차를 거쳐야(현재는 임의적 배상전치주의로 개정) 한다(대판 1999.6.22, 99다7008).

[신호기 : 간접적 인정] 보행자신호와 차량신호에 동시에 녹색등이 표시되는 사고의 위험성이 높은 고장이 발생하였는데도 이를 관리하는 경찰관들이 즉시 그 신호기의 작동을 중지하거나 교통경찰관을 배치하여 수신호를 하는 등의 안전조치를 취하지 않은 채 장시간 고장상태를 방치한 것을 그 공무집행상의 과실로 인정하기에 충분하므로 같은 취지의 원심판결은 타당하고, 위 신호기의 고장이 천재지변인 낙뢰로 인한 것이고 신호기를 찾지 못하여 고장 수리가 지연되었을 뿐 임의로 방치한 것이 아니므로 과실이 없다는 취지의 주장은 받아들일만한 것이 되지 못한다(대판 1999.6.25, 99다11120).

② 이미 존재하는 하천의 제방이 계획홍수위를 넘고 있다면 그 하천은 용도에 따라 통상 갖추어야 할 안전성을 갖추고 있다고 보아야 하고, 그와 같은 하천이 그 후 새로운 하천시설을 설치할 때 기준으로 삼기 위하여 제정한 '하천시설기준'이 정한 여유고를 확보하지 못하고 있다는 사정만으로 바로 안전성이 결여된 하자가 있다고 볼 수는 없다(대판 2003.10.23, 2001다48057).

③ 국가배상법 제6조 제1항

④ 대판 1981.7.7, 80다2478

정답 ②

43. **영조물의 설치·관리의 하자로 인한 손해배상에 대한 설명으로 옳지 않은 것은? (다툼이 있는 경우 판례에 의함)** 21 국회직8급

① 소음 등을 포함한 공해 등의 위험지역으로 이주하여 들어가 거주하는 경우와 같이 위험의 존재를 과실로 인식하지 못하고 이주한 경우, 이를 손해배상액의 산정에 있어 형평의 원칙상 과실상계에 준하여 감경 또는 면제사유로 고려하여야 한다.

② 국가의 철도운행사업은 사경제적 작용이라 할지라도 공공의 영조물인 철도시설물의 설치 또는 관리의 하자로 인한 불법행위를 원인으로 하여 국가에 대하여 손해배상청구를 하는 경우에는 「국가배상법」이 적용된다.

③ 차량이 통행하는 도로에서 유입되는 소음 때문에 인근 주택의 거주자에게 사회통념상 일반적으로 수인할 정도를 넘어서는 침해가 있는지 여부는 「주택법」 등에서 제시하는 주택건설기준보다는 「환경정책기본법」 등에서 설정하고 있는 환경기준을 우선적으로 고려하여 판단하여야 한다.

④ 영조물의 설치·관리를 맡은 자와 영조물의 설치·관리 비용을 부담하는 자가 동일하지 아니한 경우에 피해자는 영조물의 설치·관리자 또는 설치·관리의 비용부담자에게 선택적으로 손해배상을 청구할 수 있다.

⑤ 하자의 의미에 관한 학설 중 객관설에 의할 때, 영조물에 결함이 있지만 그 결함이 객관적으로 보아 영조물의 설치·관리자의 관리행위가 미칠 수 없는 상황 아래에 있는 경우에는 영조물의 설치·관리상의 하자를 인정할 수 없다.

해설 ➤ 中

① 대판 2010.11.11, 2008다57975

② 두 가지 사안을 다룬 판례임에 주의해야 한다.

국가 또는 지방자치단체라 할지라도 공권력의 행사가 아니고 단순한 사경제의 주체로 활동하였을 경우에는 그 손해배상책임에 국가배상법이 적용될 수 없고 민법상의 사용자책임 등이 인정되는 것이고, 국가의 철도운행사업은 국가가 공권력의 행사로서 하는 것이 아니고 사경제적 작용이라 할 것이므로, 이로 인한 사고에 공무원이 간여하였다고 하더라도 국가배상법을 적용할 것이 아니고 일반 민법의 규정에 따라야 하므로, 국가배상법상의 배상전치절차를 거칠 필요가 없으나, 공공의 영조물인 철도시설물의 설치 또는 관리의 하자로 인한 불법행위를 원인으로 하여 국가에 대하여 손해배상청구를 하는 경우에는 국가배상법이 적용되므로 배상전치절차를 거쳐야(현재는 임의주의로 개정) 한다(대판 1999.6.22, 99다7008).

③ 대판 2008.8.21, 2008다9358·9365

④ 국가배상법 제6조 제1항

⑤ 객관설은 하자의 유무는 영조물이 객관적으로 안전성을 결여하였는지 여부에 의해 판단하고, 관리자의 과실(관리의무위반) 유무는 고려하지 않는 무과실책임이라는 견해로서 다수설이다. 관리행위를 고려하는 것은 주관설의 표지이다.

정답 ⑤

제2절 행정상 손실보상

44. 손실보상에 관한 설명으로 옳은 것을 모두 고르면? (다툼이 있는 경우 판례에 의함) 15 국회직8급

ㄱ. 분리이론은 재산권의 존속보장보다는 가치보장을 강화하려는 입장에서 접근하는 견해이다.
ㄴ. 「공익사업을 위한 토지 등의 취득 및 보상에 관한 법률」에 의하여 토지를 수용당한 자가 제기하는 보상금증액소송의 상대방은 사업시행자이다.
ㄷ. 공공사업의 시행으로 인하여 사업지구 밖에서 수산제조업에 대한 간접손실이 발생하리라는 것을 쉽게 예견할 수 있고 그 손실의 범위도 구체적으로 특정할 수 있는 경우라면, 그 손실의 보상에 관하여 구「공공용지의 취득 및 손실보상에 관한 특례법 시행규칙」의 간접보상 규정을 유추적용할 수 있다.
ㄹ. 헌법 제23조 제3항의 규정은 보상청구권의 근거에 관하여서 뿐만 아니라 보상의 기준과 방법에 관하여서도 법률의 규정에 유보하고 있는 것으로 보아야 한다.
ㅁ. 이주대책의 실시여부는 입법자의 입법정책적 재량의 영역에 속한다.

① ㄱ, ㄴ
② ㄱ, ㄷ
③ ㄴ, ㄷ, ㄹ
④ ㄱ, ㄴ, ㄷ, ㄹ
⑤ ㄴ, ㄷ, ㄹ, ㅁ

해설 中

ㄱ 분리이론은 가치보장인 수용 및 보상을 제한하고, 존속보장을 강화하려는 견해이다.
ㄴ 재결의 내용 중 손실보상액에 대하여만 불복이 있는 경우 이의신청을 거치지 않은 경우에는 재결서를 송달받은 날로부터 90일 이내에, 이의신청을 거친 경우에는 60일 이내에 보상금증감청구소송을 제기할 수 있는데, 이 경우 당해 소송을 제기하는 자가 토지소유자 또는 관계인인 때(보상금증액청구소송)에는 사업시행자를, 사업시행자인 때(보상금감액청구소송)에는 토지소유자 또는 관계인을 각각 피고로 한다(제85조 제2항).
ㄷ 대판 1999.12.24, 98다57419·57426
ㄹ 대판 1993.7.13, 93누2131
ㅁ 사업시행자는 공익사업의 시행으로 인하여 주거용 건축물을 제공함에 따라 생활의 근거를 상실하게 되는 자(이주대책대상자)를 위하여 이주대책을 수립·실시하거나 이주정착금을 지급하여야 한다(토지보상법 제78조 제1항). 즉, 이주대책수립은 법적 의무사항이다. 그러나 수량 및 대상자 결정 등에 관하여는 재량을 가진다(대판 2009.11.12, 2009두10291).

정답 ⑤

45. 「공익사업을 위한 토지 등의 취득 및 보상에 관한 법률」상 손실보상에 대한 설명으로 옳지 않은 것은? (다툼이 있는 경우 판례에 의함) 16 국가직7급

① 주거용 건물의 거주자에 대하여는 주거 이전에 필요한 비용과 가재도구 등 동산의 운반에 필요한 비용을 보상하여야 한다.
② 이의신청에 대한 재결에 대하여 기한 내에 행정소송이 제기되지 않거나 그 밖의 사유로 이의신청에 대한 재결이 확정된 때에는 「민사소송법」상의 확정판결이 있은 것으로 본다.
③ 재결에 의한 토지취득의 경우 보상액 산정은 수용재결 당시의 가격을 기준으로 함이 원칙이나, 보상액을 산정할 경우에 해당 공익사업으로 인하여 수용대상 토지의 가격이 변동되었을 때에는 이를 고려하여야 한다.
④ 표준지공시지가 결정에 위법이 있는 경우 수용보상금의 증액을 구하는 소송에서 수용대상 토지가격 산정의 기초가 된 비교표준지공시지가 결정의 위법을 독립된 사유로 주장할 수 있다.

해설 ➤ 下

① 주거용 건물의 거주자에 대하여는 주거 이전에 필요한 비용과 가재도구 등 동산의 운반에 필요한 비용을 산정하여 보상하여야 한다(「공익사업을 위한 토지 등의 취득 및 보상에 관한 법률」 제78조 제5항).
② 같은 법 제86조 제1항
③ 보상액의 산정은 협의에 의한 경우에는 협의 성립 당시의 가격을, 재결에 의한 경우에는 수용 또는 사용의 재결 당시의 가격을 기준으로 한다(같은 법 제67조 제1항). 보상액의 산정할 경우에 해당 공익사업으로 인하여 토지 등의 가격이 변동되었을 때에는 이를 고려하지 아니한다(같은 조 제2항).
④ 표준지공시지가결정이 위법한 경우에는 그 자체를 행정소송의 대상이 되는 행정처분으로 보아 그 위법 여부를 다툴 수 있음은 물론, 수용보상금의 증액을 구하는 소송에서도 선행처분으로서 그 수용대상 토지가격 산정의 기초가 된 비교표준지공시지가결정의 위법을 독립한 사유로 주장할 수 있다(대판 2008.8.21, 2007두13845).

정답 ③

46. 행정상 손실보상에 대한 설명으로 옳은 것은? 17 국가직9급

① 헌법 제23조 제3항을 국민에 대한 직접적인 효력이 있는 규정으로 보는 견해는 동조항의 재산권의 수용·사용·제한 규정과 보상규정을 불가분조항으로 본다.
② 헌법재판소는 헌법 제23조 제3항의 '공공필요'는 '국민의 재산권을 그 의사에 반하여 강제적으로라도 취득해야 할 공익적 필요성'을 의미하고, 이 요건 중 공익성은 기본권 일반의 제한사유인 '공공복리'보다 좁은 것으로 보고 있다.
③ 손실보상청구권을 공권으로 보게 되면 손실보상청구권을 발생시키는 침해의 대상이 되는 재산권에는 공법상의 권리만이 포함될 뿐 사법상의 권리는 포함되지 않는다.
④ 손실보상의 이론적 근거로서 특별희생설에 의하면, 공공복지와 개인의 권리 사이에 충돌이 있는 경우에는 개인의 권리가 우선한다.

해설 ➤ 上

① 직접효력설(국민에 대한 직접효력설)은 개인의 손실보상청구권은 헌법 규정으로부터 직접 도출되는 것이므로, 법률에 보상규정이 없는 경우에는 '헌법 제23조 제3항에 근거하여 보상'을 청구할 수 있다는 견해이다. 한편, 현행 헌법 제23조 제3항은 "공공필요에 의한 재산권의 수용·사용 또는 제한 및 그에 대한 보상은 법률로써 하되, 정당한 보상을 지급하여야 한다."라고 규정하고 있으므로, 공공필요에 의한 재산권 침해규정과 그에 대한 손실보상의 기준·방법·범위에 관한 규정은 모두 하나의 법률로 규정되어야 한다. 즉, 양 규정은 하나의 법률 속에서 함께 규정되어야 하고 불가분의 관계를 형성해야 하는데, 이를 불가분조항 또는 동시조항(부대조항, 연결조항)이라고 한다.
위헌무효설(입법자에 대한 직접효력설=입법자구속설)은 손실보상 여부는 법률에 근거해야 하므로, 이러한 규정을 포함하지 않고 재산권제약을 허용하는 법률은 '위헌·무효의 법률'이고, 이에 근거한 '행정작용은 위법'이므로 이에 대해 당사자는 행정소송을 제기할 수 있고, 재산상 손해를 받은 경우에는 국가배상청구를 제기할 수 있다는 견해이다. 즉, 위헌무효설은 침해와 보상이 분리될 수 없다는 불가분조항을 근거로 하고 있다.
② 오늘날 공익사업의 범위가 확대되는 경향에 대응하여 재산권의 존속보장과의 조화를 위해서는, '공공필요'의 요건에 관하여, 공익성은 추상적인 공익 일반 또는 국가의 이익 이상의 중대한 공익을 요구하므로 기본권 일반의 제한사유인 '공공복리'보다 좁게 보는 것이 타당하며, 공익성의 정도를 판단함에 있어서는 공용수용을 허용하고 있는 개별법의 입법목적, 사업내용, 사업이 입법목적에 이바지 하는 정도는 물론, 특히 그 사업이 대중을 상대로 하는 영업인 경우에는 그 사업 시설에 대한 대중의 이용·접근가능성도 아울러 고려하여야 한다(헌재결 2014.10.30, 2011헌바129 · 172).
③ 손실보상청구권의 법적 성질과 손실보상의 대상인 재산권은 논리적으로 구별되어야 한다. 따라서 손실보상청구권의 법적 성질을 어떻게 보든 손실보상의 대상인 재산권을 공법상 권리에 한정할 필연성은 없다.
④ 자연법적인 정의·공평의 관념을 기초로 하여, 특정인에게 가해진 특별한 희생은 이를 공동체 전체의 부담(단체주의적 책임)으로 보상하는 것이 정의·공평의 요구에 합치하는 것이라는 특별희생설이 통설이다. 이에 따르면 사회적 제약을 넘어서는 특별한 희생에 이르지 않은 경우에는 보상을 하지 않아도 된다고 보기 때문에 개인의 권리보다 공공복지와 공공성을 더 강조하는 견해이다.

정답 ②

47. 행정상 손실보상제도에 대한 설명으로 옳지 않은 것은? 17 지방직9급

① 헌법 제23조 제1항의 규정이 재산권의 존속을 보호하는 것이라면 제23조 제3항의 수용제도를 통해 존속보장은 가치보장으로 변하게 된다.
② 평등의 원칙으로부터 파생된 '공적 부담 앞의 평등'은 손실보상의 이론적 근거가 될 수 있다.
③ 헌법 제23조 제3항을 불가분조항으로 볼 경우, 보상규정을 두지 아니한 수용법률은 헌법위반이 된다.
④ 대법원은 구 하천법 부칙 제2조와 이에 따른 특별조치법에 의한 손실보상청구권의 법적 성질을 사법상의 권리로 보아 그에 대한 쟁송은 행정소송이 아닌 민사소송절차에 의하여야 한다고 판시하고 있다.

해설 ➤ 中

① 헌법 제23조 제1항은 재산권의 보장과 내용과 한계에 관한 규정으로서 존속보호에 관한 것이다. 반면 제3항의 공용침해는 말 그대로 재산권에 대한 침해로서 재산권의 현상을 보존하는 대신 보상을 하는 것이기 때문에 가치보상에 관한 규정이다.
② 손해배상이 개인주의적·도의적 책임주의를 기본이념으로 하는데 비해, 손실보상은 단체주의적 책임주의·공적 부담 앞의 평등원칙(정의와 형평)을 기본이념으로 한다.
③ 불가분조항은 침해규정과 보상규정을 동시에 규정한 게 헌법 제23조 제3항의 취지라고 보기 때문에, 침해규정만 있고 보상규정을 두지 않으면 위헌무효가 된다.
④ 위 각 규정들에 의한 손실보상청구권은 모두 종전의 하천법 규정 자체에 의하여 하천구역으로 편입되어 국유로 되었으나 그에 대한 보상규정이 없었거나 보상청구권이 시효로 소멸되어 보상을 받지 못한 토지들에 대하여, 국가가 반성적 고려와 국민의 권리구제 차원에서 그 손실을 보상하기 위하여 규정한 것으로서, 그 법적 성질은 하천법 본칙(本則)이 원래부터 규정하고 있던 하천구역에의 편입에 의한 손실보상청구권과 하등 다를 바가 없는 것이어서 공법상의 권리임이 분명하므로 그에 관한 쟁송도 행정소송절차에 의하여야 한다[대판(전합) 2006.5.18, 2004다6207].

정답 ④

48. 손실보상에 대한 설명으로 옳지 않은 것은? (다툼이 있는 경우 판례에 의함) 17 지방직9급

① 농지개량사업 시행지역 내의 토지 등 소유자가 토지사용에 관한 승낙을 한 경우, 그에 대한 정당한 보상을 받지 않았더라도 농지개량사업 시행자는 토지소유자 및 그 승계인에 대하여 보상할 의무가 없다.
② 「공익사업을 위한 토지 등의 취득 및 보상에 관한 법률」상 토지수용위원회의 수용재결에 대한 이의절차는 실질적으로 행정심판의 성질을 갖는 것이므로 동법에 특별한 규정이 있는 것을 제외하고는 「행정심판법」의 규정이 적용된다.
③ 「공익사업을 위한 토지 등의 취득 및 보상에 관한 법률」상 수용재결이나 이의신청에 대한 재결에 불복하는 행정소송의 제기는 사업의 진행 및 토지 수용 또는 사용을 정지시키지 아니한다.
④ 「공익사업을 위한 토지 등의 취득 및 보상에 관한 법률」상 잔여지 수용 청구권은 형성권적 성질을 가지므로, 잔여지 수용청구를 받아들이지 않은 재결에 대하여 토지소유자가 불복하여 제기하는 소송은 보상금증감청구소송에 해당한다.

해설 ➤ 中

① 농지개량사업 시행지역 내의 토지 등 소유자가 토지사용에 관한 승낙을 하였더라도 그에 대한 정당한 보상을 받은 바가 없다면 농지개량사업 시행자는 토지 소유자 및 승계인에 대하여 보상할 의무가 있고, 그러한 보상 없이 타인의 토지를 점유·사용하는 것은 법률상 원인 없이 이득을 얻은 때에 해당한다(대판 2016.6.23, 2016다206369).
② 대판 1992.6.9, 92누565
③ 「공익사업을 위한 토지 등의 취득 및 보상에 관한 법률」 제88조
④ 대판 2010.8.19, 2008두822

정답 ①

49. 헌법 제23조 제3항의 공용수용의 요건에 대한 설명으로 옳지 않은 것은? (다툼이 있는 경우 헌법재판소 결정에 의함) 17 국회직8급

① 헌법 제23조의 근본적 취지는 원칙적으로 모든 국민의 구체적 재산권의 자유로운 이용·수익·처분을 보장하면서 공공필요에 의한 재산권의 수용·사용 또는 제한은 헌법이 규정하는 요건을 갖춘 경우에만 예외적으로 허용되는 것으로 해석된다.
② 공용수용이 허용될 수 있는 공익사업의 범위는 법률유보 원칙에 따라 법률에서 명확히 규정되어야 한다. 따라서 공공의 이익에 도움이 되는 사업이라도 '공익사업'으로 실정법에 열거되어 있지 아니한 사업은 공용수용이 허용될 수 없다.
③ 재산권의 존속보장과의 조화를 위하여서는 '공공필요'의 요건에 관하여 공익성은 추상적인 공익 일반 또는 국가의 이익 이상의 중대한 공익을 요구하므로 기본권 일반의 제한사유인 '공공복리'보다 넓게 보는 것이 타당하다.
④ 헌법적 요청에 의한 수용이라 하더라도 국민의 재산을 그 의사에 반하여 강제적으로라도 취득하여야 할 정도의 필요성이 인정되어야 하고, 그 필요성이 인정되기 위하여서는 사인의 재산권침해를 정당화할 정도의 공익의 우월성이 인정되어야 한다.
⑤ 사업시행자가 사인인 경우에는 공익의 우월성이 인정되는 것 외에 그 사업 시행으로 획득할 수 있는 공익이 현저히 해태되지 아니하도록 보장하는 제도적 규율도 갖추어져 있어야 한다.

해설 中

① 헌재결 1995.2.23, 92헌바12
② 헌재결 2014.10.30, 2011헌바129 · 172
③ 오늘날 공익사업의 범위가 확대되는 경향에 대응하여 재산권의 존속보장과의 조화를 위해서는, '공공필요'의 요건에 관하여, 공익성은 추상적인 공익 일반 또는 국가의 이익 이상의 중대한 공익을 요구하므로 기본권 일반의 제한사유인 '공공복리'보다 좁게 보는 것이 타당하며, 공익성의 정도를 판단함에 있어서는 공용수용을 허용하고 있는 개별법의 입법목적, 사업내용, 사업이 입법목적에 이바지 하는 정도는 물론, 특히 그 사업이 대중을 상대로 하는 영업인 경우에는 그 사업 시설에 대한 대중의 이용·접근가능성도 아울러 고려하여야 한다(헌재결 2014.10.30, 2011헌바129 · 172).
④⑤ 헌재결 2014.10.30, 2011헌바129 · 172

정답 ③

50. 판례의 입장으로 옳은 것은? 17 국가직7급

① 사인이 공공시설을 건설한 후, 국가 등에 기부채납하여 공물로 지정하고 그 대신 그 자가 일정한 이윤을 회수할 수 있도록 일정 기간 동안 무상으로 사용하도록 허가하는 것은 사법상 계약에 해당한다.
② 부담금부과에 관한 명확한 법률 규정이 존재하더라도 그 법률 규정과는 별도로 반드시 「부담금관리 기본법」 별표에 그 부담금이 포함되어야만 부담금 부과가 유효하게 되는 것은 아니다.
③ 사업 양도·양수에 따른 허가관청의 지위승계신고의 수리에 있어서, 그 수리대상인 사업양도·양수가 무효임을 이유로 막바로 행정소송으로 그 신고수리처분의 무효확인을 구할 법률상 이익은 없다.
④ 「공익사업을 위한 토지 등의 취득 및 보상에 관한 법률」상 사업시행자에 의한 이주대책 수립·실시 및 이주대책의 내용에 관한 규정은 당사자의 합의에 의하여 적용을 배제할 수 있다.

해설 中

① 대판 1994.1.25, 93누736
② 부담금은 각론의 공용부담법에 관한 내용이기 때문에 9급수험생은 이 판례를 몰라도 된다
「부담금관리 기본법」은 법 제정 당시 시행되고 있던 부담금을 별표에 열거하여 정당화 근거를 마련하는 한편 시행 후 기본권 침해의 소지가 있는 부담금을 신설하는 경우 자의적인 부과를 견제하기 위하여 위 법률에 의하여 이를 규율하고자 한 것이나, 그러한 점만으로 부담금부과에 관한 명확한 법률 규정이 존재하더라도 법률 규정과는 별도로 반드시 부담금관리 기본법 별표에 부담금이 포함되어야만 부담금 부과가 유효하게 된다고 해석할 수는 없다(대판 2014.1.29, 2013다25927,25934).
③ 사업양도·양수에 따른 허가관청의 지위승계신고의 수리는 적법한 사업의 양도·양수가 있었음을 전제로 하는 것이므로 그 수리대상인 사업양

도·양수가 존재하지 아니하거나 무효인 때에는 수리를 하였다 하더라도 그 수리는 유효한 대상이 없는 것으로서 당연히 무효라 할 것이고, 사업의 양도행위가 무효라고 주장하는 양도자는 민사쟁송으로 양도·양수행위의 무효를 구함이 없이 막바로 허가관청을 상대로 하여 행정소송으로 위 신고수리처분의 무효확인을 구할 법률상 이익이 있다(대판 2005.12.23, 2005두3554).
④ 이주대책 수립·실시는 의무이지만, 수량 및 대상자 결정 등 내용결정에 대해서는 재량을 갖는다.

정답 ①

51. 「공익사업을 위한 토지 등의 취득 및 보상에 관한 법률」(이하 '토지보상법'이라 함)에 대한 설명으로 옳지 않은 것은? (다툼이 있는 경우 판례에 의함) 18 국가직7급

① 손실보상금에 관한 당사자 간의 합의가 성립하면, 그 합의내용이 토지보상법에서 정하는 손실보상 기준에 맞지 않는다고 하더라도 합의가 적법하게 취소되는 등의 특별한 사정이 없는 한 추가로 토지보상법상 기준에 따른 손실보상금 청구를 할 수 없다.
② 하나의 수용재결에서 여러 가지의 토지, 물건, 권리 또는 영업의 손실의 보상에 관하여 심리·판단이 이루어졌을 때, 피보상자는 재결 전부에 관하여 불복하여야 하고 여러 보상항목들 중 일부에 관해서만 개별적으로 불복할 수는 없다.
③ 토지수용위원회의 수용재결이 있은 후라고 하더라도 토지소유자와 사업시행자가 다시 협의하여 토지 등의 취득·사용 및 그에 대한 보상에 관하여 임의로 계약을 체결할 수 있다.
④ 사업인정고시가 된 후 사업시행자가 토지를 사용하는 기간이 3년 이상인 경우 토지소유자는 토지수용위원회에 토지의 수용을 청구할 수 있고, 토지수용위원회가 이를 받아들이지 않는 재결을 한 경우에는 사업시행자를 피고로 하여 토지보상법상 보상금의 증감에 관한 소송을 제기할 수 있다.

해설 (上)

① 대판 2013.8.22, 2012다3517
② 하나의 재결에서 피보상자별로 여러 가지의 토지, 물건, 권리 또는 영업(손실보상 대상에 해당하는지, 나아가 그 보상금액이 얼마인지를 심리·판단하는 기초 단위를 보상항목)의 손실에 관하여 심리·판단이 이루어졌을 때, 피보상자 또는 사업시행자가 반드시 재결 전부에 관하여 불복하여야 하는 것은 아니며, 여러 보상항목들 중 일부에 관해서만 불복하는 경우에는 그 부분에 관해서만 개별적으로 불복의 사유를 주장하여 행정소송을 제기할 수 있다. 이러한 보상금 증감 소송에서 법원의 심판범위는 하나의 재결 내에서 소송당사자가 구체적으로 불복신청을 한 보상항목들로 제한된다(대판 2018.5.15, 2017두41221).
③ 토지수용위원회의 수용재결이 있은 후라고 하더라도 토지소유자 등과 사업시행자가 다시 협의하여 토지 등의 취득이나 사용 및 그에 대한 보상에 관하여 임의로 계약을 체결할 수 있다고 보아야 한다(대판 2017.4.13, 2016두64241).
④ 대판 2015.4.9, 2014두46669

정답 ②

52. 손실보상에 대한 설명으로 옳은 것은? (다툼이 있는 경우 판례에 의함) 19 지방직9급

① 「공익사업을 위한 토지 등의 취득 및 보상에 관한 법률」에 의한 잔여지 수용청구를 받아들이지 않은 토지수용위원회의 재결에 대하여 토지소유자가 불복하여 제기하는 소송은 항고소송에 해당한다.
② 「공익사업을 위한 토지 등의 취득 및 보상에 관한 법률」에 따른 사업폐지 등에 대한 보상청구권은 사법상 권리로서 그에 관한 소송은 민사소송절차에 의하여야 한다.
③ 「공익사업을 위한 토지 등의 취득 및 보상에 관한 법률」에 의한 보상합의는 공공기관이 사경제주체로서 행하는 사법상 계약의 실질을 가진다.
④ 공유수면매립면허의 고시가 있는 경우 그 사업이 시행되고 그로 인하여 직접 손실이 발생한다고 할 수 있으므로, 관행어업권자는 공유수면매립면허의 고시를 이유로 손실보상을 청구할 수 있다.

해설 ➤ ㊤

① 구 「공익사업을 위한 토지 등의 취득 및 보상에 관한 법률」 제74조 제1항에 규정되어 있는 잔여지 수용청구권은 손실보상의 일환으로 토지소유자에게 부여되는 권리로서 그 요건을 구비한 때에는 잔여지를 수용하는 토지수용위원회의 재결이 없더라도 그 청구에 의하여 수용의 효과가 발생하는 형성권적 성질을 가지므로, 잔여지 수용청구를 받아들이지 않은 토지수용위원회의 재결에 대하여 토지소유자가 불복하여 제기하는 소송은 위 법 제85조 제2항에 규정되어 있는 '보상금의 증감에 관한 소송'에 해당하여 사업시행자를 피고로 하여야 한다(대판 2010.8.19, 2008두822).

② 구 「공익사업을 위한 토지 등의 취득 및 보상에 관한 법률」 제79조 제2항, 「'공익사업을 위한 토지 등의 취득 및 보상에 관한 법률 시행규칙」 제57조에 따른 사업폐지 등에 대한 보상청구권은 공익사업의 시행 등 적법한 공권력의 행사에 의한 재산상 특별한 희생에 대하여 전체적인 공평부담의 견지에서 공익사업의 주체가 손해를 보상하여 주는 손실보상의 일종으로 공법상 권리임이 분명하므로 그에 관한 쟁송은 민사소송이 아닌 행정소송절차에 의하여야 한다(대판 2012.10.11, 2010다23210).

③ 대판 2004.9.24, 2002다68713

④ 공유수면 매립면허의 고시가 있다고 하여 반드시 그 사업이 시행되고 그로 인하여 손실이 발생한다고 할 수 없으므로, 매립면허 고시 이후 매립공사가 실행되어 관행어업권자에게 실질적이고 현실적인 피해가 발생한 경우에만 공유수면매립법에서 정하는 손실보상청구권이 발생하였다고 할 것이다(대판 2010.12.9, 2007두6571).

정답 ③

53. 손실보상에 대한 설명으로 옳지 않은 것은? (다툼이 있는 경우 판례에 의함) 19 국회직8급

① 사업시행자에게 한 잔여지매수청구의 의사표시는 일반적으로 관할 토지수용위원회에 한 잔여지수용청구의 의사표시로 볼 수 있다.

② 구 「하천법」의 시행으로 국유로 된 제외지 안의 토지에 대하여는 관리청이 그 손실을 보상하도록 규정하고 있는 동법 부칙 제2조 제1항에 의한 손실보상청구권은 공법상 권리이다.

③ 구 「공익사업을 위한 토지 등의 취득 및 보상에 관한 법률」의 관련 규정에 의하여 취득하는 어업피해에 관한 손실보상청구권은 민사소송의 방법으로 행사할 수는 없고 재결절차를 거치지 않은 채 곧바로 사업시행자를 상대로 손실보상을 청구하는 것도 허용되지 않는다.

④ 한국토지주택공사가 택지개발사업의 시행자로서 일정 기준을 충족하는 손실보상대상자들에 대하여 생활대책을 수립·시행하면서 직권으로 갑이 생활대책대상자에 해당하지 않는다는 결정을 하고 이에 대한 갑의 이의신청에 대하여 재심사 결과로도 생활대책대상자로 선정되지 않았다는 통보를 한 경우 그 재심사 결과의 통보는 독립한 행정처분이다.

⑤ 체육시설업의 영업주체가 영업시설의 양도나 임대 등에 의하여 변경되었으나 그에 관한 신고를 하지 않은 채 영업을 하던 중에 공익사업으로 영업을 폐지 또는 휴업하게 된 경우 그 임차인 등의 영업은 보상대상에서 제외되지 않는다.

해설 ➤ ㊤

① 잔여지 수용청구의 의사표시는 관할 토지수용위원회에 하여야 하는 것으로서, 관할 토지수용위원회가 사업시행자에게 잔여지 수용청구의 의사표시를 수령할 권한을 부여하였다고 인정할 만한 사정이 없는 한, 사업시행자에게 한 잔여지 매수청구의 의사표시를 관할 토지수용위원회에 한 잔여지 수용청구의 의사표시로 볼 수는 없다(대판 2010.8.19, 2008두822).

② 대판 2016.8.24, 2014두46966

③ 대판 2014.5.29, 2013두12478

④ 대판 2016.7.14, 2015두58645

⑤ 체육시설업의 영업주체가 영업시설의 양도나 임대 등에 의하여 변경되었음에도 그에 관한 신고를 하지 않은 채 영업을 하던 중에 공익사업으로 영업을 폐지 또는 휴업하게 된 경우라 하더라도, 그 임차인 등의 영업을 보상대상에서 제외되는 위법한 영업이라고 할 것은 아니다. 따라서 그로 인한 영업손실에 대해서는 법령에 따른 정당한 보상이 이루어져야 마땅하다(대판 2012.12.13, 2010두12842).

정답 ①

54. 손실보상에 대한 판례의 입장으로 옳은 것은? 19 국가직7급

① 이주대책은 이른바 생활보상에 해당하는 것으로서 헌법 제23조 제3항이 규정하는 손실보상의 한 형태로 보아야 하므로, 법률이 사업시행자에게 이주대책의 수립·실시의무를 부과하였다면 이로부터 사업시행자가 수립한 이주대책상의 택지분양권 등의 구체적 권리가 이주자에게 직접 발생한다.
② 공공사업 시행으로 사업시행지 밖에서 발생한 간접손실은 손실 발생을 쉽게 예견할 수 있고 손실 범위도 구체적으로 특정할 수 있더라도, 사업시행자와 협의가 이루어지지 않고 그 보상에 관한 명문의 근거 법령이 없는 경우에는 보상의 대상이 아니다.
③ 공익사업으로 인해 농업손실을 입은 자가 사업시행자에게서 「공익사업을 위한 토지 등의 취득 및 보상에 관한 법률」에 따른 보상을 받으려면 재결절차를 거쳐야 하고, 이를 거치지 않고 곧바로 민사소송으로 보상금을 청구하는 것은 허용되지 않는다.
④ 「공익사업을 위한 토지 등의 취득 및 보상에 관한 법률」상 주거용 건축물 세입자의 주거이전비 보상청구권은 사법상의 권리이고, 주거이전비 보상청구소송은 민사소송에 의해야 한다.

해설 ㊥

① 「공공용지의 취득 및 손실보상에 관한 특례법」 제8조 제1항이 사업시행자에게 이주대책의 수립·실시의무를 부과하고 있다고 하여 그 규정 자체만에 의하여 이주자에게 사업시행자가 수립한 이주대책상의 택지분양권이나 아파트입주권 등을 받을 수 있는 구체적인 권리(수분양권)가 직접 발생하는 것이라고는 도저히 볼 수 없으며, 사업시행자가 이주대책에 관한 구체적인 계획을 수립하여 이를 해당자에게 통지 내지 공고한 후, 이주자가 수분양권을 취득하기를 희망하여 이주대책에 정한 절차에 따라 사업시행자에게 이주대책대상자 선정신청을 하고 사업시행자가 이를 받아들여 이주대책대상자로 확인·결정하여야만 비로소 구체적인 수분양권이 발생하게 된다[대판(전합) 1994.5.24, 92다35783].
② 공공사업의 시행으로 인하여 사업지구 밖에서 수산제조업에 대한 간접손실이 발생하리라는 것을 쉽게 예견할 수 있고 그 손실의 범위도 구체적으로 특정할 수 있는 경우라면, 그 손실의 보상에 관하여 같은법시행규칙의 간접보상 규정을 유추적용할 수 있다(대판 1999.12.24, 98다57419, 57426).
③ 대판 2014.5.29, 2013두12478
④ 적법하게 시행된 공익사업으로 인하여 이주하게 된 주거용 건축물 세입자의 주거이전비 보상청구권은 공법상의 권리이고, 따라서 그 보상을 둘러싼 쟁송은 민사소송이 아니라 공법상의 법률관계를 대상으로 하는 행정소송에 의하여야 한다(대판 2008.5.29, 2007다8129).

정답 ③

55. 「공익사업을 위한 토지 등의 취득 및 보상에 관한 법률」상 잔여지 수용청구 및 손실보상에 대한 설명으로 옳은 것은? (다툼이 있는 경우 판례에 의함) 19 지방직7급

① 동일한 토지소유자에 속하는 일단의 토지의 일부가 취득됨으로써 잔여지의 가격이 감소한 때에는 잔여지를 종래의 목적으로 사용하는 것이 가능한 경우라도 그 잔여지는 손실보상의 대상이 된다.
② 토지소유자가 잔여지 수용청구에 대한 재결절차를 거친 경우에는 곧바로 사업시행자를 상대로 잔여지 가격감소 등으로 인한 손실보상을 청구할 수 있다.
③ 잔여지 수용청구는 당해 공익사업의 공사완료일까지 해야 하지만, 토지소유자가 그 기간 내에 잔여지 수용청구권을 행사하지 않았더라도 그 권리가 소멸하는 것은 아니다.
④ 토지소유자가 사업시행자에게 잔여지 매수청구의 의사표시를 하였다면, 그 의사표시는 특별한 사정이 없는 한 관할 토지수용위원회에 한 잔여지 수용청구의 의사표시로 볼 수 있다.

해설 ㊤

① 사업시행자가 동일한 토지소유자에 속하는 일단의 토지 일부를 취득함으로 인하여 잔여지의 가격이 감소하거나 그 밖의 손실이 있을 때 등에는 잔여지를 종래의 목적으로 사용하는 것이 가능한 경우라도 잔여지 손실보상의 대상이 되며, 잔여지를 종래의 목적에 사용하는 것이 불가능하거나 현저히 곤란한 경우이어야만 잔여지 손실보상청구를 할 수 있는 것이 아니다(대판 2018.7.20, 2015두4044).
② 잔여지나 잔여건축물 수용 청구와 잔여지나 잔여건축물 가격감소로 인한 손실보상은 별개로 재결절차를 거쳐야 하고, 또한 수용대상토지에 대한 재결절차를 거친 경우에도 별도로 재결절차를 거쳐야 한다는 것이 판례의 입장이다.

[잔여지나 잔여건축물 수용 청구와 잔여지나 잔여건축물 가격감소로 인한 손실보상] 토지소유자가 사업시행자로부터 공익사업법 제73조, 제75조의2에 따른 잔여지 또는 잔여 건축물 가격감소 등으로 인한 손실보상을 받기 위해서는 공익사업법 제34조, 제50조 등에 규정된 재결절차를 거친 다음 그 재결에 대하여 불복할 때 비로소 공익사업법 제83조 내지 제85조에 따라 권리구제를 받을 수 있을 뿐이며, 특별한 사정이 없는 한 이러한 재결절차를 거치지 않은 채 곧바로 사업시행자를 상대로 손실보상을 청구하는 것은 허용되지 않는다 할 것이고, 이는 잔여지 또는 잔여 건축물 수용청구에 대한 재결절차를 거친 경우라고 하여 달리 볼 것은 아니다(대판 2014.9.25, 2012두24092).

[수용대상토지 잔여지나 잔여건축물 가격감소로 인한 손실보상] 토지소유자가 사업시행자로부터 공익사업법 제73조에 따른 잔여지 가격감소 등으로 인한 손실보상을 받기 위해서는 공익사업법 제34조, 제50조 등에 규정된 재결절차를 거친 다음 그 재결에 대하여 불복이 있는 때에 비로소 공익사업법 제83조 내지 제85조에 따라 권리구제를 받을 수 있을 뿐, 이러한 재결절차를 거치지 않은 채 곧바로 사업시행자를 상대로 손실보상을 청구하는 것은 허용되지 않는다고 봄이 상당하고, 이는 수용대상토지에 대하여 재결절차를 거친 경우에도 마찬가지라 할 것이다(대판 2012.11.29, 2011두22587).

③ 토지수용법에 의한 잔여지수용청구권은 그 요건을 구비한 때에는 토지수용위원회의 특별한 조치를 기다릴 것 없이 청구에 의하여 수용의 효과가 발생하는 형성권적 성질을 가지고, 그 행사기간은 제척기간으로서, 토지소유자가 그 행사기간 내에 잔여지수용청구권을 행사하지 아니하면 그 권리가 소멸한다(대판 2001.9.4, 99두11080).

④ 잔여지 수용청구의 의사표시는 관할 토지수용위원회에 하여야 하는 것으로서, 관할 토지수용위원회가 사업시행자에게 잔여지 수용청구의 의사표시를 수령할 권한을 부여하였다고 인정할 만한 사정이 없는 한, 사업시행자에게 한 잔여지 매수청구의 의사표시를 관할 토지수용위원회에 한 잔여지 수용청구의 의사표시로 볼 수는 없다(대판 2010.8.19, 2008두822).

정답 ①

56. 행정상 손실보상에 대한 설명으로 옳지 않은 것은? (다툼이 있는 경우 판례에 의함) 20 국회직9급

① 공용수용은 헌법상의 재산권 보장의 요청상 불가피한 최소한에 그쳐야 한다.
② 헌법 제23조 제3항에서 규정한 '정당한 보상'이란 완전보상을 뜻한다.
③ 이주대책은 생활보상의 일환으로 국가의 적극적이고 정책적인 배려에 의하여 마련된 제도이다.
④ 구체적 권리가 아닌 단순한 이익이나 재화 획득의 기회와 같은 것은 손실보상 대상이 되지 않는다.
⑤ 「관광진흥법」이 민간개발자를 수용의 주체로 규정한 것은 헌법에 위반된다.

해설 ➤ ㉦

① 대판 1987.9.8, 87누395
② 대판 1993.7.13, 93누2131
③ 헌재결 2006.2.23, 2004헌마19
④ 헌재결 1996.8.29, 95헌바36
⑤ 헌법 제23조 제3항은 정당한 보상을 전제로 하여 재산권의 수용 등에 관한 가능성을 규정하고 있지만, 수용의 주체를 한정하지 않고 있으므로 위 헌법조항의 핵심은 그 수용의 주체가 국가인지 민간개발자인지에 달려 있다고 볼 수 없다. 관광단지의 지정은 시장·군수·구청장의 신청에 의하여 시·도지사가 사전에 문화체육관광부장관 및 관계 행정기관의 장과 협의하여 정하도록 되어 있어, 민간개발자가 수용의 주체가 된다 하더라도 궁극적으로 수용에 요구되는 공공의 필요성 등에 대한 최종적인 판단권한은 공적 기관에 유보되어 있음을 알 수 있다. 민간개발자에게 관광단지의 개발권한을 부여한 이상 사업이 효과적으로 진행되게 하기 위해서는 다른 공적인 사업시행자와 마찬가지로 토지 수용권을 인정하는 것이 관광진흥법의 입법취지에 부합한다. 따라서 관광단지 조성사업에 있어 민간개발자를 수용의 주체로 규정한 것 자체를 두고 헌법에 위반된다고 볼 수 없다(헌재결 2013.2.28, 2011헌바250).

정답 ⑤

57. 「공익사업을 위한 토지 등의 취득 및 보상에 관한 법률」상 손실보상에 대한 설명으로 옳지 않은 것은? (다툼이 있는 경우 판례에 의함) 20 국가직7급

① 잔여지 수용청구권은 그 요건을 구비한 때에는 잔여지를 수용하는 토지수용위원회의 재결이 없더라도 그 청구에 의하여 수용의 효과가 발생하는 형성권적 성질을 가진다.
② 공익사업에 영업시설 일부가 편입됨으로 인하여 잔여 영업시설에 손실을 입은 자는 재결절차를 거치지 않은 채 곧바로 사업시행자를 상대로 잔여 영업시설의 손실에 대한 보상을 청구할 수 있다.
③ 국가 등의 공적 기관이 직접 수용의 주체가 되는 것이든 그러한 공적 기관의 최종적인 허부판단과 승인결정하에 민간기업이 수용의 주체가 되는 것이든, 양자 사이에 공공필요에 대한 판단과 수용의 범위에 있어서 본질적인 차이가 있는 것은 아니다.
④ 손실보상금 산정을 위한 감정평가 중 어느 한 가지 점이라도 위법사유가 있으면 그것으로써 감정평가결과는 위법하게 되나, 법원은 그 감정내용 중 위법하지 않은 부분을 추출하여 판결에서 참작할 수 있다.

해설 ➤ 上

① 대판 2001.9.4, 99두11080
② 이 판례는 두 가지 논점을 다루고 있기 때문에 구별해서 잘 이해해야 한다. 즉, 공익사업에 영업시설 일부가 편입됨으로 인하여 잔여 영업시설에 손실을 입은 자가 재결절차를 거치지 않은 채 곧바로 사업시행자를 상대로 잔여 영업시설의 손실에 대한 보상을 청구할 수 없고, 영업의 단일성·동일성이 인정되는 범위에서 보상금 산정의 세부요소를 추가로 주장하는 경우, 별도로 재결절차를 거쳐야 하는 것은 아니다.
공익사업에 영업시설 일부가 편입됨으로 인하여 잔여 영업시설에 손실을 입은 자가 사업시행자로부터 구 「공익사업을 위한 토지 등의 취득 및 보상에 관한 법률 시행규칙」 제47조 제3항에 따라 잔여 영업시설의 손실에 대한 보상을 받기 위해서는, 토지보상법 제34조, 제50조 등에 규정된 재결절차를 거친 다음 그 재결에 대하여 불복이 있는 때에 비로소 토지보상법 제83조 내지 제85조에 따라 권리구제를 받을 수 있을 뿐이다. 이러한 재결절차를 거치지 않은 채 곧바로 사업시행자를 상대로 손실보상을 청구하는 것은 허용되지 않는다.
재결절차를 거쳤는지 여부는 보상항목별로 판단하여야 한다. 피보상자별로 어떤 토지, 물건, 권리 또는 영업이 손실보상대상에 해당하는지, 나아가 보상금액이 얼마인지를 심리·판단하는 기초 단위를 보상항목이라고 한다. 편입토지·물건 보상, 지장물 보상, 잔여 토지·건축물 손실보상 또는 수용청구의 경우에는 원칙적으로 개별물건별로 하나의 보상항목이 되지만, 잔여 영업시설 손실보상을 포함하는 영업손실보상의 경우에는 '전체적으로 단일한 시설 일체로서의 영업' 자체가 보상항목이 되고, 세부 영업시설이나 영업이익, 휴업기간 등은 영업손실보상금 산정에서 고려하는 요소에 불과하다. 그렇다면 영업의 단일성·동일성이 인정되는 범위에서 보상금 산정의 세부요소를 추가로 주장하는 것은 하나의 보상항목 내에서 허용되는 공격방법일 뿐이므로, 별도로 재결절차를 거쳐야 하는 것은 아니다(대판 2018.7.20, 2015두4044).
③ 헌재결 2009.9.24, 2007헌바114
④ 대판 2014.12.11, 2012두1570

정답 ②

58. 「공익사업을 위한 토지 등의 취득 및 보상에 관한 법률」(이하 「토지보상법」)상 손실보상에 대한 설명으로 옳지 않은 것은? (다툼이 있는 경우 판례에 의함) 21 국회직8급

① 「토지보상법」상 재결에 대하여 불복절차를 취하지 아니함으로써 그 재결에 대하여 더 이상 다툴 수 없게 된 경우에는, 기업자는 그 재결이 당연무효이거나 취소되지 않는 한 이미 보상금을 지급받은 자에 대하여 민사소송으로 그 보상금을 부당이득이라 하여 반환을 구할 수 없다.
② 이주대책대상자 선정에서 배제되어 수분양권을 취득하지 못한 이주자가 사업시행자를 상대로 공법상 당사자소송으로 이주대책상의 수분양권의 확인을 구하는 것은 허용될 수 없다.
③ 하나의 재결에서 피보상자별로 여러 가지의 토지, 물건, 권리 또는 영업의 손실에 관하여 심리·판단이 이루어졌을 때, 피보상자 또는 사업시행자가 반드시 재결 전부에 관하여 불복하여야 하는 것은 아니다.
④ 사업시행자가 이주대책에 관한 구체적인 계획을 수립하여 이를 해당자에게 통지 내지 공고하게 되면 이주대책대상자에게 구체적인 수분양권이 발생하게 된다.
⑤ 「토지보상법」에 의한 보상을 하면서 손실보상금에 관한 당사자 간의 합의가 성립하면 그 합의 내용이 「토지보상법」에서 정하는 손실보상 기준에 맞지 않는다고 하더라도 합의가 적법하게 취소되는 등의 특별한 사정이 없는 한 추가로 「토지보상법」상 기준에 따른 손실보상금 청구를 할 수는 없다.

해설 ▸ 上

① 대판 2001.4.27, 2000다50237
② 수분양권은 위와 같이 이주자가 이주대책을 수립·실시하는 사업시행자로부터 이주대책대상자로 확인·결정을 받음으로써 취득하게 되는 택지나 아파트 등을 분양받을 수 있는 공법상의 권리라고 할 것이므로, 이주자가 사업시행자에 대한 이주대책대상자 선정신청 및 이에 따른 확인·결정 등 절차를 밟지 아니하여 구체적인 수분양권을 아직 취득하지도 못한 상태에서 곧바로 분양의무의 주체를 상대방으로 하여 민사소송이나 공법상 당사자소송으로 이주대책상의 수분양권의 확인 등을 구하는 것은 허용될 수 없고, 나아가 그 공급대상인 택지나 아파트 등의 특정부분에 관하여 그 수분양권의 확인을 소구하는 것은 더더욱 불가능하다고 보아야 한다 [대판(전합) 1994.5.24, 92다35783].
③ 하나의 재결에서 피보상자별로 여러 가지의 토지, 물건, 권리 또는 영업(손실보상 대상에 해당하는지, 나아가 그 보상금액이 얼마인지를 심리·판단하는 기초 단위를 보상항목)의 손실에 관하여 심리·판단이 이루어졌을 때, 피보상자 또는 사업시행자가 반드시 재결 전부에 관하여 불복하여야 하는 것은 아니며, 여러 보상항목들 중 일부에 관해서만 불복하는 경우에는 그 부분에 관해서만 개별적으로 불복의 사유를 주장하여 행정소송을 제기할 수 있다. 이러한 보상금 증감 소송에서 법원의 심판범위는 하나의 재결 내에서 소송당사자가 구체적으로 불복신청을 한 보상항목들로 제한된다(대판 2018.5.15, 2017두41221).
④ 「공공용지의 취득 및 손실보상에 관한 특례법」 제8조 제1항이 사업시행자에게 이주대책의 수립·실시의무를 부과하고 있다고 하여 그 규정 자체만에 의하여 이주자에게 사업시행자가 수립한 이주대책상의 택지분양권이나 아파트입주권 등을 받을 수 있는 구체적인 권리(수분양권)가 직접 발생하는 것이라고는 도저히 볼 수 없으며, 사업시행자가 이주대책에 관한 구체적인 계획을 수립하여 이를 해당자에게 통지 내지 공고한 후, 이주자가 수분양권을 취득하기를 희망하여 이주대책에 정한 절차에 따라 사업시행자에게 이주대책대상자 선정신청을 하고 사업시행자가 이를 받아들여 이주대책대상자로 확인·결정하여야만 비로소 구체적인 수분양권이 발생하게 된다[대판(전합) 1994.5.24, 92다35783].
⑤ 공익사업법에 의한 보상을 하면서 손실보상금에 관한 당사자 간의 합의가 성립하면 그 합의 내용대로 구속력이 있고, 손실보상금에 관한 합의 내용이 공익사업법에서 정하는 손실보상 기준에 맞지 않는다고 하더라도 합의가 적법하게 취소되는 등의 특별한 사정이 없는 한 추가로 공익사업법상 기준에 따른 손실보상금 청구를 할 수는 없다(대판 2013.8.22, 2012다3517).

정답 ④

59. 재산권 보장과 손실보상에 대한 설명으로 옳은 것은? (다툼이 있는 경우 판례에 의함) 21 국가직7급

① 공용수용은 공공필요에 부합하여야 하므로, 수용 등의 주체를 국가 등의 공적 기관에 한정하여야 한다.
② 공익사업시행으로 인한 개발이익은 완전보상의 범위에 포함되는 피수용토지의 객관적 가치 내지 피수용자의 손실에 해당한다.
③ 구 「공유수면매립법」상 간척사업의 시행으로 인하여 관행어업권이 상실된 경우, 실질적이고 현실적인 피해가 발생한 경우에만 「공유수면매립법」에서 정하는 손실보상청구권이 발생한다.
④ 「공익사업을 위한 토지 등의 취득 및 보상에 관한 법률」에 따른 보상은 토지소유자나 관계인 개인별로 하는 것이 아니라 수용 또는 사용의 대상이 되는 물건별로 행해지는 것이다.

해설 ▸ 中

① 우리 헌법상 수용의 주체를 국가로 한정한 바 없으므로 민간기업도 수용의 주체가 될 수 있고, 산업입지의 공급을 통해 산업발전을 촉진하며 국민경제의 발전에 이바지하고자 함에는 공공의 필요성이 있으며, 피수용자에게 환매권이 보장되고 정당한 보상이 지급되며, 나아가 수용과정이 적법절차에 의해 규율되는 점에 비추어 볼 때 민간기업에게 산업단지개발사업에 필요한 토지 등을 수용할 수 있도록 규정한 「산업입지 및 개발에 관한 법률」 제22조 제1항의 '사업시행자' 부분 중 '제16조 제1항 제3호'에 관한 부분 등을 위헌이라 할 수 없다(헌재결 2009.9.24, 2007헌바114).
② '정당한 보상'이라 함은 원칙적으로 피수용재산의 객관적인 재산가치를 완전하게 보상하여야 한다는 완전보상을 뜻하는 것이라 할 것이나, 투기적인 거래에 의하여 형성되는 가격은 정상적인 객관적 재산가치로는 볼 수 없으므로 이를 배제한다고 하여 완전보상의 원칙에 어긋나는 것은 아니며, 공익사업의 시행으로 지가가 상승하여 발생하는 개발이익은 궁극적으로는 국민 모두에게 귀속되어야 할 성질의 것이므로 이는 완전보상의 범위에 포함되는 피수용토지의 객관적 가치 내지 피수용자의 손실이라고는 볼 수 없다(대판 1993.7.13, 93누2131).
③ 매립면허 고시 이후 매립공사가 실행되어 관행어업권자에게 실질적이고 현실적인 피해가 발생한 경우에만 공유수면매립법에서 정하는 손실보상청구권이 발생하였다고 할 것이다(대판 2010.12.9, 2007두6571).
④ '물건별보상'이 아니라 '개인별 보상'이 원칙이다.
손실보상은 토지소유자나 관계인에게 개인별로 하여야 한다. 다만, 개인별로 보상액을 산정할 수 없을 때에는 그러하지 아니하다(「공익사업을 위한 토지 등의 취득 및 보상에 관한 법률」 제64조).

정답 ③

60. 행정상 손실보상에 대한 설명으로 옳지 않은 것은? (다툼이 있는 경우 판례에 의함) 21 국가직7급

① 「하천법」 제50조에 따른 하천수 사용권은 「공익사업을 위한 토지 등의 취득 및 보상에 관한 법률」이 손실보상의 대상으로 규정하고 있는 '물의 사용에 관한 권리'에 해당한다.
② 국가지정문화재에 대하여 관리단체로 지정된 지방자치단체의 장은 「문화재보호법」 및 「공익사업을 위한 토지 등의 취득 및 보상에 관한 법률」에 따라 국가지정문화재나 그 보호구역에 있는 토지 등을 수용할 수 있다.
③ 「공익사업을 위한 토지 등의 취득 및 보상에 관한 법률」상 보상 대상이 되는 '기타 토지에 정착한 물건에 대한 소유권 그 밖의 권리를 가진 관계인'에는 수거·철거권 등 실질적 처분권을 가진 자도 포함된다.
④ 「공익사업을 위한 토지 등의 취득 및 보상에 관한 법률」상 보상금증액소송은 처분청인 토지수용위원회를 피고로 한다.

해설 ㊥

① 물을 사용하여 사업을 영위하는 지위가 독립하여 재산권, 즉 처분권을 내포하는 재산적 가치 있는 구체적인 권리로 평가될 수 있는 경우에는 댐건설법 제11조 제1항, 제3항 및 토지보상법 제76조 제1항에 따라 손실보상의 대상이 되는 '물의 사용에 관한 권리'에 해당한다고 볼 수 있다(대판 2018.12.27, 2014두11601).
② 대판 2019.2.28, 2017두71031
③ 대판 2019.4.11, 2018다277419
④ 행정소송이 보상금의 증감(增減)에 관한 소송인 경우 그 소송을 제기하는 자가 토지소유자 또는 관계인일 때(증액청구소송)에는 사업시행자를, 사업시행자일 때(감액청구소송)에는 토지소유자 또는 관계인을 각각 피고로 한다(같은 조 제2항). 같은 법 제2항이 규정하고 있는 소송이 보상금증감청구소송으로 형식적 당사자소송의 대표이다.

정답 ④

61. 다음 사례에 대한 설명으로 옳은 것을 고르시오. (다툼이 있는 경우 판례에 의함) 22 국가직9급

> 건설회사 A는 택지개발사업을 위해 관련 법령에 따른 절차를 거쳐 甲 소유의 토지 등을 취득하고자 甲과 보상에 관한 협의를 하였으나 협의가 성립되지 않았다. 이에 관할 지방토지수용위원회에 재결을 신청하여 토지의 수용 및 보상금에 대한 수용재결을 받았다.

① 甲이 수용재결에 대하여 이의신청을 제기하면 사업의 진행 및 토지의 수용 또는 사용을 정지시키는 효력이 있다.
② 甲이 수용 자체를 다투는 경우 관할 지방토지수용위원회를 상대로 수용재결에 대하여 취소소송을 제기할 수 있다.
③ 甲은 보상금 증액을 위해 A를 상대로 손실보상을 구하는 민사소송을 제기할 수 있다.
④ 甲이 계속 거주하고 있는 건물과 토지의 인도를 거부할 경우 행정대집행의 대상이 될 수 있다.

해설 ㊦

① 이의의 신청이나 행정소송의 제기는 사업의 진행 및 토지의 수용 또는 사용을 정지시키지 아니한다(같은 법 제88조).
② 사업시행자, 토지소유자 또는 관계인은 제34조에 따른 재결(수용재결, 원처분, 대리)에 불복할 때에는 재결서를 받은 날부터 90일 이내에(행정심판임의주의), 이의신청을 거쳤을 때에는 이의신청에 대한 재결서(이의재결, 확인행위)를 받은 날부터 60일 이내에 각각 행정소송을 제기할 수 있다(같은 법 제85조 제1항).
③ 재결의 내용 중 손실보상액에 대하여만 불복이 있는 경우 이의신청을 거치지 않은 경우에는 재결서를 송달받은 날로부터 90일 이내에, 이의신청을 거친 경우에는 60일 이내에 보상금증감청구소송을 제기할 수 있는데, 이 경우 당해 소송을 제기하는 자가 토지소유자 또는 관계인인 때(보상금증액청구소송)에는 사업시행자를, 사업시행자인 때(보상금감액청구소송)에는 토지소유자 또는 관계인을 각각 피고로 한다(같은 조 제2항). 이와 같은 보상금증감청구소송은 형식적 당사자소송이다.
④ 피수용자 등이 기업자(현 사업시행자)에 대하여 부담하는 수용대상 토지의 인도의무에 관한 구 토지수용법 제63조, 제64조, 제77조 규정에서의 '인도'에는 명도도 포함되는 것으로 보아야 하고, 이러한 명도의무는 그것을 강제적으로 실현하면서 직접적인 실력행사가 필요한 것이지 대체적 작위의무라고 볼 수 없으므로 특별한 사정이 없는 한 행정대집행법에 의한 대집행의 대상이 될 수 있는 것이 아니다(대판 2005.8.19, 2004다2809).

정답 ②

62. 손실보상의 근거규정이 없이 법령상 규정에 의하여 재산권 행사에 제약을 받은 사람이 손실보상을 청구할 수 있는지에 대한 다음의 설명 중 옳지 않은 것은? (다툼이 있는 경우 판례에 의함) 18 국회직8급

① 재산권의 사회적 제약에 해당하는 공용제한에 대해서는 보상규정을 두지 않아도 된다.
② 보상규정이 없다고 하여 당연히 보상이 이루어질 수 없는 것이 아니라 헌법해석론에 따라서는 특별한 희생에 해당하는 재산권제약에 대해서는 손실보상이 이루어질 수도 있다.
③ 우리 헌법재판소는 손실보상규정이 없어 손실보상을 할 수 없으나 수인한도를 넘는 침해가 있는 경우에는 침해를 야기한 행위가 위법하므로 그에 대한 항고소송을 제기할 수 있다고 한다.
④ 대법원은 손실보상규정이 없는 경우에 다른 손실보상규정의 유추적용을 인정하는 경우가 있다.
⑤ 손실보상규정이 없으나 수인한도를 넘는 침해가 이루어진 경우 헌법소원으로 이를 다툴 수 있다.

해설 ➤ 中

②④ 대법원은 헌법이 개정될 때마다 불법행위를 인정하기도 하고(대판 1966.10.18, 66다1715), 직접효력설에 입각하기도 하고(대판 1967.11.2, 67다1334) 방침규정설에 입각하기도 하고(대판 1976.10.12, 76다1443), 관련 공법규정을 유추적용하기도 하고(대판 1985.9.10, 85다카571), 개발제한구역에 대해서는 사회적 제약이라고 판시하는 등(대판 1996.6.28, 94다54511) 일관된 입장을 보이지 못하고 있다. 어쨌든 대법원 판례에 따르면 관련 공법규정을 유추적용함으로써 손실보상이 인정되는 경우가 있다.
하천법 제2조 제1항 제2호, 제3조에 의하면 제외지는 하천구역에 속하는 토지로서 법률의 규정에 의하여 당연히 그 소유권이 국가에 귀속된다고 할 것인바, 한편 동법에서는 위 법의 시행으로 인하여 국유화가 된 제외지의 소유자에 대하여 그 손실을 보상한다는 직접적인 보상규정을 둔 바가 없으나 동법 제74조의 손실보상요건에 관한 규정은 보상사유를 제한적으로 열거한 것이라기보다는 예시적으로 열거하고 있으므로 국유로 된 제외지의 소유자에 대하여는 위 법조를 유추적용하여 관리청은 그 손실을 보상하여야 한다(대판 1987.7.21, 84누126).
③ 헌법재판소는 위헌무효설을 취하고 있다. 또한 헌법재판소는 "보상의 구체적 기준과 방법은 헌법재판소가 결정할 성질의 것이 아니라 광범위한 입법형성권을 가진 입법자가 입법정책적으로 정할 사항이다."(헌재결 1998.12.24, 89헌마214·90헌바16·97헌바78)라고 판시함으로써 보상규정이 없을 경우 직접 손실보상을 청구할 수 없다는 입장이다.

정답 ③

63. 다음 중 생활보상에 대한 설명으로 옳지 않은 것은? (다툼이 있는 경우 판례에 의함) 15 국회직8급

① 생활보상은 피수용자가 종전과 같은 생활을 유지할 수 있도록 실질적으로 보장하는 보상을 말한다.
② 도시개발사업의 사업시행자는 이주대책기준을 정하여 이주대책대상자 가운데 이주대책을 수립·실시하여야 할 자를 선정하여 그들에게 공급할 택지 등을 정하는 데 재량을 갖는다.
③ 생활대책대상자 선정기준에 해당하는 자는 자신을 생활대책대상자에서 제외하거나 선정을 거부한 사업시행자를 상대로 항고소송을 제기할 수 있다.
④ 이주대책대상자로 확인·결정이 되어야 이주대책대상자가 비로소 수분양권을 취득한다.
⑤ 사업시행자 스스로 생활대책을 수립·실시하는 경우, 이는 내부적인 기준에 불과하므로 생활대책대상자 선정기준에 해당하는 자는 사업시행자에게 생활대책대상자 선정여부의 확인·결정을 신청할 수 있는 권리를 갖지 못한다.

해설 ➤ 中

① 생활보상이란 재산권 침해로 인해 생활근거를 상실하게 되는 재산권의 피수용자 등에 대하여 생존배려적인 측면에서 생활재건에 필요한 정도의 보상을 해 주는 것을 말한다.
② 사업시행자는 이주대책기준을 정하여 이주대책대상자 중에서 이주대책을 수립·실시하여야 할 자를 선정하여 그들에게 공급할 택지 또는 주택의 내용이나 수량을 정할 수 있고, 이를 정하는 데 재량을 가지므로, 이를 위해 사업시행자가 설정한 기준은 그것이 객관적으로 합리적이 아니라거나 타당하지 않다고 볼 만한 다른 특별한 사정이 없는 한 존중되어야 한다(대판 2009.3.12, 2008두12610).
③ 생활대책대상자 선정기준에 해당하는 자는 사업시행자에 생활대책대상자 선정 여부의 확인·결정을 신청할 수 있는 권리를 가지는 것이어서, 만일 사업시행자가 그러한 자를 생활대책대상자에서 제외하거나 선정을 거부하면, 이러한 생활대책대상자 선정기준에 해당하는 자는 사업시행자를 상대로 항고소송을 제기할 수 있다(대판 2011.10.13, 2008두17905).
④ 이주자가 수분양권을 취득하기를 희망하여 이주대책에 정한 절차에 따라 사업시행자에게 이주대책대상자 선정신청을 하고 사업시행자가 이를 받아들여 이주대책대상자로 확인·결정하여야만 비로소 구체적인 수분양권이 발생하게 된다[대판(전합) 1994.5.24, 92다35783].

⑤ 생활대책대상자 선정기준에 해당하는 자는 사업시행자에 생활대책대상자 선정 여부의 확인·결정을 신청할 수 있는 권리를 가지는 것이어서, 만일 사업시행자가 그러한 자를 생활대책대상자에서 제외하거나 선정을 거부하면, 이러한 생활대책대상자 선정기준에 해당하는 자는 사업시행자를 상대로 항고소송을 제기할 수 있다고 보는 것이 타당하다(대판 2011.10.13, 2008두17905).

정답 ⑤

64. 「공익사업을 위한 토지 등의 취득 및 보상에 관한 법률」상 이주대책에 대한 설명으로 옳지 않은 것은? (다툼이 있는 경우 판례에 의함) 20 국회직8급

① 이주대책은 생활보상의 일환으로 국가의 적극적이고 정책적인 배려에 의하여 마련된 제도이다.
② 이주대책의 수립의무자는 사업시행자이며, 법령에서 정한 일정한 경우 이주대책을 수립할 의무가 있다.
③ 사업시행자는 이주대책을 수립하려면 미리 관할 지방자치단체의 장과 협의하여야 한다.
④ 도시개발사업의 사업시행자가 이주대책기준을 정하여 이주대책대상자 가운데 이주대책을 수립 · 실시하여야 할 자를 선정하여 그들에게 공급할 택지 등을 정할 때는 재량권을 갖는다.
⑤ 주거용 건물의 거주자에 대하여는 주거이전에 필요한 비용 외에 가재도구 등 동산의 운반에 필요한 비용은 보상하지 않아도 된다.

해설 ㊥

① 대판 2011.2.24, 2010다43498
② 사업시행자는 공익사업의 시행으로 인하여 주거용 건축물을 제공함에 따라 생활의 근거를 상실하게 되는 자(이하 "이주대책대상자"라 한다)를 위하여 대통령령으로 정하는 바에 따라 이주대책을 수립·실시하거나 이주정착금을 지급하여야 한다(「공익사업을 위한 토지 등의 취득 및 보상에 관한 법률」 제78조 제1항).
③ 같은 조 제2항
④ 대판 2009.3.12, 2008두12610
⑤ 주거용 건물의 거주자에 대하여는 주거 이전에 필요한 비용과 가재도구 등 동산의 운반에 필요한 비용을 산정하여 보상하여야 한다(같은 조 제5항).

정답 ⑤

65. 「공익사업을 위한 토지 등의 취득 및 보상에 관한 법률」상 손실보상의 원칙에 관한 내용으로 옳지 않은 것은? 20 국회직8급

① 공익사업에 필요한 토지 등의 취득 또는 사용으로 인하여 토지소유자나 관계인이 입은 손실은 사업시행자가 보상하여야 한다.
② 손실보상은 토지소유자나 관계인에게 개인별로 하여야 한다. 다만, 개인별로 보상액을 산정할 수 없을 때에는 그러하지 아니하다.
③ 사업시행자는 동일한 소유자에게 속하는 일단의 토지의 일부를 취득하거나 사용하는 경우, 해당 공익사업의 시행으로 인하여 잔여지의 가격이 증가하거나 그 밖의 이익이 발생한 경우에도 그 이익을 취득 또는 사용으로 인한 손실과 상계할 수 없다.
④ 토지에 대한 보상액은 가격시점에서의 현실적인 이용상황, 일반적인 이용방법에 의한 객관적 상황, 일시적인 이용상황 및 토지소유자나 관계인이 갖는 주관적 가치 및 특별한 용도에 사용할 것을 전제로 한 경우 등을 고려한다.
⑤ 영업을 폐지하거나 휴업함에 따라 휴직하거나 실직하는 근로자의 임금손실에 대하여는 「근로기준법」에 따른 평균임금 등을 고려하여 보상하여야 한다.

해설 ➤ 下

① 사업시행자보상의 원칙(「공익사업을 위한 토지 등의 취득 및 보상에 관한 법률」 제61조)
② 같은 법 제64조
③ 같은 법 제66조
④ 토지에 대한 보상액은 가격시점에서의의 객관적 상황을 고려하여 산정하되, 일시적인 이용상황과 토지소유자나 관계인이 갖는 주관적 가치 및 특별한 용도에 사용할 것을 전제로 한 경우 등은 고려하지 아니한다(같은 법 제70조 제2항).
⑤ 같은 법 제77조 제3항

정답 ④

66. 다음 사례에 대한 설명으로 옳은 것은? (다툼이 있는 경우 판례에 의함) '22 국가직7급

> 경기도 A군수는 개발촉진지구에서 시행되는 지역개발사업의 시행자로 B를 지정·고시하고 실시계획을 승인·고시하였다. B는 개발사업구역에 편입된 甲 소유 토지에 관하여 「공익사업을 위한 토지 등의 취득 및 보상에 관한 법률」에 따라 甲과 협의를 하였으나 협의가 이루어지지 아니하자 경기도 지방토지수용위원회에 위 토지에 대한 수용재결신청을 하여 수용재결서 정본을 송달받았다.

① 甲은 수용재결에 불복할 때에는 그 재결서를 받은 날부터 60일 이내에, 이의신청을 거쳤을 때에는 이의신청에 대한 재결서를 받은 날부터 30일 이내에 각각 행정소송을 제기하여야 한다.
② 甲이 수용재결에 이의가 있을 경우 경기도 지방토지수용위원회를 거쳐 중앙토지수용위원회에 이의를 신청할 수 있다.
③ 甲이 수용재결에 대하여 중앙토지수용위원회의 이의재결을 거친 후 취소소송을 제기할 경우, 이의재결에 고유한 위법이 없는 경우에도 중앙토지수용위원회를 피고로 하여 수용재결의 취소를 구하여야 한다.
④ 甲이 보상금의 증액청구를 하고자 하는 경우에는 경기도 지방토지수용위원회를 피고로 하여 당사자소송을 제기하여야 한다.

해설 ➤ 下

① 사업시행자, 토지소유자 또는 관계인은 제34조에 따른 재결에 불복할 때에는 재결서를 받은 날부터 90일 이내에, 이의신청을 거쳤을 때에는 이의신청에 대한 재결서를 받은 날부터 60일 이내에 각각 행정소송을 제기할 수 있다. 이 경우 사업시행자는 행정소송을 제기하기 전에 제84조에 따라 늘어난 보상금을 공탁하여야 하며, 보상금을 받을 자는 공탁된 보상금을 소송이 종결될 때까지 수령할 수 없다(「공익사업을 위한 토지 등의 취득 및 보상에 관한 법률」 제85조 제1항).
② 같은 법 제83조 제2항
③ 공익사업법 제85조 제1항 전문의 문언 내용과 공익사업법 제83조, 제85조가 중앙토지수용위원회에 대한 이의신청을 임의적 절차로 규정하고 있는 점, 행정소송법 제19조 단서가 행정심판에 대한 재결은 재결 자체에 고유한 위법이 있음을 이유로 하는 경우에 한하여 취소소송의 대상으로 삼을 수 있도록 규정하고 있는 점 등을 종합하여 보면, 수용재결에 불복하여 취소소송을 제기하는 때에는 이의신청을 거친 경우에도 수용재결을 한 중앙토지수용위원회 또는 지방토지수용위원회를 피고로 하여 수용재결의 취소를 구하여야 하고, 다만 이의신청에 대한 재결 자체에 고유한 위법이 있음을 이유로 하는 경우에는 그 이의재결을 한 중앙토지수용위원회를 피고로 하여 이의재결의 취소를 구할 수 있다고 보아야 한다(대판 2010.1.28, 2008두1504).
④ 보상금증감청구소송은 형식적 당사자소송으로서 권리주체를 피고로 해야 하므로 행정청이 경기도 토지수용위원회는 피고가 될 수 없다. 소송을 제기하는 자가 토지소유자 또는 관계인일 때(증액청구소송)에는 사업시행자를, 사업시행자일 때(감액청구소송)에는 토지소유자 또는 관계인을 각각 피고로 한다(토지보상법 제85조 제2항).

정답 ②

제3장 행정쟁송

제1절 행정쟁송 종합

1. 「도로법」 제61조에서 "공작물·물건, 그 밖의 시설을 신설·개축·변경 또는 제거하거나 그 밖의 사유로 도로를 점용하려는 자는 도로관리청의 허가를 받아야 한다."고 규정하고 있다. 甲은 도로관리청 乙에게 도로점용허가를 신청하였으나, 상당한 기간이 지났음에도 아무런 응답이 없어 행정쟁송을 제기하여 권리구제를 강구하려고 한다. 다음 설명으로 옳은 것은? (다툼이 있는 경우 판례에 의함) 16 지방직9급

① 甲이 의무이행심판을 제기한 경우, 도로점용허가는 기속행위이므로 의무이행심판의 인용재결이 있으면 乙은 甲에 대하여 도로점용허가를 발급해 주어야 한다.
② 甲이 부작위위법확인소송을 제기한 경우, 법원은 乙이 도로점용허가를 발급해 주어야 하는지의 여부를 심리할 수 있다.
③ 甲이 제기한 부작위위법확인소송에서 법원의 인용판결이 있는 경우, 乙은 甲에 대하여 도로점용허가신청을 거부하는 처분을 할 수 있다.
④ 甲은 의무이행소송을 제기하여 권리구제가 가능하다.

해설 (下)

① 도로법 제40조 제1항에 의한 도로점용은 일반공중의 교통에 사용되는 도로에 대하여 이러한 일반사용과는 별도로 도로의 특정부분을 유형적·고정적으로 특정한 목적을 위하여 사용하는 이른바 특별사용을 뜻하는 것이고, 이러한 도로점용의 허가는 특정인에게 일정한 내용의 공물사용권을 설정하는 설권행위로서, 공물관리자가 신청인의 적격성, 사용목적 및 공익상의 영향 등을 참작하여 허가를 할 것인지의 여부를 결정하는 재량행위이다(대판 2002.10.25, 2002두5795).

②③ 부작위위법확인소송의 심리범위에 관해 소극설(절차적 심리설)은 법원은 부작위의 위법여부만을 심리하는 데 그쳐야 하며, 행정청이 해야 할 처분의 내용까지 심리·판단할 수는 없다는 견해로서 다수설·판례이다. 설문은 적극설(실체적 심리설)로서 법원은 부작위의 위법 여부만이 아니라 신청의 실체적인 내용이 이유 있는 것인가, 즉 행정청의 특정 작위의무의 존재까지도 심리하여 행정청의 처리방향까지 제시해야 한다는 견해이다.

부작위위법확인의 소는 행정청이 당사자의 법규상 또는 조리상의 권리에 기한 신청에 대하여 상당한 기간 내에 그 신청을 인용하는 적극적 처분을 하거나 각하 또는 기각하는 등의 소극적 처분을 하여야 할 법률상의 응답의무가 있음에도 불구하고 이를 하지 아니하는 경우, 그 부작위의 위법을 확인함으로써 행정청의 응답을 신속하게 하여 부작위 내지 무응답이라고 하는 소극적인 위법상태를 제거하는 것을 목적으로 하는 것이고, 나아가 그 인용판결의 기속력에 의하여 행정청으로 하여금 적극적이든 소극적이든 어떤 처분을 하도록 강제한 다음, 그에 대하여 불복이 있을 경우 그 처분을 다투게 함으로써 최종적으로는 당사자의 권리와 이익을 보호하려는 제도이다(대판 2002.6.28, 2000두4750).

④ 행정심판법 제3조에 의하면 행정청의 위법 또는 부당한 거부처분이나 부작위에 대하여 의무이행심판청구를 할 수 있으나 행정소송법 제4조에서는 행정심판법상의 의무이행심판청구에 대응하여 부작위위법확인소송만을 규정하고 있으므로 행정청의 부작위에 대한 의무이행소송은 현행법상 허용되지 않는다(대판 1989.9.12, 87누868).

정답 ③

2. 「행정심판법」 및 「행정소송법」상의 집행정지에 대한 설명으로 옳지 않은 것은? 17 국회직8급

① 행정심판청구와 취소소송의 제기는 모두 처분의 효력이나 그 집행 또는 절차의 속행에 영향을 주지 아니한다.
② 공공복리에 중대한 영향을 미칠 우려가 있을 때에는 「행정심판법」 및 「행정소송법」상의 집행정지가 모두 허용되지 아니한다.
③ 「행정소송법」은 집행정지결정에 대한 즉시항고에 관하여 규정하고 있는 반면, 「행정심판법」에는 집행정지결정에 대한 즉시항고에 관하여 규정하고 있지 아니하다.
④ 「행정심판법」은 위원회의 심리·결정을 갈음하는 위원장의 직권결정에 관한 규정을 두고 있는 반면, 「행정소송법」은 법원의 결정에 갈음하는 재판장의 직권결정에 관한 규정을 두고 있지 아니하다.
⑤ 「행정소송법」이 집행정지의 요건 중 하나로 '중대한 손해'가 생기는 것을 예방할 필요성에 관하여 규정하고 있는 반면, 「행정심판법」은 집행정지의 요건 중 하나로 '회복하기 어려운 손해'를 예방할 필요성에 관하여 규정하고 있다.

해설 ➤ 中

① 행정심판법 제30조 제1항, 행정소송법 제23조 제1항
② 행정심판법 제30조 제3항, 행정소송법 제23조 제3항
② 행정소송법 제23조 제5항
③ 「행정심판법」 제30조 제6항은 "위원회의 심리 · 결정을 기다릴 경우 중대한 손해가 생길 우려가 있다고 인정되면 위원장은 직권으로 위원회의 심리 · 결정을 갈음하는 결정을 할 수 있다. 이 경우 위원장은 지체 없이 위원회에 그 사실을 보고하고 추인(追認)을 받아야 하며, 위원회의 추인을 받지 못하면 위원장은 집행정지 또는 집행정지 취소에 관한 결정을 취소하여야 한다."라고 규정하고 있다. 그러나 행정소송법에는 이와 같은 규정이 없다.
④ 행정심판법 제30조 제6항
⑤ 설명이 반대이다.

[행정심판법] 위원회는 처분, 처분의 집행 또는 절차의 속행 때문에 중대한 손해가 생기는 것을 예방할 필요성이 긴급하다고 인정할 때에는 직권으로 또는 당사자의 신청에 의하여 처분의 효력, 처분의 집행 또는 절차의 속행의 전부 또는 일부의 정지(집행정지)를 결정할 수 있다. 만, 처분의 효력정지는 처분의 집행 또는 절차의 속행을 정지함으로써 그 목적을 달성할 수 있을 때에는 허용되지 아니한다(제30조 제2항).

[행정소송법] 취소소송이 제기된 경우에 처분등이나 그 집행 또는 절차의 속행으로 인하여 생길 회복하기 어려운 손해를 예방하기 위하여 긴급한 필요가 있다고 인정할 때에는 본안이 계속되고 있는 법원은 당사자의 신청 또는 직권에 의하여 처분등의 효력이나 그 집행 또는 절차의 속행의 전부 또는 일부의 정지(이하 "執行停止"라 한다)를 결정할 수 있다. 다만, 처분의 효력정지는 처분등의 집행 또는 절차의 속행을 정지함으로써 목적을 달성할 수 있는 경우에는 허용되지 아니한다(행정소송법 제23조 제2항).

정답 ⑤

3. 행정심판과 행정소송에 대한 설명으로 옳지 않은 것은? (다툼이 있는 경우 판례에 의함) 18 국가직9급

① 행정심판을 청구하려는 자는 행정심판위원회뿐만 아니라 피청구인인 행정청에도 행정심판청구서를 제출할 수 있으나 행정소송을 제기하려는 자는 법원에 소장을 제출하여야 한다.
② 행정심판에서는 행정청이 상대방에게 심판청구기간을 법정 심판청구기간보다 긴 기간으로 잘못 알린 경우에 그 잘못 알린 기간 내에 심판청구가 있으면 그 심판청구는 법정 심판청구기간 내에 제기된 것으로 보나 행정소송에서는 그렇지 않다.
③ 「행정심판법」은 「행정소송법」과는 달리 집행정지뿐만 아니라 임시처분도 규정하고 있다.
④ 행정심판에서 행정심판위원회는 행정청의 부작위가 위법, 부당하다고 판단되면 직접 처분을 할 수 있으나 행정소송에서 법원은 행정청의 부작위가 위법한 경우에만 직접 처분을 할 수 있다.

해설 ➤ 下

① [행정심판] 행정심판을 청구하려는 자는 제28조에 따라 심판청구서를 작성하여 피청구인이나 위원회에 제출하여야 한다. 이 경우 피청구인의 수만큼 심판청구서 부본을 함께 제출하여야 한다(행정심판법 제23조 제1항).
[행정소송] 행정소송에 관하여 이 법에 특별한 규정이 없는 사항에 대하여는 법원조직법과 민사소송법 및 민사집행법의 규정을 준용한다(행정소송법 제8조 제2항). 소는 법원에 소장을 제출함으로써 제기한다(민사소송법 제248조).
② [법률] 행정청이 심판청구 기간을 제1항에 규정된 기간보다 긴 기간으로 잘못 알린 경우 그 잘못 알린 기간에 심판청구가 있으면 그 행정심판은 제1항에 규정된 기간에 청구된 것으로 본다(행정심판법 제27조 제5항).
[판례] 행정청이 법정 심판청구기간보다 긴 기간으로 잘못 알린 경우에 그 잘못 알린 기간 내에 심판청구가 있으면 그 심판청구는 법정 심판청구기간 내에 제기된 것으로 본다는 취지의 행정심판법 제18조 제5항의 규정은 행정심판 제기에 관하여 적용되는 규정이지, 행정소송 제기에도 당연히 적용되는 규정이라고 할 수는 없다(대판 2001.5.8, 2000두6916).
③ 위원회는 처분 또는 부작위가 위법·부당하다고 상당히 의심되는 경우 로서 처분 또는 부작위 때문에 당사자가 받을 우려가 있는 중대한 불이익이나 당사자에게 생길 급박한 위험을 막기 위하여 임시지위를 정하여야 할 필요가 있는 경우에는 직권으로 또는 당사자의 신청에 의하여 임시처분을 결정할 수 있다(행정심판법 제31조 제1항).
④ 직접 처분은 권력분립상 행정심판에만 인정되고, 행정소송에는 인정되지 않는다. 따라서 법원은 직접 처분을 할 수 없다.
위원회는 피청구인이 제49조 제3항에도 불구하고 처분을 하지 아니하는 경우에는 당사자가 신청하면 기간을 정하여 서면으로 시정을 명하고 그 기간에 이행하지 아니하면 직접 처분을 할 수 있다(직권이 아님). 다만, 그 처분의 성질(예 정보공개결정)이나 그 밖의 불가피한 사유로 위원회가 직접 처분을 할 수 없는 경우에는 그러하지 아니하다(행정심판법 제50조 제1항). 위원회는 직접 처분을 하였을 때에는 그 사실을 해당 행정청에 통보하여야 하며, 그 통보를 받은 행정청은 위원회가 한 처분을 자기가 한 처분으로 보아 관계 법령에 따라 관리·감독 등 필요한 조치를 하여야 한다(같은 조 제2항).

정답 ④

4. 처분에 대하여 이해관계가 있는 제3자의 법적 지위에 대한 설명으로 옳은 것만을 모두 고르면? 18 지방직9급

ㄱ. 행정청이 처분을 서면으로 하는 경우 상대방과 제3자에게 행정심판을 제기할 수 있는지 여부와 제기하는 경우의 행정심판절차 및 청구기간을 직접 알려야 한다.
ㄴ. 행정소송의 결과에 따라 권리 또는 이익의 침해 우려가 있는 제3자는 당해 행정소송에 참가할 수 있으며, 이때 참가인인 제3자는 실제로 소송에 참가하여 소송행위를 하였는지 여부를 불문하고 판결의 효력을 받는다.
ㄷ. 처분을 취소하는 판결에 의하여 권리의 침해를 받은 제3자는 자기에게 책임 없는 사유로 인하여 소송에 참가하지 못함으로써 판결의 결과에 영향을 미칠 공격 또는 방어방법을 제출하지 못한 때에는 이를 이유로 확정된 종국 판결에 대하여 재심의 청구를 할 수 있다.
ㄹ. 이해관계가 있는 제3자는 자신의 신청 또는 행정청의 직권에 의하여 행정절차에 참여하여 처분 전에 그 처분의 관할 행정청에 서면이나 말로 또는 정보통신망을 이용하여 의견제출을 할 수 있다.

① ㄱ, ㄴ
② ㄷ, ㄹ
③ ㄴ, ㄷ, ㄹ
④ ㄱ, ㄴ, ㄷ, ㄹ

해설 ➤ 中

ㄱ 행정청이 처분을 할 때에는 처분의 상대방에게 다음 각 호의 사항을 알려야 한다(행정심판법 제58조 제1항).

1. 해당 처분에 대하여 행정심판을 청구할 수 있는지
2. 행정심판을 청구하는 경우의 심판청구 절차 및 심판청구 기간

ㄴ 소송참가인으로서의 지위를 취득한 제3자는 실제 소송에 참가하여 소송행위를 하였는지 여부를 불문하고 판결의 효력을 받는다. 참가인이 된 제3자는 판결확정 후 행정소송법 제31조에 의한 재심의 소를 제기할 수 없다.
ㄷ 행정소송법 제31조 제1항
ㄹ 행정절차법 제2조 제4호, 제27조 제1항

정답 ③

5. 행정쟁송의 제소기간에 대한 설명으로 옳지 않은 것은? (다툼이 있는 경우 판례에 의함) 19 국회직8급

① 제소기간의 요건은 처분의 상대방이 소송을 제기하는 경우는 물론이고 법률상 이익이 침해된 제3자가 소송을 제기하는 경우에도 적용된다.
② 부작위위법확인의 소는 부작위상태가 계속되는 한 그 위법의 확인을 구할 이익이 있다고 보아야 하므로 제소기간의 제한이 없음이 원칙이나 행정심판 등 전심절차를 거친 경우에는 제소기간의 제한이 있다.
③ 당사자가 적법한 제소기간 내에 부작위위법확인의 소를 제기한 후 동일한 신청에 대하여 소극적 처분이 있다고 보아 처분취소소송으로 소를 교환적으로 변경한 후 부작위위법확인의 소를 추가적으로 병합한 경우 제소기간을 준수한 것으로 볼 수 있다.
④ 소극적 처분과 부작위에 대한 의무이행심판은 처분이 있음을 알게 된 날부터 90일 이내에 청구하여야 한다.
⑤ 행정처분의 당연무효를 선언하는 의미에서 그 취소를 구하는 행정소송을 제기하는 경우에는 취소소송의 제소기간을 준수하여야 한다.

해설 > 中

① 행정처분의 상대방이 아닌 제3자가 제기하는 사건은 같은법 제18조 제3항 소정의 행정심판을 제기하지 아니하고 제소할 수 있는 사건에 포함되어 있지 않으므로 같은법 제20조 제2항 단서를 적용하여 제소에 관한 제척기간의 규정을 배제할 수는 없다(대판 1989.5.9, 88누5150).
②③ 대판 2009.7.23, 2008두10560
④ 취소심판과 거부처분에 대한 의무이행심판의 경우 처분이 있음을 알게 된 날부터 90일, 처분이 있었던 날부터 180일 내에 제기해야 한다. 그러나 무효등확인심판과 부작위에 대한 의무이행심판의 경우 기간제한이 없다.
⑤ 대판 1987.6.9, 87누219

정답 ④

6. 제3자 또는 이해관계인의 보호에 대한 설명으로 옳지 않은 것은? 20 국회직9급

① 행정청이 처분을 할 때에는 해당 처분이 행정심판의 대상이 되는 처분인지를 이해관계인에게 지체 없이 알려주어야 한다.
② 행정청은 직권으로 또는 신청에 따라 이해관계인을 행정절차에 참여하게 할 수 있다.
③ 제3자라고 하더라도 법률상 이익이 있으면 항고소송의 원고적격이 인정된다.
④ 법원은 소송의 결과에 따라 권리 또는 이익의 침해를 받을 제3자가 있는 경우 당사자 또는 제3자의 신청 또는 직권에 의하여 결정으로써 제3자를 소송에 참가시킬 수 있다.
⑤ 제3자는 자기에게 책임 없는 사유로 소송에 참가하지 못함으로써 판결의 결과에 영향을 미칠 공격 또는 방어방법을 제출하지 못한 때에는 재심을 청구할 수 있다.

해설 > 下

① 행정청은 이해관계인이 요구하면 다음 각 호의 사항을 지체 없이 알려 주어야 한다. 이 경우 서면으로 알려 줄 것을 요구받으면 서면으로 알려 주어야 한다 (행정심판법 제58조 제2항).

1. 해당 처분이 행정심판의 대상이 되는 처분인지
2. 행정심판의 대상이 되는 경우 소관 위원회 및 심판청구 기간

② 행정절차법 제2조 제4호
③ 행정처분의 직접 상대방이 아닌 제3자라 하더라도 당해 행정처분으로 법률상 보호되는 이익을 침해당한 경우에는 취소소송을 제기하여 당부의 판단을 받을 자격이 있다(대판 2015.7.23, 2012두19496·19502).
④ 행정소송법 제16조 제1항
⑤ 행정소송법 제31조 제1항

정답 ①

7. 다음 사례에 관한 설명으로 옳지 않은 것은? (다툼이 있는 경우 판례에 의함) 21 국가직9급

> A도(道) B군(郡)에서 식품접객업을 하는 甲은 청소년에게 술을 팔다가 적발되었다. 「식품위생법」은 위법하게 청소년에게 주류를 제공한 영업자에게 "6개월 이내의 기간을 정하여 그 영업의 전부 또는 일부를 정지할 수 있다."라고 규정하고, 「식품위생법 시행규칙」 [별표 23]은 청소년 주류제공(1차 위반)시 행정처분기준을 '영업정지 2개월'로 정하고 있다. B군수는 甲에게 2개월의 영업정지처분을 하였다.

① 甲은 영업정지처분에 불복하여 A도 행정심판위원회에 행정심판을 청구할 수 있다.
② 甲은 행정심판을 청구하지 않고 영업정지처분에 대한 취소소송을 제기할 수 있다.
③ 「식품위생법 시행규칙」의 행정처분기준은 행정규칙의 형식이나, 「식품위생법」의 내용을 보충하면서 「식품위생법」의 규정과 결합하여 위임의 범위 내에서 대외적인 구속력을 가진다.
④ 甲이 취소소송을 제기하는 경우 법원은 재량권의 일탈·남용이 인정되면 영업정지처분을 취소할 수 있다.

해설 ➤ ㊦

① 다음 각 호의 행정청의 처분 또는 부작위에 대한 심판청구에 대하여는 시·도지사 소속으로 두는 행정심판위원회에서 심리·재결한다(제6조 제3항).

1. 시·도 소속 행정청
2. 시·도의 관할구역에 있는 시·군·자치구의 장(종로구청장, 동작구청장), 소속 행정청 또는 시·군·자치구의 의회(의장, 위원회의 위원장, 사무국장, 사무과장 등 의회 소속 모든 행정청을 포함한다)
3. 시·도의 관할구역에 있는 둘 이상의 지방자치단체(시·군·자치구를 말한다)·공공법인 등이 공동으로 설립한 행정청

② 취소소송은 법령의 규정에 의하여 당해 처분에 대한 행정심판을 제기할 수 있는 경우에도 이를 거치지 아니하고 제기할 수 있다. 다만, 다른 법률에 당해 처분에 대한 행정심판의 재결을 거치지 아니하면 취소소송을 제기할 수 없다는 규정이 있는 때에는 그러하지 아니하다(행정소송법 제18조 제1항).
③ 「식품위생법 시행규칙」 제53조에서 [별표 15]로 식품위생법 제58조에 따른 행정처분의 기준을 정하였다고 하더라도, 형식은 부령으로 되어 있으나 성질은 행정기관 내부의 사무처리준칙을 정한 것에 불과한 것으로서, 보건사회부장관(현 보건복지부장관)이 관계행정기관 및 직원에 대하여 직무권한 행사의 지침을 정하여 주기 위하여 발한 행정명령의 성질을 가지는 것이지 같은법 제58조 제1항의 규정에 보장된 재량권을 기속하는 것이라고 할 수 없고 대외적으로 국민이나 법원을 기속하는 힘이 있는 것은 아니므로, 같은법 제58조 제1항에 의한 처분의 적법 여부는 같은법 시행규칙에 적합한 것인가의 여부에 따라 판단할 것이 아니라 같은법 규정 및 그 취지에 적합한 것인가의 여부에 따라 판단하여야 할 것이며, 따라서 행정처분이 위 기준에 위반되었다는 사정만으로 그 처분이 위법한 것으로 되는 것은 아니다(대판 1997.11.28, 97누12952).
④ 재량권의 일탈·남용은 위법사유로서 취소판결을 할 수 있다.

정답 ③

8. 행정심판과 행정소송에 대한 설명으로 옳지 않은 것은? (다툼이 있는 경우 판례에 의함) 21 국회직8급

① 「행정심판법」에서는 당사자심판에 관한 규정은 두지 않고 있으며, 개별법에서 행정상 법률관계의 형성 또는 존부에 관하여 다툼이 있는 경우에 대해서 재정 등 분쟁해결절차를 두는 경우가 있다.
② 「행정심판법」에서는 의무이행심판제도를 두고 있지만, 「행정소송법」에서는 의무이행소송제도를 두고 있지 않다.
③ 「행정소송법」에서는 행정소송 제기기간을 법령보다 긴 기간으로 잘못 알린 경우에 대해 이를 구제할 수 있는 규정을 두고 있지 않으나 「행정심판법」의 준용을 통해 구제가 가능하다.
④ 「행정심판법」에서는 거부처분에 대한 이행명령재결에 따르지 않을 경우 직접 처분에 관한 규정을 두고 있으나, 「행정소송법」에서는 이에 관한 규정을 두지 않고 있다.
⑤ 「행정심판법」에서는 거부처분에 대한 취소심판에서 인용재결이 내려진 경우 재결의 취지에 따라 다시 이전의 신청에 대한 처분을 해야 할 재처분의무에 관한 규정을 두고 있다.

해설 ➤ 下

① 행정심판법에는 당사자심판·민중심판·기관심판에 관한 규정이 없고 개별법에만 존재한다.
③ 행정청이 법정 심판청구기간보다 긴 기간으로 잘못 알린 경우에 그 잘못 알린 기간 내에 심판청구가 있으면 그 심판청구는 법정 심판청구기간 내에 제기된 것으로 본다는 취지의 행정심판법 제18조 제5항의 규정은 행정심판 제기에 관하여 적용되는 규정이지, 행정소송 제기에도 당연히 적용되는 규정이라고 할 수는 없다(대판 2001.5.8, 2000두6916).
⑤ 행정심판법 제49조 제2항

정답 ③

9. 행정쟁송에 대한 설명으로 옳지 않은 것은? (다툼이 있는 경우 판례에 의함) 21 지방직7급

① 「공익사업을 위한 토지 등의 취득 및 보상에 관한 법률」상 사업시행자, 토지소유자 또는 관계인은 토지수용위원회의 재결에 불복할 때에는 재결서를 받은 날부터 90일 이내에, 이의신청을 거쳤을 때에는 이의신청에 대한 재결서를 받은 날부터 60일 이내에 각각 행정소송을 제기할 수 있다.
② 해당 행위를 계속하면 회복하기 곤란한 손해를 발생시킬 우려가 있는 경우 그 행위의 전부나 일부를 중지할 것을 요구하는 소송은 「지방자치법」상 주민소송의 한 종류로 규정되어 있다.
③ 지방자치단체의 장은 직무이행명령에 이의가 있으면 이행명령서를 접수한 날부터 15일 이내에 대법원에 소를 제기할 수 있으며, 이 경우 지방자치단체의 장은 이행명령의 집행을 정지하게 하는 집행정지결정을 신청할 수 있다.
④ 지방자치단체의 장은 자치사무에 관한 시정명령이나 처분의 취소 또는 정지에 대하여 이의가 있으면 그 시정명령, 취소처분 또는 정지처분을 통보받은 날부터 15일 이내에 대법원에 소를 제기할 수 있다.

해설 ➤ 中

① 「공익사업을 위한 토지 등의 취득 및 보상에 관한 법률」 제85조 제1항
② 지방자치법 제17조 제2항. 이는 각론 쟁점으로서 9급 수험생은 몰라도 된다.
③ 지방자치법 제170조 제3항. 이는 각론 쟁점으로서 9급 수험생은 몰라도 된다.
④ 지방자치단체의 장은 제1항에 따른 자치사무에 관한 명령이나 처분의 취소 또는 정지에 대하여 이의가 있으면 그 취소처분 또는 정지처분을 통보받은 날부터 15일 이내에 대법원에 소(訴)를 제기할 수 있다.(지방자치법 제169조 제2항). 역시 각론 쟁점으로서 9급 수험생은 몰라도 된다.

정답 ④

10. 다음 설명 중 옳지 않은 것은? (다툼이 있는 경우 판례에 의함) 21 지방직7급

① 조세심판청구에 대한 결정기관은 국무총리 소속의 조세심판원이며, 조세심판원의 결정은 관계 행정청을 기속한다.
② 공무원연금공단의 인정에 의해 퇴직연금을 지급받아 오던 중 공무원연금법령 개정 등으로 퇴직연금 중 일부 금액에 대해 지급이 정지된 경우, 미지급퇴직연금에 대한 지급청구권은 공법상 권리로서 그의 지급을 구하는 소송은 항고소송이다.
③ 과세처분 이후 조세 부과의 근거가 되었던 법률규정에 대하여 위헌결정이 내려진 경우, 위헌결정이후 그 조세채권의 집행을 위한 체납처분은 당연무효이다.
④ 위법한 세무조사에 의하여 수집된 과세자료를 기초로 한 과세처분은 위법하다.

해설 ➤ 下

① 심판청구에 대한 결정을 하기 위하여 국무총리 소속으로 조세심판원을 둔다(국세기본법 제67조 제1항). 제81조에서 준용하는 제65조에 따른 결정은 관계 행정청을 기속(羈束)한다(같은 법 제80조 제1항).
② 공무원연금관리공단이 퇴직연금 중 일부 금액에 대하여 지급거부의 의사표시를 하였다고 하더라도 그 의사표시는 퇴직연금청구권을 형성·확정하는 행정처분이 아니라 공법상의 법률관계의 한쪽 당사자로서 그 지급의무의 존부 및 범위에 관하여 나름대로의 사실상·법률상 의견을 밝힌 것일 뿐이어서, 이를 행정처분이라고 볼 수는 없고, 이 경우 미지급퇴직연금에 대한 지급청구권은 공법상 권리로서 그의 지급을 구하는 소송은

공법상의 법률관계에 관한 소송인 공법상 당사자소송에 해당한다(대판 2004.7.8, 2004두244).
③ 대판(전합) 2012.2.16, 2010두10907
④ 대판 2006.6.2, 2004두12070

정답 ②

11. 다음 각 사례에 대한 설명으로 옳은 것은? (다툼이 있는 경우 판례에 의함) 22 지방직9급

○ A 시장으로부터 3월의 영업정지처분을 받은 숙박업자 甲은 이에 불복하여 행정쟁송을 제기하고자 한다.
○ B 시장으로부터 건축허가거부처분을 받은 乙은 이에 불복하여 행정쟁송을 제기하고자 한다.

① 甲이 취소소송을 제기하면서 집행정지신청을 한 경우 법원이 집행정지결정을 하는 데 있어 甲의 본안청구의 적법 여부는 집행정지의 요건에 포함되지 않는다.
② 甲이 2022.1.5. 영업정지처분을 통지받았고, 행정심판을 제기하여 2022.3.29. 1월의 영업정지처분으로 변경하는 재결이 있었고 그 재결서 정본을 2022.4.2. 송달받은 경우 취소소송의 기산점은 2022.1.5.이다.
③ 乙이 의무이행심판을 제기하여 처분명령재결이 있었음에도 B시장이 허가를 하지 않는 경우 행정심판위원회는 직권으로 시정을 명하고 이를 이행하지 아니하면 직접 건축허가처분을 할 수 있다.
④ 乙이 건축허가거부처분에 대해 제기한 취소소송에서 인용판결이 확정되었으나 B시장이 기속력에 위반하여 다시 거부처분을 한 경우 乙은 간접강제신청을 할 수 있다.

해설 中

① 엄밀히 말하면 옳은 내용이다. 다만, 예외적으로 요건에 포함될 수도 있기 때문에 상대적으로 틀린 것이라고 할 수 있다.
행정처분의 효력정지나 집행정지를 구하는 신청사건에서는 행정처분 자체의 적법 여부는 원칙적으로 판단의 대상이 아니고, 그 행정처분의 효력이나 집행을 정지할 것인가에 관한 행정소송법 제23조 제2항에서 정한 요건의 존부만이 판단의 대상이 되는 것이다. 다만, 집행정지는 행정처분의 집행부정지원칙의 예외로서 인정되는 것이고, 또 본안에서 원고가 승소할 수 있는 가능성을 전제로 한 권리보호수단이라는 점에 비추어 보면, 집행정지사건 자체에 의하여도 신청인의 본안청구가 적법한 것이어야 한다는 것을 집행정지의 요건에 포함시키는 것이 옳다(대결 2010.11.26, 2010무137).
② 다른 법률에 당해 처분에 대한 행정심판의 재결을 거치지 않으면 취소소송을 제기할 수 없다는 규정이 있는 경우(행정심판절차가 필요적인 경우), 필요적으로 거쳐야 하는 것은 아니지만 행정심판청구를 할 수 있는 경우 또는 행정청이 행정심판청구를 할 수 있다고 잘못 알린 경우에 행정심판청구가 있은 때의 제소기간은 재결서의 정본을 송달받은 날로부터 90일 이내에 제기하여야 한다(행정소송법 제20조 제1항 단서). 따라서 위 사례에서 취소소송의 기산점은 재결서 정본을 송달받은 날인 2022.4.2.이다.
③ 위원회는 피청구인이 제49조 제3항(당사자의 신청을 거부하거나 부작위로 방치한 처분의 이행을 명하는 재결이 있으면 행정청은 지체 없이 이전의 신청에 대하여 재결의 취지에 따라 처분을 하여야 한다)에도 불구하고 처분을 하지 아니하는 경우에는 당사자가 신청하면 기간을 정하여 서면으로 시정을 명하고 그 기간에 이행하지 아니하면 직접 처분을 할 수 있다(직권이 아님). 다만, 그 처분의 성질(예 정보공개결정)이나 그 밖의 불가피한 사유로 위원회가 직접 처분을 할 수 없는 경우에는 그러하지 아니하다(행정심판법 제50조 제1항).
④ 위원회는 피청구인이 제49조 제2항(거부처분 취소재결 등에 따른 재처분의무)(제49조 제4항에서 준용하는 경우를 포함한다) 또는 제3항(처분명령재결에 따른 재처분의무)에 따른 처분을 하지 아니하면 청구인의 신청에 의하여 결정으로 상당한 기간을 정하고 피청구인이 그 기간 내에 이행하지 아니하는 경우에는 그 지연기간에 따라 일정한 배상을 하도록 명하거나 즉시 배상을 할 것을 명할 수 있다(행정심판법 제50조의2 제1항). 위 내용은 간접강제에 관한 것이다.

정답 ④

12. 행정쟁송에 대한 설명으로 옳은 것은? (다툼이 있는 경우 판례에 의함) 22 지방직9급

① 행정심판의 재결에도 판결에서와 같은 기판력이 인정되는 것이어서 재결이 확정되면 처분의 기초가 된 사실관계나 법률적 판단이 확정되는 것이므로 당사자는 이와 모순되는 주장을 할 수 없게 된다.
② 무효인 처분에 대해 무효선언을 구하는 취소소송을 제기하는 경우에는 제소기간의 제한이 없다.
③ 거부행위가 항고소송의 대상인 처분이 되기 위해서는 그 거부행위가 신청인의 실체상의 권리관계에 직접적인 변동을 일으키는 것이어야 하며, 신청인이 실체상의 권리자로서 권리를 행사함에 중대한 지장을 초래하는 것만으로는 부족하다.
④ 처분시에 행정청으로부터 행정심판 제기기간에 관하여 법정 심판청구기간보다 긴 기간으로 잘못 통지받은 경우에 보호할 신뢰 이익은 그 통지받은 기간 내에 행정소송을 제기한 경우에까지 확대되지 않는다.

해설 ➤ ㊦

① 행정처분이나 행정심판 재결이 불복기간의 경과로 인하여 확정될 경우 확정력은 처분으로 인하여 법률상 이익을 침해받은 자가 처분이나 재결의 효력을 더 이상 다툴 수 없다는 의미일 뿐 판결에 있어서와 같은 기판력이 인정되는 것은 아니어서 처분의 기초가 된 사실관계나 법률적 판단이 확정되고 당사자들이나 법원이 이에 기속되어 모순되는 주장이나 판단을 할 수 없게 되는 것은 아니다(대판 1993.4.13, 92누17181).
② 행정처분의 당연무효를 선언하는 의미에서 그 취소를 구하는 행정소송을 제기하는 경우에는 전치절차와 그 제소기간의 준수 등 취소소송의 제소요건을 갖추어야 한다(대판 1987.6.9, 87누219).
③ 국민의 적극적 행위 신청에 대하여 행정청이 그 신청에 따른 행위를 하지 않겠다고 거부한 행위가 항고소송의 대상이 되는 행정처분에 해당하는 것이라고 하려면, 그 신청한 행위가 공권력의 행사 또는 이에 준하는 행정작용이어야 하고, 그 거부행위가 신청인의 법률관계에 어떤 변동을 일으키는 것이어야 하며, 그 국민에게 그 행위발동을 요구할 법규상 또는 조리상의 신청권이 있어야 하는바, 여기에서 '신청인의 법률관계에 어떤 변동을 일으키는 것'이라는 의미는 신청인의 실체상의 권리관계에 직접적인 변동을 일으키는 것은 물론, 그렇지 않다 하더라도 신청인이 실체상의 권리자로서 권리를 행사함에 중대한 지장을 초래하는 것도 포함한다(대판 2007.10.11, 2007두1316). [첫출제]
④ 행정처분시나 그 이후 행정청으로부터 행정심판 제기기간에 관하여 법정 심판청구기간보다 긴 기간으로 잘못 통지받은 경우에 보호할 신뢰 이익은 그 통지받은 기간 내에 행정심판을 제기한 경우에 한하는 것이지 행정소송을 제기한 경우에까지 확대된다고 할 수 없으므로, 당사자가 행정처분시나 그 이후 행정청으로부터 행정심판 제기기간에 관하여 법정 심판청구기간보다 긴 기간으로 잘못 통지받아 행정소송법상 법정 제소기간을 도과하였다고 하더라도, 그것이 당사자가 책임질 수 없는 사유로 인한 것이라고 할 수는 없다(대판 2001.5.8, 2000두6916). [첫출제]

정답 ④

메모

제2절 행정심판

13. 행정심판에 대한 설명으로 옳지 않은 것은? (다툼이 있는 경우 판례에 의함) 15 지방직9급

① 시·도의 관할구역에 있는 둘 이상의 시·군·자치구 등이 공동으로 설립한 행정청의 처분에 대하여는 시·도지사 소속 행정심판위원회에서 심리·재결한다.
② 행정청이 행정심판 청구기간 등을 고지하지 아니하였다고 하여도 처분의 상대방이 처분이 있었다는 사실을 알았을 경우에는 처분이 있은 날로부터 90일 이내에 심판청구를 하여야 한다.
③ 행정심판 청구 후 피청구인인 행정청이 새로운 처분을 하거나 대상인 처분을 변경한 때에는 청구인은 새로운 처분이나 변경된 처분에 맞추어 청구의 취지 또는 이유를 변경할 수 있다.
④ 행정심판에 있어서 행정처분의 위법·부당 여부는 원칙적으로 처분시를 기준으로 판단하여야 할 것이나, 재결 당시까지 제출된 모든 자료를 종합하여 처분 당시 존재하였던 객관적 사실을 확정하고 그 사실에 기초하여 처분의 위법·부당 여부를 판단할 수 있다.

해설 ➤ (下)

① 행정심판법 제6조 제3항 제3호
② 처분이 있은 날로부터 '90일'이 아니라 '180일'(상대방이 처분이 있음을 알았는지 여부는 불문)이다(제27조 제6항).
③ 행정심판법 제29조 제2항
④ 대판 2001.7.27, 99두5092

정답 ②

14. 다음 중 행정심판에 대한 설명으로 옳지 않은 것은? 15 국회직8급

① 처분의 취소 또는 변경을 구하는 취소심판의 경우에 변경의 의미는 소극적 변경뿐만 아니라 적극적 변경까지 포함한다.
② 취소심판청구에 대한 기각재결이 있는 경우에도 처분청은 당해 처분을 직권으로 취소 또는 변경할 수 있다.
③ 행정심판위원회는 피청구인이 처분이행명령재결에도 불구하고 처분을 하지 아니하는 경우에는 당사자가 신청하면 기간을 정하여 서면으로 이행을 명하고 그 기간에 이행하지 아니하면 직접 처분을 할 수 있다.
④ 행정심판위원회는 사정재결을 함에 있어서 청구인에 대하여 상당한 구제방법을 취하거나 피청구인에게 상당한 구제방법을 취할 것을 명할 수 있으나, 재결주문에 그 처분 등이 위법 또는 부당함을 명시할 필요는 없다.
⑤ 행정심판위원회가 직접 처분을 한 경우에는 그 사실을 해당 행정청에 통보하여야 하며, 통보를 받은 행정청은 행정심판위원회가 한 처분을 자기가 한 처분으로 보아 관계 법령에 따라 관리·감독 등 필요한 조치를 하여야 한다.

해설 ➤ (中)

① 변경의 의미는 적극적 변경, 즉 원처분에 갈음하는 다른 처분으로의 변경(예 운전면허취소처분을 운전면허정지처분으로 변경)을 의미한다.
② 기속력은 '인용재결'에만 인정되고 '각하재결'이나 '기각재결'에는 인정되지 않는다. 따라서 처분청은 기각재결을 받은 후에도 정당한 이유가 있으면 원처분을 취소·변경할 수 있다.
③ 같은 법 제50조 제1항
④ 위원회는 심판청구가 이유가 있다고 인정하는 경우에도 이를 인용(認容)하는 것이 공공복리에 크게 위배된다고 인정하면 그 심판청구를 기각하는 재결을 할 수 있다. 이 경우 위원회는 재결의 주문(主文)에서 그 처분 또는 부작위가 위법하거나 부당하다는 것을 구체적으로 밝혀야 한다(같은 법 제44조 제1항).
⑤ 같은 법 제50조 제2항

정답 ④

15. 행정심판에 대한 설명으로 옳지 않은 것은? 16 국가직9급

① 행정청의 위법·부당한 거부처분이나 부작위에 대하여 일정한 처분을 하도록 하는 의무이행심판은 현행법상 인정된다.
② 행정심판위원회는 심판청구의 대상이 되는 처분보다 청구인에게 불리한 재결을 하지 못한다.
③ 행정심판의 재결에 대해서는 재결 자체에 고유한 위법이 있음을 이유로 하는 경우에 한하여 다시 행정심판을 청구할 수 있다.
④ 행정심판위원회는 당사자의 신청에 의한 경우는 물론 직권으로도 임시처분을 결정할 수 있다.

해설 ➤ ㊦

① 행정심판법 제5조 제3호
② 행정심판법 제47조 제2항
③ 이러한 예외는 인정되지 않는다. 즉, 심판청구에 대한 재결이 있으면 그 재결 및 같은 처분 또는 부작위에 대하여 다시 행정심판을 청구할 수 없다(행정심판법 제51조).
④ 행정심판법 제31조 제1항

정답 ③

16. 「행정심판법」상 심판절차에 대한 설명으로 옳은 것은? 16 지방직9급

① 취소심판이 제기된 경우, 행정청이 처분시에 심판청구 기간을 알리지 아니하였다 할지라도 당사자가 처분이 있음을 알게 된 날부터 90일이 경과하면 행정심판위원회는 부적법 각하재결을 하여야 한다.
② 행정심판위원회는 당사자가 주장하지 아니한 사실에 대하여 심리할 수 없다.
③ 당사자의 신청을 거부하거나 부작위로 방치한 처분의 이행을 명하는 재결이 있으면 행정청은 지체 없이 이전의 신청에 대하여 재결의 취지에 따라 처분을 하여야 한다.
④ 시·도 행정심판위원회의 기각 재결이 내려진 경우 청구인은 중앙행정심판위원회에 그 재결에 대하여 다시 행정심판을 청구할 수 있다.

해설 ➤ ㊦

① 처분이 있음을 안 날로부터 '90일'이 아니라 처분이 있은 날로부터 '180일'(상대방이 처분이 있음을 알았는지 여부는 불문)이다(제27조 제6항).
② 위원회는 필요하면 당사자가 주장하지 아니한 사실에 대하여도 심리할 수 있다(제39조).
③ 제49조 제2항
④ 심판청구에 대한 재결이 있으면 그 재결 및 같은 처분 또는 부작위에 대하여 다시 행정심판을 청구할 수 없다(제51조).

정답 ③

17. 행정심판에 대한 설명으로 옳은 것은? (다툼이 있는 경우 판례에 의함) 16 국회직8급

① 이의신청은 그것이 준사법적 절차의 성격을 띠어 실질적으로 행정심판의 성질을 가지더라도 이를 행정심판으로 볼 수 없다.
② 이의신청이 「민원 처리에 관한 법률」의 민원 이의신청과 같이 별도의 행정심판절차가 존재하고 행정심판과는 성질을 달리하는 경우에는 그 이의신청은 행정심판과는 다른 것으로 본다.
③ 개별 법률에 이의신청제도를 두면서 행정심판에 대한 명시적인 규정이 없는 경우, 이의신청과는 별도로 행정심판을 제기할 수 없다.
④ 진정이라는 표현을 사용하면 그것이 실제로 행정심판의 실체를 가지더라도 행정심판으로 다룰 수 없다.
⑤ 이의신청을 제기하여야 할 사람이 처분청에 표제를 '행정심판청구서'로 한 서류를 제출한 경우 그 서류의 실질이 이의신청일지라도 이를 행정심판으로 다룬다.

해설 ➤ 上

① 행정심판인 이의신청에 대한 결정은 행정심판 재결의 성질을 갖는다. 행정심판이 아닌 이의신청에 따라 한 처분청의 결정통지는 새로운 행정처분이다. 이의신청의 대상이 된 처분을 취소하는 처분은 직권취소이고, 변경하는 결정통지는 종전의 처분을 대체하는 새로운 처분이다. 그러나 행정심판이 아닌 이의신청에서 기각하는 결정통지는 종전의 처분을 단순히 확인하는 행위로서 독립된 처분의 성질을 갖지 않는다.
② 「민원사무 처리에 관한 법률」(민원사무 처리법) 제18조 제1항에서 정한 거부처분에 대한 이의신청(민원 이의신청)은 행정청의 위법 또는 부당한 처분이나 부작위로 침해된 국민의 권리 또는 이익을 구제함을 목적으로 하여 행정청과 별도의 행정심판기관에 대하여 불복할 수 있도록 한 절차인 행정심판과는 달리, 민원사무 처리법에 의하여 민원사무처리를 거부한 처분청이 민원인의 신청 사항을 다시 심사하여 잘못이 있는 경우 스스로 시정하도록 한 절차이다(대판 2012.11.15, 2010두8676).
③ 「부동산 가격공시 및 감정평가에 관한 법률」이 이의신청에 관하여 규정하고 있다고 하여 이를 행정심판법 제3조 제1항에서 행정심판의 제기를 배제하는 '다른 법률에 특별한 규정이 있는 경우'에 해당한다고 볼 수 없으므로, 개별공시지가에 대하여 이의가 있는 자는 곧바로 행정소송을 제기하거나 「부동산 가격공시 및 감정평가에 관한 법률」에 따른 이의신청과 행정심판법에 따른 행정심판청구 중 어느 하나만을 거쳐 행정소송을 제기할 수 있을 뿐 아니라, 이의신청을 하여 그 결과 통지를 받은 후 다시 행정심판을 거쳐 행정소송을 제기할 수도 있다고 보아야 하고, 이 경우 행정소송의 제소기간은 그 행정심판 재결서 정본을 송달받은 날부터 기산한다(대판 2010.1.28, 2008두19987).
④ 진정서에는 처분청과 청구인의 이름 및 주소가 기재되어 있고, 청구인의 기명날인이 되어 있으며 그 진정서의 기재내용에 의하여 심판청구의 대상이 되는 행정처분의 내용과 심판청구의 취지 및 이유를 알 수 있고, 거기에 기재되어 있지 않은 재결청, 처분이 있는 것을 안 날, 처분을 한 행정청의 고지의 유무 및 그 내용 등의 불비한 점은 어느 것이나 그 보정이 가능한 것이므로, 처분청에 제출한 처분의 취소를 구하는 취지의 진정서를 행정심판청구로 보아야 한다(대판 1995.9.5, 94누16250).
⑤ 이의신청은 행정청의 위법·부당한 처분에 대하여 행정기관이 심판하는 행정심판과는 구별되는 별개의 제도라 할 것이나, 이의신청과 행정심판은 모두 본질에 있어서 행정처분으로 인하여 권리나 이익을 침해당한 상대방의 권리구제에 그 목적이 있고, 행정소송에 앞서 먼저 행정기관의 판단을 받는 데에 목적을 둔 엄격한 형식을 요하지 않는 서면행위라 할 것이므로, 이의신청을 제기하여야 할 사람이 처분청에 표제를 행정심판청구서로 한 서류를 제출한 경우라 할지라도, 서류의 내용에 있어서 이의신청의 요건에 맞는 불복취지와 그 사유가 충분히 기재되어 있다면 그 표제에도 불구하고 이를 그 처분에 대한 이의신청으로 볼 수 있다(대판 2012.3.29, 2011두26886).

정답 ②

18. 행정심판에 대한 설명으로 옳지 않은 것은? (다툼이 있는 경우 판례에 의함) 16 국회직8급

① 행정심판위원회는 심판청구의 대상이 되는 처분 또는 부작위 외의 사항에 대하여는 재결하지 못한다.
② 처분사유의 추가·변경에 관한 법리는 행정심판의 단계에서도 적용된다.
③ 중앙행정심판위원회의 상임위원은 별정직 국가공무원으로 임명하며, 중앙행정심판위원회 위원장의 제청으로 국무총리를 거쳐 대통령이 임명한다.
④ 무효확인심판의 경우에는 사정재결이 인정되지 않는다.
⑤ 심판청구에 대한 재결이 있으면 그 재결 및 같은 처분 또는 부작위에 대하여 다시 행정심판을 청구할 수 없다.

해설 ➤ 下

① 불고불리의 원칙에 관한 규정이다(행정심판법 제47조 제1항).
② 대판 2014.5.16, 2013두26118
③ 중앙행정심판위원회의 상임위원은 일반직공무원으로서 「국가공무원법」 제26조의5에 따른 임기제공무원으로 임명하되, 3급 이상 공무원 또는 고위공무원단에 속하는 일반직공무원으로 3년 이상 근무한 사람이나 그 밖에 행정심판에 관한 지식과 경험이 풍부한 사람 중에서 중앙행정심판위원회 위원장의 제청으로 국무총리를 거쳐 대통령이 임명한다(같은 법 제8조 제3항).
④ 사정재결은 취소심판과 의무이행심판에만 인정되고, 무효등확인심판에는 인정되지 않는다(같은 법 제44조 제3항).
⑤ 같은 법 제51조

정답 ③

19. 행정심판에 대한 설명으로 옳은 것은? (다툼이 있는 경우 판례에 의함) 17 국회직8급

① 거부처분에 대하여서는 의무이행심판을 제기하여야 하며, 취소심판을 제기할 수 없다.
② 행정심판청구서는 피청구인인 행정청을 거쳐 행정심판위원회에 제출하여야 한다.
③ 임시처분은 집행정지로 목적을 달성할 수 있는 경우에는 허용되지 아니한다.
④ 행정심판의 재결에 고유한 위법이 있는 경우에는 재결에 대하여 다시 행정심판을 청구할 수 있다.
⑤ 행정청이 재결의 기속력에도 불구하고 처분명령재결의 취지에 따라 이전의 신청에 대한 처분을 하지 아니하는 때에는 행정심판위원회는 손해배상을 명할 수 있다.

해설 ➤ ㊦

① 거부처분에 대한 의무이행심판뿐만 아니라 취소심판청구도 제기할 수 있다는 것이 일반적 견해이다.
② 행정심판법은 "행정심판을 청구하려는 자는 심판청구서를 작성하여 피청구인이나 위원회에 제출하여야 한다. 이 경우 피청구인의 수만큼 심판청구서 부본을 함께 제출하여야 한다."라고 규정함으로써 종래의 처분청경유주의를 폐지하고, 청구인의 선택에 의하도록 했다(제23조 제1항).
③ 같은 법 제31조
④ 심판청구에 대한 재결이 있으면 그 재결 및 같은 처분 또는 부작위에 대하여 다시 행정심판을 청구할 수 없다(행정심판법 제51조). 다만, 재결을 소송대상으로 취소소송을 제기할 수는 있다.
⑤ 2017년 4월 행정심판법 개정을 통해 위원회에 의한 간접강제조항이 신설되었다. 따라서 출제당시에는 틀린 지문이었지만, 현행법에 따르면 맞는 지문이다.
위원회는 피청구인이 제49조 제2항(거부처분 취소재결 등에 따른 재처분의무)(제49조 제4항에서 준용하는 경우를 포함한다) 또는 제3항(처분명령재결에 따른 재처분의무)에 따른 처분을 하지 아니하면 청구인의 신청에 의하여 결정으로 상당한 기간을 정하고 피청구인이 그 기간 내에 이행하지 아니하는 경우에는 그 지연기간에 따라 일정한 배상을 하도록 명하거나 즉시 배상을 할 것을 명할 수 있다(행정심판법 제50조의2 제1항).

정답 ③ ⑤

20. 「행정심판법」에 대한 설명으로 옳지 않은 것은? (다툼이 있는 경우 판례에 의함) 17 지방직7급

① 심판청구에 대하여 일부 인용하는 재결이 있는 경우에도 그 재결 및 같은 처분에 대하여 다시 행정심판을 청구할 수 없다.
② 행정처분이 있음을 안 날부터 90일을 넘겨 행정심판을 청구하였다가 각하재결을 받은 후 그 재결서를 송달받은 날부터 90일 내에 원래의 처분에 대하여 취소소송을 제기한 경우, 취소소송의 제소기간을 준수한 것으로 볼 수 없다.
③ 행정심판의 재결이 확정되었다 하더라도 처분의 기초가 된 사실관계나 법률적 판단이 확정되는 것은 아니므로, 당사자들이나 법원이 이에 기속되어 모순되는 주장이나 판단을 할 수 없게 되는 것은 아니다.
④ 행정청은 당초 처분사유와 기본적 사실관계가 동일하지 아니한 처분사유를 행정소송 계속중에는 추가 · 변경할 수 없으나 행정심판 단계에서는 추가·변경할 수 있다.

해설 ➤ ㊥

① 행정심판법 제51조
② 대판 2011.11.24, 2011두18786
③ 대판 1993.4.13, 92누17181
④ 행정처분의 취소를 구하는 항고소송에서 처분청은 당초 처분의 근거로 삼은 사유와 기본적 사실관계가 동일성이 있다고 인정되는 한도 내에서만 다른 사유를 추가 또는 변경할 수 있고, 이러한 기본적 사실관계의 동일성 유무는 처분사유를 법률적으로 평가하기 이전의 구체적 사실에 착안하여 그 기초인 사회적 사실관계가 기본적인 점에서 동일한지에 따라 결정되므로, 추가 또는 변경된 사유가 처분 당시에 이미 존재하고 있었다거나 당사자가 그 사실을 알고 있었다고 하여 당초의 처분사유와 동일성이 있다고 할 수 없다. 그리고 이러한 법리는 행정심판 단계에서도 그대로 적용된다(대판 2014.5.16, 2013두26118).

정답 ④

21. 행정심판에 대한 설명으로 옳은 것은? (다툼이 있는 경우 판례에 의함) 18 국가직9급

① 종중이나 교회와 같은 비법인사단은 사단 자체의 명의로 행정심판을 청구할 수 없고 대표자가 청구인이 되어 행정심판을 청구하여야 한다.
② 행정심판의 대상과 관련되는 권리나 이익을 양수한 특정승계인은 행정심판위원회의 허가를 받아 청구인의 지위를 승계할 수 있다.
③ 행정심판에서는 항고소송에서와 달리 처분청이 당초 처분의 근거로 삼은 사유와 기본적 사실관계가 동일성이 인정되지 않는 다른 사유를 처분사유로 추가하거나 변경할 수 있다.
④ 행정심판의 재결이 확정되면 피청구인인 행정청을 기속하는 효력이 있고 그 처분의 기초가 된 사실관계나 법률적 판단이 확정되므로 이후 당사자 및 법원은 이에 모순되는 주장이나 판단을 할 수 없다.

해설 ➤ ㊦

① 법인이 아닌 사단 또는 재단으로서 대표자나 관리인이 정하여져 있는 경우에는 그 사단이나 재단의 이름으로 심판청구를 할 수 있다(행정심판법 제14조).
② 행정심판법 제16조 제5항
③ 행정처분의 취소를 구하는 항고소송에서 처분청은 당초 처분의 근거로 삼은 사유와 기본적 사실관계가 동일성이 있다고 인정되는 한도 내에서만 다른 사유를 추가 또는 변경할 수 있고, 이러한 기본적 사실관계의 동일성 유무는 처분사유를 법률적으로 평가하기 이전의 구체적 사실에 착안하여 그 기초인 사회적 사실관계가 기본적인 점에서 동일한지에 따라 결정되므로, 추가 또는 변경된 사유가 처분 당시에 이미 존재하고 있었다거나 당사자가 그 사실을 알고 있었다고 하여 당초의 처분사유와 동일성이 있다고 할 수 없다. 그리고 이러한 법리는 행정심판 단계에서도 그대로 적용된다(대판 2014.5.16, 2013두26118).
④ 행정처분이나 행정심판 재결이 불복기간의 경과로 인하여 확정될 경우 확정력은 처분으로 인하여 법률상 이익을 침해받은 자가 처분이나 재결의 효력을 더 이상 다툴 수 없다는 의미일 뿐 판결에 있어서와 같은 기판력이 인정되는 것은 아니어서 처분의 기초가 된 사실관계나 법률적 판단이 확정되고 당사자들이나 법원이 이에 기속되어 모순되는 주장이나 판단을 할 수 없게 되는 것은 아니다(대판 1993.4.13, 92누17181).

정답 ②

22. 「행정심판법」의 규정에 대한 설명으로 옳은 것은? 18 국회직8급

① 특별행정심판 또는 「행정심판법」에 따른 행정심판절차에 대한 특례를 신설하거나 변경하는 법령을 제정·개정할 때 중앙행정심판위원회와 사전에 협의하여야 하는 것은 아니다.
② 대통령의 처분 또는 부작위에 대하여는 다른 법률에서 행정심판을 청구할 수 있도록 정한 경우 외에는 행정심판을 청구할 수 없다.
③ 국가인권위원회의 처분 또는 부작위에 대한 행정심판의 청구는 국민권익위원회에 두는 중앙행정심판위원회에서 심리·재결한다.
④ 행정심판결과에 이해관계가 있는 제3자나 행정청은 신청에 의하여 행정심판에 참가할 수 있으나, 행정심판위원회가 직권으로 심판에 참가할 것을 요구할 수는 없다.
⑤ 행정심판위원회는 무효확인심판의 청구가 이유가 있더라도 이를 인용하는 것이 공공복리에 크게 위배된다고 인정하면 그 청구를 기각하는 재결을 할 수 있다.

해설 ➤ ㊥

① 관계 행정기관의 장이 특별행정심판 또는 이 법에 따른 행정심판 절차에 대한 특례를 신설하거나 변경하는 법령을 제정 · 개정할 때에는 미리 중앙행정심판위원회와 협의하여야 한다(제4조 제3항).
② 제3조 제2항
③ 다음 각 호의 행정청 또는 그 소속 행정청(행정기관의 계층구조와 관계없이 그 감독을 받거나 위탁을 받은 모든 행정청을 말하되, 위탁을 받은 행정청은 그 위탁받은 사무에 관하여는 위탁한 행정청의 소속 행정청으로 본다)의 처분 또는 부작위에 대한 행정심판의 청구(심판청구)에 대하여는 다음 각 호의 행정청에 두는 행정심판위원회에서 심리 · 재결한다(제6조 제1항).

1. 감사원, 국가정보원장, 그 밖에 대통령령으로 정하는 대통령 소속기관의 장

2. 국회사무총장 · 법원행정처장 · 헌법재판소사무처장 및 중앙선거관리위원회사무총장
3. 국가인권위원회, 그 밖에 지위 · 성격의 독립성과 특수성 등이 인정되어 대통령령으로 정하는 행정청

④ 위원회는 필요하다고 인정하면 그 행정심판 결과에 이해관계가 있는 제3자나 행정청에 그 사건 심판에 참가할 것을 요구할 수 있다(제21조 제1항).
⑤ 사정재결은 취소심판과 의무이행심판에만 인정되고, 무효등확인심판에는 인정되지 않는다(제44조 제3항).

정답 ②

23. 행정심판에 관한 설명으로 가장 옳은 것은? 18 서울시7급

① 취소재결의 경우 기판력과 기속력이 인정된다.
② 무효등확인심판은 심판청구기간의 제한이 없고, 사정재결도 인정되지 않는다.
③ 피청구인의 경정이 있으면 심판청구는 피청구인의 경정시에 제기된 것으로 본다.
④ 고시 또는 공고에 의하여 행정처분을 하는 경우에는 고시 또는 공고의 효력발생일을 처분이 있는 날로 보아 그 날로부터 180일 이내에 행정심판을 청구할 수 있다.

해설 ➤ 下

① 행정심판의 재결은 피청구인인 행정청을 기속하는 효력을 가지므로 재결청이 취소심판의 청구가 이유 있다고 인정하여 처분청에 처분을 취소할 것을 명하면 처분청으로서는 재결의 취지에 따라 처분을 취소하여야 하지만, 나아가 재결에 판결에서와 같은 기판력이 인정되는 것은 아니어서 재결이 확정된 경우에도 처분의 기초가 된 사실관계나 법률적 판단이 확정되고 당사자들이나 법원이 이에 기속되어 모순되는 주장이나 판단을 할 수 없게 되는 것은 아니다(대판 2015.11.27, 2013다6759).
② 행정심판청구기간의 제한규정은 취소심판과 거부처분에 대한 의무이행심판에는 적용되지만, 무효등확인심판청구와 부작위에 대한 의무이행심판청구에는 이를 적용하지 아니한다(제27조 제7항). 사정재결은 취소심판과 의무이행심판에만 인정되고, 무효등확인심판에는 인정되지 않는다(제44조 제3항).
③ 경정결정이 있으면 종전의 피청구인에 대한 심판청구는 취하되고 종전의 피청구인에 대한 행정심판이 청구된 때에 새로운 피청구인에 대한 행정심판이 청구된 것으로 본다(제17조 제4항).
④ 통상 고시 또는 공고에 의하여 행정처분을 하는 경우에는 그 처분의 상대방이 불특정다수인이고, 그 처분의 효력이 불특정다수인에게 일률적으로 적용되는 것이므로, 그에 대한 행정심판 청구기간도 그 행정처분에 이해관계를 갖는 자가 고시 또는 공고가 있었다는 사실을 현실적으로 알았는지 여부에 관계없이 고시가 효력을 발생하는 날인 고시 또는 공고가 있은 후 5일이 경과한 날에 행정처분이 있음을 알았다고 보아야 한다(대판 2000.9.8, 99두11257).

정답 ②

24. A도 내 B시에 거주하는 갑(甲)은 「학교폭력예방 및 대책에 관한 법률」에 의하여 교내에서 출석정지 5일의 처분을 받고 이에 대해서 행정심판을 제기하여 다투고자 한다. 이에 관한 설명으로 가장 옳지 않은 것은? 18 서울시7급

① 행정심판의 제기기간은 처분 통지서를 받은 날부터 90일 이내이다.
② 행정심판기관은 A도교육청에 설치된 행정심판위원회이다.
③ 행정심판기관은 출석정지 처분을 피해학생에 대한 서면사과 처분으로 변경하는 재결을 할 수 있다.
④ 서면사과도 과중한 처벌이라고 하여 불복하는 경우에는 재결을 취소소송의 대상으로 한다.

해설 ➤ 下

① 행정심판은 처분이 있음을 알게 된 날부터 90일 이내에 청구하여야 한다(제27조 제1항). 행정심판은 처분이 있었던 날부터 180일이 지나면 청구하지 못한다. 다만, 정당한 사유가 있는 경우에는 그러하지 아니하다(같은 조 제3항). 판례에 따르면 처분에 관한 서류가 당사자의 주소지에 송달되는 등 사회통념상 처분이 있음을 당사자가 알 수 있는 상태에 놓여진 때에는 반증이 없는 한 그 처분이 있음을 알았다고 추정할 수 있으므로(대판 2002.8.27, 2002두3850), 행정심판 제기는 처분 통지서를 받은 날부터 90일 이내이다.

[관련판례] 행정심판법 제18조 제1항 소정의 심판청구기간 기산점인 '처분이 있음을 안 날'이라 함은 당사자가 통지·공고 기타의 방법에 의하여 당해 처분이 있었다는 사실을 현실적으로 안 날을 의미하고, 추상적으로 알 수 있었던 날을 의미하는 것은 아니지만, 처분에 관한 서류가 당사자의 주소지에 송달되는 등 사회통념상 처분이 있음을 당사자가 알 수 있는 상태에 놓여진 때에는 반증이 없는 한 그 처분이 있음을 알았다고 추정할 수 있다. 아르바이트 직원이 납부고지서를 수령한 경우, 납부의무자는 그때 부과처분이 있음을 알았다고 추정할 수 있다(대판 2002.8.27, 2002두3850).

② 다음 각 호의 행정청의 처분 또는 부작위에 대한 심판청구에 대하여는 시·도지사 소속으로 두는 행정심판위원회에서 심리·재결한다(제6조 제3항).

1. 시·도 소속 행정청
2. 시·도의 관할구역에 있는 시·군·자치구의 장, 소속 행정청 또는 시·군·자치구의 의회(의장, 위원회의 위원장, 사무국장, 사무과장 등 의회 소속 모든 행정청을 포함한다)
3. 시·도의 관할구역에 있는 둘 이상의 지방자치단체(시·군·자치구를 말한다)·공공법인 등이 공동으로 설립한 행정청

행정심판법에서는 시·도지사 소속 행정심판위원회에 대해서만 규정이 있고, 시·도교육감 소속 행정심판위원회에 대해서는 명시적인 규정이 없다. 다만, 실무는 시·도교육청 교육장 및 그 소속기관의 장, 교육청 직속기관의 장, 각급 학교의 장의 처분에 대한 행정심판기관으로 시·도교육청행정심판위원회를 설치하고 있다.

③ 인용재결이란 본안심리의 결과 청구가 이유 있을 때 청구의 취지를 받아들이는 재결이다.

구 분	형성재결	이행재결
취소심판 (형성쟁송)	처분'취소'재결, 처분'변경'재결	처분'변경명령'재결(형성쟁송의 성질에 맞지 않는 이행재결 인정) ※ 처분'취소명령'재결은 삭제
의무이행심판 (이행쟁송)	'처분'재결(이행쟁송의 성질에 맞지 않는 형성재결 인정)	'처분명령'재결

④ 행정소송법 제19조는 "취소소송은 처분등을 대상으로 한다. 다만, 재결취소소송의 경우에는 재결 자체에 고유한 위법이 있음을 이유로 하는 경우에 한한다."고 규정함으로써, 원처분과 아울러 재결에 대해서도 취소소송이나 무효등확인소송 등 항고소송을 제기할 수 있도록 하되, 다만 재결에 대한 소송에 있어서는 재결 자체에 고유한 위법이 있음을 이유로 하는 경우에만 소제기를 허용함으로써 원처분주의를 채택하고 있다.

정답 ④

25. 「행정심판법」에 대한 설명으로 옳은 것만을 모두 고르면? 18 국가직7급

ㄱ. 재결에 의하여 취소되는 처분이 당사자의 신청을 거부하는 것을 내용으로 하는 경우에는 그 처분을 한 행정청은 재결의 취지에 따라 다시 이전의 신청에 대한 처분을 하여야 한다.
ㄴ. 행정심판위원회는 피청구인이 의무이행재결의 취지에 따른 처분을 하지 아니하면 청구인의 신청에 의하여 결정으로 상당한 기간을 정하고 피청구인이 그 기간 내에 이행하지 아니하는 경우에는 그 지연기간에 따라 일정한 배상을 하도록 명하거나 즉시 배상을 할 것을 명할 수 있다.
ㄷ. 행정심판위원회는 심판청구된 행정청의 부작위가 위법·부당하다고 상당히 의심되는 경우로서 당사자가 받을 우려가 있는 중대한 불이익이나 당사자에게 생길 급박한 위험을 막기 위하여 임시지위를 정할 필요가 있는 경우 직권 또는 당사자의 신청에 의하여 임시처분을 결정할 수 있다.
ㄹ. 행정심판위원회는 공공복리에 적합하지 아니하거나 해당 처분의 성질에 반하는 경우가 아니라면 당사자의 권리 및 권한의 범위에서 당사자의 동의를 받아 조정을 할 수 있다.

① ㄱ, ㄴ　② ㄷ, ㄹ
③ ㄱ, ㄴ, ㄷ　④ ㄱ, ㄴ, ㄷ, ㄹ

ㄱ 제49조 제2항
ㄴ 제50조의2 제1항
ㄷ 제31조 제1항
ㄹ 제43조의2 제1항

정답 ④

26. 행정심판에 대한 설명으로 옳지 않은 것은? (다툼이 있는 경우 판례에 의함) 18 지방직7급

① 행정심판위원회는 피청구인이 거부처분의 취소재결에도 불구하고 처분을 하지 아니하는 경우에는 당사자가 신청하면 기간을 정하여 서면으로 시정을 명하고, 그 기간에 이행하지 아니하면 직접 처분을 할 수 있다.
② 개별공시지가의 결정에 이의가 있는 자가 행정심판을 거쳐 취소소송을 제기하는 경우 취소소송의 제소기간은 그 행정심판 재결서 정본을 송달받은 날부터 또는 재결이 있은 날부터 기산한다.
③ 행정처분의 취소를 구하는 항고소송에서 처분청은 당초 처분의 근거로 삼은 사유와 기본적 사실관계가 동일성이 있다고 인정되는 한도 내에서만 다른 사유를 추가 또는 변경할 수 있다는 법리는 행정심판 단계에서도 그대로 적용된다.
④ 행정심판위원회는 당사자의 권리 및 권한의 범위에서 당사자의 동의를 받아 행정심판 청구의 신속하고 공정한 해결을 위하여 조정을 할 수 있으나, 그 조정이 공공복리에 적합하지 아니하거나 해당 처분의 성질에 반하는 경우에는 그러하지 아니하다.

해설 ➤ 中

① 위원회는 피청구인이 제49조 제3항(당사자의 신청을 거부하거나 부작위로 방치한 처분의 이행을 명하는 재결이 있으면 행정청은 지체 없이 이전의 신청에 대하여 재결의 취지에 따라 처분을 하여야 한다)에도 불구하고 처분을 하지 아니하는 경우에는 당사자가 신청하면 기간을 정하여 서면으로 시정을 명하고 그 기간에 이행하지 아니하면 직접 처분을 할 수 있다(직권이 아님). 다만, 그 처분의 성질(예 정보공개결정)이나 그 밖의 불가피한 사유로 위원회가 직접 처분을 할 수 없는 경우에는 그러하지 아니하다(제50조 제1항).
② 개별공시지가에 대하여 이의가 있는 자는 곧바로 행정소송을 제기하거나 「부동산 가격공시 및 감정평가에 관한 법률」에 따른 이의신청과 행정심판법에 따른 행정심판청구 중 어느 하나만을 거쳐 행정소송을 제기할 수 있을 뿐 아니라, 이의신청을 하여 그 결과 통지를 받은 후 다시 행정심판을 거쳐 행정소송을 제기할 수도 있다고 보아야 하고, 이 경우 행정소송의 제소기간은 그 행정심판 재결서 정본을 송달받은 날부터 기산한다(대판 2010.1.28, 2008두19987).
③ 대판 2014.5.16, 2013두26118
④ 행정심판법 제43조의2 제1항

정답 ①

27. 「행정심판법」상 중앙행정심판위원회의 구성에 대한 내용으로 옳은 것만을 〈보기〉에서 모두 고르면?
19 국회직8급

〈보 기〉

ㄱ. 중앙행정심판위원회는 위원장 1명을 포함하여 50명 이내의 위원으로 구성하되 위원 중 상임위원은 5명 이내로 한다.
ㄴ. 중앙행정심판위원회의 위원장은 국민권익위원회의 부위원장 중 1명이 된다.
ㄷ. 중앙행정심판위원회의 상임위원은 행정심판에 관한 지식과 경험이 풍부한 사람 중에서 중앙행정심판위원회 위원장의 제청으로 국무총리를 거쳐 대통령이 임명할 수 있다.
ㄹ. 중앙행정심판위원회의 비상임위원은 변호사 자격을 취득한 후 3년 이상의 실무 경험이 있는 사람 중에서 중앙행정심판위원회 위원장의 제청으로 국무총리가 성별을 고려하여 위촉할 수 있다.
ㅁ. 중앙행정심판위원회의 회의는 소위원회 회의를 제외하고 위원장, 상임위원 및 위원장이 회의마다 지정하는 비상임위원을 포함하여 총 7명으로 구성한다.

① ㄱ
② ㄱ, ㄴ
③ ㄴ, ㄷ
④ ㄴ, ㄷ, ㄹ
⑤ ㄷ, ㄹ, ㅁ

해설 (中)

ㄱ 중앙행정심판위원회는 위원장 1명을 포함하여 70명 이내의 위원으로 구성하되, 위원 중 상임위원은 4명 이내로 한다(제8조 제1항).
ㄴ 중앙행정심판위원회의 위원장은 국민권익위원회의 부위원장 중 1명이 되며, 위원장이 없거나 부득이한 사유로 직무를 수행할 수 없거나 위원장이 필요하다고 인정하는 경우에는 상임위원(상임으로 재직한 기간이 긴 위원 순서로, 재직기간이 같은 경우에는 연장자 순서로 한다)이 위원장의 직무를 대행한다(같은 조 제2항).
ㄷ 같은 조 제3항
ㄹ 중앙행정심판위원회의 비상임위원은 제7조 제4항 각 호의 어느 하나에 해당하는 사람 중에서 중앙행정심판위원회 위원장의 제청으로 국무총리가 성별을 고려하여 위촉한다(같은 조 제4항).
행정심판위원회의 위원은 해당 행정심판위원회가 소속된 행정청이 다음 각 호의 어느 하나에 해당하는 사람 중에서 성별을 고려하여 위촉하거나 그 소속 공무원 중에서 지명한다(제7조 제4항).

1. 변호사 자격을 취득한 후 5년 이상의 실무 경험이 있는 사람
2. 「고등교육법」 제2조 제1호부터 제6호까지의 규정에 따른 학교에서 조교수 이상으로 재직하거나 재직하였던 사람
3. 행정기관의 4급 이상 공무원이었거나 고위공무원단에 속하는 공무원이었던 사람
4. 박사학위를 취득한 후 해당 분야에서 5년 이상 근무한 경험이 있는 사람
5. 그 밖에 행정심판과 관련된 분야의 지식과 경험이 풍부한 사람

ㅁ 행정심판위원회의 회의는 위원장과 위원장이 회의마다 지정하는 8명의 위원(그중 제4항에 따른 위촉위원은 6명 이상으로 하되, 제3항에 따라 위원장이 공무원이 아닌 경우에는 5명 이상으로 한다)으로 구성한다. 다만, 국회규칙, 대법원규칙, 헌법재판소규칙, 중앙선거관리위원회규칙 또는 대통령령(제6조 제3항에 따라 시·도지사 소속으로 두는 행정심판위원회의 경우에는 해당 지방자치단체의 조례)으로 정하는 바에 따라 위원장과 위원장이 회의마다 지정하는 6명의 위원(그중 제4항에 따른 위촉위원은 5명 이상으로 하되, 제3항에 따라 공무원이 아닌 위원이 위원장인 경우에는 4명 이상으로 한다)으로 구성할 수 있다(제8조 제5항).

정답 ③

28. 「행정심판법」상 행정심판에 대한 설명으로 옳지 않은 것은? (다툼이 있는 경우 판례에 의함) 19 국가직9급

① 대통령의 처분 또는 부작위에 대하여는 다른 법률에서 행정심판을 청구할 수 있도록 정한 경우 외에는 행정심판을 청구할 수 없다.
② 당사자의 신청에 대한 행정청의 부당한 거부처분에 대하여 일정한 처분을 하도록 하는 행정심판의 청구는 현행법상 허용되고 있다.
③ 「행정심판법」에 따른 서류의 송달에 관하여는 「행정절차법」 중 송달에 관한 규정을 준용한다.
④ 행정심판 청구인이 경제적 능력으로 인해 대리인을 선임할 수 없는 경우에는 행정심판위원회에 국선대리인을 선임하여 줄 것을 신청할 수 있다.

해설 (下)

① 제3조 제2항
② 제5조 제3호
③ 이 법에 따른 서류의 송달에 관하여는 「민사소송법」 중 송달에 관한 규정을 준용한다(제57조).
④ 제18조의2 제1항

정답 ③

29. 「행정심판법」의 내용에 대한 설명으로 옳지 않은 것은? 19 지방직9급

① 행정심판위원회는 필요하면 당사자가 주장하지 아니한 사실에 대하여도 심리할 수 있다.
② 행정심판위원회는 임시처분을 결정한 후에 임시처분이 공공복리에 중대한 영향을 미치는 경우에는 직권으로 또는 당사자의 신청에 의하여 이 결정을 취소할 수 있다.
③ 청구인은 행정심판위원회의 간접강제 결정에 불복하는 경우 그 결정에 대하여 행정소송을 제기할 수 있다.
④ 당사자의 신청을 거부하는 처분에 대한 취소심판에서 인용재결이 내려진 경우, 의무이행심판과 달리 행정청은 재처분 의무를 지지 않는다.

해설 ㊦

① 행정심판법 제39조
② 행정심판법 제30조, 제31조
③ 행정심판법 제50조의2 제4항
④ 재결에 의하여 취소되거나 무효 또는 부존재로 확인되는 처분이 당사자의 신청을 거부하는 것을 내용으로 하는 경우에는 그 처분을 한 행정청은 재결의 취지에 따라 다시 이전의 신청에 대한 처분을 하여야 한다(행정심판법 제49조 제2항.

정답 ④

30. 「행정심판법」상 권리구제에 대한 설명으로 옳은 것은? (다툼이 있는 경우 판례에 의함) 20 국회직9급

① 행정심판위원회는 조정을 할 수 없다.
② 행정심판위원회는 피청구인이 처분명령재결의 취지에 따라 이전의 신청에 대한 처분을 하지 않는 경우 직접 처분을 할 수 있지만 간접강제를 할 수는 없다.
③ 처분청이 심판청구 기간을 알리지 아니한 경우에는 청구인이 처분이 있음을 알았는지 여부를 묻지 않고 청구기간의 제한이 없게 된다.
④ 임시처분은 집행정지로 목적을 달성할 수 있는 경우에는 허용되지 아니한다.
⑤ 행정심판의 재결이 확정된 경우 처분의 기초가 된 사실관계나 법률적 판단이 확정되고 당사자들이나 법원은 이에 기속되어 모순되는 주장이나 판단을 할 수 없다.

해설 ㊦

① 위원회는 당사자의 권리 및 권한의 범위에서 당사자의 동의를 받아 심판청구의 신속하고 공정한 해결을 위하여 조정을 할 수 있다. 다만, 그 조정이 공공복리에 적합하지 아니하거나 해당 처분의 성질에 반하는 경우에는 그러하지 아니하다(제43조의2 제1항).
② 위원회는 피청구인이 제49조 제2항(제49조 제4항에서 준용하는 경우를 포함한다) 또는 제3항에 따른 처분을 하지 아니하면 청구인의 신청에 의하여 결정으로 상당한 기간을 정하고 피청구인이 그 기간 내에 이행하지 아니하는 경우에는 그 지연기간에 따라 일정한 배상을 하도록 명하거나 즉시 배상을 할 것을 명할 수 있다(제50조의2 제1항).
③ 행정심판은 처분이 있었던 날부터 180일이 지나면 청구하지 못한다. 다만, 정당한 사유가 있는 경우에는 그러하지 아니하다(제27조 제3항). 행정청이 심판청구 기간을 알리지 아니한 경우에는 제3항에 규정된 기간에 심판청구를 할 수 있다(같은 조 제6항).
④ 제31조 제3항
⑤ 행정심판의 재결은 피청구인인 행정청을 기속하는 효력을 가지므로 재결청이 취소심판의 청구가 이유 있다고 인정하여 처분청에 처분을 취소할 것을 명하면 처분청으로서는 재결의 취지에 따라 처분을 취소하여야 하지만, 나아가 재결에 판결에서와 같은 기판력이 인정되는 것은 아니어서 재결이 확정된 경우에도 처분의 기초가 된 사실관계나 법률적 판단이 확정되고 당사자들이나 법원이 이에 기속되어 모순되는 주장이나 판단을 할 수 없게 되는 것은 아니다(대판 2015.11.27, 2013다6759).

정답 ④

31. 「행정심판법」상의 행정심판에 대한 설명으로 옳지 않은 것은? (다툼이 있는 경우 판례에 의함) 20 지방직9급

① 행정청의 부당한 처분을 변경하는 행정심판은 현행법상 허용된다.
② 당사자의 신청에 대한 행정청의 부당한 거부처분에 대하여 일정한 처분을 하도록 하는 행정심판은 현행법상 허용된다.
③ 당사자의 신청에 대한 행정청의 위법한 부작위에 대하여 행정청의 부작위가 위법하다는 것을 확인하는 행정심판은 현행법상 허용되지 않는다.
④ 당사자의 신청에 대한 행정청의 부당한 거부처분을 취소하는 행정심판은 현행법상 허용되지 않는다.

해설 ⓘ下

①②③ 행정소송과 달리 행정심판은 부당한 경우에도 인용재결이 가능하다.
행정심판의 종류는 다음 각 호와 같다(제5조).

1. 취소심판: 행정청의 위법 또는 부당한 처분을 취소하거나 변경하는 행정심판
2. 무효등확인심판: 행정청의 처분의 효력 유무 또는 존재 여부를 확인하는 행정심판
3. 의무이행심판: 당사자의 신청에 대한 행정청의 위법 또는 부당한 거부처분이나 부작위에 대하여 일정한 처분을 하도록 하는 행정심판

④ 거부처분에 대한 실효적 구제수단은 의무이행심판이지만, 해석상 거부처분 취소심판도 가능하다는 것이 통설이다.

정답 ④

32. 행정심판에 대한 설명으로 옳은 것은? 20 지방직7급

① 「행정심판법」은 당사자심판을 규정하여 당사자소송과 연동시키고 있다.
② 피청구인의 경정은 행정심판위원회에서 결정하며 언제나 당사자의 신청을 전제로 한다.
③ 조정은 당사자가 합의한 사항을 조정서에 기재한 후 당사자가 서명 또는 날인함으로써 완성된다.
④ 법령의 규정에 따라 공고하거나 고시한 처분이 재결로써 취소되거나 변경되면 처분을 한 행정청은 지체 없이 그 처분이 취소 또는 변경되었다는 것을 공고하거나 고시하여야 한다.

해설 ⓘ下

① 행정심판법에는 당사자심판·민중심판·기관심판에 관한 규정이 없고 개별법에만 존재한다.
② 청구인이 피청구인을 잘못 지정한 경우에는 위원회는 직권으로 또는 당사자의 신청에 의하여 결정으로써 피청구인을 경정(更正)할 수 있다(행정심판법 제17조 제2항).
③ 조정은 당사자가 합의한 사항을 조정서에 기재한 후 당사자가 서명 또는 날인하고 위원회가 이를 확인함으로써 성립한다(같은 법 제43조의2 제3항.
④ 같은 법 제49조 제5항

정답 ④

33. 행정심판에 대한 설명으로 옳지 않은 것은? (다툼이 있는 경우 판례에 의함) 21 국회직9급

① 거부처분에 대하여는 취소심판 또는 의무이행심판을 제기할 수 있다.
② 부작위에 대한 의무이행심판의 경우 심판청구기간의 제한이 없다.
③ 심판청구를 인용하는 재결은 피청구인 뿐만 아니라 그 밖의 관계행정청도 기속하는 효력이 있다.
④ 행정심판위원회는 취소심판의 청구가 이유가 있다고 인정하면 처분을 취소하거나 다른 처분으로 변경하거나, 처분을 다른 처분으로 변경할 것을 피청구인에게 명할 수 있다.
⑤ 처분을 다른 처분으로 변경할 것을 명령하는 재결에 대해 행정청이 이를 따르지 않는 경우 간접강제제도에 의한 강제가 가능하다.

해설 ➤ 下

② 취소심판·거부처분에 대한 의무이행심판에만 기간제한이 있고(처분이 있음을 알게 된 날부터 90일, 처분이 있었던 날부터 180일, 불가항력으로 인한 특칙 존재), 무효등확인심판과 부작위에 대한 의무이행심판에는 기간제한이 없다.
③ 행정심판법 제49조 제1항
④ 위원회는 취소심판의 청구가 이유가 있다고 인정하면 처분을 취소 또는 다른 처분으로 변경하거나 처분을 다른 처분으로 변경할 것을 피청구인에게 명한다(제43조 제3항). 즉, 취소·변경재결이란 취소심판의 청구가 이유가 있다고 인정될 때 위원회가 처분을 취소 또는 변경(처분취소재결, 처분변경재결 = 형성재결)하거나, 처분청에 대하여 변경을 명하는 재결(처분변경명령재결= 이행재결)을 말한다. 변경의 의미는 적극적 변경, 즉 원처분에 갈음하는 다른 처분으로의 변경(예 운전면허취소처분을 운전면허정지처분으로 변경)을 의미한다. 종전과 달리 개정 행정심판법에서는 처분'취소명령'재결을 삭제하고 처분'변경명령'재결만 인정하고 있다.
⑤ 현행 행정심판법상 간접강제는 거부처분 취소재결 등에 따른 재처분의무와 처분명령재결에 따른 재처분의무에 대해서만 규정하고 있고, 처분변경명령재결에 따르지 않는 경우에 대한 강제방법이 없는 것은 입법의 불비이다.

정답 ⑤

34. 「행정심판법」상 행정심판에 대한 설명으로 옳지 않은 것은? (다툼이 있는 경우 판례에 의함) 21 지방직9급

① 심판청구기간의 기산점인 '처분이 있음을 안 날'이라 함은 당사자가 통지·공고 기타의 방법에 의하여 당해 처분이 있었다는 사실을 현실적으로 안 날을 의미한다.
② 행정청의 부작위에 대한 의무이행심판은 심판청구기간 규정의 적용을 받지 않고, 사정재결이 인정되지 아니한다.
③ 심판청구에 대한 재결이 있으면 그 재결 및 같은 처분 또는 부작위에 대하여 다시 행정심판을 청구할 수 없다.
④ 재결이 확정된 경우에도 처분의 기초가 된 사실관계나 법률적 판단이 확정되고 당사자들이나 법원이 이에 기속되어 모순되는 주장이나 판단을 할 수 없게 되는 것은 아니다.

해설 ➤ 下

① 행정심판법 제18조 제1항 소정의 심판청구기간 기산점인 '처분이 있음을 안 날'이라 함은 당사자가 통지·공고 기타의 방법에 의하여 당해 처분이 있었다는 사실을 현실적으로 안 날을 의미하고, 추상적으로 알 수 있었던 날을 의미하는 것은 아니지만, 처분에 관한 서류가 당사자의 주소지에 송달되는 등 사회통념상 처분이 있음을 당사자가 알 수 있는 상태에 놓여진 때에는 반증이 없는 한 그 처분이 있음을 알았다고 추정할 수 있다. 아르바이트 직원이 납부고지서를 수령한 경우, 납부의무자는 그때 부과처분이 있음을 알았다고 추정할 수 있다(대판 2002.8.27, 2002두3850).
② 부작위에 대한 의무이행심판에 제기기간 제한규정이 적용되지 않지만(제27조 제7항), 사정재결은 취소심판과 의무이행심판에만 인정되고, 무효등확인심판에는 인정되지 않는다(제44조 제3항).
③ 행정심판법 제51조
④ 재결에 판결에서와 같은 기판력이 인정되는 것은 아니어서 재결이 확정된 경우에도 처분의 기초가 된 사실관계나 법률적 판단이 확정되고 당사자들이나 법원이 이에 기속되어 모순되는 주장이나 판단을 할 수 없게 되는 것은 아니다(대판 2015.11.27, 2013다6759).

정답 ②

35. 행정심판에 대한 설명으로 옳지 않은 것은? (다툼이 있는 경우 판례에 의함) 21 국가직7급

① 취소심판의 인용재결로서 취소재결, 변경재결, 변경명령재결을 할 수 있다.
② 당사자의 신청을 받아들이지 않은 거부처분이 재결에서 취소된 경우에 행정청은 재결 후에 발생한 새로운 사유를 내세워 다시 거부처분을 할 수 있다.
③ 정보공개명령재결은 행정심판위원회에 의한 직접처분의 대상이 된다.
④ 인용재결의 기속력은 피청구인과 그 밖의 관계 행정청에 미치고, 행정심판위원회의 간접강제 결정의 효력은 피청구인인 행정청이 소속된 국가·지방자치단체 또는 공공단체에 미친다.

 해설 下

① 위원회는 취소심판의 청구가 이유가 있다고 인정하면 처분을 취소 또는 다른 처분으로 변경하거나 처분을 다른 처분으로 변경할 것을 피청구인에게 명한다(제43조 제3항). 즉, 취소·변경재결이란 취소심판의 청구가 이유가 있다고 인정될 때 위원회가 처분을 취소 또는 변경(처분취소재결, 처분변경재결 = 형성재결)하거나, 처분청에 대하여 변경을 명하는 재결(처분변경명령재결 = 이행재결)을 말한다. 변경의 의미는 적극적 변경, 즉 원처분에 갈음하는 다른 처분으로의 변경(예 운전면허취소처분을 운전면허정지처분으로 변경)을 의미한다. 종전과 달리 개정 행정심판법에서는 처분'취소명령'재결을 삭제하고 처분'변경명령'재결만 인정하고 있다.
② 재결의 기속력은 재결의 주문 및 그 전제가 된 요건사실의 인정과 판단, 즉 처분등의 구체적 위법사유에 관한 판단에만 미친다고 할 것이고, 종전 처분이 재결에 의하여 취소되었다 하더라도 종전 처분시와는 다른 사유를 들어서 처분을 하는 것은 기속력에 저촉되지 않는다고 할 것이며, 여기에서 동일 사유인지 다른 사유인지는 종전 처분에 관하여 위법한 것으로 재결에서 판단된 사유와 기본적 사실관계에 있어 동일성이 인정되는 사유인지 여부에 따라 판단되어야 한다(대판 2005.12.9, 2003두7705).
③ 위원회는 피청구인이 제49조 제3항에도 불구하고 처분을 하지 아니하는 경우에는 당사자가 신청하면 기간을 정하여 서면으로 시정을 명하고 그 기간에 이행하지 아니하면 직접 처분을 할 수 있다(직권이 아님). 다만, 그 처분의 성질(예 정보공개결정)이나 그 밖의 불가피한 사유로 위원회가 직접 처분을 할 수 없는 경우에는 그러하지 아니하다(제50조 제1항).
정보공개의 경우 공개대상정보를 보관하고 있는 기관만이 공개할 수 있기 때문에, 정보를 보관하고 있지 않는 행정심판위원회가 직접 공개할 수는 없다.

정답 ③

36. **다음 중 「행정심판법」에 따른 행정심판을 제기할 수 없는 경우만을 모두 고르면? (다툼이 있는 경우 판례에 의함)** 22 국가직9급

> ㄱ. 「공공기관의 정보공개에 관한 법률」상 정보공개와 관련한 공공기관의 비공개결정에 대하여 이의신청을 한 경우
> ㄴ. 「공익사업을 위한 토지 등의 취득 및 보상에 관한 법률」상 토지수용위원회의 수용재결에 이의가 있어 중앙토지수용위원회에 이의를 신청한 경우
> ㄷ. 「난민법」상 난민불인정결정에 대해 법무부장관에게 이의신청을 한 경우
> ㄹ. 「민원 처리에 관한 법률」상 법정민원에 대한 행정기관의 장의 거부처분에 대해 그 행정기관의 장에게 이의신청을 한 경우

① ㄱ, ㄴ ② ㄱ, ㄹ
③ ㄴ, ㄷ ④ ㄷ, ㄹ

해설 下

ㄱ 청구인이 정보공개와 관련한 공공기관의 비공개 결정 또는 부분 공개 결정에 대하여 불복이 있거나(구법상 '법률상 이익의 침해를 받은 때'는 '불복이 있는 때'로 개정) 정보공개 청구 후 20일이 경과하도록 정보공개 결정이 없는 때에는 공공기관으로부터 정보공개 여부의 결정 통지를 받은 날 또는 정보 공개 청구 후 20일이 경과한 날부터 30일 이내에 해당 공공기관에 문서로 이의신청을 할 수 있다(제18조 제1항). 청구인은 이의신청 절차를 거치지 아니하고 행정심판을 청구할 수 있다(제19조 제2항).
ㄴ 지방토지수용위원회의 재결에 대하여 이의가 있는 자는 당해 지방토지수용위원회를 거쳐 중앙토지수용위원회에, 중앙토지수용위원회의 재결에 대하여 이의가 있는 자는 중앙토지수용위원회에 이의를 신청할 수 있다(토지보상법 제83조). 사업시행자, 토지소유자 또는 관계인은 제34조에 따른 재결(수용재결, 원처분, 대리)에 불복할 때에는 재결서를 받은 날부터 90일 이내에(행정심판임의주의), 이의신청을 거쳤을 때에는 이의신청에 대한 재결서(이의재결, 확인행위)를 받은 날부터 60일 이내에 각각 행정소송을 제기할 수 있다(같은 법 제85조 제1항).
ㄷ 제18조 제2항 또는 제19조에 따라 난민불인정결정을 받은 사람 또는 제22조에 따라 난민인정이 취소 또는 철회된 사람은 그 통지를 받은 날부터 30일 이내에 법무부장관에게 이의신청을 할 수 있다. 이 경우 이의신청서에 이의의 사유를 소명하는 자료를 첨부하여 지방출입국·외국인관서의 장에게 제출하여야 한다(제21조 제1항). 제1항에 따른 이의신청을 한 경우에는 「행정심판법」에 따른 행정심판을 청구할 수 없다(같은 조 제2항).
ㄹ 법정민원에 대한 행정기관의 장의 거부처분에 불복하는 민원인은 그 거부처분을 받은 날부터 60일 이내에 그 행정기관의 장에게 문서로 이의신청을 할 수 있다(제35조 제1항). 민원인은 제1항에 따른 이의신청 여부와 관계없이 행정심판법에 따른 행정심판 또는 행정소송법에 따른 행정소송을 제기할 수 있다(같은 조 제3항).

정답 ③

37. A행정청이 甲에게 한 처분에 대하여 甲은 B행정심판위원회에 행정심판을 청구하였다. 이에 대한 설명으로 옳은 것은? (다툼이 있는 경우 판례에 의함) 22 지방직9급

① B행정심판위원회의 기각재결이 있은 후에는 A행정청은 원처분을 직권으로 취소할 수 없다.
② 甲이 취소심판을 제기한 경우, B행정심판위원회는 심판청구가 이유가 있다고 인정하면 처분변경명령재결을 할 수 있다.
③ 甲이 무효확인심판을 제기한 경우, B행정심판위원회는 심판청구가 이유있다고 인정하면서도 이를 인용하는 것이 공공복리에 크게 위배된다고 인정하면 甲의 심판청구를 기각할 수 있다.
④ B행정심판위원회의 재결에 고유한 위법이 있는 경우에는 甲은 다시 행정심판을 청구할 수 있다.

해설 ▸ 下

① 기속력은 '인용재결'에만 인정되고 '각하재결'이나 '기각재결'에는 인정되지 않는다. 따라서 처분청은 기각재결을 받은 후에도 정당한 이유가 있으면 원처분을 취소·변경할 수 있다.
② 위원회는 취소심판의 청구가 이유가 있다고 인정하면 처분을 취소 또는 다른 처분으로 변경하거나 처분을 다른 처분으로 변경할 것을 피청구인에게 명한다(제43조 제3항). 즉, 취소·변경재결이란 취소심판의 청구가 이유가 있다고 인정될 때 위원회가 처분을 취소 또는 변경(처분취소재결, 처분변경재결 = 형성재결)하거나, 처분청에 대하여 변경을 명하는 재결(처분변경명령재결 = 이행재결)을 말한다. 변경의 의미는 적극적 변경, 즉 원처분에 갈음하는 다른 처분으로의 변경(예 운전면허취소처분을 운전면허정지처분으로 변경)을 의미한다. 종전과 달리 개정 행정심판법에서는 처분'취소명령'재결을 삭제하고 처분'변경명령'재결만 인정하고 있다.
③ 사정재결은 취소심판과 의무이행심판에만 인정되고, 무효등확인심판에는 인정되지 않는다(행정심판법 제44조 제3항).
④ 심판청구에 대한 재결이 있으면 그 재결 및 같은 처분 또는 부작위에 대하여 다시 행정심판을 청구할 수 없다(같은 법 제51조).

정답 ②

38. 행정심판에 있어서 당사자와 관계인에 대한 설명으로 옳지 않은 것은? 18 국회직8급

① 심판청구의 대상과 관계되는 권리나 이익을 양수한 자는 위원회의 허가를 받아 청구인의 지위를 승계할 수 있다.
② 법인이 아닌 사단 또는 재단으로서 대표자나 관리인이 정하여져 있는 경우에는 그 대표자나 관리인의 이름으로 심판청구를 할 수 있다.
③ 청구인이 피청구인을 잘못 지정한 경우에는 위원회는 직권으로 또는 당사자의 신청에 의하여 결정으로써 피청구인을 경정할 수 있다.
④ 행정심판의 경우 여러 명의 청구인이 공동으로 심판청구를 할 때에는 청구인들 중에서 3명 이하의 선정대표자를 선정할 수 있다.
⑤ 참가인은 행정심판 절차에서 당사자가 할 수 있는 심판절차상의 행위를 할 수 있다.

해설 ▸ 下

① 행정심판법 제16조 제5항
② 법인이 아닌 사단 또는 재단으로서 대표자나 관리인이 정하여져 있는 경우에는 그 사단이나 재단의 이름으로 심판청구를 할 수 있다(같은 법 제14조).
③ 같은 법 제17조 제2항
④ 같은 법 제15조 제1항
⑤ 같은 법 제22조 제1항

정답 ②

39. 「행정심판법」상 중앙행정심판위원회에만 인정되는 고유한 권한인 것은? 20 국회직8급

① 심리 · 재결권
② 불합리한 법령 등의 개선을 위한 시정조치요청권
③ 청구인지위의 승계허가권
④ 대리인 선임허가권
⑤ 피청구인경정결정권

해설 ㊦

① 다음 각 호의 행정청 또는 그 소속 행정청(행정기관의 계층구조와 관계없이 그 감독을 받거나 위탁을 받은 모든 행정청을 말하되, 위탁을 받은 행정청은 그 위탁받은 사무에 관하여는 위탁한 행정청의 소속 행정청으로 본다)의 처분 또는 부작위에 대한 행정심판의 청구(심판청구)에 대하여는 다음 각 호의 행정청에 두는 행정심판위원회에서 심리 · 재결한다(제6조 제1항).
② 중앙행정심판위원회는 심판청구를 심리 · 재결할 때에 처분 또는 부작위의 근거가 되는 명령 등(대통령령 · 총리령 · 부령 · 훈령 · 예규 · 고시 · 조례 · 규칙 등을 말한다)이 법령에 근거가 없거나 상위 법령에 위배되거나 국민에게 과도한 부담을 주는 등 크게 불합리하면 관계 행정기관에 그 명령 등의 개정 · 폐지 등 적절한 시정조치를 요청할 수 있다. 이 경우 중앙행정심판위원회는 시정조치를 요청한 사실을 법제처장에게 통보하여야 한다(제59조 제1항).
③ 심판청구의 대상과 관계되는 권리나 이익을 양수한 자는 위원회의 허가를 받아 청구인의 지위를 승계할 수 있다(제16조 제5항).
④ 청구인은 법정대리인 외에 다음 각 호의 어느 하나에 해당하는 자를 대리인으로 선임할 수 있다(제18조 제1항).

1. 청구인의 배우자, 청구인 또는 배우자의 사촌 이내의 혈족
2. 청구인이 법인이거나 제14조에 따른 청구인 능력이 있는 법인이 아닌 사단 또는 재단인 경우 그 소속 임직원
3. 변호사
4. 다른 법률에 따라 심판청구를 대리할 수 있는 자
5. 그 밖에 위원회의 허가를 받은 자

⑤ 청구인이 피청구인을 잘못 지정한 경우에는 위원회는 직권으로 또는 당사자의 신청에 의하여 결정으로써 피청구인을 경정(更正)할 수 있다(제17조 제2항).

정답 ②

40. 행정심판위원회에 대한 설명으로 옳은 것은? (다툼이 있는 경우 판례에 의함) 21 국회직8급

① 국회사무총장의 처분에 대한 행정심판의 청구에 대해서는 국민권익위원회에 두는 중앙행정심판위원회에서 심리·재결한다.
② 행정심판위원회의 임시처분 결정은 당사자의 신청이 있어야 하며 직권으로 할 수는 없다.
③ 중앙행정심판위원회의 위원장은 그 행정심판위원회가 소속된 행정청이 되며, 위원장이 부득이한 사유로 직무를 수행할 수 없거나 위원장이 필요하다고 인정하는 경우에는 위원장이 사전에 지명한 위원이 있는 경우 그 위원이 위원장의 직무를 대행한다.
④ 행정심판위원회는 당사자의 권리 및 권한의 범위에서 직권으로 심판청구의 신속하고 공정한 해결을 위하여 조정을 할 수 있지만, 그 조정이 공공복리에 적합하지 아니하거나 해당 처분의 성질에 반하는 경우에는 그러하지 아니하다.
⑤ 중앙행정심판위원회는 심판청구를 심리·재결할 때에 처분 또는 부작위의 근거가 되는 명령 등이 상위 법령에 위반되면 관계 행정기관에 그 명령 등의 개정·폐지 등 적절한 시정조치를 요청할 수 있고, 그 사실을 법제처장에게 통보하여야 한다.

해설 ㊥

① 다음 각 호의 행정청 또는 그 소속 행정청(행정기관의 계층구조와 관계없이 그 감독을 받거나 위탁을 받은 모든 행정청을 말하되, 위탁을 받은 행정청은 그 위탁받은 사무에 관하여는 위탁한 행정청의 소속 행정청으로 본다)의 처분 또는 부작위에 대한 행정심판의 청구(심판청구)에 대하여는 다음 각 호의 행정청에 두는 행정심판위원회에서 심리 · 재결한다(제6조 제1항).

1. 감사원, 국가정보원장, 그 밖에 대통령령으로 정하는 대통령 소속기관의 장

2. 국회사무총장 · 법원행정처장 · 헌법재판소사무처장 및 중앙선거관리위원회사무총장
3. 국가인권위원회, 그 밖에 지위 · 성격의 독립성과 특수성 등이 인정되어 대통령령으로 정하는 행정청

② 위원회는 처분 또는 부작위가 위법 · 부당하다고 상당히 의심되는 경우로서 처분 또는 부작위 때문에 당사자가 받을 우려가 있는 중대한 불이익이나 당사자에게 생길 급박한 위험을 막기 위하여 임시지위를 정하여야 할 필요가 있는 경우에는 직권으로 또는 당사자의 신청에 의하여 임시처분을 결정할 수 있다(제31조 제1항).
③ 중앙행정심판위원회의 위원장은 국민권익위원회의 부위원장 중 1명이 되며, 위원장이 없거나 부득이한 사유로 직무를 수행할 수 없거나 위원장이 필요하다고 인정하는 경우에는 상임위원(상임으로 재직한 기간이 긴 위원 순서로, 재직기간이 같은 경우에는 연장자 순서로 한다)이 위원장의 직무를 대행한다(제8조 제2항).
④ 위원회는 당사자의 권리 및 권한의 범위에서 당사자의 동의를 받아 심판청구의 신속하고 공정한 해결을 위하여 조정을 할 수 있다. 다만, 그 조정이 공공복리에 적합하지 아니하거나 해당 처분의 성질에 반하는 경우에는 그러하지 아니하다(제43조의2 제1항).
⑤ 제59조 제1항

정답 ⑤

41. **행정심판법에 따른 행정심판기관이 아닌 특별행정심판기관에 의하여 처리되는 특별행정심판에 해당하는 것만을 모두 고르면? (다툼이 있는 경우 판례에 의함)** '22 국가직7급

ㄱ. 국세기본법 상 조세심판
ㄴ. 도로교통법 상 행정심판
ㄷ. 국가공무원법 상 소청심사
ㄹ. 「공익사업을 위한 토지 등의 취득 및 보상에 관한 법률」 상 토지수용재결에 대한 이의신청

① ㄱ, ㄴ
② ㄱ, ㄷ, ㄹ
③ ㄴ, ㄷ, ㄹ
④ ㄱ, ㄴ, ㄷ, ㄹ

해설 ➤ 下

ㄱ 심판청구에 대한 결정을 하기 위하여 국무총리 소속으로 조세심판원을 둔다(국세기본법 제67조 제1항).
ㄴ 중앙행정심판위원회는 심판청구사건 중 도로교통법에 따른 자동차운전면허 행정처분에 관한 사건(소위원회가 중앙행정심판위원회에서 심리·의결하도록 결정한 사건은 제외한다)을 심리·의결하게 하기 위하여 4명의 위원으로 구성하는 소위원회를 둘 수 있다(행정심판법 제8조 제6항).
ㄷ 행정기관 소속 공무원의 징계처분, 그 밖에 그 의사에 반하는 불리한 처분이나 부작위에 대한 소청을 심사·결정하게 하기 위하여 인사혁신처에 소청심사위원회를 둔다(국가공무원법 제9조 제1항).
ㄹ 지방토지수용위원회의 재결에 대하여 이의가 있는 자는 당해 지방토지수용위원회를 거쳐 중앙토지수용위원회에, 중앙토지수용위원회의 재결에 대하여 이의가 있는 자는 중앙토지수용위원회에 이의를 신청할 수 있다(토지보상법 제83조).

정답 ②

42. 「행정심판법」상 재결에 관한 내용으로 가장 옳은 것은? 18 서울시7급

① 재결에 의하여 취소되는 처분이 당사자의 신청을 거부하는 것을 내용으로 하는 경우라도 그 처분을 한 행정청이 재결의 취지에 따라 다시 이전의 신청에 대한 처분을 하여야 할 의무는 없다.
② 행정심판위원회는 재처분의무가 있는 피청구인이 재처분의무를 이행하지 아니하면 지연기간에 따라 일정한 배상을 하도록 명할 수는 있으나 즉시 배상을 할 것을 명할 수는 없다.
③ 행정심판 청구인은 행정심판위원회의 간접강제 결정에 불복하는 경우 그 결정에 대하여 행정소송을 제기할 수 없다.
④ 행정심판청구에 대한 재결이 있으면 그 재결 및 같은 처분 또는 부작위에 대하여 다시 행정심판을 청구할 수 없다.

해설 ⓣ

① 재결에 의하여 취소되거나 무효 또는 부존재로 확인되는 처분이 당사자의 신청을 거부하는 것을 내용으로 하는 경우에는 그 처분을 한 행정청은 재결의 취지에 따라 다시 이전의 신청에 대한 처분을 하여야 한다(제49조 제2항).
② 위원회는 피청구인이 제49조 제2항(거부처분 취소재결 등에 따른 재처분의무)(제49조 제4항에서 준용하는 경우를 포함한다) 또는 제3항(처분명령재결에 따른 재처분의무)에 따른 처분을 하지 아니하면 청구인의 신청에 의하여 결정으로 상당한 기간을 정하고 피청구인이 그 기간 내에 이행하지 아니하는 경우에는 그 지연기간에 따라 일정한 배상을 하도록 명하거나 즉시 배상을 할 것을 명할 수 있다(제50조의2 제1항).
③ 청구인은 제1항 또는 제2항에 따른 결정에 불복하는 경우 그 결정에 대하여 행정소송을 제기할 수 있다(같은 조 제4항).
④ 제51조

정답 ④

43. 「행정심판법」상 재결에 대한 설명으로 옳지 않은 것은? 19 국회직8급

① 심판청구를 인용하는 재결은 청구인과 피청구인, 그 밖의 관계 행정청을 기속한다.
② 재결에 의하여 취소되거나 무효 또는 부존재로 확인되는 처분이 당사자의 신청을 거부하는 것을 내용으로 하는 경우에는 그 처분을 한 행정청은 재결의 취지에 따라 다시 이전의 신청에 대한 처분을 하여야 한다.
③ 재결은 서면으로 하며 재결서에 적는 이유에는 주문 내용이 정당하다는 것을 인정할 수 있는 정도의 판단을 표시하여야 한다.
④ 처분의 상대방이 아닌 제3자가 심판청구를 한 경우 위원회는 재결서의 등본을 지체없이 피청구인을 거쳐 처분의 상대방에게 송달하여야 한다.
⑤ 위원회는 의무이행심판의 청구가 이유가 있다고 인정하면 지체없이 신청에 따른 처분을 하거나 처분을 할 것을 피청구인에게 명한다.

해설 ⓣ

① 심판청구를 인용하는 재결은 피청구인과 그 밖의 관계 행정청을 기속(羈束)한다(제49조 제1항).
② 같은 조 제2항
③ 제46조
④ 제48조 제4항
⑤ 제43조 제5항

정답 ①

44. 「행정심판법」상 행정심판위원회가 취소심판의 청구가 이유가 있다고 인정하는 경우에 행할 수 있는 재결에 해당하지 않는 것은? 21 국가직9급

① 처분을 취소하는 재결
② 처분을 할 것을 명하는 재결
③ 처분을 다른 처분으로 변경하는 재결
④ 처분을 다른 처분으로 변경할 것을 명하는 재결

해설 ➤ (下)

①③④ 위원회는 취소심판의 청구가 이유가 있다고 인정하면 처분을 취소 또는 다른 처분으로 변경하거나 처분을 다른 처분으로 변경할 것을 피청구인에게 명한다(제43조 제3항). 즉, 취소·변경재결이란 취소심판의 청구가 이유가 있다고 인정될 때 위원회가 처분을 취소 또는 변경(처분취소재결, 처분변경재결 = 형성재결)하거나, 처분청에 대하여 변경을 명하는 재결(처분변경명령재결 = 이행재결)을 말한다. 변경의 의미는 적극적 변경, 즉 원처분에 갈음하는 다른 처분으로의 변경(예 운전면허취소처분을 운전면허정지처분으로 변경)을 의미한다. 종전과 달리 개정 행정심판법에서는 처분'취소명령'재결을 삭제하고 처분'변경명령'재결만 인정하고 있다.
② 의무이행심판의 인용재결에 해당한다. 즉, 의무이행심판의 청구가 이유 있다고 인정될 때 지체 없이 신청에 따른 처분을 하거나(형성재결인 처분재결) 처분청에게 신청에 따른 처분을 할 것을 명하는 재결(이행재결인 처분명령재결)을 말한다(제43조 제5항).

정답 ②

45. 행정심판의 재결의 기속력에 대한 설명으로 옳지 않은 것은? (다툼이 있는 경우 판례에 의함) 19 국가직7급

① 재결이 확정된 경우에는 처분의 기초가 된 사실관계나 법률적 판단이 확정되고 당사자들이나 법원은 이에 기속되어 모순되는 주장이나 판단을 할 수 없게 된다.
② 재결에 의하여 취소되거나 무효 또는 부존재로 확인되는 처분이 당사자의 신청을 거부하는 것을 내용으로 하는 경우에는 그 처분을 한 행정청은 재결의 취지에 따라 다시 이전의 신청에 대한 처분을 하여야 한다.
③ 재결의 기속력은 재결의 주문 및 그 전제가 된 요건사실의 인정과 판단에 대하여만 미친다.
④ 당사자의 신청을 받아들이지 않은 거부처분이 재결에서 취소된 경우, 그 재결의 취지에 따라 이전의 신청에 대하여 다시 어떠한 처분을 하여야 할지는 처분을 할 때의 법령과 사실을 기준으로 판단하여야 하므로, 행정청은 종전 거부처분 또는 재결 후에 발생한 새로운 사유를 내세워 다시 거부처분을 할 수 있다.

해설 ➤ (中)

① 행정심판의 재결은 피청구인인 행정청을 기속하는 효력을 가지므로 재결청이 취소심판의 청구가 이유 있다고 인정하여 처분청에 처분을 취소할 것을 명하면 처분청으로서는 재결의 취지에 따라 처분을 취소하여야 하지만, 나아가 재결에 판결에서와 같은 기판력이 인정되는 것은 아니어서 재결이 확정된 경우에도 처분의 기초가 된 사실관계나 법률적 판단이 확정되고 당사자들이나 법원이 이에 기속되어 모순되는 주장이나 판단을 할 수 없게 되는 것은 아니다(대판 2015.11.27, 2013다6759).
② 행정심판법 제49조 제2항
③ 재결의 기속력은 재결의 주문 및 그 전제가 된 요건사실의 인정과 판단, 즉 처분등의 구체적 위법사유에 관한 판단에만 미친다고 할 것이고, 종전 처분이 재결에 의하여 취소되었다 하더라도 종전 처분시와는 다른 사유를 들어서 처분을 하는 것은 기속력에 저촉되지 않는다고 할 것이며, 여기에서 동일 사유인지 다른 사유인지는 종전 처분에 관하여 위법한 것으로 재결에서 판단된 사유와 기본적 사실관계에 있어 동일성이 인정되는 사유인지 여부에 따라 판단되어야 한다(대판 2005.12.9, 2003두7705).
④ 당사자의 신청을 받아들이지 않은 거부처분이 재결에서 취소된 경우에 행정청은 종전 거부처분 또는 재결 후에 발생한 새로운 사유를 내세워 다시 거부처분을 할 수 있다. 그 재결의 취지에 따라 이전의 신청에 대하여 다시 어떠한 처분을 하여야 할지는 처분을 할 때의 법령과 사실을 기준으로 판단하여야 하기 때문이다(대판 2017.10.31, 2015두45045).

정답 ①

46. 「행정심판법」에 의해 행정청이 행정심판위원회의 재결의 취지에 따라 재처분을 할 의무가 있음에도 그 의무를 이행하지 않은 경우에 행정심판위원회가 직접 처분을 할 수 있는 재결은? 20 국가직9급

① 당사자의 신청에 따른 처분을 절차가 부당함을 이유로 취소하는 재결
② 당사자의 신청을 거부한 처분의 이행을 명하는 재결
③ 당사자의 신청을 거부하는 처분을 취소하는 재결
④ 당사자의 신청을 거부하는 처분을 부존재로 확인하는 재결

해설 ➤ (下)

② 당사자의 신청을 거부하거나 부작위로 방치한 처분의 이행을 명하는 재결이 있으면 행정청은 지체 없이 이전의 신청에 대하여 재결의 취지에 따라 처분을 하여야 한다(같은 조 제3항). 위원회는 피청구인이 제49조 제3항에도 불구하고 처분을 하지 아니하는 경우에는 당사자가 신청하면 기간을 정하여 서면으로 시정을 명하고 그 기간에 이행하지 아니하면 직접 처분을 할 수 있다(직권이 아님). 다만, 그 처분의 성질(예 정보공개결정)이나 그 밖의 불가피한 사유로 위원회가 직접 처분을 할 수 없는 경우에는 그러하지 아니하다(제50조 제1항).

정답 ②

47. 재결의 기속력에 대한 설명으로 옳은 것만을 모두 고르면? (다툼이 있는 경우 판례에 의함) 21 지방직9급

ㄱ. 재결에 의하여 취소되거나 무효 또는 부존재로 확인되는 처분이 당사자의 신청을 거부하는 것을 내용으로 하는 경우에는 그 처분을 한 행정청은 재결의 취지에 따라 다시 이전의 신청에 대한 처분을 하여야 한다.
ㄴ. 재결의 기속력은 인용재결의 경우에만 인정되고, 기각재결에서는 인정되지 않는다.
ㄷ. 기속력은 재결의 주문에만 미치고, 처분 등의 구체적 위법사유에 관한 판단에는 미치지 않는다.
ㄹ. 행정심판 인용재결에 따른 행정청의 재처분 의무에도 불구하고 행정청이 인용재결에 따른 처분을 하지 아니하는 경우에, 행정심판위원회는 청구인의 신청이 없어도 결정으로 일정한 배상을 하도록 명할 수 있다.

① ㄱ, ㄴ　　② ㄱ, ㄴ, ㄹ
③ ㄱ, ㄷ, ㄹ　　④ ㄴ, ㄷ, ㄹ

해설 ➤ (中)

ㄱ 행정심판법 제49조 제2항
ㄴ 심판청구를 인용하는 재결은 피청구인과 그 밖의 관계 행정청을 기속(羈束)한다(같은 법 제49조 제1항). 기속력은 '인용재결'에만 인정되고 '각하재결'이나 '기각재결'에는 인정되지 않는다. 따라서 처분청은 기각재결을 받은 후에도 정당한 이유가 있으면 원처분을 취소·변경할 수 있다.
ㄷ 재결의 기속력은 재결의 주문 및 그 전제가 된 요건사실의 인정과 판단, 즉 처분등의 구체적 위법사유에 관한 판단에만 미친다(대판 2005.12.9, 2003두7705).
ㄹ 위원회는 피청구인이 제49조 제2항(거부처분 취소재결 등에 따른 재처분의무)(제49조 제4항에서 준용하는 경우를 포함한다) 또는 제3항(처분명령재결에 따른 재처분의무)에 따른 처분을 하지 아니하면 청구인의 신청에 의하여 결정으로 상당한 기간을 정하고 피청구인이 그 기간 내에 이행하지 아니하는 경우에는 그 지연기간에 따라 일정한 배상을 하도록 명하거나 즉시 배상을 할 것을 명할 수 있다(행정심판법 제50조의2 제1항).

정답 ①

제3절 행정소송

제1항 행정소송 종합문제

48. **행정소송에 대한 판례의 입장으로 옳은 것은?** 15 국가직9급

① 사립학교 교원에 대한 학교법인의 해임처분을 취소소송의 대상이 되는 행정청의 처분으로 볼 수 있으므로 학교법인을 상대로 한 불복은 행정소송에 의한다.
② 취소소송에 당해 처분의 취소를 선결문제로 하는 부당이득반환청구가 병합된 경우 그 청구가 인용되려면 소송절차에서 당해 처분의 취소가 확정되어야 한다.
③ 특정 소송사건에서 당사자 일방을 보조하기 위하여 보조참가를 하려면 당해 소송의 결과에 대하여 사실상, 경제상 또는 감정상의 이해관계가 있으면 충분하며 법률상의 이해관계가 요구되는 것은 아니다.
④ 행정처분에 대한 무효확인과 취소청구는 서로 양립할 수 없는 청구로서 주위적·예비적 청구로서만 병합이 가능하고 선택적 청구로서의 병합은 허용되지 않는다.

해설 ➤ (下)

① 사립학교 교원에 대한 해임처분에 대한 구제방법으로 학교법인을 상대로 한 민사소송 이외 「교원지위 향상을 위한 특별법」 제7~10조에 따라 교육부 내에 설치된 교원징계재심위원회(현 교원소청심사위원회)에 재심청구를 하고 교원징계재심위원회의 결정에 불복하여 행정소송을 제기하는 방법도 있으나, 이 경우에도 행정소송의 대상이 되는 행정처분은 교원징계재심위원회의 결정이지 학교법인의 해임처분이 행정처분으로 의제되는 것이 아니며 또한 교원징계재심위원회의 결정을 이에 대한 행정심판으로서의 재결에 해당되는 것으로 볼 수는 없다(대판 1993.2.12, 92누13707).

② 행정소송법 제10조는 처분의 취소를 구하는 취소소송에 당해 처분과 관련되는 부당이득반환소송을 관련 청구로 병합할 수 있다고 규정하고 있는바, 이 조항을 둔 취지에 비추어 보면, 취소소송에 병합할 수 있는 당해 처분과 관련되는 부당이득반환소송에는 당해 처분의 취소를 선결문제로 하는 부당이득반환청구가 포함되고, 이러한 부당이득반환청구가 인용되기 위해서는 그 소송절차에서 판결에 의해 당해 처분이 취소되면 충분하고 그 처분의 취소가 확정되어야 하는 것은 아니라고 보아야 한다(대판 2009.4.9, 2008두23153).

③ 특정 소송사건에서 당사자 일방을 보조하기 위하여 보조참가를 하려면 당해 소송의 결과에 대하여 이해관계가 있어야 하고, 여기서 말하는 이해관계라 함은 사실상·경제상 또는 감정상의 이해관계가 아니라 법률상의 이해관계를 가리킨다(대판 2000.9.8, 99다26924).

④ 행정처분에 대한 무효확인과 취소청구는 서로 양립할 수 없는 청구로서 주위적·예비적 청구로서만 병합(예비적 병합)이 가능하고 선택적 청구로서의 병합이나 단순 병합은 허용되지 아니한다(대판 1999.8.20, 97누6889).

정답 ④

49. **행정소송에 대한 판례의 입장으로 옳지 않은 것은?** 15 지방직9급

① 일반적·추상적인 법령 그 자체로서 국민의 구체적인 권리의무에 직접적인 변동을 초래하는 것이 아닌 것은 취소소송의 대상이 될 수 없다.
② 행정소송의 대상이 되는 행정처분의 존부는 소송요건으로서 직권조사사항이고, 자백의 대상이 될 수 없는 것이므로, 설사 그 존재를 당사자들이 다투지 아니한다 하더라도 그 존부에 관하여 의심이 있는 경우에는 이를 직권으로 밝혀 보아야 할 것이다.
③ 「행정소송법」상 행정청이 일정한 처분을 하지 못하도록 그 부작위를 구하는 청구는 허용되지 않는 부적법한 소송이다.
④ 행정심판청구가 부적법하지 않음에도 각하한 재결은 원처분주의에 의해서 취소소송의 대상이 되지 않는다.

해설 ➤ 下

① 그 자체로서 국민의 구체적인 권리의무에 직접적인 변동을 초래하는 것이 아닌 것은 그 대상이 될 수 없으므로 구체적인 권리의무에 관한 분쟁을 떠나서 재무부령 자체의 무효확인을 구하는 청구는 행정소송의 대상이 아닌 사항에 대한 것으로서 부적법하다(대판 1987.3.24, 86누656).
② 대판 2004.12.24, 2003두15195
③ 대판 1987.3.24, 86누182
④ 행정심판청구가 부적법하지 않음에도 각하한 재결은 심판청구인의 실체심리를 받을 권리를 박탈한 것으로서 원처분에 없는 고유한 하자가 있다(대판 2001.7.27, 99두2970).

정답 ④

50. 다음 중 행정소송에 대한 설명으로 옳지 않은 것은? (다툼이 있는 경우 판례에 의함) 15 국회직8급

① 거부처분 취소의 확정판결을 받은 행정청이 사실심변론종결 이후 발생한 새로운 사유를 내세워 다시 거부처분을 한 경우도 「행정소송법」 제30조 제2항에 규정된 재처분에 해당한다.
② 행정청의 재량에 속하는 처분이라도 재량권의 한계를 넘거나 그 남용이 있는 때에는 법원은 이를 취소할 수 있다.
③ 어떠한 처분이 상대방의 권리·의무에 직접 영향을 미치는 행위라도 그 처분의 근거가 행정규칙에 규정되어 있는 경우에는 그 처분은 항고소송의 대상이 되는 행정처분에 해당되지 않는다.
④ 처분 당시에는 취소소송의 제기가 법제상 허용되지 않아 소송을 제기할 수 없다가 위헌결정으로 인하여 비로소 취소소송을 제기할 수 있게 된 경우 객관적으로는 위헌결정이 있은 날, 주관적으로는 위헌결정이 있음을 안 날을 제소기간의 기산점으로 삼아야 한다.
⑤ 불특정 다수인에게 고시 또는 공고하는 경우 상대방이 고시 또는 공고 사실을 현실적으로 알았는지와 무관하게 고시가 효력이 발생하는 날에 처분이 있음을 알았다고 보아야 한다.

해설 ➤ 中

① 확정판결의 당사자인 처분행정청은 그 행정소송의 사실심 변론종결 이후 발생한 새로운 사유를 내세워 다시 이전의 신청에 대하여 거부처분을 할 수 있으며, 그러한 처분도 이 조항에 규정된 재처분에 해당한다(대판 1999.12.28, 98두1895).
② 행정소송법 제27조
③ 어떠한 처분의 근거가 행정규칙에 규정되어 있다고 하더라도, 그 처분이 상대방에게 권리의 설정 또는 의무의 부담을 명하거나 기타 법적인 효과를 발생하게 하는 등으로 그 상대방의 권리의무에 직접 영향을 미치는 행위라면, 이 경우에도 항고소송의 대상이 되는 행정처분에 해당한다(대판 2004.11.26, 2003두10251·10268).
④ 처분 당시에는 취소소송의 제기가 법제상 허용되지 않아 소송을 제기할 수 없다가 위헌결정으로 인하여 비로소 취소소송을 제기할 수 있게 된 경우, 객관적으로는 '위헌결정이 있은 날', 주관적으로는 '위헌결정이 있음을 안 날' 비로소 취소소송을 제기할 수 있게 되어 이때를 제소기간의 기산점으로 삼아야 한다(대판 2008.2.1, 2007두20997).
⑤ 대판 2007.6.14, 2004두619

정답 ③

51. 행정소송에 대한 설명으로 옳지 않은 것은? (다툼이 있는 경우 판례에 의함) 16 국가직9급

① 재량행위의 경우 법원은 독자의 결론을 도출함이 없이 당해 행위에 재량권의 일탈·남용이 있는지의 여부만을 심사한다.
② 사정판결을 하는 경우 처분의 위법성은 변론종결시를 기준으로 판단하여야 한다.
③ 조례가 집행행위의 개입 없이도 그 자체로서 직접 국민의 구체적인 권리·의무나 법적 이익에 영향을 미치는 경우에는 항고소송의 대상이 된다.
④ 취소소송의 기각판결이 확정되면 기판력은 발생하나 기속력은 발생하지 않는다.

해설 ➤ 下

① 행정행위를 기속행위와 재량행위로 구분하는 경우 양자에 대한 사법심사는, 전자(기속행위)의 경우 그 법규에 대한 원칙적인 기속성으로 인하여 법원이 사실인정과 관련법규의 해석·적용을 통하여 일정한 결론을 도출한 후 그 결론에 비추어 행정청이 한 판단의 적법 여부를 독자의 입장에서 판정하는 방식(완전심사·판단대체방식)에 의하게 되나, 후자(재량행위)의 경우 행정청의 재량에 기한 공익판단의 여지를 감안하여 법원은 독자의 결론을 도출함이 없이 당해 행위에 재량권의 일탈·남용이 있는지 여부만을 심사(제한심사방식)하게 되고, 이러한 재량권의 일탈·남용 여부에 대한 심사는 사실오인, 비례·평등의 원칙 위배 등을 그 판단대상으로 한다(대판 2005.7.14, 2004두6181).
② 사정판결의 대상이 되는 위법성의 인정은 일반원칙에 따라 처분 시를 기준으로 판단하지만, 사정판결의 필요성은 성질상 처분 후의 사정이 고려되어야 하므로 판결 시(사실심 구두변론종결시)를 기준으로 판단한다(대판 1970.3.24, 69누29).
③ 조례가 집행행위의 개입 없이도 그 자체로서 직접 국민의 구체적인 권리의무나 법적 이익에 영향을 미치는 등의 법률상 효과를 발생하는 경우 그 조례는 항고소송의 대상이 되는 행정처분에 해당하고, 이러한 조례에 대한 무효확인소송을 제기함에 있어서 행정소송법 제38조 제1항, 제13조에 의하여 피고적격이 있는 처분등을 행한 행정청은, 행정주체인 지방자치단체 또는 지방자치단체의 내부적 의결기관으로서 지방자치단체의 의사를 외부에 표시할 권한이 없는 지방의회가 아니라, 구 지방자치법 제19조 제2항, 제92조에 의하여 지방자치단체의 집행기관으로서 조례로서의 효력을 발생시키는 공포권이 있는 지방자치단체의 장이다(대판 1996.9.20, 95누8003).
④ 종국판결이 확정되면 원칙적으로 기판력이 생긴다. 다만, 종국판결이라도 미확정판결이나 무효인 판결에는 미치지 않는다. 기속력과 형성력이 인용판결에만 미치는 것과 달리 기판력은 인용판결, 기각판결, 사정판결, 각하판결에도 미친다.

정답 ②

52. 다음 사례 상황에 대한 설명으로 옳은 것은? (다툼이 있는 경우 판례에 의함) 16 국가직9급

> 갑은 「식품위생법」상 유흥주점 영업허가를 받아 영업을 하던 중 경기부진을 이유로 2015.8.3. 자진폐업하고 관련 법령에 따라 폐업신고를 하였다. 이에 관할 시장은 자진폐업을 이유로 2015.9.10. 갑에 대한 위 영업허가를 취소하는 처분을 하였으나 이를 갑에게 통지하지 아니하였다. 이후 갑은 경기가 활성화되자 유흥주점 영업을 재개하려고 관할 시장에 2016.2.3. 재개업신고를 하였으나, 영업허가가 이미 취소되었다는 회신을 받았다. 허가취소 사실을 비로소 알게 된 갑은 2016.3.10.에 위 2015.9.10.자 영업허가취소처분의 취소를 구하는 소송을 제기하였다.

① 갑에 대한 유흥주점 영업허가의 효력은 2015.9.10.자 영업허가취소처분에 의해서 소멸된다.
② 위 2015.9.10.자 영업허가취소처분은 갑에게 통지되지 않아 효력이 발생하지 아니하였으므로 갑의 영업허가는 여전히 유효하다.
③ 갑이 2015.9.10.자 영업허가취소처분에 대하여 제기한 위 취소소송은 부적법한 소송으로서 각하된다.
④ 갑에 대한 유흥주점 영업허가는 2016.2.3. 행한 갑의 재개업신고를 통하여 다시 효력을 회복한다.

 中

①②③ 자진폐업은 실효사유이기 때문에 영업허가취소처분에 의해 효력을 상실하는 것이 아니다. 판례도 마찬가지이다.
청량음료 제조업허가는 신청에 의한 처분임이 분명한바, 신청에 의한 허가처분은 그 영업을 폐업한 경우는 그 허가도 당연실효된다고 할 것이며, 이런 경우 허가행정청의 허가취소처분은 허가의 실효됨을 확인하는 뜻에 불과하다 할 것이다. 원고가 청량음료 제조영업을 폐업하였다면 그 영업허가는 자연실효되고 피고의 본건 허가취소처분은 그 실효를 확인하는 것에 불과하므로 원고는 그 허가취소처분의 취소를 구할 소의 이익이 없다고 할 것이다(대판 1981.7.14, 80누593).
④ 유흥주점 영업허가는 자진폐업으로 효력을 상실했기 때문에 재개업신고가 아니라 새로운 허가를 받아야 한다. 허가제와 신고제는 규제 정도에서 구별되는 제도이다.

정답 ③

53. 행정소송에 대한 설명으로 옳은 것은? (다툼이 있는 경우 판례에 의함) 16 국가직9급

① 납세의무자에 대한 국가의 부가가치세 환급세액 지급의무는 부당이득반환의무에 해당하므로, 그에 대한 지급청구는 민사소송의 절차에 따라야 한다.
② 국가기관인 시·도 선거관리위원회 위원장은 국민권익위원회가 그에게 소속직원에 대한 중징계요구를 취소하라는 등의 조치요구를 한 것에 대해서 취소소송을 제기할 원고적격을 가진다고 볼 수 없다.
③ 생태·자연도 1등급으로 지정되었던 지역을 2등급 또는 3등급으로 변경하는 내용의 환경부장관의 결정에 대해 해당 1등급 권역의 인근 주민은 취소소송을 제기할 원고적격이 인정된다.
④ 처분청이 처분 당시 적시한 구체적 사실을 변경하지 아니하는 범위 내에서 단지 처분의 근거 법령만을 추가·변경하는 경우에 법원은 처분청이 처분 당시 적시한 구체적 사실에 대하여 처분 후 추가·변경한 법령을 적용하여 처분의 적법 여부를 판단할 수 있다.

해설 ▶ 中

① 납세의무자에 대한 국가의 부가가치세 환급세액 지급의무는 그 납세의무자로부터 어느 과세기간에 과다하게 거래징수된 세액 상당을 국가가 실제로 납부받았는지 여부와 관계없이 부가가치세법령의 규정에 의하여 직접 발생하는 것으로서, 그 법적 성질은 정의와 공평의 관념에서 수익자와 손실자 사이의 재산상태 조정을 위해 인정되는 부당이득 반환의무가 아니라 부가가치세법령에 의하여 그 존부나 범위가 구체적으로 확정되고 조세 정책적 관점에서 특별히 인정되는 공법상 의무라고 봄이 타당하다. 그렇다면 납세의무자에 대한 국가의 부가가치세 환급세액 지급의무에 대응하는 국가에 대한 납세의무자의 부가가치세 환급세액 지급청구는 민사소송이 아니라 행정소송법 제3조 제2호에 규정된 당사자소송의 절차에 따라야 한다[대판(전합) 2013.3.21, 2011다95564].
② 법령이 특정한 행정기관 등으로 하여금 다른 행정기관을 상대로 제재적 조치를 취할 수 있도록 하면서, 그에 따르지 않으면 그 행정기관에 대하여 과태료를 부과하거나 형사처벌을 할 수 있도록 정하는 경우가 있다. 이러한 경우에는 단순히 국가기관이나 행정기관의 내부적 문제라거나 권한 분장에 관한 분쟁으로만 볼 수 없다. 행정기관의 제재적 조치의 내용에 따라 '구체적 사실에 대한 법집행으로서 공권력의 행사'에 해당할 수 있고, 그러한 조치의 상대방인 행정기관이 입게 될 불이익도 명확하다. 그런데도 그러한 제재적 조치를 기관소송이나 권한쟁의심판을 통하여 다툴 수 없다면, 제재적 조치는 그 성격상 단순히 행정기관 등 내부의 권한 행사에 머무는 것이 아니라 상대방에 대한 공권력 행사로서 항고소송을 통한 주관적 구제대상이 될 수 있다고 보아야 한다. 기관소송 법정주의를 취하면서 제한적으로만 이를 인정하고 있는 현행 법령의 체계에 비추어 보면, 이 경우 항고소송을 통한 구제의 길을 열어주는 것이 법치국가 원리에도 부합한다. 따라서 이러한 권리구제나 권리보호의 필요성이 인정된다면 예외적으로 그 제재적 조치의 상대방인 행정기관 등에게 항고소송 원고로서의 당사자능력과 원고적격을 인정할 수 있다(대판 2018.8.1, 2014두35379).
③ 생태·자연도의 작성 및 등급변경의 근거가 되는 구 자연환경보전법 제34조 제1항 및 그 시행령 제27조 제1항, 제2항에 의하면, 생태·자연도는 토지이용 및 개발계획의 수립이나 시행에 활용하여 자연환경을 체계적으로 보전·관리하기 위한 것일 뿐, 1등급 권역의 인근 주민들이 가지는 생활상 이익을 직접적이고 구체적으로 보호하기 위한 것이 아님이 명백하고, 1등급 권역의 인근 주민들이 가지는 이익은 환경보호라는 공공의 이익이 달성됨에 따라 반사적으로 얻게 되는 이익에 불과하므로, 인근 주민에 불과한 甲은 생태·자연도 등급권역을 1등급에서 일부는 2등급으로, 일부는 3등급으로 변경한 결정의 무효 확인을 구할 원고적격이 없다(대판 2014.2.21, 2011두29052).
④ 판례에 의하면 처분사유의 추가·변경은 단순히 근거법조만을 추가·변경하는 것과 구별된다.
행정처분의 적법 여부는 특별한 사정이 없는 한 처분 당시의 사유를 기준으로 판단하는 것이나 처분청이 처분 당시에 적시한 구체적 사실을 변경하지 아니하는 범위 내에서 단지 그 처분의 근거법령만을 추가·변경하는 것은 새로운 처분사유의 추가라고 볼 수 없으므로 이와 같은 경우에는 처분청이 처분 당시에 적시한 구체적 사실에 대하여 처분 후에 추가·변경한 법령을 적용하여 그 처분의 적법 여부를 판단하여도 무방하다(대판 1988.1.19, 87누603).

정답 ④

54. 행정소송에 대한 설명으로 옳은 것은? (다툼이 있는 경우 판례에 의함) 16 지방직9급

① 행정처분의 당연무효를 주장하여 그 무효확인을 구하는 행정소송에 있어서는 피고 행정청이 그 행정처분에 중대·명백한 하자가 없음을 주장·입증할 책임이 있다.
② 재결취소소송에 있어서 재결 자체의 고유한 위법은 재결의 주체, 절차 및 형식상의 위법만을 의미하고, 내용상의 위법은 이에 포함되지 않는다.
③ 무효인 과세처분에 의해 조세를 납부한 자가 부당이득반환청구소송을 제기할 수 있는 경우에도 과세처분에 대한 무효확인소송을 제기할 수 있다.
④ 행정심판을 거친 후 부작위위법확인소송을 제기하는 경우에는 제소기간이 적용되지 않는다.

해설 ➤ 中

① 행정처분의 당연무효를 주장하여 그 무효확인을 구하는 행정소송에 있어서는 원고에게 그 행정처분이 무효인 사유를 주장·입증할 책임이 있다(대판 1992.3.10, 91누6030).
② 재결 자체의 고유한 위법이란 원처분에는 없고 재결에만 있는 흠을 말한다. 다수설·판례는 재결 자체의 주체·내용·절차·형식상의 위법을 의미한다고 보고 있다(대판 1997.9.12, 96누14661). 소수설은 재결 자체의 주체·절차·형식상의 위법만을 의미하고 내용상의 위법은 제외한다.
행정소송법 제19조에서 말하는 '재결 자체에 고유한 위법'이란 원처분에는 없고 재결에만 있는 재결청의 권한 또는 구성의 위법, 재결의 절차나 형식의 위법, 내용의 위법 등을 뜻하고, 그 중 내용의 위법에는 위법·부당하게 인용재결을 한 경우가 해당한다(대판 1997.9.12, 96누14661).
③ 행정처분의 근거법률에 의하여 보호되는 직접적이고 구체적인 이익이 있는 경우에는 행정소송법 제35조에 규정된 '무효확인을 구할 법률상 이익'이 있다고 보아야 하고, 이와 별도로 무효확인소송의 보충성이 요구되는 것은 아니므로 행정처분의 무효를 전제로 한 이행소송 등과 같은 직접적인 구제수단이 있는지 여부를 따질 필요가 없다고 해석함이 상당하다[대판(전합) 2008.3.20, 2007두6342].
④ 부작위위법확인의 소는 부작위상태가 계속되는 한 그 위법의 확인을 구할 이익이 있다고 보아야 하므로 원칙적으로 제소기간의 제한을 받지 않으나, 행정소송법 제38조 제2항이 제소기간을 규정한 같은법 제20조를 부작위위법확인소송에 준용하고 있는 점에 비추어 보면, 행정심판 등 전심절차를 거친 경우에는 행정소송법 제20조가 정한 제소기간 내에 부작위위법확인의 소를 제기하여야 할 것이다(대판 2009.7.23, 2008두10560).

정답 ③

55. 행정소송에 대한 설명으로 옳지 않은 것은? (다툼이 있는 경우 판례에 의함) 16 국회직8급

① 「행정소송법」에서 행정청이 일정한 처분을 하지 못하도록 그 부작위를 구하는 청구는 허용되지 않는다.
② 취소판결의 기판력은 소송물로 된 행정처분의 위법성 존부에 관한 판단 그 자체에만 미친다.
③ 항고소송은 주관소송으로 보는 것이 통설이며, 취소소송의 소송물은 당해 처분의 개개의 위법사유이다.
④ 민중소송은 특별히 법률의 규정이 있을 때에 한하여 예외적으로 인정된다.
⑤ 지방자치단체의 장이 지방의회의 재의결에 대하여 제기하는 무효확인소송은 기관소송이다.

해설 ➤ 下

① 건축건물의 준공처분을 하여서는 아니 된다는 내용의 부작위를 구하는 청구는 행정소송에서 허용되지 아니하는 것이므로 부적법하다(대판 1987.3.24, 86누182).
② 확정판결의 기판력은 소송물로 주장된 법률관계의 존부에 관한 판단의 결론 그 자체에만 미치는 것이고 그 전제가 되는 법률관계의 존부에까지 미치는 것이 아니며, 소송판결은 그 판결에서 확정한 소송요건의 흠결에 관하여 기판력이 발생하는 것이다(대판 1996.11.15, 96다31406).
③ 처분등의 위법성 또는 위법성 일반을 소송물로 보는 견해가 현재 통설이다. 이 설의 특징은 하나의 행정행위에 대해서 위법사유가 여러 개 있더라도 소송물을 하나로 보는 것이다. 이에 따르면 개개의 위법사유에 관한 주장은 단순한 공격방어방법에 지나지 않는다.
④ 민중소송 및 기관소송은 객관소송적 성질로 인해 법률이 정한 경우에 법률에 정한 자에 한하여 제기할 수 있다(행정소송법 제45조).
⑤ 기관소송은 주로 지방자치단체의 기관 상호 간의 영역에서 문제되며 인정된다. 지방자치단체의 장은 지방의회에 의해 재의결된 사항이 법령에 위반된다고 판단되는 때에는 재의결된 날부터 20일 이내에 대법원에 소를 제기할 수 있다. 이 경우 필요하다고 인정되는 때에는 그 의결의 집행을 정지하게 하는 집행정지결정을 신청할 수 있다(지방자치법 제107조 제3항, 제172조 제3항).

정답 ③

56. 행정소송의 제소기간에 대한 설명으로 옳지 않은 것을 〈보기〉에서 모두 고르면? (다툼이 있는 경우 판례에 의함) 16 국회직8급

〈보 기〉

ㄱ. 당사자소송은 취소소송의 제소기간이 적용되지 않으나, 법령에 제소기간이 정해져 있는 경우에 그 기간은 불변기간이다.
ㄴ. 행정심판 등 전심절차를 거친 경우에도 부작위위법확인소송은 부작위상태가 계속되는 한 그 위법의 확인을 구할 이익이 있으므로 제소기간의 제한을 받지 않는다.
ㄷ. 「행정소송법」 제20조(제소기간) 제2항의 규정상 소정의 "정당한 사유"란 「민사소송법」 제173조(소송행위의 추후보완)의 "당사자가 책임질 수 없는 사유"나 「행정심판법」 제27조(심판청구의 기간) 제2항의 "불가항력적인 사유"보다는 넓은 개념이다.
ㄹ. 조세심판에서 재결청의 재조사결정에 따른 행정소송의 기산점은 후속처분의 통지를 받은 날이다.

① ㄱ　② ㄴ
③ ㄱ, ㄴ　④ ㄴ, ㄷ
⑤ ㄱ, ㄴ, ㄹ

해설 ⓕ

ㄱ 제41조
ㄴ 부작위위법확인의 소는 부작위상태가 계속되는 한 그 위법의 확인을 구할 이익이 있다고 보아야 하므로 원칙적으로 제소기간의 제한을 받지 않으나, 행정소송법 제38조 제2항이 제소기간을 규정한 같은법 제20조를 부작위위법확인소송에 준용하고 있는 점에 비추어 보면, 행정심판 등 전심절차를 거친 경우에는 행정소송법 제20조가 정한 제소기간 내에 부작위위법확인의 소를 제기하여야 할 것이다(대판 2009.7.23, 2008두10560).
ㄷ 대판 1991.6.28, 90누6521
ㄹ 대판(전합) 2010.6.25, 2007두12514

정답 ②

57. 다음 사례에 대한 설명으로 옳지 않은 것은? 17 국가직9급

유흥주점영업허가를 받아 주점을 운영하는 甲은 A시장으로부터 연령을 확인하지 않고 청소년을 주점에 출입시켜 「청소년보호법」을 위반하였다는 사실을 이유로 한 영업허가취소처분을 받았다. 甲은 이에 불복하여 취소소송을 제기하였고 취소확정판결을 받았다.

① A시장은 甲이 청소년을 유흥접객원으로 고용하여 유흥행위를 하게 하였다는 이유로 다시 영업허가취소처분을 할 수는 있다.
② 영업허가취소처분은 지나치게 가혹하다는 이유로 취소확정판결이 내려졌다면, A시장은 甲에게 연령을 확인하지 않고 청소년을 출입시켰다는 이유로 영업허가정지처분을 할 수는 있다.
③ 청소년들을 주점에 출입시킨 사실이 없다는 이유로 취소확정판결이 내려졌다면, A시장은 甲에게 연령을 확인하지 않고 청소년을 출입시켰다는 이유로 영업허가취소처분을 할 수는 없다.
④ 청문절차를 거치지 않았다는 이유로 취소확정판결이 내려졌다면, A시장은 적법한 청문절차를 거치더라도 甲에게 연령을 확인하지 않고 청소년을 출입시켰다는 이유로 영업허가취소처분을 할 수는 없다.

해설 ▶ 中

① 취소 확정판결의 기속력은 판결의 주문 및 전제가 되는 처분 등의 구체적 위법사유에 관한 판단에도 미치나, 종전 처분이 판결에 의하여 취소되었더라도 종전 처분과 다른 사유를 들어서 새로이 처분을 하는 것은 기속력에 저촉되지 않는다(대판 2016.3.24, 2015두48235).
② 취소소송에서 청구인용판결(취소판결)이 확정되면 행정청은 동일한 사실관계 아래에서 동일한 이유에 기해 동일 당사자에 대하여 동일한 내용의 처분을 반복해서는 안 된다(제30조 제1항). 영업허가취소처분과 영업허가정지처분은 동일한 내용의 처분이 아니기 때문에 기속력 위반이 아니다.
③ 동일한 사유이기 때문에 동일한 내용의 처분을 반복해서는 안 된다.
④ 행정소송법 제30조 제2항의 규정에 의하면 행정청의 거부처분을 취소하는 판결이 확정된 때에는 그 처분을 행한 행정청이 판결의 취지에 따라 이전의 신청에 대하여 재처분할 의무가 있으나, 이때 확정판결의 당사자인 처분행정청은 그 확정판결에서 적시된 위법사유를 보완하여 새로운 처분을 할 수 있다(대판 2005.1.14, 2003두13045).

정답 ④

58. 대법원 판례의 입장으로 옳은 것은? 17 국가직9급

① 행정청이 「도시 및 주거환경정비법」 등 관련법령에 근거하여 행하는 조합설립인가처분은 강학상 인가처분으로서 그 조합설립결의에 하자가 있다면 조합설립결의에 대한 무효확인을 구하여야 한다.
② 지적공부 소관청의 지목변경신청 반려행위는 행정사무의 편의와 사실증명의 자료로 삼기 위한 것이지 그 대장에 등재 여부는 어떠한 권리의 변동이나 상실효력이 생기지 않으므로 이를 항고소송의 대상으로 할 수 없다.
③ 지방자치단체가 제정한 조례가 「1994년 관세 및 무역에 관한 일반협정」(General Agreement on Tariffs and Trade 1994)이나 「정부조달에 관한 협정」(Agreement on Government Procurement)에 위반되는 경우, 그 조례는 무효이다.
④ 어떠한 행정처분이 후에 항고소송에서 취소되었다면 그 기판력에 의하여 당해 행정처분은 곧바로 「국가배상법」 제2조의 공무원의 고의 또는 과실로 인한 불법행위를 구성한다.

해설 ▶ 下

① 행정청이 도시정비법 등 관련법령에 근거하여 행하는 조합설립인가 처분은 단순히 사인들의 조합설립행위에 대한 보충행위로서의 성질을 갖는 것에 그치는 것이 아니라 법령상 요건을 갖출 경우 도시정비법상 주택재건축사업을 시행할 수 있는 권한을 갖는 행정주체(공법인)로서의 지위를 부여하는 일종의 설권적 처분의 성격을 갖는다고 보아야 한다(대판 2009.9.24, 2008다60568).
조합설립결의는 조합설립인가처분이라는 행정처분을 하는 데 필요한 요건 중 하나에 불과한 것이어서, 조합설립결의에 하자가 있다면 그 하자를 이유로 직접 항고소송의 방법으로 조합설립인가처분의 취소 또는 무효확인을 구하여야 하고, 이와는 별도로 조합설립결의 부분만을 따로 떼어내어 그 효력 유무를 다투는 확인의 소를 제기하는 것은 원고의 권리 또는 법률상의 지위에 현존하는 불안·위험을 제거하는 데에 가장 유효·적절한 수단이라 할 수 없어 특별한 사정이 없는 한 확인의 이익은 인정되지 아니한다(대판 2009.9.24, 2008다60568).
② 지적공부 소관청의 지목변경신청 반려행위는 국민의 권리관계에 영향을 미치는 것으로서 항고소송의 대상이 되는 행정처분에 해당한다[대판(전합) 2004.4.22, 2003두9015].
③ 대판 2005.9.9, 2004추10
④ 어떠한 행정처분이 후에 항고소송에서 취소되었다고 할지라도 그 기판력에 의하여 당해 행정처분이 곧바로 공무원의 고의 또는 과실로 인한 것으로서 불법행위를 구성한다고 단정할 수는 없는 것이고, 그 행정처분의 담당공무원이 보통 일반의 공무원을 표준으로 하여 볼 때 객관적 주의의무를 결하여 그 행정처분이 객관적 정당성을 상실하였다고 인정될 정도에 이른 경우에 국가배상법 제2조 소정의 국가배상책임의 요건을 충족하였다고 봄이 상당할 것이며, 이때에 객관적 정당성을 상실하였는지 여부는 피침해이익의 종류 및 성질, 침해행위가 되는 행정처분의 태양 및 그 원인, 행정처분의 발동에 대한 피해자측의 관여의 유무, 정도 및 손해의 정도 등 제반 사정을 종합하여 손해의 전보책임을 국가 또는 지방자치단체에게 부담시켜야 할 실질적인 이유가 있는지 여부에 의하여 판단하여야 한다(대판 2000.5.12, 99다70600).

정답 ③

59. 대법원 판례의 입장으로 옳지 않은 것은? 17 국가직9급

① 「행정소송법」 제26조는 행정소송에서 직권심리주의가 적용되도록 하고 있지만, 행정소송에서도 당사자주의나 변론주의의 기본 구도는 여전히 유지된다.
② 영업자에 대한 행정제재처분에 대하여 행정심판위원회가 영업자에게 유리한 적극적 변경명령재결을 하고 이에 따라 처분청이 변경처분을 한 경우, 그 변경처분에 의해 유리하게 변경된 행정제재가 위법하다는 이유로 그 취소를 구하려면 변경된 내용의 당초처분을 취소소송의 대상으로 하여야 한다.
③ 원자로 및 관계시설의 부지사전승인처분은 그 자체로서 독립한 행정처분은 아니므로 이의 위법성을 직접 항고소송으로 다툴 수는 없고 후에 발령되는 건설허가처분에 대한 항고소송에서 다투어야 한다.
④ 구 「폐기물관리법」 관계 법령상의 폐기물처리업허가를 받기 위한 사업계획에 대한 부적정통보는 허가신청 자체를 제한하는 등 개인의 권리 내지 법률상의 이익을 개별적이고 구체적으로 규제하고 있어 행정처분에 해당한다.

해설 中

① 행정소송에 있어서 특단의 사정이 있는 경우를 제외하면 당해 행정처분의 적법성에 관하여는 당해 처분청이 이를 주장·입증하여야 할 것이나 행정소송에 있어서 직권주의가 가미되어 있다고 하여도 여전히 변론주의를 기본 구조로 하는 이상 행정처분의 위법을 들어 그 취소를 청구함에 있어서는 직권조사사항을 제외하고는 그 취소를 구하는 자가 위법사유에 해당하는 구체적인 사실을 먼저 주장하여야 한다(대판 2000.3.23, 98두2768).
② 변경처분에 의하여 유리하게 변경된 내용의 행정제재가 위법하다 하여 그 취소를 구하는 경우 그 취소소송의 대상은 변경된 내용의 당초 처분이지 변경처분은 아니고, 제소기간의 준수 여부도 변경처분이 아닌 변경된 내용의 당초 처분을 기준으로 판단하여야 한다(대판 2007.4.27, 2004두9302).
③ 원자로 및 관계시설의 부지사전승인처분은 그 자체로서 건설부지를 확정하고 사전공사를 허용하는 법률효과를 지닌 독립한 행정처분이기는 하지만, 건설허가 전에 신청자의 편의를 위하여 미리 그 건설허가의 일부 요건을 심사하여 행하는 사전적 부분 건설허가처분의 성격을 갖고 있는 것이어서 나중에 건설허가처분이 있게 되면 그 건설허가처분에 흡수되어 독립된 존재가치를 상실함으로써 그 건설허가처분만이 쟁송의 대상이 되는 것이므로, 부지사전승인처분의 취소를 구하는 소는 소의 이익을 잃게 되고, 따라서 부지사전승인처분의 위법성은 나중에 내려진 건설허가처분의 취소를 구하는 소송에서 이를 다투면 된다(대판 1998.9.4, 97누19588).
④ 대판 1998.4.28, 97누21086

정답 ③

60. 행정소송에 대한 판례의 입장으로 옳지 않은 것은? 17 지방직9급

① 구 「주택법」상 입주자나 입주예정자는 주택의 사용검사처분의 무효확인 또는 취소를 구할 법률상 이익이 있다.
② 명예퇴직한 법관이 미지급 명예퇴직수당액의 지급을 구하는 소송은 당사자소송에 해당한다.
③ 납세의무자에 대한 국가의 부가가치세 환급세액 지급의무에 대응하는 국가에 대한 납세의무자의 부가가치세 환급세액 지급청구는 민사소송이 아니라 당사자소송의 절차에 따라야 한다.
④ 지방전문직공무원 채용계약 해지의 의사표시에 대하여는 공법상 당사자소송으로 그 의사표시의 무효확인을 청구할 수 있다.

해설 中

① 사용검사처분은 건축물을 사용·수익할 수 있게 하는 데 그치므로 건축물에 대하여 사용검사처분이 이루어졌다고 하더라도 그 사정만으로는 건축물에 있는 하자나 건축법 등 관계 법령에 위배되는 사실이 정당화되지는 아니하며, 또한 건축물에 대한 사용검사처분의 무효확인을 받거나 처분이 취소된다고 하더라도 사용검사 전의 상태로 돌아가 건축물을 사용할 수 없게 되는 것에 그칠 뿐 곧바로 건축물의 하자 상태 등이 제거되거나 보완되는 것도 아니다. 그리고 입주자나 입주예정자들은 사용검사처분의 무효확인을 받거나 처분을 취소하지 않고도 민사소송 등을 통하여 분양계약에 따른 법률관계 및 하자 등을 주장·증명함으로써 사업주체 등으로부터 하자의 제거·보완 등에 관한 권리구제를 받을 수 있으므로, 사용검사처분의 무효확인 또는 취소 여부에 의하여 법률적인 지위가 달라진다고 할 수 없으며, 구 「주택공급에 관한 규칙」에서 주택공급계약에 관하여 사용검사와 관련된 규정을 두고 있다고 하더라도 달리 볼 것은 아니다. 오히려 주택에 대한 사용검사처분이 있으면, 그에 따라 입주예정자들이 주택에 입주하여 이를 사용할 수 있게 되므로 일반적으로 입주예정자들에게 이익이 되고, 다수의 입주자들이 사용검사권자의 사용검사처분을 신뢰하여 입주를 마치고 제3자에게 주택을 매매 내지 임대하거나 담보로 제공하는 등 사용검사처분을 기초로 다수의 법률관계가 형성되는데, 일부 입주자나 입주예정자가 사업주체와의 개별적 분쟁 등을 이유로 사용검사처분의 무효확인 또는 취소를 구하게 되면, 처분을 신뢰한 다

수의 이익에 반하게 되는 상황이 발생할 수 있다. 위와 같은 사정들을 종합하여 볼 때, 구 주택법상 입주자나 입주예정자는 사용검사처분의 무효확인 또는 취소를 구할 법률상 이익이 없다(대판 2015.1.29, 2013두24976).
② 대판 2016.5.24, 2013두14863
③ 납세의무자에 대한 국가의 부가가치세 환급세액 지급의무에 대응하는 국가에 대한 납세의무자의 부가가치세 환급세액 지급청구는 민사소송이 아니라 행정소송법 제3조 제2호에 규정된 당사자소송의 절차에 따라야 한다[대판(전합) 2013.3.21, 2011다95564].
④ 지방전문직공무원 채용계약 해지의 의사표시에 대하여는 대등한 당사자 간의 소송형식인 공법상 당사자소송으로 그 의사표시의 무효확인을 청구할 수 있다(대판 1993.9.14, 92누4611).

정답 ①

61. 행정소송에 대한 설명으로 옳지 않은 것은? (다툼이 있는 경우 판례에 의함) 17 지방직9급

① 지방자치단체가 건축물을 건축하기 위하여 구 「건축법」에 따라 미리 건축물의 소재지를 관할하는 허가권자인 다른 지방자치단체의 장과 건축협의를 한 경우, 허가권자인 지방자치단체의 장이 건축협의를 취소하는 행위는 항고소송의 대상이 되는 처분에 해당한다.
② 불특정 다수인에 대한 행정처분을 고시 또는 공고에 의하여 하는 경우에는 그 행정처분에 이해관계를 갖는 사람이 고시 또는 공고가 있었다는 사실을 현실적으로 알았는지 여부에 관계없이 고시 또는 공고가 효력을 발생한 날에 행정처분이 있음을 알았다고 보아야 한다.
③ 취소소송이 제기된 후에 피고를 경정하는 경우 제소기간의 준수 여부는 피고를 경정한 때를 기준으로 판단한다.
④ 구 「도시 및 주거환경정비법」상 조합설립추진위원회 구성승인처분을 다투는 소송 계속 중 조합설립인가처분이 이루어진 경우 조합설립추진위원회 구성승인처분에 대하여 취소 또는 무효확인을 구할 법률상 이익이 없다.

해설 中

① 건축협의 취소는 상대방이 다른 지방자치단체 등 행정주체라 하더라도 '행정청이 행하는 구체적 사실에 관한 법집행으로서의 공권력 행사'(행정소송법 제2조 제1항 제1호)로서 처분에 해당한다고 볼 수 있고, 지방자치단체인 원고가 이를 다툴 실효적 해결 수단이 없는 이상, 원고는 건축물 소재지 관할 허가권자인 지방자치단체의 장을 상대로 항고소송을 통해 건축협의 취소의 취소를 구할 수 있다(대판 2014.2.27, 2012두22980).
② 대판 2006.4.14, 2004두3847
③ 제1항의 규정에 의한 결정이 있은 때에는 새로운 피고에 대한 소송은 처음에 소를 제기한 때에 제기된 것으로 본다(행정소송법 제14조 제4항).
④ 추진위원회 구성승인처분을 다투는 소송 계속 중에 조합설립인가처분이 이루어진 경우에는, 추진위원회 구성승인처분에 위법이 존재하여 조합설립인가 신청행위가 무효라는 점 등을 들어 직접 조합설립인가처분을 다툼으로써 정비사업의 진행을 저지하여야 하고, 이와는 별도로 추진위원회 구성승인처분에 대하여 취소 또는 무효확인을 구할 법률상의 이익은 없다고 보아야 한다(대판 2013.1.31, 2011두11112·2011두11129).

정답 ③

62. 행정소송으로 청구할 수 없는 것은? (다툼이 있는 경우 판례에 의함) 17 국가직7급

① 공익사업으로 인하여 영업을 폐지하거나 휴업하는 자의 영업손실로 인한 보상에 관한 소송
② 동일한 소유자에게 속하는 일단의 건축물의 일부가 수용됨으로써 발생한 잔여 건축물 가격감소 등으로 인한 손실보상에 관한 소송
③ 「공익사업을 위한 토지 등의 취득 및 보상에 관한 법률」상 환매권의 존부에 관한 확인 및 환매금액의 증감을 구하는 소송
④ 잔여지 수용청구를 받아들이지 않은 토지수용위원회의 재결에 불복하여 제기하는 소송

해설 中

① 구 「공익사업을 위한 토지 등의 취득 및 보상에 관한 법률」 제79조 제2항, 「공익사업을 위한 토지 등의 취득 및 보상에 관한 법률 시행규칙」 제57조에 따른 사업폐지 등에 대한 보상청구권은 공익사업의 시행 등 적법한 공권력의 행사에 의한 재산상 특별한 희생에 대하여 전체적인 공평부담의 견지에서 공익사업의 주체가 손해를 보상하여 주는 손실보상의 일종으로 공법상 권리임이 분명하므로 그에 관한 쟁송은 민사소송이 아닌 행정소송절차에 의하여야 한다(대판 2012.10.11, 2010다23210).

② 「공익사업을 위한 토지 등의 취득 및 보상에 관한 법률」(토지보상법) 제75조의2 제1항, 제34조, 제50조, 제61조, 제83조 내지 제85조의 내용 및 입법 취지 등을 종합하면, 건축물 소유자가 사업시행자로부터 토지보상법 제75조의2 제1항에 따른 잔여 건축물 가격감소 등으로 인한 손실보상을 받기 위해서는 토지보상법 제34조, 제50조 등에 규정된 재결절차를 거친 다음 재결에 대하여 불복이 있는 때에 비로소 토지보상법 제83조 내지 제85조에 따라 권리구제를 받을 수 있을 뿐, 재결절차를 거치지 않은 채 곧바로 사업시행자를 상대로 손실보상을 청구하는 것은 허용되지 않고, 이는 수용대상 건축물에 대하여 재결절차를 거친 경우에도 마찬가지이다(대판 2015.11.12, 2015두2963).
③ 구 「공익사업을 위한 토지 등의 취득 및 보상에 관한 법률」(구 공익사업법) 제91조에 규정된 환매권은 상대방에 대한 의사표시를 요하는 형성권의 일종으로서 재판상이든 재판 외이든 위 규정에 따른 기간 내에 행사하면 매매의 효력이 생기는 바, 이러한 환매권의 존부에 관한 확인을 구하는 소송 및 구 공익사업법 제91조 제4항에 따라 환매금액의 증감을 구하는 소송 역시 민사소송에 해당한다(대판 2013.2.28, 2010두22368).
④ 잔여지 수용청구를 받아들이지 않은 토지수용위원회의 재결에 대하여 토지소유자가 불복하여 제기하는 소송은 위 법 제85조 제2항에 규정되어 있는 '보상금의 증감에 관한 소송'에 해당(형식적 당사자소송 : 필자 주)하여 사업시행자를 피고로 하여야 한다(대판 2010.8.19, 2008두822).

정답 ③

63. 행정소송에서 소송이 각하되는 경우에 해당하는 것만을 모두 고른 것은? (다툼이 있는 경우 판례에 의함)

17 국가직7급

> ㄱ. 신청권이 없는 신청에 대한 거부행위에 대하여 제기된 거부처분 취소소송
> ㄴ. 재결 자체에 고유한 위법이 없음에도 재결에 대해 제기된 재결취소소송
> ㄷ. 행정심판의 필요적 전치주의가 적용되는 경우, 부적법한 취소심판의 청구가 있었음에도 행정심판위원회가 기각재결을 하자 원처분에 대하여 제기한 취소소송
> ㄹ. 사실심 단계에서는 원고적격을 구비하였으나 상고심에서 원고적격이 흠결된 취소소송

① ㄱ, ㄷ　　② ㄴ, ㄷ
③ ㄱ, ㄷ, ㄹ　　④ ㄱ, ㄴ, ㄹ

해설 ➤ (中)

ㄱ 행정청이 국민의 신청에 대하여 한 거부행위가 항고소송의 대상이 되는 행정처분이 된다고 하기 위하여는 국민이 그 신청에 따른 행정행위를 요구할 수 있는 법규상 또는 조리상의 권리가 있어야 하고 이러한 권리에 의하지 아니한 국민의 신청을 행정관청이 받아들이지 아니하고 거부한 경우에는 이로 인하여 신청인의 권리나 법적 이익에 어떤 영향을 주는 것이 아니므로 그 거부행위를 가리켜 항고소송의 대상이 되는 행정처분이라고 할 수 없다(대판 2006.6.30, 2004두701).
ㄴ 재결취소소송의 경우 재결 자체에 고유한 위법이 있는지 여부를 심리할 것이고, 재결 자체에 고유한 위법이 없는 경우에는 원처분의 당부와는 상관없이 당해 재결취소소송은 이를 기각하여야 한다(대판 1994.1.25, 93누16901).
ㄷ 행정처분의 취소를 구하는 항고소송의 전심절차인 행정심판청구가 기간도과로 인하여 부적법한 경우에는 행정소송 역시 전치의 요건을 충족치 못한 것이 되어 부적법 각하를 면치 못하는 것이고, 이 점은 행정청이 행정심판의 제기기간을 도과한 부적법한 심판에 대하여 그 부적법을 간과한 채 실질적 재결을 하였다 하더라도 달라지는 것이 아니다(대판 1991.6.25, 90누8091).
ㄹ 원고적격은 소송요건의 하나이므로 사실심 변론종결시는 물론 상고심에서도 존속하여야 하고 이를 흠결하면 부적법한 소가 된다 할 것이다(대판 2007.4.12, 2004두7924).

정답 ③

64. 행정소송에 관한 설명으로 옳지 않은 것은? (다툼이 있는 경우 판례에 의함) 17 서울시7급

① 행정청의 위법한 처분 등으로 인한 국민의 권리 또는 이익의 침해를 구제하고 공법상 권리관계 또는 법률 적용에 관한 다툼을 적정하게 해결함을 목적으로 한다.
② 항고소송의 대상적격 여부는 행위의 성질·효과 이외에 행정소송 제도의 목적이나 사법권(司法權)에 의한 국민의 권익보호기능도 충분히 고려하여 합목적적으로 판단해야 한다.
③ 행정청이 한 행위가 단지 사인 간 법률관계의 존부를 공적으로 증명하는 공증행위에 불과하더라도 그 효력을 둘러싼 분쟁의 해결이 사법원리(私法原理)에 맡겨져 있는 경우에는 항고소송의 대상이 된다.
④ 어떤 행위가 상대방의 권리를 제한하는 행위라 하더라도 행정청 또는 그 소속기관이나 권한을 위임받은 공공단체 등의 행위가 아닌 한 이를 행정처분이라고 할 수 없다.

해설 ➤ 中

① 행정소송법 제1조
②③ 항고소송의 대상이 되는 행정처분에 해당하는지는 행위의 성질·효과 이외에 행정소송 제도의 목적이나 사법권에 의한 국민의 권익보호 기능도 충분히 고려하여 합목적적으로 판단해야 한다. 이러한 행정소송 제도의 목적 및 기능 등에 비추어 볼 때, 행정청이 한 행위가 단지 사인 간 법률관계의 존부를 공적으로 증명하는 공증행위에 불과하여 그 효력을 둘러싼 분쟁의 해결이 사법원리에 맡겨져 있거나 행위의 근거 법률에서 행정소송 이외의 다른 절차에 의하여 불복할 것을 예정하고 있는 경우에는 항고소송의 대상이 될 수 없다고 보는 것이 타당하다(대판 2012.6.14, 2010두19720).
④ 대결 2010.11.26, 2010무137

정답 ③

65. 甲은 값싼 외국산 수입재료를 국내산 유기농 재료로 속여 상품을 제조·판매하였음을 이유로 식품위생법령에 따라 관할 행정청으로부터 영업정지 3개월 처분을 받았다. 한편, 위 영업정지의 처분기준에는 1차 위반의 경우 영업정지 3개월, 2차 위반의 경우 영업정지 6개월, 3차 위반의 경우 영업허가취소 처분을 하도록 규정되어 있다. 甲은 영업정지 3개월 처분의 취소를 구하는 소송을 제기하였다. 이에 대한 설명으로 옳지 않은 것은? (다툼이 있는 경우 판례에 의함) 17 지방직7급

① 위와 같은 처분기준이 없는 경우라면, 영업정지 처분에 정하여진 기간이 경과되어 효력이 소멸한 경우에는 그 영업정지 처분의 취소를 구할 법률상 이익은 부정된다.
② 위 처분기준이 「식품위생법」이나 동법 시행령에 규정되어 있는 경우에는 대외적 구속력이 인정되나, 동법 시행규칙에 규정되어 있는 경우에는 대외적 구속력은 부정된다.
③ 甲에 대하여 법령상 임의적 감경사유가 있음에도, 관할 행정청이 이를 전혀 고려하지 않았거나 감경사유에 해당하지 않는다고 오인하여 영업정지 3개월 처분을 한 경우에는 재량권을 일탈·남용한 위법한 처분이 된다.
④ 甲에 대한 영업정지 3개월의 기간이 경과되어 효력이 소멸한 경우에 위 처분기준이 「식품위생법」이나 동법 시행령에 규정되어 있다면 甲은 영업정지 3개월 처분의 취소를 구할 소의 이익이 있지만, 동법 시행규칙에 규정되어 있다면 소의 이익이 인정되지 않는다.

해설 ➤ 中

① 행정처분에 그 효력기간이 정하여져 있는 경우, 그 처분의 효력 또는 집행이 정지된 바 없다면 위 기간의 경과로 그 행정처분의 효력은 상실되므로 그 기간 경과 후에는 그 처분이 외형상 잔존함으로 인하여 어떠한 법률상 이익이 침해되고 있다고 볼만한 별다른 사정이 없는 한 그 처분의 취소를 구할 법률상의 이익이 없다(대판 2002.7.26, 2000두7254).
②④ 가중된 제재처분에 관한 규정이 있을 경우에는 일반적인 영업정지처분과는 달리 기간이 지난 후에도 가중된 제재처분을 받을 불이익을 해소할 법률상 이익이 있다. 판례는 가중된 제재처분에 있어서 제재기간이 경과한 후의 권리보호의 필요에 대해 법률이나 대통령령인 시행령에 규정된 경우는 권리보호의 필요를 인정하고, 부령이나 지방자치단체의 규칙형식에 규정된 경우는 권리보호의 필요를 부정해왔다. 그러나 최근 전합 판결에서 부령이나 규칙형식에 규정된 경우도 권리보호의 필요를 인정하는 것으로 판례를 변경했다. 그러나 본 판례는 부령형식의 행정규칙에

대하여만 판례를 변경했을 뿐, 행정규칙형식에 대해서는 파기하지 않았다. 또한 부령형식의 행정규칙에 규정된 가중처분의 협의의 소익을 인정했을 뿐, 부령형식의 행정규칙의 법적 성질은 여전히 행정규칙설을 취한다.
규칙이 정한 바에 따라 선행처분을 가중사유 또는 전제요건으로 하는 후행처분을 받을 우려가 현실적으로 존재하는 경우에는, 선행처분을 받은 상대방은 비록 그 처분에서 정한 제재기간이 경과하였다 하더라도 그 처분의 취소소송을 통하여 그러한 불이익을 제거할 권리보호의 필요성이 충분히 인정된다고 할 것이므로, 선행처분의 취소를 구할 법률상 이익이 있다고 보아야 한다[대판(전합) 2006.6.22, 2003두1684].
③ 감경사유가 있음에도 이를 전혀 고려하지 않았거나 감경사유에 해당하지 않는다고 오인한 나머지 과징금을 감경하지 않았다면 그과징금 부과처분은 재량권을 일탈·남용한 위법한 처분이라고 할 수밖에 없다(대판 2010.7.15, 2010두7031).

정답 ④

66. 판례에 의할 때 ㉠과 ㉡에서 甲과 乙이 적법하게 제기할 수 있는 소송의 종류를 바르게 연결한 것은? 18 국가직9급

> ㉠ 법관 甲이 이미 수령한 명예퇴직수당액이 구 「법관 및 법원공무원 명예퇴직수당 등 지급규칙」에서 정한 정당한 명예퇴직수당액에 미치지 못한다고 주장하며 차액의 지급을 신청하였으나 법원행정처장이 이를 거부한 경우
> ㉡ 乙이 군인연금법령에 따라 국방부장관의 인정을 받아 퇴역연금을 지급받아 오던 중 「군인보수법」 및 「공무원보수규정」에 의한 호봉이나 봉급액의 개정 등으로 퇴역연금액이 변경되어 국방부장관이 乙에게 법령의 개정에 따른 퇴역연금액 감액조치를 한 경우

	ㄱ	ㄴ
①	미지급명예퇴직수당액지급을 구하는 당사자소송	퇴역연금차액지급을 구하는 당사자소송
②	법원행정처장의 거부처분에 대한 취소소송	퇴역연금차액지급을 구하는 당사자소송
③	미지급명예퇴직수당액지급을 구하는 당사자소송	국방부장관의 퇴역연금감액처분에 대한 취소소송
④	법원행정처장의 거부처분에 대한 취소소송	국방부장관의 퇴역연금감액처분에 대한 취소소송

해설 (中)

ㄱ 명예퇴직한 법관이 미지급 명예퇴직수당액에 대하여 가지는 권리는 명예퇴직수당 지급대상자 결정 절차를 거쳐 명예퇴직수당규칙에 의하여 확정된 공법상 법률관계에 관한 권리로서, 그 지급을 구하는 소송은 행정소송법의 당사자소송에 해당하며, 그 법률관계의 당사자인 국가를 상대로 제기하여야 한다(대판 2016.5.24, 2013두14863).
ㄴ 국방부장관의 인정에 의하여 퇴역연금을 지급받아 오던 중 군인보수법 및 공무원보수규정에 의한 호봉이나 봉급액의 개정 등으로 퇴역연금액이 변경된 경우에는 법령의 개정에 따라 당연히 개정규정에 따른 퇴역연금액이 확정되는 것이지 구 군인연금법 제18조 제1항 및 제2항에 정해진 국방부장관의 퇴역연금액 결정과 통지에 의하여 비로소 그 금액이 확정되는 것이 아니므로, 법령의 개정에 따른 국방부장관의 퇴역연금액 감액조치에 대하여 이의가 있는 퇴역연금수급권자는 항고소송을 제기하는 방법으로 감액조치의 효력을 다툴 것이 아니라 직접 국가를 상대로 정당한 퇴역연금액과 결정, 통지된 퇴역연금액과의 차액의 지급을 구하는 공법상 당사자소송을 제기하는 방법으로 다툴 수 있다 할 것이고, 같은 법 제5조 제1항에 그 법에 의한 급여에 관하여 이의가 있는 자는 군인연금급여재심위원회에 그 심사를 청구할 수 있다는 규정이 있다 하여 달리 볼 것은 아니다(대판 2003.9.5, 2002두3522).

정답 ①

67. 판례에 따를 경우 甲이 제기하는 소송이 적법하게 되기 위한 설명으로 옳은 것은? 18 국가직9급

> A시장은 2016.12.23. 「식품위생법」 위반을 이유로 甲에 대하여 3월의 영업정지처분을 하였고, 甲은 2016.12.26. 처분서를 송달받았다. 甲은 이에 대해 행정심판을 청구하였고, 행정심판위원회는 2017.3.6. "A시장은 甲에 대하여 한 3월의 영업정지처분을 2월의 영업정지에 갈음하는 과징금부과처분으로 변경하라."라는 일부인용의 재결을 하였으며, 그 재결서 정본은 2017.3.10. 甲에게 송달되었다. A시장은 재결취지에 따라 2017.3.13. 甲에 대하여 과징금부과처분을 하였다. 甲은 여전히 자신이 「식품위생법」 위반을 이유로 한 제재를 받을 이유가 없다고 생각하여 취소소송을 제기하려고 한다.

① 행정심판위원회를 피고로 하여 2016.12.23.자 영업정지처분을 대상으로 취소소송을 제기하여야 한다.
② 행정심판위원회를 피고로 하여 2017.3.13.자 과징금부과처분을 대상으로 취소소송을 제기하여야 한다.
③ 과징금부과처분으로 변경된 2016.12.23.자 원처분을 대상으로 2017.3.10.부터 90일 이내에 제기하여야 한다.
④ 2017.3.13.자 과징금부과처분을 대상으로 2017.3.6.부터 90일 이내에 제기하여야 한다.

해설 ㊤

③ [소송대상] 판례에 따르면 처분변경의 경우 감액경정처분의 경우에는 변경되고 남은 당초처분이 대상이 되고, 적극적 변경처분의 경우 당초처분은 효력을 상실하므로 변경처분을 대상으로 항고소송을 제기하여야 한다고 판시하고 있다. 다만, 적극적 변경처분의 경우에도 유리한 변경처분의 경우, 선행처분의 내용 중 일부만을 소폭 변경하는 정도에 불과한 경우나 당초처분과 동일한 요건과 절차가 요구되지 않는 경미한 사항에 대한 변경처분과 같이 분리가능한 일부변경처분의 경우에는 선행처분이 소멸한다고 볼 수 없기 때문에 당초처분이 대상이 된다.
행정청이 식품위생법령에 따라 영업자에게 행정제재처분을 한 후 그 처분을 영업자에게 유리하게 변경하는 처분을 한 경우, 변경처분에 의하여 당초 처분은 소멸하는 것이 아니고 당초부터 유리하게 변경된 내용의 처분으로 존재하는 것이므로, 변경처분에 의하여 유리하게 변경된 내용의 행정제재가 위법하다 하여 그 취소를 구하는 경우 그 취소소송의 대상은 변경된 내용의 당초 처분이지 변경처분은 아니고, 제소기간의 준수 여부도 변경처분이 아닌 변경된 내용의 당초 처분을 기준으로 판단하여야 한다(대판 2007.4.27, 2004두9302).
[제소기간] 자발적이든 의무적이든 행정심판의 재결을 거친 경우 취소소송의 제소기간은 재결서의 정본을 송달받은 날부터 기산하므로(제20조 제1항), 갑(甲)이 재결서 정본을 송달받은 날인 2017.3.10.부터 90일 이내에 제기하여야 한다.

정답 ③

68. 행정소송에 대한 판례의 입장으로 옳은 것은? 18 지방직9급

① 개발제한구역 중 일부 취락을 개발제한구역에서 해제하는 내용의 도시관리계획변경결정에 대하여 개발제한구역 해제 대상에서 누락된 토지의 소유자는 그 결정의 취소를 구할 법률상 이익이 있다.
② 금융기관 임원에 대한 금융감독원장의 문책경고는 상대방의 권리의무에 직접 영향을 미치지 않으므로 행정소송의 대상이 되는 처분에 해당하지 않는다.
③ 부가가치세 증액경정처분의 취소를 구하는 항고소송에서 납세의무자는 과세관청의 증액경정사유만 다툴 수 있을 뿐이지 당초 신고에 관한 과다신고사유는 함께 주장하여 다툴 수 없다.
④ 주택건설사업 승인신청 거부처분에 대한 취소의 확정판결이 있은 후 행정청이 재처분을 하였다 하더라도 그 재처분이 종전 거부처분에 대한 취소의 확정판결의 기속력에 반하는 경우, 「행정소송법」상 간접강제신청에 필요한 요건을 갖춘 것으로 보아야 한다.

해설 ㊥

① 도시관리계획변경결정 중 원고 소유 토지가 속한 취락부분이 취소된다 하더라도 그 결과 이 사건 도시관리계획변경결정으로 개발제한구역에서 해제된 제3자 소유의 토지들이 종전과 같이 개발제한구역으로 남게 되는 결과가 될 뿐, 원고 소유의 이 사건 토지가 개발제한구역에서 해제되는 것도 아니므로, 원고에게는 제3자 소유의 토지에 관한 이 사건 도시관리계획변경결정의 취소를 구할 직접적이고 구체적인 이익이 있다고 할 수 없다(대판 2008.7.10, 2007두10242).
② 문책경고일로부터 3년이 경과하지 아니한 자는 은행장, 상근감사위원, 상임이사, 외국은행지점 대표자가 될 수 없다고 규정하고 있어서, 문책경고는 그 상대방에 대한 직업선택의 자유를 직접 제한하는 효과를 발생하게 하는 등 상대방의 권리의무에 직접 영향을 미치는 행위로서 행정처분에 해당한다(대판 2005.2.17, 2003두14765).

③ 납세의무자는 증액경정처분의 취소를 구하는 항고소송에서 과세관청의 증액경정사유뿐만 아니라 당초신고에 관한 과다신고사유도 함께 주장하여 다툴 수 있다[대판(전합) 2013.4.18, 2010두11733].
④ 대결 2002.12.11, 2002무22

정답 ④

69. 「행정소송법」상 행정소송에 해당하지 않는 것은? (다툼이 있는 경우 판례에 의함) 18 지방직9급

① 행정재산의 사용·수익 허가에 따른 사용료를 미납한 경우에 부과된 가산금의 징수를 다투는 소송
② 행정편의를 위하여 사법상의 금전급부의무의 불이행에 대하여 「국세징수법」상 체납처분에 관한 규정을 준용하는 경우에 체납처분을 다투는 소송
③ 국가나 지방자치단체에 근무하는 청원경찰의 징계처분에 대한 소송
④ 「개발이익환수에 관한 법률」상 개발부담금부과처분이 취소된 경우 그 과오납금의 반환을 청구하는 소송

해설 ➤ 中

① 원고는 피고 산하의 국립의료원 부설주차장에 관한 이 사건 위탁관리용역운영계약에 대하여 관리청이 순전히 사경제주체로서 행한 사법상 계약임을 전제로, 가산금에 관한 별도의 약정이 없는 이상 원고에게 가산금을 지급할 의무가 없다고 주장하여 그 부존재의 확인을 구한다는 것이다. 그러나 기록에 의하면, 위 운영계약의 실질은 행정재산인 위 부설주차장에 대한 국유재산법 제24조 제1항에 의한 사용·수익 허가로서 이루어진 것임을 알 수 있으므로, 이는 위 국립의료원이 원고의 신청에 의하여 공권력을 가진 우월적 지위에서 행한 행정처분으로서 특정인에게 행정재산을 사용할 수 있는 권리를 설정하여 주는 강학상 특허에 해당한다 할 것이고 순전히 사경제주체로서 원고와 대등한 위치에서 행한 사법상의 계약으로 보기 어렵다고 할 것이다. 따라서 원고가 그 주장과 같이 이 사건 가산금 지급채무의 부존재를 주장하여 구제를 받으려면, 적절한 행정쟁송절차를 통하여 권리관계를 다투어야 할 것이지, 이 사건과 같이 피고에 대하여 민사소송으로 위 지급의무의 부존재확인을 구할 수는 없는 것이다. 그렇다면 원고의 이 사건 소는 쟁송방법을 잘못 선택한 것으로서 부적법한 것이라고 아니할 수 없다(대판 2006.3.9, 2004다31074).
② 체납처분은 압류, 매각, 청산을 말하는데, 판례는 압류와 매각의 처분성을 인정하고 있다.
[압류] 체납처분에 기한 압류처분은 행정처분으로서 이에 기하여 이루어진 집행방법인 압류등기와는 구별되므로 압류등기의 말소를 구하는 것을 압류처분 자체의 무효를 구하는 것으로 볼 수 없고, 또한 압류등기가 말소된다고 하여도 압류처분이 외형적으로 효력이 있는 것처럼 존재하는 이상 그 불안과 위험을 제거할 필요가 있다고 할 것이므로, 압류처분에 기한 압류등기가 경료되어 있는 경우에도 압류처분의 무효확인을 구할 이익이 있다(대판 2003.5.16, 2002두3669).
[공매] 과세관청이 체납처분으로서 행하는 공매는 우월한 공권력의 행사로서 행정소송의 대상이 되는 공법상의 행정처분이며 공매에 의하여 재산을 매수한 자는 그 공매처분이 취소된 경우에 그 취소처분의 위법을 주장하여 행정소송을 제기할 법률상 이익이 있다(대판 1984.9.25, 84누201).
③ 그 근무관계를 사법상의 고용계약관계로 보기는 어려우므로 그에 대한 징계처분의 시정을 구하는 소는 행정소송의 대상이지 민사소송의 대상이 아니다(대판 1993.7.13, 92다47564).
④ 개발부담금 부과처분이 취소된 이상 그 후의 부당이득으로서의 과오납금 반환에 관한 법률관계는 단순한 민사 관계에 불과한 것이고, 행정소송 절차에 따라야 하는 관계로 볼 수 없다(대판 1995.12.22, 94다51253).

정답 ④

70. 행정소송에 대한 설명으로 가장 옳지 않은 것은? 18 서울시7급

① 사업시행자가 환매권의 존부에 관한 확인을 구하는 소송은 민사소송이다.
② 명예퇴직한 법관이 명예퇴직수당액의 차액 지급을 신청한 것에 대해 법원행정처장이 거부하는 의사표시를 한 경우 항고소송으로 이를 다투어야 한다.
③ 국가에 대한 납세의무자의 부가가치세 환급세액청구는 민사소송이 아니라 당사자소송으로 다투어야 한다.
④ 공무원연금법령상 급여를 받으려고 하는 자는 구체적 권리가 발생하지 않은 상태에서 곧바로 공무원연금공단을 상대로 한 당사자소송을 제기할 수 없다.

해설 ➤ 中

① 대판 2013.2.28, 2010두22368
② 명예퇴직수당은 명예퇴직수당 지급신청자 중에서 일정한 심사를 거쳐 피고가 명예퇴직수당 지급대상자로 결정한 경우에 비로소 지급될 수 있지만, 명예퇴직수당 지급대상자로 결정된 법관에 대하여 지급할 수당액은 명예퇴직수당규칙 제4조 [별표 1]에 산정 기준이 정해져 있으므로, 위 법관은 위 규정에서 정한 정당한 산정 기준에 따라 산정된 명예퇴직수당액을 수령할 구체적인 권리를 가진다. 따라서 위 법관이 이미 수령한 수당액이 위 규정에서 정한 정당한 명예퇴직수당액에 미치지 못한다고 주장하며 차액의 지급을 신청함에 대하여 법원행정처장이 거부하는 의사를 표시했더라도, 그 의사표시는 명예퇴직수당액을 형성·확정하는 행정처분이 아니라 공법상의 법률관계의 한쪽 당사자로서 지급의무의 존부 및 범위에 관하여 자신의 의견을 밝힌 것에 불과하므로 행정처분으로 볼 수 없다. 결국 명예퇴직한 법관이 미지급 명예퇴직수당액에 대하여 가지는 권리는 명예퇴직수당 지급대상자 결정 절차를 거쳐 명예퇴직수당규칙에 의하여 확정된 공법상 법률관계에 관한 권리로서, 그 지급을 구하는 소송은 행정소송법의 당사자소송에 해당하며, 그 법률관계의 당사자인 국가를 상대로 제기하여야 한다(대판 2016.5.24, 2013두14863).
③ 납세의무자에 대한 국가의 부가가치세 환급세액 지급의무는 그 납세의무자로부터 어느 과세기간에 과다하게 거래징수된 세액 상당을 국가가 실제로 납부받았는지 여부와 관계없이 부가가치세법령의 규정에 의하여 직접 발생하는 것으로서, 그 법적 성질은 정의와 공평의 관념에서 수익자와 손실자 사이의 재산상태 조정을 위해 인정되는 부당이득 반환의무가 아니라 부가가치세법령에 의하여 그 존부나 범위가 구체적으로 확정되고 조세 정책적 관점에서 특별히 인정되는 공법상 의무라고 봄이 타당하다. 그렇다면 납세의무자에 대한 국가의 부가가치세 환급세액 지급의무에 대응하는 국가에 대한 납세의무자의 부가가치세 환급세액 지급청구는 민사소송이 아니라 행정소송법 제3조 제2호에 규정된 당사자소송의 절차에 따라야 한다[대판(전합) 2013.3.21, 2011다95564].
④ 공무원연금법령상 급여를 받으려고 하는 자는 우선 관계 법령에 따라 공무원연금공단에 급여지급을 신청하여 공무원연금공단이 이를 거부하거나 일부 금액만 인정하는 급여지급결정을 하는 경우 그 결정을 대상으로 항고소송을 제기하는 등으로 구체적 권리를 인정받아야 하고, 구체적인 권리가 발생하지 않은 상태에서 곧바로 공무원연금공단을 상대로 한 당사자소송으로 권리의 확인이나 급여의 지급을 소구하는 것은 허용되지 아니한다. 이러한 법리는 구체적인 급여를 받을 권리의 확인을 구하기 위하여 소를 제기하는 경우뿐만 아니라, 구체적인 급여수급권의 전제가 되는 지위의 확인을 구하는 경우에도 마찬가지로 적용된다(대판 2017.2.9, 2014두43264).

정답 ②

71. 행정소송에 대한 설명으로 옳지 않은 것은? (다툼이 있는 경우 판례에 의함) 18 지방직7급

① 당사자소송에 대하여는 「행정소송법」의 집행정지에 관한 규정이 준용되지 아니하므로, 「민사집행법」상 가처분에 관한 규정 역시 준용되지 아니한다.
② 서훈은 서훈대상자의 특별한 공적에 의하여 수여되는 고도의 일신전속적 성격을 가지는 것이므로, 망인에게 수여된 서훈이 취소된 경우 그 유족은 서훈취소처분의 상대방이 되지 아니한다.
③ 「민사소송법」 규정이 준용되는 행정소송에서 증명책임은 원칙적으로 민사소송 일반원칙에 따라 당사자 사이에 분배되고, 항고소송의 경우에는 그 특성에 따라 처분의 적법성을 주장하는 피고에게 그 적법사유에 대한 증명책임이 있다.
④ 행정처분의 무효확인을 구하는 청구에는 특별한 사정이 없는 한 그 처분의 취소를 구하는 취지까지도 포함되어 있다고 볼 수 있다.

해설 ➤ 下

① 당사자소송에 대하여는 행정소송법 제8조 제2항에 따라 민사집행법상 가처분에 관한 규정이 준용되므로, 사업시행자는 민사집행법 제300조 제2항에 따라 현저한 손해를 피하기 위해 필요한 경우 '임시의 지위를 정하기 위한 가처분'을 통하여 공익사업을 신속하고 원활하게 수행할 수 있다(대판 2019.9.9, 2016다262550).
② 대판 2014.9.26, 2013두2518
③ 대판 2016.10.27, 2015두42817
④ 대판 1986.9.23, 85누838

정답 ①

72. 행정소송의 대상에 대한 판례의 입장으로 옳지 않은 것은? 19 국가직9급

① 「수도법」에 의하여 지방자치단체인 수도사업자가 그 수돗물의 공급을 받는 자에게 하는 수도료 부과·징수와 이에 따른 수도료 납부관계는 공법상의 권리의무 관계이므로, 이에 관한 분쟁은 행정소송의 대상이다.
② 구 「예산회계법」상 입찰보증금의 국고귀속조치는 국가가 공권력을 행사하는 것이라는 점에서, 이를 다투는 소송은 행정소송에 해당한다.
③ 「도시 및 주거환경정비법」상 주택재건축정비사업조합을 상대로 관리처분계획안에 대한 조합 총회결의의 효력 등을 다투는 소송은 「행정소송법」상 당사자소송에 해당한다.
④ 공익사업을 위한 토지 등의 취득 및 보상에 관한 법령에 의한 협의취득은 사법상의 법률행위이므로, 이에 관한 분쟁은 민사소송의 대상이다.

해설 ➤ 中

① 대판 1977.2.22, 76다2517
② 예산회계법(현 국가재정법)에 따라 체결되는 계약은 사법상의 계약이라고 할 것이고 동법 제70조의5의 입찰보증금은 낙찰자의 계약체결의무 이행의 확보를 목적으로 하여 그 불이행시에 이를 국고에 귀속시켜 국가의 손해를 전보하는 사법상의 손해배상예정으로서의 성질을 갖는 것이라고 할 것이므로 입찰보증금의 국고귀속조치는 국가가 사법상의 재산권의 주체로서 행위하는 것이지 공권력을 행사하는 것이거나 공권력작용과 일체성을 가진 것이 아니라 할 것이므로 이에 관한 분쟁은 행정소송이 아닌 민사소송의 대상이 될 수밖에 없다고 할 것이다(대판 1983.12.27, 81누366).
③ 대판(전합) 2009.9.17, 2007다2428
④ 대판 1992.10.27, 91누3871

정답 ②

73. 행정소송에 대한 설명으로 옳지 않은 것은? (다툼이 있는 경우 판례에 의함) 19 지방직9급

① 검사의 불기소결정은 「행정소송법」상 처분에 해당되어 항고소송을 제기할 수 있다.
② 납세의무부존재확인의 소는 공법상의 법률관계 그 자체를 다투는 소송으로서 당사자소송이다.
③ 행정청의 부작위에 대하여 행정심판을 거치지 않고 부작위위법확인소송을 제기하는 경우에는 제소기간의 제한을 받지 않는다.
④ 거부처분에 대하여 무효확인 판결이 확정된 경우, 행정청에 대해 판결의 취지에 따른 재처분의무가 인정될 뿐 그에 대하여 간접강제까지 허용되는 것은 아니다.

해설 ➤ 中

① 검사의 불기소결정에 대해서는 검찰청법에 의한 항고와 재항고, 형사소송법에 의한 재정신청에 의해서만 불복할 수 있는 것이므로, 이에 대해서는 행정소송법상 항고소송을 제기할 수 없다(대판 2018.9.28, 2017두47465).
② 대판 2000.9.8, 99두2765
③ 부작위위법확인의 소는 부작위상태가 계속되는 한 그 위법의 확인을 구할 이익이 있다고 보아야 하므로 원칙적으로 제소기간의 제한을 받지 않으나, 행정소송법 제38조 제2항이 제소기간을 규정한 같은법 제20조를 부작위위법확인소송에 준용하고 있는 점에 비추어 보면, 행정심판 등 전심절차를 거친 경우에는 행정소송법 제20조가 정한 제소기간 내에 부작위위법확인의 소를 제기하여야 할 것이다(대판 2009.7.23, 2008두10560).
④ 행정처분에 대하여 무효확인 판결이 내려진 경우에는 그 행정처분이 거부처분인 경우에도 행정청에 판결의 취지에 따른 재처분의무가 인정될 뿐, 그에 대하여 간접강제까지 허용되는 것은 아니라고 할 것이다(대결 1998.12.24, 98무37).

정답 ①

74. 판례의 입장으로 옳은 것은? 19 지방직7급

① 공무원연금법령상 급여를 받으려고 하는 자는 우선 급여지급을 신청하여 공무원연금공단이 이를 거부하거나 일부 금액만 인정하는 급여지급결정을 하는 경우 그 결정을 대상으로 항고소송을 제기하는 등으로 구체적 권리를 인정받아야 한다.
② 행정청이 공무원에게 국가공무원법령상 연가보상비를 지급하지 아니한 행위는 공무원의 연가보상비청구권을 제한하는 행위로서 항고소송의 대상이 되는 처분이다.
③ 법관이 이미 수령한 명예퇴직수당액이 구 「법관 및 법원공무원 명예퇴직수당 등 지급규칙」에서 정한 정당한 명예퇴직수당액에 미치지 못한다고 주장하며 차액의 지급을 신청한 것에 대하여 법원행정처장이 행한 거부의 의사표시는 행정처분에 해당한다.
④ 「도시 및 주거환경정비법」상 주택재건축정비사업조합을 상대로 관리처분계획안에 대한 조합 총회결의의 효력 등을 다투는 소송은 관리처분계획의 인가·고시가 있은 이후라도 특별한 사정이 없는 한 허용되어야 한다.

해설 中

① 대판 2017.2.9, 2014두43264
② 공무원의 연가보상비청구권은 공무원이 연가를 실시하지 아니하는 등 법령상 정해진 요건이 충족되면 그 자체만으로 지급기준일 또는 보수지급기관의 장이 정한 지급일에 구체적으로 발생하고 행정청의 지급결정에 의하여 비로소 발생하는 것은 아니라고 할 것이므로, 행정청이 공무원에게 연가보상비를 지급하지 아니한 행위로 인하여 공무원의 연가보상비청구권 등 법률상 지위에 아무런 영향을 미친다고 할 수는 없으므로 행정청의 연가보상비 부지급 행위는 항고소송의 대상이 되는 처분이라고 볼 수 없다(대판 1999.7.23, 97누10857).
③ 명예퇴직수당은 명예퇴직수당 지급신청자 중에서 일정한 심사를 거쳐 피고가 명예퇴직수당 지급대상자로 결정한 경우에 비로소 지급될 수 있지만, 명예퇴직수당 지급대상자로 결정된 법관에 대하여 지급할 수당액은 명예퇴직수당규칙 제4조 [별표 1]에 산정 기준이 정해져 있으므로, 위 법관은 위 규정에서 정한 정당한 산정 기준에 따라 산정된 명예퇴직수당액을 수령할 구체적인 권리를 가진다. 따라서 위 법관이 이미 수령한 수당액이 위 규정에서 정한 정당한 명예퇴직수당액에 미치지 못한다고 주장하며 차액의 지급을 신청함에 대하여 법원행정처장이 거부하는 의사를 표시했더라도, 그 의사표시는 명예퇴직수당액을 형성·확정하는 행정처분이 아니라 공법상의 법률관계의 한쪽 당사자로서 지급의무의 존부 및 범위에 관하여 자신의 의견을 밝힌 것에 불과하므로 행정처분으로 볼 수 없다(대판 2016.5.24, 2013두14863).
④ 관리처분계획에 대한 관할행정청의 인가·고시까지 있게 되면 관리처분계획은 행정처분으로서 효력이 발생하게 되므로, 총회결의의 하자를 이유로 하여 행정처분의 효력을 다투는 항고소송의 방법으로 관리처분계획의 취소 또는 무효확인을 구하여야 하고, 그와 별도로 행정처분에 이르는 절차적 요건 중 하나에 불과한 총회결의 부분만을 따로 떼어내어 효력 유무를 다투는 확인의 소를 제기하는 것은 특별한 사정이 없는 한 허용되지 않는다고 보아야 한다[대판(전합) 2009.9.17, 2007다2428].

정답 ①

75. 판례의 입장으로 옳은 것은? 20 국가직9급

① 변상금부과처분이 당연무효인 경우, 당해 변상금부과처분에 의하여 납부한 오납금에 대한 납부자의 부당이득반환청구권의 소멸시효는 변상금부과처분의 부과시부터 진행한다.
② 행정소송에서 쟁송의 대상이 되는 행정처분의 존부에 관한 사항이 상고심에서 비로소 주장된 경우에 행정처분의 존부에 관한 사항은 상고심의 심판범위에 해당한다.
③ 어떠한 처분의 근거나 법적인 효과가 행정규칙에 규정되어 있다면, 그 처분이 행정규칙의 내부적 구속력에 의하여 상대방의 권리 의무에 직접 영향을 미치는 행위라도 항고소송의 대상이 되는 행정처분이라 볼 수 없다.
④ 어떠한 허가처분에 대하여 타법상의 인·허가가 의제된 경우, 의제된 인·허가는 통상적인 인·허가와 동일한 효력을 갖는 것은 아니므로 '부분 인·허가 의제'가 허용되는 경우에도 의제된 인·허가에 대한 쟁송취소는 허용되지 않는다.

해설 中

① 지방재정법 제87조 제1항에 의한 변상금부과처분이 당연무효인 경우에 이 변상금부과처분에 의하여 납부자가 납부하거나 징수당한 오납금은 지방자치단체가 법률상 원인 없이 취득한 부당이득에 해당하고, 이러한 오납금에 대한 납부자의 부당이득반환청구권은 처음부터 법률상 원인이 없이 납부 또는 징수된 것이므로 납부 또는 징수시에 발생하여 확정되며, 그때부터 소멸시효가 진행한다(대판 2005.1.27, 2004다50143).
② 행정소송에서 쟁송의 대상이 되는 행정처분의 존부는 소송요건으로서 직권조사사항이고, 자백의 대상이 될 수 없는 것이므로, 설사 그 존재

를 당사자들이 다투지 아니한다 하더라도 그 존부에 관하여 의심이 있는 경우에는 이를 직권으로 밝혀 보아야 할 것이고, 사실심에서 변론종결 시까지 당사자가 주장하지 않던 직권조사사항에 해당하는 사항을 상고심에서 비로소 주장하는 경우 그 직권조사사항에 해당하는 사항은 상고심의 심판범위에 해당한다(대판 2004.12.24, 2003두15195).
③ 이 사건 처분은 그 근거와 법적 효과가 위와 같은 행정규칙에 규정되어 있다 하더라도, 행정규칙의 내부적 구속력에 의하여 상대방에게 권리의 설정 또는 의무의 부담을 명하거나 기타 법적 효과를 발생하게 하는 등으로 원고의 권리의무에 직접 영향을 미치는 행위로서 항고소송의 대상이 되는 행정처분에 해당하는 것으로 보아야 할 것이다(대판 2002.7.26, 2001두3532).
④ 주택건설사업계획 승인처분에 따라 의제된 인허가가 위법함을 다투고자 하는 이해관계인은, 주택건설사업계획 승인처분의 취소를 구할 것이 아니라 의제된 인허가의 취소를 구하여야 하며, 의제된 인허가는 주택건설사업계획 승인처분과 별도로 항고소송의 대상이 되는 처분에 해당한다(대판 2018.11.29, 2016두38792).

정답 ②

76. 행정소송의 소송요건 등에 대한 설명으로 옳지 않은 것은? (다툼이 있는 경우 판례에 의함) 20 지방직9급

① 고시 또는 공고에 의하여 행정처분을 하는 경우 그 행정처분에 이해관계를 갖는 사람이 고시 또는 공고가 있었다는 사실을 현실적으로 알았는지 여부에 관계없이 고시 또는 공고가 효력을 발생한 날에 행정처분이 있음을 알았다고 보아야 한다.
② 「행정소송법」상 제3자 소송참가의 경우 참가인이 상소를 하였더라도, 소송당사자 본인인 피참가인은 참가인의 의사에 반하여 상소취하나 상소포기를 할 수 있다.
③ 무효인 과세처분에 근거하여 세금을 납부한 경우 부당이득반환청구의 소로써 직접 위법상태의 제거를 구할 수 있는지 여부와 관계없이 「행정소송법」 제35조에 규정된 '무효확인을 구할 법률상 이익'을 가진다.
④ 공법상 당사자소송으로서 납세의무부존재확인의 소는 과세처분을 한 과세관청이 아니라 「행정소송법」 제3조 제2호, 제39조에 의하여 그 법률관계의 한쪽 당사자인 국가·공공단체, 그 밖의 권리주체가 피고적격을 가진다.

해설 ▶ 中

① 대판 2006.4.14, 2004두3847
② 피참가인의 소송행위는 모두의 이익을 위하여서만 효력을 가지고, 공동소송적 보조참가인에게 불이익이 되는 것은 효력이 없으므로, 참가인이 상소를 할 경우에 피참가인이 상소취하나 상소포기를 할 수는 없다(대판 2017.10.12, 2015두36836).
③ 행정처분의 근거법률에 의하여 보호되는 직접적이고 구체적인 이익이 있는 경우에는 행정소송법 제35조에 규정된 '무효확인을 구할 법률상 이익'이 있다고 보아야 하고, 이와 별도로 무효확인소송의 보충성이 요구되는 것은 아니므로 행정처분의 무효를 전제로 한 이행소송 등과 같은 직접적인 구제수단이 있는지 여부를 따질 필요가 없다고 해석함이 상당하다[대판(전합) 2008.3.20, 2007두6342].
④ 대판 2000.9.8, 99두2765

정답 ②

77. 항고소송의 제기요건에 대한 설명으로 옳지 않은 것은? (다툼이 있는 경우 판례에 의함) 20 국회직8급

① 체납자는 자신이 점유하는 제3자 소유의 동산에 대한 압류처분의 취소나 무효확인을 구할 원고적격이 있다.
② 원천징수의무자인 법인에 대한 소득금액변동통지는 법인의 납세의무에 직접 영향을 미치므로 항고소송의 대상이 되는 처분이다.
③ 사업의 양도행위가 무효임을 주장하는 양도자는 양도·양수행위의 무효를 구함이 없이 사업양도·양수에 따른 허가관청의 지위승계 신고수리처분의 무효확인을 구할 법률상 이익은 없다.
④ 검사의 공소제기가 적법절차에 따라 정당하게 이루어진 것인지 여부에 관계없이 검사의 공소에 대하여는 형사소송절차에 의하여서만 다툴 수 있고, 행정소송의 방법으로 공소의 취소를 구할 수 없다.
⑤ 공정거래위원회의 처분에 대하여 불복의 소를 제기하였다가 청구취지를 추가하는 경우, 추가된 청구취지에 대한 제소기간의 준수 등은 원칙적으로 청구취지의 추가·변경 신청이 있는 때를 기준으로 판단하여야 한다.

해설 ➤ 中

① 국과세관청이 조세의 징수를 위하여 체납자가 점유하고 있는 제3자의 소유 동산을 압류한 경우, 그 체납자는 그 압류처분에 의하여 당해 동산에 대한 점유권의 침해를 받은 자로서 그 압류처분에 대하여 법률상 직접적이고 구체적인 이익을 가지는 것이어서 그 압류처분의 취소나 무효확인을 구할 원고적격이 있다(대판 2006.4.13, 2005두15151).
② 대판(전합) 2006.4.20, 2002두1878
③ 사업의 양도행위가 무효라고 주장하는 양도자는 민사쟁송으로 양도·양수행위의 무효를 구함이 없이 막바로 허가관청을 상대로 하여 행정소송으로 위 신고수리처분의 무효확인을 구할 법률상 이익이 있다(대판 2005.12.23, 2005두3554).
④ 대판 2000.3.28, 99두11264
⑤ 대판 2018.11.15, 2016두48737

정답 ③

78. 행정소송에 대한 설명으로 옳지 않은 것은? (다툼이 있는 경우 판례에 의함) 20 국가직7급

① 무효확인소송에서 '무효확인을 구할 법률상 이익'이 있는지를 판단할 때, 행정처분의 무효를 전제로 한 이행소송 등과 같은 직접적인 구제수단이 있는지를 먼저 따질 필요는 없다.
② 「국토의 계획 및 이용에 관한 법률」상 토지소유자 등이 도시·군계획시설 사업시행자의 토지의 일시 사용에 대하여 정당한 사유 없이 동의를 거부한 경우, 사업시행자가 토지소유자를 상대로 동의의 의사표시를 구하는 소송은 당사자소송으로 보아야 한다.
③ 합의제행정청의 처분에 대하여는 합의제행정청이 피고가 되므로 부당노동행위에 대한 구제명령 등 중앙노동위원회의 처분에 대한 소송에서는 중앙노동위원회가 피고가 된다.
④ 권한의 내부위임이 있는 경우 내부수임기관이 착오 등으로 원처분청의 명의가 아닌 자기명의로 처분을 하였다면, 내부수임기관이 그 처분에 대한 항고소송의 피고가 된다.

해설 ➤ 中

① 행정처분의 근거법률에 의하여 보호되는 직접적이고 구체적인 이익이 있는 경우에는 행정소송법 제35조에 규정된 '무효확인을 구할 법률상 이익'이 있다고 보아야 하고, 이와 별도로 무효확인소송의 보충성이 요구되는 것은 아니므로 행정처분의 무효를 전제로 한 이행소송 등과 같은 직접적인 구제수단이 있는지 여부를 따질 필요가 없다고 해석함이 상당하다[대판(전합) 2008.3.20, 2007두6342].
② 「국토의 계획 및 이용에 관한 법률」 제130조 제3항에서 정한 토지의 소유자·점유자 또는 관리인(소유자 등)이 사업시행자의 일시 사용에 대하여 정당한 사유 없이 동의를 거부하는 경우, 사업시행자는 해당 토지의 소유자 등을 상대로 동의의 의사표시를 구하는 소를 제기할 수 있다. 이와 같은 토지의 일시 사용에 대한 동의의 의사표시를 할 의무는 「국토의 계획 및 이용에 관한 법률」에서 특별히 인정한 공법상의 의무이므로, 그 의무의 존부를 다투는 소송은 '공법상의 법률관계에 관한 소송으로서 그 법률관계의 한쪽 당사자를 피고로 하는 소송', 즉 행정소송법 제3조 제2호에서 규정한 당사자소송이라고 보아야 한다(대판 2019.9.9, 2016다262550).
③ 중앙노동위원회의 처분에 대한 소송은 중앙노동위원회 위원장을 피고(被告)로 하여 처분의 송달을 받은 날부터 15일 이내에 제기하여야 한다(노동위원회법 제27조 제1항).
④ 행정처분의 취소 또는 무효확인을 구하는 행정소송은 다른 법률에 특별한 규정이 없는 한 그 처분을 행한 행정청을 피고로 하여야 하며, 행정처분을 행할 적법한 권한 있는 상급행정청으로부터 내부위임을 받은 데 불과한 하급행정청이 권한 없이 행정처분을 한 경우에도 실제로 그 처분을 행한 하급행정청을 피고로 하여야 할 것이지 그 처분을 행할 적법한 권한 있는 상급행정청을 피고로 할 것이 아니다(대판 1991.2.22, 90누5641).

정답 ③

79. 행정소송에 대한 설명으로 옳은 것만을 모두 고르면? (다툼이 있는 경우 판례에 의함) 21 국회직9급

> ㄱ. 교수재임용거부처분을 취소한다는 교원소청심사위원회의 결정에 대해 대학교 총장은 그것의 취소를 구하는 행정소송을 제기할 당사자능력을 갖는다.
> ㄴ. 과세관청의 소득처분에 따른 소득금액변동통지는 항고소송의 대상이 되는 행정처분이다.
> ㄷ. 「광주민주화운동관련자 보상 등에 관한 법률」에 따른 보상심의위원회의 결정은 처분성이 인정된다.
> ㄹ. 통치행위에 부수하는 행위는 통치행위의 일환으로서 사법심사의 대상이 아니다.

① ㄱ, ㄴ　② ㄱ, ㄷ
③ ㄴ, ㄷ　④ ㄴ, ㄹ
⑤ ㄷ, ㄹ

해설 ➤ ㊥

ㄱ 위원회의 결정에 대하여 행정소송을 제기할 수 있는 자에는 교원지위법 제10조 제3항에서 명시하고 있는 교원, 사립학교법 제2조에 의한 학교법인, 사립학교 경영자뿐 아니라 소청심사의 피청구인이 된 학교의 장도 포함된다고 봄이 상당하다(대판 2011.6.24, 2008두9317).

ㄴ 과세관청의 소득처분과 그에 따른 소득금액변동통지가 있는 경우 원천징수의무자인 법인은 소득금액변동통지서를 받은 날에 그 통지서에 기재된 소득의 귀속자에게 당해 소득금액을 지급한 것으로 의제되어 그때 원천징수하는 소득세의 납세의무가 성립함과 동시에 확정되고, 원천징수의무자인 법인으로서는 소득금액변동통지서에 기재된 소득처분의 내용에 따라 원천징수세액을 그 다음달 10일까지 관할세무서장 등에게 납부하여야 할 의무를 부담하며, 만일 이를 이행하지 아니하는 경우에는 가산세의 제재를 받게 됨은 물론이고 형사처벌까지 받도록 규정되어 있는 점에 비추어 보면, 소득금액변동통지는 원천징수의무자인 법인의 납세의무에 직접 영향을 미치는 과세관청의 행위로서, 항고소송의 대상이 되는 조세행정처분이라고 봄이 상당하다[대판(전합) 2006.4.20, 2002두1878].

ㄷ 종래 광주민주화운동관련자 보상 등에 관한 법률」에 따른 보상심의위원회의 결정은 처분성을 부정하던 대법원 1992.12.24. 선고 92누3335 판결과 달리 최근 전원합의체 판결에서는 처분성을 인정하고 있다. 다만, 전원합의체 판결로서는 이례적으로 기존 판례를 파기하지는 않았기 때문에 정답에 논란이 예상된다.

「민주화운동관련자 명예회복 및 보상 등에 관한 법률」 제2조 각목은 민주화운동과 관련한 피해유형을 추상적으로 규정한 것에 불과하여 같은법 제2조 제1호에서 정의하고 있는 민주화운동의 내용을 함께 고려하더라도 그 규정들만으로는 바로 위 법상의 보상금 등의 지급대상자가 확정된다고 볼 수는 없고, 민주화운동관련자명예회복및보상심의위원회에서 심의·결정을 받아야만 비로소 보상금 등의 지급대상자로 확정될 수 있다. 따라서 그와 같은 보상심의위원회의 결정은 국민의 권리의무에 직접 영향을 미치는 행정처분에 해당한다고 할 것이므로, 관련자 등으로서 보상금 등을 지급받고자 하는 신청에 대하여 보상심의위원회가 관련자 해당 요건의 전부 또는 일부를 인정하지 아니하여 보상금 등의 지급을 기각하는 결정을 한 경우에는 신청인은 보상심의위원회를 상대로 그 결정의 취소를 구하는 소송을 제기하여 보상금 등의 지급대상자가 될 수 있다[대판(전합) 2008.4.17, 2005두16185].

ㄹ 가분행위의 이론이란 통치행위는 사법심사가 배제되지만, 통치행위로부터 분리될 수 있는 부수적인 행정작용은 사법심사의 대상이 된다는 이론이다. 따라서 부수행위는 사법심사의 대상이 될 수 있다.

정답 ①

80. 甲 회사는 '토석채취허가지 진입도로와 관련 우회도로 개설 등은 인근 주민들과의 충분한 협의를 통해 민원발생에 따른 분쟁이 생기지 않도록 조치 후 사업을 추진할 것'이란 조건으로 토석채취허가를 받았다. 그러나 甲은 위 조건이 법령에 근거가 없다는 이유로 이행하지 아니하였고, 인근 주민이 민원을 제기하자 관할 행정청은 甲에게 공사중지명령을 하였다. 甲은 공사중지명령의 해제를 신청하였으나 거부되자 거부처분 취소소송을 제기하였다. 이에 대한 설명으로 옳지 않은 것은? (다툼이 있는 경우 판례에 의함)

21 국가직9급

① 일반적으로 기속행위의 경우 법령의 근거 없이 위와 같은 조건을 부가하는 것은 위법하다.
② 공사중지명령의 원인사유가 해소되었다면 甲은 공사중지명령의 해제를 신청할 수 있고, 이에 대한 거부는 처분성이 인정된다.
③ 甲에게는 공사중지명령 해제신청 거부처분에 대한 집행정지를 구할 이익이 인정되지 아니한다.
④ 甲이 앞서 공사중지명령 취소소송에서 패소하여 그 판결이 확정되었더라도, 甲은 그 후 공사중지명령의 해제를 신청한 후 해제신청 거부처분 취소소송에서 다시 그 공사중지명령의 적법성을 다툴 수 있다.

해설 ➤ ㊥

① 일반적으로 기속행위나 기속적 재량행위에는 부관을 붙일 수 없고 가사 부관을 붙였다 하더라도 이는 무효의 것이다. 건축허가를 하면서 일정토지를 기부채납하도록 하는 내용의 허가조건(부담)은 부관을 붙일 수 없는 기속행위 내지 기속적 재량행위인 건축허가에 붙인 부담이거나 또는 법령상 아무런 근거가 없는 부관이어서 무효이다(대판 1995.6.13, 94다56883).
② 행정청이 행한 공사중지명령의 상대방은 그 명령 이후에 그 원인사유가 소멸하였음을 들어 행정청에게 공사중지명령의 철회를 요구할 수 있는 조리상의 신청권이 있다 할 것이고, 상대방으로부터 그 신청을 받은 행정청으로서는 상당한 기간 내에 그 신청을 인용하는 적극적 처분을 하거나 각하 또는 기각하는 등의 소극적 처분을 하여야 할 법률상의 응답의무가 있다고 할 것이며, 행정청이 상대방의 신청에 대하여 아무런 적극적 또는 소극적 처분을 하지 않고 있는 이상 행정청의 부작위는 그 자체로 위법하다고 할 것이고, 구체적으로 그 신청이 인용될 수 있는지 여부는 소극적 처분에 대한 항고소송의 본안에서 판단하여야 할 사항이라고 할 것이다(대판 2005.4.14, 2003두7590).
③ 신청에 대한 거부처분의 효력을 정지하더라도 거부처분이 없었던 것과 같은 상태, 즉 거부처분이 있기 전의 신청시의 상태로 되돌아가는 데에 불과하고 행정청에게 신청에 따른 처분을 하여야 할 의무가 생기는 것이 아니므로, 거부처분의 효력정지는 그 거부처분으로 인하여 신청인에게 생길 손해를 방지하는 데 아무런 보탬이 되지 아니하여 그 효력정지를 구할 이익이 없다(대결 1995.6.21, 95두26).
④ 행정청이 관련 법령에 근거하여 행한 공사중지명령의 상대방이 명령의 취소를 구한 소송에서 패소함으로써 그 명령이 적법한 것으로 이미 확정되었다면, 이후 이러한 공사중지명령의 상대방은 그 명령의 해제신청을 거부한 처분의 취소를 구하는 소송에서 그 명령의 적법성을 다툴 수 없다. 그와 같은 공사중지명령에 대하여 그 명령의 상대방이 해제를 구하기 위해서는 명령의 내용 자체로 또는 성질상으로 명령 이후에 원인사유가 해소되었음이 인정되어야 한다(대판 2014.11.27, 2014두37665).

정답 ④

81. 「행정소송법」상 행정소송에 대한 설명으로 옳은 것은? (다툼이 있는 경우 판례에 의함) '22 지방직 7급

① 「도시 및 주거환경정비법」상 주택재건축정비사업조합을 상대로 관리처분계획안에 대한 조합 총회결의의 효력을 다투는 소송은 당사자소송에 해당하므로 당해 소송에서 「민사집행법」상 가처분에 관한 규정이 준용되지 않는다.
② 원고가 고의 또는 중대한 과실 없이 행정소송으로 제기하여야 할 사건을 민사소송으로 잘못 제기한 경우, 행정소송에 대한 관할을 가지고 있지 아니한 수소법원은 당해 소송이 행정소송으로서의 제소기간을 도과한 것이 명백하더라도 관할법원에 이송하여야 한다.
③ 「도시 및 주거환경정비법」상 주택재건축사업조합이 새로이 조합설립인가처분을 받은 것과 동일한 요건과 절차를 거쳐 조합설립변경인가처분을 받은 경우, 당초의 조합설립인가처분이 유효한 것을 전제로 당해 주택재건축사업조합이 시공사 선정 등의 후속행위를 하였다 하더라도 특별한 사정이 없는 한 당초의 조합설립인가처분의 무효확인을 구할 소의 이익은 없다.
④ 처분에 대한 취소소송에 당해 처분의 취소를 선결문제로 하는 부당이득반환청구가 병합된 경우, 부당이득반환청구가 인용되기 위해서는 당해 처분이 그 소송절차에서 판결에 의해 취소되면 충분하고 당해 처분의 취소가 확정되어야 하는 것은 아니다.

해설 ➤ 中

① 당사자소송에 대하여는 행정소송법 제8조 제2항에 따라 민사집행법상 가처분에 관한 규정이 준용되므로, 사업시행자는 민사집행법 제300조 제2항에 따라 현저한 손해를 피하기 위해 필요한 경우 '임시의 지위를 정하기 위한 가처분'을 통하여 공익사업을 신속하고 원활하게 수행할 수 있다(대판 2019.9.9, 2016다262550).
② 원고가 고의 또는 중대한 과실 없이 행정소송으로 제기하여야 할 사건을 민사소송으로 잘못 제기한 경우, 수소법원으로서는 만약 그 행정소송에 대한 관할도 동시에 가지고 있다면 이를 행정소송으로 심리·판단하여야 하고, 그 행정소송에 대한 관할을 가지고 있지 아니하다면 당해 소송이 이미 행정소송으로서의 전심절차 및 제소기간을 도과하였거나 행정소송의 대상이 되는 처분 등이 존재하지도 아니한 상태에 있는 등 행정소송으로서의 소송요건을 결하고 있음이 명백하여 행정소송으로 제기되었더라도 어차피 부적법하게 되는 경우가 아닌 이상 이를 부적법한 소라고 하여 각하할 것이 아니라 관할법원에 이송하여야 한다(대판 1997.5.30, 95다28960).
③ 주택재건축사업조합이 새로 조합설립인가처분을 받는 것과 동일한 요건과 절차를 거쳐 조합설립변경인가처분을 받는 경우 당초 조합설립인가처분의 유효를 전제로 당해 주택재건축사업조합이 매도청구권 행사, 시공자 선정에 관한 총회 결의, 사업시행계획의 수립, 관리처분계획의 수립 등과 같은 후속 행위를 하였다면 당초 조합설립인가처분이 무효로 확인되거나 취소될 경우 그것이 유효하게 존재하는 것을 전제로 이루어진 위와 같은 후속 행위 역시 소급하여 효력을 상실하게 되므로, 특별한 사정이 없으면 위와 같은 형태의 조합설립변경인가가 있다고 하여 당초 조합설립인가처분의 무효확인을 구할 소의 이익이 소멸된다고 볼 수는 없다(대판 2012.10.25, 2010두25107).
④ 대판 2009.4.9, 2008두23153

정답 ④

82. 「행정소송법」상 행정소송에 대한 설명으로 옳지 않은 것은? (다툼이 있는 경우 판례에 의함) '22 지방직 7급

① 교도소장이 수형자를 '접견내용 녹음·녹화 및 접견 시 교도관 참여대상자'로 지정한 행위는 수형자의 구체적 권리의무에 직접적 변동을 가져오는 행정청의 공법상 행위로서 항고소송의 대상이 되는 처분에 해당한다.
② 어느 하나의 처분의 취소를 구하는 소에 당해 처분과 관련되는 처분의 취소를 구하는 청구를 추가적으로 병합한 경우, 추가적으로 병합된 소의 소제기 기간의 준수 여부는 그 청구취지의 추가신청이 있은 때를 기준으로 한다.
③ 일정한 납부기한을 정한 과징금부과처분에 대하여 집행정지결정이 내려졌다면 과징금부과처분에서 정한 과징금의 납부기간은 더 이상 진행되지 아니하고 집행정지결정의 주문에 표시된 종기의 도래로 인하여 집행정지가 실효된 때부터 다시 진행된다.
④ 법원이 어느 하나의 사유에 의한 과징금부과처분에 대하여 그 사유와 기본적 사실관계의 동일성이 인정되지 아니하는 다른 처분사유가 존재한다는 이유로 적법하다고 판단하는 것은 특별한 사정이 없는 한 직권심사주의의 한계를 넘는 것이 아니다.

해설 ➤ 中

① 피고가 위와 같은 지정행위를 함으로써 원고의 접견 시마다 사생활의 비밀 등 권리에 제한을 가하는 교도관의 참여, 접견내용의 청취·기록·녹음·녹화가 이루어졌으므로 이는 피고가 그 우월적 지위에서 수형자인 원고에게 일방적으로 강제하는 성격을 가진 공권력적 사실행위의 성격을 갖고 있는 점, 위 지정행위는 그 효과가 일회적인 것이 아니라 이 사건 제1심판결이 선고된 이후인 2013.2.13.까지 오랜 기간 동안 지속되어 왔으며, 원고로 하여금 이를 수인할 것을 강제하는 성격도 아울러 가지고 있는 점, 위와 같이 계속성을 갖는 공권력적 사실행위를 취소할 경우 장래에 이루어질지도 모르는 기본권의 침해로부터 수형자들의 기본적 권리를 구제할 실익이 있는 것으로 보이는 점 등을 종합하면, 위와 같은 지정행위는 수형자의 구체적 권리의무에 직접적 변동을 초래하는 행정청의 공법상 행위로서 항고소송의 대상이 되는 '처분'에 해당한다(대판 2014.2.13, 2013두20899).
② 대판 2004.12.10, 2003두12257
③ 대판 2003.7.11, 2002다48023
④ 명의신탁등기 과징금과 장기미등기 과징금은 위반행위의 태양, 부과 요건, 근거 조항을 달리하므로, 각 과징금 부과처분의 사유는 상호 간에 기본적 사실관계의 동일성이 있다고 할 수 없다. 그러므로 그중 어느 하나의 처분사유에 의한 과징금 부과처분에 대하여 당해 처분사유가 아닌 다른 처분사유가 존재한다는 이유로 적법하다고 판단하는 것은 특별한 사정이 없는 한 행정소송법상 직권심사주의의 한계를 넘는 것으로서 허용될 수 없다(대판 2017.5.17, 2016두53050).

정답 ④

제2항 항고소송

제1목 종합문제

83. **항고소송의 제기요건에 대한 설명으로 옳지 않은 것은? (다툼이 있는 경우 판례에 의함)** 16 지방직9급

① 건국훈장 독립장이 수여된 망인에 대하여 사후적으로 친일행적이 확인되었다는 이유로 대통령에 의하여 망인에 대한 독립유공자서훈취소가 결정되고, 그 서훈취소에 따라 훈장 등을 환수조치하여 달라는 당시 행정안전부장관의 요청에 의하여 국가보훈처장이 망인의 유족에게 독립유공자서훈취소결정을 통보한 사안에서, 독립유공자서훈취소결정에 대한 취소소송에서의 피고적격이 있는 자는 국가보훈처장이다.
② 「국가를 당사자로 하는 계약에 관한 법률」에 따른 계약에 있어 입찰보증금의 국고귀속조치는 항고소송의 대상이 되는 처분에 해당하지 않는다.
③ 고시에 의한 행정처분의 상대방이 불특정 다수인인 경우, 그 행정처분에 이해관계를 갖는 자는 고시가 있었다는 사실을 현실적으로 알았는지 여부에 관계없이 고시가 효력을 발생하는 날부터 90일 이내에 취소소송을 제기하여야 한다.
④ 한국방송공사 사장은 해임처분 무효확인 또는 취소소송 계속 중 임기가 만료되어 해임처분의 무효확인 또는 취소로 지위를 회복할 수 없다고 할지라도, 그 무효확인 또는 취소로 해임처분일부터 임기만료일까지의 기간에 대한 보수지급을 구할 수 있는 경우에는 해임처분의 무효확인 또는 취소를 구할 법률상 이익이 있다.

해설 ㊥

① 甲이 서훈취소 처분을 행한 행정청(대통령)이 아니라 국가보훈처장을 상대로 제기한 위 소는 피고를 잘못 지정한 경우에 해당하므로, 법원으로서는 석명권을 행사하여 정당한 피고로 경정하게 하여 소송을 진행해야 함에도 국가보훈처장이 서훈취소 처분을 한 것을 전제로 처분의 적법 여부를 판단한 원심판결에 법리오해 등의 잘못이 있다(대판 2014.9.26, 2013두2518).
② 입찰보증금의 국고귀속조치는 국가가 사법상의 재산권의 주체로서 행위하는 것이지 공권력을 행사하는 것이거나 공권력작용과 일체성을 가진 것이 아니라 할 것이므로 이에 관한 분쟁은 행정소송이 아닌 민사소송의 대상이 될 수밖에 없다고 할 것이다(대판 1983.12.27, 81누366).
③ 대판 2006.4.14, 2004두3847
④ 대판 2012.2.23, 2011두5001

정답 ①

84. **항고소송의 제기요건에 관한 판례의 입장으로 옳은 것은?** 17 서울시7급

① 행정소송의 제기요건은 법원의 직권조사사항이므로 행정소송에 있어서 처분청의 처분권한 유무는 직권조사사항이다.
② 법인세법령에 따른 과세관청의 원천징수의무자인 법인에 대한 소득금액변동통지 및 「소득세법 시행령」에 따른 소득의 귀속자에 대한 소득금액변동통지는 항고소송의 대상이다.
③ 절대보전지역 변경처분에 대해 지역주민회와 주민들이 항고소송을 제기한 경우에는 절대보전지역 유지로 지역주민회와 주민들이 가지는 주거 및 생활환경상 이익은 지역의 경관 등이 보호됨으로써 누리는 법률상 이익이다.
④ 행정청이 식품위생법령에 따라 영업자에게 행정제재처분을 한 후 당초 처분을 영업자에게 유리하게 변경하는 처분을 한 경우, 취소소송의 대상 및 제소기간 판단기준은 변경처분이 아니라 변경된 내용의 당초처분이다.

해설 ➤ 中

① 제소요건은 법원의 직권조사사항이라는 앞부분은 맞지만, 처분권한 유무는 처분의 위법·적법과 관련된 것으로 직권조사사항이 아니다. 판례도 마찬가지이다.

행정소송에 있어서 처분청의 처분권한 유무는 직권조사사항이 아니다[대판(전합) 1997.6.19, 95누8669].

② 소득금액변동통지는 통지의 대상이 누구인가에 따라 처분성 여부가 달라지므로 주의해야 한다. 「소득세법 시행령」 제192조 제1항 단서에 따른 소득의 귀속자에 대한 소득금액변동통지는 처분이 아니지만(대판 2015.1.29, 2013두4118), 과세관청의 법인에 대한 소득처분에 따른 소득금액변동통지는 처분이다[대판(전합) 2006.4.20, 2002두1878].

[소득의 귀속자에 대한 통지] 소득의 귀속자가 소득세 부과처분에 대한 취소소송 등을 통하여 소득처분에 따른 원천납세의무의 존부나 범위를 충분히 다툴 수 있는 점 등에 비추어 보면, 구 「소득세법 시행령」 제192조 제1항 단서에 따른 소득의 귀속자에 대한 소득금액변동통지는 원천납세의무자인 소득의 귀속자에 대한 법률상 지위에 직접적인 변동을 가져오는 것이 아니므로 항고소송의 대상이 되는 행정처분에 해당하지 않는다(대판 2015.1.29, 2013두4118).

[법인에 대한 통지는 처분] 과세관청의 소득처분과 그에 따른 소득금액변동통지가 있는 경우 원천징수의무자인 법인은 소득금액변동통지서를 받은 날에 그 통지서에 기재된 소득의 귀속자에게 당해 소득금액을 지급한 것으로 의제되어 그때 원천징수하는 소득세의 납세의무가 성립함과 동시에 확정되고, 원천징수의무자인 법인으로서는 소득금액변동통지서에 기재된 소득처분의 내용에 따라 원천징수세액을 그 다음달 10일까지 관할 세무서장 등에게 납부하여야 할 의무를 부담하며, 만일 이를 이행하지 아니하는 경우에는 가산세의 제재를 받게 됨은 물론이고 형사처벌까지 받도록 규정되어 있는 점에 비추어 보면, 소득금액변동통지는 원천징수의무자인 법인의 납세의무에 직접 영향을 미치는 과세관청의 행위로서, 항고소송의 대상이 되는 조세행정처분이라고 봄이 상당하다[대판(전합) 2006.4.20, 2002두1878].

③ 제주 강정마을 일대가 절대보전지역으로 유지됨으로써 주민들인 원고들이 가지는 주거 및 생활환경상 이익은 그 지역의 경관 등이 보호됨으로써 반사적으로 누리는 것일 뿐 근거 법규 또는 관련 법규에 의하여 보호되는 개별적·직접적·구체적 이익이라고 할 수 없다(대판 2012.7.5, 2011두13187·13914).

④ 행정청이 식품위생법령에 따라 영업자에게 행정제재처분을 한 후 그 처분을 영업자에게 유리하게 변경하는 처분을 한 경우, 변경처분에 의하여 당초 처분은 소멸하는 것이 아니고 당초부터 유리하게 변경된 내용의 처분으로 존재하는 것이므로, 변경처분에 의하여 유리하게 변경된 내용의 행정제재가 위법하다 하여 그 취소를 구하는 경우 그 취소소송의 대상은 변경된 내용의 당초 처분이지 변경처분은 아니고, 제소기간의 준수 여부도 변경처분이 아닌 변경된 내용의 당초 처분을 기준으로 판단하여야 한다(대판 2007.4.27, 2004두9302).

정답 ④

85. 「행정소송법」상 항고소송에 대한 설명으로 옳지 않은 것만을 모두 고른 것은? (다툼이 있는 경우 판례에 의함) 17 지방직7급

ㄱ. 동일한 행정처분에 대하여 무효확인소송을 제기하였다가 그 후 그 처분에 대한 취소소송을 추가적으로 병합한 경우, 무효확인소송이 취소소송의 제소기간 내에 제기되었다면 제소기간 도과 후 병합된 취소소송도 적법하게 제기된 것으로 볼 수 있다.
ㄴ. 무효확인소송의 제기는 처분의 효력이나 그 집행 또는 절차의 속행에 영향을 주지 아니한다.
ㄷ. 행정처분의 당연무효를 주장하여 그 무효확인을 구하는 행정소송에 있어서는 원고에게 그 행정처분이 무효인 사유를 주장·입증할 책임이 있다.
ㄹ. 원고의 청구가 이유 있다고 인정하는 경우에도 처분의 무효를 확인하는 것이 현저히 공공복리에 적합하지 아니하다고 인정하는 때에는 법원은 청구를 기각할 수 있다.
ㅁ. 부작위위법확인소송은 원칙적으로 제소기간의 제한을 받지 않지만, 행정심판을 거친 경우에는 「행정소송법」 제20조가 정한 제소기간 내에 부작위위법확인의 소를 제기하여야 한다.

① ㄱ, ㄴ, ㄷ　　② ㄱ, ㄹ, ㅁ
③ ㄹ　　④ ㄹ, ㅁ

해설 ⓕ

ㄱ 대판 2005.12.23, 2005두3554
ㄴ 행정소송법 제23조 제1항, 제38조 제1항
ㄷ 대판 1992.3.10, 91누6030
ㄹ 당연무효의 행정처분을 소송목적물로 하는 행정소송에서는 존치시킬 효력이 있는 행정행위가 없기 때문에 행정소송법 제28조 소정의 사정판결을 할 수 없다(대판 1996.3.22, 95누5509).
ㅁ 대판 2009.7.23, 2008두10560

정답 ③

86. 항고소송에 대한 설명으로 옳은 것은? (다툼이 있는 경우 판례에 의함) 18 지방직9급

① 취소소송의 소송물을 처분의 위법성 일반으로 보게 되면, 어떠한 처분에 대한 청구기각의 확정판결이 있는 경우에도 후에 제기되는 취소소송에서 그 처분의 위법성을 주장할 수 있다.
② 소송에 있어서 처분권주의는 사적자치에 근거를 둔 법질서에 뿌리를 두고 있으므로 취소소송에는 적용되지 않는다.
③ 취소소송의 심리에 있어서 주장책임은 직권탐지주의를 보충적으로 인정하고 있는 한도 내에서 그 의미가 완화된다.
④ 부작위위법확인소송에서 사인의 신청권의 존재여부는 부작위의 성립과 관련하므로 원고적격의 문제와는 관련이 없다.

해설 ㊥

① 처분등의 위법성 또는 위법성 일반을 소송물로 보는 견해(김동희, 김연태, 김철용, 박윤흔, 박정훈, 장태주, 정하중)로서 현재 통설이다. 이 설의 특징은 하나의 행정행위에 대해서 위법사유가 여러 개 있더라도 소송물을 하나로 보는 것이다. 이에 따르면 개개의 위법사유에 관한 주장은 단순한 공격방어방법에 지나지 않는다. 따라서 청구기각판결의 경우 후소(취소소송, 무효확인소송)에서 처분의 위법성을 주장할 수 없다. 이 견해는 분쟁의 일회적 해결의 요청과 행정작용의 조기확정의 보장필요성을 논거로 한다.
② 행정소송사건의 심리에 있어서도 행정소송법에 특별한 규정이 없는 한 법원조직법과 민사소송법 및 민사집행법이 준용된다(제8조 제2항). 따라서 취소소송의 심리절차에 대해서도 처분권주의·공개심리주의·구술심리주의 등이 적용된다. 그러나 행정소송의 특수성에 비추어 일정한 범위에서 직권심리주의가 인정되는 등 민사소송에 대한 특칙이 인정되고 있다.
③ 행정소송에서 기록상 자료가 나타나 있다면 당사자가 주장하지 않았더라도 판단할 수 있고, 당사자가 제출한 소송자료에 의하여 법원이 처분의 적법 여부에 관한 합리적인 의심을 품을 수 있음에도 단지 구체적 사실에 관한 주장을 하지 아니하였다는 이유만으로 당사자에게 석명을 하거나 직권으로 심리·판단하지 아니함으로써 구체적 타당성이 없는 판결을 하는 것은 행정소송법 제26조의 규정과 행정소송의 특수성에 반하므로 허용될 수 없다(대판 2011.2.10, 2010두20980).
④ 대법원은 신청권을 원고적격의 문제임과 동시에 대상적격의 문제로 보고 있다.
행정청의 응답행위는 행정소송법 제2조 제1항 제1호 소정의 처분에 관한 것이라야 하므로 당사자가 행정청에 대하여 어떠한 행정행위를 하여 줄 것을 신청하지 아니하였거나 그러한 신청을 하였더라도 당사자가 행정청에 대하여 그러한 행정행위를 하여 줄 것을 요구할 수 있는 법규상 또는 조리상의 권리를 갖고 있지 아니하든지 또는 행정청이 당사자의 신청에 대하여 거부처분을 한 경우에는 원고적격이 없거나 항고소송의 대상인 위법한 부작위가 있다고 볼 수 없어 그 부작위위법확인의 소는 부적법하다고 할 것이다(대판 2000.2.25, 99두11455).

정답 ③

87. 항고소송에서 수소법원이 하여야 하는 판결에 대한 설명으로 옳지 않은 것은? (다툼이 있는 경우 판례에 의함) 19 국가직9급

① 무효확인소송의 제1심 판결시까지 원고적격을 구비하였는데 제2심 단계에서 원고적격을 흠결하게 된 경우, 제2심 수소법원은 각하판결을 하여야 한다.
② 행정처분이 있음을 안 날부터 90일을 넘겨 행정심판을 청구하였다가 각하재결을 받은 후 그 재결서를 송달받은 날부터 90일 내에 원래의 처분에 대하여 취소소송을 제기한 경우, 수소법원은 각하판결을 하여야 한다.
③ 허가처분 신청에 대한 부작위를 다투는 부작위위법확인소송을 제기하여 제1심에서 승소판결을 받았는데 제2심 단계에서 피고 행정청이 허가처분을 한 경우, 제2심 수소법원은 각하판결을 하여야 한다.
④ 행정심판을 청구하여 기각재결을 받은 후 재결 자체에 고유한 위법이 있음을 주장하며 그 기각재결에 대하여 취소소송을 제기한 경우, 수소법원은 심리 결과 재결 자체에 고유한 위법이 없다면 각하판결을 하여야 한다.

해설 ㊥

①③ 원고적격과 대상적격 등 모든 소송요건은 제소시에만 충족하면 되는 것이 아니라 상고심에서도 존속되어야 한다.
원고적격은 소송요건의 하나이므로 사실심 변론종결시는 물론 상고심에서도 존속하여야 하고 이를 흠결하면 부적법한 소가 된다 할 것이다(대판 2007.4.12, 2004두7924).
② 대판 2011.11.24, 2011두18786
④재결취소소송의 경우 재결 자체에 고유한 위법이 있는지 여부를 심리할 것이고, 재결 자체에 고유한 위법이 없는 경우에는 원처분의 당부와는 상관없이 당해 재결취소소송은 이를 기각하여야 한다(대판 1994.1.25, 93누16901).

정답 ④

88. 「행정소송법」에서 규정하고 있는 항고소송이 아닌 것은? 20 지방직9급

① 기관소송
② 무효등 확인소송
③ 부작위위법확인소송
④ 취소소송

해설 ㊦

① 행정소송은 다음의 네 가지로 구분한다(행정소송법 제3조).

1. 항고소송 : 행정청의 처분등이나 부작위에 대하여 제기하는 소송
2. 당사자소송 : 행정청의 처분등을 원인으로 하는 법률관계에 관한 소송 그 밖에 공법상의 법률관계에 관한 소송으로서 그 법률관계의 한쪽 당사자를 피고로 하는 소송
3. 민중소송 : 국가 또는 공공단체의 기관이 법률에 위반되는 행위를 한 때에 직접 자기의 법률상 이익과 관계없이 그 시정을 구하기 위하여 제기하는 소송
4. 기관소송 : 국가 또는 공공단체의 기관상호간에 있어서의 권한의 존부 또는 그 행사에 관한 다툼이 있을 때에 이에 대하여 제기하는 소송. 다만, 헌법재판소법 제2조의 규정에 의하여 헌법재판소의 관장사항으로 되는 소송은 제외한다.

②③④ 항고소송이란 행정청의 처분등이나 부작위에 대하여 제기하는 소송을 말한다(제3조 제1호). 즉, 항고소송은 행정청의 처분 또는 재결의 효력을 사후에 심사해서 위법한 처분의 공정력 및 집행력을 소급하여 배척하는 것을 목적으로 하는 소송을 말한다. 항고소송의 종류로는 취소소송, 무효등확인소송, 부작위위법확인소송 등이 있다(제4조).

정답 ①

89. 항고소송에 대한 판례의 입장으로 옳은 것만을 모두 고르면? 22 국가직7급

> ㄱ. 건축물대장 소관청의 용도변경신청 거부행위는 국민의 권리관계에 영향을 미치는 것으로서 항고소송의 대상이 되는 행정처분에 해당한다.
> ㄴ. 자동차운전면허대장에 일정한 사항을 등재하는 행위와 운전경력증명서상의 기재행위는 행정소송의 대상이 되는 독립한 행정처분으로 볼 수 없다.
> ㄷ. 병역법에 따라 관할 지방병무청장이 1차로 병역의무기피자 인적사항 공개 대상자 결정을 하고 그에 따라 병무청장이 같은 내용으로 최종적 공개결정을 하였더라도, 해당 공개 대상자는 관할 지방병무청장의 공개 대상자 결정을 다툴 수 있다.
> ㄹ. 한국마사회가 조교사 또는 기수의 면허를 취소하는 것은 국가 기타 행정기관으로부터 위탁받은 행정권한의 행사가 아니라 일반 사법상의 법률관계에서 이루어지는 단체 내부에서의 징계 내지 제재처분이다.

① ㄱ, ㄴ, ㄷ
② ㄱ, ㄴ, ㄹ
③ ㄱ, ㄷ, ㄹ
④ ㄴ, ㄷ, ㄹ

해설 ➤ 下

ㄱ 구 건축법 제14조 제4항의 규정은 건축물의 소유자에게 건축물대장의 용도변경 신청권을 부여한 것이고, 한편 건축물의 용도는 토지의 지목에 대응하는 것으로서 건물의 이용에 대한 공법상의 규제, 건축법상의 시정명령, 지방세 등의 과세대상 등 공법상 법률관계에 영향을 미치고, 건물소유자는 용도를 토대로 건물의 사용·수익·처분에 일정한 영향을 받게 되는 점 등을 고려해 보면, 건축물대장의 용도는 건축물의 소유권을 제대로 행사하기 위한 전제요건으로서 건축물 소유자의 실체적 권리관계에 밀접하게 관련되어 있으므로 건축물대장 소관청의 용도 변경신청 거부행위는 국민의 권리관계에 영향을 미치는 것으로서 항고소송의 대상이 되는 행정처분에 해당한다(대판 2009.1.30, 22007두7277).
ㄴ 자동차운전면허대장상 일정한 사항의 등재행위는 운전면허행정사무집행의 편의와 사실증명의 자료로 삼기 위한 것일 뿐 그 등재행위로 인하여 당해 운전면허 취득자에게 새로이 어떠한 권리가 부여되거나 변동 또는 상실되는 효력이 발생하는 것은 아니므로 이는 행정소송의 대상이 되는 독립한 행정처분으로 볼 수 없고, 운전경력증명서상의 기재행위 역시 당해 운전면허 취득자에 대한 자동차운전면허대장상의 기재사항을 옮겨 적는 것에 불과할 뿐이므로 운전경력증명서에 한 등재의 말소를 구하는 소는 부적법하다 할 것이다(대판 1991.9.24, 91누1400).
ㄷ 관할 지방병무청장이 1차로 공개 대상자 결정을 하고, 그에 따라 병무청장이 같은 내용으로 최종적 공개결정을 하였다면, 공개 대상자는 병무청장의 최종적 공개결정만을 다투는 것으로 충분하고, 관할 지방병무청장의 공개 대상자 결정을 별도로 다툴 소의 이익은 없어진다(대판 2019.6.27, 2018두49130).
ㄹ 한국마사회가 조교사 또는 기수의 면허를 부여하거나 취소하는 것은 경마를 독점적으로 개최할 수 있는 지위에서 우수한 능력을 갖추었다고 인정되는 사람에게 경마에서의 일정한 기능과 역할을 수행할 수 있는 자격을 부여하거나 이를 박탈하는 것에 지나지 아니하므로, 이는 국가 기타 행정기관으로부터 위탁받은 행정권한의 행사가 아니라 일반 사법상의 법률관계에서 이루어지는 단체 내부에서의 징계 내지 제재처분이다(대판 2008.1.31, 2005두8269).

정답 ②

제2목 취소소송

제1강 종합문제

90. 취소소송에 대한 설명으로 옳지 않은 것은? (다툼이 있는 경우 판례에 의함) 15 국가직9급

① 제재적 행정처분이 제재기간의 경과로 인하여 그 효과가 소멸되었고, 제재적 행정처분을 받은 것을 가중사유로 삼아 장래의 제재적 행정처분을 하도록 정한 처분기준이 부령인 시행규칙이라면 처분의 취소를 구할 이익이 없다.
② 거부처분에 대해서는 집행정지가 인정되지 않는다.
③ 자연물인 도롱뇽 또는 그를 포함한 자연 그 자체로서는 소송을 수행할 당사자능력을 인정할 수 없다.
④ 처분등이 있은 뒤에 그 처분등에 관계되는 권한이 다른 행정청에 승계된 때에는 이를 승계한 행정청을 피고로 한다.

해설 ▸ 下

① 제재적 행정처분이 그 처분에서 정한 제재기간의 경과로 인하여 그 효과가 소멸되었으나, 부령인 시행규칙 또는 지방자치단체의 규칙의 형식으로 정한 처분기준에서 제재적 행정처분을 받은 것을 가중사유나 전제요건으로 삼아 장래의 제재적 행정처분을 하도록 정하고 있어 그 규칙이 정한 바에 따라 선행처분을 가중사유 또는 전제요건으로 하는 후행처분을 받을 우려가 현실적으로 존재하는 경우에는, 선행처분을 받은 상대방은 비록 그 처분에서 정한 제재기간이 경과하였다 하더라도 그 처분의 취소소송을 통하여 그러한 불이익을 제거할 권리보호의 필요성이 충분히 인정된다고 할 것이므로, 선행처분의 취소를 구할 법률상 이익이 있다고 보아야 할 것이다. 그러므로 이와는 달리 규칙에서 제재적 행정처분을 장래에 다시 제재적 행정처분을 받을 경우의 가중사유로 규정하고 있고 그 규정에 따라 가중된 제재적 행정처분을 받게 될 우려가 있다고 하더라도 그 제재기간이 경과한 제재적 행정처분의 취소를 구할 법률상 이익이 없다는 취지로 판시한 대법원 1995.10.17, 선고 94누14148 전원합의체 판결 및 대법원 1988.5.24, 선고 87누944 판결, 대법원 1992.7.10, 선고 92누3625 판결, 대법원 1997.9.30, 선고 97누7790 판결, 대법원 2003.10.10, 선고 2003두6443 판결 등은 이 판결의 견해에 배치되는 범위 내에서 이를 모두 변경하기로 한다[대판(전원합의체) 2006.6.22, 2003두1684].
② 신청에 대한 거부처분의 효력을 정지하더라도 거부처분이 없었던 것과 같은 상태, 즉 거부처분이 있기 전의 신청 시의 상태로 되돌아가는 데에 불과하고 행정청에게 신청에 따른 처분을 하여야 할 의무가 생기는 것이 아니므로, 거부처분의 효력정지는 그 거부처분으로 인하여 신청인에게 생길 손해를 방지하는 데 아무런 보탬이 되지 아니하여 그 효력정지를 구할 이익이 없다(대결 1995.6.21, 95두26).
③ 도롱뇽은 천성산 일원에 서식하고 있는 도롱뇽목 도롱뇽과에 속하는 양서류로서 자연물인 도롱뇽 또는 그를 포함한 자연 그 자체로서는 소송을 수행할 당사자능력을 인정할 수 없다(대결 2006.6.2, 2004마1148·1149).
④ 처분등이 있은 뒤에 그 처분등에 관계되는 권한이 승계된 경우에는 권한을 '승계한 행정청'(승계 전의 행정청이 아님)이 피고가 된다(제13조 제1항 단서).

정답 ①

91. 취소소송의 소송요건을 충족하지 않은 경우에 해당하는 것만을 모두 고르면? (다툼이 있는 경우 판례에 의함) 18 지방직7급

ㄱ. 기간제로 임용된 국·공립대학의 조교수에 대해 임용기간 만료로 한 재임용거부에 대하여 제기된 거부처분 취소소송
ㄴ. 처분이 있음을 안 날부터 90일이 경과하였으나, 아직 처분이 있은 날부터 1년이 경과되지 않은 시점에서 제기된 취소소송
ㄷ. 사실심 변론종결시에는 원고적격이 있었으나, 상고심에서 원고적격이 흠결된 취소소송

① ㄱ
② ㄷ
③ ㄴ, ㄷ
④ ㄱ, ㄴ, ㄷ

해설 ➤ 下

ㄱ 임용권자가 임용기간이 만료된 조교수에 대하여 재임용을 거부하는 취지로 한 임용기간 만료의 통지는 위와 같은 대학교원의 법률관계에 영향을 주는 것으로서 행정소송의 대상이 되는 처분에 해당한다[대판(전합) 2004.4.22, 2000두7735].
ㄴ 처분이 있음을 안 경우와 알지 못한 경우의 관계는 두 경우 중 어느 하나의 제소기간이 도과하면 원칙적으로 취소소송을 제기할 수 없다.
ㄷ 원고적격은 소송요건의 하나이므로 사실심 변론종결시는 물론 상고심에서도 존속하여야 하고 이를 흠결하면 부적법한 소가 된다 할 것이다(대판 2007.4.12, 2004두7924).

정답 ③

92. 「행정소송법」상 취소소송에 대한 설명으로 옳지 않은 것은? (다툼이 있는 경우 판례에 의함) 22 국가직9급

① 대한민국에서 출생하여 오랜 기간 대한민국 국적을 보유하면서 거주한 재외동포는 사증발급 거부처분의 취소를 구할 법률상 이익이 있다.
② 국민권익위원회가 소방청장에게 일정한 의무를 부과하는 내용의 조치요구를 한 경우 소방청장은 조치요구의 취소를 구할 당사자능력 및 원고적격이 인정되지 않는다.
③ 임용지원자가 특별채용 대상자로서 자격을 갖추고 있고 유사한 지위에 있는 자에 대하여 정규교사로 특별채용한 전례가 있다 하더라도, 교사로의 특별채용을 요구할 법규상 또는 조리상의 권리가 있다고 할 수 없다.
④ 피해자의 의사와 무관하게 주민등록번호가 유출된 경우, 조리상 주민등록번호의 변경을 요구할 신청권을 인정함이 타당하다.

해설 ➤ 下

① 원고는 대한민국에서 출생하여 오랜 기간 대한민국 국적을 보유하면서 거주한 사람이므로 이미 대한민국과 실질적 관련성이 있거나 대한민국에서 법적으로 보호가치 있는 이해관계를 형성하였다고 볼 수 있다. 또한 재외동포의 대한민국 출입국과 대한민국 안에서의 법적 지위를 보장함을 목적으로 「재외동포의 출입국과 법적 지위에 관한 법률」(재외동포법)이 특별히 제정되어 시행 중이다. 따라서 원고는 이 사건 사증발급 거부처분의 취소를 구할 법률상 이익이 인정되므로, 원고적격 또는 소의 이익이 없어 이 사건 소가 부적법하다는 피고의 주장은 이유 없다(대판 2019.7.11, 2017두38874).
② 행정기관인 국민권익위원회가 행정기관의 장에게 일정한 의무를 부과하는 내용의 조치요구를 한 것에 대하여 그 조치요구의 상대방인 행정기관의 장이 다투고자 할 경우에 법률에서 행정기관 사이의 기관소송을 허용하는 규정을 두고 있지 않으므로 이러한 조치요구를 이행할 의무를 부담하는 행정기관의 장으로서는 기관소송으로 조치요구를 다툴 수 없고, 위 조치요구에 관하여 정부 조직 내에서 그 처분의 당부에 대한 심사·조정을 할 수 있는 다른 방도도 없으며, 국민권익위원회는 헌법 제111조 제1항 제4호에서 정한 '헌법에 의하여 설치된 국가기관'이라고 할 수 없으므로 그에 관한 권한쟁의심판도 할 수 없고, 별도의 법인격이 인정되는 국가기관이 아닌 소방청장은 질서위반행위규제법에 따른 구제를 받을 수도 없는 점, 「부패방지 및 국민권익위원회의 설치와 운영에 관한 법률」은 소방청장에게 국민권익위원회의 조치요구에 따라야 할 의무를 부담시키는 외에 별도로 그 의무를 이행하지 않을 경우 과태료나 형사처벌까지 정하고 있으므로 위와 같은 조치요구에 불복하고자 하는 '소속기관 등의 장'에게는 조치요구를 다툴 수 있는 소송상의 지위를 인정할 필요가 있는 점에 비추어, 처분성이 인정되는 국민권익위원회의 조치요구에 불복하고자 하는 소방청장으로서는 조치요구의 취소를 구하는 항고소송을 제기하는 것이 유효·적절한 수단으로 볼 수 있으므로 소방청장은 예외적으로 당사자능력과 원고적격을 가진다(대판 2018.8.1, 2014두35379).
③ 원고 및 선정자들이 피고가 관할하는 경기도의 각 초등학교 병설유치원에 임시강사로 채용되어 3년 이상 근무하여 온 자들로서 정교사 자격증을 가지고 있어 교육공무원법 제12조 및 교육공무원임용령 제9조의2 제2호의 규정에 의한 특별채용 대상자로서의 자격을 갖추고 있고, 원고 등과 유사한 지위에 있는 전임강사에 대하여는 피고가 정규교사로 특별채용한 전례가 있다 하더라도 그러한 사정만으로 임용지원자에 불과한 원고 등에게 피고에 대하여 교사로의 특별채용을 요구할 법규상 또는 조리상의 권리가 있다고 할 수는 없으므로, 피고가 원고 등의 특별채용 신청을 거부하였다고 하여도 그 거부로 인하여 원고 등의 권리나 법적 이익에 어떤 영향을 주는 것이 아니어서 그 거부행위가 항고소송의 대상이 되는 행정처분에 해당한다고 할 수 없다(대판 2005.4.15, 2004두11626).
④ 피해자의 의사와 무관하게 주민등록번호가 불법 유출된 경우 개인의 사생활뿐만 아니라 생명·신체에 대한 위해나 재산에 대한 피해를 입을 우려가 있고, 실제 유출된 주민등록번호가 다른 개인정보와 연계되어 각종 광고 마케팅에 이용되거나 사기, 보이스피싱 등의 범죄에 악용되는 등 사회적으로 많은 피해가 발생하고 있는 것이 현실인 점, 반면 주민등록번호가 유출된 경우 그로 인하여 이미 발생하였거나 발생할 수 있는 피해 등을 최소화할 수 있는 충분한 권리구제방법을 찾기 어려운데도 구 주민등록법에서는 주민등록번호 변경에 관한 아무런 규정을 두고 있지 않은 점, 주민등록법령상 주민등록번호 변경에 관한 규정이 없다거나 주민등록번호 변경에 따른 사회적 혼란 등을 이유로 위와 같은 불이익을 피해자가 부득이한 것으로 받아들여야 한다고 보는 것은 피해자의 개인정보자기결정권 등 국민의 기본권 보장의 측면에서 타당하지 않은 점, 주민등록번호를 관리하는 국가로서는 주민등록번호가 유출된 경우 그로 인한 피해가 최소화되도록 제도를 정비하고 보완해야 할 의무가 있으며, 일률적으로 주민등록번호를 변경할 수 없도록 할 것이 아니라 만약 주민등록번호 변경이 필요한 경우가 있다면 그 변경에 관한 규정을 두어서

이를 허용해야 하는 점 등을 종합하면, 피해자의 의사와 무관하게 주민등록번호가 유출된 경우에는 조리상 주민등록번호의 변경을 요구할 신청권을 인정함이 타당하고, 구청장의 주민등록번호 변경신청 거부행위는 항고소송의 대상이 되는 행정처분에 해당한다고 한 사례(대판 2017.6.15, 2013두2945)

정답 ②

93. 「행정소송법」상 취소소송에 대한 설명으로 옳지 않은 것은? (다툼이 있는 경우 판례에 의함) '22 지방직 7급

① 상대방의 권리를 제한하는 행위라 하더라도 행정청 또는 그 소속기관이나 권한을 위임받은 공공단체 등의 행위가 아닌 한 이를 행정처분이라고 할 수 없다.

② 국가가 국토이용계획과 관련한 지방자치단체의 장의 기관위임사무의 처리에 관하여 지방자치단체의 장을 상대로 취소소송을 제기하는 것은 허용되지 않는다.

③ 「건축법」상 지방자치단체를 상대방으로 하는 건축협의의 취소는 행정처분에 해당한다고 볼 수 없으므로 지방자치단체가 건축물 소재지 관할 건축허가권자를 상대로 항고소송을 통해 건축협의 취소의 취소를 구할 수 없다.

④ 어떠한 처분의 근거가 행정규칙에 규정되어 있는 경우에도, 그 처분이 상대방의 권리의무에 직접 영향을 미치는 행위라면 취소소송의 대상이 되는 행정처분에 해당한다.

해설 下

① 대결 2010.11.26, 2010무137

② 건설교통부장관은 지방자치단체의 장이 기관위임사무인 국토이용계획 사무를 처리함에 있어 자신과 의견이 다를 경우 행정협의조정위원회에 협의·조정 결정에 따라 의견불일치를 해소할 수 있고, 법원에 의한 판결을 받지 않고서도 「행정권한의 위임 및 위탁에 관한 규정」이나 구 지방자치법에서 정하고 있는 지도·감독을 통하여 직접 지방자치단체의 장의 사무처리에 대하여 시정명령을 발하고 그 사무처리를 취소 또는 정지할 수 있으며, 지방자치단체의 장에게 기간을 정하여 직무이행명령을 하고 지방자치단체의 장이 이를 이행하지 아니할 때에는 직접 필요한 조치를 할 수도 있으므로, 국가가 국토이용계획과 관련한 지방자치단체의 장의 기관위임사무의 처리에 관하여 지방자치단체의 장을 상대로 취소소송을 제기하는 것은 허용되지 않는다(대판 2007.9.20, 2005두6935).

③ 건축협의의 실질은 지방자치단체 등에 대한 건축허가와 다르지 않으므로, 지방자치단체 등이 건축물을 건축하려는 경우 등에는 미리 건축물의 소재지를 관할하는 허가권자인 지방자치단체의 장과 건축협의를 하지 않으면, 지방자치단체라 하더라도 건축물을 건축할 수 없다. 그리고 구 지방자치법 등 관련 법령을 살펴보아도 지방자치단체의 장이 다른 지방자치단체를 상대로 한 건축협의 취소에 관하여 다툼이 있는 경우에 법적 분쟁을 실효적으로 해결할 구제수단을 찾기도 어렵다. 따라서 건축협의 취소는 상대방이 다른 지방자치단체 등 행정주체라 하더라도 '행정청이 행하는 구체적 사실에 관한 법집행으로서의 공권력 행사'(행정소송법 제2조 제1항 제1호)로서 처분에 해당한다고 볼 수 있고, 지방자치단체인 원고(서울특별시)가 이를 다툴 실효적 해결 수단이 없는 이상, 원고는 건축물 소재지 관할 허가권자인 지방자치단체의 장(강원도 양양군수)을 상대로 항고소송을 통해 건축협의 취소의 취소를 구할 수 있다(대판 2014.2.27, 2012두22980).

④ 대판 2004.11.26, 2003두10251·10268

정답 ③

메모

제2강 소송요건

94. 취소소송의 제1심 관할법원에 대한 설명으로 옳지 않은 것은? 16 지방직7급

① 세종특별자치시에 위치한 해양수산부의 장관이 한 처분에 대한 취소소송은 서울행정법원에 제기할 수 있다.
② 경상북도 김천시에 위치한 한국도로공사가 국토교통부장관의 국가사무의 위임을 받아 한 처분에 대한 취소소송은 서울행정법원에 제기할 수 없다.
③ 경기도 토지수용위원회가 수원시 소재 부동산을 수용하는 재결처분을 한 경우 이에 대한 취소소송은 수원지방법원본원에 제기할 수 있다.
④ 「식품위생법」에 따른 서울특별시 서초구청장의 음식점영업허가취소처분에 대한 취소소송은 서울행정법원에 제기한다.

해설 ㊥

①② 다음 각 호의 어느 하나에 해당하는 피고에 대하여 취소소송을 제기하는 경우에는 대법원소재지를 관할하는 행정법원(서울행정법원)에 제기할 수 있다(행정소송법 제9조 제2항).

1. 중앙행정기관, 중앙행정기관의 부속기관과 합의제행정기관 또는 그 장
2. 국가의 사무를 위임 또는 위탁받은 공공단체 또는 그 장

한편 정부조직법상 "중앙행정기관은 ……부처 및 청으로 한다."(제2조 제2항) 따라서 해양수산부장관은 중앙행정기관이고 서울행정법원에 소를 제기할 수 있다.
한국도로공사는 국가의 사무를 위임 또는 위탁받은 공공단체이므로 마찬가지로 서울행정법원에 제소할 수 있다.
③ 토지의 수용 기타 부동산 또는 특정의 장소에 관계되는 처분등에 대한 취소소송은 그 부동산 또는 장소의 소재지를 관할하는 행정법원에 이를 제기할 수 있다(같은 조 제3항). 수원시 소재의 부동산이므로 수원시를 관할하는 행정법원에 제기할 수 있는데, 수원은 행정법원이 설치되지 않았기 때문에 수원지방법원이 관할한다.
④ 취소소송의 제1심관할법원은 피고의 소재지(원고의 소재지가 아님)를 관할하는 행정법원으로 한다(행정소송법 제9조 제1항). 따라서 피고 행정청인 서초구청장이 소재한 서울행정법원이 관할법원이 된다.

정답 ②

95. 취소소송의 원고적격 및 협의의 소익에 대한 설명으로 옳지 않은 것은? (다툼이 있는 경우 판례에 의함) 15 국가직9급

① 허가를 받은 경업자에게는 원고적격이 인정되나, 특허사업의 경업자는 특별한 사정이 없는 한 원고적격이 부인된다.
② 원천납세의무자는 원천징수의무자에 대한 납세고지를 다툴 수 있는 원고적격이 없다.
③ 사법시험 제2차 시험 불합격처분 이후 새로 실시된 제2차 및 제3차 시험에 합격한 자는 불합격처분의 취소를 구할 협의의 소익이 없다.
④ 고등학교졸업학력검정고시에 합격하였다 하더라도, 고등학교에서 퇴학처분을 받은 자는 퇴학처분의 취소를 구할 협의의 소익이 있다.

해설 ㊦

① 설명이 반대다. 판례는 일반적으로 기존업자가 특허기업인 경우에는 법률상 이익을 인정하고, 허가업자의 경우는 반사적 내지 사실적 이익으로서 원고적격을 부정한다.
② 원천징수에 있어서 원천납세의무자는 과세권자가 직접 그에게 원천세액을부과한 경우가 아닌 한 과세권자의 원천징수의무자에 대한 납세고지로 인하여 자기의 원천세납세의무의 존부나 범위에 아무런 영향을 받지 아니하므로 이에 대하여 항고소송을 제기할 수 없다(대판 1994.9.9, 93누22234).
③ 사법시험법 제1조 내지 제12조, 법원조직법 제72조의 각 규정을 종합하여 보면, 사법시험에 최종합격한 것은 합격자가 사법연수생으로 임명될 수 있는 전제요건이 되는 것일 뿐이고, 그 자체만으로 합격한 자의 법률상의 지위가 달라지게 되는 것이 아니므로, 사법시험 제2차 시험에

관한 불합격처분 이후에 새로이 실시된 제2차 및 제3차 시험에 합격하였을 경우에는 더 이상 위 불합격처분의 취소를 구할 법률상 이익이 없다고 보아야 할 것이다(대판 2007.9.21, 2007두12057).

④ 고등학교졸업이 대학입학자격이나 학력인정으로서의 의미밖에 없다고 할 수 없으므로 고등학교졸업학력검정고시에 합격하였다 하여 고등학교 학생으로서의 신분과 명예가 회복될 수 없는 것이니 퇴학처분을 받은 자로서는 퇴학처분의 위법을 주장하여 그 취소를 구할 소송상의 이익이 있다(대판 1992.7.14, 91누4737).

정답 ①

96. 항고소송의 원고적격에 대한 판례의 입장으로 옳지 않은 것은? 16 지방직9급

① 기존의 고속형 시외버스운송사업자 A는 경업관계에 있는 직행형 시외버스운송사업자에 대한 사업계획변경인가처분의 취소를 구할 법률상 이익이 있다.

② 학교법인에 의하여 임원으로 선임된 B는 자신에 대한 관할청의 임원취임승인신청 반려처분 취소소송의 원고적격이 있다.

③ 예탁금회원제 골프장에 가입되어 있는 기존 회원 C는 그 골프장 운영자가 당초 승인을 받을 때 정한 예정인원을 초과하여 회원을 모집하는 내용의 회원모집계획서에 대한 시·도지사의 검토결과통보의 취소를 구할 법률상 이익이 있다.

④ 재단법인인 수녀원 D는 소속된 수녀 등이 쾌적한 환경에서 생활할 수 있는 환경상 이익을 침해받는다면 매립목적을 택지조성에서 조선시설용지로 변경하는 내용의 공유수면매립목적 변경 승인처분의 무효확인을 구할 원고적격이 있다.

해설 ➤ 中

① 직행형 시외버스운송사업자에 대한 사업계획변경인가처분으로 인하여 기존의 고속형 시외버스운송사업자의 노선 및 운행계통과 직행형 시외버스운송사업자들의 그것들이 일부 중복되게 되고 기존업자의 수익감소가 예상된다면, 기존의 고속형 시외버스운송사업자와 직행형 시외버스운송사업자들은 경업관계에 있는 것으로 봄이 상당하므로, 기존의 고속형 시외버스운송사업자에게 직행형 시외버스운송사업자에 대한 사업계획변경인가처분의 취소를 구할 법률상의 이익이 있다고 할 것이다(대판 2010.11.11, 2010두4179).

② 관할청의 임원취임승인행위는 학교법인의 임원선임행위의 법률상 효력을 완성케 하는 보충적 법률행위이다. 따라서 관할청이 학교법인의 임원취임승인신청에 대하여 이를 반려하거나 거부하는 경우 학교법인에 의하여 임원으로 선임된 사람은 학교법인의 임원으로 취임할 수 없게 되는 불이익을 입게 되는바, 이와 같은 불이익은 간접적이거나 사실상의 불이익이 아니라 직접적이고도 구체적인 법률상의 불이익이라 할 것이므로 학교법인에 의하여 임원으로 선임된 사람에게는 관할청의 임원취임승인신청 반려처분을 다툴 수 있는 원고적격이 있다(대판 2007.12.27, 2005두9651).

③ 체육시설업자 또는 그 사업계획의 승인을 얻은 자가 회원모집계획서를 제출하면서 허위의 사업시설 설치공정확인서를 첨부하거나 사업계획의 승인을 받을 때 정한 예정인원을 초과하여 회원을 모집하는 내용의 회원모집계획서를 제출하여 그에 대한 시·도지사 등의 검토결과 통보를 받는다면 이는 기존회원의 골프장에 대한 법률상의 지위에 영향을 미치게 되므로, 이러한 경우 기존회원은 위와 같은 회원모집계획서에 대한 시·도지사의 검토결과 통보의 취소를 구할 법률상의 이익이 있다고 보아야 한다(대판 2009.2.26, 2006두16243).

④ 자연인이 아닌 원고 수녀원은 쾌적한 환경에서 생활할 수 있는 이익을 향수할 수 있는 주체도 아니므로 이 사건 처분으로 인하여 위와 같은 생활상의 이익이 직접적으로 침해되는 관계에 있다고 볼 수도 없으며, 이 사건 처분으로 인하여 환경에 영향을 주어 원고 수녀원이 운영하는 잼 공장에 직접적이고 구체적인 재산적 피해가 발생한다거나 원고 수녀원이 폐쇄되고 이전해야 하는 등의 피해를 받거나 받을 우려가 있다는 점 등에 관한 증명도 부족하므로, 원고 수녀원에게는 이 사건 처분의 무효확인을 구할 원고적격이 있다고 할 수 없다고 한 사안(대판 2012.6.28, 2010두2005)

정답 ④

97. 법률상 이익에 대한 판례의 입장으로 옳은 것은? 17 지방직9급

① 환경정책기본법 제6조의 규정 내용 등에 비추어 국민에게 구체적인 권리를 부여한 것으로 볼 수 없더라도 환경영향평가 대상지역 밖에 거주하는 주민에게 헌법상의 환경권 또는 환경정책기본법에 근거하여 공유수면매립면허처분과 농지개량사업 시행인가처분의 무효확인을 구할 원고적격이 있다.
② 인·허가 등 수익적 처분을 신청한 여러 사람이 상호 경쟁관계에 있다면, 그 처분이 타방에 대한 불허가 등으로 될 수밖에 없는 때에도 수익적 처분을 받지 못한 사람은 처분의 직접 상대방이 아니므로 원칙적으로 당해 수익적 처분의 취소를 구할 수 없다.
③ 소극적 방어권인 헌법상의 자유권적 기본권은 법률의 규정이 없다고 하더라도 직접 공권이 성립될 수도 있다.
④ 사회권적 기본권의 성격을 가지는 연금수급권은 헌법에 근거한 개인적 공권이므로 헌법 규정만으로도 실현할 수 있다.

해설 ㊦

① 헌법 제35조 제1항에서 정하고 있는 환경권에 관한 규정만으로는 그 권리의 주체·대상·내용·행사방법 등이 구체적으로 정립되어 있다고 볼 수 없고, 환경정책기본법 제6조도 그 규정 내용 등에 비추어 국민에게 구체적인 권리를 부여한 것으로 볼 수 없으므로, 위 원고들에게 헌법상의 환경권 또는 환경정책기본법 제6조에 기하여 이 사건 각 처분을 다툴 원고적격이 있다고 할 수 없다[대판(전합) 2006.3.16, 2006두330].
② 면허나 인허가 등의 수익적 행정처분을 신청한 수인이 서로 경쟁관계에 있어서 일방에 대한 면허나 인허가 등의 행정처분이 타방에 대한 불면허·불인가·불허가 등으로 귀결될 수밖에 없는 경우[이른바 경원관계(競願關係)에 있는 경우로서 동일 대상지역에 대한 공유수면매립면허나 도로점용허가 혹은 일정지역에 있어서의 영업허가 등에 관하여 거리제한규정이나 업소개수제한규정 등이 있는 경우를 그 예로 들 수 있다]에 면허나 인허가 등의 행정처분을 받지 못한 사람 등은 비록 경업자나 경원자에 대하여 이루어진 면허나 인허가 등 행정처분의 상대방이 아니라 하더라도 당해 행정처분의 취소를 구할 당사자적격이 있다(대판 1992.5.8, 91누13274).
③ 보호규범의 범위에 대해서는 당해 처분의 근거 법규를 넘어 관계 법규에 의해 보호되는 이익도 포함시키는 견해(관계 법규에는 실체법과 절차법을 포함)가 통설이다. 그러나 기본권에 대해서는 자유권적·방어권적 기본권만 원고적격을 인정한다. 그러나 기본권인 환경권과 자연방위권에 관해서는 원고적격을 부정하고 있다.
판례도 자유권인 구속된 피고인 또는 피의자의 타인과의 접견권(만나고 싶은 사람을 만날 수 있는 자유)(대판 1992.5.8, 91부8), 구속된 피고인이 미결수용중인 교도소장의 접견허가거부처분의 취소를 구할 원고적격(대판 1992.5.8, 91누7552)을 인정하고 있다..
④ 공무원연금 수급권과 같은 사회보장 수급권은 '모든 국민은 인간다운 생활을 할 권리를 가지고, 국가는 사회보장·사회복지의 증진에 노력할 의무를 진다'고 규정한 헌법 제34조 제1항 및 제2항으로부터 도출되는 사회적 기본권 중의 하나로서, 이는 국가에 대하여 적극적으로 급부를 요구하는 것이므로 헌법규정만으로는 이를 실현할 수 없어 법률에 의한 형성이 필요하고, 그 구체적인 내용 즉 수급요건, 수급권자의 범위 및 급여금액 등은 법률에 의하여 비로소 확정된다(헌재결 2009.5.28, 2008헌바107).

정답 ③

98. 판례의 입장으로 옳지 않은 것은? 17 지방직9급

① 행정청이 관련 법령에 근거하여 행하는 조합설립인가처분은 그 설립행위에 대한 보충행위로서의 성질에 그치지 않고 법령상 요건을 갖출 경우 「도시 및 주거환경정비법」 상 주택재건축사업을 시행할 수 있는 권한을 갖는 행정주체(공법인)로서의 지위를 부여하는 일종의 설권적 처분의 성격을 갖는다.
② 교육부장관이 사학분쟁조정위원회의 심의를 거쳐 이사와 임시이사를 선임한 데 대하여 대학 교수협의회와 총학생회는 제3자로서 취소소송을 제기할 자격이 있다.
③ 건축사 업무정지처분을 받은 후 새로운 업무정지처분을 받음이 없이 1년이 경과하여 실제로 가중된 제재처분을 받을 우려가 없게 된 경우, 그 처분에서 정한 정지기간이 경과한 이상 특별한 사정이 없는 한 업무정지처분의 취소를 구할 법률상 이익이 없다.
④ 가중요건이 부령인 시행규칙상 처분기준으로 규정되어 있는 경우(예: 「식품위생법 시행규칙」 제89조 [별표 23] 행정처분기준), 처분에서 정한 제재기간이 경과하였다면 그에 따라 선행처분을 받은 상대방은 그 처분의 취소를 구할 법률상 이익이 없다.

해설 中

① 대판 2010.1.28, 2009두4845

② 구 사립학교법과 구 「사립학교법 시행령」 및 乙 법인 정관 규정은 헌법 제31조 제4항에 정한 교육의 자주성과 대학의 자율성에 근거한 甲 대학교 교수협의회와 총학생회의 학교운영참여권을 구체화하여 이를 보호하고 있다고 해석되므로, 甲 대학교 교수협의회와 총학생회는 이사선임처분을 다툴 법률상 이익을 가지지만, 고등교육법령은 교육받을 권리나 학문의 자유를 실현하는 수단으로서 학생회와 교수회와는 달리 학교의 직원으로 구성된 노동조합의 성립을 예정하고 있지 아니하고, 노동조합은 근로자가 주체가 되어 자주적으로 단결하여 근로조건의 유지·개선 기타 근로자의 경제적·사회적 지위의 향상을 도모하기 위하여 조직된 단체인 점 등을 고려할 때, 학교의 직원으로 구성된 노동조합이 교육받을 권리나 학문의 자유를 실현하는 수단으로서 직접 기능한다고 볼 수는 없으므로, 개방이사에 관한 구 사립학교법과 구 「사립학교법 시행령」 및 乙 법인 정관 규정이 학교직원들로 구성된 전국대학노동조합 乙 대학교지부의 법률상 이익까지 보호하고 있는 것으로 해석할 수는 없다고 한 사례(대판 2015.7.23, 2012두19496, 19502)

③ 대판 2000.4.21, 98두10080

④ 규칙이 정한 바에 따라 선행처분을 가중사유 또는 전제요건으로 하는 후행처분을 받을 우려가 현실적으로 존재하는 경우에는, 선행처분을 받은 상대방은 비록 그 처분에서 정한 제재기간이 경과하였다 하더라도 그 처분의 취소소송을 통하여 그러한 불이익을 제거할 권리보호의 필요성이 충분히 인정된다고 할 것이므로, 선행처분의 취소를 구할 법률상 이익이 있다고 보아야 한다[대판(전합) 2006.6.22, 2003두1684].

정답 ④

99. 항고소송의 원고적격에 대한 설명으로 옳은 것을 〈보기〉에서 모두 고르면? (다툼이 있는 경우 판례에 의함)

17 국회직8급

〈보 기〉

ㄱ. 「행정소송법」 제12조 전단의 '법률상 이익'의 개념과 관련하여서는 권리구제설, 법률상 보호된 이익구제설, 보호가치 있는 이익구제설, 적법성 보장설 등으로 나누어지며, 이 중에서 보호가치 있는 이익구제설이 통설·판례의 입장이다.

ㄴ. 법률상 보호되는 이익이라 함은 당해 처분의 근거법규에 의하여 보호되는 개별적·구체적 이익을 의미하며, 관련법규에 의하여 보호되는 개별적·구체적 이익까지 포함하는 것은 아니라는 것이 판례의 입장이다.

ㄷ. 기존업자가 특허기업인 경우에는 그 특허로 인하여 받는 영업상 이익은 반사적 이익 내지 사실상 이익에 불과한 것으로 보는 것이 일반적이나, 허가기업인 경우에는 기존업자가 그 허가로 인하여 받은 영업상 이익은 법률상 이익으로 본다.

ㄹ. 인허가 등의 수익적 행정처분을 신청한 수인이 서로 경쟁관계에 있어서 일방에 대한 허가 등의 처분이 타방에 대한 불허가 등으로 귀결될 수밖에 없는 때 허가 등의 처분을 받지 못한 자는 비록 경원자에 대하여 이루어진 허가 등 처분의 상대방이 아니라 하더라도 당해 처분의 취소를 구할 원고적격이 있다. 다만, 명백한 법적 장애로 인하여 원고 자신의 신청이 인용될 가능성이 처음부터 배제되어 있는 경우에는 법률상 보호되는 이익이 인정되지 않는다.

ㅁ. 환경영향평가 대상지역 밖의 주민들은 공유수면매립면허처분으로 인하여 그 처분 전과 비교하여 수인한도를 넘는 환경피해를 받거나 받을 우려가 있다는 점을 입증할 경우 법률상 보호되는 이익이 인정된다.

① ㄷ, ㅁ
② ㄹ, ㅁ
③ ㄱ, ㄴ, ㄷ
④ ㄴ, ㄹ, ㅁ
⑤ ㄷ, ㄹ, ㅁ

해설 ▸ 中

ㄱ 위법한 처분에 의하여 침해되고 있는 이익이 관계법에 의하여 보호되고 있는 이익인 경우에도 법률상 이익이 있다는 법률상 (보호) 이익설(법률상이익구제설)이 통설·판례이다.
행정처분의 직접 상대방이 아닌 제3자라 하더라도 당해 행정처분으로 법률상 보호되는 이익을 침해당한 경우에는 취소소송을 제기하여 당부의 판단을 받을 자격이 있다. 여기에서 말하는 법률상 보호되는 이익은 당해 처분의 근거 법규 및 관련 법규에 의하여 보호되는 개별적·직접적·구체적 이익이 있는 경우를 말하고, 공익보호의 결과로 국민 일반이 공통적으로 가지는 일반적·간접적·추상적 이익과 같이 사실적·경제적 이해관계를 갖는 데 불과한 경우는 여기에 포함되지 아니한다(대판 2015.7.23, 2012두19496, 19502).
ㄴ 법률상 보호되는 이익이라 함은 당해 처분의 근거법규 및 관련법규에 의하여 보호되는 개별적·직접적·구체적 이익이 있는 경우를 말하고, 공익보호의 결과로 국민 일반이 공통적으로 가지는 일반적·간접적·추상적 이익이 생기는 경우에는 법률상 보호되는 이익이 있다고 할 수 없다(대판 2006.12.22, 2006두14001).
ㄷ 판례는 일반적으로 기존업자가 특허기업인 경우에는 법률상 이익을 인정하고, 허가업자의 경우는 반사적 내지 사실적 이익으로서 원고적격을 부정한다.
ㄹ 대판 2009.12.10, 2009두8359
ㅁ 대판 2006.12.22, 2006두14001

정답 ②

100. 행정소송의 당사자에 대한 설명으로 옳지 않은 것은? (다툼이 있는 경우 판례에 의함) 19 지방직9급

① 대리기관이 대리관계를 표시하고 피대리 행정청을 대리하여 행정처분을 한 때에는 피대리 행정청이 피고로 되어야 한다.
② 「국가공무원법」에 따른 처분, 그 밖에 본인의 의사에 반한 불리한 처분이나 부작위에 관한 행정소송을 제기할 때에 대통령의 처분 또는 부작위의 경우에는 소속 장관을 피고로 한다.
③ 약제를 제조·공급하는 제약회사는 보건복지부 고시인 「약제급여·비급여 목록 및 급여 상한금액표」 중 약제의 상한금액 인하 부분에 대하여 그 취소를 구할 원고적격이 있다.
④ 개발제한구역 안에서의 공장설립을 승인한 처분이 위법하다는 이유로 쟁송취소되었다면, 설령 그 승인처분에 기초한 공장건축허가처분이 잔존하는 경우에도 인근 주민들에게는 공장건축허가처분의 취소를 구할 법률상 이익이 없다.

 下

① 항고소송은 다른 법률에 특별한 규정이 없는 한 원칙적으로 소송의 대상인 행정처분을 외부적으로 행한 행정청을 피고로 하여야 하고(행정소송법 제13조 제1항 본문), 다만 대리기관이 대리관계를 표시하고 피대리 행정청을 대리하여 행정처분을 한 때에는 피대리 행정청이 피고로 되어야 한다(대판 2018.10.25, 2018두43095).
② 국가공무원법 제16조 제2항
③ 제약회사가 자신이 공급하는 약제에 관하여 국민건강보험법, 같은법 시행령, 「국민건강보험 요양급여의 기준에 관한 규칙」 등 약제상한금액 고시의 근거 법령에 의하여 보호되는 직접적이고 구체적인 이익을 향유하는데, 보건복지부 고시인 「약제급여·비급여목록 및 급여상한금액표」로 인하여 자신이 제조·공급하는 약제의 상한금액이 인하됨에 따라 위와 같이 보호되는 법률상 이익이 침해당할 경우, 제약회사는 위 고시의 취소를 구할 원고적격이 있다(대판 2006.9.22, 2005두2506).
④ 개발제한구역 안에서의 공장설립을 승인한 처분이 위법하다는 이유로 쟁송취소되었다고 하더라도 그 승인처분에 기초한 공장건축허가처분이 잔존하는 이상, 공장설립승인처분이 취소되었다는 사정만으로 인근 주민들의 환경상 이익이 침해되는 상태나 침해될 위험이 종료되었다거나 이를 시정할 수 있는 단계가 지나버렸다고 단정할 수는 없고, 인근 주민들은 여전히 공장건축허가처분의 취소를 구할 법률상 이익이 있다고 보아야 한다(대판 2018.7.12, 2015두3485).

정답 ④

101. 행정소송의 원고적격을 가지는 자에 해당하지 않는 것은? (다툼이 있는 경우 판례에 의함) 19 국회직8급

① 지방자치단체가 건축물 소재지 관할 허가권자인 지방자치단체의 장을 상대로 건축협의취소의 취소를 구하는 사안에서의 지방자치단체
② 제3자의 접견허가신청에 대한 교도소장의 거부처분에 있어서 접견권이 침해되었다고 주장하는 구속된 피고인
③ 미얀마 국적의 갑이 위명(僞名)인 을 명의의 여권으로 대한민국에 입국한 뒤 을 명의로 난민 신청을 하였으나 법무부장관이 을 명의를 사용한 갑을 직접 면담하여 조사한 후 갑에 대하여 난민불인정 처분을 한 사안에서의 그 처분의 취소를 구하는 갑
④ 국민권익위원회가 소방청장에게 인사와 관련하여 부당한 지시를 한 사실이 인정된다며 이를 취소할 것을 요구하기로 의결하고 내용을 통지하자 그 국민권익위원회 조치요구의 취소를 구하는 사안에서의 소방청장
⑤ 하자있는 건축물에 대한 사용검사처분의 무효확인 및 취소를 구하는 구 「주택법」상 입주자

해설 ➤ 中

① 건축협의 취소는 상대방이 다른 지방자치단체 등 행정주체라 하더라도 '행정청이 행하는 구체적 사실에 관한 법집행으로서의 공권력 행사'(행정소송법 제2조 제1항 제1호)로서 처분에 해당한다고 볼 수 있고, 지방자치단체인 원고가 이를 다툴 실효적 해결 수단이 없는 이상, 원고는 건축물 소재지 관할 허가권자인 지방자치단체의 장을 상대로 항고소송을 통해 건축협의 취소의 취소를 구할 수 있다(대판 2014.2.27, 2012두22980).
② 구속된 피고인은 형사소송법 제89조의 규정에 따라 타인과 접견할 권리를 가지며 행형법 제62조, 제18조 제1항의 규정에 의하면 교도소에 미결수용된 자는 소장의 허가를 받아 타인과 접견할 수 있으므로(이와 같은 접견권은 헌법상 기본권의 범주에 속하는 것이다) 구속된 피고인이 사전에 접견신청한 자와의 접견을 원하지 않는다는 의사표시를 하였다는 등의 특별한 사정이 없는 한 구속된 피고인은 교도소장의 접견허가거부처분으로 인하여 자신의 접견권이 침해되었음을 주장하여 위 거부처분의 취소를 구할 원고적격을 가진다(대판 1992.5.8, 91누7552).
③ 미얀마 국적의 갑이 위명(僞名)인 '을' 명의의 여권으로 대한민국에 입국한 뒤 을 명의로 난민 신청을 하였으나 법무부장관이 을 명의를 사용한 갑을 직접 면담하여 조사한 후 갑에 대하여 난민불인정 처분을 한 사안에서, 처분의 상대방은 허무인이 아니라 '을'이라는 위명을 사용한 갑이라는 이유로, 갑이 처분의 취소를 구할 법률상 이익이 있다고 한 사례(대판 2017.3.9, 2013두16852)
④ 처분성이 인정되는 국민권익위원회의 조치요구에 불복하고자 하는 소방청장으로서는 조치요구의 취소를 구하는 항고소송을 제기하는 것이 유효·적절한 수단으로 볼 수 있으므로 소방청장은 예외적으로 당사자능력과 원고적격을 가진다(대판 2018.8.1, 2014두35379).
⑤ 구 주택법상 입주자나 입주예정자는 사용검사처분의 무효확인 또는 취소를 구할 법률상 이익이 없다(대판 2015.1.29, 2013두24976).

정답 ⑤

102. 항고소송의 원고적격에 대한 판례의 입장으로 옳지 않은 것은? 19 국가직7급

① 일반면허를 받은 시외버스운송사업자에 대한 사업계획변경 인가처분으로 인하여 노선 및 운행계통의 일부 중복으로 기존에 한정면허를 받은 시외버스운송사업자의 수익감소가 예상된다면, 기존의 한정면허를 받은 시외버스운송사업자는 일반면허 시외버스운송사업자에 대한 사업계획변경 인가처분의 취소를 구할 법률상의 이익이 있다.
② 처분의 근거 법규 또는 관련 법규에 그 처분으로써 이루어지는 행위 등 사업으로 인하여 환경상 침해를 받으리라고 예상되는 영향권의 범위가 구체적으로 규정되어 있는 경우, 그 영향권 내의 주민들에 대하여는 특단의 사정이 없는 한 환경상 이익에 대한 침해 또는 침해 우려가 있는 것으로 사실상 추정된다.
③ 「출입국관리법」상의 체류자격 및 사증발급의 기준과 절차에 관한 규정들은 대한민국의 출입국 질서와 국경관리라는 공익을 보호하려는 취지로 해석될 뿐이므로, 동법상 체류자격변경 불허가처분, 강제퇴거명령 등을 다투는 외국인에게는 해당 처분의 취소를 구할 법률상 이익이 인정되지 않는다.
④ 법령이 특정한 행정기관으로 하여금 다른 행정기관에 제재적 조치를 취할 수 있도록 하면서, 그에 따르지 않으면 그 행정기관에 과태료 등을 과할 수 있도록 정하는 경우, 권리구제나 권리보호의 필요성이 인정된다면 예외적으로 그 제재적 조치의 상대방인 행정기관에게 항고소송의 원고적격을 인정할 수 있다.

해설 中

① 기존의 한정면허를 받은 시외버스운송사업자와 일반면허를 받은 시외버스운송사업자는 경업관계에 있는 것으로 보는 것이 타당하고, 따라서 기존의 한정면허를 받은 시외버스운송사업자는 일반면허 시외버스운송사업자에 대한 사업계획변경인가처분의 취소를 구할 법률상의 이익이 있다(대판 2018.4.26, 2015두53824).
② 대판(전합) 2006.3.16, 2006두330
③ 사증발급의 법적 성질, 출입국관리법의 입법 목적, 사증발급 신청인의 대한민국과의 실질적 관련성, 상호주의원칙 등을 고려하면, 우리 출입국관리법의 해석상 외국인에게는 사증발급 거부처분의 취소를 구할 법률상 이익이 인정되지 않는다고 봄이 타당하다(대판 2018.5.15, 2014두42506).
④ 두 가지 논점을 판시한 판례이기 때문에 사안을 잘 나눠서 판단해야 한다. 즉, 판례는 외국인에게는 사증발급 거부처분의 취소를 구할 법률상 이익이 인정되지 않지만, 국적법상 귀화불허가처분이나 출입국관리법상 체류자격변경 불허가처분, 강제퇴거명령 등을 다투는 외국인은 해당 처분의 취소를 구할 법률상 이익이 인정된다고 판시하고 있다.
사증발급 거부처분을 다투는 외국인은, 아직 대한민국에 입국하지 않은 상태에서 대한민국에 입국하게 해달라고 주장하는 것으로, 대한민국과의 실질적 관련성 내지 대한민국에서 법적으로 보호가치 있는 이해관계를 형성한 경우는 아니어서, 해당 처분의 취소를 구할 법률상 이익을 인정하여야 할 법정책적 필요성도 크지 않다. 반면, 국적법상 귀화불허가처분이나 출입국관리법상 체류자격변경 불허가처분, 강제퇴거명령 등을 다투는 외국인은 대한민국에 적법하게 입국하여 상당한 기간을 체류한 사람이므로, 이미 대한민국과의 실질적 관련성 내지 대한민국에서 법적으로 보호가치 있는 이해관계를 형성한 경우이어서, 해당 처분의 취소를 구할 법률상 이익이 인정된다고 보아야 한다(대판 2018.5.15, 2014두42506).

정답 ③

103. 「행정소송법」상 '법률상 이익'에 해당하지 않는 것은? (다툼이 있는 경우 판례에 의함) 20 국회직9급

① 「수도법」상 상수원보호구역 설정으로 상수원의 오염을 막아 양질의 급수를 받고 있는 지역주민들이 가지는 이익
② 「공유수면 관리 및 매립에 관한 법률」상 공유수면매립면허처분과 관련한 환경영향평가대상지역 안의 주민의 이익
③ 연탄공장 건축허가에 대한 구 「도시계획법」상 주거지역에 거주하는 인근주민의 생활환경상 이익
④ 구 「장사 등에 관한 법률」상 납골당설치신고수리처분에 대한 납골당설치장소에서 500m 내에 20호 이상의 인가가 밀접한 지역에 거주하는 주민의 이익
⑤ 「여객자동차 운수사업법」상 시외버스운송사업계획변경인가처분으로 시외버스 운행노선 중 일부가 기존의 시내버스 운행노선과 중복하게 된 경우 기존 시내버스운송사업자의 영업상 이익

해설 中

① 상수원보호구역 설정의 근거가 되는 수도법 제5조 제1항 및 동 시행령 제7조 제1항이 보호하고자 하는 것은 상수원의 확보와 수질보전일 뿐이고, 그 상수원에서 급수를 받고 있는 지역주민들이 가지는 상수원의 오염을 막아 양질의 급수를 받을 이익은 직접적이고 구체적으로는 보호하고 있지 않음이 명백하여 위 지역주민들이 가지는 이익은 상수원의 확보와 수질보호라는 공공의 이익이 달성됨에 따라 반사적으로 얻게 되는 이익에 불과하므로 지역주민들에 불과한 원고들에게는 위 상수원보호구역변경처분의 취소를 구할 법률상의 이익이 없다(대판 1995.9.26, 94누14544).
② 관련규정의 취지는, 공유수면매립과 농지개량사업시행으로 인하여 직접적이고 중대한 환경피해를 입으리라고 예상되는 환경영향평가 대상지역 안의 주민들이 전과 비교하여 수인한도를 넘는 환경침해를 받지 아니하고 쾌적한 환경에서 생활할 수 있는 개별적 이익까지도 이를 보호하려는 데에 있다고 할 것이므로, 위 주민들이 공유수면매립면허처분등과 관련하여 갖고 있는 위와 같은 환경상의 이익은 주민 개개인에 대하여 개별적으로 보호되는 직접적·구체적 이익으로서 그들에 대하여는 특단의 사정이 없는 한 환경상의 이익에 대한 침해 또는 침해우려가 있는 것으로 사실상 추정되어 공유수면매립면허처분등의 무효확인을 구할 원고적격이 인정된다고 할 것이다[대판(전합) 2006.3.16, 2006두330].
③ 주거지역 안에서는 도시계획법(현 국토의 계획 및 이용에 관한 법률) 제19조 제1항과 개정 전 건축법 제32조 제1항에 의하여 공익상 부득이하다고 인정될 경우를 제외하고는 거주의 안녕과 건전한 생활환경의 보호를 해치는 모든 건축이 금지되고 있을 뿐 아니라 주거지역 내에 거주하는 사람이 받는 위와 같은 보호이익은 법률에 의하여 보호되는 이익이라고 할 것이므로 주거지역 내에 위 법조 소정 제한면적을 초과한 연탄공장건축허가처분으로 불이익을 받고 있는 제3거주자는 비록 당해 행정처분의 상대자가 아니라 하더라도 그 행정처분으로 말미암아 위와 같은 법률에 의하여 보호되는 이익을 침해받고 있다면 당해 행정처분의 취소를 소구하여 그 당부의 판단을 받을 법률상의 자격이 있다(대판 1975.5.13, 73누96·97).
④ 골시설 설치장소에서 500m 내에 20호 이상의 인가가 밀집한 지역에 거주하는 주민들은 납골당 설치에 대하여 환경상 이익 침해를 받거나 받을 우려가 있는 것으로 사실상 추정된다(대판 2011.9.8, 2009두6766).
⑤ 시외버스운송사업 계획변경인가처분으로 인하여 기존의 시내버스운송사업자의 노선 및 운행계통과 시외버스운송사업자들의 그것들이 일부 중복되게 되고 기존업자의 수익감소가 예상된다면, 기존의 시내버스운송사업자와 시외버스운송사업자들은 경업관계에 있는 것으로 봄이 상당하다 할 것이어서 기존의 시내버스운송사업자에게 시외버스운송사업계획변경인가처분의 취소를 구할 법률상의 이익이 있다(대판 2002.10.25, 2001두4450).

정답 ①

104. 판례상 항고소송의 원고적격이 인정되는 경우만을 모두 고르면? 21 국가직9급

ㄱ. 중국 국적자인 외국인이 사증발급 거부처분의 취소를 구하는 경우
ㄴ. 소방청장이 처분성이 인정되는 국민권익위원회의 조치요구에 불복하여 조치요구의 취소를 구하는 경우
ㄷ. 지방법무사회가 법무사의 사무원 채용승인 신청을 거부하여 사무원이 될 수 없게 된 자가 지방법무사회를 상대로 거부처분의 취소를 구하는 경우
ㄹ. 개발제한구역 중 일부 취락을 개발제한구역에서 해제하는 내용의 도시관리계획변경결정에 대하여 개발제한구역 해제대상에서 누락된 토지의 소유자가 위 결정의 취소를 구하는 경우

① ㄱ, ㄴ
② ㄴ, ㄷ
③ ㄷ, ㄹ
④ ㄱ, ㄷ, ㄹ

 中

ㄱ 사증발급의 법적 성질, 출입국관리법의 입법 목적, 사증발급 신청인의 대한민국과의 실질적 관련성, 상호주의원칙 등을 고려하면, 우리 출입국관리법의 해석상 외국인에게는 사증발급 거부처분의 취소를 구할 법률상 이익이 인정되지 않는다고 봄이 타당하다(대판 2018.5.15, 2014두42506).

ㄴ 제재적 조치를 기관소송이나 권한쟁의심판을 통하여 다툴 수 없다면, 제재적 조치는 그 성격상 단순히 행정기관 등 내부의 권한 행사에 머무는 것이 아니라 상대방에 대한 공권력 행사로서 항고소송을 통한 주관적 구제대상이 될 수 있다고 보아야 한다. 기관소송 법정주의를 취하면서 제한적으로만 이를 인정하고 있는 현행 법령의 체계에 비추어 보면, 이 경우 항고소송을 통한 구제의 길을 열어주는 것이 법치국가 원리에도 부합한다. 따라서 이러한 권리구제나 권리보호의 필요성이 인정된다면 예외적으로 그 제재적 조치의 상대방인 행정기관 등에게 항고소송 원고로서의 당사자능력과 원고적격을 인정할 수 있다(대판 2018.8.1, 2014두35379).

ㄷ 지방법무사회의 사무원 채용승인 거부처분 또는 채용승인 취소처분에 대해서는 처분 상대방인 법무사뿐만 아니라 그 때문에 사무원이 될 수 없게 된 사람도 이를 다툴 원고적격이 인정되어야 한다(대판 2020.4.9, 2015다34444).

ㄹ 도시관리계획변경결정 중 원고 소유 토지가 속한 취락부분이 취소된다 하더라도 그 결과 이 사건 도시관리계획변경결정으로 개발제한구역에서 해제된 제3자 소유의 토지들이 종전과 같이 개발제한구역으로 남게 되는 결과가 될 뿐, 원고 소유의 이 사건 토지가 개발제한구역에서 해제되는 것도 아니므로, 원고에게는 제3자 소유의 토지에 관한 이 사건 도시관리계획변경결정의 취소를 구할 직접적이고 구체적인 이익이 있다고 할 수 없다(대판 2008.7.10, 2007두10242).

정답 ②

105. 취소소송에서 협의의 소의 이익에 대한 판례의 입장으로 옳지 않은 것은? 16 국가직9급

① 장래의 제재적 가중처분 기준을 대통령령이 아닌 부령의 형식으로 정한 경우에는 이미 제재기간이 경과한 제재적 처분의 취소를 구할 법률상 이익이 인정되지 않는다.
② 건축허가가 「건축법」에 따른 이격거리를 두지 아니하고 건축물을 건축하도록 되어 있어 위법하다 하더라도 건축이 완료되어 위법한 처분을 취소한다 하더라도 원상회복이 불가능한 경우에는 그 취소를 구할 법률상 이익이 없다.
③ 현역입영대상자가 입영한 후에도 현역입영통지처분이 취소되면 원상회복이 가능하므로 이미 처분이 집행된 후라고 할지라도 현역입영통지처분의 취소를 구할 소의 이익이 있다.
④ 지방의회 의원이 제명의결 취소소송 계속 중 임기가 만료되어 제명의결의 취소로 의원 지위를 회복할 수 없다고 할지라도 제명의결시부터 임기만료일까지의 기간에 대한 월정수당의 지급을 구할 수 있으므로 그 제명의결의 취소를 구할 법률상 이익이 인정된다.

해설 ➤ 下

① 규칙이 정한 바에 따라 선행처분을 가중사유 또는 전제요건으로 하는 후행처분을 받을 우려가 현실적으로 존재하는 경우에는, 선행처분을 받은 상대방은 비록 그 처분에서 정한 제재기간이 경과하였다 하더라도 그 처분의 취소소송을 통하여 그러한 불이익을 제거할 권리보호의 필요성이 충분히 인정된다[대판(전합) 2006.6.22, 2003두1684].
② 대판 1992.4.24, 91누11131
③ 대판 2003.12.26, 2003두1875
④ 지방의회 의원에게 지급되는 비용 중 적어도 월정수당(제3호)은 지방의회 의원의 직무활동에 대한 대가로 지급되는 보수의 일종으로 봄이 상당하다. 따라서 원고가 이 사건 제명의결 취소소송 계속 중 임기가 만료되어 제명의결의 취소로 지방의회 의원으로서의 지위를 회복할 수는 없다 할지라도, 그 취소로 인하여 최소한 제명의결시부터 임기만료일까지의 기간에 대해 월정수당의 지급을 구할 수 있는 등 여전히 그 제명의결의 취소를 구할 법률상 이익은 남아 있다고 보아야 한다(대판 2009.1.30, 2007두13487).

정답 ①

106. 항고소송에 있어서 소의 이익에 대한 설명으로 옳지 않은 것은? (다툼이 있는 경우 판례에 의함)

16 지방직7급

① 고등학교졸업이 대학입학자격이나 학력인정으로서의 의미밖에 없다고 할 수는 없으므로, 퇴학처분을 받은 자가 고등학교졸업학력검정고시에 합격하였다 하여 퇴학처분의 취소를 구할 소송상의 이익이 없다고 볼 수는 없다.
② 경원관계에서 허가처분을 받지 못한 사람은 자신에 대한 거부처분이 취소되더라도, 그 판결의 직접적 효과로 경원자에 대한 허가처분이 취소되거나 효력이 소멸하는 것은 아니므로 자신에 대한 거부처분의 취소를 구할 소의 이익이 없다.
③ 구 「도시 및 주거환경정비법」상 조합설립추진위원회 구성승인처분을 다투는 소송 계속 중에 조합설립인가처분이 이루어졌다면 조합설립추진위원회 구성승인처분에 대한 취소를 구할 법률상 이익은 없다.
④ 행정청이 직위해제 상태에 있는 공무원에 대하여 새로운 직위해제사유에 기한 직위해제처분을 한 경우 그 이전에 한 직위해제처분의 취소를 구할 소의 이익이 없다.

해설 ➤ 下

① 대판 1992.7.14, 91누4737
② 특별한 사정이 없는 한 경원관계에서 허가 등 처분을 받지 못한 사람은 자신에 대한 거부처분의 취소를 구할 소의 이익이 있다(대판 2015.10.29, 2013두27517).
③ 대판 2013.1.31, 2011두11112·2011두11129
④ 대판 2003.10.10, 2003두5945

정답 ②

107. 협의의 소의 이익에 대한 설명으로 옳은 것은? (다툼이 있는 경우 판례에 의함) 17 지방직9급

① 취임승인이 취소된 학교법인의 정식이사들에 대해 원래 정해져 있던 임기가 만료되면 그 임원취임승인취소처분의 취소를 구할 소의 이익이 없다.
② 지방의회 의원의 제명의결 취소소송 계속 중 임기 만료로 지방의원으로서의 지위를 회복할 수 없는 자는 제명의결의 취소를 구할 소의 이익이 없다.
③ 수형자의 영치품에 대한 사용신청 불허처분 후 수형자가 다른 교도소로 이송된 경우 원래 교도소로의 재이송 가능성이 소멸되었으므로 그 불허처분의 취소를 구할 소의 이익이 없다.
④ 법인세 과세표준과 관련하여 과세관청이 법인의 소득처분 상대방에 대한 소득처분을 경정하면서 증액과 감액을 동시에 한 결과 전체로서 소득처분금액이 감소된 경우, 법인이 소득금액변동통지의 취소를 구할 소의 이익이 없다.

해설 中

① 취임승인이 취소된 학교법인의 정식이사들로서는 그 취임승인취소처분 및 임시이사 선임처분에 대한 각 취소를 구할 법률상 이익이 있고, 나아가 선행 임시이사 선임처분의 취소를 구하는 소송 도중에 선행 임시이사가 후행 임시이사로 교체되었다고 하더라도 여전히 선행 임시이사 선임처분의 취소를 구할 법률상 이익이 있다[대판(전합) 2007.7.19, 2006두19297].
② 지방의회 의원에게 지급되는 비용 중 적어도 월정수당(제3호)은 지방의회 의원의 직무활동에 대한 대가로 지급되는 보수의 일종으로 봄이 상당하다. 따라서 원고가 이 사건 제명의결 취소소송 계속 중 임기가 만료되어 제명의결의 취소로 지방의회 의원으로서의 지위를 회복할 수는 없다 할지라도, 그 취소로 인하여 최소한 제명의결시부터 임기만료일까지의 기간에 대해 월정수당의 지급을 구할 수 있는 등 여전히 그 제명의결의 취소를 구할 법률상 이익은 남아 있다고 보아야 한다(대판 2009.1.30, 2007두13487).
③ 원고의 긴 팔 티셔츠 2개(앞 단추가 3개 있고 칼라가 달린 것, 이 사건 영치품)에 대한 사용신청 불허처분(이 사건 처분) 이후 이루어진 원고의 다른 교도소로의 이송이라는 사정에 의하여 원고의 권리와 이익의 침해 등이 해소되지 아니한 점, 원고의 형기가 만료되기까지는 아직 상당한 기간이 남아 있을 뿐만 아니라, 진주교도소가 전국 교정시설의 결핵 및 정신질환 수형자들을 수용·관리하는 의료교도소인 사정을 감안할 때 원고의 진주교도소로의 재이송 가능성이 소멸하였다고 단정하기 어려운 점 등을 종합하면, 원고로서는 이 사건 처분의 취소를 구할 이익이 있다고 봄이 상당하다(대판 2008.2.14, 2007두13203).
④ 대판 2012.4.13, 2009두5510

정답 ④

108. 협의의 소익에 대한 판례의 입장으로 옳은 것은? 18 지방직9급

① 학교법인 임원취임승인의 취소처분 후 그 임원의 임기가 만료되고 구 「사립학교법」 소정의 임원결격사유기간마저 경과한 경우에 취임승인이 취소된 임원은 취임승인취소처분의 취소를 구할 소의 이익이 없다.
② 배출시설에 대한 설치허가가 취소된 후 그 배출시설이 철거되어 다시 가동할 수 없는 상태라도 그 취소처분이 위법하다는 판결을 받아 손해배상청구소송에서 이를 원용할 수 있다면 배출시설의 소유자는 당해 처분의 취소를 구할 법률상 이익이 있다.
③ 건축물에 대한 사용검사처분이 취소되면 사용검사 전의 상태로 돌아가 건축물을 사용할 수 없게 되므로 구 「주택법」상 입주자나 입주예정자가 사용검사처분의 무효확인 또는 취소를 구할 법률상 이익이 있다.
④ 구 「도시 및 주거환경정비법」상 조합설립추진위원회 구성승인처분을 다투는 소송 계속 중에 조합설립인가처분이 이루어졌다면 조합설립추진위원회 구성승인처분의 취소를 구할 법률상 이익은 없다.

해설 中

① 임시이사 선임처분에 대하여 취소를 구하는 소송의 계속 중 임기만료 등의 사유로 새로운 임시이사들로 교체된 경우, 선행 임시이사 선임처분의 효과가 소멸하였다는 이유로 그 취소를 구할 법률상 이익이 없다고 보게 되면, 원래의 정식이사들로서는 계속 중인 소를 취하하고 후행 임시이사 선임처분을 별개의 소로 다툴 수밖에 없게 되며, 그 별소 진행 도중 다시 임시이사가 교체되면 또 새로운 별소를 제기하여야 하는 등 무익한 처분과 소송이 반복될 가능성이 있으므로, 이러한 경우 법원이 선행 임시이사 선임처분의 취소를 구할 법률상 이익을 긍정하여 그 위법성 내지 하자의 존재를 판결로 명확히 해명하고 확인하여 준다면 위와 같은 구체적인 침해의 반복위험을 방지할 수 있을 뿐 아니라, 후행 임시이사 선임처분의 효력을 다투는 소송에서 기판력에 의하여 최초 내지 선행 임시이사 선임처분의 위법성을 다투지 못하게 함으로써 그 선임처분을 전제로 이루어진 후행 임시이사 선임처분의 효력을 쉽게 배제할 수 있어 국민의 권리구제에 도움이 된다. 그러므로 취임승인이 취소된 학교법인의 정식이사들로서는 그 취임승인취소처분 및 임시이사 선임처분에 대한 각 취소를 구할 법률상 이익이 있고, 나아가 선행 임시이사 선임처분의 취소를 구하는 소송 도중에 선행 임시이사가 후행 임시이사로 교체되었다고 하더라도 여전히 선행 임시이사 선임처분의 취소를 구할 법률상 이익이 있다[대판(전합) 2007.7.19, 2006두19297].
② 소음·진동배출시설에 대한 설치허가가 취소된 후 그 배출시설이 어떠한 경위로든 철거되어 다시 복구 등을 통하여 배출시설을 가동할 수 없는 상태라면 이는 배출시설 설치허가의 대상이 되지 아니하므로 외형상 설치허가취소행위가 잔존하고 있다고 하여도 특단의 사정이 없는 한 이제 와서 굳이 위 처분의 취소를 구할 법률상의 이익이 없다(대판 2002.1.11, 2000두2457).
③ 건축물에 대한 사용검사처분의 무효확인을 받거나 처분이 취소된다고 하더라도 사용검사 전의 상태로 돌아가 건축물을 사용할 수 없게 되는 것에 그칠 뿐 곧바로 건축물의 하자 상태 등이 제거되거나 보완되는 것도 아니다. 그리고 입주자나 입주예정자들은 사용검사처분의 무효확인을 받거나 처분을 취소하지 않고도 민사소송 등을 통하여 분양계약에 따른 법률관계 및 하자 등을 주장·증명함으로써 사업주체 등으로부터 하자의 제거·보완 등에 관한 권리구제를 받을 수 있으므로, 사용검사처분의 무효확인 또는 취소 여부에 의하여 법률적인 지위가 달라진다고 할 수 없으며, 구 「주택공급에 관한 규칙」에서 주택공급계약에 관하여 사용검사와 관련된 규정을 두고 있다고 하더라도 달리 볼 것은 아니다. 오히려 주택에 대한 사용검사처분이 있으면, 그에 따라 입주예정자들이 주택에 입주하여 이를 사용할 수 있게 되므로 일반적으로 입주예정자들에게 이익이 되고, 다수의 입주자들이 사용검사권자의 사용검사처분을 신뢰하여 입주를 마치고 제3자에게 주택을 매매 내지 임대하거나 담보로 제공하는 등

사용검사처분을 기초로 다수의 법률관계가 형성되는데, 일부 입주자나 입주예정자가 사업주체와의 개별적 분쟁 등을 이유로 사용검사처분의 무효확인 또는 취소를 구하게 되면, 처분을 신뢰한 다수의 이익에 반하게 되는 상황이 발생할 수 있다. 위와 같은 사정들을 종합하여 볼 때, 구 주택법상 입주자나 입주예정자는 사용검사처분의 무효확인 또는 취소를 구할 법률상 이익이 없다(대판 2015.1.29, 2013두24976).

④ 조합설립추진위원회(추진위원회) 구성승인처분은 조합의 설립을 위한 주체인 추진위원회의 구성행위를 보충하여 그 효력을 부여하는 처분으로서 조합설립이라는 종국적 목적을 달성하기 위한 중간단계의 처분에 해당하지만, 그 법률요건이나 효과가 조합설립인가처분의 그것과는 다른 독립적인 처분이기 때문에, 추진위원회 구성승인처분에 대한 취소 또는 무효확인 판결의 확정만으로는 이미 조합설립인가를 받은 조합에 의한 정비사업의 진행을 저지할 수 없다. 따라서 추진위원회 구성승인처분을 다투는 소송 계속 중에 조합설립인가처분이 이루어진 경우에는, 추진위원회 구성승인처분에 위법이 존재하여 조합설립인가 신청행위가 무효라는 점 등을 들어 직접 조합설립인가처분을 다툼으로써 정비사업의 진행을 저지하여야 하고, 이와는 별도로 추진위원회 구성승인처분에 대하여 취소 또는 무효확인을 구할 법률상의 이익은 없다고 보아야 한다(대판 2013.1.31, 2011두11112·2011두11129).

정답 ④

109. 항고소송의 소의 이익에 대한 판례로서 가장 옳지 않은 것은? 18 서울시7급

① 처분청이 당초의 운전면허 취소처분을 철회하고 정지처분을 하였다면, 당초의 처분인 운전면허 취소처분은 철회로 인하여 그 효력이 상실되어 더 이상 존재하지 않는 것이고 그 후의 운전면허 정지처분만이 남아 있는 것이라 할 것이며, 존재하지 않는 행정처분을 대상으로 한 취소소송은 소의 이익이 없어 부적법하다.

② 주택건설사업계획 사전결정반려처분 취소청구소송의 계속 중 구 「주택건설촉진법」의 개정으로 주택건설사업계획 사전결정제도가 폐지된 경우 소의 이익이 없다.

③ 지방의회 의원에 대한 제명의결 취소소송 계속 중 의원의 임기가 만료된 사안에서, 제명의결의 취소로 의원의 지위를 회복할 수는 없다 하더라도 제명의결 시부터 임기만료일까지의 기간에 대한 월정수당의 지급을 구할 수 있는 등 여전히 그 제명의결의 취소를 구할 법률상 이익이 있다.

④ 건축허가처분의 취소를 구하는 소를 제기하기 전에 건축공사가 완료된 경우에는 소의 이익이 없으나, 소를 제기한 후 사실심 변론종결일 전에 건축공사가 완료된 경우에는 소의 이익이 있다.

해설 ➤ 中

① 대판 2010.4.29, 2009두16879

② 구 주택건설촉진법은 제32조의4에서 주택건설사업계획의 사전결정제도에 관하여 규정하고 있었으나 위 법률이 1999.2.8. 법률 제5908호로 개정되면서 위 제32조의4가 삭제되었고, 그 부칙 규정에 의하면 개정 후 법은 1999.3.1.부터 시행되며(부칙 제1조), 개정 후 법의 시행 당시 종전의 제32조의4의 규정에 의하여 사전결정을 한 주택건설사업은 종전의 규정에 따라 주택건설사업을 시행할 수 있다고 규정되어 있을 뿐(부칙 제2조), 개정 후 법의 시행 전에 사전결정의 신청이 있었으나 그 시행 당시 아직 사전결정이 되지 않은 경우에도 종전의 규정에 의한다는 취지의 규정을 두지 아니하고 있고, 따라서 개정 전의 법에 기한 주택건설사업계획 사전결정반려처분의 취소를 구하는 소송에서 승소한다고 하더라도 위 반려처분이 취소됨으로써 사전결정신청을 한 상태로 돌아갈 뿐이므로, 개정 후 법이 시행된 1999.3.1. 이후에는 사전결정신청에 기하여 행정청으부터 개정 전 법 제32조의4 소정의 사전결정을 받을 여지가 없게 되었다고 할 것이어서 더 이상 소를 유지할 법률상의 이익이 없게 되었다고 할 것이다(대판 1999.6.11, 97누379).

③ 대판 2009.1.30, 2007두13487

④ 건축허가가 건축법 소정의 이격거리를 두지 아니하고 건축물을 건축하도록 되어 있어 위법하다 하더라도 그 건축허가에 기하여 건축공사가 완료되었다면 그 건축허가를 받은 대지와 접한 대지의 소유자인 원고가 위 건축허가처분의 취소를 받아 이격거리를 확보할 단계는 지났으며 민사소송으로 위 건축물 등의 철거를 구하는 데 있어서도 위 처분의 취소가 필요한 것이 아니므로 원고로서는 위 처분의 취소를 구할 법률상의 이익이 없다(대판 1992.4.24, 91누11131).

정답 ④

110. 취소소송에서 협의의 소의 이익에 대한 설명으로 옳지 않은 것은? (다툼이 있는 경우 판례에 의함)

19 국가직9급

① 현역입영대상자가 현역병입영통지처분에 따라 현실적으로 입영을 한 후에는 처분의 집행이 종료되었고 입영으로 처분의 목적이 달성되어 실효되었으므로 입영통지처분을 다툴 법률상 이익이 인정되지 않는다.
② 가중요건이 법령에 규정되어 있는 경우, 업무정지처분을 받은 후 새로운 제재처분을 받음이 없이 법률이 정한 기간이 경과하여 실제로 가중된 제재처분을 받을 우려가 없어졌다면 특별한 사정이 없는 한 업무정지처분의 취소를 구할 법률상 이익이 인정되지 않는다.
③ 공장등록이 취소된 후 그 공장시설물이 철거되었고 다시 복구를 통하여 공장을 운영할 수 없는 상태라 하더라도 대도시 안의 공장을 지방으로 이전할 경우 조세감면 및 우선입주 등의 혜택이 관계법률에 보장되어 있다면, 공장등록취소처분의 취소를 구할 법률상 이익이 인정된다.
④ 지방의회 의원에 대한 제명의결 취소소송 계속 중 의원의 임기가 만료된 경우에도 여전히 제명의결의 취소를 구할 법률상 이익이 인정된다.

해설 ➤ ㊦

① 현역입영대상자로서는 현실적으로 입영을 하였다고 하더라도, 입영 이후의 법률관계에 영향을 미치고 있는 현역병입영통지처분등을 한 관할지방병무청장을 상대로 위법을 주장하여 그 취소를 구할 소송상의 이익이 있다(대판 2003.12.26, 2003두1875).
② 대판 2000.4.21, 98두10080
③ 피고가 원고들에 대한 공장등록을 취소한 후, 그 공장들이 행정대집행에 의하여 철거되었거나 철거될 예정에 있다 하더라도, 대도시 안의 공장시설을 지방으로 이전할 경우, 조세특례제한법 제62조 및 제63조에 따라 설비투자에 대한 세액공제 및 소득세 등의 감면혜택이 있을 뿐 아니라, 공업배치및공장설립에관한법률 제21조 및 제25조에 따라 간이한 이전절차 및 우선 입주를 할 수 있는 혜택이 부여되어 있으므로, 비록 원고들의 각 공장이 철거되었다 하더라도 이 사건 공장등록취소처분의 취소를 구할 법률상의 이익이 있다(대판 2002.1.11, 2000두3306).
④ 원고가 이 사건 제명의결 취소소송 계속 중 임기가 만료되어 제명의결의 취소로 지방의회 의원으로서의 지위를 회복할 수는 없다 할지라도, 그 취소로 인하여 최소한 제명의결시부터 임기만료일까지의 기간에 대해 월정수당의 지급을 구할 수 있는 등 여전히 그 제명의결의 취소를 구할 법률상 이익은 남아 있다고 보아야 한다(대판 2009.1.30, 2007두13487).

정답 ①

111. 행정소송상 협의의 소익에 대한 설명으로 옳은 것만을 모두 고르면? (다툼이 있는 경우 판례에 의함)

21 지방직9급

ㄱ. 월정수당을 받는 지방의회 의원에 대한 제명의결 취소소송 계속중 의원의 임기가 만료된 경우 지방의회 의원은 그 제명의결의 취소를 구할 법률상 이익이 있다.
ㄴ. 파면처분 취소소송의 사실심 변론종결 전에 금고 이상의 형을 선고받아 당연퇴직된 경우에도 해당 공무원은 파면처분의 취소를 구할 이익이 있다.
ㄷ. 공익근무요원 소집해제신청을 거부한 후에 원고가 계속하여 공익근무요원으로 복무함에 따라 복무기간 만료를 이유로 소집해제처분을 한 경우, 원고는 거부처분의 취소를 구할 소의 이익이 있다.

① ㄱ ② ㄴ
③ ㄱ, ㄴ ④ ㄴ, ㄷ

해설 ➤ ㊥

ㄱ 지방의회 의원에게 지급되는 비용 중 적어도 월정수당(제3호)은 지방의회 의원의 직무활동에 대한 대가로 지급되는 보수의 일종으로 봄이 상당하다. 따라서 원고가 이 사건 제명의결 취소소송 계속 중 임기가 만료되어 제명의결의 취소로 지방의회 의원으로서의 지위를 회복할 수는 없다 할지라도, 그 취소로 인하여 최소한 제명의결시부터 임기만료일까지의 기간에 대해 월정수당의 지급을 구할 수 있는 등 여전히 그 제명의결의 취소를 구할 법률상 이익은 남아 있다고 보아야 한다(대판 2009.1.30, 2007두13487).
ㄴ 파면처분취소소송의 사실심변론종결전에 동원고가 허위공문서등작성 죄로 징역 8월에 2년간 집행유예의 형을 선고받아 확정되었다면 원고는

지방공무원법 제61조의 규정에 따라 위 판결이 확정된 날 당연퇴직되어 그 공무원의 신분을 상실하고, 당연퇴직이나 파면이 퇴직급여에 관한 불이익의 점에 있어 동일하다 하더라도 최소한도 이 사건 파면처분이 있은 때부터 위 법규정에 의한 당연퇴직일자까지의 기간에 있어서는 파면처분의 취소를 구하여 그로 인해 박탈당한 이익의 회복을 구할 소의 이익이 있다 할 것이다(대판 1985.6.25, 85누39).
ㄷ 피고의 이 사건 각 처분으로 인하여 원고가 입게 되는 권리와 이익의 침해는 피고가 소집해제처분을 함으로써 해소되었다 할 것이므로, 원고로서는 이 사건 각 처분의 취소를 구할 소의 이익이 없다고 할 것이고(이는 공익근무요원소집처분에 대하여 위와 같이 집행정지결정이 있었다고 하여 달리 볼 것이 아니다), 설령 원고가 향후 국가를 상대로 이 사건 각 처분이 위법함을 이유로 손해배상청구를 할 예정이라고 하더라도, 그와 같은 사정만으로 소의 이익이 있다고 할 수 없다(대판 2005.5.13, 2004두4369).

정답 ③

112. 항고소송에서 처분과 피고가 옳게 연결된 것은? 15 국가직9급

① 교육·학예에 관한 도의회의 조례 - 도의회
② 지방의회의 지방의회의원에 대한 징계의결 - 지방의회의장
③ 내부위임을 받은 경찰서장의 권한 없는 자동차운전면허정지처분 - 지방경찰청장
④ 중앙노동위원회의 처분 - 중앙노동위원회 위원장

해설 ▸ ㊦

① 도 교육조례에 대한 피고는 '도의회'가 아니라 '교육감'이다. 구 지방교육자치에관한법률 제14조 제5항, 제25조에 의하면 시·도의 교육·학예에 관한 사무의 집행기관은 시·도 교육감이고 시·도 교육감에게 지방교육에 관한 조례안의 공포권이 있다고 규정되어 있으므로, 교육에 관한 조례(교육조례)의 무효확인소송을 제기함에 있어서는 그 집행기관인 시·도 교육감을 피고로 하여야 한다(대판 1996.9.20, 95누8003).
② '지방의회의장'이 아니라 의결명의기관인 '지방의회'이다. 동 사안의 원심인 서울고법 1993.2.18. 선고 92구3672에서도 대전직할시 대덕구의회가 피고이다.
③ 행정처분을 행할 적법한 권한 있는 상급행정청으로부터 내부위임을 받은 데 불과한 하급행정청이 권한 없이 행정처분을 한 경우에도 실제로 그 처분을 행한 하급행정청을 피고로 하여야 할 것이지 그 처분을 행할 적법한 권한 있는 상급행정청을 피고로 할 것이 아니다(대판 1991.2.22, 90누5641). 따라서 사안의 경우 권한기관인 '지방경찰청장'이 아니라 명의기관인 '경찰서장'이 피고가 된다.
④ 중앙노동위원회의 처분에 대한 소는 '중앙노동위원회위원장'을 피고로 하여 처분의 통지를 받은 날부터 15일 이내에 이를 제기하여야 한다(노동위원회법 제27조).

정답 ④

113. 서울지방경찰청장은 운전면허와 관련된 처분권한을 각 경찰서장에게 내부위임하였다. 이에 따라 종로경찰서장은 자신의 명의로 甲에게 운전면허정지처분을 하였다. 甲이 적법한 절차에 따라 운전면허정지처분 취소소송을 제기하고자 한다. 피고 적격자는? (다툼이 있는 경우 판례에 의함) 15 지방직9급

① 서울지방경찰청
② 서울지방경찰청장
③ 종로경찰서
④ 종로경찰서장

해설 ▸ ㊦

④ 행정처분의 취소 또는 무효확인을 구하는 행정소송은 다른 법률에 특별한 규정이 없는 한 그 처분을 행한 행정청을 피고로 하여야 하며, 행정처분을 행할 적법한 권한 있는 상급행정청으로부터 내부위임을 받은 데 불과한 하급행정청이 권한 없이 행정처분을 한 경우에도 실제로 그 처분을 행한 하급행정청을 피고로 하여야 할 것이지 그 처분을 행할 적법한 권한 있는 상급행정청을 피고로 할 것이 아니다(대판 1991.2.22, 90누5641).

정답 ④

114. 행정소송과 그 피고에 대한 연결이 옳은 것만을 모두 고르면? 18 지방직9급

ㄱ. 대통령의 검사임용처분에 대한 취소소송 - 법무부장관
ㄴ. 국토교통부장관으로부터 권한을 내부위임받은 국토교통부차관이 처분을 한 경우에 그에 대한 취소소송 - 국토교통부차관
ㄷ. 헌법재판소장이 소속직원에게 내린 징계처분에 대한 취소소송 - 헌법재판소 사무처장
ㄹ. 환경부장관의 권한을 위임받은 서울특별시장이 내린 처분에 대한 취소소송 - 서울특별시장

① ㄱ, ㄴ
② ㄷ, ㄹ
③ ㄱ, ㄷ, ㄹ
④ ㄱ, ㄴ, ㄷ, ㄹ

해설 ㊦

ㄱ 대통령이 처분청인 경우에는 법률의 규정에 의해 각각 소속장관(법무부장관이나 국무총리가 아님)이 피고가 된다(국가공무원법 제16조 제2항). 검사임용과 관련된 소속장관은 법무부장관이다.
ㄴ 대리나 내부위임의 경우에는 권한이 이전되는 것이 아니기 때문에 피대리기관이나 위임기관이 피고가 된다. 따라서 대리관청, 내부위임을 받은 자 등은 원칙적으로 피고가 될 수 없다. 따라서 사안의 경우 위임기관인 국토교통부장관이 피고가 된다.
ㄷ 헌법재판소장이 처분청인 경우에는 사무처장(재판관이 아님)(헌법재판소법 제17조 제5항)으로 한다.
ㄹ 행정권한의 위임이나 위탁이 있는 경우에는 법적 권한이 수임청 또는 수탁청에게 이전되기 때문에 수임청 또는 수탁청이 피고가 된다. 따라서 사안의 경우 수임기관인 서울특별시장이 피고가 된다.

정답 ③

115. 「행정소송법」상 피고 및 피고의 경정에 대한 설명으로 옳은 것은? (다툼이 있는 경우 판례에 의함) 20 국가직9급

① 취소소송에서 원고가 처분청 아닌 행정관청을 피고로 잘못 지정한 경우, 법원은 석명권의 행사 없이 소송요건의 불비를 이유로 소를 각하할 수 있다.
② 소의 종류의 변경에 따른 피고의 변경은 교환적 변경에 한한다고 봄이 상당하므로 예비적 청구만이 있는 피고의 추가경정신청은 예외적 규정이 있는 경우를 제외하고는 원칙적으로 허용되지 않는다.
③ 상급행정청의 지시에 의해 하급행정청이 자신의 명의로 처분을 하였다면, 당해 처분에 대한 취소소송에서는 지시를 내린 상급행정청이 피고가 된다.
④ 취소소송에서 피고가 될 수 있는 행정청에는 대외적으로 의사를 표시할 수 있는 기관이 아니더라도 국가나 공공단체의 의사를 실질적으로 결정하는 기관이 포함된다.

해설 ㊦

① 행정소송법상 항고소송에서 원고가 피고를 잘못 지정한 때에는 법원은 원고의 신청에 의하여 결정으로써 피고의 경정을 허가할 수 있는 것이므로, 원고가 피고를 잘못 지정한 것으로 보이는 경우 법원으로서는 마땅히 석명권을 행사하여 원고로 하여금 정당한 피고로 경정하게 하여 소송을 진행케 하여야 할 것이지, 그러한 조치를 취하지 아니한 채 피고의 지정이 잘못되었다는 이유로 곧바로 소를 각하할 것은 아니지만, 법원이 피고적격 여부에 관하여 석명권을 행사하여 당사자에게 의견을 진술할 기회를 부여하였음에도 원고가 정당한 피고로의 경정신청을 하지 않은 경우에 법원이 피고의 지정이 잘못되었다는 이유로 소를 각하하였다고 하여 이를 위법하다고 할 수 없다(대판 2011.1.13, 2009두20755).
② 대결 1989.10.27, 89두1
③ 항고소송은 원칙적으로 소송의 대상인 행정처분등을 외부적으로 그의 명의로 행한 행정청을 피고로 하여야 하는 것으로서, 그 행정처분을 하게 된 연유가 상급행정청이나 타 행정청의 지시나 통보에 의한 것이라 하여 다르지 않으며, 권한의 위임이나 위탁을 받아 수임행정청이 정당한 권한에 기하여 수임행정청 명의로 한 처분에 대하여는 말할 것도 없고, 내부위임이나 대리권을 수여받은 데 불과하여 원행정청 명의나 대리관계를 밝히지 아니하고는 그의 명의로 처분등을 할 권한이 없는 행정청이 권한 없이 그의 명의로 한 처분에 대하여도 처분명의자인 행정청이 피고가 되어야 한다(대판 1994.6.14, 94누1197).
④ 취소소송은 다른 법률에 특별한 규정이 없는 한 그 처분 등을 행한 행정청을 피고로 한다(행정소송법 제13조 제1항). 여기서 '행정청'이라 함은 국가 또는 공공단체의 기관으로서 국가나 공공단체의 의견을 결정하여 외부에 표시할 수 있는 권한, 즉 처분 권한을 가진 기관을 말한다(대판 2019.4.3, 2017두52764).

정답 ②

116. 「행정소송법」상 행정청의 소송참가에 대한 설명으로 옳지 않은 것은? 18 국가직7급

① 법원은 다른 행정청을 취소소송에 참가시킬 필요가 있다고 인정할 때에는 당사자 또는 당해 행정청의 신청 또는 직권에 의하여 결정으로써 그 행정청을 소송에 참가시킬 수 있다.
② 행정청의 소송참가는 당사자소송에서도 허용된다.
③ 소송참가할 수 있는 행정청이 자기에게 책임없는 사유로 소송에 참가하지 못함으로써 판결의 결과에 영향을 미칠 공격방어방법을 제출하지 못한 때에는 이를 이유로 확정된 종국판결에 대하여 재심을 청구할 수 있다.
④ 행정청의 소송참가는 처분의 효력 유무가 민사소송의 선결문제가 되어 당해 민사소송의 수소법원이 이를 심리 · 판단하는 경우에도 허용된다.

해설 ➤ ㊦

① 행정소송법 제17조 제1항
② 행정소송법 제44조 제1항
③ 처분등을 취소하는 판결에 의하여 권리 또는 이익의 침해를 받은 제3자는 자기에게 책임 없는 사유로 소송에 참가하지 못함으로써 판결의 결과에 영향을 미칠 공격 또는 방어방법을 제출하지 못한 때에는 이를 이유로 확정된 종국판결에 대하여 재심의 청구를 할 수 있다(행정소송법 제31조 제1항). 즉, 재심청구의 원고는 취소소송의 확정판결에 의해 '권리 또는 이익의 침해를 받은 제3자'이고(제31조), 재심피고는 확정판결상의 원·피고가 공동피고이다. 따라서 행정청은 재심 청구의 당사자가 될 수 없다.
④ 처분등의 효력 유무 또는 존재 여부가 민사소송의 선결문제로 되어 당해 민사소송의 수소법원이 이를 심리·판단하는 경우에는 제17조(행정청의 소송참가), 제25조(행정심판기록의 제출명령), 제26조(직권심리) 및 제33조(소송비용에 관한 재판의 효력)의 규정을 준용한다(행정소송법 제11조 제1항).

정답 ③

117. 항고소송의 대상이 되는 행정처분으로 인정되는 것만을 모두 고른 것은? (다툼이 있는 경우 판례에 의함)

15 지방직9급

ㄱ. 「산업재해보상보험법」상 장해보상금 결정의 기준이 되는 장애등급결정
ㄴ. 한국마사회의 기수에 대한 징계처분
ㄷ. 지적 소관청의 토지분할신청 거부행위
ㄹ. 「하수도법」상 하수도정비기본계획
ㅁ. 건축계획심의신청에 대한 반려처분
ㅂ. 진실·화해를 위한 과거사정리위원회의 진실규명결정
ㅅ. 어업권면허에 선행하는 우선순위결정

① ㄱ, ㄴ, ㄷ, ㄹ　　② ㄱ, ㄷ, ㅁ, ㅂ
③ ㄴ, ㄹ, ㅁ, ㅅ　　④ ㄷ, ㅁ, ㅂ, ㅅ

해설 ➤ ㊤

ㄱ 법에서 정한 보험급여는 피고가 그 지급결정을 함으로써 그 구체적인 권리가 발생하므로, 피고의 보험급여에 관한 결정은 국민의 권리에 직접 영향을 미치는 것이어서 행정처분에 해당하고, 피고의 보험급여결정에 불복하는 자는 피고의 보험급여결정을 대상으로 항고소송을 제기하는 등으로 구체적 권리를 인정받아야 하는 것이지, 구체적인 권리가 발생하지 않은 상태에서 피고를 상대로 보험급여의 지급을 구하는 소송을 바로 제기하는 것은 허용되지 않는다(대판 2010.2.25, 2009다98447).
ㄴ 한국마사회가 조교사 또는 기수의 면허를 부여하거나 취소하는 것은 경마를 독점적으로 개최할 수 있는 지위에서 우수한 능력을 갖추었다고 인정되는 사람에게 경마에서의 일정한 기능과 역할을 수행할 수 있는 자격을 부여하거나 이를 박탈하는 것에 지나지 아니하므로, 이는 국가 기타 행정기관으로부터 위탁받은 행정권한의 행사가 아니라 일반 사법상의 법률관계에서 이루어지는 단체 내부에서의 징계 내지 제재처분이다(대판 2008.1.31, 2005두8269).
ㄷ 1필지의 일부가 소유자가 다르게 된 때에도 그 소유권을 등기부에 표창하지 못하고 나아가 처분도 할 수 없게 되어 권리행사에 지장을 초래하게 되는 점 등을 고려한다면, 지적소관청의 이러한 토지분할신청의 거부행위는 국민의 권리관계에 영향을 미치는 것으로서 항고소송의 대상이

되는 처분으로 보아야 할 것이다(대판 1992.12.8, 92누7542).
ㄹ 구 하수도법 제5조의2에 의하여 기존의 하수도정비기본계획을 변경하여 광역하수종말처리시설을 설치하는 등의 내용으로 수립한 하수도정비기본계획은 항고소송의 대상이 되는 행정처분에 해당하지 아니한다(대판 2002.5.17, 2001두10578).
ㅁ 나아가 위와 같은 사정에 건축허가를 신청하려는 사람이 직접 건축위원회의 심의를 신청할 수 있음을 전제하고 있는 건축법 부칙의 규정과 건축허가를 신청하려는 사람으로 하여금 건축허가 신청 이전에 먼저 건축위원회의 심의를 신청하도록 규정하고 있는 일부 지방자치단체의 조례 등을 더하여 보면, 법규상 내지 조리상으로 원고에게 건축계획심의를 신청할 권리도 있다고 할 것이므로, 건축계획심의신청에 대한 반려처분은 항고소송의 대상이 된다 할 것이다(대판 2007.10.11, 2007두1316).
ㅂ 법이 규정하는 진실규명결정은 국민의 권리의무에 직접적으로 영향을 미치는 행위로서 항고소송의 대상이 되는 행정처분이라고 보는 것이 타당하다(대판 2013.1.16, 2010두22856).
ㅅ 어업권면허에 선행하는 우선순위결정은 행정청이 우선권자로 결정된 자의 신청이 있으면 어업권면허처분을 하겠다는 것을 약속하는 행위로서 강학상 확약에 불과하고 행정처분은 아니므로, 우선순위결정에 공정력이나 불가쟁력과 같은 효력은 인정되지 아니하며, 따라서 우선순위결정이 잘못되었다는 이유로 종전의 어업권면허처분(특허)이 취소되면 행정청은 종전의 우선순위결정을 무시하고 다시 우선순위를 결정한 다음, 새로운 우선순위결정에 기하여 새로운 어업권면허를 할 수 있다(대판 1995.1.20, 94누6529).

정답 ②

118. 다음 중 항고소송의 대상적격에 대한 판례의 설명으로 옳은 것은? 15 국회직8급

① 법률에 의하여 당연퇴직된 공무원의 복직 또는 재임용신청에 대한 행정청의 거부행위는 항고소송의 대상이 되는 행정처분에 해당한다.
② 한국마사회가 조교사 또는 기수의 면허를 부여하거나 취소하는 것은 국가 기타 행정기관으로부터 위탁받은 행정권한의 행사에 해당하므로 처분성이 인정된다.
③ 행정청이 금전부과처분을 한 후 감액처분을 한 경우에는 감액처분이 항고소송의 대상이 된다.
④ 「남녀차별금지 및 구제에 관한 법률」에 의한 국가인권위원회의 성희롱결정과 이에 따른 시정조치의 권고는 처분성이 인정되지 않는다.
⑤ 과세관청이 사업자등록을 관리하는 과정에서 위장사업자의 사업자명의를 직권으로 실사업자의 명의로 정정하는 행위는 항고소송의 대상이 되는 행정처분이 아니다.

해설 中

① 과거에 법률에 의하여 당연퇴직된 공무원이 자신을 복직 또는 재임용시켜 줄 것을 요구하는 신청에 대하여 그와 같은 조치가 불가능하다는 행정청의 거부행위는 당연퇴직의 효과가 계속하여 존재한다는 것을 알려주는 일종의 안내에 불과하므로 원고의 실체상의 권리관계에 직접적인 변동을 일으키는 것으로 볼 수 없고, 당연퇴직의 근거 법률이 헌법재판소의 위헌결정으로 효력을 잃게 되었다고 하더라도 당연퇴직된 이후 헌법소원 등의 청구기간이 도과한 경우에는 당연퇴직의 내용과 상반되는 처분을 요구할 수 있는 조리상의 신청권을 인정할 수도 없다고 할 것이어서, 이와 같은 경우 행정청의 복직 또는 재임용거부행위는 항고소송의 대상이 되는 행정처분에 해당한다고 할 수 없으므로 그 취소를 구하는 소는 부적법하다고 할 것이다(대판 2006.3.10, 2005두562).
② 한국마사회가 조교사 또는 기수의 면허를 부여하거나 취소하는 것은 경마를 독점적으로 개최할 수 있는 지위에서 우수한 능력을 갖추었다고 인정되는 사람에게 경마에서의 일정한 기능과 역할을 수행할 수 있는 자격을 부여하거나 이를 박탈하는 것에 지나지 아니하므로, 이는 국가 기타 행정기관으로부터 위탁받은 행정권한의 행사가 아니라 일반 사법상의 법률관계에서 이루어지는 단체 내부에서의 징계 내지 제재처분이다(대판 2008.1.31, 2005두8269).
③ 감액처분으로도 아직 취소되지 않고 남아 있는 부분이 위법하다고 하여 다투는 경우 항고소송의 대상은 처음의 부과처분 중 감액처분에 의하여 취소되지 않고 남은 부분이고 감액처분이 항고소송의 대상이 되는 것은 아니다(대판 2008.2.15, 2006두3957).
④ 구 「남녀차별금지 및 구제에 관한 법률」 제28조에 의하면, 국가인권위원회의 성희롱결정과 이에 따른 시정조치의 권고는 불가분의 일체로 행하여지는 것인데 국가인권위원회의 이러한 결정과 시정조치의 권고는 성희롱 행위자로 결정된 자의 인격권에 영향을 미침과 동시에 공공기관의 장 또는 사용자에게 일정한 법률상의 의무(남녀차별행위의 중지, 원상회복·손해배상 기타 필요한 구제조치, 재발방지를 위한 교육 및 대책수립 등을 위한 조치, 일간신문의 광고란을 통한 공표 등의 의무)를 부담시키는 것이므로 국가인권위원회의 성희롱결정 및 시정조치권고는 행정소송의 대상이 되는 행정처분에 해당한다고 보지 않을 수 없다(대판 2005.7.8, 2005두487).
⑤ 과세관청이 사업자등록을 관리하는 과정에서 위장사업자의 사업자명의를 직권으로 실사업자의 명의로 정정하는 행위 또한 당해 사업사실 중 주체에 관한 정정기재일 뿐 그에 의하여 사업자로서의 지위에 변동을 가져오는 것이 아니므로 항고소송의 대상이 되는 행정처분으로 볼 수 없다고 할 것이다(대판 2011.1.27, 2008두2200).

정답 ⑤

119. **항고소송의 대상이 되는 행정처분에 대한 판례의 입장으로 옳지 않은 것은?** 16 국가직9급

① 교도소장이 특정 수형자를 '접견내용 녹음·녹화 및 접견 시 교도관 참여대상자'로 지정한 행위는 수형자의 구체적 권리의무에 직접적 변동을 가져오는 행위로서 항고소송의 대상이 되는 행정처분에 해당한다.
② 토지대장의 기재는 토지소유권을 제대로 행사하기 위한 전제요건으로서 토지소유자의 실체적 권리관계에 밀접하게 관련되어 있으므로 토지대장상의 소유자명의변경신청을 거부한 행위는 국민의 권리관계에 영향을 미치는 것이어서 항고소송의 대상이 되는 행정처분에 해당한다.
③ 금융감독원장으로부터 문책경고를 받은 금융기관의 임원이 일정기간 금융업종 임원선임의 자격제한을 받도록 관계법령에 규정되어 있는 경우, 금융기관 임원에 대한 문책경고는 상대방의 권리의무에 직접 영향을 미치는 행위이므로 행정처분에 해당한다.
④ 「국가공무원법」상 당연퇴직의 인사발령은 법률상 당연히 발생하는 퇴직사유를 공적으로 확인하여 알려주는 이른바 관념의 통지에 불과하므로 행정소송의 대상이 되는 독립한 행정처분이라고 할 수 없다.

해설 ➤ 中

① 대판 2014.2.13, 2013두20899
② 토지대장에 기재된 일정한 사항을 변경하는 행위는, 그것이 지목의 변경이나 정정 등과 같이 토지소유권 행사의 전제요건으로서 토지소유자의 실체적 권리관계에 영향을 미치는 사항에 관한 것이 아닌 한 행정사무집행의 편의와 사실증명의 자료로 삼기 위한 것일 뿐이어서, 그 소유자명의가 변경된다고 하여도 이로 인하여 당해 토지에 대한 실체상의 권리관계에 변동을 가져올 수 없고 토지 소유권이 지적공부의 기재만에 의하여 증명되는 것도 아니다. 따라서 소관청이 토지대장상의 소유자명의변경신청을 거부한 행위는 이를 항고소송의 대상이 되는 행정처분이라고 할 수 없다(대판 2012.1.12, 2010두12354).
③ 대판 2005.2.17, 2003두14765
④ 대판 1995.11.14, 95누2036

정답 ②

120. **항고소송의 대상이 되는 처분에 대한 대법원 판례의 입장으로 옳지 않은 것은?** 16 국회직8급

① 조례가 집행행위의 개입 없이도 그 자체로써 국민의 구체적인 권리·의무나 법적 이익에 영향을 미치는 등 법률상 효과를 발생시키는 경우 그 조례는 항고소송의 대상이 되는 처분이다.
② 내부행위나 중간처분이라도 그로써 실질적으로 국민의 권리가 제한되거나 의무가 부과되면 항고소송의 대상이 되는 처분이다. 따라서 개별공시지가결정은 처분이다.
③ 상표권의 말소등록이 이루어져도 법령에 따라 회복등록이 가능하고 회복신청이 거부된 경우에는 그에 대한 항고소송이 가능하므로 상표권의 말소등록행위 자체는 항고소송의 대상이 될 수 없다.
④ 국·공립대학교원 임용지원자가 임용권자로부터 임용거부를 당하였다면 이는 거부처분으로서 항고소송의 대상이 된다.
⑤ 어업면허에 선행하는 우선순위결정은 최종적인 법적 효과를 가져오는 것이 아니므로 처분이 아니지만 어업면허우선순위결정 대상탈락자 결정은 최종적인 법적 효과를 가져오므로 처분이다.

해설 ➤ 中

① 대판 1996.9.20, 95누8003
② 시장·군수 또는 구청장의 개별토지가격결정은 관계법령에 의한 토지초과이득세, 택지초과소유부담금 또는 개발부담금 산정의 기준이 되어 국민의 권리나 의무 또는 법률상 이익에 직접적으로 관계되는 것으로서 행정소송법 제2조 제1항 제1호 소정의 행정청이 행하는 구체적 사실에 관한 법집행으로서의 공권력행사이므로 항고소송의 대상이 되는 행정처분에 해당한다(대판 1994.2.8, 93누111).
③ 대판 2015.10.29, 2014두2362
④ 원고로서는 피고에게 자신의 임용을 요구할 권리가 없을 뿐 아니라 단순한 임용지원자에 불과하여 임용에 관한 법률상 이익을 가진다고도 볼 수 없어, 임용 여부에 대한 응답을 신청할 법규상 또는 조리상 권리도 없다고 할 것이므로 이 사건 통보는 항고소송의 대상이 되는 행정처분에 해당하지 아니한다(대판 2003.10.23, 2002두12489).
⑤ 판례는 어업면허우선순위결정의 처분성을 부인하고 있다. 어업면허우선순위결정 대상탈락자 결정에 관한 판례는 없지만, 이론적으로 우선순위결정대상자에서 탈락하면 어업면허를 받을 가능성이 종국적으로 상실되기 때문에 권리의무에 직접적 변동을 초래하는 처분이라고 할 수 있다.

어업권면허에 선행하는 우선순위결정은 행정청이 우선권자로 결정된 자의 신청이 있으면 어업권면허처분을 하겠다는 것을 약속하는 행위로서 강학상 확약에 불과하고 행정처분은 아니므로, 우선순위결정에 공정력이나 불가쟁력과 같은 효력은 인정되지 아니하며, 따라서 우선순위결정이 잘못되었다는 이유로 종전의 어업권면허처분(특허)이 취소되면 행정청은 종전의 우선순위결정을 무시하고 다시 우선순위를 결정한 다음, 새로운 우선순위결정에 기하여 새로운 어업권면허를 할 수 있다(대판 1995.1.20, 94누6529).

정답 ④

121. 항고소송의 대상인 행정처분에 대한 설명으로 옳지 않은 것은? (다툼이 있는 경우 판례에 의함) 17 지방직9급

① 중소기업기술정보진흥원장이 갑 주식회사와 체결한 중소기업 정보화지원사업 지원대상인 사업의 지원협약을 갑의 책임 있는 사유로 해지하고 협약에서 정한 대로 지급받은 정부지원금을 반환할 것을 통보한 경우, 협약의 해지 및 그에 따른 환수통보는 행정청이 우월한 지위에서 행하는 공권력의 행사로서 행정처분에 해당한다.

② 재단법인 한국연구재단이 갑 대학교 총장에게 연구개발비의 부당집행을 이유로 두뇌한국(BK)21 사업협약을 해지하고 연구팀장 을에 대한 대학 자체징계를 요구한 것은 항고소송의 대상인 행정처분에 해당하지 않는다.

③ 지방자치단체 등이 건축물을 건축하기 위해 건축물 소재지 관할 허가권자인 지방자치단체의 장과 건축협의를 하였는데 허가권자인 지방자치단체의 장이 그 협의를 취소한 경우, 건축협의 취소는 항고소송의 대상인 행정처분에 해당한다.

④ 갑 시장이 감사원으로부터 소속 공무원 을에 대하여 징계의 종류를 정직으로 정한 징계 요구를 받게 되자 감사원에 징계 요구에 대한 재심의를 청구하였고 감사원이 재심의청구를 기각한 경우, 감사원의 징계 요구와 재심의결정은 항고소송의 대상이 되는 행정처분에 해당하지 않는다.

해설 中

① 협약의 해지 및 그에 따른 환수통보는 공법상 계약에 따라 행정청이 대등한 당사자의 지위에서 하는 의사표시로 보아야 하고, 이를 행정청이 우월한 지위에서 행하는 공권력의 행사로서 행정처분에 해당한다고 볼 수는 없다고 한 사례(대판 2015.8.27, 2015두41449)

② 재단법인 한국연구재단이 甲 대학교 총장에게 乙에 대한 대학 자체징계를 요구한 것은 법률상 구속력이 없는 권유 또는 사실상의 통지로서 乙의 권리, 의무 등 법률상 지위에 직접적인 법률적 변동을 일으키지 않는 행위에 해당하므로, 항고소송의 대상인 행정처분에 해당하지 않는다(대판 2014.12.11, 2012두28704).

③ 건축협의 취소는 상대방이 다른 지방자치단체 등 행정주체라 하더라도 '행정청이 행하는 구체적 사실에 관한 법집행으로서의 공권력 행사'(행정소송법 제2조 제1항 제1호)로서 처분에 해당한다고 볼 수 있고, 지방자치단체인 원고가 이를 다툴 실효적 해결 수단이 없는 이상, 원고는 건축물 소재지 관할 허가권자인 지방자치단체의 장을 상대로 항고소송을 통해 건축협의 취소의 취소를 구할 수 있다(대판 2014.2.27, 2012두22980).

④ 징계 요구는 징계 요구를 받은 기관의 장이 요구받은 내용대로 처분하지 않더라도 불이익을 받는 규정도 없고, 징계 요구 내용대로 효과가 발생하는 것도 아니며, 징계 요구에 의하여 행정청이 일정한 행정처분을 하였을 때 비로소 이해관계인의 권리관계에 영향을 미칠 뿐, 징계 요구 자체만으로는 징계 요구 대상 공무원의 권리·의무에 직접적인 변동을 초래하지도 아니하므로, 행정청 사이의 내부적인 의사결정의 경로로서 '징계 요구, 징계 절차 회부, 징계'로 이어지는 과정에서의 중간처분에 불과하여, 감사원의 징계 요구와 재심의결정이 항고소송의 대상이 되는 행정처분이라고 할 수 없고, 감사원법 제40조 제2항을 갑 시장에게 감사원을 상대로 한 기관소송을 허용하는 규정으로 볼 수는 없고 그 밖에 행정소송법을 비롯한 어떠한 법률에도 갑 시장에게 '감사원의 재심의 판결'에 대하여 기관소송을 허용하는 규정을 두고 있지 않으므로, 갑 시장이 제기한 소송이 기관소송으로서 감사원법 제40조 제2항에 따라 허용된다고 볼 수 없다고 한 사례(대판 2016.12.27, 2014두5637)

정답 ①

122. 처분에 대한 판례의 입장으로 옳지 않은 것은? 17 지방직9급

① 행정재산의 무단점유자에 대한 변상금부과행위는 처분이나, 대부한 일반재산에 대한 사용료부과고지행위는 처분이 아니다.
② 제1차 계고처분 이후 고지된 제2차, 제3차의 계고처분은 처분이 아니나, 거부처분이 있은 후 동일한 내용의 신청에 대하여 다시 거절의 의사표시를 한 경우에는 새로운 처분으로 본다.
③ 행정행위의 부관 중 조건이나 기한은 독립하여 행정소송의 대상이 될 수 없으나, 부담은 독립하여 행정소송의 대상이 될 수 있다.
④ 병역처분의 자료로 군의관이 하는 「병역법」상의 신체등급판정은 처분이나, 「산업재해보상보험법」상 장해보상금결정의 기준이 되는 장해등급결정은 처분이 아니다.

해설 ➤ 中

① 국유재산의 관리청이 그 무단점유자에 대하여 하는 변상금부과처분은 순전히 사경제주체로서 행하는 사법상의 법률행위라 할 수 없고, 이는 관리청이 공권력을 가진 우월적 지위에서 행한 것으로서 행정소송의 대상이 되는 행정처분이라고 보아야 한다(대판 1988.2.23, 87누1046.1047).
잡종재산인 국유림에 관한 대부료의 납입고지 역시 사법상의 이행청구에 해당한다고 할 것이어서 행정소송의 대상으로 되지 아니한다(대판 1993.12.21, 93누13735).
② 행정대집행법상의 철거의무는 제1차 철거명령 및 계고처분으로써 발생하였다고 할 것이고, 제3차 철거명령 및 대집행계고는 새로운 철거의무를 부과하는 것이라고는 볼 수 없으며, 단지 종전의 계고처분에 의한 건물철거를 독촉하거나 그 대집행기한을 연기한다는 통지에 불과하므로 취소소송의 대상이 되는 독립한 행정처분이라고 할 수 없다(대판 1994.10.28, 94누5144).
거부처분은 관할행정청이 국민의 처분신청에 대하여 거절의 의사표시를 함으로써 성립되고, 그 이후 동일한 내용의 새로운 신청에 대하여 다시 거절의 의사표시를 한 경우에는 새로운 거부처분이 있는 것으로 보아야 할 것이다(대판 2002.3.29, 2000두6084).
③ 부담의 경우에는 다른 부관과는 달리 행정행위의 불가분적인 요소가 아니고 그 존속이 본체인 행정행위의 존재를 전제로 하는 것일 뿐이므로 부담 그 자체로서 행정쟁송의 대상이 될 수 있다(대판 1992.1.21, 91누1264).
④ 병역법상 신체등위판정은 행정청이라고 볼 수 없는 군의관이 하도록 되어 있으며, 그 자체만으로 바로 병역법상의 권리의무가 정하여지는 것이 아니라 그에 따라 지방병무청장이 병역처분을 함으로써 비로소 병역의무의 종류가 정하여지는 것이므로 항고소송의 대상이 되는 행정처분이라 보기 어렵다(대판 1993.8.27, 93누3356).

정답 ④

123. 항고소송의 대상이 되는 처분에 해당하는 사실행위만을 모두 고른 것은? (다툼이 있는 경우 판례에 의함) 17 지방직9급

ㄱ. 수형자의 서신을 교도소장이 검열하는 행위
ㄴ. 구청장이 사회복지법인에 특별감사 결과 지적사항에 대한 시정지시와 그 결과를 관계서류와 함께 보고하도록 지시한 경우, 그 시정지시
ㄷ. 구 「공원법」에 의해 건설부장관이 행한 국립공원지정처분에 따라 공원관리청이 행한 경계측량 및 표지의 설치

① ㄱ ② ㄱ, ㄴ
③ ㄴ, ㄷ ④ ㄱ, ㄴ, ㄷ

해설 ➤ 中

ㄱ 수형자의 서신을 교도소장이 검열하는 행위는 이른바 권력적 사실행위로서 행정심판이나 행정소송의 대상이 되는 행정처분으로 볼 수 있으나, 위 검열행위가 이미 완료되어 행정심판이나 행정소송을 제기하더라도 소의 이익이 부정될 수 밖에 없으므로 헌법소원심판을 청구하는 외에 다른 효과적인 구제방법이 있다고 보기 어렵기 때문에 보충성의 원칙에 대한 예외에 해당한다(헌재결 1998.8.27, 96헌마398).
ㄴ 피고는 원고에 대하여 위 시정지시와 아울러 그 조치 결과를 관련서류를 첨부하여 보고하도록 명령함으로써 위 시정지시의 조치결과가 구 사회복지사업법 제51조 제1항에 근거한 보고명령 및 관련서류 제출명령에 포함되어 있으므로, 이와 같은 경우 원고로서는 위 시정지시에 따른 시

정조치가 선행되지 않는 이상 피고의 위 보고명령 및 관련서류 제출명령을 이행하기 어렵다고 할 것이다. 그러므로 원고로서는 위 보고명령 및 관련서류 제출명령을 이행하기 위하여 위 시정지시에 따른 시정조치의 이행이 사실상 강제되어 있다고 할 것이고, 만일 피고의 위 명령을 이행하지 않는 경우 시정명령을 받거나 법인설립허가가 취소될 수 있고, 자신이 운영하는 사회복지시설에 대한 개선 또는 사업정지 명령을 받거나 그 시설의 장의 교체 또는 시설의 폐쇄와 같은 불이익을 받을 위험이 있으며, 원심이 유지한 제1심의 인정 사실에 의하더라도 피고는, 원고가 위 시정지시를 이행하지 아니하였음을 이유로 서울특별시장에게 원고에 대한 시정명령 등의 조치를 취해달라고 요청한 바 있으므로, 이와 같은 사정에 비추어 보면, 위 시정지시는 단순한 권고적 효력만을 가지는 비권력적 사실행위에 불과하다고 볼 수는 없고, 원고에 대하여 의무의 부담을 명하거나 기타 법률상 효과를 발생하게 하는 것으로서 항고소송의 대상이 되는 행정처분에 해당한다고 해석함이 상당하다고 할 것이다(대판 2008.4.24, 2008두3500).

ㄷ 건설부장관이 행한 국립공원지정처분은 그 결정 및 첨부된 도면의 공고로써 그 경계가 확정되는 것이고, 시장이 행한 경계측량 및 표지의 설치 등은 공원관리청이 공원구역의 효율적인 보호, 관리를 위하여 이미 확정된 경계를 인식, 파악하는 사실상의 행위로 봄이 상당하며, 위와 같은 사실상의 행위를 가리켜 공권력행사로서의 행정처분의 일부라고 볼 수 없고, 이로 인하여 건설부장관이 행한 공원지정처분이나 그 경계에 변동을 가져온다고 할 수 없다(대판 1992.10.13, 92누2325).

정답 ②

124. 항고소송의 대상이 되는 처분에 대한 설명으로 옳은 것을 〈보기〉에서 모두 고르면? (다툼이 있는 경우 판례에 의함) 17 국회직8급

〈보 기〉

ㄱ. 조례가 집행행위의 개입이 없이도 그 자체로서 직접 국민의 구체적인 권리의무나 법적 이익에 영향을 미치는 등의 법률상 효과를 발생하는 경우 그 조례는 항고소송의 대상이 되는 행정처분에 해당한다.

ㄴ. 공정거래위원회의 표준약관 사용권장행위는 비록 그 통지를 받은 해당 사업자 등에게 표준약관을 사용할 경우 표준약관과 다르게 정한 주요내용을 고객이 알기 쉽게 표시하여야 할 의무를 부과하고 그 불이행에 대해서는 과태료에 처하도록 되어 있으나, 이는 어디까지나 구속력이 없는 행정지도에 불과하므로 행정처분에 해당되지 아니한다.

ㄷ. 국가인권위원회의 각하 및 기각결정은 항고소송의 대상이 되는 처분에 해당하지 아니하므로 헌법소원의 보충성 요건을 충족하여 헌법소원의 대상이 된다.

ㄹ. 지방 계약직 공무원의 보수삭감행위는 대등한 당사자 간의 계약관계와 관련된 것이므로 처분성은 인정되지 아니하며, 공법상 당사자소송의 대상이 된다.

ㅁ. 3월의 영업정지처분을 2월의 영업정지처분에 갈음하는 과징금부과처분으로 변경하는 재결의 경우 취소소송의 대상이 되는 것은 변경된 내용의 당초처분이지 변경처분은 아니다.

① ㄱ, ㅁ
② ㄷ, ㄹ
③ ㄱ, ㄹ, ㅁ
④ ㄱ, ㄴ, ㄷ, ㄹ
⑤ ㄱ, ㄴ, ㄷ, ㅁ

해설 ㊤

ㄱ 조례가 집행행위의 개입 없이도 그 자체로서 직접 국민의 구체적인 권리의무나 법적 이익에 영향을 미치는 등의 법률상 효과를 발생하는 경우 그 조례는 항고소송의 대상이 되는 행정처분에 해당하고, 이러한 조례에 대한 무효확인소송을 제기함에 있어서 행정소송법 제38조 제1항, 제13조에 의하여 피고적격이 있는 처분등을 행한 행정청은, 행정주체인 지방자치단체 또는 지방자치단체의 내부적 의결기관으로서 지방자치단체의 의사를 외부에 표시할 권한이 없는 지방의회가 아니라, 구 지방자치법 제19조 제2항, 제92조에 의하여 지방자치단체의 집행기관으로서 조례로서의 효력을 발생시키는 공포권이 있는 지방자치단체의 장이다(대판 1996.9.20, 95누8003).

ㄴ 공정거래위원회의 '표준약관 사용권장행위'는 그 통지를 받은 해당 사업자 등에게 표준약관과 다른 약관을 사용할 경우 표준약관과 다르게 정한 주요내용을 고객이 알기 쉽게 표시하여야 할 의무를 부과하고, 그 불이행에 대해서는 과태료에 처하도록 되어 있으므로, 이는 사업자 등의 권리·의무에 직접 영향을 미치는 행정처분으로서 항고소송의 대상이 된다(대판 2010.10.14, 2008두23184).

ㄷ 국가인권위원회는 법률상의 독립된 국가기관이고, 피해자인 진정인에게는 국가인권위원회법이 정하고 있는 구제조치를 신청할 법률상 신청권이 있는데 국가인권위원회가 진정을 각하 및 기각결정을 할 경우 피해자인 진정인으로서는 자신의 인격권 등을 침해하는 인권침해 또는 차별행위 등이 시정되고 그에 따른 구제조치를 받을 권리를 박탈당하게 되므로, 진정에 대한 국가인권위원회의 각하 및 기각결정은 피해자인 진정인의 권리행사에 중대한 지장을 초래하는 것으로서 항고소송의 대상이 되는 행정처분에 해당하므로, 그에 대한 다툼은 우선 행정심판이나 행정소송에

의하여야 할 것이다(헌재결 2015.3.26, 2013헌마214 · 245 · 445 · 804 · 833, 2014헌마104 · 506 · 1047).

ㄹ 보수의 삭감은 이를 당하는 공무원의 입장에서는 징계처분의 일종인 감봉과 다를 바 없음에도 징계처분에 있어서와 같이 자기에게 이익이 되는 사실을 진술하거나 증거를 제출할 수 있는 등(지방공무원징계및소청규정 제5조)의 절차적 권리가 보장되지 않고 소청(지방공무원징계및소청규정 제16조) 등의 구제수단도 인정되지 아니한 채 이를 감수하도록 하는 위 규정은, 그 자체 부당할 뿐만 아니라 지방공무원법이나 지방계약직공무원규정에 아무런 위임의 근거도 없는 것이거나 위임의 범위를 벗어난 것으로서 무효이다(대판 2008.6.12, 2006두16328).

ㅁ 행정청이 식품위생법령에 따라 영업자에게 행정제재처분을 한 후 그 처분을 영업자에게 유리하게 변경하는 처분을 한 경우, 변경처분에 의하여 당초 처분은 소멸하는 것이 아니고 당초부터 유리하게 변경된 내용의 처분으로 존재하는 것이므로, 변경처분에 의하여 유리하게 변경된 내용의 행정제재가 위법하다 하여 그 취소를 구하는 경우 그 취소소송의 대상은 변경된 내용의 당초 처분이지 변경처분은 아니고, 제소기간의 준수 여부도 변경처분이 아닌 변경된 내용의 당초 처분을 기준으로 판단하여야 한다(대판 2007.4.27, 2004두9302).

정답 ①

125. 통지의 처분성 여부에 대한 판례의 입장으로 옳지 않은 것은? 17 국회직8급

① 「국가공무원법」상 당연퇴직의 인사발령은 법률상 당연히 발생하는 퇴직사유를 공적으로 확인하여 알려주는 관념의 통지에 불과하여 행정처분이 아니다.

② 구 「소득세법」 시행령에 따른 소득 귀속자에 대한 소득금액변동통지는 원천납세의무자인 소득 귀속자의 법률상 지위에 직접적인 법률적 변동을 가져오므로 행정처분이다.

③ 구 「농지법」상 농지처분의무의 통지는 통지를 전제로 농지처분명령 및 이행강제금부과 등의 일련의 절차가 진행되는 점에서 독립한 행정처분이다.

④ 임용기간이 만료된 국·공립대학의 조교수에 대하여 재임용을 거부하는 취지로 한 임용기간만료의 통지는 행정처분에 해당한다.

⑤ 구 「건축법」 및 「지방세법」·「국세징수법」에 의하여 이행강제금 부과처분을 받은 자가 기한 내에 이행강제금을 납부하지 아니한 때에는 그 납부를 독촉할 수 있으며, 이 때 이행강제금 납부의 최초 독촉은 징수처분으로서 행정처분에 해당한다.

해설 ➤ 中

① 대판 1983.2.8, 81누263

② 소득의 귀속자가 소득세 부과처분에 대한 취소소송 등을 통하여 소득처분에 따른 원천납세의무의 존부나 범위를 충분히 다툴 수 있는 점 등에 비추어 보면, 구 「소득세법 시행령」 제192조 제1항 단서에 따른 소득의 귀속자에 대한 소득금액변동통지는 원천납세의무자인 소득의 귀속자에 대한 법률상 지위에 직접적인 변동을 가져오는 것이 아니므로 항고소송의 대상이 되는 행정처분에 해당하지 않는다(대판 2015.1.29, 2013두4118).

③ 대판 2003.11.14, 2001두8742

④ 대판(전합) 2004.4.22, 2000두7735

⑤ 대판 2009.12.24, 2009두14507

정답 ②

126. 처분성이 인정되지 않는 것은? (다툼이 있는 경우 판례에 의함) 17 국가직7급

① 행정청이 무허가건물관리대장에서 무허가건물을 삭제하는 행위

② 지방경찰청장의 횡단보도설치행위

③ 구청장의 건축물 착공신고 반려행위

④ 행정청이 건축물대장의 용도변경신청을 거부한 행위

해설 ➤ 下

① 무허가건물관리대장은 행정관청이 지방자치단체의 조례 등에 근거하여 무허가건물 정비에 관한 행정상 사무처리의 편의와 사실증명의 자료로 삼기 위하여 작성, 비치하는 대장으로서 무허가건물을 무허가건물관리대장에 등재하거나 등재된 내용을 변경 또는 삭제하는 행위로 인하여 당해 무허가 건물에 대한 실체상의 권리관계에 변동을 가져오는 것이 아니고, 무허가건물의 건축시기, 용도, 면적 등이 무허가건물관리대장의 기재에 의해서만 증명되는 것도 아니므로, 관할관청이 무허가건물의 무허가건물관리대장 등재 요건에 관한 오류를 바로잡으면서 당해 무허가건물을 무허

가건물관리대장에서 삭제하는 행위는 다른 특별한 사정이 없는 한 항고소송의 대상이 되는 행정처분이 아니다(대판 2009.3.12, 2008두11525).
② 지방경찰청장이 횡단보도를 설치하여 보행자의 통행방법 등을 규제하는 것은 행정청이 특정사항에 대하여 의무의 부담을 명하는 행위이고, 이는 국민의 권리의무에 직접 관계가 있는 행위로서 행정처분이라고 보아야 할 것이다 (대판 2000.10.27, 98두896).
③ 착공신고 반려행위가 이루어진 단계에서 당사자로 하여금 반려행위의 적법성을 다투어 법적 불안을 해소한 다음 건축행위에 나아가도록 함으로써 장차 있을지도 모르는 위험에서 미리 벗어날 수 있도록 길을 열어주고, 위법한 건축물의 양산과 철거를 둘러싼 분쟁을 조기에 근본적으로 해결할 수 있게 하는 것이 법치행정의 원리에 부합한다. 그러므로 행정청의 착공신고 반려행위는 항고소송의 대상이 된다고 보는 것이 옳다(대판 2011.6.10, 2010두7321).
④ 구 건축법 제14조 제4항의 규정은 건축물의 소유자에게 건축물대장의 용도변경 신청권을 부여한 것이고, 한편 건축물의 용도는 토지의 지목에 대응하는 것으로서 건물의 이용에 대한 공법상의 규제, 건축법상의 시정명령, 지방세 등의 과세대상 등 공법상 법률관계에 영향을 미치고, 건물소유자는 용도를 토대로 건물의 사용·수익·처분에 일정한 영향을 받게 되는 점 등을 고려해 보면, 건축물대장의 용도는 건축물의 소유권을 제대로 행사하기 위한 전제요건으로서 건축물 소유자의 실체적 권리관계에 밀접하게 관련되어 있으므로 건축물대장 소관청의 용도 변경신청 거부행위는 국민의 권리관계에 영향을 미치는 것으로서 항고소송의 대상이 되는 행정처분에 해당한다(대판 2009.1.30, 2007두7277).

정답 ①

127. 다음 중 항고소송의 대상이 될 수 있는 것은? (다툼이 있는 경우 판례에 의함) 18 국회직8급

① 상훈대상자를 결정할 권한이 없는 국가보훈처장이 기포상자에게 훈격재심사계획이 없다고 한 회신
② 「농지법」에 의하여 군수가 특정지역의 주민들을 대리경작자로 지정한 행위에 따라 그 지역의 읍장과 면장이 영농할 세대를 선정하는 행위
③ 지방자치단체의 장이 그 지방자치단체 소유의 밭에 측백나무 300그루를 식재하는 행위
④ 교도소장이 수형자를 '접견내용 녹음·녹화 및 접견 시 교도관 참여대상자'로 지정하는 행위
⑤ 제1차 철거대집행 계고처분에 응하지 아니한 경우에 발한 제2차 계고처분

해설 ➤ 中

① 상훈대상자를 결정할 권한이 없는(상훈법 제 7조 참조) 피고(국가보훈처장)의 기포상자에게 훈격재심사계획이 없다는 회신은 단순한 사실행위에 불과하고, 피고 발행 서적의 독립투쟁에 관한 내용을 시정하여 관보에 그 뜻을 표명하여야 할 의무 및 독립운동단체 소속의 독립운동자들에게 법률 소정의 보상급여의무의 확인을 구하는 청구는 작위의무 확인소송으로서 항고소송의 대상이 되지 아니하므로 모두 행정소송의 대상이 되지 아니한다 할 것이다(대판 1989.1.24, 88누3116).
② 군수가 「농지의 보전 및 이용에 관한 법률」에 의하여 특정지역의 주민들을 대리경작자로 지정한 행위는 그 주민들에게 유휴농지를 경작할 수 있는 권리를 부여하는 행정처분이고 이에 따라 그 지역의 읍장과 면장이 영농할 세대를 선정한 행위는 위 행정처분의 통지를 대행한 사실행위에 불과하다(대판 1980.9.9, 80누308).
③ 피고의 행위 즉 부산시 서구청장이 원고 소유의 밭에 측백나무 300주를 식재한 것은 공법상의 법률행위가 아니라 사실행위에 불과하므로 행정소송의 대상이 아니다(대판 1979.7.24, 79누173).
④ 피고가 위와 같은 지정행위를 함으로써 원고의 접견 시마다 사생활의 비밀 등 권리에 제한을 가하는 교도관의 참여, 접견내용의 청취·기록·녹음·녹화가 이루어졌으므로 이는 피고가 그 우월적 지위에서 수형자인 원고에게 일방적으로 강제하는 성격을 가진 공권력적 사실행위의 성격을 갖고 있는 점, 위 지정행위는 그 효과가 일회적인 것이 아니라 이 사건 제1심판결이 선고된 이후인 2013.2.13.까지 오랜 기간 동안 지속되어 왔으며, 원고로 하여금 이를 수인할 것을 강제하는 성격도 아울러 가지고 있는 점, 위와 같이 계속성을 갖는 공권력적 사실행위를 취소할 경우 장래에 이루어질지도 모르는 기본권의 침해로부터 수형자들의 기본적 권리를 구제할 실익이 있는 것으로 보이는 점 등을 종합하면, 위와 같은 지정행위는 수형자의 구체적 권리의무에 직접적 변동을 초래하는 행정청의 공법상 행위로서 항고소송의 대상이 되는 '처분'에 해당한다(대판 2014.2.13, 2013두20899).
⑤ 행정대집행법상의 철거의무는 제1차 철거명령 및 계고처분으로써 발생하였다고 할 것이고, 제3차 철거명령 및 대집행계고는 새로운 철거의무를 부과하는 것이라고는 볼 수 없으며, 단지 종전의 계고처분에 의한 건물철거를 독촉하거나 그 대집행기한을 연기한다는 통지에 불과하므로 취소소송의 대상이 되는 독립한 행정처분이라고 할 수 없다(대판 1994.10.28, 94누5144).

정답 ④

128. 〈보기〉의 행위 가운데 처분성이 인정된 것을 모두 고른 것은? 18 서울시7급

〈보 기〉

ㄱ. 인감증명행위
ㄴ. 자동차운전면허대장상 등재행위
ㄷ. 지적공부상 지목신청변경 반려행위
ㄹ. 건축물대장작성신청의 반려행위

① ㄱ, ㄷ ② ㄴ, ㄷ
③ ㄷ, ㄹ ④ ㄴ, ㄷ, ㄹ

해설 ➤ 下

ㄱ 인감증명행위는 인감증명청이 적법한 신청이 있는 경우에 인감대장에 이미 신고된 인감을 기준으로 출원자의 현재 사용하는 인감을 증명하는 것으로서 구체적인 사실을 증명하는 것일 뿐, 나아가 출원자에게 어떠한 권리가 부여되거나 변동 또는 상실되는 효력을 발생하는 것이 아니고, 인감증명의 무효확인을 받아들인다 하더라도 이로써 이미 침해된 당사자의 권리가 회복되거나 또는 곧바로 이와 관련된 새로운 권리가 발생하는 것도 아니므로 무효확인을 구할 법률상 이익이 없어 부적법하다(대판 2001.7.10, 2000두2136).
ㄴ 자동차운전면허대장상 일정한 사항의 등재행위는 운전면허행정사무집행의 편의와 사실증명의 자료로 삼기 위한 것일 뿐 그 등재행위로 인하여 당해 운전면허 취득자에게 새로이 어떠한 권리가 부여되거나 변동 또는 상실되는 효력이 발생하는 것은 아니므로 이는 행정소송의 대상이 되는 독립한 행정처분으로 볼 수 없다(대판 1991.9.24, 91누1400).
ㄷ 구 지적법 제20조, 제38조 제2항의 규정은 토지소유자에게 지목변경신청권과 지목정정신청권을 부여한 것이고(법규상 신청권 인정), 한편 지목은 토지에 대한 공법상의 규제, 개발부담금의 부과대상, 지방세의 과세대상, 공시지가의 산정, 손실보상가액의 산정 등 토지행정의 기초로서 공법상의 법률관계에 영향을 미치고, 토지소유자는 지목을 토대로 토지의 사용·수익·처분에 일정한 제한을 받게 되는 점 등을 고려하면, 지목은 토지소유권을 제대로 행사하기 위한 전제요건으로서 토지소유자의 실체적 권리관계에 밀접하게 관련(조리상 신청권 인정)되어 있으므로 지적공부 소관청의 지목변경신청 반려행위는 국민의 권리관계에 영향을 미치는 것으로서 항고소송의 대상이 되는 행정처분에 해당한다[대판(전합) 2004.4.22, 2003두9015].
ㄹ 구 건축법 제18조의 규정에 의한 사용승인을 신청하는 자 또는 구 건축법 제18조의 규정에 의한 사용승인을 얻어야 하는 자 외의 자는 건축물대장의 작성·신청권을 가지고 있고, 한편 건축물대장은 건축물에 대한 공법상의 규제, 지방세의 과세대상, 손실보상가액의 산정 등 건축행정의 기초자료로서 공법상의 법률관계에 영향을 미칠 뿐만 아니라, 건축물에 관한 소유권보존등기 또는 소유권이전등기를 신청하려면 이를 등기소에 제출하여야 하는 점 등을 종합해 보면, 건축물대장의 작성은 건축물의 소유권을 제대로 행사하기 위한 전제요건으로서 건축물 소유자의 실체적 권리관계에 밀접하게 관련되어 있으므로 건축물대장 소관청의 작성신청 반려행위는 국민의 권리관계에 영향을 미치는 것으로서 항고소송의 대상이 되는 행정처분에 해당한다(대판 2009.2.12, 2007두17359).

정답 ③

129. 항고소송의 대상인 처분에 대한 설명으로 옳은 것은? (다툼이 있는 경우 판례에 의함) 19 국가직9급

① 국립대학교 총장의 임용권한은 대통령에게 있으므로, 교육부장관이 대통령에게 임용제청을 하면서 대학에서 추천한 복수의 총장 후보자들 중 일부를 임용제청에서 제외한 행위는 처분에 해당하지 않는다.
② 인터넷 포털사이트의 개인정보 유출사고로 주민등록번호가 불법 유출되었음을 이유로 주민등록번호 변경신청을 하였으나 관할 구청장이 이를 거부한 경우, 그 거부행위는 처분에 해당하지 않는다.
③ 검사의 불기소결정은 공권력의 행사에 포함되므로, 검사의 자의적인 수사에 의하여 불기소결정이 이루어진 경우 그 불기소결정은 처분에 해당한다.
④ 국가인권위원회가 진정에 대하여 각하 및 기각결정을 할 경우 피해자인 진정인은 인권침해 등에 대한 구제조치를 받을 권리를 박탈당하게 되므로, 국가인권위원회의 진정에 대한 각하 및 기각결정은 처분에 해당한다.

해설 ➤ 下

① 교육부장관이 대학에서 추천한 복수의 총장 후보자들 전부 또는 일부를 임용제청에서 제외하는 행위는 제외된 후보자들에 대한 불이익처분으로서 항고소송의 대상이 되는 처분에 해당한다고 보아야 한다(대판 2018.6.15, 2016두57564).

② 피해자의 의사와 무관하게 주민등록번호가 유출된 경우에는 조리상 주민등록번호의 변경을 요구할 신청권을 인정함이 타당하고, 구청장의 주민등록번호 변경신청 거부행위는 항고소송의 대상이 되는 행정처분에 해당한다(대판 2017.6.15, 2013두2945).
③ 형사소송법에 의하면 검사가 공소를 제기한 사건은 기본적으로 법원의 심리대상이 되고 피의자 및 피고인은 수사의 적법성 및 공소사실에 대하여 형사소송절차를 통하여 불복할 수 있는 절차와 방법이 따로 마련되어 있으므로 검사의 공소제기가 적법절차에 의하여 정당하게 이루어진 것이냐의 여부에 관계없이 검사의 공소에 대하여는 형사소송절차에 의하여서만 이를 다툴 수 있고 행정소송의 방법으로 공소의 취소를 구할 수는 없다고 할 것이다(대판 2000.3.28, 99두11264).
④ 헌재결 2015.3.26, 2013헌마214 · 245 · 445 · 804 · 833, 2014헌마104 · 506 · 1047

정답 ④

130. 행정소송의 대상인 행정처분에 대한 설명으로 옳지 않은 것은? (다툼이 있는 경우 판례에 의함) 19 지방직9급

① 구 「민원사무 처리에 관한 법률」에서 정한 사전심사결과 통보는 항고소송의 대상이 되는 행정처분에 해당하지 않는다.
② 「교육공무원법」상 승진후보자 명부에 의한 승진심사 방식으로 행해지는 승진임용에서 승진후보자 명부에 포함되어 있던 후보자를 승진임용인사발령에서 제외하는 행위는 항고소송의 대상인 처분에 해당하지 않는다.
③ 건축주가 토지소유자로부터 토지사용승낙서를 받아 그 토지 위에 건축물을 건축하는 건축허가를 받았다가 착공에 앞서 건축주의 귀책사유로 해당 토지를 사용할 권리를 상실한 경우, 토지소유자의 건축허가 철회신청을 거부한 행위는 항고소송의 대상이 된다.
④ 사업시행자인 한국도로공사가 구 「지적법」에 따라 고속도로 건설공사에 편입되는 토지소유자들을 대위하여 토지면적등록 정정신청을 하였으나 관할 행정청이 이를 반려하였다면, 이러한 반려행위는 항고소송 대상이 되는 행정처분에 해당한다.

해설 ➤ 中

① 사전심사청구제도는 민원인이 대규모의 경제적 비용이 수반되는 민원사항에 대하여 간편한 절차로써 미리 행정청의 공적 견해를 받아볼 수 있도록 하여 민원행정의 예측 가능성을 확보하게 하는 데에 취지가 있다고 보이고, 민원인이 희망하는 특정한 견해의 표명까지 요구할 수 있는 권리를 부여한 것으로 보기는 어려운 점, 행정청은 사전심사결과 가능하다는 통보를 한 때에도 구 민원사무처리법 제19조 제3항에 의한 제약이 따르기는 하나 반드시 민원사항을 인용하는 처분을 해야 하는 것은 아닌 점, 행정청은 사전심사결과 불가능하다고 통보하였더라도 사전심사결과에 구애되지 않고 민원사항을 처리할 수 있으므로 불가능하다는 통보가 민원인의 권리의무에 직접적 영향을 미친다고 볼 수 없고, 통보로 인하여 민원인에게 어떠한 법적 불이익이 발생할 가능성도 없는 점 등 여러 사정을 종합해 보면, 구 민원사무처리법이 규정하는 사전심사결과 통보는 항고소송의 대상이 되는 행정처분에 해당하지 아니한다(대판 2014.4.24, 2013두7834).
② 임용권자 등이 자의적인 이유로 승진후보자 명부에 포함된 후보자를 승진임용에서 제외하는 처분을 한 경우에, 이러한 승진임용제외처분을 항고소송의 대상이 되는 처분으로 보지 않는다면, 달리 이에 대하여는 불복하여 침해된 권리 또는 법률상 이익을 구제받을 방법이 없다. 따라서 교육공무원법상 승진후보자 명부에 의한 승진심사 방식으로 행해지는 승진임용에서 승진후보자 명부에 포함되어 있던 후보자를 승진임용인사발령에서 제외하는 행위는 불이익처분으로서 항고소송의 대상인 처분에 해당한다고 보아야 한다(대판 2018.3.27, 2015두47492).
③ 건축주가 토지 소유자로부터 토지사용승낙서를 받아 그 토지 위에 건축물을 건축하는 대물적(對物的) 성질의 건축허가를 받았다가 착공에 앞서 건축주의 귀책사유로 해당 토지를 사용할 권리를 상실한 경우, 건축허가의 존재로 말미암아 토지에 대한 소유권 행사에 지장을 받을 수 있는 토지 소유자로서는 건축허가의 철회를 신청할 수 있다고 보아야 한다. 따라서 토지 소유자의 위와 같은 신청을 거부한 행위는 항고소송의 대상이 된다(대판 2017.3.15, 2014두41190).
④ 구 지적법(현 측량·수로조사 및 지적에 관한 법률) 제28조 제1호의 '공공사업 등으로 인하여 학교용지·도로·철도용지·제방·하천·구거·유지·수도용지 등의 지목으로 되는 토지의 경우에는 그 사업시행자가 이 법에 의하여 토지소유자가 하여야 하는 신청을 대위할 수 있다'는 규정에 따라 토지소유자의 같은법 제24조 제1항에 규정된 지적공부 등록사항 정정신청권을 대위하여 피고에게 한 이 사건 토지면적등록 정정신청을 피고가 반려한 것은 공공사업의 원활한 수행을 위하여 부여된 원고의 위 관계법령상의 권리 또는 이익에 영향을 미치는 공권력의 행사 또는 그 거부에 해당하는 것으로서 항고소송의 대상이 되는 행정처분에 해당하는 것으로 항고소송의 대상이 되는 행정처분이다(대판 2011.8.25, 2011두3371).

정답 ②

131. 항고소송의 대상이 되는 행정처분에 해당하는 것은? (다툼이 있는 경우 판례에 의함) 19 국회직8급

① 소관청이 토지대장상의 소유자명의변경신청을 거부한 행위
② 서울특별시지하철공사 임직원을 징계하는 행위
③ 무허가건물을 무허가건물관리대장에서 삭제하는 행위
④ 각 군 참모총장이 군인 명예전역수당 지급대상자 결정절차에서 국방부장관에게 수당지급대상자를 추천하는 행위
⑤ 「교육공무원법」상 승진후보자 명부에 의한 승진심사 방식으로 행하여지는 승진임용에서 승진후보자 명부에 포함되어 있던 후보자를 승진임용인사발령에서 제외하는 행위

해설 ➤ 中

① 토지대장에 기재된 일정한 사항을 변경하는 행위는, 그것이 지목의 변경이나 정정 등과 같이 토지소유권 행사의 전제요건으로서 토지소유자의 실체적 권리관계에 영향을 미치는 사항에 관한 것이 아닌 한 행정사무집행의 편의와 사실증명의 자료로 삼기 위한 것일 뿐이어서, 그 소유자 명의가 변경된다고 하여도 이로 인하여 당해 토지에 대한 실체상의 권리관계에 변동을 가져올 수 없고 토지 소유권이 지적공부의 기재만에 의하여 증명되는 것도 아니다. 따라서 소관청이 토지대장상의 소유자명의변경신청을 거부한 행위는 이를 항고소송의 대상이 되는 행정처분이라고 할 수 없다(대판 2012.1.12, 2010두12354).
② 서울특별시 지하철공사의 임원과 직원의 근무관계의 성질은 지방공기업법의 모든 규정을 살펴보아도 공법상의 특별권력관계라고는 볼 수 없고 사법관계에 속할 뿐만 아니라, 위 지하철공사의 사장이 그 이사회의 결의를 거쳐 제정된 인사규정에 의거하여 소속직원에 대한 징계처분을 한 경우 위 사장은 행정소송법 제13조 제1항 본문과 제2조 제2항 소정의 행정청에 해당되지 않으므로 공권력발동주체로서 위 징계처분을 행한 것으로 볼 수 없고, 따라서 이에 대한 불복절차는 민사소송에 의할 것이지 행정소송에 의할 수는 없다(대판 1989.9.12, 89누2103).
③ 무허가건물관리대장은 행정관청이 지방자치단체의 조례 등에 근거하여 무허가건물 정비에 관한 행정상 사무처리의 편의와 사실증명의 자료로 삼기 위하여 작성, 비치하는 대장으로서 무허가건물을 무허가건물관리대장에 등재하거나 등재된 내용을 변경 또는 삭제하는 행위로 인하여 당해 무허가 건물에 대한 실체상의 권리관계에 변동을 가져오는 것이 아니고, 무허가건물의 건축시기, 용도, 면적 등이 무허가건물관리대장의 기재에 의해서만 증명되는 것도 아니므로, 관할관청이 무허가건물의 무허가건물관리대장 등재 요건에 관한 오류를 바로잡으면서 당해 무허가건물을 무허가건물관리대장에서 삭제하는 행위는 다른 특별한 사정이 없는 한 항고소송의 대상이 되는 행정처분이 아니다(대판 2009.3.12, 2008두11525).
④ 각 군 참모총장이 수당지급대상자 결정절차에 대하여 수당지급대상자를 추천하거나 신청자 중 일부를 추천하지 아니하는 행위는 행정기관 상호 간의 내부적인 의사결정과정의 하나일 뿐 그 자체만으로는 직접적으로 국민의 권리·의무가 설정·변경·박탈되거나 그 범위가 확정되는 등 기존의 권리상태에 어떤 변동을 가져오는 것이 아니므로 이를 항고소송의 대상이 되는 처분이라고 할 수는 없다(대판 2009.12.10, 2009두14231).
⑤ 승진임용제외처분을 항고소송의 대상이 되는 처분으로 보지 않는다면, 달리 이에 대하여는 불복하여 침해된 권리 또는 법률상 이익을 구제받을 방법이 없다. 따라서 교육공무원법상 승진후보자 명부에 의한 승진심사 방식으로 행해지는 승진임용에서 승진후보자 명부에 포함되어 있던 후보자를 승진임용인사발령에서 제외하는 행위는 불이익처분으로서 항고소송의 대상인 처분에 해당한다고 보아야 한다(대판 2018.3.27, 2015두47492).

정답 ⑤

132. 판례상 항고소송의 대상으로 인정되는 것만을 모두 고르면? 20 지방직9급

ㄱ. 교도소장이 특정 수형자를 '접견내용 녹음·녹화 및 접견 시 교도관 참여대상자'로 지정한 행위
ㄴ. 행정청이 토지대장상의 소유자명의변경신청을 거부한 행위
ㄷ. 지방경찰청장의 횡단보도 설치 행위
ㄹ. 상표권자인 법인에 대한 청산종결등기가 되었음을 이유로 특허청장이 행한 상표권 말소등록 행위

① ㄱ, ㄴ　② ㄱ, ㄷ
③ ㄴ, ㄹ　④ ㄷ, ㄹ

해설 ➤ 中

ㄱ 계속성을 갖는 공권력적 사실행위를 취소할 경우 장래에 이루어질지도 모르는 기본권의 침해로부터 수형자들의 기본적 권리를 구제할 실익이 있는 것으로 보이는 점 등을 종합하면, 위와 같은 지정행위는 수형자의 구체적 권리의무에 직접적 변동을 초래하는 행정청의 공법상 행위로서 항고소송의 대상이 되는 '처분'에 해당한다(대판 2014.2.13, 2013두20899).

ㄴ 토지대장에 기재된 일정한 사항을 변경하는 행위는, 그것이 지목의 변경이나 정정 등과 같이 토지소유권 행사의 전제요건으로서 토지소유자의 실체적 권리관계에 영향을 미치는 사항에 관한 것이 아닌 한 행정사무집행의 편의와 사실증명의 자료로 삼기 위한 것일 뿐이어서, 그 소유자 명의가 변경된다고 하여도 이로 인하여 당해 토지에 대한 실체상의 권리관계에 변동을 가져올 수 없고 토지 소유권이 지적공부의 기재만에 의하여 증명되는 것도 아니다. 따라서 소관청이 토지대장상의 소유자명의변경신청을 거부한 행위는 이를 항고소송의 대상이 되는 행정처분이라고 할 수 없다(대판 2012.1.12, 2010두12354).

ㄷ 지방경찰청장이 횡단보도를 설치하여 보행자의 통행방법 등을 규제하는 것은 행정청이 특정사항에 대하여 의무의 부담을 명하는 행위이고, 이는 국민의 권리의무에 직접 관계가 있는 행위로서 행정처분이라고 보아야 할 것이다 (대판 2000.10.27, 98두896).

ㄹ 상표원부에 상표권자인 법인에 대한 청산종결등기가 되었음을 이유로 상표권의 말소등록이 이루어졌다고 해도 이는 상표권이 소멸하였음을 확인하는 사실적·확인적 행위에 지나지 않고, 말소등록으로 비로소 상표권 소멸의 효력이 발생하는 것이 아니어서, 상표권의 말소등록은 국민의 권리의무에 직접적으로 영향을 미치는 행위라고 할 수 없다.(대판 2015.10.29, 2014두2362).

정답 ②

133. 다음 중 처분에 대한 판례의 입장으로 옳은 것은? 21 국회직9급

① 공무원의 당연퇴직 인사발령은 준법률행위적 행정행위 중 하나인 통지로서 처분에 해당한다.
② 사인 간의 법률관계의 존부를 공적으로 증명하는 법무법인의 공증행위는 항고소송의 대상이 되는 처분이다.
③ 거부처분의 처분성을 인정하기 위한 전제요건이 되는 신청권의 존부는 구체적 사건에서 신청인이 누구인지를 고려하여 관계 법규의 해석에 의하여 그러한 신청권을 인정하고 있는가를 살펴 구체적으로 결정한다.
④ 기반시설부담금의 납부를 지체하여 발생한 지체가산금이 환급대상에서 제외된다는 취지의 환급거부결정은 원고의 환급신청 중 일부를 거부하는 처분으로서 항고소송의 대상이 된다.
⑤ 자동차운전면허대장상 일정한 사항의 등재행위는 행정소송의 대상이 되는 독립한 행정처분으로 볼 수 있다.

해설 中

① 당연퇴직의 인사발령은 법률상 당연히 발생하는 퇴직사유를 공적으로 확인하여 알려주는 이른바 관념의 통지에 불과하고 공무원의 신분을 상실시키는 새로운 형성적 행위가 아니므로 행정소송의 대상이 되는 독립한 행정처분이라고 할 수 없다(대판 1995.11.14, 95누2036).
② 행정청이 한 행위가 단지 사인 간 법률관계의 존부를 공적으로 증명하는 공증행위에 불과하여 그 효력을 둘러싼 분쟁의 해결이 사법원리에 맡겨져 있거나 행위의 근거 법률에서 행정소송 이외의 다른 절차에 의하여 불복할 것을 예정하고 있는 경우에는 항고소송의 대상이 될 수 없다고 보는 것이 타당하다(대판 2012.6.14, 2010두19720).
③ 거부처분의 처분성을 인정하기 위한 전제요건이 되는 신청권의 존부는 구체적 사건에서 신청인이 누구인가를 고려하지 않고 관계법규의 해석에 의하여 일반국민에게 그러한 신청권을 인정하고 있는가를 살펴 추상적으로 결정되는 것이고, 신청인이 그 신청에 따른 단순한 응답을 받을 권리를 넘어서 신청의 인용이라는 만족적 결과를 얻을 권리를 의미하는 것은 아니다. 따라서 국민이 어떤 신청을 한 경우에 그 신청의 근거가 된 조항의 해석상 행정발동에 대한 개인의 신청권을 인정하고 있다고 보여지면 그 거부행위는 항고소송의 대상이 되는 처분으로 보아야 할 것이고, 구체적으로 그 신청이 인용될 수 있는가 하는 점은 본안에서 판단하여야 할 사항인 것이다(대판 1996.6.11, 95누12460).
④ 납부의무자의 환급신청에 대하여 행정청이 전부 또는 일부 환급을 거부하는 결정은 행정청이 공권력의 주체로서 행하는 구체적 사실에 관한 법집행으로서 납부의무자의 권리·의무에 직접 영향을 미치므로 항고소송의 대상인 처분에 해당한다고 보아야 한다. 행정청의 환급 거부대상이 기반시설부담금 그 자체가 아니라 그 납부지체로 발생한 지체가산금인 경우에도 달리 볼 것은 아니다. 정당한 환급액 내지 행정청의 환급의무의 범위는 취소소송의 본안에서 심리·판단할 사항이지, 소송요건 심사 단계에서 고려할 요소가 아니다(대판 2018.6.28, 2016두50990).
⑤ 자동차운전면허대장상 일정한 사항의 등재행위는 운전면허행정사무집행의 편의와 사실증명의 자료로 삼기 위한 것일 뿐 그 등재행위로 인하여 당해 운전면허 취득자에게 새로이 어떠한 권리가 부여되거나 변동 또는 상실되는 효력이 발생하는 것은 아니므로 이는 행정소송의 대상이 되는 독립한 행정처분으로 볼 수 없다(대판 1991.9.24, 91누1400).

정답 ④

134. 다음 사례에 관한 설명으로 옳은 것은? (다툼이 있는 경우 판례에 의함) 21 국가직9급

> ○ 甲은 자신의 토지에 대한 개별공시지가결정을 통지받은 후 90일이 넘어 과세처분을 받았는데, 과세처분이 위법한 개별공시지가결정에 기초하였다는 이유로 과세처분의 취소를 구하고자 한다.
> ○ 甲은 토지대장에 전(田)으로 기재되어 있는 지목을 대(垈)로 변경하고자 지목변경신청을 하였다.
> ○ 乙은 甲의 토지가 사실은 자신 소유라고 주장하면서 토지대장상의 소유자명의변경을 신청하였으나 거부되었다.

① 甲은 과세처분이 있기 전에는 개별공시지가결정에 대해서 취소소송을 제기할 수 없다.
② 甲은 과세처분의 위법성이 인정되지 않더라도 과세처분 취소소송에서 개별공시지가결정의 위법을 독립된 위법사유로 주장할 수 있다.
③ 토지대장에 등재된 사항을 변경하는 행위는 행정사무집행의 편의와 사실증명의 자료로 삼기 위한 것이므로, 甲은 지목변경신청이 거부되더라도 이에 대하여 취소소송으로 다툴 수 없다.
④ 乙에 대한 토지대장상의 소유자명의변경신청 거부는 처분성이 인정된다.

해설 (中)

① 시장·군수 또는 구청장의 개별토지가격결정은 관계법령에 의한 토지초과이득세, 택지초과소유부담금 또는 개발부담금 산정의 기준이 되어 국민의 권리나 의무 또는 법률상 이익에 직접적으로 관계되는 것으로서 행정소송법 제2조 제1항 제1호 소정의 행정청이 행하는 구체적 사실에 관한 법집행으로서의 공권력행사이므로 항고소송의 대상이 되는 행정처분에 해당한다(대판 1994.2.8, 93누111).
② 개별공시지가결정은 이를 기초로 한 과세처분등과는 별개의 독립된 처분으로서 서로 독립하여 별개의 법률효과를 목적으로 하는 것이나, … 개별공시지가결정에 위법이 있는 경우에는 그 자체를 행정소송의 대상이 되는 행정처분으로 보아 그 위법 여부를 다툴 수 있음은 물론 이를 기초로 한 과세처분등 행정처분의 취소를 구하는 행정소송에서도 선행처분인 개별공시지가결정의 위법을 독립된 위법사유로 주장할 수 있다고 해석함이 타당하다 (대판 1994.1.25, 93누8542).
③ 구 지적법 제20조, 제38조 제2항의 규정은 토지소유자에게 지목변경신청권과 지목정정신청권을 부여한 것이고(법규상 신청권 인정), 한편 지목은 토지에 대한 공법상의 규제, 개발부담금의 부과대상, 지방세의 과세대상, 공시지가의 산정, 손실보상가액의 산정 등 토지행정의 기초로서 공법상의 법률관계에 영향을 미치고, 토지소유자는 지목을 토대로 토지의 사용·수익·처분에 일정한 제한을 받게 되는 점 등을 고려하면, 지목은 토지소유권을 제대로 행사하기 위한 전제요건으로서 토지소유자의 실체적 권리관계에 밀접하게 관련(조리상 신청권 인정)되어 있으므로 지적공부 소관청의 지목변경신청 반려행위는 국민의 권리관계에 영향을 미치는 것으로서 항고소송의 대상이 되는 행정처분에 해당한다[대판(전합) 2004.4.22, 2003두9015].
④ 토지대장에 기재된 일정한 사항을 변경하는 행위는, 그것이 지목의 변경이나 정정 등과 같이 토지소유권 행사의 전제요건으로서 토지소유자의 실체적 권리관계에 영향을 미치는 사항에 관한 것이 아닌 한 행정사무집행의 편의와 사실증명의 자료로 삼기 위한 것일 뿐이어서, 그 소유자 명의가 변경된다고 하여도 이로 인하여 당해 토지에 대한 실체상의 권리관계에 변동을 가져올 수 없고 토지 소유권이 지적공부의 기재만에 의하여 증명되는 것도 아니다. 따라서 소관청이 토지대장상의 소유자명의변경신청을 거부한 행위는 이를 항고소송의 대상이 되는 행정처분이라고 할 수 없다(대판 2012.1.12, 2010두12354).

정답 ②

135. 항고소송의 대상에 대한 설명으로 옳은 것은? (다툼이 있는 경우 판례에 의함) 21 국회직9급

① 감사원의 징계요구와 재심의결정은 항고소송의 대상이 되는 행정처분이다.
② 과징금 부과처분 후 그 부과처분의 하자를 이유로 감액처분을 한 경우 그 감액처분이 항고소송의 대상이다.
③ 국립대학교 교원의 징계처분에 대한 교원소청심사위원회의 결정은 그 결정에 고유한 위법이 있을 때에만 소송의 대상이 될 수 있다.
④ 중앙토지수용위원회의 이의재결을 거친 경우 지방토지수용위원회의 수용재결을 대상으로 취소소송을 제기할 수 없다.
⑤ 지방노동위원위원회의 결정에 불복하여 중앙노동위원회의 재심판정이 있는 경우 지방노동위원회의 결정에 대해 행정소송을 제기할 수 있다.

해설 中

① 징계 요구는 징계 요구를 받은 기관의 장이 요구받은 내용대로 처분하지 않더라도 불이익을 받는 규정도 없고, 징계 요구 내용대로 효과가 발생하는 것도 아니며, 징계 요구에 의하여 행정청이 일정한 행정처분을 하였을 때 비로소 이해관계인의 권리관계에 영향을 미칠 뿐, 징계 요구 자체만으로는 징계 요구 대상 공무원의 권리·의무에 직접적인 변동을 초래하지도 아니하므로, 행정청 사이의 내부적인 의사결정의 경로로서 '징계 요구, 징계 절차 회부, 징계'로 이어지는 과정에서의 중간처분에 불과하여, 감사원의 징계 요구와 재심의결정이 항고소송의 대상이 되는 행정처분이라고 할 수 없고, 감사원법 제40조 제2항을 갑 시장에게 감사원을 상대로 한 기관소송을 허용하는 규정으로 볼 수는 없고 그 밖에 행정소송법을 비롯한 어떠한 법률에도 갑 시장에게 '감사원의 재심의 판결'에 대하여 기관소송을 허용하는 규정을 두고 있지 않으므로, 갑 시장이 제기한 소송이 기관소송으로서 감사원법 제40조 제2항에 따라 허용된다고 볼 수 없다고 한 사례(대판 2016.12.27, 2014두5637)

② 감액처분으로도 아직 취소되지 않고 남아 있는 부분이 위법하다고 하여 다투는 경우 항고소송의 대상은 처음의 부과처분 중 감액처분에 의하여 취소되지 않고 남은 부분이고 감액처분이 항고소송의 대상이 되는 것은 아니다(대판 2008.2.15, 2006두3957).

③ 국·공립학교교원에 대한 징계 등 불리한 처분은 행정처분이므로 국·공립학교교원이 징계 등 불리한 처분에 대하여 불복이 있으면 교원징계재심위원회(현 교원소청심사위원회)에 재심청구를 하고 위 재심위원회의 재심결정에 불복이 있으면 항고소송으로 이를 다투어야 할 것인데, 이 경우 그 소송의 대상이 되는 처분은 원칙적으로 원처분청의 처분이다(대판 1994.2.8, 93누17874).

④ 수용재결에 불복하여 취소소송을 제기하는 때에는 이의신청을 거친 경우에도 수용재결을 한 중앙토지수용위원회 또는 지방토지수용위원회를 피고로 하여 수용재결의 취소를 구하여야 하고, 다만 이의신청에 대한 재결 자체에 고유한 위법이 있음을 이유로 하는 경우에는 그 이의재결을 한 중앙토지수용위원회를 피고로 하여 이의재결의 취소를 구할 수 있다고 보아야 한다(대판 2010.1.28, 2008두1504).

⑤ 당사자가 지방노동위원회의 처분에 대하여 불복하기 위하여는 처분 송달일로부터 10일 이내에 중앙노동위원회에 재심을 신청하고 중앙노동위원회의 재심판정서 송달일로부터 15일 이내에 중앙노동위원장을 피고로 하여 재심판정취소의 소를 제기하여야 할 것이다(대판 1995.9.15, 95누6724).

정답 ③

136. 항고소송의 처분 등에 대한 설명으로 옳지 않은 것은? (다툼이 있는 경우 판례에 의함) 21 국회직8급

① 어떠한 처분에 법령상 근거가 있는지, 「행정절차법」에서 정한 처분절차를 준수하였는지는 본안에서 당해 처분이 적법한가를 판단하는 단계에서 고려할 요소이지, 소송요건 심사단계에서 고려할 요소가 아니다.

② 방위사업법령 및 '국방전력발전업무훈령'에 따른 연구개발확인서 발급은 사업관리기관이 개발업체에게 해당 품목의 양산과 관련하여 수의계약의 방식으로 국방조달계약을 체결할 수 있는 지위가 있음을 인정해 주는 확인적 행정행위로서 처분에 해당한다.

③ 근로복지공단이 사업주에 대하여 하는 개별 사업장의 사업종류 변경결정은 사업종류 결정의 주체, 내용과 결정기준을 고려할 때 확인적 행정행위로서 처분에 해당한다.

④ 甲 시장이 감사원으로부터 「감사원법」에 따라 乙에 대하여 징계의 종류를 정직으로 정한 징계 요구를 받게 되자 감사원에 징계 요구에 대한 재심의를 청구하였는데 감사원이 재심의청구를 기각한 사안에서, 감사원의 징계 요구와 재심의 청구 기각결정은 항고소송의 대상이 되는 행정처분이다.

⑤ 「교육공무원법」상 승진후보자 명부에 의한 승진심사 방식으로 행해지는 승진임용에서 승진후보자 명부에 포함되어 있던 후보자를 승진임용인사발령에서 제외하는 행위는 불이익처분으로서 항고소송의 대상인 처분에 해당한다.

해설 中

① 대판 2020.1.16, 2019다264700

② 대판 2020.1.16, 2019다264700

③ 대판 2020.4.9, 2019두61137

④ 징계 요구는 징계 요구를 받은 기관의 장이 요구받은 내용대로 처분하지 않더라도 불이익을 받는 규정도 없고, 징계 요구 내용대로 효과가 발생하는 것도 아니며, 징계 요구에 의하여 행정청이 일정한 행정처분을 하였을 때 비로소 이해관계인의 권리관계에 영향을 미칠 뿐, 징계 요구 자체만으로는 징계 요구 대상 공무원의 권리·의무에 직접적인 변동을 초래하지도 아니하므로, 행정청 사이의 내부적인 의사결정의 경로로서 '징계 요구, 징계 절차 회부, 징계'로 이어지는 과정에서의 중간처분에 불과하여, 감사원의 징계 요구와 재심의결정이 항고소송의 대상이 되는 행정처분이라고 할 수 없고, 감사원법 제40조 제2항을 갑 시장에게 감사원을 상대로 한 기관소송을 허용하는 규정으로 볼 수는 없고 그 밖에 행정소송법을 비롯한 어떠한 법률에도 갑 시장에게 '감사원의 재심의 판결'에 대하여 기관소송을 허용하는 규정을 두고 있지 않으므로, 갑 시장이 제기한 소송이 기관소송으로서 감사원법 제40조 제2항에 따라 허용된다고 볼 수 없다고 한 사례(대판 2016.12.27, 2014두5637)

⑤ 대판 2018.3.27, 2015두47492

정답 ④

137. 행정작용의 성질에 대한 설명으로 옳은 것은? (다툼이 있는 경우 판례에 의함) 21 국회직8급

① 지방자치단체의 장이 「공유재산 및 물품 관리법」에 근거하여 기부채납 및 사용·수익 허가 방식으로 민간투자사업을 추진하는 과정에서 이미 선정된 우선협상대상자를 그 지위에서 배제하는 행위는 항고소송의 대상이 되는 행정처분에 해당한다.
② 지방자치단체가 일반재산인 부동산을 무상으로 기부자에게 사용을 허용하는 행위는 사경제주체로서 상대방과 대등한 입장에서 하는 사법상 행위이지만 기부자가 그 부동산을 일정기간 무상사용한 후에 한 사용허가기간 연장신청을 지방자치단체가 거부한 경우, 당해 거부행위는 단순한 사법상의 행위가 아니라 행정처분에 해당한다.
③ 전문직공무원인 공중보건의사의 채용계약 해지의 경우 관할 도지사의 일방적인 의사표시에 의하여 그 신분을 박탈하는 불이익처분이므로 당해 채용계약은 공법상 계약이 아니라 항고소송의 대상이 되는 처분의 성질을 가진다.
④ 「과학기술기본법」 및 하위 법령상 사업 협약의 해지 통보는 단순히 대등 당사자의 지위에서 형성된 공법상 계약을 계약당사자의 지위에서 종료시키는 의사표시에 불과하다.
⑤ 계약직공무원 채용계약해지의 의사표시는 일정한 사유가 있을 때에 국가 또는 지방자치단체가 채용계약 관계의 한쪽 당사자로서 대등한 지위에서 행하는 의사표시로 볼 수 없으므로, 「행정절차법」에 의하여 근거와 이유를 제시하여야 한다.

해설 ➤ (上)

① 「공유재산 및 물품관리법」(공유재산법) 제2조 제1호, 제7조 제1항, 제20조 제1항, 제2항 제2호의 내용과 체계에 관련 법리를 종합하면, 지방자치단체의 장이 공유재산법에 근거하여 기부채납 및 사용·수익허가 방식으로 민간투자사업을 추진하는 과정에서 사업시행자를 지정하기 위한 전 단계에서 공모제안을 받아 일정한 심사를 거쳐 우선협상대상자를 선정하는 행위와 이미 선정된 우선협상대상자를 그 지위에서 배제하는 행위는 민간투자사업의 세부내용에 관한 협상을 거쳐 공유재산법에 따른 공유재산의 사용·수익허가를 우선적으로 부여받을 수 있는 지위를 설정하거나 또는 이미 설정한 지위를 박탈하는 조치이므로 모두 항고소송의 대상이 되는 행정처분으로 보아야 한다(대판 2020.4.29, 2017두31064).
② 지방자치단체가 구 「지방재정법 시행령」 제71조의 규정에 따라 기부채납받은 공유재산을 무상으로 기부자에게 사용을 허용하는 행위는 사경제주체로서 상대방과 대등한 입장에서 하는 사법상 행위이지 행정청이 공권력의 주체로서 행하는 공법상 행위라고 할 수 없으므로, 기부자가 기부채납한 부동산을 일정기간 무상사용한 후에 한 사용허가기간 연장신청을 거부한 행정청의 행위도 단순한 사법상의 행위일 뿐 행정처분 기타 공법상 법률관계에 있어서의 행위는 아니다(대판 1994.1.25, 93누7365).
③ 현행 실정법이 전문직공무원인 공중보건의사의 채용계약 해지의 의사표시는 일반공무원에 대한 징계처분과는 달라서 항고소송의 대상이 되는 처분등의 성격을 가진 것으로 인정되지 아니하고, 일정한 사유가 있을 때에 관할도지사가 채용계약 관계의 한쪽 당사자로서 대등한 지위에서 행하는 의사표시로 취급하고 있는 것으로 이해되므로, 공중보건의사 채용계약 해지의 의사표시에 대하여는 대등한 당사자 간의 소송형식인 공법상의 당사자소송으로 그 의사표시의 무효확인을 청구할 수 있는 것이지, 이를 항고소송의 대상이 되는 행정처분이라는 전제하에서 그 취소를 구하는 항고소송을 제기할 수는 없다(대판 1996.5.31, 95누10617).
④ 학술진흥법 등과 과학기술기본법령의 입법 취지 및 규정 내용 등과 아울러 ① 학술진흥법 등과 과학기술기본법령의 해석상 국가가 두뇌한국(BK)21 사업의 주관연구기관인 대학에 연구개발비를 출연하는 것은, '연구 중심 대학'의 육성은 물론 그와 별도로 대학에 소속된 연구인력의 역량 강화에도 그 목적이 있다고 보이는 점, ② 기본적으로 국가연구개발사업에 대한 연구개발비의 지원은 대학에 소속된 일정한 연구단위(연구팀)별로 신청한 연구개발과제에 대한 것이지, 그 소속 대학을 기준으로 한 것은 아닌 점, ③ 과학기술기본법령상 사업 협약의 해지 통보는 단순히 대등 당사자의 지위에서 형성된 공법상 계약을 계약당사자의 지위에서 종료시키는 의사표시에 불과한 것이 아니라 행정청이 우월적 지위에서 연구개발비의 회수 및 관련자에 대한 국가연구개발사업 참여제한 등의 법률상 효과를 발생시키는 행정처분에 해당하므로, 이로 인하여 자신의 법률상 지위에 영향을 받는 연구자 등은 적어도 그 이해관계를 대변하는 연구팀장을 통해서 협약 해지 통보의 효력을 다툴 개별적·직접적·구체적 이해관계가 있다고 보이는 점 등 제반 사정을 앞서 본 법리에 비추어 살펴보면, 이 사건 사업의 연구팀장인 원고는 이 사건 사업에 관한 협약의 해지 통보의 효력을 다툴 법률상 이익이 있다(대판 2014.12.11, 2012두28704).
⑤ 계약직공무원 채용계약 해지의 의사표시는 일반공무원에 대한 징계처분과는 달라서 항고소송의 대상이 되는 처분등의 성격을 가진 것으로 인정되지 아니하고, 일정한 사유가 있을 때에 국가 또는 지방자치단체가 채용계약관계의 한쪽 당사자로서 대등한 지위에서 행하는 의사표시로 취급되는 것으로 이해되므로, 이를 징계해고 등에서와 같이 그 징계사유에 한하여 효력 유무를 판단하여야 하거나, 행정처분과 같이 행정절차법에 의하여 근거와 이유를 제시하여야 하는 것은 아니다(대판 2002.11.26, 2002두5948).

정답 ①

138. 「도시 및 주거환경정비법」상 행정처분에 대한 판례의 입장으로 옳지 않은 것은? '22 지방직 7급

① 주택재개발조합설립추진위원회 구성승인처분은 조합의 설립을 위한 주체인 주택재개발조합설립추진위원회의 구성행위를 보충하여 그 효력을 부여하는 처분이다.

② 주택재건축조합설립인가처분은 법령상 요건을 갖출 경우 주택재건축사업을 시행할 수 있는 권한을 갖는 행정주체로서의 지위를 부여하는 일종의 설권적 처분의 성격을 갖는다.

③ 주택재건축조합의 정관변경에 대한 시장·군수등의 인가는 그 대상이 되는 기본행위를 보충하여 법률상 효력을 완성시키는 행위로서 시장·군수등이 변경된 정관을 인가하면 정관변경의 효력이 총회의 의결이 있었던 때로 소급하여 발생한다.

④ 토지 등 소유자들이 도시환경정비사업을 위한 조합을 따로 설립하지 아니하고 직접 그 사업을 시행하고자 하는 경우, 사업시행계획인가처분은 일종의 설권적 처분의 성격을 가지므로 토지 등 소유자들이 작성한 사업시행계획은 독립된 행정처분이 아니다.

해설 ➤ 中

① 조합설립추진위원회(추진위원회) 구성승인처분은 조합의 설립을 위한 주체인 추진위원회의 구성행위를 보충하여 그 효력을 부여하는 처분으로서 조합설립이라는 종국적 목적을 달성하기 위한 중간단계의 처분에 해당하지만, 그 법률요건이나 효과가 조합설립인가처분의 그것과는 다른 독립적인 처분이기 때문에, 추진위원회 구성승인처분에 대한 취소 또는 무효확인 판결의 확정만으로는 이미 조합설립인가를 받은 조합에 의한 정비사업의 진행을 저지할 수 없다. 따라서 추진위원회 구성승인처분을 다투는 소송 계속 중에 조합설립인가처분이 이루어진 경우에는, 추진위원회 구성승인처분에 위법이 존재하여 조합설립인가 신청행위가 무효라는 점 등을 들어 직접 조합설립인가처분을 다툼으로써 정비사업의 진행을 저지하여야 하고, 이와는 별도로 추진위원회 구성승인처분에 대하여 취소 또는 무효확인을 구할 법률상의 이익은 없다고 보아야 한다(대판 2013.1.31, 2011두11112, 2011두11129).

② 대판 2009.9.24, 2008다60568

③ 시장 등의 인가는 그 대상이 되는 기본행위를 보충하여 법률상 효력을 완성시키는 행위로서 이러한 인가를 받지 못한 경우 변경된 정관은 효력이 없고, 시장 등이 변경된 정관을 인가하더라도 정관변경의 효력이 총회의 의결이 있었던 때로 소급하여 발생한다고 할 수 없다(대판 2014.7.10, 2013도11532).

④ 대판 2013.6.13, 2011두19994

정답 ③

139. 상급행정청 X로부터 권한을 내부 위임받은 하급행정청 Y는 2017.1.10. Y의 명의로 甲에 대하여 2,000만 원의 부담금부과처분을 하였다가, 같은 해 2.3. 부과금액의 과다를 이유로 위 부담금을 1,000만 원으로 감액하는 처분을 하였다. 甲이 이에 대해 취소소송을 제기하는 경우, ㉠ 소의 대상과 ㉡ 피고적격을 바르게 연결한 것은? (다툼이 있는 경우 판례에 의함) 17 지방직9급

① 1,000만 원으로 감액된 1.10.자 부담금부과처분 X

② 1,000만 원으로 감액된 1.10.자 부담금부과처분 Y

③ 2.3.자 1,000만 원의 부담금부과처분 X

④ 2.3.자 1,000만 원의 부담금부과처분 Y

해설 ➤ 中

② [소의 대상] 감액처분은 일부취소처분의 성질을 가지므로 감액처분이 항고소송의 대상이 되는 것은 아니고, 당초처분 중 감액처분에 의해 취소되기 않고 남은 부분이 항고소송의 대상이 된다. 따라서 일자는 당초처분일자인 1.10.자이고, 금액은 감액되고 남은 금액은 1,000만 원이 대상이 된다.

<u>과징금 부과처분에서 행정청이 납부의무자에 대하여 부과처분을 한 후 그 부과처분의 하자를 이유로 과징금의 액수를 감액하는 경우에 그 감액처분은 감액된 과징금 부분에 관하여만 법적 효과가 미치는 것으로서 처음의 부과처분과 별개 독립의 과징금 부과처분이 아니라 그 실질은 당초 부과처분의 변경</u>이고, 그에 의하여 과징금의 일부취소라는 납부의무자에게 유리한 결과를 가져오는 처분이므로 처음의 부과처분이 전부 실효되는 것은 아니며, 그 감액처분으로도 아직 취소되지 않고 남아 있는 부분이 위법하다고 하여 다투는 경우 항고소송의 대상은 처음의 부과처분 중 감

액처분에 의하여 취소되지 않고 남은 부분이고 감액처분이 항고소송의 대상이 되는 것은 아니다(대판 2008.2.15, 2006두3957).
[피고적격] 내부위임의 경우 법적인 권한이 이전되지 않으므로 처분청은 상급행정청이 X이다. 그러나 피고적격은 명의기관이 되므로 하급행정청인 Y가 된다.

정답 ②

140. 국세에 대한 과세처분의 판례 내용으로 가장 옳지 않은 것은? 18 서울시7급

① 과세관청이 과세처분을 한 뒤에 과세표준과 세액을 감액하는 경정처분을 한 경우에는 위 감액경정처분은 처음의 과세표준에서 결정된 과세표준과 세액의 일부를 취소하는 데 지나지 아니하는 것이므로 처음의 과세처분이 감액된 범위 내에서 존속하게 되고 이 처분만이 쟁송의 대상이 되며 이 경우 전심절차의 적법여부는 당초 처분을 기준으로 하여 판단하여야 한다.
② 증액경정처분이 있는 경우 당초 신고나 결정은 증액경정처분에 흡수됨으로써 독립된 존재가치를 잃게 된다고 보아야 할 것이므로, 원칙적으로는 당초 신고나 결정에 대한 불복기간의 경과 여부 등에 관계 없이 증액경정처분만이 항고소송의 심판대상이 된다.
③ 과세처분이 있은 후 이를 증액하는 경정처분이 있고, 다시 이를 감액하는 재경정처분이 있으면 재경정처분은 위 증액경정처분과는 별개인 독립의 과세처분으로서 그 실질은 위 증액경정처분의 변경이고 그에 의하여 세액의 일부취소라는 납세의무자에게 유리한 효과를 가져오는 처분이라 할 것이므로, 감액재경정결정이 항고소송의 대상이 된다.
④ 원천징수의무자에 대하여 납세의무의 단위를 달리하여 순차 이루어진 2개의 징수처분은 별개의 처분으로서 당초처분과 증액경정처분에 관한 법리가 적용되지 아니하므로, 당초 처분이 후행 처분에 흡수되어 독립한 존재가치를 잃는다고 볼 수 없고, 후행 처분만이 항고소송의 대상이 되는 것도 아니다.

해설 ㊤

① 과세표준과 세액을 감액하는 경정처분은 당초 부과처분과 별개 독립의 과세처분이 아니라 그 실질은 당초 부과처분의 변경이고, 그에 의하여 세액의 일부 취소라는 납세자에게 유리한 효과를 가져오는 처분이므로 그 감액경정처분으로도 아직 취소되지 아니하고 남아 있는 부분이 위법하다 하여 다투는 경우, 항고소송 대상은 당초의 부과처분 중 경정처분에 의하여 취소되지 않고 남은 부분이고, 경정처분이 항고소송의 대상이 되는 것은 아니며, 이 경우 적법한 전심절차를 거쳤는지 여부, 제소기간의 준수 여부도 당초 처분을 기준으로 판단하여야 한다(대판 2007.10.26, 2005두3585).
② 과세표준과 세액을 증액하는 경정처분이 있은 경우 그 경정처분은 당초처분을 그대로 둔 채 당초처분에서의 과세표준과 세액을 초과하는 부분만을 추가확정하려는 처분이 아니고, 재조사에 의하여 판명된 결과에 따라서 당초처분에서의 과세표준과 세액을 포함시켜 전체로서의 과세표준과 세액을 결정하는 것이므로, 증액경정처분이 되면 먼저 된 당초처분은 증액경정처분에 흡수되어 당연히 소멸하고 오직 경정처분만이 쟁송의 대상이 되는 것이고, 이는 증액경정시에 당초 결정분과의 차액만을 추가로 고지한 경우에도 동일하다 할 것이며, 당초처분이 불복기간의 경과나 전심절차의 종결로 확정되었다 하여도 증액경정처분에 대한 소송절차에서 납세자는 증액경정처분으로 증액된 과세표준과 세액에 관한 부분만이 아니라 당초처분에 의하여 결정된 과세표준과 세액에 대하여도 그 위법 여부를 다툴 수 있으며 법원은 이를 심리·판단하여 위법한 때에는 취소를 할 수 있다(대판 1999.5.28, 97누16329).
③ 과세처분이 있은 후 이를 증액하는 경정처분이 있으면 당초 처분은 경정처분에 흡수되어 독립된 존재가치를 상실하여 소멸하는 것이고, 그 후 다시 이를 감액하는 재경정처분이 있으면 재경정처분은 위 증액경정처분과는 별개인 독립의 과세처분이 아니라 그 실질은 위 증액경정처분의 변경이고 그에 의하여 세액의 일부 취소라는 납세의무자에게 유리한 효과를 가져오는 처분이라 할 것이므로, 그 감액하는 재경정결정으로도 아직 취소되지 않고 남아 있는 부분이 위법하다 하여 다투는 경우 항고소송의 대상은 그 증액경정처분 중 감액재경정결정에 의하여 취소되지 않고 남은 부분이고, 감액재경정결정이 항고소송의 대상이 되는 것은 아니다(대판 1996.7.30, 95누6328).
④ 대판 2013.7.11, 2011두7311

정답 ③

141. **행정청이 종전의 과세처분에 대한 경정처분을 함에 따라 상대방이 제기하는 항고소송에 대한 설명으로 옳지 않은 것은? (다툼이 있는 경우 판례에 의함)** 19 지방직7급

① 「국세기본법」에 정한 경정청구기간이 도과한 후 제기된 경정청구에 대하여는 과세관청이 과세표준 및 세액을 결정 또는 경정하거나 거부처분을 할 의무가 없으므로, 과세관청의 경정 거절에 대하여 항고소송을 제기할 수 없다.
② 증액경정처분이 있는 경우, 원칙적으로는 당초 신고나 결정에 대한 불복기간의 경과 여부 등에 관계없이 증액경정처분만이 항고소송의 대상이 되고 납세의무자는 그 항고소송에서 당초 신고나 결정에 대한 위법사유를 주장할 수 없다.
③ 증액경정처분이 있는 경우, 당초처분은 증액경정처분에 흡수되어 소멸하고, 소멸한 당초처분의 절차적 하자는 존속하는 증액경정처분에 승계되지 아니한다.
④ 감액경정처분이 있는 경우, 항고소송의 대상은 당초의 부과처분 중 경정처분에 의하여 아직 취소되지 않고 남은 부분이고, 적법한 전심절차를 거쳤는지 여부도 당초 처분을 기준으로 판단하여야 한다.

해설 ▶ 中

① 경정청구기간이 도과한 후에 제기된 경정청구는 부적법하여 과세관청이 과세표준 및 세액을 결정 또는 경정하거나 거부처분을 할 의무가 없으므로, 과세관청이 경정을 거절하였다고 하더라도 이를 항고소송의 대상이 되는 거부처분으로 볼 수 없다(대판 2017.8.23, 2017두38812).
② 국세기본법 제22조의2의 시행 이후에도 증액경정처분이 있는 경우 당초 신고나 결정은 증액경정처분에 흡수됨으로써 독립된 존재가치를 잃게 된다고 보아야 할 것이므로, 원칙적으로는 당초 신고나 결정에 대한 불복기간의 경과 여부 등에 관계없이 증액경정처분만이 항고소송의 심판대상이 되고, 납세의무자는 그 항고소송에서 당초 신고나 결정에 대한 위법사유도 함께 주장할 수 있다고 해석함이 타당하다(대판 2009.5.14, 2006두17390).
③ 대판 2010.6.24, 2007두16493
④ 대판 2007.10.26, 2005두3585

정답 ②

142. **재결과 항고소송에 대한 설명으로 옳지 않은 것은? (다툼이 있는 경우 판례에 의함)** 19 국회직8급

① 재결취소소송의 경우 재결 자체에 고유한 위법이 있는지 여부를 심리할 것이고 재결 자체에 고유한 위법이 없는 경우에는 원처분의 당부와는 상관없이 당해 재결취소소송은 기각되어야 한다.
② 소청심사위원회가 해임처분을 정직 2월로 변경한 경우 처분의 상대방은 소청심사위원회를 피고로 하여 정직 2월의 재결에 대한 취소소송을 제기할 수 있다.
③ 감사원의 변상판정처분에 대하여서는 행정소송을 제기할 수 없고 그 재결에 해당하는 재심의 판정에 대하여만 감사원을 피고로 하여 행정소송을 제기할 수 있다.
④ 중앙토지수용위원회의 이의재결에 불복하여 취소소송을 제기하는 경우에는 원처분인 수용재결을 대상으로 하여야 한다.
⑤ 불리한 처분을 받은 사립학교 교원 갑의 소청심사청구에 대하여 교원소청심사위원회가 그 사유 자체가 인정되지 않는다는 이유로 처분을 취소하는 결정을 하고 이에 대하여 을 학교법인이 제기한 행정소송 절차에서 심리한 결과 처분사유 중 일부 사유는 인정된다고 판단되는 경우 법원은 교원소청심사위원회의 결정을 취소하여야 한다.

해설 ▶ 中

① 대판 1994.1.25, 93누16901

구 분	원처분주의	재결주의
소송대상	원칙 원처분, 예외 재결(소송대상 확대)	재결만(소송대상 제한)
위법사유	① 원처분 취소소송 : 본안에서 원처분 자체의 고유한 하자만 주장 가능 ② 재결취소소송 : 본안에서 재결 자체의 고유한 하자만 주장 가능	본안에서 재결 자체의 고유한 하자만이 아니라 원처분의 하자도 주장 가능

② 판례는 일부취소 또는 변경재결로 인하여 감경되고 남은 원처분을 상대로 원처분청을 피고로 하여 소송을 제기하여야 하는 것으로 보고 있다. 즉, 판례는 감봉처분을 소청심사위원회가 견책처분으로 변경한 재결에 대한 취소소송에서 소청심사위원회의 재량권의 일탈이나 남용은 재결

에 고유한 하자라고 볼 수 없다고 하면서 당해 변경재결에 대한 취소소송을 인정하고 있지 않다(대판 1993.8.24, 93누5673). 그러나 해임처분을 소청심사위원회가 정직 2월로 변경한 경우 원처분청을 상대로 정직 2월의 처분에 대한 취소소송을 제기한 사건에서 본안판단을 한 판결이 있다(대판 1997.11.14, 97누7325).

③ 대판 1984.4.10, 84누91

④ 수용재결에 불복하여 취소소송을 제기하는 때에는 이의신청을 거친 경우에도 수용재결을 한 중앙토지수용위원회 또는 지방토지수용위원회를 피고로 하여 수용재결의 취소를 구하여야 하고, 다만 이의신청에 대한 재결 자체에 고유한 위법이 있음을 이유로 하는 경우에는 그 이의재결을 한 중앙토지수용위원회를 피고로 하여 이의재결의 취소를 구할 수 있다고 보아야 한다(대판 2010.1.28, 2008두1504).

⑤ 대판 2018.7.12, 2017두65821

정답 ②

143. 항고소송의 대상인 재결에 대한 설명으로 옳지 않은 것은? (다툼이 있는 경우 판례에 의함) 21 국가직7급

① 행정심판청구가 부적법하지 않음에도 각하한 재결은 심판청구인의 실체심리를 받을 권리를 박탈한 것으로서 원처분에 없는 고유한 하자가 있는 경우에 해당하고, 따라서 위 재결은 취소소송의 대상이 된다.

② 제3자효를 수반하는 행정행위에 대한 행정심판청구에 있어서 그 청구를 인용하는 내용의 재결로 인하여 비로소 권리이익을 침해받게 되는 자는 그 인용재결에 대하여 다툴 필요가 있고, 그 인용재결은 원처분과 내용을 달리하는 것이므로 그 인용재결의 취소를 구하는 것은 원처분에는 없는 재결에 고유한 하자를 주장하는 셈이어서 당연히 항고소송의 대상이 된다.

③ 토지수용에 관한 행정소송에 있어서 토지소유자는 중앙토지수용위원회의 이의재결에 대하여 불복이 있을 때 제기할 수 있고 수용재결은 행정소송의 대상이 될 수 없다.

④ 제3자효 행정행위에 대하여 재결청이 직접 당해 사업계획승인처분을 취소하는 형성적 재결을 한 경우에는 그 재결 외에 그에 따른 행정청의 별도의 처분이 있지 않기 때문에 재결 자체를 쟁송의 대상으로 할 수 있다.

해설 ➤ (中)

① 대판 2001.7.27, 99두2970

②④ 형성적 재결을 한 경우, 그 재결 외에 그에 따른 별도의 처분이 없기 때문에 재결 자체가 쟁송의 대상 : 당해 재결과 같이 그 인용재결청인 문화체육부장관(현 문화체육관광부장관) 스스로가 직접 당해 사업계획승인처분을 취소하는 형성적 재결을 한 경우에는 그 재결 외에 그에 따른 행정청의 별도의 처분이 있지 않기 때문에 재결 자체를 쟁송의 대상으로 할 수밖에 없다(대판 1997.12.23, 96누10911).

③ 수용재결에 불복하여 취소소송을 제기하는 때에는 이의신청을 거친 경우에도 수용재결을 한 중앙토지수용위원회 또는 지방토지수용위원회를 피고로 하여 수용재결의 취소를 구하여야 하고, 다만 이의신청에 대한 재결 자체에 고유한 위법이 있음을 이유로 하는 경우에는 그 이의재결을 한 중앙토지수용위원회를 피고로 하여 이의재결의 취소를 구할 수 있다고 보아야 한다(대판 2010.1.28, 2008두1504).

정답 ③

144. 판례상 취소소송의 대상이 되는 행정작용에 해당하는 경우만을 모두 고르면? 21 지방직7급

ㄱ. 한국마사회의 조교사·기수 면허취소처분
ㄴ. 임용기간이 만료된 국립대학 조교수에 대하여 재임용을 거부하는 취지로 한 임용기간만료의 통지
ㄷ. 「국가공무원법」상 당연퇴직의 인사발령
ㄹ. 어업권면허에 선행하는 확약인 우선순위결정
ㅁ. 과세관청의 소득처분에 따른 소득금액변동통지

① ㄱ, ㄷ　　② ㄴ, ㅁ
③ ㄱ, ㄴ, ㄹ　　④ ㄷ, ㄹ, ㅁ

해설 中

ㄱ 한국마사회가 조교사 또는 기수의 면허를 부여하거나 취소하는 것은 경마를 독점적으로 개최할 수 있는 지위에서 우수한 능력을 갖추었다고 인정되는 사람에게 경마에서의 일정한 기능과 역할을 수행할 수 있는 자격을 부여하거나 이를 박탈하는 것에 지나지 아니하므로, 이는 국가 기타 행정기관으로부터 위탁받은 행정권한의 행사가 아니라 일반 사법상의 법률관계에서 이루어지는 단체 내부에서의 징계 내지 제재처분이다(대판 2008.1.31, 2005두8269).

ㄴ 기간제로 임용되어 임용기간이 만료된 국·공립대학의 조교수는 교원으로서의 능력과 자질에 관하여 합리적인 기준에 의한 공정한 심사를 받아 위 기준에 부합되면 특별한 사정이 없는 한 재임용되리라는 기대를 가지고 재임용 여부에 관하여 합리적인 기준에 의한 공정한 심사를 요구할 법규상 또는 조리상 신청권을 가진다고 할 것이니, 임용권자가 임용기간이 만료된 조교수에 대하여 재임용을 거부하는 취지로 한 임용기간 만료의 통지는 위와 같은 대학교원의 법률관계에 영향을 주는 것으로서 행정소송의 대상이 되는 처분에 해당한다[대판(전합) 2004.4.22, 2000두7735].

ㄷ 국가공무원법 제69조에 의하면 공무원이 제33조 각 호의 1에 해당할 때에는 당연히 퇴직한다고 규정하고 있으므로, 국가공무원법상 당연퇴직은 결격사유가 있을 때 법률상 당연히 퇴직하는 것이지 공무원관계를 소멸시키기 위한 별도의 행정처분을 요하는 것이 아니며, 당연퇴직의 인사발령은 법률상 당연히 발생하는 퇴직사유를 공적으로 확인하여 알려주는 이른바 관념의 통지에 불과하고 공무원의 신분을 상실시키는 새로운 형성적 행위가 아니므로 행정소송의 대상이 되는 독립한 행정처분이라고 할 수 없다(대판 1995.11.14, 95누2036).

ㄹ 어업권면허에 선행하는 우선순위결정은 행정청이 우선권자로 결정된 자의 신청이 있으면 어업권면허처분을 하겠다는 것을 약속하는 행위로서 강학상 확약에 불과하고 행정처분은 아니므로, 우선순위결정에 공정력이나 불가쟁력과 같은 효력은 인정되지 아니하며, 따라서 우선순위결정이 잘못되었다는 이유로 종전의 어업권면허처분(특허)이 취소되면 행정청은 종전의 우선순위결정을 무시하고 다시 우선순위를 결정한 다음, 새로운 우선순위결정에 기하여 새로운 어업권면허를 할 수 있다(대판 1995.1.20, 94누6529).

ㅁ 과세관청의 소득처분과 그에 따른 소득금액변동통지가 있는 경우 원천징수의무자인 법인은 소득금액변동통지서를 받은 날에 그 통지서에 기재된 소득의 귀속자에게 당해 소득금액을 지급한 것으로 의제되어 그때 원천징수하는 소득세의 납세의무가 성립함과 동시에 확정되고, 원천징수의무자인 법인으로서는 소득금액변동통지서에 기재된 소득처분의 내용에 따라 원천징수세액을 그 다음달 10일까지 관할세무서장 등에게 납부하여야 할 의무를 부담하며, 만일 이를 이행하지 아니하는 경우에는 가산세의 제재를 받게 됨은 물론이고 형사처벌까지 받도록 규정되어 있는 점에 비추어 보면, 소득금액변동통지는 원천징수의무자인 법인의 납세의무에 직접 영향을 미치는 과세관청의 행위로서, 항고소송의 대상이 되는 조세행정처분이라고 봄이 상당하다[대판(전합) 2006.4.20, 2002두1878].

정답 ②

145. 행정소송법 상 제소기간에 대한 판례의 입장으로 옳은 것은? 17 지방직9급

① 청구취지를 변경하여 종전의 소가 취하되고 새로운 소가 제기된 것으로 변경되었다면 새로운 소에 대한 제소기간 준수 여부는 원칙적으로 소의 변경이 있은 때를 기준으로 한다.

② 납세자의 이의신청에 의한 재조사결정에 따른 행정소송의 제소기간은 이의신청인 등이 재결청으로부터 재조사결정의 통지를 받은 날부터 기산한다.

③ 처분의 불가쟁력이 발생하였고 그 이후에 행정청이 당해 처분에 대해 행정심판청구를 할 수 있다고 잘못 알렸다면, 그 처분의 취소소송의 제소기간은 행정심판의 재결서를 받은 날부터 기산한다.

④ 산업재해보상보험법 상 보험급여의 부당이득 징수결정의 하자를 이유로 징수금을 감액하는 경우 감액처분으로도 아직 취소되지 않고 남아 있는 부분이 위법하다 하여 다툴 때에는, 제소기간의 준수 여부는 감액처분을 기준으로 판단해야 한다.

해설 中

① 대판 2004.11.25, 2004두7023

② 재조사결정은 처분청의 후속 처분에 의하여 그 내용이 보완됨으로써 이의신청 등에 대한 결정으로서의 효력이 발생한다고 할 것이므로, 재조사결정에 따른 심사청구기간이나 심판청구기간 또는 행정소송의 제소기간은 이의신청인 등이 후속 처분의 통지를 받은 날부터 기산된다고 봄이 상당하다[대판(전합) 2010.6.25, 2007두12514].

③ 이미 제소기간이 지남으로써 불가쟁력이 발생하여 불복청구를 할 수 없었던 경우라면 그 이후에 행정청이 행정심판청구를 할 수 있다고 잘못 알렸다고 하더라도 그 때문에 처분 상대방이 적법한 제소기간 내에 취소소송을 제기할 수 있는 기회를 상실하게 된 것은 아니므로 이러한 경우에 잘못된 안내에 따라 청구된 행정심판 정본을 송달받은 날부터 다시 취소소송의 제소기간이 기산되는 것은 아니다(대판 2012.9.27, 2011두27247).

④ 감액처분으로도 아직 취소되지 않고 남아 있는 부분이 위법하다 하여 다투고자 하는 경우, 감액처분을 항고소송의 대상으로 할 수는 없고, 당초 징수결정 중 감액처분에 의하여 취소되지 않고 남은 부분을 항고소송의 대상으로 할 수 있을 뿐이며, 그 결과 제소기간의 준수 여부도 감액처분이 아닌 당초 처분을 기준으로 판단해야 한다(대판 2012.9.27, 2011두27247).

정답 ①

146. 다음은 「행정소송법」상 제소 기간에 대한 설명이다. ㉠ ~ ㉤에 들어갈 내용은? 20 지방직9급

> 취소소송은 처분등이 (㉠)부터 (㉡) 이내에 제기하여야 한다. 다만, 행정심판청구를 할 수 있는 경우 또는 행정청이 행정심판청구를 할 수 있다고 잘못 알린 경우에 행정심판청구가 있은 때의 기간은 (㉢)을 (㉣)부터 기산한다. 한편 취소소송은 처분등이 있은 날부터 (㉤)을 경과하면 이를 제기하지 못한다. 다만, 정당한 사유가 있는 때에는 그러하지 아니하다.

	㉠	㉡	㉢	㉣	㉤
①	있은 날	30일	결정서의 정본	통지받은 날	180일
②	있음을 안 날	90일	재결서의 정본	송달받은 날	1년
③	있은 날	1년	결정서의 정본	통지받은 날	2년
④	있음을 안 날	1년	재결서의 정본	송달받은 날	3년

해설 ➤ ㊦

취소소송은 처분등이 ㉠ 있음을 안 날부터 ㉡ 90일 이내에 제기하여야 한다. 다만, 제18조 제1항 단서에 규정한 경우와 그 밖에 행정심판청구를 할 수 있는 경우 또는 행정청이 행정심판청구를 할 수 있다고 잘못 알린 경우에 행정심판청구가 있은 때의 기간은 ㉢ 재결서의 정본을 ㉣ 송달받은 날부터 기산한다(제20조 제1항). 취소소송은 처분등이 있은 날부터 ㉤ 1년(제1항 단서의 경우는 재결이 있은 날부터 1年)을 경과하면 이를 제기하지 못한다. 다만, 정당한 사유가 있는 때에는 그러하지 아니하다(같은 조 제2항).

정답 ②

147. 취소소송의 제소기간에 대한 설명으로 옳지 않은 것은?(다툼이 있는 경우 판례에 의함) 21 국회직9급

① 취소소송의 제소기간을 판단함에 있어서 "처분이 있음을 안 날"이라 함은 통지 등의 방법에 의하여 고지받아 당사자가 처분이 있었다는 사실을 현실적으로 안 날을 의미한다.
② 제소기간의 준수여부는 당사자가 주장하지 않아도 법원이 직권으로 조사해야 한다.
③ 통상 고시에 의하여 행정처분을 하는 경우에는 그 처분의 효력이 불특정 다수인에게 일률적으로 적용되는 것이므로 그 행정처분에 이해관계를 갖는 자가 고시가 있었다는 사실을 현실적으로 알았는지 여부와 관계없이 고시가 효력을 발생하는 날 행정처분이 있음을 알았다고 보아야 한다.
④ 법령에서 규정한 행정심판청구기간을 도과한 후에 행정심판을 청구하여 재결 받은 후 재결서정본을 송달받은 날부터 90일 내에 제기한 취소소송은 제소기간을 준수한 것으로 본다.
⑤ 무효의 하자가 있는 처분에 대해 취소소송을 제기하는 경우에도 취소소송의 제소기간을 준수하여야 한다.

해설 ➤ ㊥

① 대판 1991.6.28, 90누6521
② 대판 1987.1.20, 86누490
③ 대판 2007.6.14, 2004두619
④ 처분이 있음을 안 날부터 90일 이내에 행정심판을 청구하지도 않고 취소소송을 제기하지도 않은 경우에는 그 후 제기된 취소소송은 제소기간을 경과한 것으로서 부적법하고, 처분이 있음을 안 날부터 90일을 넘겨 청구한 부적법한 행정심판청구에 대한 재결이 있은 후 재결서를 송달받은 날부터 90일 이내에 원래의 처분에 대하여 취소소송을 제기하였다고 하여 취소소송이 다시 제소기간을 준수한 것으로 되는 것은 아니다(대판 2011.11.24, 2011두18786).
⑤ 대판 1990.12.26, 90누6279

정답 ④

148. 취소소송의 제소기간에 대한 설명으로 옳은 것(○)과 옳지 않은 것(×)을 바르게 연결한 것은? (다툼이 있는 경우 판례에 의함) 21 국가직9급

ㄱ. 행정청이 행정심판청구를 할 수 있다고 잘못 알려 행정심판을 청구한 경우에는 재결서 정본을 송달받은 날이 아닌 처분이 있음을 안 날로부터 제소기간이 기산된다.
ㄴ. 행정심판을 청구하였으나 심판청구기간을 도과하여 각하된 후 제기하는 취소소송은 재결서를 송달받은 날부터 90일 이내에 제기하면 된다.
ㄷ. '처분이 있음을 안 날'은 처분이 있었다는 사실을 현실적으로 안 날을 의미하므로, 처분서를 송달받기 전 정보공개청구를 통하여 처분을 하는 내용의 일체의 서류를 교부받았다면 그 서류를 교부받은 날부터 제소기간이 기산된다.
ㄹ. 동일한 처분에 대하여 무효확인의 소를 제기하였다가 그 처분의 취소를 구하는 소를 추가적으로 병합한 경우, 주된 청구인 무효확인의 소가 적법한 제소기간 내에 제기되었다면 추가로 병합된 취소청구의 소도 적법하게 제기된 것으로 볼 수 있다.

	ㄱ	ㄴ	ㄷ	ㄹ
①	×	×	○	○
②	○	○	×	○
③	○	×	○	×
④	×	×	×	○

해설 ➤ 上

ㄱ 행정소송법 제20조 제1항에 의하면 취소소송은 원칙적으로 처분등이 있음을 안 날부터 90일 이내에 제기하여야 하나, 행정청이 행정심판청구를 할 수 있다고 잘못 알려 행정심판의 청구를 한 경우에는 그 제소기간은 행정심판재결서의 정본을 송달받은 날부터 기산하여야 한다(대판 2006.9.8, 2004두947).

ㄴ 처분이 있음을 안 날부터 90일 이내에 행정심판을 청구하지도 않고 취소소송을 제기하지도 않은 경우에는 그 후 제기된 취소소송은 제소기간을 경과한 것으로서 부적법하고, 처분이 있음을 안 날부터 90일을 넘겨 청구한 부적법한 행정심판청구에 대한 재결이 있은 후 재결서를 송달받은 날부터 90일 이내에 원래의 처분에 대하여 취소소송을 제기하였다고 하여 취소소송이 다시 제소기간을 준수한 것으로 되는 것은 아니다(대판 2011.11.24, 2011두18786).

ㄷ 위 처분이 甲에게 고지되어 처분이 있다는 사실을 현실적으로 알았을 때 행정소송법 제20조 제1항에서 정한 제소기간이 진행한다고 보아야 함에도, 甲이 통보서를 송달받기 전에 자신의 의무기록에 관한 정보공개를 청구하여 위 처분을 하는 내용의 통보서를 비롯한 일체의 서류를 교부받은 날부터 제소기간을 기산하여 위 소는 90일이 지난 후 제기한 것으로서 부적법하다고 본 원심판결에 법리를 오해한 위법이 있다(대판 2014.9.25, 2014두8254).

ㄹ 대판 2005.12.23, 2005두3554

정답 ④

149. 다음 중 행정심판과 행정소송의 관계에 대한 설명으로 옳지 않은 것은? (다툼이 있는 경우 판례에 의함)

15 국회직8급

① 「행정소송법」 이외의 법률에 당해 처분에 대한 행정심판의 재결을 거치지 아니하면 취소소송을 제기할 수 없다는 규정이 있는 경우에도, 서로 내용상 관련되는 처분 또는 같은 목적을 위하여 단계적으로 진행되는 처분 중 어느 하나가 이미 행정심판의 재결을 거친 때에는 행정심판을 제기함이 없이 취소소송을 제기할 수 있다.
② 「행정소송법」 이외의 법률에 당해 처분에 대한 행정심판의 재결을 거치지 아니하면 취소소송을 제기할 수 없다는 규정이 있는 경우에도, 처분의 집행 또는 절차의 속행으로 생길 중대한 손해를 예방하여야 할 긴급한 필요가 있는 때에는 행정심판의 재결을 거치지 아니하고 취소소송을 제기할 수 있다.
③ 필요적 행정심판전치주의가 적용되는 경우 그 요건을 구비하였는지 여부는 법원의 직권조사사항이다.
④ 기간경과 등의 부적법한 심판제기가 있었고, 행정심판위원회가 각하하지 않고 기각재결을 한 경우는 심판전치의 요건이 구비된 것으로 볼 수 있다.
⑤ 행정심판전치주의가 적용되는 경우에 행정심판을 거치지 않고 소제기를 하였더라도 사실심변론종결 전까지 행정심판을 거친 경우 하자는 치유된 것으로 볼 수 있다.

해설 (中)

①②

행정심판의 재결을 거치지 아니하고 취소소송을 제기할 수 있는 경우(제18조 제2항)	행정심판을 제기함이 없이 취소소송을 제기할 수 있는 경우(제18조 제3항)
1. 행정심판청구가 있은 날로부터 60일이 지나도 재결이 없는 때(제1호) 2. 처분의 집행 또는 절차의 속행으로 생길 중대한 손해를 예방하여야 할 긴급한 필요가 있는 때(제2호) 3. 법령의 규정에 의한 행정심판기관이 의결 또는 재결을 하지 못할 사유가 있는 때(제3호) 4. 그 밖의 정당한 사유가 있는 때(제4호)	1. 동종사건에 관하여 이미 행정심판의 기각재결이 있은 때(제1호) 2. 서로 내용상 관련되는 처분 또는 같은 목적을 위하여 단계적으로 진행되는 처분 중 어느 하나가 이미 행정심판의 재결을 거친 때(제2호) 3. 행정청이 사실심의 변론종결 후 소송의 대상인 처분을 변경하여 당해 변경된 처분에 관하여 소를 제기하는 때(제3호) 4. 처분을 행한 행정청이 행정심판을 거칠 필요가 없다고 잘못 알린 때(제4호) 5. 처분변경으로 인한 소의 변경의 경우(제22조 제3항)

③ 전심절차를 거친 여부는 행정소송제기의 소송요건으로서 직권조사사항이라 할 것이므로 이를 거치지 않았음을 원고 소송대리인이 시인하였다고 할지라도 그 사실만으로 전심절차를 거친 여부를 단정할 수는 없다(대판 1986.4.8, 82누242).
④ 행정처분의 취소를 구하는 항고소송의 전심절차인 행정심판청구가 기간도과로 인하여 부적법한 경우에는 행정소송 역시 전치의 요건을 충족치 못한 것이 되어 부적법 각하를 면치 못하는 것이고, 이 점은 행정청이 행정심판의 제기기간을 도과한 부적법한 심판에 대하여 그 부적법을 간과한 채 실질적 재결을 하였다 하더라도 달라지는 것이 아니다(대판 1991.6.25, 90누8091).
⑤ 전심절차를 밟지 아니한 채 증여세부과처분취소소송을 제기하였다면 제소당시로 보면 전치요건을 구비하지 못한 위법이 있다 할 것이지만, 소송계속 중 심사청구 및 심판청구를 하여 각 기각결정을 받았다면 원심변론종결일 당시에는 위와 같은 전치요건흠결의 하자는 치유되었다고 볼 것이다(대판 1987.4.28, 86누29).

정답 ④

150. 필요적 행정심판전치일 경우에 행정심판을 제기함이 없이 취소소송을 제기할 수 있는 경우가 아닌 것은?

15 국가직7급

① 동종사건에 관하여 이미 행정심판의 기각재결이 있은 때
② 처분을 행한 행정청이 행정심판을 거칠 필요가 없다고 잘못 알린 때
③ 처분의 집행 또는 절차의 속행으로 인하여 생길 중대한 손해를 예방하여야 할 긴급한 필요가 있는 때
④ 서로 내용상 관련되는 처분 또는 같은 목적을 위하여 단계적으로 진행되는 처분 중 어느 하나가 이미 행정심판의 재결을 거친 때

 해설 ➤ ㊦

①②④

행정심판을 제기함이 없이 취소소송을 제기할 수 있는 경우(제18조 제3항)
1. 동종사건에 관하여 이미 행정심판의 기각재결이 있은 때(제1호)
2. 서로 내용상 관련되는 처분 또는 같은 목적을 위하여 단계적으로 진행되는 처분 중 어느 하나가 이미 행정심판의 재결을 거친 때(제2호)
3. 행정청이 사실심의 변론종결 후 소송의 대상인 처분을 변경하여 당해 변경된 처분에 관하여 소를 제기하는 때(제3호)
4. 처분을 행한 행정청이 행정심판을 거칠 필요가 없다고 잘못 알린 때(제4호)
5. 처분변경으로 인한 소의 변경의 경우(제22조 제3항)

③ 행정심판의 재결을 거치지 아니하고 취소소송을 제기할 수 있는 경우에 해당한다.

행정심판의 재결을 거치지 아니하고 취소소송을 제기할 수 있는 경우(제18조 제2항)
1. 행정심판청구가 있은 날로부터 60일이 지나도 재결이 없는 때(제1호)
2. 처분의 집행 또는 절차의 속행으로 생길 중대한 손해를 예방하여야 할 긴급한 필요가 있는 때(제2호)
3. 법령의 규정에 의한 행정심판기관이 의결 또는 재결을 하지 못할 사유가 있는 때(제3호)
4. 그 밖의 정당한 사유가 있는 때(제4호)

정답 ③

151. 행정소송법 상 필요적 전치주의가 적용되는 사안에서, 행정심판을 청구하여야 하나 당해 처분에 대한 행정심판의 재결을 거치지 아니하고 취소소송을 제기할 수 있는 경우에 해당하는 것은? 17 지방직9급

① 동종사건에 관하여 이미 행정심판의 기각재결이 있는 경우
② 서로 내용상 관련되는 처분 또는 같은 목적을 위하여 단계적으로 진행되는 처분 중 어느 하나가 이미 행정심판의 재결을 거친 경우
③ 처분의 집행 또는 절차의 속행으로 생길 중대한 손해를 예방하여야 할 긴급한 필요가 있는 경우
④ 처분을 행한 행정청이 행정심판을 거칠 필요가 없다고 잘못 알린 경우

해설 ➤ 

①②④

행정심판을 제기함이 없이 취소소송을 제기할 수 있는 경우(제18조 제3항)
1. 동종사건에 관하여 이미 행정심판의 기각재결이 있은 때(제1호)
2. 서로 내용상 관련되는 처분 또는 같은 목적을 위하여 단계적으로 진행되는 처분 중 어느 하나가 이미 행정심판의 재결을 거친 때(제2호)
3. 행정청이 사실심의 변론종결 후 소송의 대상인 처분을 변경하여 당해 변경된 처분에 관하여 소를 제기하는 때(제3호)
4. 처분을 행한 행정청이 행정심판을 거칠 필요가 없다고 잘못 알린 때(제4호)
5. 처분변경으로 인한 소의 변경의 경우(제22조 제3항)

③ 행정심판의 재결을 거치지 아니하고 취소소송을 제기할 수 있는 경우에 해당한다.

행정심판의 재결을 거치지 아니하고 취소소송을 제기할 수 있는 경우(제18조 제2항)
1. 행정심판청구가 있은 날로부터 60일이 지나도 재결이 없는 때(제1호)
2. 처분의 집행 또는 절차의 속행으로 생길 중대한 손해를 예방하여야 할 긴급한 필요가 있는 때(제2호)
3. 법령의 규정에 의한 행정심판기관이 의결 또는 재결을 하지 못할 사유가 있는 때(제3호)
4. 그 밖의 정당한 사유가 있는 때(제4호)

정답 ③

제3강 심리

152. 「행정소송법」상 소의 변경에 대한 내용으로 옳지 않은 것은? 20 국회직9급

① 소의 종류의 변경은 청구의 기초에 변경이 없는 한 인정된다.
② 법원은 필요가 있다고 판단될 때 사실심의 변론종결시까지 직권으로 소를 변경할 수 있다.
③ 법원이 소의 종류의 변경을 허가함으로써 피고를 달리하게 될 때에는 새로이 피고가 될 자의 의견을 들어야 한다.
④ 소의 변경은 당사자소송을 항고소송으로 변경하는 경우에도 인정된다.
⑤ 처분의 변경에 따르는 소의 변경의 경우에는 「행정소송법」 제18조 제1항 단서(예외적 행정심판전치주의)가 적용되는 경우에도 행정심판을 거칠 필요가 없다.

해설 ➤ 中

①② 법원은 취소소송을 당해 처분등에 관계되는 사무가 귀속하는 국가 또는 공공단체에 대한 당사자소송 또는 취소소송외의 항고소송으로 변경하는 것이 상당하다고 인정할 때에는 청구의 기초에 변경이 없는 한 사실심의 변론종결시까지 원고의 신청에 의하여 결정으로써 소의 변경을 허가할 수 있다(제21조 제1항). 따라서 직권으로는 안 되고, 상고심은 법률심이기 때문에 상고심인 대법원에서의 소변경은 허용되지 않는다.
③ 같은 조 제2항
④ 제42조
⑤ 제22조 제3항

정답 ②

153. 취소소송에서의 처분사유의 추가·변경에 대한 설명으로 옳은 것은? (다툼이 있는 경우 판례에 의함) 17 국가직9급

① 처분청은 원고의 권리방어가 침해되지 않는 한도 내에서 당해 취소소송의 대법원 확정판결이 있기 전까지 처분사유의 추가·변경을 할 수 있다.
② 처분사유의 추가·변경이 인정되기 위한 요건으로서의 기본적 사실관계의 동일성 유무는, 처분사유를 법률적으로 평가하기 이전의 구체적인 사실에 착안하여 그 기초적인 사회적 사실관계가 기본적인 점에서 동일한지 여부에 따라 결정된다.
③ 추가 또는 변경된 사유가 당초의 처분시 그 사유를 명기하지 않았을 뿐 처분시에 이미 존재하고 있었고 당사자도 그 사실을 알고 있었다면 당초의 처분사유와 동일성이 인정된다.
④ 처분사유의 추가·변경이 절차적 위법성을 치유하는 것인데 반해, 처분이유의 사후제시는 처분의 실체법상의 적법성을 확보하기 위한 것이다.

해설 ➤ 中

① 과세관청은 과세처분 이후는 물론 소송 도중이라도 사실심 변론종결시까지 처분의 동일성이 유지되는 범위 내에서 처분사유를 추가·변경할 수 있다(대판 2001.10.30, 2000두5616).
② 대판 2003.12.11, 2003두8395
③ 추가 또는 변경된 사유가 당초의 처분시 그 사유를 명기하지 않았을 뿐 처분시에 이미 존재하고 있었고 당사자도 그 사실을 알고 있었을 경우에는 당초의 처분사유와 동일성이 있는 것이라고 하나 이는 독자적 견해로서 받아들일 수 없다(대판 1992.2.14, 91누3895).
④ 설명이 반대이다.

정답 ②

154. 행정소송에 있어서 처분사유의 추가·변경에 대한 설명으로 옳지 않은 것은? (다툼이 있는 경우 판례에 의함) 17 국가직7급

① 위법판단의 기준시점을 처분시로 볼 경우, 처분 이후에 발생한 새로운 사실적·법적 사유를 추가·변경하고자 하는 것은 허용될 수 없고 이러한 경우에는 계쟁처분을 직권취소하고 이를 대체하는 새로운 처분을 할 수 있다.
② 행정처분의 취소를 구하는 항고소송에서 처분청은 당초 처분의 근거로 삼은 사유와 기본적 사실관계가 동일성이 있다고 인정되는 한도 내에서만 다른 사유를 추가하거나 변경할 수 있다.
③ 처분청이 처분 당시에 적시한 구체적 사실을 변경하지 아니하는 범위 내에서 단지 처분의 근거법령만을 추가·변경하는 것은 새로운 처분사유의 추가라고 볼 수 없다.
④ 처분사유의 변경으로 소송물이 변경되는 경우, 반드시 청구가 변경되는 것은 아니므로 처분사유의 추가·변경은 허용될 수 있다.

해설 ㊤

①④ 위법판단의 기준시에 관하여 처분시설을 취하는 경우 위법성 판단은 처분시를 기준으로 판단되므로 추가사유나 변경사유는 처분시에 객관적으로 존재하던 사유이어야 한다. 처분 이후에 발생한 새로운 사실적·법적 사유를 추가변경할 수는 없다. 이 경우 처분청은 사정변경을 이유로 계쟁처분을 직권취소하고, 이를 대체하는 새로운 처분을 할 수 있고, 이 경우 계쟁처분은 취소된 것이 되므로 당초의 처분에 대한 취소소송은 소의 이익을 상실하고, 원고는 처분변경으로 인한 소변경을 신청할 수 있다(대판 2006.9.28, 2004두5317).
② 행정처분취소소송에 있어서는 실질적 법치주의와 행정처분의 상대방인 국민에 대한 신뢰보호라는 견지에서 처분청은 당초의 처분사유와 기본적 사실관계에 있어서 동일성이 인정되는 한도 내에서만 새로운 처분사유를 추가하거나 변경할 수 있고 기본적 사실관계와 동일성이 전혀 없는 별개의 사실을 들어 처분사유로서 주장함은 허용되지 아니하며 법원으로서도 당초 처분사유와 기본적 사실관계의 동일성이 없는 사실은 처분사유로 인정할 수 없다(대판 2004.11.26, 2004두4482).
③ 처분청이 처분 당시에 적시한 구체적 사실을 변경하지 아니하는 범위 내에서 단지 그 처분의 근거법령만을 추가·변경하거나 당초의 처분사유를 구체적으로 표시하는 것에 불과한 경우에는 새로운 처분사유를 추가하거나 변경하는 것이라고 볼 수 없다(대판 2007.2.8, 2006두4899).
④ 심판의 범위는 소송물에 한정되므로 처분사유의 추가·변경은 취소소송의 소송물의 범위 내엥서만 가능하다. 처분사유의 변경으로 처분이 변경됨으로써 소송물이 변경된다면 청구가 변경되는 것이므로 이 경우에는 소변경을 해야 한다.

정답 ④

155. 판례에 의할 때 취소소송에서 기본적 사실관계의 동일성이 인정되어 처분사유의 추가·변경이 허용되는 것을 모두 고른 것은? 15 변호사

ㄱ. A시민단체가 금융위원회위원장에 대하여 외국 금융기관인 B의 국내은행 주식취득 관련 심사정보의 공개를 구한 것에 대하여, 금융위원회위원장이 거부처분을 하면서 위 정보가 대법원에 계속 중인 사건의 관련정보라는 사유를 들었다가, 취소소송에서 다시 위 정보가 서울중앙지방법원에 계속 중인 별개의 사건의 관련정보라는 처분사유를 추가한 경우
ㄴ. 주택신축을 위한 산림형질변경허가신청에 대하여 행정청이 거부처분을 하면서 당초 준농림지역에서의 행위제한이라는 사유를 들었다가, 취소소송에서 자연경관 및 생태계의 교란, 국토 및 자연의 유지와 환경보전 등 중대한 공익상의 필요라는 처분사유를 추가한 경우
ㄷ. 과세관청이 종합소득세부과처분을 하면서 종합소득세 과세대상 소득 중 특정소득을 이자소득으로 보았다가 취소소송에서 이를 이자소득이 아니라 대금업에 의한 사업소득에 해당한다고 처분사유를 변경한 경우
ㄹ. 원고를 비롯한 동종업체들이 「국가를 당사자로 한 계약에 관한 법률」에 기한 입찰 실시 과정에서 입찰에 참가하지 않거나 소외 1개 업체만이 단독 응찰하도록 하는 등 담합행위를 한 사안에서, 원고에게 부정당업자제재처분을 하면서 위 행위가 위 법률 시행령 제76조 제1항 제12호('담합을 주도하거나 담합하여 입찰을 방해하였다')에 해당한다는 것을 처분사유로 하였다가, 취소소송 중 그 법률적 평가를 달리하여 같은 항 제7호('특정인의 낙찰을 위하여 담합한 자')에 해당한다는 것으로 처분사유를 변경한 경우

① ㄱ, ㄷ
② ㄴ, ㄷ
③ ㄴ, ㄹ
④ ㄱ, ㄴ, ㄹ
⑤ ㄴ, ㄷ, ㄹ

해설 ➤ (上)

ㄱ 경제개혁연대와 소속 연구원 갑이 금융위원회위원장 등에게 금융위원회의 론스타에 대한 외환은행 발행주식의 동일인 주식보유한도 초과보유 승인과 론스타의 외환은행 발행주식 초과보유에 대한 반기별 적격성 심사와 관련된 정보 등의 공개를 청구하였으나, 금융위원회위원장 등이 현재 대법원에 재판 진행 중인 사안이 포함되어 있다는 이유로 「공공기관의 정보공개에 관한 법률」(정보공개법) 제9조 제1항 제4호에 따라 공개를 거부한 사안에서, 금융위원회위원장 등이 당초 거부처분사유로 위 정보가 대법원 2007두11412호로 진행 중인 재판에 관련된 정보였다는 취지를 명기하였다면 이와 전혀 별개 사건인 서울중앙지방법원 2006고합1352, 1295, 1351호로 진행 중인 재판에 관련된 정보에도 해당한다며 처분사유를 추가로 주장하는 것은 당초의 처분사유와 기본적 사실관계가 동일하다고 할 수 없는 사유를 추가하는 것이어서 허용될 수 없다고 본 원심판단을 정당하다고 한 사례(대판 2011.11.24, 2009두19021).
ㄴ 주택신축을 위한 산림형질변경허가신청에 대하여 행정청이 거부처분을 하면서 당초 거부처분의 근거로 삼은 준농림지역에서의 행위제한이라는 사유와 나중에 거부처분의 근거로 추가한 자연경관 및 생태계의 교란, 국토 및 자연의 유지와 환경보전 등 중대한 공익상의 필요라는 사유는 기본적 사실관계에 있어서 동일성이 인정된다(대판 2004.11.26, 2004두4482).
ㄷ 과세관청이 과세대상 소득에 대하여 이자소득이 아니라 대금업에 의한 사업소득에 해당한다고 처분사유를 변경한 것은 처분의 동일성이 유지되는 범위 내에서의 처분사유 변경에 해당하여 허용되며, 또 그 처분사유의 변경이 국세부과의 제척기간이 경과한 후에 이루어졌는지 여부에 관계없이 국세부과의 제척기간이 경과되었는지 여부는 당초의 처분시를 기준으로 판단하여야 한다(대판 2002.3.12, 2000두2181).
ㄹ 원고들의 각 공동 대표이사 및 가칭 '원주시폐기물처리업협회'의 종신회장인 소외 1을 비롯한 폐기물협회의 17개 회원사 대표들이 2005.3.22. 원주시내 공동주택 음식물류 폐기물 수집·운반 대행계약을 원주시와 수의계약으로 체결할 때 공동수급 대행계약 또는 소외 2 합자회사를 17개사 대표로 하여 대행계약을 체결하기로 하고 수집·운반 대행에 필요한 경비를 17개사가 공동으로 부담하고 수익금을 균등 배분하기로 합의한 사실, 폐기물협회 회원사들은 2005.4.7.자 폐기물협회 회원사 대표회의에서 위 공동주택 음식물류 폐기물 수집·운반 단가계약이 수의계약이 되도록 원주시가 발주하는 이 사건 입찰에 참가하지 않거나 참가하여 낙찰되더라도 계약체결을 하지 않기로 합의하고, 위 합의에 따라 피고가 2005.4.2. 및 2005.4.13. 실시한 이 사건 입찰에 참가하지 않거나 소외 2 합자회사만 단독으로 응찰하여 이 사건 입찰이 모두 유찰된 사실 등 그 판시와 같은 사실을 인정한 다음, 피고가 원심 심리 중에 당초의 처분사유인 국가를 당사자로 하는 계약에 관한 법률 시행령 제76조 제1항 제12호 소정의 '담합을 주도하거나 담합하여 입찰을 방해하였다'는 것으로부터 같은항 제7호 소정의 '특정인의 낙찰을 위하여 담합한 자'로 이 사건 처분의 사유를 변경한 것은, 그 변경 전후에 있어서 같은 행위에 대한 법률적 평가만 달리하는 것일 뿐 기본적 사실관계를 같이 하는 것이므로 허용된다(대판 2008.2.28, 2007두13791·13807).

정답 ⑤

156. 행정소송상 가구제제도에 대한 설명으로 옳지 않은 것은? (다툼이 있는 경우 판례에 의함) 16 지방직9급

① 무효등확인소송의 제기는 처분의 효력이나 그 집행 또는 절차의 속행에 영향을 주지 아니한다.
② 취소소송을 제기한 경우 법원은 당사자의 신청이나 직권으로 「민사집행법」상 가처분을 내릴 수 있다.
③ 신청에 대한 거부처분의 효력을 정지하더라도 거부처분이 있기 전의 신청 시 상태로 되돌아가는 데에 불과하므로, 신청인에게는 거부처분에 대한 효력정지를 구할 이익이 없다.
④ 처분의 효력정지는 처분등의 집행 또는 절차의 속행을 정지함으로써 목적을 달성할 수 있는 경우에는 허용되지 아니한다.

해설 ⓕ

① 제23조 제1항
② 구 행정소송법이 정한 소송 중 특히 행정처분의 취소 또는 변경에 관한 소송. 소위 항고소송에 있어서는 민사소송법 중 가처분에 관한 규정이 적용되지 않는다(대결 1961.11.20, 4292행항2).
③ 행정처분의 집행정지는 행정처분이 없었던 것과 같은 상태를 만드는 것을 의미하고 그 이상으로 행정청에게 처분을 명하는 등 적극적인 상태를 만드는 것은 그 내용이 될 수 없다는 논거로 거부처분에 대한 집행정지를 부인하는 것이 통설·판례이다.
신청에 대한 거부처분의 효력을 정지하더라도 거부처분이 없었던 것과 같은 상태, 즉 거부처분이 있기 전의 신청시의 상태로 되돌아가는 데에 불과하고 행정청에게 신청에 따른 처분을 하여야 할 의무가 생기는 것이 아니므로, 거부처분의 효력정지는 그 거부처분으로 인하여 신청인에게 생길 손해를 방지하는 데 아무런 보탬이 되지 아니하여 그 효력정지를 구할 이익이 없다(대결 1995.6.21, 95두26).
④ 행정소송법 제제23조 제2항

정답 ②

157. 「행정소송법」상 집행정지에 대한 설명으로 옳은 것은? (다툼이 있는 경우 판례에 의함) 16 국가직9급

① 집행정지는 적법한 본안소송이 계속 중일 것을 요한다.
② 거부처분에 대한 취소소송에서도 집행정지가 허용된다.
③ 「민사집행법」에 따른 가처분은 항고소송에서도 인정된다.
④ 집행정지결정은 판결이 아니므로 기속력은 인정되지 않는다.

해설 ⓕ

① 본안소송이 계속되어 있어야 한다는 점에서 본안소송 제기 전에 신청이 가능한 민사집행법상의 가처분과 차이가 있다. 따라서 본안소송이 취하되면 집행정지결정은 당연히 소멸한다(대판 1975.11.11, 75누97). 실무에 있어서는 통상 본안소송의 제기와 집행정지 신청이 동시에 행해지고, 권리구제를 위해 실효적이다.
행정처분의 집행정지결정을 하려면 이에 대한 본안소송이 법원에 제기되어 계속 중임을 요건으로 할 것이고 집행정지결정을 한 후에라도 본안소송이 취하되어 그 소송에 계속하지 아니한 것으로 되면 이에 따라 집행정지결정은 당연히 그 효력이 소멸되는 것이고 별도의 취소조치를 필요로 하는 것은 아니다(대판 1975.11.11, 75누97).
② 행정처분의 집행정지는 행정처분이 없었던 것과 같은 상태를 만드는 것을 의미하고 그 이상으로 행정청에게 처분을 명하는 등 적극적인 상태를 만드는 것은 그 내용이 될 수 없다는 논거로 거부처분에 대한 집행정지를 부인하는 것이 통설·판례이다.
신청에 대한 거부처분의 효력을 정지하더라도 거부처분이 없었던 것과 같은 상태, 즉 거부처분이 있기 전의 신청시의 상태로 되돌아가는 데에 불과하고 행정청에게 신청에 따른 처분을 하여야 할 의무가 생기는 것이 아니므로, 거부처분의 효력정지는 그 거부처분으로 인하여 신청인에게 생길 손해를 방지하는 데 아무런 보탬이 되지 아니하여 그 효력정지를 구할 이익이 없다(대결 1995.6.21, 95두26).
③ 구 행정소송법이 정한 소송 중 특히 행정처분의 취소 또는 변경에 관한 소송. 소위 항고소송에 있어서는 민사소송법 중 가처분에 관한 규정이 적용되지 않는다(대결 1961.11.20, 4292행항2).
④ 집행정지결정의 효력은 당사자인 행정청과 그 밖의 관계행정청을 기속한다(제23조 제6항에 의해 준용되는 제30조 제1항). 따라서 기속력에 간한 규정 중 대인적 효력에 관한 규정만 준용되고, 재처분의무에 관한 제30조 제2항은 준용되지 않는다. 관계행정청에게 효력이 미치는 이유는 행정소송에서 실질적인 피고는 행정주체인 국가 또는 지방자치단체이기 때문이다. 집행정지결정에 위배되는 행정처분은 무효이다.

정답 ①

158. 「행정소송법」상 집행정지에 대한 설명으로 가장 옳은 것은? 18 서울시7급

① 본안소송이 무효확인소송인 경우에도 집행정지가 가능하다.
② 거부처분에 대해서도 그 효력정지를 구할 이익이 인정된다.
③ 집행정지의 결정에 대한 즉시항고에는 결정의 집행을 정지하는 효력이 있다.
④ 집행정지결정의 효력은 정지결정의 대상인 처분의 발령시점에 소급하는 것이 원칙이다.

해설 ➤ 下

① 집행정지에 관한 규정은 무효등확인소송에도 준용되는데(제38조 제1항), 부작위위법확인소송에는 준용되지 않는다.
② 신청에 대한 거부처분의 효력을 정지하더라도 거부처분이 없었던 것과 같은 상태, 즉 거부처분이 있기 전의 신청시의 상태로 되돌아가는 데에 불과하고 행정청에게 신청에 따른 처분을 하여야 할 의무가 생기는 것이 아니므로, 거부처분의 효력정지는 그 거부처분으로 인하여 신청인에게 생길 손해를 방지하는 데 아무런 보탬이 되지 아니하여 그 효력정지를 구할 이익이 없다(대결 1995.6.21, 95두26).
③ 집행정지결정이나 집행정지신청기각결정 또는 집행정지결정의 취소결정에 대하여는 즉시항고를 할 수 있다. 다만, 즉시항고는 즉시항고의 대상인 결정의 집행을 정지하지 아니한다(제24조 제2항에 의해 준용되는 제23조 제5항).
④ 집행정지결정의 효력은 원칙적으로 장래에 향하여 발생하지만 예외적으로 소급하는 경우도 있다(예 처분의 효력정지의 경우).

정답 ①

159. 「행정소송법」에 의한 임시의 권리구제에 관한 설명으로 가장 옳은 것은? 18 서울시7급

① 본안청구의 이유없음이 명백한 때에는 집행정지를 하지 못한다.
② 무효등확인소송에서는 집행정지가 준용되지 않으므로 「민사집행법」의 가처분이 적용된다.
③ 「행정소송법」이 정하는 집행정지의 요건은 중대한 손해의 예방 필요성이다.
④ 집행정지는 본안이 계속되어 있는 법원이 당사자의 신청에 의하여 한다. 처분권주의가 적용되므로 당사자의 신청 없이 직권으로 하지 못한다.

해설 ➤ 下

① 집행정지는 공공복리에 중대한 영향을 미칠 우려가 없어야 허용되고, 이 제도는 신청인이 본안소송에서 승소판결을 받을 때까지 그 지위를 보호함과 동시에 후에 받을 승소판결을 무의미하게 하는 것을 방지하려는 것이어서 본안소송에서의 처분의 취소가능성이 없음에도 처분의 효력이나 집행의 정지를 인정한다는 것은 제도의 취지에 반하므로 집행정지사건 자체에 의하여도 신청인의 본안청구가 이유 없음이 명백하지 않아야 한다는 것도 집행정지의 요건에 포함시켜야 할 것이다(대결 1992.6.8, 92두14).
② 집행정지에 관한 규정은 무효등확인소송에도 준용되는데(제38조 제1항), 부작위위법확인소송에는 준용되지 않는다.
③ 행정심판법은 '중대한 손해', 행정소송법은 '회복하기 어려운 손해'의 예방필요성을 요건으로 규정하고 있다.

행정심판법과 행정소송법상 집행정지 요건 비교

행정심판법	행정소송법
제30조(집행정지) ① 심판청구는 처분의 효력이나 그 집행 또는 절차의 속행(續行)에 영향을 주지 아니한다. ② 위원회는 처분, 처분의 집행 또는 절차의 속행 때문에 중대한 손해가 생기는 것을 예방할 필요성이 긴급하다고 인정할 때에는 직권으로 또는 당사자의 신청에 의하여 처분의 효력, 처분의 집행 또는 절차의 속행의 전부 또는 일부의 정지(집행정지)를 결정할 수 있다. 다만, 처분의 효력정지는 처분의 집행 또는 절차의 속행을 정지함으로써 그 목적을 달성할 수 있을 때에는 허용되지 아니한다. ④ 위원회는 집행정지를 결정한 후에 집행정지가 공공복리에 중대한 영향을 미치거나 그 정지사유가 없어진 경우에는 직권으로 또는 당사자의 신청에 의하여 집행정지 결정을 취소할 수 있다. ⑤ 집행정지 신청은 심판청구와 동시에 또는 심판청구에 대한 제7조	제23조(집행정지) ① 취소소송의 제기는 처분등의 효력이나 그 집행 또는 절차의 속행에 영향을 주지 아니한다. ② 취소소송이 제기된 경우에 처분등이나 그 집행 또는 절차의 속행으로 인하여 생길 회복하기 어려운 손해를 예방하기 위하여 긴급한 필요가 있다고 인정할 때에는 본안이 계속되고 있는 법원은 당사자의 신청 또는 직권에 의하여 처분등의 효력이나 그 집행 또는 절차의 속행의 전부 또는 일부의 정지(집행정지)를 결정할 수 있다. 다만, 처분의 효력정지는 처분등의 집행 또는 절차의 속행을 정지함으로써 목적을 달성할 수 있는 경우에는 허용되지 아니한다. ④ 제2항의 규정에 의한 집행정지의 결정을 신청함에 있어서는 그 이유에 대한 소명이 있어야 한다. ⑤ 제2항의 규정에 의한 집행정지의 결정 또는 기각의 결정에 대하여

제6항 또는 제8조 제7항에 따른 위원회나 소위원회의 의결이 있기 전까지, 집행정지 결정의 취소신청은 심판청구에 대한 제7조 제6항 또는 제8조 제7항에 따른 위원회나 소위원회의 의결이 있기 전까지 신청의 취지와 원인을 적은 서면을 위원회에 제출하여야 한다. 다만, 심판청구서를 피청구인에게 제출한 경우로서 심판청구와 동시에 집행정지 신청을 할 때에는 심판청구서 사본과 접수증명서를 함께 제출하여야 한다.
⑥ 제2항과 제4항에도 불구하고 위원회의 심리·결정을 기다릴 경우 중대한 손해가 생길 우려가 있다고 인정되면 위원장은 직권으로 위원회의 심리·결정을 갈음하는 결정을 할 수 있다. 이 경우 위원장은 지체 없이 위원회에 그 사실을 보고하고 추인(追認)을 받아야 하며, 위원회의 추인을 받지 못하면 위원장은 집행정지 또는 집행정지 취소에 관한 결정을 취소하여야 한다.
⑦ 위원회는 집행정지 또는 집행정지의 취소에 관하여 심리·결정하면 지체 없이 당사자에게 결정서 정본을 송달하여야 한다.

는 즉시항고할 수 있다. 이 경우 집행정지의 결정에 대한 즉시항고에는 결정의 집행을 정지하는 효력이 없다.
⑥ 제30조(취소판결등의 기속력) 제1항의 규정은 제2항의 규정에 의한 집행정지의 결정에 이를 준용한다.

④ 본안이 계속되고 있는 법원은 당사자의 신청 또는 직권에 의하여 처분등의 효력이나 그 집행 또는 절차의 속행의 전부 또는 일부의 정지(집행정지)를 결정할 수 있다(제23조 제2항).

정답 ①

160. 「행정소송법」상 집행정지에 대한 설명으로 옳은 것만을 모두 고르면? (다툼이 있는 경우 판례에 의함)

18 국가직7급

ㄱ. 보조금 교부결정 취소처분에 대하여 법원이 효력정지결정을 하면서 주문에서 그 법원에 계속 중인 본안소송의 판결 선고 시까지 처분의 효력을 정지한다고 선언하였을 경우, 본안소송의 판결 선고에 의하여 정지결정의 효력은 소멸하고 이와 동시에 당초의 보조금 교부결정 취소처분의 효력이 당연히 되살아난다.
ㄴ. 집행정지의 결정이 확정된 후 집행정지가 공공복리에 중대한 영향을 미치거나 그 정지사유가 없어진 때에는 당사자의 신청 또는 직권에 의하여 결정으로써 집행정지의 결정을 취소할 수 있다.
ㄷ. 집행정지결정에 의하여 효력이 정지되는 처분이 당사자의 신청을 거부하는 것을 내용으로 하는 경우에는 그 처분을 행한 행정청은 집행정지결정의 취지에 따라 다시 이전의 신청에 대한 처분을 하여야 한다.
ㄹ. 집행정지의 결정에 대하여는 즉시항고할 수 있으며, 이 경우 집행정지의 결정에 대한 즉시항고에는 결정의 집행을 정지하는 효력이 없다.

① ㄱ, ㄷ　② ㄴ, ㄹ
③ ㄱ, ㄴ, ㄹ　④ ㄴ, ㄷ, ㄹ

해설 ㊤

ㄱ 대판 2017.7.11, 2013두25498
ㄴ 행정소송법 제24조 제1항
ㄷ 집행정지결정의 효력도 판결의 효력과 마찬가지로 형성력과 형성력의 제3자효, 기속력이 인정된다. 그러나 집행정지결정에는 기판력이 인정되지 않는다. 집행정지결정의 효력은 당사자인 행정청과 그 밖의 관계행정청을 기속한다(제23조 제6항에 의해 준용되는 제30조 제1항). 따라서 기속력에 관한 규정 중 대인적 효력에 관한 규정만 준용되고, 재처분의무에 관한 제30조 제2항은 준용되지 않는다.
ㄹ 제23조 제5항

정답 ③

161. 「행정소송법」에 따른 집행정지에 대한 설명으로 옳지 않은 것은? (다툼이 있는 경우 판례에 의함)

21 지방직9급

① 처분의 효력정지결정을 하려면 그 효력정지를 구하는 당해 행정처분에 대한 본안소송이 법원에 제기되어 계속중임을 요건으로 한다.
② 거부처분의 효력정지는 그 거부처분으로 인하여 신청인에게 생길 손해를 방지하는 데 필요하므로 신청인에게는 그 효력정지를 구할 이익이 있다.
③ 처분의 효력정지는 처분의 집행 또는 절차의 속행을 정지함으로써 목적을 달성할 수 있는 경우에는 허용되지 아니한다.
④ 신청인의 본안청구의 이유 없음이 명백할 때는 집행정지가 인정되지 않는다.

해설 ㊦

① 행정처분의 집행정지결정을 하려면 이에 대한 본안소송이 법원에 제기되어 계속 중임을 요건으로 할 것이고 집행정지결정을 한 후에라도 본안소송이 취하되어 그 소송에 계속하지 아니한 것으로 되면 이에 따라 집행정지결정은 당연히 그 효력이 소멸되는 것이고 별도의 취소조치를 필요로 하는 것은 아니다(대판 1975.11.11, 75누97).
② 행정처분의 집행정지는 행정처분이 없었던 것과 같은 상태를 만드는 것을 의미하고 그 이상으로 행정청에게 처분을 명하는 등 적극적인 상태를 만드는 것은 그 내용이 될 수 없다는 논거로 거부처분에 대한 집행정지를 부인하는 것이 통설·판례이다.
신청에 대한 거부처분의 효력을 정지하더라도 거부처분이 없었던 것과 같은 상태, 즉 거부처분이 있기 전의 신청시의 상태로 되돌아가는 데에 불과하고 행정청에게 신청에 따른 처분을 하여야 할 의무가 생기는 것이 아니므로, 거부처분의 효력정지는 그 거부처분으로 인하여 신청인에게 생길 손해를 방지하는 데 아무런 보탬이 되지 아니하여 그 효력정지를 구할 이익이 없다(대결 1995.6.21, 95두26).
③ 제23조 제2항
④ 대결 2010.11.26, 2010무137

정답 ②

162. 행정소송의 심리에 대한 설명으로 옳은 것은? (다툼이 있는 경우 판례에 의함) 15 지방직7급

① "법원은 필요하다고 인정할 때에는 직권으로 증거조사를 할 수 있고, 당사자가 주장하지 아니한 사실에 대하여도 판단할 수 있다."라고 규정하고 있는 「행정소송법」 제26조는 당사자소송에도 준용된다.
② 취소소송의 직권심리주의를 규정하고 있는 「행정소송법」 제26조의 규정을 고려할 때, 행정소송에 있어서 법원은 원고의 청구범위를 초월하여 그 이상의 청구를 인용할 수 있다.
③ 사실심에서 변론 종결시까지 당사자가 주장하지 않던 직권조사사항에 해당하는 사항을 상고심에서 비로소 주장하는 경우 그 직권조사사항에 해당하는 사항은 상고심의 심판범위에 해당하지 않는다.
④ 행정소송에서 기록상 자료가 나타나 있다 하더라도 당사자가 주장하지 않았다면 행정소송의 특수성에 비추어 법원은 이를 판단할 수 없다.

해설 ㊥

① 행정소송법 제44조 제1항
②④ 구 행정소송법이 정한 소송 중 특히 행정처분의 취소 또는 변경에 관한 소송, 소위 항고소송에 있어서는 당사자가 주장하지 아니한 사실에 대하여도 판단할 수 있다고 규정하고 있지만, 이는 행정소송의 특수성에 연유하는 당사자주의, 변론주의에 대한 일부 예외규정일 뿐 법원이 아무런 제한 없이 당사자가 주장하지 아니한 사실을 판단할 수 있는 것은 아니고, 일건기록에 현출되어 있는 사항에 관하여서만 직권으로 증거조사를 하고 이를 기초로 하여 판단할 수 있을 따름이고, 그것도 법원이 필요하다고 인정할 때에 한하여 청구의 범위 내에서 증거조사를 하고 판단할 수 있을 뿐이다(대판 1994.10.11, 94누4820).
③ 행정소송에서 쟁송의 대상이 되는 행정처분의 존부는 소송요건으로서 직권조사사항이고, 자백의 대상이 될 수 없는 것이므로, 설사 그 존재를 당사자들이 다투지 아니한다 하더라도 그 존부에 관하여 의심이 있는 경우에는 이를 직권으로 밝혀 보아야 할 것이고, 사실심에서 변론종결시까지 당사자가 주장하지 않던 직권조사사항에 해당하는 사항을 상고심에서 비로소 주장하는 경우 그 직권조사사항에 해당하는 사항은 상고심의 심판범위에 해당한다(대판 2004.12.24, 2003두15195).

정답 ①

제4강 판결

163. 항고소송의 판결에 대한 설명으로 옳은 것은? (다툼이 있는 경우 판례에 의함) 21 국회직8급

① 취소소송에서 법원은 사실심변론종결 당시에 존재하는 사실 및 법률상태를 기준으로 처분의 위법 여부를 판단하여야 한다.
② 「행정소송법」 제4조 제1호에서 취소소송을 행정청의 위법한 처분 등을 취소 또는 변경하는 소송으로 정의하고 있는데, 여기에서 '변경'은 소극적 변경뿐만 아니라 적극적 변경까지 포함하는 의미로 본다.
③ 처분의 취소소송에서 청구를 기각하는 확정판결의 기판력은 다시 그 처분에 대해 무효확인을 구하는 소송에 대해서는 미치지 않는다.
④ 소청심사결정의 취소를 구하는 소송에서 소청심사단계에서 이미 주장된 사유만을 행정소송에서 판단대상으로 삼을 것은 아니고 소청심사결정 후에 생긴 사유가 아닌 이상 소청심사단계에서 주장하지 않은 사유도 행정소송에서 주장하는 것이 가능하다.
⑤ 거부처분의 무효확인판결에 따른 재처분의무를 이행하지 않는 경우에는 법원은 간접강제결정을 할 수 있다.

해설 中

① 행정소송에서 행정처분의 위법 여부는 행정처분이 행하여졌을 때의 법령과 사실상태를 기준으로 하여 판단하여야 하고, 처분 후 법령의 개폐나 사실상태의 변동에 의하여 영향을 받지는 않는다(대판 2007.5.11, 2007두1811).
② 변경판결과 관련해서 처분을 적극적으로 변경하는 것이 가능한가에 대해 견해가 대립된다. 즉, 변경이 소극적 변경(일부취소)을 의미하는지 아니면 적극적 변경을 의미하는지의 문제이다. 판례는 소극적 변경, 즉 일부취소를 의미한다고 판시하고 있다(대판 1964.5.19, 63누177).
현행 행정소송법상 행정청으로 하여금 일정한 행정처분을 하도록 명하는 이행판결을 구하는 소송이나 법원으로 하여금 행정청이 일정한 행정처분을 행한 것과 같은 효과가 있는 행정처분을 직접 행하도록 하는 형성판결을 구하는 소송은 허용되지 아니한다(대판 1997.9.30, 97누3200).
③ 취소청구 기각판결의 기판력은 당해 '처분이 적법'이라는 것에 대해 기판력이 미치기 때문에 다시 취소소송을 제기하거나 무효확인소송을 소구할 수는 없다. 그러나 전소인 무효확인소송에서 기각판결이 확정된 경우 처분이 무효가 아니고 유효라는 점에 대해서만 기판력이 미치므로 당해 처분에 대한 취소소송을 다시 제기할 수 있다.
④ 대판 2018.7.12, 2017두65821
⑤ 간접강제제도는 부작위위법확인소송에도 준용되고 있으나(행정소송법 제38조 제2항), 무효확인판결에는 준용되지 않는다. 따라서 거부처분의 무효확인소송에 간접강제제도는 허용되지 않는다는 게 판례인데, 이에 대해서 행정소송법 제38조가 거부처분의 취소판결에 따른 처분청의 재처분의무를 규정하는 행정소송법 제30조 제2항을 무효확인소송에 준용하면서 간접강제에 관한 행정소송법 제34조를 준용하지 않은 것은 입법의 불비라는 지적이 있다.
행정소송법 제38조 제1항이 무효확인 판결에 관하여 취소판결에 관한 규정을 준용함에 있어서 같은 법 제30조 제2항을 준용한다고 규정하면서도 같은 법 제34조는 이를 준용한다는 규정을 두지 않고 있으므로, 행정처분에 대하여 무효확인 판결이 내려진 경우에는 그 행정처분이 거부처분인 경우에도 행정청에 판결의 취지에 따른 재처분의무가 인정될 뿐 그에 대하여 간접강제까지 허용되는 것은 아니라고 할 것이다(대결 1998.12.24, 98무37).

정답 ④

164. 항고소송에서 수소법원의 판결에 대한 설명으로 옳지 않은 것은? (다툼이 있는 경우 판례에 의함)

22 국가직9급

① 행정처분의 취소를 구하는 소에서, 비록 행정처분의 위법을 이유로 취소판결을 받더라도 처분에 의하여 발생한 위법상태를 원상회복시키는 것이 불가능한 경우에는 원칙적으로 취소를 구할 법률상 이익이 없으므로, 수소법원은 소를 각하하여야 한다.
② 해임처분 취소소송 계속 중 임기가 만료되어 해임처분의 취소로 지위를 회복할 수는 없다고 할지라도, 그 취소로 해임처분일부터 임기만료일까지 기간에 대한 보수 지급을 구할 수 있는 경우에는 해임처분의 취소를 구할 법률상 이익이 있으므로, 수소법원은 본안에 대하여 판단하여야 한다.

③ 관할청이 「농지법」상의 이행강제금 부과처분을 하면서 재결청에 행정심판을 청구하거나 관할 행정법원에 행정소송을 할 수 있다고 잘못 안내한 경우 행정법원의 항고소송 재판관할이 생긴다.
④ 「행정소송법」 제19조에서 말하는 '재결 자체에 고유한 위법'이란 원처분에는 없고 재결에만 있는 재결청의 권한 또는 구성의 위법, 재결의 절차나 형식의 위법, 내용의 위법 등을 뜻한다.

해설 

① 행정처분의 무효확인 또는 취소를 구하는 소에서, 비록 행정처분의 위법을 이유로 무효확인 또는 취소 판결을 받더라도 그 처분으로 발생한 위법상태를 원상으로 회복시킬 수 없는 경우에는 원칙적으로 무효확인 또는 취소를 구할 법률상 이익이 없다(대판 2020.2.27, 2018두67152).
② 해임처분 무효확인 또는 취소소송 계속 중 임기가 만료되어 해임처분의 무효확인 또는 취소로 지위를 회복할 수는 없다고 할지라도, 그 무효확인 또는 취소로 해임처분일부터 임기만료일까지 기간에 대한 보수 지급을 구할 수 있는 경우에는 해임처분의 무효확인 또는 취소를 구할 법률상 이익이 있다. 해임권자와 보수지급의무자가 다른 경우에도 마찬가지이다(대판 2012.2.23, 2011두5001).
③ 농지법 제62조 제6항, 제7항이 위와 같이 이행강제금 부과처분에 대한 불복절차를 분명하게 규정하고 있으므로, 이와 다른 불복절차를 허용할 수는 없다. 설령 관할청이 이행강제금 부과처분을 하면서 재결청에 행정심판을 청구하거나 관할 행정법원에 행정소송을 할 수 있다고 잘못 안내하거나 관할 행정심판위원회가 각하재결이 아닌 기각재결을 하면서 관할 법원에 행정소송을 할 수 있다고 잘못 안내하였다고 하더라도, 그러한 잘못된 안내로 행정법원의 항고소송 재판관할이 생긴다고 볼 수도 없다(대판 2019.4.11, 2018두42955).
④ 행정소송법 제19조에서 말하는 '재결 자체에 고유한 위법'이란 원처분에는 없고 재결에만 있는 재결청의 권한 또는 구성의 위법, 재결의 절차나 형식의 위법, 내용의 위법 등을 뜻하고, 그 중 내용의 위법에는 위법·부당하게 인용재결을 한 경우가 해당한다(대판 1997.9.12, 96누14661).

정답 ③

165. 취소소송의 판결에 대한 설명으로 옳은 것은? (다툼이 있는 경우 판례에 의함) 22 지방직9급

① 원고의 청구가 이유있다고 인정하는 경우에도 이를 인용하는 것이 현저히 공공복리에 적합하지 않다고 판단되면 법원은 피고 행정청의 주장이나 신청이 없더라도 사정판결을 할 수 있다.
② 영업정지처분에 대한 취소소송에서 취소판결이 확정되면 처분청은 영업정지처분의 효력을 소멸시키기 위하여 영업정지처분을 취소하는 처분을 하여야 할 의무를 진다.
③ 공사중지명령의 상대방이 제기한 공사중지명령취소소송에서 기각판결이 확정된 경우 특별한 사정변경이 없더라도 그 후 상대방이 제기한 공사중지명령해제신청 거부처분취소소송에서는 그 공사중지명령의 적법성을 다시 다툴 수 있다.
④ 행정청은 취소판결에서 위법하다고 판단된 처분사유와 기본적 사실관계의 동일성이 없는 사유이더라도 처분시에 존재한 사유를 들어 종전의 처분과 같은 처분을 다시 할 수 없다.

해설 

① 행정소송법 제26조, 제28조 제1항 전단의 각 규정에 비추어 행정소송에 있어서 법원이 사정판결을 할 필요가 있다고 인정하는 때에는 당사자의 명백한 주장이 없는 경우에도 일건기록에 나타난 사실을 기초로 하여 직권으로 사정판결을 할 수 있다(대판 1992.2.14, 90누9032).
② 행정처분을 취소한다는 확정판결이 있으면 그 취소판결의 형성력에 의하여 당해 행정처분의 취소나 취소통지 등의 별도의 절차를 요하지 아니하고 당연히 취소의 효과가 발생한다(대판 1991.10.11, 90누5443).
③ 행정청이 관련 법령에 근거하여 행한 공사중지명령의 상대방이 명령의 취소를 구한 소송에서 패소함으로써 그 명령이 적법한 것으로 이미 확정되었다면, 이후 이러한 공사중지명령의 상대방은 그 명령의 해제신청을 거부한 처분의 취소를 구하는 소송에서 그 명령의 적법성을 다툴 수 없다(대판 2014.11.27, 2014두37665). 이는 기판력에 위배되기 때문이다.
④ 취소 확정판결의 기속력은 판결의 주문 및 전제가 되는 처분 등의 구체적 위법사유에 관한 판단에도 미치나, 종전 처분이 판결에 의하여 취소되었더라도 종전 처분과 다른 사유를 들어서 새로이 처분을 하는 것은 기속력에 저촉되지 않는다(대판 2016.3.24, 2015두48235).

정답 ①

166. 사정판결에 대한 설명으로 옳지 않은 것은? (다툼이 있는 경우 판례에 의함) 15 국가직9급

① 당연무효의 행정처분을 대상으로 하는 행정소송에서도 사정판결을 할 수 있다.
② 당사자의 명백한 주장이 없는 경우에도 직권으로 사정판결을 할 수 있다.
③ 처분이 위법하여 청구가 이유 있는 경우이어야 한다.
④ 청구의 인용판결이 현저히 공공복리에 적합하지 아니하여야 한다.

해설 

① 당연무효의 행정처분을 소송목적물로 하는 행정소송에서는 존치시킬 효력이 있는 행정행위가 없기 때문에 행정소송법 제28조 소정의 사정판결을 할 수 없다(대판 1996.3.22, 95누5509).
② 행정소송법 제26조, 제28조 제1항 전단의 각 규정에 비추어 행정소송에 있어서 법원이 사정판결을 할 필요가 있다고 인정하는 때에는 당사자의 명백한 주장이 없는 경우에도 일건기록에 나타난 사실을 기초로 하여 직권으로 사정판결을 할 수 있다(대판 1992.2.14, 90누9032).
③④ 원고의 청구가 '이유 있다'고 인정하는 경우에도 처분등을 취소하는 것이 '현저히 공공복리에 적합하지 아니하다고 인정'하는 때에는 법원은 원고의 청구를 기각할 수 있는데(제28조 제1항), 이를 사정판결이라고 한다.

정답 ①

167. 사정판결에 대한 설명으로 옳지 않은 것은? (다툼이 있는 경우 판례에 의함) 16 국가직7급

① 사정판결을 하는 경우 법원은 원고의 청구를 기각하는 판결을 하게 되나, 소송비용은 피고의 부담으로 한다.
② 처분의 위법 여부는 처분시를 기준으로, 처분을 취소하는 것이 현저히 공공복리에 적합하지 아니한지 여부는 변론종결시를 기준으로 판단하여야 한다.
③ 사정판결이 확정되면 사정판결의 대상이 된 행정처분이 위법하다는 점에 대하여 기판력이 발생한다.
④ 원고는 처분을 한 행정청을 상대로 손해배상, 제해시설의 설치 그 밖에 적당한 구제방법의 청구를 당해 취소소송이 계속된 법원에 병합하여 제기할 수 있다.

해설 

① 취소청구가 사정판결에 의해 기각되거나 행정청이 처분등을 취소 또는 변경함으로 인하여 청구가 각하 또는 기각된 경우 실질적으로는 원고의 청구가 그 한도 내에서 인용된 것이나 다름없으므로, 소송비용은 피고의 부담으로 한다(제32조).
② 사정판결의 대상이 되는 위법성의 인정은 일반원칙에 따라 처분 시를 기준으로 판단하지만, 사정판결의 필요성은 성질상 처분 후의 사정이 고려되어야 하므로 판결 시(사실심 구두변론종결시)를 기준으로 판단한다(대판 1970.3.24, 69누29).
③ 법원이 사정판결을 하고자 할 때에는 판결주문(이유가 아님)에서 그 처분등이 위법함을 명시하여야 한다(제28조 제1항 후단). 판결주문에 처분이 위법함을 명시하는 이유는 위법성에 대해 기판력이 발생하도록 함으로써 국가배상을 인정하기 위해서다.
④ 원고는 피고인 행정청이 속하는 국가 또는 공공단체(행정청이 아님)를 상대로 손해배상, 제해시설의 설치 그 밖에 적당한 구제방법의 청구를 당해 취소소송 등이 계속된 법원에 병합하여 제기할 수 있다(제28조 제3항).

정답 ④

168. 사정판결에 대한 설명으로 옳지 않은 것은? (다툼이 있는 경우 판례에 의함) 21 지방직9급

① 사정판결은 본안심리 결과 원고의 청구가 이유 있다고 인정됨에도 불구하고 처분을 취소하는 것이 현저히 공공복리에 적합하지 아니하다고 인정하는 때 원고의 청구를 기각하는 판결을 말한다.
② 사정판결은 항고소송 중 취소소송 및 무효등확인소송에서 인정되는 판결의 종류이다.
③ 법원이 사정판결을 함에 있어서는 미리 원고가 그로 인하여 입게 될 손해의 정도와 배상방법 그 밖의 사정을 조사하여야 한다.
④ 원고는 피고인 행정청이 속하는 국가 또는 공공단체를 상대로 손해배상, 제해시설의 설치 그 밖에 적당한 구제방법의 청구를 당해 취소소송등이 계속된 법원에 병합하여 제기할 수 있다.

해설 ▸ 下

① 행정소송법 제28조 제1항
② 사정판결은 취소소송에서만 인정 되고 당사자소송이나 기관소송의 경우에는 인정되지 않는다. 사정판결은 법치주의에 대한 예외적 제도이므로 무효등확인소송과 부작위위법확인소송의 경우에는 인정되지 않는다고 하는 부정설이 통설·판례이다.
③ 같은 조 제2항
④ 같은 조 제3항

정답 ②

169. 甲이 관할 행정청으로부터 영업허가취소처분을 받았고, 이에 대해 취소소송을 제기하여 취소판결이 확정된 경우, 이에 대한 설명으로 옳은 것은? (다툼이 있는 경우 판례에 의함) 16 국회직8급

① 위 취소판결에는 기판력은 발생하지만 형성력은 발생하지 않는다.
② 취소판결을 통해 위 영업허가취소처분은 「국가배상법」상 공무원의 고의 또는 과실에 의한 불법행위로 인정된다.
③ 위 영업허가취소처분에 대한 취소판결은 사실심 변론종결시까지의 법령의 개폐 및 사실상태의 변동을 고려하여 내려진 것이다.
④ 甲이 영업허가취소처분이 있은 후 취소판결 이전에 영업행위를 하였더라도 이는 무허가영업에 해당하지 않는다.
⑤ 취소판결이 확정된 이후에는 다른 사유를 근거로 하더라도 다시 영업허가를 취소하는 처분을 할 수 없다.

해설 ▸ 中

① 종국판결이 확정되면 원칙적으로 기판력이 생긴다. 다만, 종국판결이라도 미확정판결이나 무효인 판결에는 미치지 않는다. 기속력과 형성력이 인용판결에만 미치는 것과 달리 기판력은 인용판결, 기각판결, 사정판결, 각하판결에도 미친다. 소송판결인 각하판결도 소송요건의 흠으로 소가 부적법하다는 판단에 기판력이 생기는 것이고, 소송물에 관한 판단에는 미치지 않는다. 취소판결은 인용판결이므로 형성력이 발생한다.
② 어떠한 행정처분이 후에 항고소송에서 취소되었다고 할지라도 그 기판력에 의하여 당해 행정처분이 곧바로 공무원의 고의 또는 과실로 인한 것으로서 불법행위를 구성한다고 단정할 수는 없는 것이고, 그 행정처분의 담당공무원이 보통 일반의 공무원을 표준으로 하여 볼 때 객관적 주의의무를 결하여 그 행정처분이 객관적 정당성을 상실하였다고 인정될 정도에 이른 경우에 국가배상법 제2조 소정의 국가배상책임의 요건을 충족하였다고 봄이 상당할 것이며, 이때에 객관적 정당성을 상실하였는지 여부는 피침해이익의 종류 및 성질, 침해행위가 되는 행정처분의 태양 및 그 원인, 행정처분의 발동에 대한 피해자측의 관여의 유무, 정도 및 손해의 정도 등 제반 사정을 종합하여 손해의 전보책임을 국가 또는 지방자치단체에게 부담시켜야 할 실질적인 이유가 있는지 여부에 의하여 판단하여야 한다(대판 2000.5.12, 99다70600).
③ 행정소송에서 행정처분의 위법 여부는 행정처분이 행하여졌을 때의 법령과 사실상태를 기준으로 하여 판단하여야 하고, 처분 후 법령의 개폐나 사실상태의 변동에 의하여 영향을 받지는 않는다(대판 2007.5.11, 2007두1811).
④ 대판 1993.6.25, 93도277
⑤ 취소 확정판결의 기속력은 판결의 주문 및 전제가 되는 처분 등의 구체적 위법사유에 관한 판단에도 미치나, 종전 처분이 판결에 의하여 취소되었더라도 종전 처분과 다른 사유를 들어서 새로이 처분을 하는 것은 기속력에 저촉되지 않는다(대판 2016.3.24, 2015두48235).

정답 ④

170. **취소소송에서 판결의 효력에 대한 설명으로 옳지 않은 것은? (다툼이 있는 경우 판례에 의함)** 16 국가직7급

① 거부처분의 취소판결이 확정된 경우에 그 처분을 행한 행정청은 종전 처분 후에 발생한 새로운 사유를 내세워 다시 거부처분을 할 수 있다.
② 취소판결의 기판력과 기속력은 판결의 주문과 판결이유 중에 설시된 개개의 위법사유에까지 미친다.
③ 거부처분에 대한 취소의 확정판결이 있음에도 행정청이 아무런 재처분을 하지 않는 경우뿐만 아니라 재처분을 하였더라도 그 재처분이 취소판결의 기속력에 반하는 경우에는 간접강제의 대상이 된다.
④ 간접강제결정에서 정한 의무이행기한이 경과한 후에라도 확정판결의 취지에 따른 재처분의 이행이 있으면 처분상대방이 더 이상 배상금을 추심하는 것은 특별한 사정이 없는 한 허용되지 않는다.

해설 ➢ 中

① 대결 2004.1.15, 2002무30
② [기판력] 확정판결은 주문에 포함된 것에 한하여 기판력(旣判力)을 가진다(민사소송법 제216조 제1항). 기판력은 민사소송과 마찬가지로 판결 주문 중에 표시된 소송물에 관한 판단에 대해서만 발생하고 그에 이르기까지의 전제적 문제에 관한 판단에는 미치지 않는 것이 원칙이다. 그러므로 원칙적으로 판결이유 중에서 판단된 사실인정, 선결적 법률관계, 항변 그리고 법규의 해석적용에 대해서는 기판력이 미치지 않는다는 것이 통설·판례(대판 1996.11.15, 96다31406)이다.
확정판결의 기판력은 소송물로 주장된 법률관계의 존부에 관한 판단의 결론 그 자체에만 미치는 것이고 그 전제가 되는 법률관계의 존부에까지 미치는 것이 아니며, 소송판결은 그 판결에서 확정한 소송요건의 흠결에 관하여 기판력이 발생하는 것이다(대판 1996.11.15, 96다31406).
[기속력] 기속력은 판결의 취지에 따라 행정청을 구속하는 효력인데, 판결의 취지는 처분이 위법이라는 것을 인정하는 판결의 주문과 전제가 된 요건사실 및 판결이유 중에 설시된 개개의 위법사유를 포함한다. 그러나 판결의 결론과 직접 관계없는 방론(傍論)이나 간접사실에는 미치지 아니한다.
행정소송법 제30조 제1항에 의하여 인정되는 취소소송에서 처분등을 취소하는 확정판결의 기속력은 주로 판결의 실효성 확보를 위하여 인정되는 효력으로서 판결의 주문뿐만 아니라 그 전제가 되는 처분등의 구체적 위법사유에 관한 이유 중의 판단에 대하여도 인정되고, 같은 조 제2항의 규정상 특히 거부처분에 대한 취소판결이 확정된 경우에는 그 처분을 행한 행정청은 판결의 취지에 따라 다시 처분을 하여야 할 의무를 부담하게 되므로, 취소소송에서 소송의 대상이 된 거부처분을 실체법상의 위법사유에 기하여 취소하는 판결이 확정된 경우에는 당해 거부처분을 한 행정청은 원칙적으로 신청을 인용하는 처분을 하여야 하고, 사실심 변론종결 이전의 사유를 내세워 다시 거부처분을 하는 것은 확정판결의 기속력에 저촉되어 허용되지 아니한다(대판 2001.3.23, 99두5238).
③ 거부처분에 대한 취소의 확정판결이 있음에도 행정청이 아무런 재처분을 하지 아니하거나, 재처분을 하였다 하더라도 그것이 종전 거부처분에 대한 취소의 확정판결의 기속력에 반하는 등으로 당연무효라면 이는 아무런 재처분을 하지 아니한 때와 마찬가지라 할 것이므로 이러한 경우에는 행정소송법 제30조 제2항, 제34조 제1항 등에 의한 간접강제신청에 필요한 요건을 갖춘 것으로 보아야 한다(대결 2002.12.11, 2002무22).
④ 대판 2004.1.15, 2002두2444

정답 ②

171. 취소소송의 판결 효력에 대한 설명으로 옳지 않은 것은? (다툼이 있는 경우 판례에 의함) 17 국회직8급

① 재량행위인 과징금 납부명령이 재량권을 일탈하였을 경우, 법원이 적정하다고 인정하는 부분을 초과한 부분만 취소할 수 있다.
② 사정판결을 할 사정에 관한 주장·입증책임은 피고 처분청에 있지만 처분청의 명백한 주장이 없는 경우에도 사건 기록에 나타난 사실을 기초로 법원이 직권으로 석명권을 행사하거나 증거조사를 통해 사정판결을 할 수도 있다.
③ 취소확정판결의 기판력은 판결에 적시된 위법사유에 한하여 미치므로 행정청이 그 확정판결에 적시된 위법사유를 보완하여 행한 새로운 행정처분은 확정판결에 의하여 취소된 종전 처분과는 별개의 처분으로서 확정판결의 기판력에 저촉되지 않는다.
④ 징계처분의 취소를 구하는 소에서 징계사유가 될 수 없다고 취소 확정판결을 한 사유와 동일한 사유를 내세워 다시 징계처분을 하는 것은 확정판결에 저촉되는 행정처분으로 허용될 수 없다.
⑤ 취소소송에서 소송의 대상이 된 거부처분을 실체법상의 위법사유에 기초하여 취소하는 확정판결이 있는 경우에는 당해 거부처분을 한 행정청은 원칙적으로 신청을 인용하는 처분을 하여야 하고, 사실심 변론종결 이전의 사유를 내세워 다시 거부처분을 하는 것은 기속력에 반하여 허용되지 아니한다.

해설 ➤ 中

① 처분을 할 것인지 여부와 처분의 정도에 관하여 재량이 인정되는 과징금 납부명령에 대하여 그 명령이 재량권을 일탈하였을 경우, 법원으로서는 재량권의 일탈 여부만 판단할 수 있을 뿐이지 재량권의 범위 내에서 어느 정도가 적정한 것인지에 관하여는 판단할 수 없어 그 전부를 취소할 수밖에 없고, 법원이 적정하다고 인정하는 부분을 초과한 부분만 취소할 수는 없다(대판 2009.6.23, 2007두18062).
② 대판 1992.2.14, 90누9032
③ 대판 1986.11.11, 85누231
④ 대판 1992.7.14, 92누2912
⑤ 대판 2001.3.23, 99두5238

정답 ①

172. 「행정소송법」상 판결의 효력에 관한 설명으로 가장 옳지 않은 것은? (다툼이 있는 경우 판례에 의함) 17 서울시7급

① 기판력은 사실심 변론의 종결시를 기준으로 발생하므로, 처분청은 당해 사건의 사실심 변론종결 이전에 주장할 수 있었던 사유를 내세워 확정판결과 저촉되는 처분을 할 수 없다.
② 기속력은 판결의 취지에 따라 행정청을 구속하는바, 여기에는 판결의 주문과 판결이유 중에 설시된 개개의 위법사유가 포함된다.
③ 취소소송에서 소송의 대상이 된 거부처분을 실체법상의 위법사유에 기하여 취소하는 판결이 확정된 경우에는 당해 거부처분을 한 행정청은 원칙적으로 신청을 인용하는 처분을 하여야 한다.
④ 간접강제는 거부처분취소판결은 물론 부작위위법확인판결과 거부처분에 대한 무효등확인판결에서도 인정된다.

해설 ➤ 中

① 기판력은 사실심 변론종결 당시에 있어서 권리관계의 존부에 관하여 생기기 때문에 후소 법원은 위 표준시에서의 기판력 있는 판단에 반하는 판결을 할 수 없고, 후소에서 전소의 표준시 이전에 존재하였던 사실 및 증거자료를 제출하여 전소에서 확정된 권리관계를 뒤엎을 수 없는 작용을 하는 것이지만, 표준시 이후에 생긴 법률관계에 관하여서까지 후소에서 주장할 수 없다는 것은 아니다(대판 1995.9.29, 94다46817).
② 행정소송법 제30조 제1항에 의하여 인정되는 취소소송에서 처분등을 취소하는 확정판결의 기속력은 주로 판결의 실효성 확보를 위하여 인정되는 효력으로서 판결의 주문뿐만 아니라 그 전제가 되는 처분등의 구체적 위법사유에 관한 이유 중의 판단에 대하여도 인정된다(대판 2001.3.23, 99두5238).
③ 기속행위일 경우에는 맞는 지문이고, 재량행위일 때는 틀린 지문이기 때문에 반은 맞고 반은 틀린 지문이다. ④가 명백히 틀린 지문이기 때문에 상대적으로 맞는 지문으로 볼 수 있다. 출제위원의 실력이 의심스러운 부분이다.
거부처분의 취소판결을 통해 발생하는 재처분의무는 기속행위와 재량행위에 따라 내용이 달라진다. 기속행위의 경우에는 거부처분을 취소하는 판결이 확정되면 판결의 취지에 따라 법규에서 규정한 특정한 처분의무가 존재한다. 반면에 재처분의무의 내용이 재량처분인 경우에는 처분청에게 특정한 처분의무가 없으므로 신청된대로 처분을 할 수도 있고, 다른 이유로 거부처분을 할 수도 있다. 판례도 재량행위의 경우 인용의무를 인정

하지 않고 있다.
주민 등의 도시관리계획 입안 제안을 거부한 처분에 이익형량의 하자가 있어 위법하다고 판단하여 취소하는 판결이 확정된 경우, 행정청에 그 입안 제안을 그대로 수용하는 내용의 도시관리계획을 수립할 의무가 없고, 행정청이 다시 새로운 이익형량을 하여 도시관리계획을 수립한 경우, 취소판결의 기속력에 따른 재처분의 의무를 이행한 것이며, 행정청이 다시 적극적으로 수립한 도시관리계획의 내용이 계획재량의 한계를 일탈한 것인지 여부는 별도로 심리·판단하여야 한다(대판 2020.6.25, 2019두56135).
④ 간접강제제도는 부작위위법확인소송에도 준용되고 있으나(행정소송법 제38조 제2항), 무효확인판결에는 준용되지 않는다. 따라서 거부처분의 무효확인소송에 간접강제제도는 허용되지 않는다는 게 판례인데, 이에 대해서 행정소송법 제38조가 거부처분의 취소판결에 따른 처분청의 재처분의무를 규정하는 행정소송법 제30조 제2항을 무효확인소송에 준용하면서 간접강제에 관한 행정소송법 제34조를 준용하지 않은 것은 입법의 불비라는 지적이 있다.

정답 ④

173. 취소소송의 판결의 효력에 대한 설명으로 옳지 않은 것은? 18 국회직8급

① 거부처분의 취소판결이 확정되었더라도 그 거부처분 후에 법령이 개정·시행되었다면 처분청은 그 개정된 법령 및 허가기준을 새로운 사유로 들어 다시 이전 신청에 대하여 거부처분을 할 수 있다.
② 거부처분의 취소판결이 확정된 경우 그 판결의 당사자인 처분청은 그 소송의 사실심변론종결 이후 발생한 사유를 들어 다시 이전의 신청에 대하여 거부처분을 할 수 있다.
③ 취소판결의 기속력은 그 사건의 당사자인 행정청과 그 밖의 관계행정청에게 확정판결의 취지에 따라 행동하여야 할 의무를 지우는 것으로 이는 인용판결에 한하여 인정된다.
④ 취소판결의 기판력은 판결의 대상이 된 처분에 한하여 미치고 새로운 처분에 대해서는 미치지 아니한다.
⑤ 취소판결의 기판력은 소송의 대상이 된 처분의 위법성존부에 관한 판단 그 자체에만 미치기 때문에 기각판결의 원고는 당해 소송에서 주장하지 아니한 다른 위법사유를 들어 다시 처분의 효력을 다툴 수 있다.

해설 ➤ 中

① 대결 1998.1.7, 97두22
② 대판 1999.12.28, 98두1895
③ 기판력은 모든 종국판결에 인정되는데, 기속력과 형성력은 인용판결에만 인정된다.
④ 기판력은 동일한 소송물에만 미치고 소송물이 다를 경우에는 기판력이 미치지 않는다.
취소판결의 기판력은 소송물로 된 행정처분의 위법성 존부에 관한 판단 그 자체에만 미치는 것이므로 전소와 후소가 그 소송물을 달리하는 경우에는 전소 확정판결의 기판력이 후소에 미치지 아니한다(대판 2009.1.15, 2006두14926). 된 납세의무자가 제기한 전소와 제2차 납세의무자가 제기한 후소가 각기 다른 처분에 관한 것이어서 그 소송물을 달리하는 경우, 전소 확정판결의 기판력이 후소에 미치지 않는다는 판결이다.
⑤ 기판력(실질적 확정력)이란 행정소송의 대상인 소송물에 관해 확정된 종국판결(기판)이 내려지면 이후 동일사항이 문제된 경우에 있어 당사자는 그에 반하는 주장을 하여 다투는 것이 허용되지 아니하며(일사부재리효), 법원도 그와 모순·저촉되는 판단을 해서는 안 되는(모순금지효) 구속력을 말한다. 기판력은 소송절차의 반복과 모순된 재판의 방지라는 법적 안정성의 요청에 따라 인정되는 효력이다. 당사자 일방이 이미 판결이 난 사항에 관해 다시 소를 제기한 경우 상대방은 기판력에 의한 항변에 기해 각하를 청구할 수 있으며, 법원도 기판력에 따라 당해 소를 각하해야 한다.

정답 ⑤

174. 「행정소송법」상 취소소송에서 확정된 청구인용판결의 효력에 대한 설명으로 옳지 않은 것은? (다툼이 있는 경우 판례에 의함) 20 국가직9급

① 취소판결의 효력은 원칙적으로 소급적이므로, 취소판결에 의해 취소된 영업허가취소처분 이후의 영업행위는 무허가영업에 해당하지 않는다.
② 취소된 행정처분을 기초로 하여 새로 형성된 제3자의 권리가 취소판결 자체의 효력에 의해 당연히 그 행정처분 전의 상태로 환원되는 것은 아니다.
③ 취소판결의 기속력은 주로 판결의 실효성 확보를 위하여 인정되는 효력으로서 판결의 주문뿐만 아니라 그 전제가 되는 처분 등의 구체적 위법사유에 관한 이유 중의 판단에 대하여도 인정된다.
④ 행정처분이 판결에 의해 취소된 경우, 취소된 처분의 사유와 기본적 사실관계에서 동일성이 인정되지 않는 다른 사유를 들어 새로이 처분을 하는 것은 기속력에 반한다.

해설 ➤ ㊦

① 대판 1993.6.25, 93도277
② 행정처분을 취소하는 확정판결이 제3자에 대하여도 효력이 있다고 하더라도 일반적으로 판결의 효력은 주문에 포함한 것에 한하여 미치는 것이니 그 취소판결 자체의 효력으로써 그 행정처분을 기초로 하여 새로 형성된 제3자의 권리까지 당연히 그 행정처분 전의 상태로 환원되는 것이라고는 할 수 없고, 단지 취소판결의 존재와 취소판결에 의하여 형성되는 법률관계를 소송당사자가 아니었던 제3자라 할지라도 이를 용인하지 않으면 아니된다는 것을 의미하는 것에 불과하다 할 것이며, 따라서 취소판결의 확정으로 인하여 당해 행정처분을 기초로 새로 형성된 제3자의 권리관계에 변동을 초래하는 경우가 있다 하더라도 이는 취소판결 자체의 형성력에 기한 것이 아니라 취소판결의 위와 같은 의미에서의 제3자에 대한 효력의 반사적 효과로서 그 취소판결이 제3자의 권리관계에 대하여 그 변동을 초래할 수 있는 새로운 법률요건이 되는 까닭이라 할 것이다(대판 1986.8.19, 83다카2022).

③ 대판 2001.3.23, 99두5238
④ 취소 확정판결의 기속력은 판결의 주문 및 전제가 되는 처분 등의 구체적 위법사유에 관한 판단에도 미치나, 종전 처분이 판결에 의하여 취소되었더라도 종전 처분과 다른 사유를 들어서 새로이 처분을 하는 것은 기속력에 저촉되지 않는다(대판 2016.3.24, 2015두48235).

정답 ④

175. 취소판결의 기속력에 대한 설명으로 옳은 것은? (다툼이 있는 경우 판례에 의함) 15 국가직7급

① 취소소송이 기각되어 처분의 적법성이 확정된 이후에도 처분청은 당해 처분이 위법함을 이유로 직권취소할 수 있다.
② 거부처분 취소판결이 확정된 후, 사실심 변론종결 이후에 발생한 새로운 사유를 근거로 다시 거부처분을 하는 것은 기속력에 위반된다.
③ 행정청이 판결 확정 이후 상대방에 대해 재처분을 하였다면 그 처분이 기속력에 위반되는 경우라도 간접강제의 대상은 되지 않는다.
④ 기속력은 당해 취소소송의 당사자인 행정청에 대해서만 효력을 미치며, 그 밖의 다른 행정청은 기속하지 않는다.

해설 ➤ ㊦

① 행정소송법이 '처분등을 취소하는 확정판결'이라 하여 기속력이 발생하는 판결의 범위를 인용판결로 명시하고 있으므로(제30조 제1항), 청구기각판결의 경우에는 반복금지효가 인정되지 않는다.
② 확정판결의 당사자인 처분행정청은 그 행정소송의 사실심 변론종결 이후 발생한 새로운 사유를 내세워 다시 이전의 신청에 대하여 거부처분을 할 수 있으며, 그러한 처분도 이 조항에 규정된 재처분에 해당한다(대판 1999.12.28, 98두1895).
③ 거부처분에 대한 취소의 확정판결이 있음에도 행정청이 아무런 재처분을 하지 아니하거나, 재처분을 하였다 하더라도 그것이 종전 거부처분에 대한 취소의 확정판결의 기속력에 반하는 등으로 당연무효라면 이는 아무런 재처분을 하지 아니한 때와 마찬가지라 할 것이므로 이러한 경우에는 행정소송법 제30조 제2항, 제34조 제1항 등에 의한 간접강제신청에 필요한 요건을 갖춘 것으로 보아야 한다(대결 2002.12.11, 2002무22).
④ 처분등을 취소하는 확정판결은 당사자인 '행정청과 그 밖의 관계행정청'을 기속한다(행정소송법 제30조 제1항).

정답 ①

176. 취소소송에서의 기속력에 대한 설명으로 옳은 것은? (다툼이 있는 경우 판례에 의함) 16 국회직8급

① 처분청이 재처분을 하였더라도 기속력에 위반되는 경우에는 간접강제의 대상이 된다.
② 기속력은 취소소송의 인용판결은 물론 기각판결에 대하여서도 인정된다.
③ 원고의 신청을 거부하는 처분에 대해 취소판결이 확정되면 기속력의 결과 행정청은 원고의 신청을 인용하는 처분을 하여야 한다.
④ 제3자효행정처분에서 절차의 하자를 이유로 원고가 취소확정판결을 받은 경우 당해 처분청은 원처분과 동일한 처분을 할 수 없다.
⑤ 취소판결의 기속력은 판결의 주문(主文)에 대하여서만 발생한다.

해설 ➤ 下

① 대결 2002.12.11, 2002무22
② 기판력과 달리 기속력과 형성력은 인용판결에만 인정된다.
③④ 행정소송법 제30조 제2항의 규정에 의하면 행정청의 거부처분을 취소하는 판결이 확정된 때에는 그 처분을 행한 행정청이 판결의 취지에 따라 이전의 신청에 대하여 재처분할 의무가 있으나, 이때 확정판결의 당사자인 처분행정청은 그 확정판결에서 적시된 위법사유를 보완하여 새로운 처분을 할 수 있다(대판 2005.1.14, 2003두13045).
⑤ 행정소송법 제30조 제1항에 의하여 인정되는 취소소송에서 처분등을 취소하는 확정판결의 기속력은 주로 판결의 실효성 확보를 위하여 인정되는 효력으로서 판결의 주문뿐만 아니라 그 전제가 되는 처분등의 구체적 위법사유에 관한 이유 중의 판단에 대하여도 인정되고, 같은조 제2항의 규정상 특히 거부처분에 대한 취소판결이 확정된 경우에는 그 처분을 행한 행정청은 판결의 취지에 따라 다시 처분을 하여야 할 의무를 부담하게 되므로, 취소소송에서 소송의 대상이 된 거부처분을 실체법상의 위법사유에 기하여 취소하는 판결이 확정된 경우에는 당해 거부처분을 한 행정청은 원칙적으로 신청을 인용하는 처분을 하여야 하고, 사실심 변론종결 이전의 사유를 내세워 다시 거부처분을 하는 것은 확정판결의 기속력에 저촉되어 허용되지 아니한다(대판 2001.3.23, 99두5238).

정답 ①

177. 甲은 관할 A행정청에 토지형질변경허가를 신청하였으나 A행정청은 허가를 거부하였다. 이에 甲은 거부처분취소소송을 제기하여 재량의 일탈·남용을 이유로 취소판결을 받았고, 그 판결은 확정되었다. 이에 대한 설명으로 옳은 것은? (다툼이 있는 경우 판례에 의함) 19 국가직9급

① A행정청이 거부처분 이전에 이미 존재하였던 사유 중 거부처분 사유와 기본적 사실관계의 동일성이 없는 사유를 근거로 다시 거부처분을 하는 것은 허용되지 않는다.
② A행정청이 재처분을 하였더라도 취소판결의 기속력에 저촉되는 경우에는 甲은 간접강제를 신청할 수 있다.
③ A행정청의 재처분이 취소판결의 기속력에 저촉되더라도 당연무효는 아니고 취소사유가 될 뿐이다.
④ A행정청이 간접강제결정에서 정한 의무이행 기한 내에 재처분을 이행하지 않아 배상금이 이미 발생한 경우에는 그 이후에 재처분을 이행하더라도 甲은 배상금을 추심할 수 있다.

해설 ➤ 下

① 취소 확정판결의 기속력은 판결의 주문 및 전제가 되는 처분 등의 구체적 위법사유에 관한 판단에도 미치나, 종전 처분이 판결에 의하여 취소되었더라도 종전 처분과 다른 사유를 들어서 새로이 처분을 하는 것은 기속력에 저촉되지 않는다(대판 2016.3.24, 2015두48235).
② 거부처분에 대한 취소의 확정판결이 있음에도 행정청이 아무런 재처분을 하지 아니하거나, 재처분을 하였다 하더라도 그것이 종전 거부처분에 대한 취소의 확정판결의 기속력에 반하는 등으로 당연무효라면 이는 아무런 재처분을 하지 아니한 때와 마찬가지라 할 것이므로 이러한 경우에는 행정소송법 제30조 제2항, 제34조 제1항 등에 의한 간접강제신청에 필요한 요건을 갖춘 것으로 보아야 한다(대결 2002.12.11, 2002무22).
③ 어떠한 행정처분에 위법한 하자가 있다는 이유로 그 취소를 소구한 행정소송에서 그 행정처분을 취소하는 판결이 선고되어 확정된 경우에 처분행정청이 그 행정소송의 사실심변론종결 이전의 사유를 내세워 다시 확정판결에 저촉되는 행정처분을 하는 것은 확정판결의 기판력에 저촉되어 허용될 수 없고 이와 같은 행정처분은 그 하자가 명백하고 중대한 경우에 해당되어 당연무효이다(대판 1989.9.12, 89누985).
④ 특별한 사정이 없는 한 간접강제결정에서 정한 의무이행기한이 경과한 후에라도 확정판결의 취지에 따른 재처분의 이행이 있으면 배상금을 추심함으로써 심리적 강제를 꾀할 목적이 상실되어 처분상대방이 더 이상 배상금을 추심하는 것은 허용되지 않는다(대판 2004.1.15, 2002두2444).

정답 ②

178. 기속력 등에 대한 설명으로 옳지 않은 것은? (다툼이 있는 경우 판례에 의함) 19 국회직8급

① 절차상 하자로 인하여 무효인 행정처분이 있은 후 행정청이 관계 법령에서 정한 절차를 갖추어 다시 동일한 행정처분을 하였다면 당해 행정처분은 종전의 무효인 행정처분과 관계없이 새로운 행정처분이라고 보아야 한다.
② 갑 시장이 A 주식회사의 공동주택 건립을 위한 주택건설사업계획승인 신청에 대하여 미디어밸리 조성을 위한 시가화 예정 지역이라는 이유로 거부하자 A 주식회사가 거부처분취소소송을 제기하여 승소확정판결을 받았고 이후 갑 시장이 해당 토지 일대가 개발행위허가 제한지역으로 지정되었다는 이유로 다시 거부하는 처분을 한 사안에서 재거부처분은 종전 거부처분을 취소한 확정판결의 기속력에 반하는 것은 아니다.
③ 제3자효 행정처분의 취소소송에서 절차의 하자로 취소의 확정판결이 있은 경우 당해 행정청은 재처분의무가 있다.
④ 행정행위 중 신청에 의한 처분의 경우에는 신청에 대하여 일단 거부처분이 행하여지면 그 거부처분이 적법한 절차에 의하여 취소되지 않는 한 사유를 추가하여 거부처분을 반복하는 것은 취소의 흠이 있는 거부처분이 반복되는 것이 된다.
⑤ 행정청의 거부처분을 취소하는 판결이 확정된 경우 확정판결의 당사자인 처분 행정청은 그 행정소송의 사실심 변론종결 이후 발생한 새로운 사유를 내세워 다시 이전의 신청에 대하여 거부처분을 할 수 있다.

해설 ➤ 中

① 대판 2014.3.13, 2012두1006
② 대판 2011.10.27, 2011두14401
③ 거부처분이 절차상 위법을 이유로 취소된 경우에는 적법한 절차를 거쳐 재처분을 하여야 한다. 이 경우 거부처분은, 다만 절차상의 위법을 이유로 취소된 것이므로 행정청은 적법한 절차에 따라 실체적 요건을 심사하여 신청된 대로 처분을 할 수도 있고 다시 거부처분을 할 수도 있다.
④ 신청에 의한 처분의 경우에는 신청에 대하여 일단 거부처분이 행해지면 그 거부처분이 적법한 절차에 의하여 취소되지 않는 한, 사유를 추가하여 거부처분을 반복하는 것은 존재하지도 않는 신청에 대한 거부처분으로서 당연무효이다(대판 1999.12.28, 98두1895).
⑤ 대판 1999.12.28, 98두1895

정답 ④

179. 판결의 기속력에 대한 설명으로 옳지 않은 것은? (다툼이 있는 경우 판례에 의함) 20 국회직8급

① 거부처분이 있은 후 법령이 개정되어 시행된 경우에는 개정된 법령과 그에 따른 기준을 새로운 사유로 들어 다시 거부처분을 하더라도 기속력에 반하는 것은 아니다.
② 기속력의 주관적 범위는 그 사건에 관하여 당사자인 행정청과 그 밖의 관계행정청에 미친다.
③ 거부처분취소소송에서 재처분의무의 실효성을 확보하기 위한 간접강제제도는 부작위위법확인소송에도 준용된다.
④ 기속력의 객관적 범위는 판결의 주문과 판결이유 중에 설시된 개개의 위법사유 및 간접사실이다.
⑤ 기속력을 위반한 행정청의 행위는 당연무효이다.

해설 ➤ 下

① 대결 1998.1.7, 97두22
② 행정소송법 제30조 제1항
③ 같은 법 제38조에 의해 준용되는 제34조
④ 기속력은 판결의 취지에 따라 행정청을 구속하는 효력인데, 판결의 취지는 처분이 위법이라는 것을 인정하는 판결의 주문과 전제가 된 요건사실 및 판결이유 중에 설시된 개개의 위법사유를 포함한다. 그러나 판결의 결론과 직접 관계없는 방론(傍論)이나 간접사실에는 미치지 아니한다.
⑤ 대판 1989.9.12, 89누985

정답 ④

180. **취소판결의 기속력에 대한 설명으로 옳은 것(○)과 옳지 않은 것(×)을 바르게 연결한 것은? (다툼이 있는 경우 판례에 의함)** 21 국가직7급

> ㄱ. 취소 확정판결의 기속력은 판결의 주문(主文)에 대해서만 발생하며, 처분의 구체적 위법사유에 대해서는 발생하지 않는다.
> ㄴ. 처분청이 재처분을 하였는데 종전 거부처분에 대한 취소 확정판결의 기속력에 반하는 경우에는 간접강제의 대상이 될 수 있다.
> ㄷ. 취소 확정판결의 기속력에 대한 규정은 무효확인판결에도 준용되므로, 무효확인판결의 취지에 따른 처분을 하지 아니할 때에는 1심 수소법원은 간접강제결정을 할 수 있다.
> ㄹ. 특별한 사정이 없는 한 간접강제결정에서 정한 의무이행기한이 경과한 후에라도 확정판결의 취지에 따른 재처분의 이행이 있으면 더 이상 배상금의 추심은 허용되지 않는다.

	ㄱ	ㄴ	ㄷ	ㄹ
①	○	×	○	○
②	×	○	×	○
③	×	○	×	×
④	×	×	○	○

해설 中

ㄱ 행정소송법 제30조 제1항에 의하여 인정되는 취소소송에서 처분등을 취소하는 확정판결의 기속력은 주로 판결의 실효성 확보를 위하여 인정되는 효력으로서 판결의 주문뿐만 아니라 그 전제가 되는 처분등의 구체적 위법사유에 관한 이유 중의 판단에 대하여도 인정되고, 같은조 제2항의 규정상 특히 거부처분에 대한 취소판결이 확정된 경우에는 그 처분을 행한 행정청은 판결의 취지에 따라 다시 처분을 하여야 할 의무를 부담하게 되므로, 취소소송에서 소송의 대상이 된 거부처분을 실체법상의 위법사유에 기하여 취소하는 판결이 확정된 경우에는 당해 거부처분을 한 행정청은 원칙적으로 신청을 인용하는 처분을 하여야 하고, 사실심 변론종결 이전의 사유를 내세워 다시 거부처분을 하는 것은 확정판결의 기속력에 저촉되어 허용되지 아니한다(대판 2001.3.23, 99두5238).
ㄴ 대결 2002.12.11, 2002무22
ㄷ 행정소송법 제38조 제1항이 무효확인 판결에 관하여 취소판결에 관한 규정을 준용함에 있어서 같은 법 제30조 제2항을 준용한다고 규정하면서도 같은 법 제34조는 이를 준용한다는 규정을 두지 않고 있으므로, 행정처분에 대하여 무효확인 판결이 내려진 경우에는 그 행정처분이 거부처분인 경우에도 행정청에 판결의 취지에 따른 재처분의무가 인정될 뿐 그에 대하여 간접강제까지 허용되는 것은 아니라고 할 것이다(대결 1998.12.24, 98무37).
ㄹ 대판 2004.1.15, 2002두2444

정답 ②

제3목 그밖의 항고소송

181. 무효등확인소송에 대한 설명으로 옳지 않은 것은? (다툼이 있는 경우 판례에 의함) 17 국회직8급

① 처분 등을 취소하는 확정판결의 기속력 및 행정청의 재처분의무에 관한 「행정소송법」 제30조가 무효확인소송에도 준용되므로 무효확인판결 자체만으로도 실효성이 확보될 수 있다.
② 거부처분에 대해서 무효확인판결이 내려진 경우에는 당해 행정청에 판결의 취지에 따른 재처분의무가 인정됨은 물론 간접강제도 허용된다.
③ 행정처분의 근거법률에 의하여 보호되는 직접적·구체적인 이익이 있는 경우에는 「행정소송법」 제35조에 규정된 '무효확인을 구할 법률상 이익'이 있다고 보아야 하며, 이와 별도로 무효확인소송의 보충성이 요구되는 것은 아니므로 행정처분의 무효를 전제로 한 이행소송 등과 같은 직접적인 구제수단이 있는지 여부를 따질 필요가 없다.
④ 행정처분의 당연무효를 주장하여 그 무효확인을 구하는 행정소송에 있어서는 원고에게 그 행정처분이 무효인 사유를 주장·입증할 책임이 있다.
⑤ 압류등기가 말소된다고 하여도 압류처분이 외형적으로 효력이 있는 것처럼 존재하는 이상, 압류처분에 기한 압류등기가 경료되어 있는 경우에도 압류처분의 무효확인을 구할 이익이 있다.

해설 ➤ 中

①③ 대판(전합) 2008.3.20, 2007두6342
② 행정소송법 제38조 제1항이 무효확인 판결에 관하여 취소판결에 관한 규정을 준용함에 있어서 같은 법 제30조 제2항을 준용한다고 규정하면서도 같은 법 제34조는 이를 준용한다는 규정을 두지 않고 있으므로, 행정처분에 대하여 무효확인 판결이 내려진 경우에는 그 행정처분이 거부처분인 경우에도 행정청에 판결의 취지에 따른 재처분의무가 인정될 뿐 그에 대하여 간접강제까지 허용되는 것은 아니라고 할 것이다(대결 1998.12.24, 98무37).

④ 대판 1992.3.10, 91누6030
⑤ 대판 2003.5.16, 2002두3669

정답 ②

182. 갑은 단순위법인 취소사유가 있는 A처분에 대하여 「행정소송법」상 무효확인소송을 제기하였다. 이에 대한 설명으로 옳은 것은? (다툼이 있는 경우 판례에 의함) 19 지방직7급

① 무효확인소송에 A처분의 취소를 구하는 취지도 포함되어 있고 무효확인소송이 「행정소송법」상 취소소송의 적법요건을 갖추었다 하더라도, 법원은 A처분에 대한 취소판결을 할 수 없다.
② 무효확인소송이 「행정소송법」상 취소소송의 적법한 제소기간 안에 제기되었더라도, 적법한 제소기간 이후에는 A처분의 취소를 구하는 소를 추가적·예비적으로 병합하여 제기할 수 없다.
③ 갑이 무효확인소송의 제기 전에 이미 A처분의 위법을 이유로 국가배상청구소송을 제기하였다면, 무효확인소송의 수소법원은 갑의 무효확인소송을 국가배상청구소송이 계속된 법원으로 이송·병합할 수 있다.
④ 갑이 무효확인소송의 제기 당시에 원고적격을 갖추었더라도 상고심 중에 원고적격을 상실하면 그 소는 부적법한 것이 된다.

해설 ➤ 中

① 행정처분의 당연무효를 선언하는 의미에서 그 취소를 청구하는 행정소송을 제기한 경우에도 전심절차와 제소기간의 준수 등 취소소송의 제소요건을 갖추어야 한다(대판 1990.12.26, 90누6279).
② 주된 청구인 무효확인의 소가 적법한 제소기간 내에 제기되었다면 추가로 병합된 취소청구의 소도 적법하게 제기된 것으로 봄이 상당하다(대판 2005.12.23, 2005두3554).

③ 취소소송과 관련청구소송이 각각 다른 법원에 계속되고 있는 경우에 관련청구소송이 계속된 법원이 상당하다고 인정할 때에는 당사자의 신청 또는 직권에 의하여 이를 취소소송이 계속된 법원으로 이송하는 것을 말한다(제10조 제1항).
④ 대판 2007.4.12, 2004두7924

정답 ④

183. 부작위위법확인소송에 대한 설명으로 옳지 않은 것은? (다툼이 있는 경우 판례에 의함) 18 국회직8급

① 부작위위법확인의 소는 부작위상태가 계속되는 한 그 위법의 확인을 구할 이익이 있다고 보아야 하므로 원칙적으로 제소기간의 제한을 받지 않으나, 행정심판 등 전심절차를 거친 경우에는 「행정소송법」 제20조가 정한 제소기간 내에 소를 제기해야 한다.
② 소제기의 전후를 통하여 판결시까지 행정청이 그 신청에 대하여 적극 또는 소극의 처분을 함으로써 부작위상태가 해소된 때에는 소의 이익을 상실하게 되어 당해 소는 각하를 면할 수가 없다.
③ 행정청에 대하여 어떠한 행정처분을 하여 줄 것을 요청할 수 있는 법규상 또는 조리상의 권리를 갖는 자만이 제기할 수 있다.
④ 법원은 단순히 행정청의 방치행위의 적부에 관한 절차적 심리만 하는 게 아니라, 신청의 실체적 내용이 이유 있는지도 심리하며 그에 대한 적정한 처리방향에 관한 법률적 판단을 해야 한다.
⑤ 부작위위법확인소송에는 취소판결의 사정판결규정은 준용되지 않지만 제3자효, 기속력, 간접강제에 관한 규정은 준용된다.

해설 ➤ 中

① 대판 2009.7.23, 2008두10560
② 소제기의 전후를 통하여 판결시까지 행정청이 그 신청에 대하여 적극 또는 소극의 처분을 함으로써 부작위상태가 해소된 때에는 소의 이익을 상실하게 되어 당해 소는 각하를 면할 수가 없는 것이다(대판 1990.9.25, 89누4758).
③ 대판 2000.2.25, 99두11455
④ 부작위위법확인소송의 심사권이 신청의 실체적 내용에까지 미칠 수 있을 것인가에 대해서는 소극설과 적극설이 대립하고 있다. 법원은 부작위의 위법여부만을 심리하는 데 그쳐야 하며, 행정청이 해야 할 처분의 내용까지 심리·판단할 수는 없다는 소극설(절차적 심리설)이 다수설·판례이다. 만일 실체적인 내용을 심리한다면 의무이행소송을 인정하는 결과가 되어 이를 도입하지 않고 부작위위법확인소송을 도입한 행정소송법의 법취지에 맞지 않는다는 것이다.
인용 판결의 기속력에 의하여 행정청으로 하여금 적극적이든 소극적이든 어떤 처분을 하도록 강제한 다음, 그에 대하여 불복이 있을 경우 그 처분을 다투게 함으로써 최종적으로는 당사자의 권리와 이익을 보호하려는 제도이므로, 당사자의 신청이 있은 이후 당사자에게 생긴 사정의 변화로 인하여 위 부작위가 위법하다는 확인을 받는다고 하더라도 종국적으로 침해되거나 방해받은 권리와 이익을 보호·구제받는 것이 불가능하게 되었다면 그 부작위가 위법하다는 확인을 구할 이익은 없다(대판 2002.6.28, 2000두4750).
⑤ 사정판결은 오직 취소소송에만 인정된다.

정답 ④

184. 부작위위법확인소송에 대한 설명으로 옳은 것은? (다툼이 있는 경우 판례에 의함) 20 국회직9급

① 부작위위법확인소송의 대상인 부작위의 성립요건으로는 거부처분의 경우와는 달리 당사자에게 처분을 구할 수 있는 법규상 또는 조리상의 신청권이 있어야 하는 것은 아니다.
② 소 제기 이후에 행정청이 상대방의 신청에 대하여 적극 또는 소극의 처분을 함으로써 부작위상태가 해소된 때에는 소의 이익을 상실하게 된다.
③ 부작위위법확인소송의 원고가 될 수 있는 자는 처분에 대한 신청을 한 자로서 부작위의 위법을 구할 사실상 이익이 있는 자이다.
④ 부작위위법확인의 소는 부작위상태가 계속되는 한 제소기간의 제한을 받지 않으며, 이는 「행정소송법」 제18조 제1항 단서(예외적 행정심판전치주의)에 따라 행정심판의 재결을 거친 경우에도 마찬가지이다.
⑤ 부작위위법확인소송 인용판결의 기속력으로서 재처분의무의 대상이 되는 처분은 당초 신청된 특정한 처분을 뜻한다.

해설 ➤ ㊥

① 신청권은 법령에 명시된 경우뿐만 아니라 법령의 해석상(조리상) 신청권이 있는 것으로 판단되는 경우도 포함된다. 한편, 대법원은 신청권을 원고적격의 문제임과 동시에 대상적격의 문제로 보고 있다.
부작위위법확인소송은 처분의 신청을 한 자로서 부작위의 위법의 확인을 구할 법률상 이익이 있는 자만이 제기할 수 있다 할 것이며, 이를 통하여 구하는 행정청의 응답행위는 행정소송법 제2조 제1항 제1호 소정의 처분에 관한 것이라야 하므로 당사자가 행정청에 대하여 어떠한 행정행위를 하여 줄 것을 신청하지 아니하였거나 그러한 신청을 하였더라도 당사자가 행정청에 대하여 그러한 행정행위를 하여 줄 것을 요구할 수 있는 법규상 또는 조리상의 권리를 갖고 있지 아니하든지 또는 행정청이 당사자의 신청에 대하여 거부처분을 한 경우에는 원고적격이 없거나 항고소송의 대상인 위법한 부작위가 있다고 볼 수 없어 그 부작위위법확인의 소는 부적법하다고 할 것이다(대판 2000.2.25, 99두11455).
② 대판 1990.9.25, 89누4758
③ 부작위위법확인소송은 처분의 신청을 한 자로서 부작위의 위법의 확인을 구할 법률상 이익이 있는 자만이 제기할 수 있다(행정소송법 제36조).
④ 행정심판 등 전심절차를 거친 경우에는 행정소송법 제20조가 정한 제소기간 내에 부작위위법확인의 소를 제기하여야 할 것이다(대판 2009.7.23, 2008두10560).
⑤ 적극적 처분의무의 내용은 부작위위법확인소송의 심리범위와 관련된다. 통설·판례인 절차적 심리설을 취하면 기속행위의 경우에도 행정청은 판결의 취지에 따라, 다만 어떠한 내용(예 원고의 신청을 받아들이는 적극적인 처분, 원고의 신청을 기각하는 처분, 제3자에 대한 적극적 처분)의 것이든 처분을 하기만 하면 된다는 소극설을 취하게 된다. 이에 반해 실체적 심리설을 취하는 경우 이전의 신청에 대한 처분이란 당초 신청된 특정한 처분을 뜻하는 것으로 보는 적극설을 취하게 된다.

정답 ②

185. 「행정소송법」상 부작위위법확인소송에 대한 설명으로 옳지 않은 것은? (다툼이 있는 경우 판례에 의함)

20 국가직9급

① 어떠한 처분에 대하여 그 근거 법률에서 행정소송 이외의 다른 절차에 의하여 불복할 것을 예정하고 있는 경우, 그 처분이 「행정소송법」상 처분의 개념에 해당한다고 하더라도 그 처분의 부작위는 부작위위법확인소송의 대상이 될 수 없다.
② 어떠한 행정처분에 대한 법규상 또는 조리상의 신청권이 인정되지 않는 경우, 그 처분의 신청에 대한 행정청의 무응답이 위법하다고 하여 제기된 부작위위법확인소송은 적법하지 않다.
③ 취소소송의 제소기간에 관한 규정은 부작위위법확인소송에 준용되지 않으므로 행정심판 등 전심절차를 거친 경우에도 부작위위법확인소송에 있어서는 제소기간의 제한을 받지 않는다.
④ 처분의 신청 후에 원고에게 생긴 사정의 변화로 인하여, 그 처분에 대한 부작위가 위법하다는 확인을 받아도 종국적으로 침해되거나 방해받은 원고의 권리·이익을 보호·구제받는 것이 불가능하게 되었다면, 법원은 각하판결을 내려야 한다.

해설 ➤ ㊦

① 대판 2000.3.28, 99두11264
② 대판 2000.2.25, 99두11455
③ 행정심판 등 전심절차를 거친 경우에는 행정소송법 제20조가 정한 제소기간 내에 부작위위법확인의 소를 제기하여야 할 것이다(대판 2009.7.23, 2008두10560).
④ 대판 2002.6.28, 2000두4750

정답 ③

186. 부작위위법확인소송에 대한 설명으로 옳지 않은 것은? (다툼이 있는 경우 판례에 의함) '22 국가직7급

① 부작위위법확인소송은 처분의 신청을 한 자로서 부작위의 위법의 확인을 구할 법률상의 이익이 있는 자만이 제기할 수 있다.
② 당사자가 행정청에 대하여 어떠한 행정처분을 하여 줄 것을 요청할 수 있는 법규상 또는 조리상의 권리를 갖고 있지 아니한 경우에 제기한 부작위위법확인의 소는 부적법하다.
③ 부작위위법확인소송의 경우 사실심의 구두변론종결시점의 법적·사실적 상황을 근거로 행정청의 부작위의 위법성을 판단하여야 한다.
④ 부작위위법확인소송은 행정심판 등 전심절차를 거친 경우라 하더라도 행정소송법 제20조가 정한 제소기간 내에 제기해야 하는 것은 아니다.

해설 ➤ 下

① 행정소송법 제36조
② 부작위위법확인소송은 처분의 신청을 한 자로서 부작위의 위법의 확인을 구할 법률상 이익이 있는 자만이 제기할 수 있다 할 것이며, 이를 통하여 구하는 행정청의 응답행위는 행정소송법 제2조 제1항 제1호 소정의 처분에 관한 것이라야 하므로 당사자가 행정청에 대하여 어떠한 행정행위를 하여 줄 것을 신청하지 아니하였거나 그러한 신청을 하였더라도 당사자가 행정청에 대하여 그러한 행정행위를 하여 줄 것을 요구할 수 있는 법규상 또는 조리상의 권리를 갖고 있지 아니하든지 또는 행정청이 당사자의 신청에 대하여 거부처분을 한 경우에는 원고적격이 없거나 항고소송의 대상인 위법한 부작위가 있다고 볼 수 없어 그 부작위위법확인의 소는 부적법하다고 할 것이다(대판 2000.2.25, 99두11455).
③ 부작위 위법 여부의 판단 기준시는 사실심의 구두변론종결시이므로 행정청이 원심판결선고 이후에 위 신고인의 위 신청에 대하여 거부처분을 함으로써 부작위 상태가 해소되었다 하더라도 달리 볼 것은 아니다(대판 1999.4.9, 98두12437).
④ 부작위위법확인의 소는 부작위상태가 계속되는 한 그 위법의 확인을 구할 이익이 있다고 보아야 하므로 원칙적으로 제소기간의 제한을 받지 않으나, 행정소송법 제38조 제2항이 제소기간을 규정한 같은법 제20조를 부작위위법확인소송에 준용하고 있는 점에 비추어 보면, 행정심판 등 전심절차를 거친 경우에는 행정소송법 제20조가 정한 제소기간 내에 부작위위법확인의 소를 제기하여야 할 것이다(대판 2009.7.23, 2008두10560).

정답 ④

187. 부작위위법확인판결의 효력에 대한 설명으로 옳지 않은 것은? 15 국가직7급

① 부작위위법확인판결에는 취소판결의 기속력에 관한 규정과 거부처분취소판결의 간접강제에 관한 규정이 준용된다.
② 실체적 심리설(특정처분의무설)에 의하면, 부작위위법확인소송의 인용판결에 실질적 기속력이 부인되게 된다.
③ 절차적 심리설(응답의무설)에 의하면, 부작위위법확인소송의 인용판결의 경우에 행정청이 신청에 대한 가부의 응답만 하여도 「행정소송법」 제2조 제1항 제2호의 '일정한 처분'을 취한 것이 된다.
④ 절차적 심리설(응답의무설)에 의하면, 신청의 대상이 기속행위인 경우에 행정청이 거부처분을 하여도 재처분의무를 이행한 것이 된다.

해설 ➤ 中

② 부작위위법확인소송의 심사권이 신청의 실체적 내용에까지 미칠 수 있을 것인가에 대해서는 소극설과 적극설이 대립하고 있다. 적극설(실체적 심리설)은 법원은 부작위의 위법 여부만이 아니라 신청의 실체적인 내용이 이유 있는 것인가, 즉 행정청의 특정 작위의무의 존재까지도 심리하여 행정청의 처리방향까지 제시해야 한다는 견해이다. 이 견해에 따르면 부작위위법확인소송의 인용판결에 실질적 기속력이 인정된다.
③④ 소극설(절차적 심리설)은 법원은 부작위의 위법여부만을 심리하는 데 그쳐야 하며, 행정청이 해야 할 처분의 내용까지 심리·판단할 수는 없다는 견해로서 다수설·판례이다. 만일 실체적인 내용을 심리한다면 의무이행소송을 인정하는 결과가 되어 이를 도입하지 않고 부작위위법확인소송을 도입한 행정소송법의 법취지에 맞지 않는다는 것이다. 통설과 판례는 절차적 심리설을 취하고 있다.
인용 판결의 기속력에 의하여 행정청으로 하여금 적극적이든 소극적이든 어떤 처분을 하도록 강제한 다음, 그에 대하여 불복이 있을 경우 그 처분을 다투게 함으로써 최종적으로는 당사자의 권리와 이익을 보호하려는 제도이므로, 당사자의 신청이 있은 이후 당사자에게 생긴 사정의 변화로 인하여 위 부작위가 위법하다는 확인을 받는다고 하더라도 종국적으로 침해되거나 방해받은 권리와 이익을 보호·구제받는 것이 불가능하게 되었다면 그 부작위가 위법하다는 확인을 구할 이익은 없다(대판 2002.6.28, 2000두4750).

정답 ②

제3항 당사자소송

188. 다음 중 판례상 당사자소송이 아닌 것은? 15 국회직8급

① 광주민주화운동 관련 보상금 지급에 관한 소송
② 공무원 연금법령 개정으로 퇴직연금 중 일부 금액의 지급이 정지되어서 미지급된 퇴직연금의 지급을 구하는 소송
③ 「도시 및 주거환경정비법」상의 주택재건축정비사업조합을 상대로 관리처분계획안에 대한 조합총회 결의의 효력을 다투는 소송
④ 공무원연금관리공단의 급여결정에 관한 소송
⑤ 한국전력공사가 텔레비전 방송수신료 징수권한이 있는지 여부를 다투는 소송

해설 ➢ 中

① 광주민주화운동관련자보상등에관한법률에 의거하여 관련자 및 유족들이 갖게 되는 보상 등에 관한 권리는 헌법 제23조 제3항에 따른 재산권 침해에 대한 손실보상청구나 국가배상법에 따른 손해배상청구와는 그 성질을 달리하는 것으로서 법률이 특별히 인정하고 있는 공법상의 권리라고 하여야 할 것이므로 그에 관한 소송은 행정소송법 제3조 제2호 소정의 당사자소송에 의하여야 할 것이며 보상금 등의 지급에 관한 법률관계의 주체는 대한민국이다(대판 1992.12.24, 92누3335).
② 미지급퇴직연금에 대한 지급청구권은 공법상 권리로서 그의 지급을 구하는 소송은 공법상의 법률관계에 관한 소송인 공법상 당사자소송에 해당한다(대판 2004.7.8, 2004두244).
③ 행정주체인 재건축조합을 상대로 관리처분계획안에 대한 조합 총회결의의 효력 등을 다투는 소송은 행정처분에 이르는 절차적 요건의 존부나 효력 유무에 관한 소송으로서 그 소송결과에 따라 행정처분의 위법 여부에 직접 영향을 미치는 공법상 법률관계에 관한 것이므로, 이는 행정소송법상의 당사자소송에 해당한다[대판(전합) 2009.9.17, 2007다2428].
④ 공무원연금관리공단의 급여에 관한 결정은 국민의 권리에 직접 영향을 미치는 것이어서 행정처분에 해당하고, 공무원연금관리공단의 급여결정에 불복하는 자는 공무원연금급여재심위원회의 심사결정을 거쳐 공무원연금관리공단의 급여결정을 대상으로 행정소송을 제기하여야 한다(대판 1996.12.6, 96누6417).
⑤ 수신료의 법적 성격, 피고 보조참가인의 수신료 강제징수권의 내용 등에 비추어 보면 수신료 부과행위는 공권력의 행사에 해당하므로, 피고가 피고 보조참가인으로부터 수신료의 징수업무를 위탁받아 자신의 고유업무와 관련된 고지행위와 결합하여 수신료를 징수할 권한이 있는지 여부를 다투는 이 사건 쟁송은 민사소송이 아니라 공법상의 법률관계를 대상으로 하는 것으로서 행정소송법 제3조 제2호에 규정된 당사자소송에 의하여야 한다고 봄이 상당하다(대판 2008.7.24, 2007다25261).

정답 ④

189. 당사자소송에 해당하지 않는 것은? (다툼이 있는 경우 판례에 의함) 15 국가직9급

① 국가를 상대로 하는 납세의무자의 부가가치세 환급세액 지급청구소송
② 「국가를 당사자로 하는 계약에 관한 법률」에 따른 입찰보증금 국고귀속조치의 취소를 구하는 소송
③ 공무원 퇴직자가 미지급 퇴직연금에 대한 지급을 구하는 소송
④ 지방자치단체가 보조금 지급결정을 하면서 일정 기한 내에 보조금을 반환하도록 하는 교부조건을 부가한 경우, 보조금을 교부받은 사업자에 대한 지방자치단체의 보조금반환청구소송

해설 ➢ 中

① 납세의무자에 대한 국가의 부가가치세 환급세액 지급의무는 그 납세의무자로부터 어느 과세기간에 과다하게 거래징수된 세액 상당을 국가가 실제로 납부받았는지 여부와 관계없이 부가가치세법령의 규정에 의하여 직접 발생하는 것으로서, 그 법적 성질은 정의와 공평의 관념에서 수익자와 손실자 사이의 재산상태 조정을 위해 인정되는 부당이득 반환의무가 아니라 부가가치세법령에 의하여 그 존부나 범위가 구체적으로 확정되고 조세 정책적 관점에서 특별히 인정되는 공법상 의무라고 봄이 타당하다. 그렇다면 납세의무자에 대한 국가의 부가가치세 환급세액 지급의무에 대응하는 국가에 대한 납세의무자의 부가가치세 환급세액 지급청구는 민사소송이 아니라 행정소송법 제3조 제2호에 규정된 당사자소송의 절차에 따라야 한다[대판(전원합의체) 2013.3.21, 2011다95564].
② 예산회계법에 따라 체결되는 계약은 사법상의 계약이라고 할 것이고 동법 제70조의5의 입찰보증금은 낙찰자의 계약체결의무이행의 확보를

목적으로 하여 그 불이행 시에 이를 국고에 귀속시켜 국가의 손해를 전보하는 사법상의 손해배상예정으로서의 성질을 갖는 것이라고 할 것이므로 입찰보증금의 국고귀속조치는 국가가 사법상의 재산권의 주체로서 행위하는 것이지 공권력을 행사하는 것이거나 공권력작용과 일체성을 가진 것이 아니라 할 것이므로 이에 관한 분쟁은 행정소송이 아닌 민사소송의 대상이 될 수밖에 없다고 할 것이다(대판 1983.12.27, 81누366).

③ 공무원연금관리공단의 인정에 의하여 퇴직연금을 지급받아 오던 중 구 공무원연금법령의 개정 등으로 퇴직연금 중 일부 금액의 지급이 정지된 경우에는 당연히 개정된 법령에 따라 퇴직연금이 확정되는 것이지 같은법 제26조 제1항에 정해진 공무원연금관리공단의 퇴직연금결정과 통지에 의하여 비로소 그 금액이 확정되는 것이 아니므로, 공무원연금관리공단이 퇴직연금 중 일부 금액에 대하여 지급거부의 의사표시를 하였다고 하더라도 그 의사표시는 퇴직연금청구권을 형성·확정하는 행정처분이 아니라 공법상의 법률관계의 한쪽 당사자로서 그 지급의무의 존부 및 범위에 관하여 나름대로의 사실상·법률상 의견을 밝힌 것일 뿐이어서, 이를 행정처분이라고 볼 수는 없고, 이 경우 미지급퇴직연금에 대한 지급청구권은 공법상 권리로서 그의 지급을 구하는 소송은 공법상의 법률관계에 관한 소송인 공법상 당사자소송에 해당한다(대판 2004.7.8, 2004두244).

④ 지방자치단체가 보조금 지급결정을 하면서 일정 기한 내에 보조금을 반환하도록 하는 교부조건을 부가한 사안에서, 보조사업자의 지방자치단체에 대한 보조금 반환의무는 행정처분인 위 보조금 지급결정에 부가된 부관상 의무이고, 이러한 부관상 의무는 보조사업자가 지방자치단체에 부담하는 공법상 의무이므로, 보조사업자에 대한 지방자치단체의 보조금반환청구는 공법상 권리관계의 일방 당사자를 상대로 하여 공법상 의무이행을 구하는 청구로서 행정소송법 제3조 제2호에 규정한 당사자소송의 대상이다(대판 2011.6.9, 2011다2951).

정답 ②

190. 공법상 당사자소송에 해당하는 것만을 모두 고른 것은? (다툼이 있는 경우 판례에 의함) 15 지방직7급

ㄱ. 과세처분의 무효를 원인으로 하는 조세환급청구소송
ㄴ. 부가가치세 환급청구소송
ㄷ. 재개발조합의 관리처분계획의 취소를 구하는 소송
ㄹ. 「민주화운동 관련자 명예회복 및 보상 등에 관한 법률」에 따른 보상심의위원회의 결정을 다투는 소송
ㅁ. 「공익사업을 위한 토지 등의 취득 및 보상에 관한 법률」상의 주거이전비 보상청구소송

① ㄱ, ㄷ
② ㄱ, ㄹ, ㅁ
③ ㄴ, ㅁ
④ ㄴ, ㄹ, ㅁ

해설 中

ㄱ 조세부과처분이 무효임을 전제로 하여 이미 납부한 세금의 반환을 청구하는 것은 민사상의 부당이득반환청구로서 민사소송절차에 따라야 한다(대판 1991.2.6, 90프2).

ㄴ 납세의무자에 대한 국가의 부가가치세 환급세액 지급의무에 대응하는 국가에 대한 납세의무자의 부가가치세 환급세액 지급청구는 민사소송이 아니라 행정소송법 제3조 제2호에 규정된 당사자소송의 절차에 따라야 한다[대판(전합) 2013.3.21, 2011다95564].

ㄷ 관리처분계획은 토지 등의 소유자에게 구체적이고 결정적인 영향을 미치는 것으로서 조합이 행한 처분에 해당하므로 항고소송의 방법으로 그 무효확인이나 취소를 구할 수 있다(대판 2002.12.10, 2001두6333).

ㄹ 관련자 등으로서 보상금 등을 지급받고자 하는 신청에 대하여 보상심의위원회가 관련자 해당 요건의 전부 또는 일부를 인정하지 아니하여 보상금 등의 지급을 기각하는 결정을 한 경우에는 신청인은 보상심의위원회를 상대로 그 결정의 취소를 구하는 소송을 제기하여 보상금 등의 지급대상자가 될 수 있다[대판(전합) 2008.4.17, 2005두16185].

ㅁ 주거이전비 보상청구권은 그 요건을 충족하는 경우에 당연히 발생되는 것이므로, 주거이전비 보상청구소송은 행정소송법 제3조 제2호에 규정된 당사자소송에 의하여야 할 것이다(대판 2008.5.29, 2007다8129).

정답 ③

191. 당사자소송에 관한 설명 중 옳지 않은 것은? (다툼이 있는 경우 판례에 의함) 17 서울시7급

① 형식적 당사자소송이란 실질적으로 행정청의 처분 등을 다투는 것이나 형식적으로는 처분 등의 효력을 다투지도 않고, 또한 처분청을 피고로 하지도 않고, 그 대신 처분 등으로 인해 형성된 법률관계를 다투기 위해 관련 법률관계의 일방 당사자를 피고로 하여 제기하는 소송을 말한다.
② 국가를 당사자 또는 참가인으로 하는 소송에서는 법무부장관이 국가를 대표하고, 지방자치단체를 당사자로 하는 소송에서는 지방자치단체의 장이 해당 지방자치단체를 대표한다.
③ 「행정소송법」 제8조 제2항에 의하면 행정소송에도 「민사소송법」의 규정이 일반적으로 준용되므로 법원으로서는 공법상 당사자소송에서 재산권의 청구를 인용하는 판결을 하는 경우 가집행선고를 할 수 있다.
④ 납세의무자에 대한 국가의 부가가치세 환급세액 지급의무에 대응하는 국가에 대한 납세의무자의 부가가치세 환급세액 지급청구는 당사자소송의 절차에 따르지 않아도 된다.

해설 ㊦

① 반면에 실질적 당사자소송이란 공법상의 법률관계에 관한 소송으로서 그 법률관계의 한쪽 당사자를 피고로 하는 소송을 말한다.
② 국가가 피고가 되는 때에는 법무부장관이 국가를 대표하고(「국가를 당사자로 하는 소송에 관한 법률」 제2조), 지방자치단체가 피고가 되는 때에는 당해 지방자치단체의 장이 대표한다(지방자치법 제114조).
③ 국가를 상대로 하는 당사자소송의 경우에는 가집행선고를 할 수 없다(행정소송법 제43조). 같은 내용의 규정을 둔 「소송촉진 등에 관한 특례법」 제6조 제1항 단서가 위헌으로 결정된 사실을 볼 때(헌재결 1989.1.25, 88헌가7), 이 조항 역시 위헌의 소지가 농후하다는 비판이 제기되었다. 2022년 2월 24일 헌법재판소는 해당 조항이 평등원칙에 위배되어 위헌이라고 결정함으로써 논란이 종결됐다. 따라서 현재 가집행선고의 대상은 제한 없이 가능하다.
한편, 위헌결정 이전에 대법원판례는 국민에 대한 가집행선고가 가능하다고 판시한 바 있다.
행정소송법 제8조 제2항에 의하면 행정소송에도 민사소송법의 규정이 일반적으로 준용되므로 법원으로서는 공법상 당사자소송에서 재산권의 청구를 인용하는 판결을 하는 경우 가집행선고를 할 수 있다(대판 2000.11.28, 99두3416).
④ 납세의무자에 대한 국가의 부가가치세 환급세액 지급의무는 그 납세의무자로부터 어느 과세기간에 과다하게 거래징수된 세액 상당을 국가가 실제로 납부받았는지 여부와 관계없이 부가가치세법령의 규정에 의하여 직접 발생하는 것으로서, 그 법적 성질은 정의와 공평의 관념에서 수익자와 손실자 사이의 재산상태 조정을 위해 인정되는 부당이득 반환의무가 아니라 부가가치세법령에 의하여 그 존부나 범위가 구체적으로 확정되고 조세 정책적 관점에서 특별히 인정되는 공법상 의무라고 봄이 타당하다. 그렇다면 납세의무자에 대한 국가의 부가가치세 환급세액 지급의무에 대응하는 국가에 대한 납세의무자의 부가가치세 환급세액 지급청구는 민사소송이 아니라 행정소송법 제3조 제2호에 규정된 당사자소송의 절차에 따라야 한다[대판(전합) 2013.3.21, 2011다95564].

정답 ④

192. 「행정소송법」상 당사자소송에 대한 설명으로 옳지 않은 것은? (다툼이 있는 경우 판례에 의함) 21 국회직9급

① 당사자소송은 국가·공공단체 그 밖의 권리주체를 피고로 한다.
② 당사자소송에 관하여 법령에 제소기간이 정하여져 있는 때에는 그 기간은 불변기간으로 한다.
③ 당사자소송의 판결은 기속력을 가진다.
④ 당사자소송에는 취소소송에 관한 직권심리 규정이 준용된다.
⑤ 당사자소송에 대하여는「민사집행법」상 가처분에 관한 규정을 적용할 수 없다.

해설 ㊦

① 제39조
② 제41조
③ 제30조 제1항
④ 제44조 제1항
⑤ 당사자소송에 대하여는 행정소송법 제8조 제2항에 따라 민사집행법상 가처분에 관한 규정이 준용되므로, 사업시행자는 민사집행법 제300조 제2항에 따라 현저한 손해를 피하기 위해 필요한 경우 '임시의 지위를 정하기 위한 가처분'을 통하여 공익사업을 신속하고 원활하게 수행할 수 있다(대판 2019.9.9, 2016다262550).

정답 ⑤

193. 당사자소송에 대한 설명으로 옳지 않은 것은? (다툼이 있는 경우 판례에 의함) 21 국가직7급

① 당사자소송에는 항고소송에서의 집행정지규정은 적용되지 않고 「민사집행법」상의 가처분규정은 준용된다.
② 지방자치단체가 보조금 지급결정을 하면서 일정 기한 내에 보조금을 반환하도록 교부 조건을 부가한 경우, 보조사업자에 대한 지방자치단체의 보조금반환청구는 당사자소송의 대상이 된다.
③ 국가에 대한 납세의무자의 부가가치세 환급세액 지급청구는 당사자소송이 아니라 민사소송의 절차에 따라야 한다.
④ 조세부과처분의 당연무효를 전제로 하여 이미 납부한 세금의 반환을 청구하는 것은 민사상 부당이득반환청구로서 당사자소송이 아니라 민사소송절차에 따른다.

해설 ➤ 中

① 대판 2019.9.9, 2016다262550
② 대판 2011.6.9, 2011다2951
③ 납세의무자에 대한 국가의 부가가치세 환급세액 지급의무에 대응하는 국가에 대한 납세의무자의 부가가치세 환급세액 지급청구는 민사소송이 아니라 행정소송법 제3조 제2호에 규정된 당사자소송의 절차에 따라야 한다[대판(전합) 2013.3.21, 2011다95564].
④ 조세부과처분이 무효임을 전제로 하여 이미 납부한 세금의 반환을 청구하는 것은 민사상의 부당이득반환청구로서 민사소송절차에 따라야 한다(대판 1991.2.6, 90프2).

정답 ③

194. 「행정소송법」상 당사자소송에 대한 설명으로 옳은 것만을 모두 고르면? (다툼이 있는 경우 판례에 의함) 20 지방직7급

ㄱ. 공법상 당사자소송에서 재산권의 청구를 인용하는 판결을 하는 경우 가집행선고를 할 수 있다.
ㄴ. 소송형태는 당사자소송의 형식을 취하지만 실질적으로는 처분 등의 효력을 다투는 항고소송의 성질을 가지는 소송은 현행법상 인정되지 아니한다.
ㄷ. 「도시 및 주거환경정비법」상 행정주체인 주택재건축정비사업조합을 상대로 관리처분계획안에 대한 조합 총회결의의 효력 등을 다투는 소송은 민사상 법률관계에 관한 것이므로 민사소송에 해당한다.
ㄹ. 「석탄산업법」과 관련하여 피재근로자는 석탄산업합리화사업단이 한 재해위로금 지급거부의 의사표시에 불복이 있는 경우 공법상의 당사자소송을 제기하여야 한다.

① ㄱ, ㄴ　　② ㄱ, ㄹ
③ ㄴ, ㄷ　　④ ㄷ, ㄹ

해설 ➤ 中

ㄱ 행정소송법 제8조 제2항에 의하면 행정소송에도 민사소송법의 규정이 일반적으로 준용되므로 법원으로서는 공법상 당사자소송에서 재산권의 청구를 인용하는 판결을 하는 경우 가집행선고를 할 수 있다(대판 2000.11.28, 99두3416).
ㄴ 형식적 당사자소송이란 행정청의 처분·재결 등이 원인이 되어 형성된 법률관계에 관해 다툼이 있는 경우에 그 원인이 되는 처분·재결 등의 효력이 아닌 그 처분등의 결과로서 형성된 법률관계에 대해 그 처분청을 피고로 하지 않고 그 법률관계의 한쪽 당사자를 피고로 하여 제기하는 소송을 말한다. 보상금 증감청구소송이 형식적 당사자소송의 대표이다.
ㄷ 행정주체인 재건축조합을 상대로 관리처분계획안에 대한 조합 총회결의의 효력 등을 다투는 소송은 행정처분에 이르는 절차적 요건의 존부나 효력 유무에 관한 소송으로서 그 소송결과에 따라 행정처분의 위법 여부에 직접 영향을 미치는 공법상 법률관계에 관한 것이므로, 이는 행정소송법상의 당사자소송에 해당한다[대판(전합) 2009.9.17, 2007다2428].
ㄹ 대판 1999.1.26, 98두12598

정답 ②